세르지오 레오네

세르지오 레오네

웨스턴의 무법자

크리스토퍼 프레일링 지음 · 한창호 옮김

SERGIO LEONE

볼피

돈키호테와 산초 판사는 인형극을 보러 갔다. 이제 막 무대가 만들어졌고, 공개될 참이었다. 인형극 무대는 훌륭했고, 왁스 칠을 여러 번 하여 모든 곳에 빛이 났다. 이들이 도착하자, 인형극 마스터인 피터가 안으로 들어갔다. 공연에서 인형들을 움직이게 하는 사람은 피터였다. 그런데 돈키호테는 인형극 무대에서 무어족들의 기마행렬을 보고, 그것을 위협으로 받아들였으며, 그래서 사람들이 도망갈 수 있도록 도와야겠다고 생각했다. 그는 벌떡 일어나 소리를 질렀다. “내가 살아 있는 한, 내 앞에서 분노를 터뜨리는 것은 용납할 수 없어. 나로 말할 것 같으면 유명한 기사이자 대담한 연인인 가이페로스 경(Sir Gaiferos)이다! 중단하라! 혈통이 낮은 폭도들아! 사람들을 따라가서도 안 되고, 그들을 괴롭혀서도 안 된다. 너희들은 나와 전투를 벌이는 게 나을 것이야.”

돈키호테는 자신의 말에 걸맞은 행동을 하기 위해, 칼을 뽑았고, 단숨에 인형극 무대 앞에 섰다. 그리고 그는 엄청난 분노와 함께 빠르게 움직여, 이교도 인형들을 향해 무차별 공격을 시작했다. 주먹으로 넘어뜨리고, 머리를 베고, 불구로 만들고, 완전히 부셔버렸다. 또 기독교인들 사이에서도 그는 칼을 아래로 내리쳤는데, 그것 때문에 인형극 마스터 피터의 머리 일부가 얇게 잘려나갈 뻔했다. 그의 머리는 마치 마지팬(marzipan) 과자처럼 쉽게 잘릴 수 있었다. 피터가 허리를 숙이거나, 몸을 쭈그리거나, 움츠리지 않았으면 말이다. "중단하시오. 당신의 전투!" 피터는 계속 고함을 질렀다. "돈키호테, 생각 좀 하세요. 당신이 망쳐놓고, 파괴하고, 죽인 것은 진짜 무어족이 아니요. 그건 단지 판지로 만든 인형이요! 잘 보세요. 당신은 지금 나의 전 생애의 살림을 망쳐버렸소!"

—미구엘 데 세르반테스, 〈돈키호테〉, 1614

"그곳은 정말로 그렇게 크니?" 칼이 물었다.

"세상에서 가장 큰 극장이야." 파니가 말했다. "고백하자면, 나는 아직 그곳을 직접 보지는 못했어. 하지만 여기 있는 어떤 소녀들은 이미 오클라호마에 간 적이 있고, 그들이 말하길 그곳엔 한계가 없는 것 같다고 해."

"하지만 여긴 사람이 별로 없어." 칼이 소녀들과 작은 가족을 손가락으로 가리키며 말했다.

"그건 사실이야." 파니가 말했다. "하지만 우리는 모든 마을에서 사람들을 뽑았고, 여기서 사람들을 모집하는 우리 팀은 늘 출장 중이며, 지금 그런 팀들이 최고로 많다는 점을 고려해야 해."

"왜? 아직 극장이 문을 열지 않았어?" 칼이 물었다.

"아니, 열었어." 파니가 말했다. "그건 오래된 극장이야. 하지만 늘 커지고 있지."

"놀라워." 칼이 말했다. "그런데도 더 많은 사람이 합류하기 위해 모여들지 않으니 말이야."

"모일 거야." 파니가 말했다. "그건 특별하거든."

—프란츠 카프카, 〈아메리카〉(실종자), 1927

서문

따르릉 따르릉 따르릉. 영국 왕립예술대학(Royal College of Art)의 문화역사학부 사무실 밖에 있는 전화의 벨 소리는 멈추지 않을 것 같았다. 사무실의 옆 교실에서 나는 움베르토 에코 관련 세미나를 진행하고 있었다. 〈장미의 이름〉에서 문화의 논리를 찾는 수업이었다. 1982년 2월이었다.

따르릉 따르릉 따르릉. 사무실에는 그 전화를 받는 누군가가 있어야 했다. 그녀는 틀림없이 점심을 먹으려고 나갔을 것이다. 세미나는 시간을 넘겨 이어지고 있었다.

따르릉 따르릉 따르릉. 나는 대학원생 중 한 명에게 잠시 세미나를 넘기고, 전화를 받으려고 나갔다. 짜증이 났다.

"여보세요?"

"프레일링 교수인가요? 나는 세르지오 레오네를 연결하려 합니다. 여긴 런던의 컴버랜드 호텔입니다."

목소리의 당사자는 미국인이었다. 나중에 알았지만, 그는 레오네의 동료이자 통역가인 브라이언 프레일리노(Brian Freilino)였다. "세르지오는 그의 부친 빈첸초(Vincenzo)에 대해 당신과 말하고자 합니다. 당신의 책 〈스파게티 웨스턴〉(Spaghetti

Western)은 그의 부친에 대한 어떤 사실을 담고 있던데, 세르지오는 과거에 그런 것이 있었는지 몰랐다고 합니다."

나는 1981년 크리스마스 직전에, 로마에 있는 그의 제작사 '라프란'(Rafran)의 사무실에 레오네를 위해 그 책을 한 권 남기고 왔었다. 나는 그러면서 약간 걱정했는데, 책 제목(음식 이름을 넣은 제목)에 관해 레오네가 강력한 반대 의견을 갖는 점을 알고 있었기 때문이었다. 책을 남겼는데, 레오네는 과연 읽었을까? 알고 보니, 오래도록 고생한 또 다른 동료(풀비오 모르셀라)가 그 책 전체를 레오네에게 큰 목소리로 읽어주었다. 그는 늘 그래왔듯, 영어를 그 자리에서 이탈리아어로 번역하여 읽어주었다.

"통화하시겠어요?"

"좋습니다."

"안녕하세요 교수님. 런던에 있는데, 우리 한 번 만나야지요(이탈리아어로 말했다)"

그날 오후에 만났다. 그런데 원래 그날 오후에는 레오네가 런던의 엘스트리(Elstree) 스튜디오에서 '제다이의 귀환'(The Return of the Jedi)을 편집하고 있던 조지 루카스를 방문할 예정이었다.

나는 그날 저녁 컴버랜드 호텔에서 세르지오 레오네를 만났다. 나는 지금에야 이해하게 됐는데, 그때부터 나는 이 책을 쓸 생각을 했던 것 같다. 그러면서 그의 작품에 관한 연구가 생명을 얻기 시작했다. 레오네의 팬으로서 15년 이상 노력한 결과로, 당시 그의 작품은 서서히 어떤 비평적 주목을 받기 시작했다. 그는 충분히 그럴만한 자격이 있었다. 그리고 이어서 1989년 4월 30일 레오네의 죽음이 찾아왔다. 그러면서 이 책은 그에 관한 첫 번째 전기라는 사실이 드러났다. 몇 가지 이유로, 이탈리아에서는 누구도 레오네에 관한 전기 저술을 시도하지 않았다. 또 이 책은 동시에 1920년대 이후, 이탈리아 대중영화의 역사서도 됐다. 일반적인 연구에서는 거의 언급이 되지 않는 그런 종류의 영화들도 많이 다뤘다. 그런 작품들은 언급도 잘 안 됐지만, 주로 내려다보는 대상에 머물러 있었다.

세르지오 레오네는 한때 이런 말을 했다. "나는 영화에서 태어났다. 거의 그렇다. 부모님 두 분 모두 영화에서 일했다. 나의 삶, 나의 독서, 나에 관한 모든 것은 시네마를 중심으로 돌고 돌았다. 그래서 나에게 영화는 삶이고, 그 반대도 마찬가지다." 그는 1941년 처음으로 로마의 치네치타(Cinecittà) 스튜디오에 있는 사운드 스테이지를 돌아다녔다. 12살 때였고, 그는 부친이 영화를 연출하는 것을 보았다. 그리고 레오네는 60살 때, 로마에서 TV를 통해 영화를 보다가 죽었다. 앞으로 알게 되겠지만, 영화관 가기, 아이디어 찾기, 그리고 내부에서 울려 나오는 감각에 대한 그의 열정적인 경험은 그의 모든 작품을 예고하게 한다. 레오네는 진정한 대중영화를 만든 최초의 현대적인 시네아스트였다. 그의 작품들은 대중적이면서 동시에 대단히 개인적인 것으로 남아 있다. 철학가 장 보드리야르의 표현을 빌리면, 레오네는 '최초의 포스트모던 감독'이었다.

이 책을 준비하며, 나는 세르지오 레오네의 직업적 동료들, 당대 인사들, 가족들, 그리고 레오네 당사자와의 대화를 이어갔다. 나는 그들 모두에게 감사를 표하고 싶다. 그들은 켄 애덤, 알레산드로 알레산드로니, 루이스 벨트란, 베르나르도 베르톨루치, 피터 보그다노비치, 디노 데 라우렌티스, 토니노 델리 콜리, 세르지오 도나티, 클린트 이스트우드, 움베르토 에코, 장-피에르 고랭, 찰턴 헤스턴, 존 랜디스, 호아킨 로메로 마르첸트, 엘리자베스 맥거번, 존 밀리어스, 풀비오 모르셀라와 루카 모르셀라 부자, 프랑코 네로, 질로 폰테코르보, 마틴 스코세지, 카를로 시미, 토니노 발레리, 루치아노 빈첸초니, 빔 벤더스, 그리고 프레드 진네만 등이다(이상 알파벳 순). 그리고 카를라(아내), 프란체스카(딸), 라파엘라(딸)와 이제 고인이 된 세르지오 레오네 본인은 물론이다. 또 다리오 아르젠토, 레오네의 아들 안드레아 레오네, 그리고 엔니오 모리코네는 나의 TV 프로그램 '비바 레오네!'(Viva Leone!)에서 인터뷰에 응해주었다. 이는 영국의 BBC2를 통해 1989년 12월에 방영됐다. 덧붙여 데이비드 톰슨과 닉 프린드 존스는 원고 정리에 많은 도움을 주었다. 믹키 녹스와 루치아노 빈첸초니와의 대화는 센크 키랄이 녹음했고, 고맙게도 그는 나에게 그 테이프를 모두 사용하게 해주었다. 로드 스타이거는 이 책을 위해 특별히 인터뷰에 응했고, 진행은 바바라 파스킨이 맡았다. 고맙게도 그녀는 자신의 시간과 전문성을 내어주었다. 세르지오 레오네와의 보충적인 대화는 1984년 5월, 채널 4(Channel 4)의 프로그램 '비전'(Visons)이라는 다큐멘터리에 기록됐다. 그것은 이탈리아 영화에 관한 다큐멘터리였다. 나는 그 작품의 고문을 맡았었다. 그 프로그램 전부를 나에게 내어준 로드 스톤맨에게 감사한다.

많은 다른 사람이 그동안 알려지지 않은 연구용 자료들을 나에게 내주었다. 그들은 처음 보는 자료들도 서슴없이 보게 했다. 사운드트랙 전문가인 리오넬 우드먼, 영화 수집가 그랜트 켈리, 이제 고인이 된 로버트 제임스 리크, 네덜란드 힐베르쉼에 있는 시네시티(Cine-City)의 르네 호귀르, 런던 화이트채플 하이 스트리트 시장의 가판대에서 만난 남자 등이다. 사적인 자료들로 도움을 준 사람도 있다. 곧 레오네의 가족은 항상 나를 반겨주었고, 좋을 때나 안 좋을 때나 나에게 협조적이었다. 그들은 내가 세르지오 레오네에 대해 어떻게 쓸지 모르는 상태에서도 그랬다. '유로 웨스턴'(Euro Westerns)의 도움도 받았다. 곧 우디네영화제의 로렌초 코델리와 카를로 가버셱, 영국영화협회(BFI)에 있었던 에드 버스콤, 몽펠리에영화제의 위베르 코르뱅 등이다. 스파게티 웨스턴 관련 자료들로 도움을 준 사람도 있다. 그들은 톰 베츠와 팀 페란테인데, 캘리포니아 애너하임에서 1983년부터 발간된 저널 '이탈리아 웨스턴'(Westerns all'italiana)의 편집자들이다. 레오네의 장례식에 관해서는 배리 에드슨이 도움을 주었다. 루이스 스완과 애드리언 터너는 할리우드 사람들과의 인터뷰를 마련했고, 욜란트와 프란체스카 보쉬는 기록된 인터뷰를 보내주었다. 그리고 재스퍼 호커와 줄리어스 코터는 스페인에서의 촬영장소를 안내했다.

그런데 내가 정말 큰 빚을 진 사람은 따로 다섯 명이 있다. 그들은 내가 이 책을 구상할 때 각자 다른 방식으로 중요한 역할을 했다. 먼저 레오네의 조감독 출신인 루카 모르셀라이다. 그는 1981년 처음 만났다. 그는 내가 로마의 레오네 서클에 들어가도록 도왔다. 그는 그때부터 아주 유용한 정보의 광맥이었다. 그리고 그는 나의 친구로 남았다. 센크 키랄은 레오네의 열혈팬이며, 이스탄불 출신의 컴퓨터광이다. 그는 깜짝 놀랄 정보('좋든, 나쁘든, 추하든')로 나를 폭격하다시피 했고, 이 책의 작업이 진행될 때도 컴퓨터로 계속 연락했다. 존 엑쇼는 영화학자이자 영화목록 전문가이다. 그는 이탈리아 대중영화에 대해 거의 모든 것을 꿰고 있었다. 그는 나에게 아낌없이 디테일에 대한 조언을 해주었을 뿐만 아니라, 내가 지쳤을 때는 용기도 주었다. 매튜 에반스는 이 책을 발행한 출판사 '파버 앤 파버'의 편집자인데, 이미 몇 년 전에, "프레일링이 레오네에 관해 쓴다? 나라면 반드시 읽겠다"라고 말해주었다. 그리고 그는 대단한 인내심을 보여주었다. 리처드 켈리는 내가 썼던 50만 자 이상의 초안을 최종적으로 편집해주었다. 나는 이들 모두에게 빚을 졌다.

많은 사람이 통역에 도움을 주었다. 바르바라 빈골라, 카테리나 파다, 사라 파넬리, 안나 네그리, 리자 론콘니, 일라리아 스노든, 그리고 실비아 토니니(이들은 이탈리아어를 도왔다). 또 브리타 테켄트루프(독일어), 가브리엘라 살가도(스페인어)도 나를 도왔다. 그리고 도저히 알 수 없을 때, 영국영화협회, 뉴욕 공립도서관, 스페인 국립도서관 사서들의 도움도 받았다. 질 플러머와 줄리엣 소프는 특히 미칠 것 같은 상황에서도 유머와 효율성을 잃지 않고, 원고를 계속 앞으로 끌고 갔다.

그리고 내가 잘 아는데, 나의 아내 헬렌은 끝까지 이 기획을 견뎌냈다. 우리는 신혼여행 때 로마의 치네치타와 레오네의 '라프란' 영화사를 방문했다. 그때부터 우리는 레오네의 영화를 여러 언어의 판본으로 보기 위해 수많은 밤을 함께 보냈다. 나는 그것이 바로 헌신이라고 말하고 싶다.

2000년 크리스토퍼 프레일링

저자 크리스토퍼 프레일링(Christopher Frayling)은 영국영화협회(BFI) 이사회 위원, 런던 왕립예술학교(Royal College of Art) 총장, 영국 예술위원회(Arts Council England)와 디자인위원회(Design Council)의 의장 등을 역임했다. 그는 역사가이자, 작가이며, 라디오와 TV에서의 문화·예술 관련 진행자였다. 당시 우디 앨런, 프랜시스 포드 코폴라, 클린트 이스트우드와의 인터뷰 진행으로 유명했다. 프레일링은 예술, 디자인, 그리고 영화 관련 저서 18권을 남겼다. 그는 '예술과 디자인 교육에 대한 공헌'으로 2001년 기사 작위를 받았다.

역자 한창호는 영화비평가이다. 한국외대 독일어과를 졸업한 뒤, 중앙일보사에서 10년간 기자로 일했다. 이탈리아 볼로냐대학으로 유학, 영화학을 전공했다(라우레아). 한국예술종합학교, 한국영화아카데미 등에서 강의했다. 저서로 〈트립 투 이탈리아 1-알려진 도시와 영화〉, 〈트립 투 이탈리아 2-숨어 있는 도시와 영화〉, 〈영화, 그림 속을 걷고 싶다〉, 〈영화, 미술의 언어를 꿈꾸다〉 등이 있다. 역서로 〈페데리코 펠리니〉 등이 있다.

차례

일러두기

- 영화 제목은 국내에서 통용되는 관례를 따르는 것을 원칙으로 했다.
- 외국의 인명, 지명 표기도 일반적인 관례를 따랐다.
- 이탈리아어 표기도 관례를 따르는 것을 원칙으로 했다. 하지만 바로잡아야 할 중요한 오기는 관례를 따르지 않았다.
- 작품 제목은 책만 〈 〉로 표기했다. 영화 제목 등 나머지는 전부 ' '로 표기했다.
- 주석은 전부 저자의 것이다.

1.

옛날 옛적 로마에서

당시의 미국 영화는 배우 얼굴들의 전시장이었다. 그 이전과 또 이후와도 비교되지 않을 수준이었다(적어도 내가 보기에는). 그리고 플롯은 이런 얼굴들을 계속 변하는 조합 속에 끌어오기 위한 아주 단순한 장치(성적, 캐릭터 중심적, 장르적)였다. 이런 관습적인 스토리 주변에, 특정 사회와 시간에 대한 향기는 매우 적었다. 그런데 바로 그런 이유로, 그곳에 있던 그 향기는, 내가 무엇으로 구성돼 있는지 알 수 없음에도 불구하고, 강한 인상을 남겼다. 마치 소파에 누워 있는 환자가 진실을 말하고, 자신에 관련된 그 무엇을 드러낼 때, 심리학자가 더욱 흥미를 보이는 것처럼, 신화화의 또 다른 시스템인 영화의 팬으로서, 나는 거의 믿을 수 없는 진실과 할리우드의 영화가 제공하는 엄청난 양의 신화 사이에서 무언가를 배울 수 있었다. 그런 결과로 나는 삶에 대한 거짓과 조작된 이미지에 대해 마음의 고통을 느끼지 않게 됐다. 당시에 나는 그 이유를 설명할 수 없었는데, 지금 생각해보면, 나는 그런 것을 진실로 받아들인 적이 없고, 가능한 많은 인공적인 이미지 가운데 하나로 받아들이고 있었다.

— 이탈로 칼비노,

'어떤 영화 애호가의 자서전'(1960년대 중반)

액션! 옛날 옛적 로마에서. 이는 훗날 돌이켜보면 아주 좋은 시절이었다. 19살의 세르지오 레오네는 자신의 첫 번째 시나리오를 썼다. 영화에 관한 대부분 글쓰기의 첫 시도처럼, 그것은 자전적 시나리오였다. 말하자면 통과의례의 영화였고, 일종의 명함 같았다. 시나리오의 제목은 '글로리오조 거리'(Viale Glorioso, '영광의 거리'라는 뜻)였다. 내용은 로마의 글로리오조 거리를 돌아다니는 중산층 소년 패거리의 모험이었다. 배경은 제2차 세계대전이 일어나기 바로 직전이었다. 오직 소년들로만 구성된 이 패거리들에게 '우주는 길거리와 영화관'이었다. 한편 어른들의 세상에서, 파시스트 정권은 독일의 전쟁에 이탈리아가 참여할 것인지, 명확한 결정을 내리려고 했다(무솔리니의 결정은 1940년 6월에 선언됐는데, '선전포고였지만, 전쟁을 하겠다는 것은 아니었다.' 그러면 의도가 뭔지).

50년이 지난 뒤, 레오네는 이렇게 기억했다. "나는 1939년 무렵, 내가 아홉 살 혹은 열 살 때 영화관에 처음 갔다. 꼬마 친구들과 함께였다. 우리는 패거리를 형성했고, 거리의 불량배 같았다. 우리는 집에 있을 때면 지킬 박사와 다름없었다. 곧 세련된 교육의 모든 선행을 실천했다. 하지만 밖으로 나가면, 우리는 영락없이 미스터 하이드가 됐다. 진짜 버릇없는 놈들이었다. 우리는 모두 좋은 집안의 아들들이었다. 우리는 로마의 트라스테베레(Trastevere) 지역에 살았다. 그중에서도 특별한 곳이었다. 단델로 거리(via Dandelo)부터 지아니콜로(Gianicolo) 공원에 이르는, 로마에서 아주 가파른 언덕 중의 한 곳이었다. 정상에는 가리발디의 동상이 있었다. 우리는 좋은 동네에 사는 점을 서로 이야기했다. 그곳에는 유대인 부르주아들, 교황청 직원들, 전문직 종사자들이 많이 살았다. 그런데 2백 미터 떨어진 곳에는 저소득층 지역이 있었다. 그곳은 진짜 버릇없는 놈들의 왕국이었다. 우리는 그들과 전투를 벌였다. 이런 실랑이는 길거리의 계단에서 벌어지곤 했다. 그 계단은 글로리오조 거리로 연결됐다."[1)]

패거리들이 자주 가는 곳은 포르타 포르테제(Porta Portese) 북쪽에 있는 트라스테베레 거리(Viale Di Trastevere)의 끝, 그리고 지아니콜로 언덕의 맨 위에 있는 지아니콜로 공원의 끝, 이 두 곳이 경계를 이룬 곳이었다. 이곳의 단델로 거리와 글로리오조 거리 아래에 126개의 가파른 계단이 있다. 계단의 양옆에는 주철로 만든 가로등이 난간에 세워져 있었다. 패거리들은 이 계단에서 주로 모였고, 근처 산타 파올라(Santa Paola) 분수의 화강암 바닥에 들어가 물놀이를 하곤 했다. 분수는 교황 바울 5세를 위해 지어졌다. 그가 옛 수로의 길을 혁신하여, 물을 트라스테베레 지역까지 끌어왔기 때문이었다. 이곳 위에 공원이 있고, 그곳엔 가리발디의 승마 동상이 있으며, 가리발디 추종자들의 조각으로 장식된 길도 있다. 공원 아래쪽으로 돌길, 작은 가게, 그리고 장인들이 제작한 우물들이 있는 트라스테베레가 있다. 당시 트라스테베레 지역은 '좌익' 분위기였는데, 주민들은 그런 평판을 즐겼다. 이는 19세기 중반부터 말까지 이어진 유산 덕분이다. 당시에 지식인들, 통일운동을 하던 마치니주의자들(Mazzinians), 급진적인 장인들이 서로 어깨를 걸었고, 그래서 이 지역은 독립심이 강한 로마인의 '전통'을 만든 곳이 됐다. 글로리오조 거리 계단 위쪽에는 크고 압도하는 저택들과 기관의 건물들이 있었고, 반면에 아래쪽에는 작은 집들과 작업장과 정비소들이 혼잡하게 몰려 있었다.

1939년에 정치적 긴장은 최고조에 올랐지만, 계단의 위쪽에 살던 소년들은 길거리 싸움, 비밀스러운 결합, 우정, 경쟁 패거리들에 대한 음모, 학교에서의 문제 일으키기, 여학생 꽁무니 쫓기, 그리고 미국 만화책 읽기에 정신이 팔려있었다. 무엇보다도 이들은 변두리 영화관 1열의 20개 좌석을 모두 차지하는 것을 좋아했다. 그렇게 앉아서 소년들은 야유도 보내고, 자기들끼리 장난을 치기도 했다. 특히 전반부와 후반부 사이 상영이 잠시 중단될 때(휴식시간) 소란을 피웠다. 영화를 전반부와 후반부로 나누고, 중간에 휴식시간을 두는 것은 이탈리아 영화관의 상영 관습이었다(지금도 상당 부분 그렇다). 이들이 특히 좋아했던 재미는 늦게 극장에 입장하여, 다른 관객들이 영화에 집중하고 있을 때, 시끄럽게 떠들며 이야기가 어떻게 전개되는지 맞추는 것이었다.

레오네는 외동아들인데, 부모들이 결혼한 지 14년 만에 태어났고, 그때 부친은 50살이었다. 그래서 어린 세르지오는 친구들과의 우정에 유난히 매달렸다. 세르지오는 부친과 나이 차이가 큰 것을 아쉬워했고, 이 점 때문에 부친과 가까이 지내는 것에 어려움을 느꼈다. 부친은 빈첸초 레오네(Vincenzo Leone)인데, 성장기 아들의 인식에 따르면, 빈첸초는 시대에 환멸을 느끼는 노년 세대였다. 부친은 아들의 성공을 볼 때까지 살지 못했다. 이 점에 대해 세르지오 레오네는 훗날 아들 안드레아에게 "내 인생에서 가장 아쉬운 점 가운데 하나"라고 말했다. 세르지오 레오네는 어린 자신을 고독하고, 수줍어하며, 꿈꾸는 소년 같았다고 기억했다. 이런 이유 등으로 그는 훗날 성인의 삶에서도 '우정의 테마에 대한 매혹'을 발전시키게 된다. 또 한편 고독한 성격 때문에, 레오네는 자신감이 낮은 내부의 콤플렉스를 가리기 위해, 더욱 자신 있는 척했고, 허세를 부리곤 했다. 그는 또 거창한 이야기로 친구들에게 강한 인상을 심어주려고 했다.

시나리오 '글로리오조 거리'를 보면, 패거리들이 거리에서 벌이는 무정부적인 삶은 학교와 엄격한 집안에서의 점잖은 삶과 아주 대조돼 있다. 레오네에 따르면 바로 그런 점이 "이 지역이 사실은 얼마나 '영광스럽지'(glorioso) 않는지를 말하는 것이었다. 그 시나리오는 완전히 사라져버린 로마에 관한 이야기였다." 무엇보다도 '글로리오조 거리'는 영화에 대한 사랑의 이야기였다. 소년들은 스크린에 비친 세상은 풍부하고 일관성이 있는 데 반해, 영화관 밖의 세상은 혼란스럽고 일관성이 없는, 그런 대조되는 점에 매달려 있었다. 레오네가 기억했다. "우리 패거리들은 우리가 봤던 미국 영화의 영웅들에서 우리의 모델을 찾았다. 우리는 미국 영화에 미친 듯이 빠져 있었다. 우리는 항상 에롤 플린과 게리 쿠퍼를 따라 했다. 할리우드에서 만든 영화만 보러 다녔다. 이탈리아 제작의 '백색 전화 영화'(백색 전화가 상징적으로 등장하는 사탕발림의 로맨틱 코미디)는 전혀 보지 않았다. 백색 전화 영화는 전쟁이 끝난 뒤에 알았다."[2)]

미국의 영웅과 동일시하는 것은 어린 이탈로 칼비노도 거의 같은 시기에, 똑같이 강력하게 경험했다. 레오네와 비슷한 세대인 칼비노는 로마의 트라스테베레가 아니라, 해변도시인 산레모의 바다에서 자랐다. 칼비노는 스타들로 빛나는 '할리우드의 하늘'을 예리하게 분석했다. "할리우드의 하늘은 그 자체로서의 시스템인데, 대조점과 변이를 가진 것으로, 곧 인간에 대한 유형학이다. 배우들은 성격과 태도의 어떤 모델을 제시한다. 모든 성격에는 그에 맞는 영웅이 있다. 행동함으로써 인생에 태클을 걸고 싶은 사람들에겐, 으스대고 뽐내지만 어떤 야수성을 재현하는 클라크 게이블이 있다. 게리 쿠퍼는 아이러니로 여과된 냉혈한이다. 유머와 재치를 이용하여 난관을 극복하려는 사람들에겐 침착한 윌리엄 포웰과 신중한 프랜쇼 톤이 있다. 수줍음을 극복하려는 내성적인 사람들에겐 제임스 스튜어트가 있다. 한편 스펜서 트레이시는 정의의 모델이다. 그는 자기 손으로 무엇을 해야 하는지 아는 개방적인 남자이다."[3)]

레오네에게 그랬듯, 칼비노에게도 당시에 영화는 미국 영화(법에 따라 이탈리아어로 더빙됐지만)를 의미했다. 그런데 1930년대 후반, '알피에리 법'(the Alfieri Law)은 미국 영화의 수입과 배급을 축소하려고 했다. 1930년대 10년 동안, 국내 영화 제작을 진흥하기 위해, 보호주의자들의 '쿼터 시스템'(quota system, 외국 영화 10편 상영에 이탈리아 영화 한 편 상영과 이탈리아 뉴스 영화 상영의 필수화)을 제도화하려는 시도가 계속됐다. 그 결과로, 공적으로 또 사적으로 제작지원을 받은 많은 자국 영화가 이탈리아에서 만들어졌다. 제작은 무솔리니의 '로마 진군'(Marcia su Roma, 1922년 10월에 벌어진 일종의 쿠데타) 다음 해인 1923년 이후에 7배로 늘었다. 이런 영화들의 기술적인 수준은 꾸준히 향상됐다. 이들 가운데 일부는 투스콜라나 거리(via Tuscolana)에 새로 건설된 치네치타 스튜디오를 이용하여 만들어졌다. 치네치타의 시설물은 144 에이크에 건설됐고, 여기엔 12개의 사운드 스튜디오가 포함돼 있다.

쿼터 시스템에도 불구하고, 할리우드 영화는 여전히 이탈리아의 대중문화를 지배했다. 당시에는 할리우드의 무성영화도 유통되고 있었다. 이는 단델로 거리를 돌아다니던 중산층 소년들 사이의 문화만은 아니었다. 페데리코 펠리니의 소설이자 영화인 '아마코드'(1973)는 50년 후의 입장에서, 그런 문화적 지배를 묘사하고 있다. 세르지오 레오네는 '아마코드'가 1930년대 후반 로마의 북부 지역 삶에 대한 '정확한 기억'

으로 가득 차 있다고 말했다. 펠리니는 파시즘 조직인 '애국 소년단'(Avanguardisti)과 '바릴라 소년단'(Balilla)이 지역의 민병대와 파시스트 참전용사들과 함께 행진을 벌이는 것을 묘사했다. 하지만 영화 속 펠리니의 마을에서 가장 크게 축하받는 문화적 이벤트는 풀고르(Fulgor) 영화관에 게리 쿠퍼 주연의 최신 웨스턴이 도착한다는 것이었다. 할리우드라는 꿈의 공장에 대한 펠리니의 언급은 도처에 있다. 몸이 산처럼 큰 담배 가게의 주인 여성은 '케이 프랜시스의 잠이 쏟아지는 눈'을 하고 있다. 몹시 흥분한 소년들은 가족과의 저녁 식사에서 코만치 인디언에 관해 논쟁을 벌인다. 영화 '그림자 없는 남자'(Thin-Man, 1934) 스타일의 레인코트는 대단히 사랑받는다. 정차된 차 안에서 함께 자위하던 소년들은 절정의 순간에 '진 할로우!', '매 웨스트!' 그리고 '담배 가게 여성의 젖꼭지!'라고 소리지른다. 결혼 장면이 소설과 영화의 끝인데, 신부는 드디어 '자신의 게리 쿠퍼'를 만났다. 사실 마테오라는 이름의 신랑은 이탈리아 남부 출신의 소박한 경찰이지만 말이다("게리는 카우보이, 마테오는 경찰, 하지만 사랑은 똑같은 사랑이다"). 펠리니에 따르면, 이탈리아의 집단적인 상상에 관한 한, "우리는 미국인의 아들과 딸들이었다."[4)]

레오네가 기억하길, 비슷한 상상은 '글로리오조 거리의 패거리'에게도 일어났다. 1938년, 에롤 플린과 게리 쿠퍼는 여전히 대유행이었다. 적어도 정부 당국의 검열을 거친 작품에서는 그랬다. 하지만 1939년, 파시스트 정부가 모든 외국 영화를 수입하는 것은 국가 전매로 통제받아야 한다는 주장을 내놓은 이후, 미국 영화로의 접근은 현저히 줄어들었다. 그러자 미국의 메이저 영화사는 항의의 표시로, 이탈리아에 있는 지부를 하나씩 철수했다. 이렇게 미국 영화로의 접근이 어렵게 되자, 레오네 같은 영화광들은 파시스트 정부가 자신들에게 직접 타격을 가하는 것이라고 느꼈다. RKO 영화사는 계속 배급을 했고, 그래서 레오네는 존 포드의 '역마차'를 볼 수 있었다. 시내에서 먼 '주변부 극장'에서 봤는데, 그런 곳은 개봉관보다 쌌고, 관객들은 더 많았다. 레오네가 기억하기에, 가장 재미있었던 영화 가운데, 제임스 캐그니의 '더럽혀진 얼굴의 천사'와 찰리 채플린의 '모던 타임스'는 운 좋게도 검열 당국의 개입 없이 극장에 걸릴 수 있었다. 어떻게 된 것인지, 대중문화부의 영화국 책임자인 루이지 프레디(Luigi Freddi)는 '모던 타임스'가 '사회주의와 공산주의에 관한 날카로운 풍자'라는 결론을 내린 것이었다.

파시스트 정부는 할리우드의 생산품에 대해 전적으로 반대만 한 것은 아니었다. 루이지 프레디는 어떤 종류의 이탈리아 영화를 지원할 것인가를 놓고 고민했다. 그는 당시의 할리우드 주류 영화의 문화적 가치(생산적 가치는 물론이고)에 대해 적지 않은 찬사를 보냈다. 1930년대 중반에 프레디는 이렇게 썼다. "미국의 영화산업이 만들어내는 영화는 젊고, 건강하고, 정직하며, 낙관적이고, 즐겁고, 일반적으로 높은 도덕적 가치를 갖고 있으며, 대부분 품위를 갖고 있다." 그는 프랭크 캐프라를 특히 좋아했다. 프레디는 캐프라를 이탈리아로 초대하여, 새로 건립한 국립영화학교 '첸트로 스페리멘탈레'(Centro Sperimentale di Cinematografia, 영화 실험 센터라는 의미)에서 세미나를 열게 했다. 프레디는 영리하게도 긍정적인 생각을 하는 영화, 곧 캐프라의 영화 같은 데 투자하는 게 노골적인 선전영화에 개입하는 것보다 훨씬 낫다고 여겼다. 선전영화는 비용은 더 들고, 효율성은 낮았다. 프레디의 이런 시각은 무솔리니의 아들인 비토리오 무솔리니도 공유했다. 비토리오 무솔리니는 영화 잡지 '치네마'(Cinema)의 편집자이며 영화제작자이고 시나리오 작가였다. 그의 부친 베니토 무솔리니는 장르 영화를 좋아했고, 특히 가벼운 코미디와 뮤지컬을 좋아했다. 베니토 무솔리니는 이탈리아에서 '스탄리오와 올리오'(Stanlio e Ollio)라고 불리는 코미디언 '로럴과 하디'(Laurel & Hardy)가 주인공인 영화들을 좋아했다.[5)]

레오네는 이탈리아의 '백색 전화 영화'를 경멸했지만, 사실 그런 영화들은 그가 존중했던 할리우드 영화와 그렇게 다르지 않았다. 1938년에 개봉된 코미디 '시뇨르 막스'(Il Signor Max)가 백색 전화 영화의 좋은 사례일 것이다. 이 영화는 잔니(비토리오 데 시카)라는 로마의 신문가판대 청년의 이야기를 다룬다. 그는 길가의 가판대에서 파는, 사진이 들어있는 잡지들(에스콰이어, 타임)을 통해 '미국의 생활 방식'에 대해 통달하고 있다. 결국에 그는 이중생활을 해보기로 마음을 먹고, 부유하고 향락적인 '시뇨르 막스'인 척 행동한다. 그는 짧은 문장의 영어를 이용하고(How d'you do?, Cheerio), 상급 위스키와 하급 위스키를 구별하는 브랜드를 공부하고, 국제적인 장식이 되어 있는 로마의 바에서는 과시하듯 수입품인 사모스(Samos) 담배를 피운다. 하지만 많은 우스운 소동을 거친 뒤, 그는 착한 보모와 정착하고, 보통 사람들과 섞이기로 마음을 먹는다. 그들은 잔니와도 비슷하고, 또 명랑한 성격의 버스 차장인 그의 부친과도 비슷한 사람들이다. 그들은 마음도 착하고, 훌륭한 동료들이었다.

'시뇨르 막스'는 마리오 카메리니(Mario Camerini)가 감독했다. 카메리니는 1930년대에 프랭크 캐프라식의 로맨틱 코미디에 특화된 감독이다. 그의 코미디에는, 소극적인 하층민 캐릭터(주로 비토리오 데 시카 주연)가 나와서, 중간에 평지풍파를 일으키고, 마지막에 안정이 최고라는 것을 받아들인다. 마리오 카메리니는 1940년대 중반부터, 네오리얼리즘 비평가들에 의해 '서예'(calligraphy)의 영화 그룹을 이끄는 리더로 분류됐다. 이들은 꽉 찬 내용보다는 '잘 쓰는 것'(bello scrivere, 아름답게 쓰거나 혹은 장식을 많이 하는 것)을 강조했다. 그리고 이들은 일상의 정치적 현실로부터 영화를 분리하려 했다. 레오네는 전쟁 이후까지 이런 종류의 영화를 피했다고 주장했지만, 그 주장은 별로 사실 같아 보이지 않는다. 왜냐면 마리오 카메리니는 그의 대부이며, 그의 가족과 아주 가까운 친구였다.

이런 가설이 더욱 가능성이 높을 것 같다. 곧 1938년에 글로리오조 거리의 패거리들은 지나친 정치적 시각을 드러낸

자국 영화를 싫어했고, 그래서 그들이 좋아하는 더빙된 미국 영화와 자국 영화를 비교하는 것도 하지 않았을 것이다. 패거리들은 플라비오 칼차바라(Flavio Calzavara)의 '난파된 소년들'(Piccoli naufraghi, 1939)을 볼 시간이 없었을 것이다. 이는 어린이용 선전영화였는데, '이탈리아의 전투하는 청춘'에게 헌정된 것이었다. 칼차바라의 영화는 먼저 윌리엄 골딩의 소설 〈파리 대왕〉을 떠오르게 하지만, 사실은 파시스트 청년 조직의 교화를 위해 만들어졌다. 그런 작품은 글로리오조 거리의 패거리들에겐, 제임스 캐그니, 혹은 '톰 소여의 모험', 또 주디 갈랜드와 미키 루니와 경쟁이 되지 않았다. "우리는 할리우드에서 들어온 영화만 보러 갔다."

할리우드 영화들 가운데 어떤 것(특히 레오네가 좋아했던 찰리 챈 주연의 연속극이나 시리즈물)은 레오네와 그의 친구들이 읽고 또 읽고 하여, 거의 찢어질 것 같았던 흑백 만화와 매우 닮아 있었다.[6] 그들은 영어를 읽지 못했다. 하지만 더욱 흥미로운 것은 그림이었다. 그들에게 특별한 만화는 〈플래시 고든〉(Flash Gordon), 〈정글 짐〉(Jungle Jim), 〈마법사 맨드레이크〉(Mandrake the Magician), 그리고 〈섀도우〉(The Shadow)였다. 파시스트 정부의 '공식적'인 만화들인 〈바릴라〉(Il Balilla)와 〈점보〉(Jumbo)는 고대 로마의 흥미로운 이야기, 그리고 작은 흑인 소년에 대한 아주 심한 풍자를 그리고 있는데, 패거리들에겐 별 관심을 끌지 못했다. 당시 레오네가 좋아했던 최고 작품은 미국 만화가 라이먼 영(Lyman Young)의 〈치노와 프랑코〉

(Cino and Franco)였다. 이 만화는 레오네가 좋아했던 두 젊은이 사이의 '우정의 테마'를 담고 있으며, 배경은 정글이었다. 얼마 뒤, 2차 대전이 정점에 이르자, 미국의 만화는 그것이 책이든 그림이든, 파시스트 정권이 압력을 가하자, 점점 들어오지 않았다. 그런데 그런 작품들을 베낀 이탈리아 책들이 있었다. 하지만 레오네에 따르면 그 복사품들은 '끔찍한' 수준이었다. 첫눈에 봐도 우선 인쇄가 엉망이었고, 표현된 메시지도 잘못된 것이었다. "운 좋게도 당시에 암시장이 크고 있었다. 그곳에서 금지된 모든 것을 살 수 있었다. 미국의 소설과 만화는 가판대 아래에서, 혹은 서류 가방을 통해 거래됐다. 그런데 우리는 많이 읽지는 않았다. 우리는 '진짜' 미국인의 도착을 초조하게 기다리고 있었다. 미국 군인들 말이다."[7)]

세르지오 레오네는 전쟁이 일어났을 때 11살이었고, 1943년 연합군의 시칠리아 상륙작전이 벌어질 때 14살이었다. 전쟁 중에 로마는 혼란스러운 식량 배급 시스템과 그 결과인 식량 부족, 암시장과 이와 대조되게 아무 제한이 없는 화려한 고급 식당, 그리고 점점 늘어나는 시끄럽고 텅 빈 선전으로 특징 지어졌다. 그 선전은 로마의 베네치아 광장에서 벌어지는 '바다 같은 집회', 그리고 '일 두체'(Il Duce, '수령' 곧 무솔리니)의 연설과 명령에 관한 뉴스로 뒤덮인 신문가판대로 요약된다. 이후 로마는 나치의 점령으로, 또 '성스러운 도시'(로마)에 대한 연합군의 공중 폭격으로 고통을 받았다. 레오네에게 전쟁 중의 삶은 세상을 자유와 모더니티의 꿈으로 보이게 했다. 또 구속된 현실로부터의 탈출이었다. 레오네에게 그 세상은 미국 대중문화에 의해 재현됐기 때문이었다.

레오네의 시나리오 '글로리오조 거리'를 보면, 오후의 영화관 방문은 패거리들을 어떤 멍한 상태로 이끌었다. 이것은 소년들의 숙제하기엔 별 도움이 되지 않았지만, 백일몽의 자원이 된 것은 확실했다. 해적판 만화들은 이탈리아의 소년들이 상상을 펼치는 데 많은 이미지를 제공했다. 그들은 미국의 풍부함, 약속된 세상, 넓고 탁 트인 평원에 대한 상상을 키웠다. 움베르토 에코에 따르면, 이탈리아의 지식인들이 1950년대와 1960년대에 미국의 '대중문화'에 매혹된 것은 파시스트 시대 후반부에 미국의 만화와 대중음악을 경험했던 것, 또 전쟁이 끝난 뒤 할리우드 영화가 뒤늦게 활발히 개봉된 것과 큰 관련이 있다는 것이다. 미국의 이런 문화적 생산물은 금지된 열매, 곧 '다른 세상'을 재현했다. 이것은 그 문화가 재현한 이데올로기를 두 배로 매력 있게 만들었다. 미국의 문화적 생산물은 파시스트의 '공식문화'를 거부하는 것이었다. 공식문화는 모든 삶을 쥐어짜는 것 같았다. 할리우드 영화와 미국 만화에 대한 소년 세르지오 레오네의 애정은 이런 환경에서 나온 것이다. 다시 말해 다른 세상에 모든 것을 투사하는 경험은 모더니티에 대한 긍정이었다.

전쟁 전에는 아이들에게 일 년 내내 제공되는 또 다른 오락이 있었다. 그건 가리발디 광장 근처, 자니콜로 공원의 야외에서 진행됐다.[8)] 주말이면 종종 세르지오 레오네는 부모와 함께

‘부라티니’(burattini)라고 불리던 ‘장갑 인형극’(the glove puppets)을 보러 갔다. 주로 나폴리의 인형 조종사 가족이 진행하는 공연이었다. 인형극의 이름 부라티니는 ‘부라토’(buratto)라는 단어에서 유래했다. 부라토는 남부의 농부들이 이용하던 거친 헝겊이다. 이것으로 밀가루를 체로 걸러내거나, 또는 인형들 장갑의 질긴 소매를 만들었다. 인형극은 이탈리아의 전통적인 가면극인 ‘콤메디아 델라르테’(commedia dell’arte)보다 더 오래된 것이다. 하지만 인형극이 다루는 내용은 콤메디아 델라르테와 비슷했다. 다시 말해, 영악한 브리겔라(Brighella)의 손아귀에 든 풀치넬라(Pulcinella), 아를레키노(Arlecchino), 또는 제롤라모(Gerolamo)의 불행을 다뤘다. 인형들은 손을 움직이고, 가면을 썼다. 어린 레오네에게, 인형극은 마법이었다. 부모들은 종종 같은 공연을 반복해서 보고 있는 아들을 공연장에서 꺼내오곤 했다. 또는 다른 인형극 공연으로 가는 것을 막기도 했다.

1976년 세르지오 레오네는 이렇게 기억했다. “어느 날 오후였다. 나는 트라스테베레의 집으로 가고 있었다. 그때 막 문을 닫는 어떤 극장 옆을 지나갔다. 무대의 커튼은 내려져 있었지만, 나는 고함을 지르는 것과 물건들이 던져지는 소리를 들을 수 있었다. 나는 무대 뒤로 가서, 인형 조종사와 그의 아내가 싸우는 것을 보았다. 그건 전형적인 나폴리식 싸움이었는데, 애정이 있었다. 무대 위에 있던 인형들은 나무 작대기로 하나씩 맞고 있었다. 그런데 나무 작대기와 옷을 입은 인형으로 서로를 때리는 사람들은 바로 그 부부들이었다. 인형들을 다루던 '장갑들'은 이제 전부 볼 수 있었다. 이런 이상한 장면을 보며, 나는 어린이다운 이해를 했다. 말하자면 드러난 대로 보이는 것이 있으며, 또 보이는 것 뒤에는 다른 무엇이 있다는 것 말이다. 곧 허구와 현실인데, 나는 극장의 우화와 인간 극장을 모두 보았다. 인간 극장은 더욱 진지했고, 거칠었고, 흉했고, 심지어 불쌍해 보이기도 했다. 나는 그때 '스펙터클'이라는 단어의 의미에 대해 첫 교훈을 얻었다. 그건 내가 영화관에 가기 전에 일어난 일이었다."[9]

'부라티니' 장갑 인형극은 로마의 공공장소에서 공연되던 전통적인 인형극의 하나였다. 나폴리 출신인 레오네의 부친 빈첸초는 그 인형극을 좋아했고, 나폴리 지역어도 할 줄 알아서, 특별한 애정을 느꼈다. 그런데 종종 '시칠리아 인형극'(pupi siciliani) 공연단도 로마를 방문했다. 이건 '작대기 인형극'(rod-puppets)인데, 인형들이 장갑 인형보다 커서, 키가 5피트 정도 됐다. 작대기 인형극은 영웅주의와 유혈극에 관한 이야기를 시칠리아식으로 변주했다. 이야기는 샤를마뉴 대제 시대에까지 올라가기도 한다. 이들이 다루는 내용은 프랑스의 고대 서사 〈롤랑의 노래〉(첫 번째 십자군 운동 바로 직후에 쓰였고, 778년 실제로 일어난 군사적 재난을 다룬다)에 수집된 것과 같은 것이었다. 하지만 시칠리아 인형극이 다루는 내용은 시대에 맞춰 변화했고, 르네상스 시대 루도비코 아리오스토가 쓴 〈광란의 오를란도〉처럼 종종 과장되기도 했다.

세르지오 레오네는 이런 말을 하는 것을 좋아했다. 곧 〈광란의 오를란도〉는 외국의 영향을 받아들여, 그들에게 다시 오락의 특별한 형태로 되돌려준 이탈리아 문화 능력의 탁월한 사례라는 것이다. 시칠리아 인형극의 공연은 〈광란의 오를란도〉에 있는 500개의 레퍼토리 가운데서 하나를 선택하여 구성했다. 롤랑(Roland), 곧 이탈리아 이름 오를란도(Orlando)는 사라센과 전투 중인데, 그는 자신의 마법의 칼과 사촌 르노(Renaud), 곧 리날도(Rinaldo)의 도움을 받고 있다. 그런데 리날도는 실수로 증오의 샘에서 물을 마셔 취해버렸고, 자신도 오를란도처럼 안젤리카와 사랑에 빠졌다고 선언한다. 결과적으로 많은 피투성이, 덜커덕거리는 갑옷, 고함과 참수, 기사의 사랑으로 구성된 긴 막간극, 인형들의 제스처인 복잡한 언어, 그리고 (아마 가장 유명한 특징일 텐데) 뻣뻣한 다리로 걷는 '오를란도의 행진'이 들어있다. 오를란도의 행진은 객석의 소년들이 즐겨 따라 하곤 했다. 이 공연은 두 명의 인형 조종사가 두 개의 철제 막대기로 하는 것이다. 막대기의 하나는 머리로, 또 하나는 오른손으로 연결됐고, 이것으로 갑옷을 입은 5피트짜리 딱딱한 인형을 무대 위에서 걷게 했다. 공연은 밝게 칠해진 배경의 무대 앞에서 진행됐다. 그 배경의 위에서 인형 조종사는 바쁘게 고개를 숙이고, 소리를 지르고, 즉흥을 하고, 사운드 효과를 내기 위해 발을 구르기도 했다. 관객의 반응에 따라, 공연은 더욱 시끄러워질 수도, 더욱 세속적으로 변할 수도 있으며, 또 북쪽의 '고급문화'를 거칠게 섞기도 했다. 덧붙여 옛날의 이야기를 현재와 연결하기도 했다. 만약 시칠리아의 인형극이 공식적인 형식으로만 진행된다면, 관객은 어디서 웃고 울어야 할지 모를 것이다. 말하자면 시칠리아 인형극은 〈돈키호테〉에서 시도됐던 위대한 혼동이었다.

세르지오 레오네는 35살 때 '황야의 무법자'를 준비했는데, 그는 마음속에서 10대 시절 로마의 보르게제 공원 남쪽에 있는 핀치오(Pincio) 공원에서 봤던 시칠리아의 인형극을 떠올렸다. 핀치오 공원에는 인형극 극장 주변에 회전목마가 돌고 있었고, 또 이탈리아 문학의 위대한 작가들 조각이 장식돼 있었다. 레오네의 기억이다. "나의 첫 웨스턴을 시작할 때, 나는 심리적 이유를 스스로 찾아야 했다. 나는 서부의 환경에서 살아본 적이 없는 사람이 아닌가! 그때 즉각적으로 하나의 생각이 떠올랐다. 바로 시칠리아의 인형극을 위한 인형 조종사였다. 그들은 우리가 전설 혹은 역사물이라고 부르는 쇼를 공연한다. 하지만 조종사들의 기술은 다른 무엇을 포함하고 있다. 곧 인형극이 방문하는 마을의 특별한 관심을 끌기 위해, 모든 캐릭터에게 별도의 성격을 부여하는 것이다. 말하자면 전설을 특정 마을에 맞게 각색하는 것이다. 예를 들어 오를란도는 마을 시장의 악덕 혹은 미덕을 끌어온다. 전설에 따르면 오를란도는 좋은 사람이다. 그렇다면 그의 적, 곧 나쁜 사람은 연금술사가 되는 식이다. 인형 조종사는 전설 혹은 우화를 가져와서, 그것을 특정 마을의 현실과 섞는다. 그러니까 이들은 매일의 삶과 공생적인 관계에 있다. 당신도 비슷하지 않나? 영화감독으로서, 내가 해야 할 일은 어른들을 위해 우화를, 또 아이들을 위해 동화를 만드는 것이다. 영화와 관계지어 보면, 나는 인형을 가진 조종사라는 느낌을 받았다."[10] (당시 레오네는 시칠리아 인형극과 일본의 분라쿠 인형극 사이의 유사점도 잘 알고 있었다. 일본에서 연극의 조종사들은 인형을 따라 무대 위에 가고, 노래하는 사람들은 주변에 줄을 맞춰 앉는다. 레오네는 인도네시아 자바의 그림자 인형극도 잘 알고 있었다. 그림자 인형극은 흰색 스크린을 배경으로 공연된다. 세 가지 인형극 모두가 레오네의 작품에 영향을 미쳤을 것이다).

세르지오 레오네는 그의 부친처럼, 살레지오 신부들로부터 교육을 받았다(우연하게도 무솔리니도 퇴학 이전까지 이런 학교에 다녔다). 살레지오는 교육에 중점을 둔 카톨릭 종파다. 레오네의 기억에 따르면, "살레지오의 신부들이 예수회 신부들보다 더 개방적이었다. 평신도가 교사인 경우도 있었다." 레오네는 살레지오의 유명 학교인 '장 바티스트 드 라 살'(Jean-Baptiste de La Salle) 초등학교에 다녔다. 이 학교의 교실과 운동장에서 레오네는 처음으로 파시스트 소년과 교육 정책에 관한 경험을 했다. 부친은 아들에게 소위 '토요일 파시스트' 시간에서 빼주겠다고 약속했다. 그건 정부가 소년들을 위해 마련한 프로그램인데, 체육과 기초 군사훈련을 섞은 것이었다. 이 시간엔 제복도 입고, 깃발과 드럼도 동원되고, 행진하며 노래도 불렀다. 그 시간에 레오네는 펜싱반에 등록했다. 토요일 오전에 할 수 있는 학교의 특별활동이었다. 레오네가 말했다. "칼을 다루는 것을 배우면서, 최소한 나는 파시즘의 어리석은 형식에선 벗어날 수 있었다." 레오네가 좋아하던 과목은 역사인데, 하지만 그 시간에도 파시스트 정부의 인장에서 벗어나기는 쉽지 않았다. 역사책의 표지에는 파시즘의 상징인 '묶음'(fascio) 모양이 인쇄돼 있었다. "당연히 파시즘 아래서 역사책은 편견이 많았고, 빠뜨린 게 많았다. 말하자면 모든 게 거짓이었다. 우리는 그걸 알고 있었다. 독재 기간에, 거짓말은 제도가 되어버렸다. 신문도 진실을 말하는 경우는 절대 없었다. 신문을 읽을 때면, 그건 하나의 게임 같았다. 곧 게재된 기사 속에 단 1온스의 진실도 없다는 것을 밝히는 게임 말이다." 훗날 레오네는 뒤늦게 깨달았지만, 자신이 즐겼던 게임을 말해주었다. "역사 선생을 곤란하게 만드는 것이었다. 그가 진실을 말하는 것은 절대 불가능한 것을 물었다."[11)]

1930년대 후반 교과과정은 '네 개의 로마'를 매우 강조했다. 곧 황제들의 로마, 교황들의 로마, 통일운동의 로마, 그리고 '두체'(Duce, 지도자라는 뜻으로 무솔리니)의 로마가 그것이다. 이와 비슷하게, 이탈리아의 권력과 영향에 관한 '네 개의 위대한 시기'도 강조됐다. 곧 로마제국, 르네상스, 통일운동 그리고 당대였다. 이런 시기들은 정부가 일부 제작비를 부담하는 고예산 영화의 테마가 됐다. 아이들은 그런 영화를 학교 단체로 보았다. 카르미네 갈로네 감독의 '스키피오 아프리카누스'(Scipione L'Africanus, 1937)는 기원전 207년의 제2차 포에니 전쟁을 배경으로, 전원적이고 이상적이며 가족 중심인 로마인들과 게으른 용병들인 카르타고인들을 날카롭게 비교한다.

루이스 트렌커의 '지휘자들'(Condottieri, 1937)은 피렌체의 초인 같은 영웅 조반니 데 메디치를 찬양한다. 알레산드로 블라제티(Alessandro Blasetti)의 '1860'(1934)은 부르봉 왕조로부터 시칠리아를 해방하는 가리발디의 발자취를 추적한다. 또 블라제티의 '늙은 경비대'(Vecchia guardia, 1935)는 파시스트 행동대원 관련 이야기다. 로베르토와 마리오라는 파시스트 형제의 경험을 들려주며, 파업 노동자들을 다루는 말도 안 되는 방법을 이야기한다.

당시에 창간된 영화전문잡지 '비안코 에 네로'(Bianco e Nero, 백과 흑)는 1938년 특별호에서, 로마의 초등학교 학생들(레오네의 또래들)이 '스키피오 아프리카누스'에 대해 어떻게 생각하는지 조사를 벌였다. 이런 대답이 있다. "이 영화는 고대 로마인들이 전장에서 싸웠던 용기, 그리고 그들이 보여줬던 가치를 잘 표현하고 있다. 이제 우리의 두체(무솔리니)가 애국심과 희생정신을 이탈리아인들에게 재교육하고 있다." 또 다른 아이는 클라이맥스의 전투 장면을 언급하며 이렇게 대답했다. "카르타고의 차마(Zama) 전투에서 어떤 카르타고 병사가 말했다. '전우들, 우리는 칸나에(Cannae, 이탈리아 남부의 도시)를 정복했어!' 그때 나는 우리의 두체가 이렇게 말하는 것을 생각했다. '우리가 아두아(Adua, 에티오피아의 도시)를 정복하자!'라고 말이다." 이 기사의 서문은 국민교육부 장관 주세페 보타이(Giuseppe Bottai)가 썼는데, 큰 만족을 느끼며 이렇게 결론짓고 있다. "기술적 예술적 결함들이 있지만, '스키피오 아프리카누스'는 자신의 목표를 달성했다. 왜일까? 어린이들이 최고로 여기기 때문이다. 서사 스펙터클의 의미, 역사적 시기의 표현에 대한 정확성 덕분인데, 이는 바로 우리 자신과 관계있기 때문이다." '스키피오 아프리카누스'는 흥행에서 성공하지 못했지만, 장관은 '우리의 아프리카 원정'에 대해 소년들에게 열정을 심어주었기 때문에 성공이라고 단호하게 정의했다. 그가 말한 아프리카 원정은 1936년에서 1937년 사이에 벌어진 에티오피아에 대한 이탈리아의 정복과 점령을 뜻한다.[12)]

오늘날 '스키피오 아프리카누스'를 다시 보면, 가장 눈에 띄는 것은 파시즘에 관한 강조다. 예를 들어 군중 집회와 군대의 강조, 무솔리니에 대한 찬가와 경례 방식, 파시즘 문양인 '묶음'의 빈번한 표현 등이다. 군인 역의 엑스트라 배우 가운데 일부는 에티오피아 전쟁에 이미 지원했고, 그 서류를 보여주기도 했다. 사전에 기획된 전투 장면, 특히 로마 보병을 공격하는 코끼리 부대, 기병들의 충돌은 움직이는 카메라로 촬영됐다. 그리고 빠른 속도로 편집된 백병전도 들어있다. 이 전투 장면은 이전에는 '영화에서 볼 수 없었던' 가장 현실에 가까운 장면으로 설명됐다. 따라서 '비안코 에 네로'에 응답한 어린 학생들이 압도당한 것은 놀랄 일이 아니었다. 세르지오 레오네는 이 영화를 11살 때 봤는데, 훗날 제도적 거짓을 인식한 것과는 별도로, 당시에는 다른 소년들처럼 압도됐다. 레오네는 당시의 학교 분위기를 둘 중 하나만 선택해야 하는 세상으로 기억했다. 곧 '침침한 의례가 넘치는 사제의 세상'과 '파시즘의 가면무도회'라는 것이다. 이런 점도 아마 뒤늦게 깨달은 사실일 것이다. 당시 살레지오 학교의 신부들은 고대 로마의 문화에 관심이 많았고(로마의 전주곡으로 이집트와 그리스까지 다뤘다), 이는 세르지오가 '죽은 언어'(고대 그리스어와 라틴어)를 별로 좋아하지 않았음에도 불구하고, 신부들의 '철학, 지리학, 역사'의 조합에서는 큰 영향을 받게 했다.

레오네의 학교생활은 최소한 그에게 문화적 원천을 제공했다. 이것은 레오네가 작가이자 감독으로서 첫 영화를 준비할 때 대단히 긍정적으로 작용했다. 시나리오 '글로리오조 거리'에는 당연하게도 교실 시퀀스가 들어있다. 그때 레오네는 그리스와 로마 역사의 연감을 뒤지곤 했다. 훗날 레오네는 얼굴에 큰 미소를 지으며 나에게 말했다. "나는 지금도 그렇게 생각하는데, 당시에 나에게 가장 위대한 서구의 작가는 호메로스였다. 그는 영웅들의 공적에 관한 우화 같은 이야기들을 남겼다. 곧 아킬레스, 아약스, 아가멤논 등인데, 이들은 게리 쿠퍼, 버트 랭커스터, 제임스 스튜어트 그리고 존 웨인의 원형들이었다. 호메로스의 이야기는 영웅들에 대한 위대한 신화적 각색이다. 또 그의 이야기는 웨스턴의 모든 테마에 대한 원형이기도 했다. 곧 전투, 개인적 갈등, 전사와 그의 가족, 광활한 먼 곳으로 떠나는 여행, 그리고 우연이지만 카우보이에 관한 것까지 포함하고 있다. 말하자면 그리스 영웅들의 짧은 삶은 창과 칼에 대한 재능에 달려있다. 카우보이들은 얼마나 빨리 총을 뽑는가에 따라 생존이 달려있다. 기본적으로 이건 같은 이야기이다."[13)]

결국에 1960년대 중반이 되어서야, 레오네는 자신의 어린 시절을 투사하는 자전적 영화 만들기 계획을 포기한다. 어떤 인터뷰에서 이렇게 말했다. "나는 책상의 가장 아래에 있는 서랍에서, 제목을 '글로리오조 거리'라고 붙였던, 거의 20년 전에 쓴 시나리오를 다시 찾아냈다. 그런데 어쩌나! 어떤 사람이 같은 아이디어를 갖고 있었고, 그것으로 탁월한 영화를 만들어냈다. 그건 페데리코 펠리니의 '비텔로니'였다."[14)] 펠리니의 1953년 영화는 리미니라는 해변 도시에서 다섯 명의 청년 패거리들이 아무 목적 없이 사는 것을 다루고 있다. 예를 들어, 그들은 길거리에서 으스대고, 카페에서 죽치고, 음악 홀과 댄스홀을 드나들고, 부두로 걸어가서, 멍하게 아드리아해를 바라보고, 여름이면 처녀들을 유혹하고, 그리고 당연하게도 영화관에도 간다. 최종적으로 펠리니의 분신 격인 모랄도는 로마에서 새로운 시도를 하기 위해 리미니를 떠난다. 그 길에서 모랄도는 다른 친구들이 여전히 매일 하던 일을 반복하는 것을 혼자 상상한다. 곧 죽을 것 같이 지겨운 이런 반복과 미래에 대한 꿈의 대조, 혹은 반복과 그런 상황에서 멀어지는 것과의 대조가 펠리니 영화의 핵심이다. 이탈로 칼비노는 이렇게 썼다. "이런 모든 불쌍함은 제쳐두고, 나는 영화관에 가는 그런 젊은이들의 불만족을 알고 있다. 다시 말해 변두리 세계에 대한 그들의 불만족을 알고 있다. 그들은 영화와 관계 맺으며 자신들을 판단하기 때문이다."[15)]

레오네는 영화에 대한 자신의 집착을 인식하기 시작했다. 자기만의 아이디어('글로리오조 거리')를 잃어 상심했지만, 레오네는 다른 계획을 세워 위안을 받았다. 곧 대단한 성과를 낸 클린트 이스트우드와의 협업 말이다. 그런데 '글로리오조 거리'의 세상에 해당하는 조각들은 그의 영화에 계속하여 등장하게 된다. 설사 테마가 '일상의 사실'을 다루는 것과 거리가 먼 영화에서도 그랬다. 조각들은 소년들의 소일거리, 영화의 마법적 순간, 시끄러운 시칠리아 인형극의 피카레스크 정신, 옛이야기를 더욱 잔인하고 생생하게 다시 이야기하는 것 등이다. 이런 것들은 그의 영화에 계속 등장할 것이다.

예를 들어 '원스 어폰 어 타임 인 아메리카'의 어린 시절 시퀀스에 대한 시나리오 회의에서, 레오네는 로마의 트라스테베레 거리에서 있었던 자신의 어린 시절에 관해 이야기했고, 몇 개의 요소들은 그의 습작 시나리오인 '글로리오조 거리'에서 가져왔다. 또 '석양의 갱들' 시퀀스를 준비할 때인데, 농촌 산적(로드 스타이거)은 자신이 '메사 베르데'의 은행을 털었다고 생각한다. 하지만 사실 그가 해낸 일은 지하 금고에 감금됐던 정치범들을 해방한 것이었다. 이 장면은 레오네가 찰리 채플린의 '모던 타임스' 시퀀스를 가슴에 새긴 것에서 나온 것이다. '모던 타임스'에서 찰리 채플린은 실수로 길에서 붉은 깃발을 들었고, 그러자 사회주의자 시위자들이 그의 뒤를 따르는 장면 말이다. 레오네는 로마의 글로리오조 거리의 패거리로서 찰리 채플린의 영화를 봤고, 그 장면은 습작 시나리오를 쓸 때 하나의 중요한 요소가 됐었다.

인형극과 관련해 말하자면, 레오네의 영화에는 보통 광대 캐릭터가 등장한다. '석양의 무법자'의 투코(일라이 월러크), '옛날 옛적 서부에서'의 샤이엔(제이슨 로바즈), '석양의 갱들'의 후안(로드 스타이거) 등인데, 이들은 엄청나게 먹고, 열정적으로 맹세하고, 허세를 부린다. 이들 광대는 다른 누군가가 농담할 때 등장하는 꽁초 같고, 광대의 기능은 '바위처럼 딱딱한 얼굴을 한 그 기사'(돈키호테)를 위해 행동하는 산초 판사 같다. 이렇게 인형극과 관련된 주제에 대해 말하자면, 이탈리아의 전통 가면극인 '콤메디아 델라르테'의 아를레키노 캐릭터도 있다. '이름 없는 남자'(이스트우드)와 '하모니카'(브론슨) 같은 경우다. 이들은 영웅이다. 왜냐면 주위의 그 누구보다 영리한 역할을 더 잘하기 때문이다. 아를레키노는 딴 짓을 하는 기사인데, 너무 어른이 돼버렸고, 기사도를 믿기에는 너무 세속적으로 현명해졌다. 그는 자기 천성처럼 직선적이고, 또 자신만의 경험이 그를 그렇게 만든다. 아를레키노에게는 가족 관계가 없다. 한때 그 관계가 그에게 아주 중요했지만 말이다. 반면에 다른 캐릭터들은 자신의 가족이나 집단에 매우 헌신적이다. 또 다른 헌신의 대상을 찾기 전까지는 그렇다. 이는 시칠리아 인형극이 방문 공연을 벌이는 남부 이탈리아의 사람들과 비슷한 특성이다. 아를레키노는 가끔 부패했거나 혹은 연약한 전문가 남성(보안관, 군대 장교, 의사들)과 경쟁하기도 한다. 전문가 남성은 콤메디아 델라르테에 등장하는 '박사'(Dottore) 캐릭터와 닮았다. 레오네는 자신의 영화, 특히 '석양의 무법자'에 제시된 '피카레스크 정신'에 대해 언급하며, 그런 전통적인 형식이 왜 자신의 영화에 유용했는지 세세하게 설명하는 것을 좋아했다. "감독들은 비극적 모험에 피카레스크 정신이 끼어들어, 관객들을 웃게 하는 데 겁을 먹었다. 피카레스크 장르는 스페인의 배타적인 문학 전통이 아니다. 이탈리아에도 비슷한 문학이 있다. 피카레스크 문학과 콤메디아 델라르테 사이에는 공통점이 하나 있다. 곧 한 명의 캐릭터에 의해 재현되는 진정한 영웅은 없다는 것이다."[16)]

시나리오 작가 루치아노 빈첸초니(Luciano Vincenzoni)는 '석양의 갱들'을 준비할 때, 세르지오 레오네가 영화의 시작은 농부가 나무 안에 있는 개미집으로 오줌을 누는 것으로 해야 한다고 고집을 부리는 이유를 잘 알지 못했다. 하지만 나중에는 그 이유에 관한 설명을 들었다. "그건 세르지오가 소년일 때 하던 놀이였다. 봄이면 세르지오는 친구들과 함께 개미의 왕국이 있는 큰 나무로 가서, 오줌을 누는 동안 누가 더 많은 개미를 맞출 수 있는지 놀이를 하곤 했다. 이 놀이는 미완성 영화 '글로리오조 거리'에 쓰였다. 어린 소년들이 공공 계단의 맨 위에 가서, 나무 밑동에 오줌을 누기 시작한다. 그리고는 계단 아래로 빨리 달려가서, 누구의 오줌이 가장 먼저 바닥에 도착하는지 보는 것이다."[17)]

베르나르도 베르톨루치는 1967년, '옛날 옛적 서부에서'의 초기 시나리오 작업에 참여하고 있었다. 그때 베르톨루치는 레오네가 무엇으로부터 가장 큰 동기를 부여받는지 분명히 기억했다. "그건 자랄 때 즐겼던 카우보이와 인디언 놀이 같았다. 퇴행적이었다. 내가 로마 근교에 있는 그의 집을 방문하면, 그는 나에게 계속 묻곤 했다. '너는 어릴 때 총은 어떻게 쏘았니? 이렇게(팔을 쭉 뻗으며), 아니면 이렇게(허리 부근에서), 또는 이렇게(손목을 계속 위아래로 움직이며)?' 같은 식이었다. 당시 서부의 사나이 세르지오는 완벽하게 아기 같았다. 그는 그것을 통해 엄청난 상상력에 도달했다."[18)]

사실 연기하는 것은 레오네 연출법의 가장 중요한 요소가 됐다. 한때 레오네의 조감독이었던 토니노 발레리(Tonino Valerii)는 이렇게 말했다. "세르지오는 연출을 시작할 때 영어를 거의 하지 못했다. 그런데 어쩌면 그런 점이 행운일 수 있는데, 세르지오는 영국과 미국 배우들과 일을 하며 감독을 시작했다. 세르지오는 '나를 봐'(Watch me)라는 영어 문장을 배웠다. 언젠가 그는 그 문장이 자신이 알고 있던 유일한 영어라고 내게 말했다. '나를 봐!' 그리고 세르지오는 배우들이 해야 할 액션을 연기했다. '너는 여기서 저기까지 가.' 세르지오는 배우들이 어떻게 움직여야 하는지, 무엇을 해야 하는지 보게 했다. '클린트! 나를 봐! 너는 여기에 가고, 저기에 가서, 그리고는 바로 총을 쏴' 이런 식이었다."[19)] 클린트 이스트우드의 기억이다. "세르지오는 키가 작고, 매우 뚱뚱한 남자였다. 그런데 그가 어떤 역할을 연기하면, 무엇을 원하는지 바로 알 수 있었다. 그리고 그럴 때 세르지오는 자신이 키가 크고, 바싹 마른 남자처럼 느낀다는 것을 알 수 있었다. 그는 총잡이처럼 느꼈다."[20] '나를 봐' 정도 말하는 레오네의 짧은 영어는 간혹 오해를 불러오곤 했다. '석양의 무법자' 촬영장에서 리 밴 클리프는 감독으로부터 이런 지시를 받았다. 레오네는 '수프를 먹어'(Eat the soup)라고 해야 할 때, '사제를 먹어'(Eat the minister)라고 말한 것이다. 수프의 이탈리아어가 미네스트라(minestra)인데, 레오네는 영어와 이탈리아어를 혼동하여 그렇게 말했다.

'세르지오 레오네를 위한 오마주'(Omaggio a Sergio Leone) 전시회가 1991년 12월 로마 시내에 있는 '라 스칼레타' 극장(La scaletta) 안의 갤러리에서 열렸다. 그곳엔 미국 배우들에게 직접 연기를 보여주는 레오네 특유의 연출법을 찍은 사진들이 많이 전시됐다. 예를 들어 이런 것들이다. 레오네는 리 밴 클리프에게 권총을 총집에 어떻게 넣는지, 어떻게 다루는지 열정적으로 보여주고 있다. 무릎을 꿇고 레오네는 일라이 월러크에게 사제 형의 벨트에 어떻게 최고의 키스를 할 수 있는지 설명하고 있다. 기름통으로 만든 부잔교 위에 앉아 레오네는 어떻게 다리를 폭파하는지 이스트우드에게 설명하고 있다. 제이슨 로바즈를 위해서는 어떻게 다른 사람에게 자신이 차고 있는 수갑을 쏘게 하는지 연기하고 있다. 제임스 코번을 위해, 거친 땅 위에서 어떻게 고물 모터사이클을 모는 지, 그리고 매우 조심스럽게 총열을 래리 랩('뚱보 모')의 입으로 어떻게 조준하는지 보여주고 있다. 모두 '나를 봐!'의 연출법이다.

'석양의 무법자'가 개봉됐을 때, 세르지오 레오네는 배우들과 이런 게임을 더 이상 하지 않는 것 같았다. 그때는 왜 그가 웨스턴 장르에 관심을 가졌는지 알려질 때였고, 그는 경력에서 변화의 과정에 있었다. 레오네가 말했다. "나에게 웨스턴의 매력은 아주 간단한 것이었다. 그건 오직 나 스스로 정의를 실천하는 기쁨이었다. 다른 사람의 허락을 받지 않고, 그냥 총을 쏘며 말이다." 그런데 30대 중반의 남자가 이런 사실을 말한다는 것은 약간 이상한 일이었다. 몇 년 뒤 레오네는 이탈리아의 영화전문잡지 '비안코 에 네로'에서 자신의 개념을 더욱 정교하게 설명했다. "당연하게도 역사를 쓰거나, 역사를 만드는 것은 나의 일이 아니다. 나는 그런 경향도, 권리도 갖지 않는다. 그래서 나는 '황야의 무법자'를 '나 자신'의 역사에서 출발했다. 나의 어린 시절 판타지의 역사 말이다. 하지만 '매우 정확한' 역사적 문제를 제시하는 것은 중요했다. 정확함을 강조하기 위해서는 자료를 모두 뒤져야 했다. 역사적 문제에 관련된 자료를 보며, 나는 현재에는 존재하지 않는 인간의 가치를 볼 수 있었다. 그 작업은 언뜻 프루스트의 〈잃어버린 시간을 찾아서〉처럼 진행됐다."[21)]

소년 시절의 놀이 가운데, 마술은 참가하는 소년들이 게임에 대한 불신을 최대한 유예하는 데 절대적으로 달려있다. 만약 소년들이 자신을 어리석다고 느끼고, 자의식을 가진다면, 게임은 오래 끌지 못할 것이다. 그래서 게임이 사실처럼 보이려면, 정말 많은 디테일과 집중된 노력이 필요하다. 이것은 바로 세르지오 레오네의 영화 만들기와 같은 방식이다. 그런데 레오네 영화에는 또 다른 특징이 하나 있는데, 그건 마법이 파괴되는 순간이 오는 것이다. 그러면 관객은 역사와 가까이 있다는 생각을 할 뿐만 아니라, 스스로 게임을 보고 있다는 것을 의식하게 된다. 곧 보고 있는 영화는 누군가의 '판타지'라는 생각 말이다. 예를 들어 '황야의 무법자'에서 그런 순간은 술집 주인 실바니토가 '이름 없는 남자'(이스트우드)의 익살스러운 행동을 보며, 이렇게 말할 때다. "저건 카우보이와 인디언 사이의 게임 같군." 또 '옛날 옛적 서부에서'의 소년 티미 맥베인이 아버지를 흉내 내서 새에게 총을 쏘며 "방-바-바-방-방"이라고 소리지를 때다. 이것은 레오네의 입장에서 볼 때, 매우 정교하지만, 또 매우 위험한 전략일 수 있다. 다시 말해 레오네는 우리가 그의 우화를 믿기를 원한다. 우리가 믿도록 레오네는 대단히 긴 영화를 만든다. 그러면서 동시에 레오네는 믿지 않기도 원하는 것이다.

인형 조종사인 레오네는 종종 할리우드의 역사에 관한 자신의 시각을 이탈리아 스타일로 표현하기도 한다. 인형 같은 장난감을 갖고 노는 어른들의 이상한 모습을 보여주며 말이다. '황야의 무법자'에서 '이름 없는 남자'는 시체들을 마치 인형을 다루듯 정렬한다. '석양의 건맨'에서 인디오(잔 마리아 볼론테)는 엘파소에 있는 은신처에 목제 인형을 갖고 있다. '석양의 무법자'에 나오는 총싸움 시퀀스에서 투코(일라이 월러크)는 일렬로 정렬한 인디언 인형들을 향해 무차별 사격을 한다. '옛날 옛적 서부에서' 오두막집에 있는 브렛 맥베인의 목제 기차 장난감은 이 아일랜드 남자의 '일생의 꿈'을 상징한다. 역시 같은 영화에서, 기관차 앞에 어떤 남자가 서 있는 모튼(가브리엘레 페르제티)의 철제 기차 장난감은 '작은 장애물'을 상징하는데, 그건 그의 부하들이 반드시 철로에서 제거해야 하는 대상이다. '석양의 갱들'에서 '조니와 조니의 특급'으로 불리는 목제 기차 장난감은 천사 같은 소년에 의해 줄로 당겨지는데, 덕분에 후안(로드 스타이거)과 숀(제인스 코번)은 메사 베르데의 은행을 폭파하고 문을 연다. '원스 어폰 어 타임 인 아메리카'에서 불법 술을 담은 큰 통 장난감은 이스트강의 바닥에서 표면으로 떠오르게 고안돼 있는데, 이 장난감을 소년들이 카푸아노 형제들에게 보여주고 있다. 이런 사례들에서 장난감은 종종 마치 모든 것이 가능했던 어린 시절부터 품어왔던, 일생의 꿈을 함축하는 것으로 제시된다. 그리고 대개 장난감의 꿈은 종국에는 비극적으로 끝난다. 처음엔 실현될 것 같았지만 말이다. 다시 한번 레오네는 우리가 꿈꾸길 원하고, 동시에 그렇게 하지 않기를 원한다. 다시 말해, 자신의 판타지를 진지하게 받아들이기를 원하고, 동시에 아이러니로 받아들이기도 원한다. 레오네의 '어른들을 위한 동화'는 보통 '이전보다 행복하게'가 아니라, 눈물로 끝난다. 말하자면 레오네 영화의 어린이들은 수명이 짧은 편이다.

그러면 웨스턴을 왜 만들까? 이런 질문이 1979년 세르지오 레오네에게도 던져졌다. 잡지 '일 웨스턴'(Il Western)은 의아해하며 이런 점을 주목했다. "레오네의 영화에서, 우리는 서부에 있다. 그런데 동시에 우리는 사적인 상상의 세계에도 있다." 레오네는 칼 마르크스의 〈정치경제학 비판 요강〉에 나오는 유명한 문장을 인용하며 답했다. "인간은 유치해지지 않고는 다시 아이가 될 수는 없다. 그런데 인간은 아이들의 유치함을 즐기지 않는가? 더욱 높은 수준에서, 아이들이 갖는 유치함의 진실을 재창조하려고 노력하지 않는가? 모든 시기의 특성은 자연의 특성과 완벽하게 맞는 아이들의 천성 속에서 재생되지 않는가? 인간 사회의 어린이 시기는 다시 돌아갈 수 없는 시기로서, 왜 영원한 매력으로 남아있는가? 내 생각에, 웨스턴을 찍을 준비를 하는 영화감독이면 무엇보다도 마음속에 이런 점을 진실로 새겨야 한다. 말하자면 나는 서부를, 어떤 대상에 대한 물리적, 역사적 증거로 선택하지 않았다. 대신 아이들의 유치한 방식에 관한 재현적이고 상징적인 증거로 선택했다."[22)]

마르크스의 생각을 즉각적으로 인용한 것은 사실 고대 그리스의 인공물과 신화에 대한 논쟁을 의식한 것이었다. 무슨 이유로 고대 그리스는 여전히 우리에게 미학적 쾌락, 심지어 미학적 모델을 위한 자원을 제공하는가? 레오네의 의견이다. "다른 면에서 그것들을 바라보라. 아킬레스가 화약과 총을 들고 지금도 우리와 나란히 서 있는 게 가능하지 않을까? 혹은 〈일리아드〉가 현대의 인쇄기 또는 발전된 인쇄 기계와 경합할 수 있지 않을까?" 혹은 실제로 레오네가 40년 뒤에, 영화의 장치로 그런 것을 추가하지 않았을까? 레오네가 마르크스를 인용할 때, 그의 질문은 문화연구 이론가들에 의해 정면으로 공격받았다. 문화연구 이론가들은 대중적인 가공물(여기엔 웨스턴도 포함)을 신화로 '읽기' 위해, 구조주의 인류학의 방법론을 채택하고 있었다. 그래서 대중적 가공물은 산업적 문화일 뿐만 아니라, 민속적 문화의 한 부분으로 수용됐다. 고대 그리스의 가공물과 신화는 '영원한 매력'을 갖는다는 마르크스의 결론은 1970년대 말 연구자들에 의해, 약간 감상적이어서 분석의 도구로는 별 가치를 갖지 못한다고 여겨졌다. 과거에도 당시의 주장들은 서로 경쟁했는데, 오늘날의 세계에서 '아이들의 방식'은 여전히 의미가 있을까? 당연히 현대의 사람들은 더욱 복잡한 문제들을 자신들의 예술과 신화로 풀기를 원하지 않을까?

레오네는 이 점에 강하게 반대했다. "나는 '아이들의 방식'을 재발견하고, 그것을 더욱 성숙한 방식으로 다시 바라보는 것은, 관객들이 꿈꾸도록 돕는데 좋은 일이라고 믿고 있다. 만약 모든 예술의 기초적인 기능 중의 하나가 '카타르시스'라면, 나는 여전히 그 점을 믿는데, 카타르시스를 통해, 혹은 카타르시스의 도움을 받아, 가장 어려운 문제나 모순도 더욱 쉽게 풀릴 것처럼 보일 것이다. 그 점에 도달하기 위해서는 우화와 신화가 여전히 가장 적절한 수단이다. 우화와 신화를 잃어버린다면, 그건 다른 무엇으로 대체될 수 없다. 그래서 그건 웨스턴과도 관계있다. 예를 들어보자. 아마 가장 분명한 사례는 '하이눈'일 것이다. 이 영화는 단지 시간과 운명의 변증법, 혹은 더욱 세밀하게는 시간과 공포의 변증법만을 말하는 게 아니다. 이 영화는 매카시즘 시절 미국의 현실에서 매장된 더욱 분명한 점에 관해서도 말하고 있다. 곧 이 영화는 권력에 대한 공포, 그리고 권력에 개입되고 싶어 하지 않은 사람들과 권력을 거부한 사람들을 향한 추방의 공포에 관해 말하고 있다."[23]

세르지오 레오네는 인생의 말년에 영화에 관해 이야기할 때면, 대화에서 찰리 채플린을 최소한 한 번 이상 인용하지 않을 때가 없었다. 특히 채플린의 개념인 '미국 자체가 아이들의 세상'이라는 것을 즐겨 말했다. 레오네는 자기에게 가장 큰 영향을 준 인물이 채플린이라는 점을 공공연하게 밝혔다. 채플린에 대한 영화적 사랑은 1930년대 말부터 시작됐는데, 그건 '원스 어폰 어 타임 인 아메리카'에서 정점에 이르렀다. "아이가 계단에 앉아 러시아식 생크림 케이크를 먹는 장면을 보자. 그건 채플린의 특정 영화를 모방한 것도 아니고, 그가 찍은 특정 장면을 인용한 것도 아니다. 단지 그건 채플린에 대한 사랑의 간결한 증거다. 만약 채플린이라면, 그런 상황을 바로 그런 방식으로 찍을 것이라고 감히 내가 상상한 것이었다."[24]

레오네가 주장하길, 그의 웨스턴 우화는 자신을 표현하려는 주관적 욕구를 위한, 형식적 '가면'을 제공했다. 자전적 요소들, 곧 최소한 제2차 세계대전 시기 이후의 기억들은 계속하여 자신의 영화 속에 등장했다. 예를 들어 '옛날 옛적 서부에서'에는 마부 샘(파올로 스토파)과 그의 뼈밖에 없는 말 라파예트가 등장하는 시퀀스가 있다. 그들은 모뉴멘트 밸리를 통해

질(클라우디아 카르디날레)을 데려가고 있다. 이 시퀀스는 1941년, 곧 레오네가 12살 때 일어났던 어떤 일에 대한 기억에 기초하고 있다. 레오네는 부친과 합류하기 위해 로마에서 나폴리까지 여행했다. 부친은 나폴리에서 영화 일을 하고 있었다. "그때는 식량이 부족했고, 나폴리에는 기아가 만연했다. 하지만 항상 '나폴리 특유의 쾌활함'이 있었고, 그것으로 사람들은 버텨가고 있었다. 내가 도착했을 때, 아버지는 우리를 위해 마차를 한 대 불렀다. 그런데 말은 빨리 움직이지 못했다. 말의 상태는 불쌍할 정도였다. 가죽을 비집고 나올 것 같은 갈비가 훤히 보였다. 우리는 대단히 느리게 갈 수밖에 없었다. 아버지는 이 점이 마음에 들지 않았다. 그는 마부에게 더 속도를 내라고 고함을 질렀다. 하지만 아무 소용이 없었다. 아버지는 계속하여 '속도를 올려!'라고 명령을 내렸고, 그러자 마부가 우리를 돌아다 보았다. '하지만 선생님, 무엇을 원하세요? 내 말이 물 위에라도 달릴까요?' 그는 아버지를 보고 말했다."[25)]

레오네가 인정하길, '석양의 갱들'에 나오는 몇 개의 장면들(후안의 자식들이 살해되는 것, 멕시코 반란군에 대한 정부의 보복, 기마병의 선두에서 장갑차를 타고 있는 독일 대령)은 1910년에서 1920년 사이에 일어난 멕시코 혁명은 물론 제2차 세계대전의 후반부에 이탈리아에서 실제로 일어난 일을 참조한 것이다. "그로토(Grotto)라는 곳에서 사람들이 학살되는 장면이 있다. 그건 역사적 사실에 기초한 것이다. 이탈리아에서 실제로 일어난 일이다. 점령 독일군이 이탈리아 파르티잔에 대해 벌인 보복이었다. 독일군은 한 번에 3백 명을 죽였다. 여성, 어린이, 유대인, 정치가들을 가리지 않았다. 영화 속 처형은 기차역 옆의 긴 참호 같은 곳에서 벌어지는데, 군인들이 난간을 따라 줄을 맞춰 서 있다. 그와 비슷한 일이 실제로 로마에서 일어났고, '포세 아르데아티네(Fosse Ardeatine) 학살'이라고 불린다. 대령은? 글쎄, 나치 장교처럼 보이지 않는가?"[26] 레오네의 대부분 영화처럼 '석양의 갱들'에도 배신이 등장한다. 배신은 보통 고문 때문에 일어난다. 하지만 당사자들은 고문에 의한 발설이 자신을 구하지 못한다는 점을 나중에 알게 된다.

다른 수많은 사람처럼, 14살의 레오네에게 1943년 9월부터 1944년 6월까지 이어진 독일의 로마 점령은 하나의 전환점이었다. 삶의 조건은 아주 좋지 않았다. 당시에는 전기, 의복, 식량, 심지어 물까지 부족했다. 그리고 무솔리니가 다시는 그런 일이 일어나지 않도록 하겠다던 공중 폭격도 다시 있었고, 길거리에서의 잔인하고 급작스러운 전투, 나치 군대를 위해 일할 청년들을 대상으로 한 대규모 체포 등이 잇따랐다. 공포 속에서 집에 돌아올 때, 레오네는 파시스트 정권이 실제로는 무엇을 수반하고 있는지 인식하게 됐다. "우리가 나치를 직접 대면했을 때, 그들의 가면과 제복과 연기 아래에 무엇이 있는지 확실하게 알았다. 그건 더욱 위협적인 공포의 전망이었다."

1943년 7월에서 9월 사이 파시스트 이탈리아 군대가 무너지자, 전쟁은 이탈리아 본토에 도착했다. 곧 독일의 군대와 행정이 로마로 쏟아져 들어왔다. 무솔리니는 1938년 초여름, 자신의 파시스트 정부를 통해 반유대인 정책을 펼쳤다. 그는 마치 폭격을 하듯 소위 '레반트'(Levant, 중동지역을 일컬음) 특성에 대해 연설을 했다. 유대인들의 특성은 로마제국 시절 노예무역을 통해 이탈리아 땅에 들어왔다는 것이다. 무솔리니의 그 연설은 1943년에서 1944년 사이, 나치의 점령 기간에 현실이 됐다. 로마의 타소 거리(via Tasso)에 있는 나치 비밀경찰(Gestapo) 본부는 로마에 거주하던 유대인들에 대한 일제 검거 작전을 펼쳤다. 유대인들은 북쪽 트리에스테 근처 '산 사블라'(San Sabla)에 있는 비밀 수용소로 추방됐다. 그 수용소는 파시스트와 나치가 공동으로 관리했다. 레오네가 언급한 '포세 아르데아티네 학살'은 1944년 봄에 일어난 일이다. 이탈리아의 파르티잔들이 폭탄 공격을 하여, 나치 친위대(SS) 장교 33명을 죽이는 사건이 벌어졌다. 히틀러는 보복 조치로, 사망한 독일군 한 명당 10명의 이탈리아인을 처형하라고 명령을 내렸다. 소탕 작전을 통해 독일군은 유대인, 파르티잔과 그 가족들, '레지나 코엘리'(Regina Coeli) 교도소에 있는 범죄자들을 끌어모았지만, 원래의 목표량을 맞추지 못했다. 그래서 독일군은 길거리에서 그냥 사람들을 잡아 오기도 했다. 이들을 포세 아르데아티네라고 알려진 동굴로 데려갔다. 그곳은 아피아 가도(via Appia)와 평행을 이루는 아르데아티나 거리(via Ardeatina)의 끝에 있었다. 기독교인들의 지하무덤(카타콤베)과 가까운 곳이다. 그곳에서 잡혀 온 사람들은 목 뒤에 총을 맞았다. 한 번에 다섯 혹은 여섯 명씩 죽여, 고통이 오래가도록 했다. 시체들은 동굴 속에 그냥 포개놓았다. 그리고 입구는 다이너마이트로 폭파해버렸다. 하지만 소문은 돌았고, 나치가 퇴각한 몇 주 뒤, 시체들은 발굴됐고, 대부분 신원이 밝혀졌다. 유대인 100명, 외국인 12명, 소년 15명, 그리고 의사들, 교사들, 전기공들, 노동자들까지 모두 합쳐 335명의 시민이었다(여성은 없었다). 히틀러는 330명의 희생자를 요구했는데, 비밀경찰 대장 헤르베르트 카플러(Herbert Kappler)가 무작정 체포를 명해, 다섯 명이 더 잡혀 왔다. 전쟁의 그 어떤 행위보다 끔찍한 이 학살 사건은 로마 시민들을 더욱 정치적으로 각성하게 했다.

'석양의 갱들'은 멕시코 혁명을 배경으로 하고 있다. 하지만 파졸리니의 '살로, 소돔의 120일'처럼, 이 영화는 파시스트 정권의 죽음과 같은 고통, 그리고 그 정권이 자행하는 폭력과 퇴폐의 극단을 주목했다. 농부 후안 미란다(로드 스타이거)는 시체들이 쌓여 있는 동굴에 서 있다. 시체들 가운데는 그의 자식들도 있다. 미란다는 몇 마디 중얼거린 뒤, "(죽은 자식이)모두 여섯 명이야. 이전에는 세보지도 않았어."라고 말하며, 나무 십자가를 던져 버린다. 자식들에게 전한 미란다의 마지막 말은 "주님이 위에서 너희들을 바라보실 거야."였다. 미란다가 하는 이런 말이 혁명의 단초가 된다. 그런데 이 장면은 이탈리아 파르티잔 알치데 체르비(Alcide Cervi)를 인용하는 것이었다. 체르비의 일곱 아들이 실제로 나치에 의해 비참하게 살해된 사건이 있었다.

'석양의 무법자'는 세 캐릭터가 미국의 남북전쟁에 끼어들고, 빠져나오는 피카레스크 형식의 이야기를 담고 있다. 그런데 심지어 이 영화도 나치의 집단 수용소에 관한 명백한 인용을 드러내고 있다. 나치 수용소의 유대인 오케스트라는 고문받는 죄수들의 절규 소리를 못 듣게 하려고, 악기 연주를 강요받기도 했다. 이것은 영화 속에서 미국의 '베터빌 감옥'(Betterville Camp) 시퀀스에 대해 설명할 때, 레오네가 직접 언급한 것이다. 또 세르지오 레오네의 부친 빈첸초는 로마에서, 전쟁 기간에 독일로 추방당하는 유대인들을 구하기 위한 조직에서 일하고 있었다. 세르지오 레오네의 기억이다. "유대인 가운데 한 명이 나치에 붙들렸다. 아버지가 이 사건에 개입하여, 그 유대인은 자신의 조카라고 주장했다. 그건 위험한 행동이었다. 왜냐면 나치 비밀경찰은 더욱 철저한 수사를 할 것이고, 모든 가족이 수용소로 갈 수도 있었다. 하지만 아버지는 단호했다. 그는 더 나아가, 그 유대인을 우리 집으로 데려왔다."[27] 레오네가 덧붙이길, "우리 가족의 성 레오네는 한때 유대인의 성이었다(스페인에서 유래한 성). 그래서 그것 자체가 문제가 될 수 있었다." 레오네가 알기로는, 그의 가족은 항상 '기독교인이자 이탈리아인'이었지만 말이다. 레오네의 부친이 남쪽에서 영화를 찍기 위해 로마를 비울 때, 세르지오는 종종 그 청년 유대인과 트라스테베레에 있는 집에 함께 머물기도 했다. 유대인과 함께 있던 당시의 집에 관한 레오네의 기억은 그가 '원스 어폰 어 타임 인 아메리카'를 준비할 때 대단히 유용하게 쓰였다.

이탈리아가 해방될 즈음, 사회적으로, 또 이데올로기적으로 큰 파도가 일었다. 당시 14살이던 세르지오 레오네는 로마의 학교 친구들과 함께, "나치에 대항하여 레지스탕스 운동에 참여하기로 결의했다. 우리는 산에 들어가서 파르티잔에 합류할 준비를 했다." 하지만 그는 어머니의 설득으로 집에 머물렀다. "어머니는 무슨 일이 일어날지 걱정이 들어, 죽을 것 같았다. 그리고 자신이 원하는 대로 되지 않을 것을 늘 염려했다."[28] 레오네 세대의 영화인들 가운데는 파르티잔 경험을 한 사람들이 있다. 그리고 자신들의 경험을 영화 속에 새겨 놓았다. 1960년대의 웨스턴에도 그런 작품들이 있다.[29]

이런 모든 점에서 볼 때, 분명한 사실이 하나 드러나는데, 세르지오 레오네에게 영화 만들기란 〈잃어버린 시간을 찾아서〉와 비슷한 것이 됐다. 그의 영화에는 보통 정교한 플래시백이 등장하는 데, 이는 우연이 아닌 것이다. 레오네의 플래시백은 스토리가 전개되면서, 조금씩 초점을 맞춰 나간다. 1973년 레오네는 "플래시백의 기능은 프로이트적"이라고 말했다. "미국인들은 플래시백을 너무 엄격하게, 또 폐쇄적으로 이용했다. 그건 실수였다. 플래시백은 그냥 부유하게 해야 한다. 상상처럼, 꿈처럼 말이다."[30] 레오네의 플래시백은 점점 쌓이는 구조다. 마르셀 프루스트의 파티셰리 케이크의 작은 조각처럼 매력적인 향기에 의해서가 아니고, 또 경찰의 수사(할리우드 필름 누아르처럼)에 따른 플롯에 의해서도 아니고, 단지 사운드에 의해 플래시백은 쌓인다. 다시 말해 시계의 종소리, 하모니카의 울음, 혹은 줄기차게 울어대는 전화벨 소리 같은 사운드에 의해서다. 세르지오 레오네는 음을 맞춰 노래할 줄도 모른다(그의 주장이다). 하지만 '내부에 음악'(musical inside)을 갖고 있다. 그리고 그는 자연의 사운드에 매우 예민하다.

레오네는 죽기 얼마 전, '글로리오조 거리'의 새로운 오프닝 시퀀스에 대해 말했다. 그것은 레오네의 첫 시나리오를 다시 업데이트한 것이었다. 그건 레오네가 좋아했던 식당에 들어갔을 때를 떠올렸다. 그 식당은 트라스테베레의 베네데타 거리에 있는 '케코 에르 카레티에레'(Checcho er Carettiere)인데, 로마의 전통적인 요리로 유명했다. 새로운 생각을 한 것은 식당의 벽에 걸려 있는 빛바랜 학교 사진을 봤을 때였다. 사진엔 1937년이라고 적혀 있고, 나무 액자가 돼 있다. 사진 속에는 '장 바티스트 드 라 살' 초등학교 5학년 A반 학생들이 찍혀 있다. 모두 49명인데, 그들은 전부 흰색 목깃의 상의, 헐렁한 나비넥타이, 어두운색의 셔츠를 입고 있다. 소년들은 학교 건물 바깥에, 나뭇잎이 무성한 교정에 앉아 있다. 사진마다 대문자로 이름이 새겨져 있다. 사비니, 마샤르델리, 만치니, 그리산티, 파올루치, 다구안노, 살비니, 핀치 등이 있다. 그리고 '레오네 S'와 '모리코네'가 있는데, 두 소년은 씩 웃고 있다. 두 소년은 5학년 때 같은 반 급우였다. 레스토랑 주인 피포 포르첼리는 이들 두 소년과 같은 반이었다.

새로운 영화는 58살이 된 영화감독이 반창회에 참석하려고 레스토랑에 도착하는 것으로 시작한다. 그는 일찍 왔고, 그래서 늘 마시던 스파클링 와인 '칸넬리노'(Cannellino)를 주문한다. 그는 색이 바랜 사진 아래 앉아, 식탁 주변에 있는 의자들을 바라본다. 그때 음악은 현대의 로마 스타일에서 시작하여 1930년대 후반 스타일까지 섞여 연주되며, 흥분한 아이들의 소음이 메아리로 끼어든다. 카메라는 중년 감독의 안경 낀 눈동자로 다가가고, 그는 과거의 기억들을 떠올린다. 이를테면 모험과 허세를 좇는 남성 세계에서의 소년들의 수업시간, 길거리 싸움, 통과의례 등이다. 일부 기억은 당시의 소년들이 함께 나누던 미국에 대한 꿈, 이미지, 그리고 꾸며낸 것까지 포함한다. 그 꿈들은 추상적인데, 소년들 누구도 실제 미국의 모습이 어떤지는 거의 아는 게 없기 때문이다. 이런 꿈들은 소년들이 처음 미국인들을 경험하며 느꼈던 것과는 아주 달랐다. 1943년 전쟁은 소년들의 삶 속으로 들어왔다. 하지만 그들에게 삶은 여전히 흑백 영화 같았다.

소년들이 알고 있는 미국에 대한 지식은 영화와 만화에서 본 이미지에 한정돼 있었다. 일부 소년은 20세기 초 미국에 이민 갔던 친척들로부터 받은 편지를 보고 알기도 했다. 레오네에 따르면, 자신과 반 아이들은 그런 환경 속에서 성장했다. "말하자면 '무솔리니 멜로드라마' 제국의 수도에서 자랐다. 이웃들은 고립된 죽은 지역에 있는 것과 같았다. 그들은 거대함에 대한 웃기고 위험한 꿈을 꾸었다. 신문들은 거짓말하고, 도쿄와 베를린과의 문화적 연결이 강조됐고, 거의 매일 군사 행진이 있었고, 불붙은 원으로 점프하는 일들이 전시될 때다. 하지만 내 가족은 반파시스트였고, 무엇보다도 영화에 헌신했고, 그래서 최소한 나는 그런 무지를 나누어 갖지 않아도 됐다. 영화는 무대, 자유, 모험의 세계를 향한 창문을 열어주었다. 그리고 나의 소년 시절 미국은 할리우드에만 한정돼 있지 않았다. 이탈리아에는 할리우드의 영화들이 시차를 두고 검사된 뒤 들어왔을 때다. 나에게 미국은 영화뿐 아니라, 소설, 빙 크로스비의 노래, 재즈, 조종사 이탈로 발보(Italo Balbo)가 시카고까지 비행했다는 뉴스, 시, 역사책, 원주민들, 그리고 미국에 이민 갔던 가족들에게서 들은 것까지 포함돼 있었다."[31)]

이런 모든 지식은 긍정적인 변화를 가져왔다. 곧 레오네는 파시즘 시절의 '백색 전화 영화', 〈삼총사〉에 대한 국수주의적 라디오 패러디 드라마, '1860' 같은 알레산드로 블라제티의 스펙터클 영화, 파시스트 정권에 의해 주최된 지역의 시합들, 그리고 에밀리오 살가리(Emilio Salgari)의 사뭇 민족주의적인 모험 소설에서 벗어날 수 있었다. 하지만 레오네의 미국은 여전히 추상적이었다. "작가 체사레 파베제(Cesare Pavese)가 정확하게 보았듯, 미국 문화는 우리 세대에게 집단적인 꿈을 꾸게 하였다. 그 꿈은 거대한 스크린에 투사되었다. 그런데 문제는 우리가 드라마에서, 우화에서 어느 한쪽 편을 공개적으로 들 수 없었다는 것이다. 그래서 우리는 이전 세기의 엘리자베스 시대 드라마, 스틸 노보(Stil Novo) 시를 공부하듯, 미국 문화를 공부했다. 우리는 비밀리에, 존 더스 패서스(John Dos Passos),

어니스트 헤밍웨이, 스콧 피츠제럴드, 레이먼드 챈들러를 읽었고, 유토피아 같은 미국을 사랑하는 법을 배웠다. 우리에게 미국은 유연했고, 빛났고, 야망이 있었다. 하지만 〈알라딘〉의 유리병 속 지니처럼, 미국은 위반에 대한 우리의 젊은 욕망 속에 갇혀 있었다. 디즈니의 노래 '누가 크고 나쁜 늑대를 두려워할까?'(Who's afraid of the Big Bad Wolf?)는 루스벨트의 '뉴딜' 시대에 대한 아픈 언급인데, 이것은 우리 시대 불황의 어려운 시절과도 조응하는 것이었다. 아메리칸 드림은 여러 다른 가면을 쓰고 우리 뒤에 숨어 있었다. 그리고 미국은 어린이들의 나라로 남아있었다. 그 나라는 오래된 세상, 또 어른들의 세상을 가리키며 잘못을 묻고 있었다. 신나는 비트의 음악과 정신을 고양하는 시각과 더불어 '계속 웃어'라는 미국식 예의는 유럽에서 전체주의와 전쟁이 몰고 온 슬프고, 고통스러운 시선과는 아주 대조되었다."[32]

그런데 1943년에서 1945년 사이, 연합군이 상륙한 이후, 미국인들과의 직접적인 만남은 다른 문제로 다가왔다. 그건 또 다른 형태의 배반감이었다. "나의 소년 시절에 미국은 종교 같았다. 나의 소년 시절과 사춘기(맹세컨대 내가 이 시기를 완전히 통과했는지는 확신이 들지 않는다)를 통틀어, 나는 미국의 광대하게 넓은 공간을 꿈꾸었다. 또 거대하게 확장된 사막을 꿈꾸었다. 미국은 특별한 '용광로'인데, 세상 모든 곳에서 이주한 사람들로 만들어진 최초의 국가였다. 먼지와 진흙탕의 길고 곧은 길은 어디서 시작되고 어디서 끝나는지 모를 정도인데, 어쨌든 그 길들은 대륙 전체를 가로질러 갈 것처럼 보였다. 그런데 지프를 타고 로마에 온 실제의 미국인들은 나의 삶에 갑자기 끼어들었고, 나의 모든 꿈을 뒤집어버렸다. 그들이 나를 해방했는가! 나는 그들이 힘이 넘친다는 것은 알았다. 하지만 매우 기만적이라는 것도 알았다. 그들은 더 이상 서부의 미국인이 아니었다. 그들은 다른 군인들과 다를 바 없는 사람들이었다. 단 그들은 승리한 군인들이었다. 그들은 현실주의자였고, 소유욕이 강했고, 쾌락과 세속적인 물품에 대단히 집착했다. 미군들(GIs)은 우리의 여성들 뒤를 쫓고, 암시장에서 담배를 팔았다. 그건 내가 헤밍웨이, 더스 패서스, 혹은 챈들러의 세상에서는 보지 못한 것이었다. 아니 거대한 심장을 가진 마법사 맨드레이크 또는 플래시 고든 같은 만화에서도 보지 못한 것이었다. 서부의 대평원 같은 것, 혹은 나의 소년 시절의 반신(demi-god)과 같은 것은 전혀 없었다."[33]

레오네의 미국에 대한 꿈은 현실과 부딪히며 살아남기 어려웠다. 아내 카를라 레오네가 말했다. "세르지오를 매혹한 것은 동화 같은 이미지였다. 당시까지 세르지오는 미국인의 정의, 충성심 그리고 명예를 재현하는 캐릭터들을 믿고 있었다. 이후에 그는 미국인들과 살을 맞대고 일을 해야 했고, 과거의 일은 과거가 됐다."[34] 레오네는 이렇게 기억했다. "처음에는 나는 스크린 위의 미국인들을 매우 존경했다. 그들의 스타일, 말하는 방식, 모자 쓰는 방식까지 좋아했다. 하지만 얼마 이후, 나는 미국은 전 세계의 유산에 속한다는 사실을 인식했다.

미국인들은 그 유산을 단지 빌린 것이었다. 미국인들은 다른 무엇보다 나쁜 습관을 갖고 있는데, 자신들의 신화적 아이디어라는 와인을 미국식 생활 방식이라는 물과 섞어버리는 것이다. 불행하게도 그 생활 방식은 어깨 위에 머리가 있는 일반적인 사람이라면 전혀 흥미를 보이지 않는 것인데도 말이다. 도리스 데이의 예를 들어보자. 데이의 영화에는 상투적인 미국의 시각이 들어있다. 그런데 그 시각은 전체주의적이거나 거의 소비에트적이다! 그의 세상은 갈등이 없는 세상이고, 카인이 없는 아벨의 세상이다. 하지만 미국은 다른 모든 사회처럼, 갈등의 사회이고, 진실이 거짓과 경쟁하는 사회이다. 나는 그런 나라의 잔인함을 보여주고 싶었다. 나는 흰 이빨을 보이며 미소 짓는 그런 상투적인 영화에는 질려 있었다. 위생과 낙관주의는 미국이라는 나무를 파괴하는 벌레 같았다. 만약 미국인들에게 '그런 미국'만이 항상 남아있다면, 그건 거대한 수치일 것이다."[35)]

'글로리오조 거리'의 상상의 프롤로그에는 중년의 감독이 식당에서 동창들을 기다리고 있다. 동창들은 감독과 함께 강력한 판타지를 거대한 스크린 위에 투사하는 사람들이다. 동창들이 '케코 에르 카레티에레' 식당에 들어오는데, 중년 감독은 그들을 잘 알아보지도 못하고, 벽에 걸려 있는 빛바랜 사진 속 얼굴과 연결하는 데 애를 먹는다. 그런데 레오네의 자전적인 이 영화는 제작되지 못했지만, 반창회는 실제로 열렸다. 언론에 알려진 50년이 지난 뒤의 중년 동창들 사진은 원래의 사진 옆에 걸려 있다. 반창회는 일간지 '일 메사제로'에서 일하는 어떤 기자의 아이디어였다. 그도 1937년의 그 반 학생이었고, 반창회 관련 뉴스를 썼다. 세르지오 레오네는 그의 옛 친구 엔니오 모리코네 옆에 서 있는데, 그림자 속에 있고, 평소와 달리 과묵해 보였다. 레오네는 건강해 보이지 않았다.

이제 우리는 두 번째 필름 통으로 이미 들어가 있다. 초점을 맞추기 위해 플래시백을 해야 하는 시간이 됐다.

1) See Noel Simsolo: *Conversations avec Sergio Leone* (Stock, Paris, 1987) pp. 21–22. Leone also reminisced about this in *C'era una volta il cinema*, a documentary directed by Gianni Minà and broadcast on RAI in 1985

2) Simsolo, pp. 22–23. For historical context James Hay: *Fascist Italy – the Passing of the Rex* (Indiana University Press, 1987) pp. 64–98.

3) Italo Calvino: *The Road to San Giovanni* (Vintage International, New York, 1994) pp. 37–73, 'A Cinema-Goer's Autobiography'.

4) Federico Fellini (with Tonino Guerra): *Amarcord – Portrait of a Town* (Abelard – Schuman, London, 1974). Also James Hay, loc. cit.

5) James Hay, loc. cit. Also Marcia Landy: *Fascism in Film* (Princeton University Press, New Jersey, 1986) pp. 3–29, 33–71, and Mira Liehm: *Passion and Defiance Film in Italy from 1942 to the Present* (University of California Press, Berkeley, 1984) pp. 21–40.

6) Simsolo, pp. 22–23 (Leone on Charlie Chan) and pp. 23–24 (Leone on comics). See also Diego Gabutti: *C'era una volta in America* (Rizzoli, Milan, 1984) pp. 90–93. One of Sergio Leone's first cinema experiences, which he was to remember for the rest of his life, was going to see *Charlie Chan's Secret* (1936, directed by designer Gordon Wiles) with its climactic sequence where a clock in the living room of an expressionist house triggers a high-powered rifle when the clock strikes the hour. On comics of the period, see (ed.) Aghina and Saccabusi: *Annitrenta* (Comune di Milano, 1982) pp. 449–65.

7) Simsolo, and Gabutti, loc. cit.

8) Gilles Lambert: *Les bons, les sales, les méchants et les propres de Sergio Leone* (Solar, Paris, 1976) p. 40; interview with Sergio Leone for Channel 4/Large Door Visions(broadcast May 1984), November 1983; Simsolo, p. 97. On the *Burattini and the pupi Siciliani*, see Antonio Pasqualino: *L'opera dei pupi* (Sellerio, Palermo, 1989), Bill Baird: *The Art of the Puppet* (Ridge Press, Macmillan, New York, 1965) pp. 119–129, Michael Byrom: *Punch in the Italian Puppet Theatre* (Centaur, London, 1983) appendix A, and Henry Festing Jones: *Diversions in Sicily* (Alston Rivers, London, 1909) pp. 82–93. Gilles Cèbe: *Sergio Leone* (Henri Veyrier, Paris, 1984) pp. 87–133 is good on Leone and the carnivalesque.

9) Lambert, pp. 93–94; also Simsolo, pp. 20–21.

10) *Visions* interview; also (ed.) Luca Verdone: *Per un pugno di dollari* (Cappelli, Bologna, 1979) interview with Leone pp. 11–20; and author's interview with Leone February 1982.

11) Simsolo, pp. 17–20. For historical context, Charles F. Delzell: *Mediterranean Fascism 1919–45* (Harper & Row, New York, 1970) pp. 133–155. For Fellini's

version, *Amacord* pp. 17–24.

12) Derek Elley: *The Epic Film* (Routledge & Kegan Paul, London, 1984) pp. 84–85; Maria Wyke: *Projecting the Past – Ancient Rome, Cinema and History* (Routledge, London, 1997) pp. 20–22; Bianco e Nero special, August 1939; James Hay, pp. 150–180.

13) Author's interview with Sergio Leone, February 1982.

14) Lambert, pp. 30–32; Simsolo, pp. 21–23.

15) Calvino, pp. 37–73.

16) Author's interview with Sergio Leone, February 1982, confirming remarks in Lambert and in Guy Braucourt's interview for *Cinéma 69* , November 1989, pp. 81–90.

17) Luciano Vincenzoni, in Oreste de Fornari: *Tutti i film di Sergio Leone* (Ubulibri, Milan, 1984) pp. 171–173.

18) Bernardo Bertolucci, interview in *Positif*, March 1973, p. 37.

19) Tonino Valerii, interview for BBC television documentary *Viva Leone!*, directed by Nick Jones and David Thompson and broadcast December 1989. Interview in Rome, November 1989.

20) Clint Eastwood, cited in Christopher Frayling: *Spaghetti Westerns* (Routledge & Kegan Paul, London, 1981) pp. 126–127, 145–146.

21) Franco Ferrini, interview with Sergio Leone in *Bianco e Nero*, September/October 1971, pp. 37–42.

22) Verdone, interview pp. 11–20.

23) Verdone, also Gianni Di Claudio *Il cinema western* (Libreria Universitaria, Chieti, 1986) interview pp. 13–21.

24) Simsolo, pp. 190–191, 195–196.

25) Simsolo, pp. 25–26.

26) Gilles Cèbe: *Sergio Leone* (Henri Veyrier, Paris, 1984) pp. 34–35, quoting Leone.

27) Simsolo, pp. 28–30.

28) Simsolo, p. 30.

29) See, for example, Luca Beatrice: *Al cuore, Ramon, al cuore* (Tarab, Florence, 1996) pp. 156–160, 162–166.

30) Interview with Leone in *Take One*, May 1973, pp. 27–32.

31) Diego Gabutti, pp. 90–92; also Leone's essay in (ed.) Marcello Garofalo: *C'era*

una volta in America – Photographic Memories (Editalia, Rome, 1988) pp. 9–15.

32) Gabutti, Garofalo, loc. cit.

33) Christopher Frayling: *Spaghetti Westerns*, p. 65.

34) Author's interview with Carla Leone, Rome, 1 July 1994.

35) Gabutti, Garofalo, loc. cit.

2.

봅, 로버트의 아들

(Bob, Son of Robert)

영화관 안은 기분이 좋았다. 따뜻하고 편안했다. 모든 걸 가진 따뜻한 성당 같았다. 잃어버리는 것이라곤 한순간도 없었다. 당신은 용서의 따뜻한 환경으로 들어가게 된다. 당신은 마침내 세상이 너그러워졌다는 것을 느끼도록 자신을 내버려 두면 된다. 이미 그런 것을 생각했을 테다. 그러면 어둠 속에서 꿈들은 은빛 불빛의 신기루와 합쳐지기 위해, 위로 표류할 것이다. 신기루들은 현실이 아니다. 스크린 위에 나타나는 그 무엇이다. 그것들은 꿈과 죽은 자들의 광대하고 문제 많은 세상에 머문다. 당신은 밖에서 당신을 기다리고 있는 삶을 견디기 위해, 서둘러 그런 꿈들로 자신을 채워야 한다. 당신이 영화관을 나오면, 며칠간은 갈등을 견뎌내야 할 것이다. 당신은 당신의 가슴을 가장 따뜻하게 했던 꿈 중에서 하나를 선택하면 된다.

— 루이-페르디낭 셀린, 〈세상 끝으로의 여행〉(1932)

세르지오 레오네는 로마에서 1929년 1월 3일 태어났다. 자료에 따르면 레오네는 로마의 트라스테베레 지역에서 태어났는데, 어떤 자료는 그가 나폴리 출신이라고 주장하는 것도 있다. 사실은 그는 트레비 분수 근처 루케지 거리(via dei Lucchesi)에 있는 루케지 빌딩에서 태어났다. 하지만 레오네는 2살부터 20살까지, 성장기 대부분을 트라스테베레 지역에서 살았다. 그가 태어날 때 부친 빈첸초는 거의 50살이었다. 모친 에드비제 발카렌기(Edvige Valcarenghi)는 빈첸초와 결혼한 지 13년째였다. 배우였던 모친의 예명은 비체(베아트리체의 애칭) 발레리안(Bice Walerian)이었다. 세르지오는 이 결혼의 첫째이자 유일한 자식이었다. 그가 기억하길 "(자신의)탄생은 부부에겐 마치 기적과 같았다." 세르지오의 모친은 출산의 희망을 포기하고 있었다.

세르지오의 부모들은 원래는 로마 사람들이 아니었다. 부친 빈첸초는 나폴리 근처 아벨리노(Avellino) 지역에 있는 작은 마을 토렐라 데이 롬바르디(Torella dei Lombardi) 출신인데, 그는 1879년 4월 5일 태어났다. 빈첸초의 가족은 아벨리노 지역의 이르피니아(Irpinia)에 작은 토지를 갖고 있었다. 세르지오 레오네는 "나의 조상은 나폴리가 주도인 캄파냐(Campagna)주 출신"이란 점을 자랑삼아 말했다. 모친 에드비제의 가족은 이탈리아의 북쪽 끝 프리울리(Friuli) 출신이다. 에드비제의 부친이 스페인 광장에 있는 '러시안 호텔'(Russian Hotel, 지금은 없다)의 주인이었다. 스페인 광장은 '스페인 계단'에 있는 '트리니타 데이 몬티'(Trinità dei Monti) 성당과 연결돼 있는데, 이곳은 로마에서 가장 우아한 곳으로 알려져 있다. 에드비제는 1886년 그곳에서 태어났다. 에드비제는 빈첸초를 1912년에 만났는데, 그때 두 사람은 모두 토리노에 있는 '아퀼라'(Aquila, 독수리) 영화사와 계약관계에 있었다. 빈첸초는 (예술)감독이자 배우였고, 에드비제는 배우였다. 그들은 1916년에 결혼했다. 에드비제는 가정을 꾸리는 데 헌신하기 위해, 1년 뒤 스크린에서 은퇴했다. 에드비제는 배우로서는 다시 일하지 않았다.[1)]

부친 빈첸초 레오네는 나폴리 근처 카바 데이 티레니(Cava dei Tirreni)에 있는 살레지오 학교에서 교육을 받았다. 평신도 교사 중에 유명 언어학자인 이탈로 친가렐리(Italo Zingarelli)가 있었다. 빈첸초는 나폴리 대학에 진학하여 법학을 전공했다. 대학 시절 그는 처음으로 아마추어 연극 경험을 했다. 아들 세르지오의 기억이다. "당시는 1차 세계대전 이전이었고, 나폴리는 이탈리아 전체에서 문화의 중요한 중심지 중 하나였다. 아버지는 법학 공부를 하며, 동시에 예술적 환경에도 빠져 있었다. 그곳에서 아버지는 친구들을 많이 사귀었다. 에두아르도 스카르폴리오(Eduardo Scarfoglio) 같은 중요한 인물도 있었고, 권위 있는 작가와 언론인은 물론이고, 이탈로 브라코(Italo Bracco) 같은 시인들, 극작가들도 있었다. 아버지는 가브리엘레 다눈치오(Gabriele d'Annunzio)도 잘 알고 있었다. 그들은 당시 함께 학교에 다녔다. 아버지는 법학 학위를 따기 위해 공부하며, 아마추어 연극 무대에서 연기자로, 또 연출가로 활동했다."[2)]

나폴리는 과거에 그랬던 것처럼, 여전히 세련된 도시였다.

이탈리아의 통일 이후 그런 세련됨은 북쪽으로 옮겨갔지만 말이다. 나폴리는 여러 극장을 지원하고 있었다. 레퍼토리 극장들은 거의 모든 것을 공연했다. 고전 연극부터 지역어를 쓰는 코미디, 그리고 보드빌까지 무대에 올렸다. 1905년 이탈로 브라코와 배우 암레토 노벨리(Amleto Novelli)는 빈첸초 레오네를 극단 매니저 로베르토 탈리(Roberto Talli)에게 소개했다. 그의 '탈리-드라마티카-칼라브레지'(Talli-Dramatica-Calabresi, T-D-C) 극단은 나폴리에 본부를 두고, 전국을 돌며 공연을 했다. 빈첸초는 졸업 이후 이 극단에 배우로 들어갔다. 그는 예명으로 '로베르토 로베르티'(Roberto Roberti)를 썼다. 이 이름은 당시의 유명 배우 루제로 루제리(Ruggero Ruggeri)의 형식을 모방한 것이었다. 루제리는 더 유명한 극단으로 가기 전에, T-D-C에서 연기했다. 세르지오 레오네가 설명했다. "아버지의 가족들은 그가 토리노에서 변호사 인턴 과정을 밟는 줄 알았다. 하지만 사실 그는 순회공연 극단의 단원이었다. 그는 본명으로는 무대에서 일할 수 없었다. 가족들이 사실을 알게 될 것이기 때문이었다. 그러면 가족들은 아버지의 모든 유산을 박탈할 것이고, 모든 계약을 파기할 것이었다. 분명히 기억해야 하는데, 당시에 아버지의 가족들 같은 사람들에게 연극은 금기였다. 만약 아버지가 아티스트가 되고 싶다고 말한다면, 가족들은 그를 풀치넬라(Pulcinella)로 취급할 것이다."[3)]

레오네 가족들의 주장에 따르면, 부친 로베르토 로베르티(예명)는 로베르토 탈리와 작업한 뒤, 얼마 동안 전설적인 배우 엘레오노라 두제(Eleonora Duse)의 순회극단과 일을 했다고 한다. 하지만 여기에 관해서는 어떠한 증거 문서도 알려진 게 없다. 1911년 로베르티는 토리노에서 '젊은 미남'으로 알려질 때, 변호사 리노 풀리에제(Lino Pugliese)를 만났다. 그는 섬유 재벌 카밀로 오토렌기의 행정가이자 협력자였다. 풀리에제가 4년 전, 앞에서 말한 작은 제작회사 '아퀼라' 영화사를 차렸다. 풀리에제가 로베르티를 설득하여, 자기 회사의 첫 영화에 출연하게 했다. 그건 멜로드라마(아퀼라 영화사의 특기)였는데, 제목은 '폭풍'(La bufera)이었다. 감독은 카를로 알베르토 롤리였고, 1911년 12월 개봉됐는데, 평범한 평가를 받았다. 토리노의 영화 저널 '라 비타 치네마토그라피카'(La vita cinematografica, 영화적 삶)는 이렇게 결론지었다. "낮은 개연성과 빈약한 시나리오에도 불구하고 유일하게 빛나는 장점은 아킬레 콘살비와 로베르토 로베르티의 신뢰 가는 연기다."[4)]

당시는 이탈리아 영화 산업의 발전기였다. 제작회사들이 토리노와 로마에서 계속 생겼고, 주로 변호사들이 경영을 맡았다. 변호사들은 은행으로부터 큰 신뢰를 받는 북부 기업가들의 지원을 받았다. 1914년에는 22개의 제작회사가 있었고, 그들의 재산은 영화 흥행의 부침에 따라 성쇠를 거듭했다. 리노 풀리에제는 연극계 출신들을 모아, 배우 조직을 만드는 데 열중했다. 그리고 기술자들과는 매년 계약을 맺었다. 그런데 로베르티는 영화사와의 계약에 묶여 있는 것보다는, 연극 무대로 돌아가기를 더 원했다. 1912년 봄 시즌에, 로베르티는 나폴리의 '메르카단테 극단'(Teatro Mercadante)의 무대에 출연했다. 그런데 그 극단은 주연 배우가 죽자, 활동을 중단하고 말았다. 그래서 직장을 잃은 로베르티는 풀리에제에게 자신은 이제 자유이며, 아퀼라 영화사의 제안을 받을 준비가 됐고, 토리노로 가겠다고 말했다. 그는 계약을 맺었고, 첫 개런티로 1만 리라를 받았는데, 당시에는 높은 편이었다. 로베르티는 '주연 배우'와 '예술 감독'(artistic director)을 모두 책임졌다(당시에는 한 작품에 두 감독이 채용되는 게 관례였다. 한 명은 '예술 감독', 또 한 명은 '기술 감독'이었다). 다른 배우들도 아퀼라 영화사와 계약을 맺었고, 이들 대부분은 고전 연극에서 훈련을 받은 사람들이었다. 그들 배우 중에 세르지오 레오네의 모친 비체 발레리안(예명)도 있었다. 아퀼라 영화사와 맺은 계약에 따르면, 비체 발레리안은 비극과 희극 두 장르 모두에서 연기해야 했다. 예명은 전 약혼자인 발레리안 왕자의 성을 따른 것이었다. 비체 발레리안이 아퀼라 영화사에 들어오고, 로베르티를 만났을 때, 발레리안 왕자와의 약혼은 깨져있었다. 하지만 이름은 그대로 썼다. 이 점에 대해 불운한 왕자는 무슨 생각을 했을까? 역사는 아무 기록도 남겨놓지 않았다.

1912~1913년은 산업적으로 볼 때, 이탈리아 영화의 '기적의 해'(annus mirabilis)였다. 엔리코 구아초니(Enrico Guazzoni)의 블록버스터급 영화 '쿠오 바디스?'(Quo Vadis?)가 국제적인 성공을 거두었다. 로마의 '치네스'(Cines) 영화사 제작인데, 길이가 거의 두 시간에 가까웠고, 당대 최고의 스펙터클을 보여주

었다. 헨리크 시엔키에비츠(Henryk Sienkiewicz)의 소설 〈쿠오 바디스?〉는 1895년 처음 발간됐고, 프랑스에서 영화화됐었다. 지나치게 축소된 판본이었으며, 저작권 문제도 해결하지 않은 채, 1901년, 1902년, 그리고 1908년 등 세 번 영화화됐다. 하지만 구아초니는 최초로 소설에 대한 권리를 정식으로 샀고, 훈련받은 화가와 디자이너를 고용해, 최고급의 각색을 진행했다. '쿠오 바디스?'는 정지된 카메라로 극장의 맨 앞에서 촬영한 것 같은데, 마치 대서사의 드라마처럼 보이는 것은 장대한 규모와 구아초니의 시각적 상상력 덕분일 테다. 정교한 장면들, 예를 들어 공포에 질린 시민들이 불타는 로마의 길거리를 달려가고, 네로 황제는 궁전의 발코니에서 수금을 연주하며 노래를 부르는 장면은 미래에 숱하게 만들어지는 역사적 서사극의 기본 규칙을 제공했다. 영화가 국제적인 성공을 거두자, 비평가들은 세계 영화에 대한 '이탈리아의 특별한 기여'에 관해 쓰기 시작했다. 그러자 아퀼라 영화사 같은 작은 회사들도 대작 영화사의 판매 전략을 모방할 용기를 가졌다. 곧 '쿠오 바디스?'와 비슷한 스타일의 긴 영화를 배급하려 했다. 이제는 제작에서 어떤 특징을 갖는지가 중요한 문제가 됐다. '쿠오 바디스?'는 1912년 이탈리아의 리비아 정복에 이은, 대중적 민족주의의 물결을 이용한 것이었다. 또 이 영화는 권위 있는 '교육' 관련 작품으로 소개됐다. 하지만 아퀼라 영화사는 시선을 좀 낮추었다.

아퀼라 영화사의 제작자 리노 풀리에제의 선택(이는 당대 이탈리아 영화계에 소개되던 독일과 덴마크 영화의 영향을 일부 받은 것)은 열정적인 멜로드라마였다. 곧 '상층 계급의 선정적인 이야기'가 '골든 사이클'(The Golden Cycle) 같은 홍보 문구를 달고, 시리즈 형식으로 소개됐다. '그랑기뇰'(grand guignol) 풍의 선정적인 드라마에 대한 '예술 감독' 크레딧은 로베르토 로베르티와 아킬레 콘살비(Achille Consalvi)가 나누어 가졌다. 두 감독은 대부분 서로의 작품에 주연으로도 나왔다. 이때의 로베르티 관련 작품들은 이렇다. '라라 백작 부인'(1911, 비체 발레리안 주연의 스파이 영화), '꿈'(1912, 콘살비와 공동 연출), '번개'(1913, 로베르티의 연출과 주연), '황금의 여왕'(1913, 감독은 콘살비), '최후의 희생자'(1913, 비체 주연), '자살한 남자 359번'(1913), '속죄의 탑'(1913, 비체 주연, 로베르티의 연출과 주연), '성 마틴 다리의 암살자'(1913, 비체 주연), '여성 인디언 뱀파이어'(1913, 비체 주연) 등이다. 이들 영화의 대부분은 지금 남아 있지 않다. 단지 언론사의 스틸 사진들과 기사 조각들만 전한다. 그래서 영화사가들이 할 수 있는 것은 업계 소식지와 평론가들의 반응을 참고하여, 영화를 재구축하는 것뿐이다.

영화사가 알도 베르나르디니(Aldo Bernardini)와 비토리오 마르티넬리(Vittorio Martinelli)는 기록으로 남은 자료를 통해 이렇게 결론지었다. "이런 작품들을 통해 로베르토 로베르티는 장편 제작의 이탈리아 영화계에서 기억해야 할 유력 인물이 됐다. 대중들은 아퀼라 영화사 스타일의 영화를 좋아했다. 이 영화들이 사회적 인습과 상식에 도전하는, 대담하고 선을 넘는 주제와 장면을 담고 있었던 게 중요한 이유였다. 하지만 평론가들과 검열 당국은 이 영화들과 늘 잘 지내지는 못했다. 그들은 할 수만 있다면, 아퀼라 제작의 영화들을 비난했다. 로베르티의 영화들이 왜 쉽게 배급되지 못하고, 배급망에서 오래 머물지 못하는지 알 수 있을 것이다. 로베르티의 영화들은 시장에 내놓기에는 너무 강했다. 그리고 평론가들은 그의 영화들을 '약간 천박하다'라거나 혹은 '일관성이 없다'라고 지적했다. 하지만 이 평론가들도 세트 디자인의 가치, 예술적 연출의 수준, 주인공들의 장인 같은 연기에 대해서는 상찬을 아끼지 않았다."[5] 평론가들이 어떻게 쓰든, 아퀼라 영화사의 작품들은 배급만 되면, 흥행에서 인기가 좋았다. 기득권층은 영화라는 새로운 미디어가 '세련된 주제'와 교육적 야망에 집중해주길 바랐지만, 돈을 내는 관객들은 그런 의견에 늘 동의하는 것은 아니었다.

1913년에서 1915년 사이에, 아퀼라 제작 영화(그리고 로베르티의 영화)의 생산성에 가속도가 붙은 것은 흥미로운 일이었다. 바로 이 시기에 이탈리아 영화는 질적, 양적인 면에서 유럽 대륙의 시장을 지배하기 시작했다. 그리고 그 당시에 유명한 극작가와 소설가들이 대량 생산 산업인 영화계에서 일하는 데 주저함(혹은 오만함)을 내려놓기 시작했다. 에밀리오 기오네(Emilio Ghione)는 당시 유명한 배우이자 감독이었는데, 훗날 파시스트 동조자가 되는 그는 이탈리아 영화의 출현에 대해 강한 긍정적 의견을 갖고 있었다. 그는 이렇게 썼다. "제1

차 세계대전의 발발은 이탈리아 영화가 해외 시장을 정복하는 데 큰 도움이 됐다. 프랑스, 독일, 오스트리아는 생산을 중단했고, 미국은 아직 영화가 무엇을 의미하는지 모르고 있었다. 그래서 이탈리아는 세계 영화계의 지배자가 됐다."[6] 엔리코 구아초니 감독이 '쿠오 바디스?'에서 기독교인들을 사자의 밥으로 던져줄 때, 할리우드는 여전히 부동산 회사에 머물러 있었다. 1915년에 이탈리아 전역에는 5백여 개의 영화관이 있었다. 그리고 '4대 영화 수도', 곧 토리노, 밀라노, 로마, 나폴리에 80개의 영화 제작사가 있었다. 영화는 진지한 평론가에 의해 진지하게 수용되기 시작했다. 이런 사실은 빈첸초 레오네의 가족(낮은 귀족 출신)들이 그의 직업에 대해 공개적으로 말할 기회를 주었다. 하지만 빈첸초는 여전히 예명 로베르토 로베르티를 사용했고, 가족과 친척들은 그의 활약을 몰랐다.

미래에 일어날 일과 관련해서, 로베르티의 영화 '여성 인디언 뱀파이어'(La vampira indiana, 1913)는 특별히 흥미로운 작품이다. 이 영화는 최초의 이탈리아 '웨스턴'이라고까지는 명명하기는 주저된다. 그 영예는(만약 동의한다면) 자코모 푸치니의 오페라 '서부의 아가씨'(La fanciulla del West)에게 돌아갈 것이다. 이 오페라는 엔리코 카루소가 주역을 맡아, 1910년 뉴욕 메트로폴리탄에서 처음으로 공연됐다. 하지만 '여성 인디언 뱀파이어'는 이탈리아의 두 번째 웨스턴은 된다. 1913년 이전에, 유럽에서는 많은 웨스턴이 만들어졌다. 프랑스 뤼미에르 영화사 제작의 몇몇 단편들, 예를 들어 1896년 가브리엘 베르가 연출한 '인디언의 식사' 같은 작품이 있다. 그런데 세르지오 레오네는 아주 기쁜 마음으로 부친의 영화에 대해 이렇게 기억했다. "그것은 최초의 이탈리아 웨스턴 '영화'였다. 나의 아버지가 연출했고, 나의 어머니가 인디언 역을 연기했다." 이 작품은 1913년 크리스마스이브에 개봉됐다. 지금 남아 있는 언론사의 사진들을 보면, 비체 발레리안(세르지오의 모친)은 보석으로 장식한 인디언 공주 의상을 입고, 흰 말 위에 앉아 있다. 그 말 앞에서, 얼굴에 전투용 분장을 하고, 전투용 깃털 모자를 쓴 추장이 공주를 끌고 있다. 공주가 제목에 나오는 뱀파이어이다. 뱀파이어는 추장을 돕기 위해, 살인 같은 범죄를 저지른다. 그런데 어떤 결백한 남자가 이런 범죄를 저지른 사람으로 비난받는다. 그러자 그 남자의 딸은 아버지의 결백을 밝히려고, 모든 노력을 기울인다. 결국에 그 딸은 최종적인 결투를 앞두고 인디언 공주를 정면으로 마주 보게 된다. '여성 인디언 뱀파이어'는 세실 B. 드 밀의 초창기 웨스턴인 '스쿼맨'(The Squaw Man, 인디언 아내를 둔 남자)과 뱀파이어가 나온다는 점에서 일부 겹치기도 한다. '뱀파이어' 테마는 19세기 말부터 시와 상징주의 회화에서 이미 유행이었다.

'여성 인디언 뱀파이어'가 발표됐을 때, 비평가들의 반응은 그렇게 뜨겁지 않았다. 간행물 '영화의 5월'(Il Maggese Cinematografico, 토리노 발간)은 1914년 1월 10일 자에 이런 리뷰를 남겼다. "미장센은 장식적이고, 촬영은 훌륭하다. 주제는 설득력이 떨어지지만, 수용은 될 수준은 된다. 인디언 여성이 형제(추장)를 돕기 위해, 이런 모든 범죄를 저질렀다는 점을 받아들이기로 하자. 하지만 그 범죄들을 전부 여성 혼자서 다 했다는 사실은 삼키기에 너무 어렵다! 인디언 여성 배우가 재능을 가졌다는 점은 부인하기 어렵다. 공주는 궁전에서 들어오고 나가길 마음대로 한다. 그리고 자신이 좋아하는 일을 거리낌 없이 한다. 공주는 죽이고, 전화도 한다. 그런데 불쌍한 결백한 남자가 그녀의 죄를 뒤집어쓴다."[7] 1914년 2월, 이 영화는 '아퀼라 영화사의 성공'으로 칭송받았다. 전투용 깃털 모자, 말, 전화 그리고 궁전 등 이 모든 것을 자극적일 정도로 섞는 것, 두 명의 여성 주역 사이의 결투 등으로 이 영화는 실패할 수가 없었다.

로베르토 로베르티는 비체 발레리안과 7편 더 영화를 만들었다. 어떤 비평가의 말대로 그가 만든 영화들은 대부분 '유혈이 낭자한 폭력물이기보다는 동화 같고 감성적인 작품들'이었다. 7편은 이렇다. '다뉴브강의 뱃사람'(1914), '통속 배우'(1914), '맨발의 작은 공주'(1914), '아벤 항구의 산적'(1914), '작은 탐정'(1915), '불길'(1916), 그리고 '꿈의 질주'(1917) 등이다. '꿈의 질주'(La cavalcata dei sogni)가 배우 크레딧에서, '로베르토 로베르티'와 '비체 로베르티'라는 이름이 함께 올라온 마지막 작품이다. 비체 발레리안에게는 로베르티라는 성을 쓴 이유를 분명히 밝히고, 그와 결혼하여 가정을 꾸리는 준비를 하는 것이 영화 경력보다 더 중요했다. 비체의 남편이 오직 감독으로서만 일을 시작하자, 그녀는 업계에서 완전히 발을 뺐다. '꿈의 질주'가 발표된 지 얼마 뒤, 아퀼라 영화사는 파산했다. 초창기의 많은, 소자본의 작은 이탈리아 제작사들처럼, 아퀼라 영화사는 고정비용의 증가, 계획을 넘어서는 예산, 그리고 전쟁 시기 시장의 축소 등에 따른 희생물이었다.

로베르토 로베르티는 1915년, 이탈리아 군대에 징병 되지 않았다. 의료 진찰 결과, 의사들은 그의 약한 심장을 지적했다. 아퀼라 영화사가 문을 닫았을 때, 그는 오랫동안 실직 상태에 빠질 수 있었다. 하지만 연극 배경과 거센 배우들을 다룬 경험 덕분에 1917년 로베르티는 제작자 주세페 바라톨로(Giuseppe Barattolo)의 초대를 받았다. 바라톨로는 나폴리 출신의 변호사인데, 로마에 있는 '시저'(Caesar) 영화사에서 로베르티가 예술 감독으로 일해주기를 바랐다. 1914년 4월에 창업된 시저 영화사는 그때 이후, 기술자들, 감독들, 그리고 배우들로 구성된 레퍼토리 극단을 만들었다. 이 영화사는 '프리마 돈나'이자 최고의 자산인 전설적인 배우, 당시 29살의 프란체스카 베르티니(Francesca Bertini)를 중심으로 움직였다(그녀의 본명은 엘레나 세라치니 비티엘로였다). 1917년 시저 영화사는 '7대 죄악'이라는 제목의 시리즈 영화를 위해, 베르티니와 막 계약을 맺었다. 시저 영화사는 베르티니에게 정기적인 보수에 덧붙여, 특별 계약금으로 20만 리라를 보증했다. 베르티니와의 계약서에 따르면, 그녀는 시저 영화사와의 작업에서 '창의력에 관한 완벽한 통제'를 보장받았다. 베르티니와 일하게 되는 감독이라면 누구라도, 인내심을 갖고, 아주 느긋해지기를 빌어야 했다. 로베르티는 '작은 분수'(1917)에서 연출을 맡게 됐다. 유명 작가 로베르토 브라코의 1905년 희곡을 각색한 작품이었다. 같은 나폴리 출신인 브라코는 바로 로베르티를 연극계에 들어오게 한 인물이었다. 세르지오 레오네는 지나치게 자기중심적인 프란체스카 베르티니에 관련된, 과장된 이야기를 들려주기를 좋아했다. 아버지에게 들은 이야기를 하나 전해주었다. "어느 날, 배우 페보 마리(Fevo Mari)가 베르티니에게 몇 마디 했다. 그는 대단히 존중받는 배우였다. 그는 명령만 받으면 진짜 눈물을 흘리며 울 수 있는 능력을 갖고 있었다. 어떤 장면을 찍을 때, 페보 마리는 베르티니에게 울 수 있냐고 물었다. 그녀는 동의했다. 그리고 그녀는 양파와 박하를 달라고 했다. 페보 마리는 반대했다. 그가 주장하길, 배우는 '스스로' 울 수 있어야 한다는 것이었다. 어떤 인공적 도움 없이 말이다. 그는 집중했고, 자신의 기술을 보여주었다. 그는 분수처럼 눈물을 쏟아냈다. 그때 베르티니는 모든 스태프에게 페보 마리가 하는 것을 보게 하였다. '당신들, 왜 이 사람이 우는지 아는가? 그는 자신이 절대 영화 한 편당 2백만 리라를 받을 수 없다는 사실을 알고 충격을 받았기 때문이다.' 베르티니의 말이었다."[8)]

로베르티가 시저 영화사와 계약을 맺은 것은 작가 브라코와의 우정 덕분일 수 있고, 또 아퀼라 영화사에서의 경력 덕분일 수도 있다. 어떤 경우든, '작은 분수'는 로베르티에게 단발성 일화였다. 1918년이 되자 로베르티는 '이탈라'(Itala) 영화사가 제작하는 '마치스테'(Maciste) 장르 영화의 예술 감독을 하기 위해, 다시 토리노로 돌아왔다. 이탈라 영화사는 당대의 거장 조반니 파스트로네(Giovanni Pastrone) 감독이 공동소유하고 있었다. 당시 최고 인기의 근육 남자 영웅 '마치스테'(이 인물은 '쿠오 바디스?'에 등장하는 우르수스 캐릭터에 일부 기초하고 있다)는 1914년 이탈라 영화사가 제작한 파스트로네의 서사극 '카비리아'(Cabiria)에서 처음 등장했다. 이 영화에서 마치스테는 로마 귀족 여성의 충직한 경호원으로 나온다. 그는 카르타고의 사제로부터 귀족 여성을 구해내려고 온갖 노력을 기울인다. 사제는 그녀를 자신들의 신인 '몰록'(Moloch)을 위한 제물로 쓰려고 했다. 이 영화에서 가장 유명한 장면은 마치스테가 입을 벌리고 있는 거대한 동물 신 동상의 얼굴에서 나와, 여주인을 인도하는 순간이다. 그들은 창을 휘두르는 군인들의 추적을 받고 있다(이 장면은 '북북서로 진로를 돌려라'의 러시모어산 시퀀스, 그리고 세르지오 레오네의 '로도스의 거상'에 나오는 전투 장면의 전조이다).

여러 다른 매력 중에서도, '카비리아'가 자랑하는 것은 일부 시나리오를 가브리엘레 다눈치오가 썼다는 사실이었다. 극우의 전사 같은 시인인 다눈치오를 파스트로네는 열정적으로 흠모했다. 다눈치오에 따르면 '마치스테'라는 이름은 '반신 같은 존재 헤라클레스의 고대 성(姓)'이었다. 그리고 그의 시나리오는 플로베르의 역사극 〈살랑보〉(Salammbô)에서 영감을 받았다고도 했다. 다눈치오는 '카비리아'에 관한 에세이에서,

근육 남성 육체를 미학적으로 또 육체적으로 스펙터클하게 보여주는 데는 영화라는 미디어가 아주 적합하다고 강조했다. 마치스테가 처음 영화에 등장할 때, 그는 바위 위에 서서, 거대한 팔짱을 끼고, 바다 쪽을 바라보고 있다. 그것은 마치 고대의 거대한 조각이 살아난 것 같으며, 또 사진작가 에드워드 마이브리지(Eadweard Muybridge)가 만든 전통, 곧 조각 같은 남성 누드를 움직이는 것처럼 보여주기 위해 사진 이미지를 이용하는 것 같았다. 다눈치오의 시각에 따르면, 마치스테는 역사적 가공물, 현대의 슈퍼맨, 서커스 공연자, 보디빌더, 그리고 응시의 대상, 다시 말해 이 모든 것을 합친 것이라고 했다. 마치스테는 대중을 위한 트로피라는 것이다.[9)] 1920년대 후반에 어떤 사람들은 마치스테를 연기하는 배우와 극장용 뉴스 카메라를 향해 팔짱 낀 모습을 보여주길 좋아하며 거대한 영웅처럼 행동했던 남자, 곧 베니토 무솔리니 사이의 놀랄 정도로 유사한 얼굴 모습을 주목하기도 했다. 아마도 독재자는 자신의 행동을 영화에서 참조했을 것이다.

'카비리아'에는 에트나 화산의 폭발, 알프스를 건너는 한니발, 함대 전체의 폭발, 그리고 초창기 영화의 역사에서 가장 유명한 트래킹 숏도 등장한다. 파스트로네 감독은 트래킹 숏을 통해 자신이 디자인한 카르타고의 몰록 신전을 충분히 보여준다. 그 신전은 석제 코끼리로 장식돼 있다. 하지만 모든 이런 스펙터클에도 불구하고, 파스트로네도 인정했듯, "영화의 성공에 가장 기여한 것은 마치스테 캐릭터였다. 내가 그 배우를 직접 가르쳤다. 바르톨로메오 파가노(Bartolomeo Pagano)는 전문 배우가 아니었다. 내가 고용했을 때, 그는 제노바의 부두 노동자였다." 훗날 세르지오 레오네는 마치스테, 곧 믿을 수 없이 경이로운 남자 파가노(1878년 생)를 발견한 사람은 자신의 아버지라고 주장하곤 했다. 이런 상상이 가능하다. 곧 부친인 로베르토 로베르티가 이 거대한 남자를 파스트로네에게 보여주고, 파스트로네는 제노바 출신의 이 남자를 설득하여, 그를 '훈련'하고, 검게 칠하여, 간단한 하의만 입은 대머리의 근육질 남자로 만들었을 것이다. 파가노는 '카비리아'에 등장하는 36살 때 비로소 이름을 알리게 된다. 하지만 이런 주장과 상상을 증명할 그 어떤 증거는 없다.[10] 파스트로네는 항상 주장하길, 파가노를 발견한 사람은 자신의 '충실한 두 동료' 도메니코 감비오와 루이지 로마노라고 말했다. 레오네가 자신의 주장을 펼쳤을 때는 마치스테 캐릭터가 재등장했을 때다. 곧 1960년에서 1965년 사이, 로마에서 제작된 소위 '페플럼'(peplum) 영화는 23편이나 됐다. '페플럼'이라는 용어는 그리스어 '페플로스'(peplos)의 라틴어이다. 페플로스는 고대에 입었던 짧은 상의를 말한다. 이 용어는 '칼과 샌들'(sword and sandal)이라는 역사적 서사극을 묘사하기 위해 고안됐고, 당시에 페플럼 장르는 큰 유행이었다.

마치스테는 이탈리아의 슈퍼히어로 영화에서 가장 생명력이 긴 캐릭터가 됐다. '카비리아'에서의 대중적 성공은 스크린에 근육질 남자의 유행을 몰고 왔고, 이런 현상은 1914년부터

1926년까지 이어졌는데, 이탈리아에서만 181편의 관련 영화가 만들어졌다. 마치스테의 경쟁 대상으로는 삼손, 아틀라스, 아약스, 헤라클레스, 갈라오르, 사에타(Saetta, '미래파' 판본이 눈에 띄었다), 그리고 난쟁이 빌과 항상 짝을 이루는 거인 버팔로가 있었다. 이탈리아 영화에서 근육질 남자 영웅은 여성 캐릭터 디바(diva)의 등가물이었다. 그들은 고전 연극계가 아니라, 주로 부두 또는 체육관 출신이었다. '카비리아'에 등장한 영웅 캐릭터의 첫 번째 파생영화(spinoff)는 감독 파스트로네가 시나리오를 쓴 '마치스테'(Maciste, 1915)였다. 그때부터 바르톨로메오 파가노는 영화의 크레딧에서든 공적인 자리에서든, 자신을 예명 마치스테로만 불렀다. 이 작품 덕분에 이탈라 영화사는 시리즈를 만들 수 있었다. 당시의 어떤 비평가는 1927년 2월 6일 자 '치네마-스타'(Cinema-Star, 영화-스타)에서 이렇게 결론지었다. "어떤 영화적 골리앗도 바르톨로메오 파가노와 경쟁이 되지 않는다. 그의 신체는 복잡하고, 조화를 이루고, 힘이 있는데, 신화의 헤라클레스와 맞먹는다. 대중들은 집합적이고, 원시적이며, 영적인데, 이들은 힘 있는 신적인 존재를 사랑한다. 바로 이 점이 스크린에서의 모든 영웅 중에 마치스테가 가장 사랑받는 이유다. 그리고 그는 해부학적으로나, 캐릭터적으로나 라틴 사람이다."[11] 1928년 여름, 파가노는 제노바가 주도인 리구리아(Liguria)주에 '빌라 마치스테'를 지어 은퇴 생활에 들어갔다. 그는 충분히 벌었고, 잘 된 은퇴였다. 파가노는 19편의 이탈리아 영화에서 '상체의 승리'를 보여주었다. 카를로 캄포갈리아니(Carlo Campogalliani, 외국에는 찰스 캄파나로 알려져 있다)는 1920년 파가노 주연의 '마치스테 3부작'을 만들었는데, 그는 감독도 하고 연기도 했다. 1941년(파시스트 영화의 전성기), 캄포갈리아니는 자기 생각에 파가노가 거부할 수 없는 특별한 제안을 하나 했다. 곧 '애국적 영감을 자극하는 모험 영화'에서의 역할이었다. 캄포갈리아니는 그 영화를 통해, 새로운 세대의 관객들에게 잊을 수 없는 마치스테를 다시 보여주기를 희망했다.[12] 파가노는 그 제안을 거절했다. 파가노는 과거의 '3부작' 이후 캄포갈리아니와 사이가 틀어져 있었다. 감독이 대중적 주목을 독차지했다고 비난했다. 게다가 그는 관절염을 앓고 있었다. 하지만 캄포갈리아니는 쉽게 단념하는 사람이 아니었다. 파가노가 죽은 지 13년 뒤인 1960년, 캄포갈리아니는 보디빌더 마크 포레스트(본명은 루 데니)를 내세워 마치스테를 다시 스크린에 불러냈다. 제목은 관심을 불러일으키도록 '왕들 계곡의 마치스테'(Maciste in the Valley of the Kings)였다. 그가 연출한 '골리앗과 야만인들'에 이은 작품이었다.

로베르토 로베르티는 1918년 초에, 바르톨로메오 파가노 주연의 '경찰 마치스테'(Maciste poliziotto)를 연출하기 위해 토리노로 돌아왔다. '카비리아' 이후의 대부분 마치스테 관련 모험물처럼, 이 영화의 배경은 현대였다. 마치스테는 기업가 톰슨의 집사로 고용돼 있다. 당시에 노동자 선동가들이 톰슨의 공장에서 파업을 계획하고 있었다. 우두머리들은 공장의 세 노동자였다. 그들은 노동자들을 선동하여 파업을 일으키는 데 성공하지 못하자, 사장의 딸을 납치하여, 보상금을 요구했다. 밀라노에서 발행되던 간행물 '영화 잡지'(Rivista del cinematografo)는 이렇게 말했다. "헤라클레스 같은 마치스테는 사장의 딸을 찾으러 간다. 납치범들의 뒤를 쫓고, 그들을 흠씬 패준다. 그런데 그들에게 다시 잡히고, 그리고 도주한다. 그런데 또 잡히고, 다시 도주한다. 그리고 큰 방에서 모든 납치범과 마주쳐 한판 승부를 벌인다. 그곳에서 납치범들은 톰슨에게 동의서에 서명하게 하려 했다. 그 서명은 기업에 해를 끼칠 것이다."[13] '경찰 마치스테'는 러시아의 혁명과 독일의 소요사태 뉴스가 이탈리아 언론의 1면을 강타할 때 개봉됐다. 이 작품을 통해 '관습의 파괴자'로서의 로베르티는 늦은 데뷔를 했음에도 불구하고, 뒤이어 4년 동안 고속도로 위를 달린다. 그리고 파시스트들의 호의적인 주목도 받는다. '경찰 마치스테'는 '운동선수 마치스테', '영매 마치스테'와 묶여 '3부작'이 됐다. 그리고 일부 에피소드는 재편집되어, 미국에서 배급된 시리즈물 '해방자'(The Liberator)에 포함됐다. 이 영화는 1918년 11월에 배급됐다. '경찰 마치스테'는 로베르티가 이탈라 영화사를 위해 만든 유일한 작품인데, 이는 미국에 배급된 '레오네 집안' 최초의 액션 영화라는 기록을 갖게 됐다.

1918년 연말에 로베르티는 로마에 있는 시저 영화사에 재합류했다. 이번에는 장기계약을 맺었다. 로베르티는 몇 편의 스파이 영화를 만든 뒤, 스타 프란체스카 베르티니와 특별한 관계를 맺게 된다(1919년에서 1925년 사이, 14편 연출). 이 경력 덕분에 로베르티는 1차 세계대전이 끝난 뒤, 이탈리아 영화계의 중심인물이 될 수 있었다. 전쟁이 끝나자, 유럽의 시장은 다시 활기를 찾았다. 그리고 미국과 독일에 영화를 수출하려는 또 다른 경쟁이 벌어졌다. 시저 영화사의 주세페 바라톨로는 자기 회사의 디바인 베르티니에게 그녀 자신만의 제작회사를 따로 차려주어, 새로운 역사를 만들었다. 1920년 베르티니는 2년짜리 계약서에 서명했는데, 1년에 8편을 찍는 것이며, 총액 4백만 리라를 받는 것이었다. 이 계약은 논쟁을 불러일으켰다. 회계사들, 제작자들, 그리고 베르티니의 라이벌 디바들은 가격 경쟁이 벌어질 잠재성에 주목했다. 그런데 주세페 바라톨로는 당시 이탈리아의 제작자와 배급자들의 단체인 '이탈리아 영화 연합'(Unione cinematografica italiana, UCI)에서 주요한 위치에 있었고, 대형 은행으로부터 큰 신뢰를 받았다. 바라톨로는 영화산업의 미래는 스타 시스템의 준비 여부에 달려 있다고 확신했다. 일부 영화 역사가들에 따르면, 바라톨로와 베르티니의 계약은 스타 시스템을 처음으로 신전에 모셨다고도 한다. 마치스테 바로톨로메오 파가노도 프란체스카 베르티니 정도로는 대접받지 못했다.

로베르티와 베르티니가 함께 찍은 영화의 사진에 서명이 들어 있는 것이 몇 개 남아 있다. 예를 들어 프란체스카 베르티니는 "사랑하는 로베르티에게. 백만 번의 감사와 함께" 같은 감성적인 글을 썼다. 이런 표현에도 불구하고 협력관계가 자리를 잡는 데는 시간이 걸렸다. 로베르티는 과도하게 돈을 받는 디바를 선전하기 위해 고용된 '일용직' 감독, 그 이상의 대우를 받기를 원했다. 두 사람 사이의 이런 긴장 관계는 첫 영화를 만들 때 모두 극복됐다. 로베르티는 줄곧 냉정함을 유지했고, 그러자 자신에게 불리한 점들은 저절로 사라졌다. 그들이 만든 대부분 영화는 극단적이고 폭력적인 열정을 표현하는 멜로드라마였다. 이런 작품 속에서 베르티니는 이탈리아 판본의 특징적인 팜므 파탈을 연기했다. 표현력이 풍부한 얼굴, 과장되고 발레 하는 듯한 손동작, 그리고 큰 화면 등으로, 베르티니는 오늘날 보면 그레타 가르보의 나폴리 판본 같았다. 베르티니는 실제로는 피렌체 출신이다. 예술비평가 미라 리엠(Mira Liehm)은 자신의 책 〈열정과 반항〉(Passion and Defiance)에서 이렇게 썼다. "로베르토 로베르티가 감독한 '뱀'(La serpe, 1920)에서, 주인공 프란체스카 베르티니는 말 그대로 열정 때문에 큰 고통을 받는다. 그녀는 아버지의 죽음에 대한 복수를 위해, 자신의 연인인 음악가(이탈리아 영화에 자주 등장하는 캐릭터)를 죽이려 했다. 그런데 종결부에서 자기 자신을 죽인다. 연인에 대한 위대한 사랑을 고백하며 말이다."[14)]

베르티니가 주연한 로베르티의 다른 영화들은 기본적으로 앞에서 말한 테마의 변주였다. 주로 프랑스 작가들 작품을 자유롭게 각색했다. 예를 들어 알레상드르 뒤마(아들) 원작의 '공주 조르지오'(1920), 옥타브 푸예로 원작의 '스핑크스'(1920)와 '그림자'(1920), 앙리 바타유 원작의 '누드의 여인'(1922), 그리고 조르주 오네 원작의 '사라 백작 부인'(1919)과 '리자 플로롱'(1920) 등을 만들었다. '사라 백작 부인'(La countessa Sara)에서 베르티니는 아름다운 집시 처녀를 연기한다. 그녀는 유산을 받았는데, 나이 든 장군(그녀에게 빠져 있다)과 젊고 로맨틱한 청년 사이에서 선택해야 했다. 그녀는 장군을 선택했고, 그래서 '백작 부인'이 됐다. 하지만 걷잡을 수 없이 젊은 피에트로와 '열정적인 사랑'에 빠지고 만다. 결국에 사라는 '자신에게 아버지와 같은 남자'를 배신했다는 죄책감에 시달리며, 장군의 성으로부터 미끄러지듯 빠져나온다. 사라는 바다로 달려가서, 파도에 자신의 몸을 던진다. 세르지오 레오네는 훗날 눈물이 쏟아지는 마지막의 이 유명한 장면에 대해 이런 이야기를 들려주었다. "나는 배우 암레토 노벨리(Amleto Novelli)가 아버지에게 쓴 편지를 보관하고 있었다. 그는 당대의 유명 감독 카르미네 갈로네와 '사라 백작 부인'을 함께 본 사실을 아버지에게 알리고 싶어 했다. 노벨리에 따르면, 침묵 속의 영화관에서 들을 수 있는 것은 단순한 문장인데, 갈로네 감독에 의해 계속 반복되고 있었다. '그녀는 살아날 거야. 그녀는 죽음에서 돌아올 거야.' 갈로네는 흐느끼며 반복하여 그렇게 말했다는 것이다."[15)]

하지만 평론가들은 다른 반응을 보였다. 그들은 베르티니의 연기가 반복적이고, 정형화됐으며, 팜므 파탈 모티브는 공식처럼 굳어졌다고 지적했다. 평론가들은 새로운 용어 '베르티네지아'(Bertineggia, 베르티니가 되다)까지 고안하며, 이런 지루한 과정을 묘사했다. 베르티니의 쇠락은 영화산업의 쇠락과 맞물려 있었다. 영화계는 리메이크와 시리즈를 지나치게 많이 만들었다. 1924년 리메이크 작 '쿠오 바디스?'는 독일과 이탈리아의 공동제작이며, 스타 에밀 야닝스가 네로로 나왔다. 하지만 이 영화는 '이탈리아 영화 연합'(UCI) 스튜디오의 문을 닫게 했다(그리고 제작 과정에서 한 엑스트라가 실제로 사자의 밥이 되는 사고도 났다). 1926년 작 '폼페이 최후의 날'은 카르미네 갈로네의 공동 연출작인데(1908년 이후 다섯 번째 이탈리아 판본), 제작비가 당시로선 고액인 7백만 리라였다. 그러자 유명 감독이자 배우인 에밀리오 기오네는 이 영화를 가리켜, '이탈리아 영화의 최후의 날'이라고 새로 이름을 붙였다. 전체 제작 건수도 곤두박질쳤다(1921년 415편, 1922년 130편). 투자자들이 철수하기 시작하자, 이탈라 영화사와 시저 영화사 같은 큰 제작사도 파산하기 시작했다. 감독과 배우들은 외국에서, 특히 베를린과 할리우드에서 일을 찾았다. 프란체스카 베르티니는 할리우드의 제작자 윌리엄 폭스와 백만 달러에 계약을 맺었다. 하지만 삶이 예술을 닮는다는 고전적인 사례처럼, 베르티니는 스위스의 은행가 폴 카르티에와 불같은 사랑에 빠졌다. 그는 파리의 보석 재벌 카르티에(Cartier)의 사촌이다. 두 사람은 1920년 8월에 결혼했다. 베르티니는 할리우드와의 계약을 파기했다. 그리고 시저 영화사의 주세페 바라톨로를 설득하여, 그 유명했던 계약을 모두 지켜야 한다는 것에서 벗어났다. 이후 베르티니는 한 해에 한두 작품에 출연하는 것으로 일을 줄였다. 그리고 반 은퇴 생활에 들어갔다. 베르티니는 처음엔 피렌체에, 나중엔 파리에서도 살았다. 1985년 로마에서 죽을 때는 93살이었다. 그래서 베르티니는 당연하게도 로베르티의 아들인 세르지오 레오네가 영화감독이 됐다는 사실을 알았다. 그녀는 슈퍼 스타로서 레오네에 대해 공식적인 언급만 했고, 이런 태도를 보여준 배우의 초기 사례가 될 것이다.

로베르토 로베르티의 경력은 사라져가는 스타 베르티니와 너무 위험하게 연결돼 있었다. 또 그는 지금 돌아보면 투자를 받기 어려운 그런 종류의 영화들 덕분에 유명해졌었다. 말하자면 그는 직업상의 위기에 봉착하고 말았다. 1922년 여름, 로베르티는 에른스트 루비치(할리우드로 이민갔다)를 대체하는 감독으로, 베를린에서 일할 기회를 제공받았다. 스타 폴라 네그리(Pola Negri) 주연의 시리즈물이었다. 로베르티는 '여성의 감독'이라는 명성을 얻었다(마치 1940년대와 1950년대의 조지 쿠커 같았다). 로베르티는 끈기 있는 연극 제작자처럼 일했다. 그런데 세르지오 레오네에 따르면, "어머니는 이탈리아를 떠나고 싶어 하지 않았다. 그래서 아버지는 폴라 네그리와 정식 계약을 맺지 않았다. 그리고 로마에서 나는 태어났다."[16] 세르지오의 어머니 비체 발레리안은 로마의 트라스테베레에서 가정을 꾸리기 위해 경력을 그만둔 뒤, 과거에 로베르티를 만나 정착하기 전에 했던 것처럼, 다시 '유랑 극단의 배우' 같은 생활은 하지 않으려 했다. 그래서 로베르티는 로마에서 EFA 영화사를 위해 두 개의 아주 다른 영화를 만들었다. 곧 '수도승 악마'(1925, 허세를 부리는 모험물이고, 그가 시나리오도 공동으로 썼다)와 '노래하는 나폴리'(1926)였다.

'수도승 악마'(Fra Diavolo)는 18세기 말에 등장했던 애국적인 로빈 후드 캐릭터를 이용했다. 주인공은 산 마르코 후작으로 위장하여, 주인들로부터는 황금을, 그들의 아내들로부터는 마음을 빼앗는다. 로베르티의 판본은 산적의 애국주의를 강조하는데, 그는 나폴리 왕국을 지키기 위해, 프랑스 장군 위고와 그의 부하들, 그리고 마리 앙투아네트의 자매인 레이디 캐롤라인에 대적하여 싸운다. 8년 뒤 이런 이야기는 '스탄리오와 올리오'(로렐과 하디의 이탈리아식 이름)의 패러디로 더 유명해졌다(할 로치의 연출이었으며, 캐릭터는 배우들 이름 그대로 나온다). 그들은 비슷한 이야기를 담은 다니엘 오베르의 19세기 오페레타 '수도승 악마'(Fra Diavolo)를 반어법적인 판본으로 패러디했다. 로베르티의 '수도승 악마'는 1920년대 평론가들의 판단에 따르면, 아이러니의 면에서 결점이 있었다. 평론가들은 이 영화를 '거대한 이탈리아 영화', 그리고 '자유'와 '지배'에 대한 우화라고 말했다. '노래하는 나폴리'(Napoli che canta)는 단편, 무성영화인데, 모두 노래하는 장소에서의 장면으로 구성됐고, 전통적인 '칸초네테'(canzonette, 규모가 작은 노래)에 기초한 것이었다. 뉴욕에 있는 벨몬트 극장('브로드웨이에 있는 유일한 이탈리아 영화관'이며, 이주민 성인들을 위한 곳이었다)에서 개봉됐을 때, 포스터에는 이렇게 적혀 있었다. "모든 장면에 스릴이 있다. 이탈리아말을 할 줄 몰라도 당신은 이 영화를 엄청나게 즐길 수 있다. 그들은 나폴리에서 얼마나 아름답게 노래하는지!!!" 영화는 무성인데, 그들이 어떻게 아름답게 노래하는지는 관객들이 스스로 알아내야 했다. 영화가 개봉됐을 때, 나폴리의 제작사는 사실상 바닥으로 가라앉았다. '노래하는 나폴리'는 영화를 좀 아는 사람들 사이에선, 한때 번성했던 영화 문화에 대한 창백한 반영이라고 해석됐다.

로베르티는 '노래하는 나폴리'를 완성한 뒤, 짧은 기간 제작자 주세페 바라톨로와 다시 일했다. 14년 전 프란체스카 베르티니를 일약 유명 배우로 만든 초창기 영화 '고통받는 아순타'(Assunta Spina)의 저예산 동명 리메이크(1930)였다. 평론가들은 '고통받는 아순타'가 싸구려 감상주의, 그 이상도 이하도 아니라고 평했다. 그 이후 로베르티는 거의 10년간 영화를 내놓지 못했다. 1930년대 중반, 영화산업의 일반적인 쇠퇴는 차치하고, 이런 무생산의 특별한 기간에 대해서는 정치적인 이유가 있었다. 세르지오 레오네는 인터뷰에서 이 문제에 대해 자세히 말하곤 했다. "나의 아버지는 초창기에 파시스트당에 가입했다. 아버지는 그들이 할 수 있다고 말하는 것을 믿었다. 아버지는 나폴리 사람이고, 성격상 로맨틱한 남자였다. 그런데 3주가 지나자, 그들은 아버지에게 다시 당에 가입하고, 카드를 재발급받아야 한다고 했다. 왜냐면 그 지역당의 회계담당자가 가입자의 모든 서류를 들고 도망갔다는 것이었다. 아버지는 가입 신청서를 다시 쓰는 것을 거부했다. 그는 카드를 들고 다닐 필요가 없다고 말했다. 그러자 파시스트들은 조금씩 아버지를 코뮤니스트라고 의심하기 시작했다. 파시스트들에게 따르면, 아버지가 예술 장관 주세페 보타이(Giuseppe Bottai)에게 영화산업계는 문제점을 해결하기 위해 '협동조합' 형식을 가져야 한다는 제안을 했다는 것이다(사실 이건 그들의 주장이 맞다). 그리고 그들은 그 제안을 '코뮤니스트의 해결책'이라고 불렀다. 아버지는 모든 일에서 금지되거나 혹은 추방되는 데서 겨우 구해질 수 있었다. 왜냐면 아버지의 어릴 적 친구이자 정직한 사람이었던 다른 장관 로베르토 포르제스 다반차티(Roberto Forges Davanzati)가 부친의 행동을 보증하는 사람으로 나섰기 때문이었다. 그래서 아버지는 겨우 추방을 면했다. 하지만 정권에 의해 끊임없이 위협을 받았다. 다행인지 아버지는 산업계의 주요한 자리인 이탈리아 영화감독 길드의 회장이 되었고, 그래서 파시스트들은 함부로 그를 다룰 수 없었다."[17]

레오네의 계속된 전언이다. "아버지의 경력에 주요한 영향을 미치는 사건이 하나 있었다. 아버지는 이탈리아 영화 연합(UCI)으로부터 연출 제안을 하나 받았다. 〈클라우디아 파르티첼라, 추기경의 연인〉(Claudia Particella-The Cardinal's Lover)이라는 짧은 이야기를 영화로 각색해야 했다. 그 책은 베니토 무솔리니가 젊은 시절 쓴 것이었다. 아버지는 무솔리니로부터 직접 그 제안을 받았다. 아버지는 단편을 읽었고, 주위에 내용은 형편없다고 분명하게 말했다. 그리고 아버지는 누가 무솔리니의 가장 일관되고 충성심이 큰 조언자인지는 알고 싶지도 않다고 말했다(그가 바로 보타이 장관이다). 아버지는 누군지도 모르면서 그 조언자를 계속 비난했다. 결과적으로 아버지는 그 어떤 일도 할 수 없었다."[18] 문제의 그 책은 청년 무솔리니가 전투적인 저널리스트였던 1910년에 쓴 것이다. 당시 그는 주간지 '계급 투쟁'(La lotta di classe)의 편집장이었다. 그 책은 무솔리니가 분노한 젊은 사회주의자였을 때 쓴 것이다. 내용은 기득권 교회에 대한 매서운 공격이었다. 무솔리니는 자신의 주간지에서 성직자들을 자본주의 시스템을 위해 일하는 '검은 미생물'이라고 썼다. 그리고 예수 그리스도와 마리아 마달레나 사이의 사랑을 상상하여 쓰기도 했다. 〈클라우디아 파르티첼라〉는 17세기 배경의 이야기인데, 북부 트렌티노 지역의 오스트리아 영토에서 발간되던 일간지 '포폴로'(Popolo, 인민)에서 연재물로 나오기도 했다. 책은 무솔리니가 처형된 후에는 이탈리아에서 발간되진 않았다. 역사학자 데니스 맥 스미스(Denis Mack Smith)에 따르면, 그 책은 "폭력적이고 반교회적이며, 악당은 호색한인 추기경이다. 그 책으로 무솔리니는 악명을 날리기도 했다. 하지만 스스로 그 책을 쓰레기라고 불렀다. 그는 대중들의 취향을 분명히 알았고, 어떻게 다루는지도 알았다. 최종적으로 그 책은 몇 개의 외국어로 번역되기도 했다."[19]

최근에 영화학자 잔 피에로 브루네타(Gian Piero Brunetta)는 1923년 초에 작성된 '〈클라우디아 파르티첼라〉의 시나리오 복사본을 찾아냈다. 여기서 하나의 사실이 분명해졌다. 곧 이야기를 영화의 시나리오로 각색한 것은 세르지오 레오네가 훗날 기억한 것, 또는 가족들 사이에 회자 된 것과는 달랐다.[20)] 잔 피에로 브루네타는 완성된 시나리오(UCI의 용지에 썼다)의 제목 페이지를 자신의 책 〈이탈리아 영화사 1895-1945〉에 옮겨 놓았다. 이렇게 쓰여 있다.

> 클라우디아 파르티첼라
> 액션 영화
> 소설에서
> 베니토 무솔리니.

'소설에서' 앞에 누군가가 '익명의'라는 단어를 썼다. 그리고 '베니토 무솔리니'라는 단어 아래에 무솔리니가 펜으로 직접 이런 구문을 첨가했다. '레오네 로베르토 로베르티의 감수'. 따라서 로베르티는 시나리오를 실제로 '썼고', 무솔리니는 각색이 완결된 뒤, 계속하여 이 작품의 영화화에 관심을 두고 있었다는 점이다.

새로운 이 자료는 여러 가능성을 열어 두었다. 시나리오는 무솔리니 일당의 쿠데타인 '로마 진군'(March on Rome, 1922)이 일어난 얼마 뒤에 쓰였을 것이다. 당시에 무솔리니의 권력은 아직 공고화되기 전이었다. 그래서 1923년 초에 좋은 아이디어로 인식된 것이 나중에는 정치적 부담이 될 수도 있었다. 그래서 영화화를 하지 않기를 결정한 사람은 무솔리니일 수 있다. 왜냐면 책의 맹렬한 반교회주의는 그가 지도자로서, 또 정치가로서 새로 획득한 존경심과는 양립하지 못 할 수 있기 때문이었다. 무솔리니는 '로마 진군' 이전의 것이라도, 성직자에 관해 의견을 표명한 것은 두 번 더 생각해야 했다. 그래서인지 1922년 11월에 있었던 총리로서의 첫 번째 연설은 이렇게 끝났다. "나의 힘든 임무가 승리의 결과를 가져올 수 있도록 신께서 도와주소서." 무솔리니는 1923년 이후부터 바티칸에 구애를 보내기 시작했다(예를 들어, 학교와 식당에 십자가를 걸도록 했다). 이런 일들 덕분에 1929년, 무솔리니는 '성좌'(The Holy See, 바티칸)와 라테란 조약을 맺을 수 있었다. 그래서 무솔리니는 자신이 영화화를 위임했는데, 아마 이후에 스스로 그 승인을 철회했을 것이다.

혹은 로베르토 로베르티가 시나리오를 쓰기로 합의했고, 완결지었고, 그리고 최종적으로 마음을 바꾸었을 수도 있다. 혹은 가장 흥미로운 가능성인데, 로베르티는 계속 영화화 작업에 헌신적이었을 것이며, 심지어 무솔리니가 철회했을 때도 헌신적으로 남아 있었을 것이다. 또는 로베르티가 계속하여 '클라우디아 파르티첼라'의 영화화를 지지했기 때문에, 그는 장관 주세페 보라티에게 '낙인찍힌 남자'가 됐을 것이다. 로베르티는 카드를 지참한 파시스트가 되기를 거부했는데, 그것이 많은 문제를 일으킨 것 같지는 않다. 1932년, 파시스트 당원은 1백만 명 정도였다(곧 이탈리아 인구의 2.5 퍼센트 정도). 그리고 영화계에서도 그 당시는 당원이 되는 것이 절대 강요되지 않았다.

우리는 로베르토 로베르티가 1920년대 중반부터 좌익으로 기운 사실을 알고 있다. 그가 만난 인사들 가운데는 세기 전환기에 나폴리에서 처음 알게 된 작가들도 포함돼 있다. 로베르티는 특히 일요일에 '아라뇨 카페'(Caffè Aragno)에서 시간을 보내는 것을 좋아했다. 그곳은 최신 정장을 입은 좌익 지식인들이 만나는 장소였다. 카페 안에는 진홍색 휘장으로 장식된 '붉은 방'이 있었다. 세르지오 레오네는 어릴 때 그곳에 따라간 것을 기억했다. 아버지는 아들에게 사복 경찰이 자신들을 미행한다는 사실을 말하곤 했다. 1930년대 말, 로베르티는 코뮤니즘으로 기울기 시작했다. 파시스트 정권이 에티오피아를 공격하고 점령한 뒤에 내놓은 얄팍한 수사학에 대한 반항이었다. 이후 로베르티는 코뮤니즘을 전적으로 지지했다. 그리고 우리는 로베르티가 이탈리아 감독 길드의 회장에 있으면서도, 실제로는 일을 할 수 없었다는 사실을 알고 있다. 그 기간은 1929년 겨울부터 1939년 여름까지였다. 바로 세르지오 레오네가 태어난 뒤의 10년에 해당하는 기간이었다. 이런 사실에도 불구하고, 왜 로베르티는 당대의 많은 동료와 달리, 소위 '백색 전화' 영화의 시기에 적응하지 못했을까? 세르지오 레오네는 '백색 전화' 장르의 지나치게 과장된 내용에 대한 반감을 이유로 대기도 했고, 또 아버지의 '가택 연금'을 언급하기도 했다. 그런데 시나리오 작가 루치아노 빈첸초니(훗날 세르지오 레오네의 주요 작가가 된다)는 되물었다. "세르지오의 아버지는 고통을 많이 받았을까? 그렇지 않다. 나의 아버지는 파시스트에 의해 살해됐다." 어떤 상황이든, 부친의 실직 때문에 어린 세르지오 레오네는 대부분 시간을 부모가 모두 집에 있는 로마의 트라스테베레에서 보냈다. 레오네는 기억했다. "나는 아버지가 한때 영화를 감독했다는 사실을 알고 있었다. 하지만 나에겐 너무 추상적인 사실이었다." 로베르티는 최소한 프란체스카 베르티니와 영화를 만들며 많은 돈을 벌었다. 그 돈 덕분에 가족들은 살아갈 수 있었다. 또 그는 골동품 가구를 수집했다(이 열정은 아들에게 계승된다). 가구들을 조금씩 팔며, 그는 은행 계좌의 균형을 유지할 수 있었다.

그런데 1939년 로베르티는 갑자기 주세페 바라톨로(시저 영화사의 전 대표)의 제안을 받았다. 소박한 코미디인 '보이지 않는 파트너'(Il socio invisibile)라는 영화를 감독해달라는 것이었다. 이 영화는 1939년 12월에 개봉됐고, 로베르티는 시나리오도 함께 썼다(이름은 로베르토 L. 로베르티라고 밝혔다). 바라톨로는 1938년 그의 회사가 로마의 스칼레라(Scalera) 영화사로 합병된 뒤, 다시 업계로 돌아왔다. 바라톨로는 스칼레라의 제작 책임자로 일했다. 홍보에 따르면, 바라톨로가 로배르티와 다시 일할 수 있었던 것은 파시즘 이전에 계약한 합의 때문이라고 했다. 그때의 합의에는, 로베르티가 바라톨로의 레퍼토리 극장에서 일해야 한다는 조항이 포함돼 있다는 것이다. '보이지 않는 파트너'는 남미 출신의 어느 가난한 남자가 가공의 인물로 부유한 사업 파트너 '월터 데이비스'를 만들어냈을 때,

무슨 일이 벌어지는지를 이야기하고 있다. 가난한 남자는 자신에겐 거부됐던 재정적 신용거래를 위해, 가공의 인물 월터 데이비스를 파트너로 내세웠다. 결국에 보이지 않는 파트너는 그 남자에게 강박이 됐다. 그래서 그는 사실을 털어놓기로 했다. 하지만 문제는 아무도 그를 믿지 않는다는 것이었다. 그는 자신의 사무실을 불태우고, '데이비스'는 죽었다고 주장했다. 그때에서야 그는 죽은 파트너가 사실 끔찍한 남자라는 말을 듣게 됐고, 비로소 인생의 새로운 출발을 할 수 있었다. 잡지 '치네마'(Cinema)의 주세페 이자니는 전체적으로 이 영화에 큰 인상을 받지 못했지만, 1939년 12월 5일 자에서 이런 말을 남겼다. "무성 시대의 베테랑 감독인 로베르토 로베르티를 보는 것은 좋았다. 그는 9년(사실은 10년) 동안의 공백기를 거쳐 돌아왔다."[21] 이 영화의 주요 배우 가운데는 카를로 로마노(Carlo Romano)가 있다. 25년이 지난 뒤에 세르지오 레오네는 더빙을 위해 그를 고용한다. 로마노는 일라이 월러크('석양의 무법자')와 제이슨 로바즈('옛날 옛적 서부에서')의 이탈리아어 대사를 더빙했다.

2년 뒤, 로베르티는 이탈리아가 전쟁에 참전했을 때, 12살이 된 아들 세르지오를 데리고 나폴리로 돌아갔다. '길 위의 입'(La bocca sulla strada, 1941년 10월 개봉)이라는 영화를 촬영하기 위해서였다. 시나리오는 과장하길 좋아하는 저널리스트이자 희곡 작가이며 영화 평론가인 굴리엘모 잔니니(Guglielmo Giannini)가 썼다. 그는 훗날 1946년에 '보통 사람 전선'(Fronte dell'Uomo Qualunque)이라는 정당을 창당한다. 이 정당은 낙담한 과거의 파시스트들 지원을 받았고, 그해 선거에서 백만 표를 얻었다. 그들은 주로 남부에서 지지를 받았는데, '보통 이탈리아 사람'을 화나게 하는 모든 것을 공격한 게 효과를 보았다. 수명은 짧았지만, 일정 기간 놀랍도록 성공한 이 정당은 이탈리아 정치 사전에 새로운 용어를 제공했다. 곧 '아무나 주의자'(qualunquista)가 그것인데 의미는 '총체적인 냉소주의자'를 뜻한다. 세르지오가 기억한, 마차를 타고 기아가 휩쓴 나폴리를 여행한 것은 이때를 말한다. 세르지오 레오네가 기억했다. "마침내 나는 아버지가 무엇을 하는 사람인지 알게 됐다." 또 세르지오는 놀랍게도 아버지가 그 지역의 모든 사람과 나폴리 말을 아주 유창하게 한다는 사실도 그때 알았다(그의 아버지는 성인이 되어서는 주로 토리노와 로마에 살았고, 항상 표준적인 이탈리아말을 썼다).

'길 위의 입'은 나폴리 귀족 데 페르모(de Fermo) 후작의 혼외 딸에 관한 이야기다. 후작이 결투에서 죽은 뒤, 딸은 조상 대대로 살아온 집의 문지기에 의해 길러진다(후작이 그것을 원했다). 20년 뒤, 밀라노 출신의 신흥 기업가와 그의 가족이 그 성에 간다. 마침내(코믹한 여러 오해를 거친 뒤) 기업가의 아들과 그 딸은 결혼한다. 외부는 나폴리에서, 내부는 로마의 치네치타에서 촬영했다. 이 영화가 세르지오 레오네에게는 유성 영화 시대에 인공의 세상과 처음 만난 대상이었다. "내가 치네치타에 들어갔을 때가 12살 혹은 13살쯤이었다. 아버지가 나를 데리고 가서, 자신이 일하는 것을 보게 했다. 파시즘 정권의 '정화'가 있음에도 불구하고, 아버지는 아주 이상한 방식이었지만, '길 위의 입'을 위한 프로듀서를 겨우 찾을 수 있었다. 이후에 그는 프로듀서가 스파이라는 것도 알았다. 프로듀서는 파시즘의 비밀경찰인 '오브라'(Ovra)를 위해 일하고 있었다. 유치한 방식이었지만, 나는 그 영화의 주인공인 스타 카를라 델 포지오(Carla Del Poggio)를 미친 듯 사랑했다. 나는 항상 아버지 곁을 떠나 돌아다녔다. 나는 '철의 왕관'(La corona di ferro) 세트장도 가봤고, 알레산드로 블라제티 감독의 승마용 가죽 부츠도 유심히 보았다. 그 모습은 '공작'(duke)으로 불렸던 감독과 어울려 보였다. 나는 다른 세트장도 돌아다녔는데, 마리오 카메리니 감독이 '약혼자들'(I promessi sposi)을 위해 배우들을 모으는 것을 보았다. 나는 지금도 이런 기억들을 생생하게 떠올릴 수 있다. 한때 '전혀 일하지 않았던 감독'의 아들로서, 그때가 영화라는 동화 같은 세상에 처음 발을 디디는 순간이었다. 나는 어른으로서, 그때 초창기 영화의 세트장으로 돌아가고 싶다. 아주 오래전에 경험했던 그 영화들 말이다. 마치 모든 게 다 떠오르는 것 같다."[22] 카를라 델 포지오는 1979년에 약간 다르게 기억했다. "세르지오 레오네는 그 영화가 만들어질 때, 늘 아버지 곁을 따라다녔다."[23]

평론가 필립포 사키(Filippo Sacchi)는 일간지 '코리에레 델라 세라'의 1941년 10월 18일 자 밀라노 판에 이렇게 썼다. "이 영화는 우리가 가장 잘하는 그런 종류이다. 곧 눈물 나는 내용과 결합한 나폴리 지역어의 코미디다. 감독 로베르티는 슬프고 약간 수동적인 분위기를 유지하면서 영화를 일관되게 끌고 갔다."[24] 최근에 평론가 오레스테 데 포르나리(Oreste de Fornari)는 세르지오 레오네의 주장에 동의했다. 곧 당시의 많은 사람은 '길 위의 입'이 '파시스트와 경찰 스파이에 대해 친절하지 않았다'라고 생각했다는 것이다. 그때의 또 다른 평론가들은 이 영화가 작가 굴리엘모 잔니니의 '난 관심 없어'(me ne frego)라는, 남부 특유의 삶에 대한 냉소주의를 그렸다고 보았다. 다시 말해 귀족들의 구분하려는 세상과 신흥 부자의 오만한 세계는 무엇을 선택하든 만족할 수 없고, 같은 것으로 제시됐다는 것이다.

로베르티의 마지막 영화는 종전을 앞둔 몇 달 동안에 진행됐다. 역시 나폴리 코미디이고, 일부 장면은 야외에서 찍었다. 그때는 로베르토 로셀리니가 '무방비 도시'를 막 촬영하기 전이었다. 영화 제목은 '마르케키아로의 미친 남자'(Il folle di Marchechiaro)이다. 주역은 알도 실바니가 맡았고, 상대역에는 노장 희극 배우이자 무성 시대 마임 연기 출신인 폴리도르(Polidor)가 나왔다. 두 사람은 '미친 남자'의 잃어버린 사랑을 찾기 위해, 폭격 맞은 나폴리의 폐허를 함께 방황하고 다닌다. 이를테면 이들은 페트라르카 거리(via Petrarca)를 헤매고 다니는데, 이제 그곳은 '시멘트로 매장'된 것처럼 무너져있었다. 당시 16살이던 세르지오 레오네는 무보수 조감독으로 고용됐다. 세르지오는 클로즈업부터 시작하여, 영화 전체가 어떻게 촬영되는지 목격하는 기회를 누렸다. 덧붙여 세르지오는 한 장면에서는 아주 젊은 미군으로 출연하기도 했다. '마르케키아로의 미친 남자'는 개봉이 지연되어, 1951년에 겨우 배급됐다. 당시는 무성영화를 기억하게 하는 최루형 작품들은 평론가와 관객 모두로부터 외면당할 때였다. 이 영화는 나폴리의 싸구려 극장인 '갈레리아 움베르토 영화관'(Galleria Umberto Cinema)에서 2일간 상영된 뒤, 배급에서 완전히 사라졌다.

로베르토 로베르티, 곧 빈첸초 레오네는 70살에 자신의 마지막 영화를 만들었다. 그의 오래되고 특별났던 경력을 생각하면, 약간 슬픈 엔딩이었다. 1949년 빈첸초 레오네는 로마에서 은퇴하고, 나폴리 인근 자신의 고향인 토렐라 데이 롬바르디로 돌아갔다. 그는 10년 뒤 그곳에서 죽는다. 빈첸초 레오네는 인생의 마지막 시기에, 일간지 '파에제 세라'(Paese Sera, 석간 지역)의 주요 필진인 토마조 스미스(Tomaso Smith)와 우정을 쌓았다. 그리고 많은 시간을 이탈리아공산당과 관련된 작가들, 사상가들과 함께 정치적 논쟁을 벌이고, 정책을 토론하며 보냈다. 새로운 영화 세대는 그를 완벽히 잊어버린 것 같았다. 세르지오 레오네가 기억하길, "네오리얼리즘 영화인들은 아버지에게 전혀 관심을 보이지 않았다." 세르지오 레오네는 로마에 계속 머물고 있었다.

세르지오가 감독 일을 시작할 때, 아버지와의 관계에 대한 기억은 회한으로 물들어 있었다. 당시는 세르지오에게 아버지의 조언과 지지가 몹시 필요할 때였다. 그 회한은 자신이 아버지를 한 명의 사람으로서, 또 직업인으로서도 진정으로 이해하지 못했다는 것과 관련 있다. 아내 카를라 레오네의 기억이다. "세르지오는 아버지에 대해, 또 아버지가 이룬 성취에 대해 대단한 자부심을 느꼈다. 그런데 문제가 있었다. 곧 세르지오가 두 사람의 관계에서 진정으로 원했던 것은 완전하게 마음이 만나는 것이었다. 하지만 빈첸초 레오네는 그때 일을 그만두었고, 또 노인이 돼 있었다. 빈첸초는 삶에 어떤 환멸을 느끼고 있었다. 따라서 아버지에 관한 이미지는, 그것이 그의 업적이든 한 명의 사람으로서든, 세르지오를 진정으로 고통받게 하는 그런 것이었다. 세르지오는 아버지를 많이 사랑했다. 세르지오는 가족에 관련된 이야기를 할 때, 나에게 언젠가 이런 말을 한 적이 있다. 곧 자신의 아버지가 정치적 이념에 너무 엄격하고 도식적이었는데, 그의 삶에서도 그랬고, 그것이 슬프다는 것이었다. 아버지는 너무 탄력성이 없었다는 것이다. 세르지오는 단 한 번만 그런 말을 했지만, 나는 알고 있었다."[25] 세르지오 레오네가 '황야의 무법자'와 '석양의 건맨'을 만들 때, 그의 조감독이었던 토니노 발레리는 이런 말을 덧붙였다. "세르지오와 부모와의 관계는 풀리지 않은 채 남았다. 그는 아버지를 존경했다. 절대적으로 존경했다. 아버지를 마치 성인인 듯 바라보았다. 그리고 아버지에게 필사적으로 자신의 인상을 남기려고 했다."[26]

어머니 비체 발레리안에 관해 말하자면, 아들과의 거리감은 아마도 더욱 유명할 것이다. 비체는 가정을 꾸리기 위해 영화계에서 일찍 은퇴했다. 1943년 비체는 14살짜리 아들 세르지오가 점령 나치군에 대항하기 위해 파르티잔에 합류하려 하자, 가지 말라고 울면서 애원했다. 로마의 트라스테베레에 가족과 가정을 꾸렸고, 유일한 아들 세르지오는 결혼한 지 13년 만에 태어났는데, 그때 비체는 43살이었다. 아들의 탄생은 비체의 삶에서 최고로 중요한 일이 됐다. 그런데 세르지오의 아내 카를라가 주목했듯, 아들은 어머니에 대해 별로 말하지 않았다. "무언가 서로 맞지 않는 게 있었고, 아들과 어머니 사이의 관계가 잘 작동하지 않았다. 비체는 배우였다. 아들 세르지오보다 대단히 나이가 많은 직업 배우로서, 비체는 무대와 스크린에서 많은 경험을 했는데, 결혼한 뒤 너무 늦게 아들을 가진 사실을 불편하게 여겼는지도 모르겠다."[27] 나이 차이가 많은 것 때문인지, 어떤 원한의 감정 때문인지, 혹은 한 명 이상의 자식을 원한 것 때문인지(세르지오의 탄생은 '기적'으로 받아들였다. 어머니에 대한 세르지오의 기억은 보통 과잉보호와 관련돼 있었다), 어쨌든 어머니와 아들은 절대 가깝지 않았다. 빈첸초 레오네는 1959년, 가문 소유의 땅이 있는 곳 근처에서 죽었다. 이후 비체는 아들과 함께 바티칸 근처 파올로 에밀리오 거리에 있는 아파트에서 살기도 했다. 비체는 1950년대 말, 중풍으로 고통을 받았고, 이 때문에 인생의 마지막 10년 동안에 말하는 능력에서 심한 타격을 받았다. 그래서 더욱 아들과 소통하는 데 어려움을 겪었다. 비체는 1969년에 죽었고, 83살이었다.

토니노 발레리는 비체를 1964년 '황야의 무법자'가 이탈리아에서 막 히트할 때 만났다. 그는 그때의 경험을 나에게 말해 주었다. "아주 또렷한 기억이다. 나는 세르지오의 집에 있었다. 그 집은 로마에서 제법 인기 있는 지역에 있었는데, 아주 작았다. 어느 날 아침, 나는 집 주위를 돌아다니는 어떤 유령 같은 모습에 사로잡혔다. 아주 작은 여성인데, 정말로 너무 작았다. 그녀의 얼굴은 세르지오와 매우 닮았었다. 나는 그녀가 병에 걸렸다고 여겼다. 그녀는 나를 바라보았고, 나는 그녀의 모습을 해석하려고 했다. 그런데 나에게 더 큰 인상을 남긴 것은 다른 일이었다. 몇 분 뒤, 세르지오가 그곳에 왔다. 그는 어머니를 보았고, 그리고 그녀를 '밀었다'. '밀었다'라는 표현이 정확하다. 왜냐면 그는 거의 조심 없이 그랬기 때문이다. 그냥 어딘 가에 그녀를 앉게 했다. 시야에서 벗어나도록 말이다. 내 생각에, 세르지오의 성격은 바로 이런 어머니와의 관계 결핍에서 깊게 영향을 받았을 것이다. 너무나 깊고 부정적이었다. 아마 그는 어머니가 자기 때문에 배우 경력에서 은퇴한 점에 죄책감을 느낄지도 모른다. 아마도 말이다."[28] 작가 세르지오 도나티는 그때부터 레오네와 오랫동안 알고 지냈고, 후에 레오네의 주요 시나리오 작가 가운데 한 명이 되는데, 이런 기억을 전했다. "세르지오와 어머니와의 끝은 매우 힘들었다."[29]

세르지오 레오네가 직업을 선택할 만큼 충분히 자랐을 때, 로베르토 로베르티(빈첸초 레오네)는 자신의 부친이 그랬던 것처럼, 영화 만들기는 의미 있는 직업이 될 수 없다고 여겼다. 그래서 로베르티는 아들 세르지오가 고등학교에 다닐 때, 직업 훈련의 한 방법으로 대학에서 법학을 전공하라고 격려했다. 세르지오는 20살이 될 때까지는 그 의무를 따랐다. 세르지오가 말했다. "아버지는 당시의 영화 세계를 알고, 매우 놀랐다. 그가 알고 있던 1920년대의 영화 세계와는 너무 달랐기 때문이었다. 정말 완벽하게 다른 환경이었다. 심지어 파시즘이 일어나지 않았다고 해도, 아버지는 일에서 많은 어려움을 겪었을 것이다. 그는 일을 어떻게 하는지 알고 있었지만 말이다. 아버지의 놀람은 이해할만한 것이었다. 아버지는 20세기 초의 사람이다. 그때 사람들은 서로의 믿음에 기초하여, 그냥 구두로 합의를 했고, 그 약속을 따랐다. 아버지가 일할 때, 영화계 사람들은 서로에게 충실했다. 악수는 서명하는 것이나 다름없었다. 하지만 2차 세계대전이 끝난 뒤, 상황은 매우 달랐다."[30)]

혼란스럽고 경쟁적인 전후 세계에서, 옛 세대 영화인들과 야망이 크고 극단적인 젊은 영화인들이 자리를 놓고 서로 경쟁을 벌였다. 그때 미국과 미국의 재정 지원은 매우 중요한 역할을 했다. 로베르티의 친구들, 지인들은 대개 옛 세대에 속했다. 세르지오 레오네의 기억이다. "무솔리니가 처형됐을 때, 나는 아버지와 함께 로자티(Rosati) 카페로 갔다. 그곳에서 아우구스토 제니나 감독, 마리오 카메리니 감독과 함께 있었다. 우리는 무솔리니의 죽음에 관해 잡담을 나눴다. 그런데 누군가가 걸어들어왔는데, 바로 알레산드로 블라제티 감독이었다! 그는 파시즘의 편에 서서 논쟁을 벌였다. 우리는 그가 무슨 말을 하려는지 궁금했다. 블라제티는 자신의 의견을 제시하기 바빴다. 끔찍해! 나는 틀렸어. 최근 몇 년 동안 우리는 끔찍한 실수를 저질렀어! 파시즘은 이탈리아를 어둠과 비극 속으로 몰아넣었어. 지금 가장 중요한 일은 다시 우리나라를 스스로 발로 서게 하는 것이야. 우리의 유일한 희망은 그런 일을 처리할 방법을 아는 사람이 오는 것이야. 뛰어난 뇌와 용기를 가진 강한 남자 말이야! 그러자 아버지가 끼어들어 물었다. 무솔리니 같은 사람? 그는 일 초도 망설임 없이 그렇다고 답했다. 그래놓고 블라제티는 창백해졌다. 그는 하고자 하는 말을 정확히 하려고, 말을 수정하려 했다. 조금은 성공했을 것이다. 그런데 그런 일은 이탈리아 전역에서 일어났다. 아무도 또 다른 무솔리니를 원하지 않았다. 하지만 사람들은 마음 깊은 곳에서, 자신감을 가장하는 이전과 같은 오래된 사기를 또 원하고 있었다. 사람들은 학습한 게 아무것도 없었다. 이런 비극에서 회복되는 데는 2년 혹은 3년이 걸렸다."[31]

바로 그 시절에, '감독, 조감독, 시나리오 작가의 숙청을 위한 위원회'는 파시즘에 너무 깊이 관여했던 영화계 구성원들에 대해 무엇을 할 것인지를 놓고 토론을 벌이기 시작했다. 위원회는 보복보다는 '관용'을 목표로 했다. 그럼으로써 고통을 최소한으로 하여 영화계와 과거 정부와의 연결을 끊어내려고 했다. 그리고 이탈리아 영화의 '재탄생'은 새 정부의 지원 속에서 더 늦지 않게 진행되기를 원했다. 이 위원회가 밝힌 보고서의 첫 단어는 '위로부터의 엄격함, 아래로부터의 관용과 용서'였다. 위원회의 위원 중에는 마리오 카메리니, 루키노 비스콘티, 그리고 마리오 솔다티 등이 포함돼 있었다. 위원회의 조사 결과가 나왔고, 결국 세 명의 감독은 이후 6개월 동안 '모든 영화적 제작에서 배제'됐다. 그들은 카르미네 갈로네, 아우구스토 제니나, 그리고 고프레도 알레산드리니였다. 위원회의 발표하지 않은 보고서에는 로베르토 로셀리니의 이름도 포함돼 있었다. 그가 1941년에서 1942년 사이에 감독한, 세 편의 전쟁 영화 때문이었다. 곧 '하얀 배', '돌아온 조종사', 그리고 '십자가의 남자'였다. 하지만 이 작품들에서 로셀리니는 이후 진보적인 영화 '무방비 도시'에서 더욱 발전시키는 영화적 테크닉을 이용하고 있었다(논쟁이 있지만).

그래서 공산주의 경향의 로베르토 로베르티가 제니나 감독, 카메리니 감독과 함께 카페에서 식사했을 때, 그는 일시적으로 위원회에 의해 '숙청'이 될 감독(제니나), 그리고 그 숙청을 지도할 감독(카메리니)과 같은 식탁에 앉아 있었던 셈이다. 전쟁 이후의 정신없는 시기에 벌어졌던 그런 일들은 세르지오 레오네에겐 전혀 놀랄 일이 아니었다.

세르지오 레오네는 로마에서 자랄 때, 이탈리아 영화계에서 중요한 역할을 하던 인물들을 잘 알게 됐다. 마리오 카메리니는 그의 대부였고, 역사극과 로멘틱 코미디에 뛰어난 감독이었던 마리오 본나르드(Mario Bonnard)는 부친의 가까운 친구였다. '스키피오 아프리카누스'(1937)의 카르미네 갈로네는 레오네 가족에게 친구로 통했다. 그래서 세르지오 레오네가 삶의 방향을 바꾸려 했을 때, 자신은 이미 영화계에 깊숙이 들어가 있는 사실을 인식하게 됐다. 세르지오는 자신의 아버지가 그랬던 것처럼, 법관의 경력보다는 영화계에서 경력을 쌓으려고 했다. 세르지오 레오네에게 유급 조감독의 기회를 처음 준 사람은 다시 영화계로 돌아온 카르미네 갈로네였다. '아버지의 영화'의 공급자들은 당시 유행에서 밀려나고 있었지만, 여전히 고예산 대중 영화에서는 중요한 위치를 유지하고 있었다. 그리고 무엇보다도 세르지오는 이탈리아 영화계에서 첫 번째 스타(프란체스카 베르티니)를 만들어내고, 또 이탈리아 영화의 중추로 남아 있는 대중 영화 장르에서 40년간 일한 감독의 아들이었다. 또 로베르티의 시각적 스타일(세르지오가 볼 수 있었던 몇몇 영화 속)은 깊은 인상을 아들에게 남겼다. 아내 카를라 레오네는 세르지오가 베르티니가 나왔던 어떤 영화의 한 장면을 놓고 열변을 토하던 것을 들려주었다. "그건 저녁 파티 장면이었다. 조명은 식사하는 사람들의 얼굴을 정면으로 비추지 않았다. 대신 식탁 위에 있는 흰색 접시들을 비추었다. 그래서 사람들은 거의 그림자 속에서 보였다. 세르지오는 이 장면에 압도당했다."[32)]

부친의 다른 유산들도 있다. 가끔 세르지오는 부친 로베르티가 베르티니와 그랬던 것처럼, 그의 영화에 나왔던 스타들과 거북한 관계에 빠지곤 했다. 곧 세르지오는 촬영장에서 자신이 보스가 아닌 것처럼 비추어지면, 대단히 예민한 반응을 보였다. 세르지오는 장르 영화에서만 일했다. 하지만 역시 자신의 부친처럼, 그런 상황에서도 '개인적인 영화'를 만들려고 노력한다는 인상을 주려 했고, 항상 그 점을 강조했다. 그는 정치적 도그마에 대해서는 그것이 좌익이든 우익이든 항상 의심했다. 그리고 세르지오는 전후 이탈리아 좌우익 사이의 정치적 타협 때문에, 부친의 꿈이 어떻게 조각이 났는지에 대해 목소리를 높였다. 1930년대에 부친 로베르티는 왜 위험을 무릅쓰면서 자신을 힘들게 했을까? 1950년대에 냉전과 소비주의 붐의 시대에, 왜 파르티잔의 영웅들은 진지한 정치계에서 계속하여 밀려났을까? 그리고 로베르티의 사회주의는 그를 어디로 데려갔을까? 이런 것들이 로베르티를 '더 이상 일을 하지 않는 감독'으로 만들어버렸다. 세르지오 레오네는 아버지로부터 골동품에 대한 사랑, 그리고 사물의 외관과 질감에 대한 강박적인 매혹도 물려받았다. 그런 사물들은 자신의 영화에도 등장할 것이다. 세르지오는 또 치네치타에 대해 정서적 애착을 느꼈다. 그건 '동화의 세계'에 대한 첫 방문 때, 상징화됐다. 그리고 세르지오의 '전혀 해결되지 않는' 어머니와의 관계는, 그가 어른이 되어 모험과 육체적 액션이 넘치는 배타적인 남성의 세계에 몰두하는 것과 연결짓고 싶은 유혹도 느낀다. 하지만 그것은 세르지오가 일했던 이탈리아의 문화적 배경을 너무 지나치게 개인화하는 것일 수도 있다. 짐작할 수 있듯, 세르지오의 가족도 부계의 유산에 대해 말하는 것이 더욱 자연스러울 것이다. 세르지오의 아들 안드레아 레오네는 이렇게 말했다. "나의 아버지는 할아버지에 대해 커다란 존경심을 갖고 말했다. 그런데 아버지가 태어날 때, 할아버지는 45살 혹은 46살이었다. 아버지는 이런 커다란 나이 차이 때문에 고통을 받았다. 아버지는 영화에서 태어났다. 아버지의 가장 큰 슬픔은 그가 상찬받았을 때, 그것을 할아버지와 나누지 못한 점이었다. 할아버지는 너무 일찍 돌아가셨다."[33)]

"나의 아버지는 상처를 안은 채 돌아가셨다." 세르지오 레오네는 자주 그렇게 기억했다. "아버지의 고향은 세상에서 가장 아름다운 곳 중의 하나였다. 베르길리우스가 〈전원시〉(Pastorals)에서 열광적으로 노래한 '이르피니아'(Irpinia)가 바로 그곳이다. 아버지는 그곳에서 병으로 쓰러졌다. 그리고는 얼마 못 가서 돌아가셨다. 아버지의 마지막 시기에 그가 나를 바라보는 눈에서, 나는 그의 깊은 회한을 읽을 수 있었다. 내가 법학 전공을 그만두고, 영화로 진로를 바꾸었기 때문이었다. 하지만 나의 마음속에서, 내가 선택한 직업은 두 부모에게 갚아야 할 빚으로 느껴졌다."[34)] 세르지오 레오네는 부모에게 강한 인상을 남기기를 매우 원했다. 그는 이런 빚을 인식하고 있었기 때문에 감독으로서 세계적인 성공을 거두는 작품인 '황야의 무법자'(1964)에서 영어식 예명을 '봅 로버트슨'(Bob Robertson)이라고 정했다. 곧 부친의 이름 로베르토(Roberto/Bob) 로베르티(Roberti/Robertson)의 영어식 표현이었다.

1) Aldo Bernardini and Vittorio Martinelli: *Roberto Roberti – direttore artistico* (Le giornate del cinema muto edizioni, Pordenone, 1985) pp. 8–15. This publication accompanied the 1985 silent film festival at Pordenone, which included a discussion with Sergio Leone about his father, 3 October 1985.

2) Noel Simsolo: *Conversations avec Sergio Leone*, pp. 9–12.

3) Simsolo, loc. cit.

4) Bernardini and Martinelli, p. 31.

5) Bernardini and Martinelli, pp. 10–15.

6) Emilio Ghione, cited in Pierre Leprohon: *The Italian Cinema* (Secker and Warburg, London, 1972) pp. 43–44, 55–58. On Ghione, also see Maria Wyke: *Projecting the Past*, p. 171.

7) Bernardo and Martinelli, pp. 41–42.

8) Simsolo, p. 12.

9) See Monica Dall'Asta: *Un Cinema musclé 1913–26* (Editions Yellow Now, Crisnée, Belgium, 1992) pp. 25–167; also Vittorio Martinelli and Mario Quargnolo: *Maciste & Co* (Edizioni Cinepopolare, Udine, 1981).

10) For Leone on Pagano, see – among many other references – Guy Braucourt's interview for *Cinéma 69*, November 1969, pp. 81–83 and Simsolo pp. 9–12.

11) See Dall'Asta, loc. cit.

12) For Campogalliani's letter, see Dall'Asta p. 137.

13) Bernardini and Martinelli, pp. 61–62.

14) Mira Liehm, pp. 19–20 and passim . On Francesca Bertini, see her memoirs *Il resto non conta* (Giardini, Pisa, 1969) pp. 100–165

15) Simsolo, pp. 12–13.

16) Simsolo, pp. 13–14; Bernardini and Martinelli pp. 23–24.

17) See, for example, Simsolo, p. 13.

18) Simsolo, loc. cit., and Braucourt, loc. cit. In most interviews about his early life, Sergio Leone included one version or another of this story.

19) Denis Mack Smith: *Mussolini* (Weidenfeld and Nicolson, London, 1981) pp. 15–17.

20) Gian Piero Brunetta: *Storia del cinema Italiano 1895–1945* (Riuniti, Rome, 1979) p. 236 and Bernardini and Martinelli pp. 24–27.

21) See Francesco Savio: *Ma l'amore no* (Sonzogno, Milan, 1975) p. 332 and Bernardini and Martinelli pp. 99–101.

22) See (ed.) Franco Marietti: *Cinecittà tra cronica e storia 1937–1989* (vol. 1, Presidenza del Consiglio dei Ministri, Rome, 1990) pp. 227–230; also, Gianni Di Claudio: *Directed by Sergio Leone* (Libreria Universitaria, Chieti, 1990) pp. 12–13.

23) Carla Del Poggio, in Francesco Savio: *Cinecittà anni trenta 1930–43* (vol. 2, Bulzoni, Rome, 1979) pp. 440–443.

24) Francesco Savio, p. 48; Bernardini and Martinelli pp. 101–102.

25) Author's interview with Carla Leone, 1 July 1994.

26) Author's interview with Tonino Valerii, Udine, 26 April 1997.

27) Carla Leone interview.

28) Tonino Valerii interview.

29) Author's interview with Sergio Donati, Fregene, 23 May 1998.

30) Simsolo, pp. 31–34.

31) Simsolo, pp. 30–31. See, for historical context, Gian Piero Brunetta: *Storia del cinema Italiano, 1945–1980s* (Riuniti, Rome, 1982) pp. 24–25.

32) Carla Leone interview. A striking sequence from *Le serpe* (1920) is included in Gianni Minà's RAI television documentary *C'era una volta il cinema.*

33) Interview with Andrea Leone for *Viva Leone!* , Rome, November 1989.

34) Simsolo, pp. 33, 37–38.

3.

테베레강의 할리우드

'신데렐라 작전'(Operation Cinderella)은 이탈리아에 있는 작은 마을의 점령에 관한 이야기다. 그 마을은 늘 점령돼 있었다. 로마인들에게, 고트족에게, 사라센인들에게, 야만적인 해적들에게, 이어서 독일인과 영국인에 의해 점령됐다. 드디어 평화가 왔다. 그리고 갑자기 트럭들이 긴 줄을 이어 이곳에 도착했다. 그들은 누구인가? 할리우드이다! 그래서 이 마을은 영화사로부터 점령당한 이야기의 대상이 됐다. 마을 주민들은 두 진영으로 양분됐다. 곧 영화제작사와 함께 일하는 협력자들, 그리고 그들을 제거하려는 지하세력이 존재했다. 안나 마냐니는 위대한 역할을 맡았다. 그녀는 지하세력의 '열정자'(Passionaria)라고 불리는 인물이 됐다. 그런데 마을의 그 누구도 일반적인 권리를 갖지 못했다. 사람들은 길도 함부로 건너지 못했다. 왜냐면 영화사들이 촬영하고 있기 때문이었다. 사람들은 집에도 갈 수 없고, 그 어느 곳에도 가지 못했다. 그래서 지하세력은 조직을 만들었고, 엑스트라로 일하던 주민들은 파업하고 일하기를 거부했다. 이는 옛 스타일로 그려진 위대한 기사들 사이의 전투 같았다. 영화는 이런 싸움을 담았다. 대체 인력이 이웃 마을에서 투입됐다. 두 마을은 7백 년 동안 서로를 증오한 사이였다. 이제 진짜로 전투가 벌어졌다. 그건 민간인 복장의 홈팀과 무장한 파업파괴자들 사이의 전투였다. 그들은 크레인을 투석기로 이용했다… 한편 할리우드의 스태프는 이 마을 수호성인의 동상을 깨뜨렸다. 그랬더니 그들이 촬영을 시작하려고 하면, 정확히 말해 '액션'이라고 말하는 순간, 그때마다 작은 구름 하나가 태양 바로 앞에 나타나, 촬영하기가 어렵게 빛을 가렸다. 신데렐라는 그들이 스카우트한 이 지역의 소녀다. 마지막에 소녀는 그들과 함께 버스를 타고 떠난다. 더 큰 스타가 되기 위해 할리우드로 가는 것이다.

— 오손 웰스,

1950년대 초기에 기획됐던 미완성작을 회상하며.

비토리오 데 시카의 '자전거 도둑'(1948)에는 이런 장면이 있다. '믿음의 포교'(Propaganda Fide) 소속 신학교 학생들이 성직자 옷을 입고 로마의 포르타 포르테제(Porta Portese) 시장을 가로질러 달려가고 있다. 시장은 사막처럼 비었다. 그들은 건물의 처마 아래에서 쏟아지는 비를 피하려 한다. 이 학생들은 주인공인 안토니오 리치와 그의 아들 브루노 옆에 잠시 머문다. 그들은 독일어로 서로에게 말한다. 두 이탈리아인, 곧 아버지와 아들은 그 말을 들을 수는 있지만, 한 마디도 이해하지는 못한다. 학생 중 한 명이 브루노에게 미소를 짓는다. 하지만 브루노는 반응하지 않는다. 그리고 비가 그치자, 그들은 다시 걸어간다. 이들 가운데에는 젊고 안경 낀 학생이 한 명 서 있다. 그 신학생이 당시 19살이던 세르지오 레오네이다.

데 시카와 작가 체사레 차바티니(Cesare Zavattini)는 로마의 길거리에서 '우연히 일어난' 것처럼 이 장면을 찍기 위해, 세심하게 계획하고 또 각본을 썼다(이는 네오리얼리즘의 역사에서 원초적인 장면이 됐다). 그런데 레오네에 따르면 이 특별한 장면은 데 시카에 의해 고안된 즉흥이었다. 당시에 비가 오고 있었고, 그래서 데 시카는 시각효과를 위해 그 비를 이용하려 했다. "비와 여름의 햇빛을 이용하여, 모두 붉은 옷을 입고 있는 젊은 신학생 주변에 어떤 특별한 분위기를 만들려고 했다."[1) 어떤 친구가 레오네를 데 시카에게 소개했고, 감독은 레오네가 로베르토 로베르티의 아들이란 사실을 안 뒤, 무보수로 일하는 다섯 번째 조감독으로 고용했다. 만약 레오네가 연기하는 것을 준비했더라면, 적은 보수를 받을 수 있었을 것이다. 레오네는 신학생 장면을 찍기 위해 엑스트라를 구하는 업무를 맡았다. "나는 대학에서 법학 공부를 열심히 하고 있던 학우들을 생각했다. 누군가가 그들을 고용하러 갔고, 그리고 10여 명의 법대생을 데리고 왔다(숨을 헐떡이며 급히 트램을 타고 왔다). 데 시카는 신학을 공부하는 학생들이 광장에서 줄을 지어가는 것을 준비했다. 나는 그 학생들을 이끄는 리더가 되어, 자부심을 느꼈다."[2) 그런데 그의 옷이 문제가 됐다. "나는 성직자 의상 안쪽에 신상품인 노란색 스웨터를 입고 있었다. 비를 맞는 바람에, 적색 의상에서 나온 염료가 내 스웨터에 얼룩을 내고 말았다. 그들은 나를 '로마의 깃발'이라고 놀렸다. 왜냐면 로마의 상징색이 노란색과 적색이기 때문이다. 나로서는 전혀 웃음이 나오지 않았다. 내 스웨터는 망쳐졌는데, 데시카는 그것을 물어줄 의사가 전혀 없었다. 모든 것을 해결하기 위해 긴 토론이 이어졌다. 결국에 그들은 나에게 마땅한 돈을 내주었다."[3)]

레오네는 훗날 '자전거 도둑'에 합류하여, 길거리에서 캐스팅된 것 같은 연기 경험을 한 것을 기분 좋게 회상했다. 곧 처마 밑에서 비를 피하고, 조명은 물구덩이에 반사되고, 다른 사람이 알아듣지 못하는 말을 하며 그곳을 떠나고, 물에 젖은 모자를 쓰고 있는 가난한 노동자의 악몽을 더욱 무섭게 만드는 모든 과정이 매혹적이었다고 말했다. 더욱 매혹적인 경험은 데 시카, 차바티니, 그리고 또 다른 작가 세르지오 아미데이(Sergio Amidei) 등, 소위 네오리얼리즘의 세 전설이 시나리오를 놓고 토론을 벌이는 것을 옆에서 듣는 것이었다. "내가 시나리오를 수정할 때, 지나칠 정도로 꼼꼼하게 하는 것은 과거의 세 작가에게 빚진 것이다. 나의 그런 습관 때문에, 함께 일하는 시나리오 작가들 사이에서 나는 인기가 없다. 체사레 차바티니가 북쪽 지역어를 강하게 쓰며, 어떤 장면에 대해 말하고 있었다. 이 영화에 개입한 세르지오 아미데이도 그때 그 장소에 있었다. 데 시카는 방 안에 있는 모든 사람을 등지고, 머리를 옆으로 기울인 채 팔짱을 끼고 창밖을 바라보고 있었다. 그는 다른 무언가를 생각하는 것 같았다. 차바티니가 말했다. 불쌍한 노동자는 집에서 나올 때 손에 모르타델라 샌드위치를 들고 있다. 그리고 중요한 점을 하나 덧붙였다. 샌드위치는 신문으로 싸여 있는데, 루니타(L'unità)라는 제호가 선명하게 보여야 한다. 침묵이 길게 흘렀다. 이어서 아미데이가 단호하게 그 의견에 반대했다. '루니타'(이탈리아공산당 기관지이며, 의미는 '단결')는 거기에서는 별 관계가 없다는 것이다. 굳이 쓰려면 끝 글자 타(tà)만 보이면 된다고 말했다. 또 침묵이 흘렀다. 데 시카는 여전히 팔짱을 끼고 그곳에 서서 머리를 약간 기울인 채 열린 창문을 통해 시내를 바라보고 있었다. 그리고 그는 뒤돌아서지 않고, 매우 차분한 목소리로 말했다. 마치 그는 천사의 방문을 받은 것 같았고, 또 하늘의 구름과 속삭이는 것 같았다. 그의 의견은 그 노동자가 집을 나올 때 잘 익은 사과를 먹고 있어야 한다는 것이었다. '붉은' 사과라며, 그는 로마의 지붕 위를 향해 말했다. 그러자 안돼, '붉은' 사과는 안 돼, 여러 색깔의 사과여야 한다는 의견이 나왔다. 이어서 반은 붉고, 반은 색깔이 섞여야 한다는 의견이 뒤따랐다. 그러면 노동자는 그 사과를 씹고 나오며, 재난으로 향하는 여행을 시작하는 것이었다. 솔직히 말해, 나는 그때 그 사과를 내가 먹는 것 같은 감각으로 그 이야기에 귀 기울였다. 데 시카는 우리의 눈앞에서 마술하듯, 기적의 봉헌물처럼 그 이미지를 만들었다. 그에게 영화는 이처럼 디테일에 대한 집중이었다."[4)]

세르지오 레오네는 고교 시절부터 방학 기간을 이용하여 여러 감독의 연출부에서 일했다. 또 그는 '영화에 더욱 많은 시간을 헌신'하기 위해, 법대에 다닐 때도 무단결석을 하기 시작했다. 영화에 헌신한다는 것은 그동안 밀렸던 할리우드 영화를 본다는 뜻도 포함됐다. 레오네는 훗날 이렇게 말했다. "당시에 나에게 그때는 '위대한 소화'의 시기였다. 로마의 청년에게 그 시절은 꿈이 드디어 이루어지는 것 같았다. 1941년 미국 영화 수입이 금지된 이후, 당시에 엄청나게 많은 미국 영화가 다시 들어왔다. 영화관은 매일 관객으로 꽉 찼다. 서점에도 비슷한 일이 일어났다. 미국 만화책이 다시 들어왔는데, 책에는 4년간 보지 못했던 우리 영웅들의 모험으로 넘쳤다. 그리고 그때 누아르 소설의 위대한 작가들에 대한 발견이 이루어졌다."[5] 이탈리아 시장에서 과월호들은 사람들에게 인기 있는 대상이 됐다. 무솔리니가 몰락한 지 4년이 지난 1948년, 이탈리아에서 상영되는 모든 영화 가운데 11%만이 이탈리아 제작 영화였다. 그리고 73%가 미국 혹은 영국 제작 영화였다. 비평가들은 네오리얼리즘에 관해 열변을 토하고 있었다. 하지만 경제적 측면에서 보면, 그 영향은 주변적이었다. '무방비 도시'와 '자전거 도둑'이 대중적인 인기를 거둔 것은 사실이다. 그러나 상업영화 배급업자들은 그 현상을 일반적이기보다는 예외로서 다루었다. 데 시카가 로마의 길거리에서 영화를 찍고 있을 때, 로마는 이미 유럽으로 향하는 할리우드의 교두보였다. 그 당시 이탈리아 관객의 취향은 루키노 비스콘티의 '벨리시마'(Bellissima, 1951)를 보면 알 수 있다. 주인공 안나 마냐니는 뒷골목에 임시로 마련된 영화관에서 할리우드 웨스턴인 하워드 혹스의 '붉은 강'(Red River)을 보고 있다. 마냐니는 존 웨인이 강을 가로질러 소 떼를 몰고 가는 것을 보고 감탄을 금치 못한다. "와! 소들이 전부 물에 잠겼어. 정말 놀랍지 않아!"

그리고 '마샬 플랜'(Marshall Plan)이 실행되는 초기에, 이탈리아 영화 제작의 견고한 기초를 만들려는 시도들이 진행됐다. 그때 세르지오 레오네는 두 감독의 조감독이 되어, 처음으로 직업과 직접 관련된 경험을 하게 된다. 레오네의 경력은 62살의 카르미네 갈로네 감독에게 정식으로 소개될 때 시작됐다. 갈로네 감독은 이제 가족의 친구를 넘어, 레오네의 잠정적인 고용인이 됐다. 갈로네는 업계로 돌아온 뒤, '티타누스'(Titanus) 영화사를 위해, 영화로 찍은 이탈리아 오페라를 만들었다. 그는 레오네에게 기회를 주었는데, '담배를 사고, 커피를 가져오는 것'과 물류(소품 포함)를 담당하게 했다. 레오네는 자신의 이름이 크레딧에서 '조감독'(assistente alla Regia)으로 올라갈 것이란 점을 알고 있었다. 다음과 같은 영화들이 만들어졌다. '리골레토'(1947, 바리톤 티토 곱비 출연), '파우스트의 전설'(1949)과 '일 트로바토레'(1949), '운명의 힘'(1950, 티토 곱비와 넬리 코라디가 노래만 불렀다. 출연은 하지 않았다), '밤의 택시'(1950, 티토 곱비 출연), 그리고 몇 편의 단편이 있었다.

카르미네 갈로네는 1951년 홍보용 팸플릿에서 '오페라 영화'(opera film)에 대해 기사를 쓴 적이 있다. 이탈리아 성악가들이 연기하거나 노래하는 오페라 영화는 '외국에 이탈리아 영화를 전파하는 데 의미 있는 역할을 할 수 있다'라는 주장이었다. 그래서 전쟁이 끝난 뒤, 뮤지컬 영화의 영역에서 '우리의 노력을 다시 끌어모으는 것은 의무'라는 것이었다. 15년 전에 갈로네는 로마 역사의 영광에 관해 썼었다('스키피오 아프리카누스', 1937). 이제 그는 이탈리아 영화 산업의 영광에 관해 쓴 것이다.[6] 문제는 영화를 어떻게 만들어야, 음악적으로, 또 하나의 영화 작품으로서 관객을 만족시키느냐는 것이었다. 갈로네가 주장한 대로, 오페라를 무대에서 공연하는 그대로 촬영하는 것은 적절한 답이 되지 못했다(비록 갈로네는 1947년에 '리골레토'를 그렇게 찍었지만). 그러면 각색은 어디까지 허용될까? 당대의 유명 이론가들이 그 문제에 대해 생각했다. 벨라 발라스(Bela Balasz)에 따르면, 수용할 수 있는 '필름 오페라'(film opera)는 완벽하게 다른 새로운 창조물이 되어야 했다. 오페라 스타일은 약간만 들어 있어야 했다(많으면 절대 안 된다). 지그프리트 크라카우어(Siegfried Kracauer)에 따르면, 사진적 리얼리즘(photo-realism)의 관습에서 벗어나면, 어떤 시도든 그것은 나쁜 영화 예술이 되거나, 관객의 믿음을 훼손할 것이라고 했다. 갈로네는 오페라의 관습을 확장하고, 심지어 전복하고 싶었을 것이다. 하지만 안목이 있는 관객들에게, 갈로네는 단지 오페라를 나쁜 방식으로 사진 찍는 데 그친 것으로 비칠 수 있다. 영화역사학자 잔 피에로 브루네타는 당시의 현상을 '영화 오페라'(cineopera)라고 명명하며 이렇게 썼다. "그 영화들은 관객들에게 인기 있었다. 그들은 적게 내고, 이탈리아의 모든 주요 오페라에 대한 지식을 갖고 싶어 했다."[7] 스타들, 예를 들어 안나 마냐니, 지나 롤로브리지다, 아메데오 나차리 그리고 소피아 로렌(클레멘테 프라카시 감독의 1952년 작 '아이다'에 출연했는데, 이 작품은 비평가들에게 분노를 일으켰다) 등이 이런 특별한 영화들을 통해 관객의 주목을 받았다. 그리고 이들 영화의 시나리오 작가들, 곧 마리오 모니첼리(Mario Monicelli), 아제(Age), 그리고 스카르펠리(Scarpelli) 등도 이런 영화들을 통해 주목받았다.

오페라의 영화화는 1946년 카르미네 갈로네에 의해 시작됐다. 그는 업계로 복귀하며 '토스카'를 각색하여, 영화 '그리고 그 앞에 모든 로마가 떨었다'(E avanti a lui tremava tutta Roma)를 발표했다. 이 작품에서 안나 마냐니는 마지막 나치 점령기의 투사 토스카(노래는 소프라노 오넬리아 피네스키의 더빙)로 나왔다. 경찰 책임자 스카르피아(바리톤 티토 곱비)는 파시스트의 간부로 등장했다. 그리고 그의 부하들은 파시스트 제복을 입고 있다. 카르미네 갈로네는 과거 영화계에서 축출된 뒤, 잃어버린 명성을 되찾기 위해 명백한 의도를 갖고 이 영화를 만들었다. 그리고 그는 1930년대에 자신에게 익숙했던 대규모 관객에게 주목받기를 바랐다. 1946년부터 1956년까지 이어진 오페라 영화 만들기 유행(10년 동안 12편의 장편 영화 제작)은 전후에 처음으로 상업영화 제작에 어떤 붐을 몰고 왔다. 그리고 이 작품들은 최소한 무대와 스크린에서의 차이점을 찾으려고 노력했다. 세르지오 레오네가 조감독으로 합류한 갈로네의 '운명의 힘'(La forza del destino)이 좋은 사례다. 곧 스토리의 복잡한 부분은 보이스오버로 설명됐고, 상영 시간의 반은 현지 촬영에 의한 장면들이었으며, 그리고 오페라의 대본과 음악은 100분으로 편집됐다. 갈로네는 트래킹과 크레인 숏을 이용하여, 현지 촬영에 활력을 넣었다. 캐릭터들은 그들이 성악가에 의해 연주되든 그렇지 않든, 스튜디오에서 더빙했다. 그래서 빼어난 수준의 사운드트랙을 만들 수 있었다. 그런 영화들을 통해 바리톤 티토 곱비(Tito Gobbi)는 종전 직후에 가장 인기 있는 배우 가운데 한 명이 됐다.[8] 젊은 세르지오 레오네가 가장 자랑하던 수집품은 서명이 들어 있는 티토 곱비와 테너 베니아미노 질리(Beniamino Gigli)의 사진들이었다.

당시 레오네의 역할은 갈로네가 손짓만 하면 언제든지 그의 옆에 있는 것이었다. "카르미네 갈로네는 장군 같았고, 매우 엄격했으며, 성질이 급했다. 나는 항상 그의 곁에 머물며, 그에게 도움이 되도록 노력했다. 나는 심부름도 하고 주어진 임무도 마치고 당연하게도 커피도 준비했다. '주인님' 감독께서 주문하는 모든 것을 했다. 그런데 그때 정말 내가 집중한 것은 촬영감독과 그의 조수가 보여주는 모든 제스처였다. 마치 그들이 나를 위해 일하는 사람인 듯 관찰했다. 갈로네는 세트에서 병력을 움직이듯, 백여 명 사람의 동작을 지휘했다. 그는 시계 장치처럼 그들의 움직임에 규칙을 만들었다."[9] 레오네의 웨스턴은 훗날 비평가들로부터 '폭력의 오페라'라는 명칭을 얻었다(클린트 이스트우드는 특별하게 이탈리아식으로 만든 '웨스턴의 오페라화'라고 명명했다). 비평가들은 음악과 움직임과 시각 이미지에 대한 레오네의 섬세한 오케스트라 작업을 강조했다. 하지만 레오네는 그 명칭을 받아들인 적이 없다. 1970년대 초반에 레오네는 자신의 웨스턴이 의미심장하게도 오페라가 발명된 땅에서 나온 것이 아니냐는 질문을 받았다. 레오네는 답했다. "그렇지 않다. 사람들은 이탈리아를 마치 음악에 미친 나라인 듯 생각한다. 그것은 잘못된 정보다! 고전 음악을 듣는 이탈리아인들의 비율은 그리스인들보다 낮다. 약 3% 된다. 우리는 그 영역에서는 발전이 덜 된 나라 가운데 하나일 것이다." 그런데 인터뷰어는 물러서지 않았다. 레오네는 오페라 팬이 틀림없으며, 엔니오 모리코네에게 주문한 푸치니 스타일의 음악을 보면 알 수 있다고 주장했다. 레오네의 답이다. "내가? 나는 갈로네의 조감독을 할 때도 그랬고, 지금도 그렇듯, 영화로 찍는 오페라는 혐오한다. 나는 오페라를 연출해달라는 제안을 받은 적도 있다. 나는 할 수 없다고 답했는데, 웃음을 참지 못할 것 같아서였다. 말을 타고 노래하는 배우를 생각해보라. 그는 안장에서 내려와 다시 품위 있는 자신으로 되돌아간다. 그런데 그는 이 모든 것을 최대 성량의 벨칸토 창법으로 부르고 있어야 한다. 만약 내가 그런 장면을 본다면, 웃음이 나와서 쓰러질 것이다. 이는 너무 어리석어, 할 말을 잊게 만든다." 레오네에 따르면, "유일하게 신뢰할만한 영화 오페라는 음악적 경력을 가진 전문 배우를 출연시키고, 최고의 성악가를 붙여 녹음하는 것이다. 예를 들어 오토 프레밍거 감독의 '카르멘 존스'(Carmen Jones)처럼 말이다. 그런 영화를 만들려면 진짜 배우를 캐스팅해야 한다. 그렇게 해야지, 엉뚱하게도 플라시도 도밍고를 출연시켜 그런 영화를 만들 수는 없다."[10) 레오네는 조르주 비제의 '카르멘'을 영화로 만들어달라는 제안도 받았고, 푸치니의 '서부의 아가씨'를 무대에서 연출해 달라는 제안도 받았다. 하지만 그는 두 제안 모두 거절했다.

전후 이탈리아 영화를 외국에 알리려는 또 다른 시도는 엔리코 구아초니가 전쟁 전에 보여줬던 스타일로 돌아가서, 서사극 장르의 기초가 됐던 후기 빅토리아 시대의 대중 소설을 영화로 만드는 것이었다. 예를 들어 이런 소설들이 대상이 됐다. 에드워드 불워 리튼의 〈폼페이 최후의 날〉(1834), 헨리크 시엔키에비치의 〈쿠오바디스?〉(1895), 라파엘로 조바놀리의 〈스파르타쿠스〉(1874), 류 월리스의 〈벤-허〉(1880), 그리고 니콜라스 와이즈먼 추기경의 〈파비올라, 혹은 지하묘지의 교회〉(1854) 등이다. 리메이크 영화의 유행은 1949년 알레산드로 블라제티 감독의 165분짜리 '파비올라'가 제작되며 전환점을 맞았는데, 영화는 비싸졌고, 명백히 대규모 관객을 목표로 했다(블라제티 감독은 레오네 부자와의 불행한 저녁 대화에 참석한 인물). 이 영화는 당시 다시 문을 연 치네치타 스튜디오에서 제작됐다. 세르지오 레오네는 크레딧에 이름을 올리지 않았지만, 이 영화의 조감독으로 일했다.

'파비올라'(Fabiola)의 각색에는 14명의 시나리오 작가가 참여했다(그 가운데 8명의 이름이 크레딧에 올랐다). 장편 원작 소설은 콘스탄티누스 황제가 권력을 쥐기 전에, 로마제국의 귀족 여성(미셸 모르강)이 새로운 종교인 기독교로 개종하는 것에 초점이 맞춰 있다. '파비올라'는 검투사와 귀족 여성 사이의 사랑 이야기인데, 야외경기장에서의 장대하고 피가 튀는 시퀀스 덕분에 대단히 유명해졌다. 과장법이 넘치는 홍보물에 따르면, '파비올라'에는 7천 명의 엑스트라, 2백 명의 프랑스인과 이탈리아인 운동선수가 출연했다. 루키노 비스콘티의 네오리얼리즘 영화 '강박관념'의 주인공이었지만 당시에 약간 빛이 바랜 마시모 지로티(Massimo Girotti)가 순교자 성 세바스티안으로 출연했는데, 이것이 그의 첫 서사극 출연이었다. 그는 이후 서사극에 자주 나왔다. 성 세바스티안은 만리우스 발레리안(파올로 스토파) 부대의 화살을 맞고 죽는다. 누드의 여성들이 사자에게 잡아먹히는 장면은 미국 판본에서 잘려나갔다. 반면에 로마의 난교 파티에서 상체를 드러낸 여성 댄서들 장면은 살아남았다. 레오네는 다른 세 명의 조감독들과 물류를 담당했는데, 그 양이 어마어마했다. 치네치타는 1944년 연합군에 의해 폭격을 받았다. 이후 이곳은 나치에 의해 점령됐고, 이어서 연합군에 의해 포로수용소로 이용됐다. 1948년이 되어서야, 사운드 스테이지(sound stage)와 외벽 건물 세트(back-lots)가 영화 제작에 다시 쓰이기 시작했다.

블라제티 감독은 갈로네 감독이 '오페라 영화'에 관해 썼던 그 홍보물에서 '파비올라'에 관해 자신의 의견을 드러냈다. 그런데 그는 비평적으로 주목을 받지 못했고, 이데올로기적으로는 약간 오염된 그 시대극 장르에서 일하는 것에 대해 전혀 부끄러워하지 않았다. 블라제티에 따르면, '파비올라'는 독수리와 파쇼로 상징되는 억압자 로마에 대항한 초창기 기독교인들의 편에 섰다는 것이었다. 블라제티는 젊은 비평가들에게 적의를 드러내기도 했다. 젊은이들은 '세계 시장에서 놀랄만한 성공을 거둘 수 있는 품위 있는 작품'에 대해, 자신들의 취향에 근거하여 표피적인 편견을 내놓았다는 것이다. "우리가 '파비올라'를 만들며 의도했던 것은, 이탈리아가 다시 역사물에서 성공의 길을 열게 하는 것이었다. 네오리얼리즘의 가르침과 노력은 최종적으로는 스펙터클 영화에 자리를 양보하게 하고, 그래서 세트는 더욱 장대하게 만들고, 등장인물들은 고대의 조각처럼 보이게 했다. 네오리얼리즘이 좋은 길이라는 것은 믿는다. 하지만 우리는 그 공식이 다른 모든 상상력을 독점하면, 스스로 지쳐버린다는 것도 알고 있다."[11)]

블라제티는 어떤 면에서는 맞기도 했다. 다시 말해 '파비올라'는 비평적으로는 외면당했고, 상업적으로는 성공을 거두었는데, 그건 세실 B. 드밀의 '삼손과 데릴라'(1955)가 미국에서 거두었던 성과와 흡사했다. 그리고 '파비올라'는 1950년대와 1960년대에 일어났던 페플럼(peplum) 영화의 유행에 기초를 놓았다. 그런데 이런 영화들이 닦은 길은 네오리얼리즘을 향하지는 않았다. 대신 이 영화들은 육체적 능력, 난교 파티,

어두운 유혹녀와 착한 여성(이 둘은 필수적인 요소였다)을 보여주길 좋아했고, 덧붙여 반어법과 무례함은 증폭하여 표현했다. '파비올라'부터 피에트로 프란치시(Pietro Francisci)의 '헤라클레스'(Le Fatiche di Ercole, 1958)까지 그들이 닦은 길은 10년이 걸린다. 그런데 그 10년은 파시스트 서사극에 대한 기억, 그리고 네오리얼리즘에 관한 이해할 수 없는 논쟁을 남긴 뒤, 영화적 과거로 사라졌다.

세르지오 레오네는 네오리얼리즘에 참여할 수도, 거리를 둘 수도 있었다. "나는 네오리얼리즘의 중요함을 알고 있었다. 꼭 필요한 영화들이었다. 그 작품들은 대의를 갖고 있었다. 20년의 파시즘을 겪은 나라에서 그것은 건강한 것이었다. 하지만 내가 좋아하는 종류의 영화는 아니었다."[12] 레오네는 여전히 어린 시절 로마의 글로리오조 거리에서 사귄 친구들과 시간을 보냈다. "그러나 나는 '비텔로니'(펠리니 영화의 인물처럼 빈둥대는 청년)는 아니었다. 그건 내가 14살쯤 됐을 때 관두었다." 레오네의 사회적 친분은 그가 일했던 영화에서 만난 스태프와 배우들 사이에서 형성됐다. 그가 전념한 교육은 시각적인 것과 기술적인 것이었다. "나는 일찍 어른이 됐다."라고 레오네는 말했다. 다른 청년들은 여러 정치적 청원에 서명하기 바쁠 때였다. 실제로 '젊은 영화' 운동이 벌어지고 있었다. 하지만 레오네는 부친의 정치적 영향에도 불구하고, 오로지 자신이 할 수 있는 일을 찾기에 바빴다.

학문과의 결별, 그리고 법조계에서의 경력 쌓기와의 결정적인 결별은 1949년에 일어났다. 그때 레오네의 부모는 로마에서 나폴리 인근 토렐라 데이 롬바르디로 이주했다. 세르지오 레오네는 로마에 남았고, 영화에 전념할 수 있었다. 그에게 기회를 준 것은 여전히 가족과 관련된 사람들이었다. 최초로 대가를 받는 조감독 업무는 당시 55살이었던 대부 마리오 카메리니가 주었다. 레오네는 이탈리아 남부의 무법자 주세페 무졸리노를 다룬 '산적 무졸리노'(Il brigante Musolino, 1950)에서 일했다. 주연은 아메데오 나차리와 실바나 망가노였다. 레오네는 망가노에 대한 '미친 사랑'에 빠졌고, '멀리서 숭배'했다. 레오네가 말했다. "나는 아주 어린 청년이었다. 헤밍웨이의 〈살인자들〉에 나오는 닉 애덤스 같았다. 그는 스위드(Swede)를 살인하기 위해 고용됐는데, 그만 경탄하면서 그를 바라보기만 하는 인물이다. 나는 열정을 갖고 여러 시도를 해보았다. 하지만 경험 부족으로, 되는 게 하나도 없었다. 나는 그래서 어른들 담배에 불붙이는 일만 열심히 했고, 나 또한 많은 담배를 피웠다."[13] 그런데 레오네는 자신의 고용주 카메리니 감독을 높이 평가했다. "카메리니는 소위 '백색 전화' 감독이었다. 그는 진정한 마에스트로 중의 한 명으로 영화사에 남을 것이다. 1950년대와 1960년대 비평가들로부터는 외면받았지만 말이다. 그는 단지 '파시즘 시절'의 감독으로만 평가됐다. 설사 그가 마르크스의 저서를 영화 '자본론'으로 만들지 않고, 채플린처럼 '위대한 독재자'를 만들지는 않았지만, 그랬다 하더라도 비평가들로부터는 크게 평가받지 못했을 것이다. 만약 카메리니가 치네치타가 아니라 할리우드에 갔다면, 그는 제2의 프랭크 캐프라, 또 다른 에른스트 루비치가 됐을 것이다. 비평가들이 카메리니의 '백색 전화' 영화를 본다면, 그들은 영화 속의 진실, 열정, 그리고 풍자를 발견할 것이다."[14)]

이어서 마리오 카메리니는 레오네를 루이지 코멘치니(Luigi Comencini)에게 소개했다. 레오네는 코멘치니의 '백인 여성 거래'(La tratta delle bianche, 1952)의 연출팀에서 일했다. 어떤 처녀(엘레오노라 로시 드라고)에 관한 현대물인데, 그녀는 남자 친구(에토레 만니)에 의해 '이런 추악한 거래'에서 구조된다. 그 남자는 이어서 거래꾼들을 경찰에 넘긴다. 그리고 코멘치니는 레오네를 이탈리아의 대표적인 제작자인 디노 데 라우렌티스(Dino De Laurentiis)의 회사에 소개했다. 데 라우렌티스는 '백인 여성 거래'의 공동 제작자였다. 그래서 레오네는 데 라우렌티스의 회사에서 마리오 솔다티(Mario Soldati)가 감독한 '검은 해적의 딸 욜란다'(Jolanda la figlia del Corsaro Nero, 1952)의 연출팀에서 일했다. 이는 에밀리오 살가리의 소설을 자유롭게 각색한 작품인데, 메이 브리트(May Britt)가 차갑고 육감적인 해적으로 나왔다. 그리고 역시 살가리의 소설을 각색한 마리오 솔다티의 '세 해적'(I tre corsari, 1952)에서도 일했다. 이는 귀족 아버지의 죽음을 복수하는 세 해적 형제에 관한 이야기였다.

로베르토 로셀리니의 '무방비 도시'에서 비극적인 신부 역을 맡았던 스타 알도 파브리치(Aldo Fabrizi)가 당시에 감독에 입문했다. 레오네는 파브리치 옆에서도 일했는데, 그때 만든 세 작품은 1950년대 후반의 '이탈리아식 코미디'(commedia all'italiana, 사회적 테마가 녹아 있는 희극)의 붐을 일으키는 데 기반을 닦았다. 먼저 '몸에 붙는 레인코트'(La marsina stretta, 1954)가 있는데, 이는 루이지 피란델로의 소설을 영화화한 '이것이 삶이다'(Questa è la vita)의 한 에피소드였다. 그리고 '그들은 트램을 훔쳤다'(Hanno rubato un tram, 1954)가 있다. 이 영화는 마리오 본나르드(Mario Bonnard) 감독이 시작했고, 완결은 알도 파브리치가 했다. 훗날 레오네의 협업 작가로서 명성을 날리는 루치아노 빈첸초니가 스토리를 썼다. 그리고 '마에스트로'(Il maestro, 1957) 등 모두 세 작품이다. 이런 일을 하며 레오네는 중간에 마리오 본나르드의 '허락해주세요, 아빠!'(Mi permette, Babbo!, 1956)의 연출팀에서도 일했다. 이 영화의 주인공은 알도 파브리치와 알베르토 소르디(Alberto Sordi)였다. 20년 뒤, 알도 파브리치는 1950년대 중반에 감독과 코미디 배우로 동시에 일한 경험에 대해 인터뷰를 했다. 파브리치의 기억이다. "음, 조감독은 세르지오 레오네였다. 그때 그는 웨스턴 감독이 되는 것에 대해 전혀 생각하지 않았다. 다시 생각해보니, 그는 감독이 되는 것조차 생각하지 않았다. 그는 당시에 말 그대로 마리오 본나르드의 조수였다. 그리고 본나르드의 집에서 살았다."[15)]

베테랑 마리오 본나르드(1889년 생)는 레오네의 부친인 빈첸초 레오네 감독(예명은 로베르토 로베르티)의 친구였다. 그는 레오네의 가족을 '이탈리아의 루돌프 발렌티노'(본나르드에 대한 세르지오 레오네의 표현) 시절부터 알고 있었다. 이 관계는 본나르드가 '최초의 네오리얼리즘 영화'로 불리기도 하는 '캄포 데 피오리'(Campo de' fiori, 1943)로 비평적 성공을 거둘 때까지 이어졌다. 빈첸초 레오네처럼, 마리오 본나르드의 삶도 이탈리아 영화 산업의 역사와 밀접하게 연결돼 있다. 본나르드의 경우, 그는 1910년대에는 여성들에게 인기 있는 배우였고, 1920년대에는 문학 작품의 각색에 뛰어난 감독이었다(스탕달의 〈적과 흑〉, 만초니의 〈약혼자들〉 등). 그는 빈첸초 레오네와 달리, 파시즘이 거세지는 1930년대에는 '산악 영화'(mountain films)를 만들기 위해 베를린으로 여행을 갔다. 이어서 그는 네오리얼리즘과도 교류했고, 1950년대에는 이탈리아 대중 영화 만들기에서 가장 믿을만한 감독 중의 한 명이 됐다. 그때 빈첸초 레오네는 상처를 안고 은퇴해 있었다. 반면에 마리오 본나르드는 계속 일을 했다. 그래서 1950년대 초기 이후, 세르지오 레오네가 조감독으로서 본나르드와 정기적으로 일하는 것은 예측 가능했다. 이런 작품들에서다. '맹세'(Il voto, 1950), '프리네, 동방의 궁녀'(Frine, cortigiana d'Oriente, 1953), '배신한 여성'(Tradita, 1954. 브리지트 바르도가 단역으로 나온다), '여도둑'(La ladra, 1955), '허락해주세요, 아빠!'(Mi permette Babbo!, 1956)등이다. 이 영화들에서 레오네는 크레딧에 이름을 올린다. 몇 편은 이탈리아와 프랑스의 공동 제작이었다. 이 가운데 가장 유명한 것은 '프리네, 동방의 궁녀'이다.

'프리네'는 기원전 5백 년경 고대의 테베와 아테네를 배경으로, 프리네(엘레나 클레우스)라고 불리는 노예 처녀에 관한 이야기다. 프리네는 부유한 궁정 여성이 되고, 또 조각가 프락시텔레스를 위해 아프로디테의 모델도 한다. 영화의 후반부는 프리네가 아테네의 장로들이 그녀를 해치려고 계획한 음모를 파헤치고, 손상된 품위에 대해 복수하는 내용이다. 최종적으로 프리네는 테베의 상원들 앞에서 '자기 누드의 아름다움'을 자랑스럽게 보여준다. 이 시퀀스는 영화의 역사에서 최초로 묘사된 스트립이라는 주장도 나왔다. 세르지오 레오네는 크레딧에 이름이 오르지 않았지만, 시나리오 작성에 참여했다. 이 시나리오는 1950년대 후반에 유행하기 시작한 많은 페플럼 영화의 씨앗을 제공했다. 예를 들어 조각가와 모델, 정치적 음모, 복수하는 여성, 옷을 벗는 은밀한 장면(여기엔 살찐 상원들의 엉큼한 시선이 동반된다) 등이다. 포스터에는 '프리네, 순결한 영혼 그리고 풍만한 육체'라고 적혀 있다.

레오네는 1950년대 전부를 마리오 본나르드 감독과 많은 시간을 보냈다. 1949년 부모의 집에서 나올 때부터 1960년 결혼할 때까지, 레오네는 로마의 프라티(Prati) 지역 파올로 에밀리오 거리(via Paolo Emilio)에 있는 본나르드의 집에서 방 한 칸을 독자적으로 쓰며 살았다. 레오네가 말했다. "나는 마리오 본나르드를 아주 좋아했다. 그의 촬영에는 어떤 특별한 분위기가 있었다. 활기찬 느낌 같은 것이다. 그는 문화가 풍부한 사람은 아니었다. 대단히 순진했고, 멜로드라마를 아주 좋아했다. 스타일 면에서 그는 복고적이었지만, 단단한 장인이었다.

기술적인 면에서 보면 그는 대단히 보수적이었다. 그와 일하면, 촬영은 종종 서사극으로 변해갔다. 우리는 아침 8시에 일을 시작했고, 실수한 게 없으면 오후 3시에 모든 것을 끝냈다. 휴식 시간은 없었다. 그렇게 일해야 본나르드는 오후 3시 반에 낮잠을 잘 수 있었다. 그는 샌드위치를 하나 먹었고, 6시까지 잠을 잤다. 그리고 그는 다시 일어나 새벽 2시까지 열정적으로 일했다."[16]

레오네는 이런 일화도 들려주었다. "좀 재미난 일이 벌어진 적이 있다. 우리는 코미디 '맹세'(Il voto)의 외부 장면을 찍고 있었다. 우리가 준비한 장면은 보트 한 대가 부두를 떠나가고, 그때 군중이 소리를 지르며 응원하는 것이었다. 그런데 우리는 평소와 달리 짧은 점심시간을 허락받았다. 우리는 본나르드가 껍질이 아주 섬세한 작은 조개를 대단히 좋아한다는 사실을 알고 있었다. 그가 그 요리를 거부하지 못한다는 사실을 알고 있던 우리는 대단히 많은 양을 주문했다. 그는 즉각 이런 행위가 점심시간을 늘이려는 우리의 음모라는 사실을 알았다. 본나르드는 조개를 먹으며 저주를 내렸다. '이 나쁜 놈들. 나를 바보 취급하느냐? 좋아, 내가 이것을 먹을 동안, 너희들은 부두를 따라 카메라 트랙을 설치하고 촬영 준비를 마쳐! 일몰 직전에 찍을 거야. 그 장면이 완성되면, 나는 집에 갈 거야.' 산더미 같은 조개를 다 먹은 뒤, 본나르드는 촬영장에 왔다. 나는 군중 속의 엑스트라들에게 어떻게 연기하는지를 설명하고 있었다. 누군가는 울고, 누군가는 키스를 날리고, 또 누군가는 잡담해야 했다. 그런데 본나르드가 나의 연습을 중단시켰고, 즉각 촬영해야 한다고 소리를 질렀다. 촬영감독이 거부했다. 그는 자신이 무엇을 해야 할지 알 수 없다고 말했다. 그는 트래킹 숏을 찍기 위해서는 리허설을 해야 한다고 요구했다. 본나르드는 그를 무시했다. 본나르드는 카메라를 작동시키고 트래킹을 시작하라고 명령했다. 그러자 스태프 전체가 패닉에 빠졌다. 나는 엑스트라들에게 그들이 해야 할 일을 설명하는 것을 마치지 못했다고 말했다. 본나르드는 나를 밀어냈다. 그리고 소리를 질렀다. '설명할 건 아무것도 없어!' 그는 손수건을 들었다. 그리고 군중 앞에서 그것을 흔들었다. '나를 봐! 내가 보트야. 카메라 작동, 준비, 액션!… 나를 봐! 내가 보트야.' 본나르드는 부두의 끝으로 곧장 걸어갔다. 그런데 그는 트랙을 보지 못했다. 그런데도 계속 말했다. '나를 봐! 내가 보트야.' 본나르드는 넘어졌고, 물속으로 빠지고 말았다. 그는 수영할 줄 몰랐다. 그의 얼굴이 수면 위로 다시 떠올랐다. 그는 바닷물을 뱉으며 말했다. '나를 봐! 나는 완전히 바보야.' 그리고는 가라앉았다. 우리는 그를 익사에서 구하기 위해 물에 뛰어들어야 했다."[17)]

레오네에 따르면 1950년대 초반에 본나르드는 페플럼 영화 분야에서 가장 경쟁력이 있었고, 경험도 많았다. 주변에 리카르도 프레다(Riccardo Freda) 감독과 비토리오 코타파비(Vittorio Cottafavi) 감독 등이 활동하며, 페플럼 영화를 찍어냈지만, 자기만의 목소리는 아직 내지 못하고 있었다. 레오네는 낮에 본나르드의 조감독을 하는 것 이외에, 저녁에 집에서 시나리오 작업을 도와야 했다. "나는 '프리네'의 시나리오 작업에 참여했다. 하지만 크레딧에서 나의 이름을 찾지 못할 것이다. 나는 당시에 크레딧에 이름을 올릴 수 없었다. 나는 촬영장에서 조감독을 하며 자주 시나리오를 손봤다. 그럴 때면 나는 본나르드의 상상력에 불을 붙이는 것 같았다. 나는 그를 자극하기도 했다. 나는 제대로 된 순서대로, 종이 위에 무엇을 써야 하는지 배웠다. 그리고 나는 무엇이 계속 남아 있어야 하고, 무엇을 잘라내야 하는지를 주목했다. 나는 그 일이 '작가 감독'이 해야 할 작업이라고는 말하지 않겠다. 나는 본나르드가 얻어야 할 것을 얻을 수 있도록, 방법을 제안하는 일에 나를 한정했다. 하지만 나는 '아프로디테, 사랑의 여신'(Aphrodite, Goddess of Love)에는 이름을 올렸다."(이 영화는 '동방의 노예 여성들'이라고도 불렸는데, 몇 년 뒤인 1958년에 '프리네, 동방의 궁녀'의 새로운 버전처럼 발표됐다).[18)]

레오네는 1952년 '남자, 야수와 덕성'(L'uomo, la bestia e la virtù)에서 훗날 감독이 되는 루치오 풀치(Lucio Fulci)와 함께 제2 조감독으로 일했다. 영화는 루이지 피란델로 원작의 간통에 관한 작은 소극을 각색한 것이다. 감독이자 시나리오 작가는 스테파노 반치나(Stefano Vanzina), 보통 스테노(Steno)라고 불리는 인물이다. 주인공은 시골의 볼품없는 교사다. 그 역은 버라이어티 쇼의 존경 받는 공연자이자, 전설적인 코미디 배우인 토토(Totò)가 맡았다. 교사는 폭력적인 선장 '야수'(오손 웰스)와 선장의 방기 된 아내 '덕성'(비비안 로망스) 사이의 결혼 관계를 계속 유지하려고 노력한다. 교사는 사실 그 아내와 비밀리에 만났고, 결국 임신까지 하게 했다. 훗날 오손 웰스는 그 영화는 일관성이 없었고, 제작 과정도 대단히 일관성이 없었다고 말했다. "앞뒤가 맞는 대사가 하나도 없었다. 완벽하게 비논리적이었다."[19] 제작 당시에도 오손 웰스는 자신은 전혀 행복하지 않다는 점을 분명히 밝혔다. 영화 제작이 아그파 컬러 필름의 문제로 5일 동안 중지됐을 때다. 오손 웰스는 갑자기 레오네에게 '바로 다음 날에 자신이 촬영을 시작하는 영화'가 있는데, 도와줄 수 있냐고 물었다. 당시 오손 웰스는 이탈리아에서 제작되는 대중 영화에 자기 이름과 얼굴을 종종 내비쳤다. 자신이 만드는 '독립 영화'의 재정을 충당하기 위해서였다. 그 영화들은 늘 자금 부족에 시달렸다. 오손 웰스는 만약 제작자 디노 데 라우렌티스가 기술 파트 스태프와 자신이 선택한 조감독 한 명을 빌려준다면, 5일에 해당하는 개런티는 받지 않겠다고 약속했다. 오손 웰스의 '오셀로'(1952)는 이런 식으로 조각을 맞추듯 제작됐다. 이탈리아의 다섯 도시에서 조금씩, 그리고 북아프리카의 다섯 도시에서 조금씩 촬영됐다. 헨리 킹의 '여우들의 왕자'(Prince of Foxes, 1949)를 촬영할 때 보여준 웰스의 악행은 영화계에 회자되는 우스운 이야기였다. 그 영화에서 웰스는 음모가 보르지아 역을 맡았다. 상대역은 딱 붙는 타이츠를 신은 로맨틱한 남자 타이론 파워였다. 웰스가 말했다. "나는 숨었다. 그리고 헨리 킹이 소리지를 때까지 기다렸다. '그는 어디 있어? 나는 그 개××가 베네치아에 있는 걸 알아! 빌어먹을 셰익스피어를 찍고 있겠지!' 킹 감독의 분노였다"('오셀로'의 도입부는 베네치아에서 촬영됐다).

오손 웰스를 위한 레오네의 첫 번째 임무는 '상상할 수 있는 가장 악당 같은 얼굴을 가진 배우'를 구하는 것이었다. 레오네는 웰스에게 자신이 아는 젊은 배우를 소개했다. 그는 무솔리니를 매우 닮았고, 심각한 피부 문제를 겪은 배우였다. '완벽해.' 웰스가 말했다. 그리고 레오네는 즉시 10명의 경찰과 작동하는 기관차를 구해야 했다. 촬영될 시퀀스는 경찰의 추적을 받는 강도에 관한 것 같았다. 강도는 밤에 나폴리로 가는 기차로 뛰어 올라타야 했다. 오손 웰스는 그 시퀀스를 연출할 때, 적색과 청색으로 된 마법사 망토를 입고, 푸른 수염을 달고 있었다. 레오네가 기억했다. "그 장면의 촬영은 3일 저녁 동안 이어졌다. 테이크 1, 테이크 2, 테이크 10, 테이크 20까지 이어졌다. 촬영할 때마다, 웰스는 그 강도 역을 맡은 배우에게 기차에 더욱 가까이 다가가라고 요구했다. 더욱 가까이! 더욱 가까이! 세 번째 저녁이 지난 뒤, 그 배우는 나에게 왔다. '레오네씨, 부탁 하나 들어주세요. 웰스에게 말해주세요. 나는 살기 위해 영화에서 일하지, 죽으려고 일하는 게 아니라고요.' 그는 두려움에 떨고 있었다."[20] 웰스는 어떤 영화를 찍고 있는지는 절대로 말하지 않았다. 그리고 그 장면을 영화에서 이용할지조차도 말하지 않았다. 웰스는 당시 추진 중인 여러 프로젝트를 동시에 진행하고 있었다. 그런데 이런 장면이 어울릴만한 유일한 영화는 '신데렐라 작전'이었다. '할리우드에 의한, 이탈리아의 작은 마을의 점령'에 관한 그 영화 말이다. 의아스러운 것은, 웰스는 그렇게 기이한 옷을 입고 있으면서, 카메라 앞에는 한 번도 등장하지 않았다는 점이다. 왜 그렇게 하느냐고 레오네가 묻자, 웰스는 이렇게만 답했다. "알 수 없지. 아마 나는 나의 클로즈업을 찍을지도 몰라. 기회가 오면, 아마도." 로마에서 '남자, 야수와 덕성'을 촬영할 때 공개된 홍보용 사진이 하나 있다. 화가 난 듯한 웰스는 거대한 코트를 입고, 짙은 선글라스를 낀 채 시가를 피우고 있다. 학구적인 세르지오 레오네는 뒤에 앉아, 안경을 쓴 채 스크립트의 내용을 올빼미처럼 바라보고 있다. 웰스는 자신이 다른 곳(아마 '신데렐라 작전' 촬영지)에 있기를 원하는 것처럼 보였다. 레오네는 자신이 별로 영향을 받지 않는 것처럼 비치려고 무척 노력하는 것처럼 보였다.

이 기간에 레오네는 프로 영화인으로서, 카메라의 뒤에 있는 사람들과 최초의 만남을 시작했다. 10년 뒤에 레오네는 자기 영화를 만들며, 그들과 정기적으로 일할 것이다. 곧 편집 기사 니노 바랄리(Nino Baragli)와 로베르토 친퀴니(Roberto Cinquini), 시나리오 작가 아제(Age)와 스카르펠리(Scarpelli) 그리고 루치아노 빈첸초니(Luciano Vincenzoni), 촬영감독 토니노 델리 콜리(Tonino Delli Colli) 등이다. 델리 콜리는 뒤에 '석양의 무법자', '옛날 옛적 서부에서' 그리고 '원스 어폰 어 타임 인 아메리카'에서 촬영감독으로 일한다. 레오네와 델리 콜리는 본나르드 감독의 '맹세'에서 일할 때 처음 만났다. 델리 콜리의 기억이다. "그는 본나르드의 아들 같았다." 그래서인지 레오네는 자신이 능력 있는 사람임을 노감독에게 보여주려고 무척 노력했다. "그는 촬영할 장면을 먼저 준비했고, 단역 배우들을 선택했고, 그리고 이런저런 일을 다 했다."[21)]

루치아노 빈첸초니는 레오네의 웨스턴에서 핵심 작가로 활동하게 된다. 그가 처음 조감독 레오네를 만났을 때, 레오네는 '믿거나 말거나 털 빠진 새처럼 말랐고, 부끄러움이 많았고, 내성적'이었다. 빈첸초니는 25살이던 1954년에 자신의 첫 이야기를 영화사에 팔았다(시나리오 작성에 참여하진 않았다). 그건 '그들은 트램을 훔쳤다'이며, 본나르드가 감독하여 볼로냐에서 찍었다(완성은 알도 파브리치가 한다). 그런데 1984년 빈첸초니는 이렇게 말했다. "당시 본나르드는 이미 늙었고, 병들어 있었다. 그 영화의 반은 레오네가 힘을 합친 것이다. 나는 레오네를 지지 파치(Gigi Fazi)의 식당에서 처음 보았다. 그 영화에 관련된 모든 사람이 본나르드, 파브리치, 그리고 시나리오 작가 마카리와 함께 식탁에 앉아 있었다. 레오네는 조용했고, 나서지 않았고, 사람들이 하는 이야기를 전부 들으려고 했다. 사람들은 하찮은 일들을 그에게 시켰고, 그러면 레오네는 모두 맡아서 해냈다. 아마 그는 한참 나이 많은 사람들과 함께 있는 것에 지루함을 느꼈을 것이다. 그는 자기 또래 사람들, 특히 또래 여성들과 함께 있고 싶었을 것이다. 하지만 그는 그 자리에 머물렀고, 그것이 자기 일이었으며, 그러면서 생계를 해결했다. 젊은이로서 레오네는 나이 많은 세대 사이에 끼어

지루함과 모욕도 참아야 했다. 하지만 그런 경험이 그의 특성을 만들었다. 그럼으로써 레오네는 믿음을 얻었고, 그 성격을 다른 사람들에게 보여주면서, 자신이 그곳에 함께 있다는 것을 그들이 느끼게 했다. 당시에 레오네는 많은 것을 견뎌냈는데, 이것은 소수의 감독에게만 가능한 일일 것이다. 곧 자신을 철저한 프로 정신에, 도제 수업을 잘 받은 훈련된 사람으로 믿게 만들었다."[22] 빈첸초니의 주장을 고려하면, 레오네는 본나르드가 아픈 뒤, 감독 업무를 맡았다. 관련 책들은 알도 파브리치가 '그들은 트램을 훔쳤다'를 완결했다고 주장하지만 말이다. 파브리치도 그 점에 대해 말한 적이 있다. 레오네는 그 당시에 감독이 되는 것 자체를 생각하지 않았다는 것이다. 하지만 레오네는 많은 것을 도왔다. 그렇다면, 이 영화는 감독으로 일한 레오네의 첫 작품이 될 수도 있다.

세르지오 도나티(Sergio Donati)는 '옛날 옛적 서부에서'의 핵심 작가이며, '석양의 갱들'에서 빈첸초니와 공동으로 시나리오를 쓰게 된다. 그가 레오네를 처음 만날 때, 도나티는 탐정 소설계의 떠오르는 작가였다. 1983년 도나티는 영화학자 오레스테 데 포르나리에게 이렇게 말했다. "영화계에서 나의 첫 작업은 리카르도 프레다(Riccardo Freda) 감독의 '나를 믿어줘'(Trust Me)에서 공동으로 시나리오를 쓴 것이다. 제임스 해들리 체이스(James Hadley Chase)의 소설을 각색한 영화였다. 촬영장에는 배가 고파 보이는 젊은 조감독이 있었다. 그는 오래된 피아트 600(일종의 승합차 같은 버전인데, 큰 달걀 모양이었다)

을 몰고 오곤 했다. 나에게 다가온 그 조감독이 세르지오 레오네였다. 그는 나에게 눈으로 덮인 호텔이 배경인 호러 영화 시나리오를 하나 써달라고 했다. 나는 어느 호텔 주인을 만났다. 그는 영화계의 활달한 뒷이야기에 접근할 수 있는 점에 큰 호기심을 가졌다. 나는 초안을 썼다. 하지만 아무 일도 일어나지 않았다. 어떤 경우, 눈은 영화계에서 불운으로 여겨지기도 했다. 내 스릴러 소설들은 다른 언어로 번역되기도 했다. 하지만 그 소설들이 벌어주는 수익으로는 생계를 제대로 꾸릴 수 없었다. 그래서 나는 법학 공부를 중단하고, 광고계에서 프로듀서로 일하기 위해 밀라노로 갔다. 밀라노에서 나는 6년간 머물렀다. 레오네는 로마에서 가끔 나에게 전화하곤 했다. 하지만 늘 실현 불가능한 제안들을 내놓았다."[23)]

나는 1998년 도나티와 인터뷰했다. 나는 레오네가 영화계의 나이 많은 세대들과 너무 많은 시간을 보낸 점을 그에게 물었다. 레오네는 자기 또래의 사람들보다는 아버지의 인맥과 더욱 친했던 점 말이다. "전적으로 그랬다. 내 생각에 그것이 세르지오의 직업으로서의 삶에 문제가 됐다. 그는 어떤 매서움과 좌절 같은 것을 갖고 있었다. 왜냐면 본나르드와 파브리치, 곧 냉소적인 이 노인들이 세르지오에게 하찮은 담배 심부름은 물론, 심지어 여성 심부름도 시켰다. 세르지오는 그런 것을 어디에서 사는지 잘 알고 있었다. 그리고 훗날 세르지오는 돈에 대해 그런 매서움과 인색함을 갖게 됐다. 그것은 당시의 경험에서 나왔다. 유명한 일화가 있다. 세르지오는 카메라 아래에 상자를 하나 두었다. 상자에는 '담배 기부받아요'라고 적혀 있었다. 사실 기부가 아니라 담배는 그를 위한 것인데 말이다. 농담으로 그랬다고? 글쎄, 세르지오는 항상 다른 사람의 담배를 피웠다. 그가 부자가 됐을 때도 그랬다. 이것이 세르지오의 특별한 성격이다. 세르지오는 일찍 자신에 대해 확신하고 있었고, 마치 뤼미에르 형제 중의 한 명인 듯 행동했다. 이런 점은 그가 무명일 때도 같았다. 내가 조감독이던 그를 만났을 때, 그는 이미 영화의 발명자처럼 행동했다. 그 점을 어떻게 설명할 수 있나? 한참 뒤, 내가 L.A.에서 제작자 디노 데 라우렌티스와 작가 빈첸초니와 함께 일하고 있을 때다. 어느 날 빈첸초니가 나에게 말했다. '나는 네가 아주 흥미로운 젊은 감독을 만나기를 원해.' 그리고 나에게 나폴리 스타일의 흥겨운 젊은이를 소개했다. 그는 붉은색 가죽 시트가 있는 흰색 롤스로이스를 타고 있었다. 그는 젊은 시절 세르지오가 말하는 방식 그대로 말했다. 흥겨운 이 청년의 이름은 마이클 치미노(Michael Cimino)였다. 그와 세르지오 사이에는 닮은 점이 아주 많다."[24)]

웨스턴 감독 토니노 발레리는 레오네가 데뷔할 때, 조감독이었다. 그는 레오네의 감독 경력을 결정짓는 주요한 사실은 이탈리아인들과의 도제 과정이 아니라 미국인들과의 도제 과정이었다고 말했다. 1950년대 후반과 1960년대의 이탈리아 페플럼과 웨스턴을 다루던 비평가들은 이들 영화가 갖는 속도가 빠른 액션 시퀀스를 놓고 논쟁을 벌였다. 그것은 할리우드 영화에서는 제2 제작진(second unit)이 주로 다루던 것이었다. 따라서 이탈리아 영화의 속도가 빠른 액션 시퀀스는 로마에서 제작되던 할리우드 서사극에서 도제 과정을 거쳤던 이탈리아 감독들의 경험에서 발전했다는 것이다. 이탈리아인들은 대사가 많은 장면에 대한 경험이 별로 없었다. 그런 장면은 이탈리아인들에게 지루함의 어떤 장벽이 될 수 있었다. 그래서 액션 시퀀스는 이탈리아 영화 관객에게 가장 호소력을 갖는 요소 가운데 하나가 됐다. 이런 주장들이 맞든 아니든, 규모가 큰 세트의 물류를 다루는 레오네의 솜씨, 감각적으로 작은 규모의 세트를 만들어내는 재능, 이런 것들이 프레이밍, 커팅, 그리고 대단히 역동적인 사운드트랙을 통해 종합되는 것은 미국인들과의 경험에서 나왔다는 데는 의심의 여지가 없다. 발레리가 기억했다. "그는 조감독으로서 미국인 스태프와 함께 오래, 그리고 열심히 일했다. 그러면서 아주 중요한 규칙들과 소중한 정보를 배웠다. 그런 것은 이탈리아 영화계에서는 얻을 수 있는 게 아니었다. 예를 들어 이런 것들이다. 곧 어떤 장면을 찍을 때면 항상 '마스터 숏'을 먼저 찍고, 이어서 디테일을 찍는다. 그것도 모든 시점에서, 모두 다른 렌즈로 찍어야 한다. 그리고 한 시퀀스에서 다음 시퀀스로 넘어갈 때, 반드시 간접적인 어떤 기억을 이용해야 한다. 액션을 할 수 없는 상황을 항상 대비해야 한다. 그럴 때는 캐릭터의 성격이 의상이나 제스처, 또는 외관, 어떤 경련(tics)에서 나온다는 점을 확인해야 한다. 여기에 캐릭터의 눈이나 신체 일부를 담는 익스트림 클로즈업을 사용한다. 훌륭한 편집자는 이러한 재료들에서, 보여줄 수 있는 무언가를 항상 확보해야 한다."[25] 빈첸초니는 이에 동의하지 않았다. 그는 레오네가 이탈리아 영화인들로부터 더 많은 것을 배웠다고 기억했다.[26]

레오네가 이탈리아에 온 할리우드의 제작팀에서 처음으로 조감독을 한 것은 1950년이었다. 그 영화는 머빈 르로이의 리메이크인 '쿠오 바디스?'(Quo Vadis?, 1951)였는데, 치네치타에서 고대 로마를 배경으로 미국이 제작한 최초의 영화였다. 이 영화는 '트로이의 헬렌'(Helen of Troy, 1956), '벤허'(Ben-Hur, 1959), 그리고 '클레오파트라'(Cleopatra, 1961) 등 거대한 스펙터클 영화의 제작 붐에 불을 지폈다. 그리고 이런 영화들은 1950년대 중반 이후, 로마를 근거지로 발전한 이탈리아의 엔터테인먼트 산업 관련 '경제 기적'에 작은 연료가 됐다. 미국 영화사로서는 치네치타에서의 제작이 매력적이었다. 비용은 낮았고, 그동안 못 쓰고 있던 자산을 다시 이용할 수 있었다(1947년 이탈리아에서 줄리오 안드레오티의 법 조항이 도입된 이후, 현지에서 제작된 할리우드 영화의 수익 중 일부는 회수되거나, 또는 번 것의 일부는 그곳에서 써야 했다). 덧붙여 미국 영화사들은 유리한 환율의 이익을 봤고, L.A.와 비교할 때 더 값싼 인력을 이용할 수 있었다. 그래서 그들은 로마의 외곽에 있는 치네치타에 고대 세계에 관한 기록적인 인공물을 구축할 수 있었다. 또 그들은 영화를 계속 만들며 의상과 소품은 돌려가며 이용할 수 있었고, 로마 근처에는 사막도 있어, 그곳에서도 촬영할 수 있었다.

레오네에 따르면, 이탈리아인들과 일하면 몇 가지 편리한 점이 있었다. 곧 "기술자들, 장인들, 전기전문가들, 스튜디오 정비 담당자들, 그리고 당연히 엑스트라들이 많았다. 어떤 때는 로마의 거의 모든 학생이 임시직이지만 엑스트라로 일했다." 미국인들과 이탈리아인들 스태프 사이에서 가장 불편한 점은 일하는 방식이 다르고, 일하는 속도가 다른 것이었다. 레오네는 미국인들을 이렇게 기억했다. "그들이 도착했을 때는 마치 군대의 이동을 보는 것 같았다. 사령관은 제작자 프로듀서였다. 모든 것은 체계적으로 분업화됐다. 그런데 과도할 정도였다. 나는 칼을 구하기 위해 무기 담당 조감독을 찾아갔다. 그는 무기 담당 책임자의 허락을 받지 않고는 칼을 나에게 내줄 수 없다고 답했다. 그래서 누군가는 그 책임자를 찾아야 했다. 책임자를 찾았을 때, 그가 나를 보러 왔다. 나는 다시 칼을 요청했다. 그는 무기 담당 조감독에게 칼을 내주었다. 그제야 그 조감독은 칼을 나에게 주었다. 이 과정에 한 시간 이상이 걸렸다!"[27] 레오네는 영어를 하지 못했다(그는 초보자 수준의 영어 이외에는 전혀 배우려고 하지 않았다). 소통을 위해서는 통역가가 필요했다. 두 진영 모두에게 많은 인내와 손짓과 몸짓이 요구됐다. 본나르드 감독 촬영장의 '가족' 같은 분위기는 저 멀리 사라진 것 같았다. 서사극을 만들 때, 조감독이 해야 하는 일은 메가폰을 들고 잡담을 나누는 엑스트라들에게 조용히 하라고 소리를 지르고, 온갖 기지를 발휘하여, 자신에게 필요한 것을 얻기 위해 호루라기를 불며, 감독이 '액션!'이라고 말하기 전에 어떤 일이 있어도 현장을 조용히 시키기 위해 노력하는 것이었다.

미국인들에게 가장 큰 문제는 치네치타가 상대적으로 낮은 수준의 기술적 기초에서 운영되는 점이었다. '쿠오 바디스?'는 이탈리아에서 만들어본 적이 없는 가장 큰 규모의 테크니컬러 영화였다. 그런데 치네치타의 전력 공급량은 빈약하여, 비감광성 필름에서 선명한 이미지를 얻기 위해서는 필수적인, 수백 개의 아크 조명을 돌릴 수 없었다. 그래서 영국의 MGM으로부터 다섯 대의 거대한 발전기를 빌려와야 했다. 그중 하나는 당시에 퇴역한 이탈리아 전함 '비토리오 베네토'(Vittorio Veneto)에 실어 왔다. 그때 일상적이었던 과장된 홍보에 따르면, 제작팀은 사자 63마리, 투우용 황소 7마리(그런데 한 마리도 야외경기장에서 쓰지 못했다. 데보라 커가 마취된 검은 암소를 보고 공포를 느꼈기 때문이었다. 암소의 젖은 관객들이 보지 못하도록 세심하게 가리어져 있었다), 말 4백 50마리, 그리고 치타 2마리를 썼다. 치타는 훈련이 돼 있었고, 치타처럼 날씬한 네로 황제의 아내 포파이아 역을 맡은 패트리시아 라팬이 쓰다듬을 수 있었다. 여기에 덧붙여 역대 최대의 캐스팅이 이루어졌다. 3만 2천 명이 동원됐고, 이들 가운데 2백 50명은 자기 대사를 갖고 있었다. 그래서 그 배우들은 극장의 앞 좌석에서는 선명하게 보이도록 하는 게 필수적이었다. 불타는 로마를 담은 포스터에는 이렇게 적혀 있다. '이것은 위대한 것이다.' 홍보팀은 또 이번 제작이 죽어가던 파시스트의 스튜디오(치네치타는 원래 할리우드와 경쟁하기 위해 파시즘 시절 건설됐다)를 훌륭하게 민주적으로 이용한 점을 강조했다. 그리고 마샬 플랜이 유럽 경제의 회복에 미친 영향을 언급했다. 영화 자체가 서구 문명의 역사에 관해 수사학적인 교훈을 던졌다. 곧 '부정할 수 없는 세계의 주인'인 로마제국도 부패로 인해 몰락한다는 점이었다. 근위대장 비니시우스(로버트 테일러)는 징후적인 에필로그에서 근심하며 말한다. "바빌론, 이집트, 그리스, 로마… 다음에는 무엇일까?" 그의 동료 파비우스가 답한다. "더욱 영원한 세상. 나의 희망이다. 혹은 더욱 영원한 믿음." 홍보물이 분명히 밝힌 대로, 파시스트 이후의 이탈리아라는 문맥에서 볼 때, 영원함에 대한 희망은 마샬 플랜과 미국의 방식에 의해 다시 품어질 수 있었다.[28)]

당시 영화계의 표준처럼, 전통적인 영국 배우들이 타락한 로마인들을 연기했다. 그리고 로버트 테일러와 다른 할리우드 배우들이 기독교로 개종하는 선한 백인대장 역을 맡았다. 아름다운 영국의 신인이 기독교인 소녀로 나왔다. 반면에 수백 명의 엑스트라는 대체로 이탈리아, 스페인, 터키 사람들이었다. 네로 역의 피터 우스티노프가 말했다. "나로서는 영감이 넘치는 감독 머빈 르로이가 보여준, 산처럼 몸집이 큰 두 레슬러 관련 장면을 잊을 수 없다. 한 명은 이탈리아인, 또 한 명은 터키인이었다. 그들은 오직 나의 쾌락을 위해 야수처럼 숨을 헐떡이며 서로를 죽일 듯 싸워야 했다. 그때 나는 종달새에게 먹이를 주거나 애완동물들을 쓰다듬었다. '액션! 모든 대사를 분명하게!' 르로이 감독이 말했다." 당시에 레오네가 했던 일은 이탈리아 엑스트라들을 분담하여 명령하는 것이었다. 그는 끝부분에 색깔 있는 카드가 붙은 긴 나무 작대기를 흔들거나, 양손을 흔들고, 호루라기를 불고, 이탈리아인 선임자들과 협상해야 했다. 촬영 기간을 통틀어, 레오네는 한 번도 르로이 감독을 만나지는 못했고, 주요 배우들도 만나지 못했다. 단지 군중들, 군인들, 순교자들만 만났는데, 그들은 레오네의 말을 듣고 지정된 장소에 있어야 했다. 어쨌든 이런 낮은 수준에서라도 레오네가 개입한 장면은 마르쿠스 비니시우스와 그의 제14군단이 로마로 입성하는 행사 장면(레니 리펜슈탈의 '의지의 승리' 스타일을 닮았다), 성 바울이 지하묘지에서 많은 기독교인에게 행하는 세례 장면, 군중들이 로마의 거리를 미친 듯 달리고, 그때 미니어처에 의해 만들어진 비싼 세트가 무너지고 불타는 장면, 야외경기장에서 기독교인들이 학살되는 장면(레오네는 로마식의 경례와 흥분한 관중들이 엄지를 내리는 사인을 통제했다), 야외경기장에서 비니시우스와 근위병이 권력을 장악하는 장면, 이때 근위병들은 흥분한 로마 시민들로부터 리지아와 우르수스를 구하기 위해 원 모양을 하며 일어서 있다. 레오네가 하기 싫지만 억지로 한 일도 있는데, 군중들과 군인들이 손목시계를 끼고 있는지 아닌지 확인해야 하는 것이었다. 10년 뒤 '스파르타쿠스'(Spartacus)에서는 정확히 그렇게 했고, 그때는 운동화도 확인했다. 9백만 달러라는 엄청난 예산을 쓰는 할리우드 사람들이 떠나간 뒤, 레오네는 다시 소규모 예산의 제작으로 돌아왔다. 레오네는 촬영장에서 다시 그 감독을 만날 수 있었다. 오래 알고 있던 감독이고, 그의 집에서 살았고, 같은 언어로 말하는 마리오 본나르드 말이다.

테베레강에서 할리우드 시대가 이어지는 동안, 바, 실외 카페, 나이트클럽, 호텔 등이 몰려 있는 반 마일 길이의 베네토 거리(via Veneto)는 로마에 있는 할리우드의 선셋 대로처럼 보였다. 아니 더 나은 대체물 같기도 했다. 할리우드의 스타들(주로 전성기가 지난 배우들이지만, 여전히 이탈리아 관객들로부터 큰 사랑을 받는 인물들)은 프로듀서들, 투자자들, 업계 기자들 그리고 사진기자들과 어깨를 나란히 하며 등장하곤 했다. 그들은 주로 아메리칸 바(American Bar), 엑셀시오르 호텔의 로비, 카페 도네이(Café Doney), 그리고 카페 드 파리스(Café de Paris)에 나타났다. 그러면 로마 사람들과 관광객들은 그들을 넋을 놓고 바라보았다. 그들은 당시 새롭게 등장한 영화계의 인물인 파파라초((paparazzo)에 의해 사진이 찍히곤 했다(파파라초는 펠리니의 '달콤한 인생'에 나온 캐릭터의 이름에서 유래했다. 그는 베스파를 타고 아니타 에크베르크를 따라다니며 사진을 찍어, 소란을 일으키곤 한다). 제작자 월터 웽어(Walter Wanger)에 따르면, 파파라치(파파라초의 복수형)는 종종 떼를 지어 다니기도 했다. 펠리니가 그들의 존재를 주목하는 게 정당하다고 표현한 뒤, 파파라치는 어떤 괴상한 자존감을 발전시켰다는 것이다.

1955년 초, 로버트 와이즈 감독의 '트로이의 헬렌'에 관련된 배우들과 스태프가 선물들을 잔뜩 들고 로마에 도착했다. '트로이의 헬렌'은 거의 3년 동안 스토리보드에 그림으로만 남아 있었다. 이들이 오기 전에는 '세계에서 가장 아름다운 여성'(헬렌)을 뽑는 과열된 탐사도 진행됐다. 로버트 와이즈는 주역은 워너브라더스와 계약된 스타 중에 선택한다는 조건을 거절했다. 최종적으로 당시 20살이던 이탈리아 배우 로사나 포데스타(Rossana Podestà)가 주연으로 뽑혔다. 치네치타에서 제작된 로버트 와이즈의 '트로이의 헬렌'은 '연기와 장면 전달은 현대적으로 재현'하고, 동시에 '당대의 시간과 삶을 반영'한다는 두 가지 목표를 갖고 있었다. 하지만 결과적으로는 액션이 돋보였다(이를테면 아킬레스와 헥토르가 벌이는 죽음의 결투, 그리고 당연하게도 거대한 목마의 이동). 이는 지나치게 많은 대사 장면보다 훨씬 더 빛났다. 대사는 런던 극장의 관습에 따라 정통적인 영어로 더빙됐는데, 엄격한 세실 B. 드밀 스타일이었다. 가장 상투적인 대사는 트로이의 왕 프리암과 그의 신하들이 밤에 바닷가에서 그리스의 함대가 도착하는 장면을 처음으로 볼 때 나왔다. "수백 대, 5백 대, 6백 대, 아니 더 많아!" "거의 천 대의 배들이야!" "네(헬렌)가 무엇을 여기 데려왔는지 보라. 그 얼굴이 천 대의 배를 출범시켰구나!"

로버트 와이즈는 주 제작팀을 이끌었다. 전설적인 스턴트맨이자 스턴트 감독인 야키마 캐너트(Yakima Canutt, 존 포드의 '역마차' 스턴트맨)는 제2 제작팀을 담당했다. 촬영이 시작된 지 얼마 되지 않아, 점심시간에 치네치타에 불이 났고, 이는 트로이 세트 전부를 태워버렸다. 디자이너 에드워드 카레레(Edward

Carrere)가 켄 아담(Ken Adam)과 함께 만든 것인데, 9만 5천 달러의 비용이 들어간 세트였다. 이 화재 때문에 제작비는 더 늘었고, 일정도 연기됐다. 라울 월시 감독이 할리우드에서 급히 날아와, 로버트 와이즈가 이 영화를 완결지을 수 있도록 도왔다(크레딧에 이름을 올리진 않았다). 그리고 그도 몇 개의 큰 장면을 따로 연출했다. 세르지오 레오네는 처음엔 라울 월시의 연출부에 고용됐다. 그리고는 와이즈의 주 제작팀 연출부로 옮겼다. 레오네가 월시를 도와 작업한 것은 그리스군의 상륙, 트로이 포위, 그리고 거대한 목마 주변에서 벌어지는 최후의 전투 등이었다. 레오네는 장비에 관련된 물류 문제로 회의가 벌어지는 것을 엿듣기도 했다("월시는 그것들이 진짜이길 바랐다. 반드시 현실적인 감각을 입히려 했다."). 그리고 군대와 거대한 목제 무기인 목마가 포함된 그리스군의 야영에 대한 계획이 만들어졌다. 레오네는 목마 수송 문제에 관련된 회의에 참석했다. 목마는 피에로 포스코(Piero Fosco, 무성 시대 이탈리아의 거장인 조반니 파스트로네의 예명)의 무성영화 '트로이 함락'(Fall of Troy, 1910)에 나왔던 정교한 조각물과는 달랐다. '트로이의 헬렌'에서 목마는 현실성을 강조하기 위해, 그리스 군인들이 현지에서 급히 만든 것처럼 보이도록 판자들을 이용했다. 레오네는 야키마 캐너트와 함께, 어떻게 전투의 디테일을 구성할지를 놓고 벌이는 회의에 참석했다(창과 불타는 화살에 맞는 군인들, 불타는 탑에 갇힌 공격대, 성벽을 오르다 붙잡힌 전사들. 그리고 공포에 빠진 말들). 이런 모든 것은 시네마스코프 화면에서, 움직이는 군사들을 보여주며 중간에 삽입됐다. 거대한 규모의 촬영을 진행하려면, 라울 월시가 뽑은 전문가들만이 요구됐다. 특히 스태프는 근무시간을 따지지 않고 일해야 했다. 레오네에 따르면 명령이 잘 못 전달되는 바람에 두 명의 엑스트라가 죽는 사고도 났다. 베니토 스테파넬리(Benito Stefanelli, 당시는 아주 젊은 스턴트맨이었고, 나중에 레오네 사단의 중요한 멤버가 된다)는 처음에 그런 일들이 대단히 힘들고 위험하다고 보았다. 하지만 나중에는 매우 가치 있는 경험으로 받아들였다. 그때 스테파넬리는 누군가가 숫자 '다섯'을 외칠 때, 방패와 칼을 들고 치네치타의 탑에서 아래로 떨어지는 연기를 했다. 스테파넬리가 주목한 점은 이탈리아의 전체 스턴트맨은 '트로이의 헬렌' 같은 영화를 통해 미국의 스턴트 감독으로부터 기술을 배웠다는 것이다.[29)]

레오네는 언어의 어려움에도 불구하고, 자신이 얼마나 라울 월시 감독의 작업을 흠모하는지 알게 하려고 무척 애를 썼다. 레오네의 기억이다. "그는 자신의 명성을 잘 알고 있었다. 하지만 그는 그런 것에 전혀 관심 없는 듯 행동했다. 아무런 가치를 부여하지 않았다. 그런데 나는 그와 가까이 일하며, 진정한 프로가 무엇인지 알게 됐다. 촬영할 때 그는 진심으로 이런 말도 했다. '나는 이 일로 돈 벌어. 그게 전부야.' 그러나 작업시간이 지나면, 그는 다른 일을 지치도록 했다. 곧 술, 여성, 그리고 싸움이었다. 하지만 전날 밤에 무슨 일이 벌어졌든, 아침이면 정확한 시각에 그는 세트에 도착해 있었다. 그는 항상 집중했고, 효율적으로 일했다."[30]

의욕적이지만 수줍은 레오네는 점심의 휴식 시간을 이용하여, 월시와 여러 언어를 동원하며 대화를 하려고 했다. 테마는 월시의 과거 업적에 관한 것이었다. "월시는 웨스턴의 마에스트로였다. 나는 그의 작품들을 매우 존경했다. '장렬 제7 기병대'(They Died With Their Boots On), '추적'(Pursued), '콜로라도 테리토리'(Colorado Territory) 등이었다. 나는 '트로이의 헬렌'에서 그와 일하며, 그 기회를 이용하길 바랐다. 그런데 어쩌나! 내가 주제를 꺼내려고 하면, 그는 항상 '웨스턴은 이미 죽었어.' 라고 말했다. 나는 할리우드의 시네아스트, 곧 월시나 와일러 같은 감독들이 페플럼 영화를 만들며 시대의 취향에 부응하느라 자신을 희생하고 있는 것을 바라보아야 했다. 나는 그때 그들의 조감독이었고, 말하자면 어떤 저주의 희생양이었다. 나는 사람들이 상상하는 그 누구보다, 당시에 미국의 이상과 사랑에 빠져 있었다. 나는 서부 정복사에 관한 것이라면 내가 읽을 수 있는 거의 모든 것을 읽었다. 그 주제에 관해서는 이미 나만의 아카이브를 만들어 놓았다. 그런데 나는 그때 세트에서 고대에 관한 닳고 닳은 영화들을 만드는 데 시간을 보내야만 했다. 판지로 만든 콜로세움에서 로마제국의 원형경기를 연출하면서 말이다. 나는 전차 시합, 그리고 3단 전함과 불타는 갤리선 사이의 해상 전투 같은 것을 준비하며, 속으로는 네바다와 뉴멕시코를 꿈꾸고 있었다."[31]

훗날 레오네는 이런 주장도 했다. 자신이 로버트 와이즈의

제2 조감독이 된 뒤, 레오네는 와이즈와 '우정의 관계를 시작했다'라는 것이다. 겉으로 보기에도 와이즈는 외국에서 몇 달을 보내는 데 많은 어려움을 겪고 있었다. 그래서 와이즈의 최대 관심은 어정쩡하게 머무는 시간을 최대한 줄이는 것이었다. 30년 뒤 레오네는 이렇게 말했다. "우리는 정말 많은 대화를 나누었다. 그는 프랑스어로 말했고, 그래서 나는 영어를 배워야 한다는 강한 동기를 느꼈다. 그는 자신의 다음 작품에서도 내가 계속하여 조감독을 하기를 바랐다. 그리고 그와 함께 미국으로 가는 것을 제안했다. 그 점에 관해 말할 때면 그는 늘 진지했다. 그는 엑스트라를 포함한 대규모 캐스팅에서 일어나는 문제들을 내가 잘 해결한다는 점을 알고 있었다. 그 사람들은 일을 시작할 때면 자신들끼리 말다툼하는 데 바쁘다. 그리고는 일을 망쳐버린다. 총체적인 규율 부족 때문이다. 나는 내가 그 임무를 맡으면, 그들에 대해서는 내 마음대로 할 수 있다는 백지수표를 원했다. 제작사는 동의했다. 이틀만 지나면, 제작사는 모든 게 조직된 것을 확인할 수 있었다. 알다시피 당시에 나는 여러 군데서 제안을 받는 조감독이었다. 나는 늘 일할 수 있었다. 나는 일을 망치려는 엑스트라에 대해서는 강력한 입장을 가졌다. 그들은 자신들이 문제를 일으키면, 나는 그들을 쓰지 않을 것이고, 그러면 다시는 나와는 일하지 못한다는 점을 알고 있었다. 이런 점이 그들을 집중하게 했다."[32)]

이런 기억은 레오네가 과거의 위상과 권위에 대해 말할 때면 늘 그랬듯, 선뜻 받아들이기에는 저어되는 묘한 성질을 갖는다. 다시 말해, 그는 과거를 회상할 때면, 듣는 사람에게 누가 보스였는지를 알게 하는 데 대단히 예민했다. 아마도 이런 기억은 '뤼미에르 형제처럼 행동하는' 레오네의 또 다른 사례가 될 것이다. 그는 자신이 받아야 마땅하다고 생각하는 위상을 자기에게 스스로 부여했다. 예를 들어 레오네는 유명해진 뒤에, 젊은 프랑스 여배우를 로버트 와이즈에게 소개한 것은 자신의 아이디어였다고 말했다. 그 배우는 마리오 본나르드의 '배신한 여성'(Tradita)에서 아주 작은 역할을 맡은 적이 있었다. 레오네는 자신이 로버트 와이즈를 설득하여 그 배우에게 로산나 포데스타(헬렌 역)의 하녀 역할을 맡겼다는 것이다. 어쨌든 그 결과로 미래의 스타 브리지트 바르도는 '트로이의 헬렌'에서 8일 동안 일했다. 이것은 바르도가 자신의 남편 로제 바딤(당시에 그도 치네치타에서 조감독으로 일했다)과 첫 영화를 찍기 이전이었다. 말하자면 바르도를 '발견한' 사람은 레오네였다는 것이다. 이 이야기가 조금도 과장되지 않았다고는 말 못 할 것이다.

그런데 1950년대 후반에, 레오네가 일을 진행하면서 제작비를 아낄 줄 아는 조감독(그는 돈에 대해서는 특별히 신경을 썼다)이라는 명성을 얻은 것은 분명한 사실이었다. 그 명성은 할리우드 스튜디오의 로마 지사에서 일하는 사람들 사이에서는 잘 알려져 있었다. 레오네는 이탈리아 사람들은 물론, (통역 한 명만 붙으면) 미국 배우들, 그리고 미국 스태프와도 일을 잘했다. 레오네가 말했다. "로버트 와이즈와 라울 월시가 내가 가져다준 결과에 행복했다는 말을 했고, 그러자 그 소문은 미국인들 사이에서 유명했다." 하지만 레오네는 할리우드에서 일하려는 마음을 가진 적은 없다. 레오네의 직업적 인맥, 그리고 가족적 인맥은 모두 로마에 집중돼 있었다. 레오네는 1958년에 프레드 진네만 감독의 '파계'(The Nun's Story)에서 조감독으로 일하기 위해 워너브라더스와 계약했다. 그는 당대 최고의 급여를 받는 조감독 가운데 한 명이 됐다.

'파계'는 로마의 치네치타, 벨기에의 브뤼헤(Bruges), 그리고 벨기에령 콩고인 스탠리빌(Stanleyville, 현재 지명은 키상가니)에서 촬영됐다. 영화는 수녀 루크(오드리 햅번)에 관한 이야기다. 그녀는 엄격하지만 자비로운 수녀원장(에디트 에반스)의 지도를 받아 세 가지 미덕, 곧 '청빈, 순결 그리고 복종'을 배운다. 루크 수녀는 콩고의 밀림 속 근무지로 파견된다. 그곳에서 그녀는 냉소적인 의사 포르투나티(피터 핀치)와 함께 열대에서 의술을 펼친다. 17년 동안 일한 뒤, 루크 수녀는 그곳을 떠나('복종'은 항상 그녀에게 문제였다), 점령군 나치에 저항하는 벨기에의 레지스탕스에 합류할 것을 결심한다. 프레드 진네만은 로마로 왔다. 왜냐면 제작사는 벨기에의 헨트(Ghent)에 있는 거대한 수도원 '라 빌케'(La Bylke)와 똑같은 건축물을 치네치타에 복제했기 때문이었다(진네만은 실제 장소에서 촬영하려 했지만, 허락을 받지 못했다). 바티칸도 기술적인 자문에 도움을 주기로 했다. 세르지오 레오네의 임무는 콩고에서 촬영되는 시퀀스의 조감독이었다. 그리고 로마와 스탠리빌 사이의 연락을 맡았다. 레오네는 또다시 자신이 대단히 흠모하던 감독과 일하게 됐다. 그는 특히 진네만의 '하이눈'을 높이 평가했다. 레오네가 말했다. "공간과 시간과 행위의 일치라는 규칙 속에 진행되는 기차역에서의 장면은 압권이었다." 레오네는 또 헝가리 출신의 거장 미술감독 알렉산더 트로너(Alexander Trauner)와 함께 일하는 경험을 쌓았다. 트로너는 마르셀 카르네, 빌리 와일더, 그리고 오손 웰스와의 협업으로 유명했다(그는 '오셀로'를 만들 때, 깡통을 모아 갑옷을 제작했다. 웰스의 제작비로는 진짜 갑옷을 만들 수 없었다). 트로너는 수도원 전체를 다시 만든다는 점에 큰 도전의식을 느꼈고 그것을 즐겼다. 그 수도원은 조각들과 스테인드글라스 창문까지 설치하는 것이었다. 그리고 콩코의 실제 장소에서 밀림 속에 근무지를 만드는 점도 즐겼다. 당시 세르지오 레오네는 디테일에 대한 트로너의 정확한 눈에 큰 인상을 받았다. "그는 세트의 책임자 그 이상, 아니 훨씬 이상이었다. 그는 다큐멘터리 작가 같았다. 그는 스튜디오에 하나의 교회를 만들기 위해, 벨기에에 있는 거의 모든 교회를 대단히 세밀하게 연구했다. 트로너는 천재였다."[33)]

레오네는 진네만의 단호함보다는 성실성에 더 큰 인상을 받았다. "그는 두 시간 조금 더 되는 영화에 무려 35만 미터의 필름을 썼다. 그는 세트장에서 일할 때면, 모든 각도에서 모든 디테일을 다 찍었다. 예를 들어 벽, 사물들, 손, 천장, 그리고 마루까지. 그가 뭔가를 놓치는 일은 결코 없었다." 그리고 진네만은 자신의 영화에 관해 이야기하는 것보다는 19세기 이탈리아 역사의 논쟁적인 순간을 놓고 토론하는 것을 더 좋아했다. "프레드 진네만은 오스트리아인이다. 그는 이탈리아가 사우스 티롤(South Tyrol) 지역을 오스트리아에 돌려줄 수 있지 않았냐는 질문을 그치지 않고 했다(한때 그곳은 오스트리아의 점령지였다). 그는 그 주제를 거의 매일 꺼냈다. 그래서 나는 내가 할 수만 있다면, 지금 당장 사우스 티롤을 돌려줄 것이라고 말해, 그 논쟁을 피할 수 있었다. 아쉽게도 나는 그런 결정을 내릴 자리에 있지 않았다. 그리고 나는 덧붙이기를, 정말로 그 문제에는 관심이 없다는 말을 해야 했다."[34] 그래서 나는 진네만에게 과거에 레오네와 그런 흥미로운 대화를 나눈 것을 기억하냐고 물었다. "구체적인 내용은 생각나지 않는다. 하지만 확신할 수 있는데, 그런 일은 분명히 일어났을 것이다. 나는 세르지오 레오네와 함께 일한 것을 애정과 기쁨으로 기억하고 있다. 왜냐면 세르지오 레오네는 조감독만 하는 그런 평범한 남자가 아니었다. 그는 밤이면 춤으로 시간을 다 보냈고, 낮이면 세트에서 멀리 떨어진 곳에서 비밀리에 잠을 충분히 잤다. 다행히 나에겐 현장의 기강을 잡을 또 다른 이탈리아인 조감독이 있었다. 레오네는 매력적인 남자였고, 나는 그를 아주 좋아했다. 콩고에서 만약 훌륭한 식당에 들어간다면, 나는 세르지오가 그곳을 발견했음을 직감할 수 있었다."[35] 진네만은 조감독 레오네의 쾌락주의적인 성격에 인상을 받은 게 분명했다. 하지만 그는 레오네가 '큰 야망을 갖고 있었다'라는 점도 기억했다. 그리고 진네만은 레오네의 영화 '옛날 옛적 서부에서'를 아쉽게도 놓치고 말았다고 말했다. 그 영화는 도입부에서 '하이눈'에 대한 오마주로 시작하는 데 말이다. 그리고 진네만은 가능한 한 이탈리아 웨스턴에 대한 자기 입장을 언급하려고 하지 않았다.[36)]

레오네와 진네만은 '파계'를 찍을 때의 현지 상황에 대해서는 같은 의견을 갖고 있었다. 곧 인종 차별의 긴장은 촬영장에서도 느낄 수 있었다. 그건 백인들의 부유함과 그것에 대조되게 널리 퍼져 있는 흑인들의 가난과 질병 사이에서 잉태된 것이었다. 통행금지는 흑인들이 해가 진 이후에는 유럽 백인들 근처에 접근할 수 없다는 것을 의미했다. 그리고 진네만과 레오네는 제작이 끝난 뒤에도 예상하지는 못했지만, 당시의 현상 유지(status quo)는 더 이상 유지될 수 있는 게 아니었다. 스태프가 콩고를 떠난 1년 뒤, 혁명이 일어났다. 벨기에인들은 쫓겨났고, 스태프와 함께 일했던 몇몇 선교사들은 살해됐다. 그리고 파트리스 루뭄바(Patrice Lumumba)가 콩고의 지도자가 됐다(레오네는 루뭄바가 스탠리빌에서 우체국 서기로 일할 때 잠깐 만나기도 했다).

그러나 레오네가 저녁 식사 때면 즐겨 들려주려 했던 이야기는 정치와는 아무 관련이 없었다. 레오네는 정글에서의 트래킹에 관련된 이야기를 주로 했다. 레오네는 제2 제작팀 촬영감독의 조수였던 카메라맨 엔초 바르보니(Enzo Barboni)와 함께 촬영 장소를 찾고 있었다(바르보니는 훗날 웨스턴 감독이 된다). "우리는 정글에서 길을 잃었다. 그리고는 어떤 공터에 도착했다. 그런데 우리의 길은 거대한 남자에 의해 막히고 말았다. 그는 만화 주인공 맨드레이크의 조력자처럼 생겼는데, 크기는 두 배였다. 그는 부족 특유의 치장을 하고 있었다. 목에는 사자의 이빨로 만든 목걸이가 걸려 있었다. 우리는 그를 지나칠 수 없었다. 나는 엔초에게 말했다. '그에게 비키라고 말해.' 엔초가 답했다. '네가 말해.' 우리는 조금 움직였다. 그리고 대화를 시도하여 긴장을 누그러뜨릴 수 있었다. 나는 그에게 프랑스말로 물었다. '프랑스말 할 줄 아나요?' 그는 고개를 끄덕였다. 그리고는 긴 침묵이 이어졌다. '당신은 사냥꾼인가요?' 역시 고개를 끄덕였다. 이어서 농담을 시도했다. '당신은 맨손으로 직접 사자를 죽였나요?' 번개처럼 빨리 거인이 말했다. '내가? 농담하냐? 웃기는 친구.' 그의 답이었다."[37)]

레오네는 '파계'의 촬영이 끝나자마자 윌리엄 와일러를 위한 제2 제작팀의 조감독으로 계약했다. 그건 1천5백만 달러의 예산이 책정된 MGM의 대작 '벤허'였다. '벤허'는 야외 세트는 물론, 치네치타 전체를 임대했다. 윌리엄 와일러는 34년 전인 1925년에 제작된 프레드 니블로(Fred Niblo) 감독의 '벤허'에서, 제2 제작팀 조감독으로 일한 경험이 있다. 그 팀은 전차 시합을 담당했었다. 그 장면은 8분 정도 이어졌고, 10대의 전차가 야외경기장을 도는 것이었다. 전차 시합은 당시에 가장 중요한 판매 포인트였다. 와일러는 아마도 나쁜 기억 때문인지, 1959년 계약에서는 전차 시합에 관해선 어떤 연출 책임도 없다는 조항을 고집스럽게 넣었다. 스턴트 감독인 야키마 캐너트가 전차를 배치하는 것과 배우들에게 전차를 모는 방법을 가르치는 것을 담당했다. 그는 찰턴 헤스턴에게 말했다. "너는 단지 전차를 몰기만 하면 돼. 장담하건대 그러면 너는 염병할 시합에서 이길 거야." 앤드류 '번디' 마튼(Andrew 'Bundy' Marton)이 전차 시합 연출을 맡았다. 레오네는 그를 돕는 이탈리아팀의 일원이었다. 레오네는 재촬영을 위한 별도의 책임도 져야 했다. 그리고 레오네는 소품 문제에 관해 와일러와 연락했다. 거대한 안티오크(Antioch) 원형 경기장 세트가 치네치타에 건설됐다. 여기엔 엄청나게 큰 인간 조각물들, 2천 명 엑스트라를 위한 관중석, 본디오 빌라도의 특별석, 그리고 경기장 옆의 연습용 트랙까지 포함됐다. 거의 두 달 동안 시합 관련 연습을 했다. 전차 시합 촬영은 1959년 5월 말부터 8월 초까지 이어졌다. 이번에는 미니어처는 물론 스크린 프로세스도 사용하지 않았다. 대사와 함께 하는 전차 시합 장면을 찍는 첫날이었다. 윌리엄 와일러는 조감독들을 보고 있었다. 그들은 거대한 규모의 엑스트라를 지휘하느라 미친 듯이 깃발을 흔들고 있었다. 와일러가 말했다. "저들 중 누가 다음 리메이크 작품을 연출할지 궁금하다." 세르지오 레오네도 그 장소에 있었다. 한편 찰턴 헤스턴은 어떤 나이 든 엑스트라가 등에 입고 있던 의상에 주목했다. 그건 '쿠오 바디스?' 촬영 때, 레오 겐(Leo Genn)이 입었던 의상이었다.[38)]

'벤허'는 1950년대 할리우드에서 제작된 로마제국 관련 다른 서사극과는 구별되는 점이 있었다. 이런 것들이다. 와일러의 '벤허'는 기독교로의 개종에 중점을 두지 않았다. 로마인들이 타락한 사이코패스처럼 표현되지도 않았다(이번에도 그 역은 전부 영국 배우들이 맡았다). 육지에서의 전투 또는 포위 작전 같은 장면도 없다. 야외경기장에서의 검투사 또는 순교자 장면도 없다. 대신에 스펙터클한 해전이 있다. 그리고 1925년 판본과 거의 흡사한 전차 시합이 있다. 이번에 시합은 테크니컬러로 찍혔고, 70mm이며, 스테레오 사운드에, 과거와 달리 8대의 전차가 등장했고, 9분 정도 이어졌다. 전차 시합에서 가장 큰 차이점은 메살라의 전차 바퀴에 설치된 더욱 날카롭게 만든 칼날이었다. 또 이 시합에선 대사가 없고, 더 많은 피가 튀며, 주관적 시점이 더 이용되고, 1925년 판본에서는 5대의 전차가 연쇄 충돌했는데(표면상으로는 놀랍게도 진짜 같다) 이번에는 작은 여러 충돌이 이어졌다. 레오네에 따르면 전차 시합을 책임진 제2 제작팀은 프레드 니블로의 '벤허'를 꿰뚫을 때까지 반복해서 봐야 했다. "나는 제2 제작팀의 퍼스트 조감독이었다. 우리는 두 달에 걸쳐 말을 준비했고, 시합 촬영은 석 달 이상했다. 그 기간에 나는 프레드 니블로의 '벤허'를 백 번 이상 봐야 했다. 현장에는 매일 저녁 그 영화의 시사가 있었고, 모든 제작팀은 그곳에 가서 영화를 봐야 했다."[39] 와일러는 일을 맡으면 대충 타협하는 스타일이 아니었다. "그 장면에 대해서는 제2 제작팀이 전적으로 책임을 졌다. 러시 필름으로 결과물을 와일러 앞에 제시해야 했다. 만약 그를 만족시키지 못하면, 우리는 그가 만족할 때까지 반복해서 일해야 했다."[40]

그런데 와일러의 '벤허'가 제작된다는 점이 알려진 뒤, 프레드 니블로의 판본에 대한 시사는 MGM에 의해 의도적으로 억제됐다(두 영화는 모두 MGM 제작). 이런 이유가 있었다. 어떤 영화학자가 프레드 니블로의 영화(1931년에 개정된 축약본이며, 무비톤 사운드트랙)로 경쟁적인 시사회를 열려고 했다. 하지만 그 계획은 FBI의 개입으로 무산됐다. 제2 제작팀 감독 중의 한 명으로 크레딧에 이름이 오르는 앤드류 마튼은 매일 저녁에 있었다는 니블로 판본의 시사에 대해서는 기억하지 못했다. 하지만 마튼은 분명히 기억하고 있었는데, 제2 제작팀은 원본에 대한 강한 경쟁심을 갖고 있었다는 것이다. "사전 제작 기간에 프로듀서 샘 짐밸리스트(Sam Zimmbalist)가 나에게 말했다. '이봐, 이건 아주 교묘한 작전이야. 가장 중요한 것은 원본을 보지 않은 모든 사람이 이렇게 말하는 것이야. 오, 시합 장면은 원본보다 훨씬 낫네.' 알겠지."[41)]

레오네는 자신의 웨스턴이 국제적인 성공을 거둔 뒤, 전차 시합 시퀀스에서의 자기 역할을 과장하여 말하기를 좋아했다. 그는 1977년에 이렇게 말했다. "제2 제작팀의 감독은 너무 늙어서 그런 스포츠를 감당할 수 없었다! 그래서 나는 그 영화에서 유명한 '충격적인 장면'(전차 시합)을 연출할 수 있었다." 10년 뒤 레오네는 똑같은 노래를 불렀다. "와일러가 내게 말했다. '니블로의 영화에서 주인공 레이먼 나바로(Ramon Navarro)가 전차 시합을 어떻게 하는지 보았지? 나는 그것보다 한 발 더 가고 싶어. 우리는 리허설을 많이 하고, 완벽해질 때까지 촬영을 계속할 거야.' 물론 공식적으로는 앤드류 마튼이 그 장면의 연출 책임자였다. 그런데 그는 임대료 지불하듯 그 장면에 임했다. 하지만 나는 그 장면을 숭배했다."[42] 그런데 사실은 당시 55살이던 앤드류 마튼은 스턴트 감독 야키마 캐너트와 협력관계에 있었고, 자신이 맡은 일에 뛰어난 통솔력을 발휘했으며, 열정도 넘쳤다. 마튼은 미국 감독조합과의 인터뷰에서 이렇게 말했다. "우리는 시합 장면을 무거운 70mm 카메라로 찍어야 했다. 내 생각에 1초에 24개의 이미지가 담기는 정상적인 속도로 찍은 필름은 하나도 없을 것이다. 우리는 6대의 카메라를 동원했다. 이 일을 하는 사람들은 카메라를 실은 자동차에 몸을 묶어야 했다. 우리는 조감독들을 잃고 싶지 않았고, 그들이 달려오는 말에 밟혀 죽는 것도 원치 않았다. 그들을 차에 묶은 또 다른 이유는 그럼으로써 두 손을 이용해 초점을 맞추고, 속도에 변화를 주고, 조리개를 조절할 수 있었다."[43] 카메라를 실은 차는 뒤쪽에 지면에 거의 붙은 높이로 팔 같은 장치를 마련했다. 그래서 스태프들은 그 팔 장치를 이용하여 아래에서 말들을 찍을 수 있었다. 레오네는 팔 장치를 담당했다. "만약 케이블이 하나라도 끊어지면, 우리는 말발굽 아래로, 또 전차의 바퀴 아래로 떨어질 수 있었다."

대작 영화 제작의 경험에 덧붙여, 레오네는 소품에 관한 토론을 하기 위해 와일러의 방에 직접 들어가기도 했다. 와일러는 그때 '빅 컨츄리'(The Big Country, 1958)의 편집을 막 끝냈었다. 그래서 레오네는 앞으로 좀 더 다가가서, 그와 웨스턴에 관해 대화하기를 바랐다. 하지만 레오네가 참석한 첫 번째 회의에서 와일러는 프랑스말로 대화를 시작했는데, 로마 사람들은 맨발로 다녔는지 혹은 그렇지 않은지부터 물었다. 레오네는 '쿠오 바디스?'에 참여한 경험 덕분에 약간의 권위 의식을 갖고, 자신이 아는 한 로마 사람들은 샌들을 신었다고 답했다. "와일러는 확실히 완벽주의자였다. 하지만 그는 역사에 대해서는 잘 모르는 것 같았다. 그는 소품들과 의상들을 할리우드에 주문했다. 모든 것을 마지막 디테일까지 확인하여 준비했다. 하지만 그는 자기만의 의심을 떨치지 못했다. 그래서 와일러는 로마제국 시대를 전공한 역사 학자를 초대했다. 나는 그 여성학자에게 모든 것, 곧 무기, 의상, 장식적인 디테일들 그리고 모형들을 보여주는 일을 맡았다. 그날 일이 끝났을 때, 그 학자는 와일러에게 모든 것이 아름답고, 의심의 여지 없이 스크린에 매우 스펙터클하게 나올 것이라고 말했다. 와일러가 말을 끊고, 자신은 모든 것이 역사적 사실에 충실한지 알고 싶다고 말했다. 그 여성은 놀랍다는 듯 와일러를 바라보았다. 초조해진 와일러가 물었다. '역사적 정확성에 다가가기 위해서는 내가 무엇을 해야 합니까?' 그 학자는 머리를 흔들었다. 그리고는 중얼거리듯 말했다. '내가 당신이라면, 전부 불태워 버리겠어요.' 그녀의 답이었다."[44)]

윌리엄 와일러는 '빅 컨츄리'를 찍고 있을 때, 유다 벤허 역으로는 찰턴 헤스턴을 캐스팅하기로 이미 마음먹고 있었다. 그런데 와일러는 치네치타에 도착한 뒤에도, '빅 컨츄리'를 완전히는 끝내지 못하고 있었다. 레오네는 1959년 5월 22일로 예정된 '벤허' 촬영 전 3일 동안, 우연한 사건을 목격하는 기회를 즐겼다. "와일러는 '빅 컨츄리'를 끝냈다. 하지만 어떤 한 장면이 계속 그의 신경을 건드렸다. 그는 우리가 '벤허' 작업을 준비하고 있을 때, 그 장면을 다시 찍기로 했다. 우리는 찰턴 헤스턴이 로마의 원형 경기장 가운데, 카우보이 복장을 하고 도착하는 것을 봤다. 와일러는 그가 원하는 특별한 숏을 찍을 때까지, 몇 시간 동안 헤스턴과 작업했다. 그리고 그는 이미 편집이 끝난 완결된 영화에, 그 장면을 추가로 넣었다. 믿을 수 없는 일이지만, 사실이었다. 당시 와일러의 힘의 크기를 보여주는 일이었다."[45] 이것이 세르지오 레오네가 웨스턴 또는 웨스턴의 조각이 촬영되는 것을 직접 보았던 첫 번째 기회였다. 터무니없는 일화처럼 들릴지 모르나, 헤스턴이 확인해주었다. "와일러는 그레고리 펙과 벌였던 마지막 싸움 장면에서의 나의 클로즈업을 원했다. 아주 가까운 각도였다. 나는 내가 바지를 입어야 했는지 잘 모르겠다. 하지만 그들은 셔츠까지 비행편으로 보냈고, 분장사는 1885년 구레나룻을 다시 달았다. 그때 나는 '벤허'를 준비하느라고 구레나룻을 면도해버렸다. 나는 원형 경기장에 누워, 9개월 전에 연기했던 인물인 목장 감독의 내부로 들어가기 위해 노력하고 있었다."[46]

찰턴 헤스턴은 자서전에서 레오네의 웨스턴을 무시하는 것 같았다. 그는 "웨스턴을 만들 수 있는 유일한 사람은 미국인뿐이다."라고 주장했다. 그리고 이런 말도 했다. "세르지오 레오네라고 해서 예외일 수 없다. 클린트 이스트우드와 헨리 폰다는 레오네의 스파게티 웨스턴에 그들이 갖고 있던 어떤 유효성을 부여했다." 내가 헤스턴과 이야기할 때도 그는 여전히 그런 입장이었다("레오네의 웨스턴은 훌륭하다. 하지만 클린트 이스트우드와 다른 미국인 배우들이 없었다면 그런 결과가 나올 수 없다고 생각한다"). 그런데 헤스턴은 '던디 소령'(Major Dundee)에 출연하며, 샘 페킨파와 제법 오래 일한 적이 있다. 그때에서야 헤스턴은 레오네가 웨스턴에서 적어도 어떤 다른 분위기를 창조했음을 인정했다. 그 다름이 1960년대 후반 페킨파의 작업을 가능하게 했다("그렇다. 그건 사실이다. 그것을 부정한다면, 정당하지 않다").

'벤허'는 세르지오 레오네가 조감독으로서의 도제 기간을 마친 마지막 작품이다. 레오네는 1948년부터 1959년까지 11년 동안, 이탈리아 영화계에서 거의 모든 레벨의 연출부를 경험했다. 레오네는 자신의 부친처럼, 상업적 목적을 가진 작품에서 일할 때, 더 편안함을 느꼈다. 말하자면 처음 기획될 때부터 대규모 관객이 예상되는 그런 제작에서 주로 일했다. '대략 50편의 이탈리아와 미국 영화'에서 일하며, 레오네는 치네치타에서 강하게 훈련받은 입장에서, 자신이 배웠던 학습 내용을 이렇게 정리했다. "만약 당신이 당신만의 아이디어가 있는 조감독이라면, 여러 감독과 일해보는 것이 더 낫다. 왜냐면 당신이 한 감독과, 특히 당신이 흠모하는 한 감독과 일하게 되면, 결국에 당신은 당신의 정체성을 잃어버릴 것이기 때문이다.

나는 위대한 미국 감독과의 작업만이 빛나는 경험이었다고 말하는 게 아니다. 그냥 여러 감독과 일해보기를 권한다. 우선 내가 협업했던 이탈리아 감독들은 옛날 영화 방식으로 일했지만, 자기 일에 전문가였다. 자신들이 뭘 해야 하는지 잘 알고 있었다. 미국 감독들과 일해보는 것도 좋았다. 왜냐면 미국 감독처럼 일하면 영화 만들기가 더 쉽다. 당신은 큰 예산을 쓸 수 있고, 엄청난 양의 필름을 이용할 수 있으며, 여러 대의 카메라를 동원하고, 치열하게 일하는 여러 스태프를 가질 수 있기 때문이다." 레오네는 노회했다. "그런데 좋은 감독이 되고 싶다면, '영화의 천재'와 일하기보다는 '중간치 재능을 가진 감독'과 일해보는 게 더 낫다. 천재들과 일하면, 당신이 찾아야 하는 기능을 그들은 이미 갖고 있을 것이며, 그들의 목표는 완벽할 것이다. 중간치 재능을 가진 감독과 일하면, 당신은 완벽하지 않은 것에서 무언가를 더 배우기 위해 반드시 당신의 뇌를 이용해야 하고, 그러면서 당신의 경험에 새로운 유형을 만들고, 당신의 목소리를 찾을 것이다. 필요는 발명의 어머니다."

레오네는 후배들의 빠른 감독 데뷔와 자신의 오랜 도제 기간을 비교했다. "요즘은 모든 이가 처음부터 감독이 되려고 한다. 그리고 그것이 일부 가능해지기도 했다. 과거에는 조감독들은 다른 태도를 갖고 있었다. 엘리오 페트리, 프란체스코 로지, 프랑코 제피렐리 그리고 나는 모두 다른 감독들과 일하며 경험을 쌓았다. 먼저 우리는 잘되지 않을 영화를 연출하는 것에 두려움을 갖고 있었다. 한 번 그러고 나면, 우리는 다시 조감독으로 돌아갈 수도 없었다. 둘째, 우리와 프로듀서들은 서로에 대해 강한 책임감을 갖고 있었다. 우리는 성공적이지 못한 데뷔작을 만들어, 그들을 곤경에 처하게 하고 싶진 않았다. 어쨌든 나는 다른 감독들처럼, 적절한 개런티를 받는 수준에 이르렀다. 그렇게 된 데는 프로듀서들이 내가 특정 시퀀스를 이미 연출한 경험이 있다는 것을 알고 있었기 때문이었다(예를 들어 본나르드의 영화에서)."[47] 이런 경험들은 레오네에게 '다양한 테크닉'을 익히게 했고, 이는 그의 첫 영화가 실패하더라도 다시 일어설 수 있게 할 것이다.

레오네는 이탈리아 거장들의 조감독을 하며 시간을 보낸 데 대해, 그들에게 경의를 표했다. 이는 미국인 '틈입자들'에 대한 레오네의 태도와는 대조됐다. 그가 말했다. "디테일에 대한 비토리오 데 시카의 예를 들어보자. 그런 일들은 미국에서는 전혀 가능하지 않을 것이다. 미국 영화산업계의 계층화는 감독의 직관을 숨 막히게 한다. 감독은 지나치게 전문화된 먼지 속에서, 세 개 층위의 압박을 받으며 일하기 때문이다. 나는 데 시카와 무보수로 몇 주 동안 일했지만, 더 많은 것을 배웠다. 이후에 위대한 미국 감독들과 일하며 임금을 받는 조감독으로 일할 때보다 더욱 더 말이다. 미국 감독들은 저 높은 곳에서 이탈리아로 '하강'했다. 그리고 위대한 역사적, 신화적 영화의 기적을 우리에게 보여주었다. 그런데 그것은 잘 소화가 되지 않는 음식 같았다."[48] 그런데 1984년 레오네는 '전후 기간에 미국에 대한 이탈리아 지식인들의 매혹'에 참여했냐는 질문을 받았다. 그는 앞의 경우와는 다른 대답을 했다. "솔직하게 말하겠다. 나는 네오리얼리즘에서 벗어나려고 안달을 했다. 나에게 영화는 상상력이기 때문이다. 영화는 동화의 재료를 이용하여 뭔가를 말할 수 있는 것이다. (네오리얼리즘처럼) 독트린이 개입된 영화는 나를 매혹하지 못했다. 그래서 로버트 와이즈, 라울 월시, 프레드 진네만을 만난 것은 나에겐 결정적인 기회였다. 이를 통해 나는 영화가 어떻게 구축되는지 이해하게 됐다. 특히 테크닉의 면에서 그랬다. 내 생각에 그들과의 경험이 나에게 어떤 창문을 열어주었다. 곧 생각하는 영화이며 동시에 스펙터클한 영화도 되는 것으로의 창문 말이다."[49)]

그런데 레오네는 자신의 경험을 통해, 감독을 하면 무엇을 하지 않아야 하는지도 알게 됐다고 말했다. "나는 조감독으로 58편의 영화 제작에 참여했다. 나는 모든 규칙을 적용해보는 감독들 옆에 있었다. 예를 들어 클로즈업을 말해보자. 클로즈업은 보통 캐릭터가 무언가 중요한 것을 말하려고 할 때 쓰였다. 나는 그런 일반적인 규칙에 반대했다. 그래서 내 영화 속의 클로즈업은 항상 감정의 표현에 쓰였다. 나는 그 점에 매우 조심했다. 그래서 사람들은 나를 완벽주의자 또는 형식주의자라고 불렀다. 나는 나만의 프레이밍으로 보았다. 그리고 나는 클로즈업을 예쁘게 보이려고도 하지 않았다. 나는 관련된 감정의 최초의 것, 가장 중요한 것을 찾으려고 했다."[50)] 레오네는 아주 가까이에서, 이야기를 매끄럽게 들려주는 할리우드의 고전적인 방식을 바라보았다. 그리고 자기만의 관심, 곧

'카메라가 독립적으로 돌아다니게 하는 것'을 발전시켰다.

레오네는 말년에 그가 의지했던 할리우드 거장들을 묘사할 때면 종종 '지친', '타협한', '안전을 노린' 등의 단어를 썼다. 이탈리아에서의 그들의 작업은 '둔하고', '뻔하고', '너무 감상적'이거나, 또는 '역사적 지식이 정확하지 않은' 것들이라고 말했다. 그들은 '저 높은 곳에서' 이탈리아로 하강했다는 것이다. 더 나쁜 것은 그들의 과장하는 습성이라고 지적했다. 레오네가 거장들을 기억할 때, 한 명의 예외는 미술감독 알렉산더 트로너였다. 작은 것에까지 정확성을 추구하는 트로너의 강박은 레오네의 특성과 닮았었다. 그리고 트로너의 평판은 유럽적인 작업 방식에 기반하고 있었다. 반면에 레오네는 치네치타의 '노장들'과 전문가들에 대해서는 변함없는 존경을 표현했다. 레오네는 일생을 통해 그들과의 인맥을 유지했다. 말하자면 이것이 레오네의 '영화 학교'였다.

파졸리니는 치네치타를 '이탈리아의 트림하는 배'(the belching stomach of Italy)라고 부르곤 했다. 말하자면 영화계에 있는 이탈리아의 북부 지식인들이 로마인들을 아래로 내려다보고 있는 점을 비유했다. 로마의 영화인들은 주로 '대중' 영화를 만드는 것에 훈련을 받았고 또 그것에 열망을 갖는다는 것이다. 덧붙여 로마인들은 국제영화제와 예술극장보다는 스릴을 추구하는 국내 시장에 더욱 열을 올린다고도 했다. 하지만 레오네가 종종 지적한 대로, 이것은 이탈리아 문화에서 북쪽과 남쪽을 구별하려는 편견의 가장 오래된 사례일 수 있다. 어쨌든 레오네는 다른 감독들이 그렇듯, 자기 지역(로마)의 산물이었다. 그런데 1960년대에 우리가 알고 있는 이탈리아에서 가장 유명한 '예술극장' 감독들은 대부분 북부의 같은 지역 출신이었다. 안토니오니(페라라), 베르톨루치(파르마), 펠리니(리미니), 파졸리니(볼로냐) 등은 모두 북부 에밀리아-로마냐주 출신이었다. 이들은 전부 고향의 풍경 속으로, 또 자신들이 자란 지방의 공동체 속으로 돌아가, 그것을 자신들의 영화 속 배경으로 이용했다. 이들 가운데 일부(특히 펠리니와 베르톨루치)는 자신들의 전기적 원천과 대중에게 호소력 높은 영화 사이에, 연결 고리를 만들었다. 우리가 보았듯, 레오네는 영양분을 얻기 위해, 간접적인 방식을 통해서라도, 로마와 나폴리의 어린 시절과 사춘기 시절로 돌아갔다. 하지만 레오네의 결정적인 지역적 천성은 로마 외곽에 있는 치네치타에서, 또 그곳의 복잡한 산업에서 일하는 사람들 사이에서 자랐다고 말할 수 있다.

북쪽의 지식인들은 로마의 '직업적 프로의식'도 별로 평가하지 않으려 했다. 왜냐면 로마인들은 정치적 참여와 사회적 책임의식도 부족하다고 봤다. 의심의 여지 없이 레오네는 초창기 때, 공식적인 정치에 대해 냉소적인 태도를 보였다. 그의 냉소주의는 종종 표면에 드러났고, 성숙기 때 영화에서는 더욱 분명했다. 레오네는 정치에 대한 이런 환멸을 가족의 역사에서 이유를 찾았다. "아버지는 최종적으로 공산주의를 선택했다. 반면에 나는 사회주의 쪽으로 기울었다. 그런데 사회주의자로서 나는 '너무 많은' 사기와 타협을 목격했다." 이런 말도 덧붙였다. “아버지는 자신의 원칙 때문에 영화계에서 자발적으로 망명했다. 그런데 지금 돌이켜 보면, 무엇을 위한 망명이었나?” 레오네는 가끔 냉소주의의 이유를 ‘이탈리아의 경제 기적’이 일어난 방식에서 찾았다. 곧 ‘경제 기적’은 어떤 계획에서 일어난 게 아니라, 탐욕의 결과였다는 것이다. 레오네에 따르면 ‘경제 기적’은 사회적 영향 같은 것은 전혀 고려하지 않은 것이었다(특히 경제적으로 밀렸던 로마와 남쪽의 주요 도시를 생각할 때). 레오네가 말했다. “내 영화는 우리 세대들이 ‘미래의 약속에 관해 들었던 모든 것’과 관련 있는 것이다. 우리는 미래를 기다렸다. 그런데 지금도 기다리고 있다!” 레오네 세대의 비관주의는 그의 웨스턴의 배경이던 1860년대와 1870년대에 관한 비관주의가 아니다. 그때보다는 백 년 뒤, 곧 당대의 이탈리아에 관한 비관주의였다.[51)]

레오네의 특성을 말해주는 일화가 있다. 북쪽의 파졸리니와 또 다른 사람들이, 이탈리아공산당 당수인 팔미로 톨리아티(Palmiro Togliatt)가 의회주의 및 소비주의와 공존하는 ‘역사적 대타협’(Historic Compromise)을 벌이고, 또 1956년 이후 그가 주도한 이탈리아 스타일의 공산주의를 분석하는 글을 쓸 때, 레오네는 톨리아티와 찰리 채플린을 비교하는 것을 더 좋아했다. 그리고는 종종 대화의 토픽을 바꾸려고 했다. 그는 강조하곤 했다. “나의 의견? 나는 로마 사람이다. 그래서 나는 파멸적이고 비관적이다. 우리는 도시 곳곳에 남아 있는, 로마제국에 관한 역사적 증거를 볼 수 있다. 그것은 우리의 실수와 어리석음을 증명하는 영원한 재료들이다." 레오네는 시각적 이미지가 문자보다 더욱 강력하다고 봤다. 그리고 그는 정치적 낙관주의는 할리우드의 '거대한 서사'와 관련지어 파악했다. 레오네는 자신이 제작에 참여했던 할리우드 영화에 대해서는 반복적으로 평가절하했는데, 왜냐면 그 영화들은 역사에 대한 해석에서 너무 비현실적이라는 것이었다. 레오네는 아이디어를 스펙터클을 통해 전달하는 영화들을 평가했다. 그런 점에서 레오네가 보기에, 할리우드는 사실 상상력이 빈약하다는 것이었다. 하지만 경제 기적 시대에 나왔던 할리우드 스펙터클 영화의 여러 시각적 '순간들'은 훗날 레오네 자신의 영화에 다시 나타날 것이다. 그건 레오네의 수업 시절에 대한 흔적이었다. '황야의 무법자'에서의 포로 교환 장면은 불신의 분위기까지 포함하여, 트로이의 헬렌이 헥토르에 의해 메넬라우스에게 인도되는 장면과 매우 비슷하다. '석양의 건맨'부터 계속하여 레오네의 웨스턴에서 벌어지는 원형의 경기장에서의 '마지막 결산'은 '벤허'의 안티오크 원형 경기장에서의 장면과 대단히 닮았다. 레오네의 도제 기간은 거대한 이야기로 비약하는 할리우드의 상투적인 매너에 대한 냉소주의뿐만 아니라, 그에게 시각적 자원의 무기고도 제공했다. 하지만 이런 모든 자원을 어떻게 레오네 자신의 '어른들을 위한 동화'로 변형하는가를 가르치는 것은 경력의 다음 단계일 것이다.

1) Diego Gabutti: *C'era una volta in America* (Rizzoli, Milan, 1984) pp. 64–69.

2) Loc. cit.; and Noel Simsolo: *Conversations avec Sergio Leone* pp. 35–36.

3) Simsolo, loc. cit.

4) Gabutti, loc. cit.

5) Simsolo, pp. 33–34. See also Federico Fellini: *Cinecittà* (Studio Vista, London, 1989) pp. 23–25.

6) *Italian Cinema* 1945–51 (Unitalia Film, for the diffusion of film abroad, 1951) pp. 57–58. For historical context, see Paul Ginsborg: *A History of Contemporary Italy* (Penguin, Middlesex, 1990) pp. 72–120, 210–253.

7) Gian Piero Brunetta: *Storia del cinema Italiano 1945 to the 1980s* pp. 476–480; see also (ed.) Jeremy Tambling: *A Night in at the Opera* (John Libbey, London, 1991) pp. 279–284.

8) See Raymond Durgnat: *Eternal Triangle – Opera, Film, Realism* (Monthly Film Bulletin, October 1990, pp. 282–284); Jean-Paul Bourre: *Opéra et Cinéma* (Editions Artefact, Veyrier, Paris, 1987); and Tito Gobbi: *My Life* (Macdonald and Jane, London, 1979), Chapter 8.

9) Gabutti, pp. 64–69.

10) Among Leone's many comments about his dislike for opera, see interviews in *Cahiers du Cinéma*, May 1984 (pp. 7–11, 56–60), *Take One* , May 1973, pp. 31–32 and Simsolo, pp. 174–175.

11) *Italian Cinema*, 1945–51, pp. 55–56. See also, on Fabiola , Simsolo, p. 36 and, for background, Maria Wyke: *Projecting the Past*, pp. 49, 55–56.

12) Simsolo, pp. 34–38.

13) Gabutti, pp. 64–69.

14) Gabutti, loc. cit.

15) Francesco Savio: *Cinecittà Anni Trenta* (vol. 2) p. 521. Leone's recollection is that he did 'film certain scenes' in Fabrizi films, Simsolo pp. 51–52. Writer Luciano Vincenzoni agrees.

16) Gabutti, pp. 82–83; Simsolo, pp. 28, 39–41.

17) Simsolo, pp. 40–41.

18) Simsolo, p. 53.

19) See Orson Welles and Peter Bogdanovich: *This is Orson Welles* (HarperCollins, London, 1993) pp. 267–268.

20) Lambert, pp. 12–13; Simsolo, pp. 45–46.

21) Oreste de Fornari, pp. 157–158 and author's interview with Tonino Delli Colli, Rome, 18 December 1981

22) Oreste de Fornare, pp. 171–173; also Luciano Vincenzoni, interview with Cenk Kiral, 25 April 1998.

23) Oreste de Fornari, pp. 158–60.

24) Author's interview with Sergio Donati, Fregene, 23 May 1998.

25) Oreste de Fornari, pp. 166–170 (Valerii).

26) Luciano Vincenzoni, interviews with Cenk Kiral 2 and 13 May 1998.

27) Simsolo, pp. 53–54.

28) Wyke, pp. 138–148.

29) Fabio Melelli: *Eroi a Cinecittà – stuntmen e maesti d'armi* (Mercurio Editrice, Perugia, 1998) pp. 138–150. On background to this era, see Fellini, p. 25.

30) Simsolo, pp. 43–44; Lambert, pp. 14–15; author's interview with Leone February 1982; Braucourt, loc. cit.

31) Lambert, loc. cit.

32) Simsolo, pp. 43–44.

33) Simsolo, pp. 54–56; also Fred Zinnemann: *An Autobiography* (Bloomsbury, London, 1992) pp. 154–171; Alexander Trauner and Jean-Pierre Berthomé: *Décors du cinéma* (Jade-Flammarion, Paris, 1988) pp. 138–142, and National Film Theatre booklet October–November 1984, *Alexander Trauner – designs for living.*

34) Simsolo, pp. 54–56.

35) Author's interview with Fred Zinnemann, 2 November 1990.

36) Ibid.

37) Author's interview with Luca Morsella, 20 December 1991.

38) Charlton Heston: *The Actor's Life – Journals 1956–76* (Penguin, Middlesex, 1980) pp. 39–61 and Charlton Heston: *In the Arena* (HarperCollins, London, 1995) pp. 180–206.

39) Frayling: Spaghetti Westerns, p. 97.

40) For some of Leone's many versions of working on *Ben-Hur*, see *Cinéma 69*, November 1969, pp. 81–82; *Ciné-Magazine* January 1977; Lambert, pp. 13–14 and Simsolo, pp. 53–54, 56–57. In the author's interview of February 1982, he admitted with a smile that some journalists may have exaggerated his role a little.

41) Joanne D'Antonio: *Andrew Marton Interviewed* (Directors' Guild of America and Scarecrow Press, New York, 1991).

42) See note 40.

43) D'Antonio, op cit.

44) Simsolo, pp. 53–54, 56–57.

45) Ibid.

46) Author's interview with Charlton Heston, 19 November 1995; see also Heston: *In the Arena* pp. 189–90.

47) Leone on working as an assistant director: *Take One* , May 1973, pp. 29–30; *Cinéma 69*, November 1969, pp. 81–83; *Ciné-Magazine*, January 1977; Lambert, p. 23; Simsolo, p. 51–52, Gilles Cèbe, op. cit., pp. 36–37; Frayling: *Spaghetti Westerns*, pp. 96–101

48) Gabutti, pp. 64–69.

49) Interview with Sergio Leone by Jean A. *Gili in Positif*, June 1984, pp. 6–15.

50) *Take One*, May 1973, pp. 29–30.

51) Frayling: *Spaghetti Westerns* pp. 58–60; on Leone's politics, see *Take One*, May 1973, pp. 28–29; Simsolo, pp. 100–101, 163–4; Gabutti, pp. 116–117.

4.

'로도스의 거상'

(The Colossus of Rhodes/Il Colosso di Rodi)

영화들은 문화적 계보를 형성했다. 그 과정은 나선형이었다. 먼저 신화(실제로 있었던 일, 이탈리아 원형의 서사시, 영화로는 '카비리아'와 '쿠오 바디스?' 그리고 1914년 미국을 폭풍 속에 몰아넣은 '트로이의 몰락')를 영화로 만들었고, 그리고 두 번째로 신화의 신화(향상되고 균질화된 미국의 신화, 영화로는 '불관용'과 '벤허' 그리고 이탈리아 영화계에서 다시 길을 찾은 '시바의 여왕')를, 그리고 마지막으로는 계산이 복잡해지는데, 신화의 신화의 신화를 영화로 만들었다. 곧 다른 작품의 이미지를 이미지화하는 것이다. 이를테면 할리우드의 매끄러운 작품과 완벽하게 경쟁하는 파시즘 시절의 역사 서사극('스키피오 아프리카누스', '철의 왕관'), 이탈리아의 값싼 무대와 엑스트라를 이용한 1950년대 할리우드의 스펙터클('트로이의 헬렌'), 그리고 할리우드의 스타를 이용한 이탈리아의 스펙터클(커크 더글러스 주연의 '율리시스'), 또 그런 스펙터클을 더욱 싸게 모방한 이탈리아의 작품들('헤라클레스', '풀려난 헤라클레스', '헤라클레스의 사랑')이 있는데, 이런 작품들을 통해 해변에서 근육을 자랑하던 실업자 보디빌더들은 신뢰받는 유럽의 스타가 됐고, 또 이들은 미국에서 드라이브 인 영화관과 동네의 체인 영화관을 통해, 미국의 반영웅적인 스타가 됐다… 1950년대 '정장 시대'에, 그것은 마치 스토리텔링을 좋아하는 상대적으로 젊은 청년들이, 이제는 결말이 열려 있는 이야기, 처음과 끝이 없는 모험물로 흥미를 옮겨가는 것 같았다. 팀을 이룬 시나리오 작가들이 이런 경향을 주목했다. 어린이를 위한 기본 이야기에 몇 개의 성인용 취향을 첨가했다. 곧 문학적 참조와 성욕에 관한 퇴폐적인 암시를 표현했다.

—제프리 오브라이언,
〈유령 제국〉(The Phantom Empire, 1993)

1950년대 초반부터 이탈리아 영화계는 경제적 지원을 등에 업고, 빨리 만드는 시리즈물 영화 제작에 의존했다. 예를 들어 오페라 영화(1946-56), 만화 영화 또는 감상주의 최루 영화(1950-54), 그리고 사투리 코미디(1955-58) 등을 시리즈로 만들었다. 우연히 일어난 큰 성공은 눈사태가 나듯 싸구려 모방작을 양산했다. 제작 지원은 배급업자들이 보증했고, 또는 외국의 도움을 받았다. 그러면 조립 라인이 재빨리 제작을 위해 재가동됐다. 반복할 수 있는 히트작이 나오면 이런 방식은 빠르게 가동됐다. 하지만 이런 방식은 안정성을 담보하진 못했다. 이탈리아 언론은 4년 혹은 5년마다 반복적으로, 영화산업의 '위기'와 '슬럼프'에 대해 보도했다. 하지만 이런 시스템은 실제로는 많은 영화를 제작하게 했다. 이는 독립 제작 영화사보다 오랜 기간 상영되는 시리즈물을 제작하는 영화사에 더욱 적용됐다.[1)]

알레산드로 블라제티의 '파비올라'(1949)부터 구이도 브리뇨네(Guido Brignone)의 '카르타고의 여성 노예들'(1957)에 이르기까지, 매년 1편 혹은 두 편의 서사극이 만들어졌다. 무성 시대부터 시작된 마치스테 영화와 그 아류들이 이젠 완전히 발달한 시리즈물로 이어졌다. 분수령은 1958년인데, 피에트로 프란치시(Pietro Francisci)가 쓰고 연출한 '헤라클레스'(Hercules/Le fatiche di Ercole)가 이때 발표됐다. 프랑스-이탈리아 합작으로, 로마에서 제작된 할리우드 서사극의 성공에 영감을 받았고, 동시에 무성영화 시대의 근육남(마치스테)을 떠오르게 했다. 이 영화를 통해 스티브 리브스(Steve Reeves)가 이름을 알렸다. 보디빌더인 그는 1947년 미스터 아메리카, 1948년 미스터 월드, 1950년 미스터 유니버스였다(리브스가 말하길, 자신의 착한 인상이 선발에 영향을 미쳤다고 한다). 프란치시 감독의 딸이 이탈리아어로 더빙된 할리우드의 뮤지컬 '아테나'(Athena, 1954)를 보았는데, 그때 작은 역을 맡고 있던 리브스를 주목했다. 스티브 리브스가 화면의 중앙에 부각되기 전에, 이탈리아 서사극에서 전통적으로 스크린의 중심에 있던 인물은 여성 스타였다. 그런데 1958년부터 넓고 큰 상체 근육을 가진 영웅들이 이야기를 지배하기 시작했다. 1958년에서 1964년 사이, 리브스는 고대를 배경으로 근육의 승리를 8번이나 보여주었다. 그의 배역은 이렇다. 골리앗, 마라톤의 거인, '폼페이 최후의 날'의 글라쿠스, 아에네아스(두 번), 로물루스, 그리고 스파르타쿠스의 아들 등이다. 또 그는 해적 모건, 바그다드의 도둑, 위대한 자 산도칸, 백인 악마 무라드 등으로도 나왔다. 리브스는 이런 다양한 역을 좋아했고, 알려진 바에 따르면 스트레오 타입이 되지 않으려고 노력했다.

'헤라클레스'는 영웅의 특별한 능력 두 개를 보여준다(사자와의 싸움, 곰과의 싸움). 그리고는 이아손과 아르고호의 원정대 이야기를 덧붙인다. 하지만 이야기는 이아손보다는 투구를 쓰고 있는 헤라클레스를 더욱 강조한다. 영화는 알려진 것부터 시작하는데, 헤라클레스를 바로 땅 위로 내려오게 하고, 믿어지지 않을 정도로 거친 자연 속으로 밀어 넣는다. 촬영감독은 훗날 호러 영화의 유명 감독이 되는 마리오 바바(Mario Bava)이다. 상대적으로 더 유명한 이야기(헤라클레스)와 신화(이아손과 원정대)를 섞는 것은 이탈리아 영화 시장에서의 성공 열쇠였다. 이 영화는 국내에서 9억 리라를 벌었다. 그런데 더 큰 일이 벌어졌다. 보스턴의 영화 사업가인 조세프 E. 레바인(Joseph E. Levine)이 이 영화의 미국 배급권을 헐값에 샀고, 이를 홍보하기 위해 1백 20만 달러(영화의 원래 제작비보다 다섯 배 많은 액수)를 썼다. 레바인은 8개의 다른 판본으로 텔레비전 예고편을 만들었고, 6백 개 영화관에서 동시에 개봉할 이 영화를 위해 132개 홍보 회사에 광고를 넣었다.[2)] 이 일로 그는 4백만 달러의 수입을 올렸다. 프란치시의 후속작 '풀려난 헤라클레스'(Hercules Unchained/Ercole e la regina di Lidia, 1959)는 이탈리아와 미국에서 더 많은 수익을 냈다. 레바인의 사업이 성공하자, 미국의 영화사들은 이런 종류의 영화에 관심을 보이기 시작했다. 이는 미국 국내의 제작 비용이 급격하게 오른 것에 균형을 잡기 위해, 그리고 다른 배급로를 확보하려는 이유이기도 했다. 소위 '페플럼 서클'(peplum cycle)이 이때부터 본격적으로 시작됐다. 그러자 '스키피오 아프리카누스'는 영어로 다시 더빙됐고, TV에서 '한니발의 패배'(The Defeat of Hannibal)라는 제목으로 방영됐다.

'페플럼'이란 단어는 그리스어 '페플로스'(peplos)를 라틴어로 바꾼 것이다. 의미는 고대에 입던 짧은 상의를 말한다. 이 용어는 프랑스 비평가들에 의해 고안된 것인데, 그들은 이런 종류 영화의 숨어 있는 가능성을 모두 보았다. 또 어떤 비평가들은 이런 영화를 '서사극'(epics)이라고도 불렀다. 하지만 이것은 그들이 받은 고전 교육과 고대의 문화적 특권으로 여겼던 것과는 조금 거리가 있었다. 그래도 호팔롱 캐시디(Hopalong Cassidy)가 나오면 그건 웨스턴이듯, 헤라클레스가 나온다면 그건 서사극일 수 있었다. 간단히 '펠파'(Pelpa)라고도 불렸는데, 이런 종류의 영화를 복장 드라마로 읽을 때 주로 쓰였다. 1958년에서 1963년 사이, 약 170편의 페플럼이 만들어졌다. 이런 영화들은 제작비가 낮았고, 8주에서 10주 정도 촬영하면 됐고, 슈퍼스타였던 리브스도 주당 1만 달러 정도 받았다. 그들은 할리우드의 소품실에 남아 있던 소도구들을 이용했고, 영화를 찍을 때마다 세트는 조금 손본 뒤 다시 썼고, 대변동이 일어나는 큰 장면도 주요 인물들이 그 주변에 모두 있었기 때문에 다시 촬영할 수 있었다. 마치스테와 우르수스, 그리고 이탈리아 영화의 다른 영웅들은 1960년대에 다시 복귀했다. 1961년에 삼손, 1962년에 겁 없는 검투사와 저항하는 노예들이 등장했다. 1963년이 되자, 근육남들은 힘을 합쳐 당대에 유행하던 다른 영웅들과 경쟁을 벌였다. 이를테면 문멘(Moon Men), 두더지 인간(Mole People), 뱀파이어, 석기시대 괴물, 도마뱀 종족, 몽골족, 아즈텍족, 사라센인, 시크족, 차르, 그리고 당대의 인기 있던 코미디언들과도 경쟁했다. 스티브 리브스는 헤라클레스 역을 두 번 한 뒤, 더는 맡지 않았다. 그러자 미국 출신의 보디빌더들이 그를 승계했다(체육관에서 몸을 불린 배우들도 포함된다). 그들은 대개 본명을 쓰지 않았다. 마크 포레스트, 에드 퓨리, 브래드 해리스, 고든 스콧, 커크 모리스, 댄 바디스 그리고 록 스티븐스 등이 있었다. 이탈리아 배우 세르지오 치아니가 이름을 영어식인 앨런 스틸로 바꾸고 캐스팅되자, 영국 출신 보디빌더인 레그 파크도 역을 얻었다. 1960년 8월 19일 뉴스위크에 따르면, 이탈리아의 보디빌더들은 미국인들이 이런 역할을 거의 다 차지하자, 매우 화가 났었고, 그래서 그들은 '이탈리아 근육남을 보호하기 위한 협회'라는 압력단체를 조직했다. 그들이 말하길, 연기력이 아니라 근육이 결정적인 이유라면, 왜 이탈리아인을 캐스팅하지 않느냐는 것이었다. 나쁘지 않은 지적이었다.

'십계'(1956)의 시작 부분에서, 감독 세실 B. 드 밀은 주석을 달듯 자신이 이용한 자료를 읽는다. 그는 심지어 도입부 부분에서 붉은 커튼을 뒤에 두고 등장하여(품격 있는 연극의 느낌), 영화가 갖는 역사적 사실에 대한 자부심을 드러낸다. 그런데 이탈리아인들은 역사와 신화에 대해 신축성을 발휘했고, 종종 불경한 자세도 보였다. 교과서에서 학습한 도덕 교육('과장하지 마라', '모든 것에 균형을 맞춰라')은 오히려 허세를 떠는 것으로 취급했다. 페플럼 영화가 슈퍼히어로를 등장시킬 때, 그들은 가능한 성경 이야기는 피하려고 했다. 유대인을 괴롭히는 팔레스타인 사람을 다루는 것만 예외였다. 무엇보다도 바티칸이 지척 거리에 있었다. 그래서 삼손이 등장하면, 그는 13세기 중국으로 이동해 있기도 했고, 아니면 솔로몬 왕의 광산에 있기도 했다. 어떤 영화에서, 삼손의 몸은 얼어있었는데, 러시아의 차르와 대항하기 위해 다시 생명이 돌아오기도 했다. 이탈리아인들이 강조하는 것은 남성성(운동 같은 것으로 종종 증명됐다)만은 아니었다. 이를테면 정숙한 여성과 어두운 여성의 대조, 순수한 영혼보다는 관능, 그리고 도시의 부패, 이곳의 말 많은 정치인들과 이들에 대조되는 전원생활의 즐거움 등이 표현되는 걸 좋아했다. 관객은 포도를 좋아하는 오만한 귀족들에 의해 관찰되는, 카바레에서 춤추는 사람(또는 축제에서의 댄서들, 혹은 몸에 기름을 잔뜩 바른 레슬러들, 그리고 곡예사들) 같은 느낌을 받기도 했다. 이런 영화의 다른 매력은 고문 장면인데, 종종 정교한 도구를 이용하기도 했다. 그리고 슬랩스틱 같은 주먹다짐, 또 우리의 영웅이 특별한 솜씨를 발휘하게 하는 작은 전투 장면들이 들어 있었다.

남자 주인공들이 근육 만들기에 바쁠 때, 감독들은 옛날에 들은 고전 이야기를 열심히 각색했다. 학창시절 들었던 이야기에 아이러니를 잔뜩 섞는 방식이었다. 흥행작 '아틀란티스를 정복한 헤라클레스'(Ercole alla conquista di Atlantide, 1961)의 감독인 비토리오 코타파비는 이런 영화들을 '연재만화의 혈관 아래에 건설된, 크고 시끄럽고 화려한 기계'라고 불렀다. 무성영화 시대의 연극성, 감상주의 그리고 민족주의는 파시즘적 요소였는데, 페플럼 영화에도 이런 요소들이 들어 있었다. 덕분에 고비용의 고급문화와 할리우드의 과장된 화려함 사이에 있는 틈새시장을 뚫을 수 있었다. 그런데 이탈리아 영화 관련 국내의 대부분 언론은 마치스테, 헤라클레스, 우르수스, 삼손 그리고 골리앗을 지겨워했고, 설사 '칼과 샌들'의 모험물인 페플럼이 흥행한들, 이들을 좋지 않게 봤다. 적어도 언론들은 무성 시대 선배들이 마치스테 영화에 보여준 것처럼, 이런 영화들을 폄하했다. 언론들은 간단한 이야기를 20세기 중반 관객을 위해 새로 풀어내는 페플럼 영화들은 매우 순진하다고 평가했다. 또 이런 영화들은 우리가 아니라 제작자들을 위해 만들어졌다고 썼다. 요구를 크게 하지 않는 소규모 투자자들이 여전히 페플럼 제작사 바깥에 길게 줄을 서 있었기 때문이었다.

베테랑 감독 도메니코 파오렐라(Domenico Paolella)는 1년 동안에 '몽골족과 맞서는 마치스테', '스파르타쿠스 대 헤라클레스', '헤라클레스와 바빌론의 폭군들', '바그다드를 정복한 골리앗' 등 4편을 만들었는데, 아마 같은 세트에서 촬영했을 것이다. 1965년 1월, 파오렐라 감독은 언론의 고압적인 비평에 대해, '가난한 자들의 정신분석'이란 기사에서 길게 답을 내놓았다.[3)] 이런 영화들은 1962-63년 동안 이탈리아 영화가 벌어들인 수익의 2/3를 차지했고, 10명 중 7명의 관객에게 사랑받았으므로(물론 대도시에 있는 개봉관보다는 입장권 가격이 낮은 재개봉관에서 주로 소개됐지만), 훨씬 진지한 주목을 받을 자격이 있다는 것이다. 그리고 파오렐라는 이런 영화들의 사회적 의미를 설명했다. "개봉관에 가서 소위 '예술 영화'를 보는 사람들은 다른 욕구를 갖고, 다른 형식에서 만족을 느낀다. 하지만 사회에서 가장 낮은 계급의 사람들은 신화에서 매력을 느낀다. 그곳엔 희생자가 있고, 성숙하지 못한 사람도 있고, 삶과 삶의 혼란 때문에 상처받은 사람들이 있기 때문이다. 그리고 슬프게도 그들이 사회의 다수다. '판타지 영화'는 가난한 자들의 정신분석이다."[4)]

파오렐라의 주장에 따르면, 이탈리아에서 '신화 영화'는 1960년대 초 사회적 격동기에 흥행에서 성공을 거두었다. 당시 이탈리아에는 도시로의 이주, 교통의 발달, 소비주의의 확산, 가족관계의 완화, 기술의 발달, 그리고 저개발지역에까지 퍼진 도시의 세련됨 등의 변화를 가져왔다. "영화는 이미지로 가득 차 있는데, 그건 꿈의 언어의 한 부분이다. 상징적인 형식으로 그 속에 숨어 있는 것은 매일 만나는 일상에서의 장애들이다. 이를테면 괴물들은 공장이나 작업실, 그리고 도시, 또는 사무실이다. 적은 다른 사람들이며, 적대자들의 정교한 무기는 복잡한 기계이고, 불타는 강은 우리 도시의 숨을 막히게 하는 위험한 차량 행렬이다. 함정과 유혹(다른 말로 하면 현실)으로 가득 찬 적대적이고 혼란스러운 이 세상에서 특별한 근육을 가진 어떤 개인은 결국에는 자기 자신만을 믿는다. 이런 영화들은 개인에 대한 감각을 다시 일깨우고, 그 개인이 결정하고 책임지게 만든다. 덧붙여 자신감과 희망도 준다."

이런 약간 과장된 주장에 당혹감을 느낀 비평가들은 반론을 폈다. 프랑스에서 페플럼 영화들은 '지방 농촌 지역, 잡지 카이에 뒤 시네마, 그리고 근동과 라틴 아메리카에서의 7일짜리의 경이로운 유행'으로 불렸다. 처음부터 카이에 뒤 시네마는 페플럼에 주목했다. 다시 말해, 이런 영화들은 대중 관객을 노리는 간단하고 임시적인 형식으로, 제3세계 영화 시장을 침범하려는 시도로 보였다. 언어와 상관없이 영화 속의 영웅들은 그들이 입고 있는 짧은 상의, 근육, 사운드트랙 음악으로 구분이 됐다. 액션 장면은 거칠고 빨라서, 지루할 틈이 별로 없었다. 영화 전체를 통해 강조하는 것은 고전을 본다는 만족감과 고전에 대한 프롤레타리아적인 해석이었다.[5] 1960년대 이탈리아 영화 관객들의 관습에 관해 연구한 크리스토퍼 왜그스태프(Christopher Wagstaff)는 재개봉관에 가는 (남성)관객의 전형적인 특성에 대해 이렇게 설명했다. "그들은 극장에서 무엇이 상영되는지 관심이 없었다. 그리고 영화가 시작되기 전에 입장하는 것에도 별로 노력하지 않았다. 상영 중에 좋아하는 부분이 나오면 언제든지 옆의 친구와 이야기도 하곤 했다. 오직 영화가 자신과 친구의 주목을 강하게 끌어당길 때만 말을 하지 않았다."[6]

세르지오 레오네의 부친은 미국으로 수출되는 초창기 마치스테 영화를 한 편 감독했었다. 레오네 자신도 액션 장면이 어떻게 할리우드 스타일로 촬영되는지 잘 알고 있었다. 레오네는 이탈리아의 제작 시스템에 대해 감을 갖고 있었고, 연출 데뷔를 준비하고 있었다. 하지만 그는 값싼 페플럼 영화를 만들자는 많은 제의를 거절했다. 이유를 대자면, 영화 만들기 준비가 아직은 제대로 되지 않았기 때문이었다. 보통 작가와 감독들은 몇 주 동안 함께 일하고, 어떤 영화를 내놓을지 보여줘야 했다. 이런 영화를 계속 만들려면 대중적 성공이 기반이 돼야 겠지만, 레오네에 따르면 재개봉관 관객을 위해서 특별히 빵을 씹고 서커스를 보여주는 식의 방대한 '속임수'(a con trick)가 있어야 했다. 레오네가 주장하길, "고대 로마의 주제에 관한 진지한 논의는 스탠리 큐브릭의 '스파르타쿠스'가 거의 유일했다. 다른 영화들은 비현실적인 우화였고, 모든 면에서 피상적이었다."[7] 늘 그렇듯 레오네는 대충 만드는 것을 비난하며, '표면의 리얼리즘'(surface realism)을 중요하게 여겼다. "역사적으로 정확해야 하는 이 장르에서, 영화를 만들 수 있다는 생각만으로 서로 농담을 주고받았던 영화인들이 적지 않았다. 역사적 시기를 공부하고, 올바른 표면에 확신을 가지며, 그래서 모든 일에 정통성을 확보하려면 평생이 걸릴지도 모른다. 그런데도 1950년대 말이 되자, 페플럼 영화는 세계의 장르 영화 시장에서 가장 수요가 높은 항목이 됐다. 중국인, 아랍인, 미국인, 프랑스인, 독일인… 모든 사람이 이런 종류의 영화를 사려고 했다. 그러자 인플레이션이 왔다. 이런 제작물에 너무 많은 바보 같은 실수들이 쌓여갔다. 나는 바보 같은 쥐들의 경쟁에 끼어들고 싶지 않았다. 다 뒤집어 놓지 않는다면, 하지 말아야 했다. 모든 것을 공중으로 던져버리기 위해서는 '포인트 블랭크'(Point Blank)에서 존 부어맨 감독이 했던 것처럼 해야 했다. 곧 뒤돌아올 수 없는 지점에 도착하기 위해, 장르 전체에 화형식을 해야 했다."[8)]

레오네는 근육남들의 전성기에 대해 이렇게 기억했다. "나도 많은 제안을 받았다. 프로듀서들이 나에게 전화하곤 했다. 하지만 나는 그들에게 '마치스테'라는 단어를 또 꺼내면, 침을 뱉을 것이라고 경고했다. 그들은 항상 마지막에는 자신들이 형편없는 '속임수'를 준비하고 있었다는 점을 시인해야 했다. 그들은 또 내가 나만의 방식으로 영화에 접근할 수 있다고 설득하곤 했다. 그러면 나는 그만하라고 말해주었다. 스크린에는 오직 마치스테 밖에 없는 것 같았다. 불가능이란 없을 것 같았다. 이를테면 모든 곳에 마치스테가 가는 것이다. 중국, 지옥, 아프리카, 스코틀랜드, 이집트, 몽골의 마치스테 같은 식이다. 기획자들의 머리에는 조로와 싸우는 마치스테도 있었다."[9] 레오네는 그런 것들이 영화적 우화가 되기 위해서는 실제로 일어난 일인 것처럼 관객들을 설득시켜야 한다고 주장했다. 이런 목표를 달성하는 하나의 방법은 디테일에 세심하게 주목하는 것이었다. 레오네는 "(나는)네오리얼리즘의 자식인데, 당연히 그렇게 해야 했다."라고 말했다. 레오네가 보기에 페플럼 영화들은 이런 원칙을 포기하고, 관객에게 오만한 태도를 보이기 시작했다. 레오네는 자신과 함께 일했던 할리우드의 전설 감독들에 대해 말했던 것처럼, 페플럼 영화에 대한 비판은 당시 영화 만들기에 관한 자신의 현학적인 태도를 보여주는 것이었다. 마치스테 영화들은 이미 탄생했고, 발전했다. 이 영화들은 할리우드 서사극에 관한 숭배 같은 것을 무시했고, 장 콕토 스타일의 유희적이고 현대적인 신화를 더 좋아했다. 이런 상황을 알고 있으면서, 페플럼 영화에서 역사적 정확성의 결핍을 비판하는 것은 이상하게 보일 수도 있다. 실제로 이탈리아의 시골 풍경은 그리스와 닮지 않았고, 바위들은 폴리스티렌(polystyrene) 혹은 종이 반죽으로 만든 것이 분명하게 확인될 정도였다. 조지 로이 힐은 '내일을 향해 쏴라'에서 볼리비아 풍경이 실제와 닮지 않았다는 질문을 받고 이렇게 말했다. "그래요, 지금과는 닮았는데." 페플럼 영화들도 같은 입장일 테다.

1958년에서 1960년 사이, 말하자면 이아손의 황금 양털을 향한 무분별한 돌진이 진행될 때, 세르지오 레오네는 여전히 마리오 본나르드의 조감독이었다. 짐작하건대 그때 레오네에게는 자신의 두 발로 선다는 자신감이 아직 없었다. 분명한 것은 레오네는 감독으로서의 첫 작품이 얼마나 중요한지는 잘 알고 있었다. "우리는 성적이 별로 좋지 않을 영화를 만든다는데 겁을 먹고 있었다." 어떤 이의 주장에 따르면, 1957년 레오네는 로마 배경의 단편 영화 '택시…선생님?'(Taxi…signore?)을 연출했다고 한다. 하지만 레오네는 여전히 장편 극영화를 만들 준비가 돼 있지 않았다. 한편 이런 고민의 시기를 지난 뒤, 레오네는 드디어 본나르드의 페플럼 '아프로디테, 사랑의 여신'(Afrodite, dea dell'amore, 1958) 시나리오 작업에 서명했다. 크레딧에는 '시나리오 작업 우고 모레티, 마리오 본나르드, 세르지오 레오네, 마리오 디 나르도', 그리고 '조감독 세르지오 레오네, 로몰로 지롤라미'라고 돼 있다.

프란치시의 '헤라클레스'가 개봉된 같은 해에, '아프로디테, 사랑의 여신'은 '그리스 로마 역사의 에피소드'라는 소제목을 달고 개봉됐다. 많은 페플럼 영화들이 그렇듯 그리스보다는 로마 배경이 더 강조된 작품이었다. 이 영화는 관습적이고, 뻔한 것이었다. 도전적이고 상상력을 보여주는 작품이기보다는 1950년대에 흔히 발표되던 역사극이었다. 사실 이 작품은 1953년에 발표된 마리오 본나르드 감독의 '피리네, 동방의 궁녀' 이야기를 배경만 바꾸어 새로 쓴 것이었다. 강조된 것은 예술과 정치의 테마였다. 고대의 신성한 인공물은 잔인한 정치 투쟁을 상징하는 것으로 이용됐다(이는 레오네의 3년 뒤 데뷔작인 '로도스의 거상'과 비슷하다). '아프로디테, 사랑의 여신'은 서기 67년 그리스의 코린토스가 배경이다. 로마에서 대화재가 일어났고, 네로 황제가 기독교인들을 처형한 얼마 뒤다. 이 지역의 총독 안티고노는 지협을 지나는 운하를 건설하고 있는데, 사업비는 이 지역의 상인과 농민들에게 부과한 징벌적인 세금으로 충당했다. 운하는 성소인 아프로디테의 사원을 뚫고 지날 것이다. 데메트리오(안토니오 데 테페)는 재능이 넘친 로마 출신의 젊은 조각가인데, 새로운 여신 동상을 만들 제안을 받았다. 그럼으로써 코린토스와 황권을 널리 알릴 계획이었다. 데메트리오는 두 명의 살아 있는 모델 가운데 한 명을 선택해야 했다. 기독교인 노예인 금발의 레르나(이자벨 코리), 그리고 페니키아 궁정의 사랑의 기쁨인 흑발의 디알라(이레네 툰크)가 그들이다. 궁정은 디알라를 추천하지만, 데메트리오는 레르나에게서 매력을 느꼈다. 그래서 그는 디알라의 몸과 레르나의 얼굴을 조합한 진흙 조각을 만들려는 생각까지 했다. 어떤 것을 선택할지 고민하는 사이, 데메트리오는 노예 소녀와 사랑에 빠져버렸다("당신의 눈은 달라요. 순수함의 광채요. 그건 내가 찾는 것이요."). 이야기의 배경에는 궁정의 암투, 처벌, 학살, 역병, 기아 그리고 과감한(과감한 척하는) 육욕의 잔치가 있다. 디알라는 이런 장면에서 빠질 수 없는 '일곱 베일의 춤'을 춘다. 마지막에 데메트리오와 레르나는 네로 황제가 죽고, 갈바 황제가 승계할 때까지 살아남는다. 그리고 정화의 비가 쏟아지는 코린토스의 길거리에서 재회한다. 이제 두 사람은 죽은 디알라를 모델 삼아, 아프로디테의 여신 이미지를 함께 고민하고 있다.

데메트리오는 자신의 모델을 찾는 데 애를 먹었지만, 이 영화의 모델이 무엇인지는 너무나 분명했다. 곧 머빈 르로이의 '쿠오 바디스?'이다. 로버트 테일러처럼, 데메트리오는 로마에 대한 의무와 기독교의 영적 매력 사이에서 갈등한다. 데보라 커처럼, 영적 매력인 레르나는 자신의 믿음 때문에 감옥에 갇힌다. 포페아를 연기한 패트리샤 라판처럼, 디알라는 이국적인 색깔의 옷을 입고, 기독교인들을 박해하도록 총독의 마음에 독을 뿌린다. 이런 유사점에서 짐작할 수 있는데, '아프로디테, 사랑의 여신'의 시나리오는 완성된 뒤 제법 오래도록 방치돼 있었다. 레오네는 '아프로디테, 사랑의 여신'은 '피리네, 동방의 궁녀'와 같은 숨결에서 나왔다고 여러 번 말했다. 따라서 '아프로디테, 사랑의 여신'에 포함된 레오네의 개인적인 헌신을 추적할 수 있다. 이는 '피리네'에 표현된 세밀한 육체적 잔인함 이외의 것들이다. 곧 농부들을 공격하는 로마의 기병대, 곤경에 빠진 순교자들을 향해 불타는 화살을 쏘는 궁수들, 불길이 치솟는 감옥에 갇혀 공포에 빠진 죄수들을 다룬 장면 등이다. 또 이런 액션 장면도 있다. 데메트리오는 자신의 말을 타고 산을 달려 내려간다. 그는 로마의 추적대를 따돌리고, 기독교인들에게 가서 그들이 배신당했음을 알린다. 이 장면은 '황야의 무법자'에서 클린트 이스트우드가 말을 탄 상황에서, 장면을 거의 바꾸지 않고 그대로 반복된다.

'아프로디테, 사랑의 여신'에서의 작업 경험은 레오네의 경력에 크게 도움이 되지는 않았다. 그는 이 영화에서 하나 혹은 둘 정도의 시퀀스를 책임지고 찍었다. 그런데 그때의 경험이 레오네에게는 식사 후에 할 수 있는 재밌는 이야기의 레퍼토리가 됐다. 레오네는 그 이야기를 더욱 치장하여 들려주기를 좋아했다. 아내 카를라 레오네는 이렇게 기억했다. "그들은 감옥이 불타 쓰러지는 장면을 촬영하고 있었다. 감옥을 만든 디자이너는 그것이 대리석처럼 보이길 원했다. 만약 불에 탄다면 그 감옥의 리얼리티는 크게 훼손될 것이다. 그래서 세르지오는 불에 잘 타는 밀짚들을 모든 곳에 흩어놓았다. 계획은 이랬다. 장면은 불타는 횃불로 시작한다. 그리고 그 횃불을 들고 있는 남자를 화면에 잡고, 횃불이 밀짚에 옮겨붙고, 그리고 함정에 빠진 죄수들은 겁에 질리는 것이다. 그런데 그들이 계획대로 실행하니, 감옥 모두가 불에 탔고, 그 불은 스튜디오 일부에까지 옮겨붙었다. 그곳엔 한 명의 소방수가 있었는데, 그는 불길을 잡으려고 최선을 다했다. 한편 횃불을 들고 있던 남자는 장대한 로마 사람이었는데, 세르지오의 소매를 붙들며 계속하여 물었다. '내가 계속하기를 원합니까?', '그렇소. 하지만 모든 스튜디오를 불태울 정도로 하면 안 됩니다. 알겠소?' 세르지오의 대답이었다."[10)]

레오네가 준비하고 있던 예비 작품들은 계속 쌓여갔다. "나는 이전에 시나리오 쓰기를 돕기도 했고, 감수도 했다. 영화계에서 일하던 사람들은 그 사실을 잘 알고 있었다. 프로듀서들은 이제 나의 영화 시나리오를 써달라고 공식적으로 요구했다." 그런데 같은 해 말에, 레오네는 구이도 브리뇨네의 '로마의 별자리에서'(Nel segno di Roma, 1958)의 시나리오를 함께 썼다. 붉은색 커튼 배경의 크레딧에는 주제와 시나리오 작가로 프란체스코 텔룽, 프란체스코 데 페오, 세르지오 레오네, 주세페 만지오네, 구이도 브리뇨네의 이름이 등장한다. 홍보물에는 레오네를 '로베르티 세르지오 레오네'라고 소개했다. 시나리오 작업에 참여한 작가들 이름을 모두 다 쓰는 것은 과거에도 그랬고 지금도 이탈리아 영화계의 관습이다(초안부터 마지막 작업 참여자까지 모두). 그래서 '요리사'가 너무 많은 인상을 주기도 한다. 이탈리아 단독 제작물이었던 '아프로디테, 사랑의 여신'과 달리, '로마의 별자리에서'는 이탈리아-프랑스-서독 공동제작물이었다. 촬영은 유고슬라비아에서 진행됐다. 편집자는 니노 바랄리인데, 그는 훗날 '석양의 무법자' 이후의 모든 레오네 작품에서 편집을 담당했다. 전투 시퀀스는 호러의 장인이 되는 리카르도 프레다가 연출했다.

구이도 브리뇨네는 영화계의 경험 많은 노장이었다. 그는 무성영화 시대에 처음 등장했던 마치스테 영화 가운데 네 편을 만들었다(그 유행의 마지막 시기인 1924-26년 사이). 파시즘 시절에는 이탈리아에서 두 번째로 사운드 영화를 만들었고, 당시에는 복장 드라마와 오페라 배경의 감상적인 코미디 제작에 집중했다. 그런데 '로마의 별자리에서' 촬영 일정이 끝나갈 무렵, 브리뇨네는 큰 병에 걸리고 말았다. 그런데 놀랍게도 '로마의 별자리에서'는 이런 영화와 전혀 어울릴 것 같지 않은 감독 미켈란젤로 안토니오니에 의해 완결됐다. 안토니오니는 1950년대 후반에 모니카 비티와 함께 연극 작업을 하며 시간과 돈을 다 썼고, 그래서 현금이 필요했다. 그는 크레딧에 이름을 올리지 않는다는 조건으로 다른 사람들의 영화를 찍었다. 안토니오니는 페플럼 영화계와는 너무 다른 영화적, 지적 배경을 갖고 있었다. 그래서 몇몇 비평가들은 안토니오니의 개입이 대단히 불편했을 것으로 상상했다. 이를테면 신비롭고 성찰적인 성격이, 들떠있고 세속적인 성격과 만난 것이었다. 레오네는 안토니오니를 알고 있었다. 하지만 촬영 기간에는 직접 만난 적은 없었다. 그런데 걱정과는 달리 모든 일이 일정에 맞춰 부드럽게 진행됐다. 레오네가 말했다. "안토니오니가 촬영을 끝마쳤다. 그는 그 일에 성심을 다해 임했다. 매일 안토니오니는 촬영이 끝나면, 브리뇨네의 옆에 앉았다. 그리고 그는 낮에 무엇을 찍었는지를 대단히 디테일하게 보고했다. 그리고 안토니오니는 다음 날 찍을 시퀀스에 대해 브리뇨네에게 자문을 구했다. 그건 전형적인 밀라노식 태도였다. 안토니오니는 알다시피 매우 꼼꼼했다. 그는 이 영화에 대한 브리뇨네의 시각을 배반하는 일은 그 어떤 것도 하지 않으려고 했다. 그는 원래의 감독이 원했던 것을 이행해서 아주 기뻐했다. 하지만 인정해야 하는 사실인데, 결과는 그렇게 인상적이지 않았다."[11]

'로마의 별자리에서'는 서기 217년 아우렐리우스 황제 시기의 시리아가 배경이다. 패배한 로마의 집정관 마르쿠스 발레리우스(조지 마샬)는 사막의 도시 팔미라(Palmyra)를 통치하는 거침없는 여왕이자 여신인 제노비아(아니타 에크베르크)의 노예가 돼 있다. 발레리우스는 십인대장 율리아누스의 도움을 받아 강제노역장에서 가까스로 탈출한다. 그는 제노비아의 침실에 들어가는 허락을 받는다. 그곳에서 발레리우스는 로마를 버리겠다고 다짐하고, 제노비아의 신임을 얻는다. 훗날 그는 제노비아를 무너뜨리려는 음모를 엿듣는다. 음모는 제노비아의 신하이자 최고의 조언자로 통하는 체만치우스(몸이 큰 폴코 룰리)와 검은 머리의 유혹녀인 에리카(첼로 알론소)가 짜고 있었다. 그들은 페르시아와 연합할 예정이었다. 발레리우스는 이것을 여왕에게 보고하고, 여왕의 심복이 된다. 두 사람은 사랑에 빠지는데, 발레리우스는 로마에 대한 의무와 사랑에 대한 의무 때문에 갈등한다. 나중에 로마의 집정관 마르첼로가 이 지역 두 곳을 침범하자, 발레리우스는 시리아의 전투 작전을 그에게 알려준다. 그래서 제노비아의 군대는 완패하고 만다. 분노가 치밀어 오른 여왕은 창을 한때의 연인인 발레리우스의 가슴에 던진다. 그런데 발레리우스는 '특별한 힘'을 갖고 있었다. 그런 상처면 누구에게라도 치명적이었을 텐데, 발레리우스는 제 때에 회복하여 로마의 상원 앞에서 제노비아의 사면을 청원한다. 상원은 제노비아에게 '생명'(La vita)을 선고한다(곧 살려준다). 제노비아는 이미 발레리우스를 용서했고, 이젠 일반 시민으로 돌아가 축복을 받으며 그와 결혼한다. 다시 팔미라에는 축복받은 로마제국의 선한 질서가 재건

됐고, 더욱 부드러운 여왕 밧세바의 통치가 이어진다.

약간 둔중한 이런 복장 드라마에서 큰 관심을 끈 것은 이 장르에 아니타 에크베르크가 데뷔한 점이었다. 이때는 펠리니가 '달콤한 인생'을 만들기 1년 전이었다. 에크베르크는 가슴이 깊게 파이고, 황금 술로 장식된, 시폰으로 만든 라임빛 녹색 가운을 입고 처음 등장할 때부터, 마지막에 강한 인상을 받은 상원들 앞에서 어깨를 다 드러낸 검은 이브닝드레스를 입고 나올 때까지, 별 힘들이지 않고 이 영화에서 가장 큰 주목을 받았다. 제노비아는 그런 옷들을 발레리우스에게 '전형적인 팔미라의 의상'이라고 설명한다. 이 의상들은 니노 비토리오 나바레제(Nino Vittorio Navarese)의 작품이다. 그는 이집트 스타일의 빛나는 옷에 재능을 보였는데, 훗날 조셉 맨키위츠의 '클레오파트라'(1963)와 조지 스티븐스의 '최고의 이야기'(The Greatest Story Ever Told, 1965)에서 의상을 담당했다. 미술감독(프로덕션 디자이너) 오타비오 스코티(Ottavio Scotti)도 발군이었다. 시리아와 로마 사이의 시각적 대조법이 뛰어났다. 시리아는 종려나무들, 파스텔 색깔, 낙타와 표범 가죽으로, 그리고 로마는 비현실적으로 푸른 하늘 아래의 빛바랜 색깔로 강렬하게 대조했다. 액션과 피 흘리는 장면도 많았다. 마지막 부분은 수백 명의 엑스트라가 참여하는 정교한 전투 장면이다. 여기엔 나무로 만든 거대한 움직이는 투석기, 불붙은 화살, 모래에 설치된 함정들이 동원됐다. 제노비아는 이 모든 것을 보고 있는데, 가슴 부분이 특별하게 튀어나온 녹색과 황금색의 갑옷, 그리고 황금 투구를 쓰고 있다. 이 장르에서 늘 등장하는 관능적인 향연도 있다. 쿠바 출신의 댄서 첼로 알론소(폴리 베르제르 극장을 나온 뒤 페플럼 영화에 첫 등장)는 플라멩코 카바레 춤을 추는데, 분홍색의 거대한 대리석 기둥을 쓰다듬는 것으로 그 춤을 끝낸다. 하지만 영화의 플롯은 허술했는데, 그래도 빠르게 편집된 전투 장면(꼬꾸라지는 말들, 일반적인 전투 장면에서 디테일로 옮기는 카메라 패닝, 무기를 인상적으로 정렬하는 것)은 레오네의 미래 경력을 위해 좋은 경험을 하게 했다. 어쨌든 이 영화는 할리우드의 오래되고, 영광스러운 로맨스인 마크 앤서니와 클레오파트라의 이야기에 대한 마이너 리그 판본이었다. 그런데 시대는 변했고, 무엇보다도 이 영화는 변화가 별로 없었다.

그러나 '로마의 별자리에서'는 드라이브인 영화관을 개척한 아메리칸-인터내셔널 픽쳐스(AIP)가 매입하고, 배급하고, 또 계속 우려먹는 최초의 페플럼 영화 중 하나가 됐다. 미국에서 제목은 '검투사의 별자리'(Sign of the Gladiator)로 바뀌었다. 이상한 점은 영화에는 검투사도 없고, 또 별자리도 보이지 않는다는 것이다. 하지만 이 영화는 '골리앗과 야만족'(Goliath and the Barbarians)과 동시 상영되며, AIP에 충분한 이익을 주었다. 이 수익은 이후 7년간 이 영화사가 벌어들인 액수와 거의 같았다. 뉴욕타임스는 이 영화를 '완전한 쓰레기'라고 불렀다. 영화계 소식지 '버라이어티'는 '이 영화에서 가장 인상 깊은 것은 아니타 에크베르크의 가슴'이라고 덧붙였다. 펠리니는 '달콤한 인생'에서 그 가슴을 불멸로 만들었다. 이후에 펠리니는 '안토니오 박사의 유혹'에서 에크베르크를 우유 마시는 즐거움을 광고하는 광고판에서 땅으로 내려오게 하고, 미니어처로 만든 로마의 에우르(EUR) 지역을 걷게 하여, 이 배우를 '에로티시즘의 거대한 상징'으로 변모시켰다. '안토니오 박사의 유혹'은 네 파트로 구성된 '보카치오 70'(1962)의 한 에피소드다. '안토니오 박사의 유혹'은 치네치타에서 근육남 영화를 찍고 있는 스태프를 보여줌으로써, 페플럼 제작 시스템을 풍자하기도 하고, 찬양하기도 했다. 왜냐면 싸구려 티가 나는 영화 속에서 헤라클레스는 종이 반죽으로 만든 바위(티가 난다)를 들고, 사원의 처녀를 구한 뒤, 그녀를 안전한 장소로 매고 가는데(우습게도 무거워 힘들어한다), 그 장소는 쇼핑센터 근처에 있는 도로 위였기 때문이었다.

그런데 페플럼의 인기 현상은, 언론에서는 여전히 무시했지만, 영화계 '북쪽 지식인들'을 매혹하기도 했다. 펠리니는 페플럼이 만들어지던 치네치타를 찬양했고, 유성영화 시대에 마을을 돌아다니던 서커스도 좋아했다. 그런데 피에르 파올로 파졸리니는 그렇지 않았다. 옴니버스 영화 '로고팍'(Rogopag, 1962)에서 파졸리니는 '리코타'(La ricotta)를 찍었다. 파졸리니는 오손 웰스를 캐스팅했다. 영화감독으로 나오는 웰스는 로마 근교 건설부지 근처에서 싸구려로 만드는 '십자가형'(Crucifixion)이란 제목의 영화 때문에 고생을 하고 있다. 이것은 일종의 짧은 페플럼 삽화다. 십자가형 시퀀스(촬영감독은 토니노 델리 콜리인데, 이 장면만 컬러로 찍었고, 나머지는 흑백으로 찍었다)는 정적이고 신심이 깊은 종교화처럼 찍었다. 그런데 이 장면이 불경하게도 웃음소리에 뒤덮이고 마는데, 그리스도 역을 맡은 배우가 '십자가에서 내리다'(Deposition)의 장면을 찍을 때, 바닥으로 떨어졌기 때문이었다. '리코타' 때문에 파졸리니는 신성모독 혐의로 징역형을 선고받았다. 그리고 얼마 뒤, 장-뤽 고다르는 '경멸'(1963)에서 프리츠 랑을 감독으로 캐스팅하여, 예산이 많이 드는 이탈리아와 미국 합작의 '오디세이'를 연출하는 역을 맡겼다. 미국인 제작자로 잭 팰런스가 나오는데, 그는 인간의 운명에 관해 추상적인 성찰을 하는 프리츠 랑에게, 벌거벗은 인어들을 등장시켜 페플럼 같은 것을 만들라고 집요하게 요구한다. 팰런스는 영화 '토토 대 헤라클레스'의 성공을 인용하며, 거만하게 말한다. "나는 문화라는 단어를 들으면, 수표책으로 손을 뻗지." 페플럼 장르에 대한 고다르의 경멸은 분명하게도 당시의 추세였던 스펙터클 영화의 상업주의, 그리고 자신을 '팔아버리는' 얕은 예술가들에 향해 있었다. 치네치타에서 돈을 번 할리우드의 베테랑들은 '작가'로서 자신들을 보호하기 위해, 이탈리아에서의 제작물은 한때의 돈벌이였다며, 공적으로는 이력서(크레딧)에서 무시하려 했다. 이탈리아 판본에서 베테랑들은 연출자 이름에 이탈리아의 파트너와 함께 이름을 올렸다. 하지만 미국에서는 숨을 데가 없었다. 크레딧에 온전하게 그들의 이름이 올라가 있다.

1962년, 카이에 뒤 시네마의 큰 지지를 받는 빈센트 미넬리는 '낯선 곳에서의 2주'(Two Weeks in Another Town)를 만들었다. 자신의 대표작 '배드 앤 뷰티'(The Bad and the Beautiful, 1952)의 불운한 동반자 격 작품이다. '낯선 곳에서의 2주'에서 할리우드의 지친 배우 잭 앤드러스(커크 더글러스)와 한물간 할리우드 감독 모리스 크루거(에드워드 G. 로빈슨)는 이탈리아의 통일 시대를 배경으로, 치네치타에서 B급 복장 드라마를 찍고 있다. 앤드러스는 로마 스타일로 영화 만들기에 관한 속성반 과정을 배운다. "우리는 여배우의 목소리를 이용하지 않아. 매력만 이용할 뿐이야." 어떤 언어로도 대사를 할 줄 모르는, 성질 급한 이탈리아의 신성을 언급하며, 크루거가 앤드러스에게 한 말이다. 앤드러스에게는 마세라티가 제공됐고, 고급 호텔인 엑셀시오르의 스위트 룸이 배정됐다. 그리고 크루거는 조언한다. "사람들이 너를 중요하게 여기도록 해야 한다. 그렇지 않으면, 그들은 너를 밟고 지나갈 거야." 크루거는 '지금'(Now)이라는 잡지를 열심히 읽는다. 표지에 트로이의 목마가 그려져 있는 이 잡지는 크루거를 '로마에서 다시 꽃피는 한물간 할리우드 재능의 원형'이라고 묘사하며, 치네치타를 '상투적인 연출의 박물관'이라고 비판하고 있다. 영화제 등에서 이탈리아의 영화 공장(치네치타)은 쓰레기 제조소로 공격받는가 하면, 반면에 L.A.로부터는 국외에서 일하는 재능 있는 사람들에겐 코끼리의 묘지라며 지지를 받았다. 지식인들과 감독 지망생들 사이, 그리고 미국인과 이탈리아인 사이의 긴장은 이젠 느낄 정도가 됐다.

1959년 레오네는 마리오 본나르드 감독의 조감독을 다시 했고, '폼페이 최후의 날' 시나리오를 함께 썼다. 이 영화는 이탈리아-스페인-서독 공동제작이었다. 제작비의 많은 부분은 마드리드의 프로쿠사(Procusa) 영화사가 냈고, 로마 카톨릭 교회의 홍보 역을 맡았던 오푸스 데이(Opus Dei) 영화사가 또 일부를 부담했다. 미국의 유나이티드 아티스츠가 세계 배급을 맡았다. '폼페이 최후의 날'은 스페인 안달루시아 지역의 시골에서 주로 촬영했다. 실내 장면은 대부분 마드리드에서 찍었다. 크레딧에 따르면, '시나리오에 엔니오 데 콘치니, 루이지 엠마누엘레, 로베르티 세르지오 레오네, 두치오 타사리, 그리고 세르지오 코르부치'의 이름이 올라가 있다. 그런데 제작자들은 화면에 제목이 뜨기 전에, 자신들이 지지하는 배우를 먼저 내세우려고 했다. 그래서 관심을 끌고, 투자를 보호하려 했다. 이를테면 페르난도 레이(이시스 신의 사악한 성직자 역인데, 레오네에 따르면, 스페인 자본으로 출연했다), 안네마리 바우만과 당시 무명이었던 크리스티네 카우프만("내가 발견한 놀라운 신인 독일 여배우") 등이다. 크레딧에서 밝힌 대로, 스토리는 불워 리튼(Bulwer Lytton)의 소설을 자유롭게 각색한 것이다.

본나르드가 1959년에 연출한 '폼페이 최후의 날'은 불워 리튼의 베스트셀러가 된 소설의 8번째 영화화이다. 이 소설은 1834년 처음 발표됐는데, 출간을 앞두고 마침 베수비오 화산이 폭발하면서 큰 홍보 효과를 봤다. 서기 79년 8월의 화산 폭발을 배경으로 한 이 소설은 아테네 출신의 신사 글라우쿠스와 그리스의 소녀 이오네 사이의 사랑을 다룬다. 이들의 사랑은 사악한 이집트 사제 아르바체스에 의해 방해받는데, 그는 이오네의 형제를 죽이고 그 죄를 글라우쿠스에게 뒤집어씌웠다. 화산이 폭발했을 때, 글라우쿠스에게 반해 있던 꽃 파는 눈먼 소녀 니디아가 야외경기장에서 사자 밥이 될 위기에 놓여 있던 그를 구한다. 니디아는 두 연인을 작은 배에 태우고, 자신은 물에 몸을 던진다. 그럼으로써 두 연인이 함께 아테네로 배를 저어 가게 하고, 그곳에서 새로운 신앙인 기독교로 개종하게 한다. 불워 리튼의 '형이상학적 소설'은 영국의 화가들, 철학자들, 그리고 작가들에게 큰 인기를 끌었다. 1830년대 초반의 거대한 자연 재난, 그리고 그것에서 배울 수 있는 도덕적 교훈이 영향을 미쳤다. 당시 폼페이에 기독교 공동체가 존재했는지에 관한 역사적 증거는 없다. 하지만 이건 불워 리튼에겐 아무런 장애가 되지 않았다.[12)]

'폼페이 최후의 날'에 대한 1959년 이전의 다른 영화 버전은 주로 베수비오의 폭발, 기독교인 이야기, 경기장의 사자들, 그리고 사악한 고위 성직자를 강조했다. 나머지는 거의 무시됐다. 1949년 판본의 공동 감독인 파올로 모파(공동 연출자는 프랑스의 마르셀 레르비에)는 본나르드의 '폼페이 최후의 날'에서 프로듀서를 맡았다. 이 작품은 '풀려난 헤라클레스'에 뒤이어, 옛 근육에 생명을 불어넣을 수 있었다. 곧 본나르드의 '폼페이 최후의 날'은 새로운 흥행 요소를 가미했는데, 이스트먼 컬러(Eastmancolor)와 당시 슈퍼토탈스코프(Supertotalscope)라고 불리던 와이드 스크린 시스템을 이용했다. 바로 이것으로 옛 장르 페플럼 영화는 다시 수익을 올릴 수 있었다. 레오네가 기억하길, 처음의 시나리오 초안은 '철 지난 고전 스타일'이었다. 1949년 판본을 재능이 뛰어난 엔니오 데 콘치니(Ennio De Concini)와 다시 써야 했다. 데 콘치니는 이미 마치스테 영화, 골리앗 영화 시나리오를 몇 편 쓴 작가였다. 레오네는 그의 과거 실적에는 큰 인상을 받았다. 하지만 데 콘치니가 일하는 방식에는 별다른 인상을 받지 못했다. 레오네는 이렇게 기억했다. "그는 스토리 전체를 쓰는 것보다는 제작자 앞에서 스토리를 즉흥으로 바꾸는 데 뛰어났다. 어느 날, 그는 '주피터'라는 제목의 페플럼 영화에 대한 아이디어가 생겼다고 말했다. 그는 많은 돈을 받고, 그 아이디어를 팔았다. 그래서 그는 정식으로 시나리오를 쓰기 위해 집에 갔다. 데 콘치니는 흰 종이를 꺼내, 시나리오를 쓰기 시작했다. '올림푸스(장소), 외부(실외/실내), 낮(시간)'. 그리고 잠시 쉬었다. 제작비가 떠올라서다. '외부? 올림푸스?' 그것은 가능한 일이 아니었다. 그래서 그는 포기했다." 그렇지만 레오네가 기억하길, 데 콘치니는 낙관주의자의 면도 갖고 있었다. "그는 공산주의자가 되고, 시인이 되기 전에는 파시스트의 노래를 쓰고 기뻐하기도 했다. 그는 한때의 일시적인 공산주의자였다."[13)]

프로듀서 파올로 모파는 촬영 2주 전에, 스티브 리브스가 주연인 글라우쿠스 역을 맡기로 했다고 마치 전쟁에서 승리한 듯 선언했다. 헤라클레스 영화를 찍던 리브스는 자기 역할에 변화를 주고 싶어 했다. 그리고 '폼페이 최후의 날'이 한 발 위로 올라가는 계단이 될 것이라고 여겼다. 그래서 글라우쿠스는 리브스의 페르소나에 맞추어, 원래의 아테네 출신 신사가 아니라, 로마의 백인 대장이 돼야 했다. 불워 리튼의 소설은 더욱 멀리 밀려났다. 레오네는 이렇게 기억했다. "본나르드 감독은 글라우쿠스를 제임스 본드 같은 캐릭터로 여겼다. 지적이고, 사려 깊은 남자이며, 동시에 액션을 해야 했다. 우리는 '문화적 근육 신사'(Mr Muscle Culture)를 위해 모든 것을 최고 속도로 바꾸어야 했다. 장면들도 그의 스타일로 바꾸었다. 곧 악어와의 싸움 장면, 사원의 기둥이 뽑히고 파괴되는 장면 등이 삽입됐다. 문화적이라더니 유감이라고? 어쨌든 스티브 리브스는 신사적인 남자 유형으로 표현됐다. 그는 근육을 쓰는 데는 열심이었지만, 머리를 쓰는 데는 거의 노력을 하지 않았다. 예를 들어 리브스는 한쪽에서 말을 타면, 반대쪽으로 떨어지기도 했다. 근육이 워낙 뛰어나서, 균형을 잡는 데 문제가 있었다. 하지만 그는 관리하기 쉬운 배우였다. 허세도 없었고, 진짜로 힘이 센 것도 아니었다. 그는 모든 연기에 스턴트를 두 번씩 직접 했다."[14)]

스태프들이 외부 촬영을 준비하기 위해 스페인에 도착했을 때, 본나르드 감독은 병에 걸리고 말았다. 그는 심각한 간 질환을 앓고 있었다. 그는 자신의 본부인 로마를 떠나 일하는 것을 원하지 않았다. 그래서 레오네는 갑자기 영화 촬영의 책임자가 됐다. 본나르드가 회복되는 동안, 레오네는 촬영을 끝낼 팀을 급하게 만들었다. 먼저 레오네는 로마에 있는 친구 세르지오 코르부치(Sergio Corbucci, 훗날 스파게티 웨스턴의 거물이 된다)에게 전화를 걸었다. 액션 시퀀스를 그에게 맡길 생각이었다. 코르부치의 경력은 멜로드라마 '파리올리의 아이들'(I ragazzi dei Parioli)이 흥행 참패를 하면서 위기에 봉착해 있었다. 그래서 그는 제2 제작팀의 감독을 하는 데 기꺼이 만족했다. 게다가 코르부치는 영어를 잘해서, 스티브 리브스를 다루는 데도 적합했다. 레오네는 두치오 테사리(Duccio Tessari, 미래의 웨스턴 감독)도 불렀다. 그는 과거에 데 콘치니를 위해, 그의 조수로 시나리오 작업을 했었다. 카메라 감독은 레오네의 오랜 동료가 될 엔초 바르보니(Enzo Barboni)였고, 실내 장면은 프랑코 지랄디(Franco Giraldi)가 찍었다.

레오네는 자신의 경력에서 처음으로 젊은 영화인들로 구성된 팀에 둘러싸여 있었다. 평론가 출신인 코르부치와 지랄디는 각각 1927년과 1931년생이고, 테사리는 1926년생이다. 바르보니는 레오네와 비슷한 인맥을 쌓았다. 그는 전쟁 중에는 '루체 영화사'(Instituto Luce)의 카메라 조수였고, 이후에는 진네만, 월시, 그리고 와일러의 제2 제작팀에서 일했다. 코르부치는 저예산 영화를 몇 편 연출했고, 테사리는 갈로네와 코타파비의 조감독을 했었다. 그런데 이들 청년 영화인들은 '폼페이 최후의 날'에서 함께 일하고, 이 영화의 흥행 성공을 경험하면서, 자신들의 감독 경력을 본격적으로 시작할 수 있었다. 1960년대 후반에, 레오네, 코르부치, 테사리, 바르보니, 그리고 지랄디는 모두 합쳐 30편 이상의 이탈리아 웨스턴을 연출하게 된다.

세르지오 코르부치는 훗날 '폼페이 최후의 날'이 웨스턴이 성장할 수 있는 씨앗을 뿌렸다고 주장했다. "나는 스페인에서 훌륭한 말들과 기막힌 협곡들과 사막의 풍경을 보았다. 그건 멕시코, 혹은 텍사스, 또는 우리가 그래야만 한다고 상상하던 서부의 그것과 아주 비슷했다. 그래서 우리는 '폼페이 최후의 날'을 찍을 때, 서로에게 이런 말을 자주 했다. 이봐, 우리는 여기서 놀라운 웨스턴을 만들 수 있지 않을까?"[15] 더 나아가 코르부치는 페플럼의 특징(스타일 넘치는 슈퍼 영웅, 사막 배경, 활기찬 시각 이미지, 의례화된 결투, 할리우드와의 아이로니컬한 관계)들을 치네치타의 다음 세대 상업영화 흥행에서 그대로 이용할 수 있다고 생각했다. 하지만 이후에 페플럼의 유행에 참여한 사실을 폄하하려 했던 레오네는 약간 다르게 기억했다. "우리는 그 영화를 만들면서 정말로 즐겼다. 그런데 내 생각에 웨스턴은 당시의 신화 영화가 없었더라도 탄생했을 것이다. 웨스턴은 페플럼과 좀 달랐다." 그는 '놀라운 웨스턴'을 만들자는 코르부치와의 대화를 잘 기억하지 못했다. "스페인은 정말 아름다웠다. 유일한 문제는 모든 곳에 경찰이 있다는 것이었다. 우리는 아침부터 밤까지 상그리아를 마시며 종일 떠들었다. 웨스턴의 영웅 중에 누군가가 혀를 조심하지 않으면 무슨 일이 일어날지! 솔직히 말해, 나는 기억나는 게 없다."[16]

확실한 것은 레오네가 페플럼의 광풍이 불기 전부터, 웨스턴을 만들 생각을 했다는 점이다. 그래서 레오네는 월시와 와일러와 토론하기도 했다. 그런데 '폼페이 최후의 날'에서 일한 경험이, 처음으로 웨스턴에 관한 아이디어가 실현될 수 있다는 생각이 들게 한 것은 사실이다. 새로운 것은 다른 곳이 아니라 스페인의 '기막힌 협곡'에서 웨스턴을 만들고, 스튜디오에서 실내 장면을 찍는다는 것이었다.

'폼페이 최후의 날'은 다른 페플럼 영화와는 달랐다. 이 영화는 헤라클레스/마치스테 테마의 활기(스티브 리브스를 통해)를 저예산 할리우드 서사극에 표현된 스토리와 세트에 섞었다. 저예산 서사극은 주로 네로 황제의 죽음 이후를 배경으로, 로마인과 기독교인 사이의 관계를 다루는 드라마였다. 프로덕션 디자이너 아우구스토 레가(Augusto Lega)는 폼페이의 시장, 자갈길, 그리고 저택을 건설하는 데 특별한 노력을 기울였다. 이런 세트들은 마지막 촬영이 끝났을 때, 제 때에 해체됐다. 미국의 홍보는 주인공 영웅의 가슴 근육의 크기보다는 영화의 스펙터클을 더욱 강조했다. "보라, 악어가 입을 벌려 살점을 찢어버리는 죽음의 구덩이, 미친 사자의 벌린 입 사이로 보이는 송곳니 앞에 던져진 고통 받는 기독교인들, 피에 굶주린 야수와의 싸움을 벌이는 거대한 백인 대장, 수치를 모르는 향연, 술 취한 폼페이는 스스로 이시스의 여신에게 굴복한다. 노략질, 검은 후드를 쓴 말 탄 약탈자들. 이건 스펙터클의 정점이다." 관객들은 홍보가 강조한 이런 매력을 알기 위해 상상력을 발휘해야 했다. 어쨌든 최소한 '폼페이 최후의 날'은 공동 제작자들의 자본을 모으게 했고, 배급회사 UA는 좋은 결과에 만족했다.

'폼페이 최후의 날'은 검은 후드를 쓴 말 탄 약탈자로 시작한다. 그들은 저택에 불을 지르고, 주인들을 학살하며, 떠나기 전에 벽에 기독교의 십자가를 그려 넣는다. 서기 79년, 글라우쿠스(리브스)는 로마 백인 대장의 의무를 마치고, 폼페이 근처 바닷가에 있는 집으로 돌아온다. 하지만 그의 가족은 이미 학살됐고, 집은 약탈당했다. 그런 악행은 얼핏 기독교 지하 조직이 한 것처럼 보인다. 글라우쿠스는 집정관의 딸 이오네(크리스티네 카우프만)가 이륜마차를 통제하지 못하고 위기에 빠졌을 때, 그녀를 구한다('벤허'의 그림자). 글라우쿠스는 폼페이의 시장에서, 로마의 병정들에게 잔인하게 채찍질을 당하고 있는(병정들은 때리면서 '살인자 기독교인'이라고 소리지른다) 청년 노예(앙헬 아란다)도 구한다. 글라우쿠스는 고위 성직자(페르난도 레이)의 초청을 받아, 흥청망청하는 향연을 목격한다. 그곳에서 그는 성스러운 이시시 사원이 학살에 조직적으로 개입한 흔적을 발견한다. 이곳에서 성직자와 집정관의 이집트인 정부인 줄리아(안네마리 바우만)는 로마에 대항하는 폭동을 지원할 재원을 모으고 있다. 이오네와 그의 눈먼 하녀인 리디아는 기독교인인데, 이들은 다른 신도들과 함께 동굴에서의 비밀 예배를 본다. 예배가 끝나자마자 무장한 말 탄 사람들이 들이닥쳐, 기독교는 중범죄라고 알린다. 기독교인들은 고문(채찍, 형벌대, 바퀴 그리고 벌겋게 달구어진 쇠)을 당한다. 그때 글라우쿠스는 결백을 주장하는 기독교인들의 항의를 듣는다.

줄리아는 집정관 아스카니우스를 살해하고, 글라우쿠스에게 그 죄를 뒤집어씌운다. 글라우쿠스는 이미 줄리아의 역모에 방해가 됐었다. 글라우쿠스는 사원 안, 여신 이시스의 조각 앞에 정교하게 설치된 함정에 빠지고 만다. 그리고 그는 물이 가득 차 있는 지하에서 무서운 악어(crocodile)와 싸움을 벌인다(상대적으로 온순한 악어 alligator가 등장하면, 살점을 찢는 장면도 없다). 악어와의 싸움에서 이겼지만, 그는 기독교인들과 함께 사형선고를 받는다. 순교자들은 채찍을 맞으며 야외경기장으로 들어가고, 그들은 찬송가를 부른다. 글라우쿠스는 바위를 이용하여 쇠사슬을 끊고, 배고픈 사자를 목 졸라 죽이고, 두 검투사를 창으로 제압한다. 그때 일군의 궁수들은 귀빈석을 향해 활을 쏘았다. 바로 그때, 베수비오 화산이 폭발한다. 그리고 공포, 약탈, 떨어지는 벽돌, 이시스 동상의 추락 등이 이어진다. 그 동상은 황금을 세고 있던 고위 성직자 위로 넘어졌다. 글라우쿠스는 이오네를 구하기 위해 불타는 항구를 수영하고, 배를 저어 저 넓은 바다로 나간다.

'폼페이 최후의 날'은 이전의 저예산 할리우드 서사극에 많은 빚을 지고 있다. 그 서사극처럼 레오네는 마지막에서, 스티브 리브스를 플롯에 통합시키기 위한 묘사를 이어갔다. 시놉시스에 나와 있는 대로, 리브스가 가진 근육의 힘을 보여주는 것은 액션에 덧붙여 관객들에게 추가적인 생각을 하게 했다. 그런데 리브스가 강조된 이 장면들은 당시에도 여전히 대량 생산되던 헤라클레스와 마치스테 영화의 활기를 보여주지는 않았다. 오직 사전에 계획된 '액션' 장면만이 준비가 잘 됐고, 또 스타일이 넘치게 연출됐다. 이런 장면들 가운데, 레오네가 책임을 맡았던 부분은 후드를 쓴 말 탄 악당들, 그리고 고문이 자행되는 장면들이었다. 나머지는 세르지오 코르부치가 책임지고 찍었다. 촬영 중에 그들이 느꼈던 재미를 떠올린다 하더라도, '폼페이 최후의 날'에는 유머가 빠져 있다. 바티칸의 '오푸스 데이' 영화사가 제작에 참여한 것은, 아마 기독교인들 장면을 진지하게 표현하기 위해서일 것이다. 곧 지하 무덤과 사형수들의 감옥이 묘사되는데, 이는 주일학교의 연극처럼 표현됐다. '폼페이 최후의 날'은 전례가 드문 흥행 성공을 거뒀다. 처음 개봉 때 8억 4천만 리라를 벌었다(1년 전의 '헤라클레스'는 7천만 리라를 벌었는데, 그것이 당시의 기록이었다). 이 영화는 1980년대 초반, 프랑스에서 비디오로 다시 소개됐는데, 감독에 세르지오 레오네의 이름이 올라있다. 그리고 레오네가 죽은 뒤에는 세르지오 코르부치가 감독으로 이름이 올라있다. 이제 코르부치도 죽었고, 이 비디오 판본은 아마 원본 감독 이름을 올려야 할 것이다. 곧 '감독 마리오 본나르드'(directed by Mario Bonnard)로 말이다.

레오네는 연출 개입 여부에 대해 질문을 받을 때면, 비록 자신이 촬영 내내 주요 부분을 연출한 것은 맞지만, 최종적으로 만들어진 작품과 자신을 동격화할 수는 없다고 대답했다. 자신은 그냥 일만 한 것이고, 영화는 본나르드의 것이란 설명이다. "어떤 비평가는 나의 첫 연출작이 '폼페이 최후의 날'이라고 쓰기도 했다. 하지만 사실은 그렇지 않다. 내가 기획한 것도, 주제를 고안한 것도 아니다. 나는 조감독이었던 코르부치. 테사리와 함께 특정 제작 라인을 책임졌을 뿐이다. 게다가 나는 프로듀서로부터 내 이름이 크레딧에 어떻게 오를 것이란 이야기를 전혀 듣지 못했다. 결국에 영화는 전적으로 본나르드의 작품으로 소개됐다. 나에겐 잘된 일이었다. 나는 서른 살이었고, 그런 것에 별로 신경 쓰고 싶지 않았다."[17]

그런데 '폼페이 최후의 날'의 성공이 레오네에게 감독 데뷔 기회를 주었고, 첫 작품인 '로도스의 거상'(Il colosso di Rodi/The Colossus of Rhodes) 을 만들 수 있게 한 점은 사실이다. 그럼으로써 그는 자신의 부친을 아는 노장 감독들로부터 명령을 받는 힘든 일에서 벗어날 수 있었다. 레오네는 훗날 '폼페이 최후의 날'로부터 계속 거리를 두려고 했지만, 그의 데뷔작 '로도스의 거상'은 그 영화와 많은 공통점을 갖고 있다. 비슷한 배우들이 나오고, 특히 청년 노예 역을 맡았던 앙헬 아란다는 비슷한 역할로 나왔다. 시나리오 작성 팀도 비슷했는데, 엔니오 데 콘치니, 그리고 테사리와 레오네가 함께 썼다. 또 이탈리아와 스페인의 공동 제작이었다(각각 치네프로듀치오네와 프로쿠사. 그리고 이번엔 서독 회사가 아니라 프랑스 회사가 합류했다). 같은 촬영감독(안토니오 발레스테로스), 의상 디자이너(비토리오 로시), 그리고 작곡가(발군의 안젤로 프란체스코 라바니노), 게다가 이야기도 비슷했다. 방랑하는 전사가 의도하지 않게 음모에 가담하게 되고, 주저되지만 애국자 그룹에 끼게 되는데, 그만 악당들에게 붙들려 '거대한 동상'(이번엔 여신 이시스가 아니라 거대한 동상이다) 속의 감옥에 갇힌다. 그런데 지진이 일어나 탈출한다. 레오네는 이렇게 고백했다. "연출은 '폼페이 최후의 날'을 모델로 삼았다. 다른 점이 있다면, 출발점에 선 사람으로서 나에게 '주어진 것'을 이용한 것이다. 그런 게 이미 있으니, 나는 다른 상상력을 발휘할 수 있었다. 나는 장르의 구조를 존중한다. 하지만 더 좋은 것은 모든 것을 뒤집는 것이었다."[18] 결과를 보면 알 수 있는데, 오래된 관습은 그렇게 쉽게 죽지 않는다. '로도스의 거상'의 스턴트 감독은 '벤허'의 전차 장면에서 찰턴 헤스턴의 대역을 맡은 배우 중의 한 명이었다.

마드리드의 프로쿠사 영화사를 위해 일하던 프로듀서 파올로 모파가 레오네에게 '로도스의 거상'에 관한 아이디어를 제안했다. 그는 레오네가 '폼페이 최후의 날'을 찍으며, 고예산 액션 영화를 해낼 수 있다는 능력을 보였다고 생각했다. 모파는 레오네에게 삽화가 들어 있는 대중 역사 잡지에 실린 어떤 기사를 보여주었다. 그건 '고대 세계의 7대 기적'이었다. 그 기적 중의 하나가 그리스의 로도스 항구에 기원전 280년에서 224년까지 세워져 있던 거대한 아폴로 동상이었다. 그 동상은 지진으로 파괴됐다. 이것이 시나리오의 아이디어가 됐고, 레오네는 이 일을 곧 시작했다. 우선 그는 동상의 수명을 줄였다. 곧 레오네의 이야기는 동상이 처음 소개되는 기원전 280년에서 시작하여, 몇 주 뒤 지진이 일어날 때 끝난다. 레오네는 로도스의 폭군과 그리스의 자유 전사와의 대결이라는 플롯을 첨가했다. 그리고 110미터짜리 거대한 동상(실제로 그 동상은 30미터 정도였다)은 정치적 비밀 감옥과 고문실로 바꾸었다. 레오네는 야외경기장에서의 합을 맞춘 액션 장면, 지진이 났을 때의 로도스의 길거리 장면도 만들었다. 그리고 약간 인습적인 주인공 캐릭터이긴 하지만, 그가 축일에 로도스섬을 방문하고, 의도하지 않게 복잡한 일에 엮인다는 플롯을 짰다. 레오네는 윤곽만 잡은 이 초안을 다른 7명의 작가에게 넘겨주었다(여기에 데 콘치니와 테사리가 포함된다). 그들이 이야기를 더욱 복합적으로 만들었다.

시나리오 작업을 진행할 때, 레오네는 영화에 흥미를 더해줄 작은 아이디어들을 떠올리며, 혼자 즐기면서 작업했다. 금속 횃불을 들고 있는 거상은 폭군에 대한 상징이기도 했고, 자유의 여신상에 대한 풍자적 표현이기도 했다. 레오네가 설명하길, "일반 대중들은 거상을 좋아하지 않았다. 하지만 그것은 적들이 공격해오면 지옥 불을 선사하며, 지중해에서 가장 중요한 항구를 지켰다." 주인공은 히치콕의 '북북서로 진로를 돌려라'에 나오는 캐리 그랜트의 캐릭터를 참조했다. "모든 것에 싫증을 내는 버릇 나쁜 사람이, 자신은 도무지 이해가 되지 않는 일련의 일들에 개입해 있음을 알게 된다. 그래서 그는 주위 사람들로부터 탈출하기 위해, 온갖 방법을 찾아내는 데 모든 시간을 다 쓴다." 히치콕의 유명한 러시모어산 시퀀스가 여기서도 이용된다. 칼싸움을 벌일 때, 병사들이 거상의 귀에서 나와, 팔에서 균형을 잡는 장면이다("나는 디자이너들에게 거상을 히치콕 영화에 나오는 대통령들의 얼굴처럼 생각하라고 요구했다."). 축일을 맞은 그리스 영웅의 느긋한 매너는 로도스의 법정 사람들의 엄격한 형식과 극적으로 대조돼 있다. 갑작스러운 반전들이 있고(죄수들은 페니키아의 침범자로 밝혀지고, 여주인공은 마지막에 배신자가 된다), 정교하고 희한한 고문 장면들이 등장한다.

'로도스의 거상'에서 이야기나 항구보다 더 뛰어난 것은 거대한 동상 자체일 것이다. 30미터짜리 동상이 두 개 만들어졌다. 하나는 발부터 무릎까지, 또 다른 하나는 가슴부터 머리끝까지이다. 그래서 칼싸움 장면은 전혀 속임수 없이 촬영됐음을 알 수 있다. 레오네의 처음 아이디어는 거상의 얼굴에 무솔리니의 얼굴을 붙이는 것이었다. 그렇게 해서 엉덩이에 손을 올리고 있는 로도스의 거상이 무솔리니의 쌍둥이 형제처럼 보이게 하려 했다. 결국에는 '무솔리니 스타일'로 동상을 만드는 데 만족했다. 거상은 로마의 '대리석 스타디움'(Stadio dei Marmi) 내부에 설치된 60개의 동상과 약간 닮아 보였다. '대리석 스타디움'은 테베레강 근처에 있는 종합운동장인 '포로 무솔리니'(Foro Mussolini, 무솔리니 포럼이란 뜻)의 내부에 있다. '포로 무솔리니'의 원래 계획에는 로도스의 거상을 표방한 100미터짜리의 무솔리니 동상이 포함돼 있었다. 무솔리니는 그 동상으로 로마의 스카이라인을 놓고, 베드로 성당과 경쟁하려 했다. 결국에 그 동상의 자리는 '포로 무솔리니'가 있는 몬테 마리오 지역에서, 덜 유명한 곳으로 다시 지정되기도 했다.

'포로 무솔리니'는 지금 '포로 이탈리코'(Foro Italico, 이탈리아 포럼이란 뜻)라고 불린다. 레오네의 거상은 외관상의 참조라기보다는 '스타일 면에서'(레오네가 그렇게 말했다) 러시모어산 조각과 비교됐다. 그의 견해에 따르면 러시모어산과 '포로 무솔리니'는 백만 마일이나 떨어져 있는 게 아니었다.[19)]

거상이 만들어지기 얼마 전에, 스페인에서는 촬영 팀이 준비하고 있었다. 프로듀서 파올로 모파의 동료가 레오네를 찾아와서, 예산이 어떻게 쓰일지 점검했다. 그런데 놀랍게도 모파는 '고대 세계 7대 기적'이라는 기사에 관해, 그 동료에게 말하는 것을 빼먹은 게 틀림없었다. 동료는 기분이 좋은지 손을 비비며 말했다. "레오네, 말해주게, 누가 거상을 하나?" 레오네는 이 질문에 약간 놀랐다. 그래서 이렇게 답했다. "물론 건축가이지." 그의 눈이 둥그레졌다. "어떤 건축가?" 이 질문에는 놀라지 않았고, 레오네가 답했다. "동상을 만드는 건축가." 다른 남자도 있었는데, 그는 더욱 걱정하는 표정이었다. "그래… 어떤 동상?" "로도스의 거상. 그건 동상이었어." 이 지점에서 그는 기절할 것 같았다. "동상이라니, 무슨 말인가? 거대한 근육을 가진, 힘센 남자 거상이 아니었나? 헤라클레스처럼 말이야." 레오네는 진정하고 다시 말했다. "아니야, 처음에도 지금도 그건 동상이었어." 그러자 그는 소리 지르기 시작했다. "나는 망했다. 망했어. 겨우 동상 관련 영화에 그렇게 많은 돈을 투자하다니. 당신들은 전부 미쳤어. 우리는 스티브 리브스를 데려올 수 있는데, 당신은 동상을 이야기하고 있네." 그는 숨이 막힐 것 같았다. 정신도 거의 잃었다. 레오네는 그를 안심시켜야 했다. 레오네는 이렇게 제안했다. "영화에는 마치 스테나 삼손 같은 영웅은 없지만, 액션 장면이 있어." 아무 소용이 없었다. 레오네가 설명할수록 그의 실망은 더욱 커졌다. "물 위로도, 그리고 항구를 걸어 다니는 거상이 마음에 들지 않나? 발로 사람들을 밟기도 하는데." 그제야 그의 눈에서 작은 빛이 보이기 시작했다. 그는 안도의 숨을 쉬며 말했다. "당신은 천재야. 우리는 살았다!" 그날의 대화 이후, 그들은 레오네에게 '백지 수표'를 주었다.[20)]

이제 레오네는 실질적인 예산도 확보했고, 풍광이 아름다운 촬영장소(비스케이 만에 있는 스페인의 항구도시 라레도), 그리고 백지 수표도 받았다. 하지만 그는 두 배나 빠른 속도로 제작을 재정비해야 했다. 그는 한심한 듯 말했다. "두 달이라는 별도의 사전 제작 과정을 거쳤는데, 쓸데없는 일로 시간 낭비를 많이 했다. 그런 기간이면 더욱 개성 있는 나만의 영화를 만들 수 있었을 것이다." 더 나쁜 것은, 이렇게 오래 지연된 감독 데뷔에서, 자신이 통제권을 갖는 데 적지 않은 애를 먹었다는 점이다. 사전 제작 과정은 급하게 진행됐다. 하지만 그는 이 모든 기획에서 최종적으로 자신이 맨 위에 있다는 인상을 줄 수 있었다. 그는 믿을 수 있는 동료들(이를테면 조감독은 '로마의 별자리에서' 일한 미켈레 루포였다)과 일했다. '폼페이 최후의 날'에서 일했던 기술 파트 사람들도 합류했다. 레오네는 영화를 시퀀스 별로 찍어나갈 계획이었다. '중단없이 세트에서 매일매일' 일하길 원했다. 하지만 상황이 그럴 수 없었다. 먼저 스페인에서 일하는 데 법적 문제들이 있었다. 그건 레오네가 '폼페이'를 찍으며 잘 알고 있어야 했다. 하지만 피고용자로서 알고 있었지, 고용자로서는 잘 몰랐다. "정말 세상에서 가장 일하기 나쁜 곳이었다. 그들은 항상 '내일, 내일이면 될 거야'라고 말했다. 하지만 아무것도 되지 않았다. 거상이 만들어졌는데, 세트는 아직 안 된 식이었다. 나는 파노라마 장면을 찍을 때, 오직 한 쪽에서만 찍어야 했다. 그리고 다른 쪽에서 찍기 위해, 또 몇 주를 기다려야 했다. 촬영 일정은 완전히 엉망이 됐고, 어쩔 수 없이 나는 즉흥으로 일을 해나가야 했다. 사전에 그렇게 세심하게 준비했는데, 아무 소용이 없었다." 두 번째, 레오네는 주연 배우와 맞서야 했는데, 이 경험이 작업 내내 그를 매우 힘들게 했다.

프로듀서들은 주인공 다리오 역에 존 데릭(John Derek)과 계약할 수 있어서 무척 기뻐했다. 그는 5년 전에 세실 B. 드밀의 '십계'에서 액션도 잘하는 석공 조수아로 나온 배우였다. 진실을 말하자면, 그는 캐스팅 리스트에 일곱 번째로 이름이 올라와 있었다. 그는 당시에 별 주목을 받지 못했는데, 하지만 페플럼에 그가 출연한다는 것은 반전 같은 뉴스였다. 그런데 레오네가 직면한 문제는 당시 데릭이 배우 겸 감독으로의 변신을 시도하고 있었다는 점이다. 데릭이 마드리드에 도착한 순간부터 레오네는 주연 배우의 마음이 딴 데 있다는 것을 알아야 했다. 그는 허세를 부리며, 불안을 숨기고 있었다. 레오네가 기억하길, 데릭은 이렇게 말했다. "이런 일은 내가 해야지. 왜냐면 나는 모든 일을 사전에 준비하거든. 그래서 만약 내가 다른 배우로 대체되면, 모든 것을 다시 찍어야 할 거야. 하지만 그런 일이 일어나지 않기를 바래." 다른 경우에 대해서도 레오네가 들려주었다. "나는 훈련된 액션 조교들과 함께 리허설을 준비하곤 했다. 데릭은 이런 리허설에 참여하는 것은 체면을 잃는 것이라고 여겼다. 자신은 스턴트맨 출신이고, 최고의 컨디션에 있다고 말했다. 나는 외교적으로 말하며, 이 장면이 당신과 어떻게 조응하는지 보고 싶다고 했다. 그는 나의 말을 막으며, 함께 작업해가면서 즉흥적으로 연기하는 게 더 좋다고 했다. 나는 화를 참으며 대단히 신중하게 대답했다. 가장 디테일한 것까지 철저히 준비하지 않고, 전투 장면을 만드는 것은 나의 능력 밖이라고 말이다. 그리고 리허설을 해야 카메라의 정확한 위치에 대해 생각할 수 있다고 덧붙였다." 그는 그제야 물러섰고, 리허설을 하기로 했다.

레오네는 계속 말했다. "몇 시간 뒤, 나는 스튜디오를 지나가고 있었다. 데릭이 세트의 그늘에 앉아 있는 걸 보았다. 그는 마치 뷰파인더를 보듯 손가락으로 프레이밍을 잡고 있었다. 그는 두 기둥 사이에 있는 카메라의 움직임을 계산하고 있었다. 나는 그의 뒤로 몰래 가서, 손가락을 잡고, 그의 눈앞에 갖다 대며, 찰칵하듯 말했다. '당신은 카메라의 뒤가 아니라, 앞에 있다는 것을 명심하시오.' 그는 아무 일도 아니라는 듯 제스처를 취했다. 그는 단지 카메라가 두 기둥 사이를 지나갈 수 있을지 알고 싶었다고 했다. 자기 생각에 그런 여유 공간이 없다는 것이다. 나는 간단하게 기둥을 움직이는 동작을 취하면서 대답을 대신했다. 그리고 여긴 세트이고, 그런 일은 얼마든지 가능하다고 상기시켰다. 그리고 '누가 책임자이지?'의 문제는 그의 소관도 아니라고 덧붙였다. 나는 이 일로 돈을 벌고, 그의 일이 아니라고 했다. 그는 미소지으며, 나에 대해 전적으로 신뢰하고 있다고 말했다. 하지만 문제는 전혀 해결되지 않았다."[21] 레오네는 1970년대와 1980년대까지도 이 일에 대해 불쾌하게 기억했다.

다음 위기는 전투 장면 리허설 때 벌어졌다. 존 데릭은 자기 칼을 정신없이 사방으로 흔들고 있었다. 그건 분명하게 무술 사범을 비웃는 행위였다. 무술 사범은 그 점에 대한 문제를 공식으로 문서화 해서 레오네에게 알렸다. 레오네는 이렇게 기억했다. "나는 그 슈퍼스타를 불러서 말했다. 당신은 당신의 리허설을 돕는 직업을 가진 사람을 비웃었다. 그런데 사실 그것은 나를 비웃는 행위다. 만약 리허설을 돕는 사람이 마음에 들지 않으면, 나에게 와서 그가 얼마나 무능력한지를 증명해야 한다. 하지만 지금 당신은 그가 무능력한지를 증명할 아무런 근거도 갖고 있지 않다. 지금 여기서 일어나는 일에 대해 당신이 알아야 할 것이 몇 개 있다. 나는 감독이다. 만약 내가 당신에게 수염을 요구하면, 당신은 수염을 달아야 한다. 만약 내가 5분 뒤 마음이 바뀌어, 수염이 없는 게 좋다고 한다면, 당신은 수염을 모두 떼야 한다. 만약 내가 당신이 수염을 반만 달면 좋겠다고 하면, 당신은 수염을 반만 달아야 한다. 만약 내가 다시 그것에 대해 한 시간 동안 생각해보고, 당신은 수염을 모두 다는 게 좋다고 말한다면, 당신은 다시 수염을 달아야 한다. 당신은 반드시 그렇게 해야 한다. 나는 내가 원하는 대로 당신에게 종일 수염을 붙였다 뗐다 할 수 있는 위치에 있다. 결정은 내가 한다. 알겠소? 자, 그러면 당신이 세계에서 가장 위대한 배우 가운데 한 명이란 사실을 내게 말하라. 그게 맞는다면, 당신은 세계에서 가장 위대한 감독을 찾아야 할 것이다. 분명히 말하는데, 나는 그런 감독이 아니다. 그리고 나는 MGM과 스페인의 프로쿠사 영화사에 전신을 보낼 것이다. 전신의 내용은 당신이 모든 것을 망치고 있다고 할 것이다. 만약 내일도 당신이 여기에 있다면, 내가 떠날 것이다." 이렇게 말하고 레오네는 제작사에 전화를 걸었다. "다음날까지 존 데릭을 대체해달라. 그렇게 하지 않는다면, 나는 12시 30분 출발 로마행 비행기를 타겠다. 그렇게 전화를 끊었고, 나는 호텔로 돌아왔다."

마지막 순간에 당시 데릭의 아내였던 스타 우르술라 안드레스(Ursula Andress)의 개입이 있었지만, 레오네는 꿈쩍도 하지 않았다. 그리고는 한때 세실 B. 드밀과 작업했던 배우가 '로도스의 거상'에서 해고됐다. 다음날 11시 30분에 존 데릭은 로리 캘훈(Rory Calhoun)으로 대체됐다. 마침 그는 그때 로마에 있었고, 준비가 돼 있었고, 그 역을 하고 싶어 했고, 또 그럴 능력도 갖고 있었다. 그는 레오네가 여자 주인공 레아 마사리(Lea

Massari)와 리허설을 하고 있을 때, 촬영장에 도착했다. 마사리는 디알라 역을 연기했다. 주인공이지만 나중에 악인으로 드러나는 캐릭터이다. 레오네는 그날을 이렇게 기억했다. "그는 내가 누구인지 몰랐다. 그래서인지 그는 만나는 사람마다 포옹했다. 아마 그들을 나라고 생각한 것 같았다. 결국에 그는 내가 있는 곳을 발견했고, 그때 그는 우리 사이에 있는 수영장에 빠지고 말았다. 그리고 그는 큰 웃음을 터뜨렸다. 그때부터 모든 것이 믿을 수 없게 진행됐다. 덧붙여 그가 존 데릭보다 배역에 더 어울렸다. 로리 캘훈은 일종의 프롤레타리아 캐리 그랜트였다. 그 점이 아주 좋았다."[22)]

시나리오를 보면, 주인공 다리오는 자신이 이해하지 못하는 일련의 복잡한 플롯에 계속 휘말려 들어가며, 어리둥절한 상태에 빠진다. 걱정스러운 순간이 되면, 다리오는 웨스턴에서 수없이 나오는 고전적인 대사, 곧 '내가 지금 어디 있는 거야.'를 반복한다. 로리 캘훈은 처음부터 시나리오에 들어 있는 이런 코믹한 잠재성을 이해하는 것 같았다. 레오네는 캘훈의 느긋한 연기(늘 웃는 모습, 약간 취한듯한 표현)를 다른 주요 인물들의 연극적 과장과 대조했다. 예를 들어 반군 리더 펠리오클레 역의 조지 마샬은 강력한 인물로, 그리고 세르세 왕 역의 로베르토 카마르디엘은 불같은 성격으로 표현했다. 그래서 왕은 눈에 띄는 붉은 곱슬머리와 붉은 수염을 하고 있다. 다리오는 휴일에 로도스섬에 도착한다. 그는 자신도 모르게, 여러 정치적 음모에 끼어든다. 그는 장식이 많은 로도스식이 아니라,

단순한 그리스식 복장을 하고 있다. 그는 그 어떤 정서적 개입에도 일정한 거리를 두려고 노력한다. 디알라가 말한다. "나는 너에게 명령한다. 아름다운 무언 가를 말하라." "아름다운 당신과 가까이 있는 이유로, 나는 목소리를 잃었소." 같은 식으로 다리오는 대답한다. 거의 우연이겠지만, 이렇게 레오네는 훗날 자신의 웨스턴에 등장하는 주요 인물들, 그리고 그들 사이의 대조되는 스타일을 여기서 이미 써먹고 있다. 레오네는 이렇게 기억했다. "이런 대조법이 영화의 아이러니를 더욱 날카롭게 만들었다. 캘훈의 연기가 큰 도움이 됐다. 내가 클린트 이스트우드에게서 발견한, 피곤하고 무관심한 태도를 그는 갖고 있었다." 이스트우드와 다른 점은 캘훈 역은 돈을 위해 일하지 않으며, 그리스-인도 스타일의 판초가 아니라 짧은 튜닉을 입는 것이다. 그런데 그의 마지막 대사("그래, 여기선 해야 할 일이 많군.")는 그가 이곳에 정착할 것임을 암시했다. 이것은 레오네 웨스턴의 주인공 '이름 없는 남자'(the Man with No Name)가 산 미구엘 마을에 머물며, 공동체를 다시 건설할 것을 다짐하는 것과 거의 같다.

되돌아보면, 이 영화에는 레오네 특유의 '작은 아이디어들'이 들어 있음을 확인할 수 있다. 당시 감독이 갖고 있던 유머에 관한 기발한 감각은 대개 무겁게 진행되는 이야기와 결투를 벌이는 것 같았다. 이런 식이다. 어느 나이 많은 귀족은 폭풍 소리를 듣지 않으려고, 침대에서 귀마개를 하고 있다. 그래서 그는 바로 옆방에서 주먹다짐이 벌어지는 소리를 듣지 못한다. 주전자, 프라이팬, 조각들이 방의 벽을 치는 데도 말이다. 귀족은 자유의 기사 가운데 한 명이 실수로 그를 징 쪽으로 밀어버릴 때 깨어난다. 또 귀족은 다리오(캘훈)에게 이런 말도 한다. "네 나이에는 여성들 때문에 상처받지. 그런데 내 나이에는 여성들이 더는 상처를 주지 않아 상처받아." 세르세 왕은 이렇게 소리지른다. "여기 주변에 생명이 있어야 해." 바로 이어 그는 가슴에 화살을 맞는다. 당시 페플럼 영화에서도 드문 것인데, 이 영화는 아주 정교한 고문을 강조하기도 한다. 자유의 기사들은 고문실 천정의 구멍을 통해 날아오는 산이 묻은 화살을 맞는다. 또 그들의 리더 타르는 커다란 금속 종을 머리 위부터 뒤집어쓰고 있고, 고문관은 그 종을 여러 번 두드려 큰 소음이 나는 고문을 한다. 야외경기장 장면(밤에 횃불을 켠 것으로 설정)에서, 어느 노예가 굶주린 사자들이 우글거리는 웅덩이 위에 매달려 있다. 그때 어떤 전사가 노예를 매달고 있는 밧줄에 화살을 쏜다. 이것은 '석양의 무법자'에서 블론디가 투코의 목을 매고 있는 밧줄에 총을 쏘는 것과 같은 것이다.

또 영화에는 착시화(trompe l'oeil) 현상이 넘친다. 예를 들어 로리 캘훈이 텅 빈 둑을 따라 저녁 산책을 하고 있을 때, 자유의 기사들을 가득 채운 배가 그의 시야 바로 아래에서 상륙을 시도한다. 또 노예 소녀 노르테가 자갈로 가득 찬 황야에서 죽은 말을 우연히 만났을 때, 그곳에서 자유의 기사들이 학살당했음을 알게 될 때도 그렇다. 놀라운 시각적 순간도 있다. 거상의 머리 부분이 열리고, 끓는 납 물이 그곳에서 떨어질 때이다. 그리고 가장 효과적인 장면일 텐데, 다섯 명의 군인이 거상의 귀에서 나와, 다리오를 추적하기 위해 거상의 어깨와 팔 위를 걸으며, 칼싸움을 벌이는데, 아테네 출신의 다리오는 결국 바다로 뛰어들어 여기서 벗어난다. 그리고 거대한 예술 작품이 정치적 감옥으로 밝혀지는 장면도 있다. 이런 장면들을 레오네 자신도 큰 애정을 갖고 기억하고 있었다. "나의 경력에서 외관을 갖고 노는 게 중요해진 첫 번째 작품이었다. 그건 아이러니를 위한 접근법이었다. 만약 내가 이런 종류의 게임을 실현해보는 기회를 갖지 못했다면, 그 영화를 만들지 못했을 것이다. 나는 환영과 착시화를 갖고 노는 것을 즐겼다. 이건 내가 르네 마그리트의 작품을 좋아하고, 당시 그의 그림을 사랑했던 점과 무관하지 않다."[23)]

하지만 '작은 아이디어들'은 레오네가 최종적으로 시도하려고 했던 '장르에 대한 화형식'까지는 이르지 못했다. 스펙터클을 위한 패턴이나 이야기 진행에서 벌어지는 반어법적인 여러 반전은 예상 가능한 것이었고, 또 기계적이었다. 그건 레오네가 이런 종류의 영화를 즐기고 싶어 하는 대중을 지나치게 존중해서였다. 캐릭터 사이의 믿을만한 관계를 만들어내지도 못했다. 우리는 재난을 당하는 희생자들을 별로 신경 쓰지 않는다. 왜냐면 그들이 누구인지 잘 모르기 때문이다. 대사는 이미 죽은 근엄한 말("올림푸스 신이 당신을 도울 것이야.")로 가득 차 있다. 새로 발굴한 와이드 스크린인 슈퍼토탈스코프(왜상 렌즈를 이용하고, 2.35:1의 비율이며, 로마의 ATC 연구소에서 개발)의 이미지는 대사에 비해 지나치게 복잡했다. 그래서인지 놀랄 일이 아닌 게, 이탈리아의 대부분 비평가는 레오네의 시각적 상상력만은 칭찬했다. 곧 촬영장소의 아름다움, 패턴으로 전개되는 장면의 에너지와 힘, 크기와 무게에 대한 감각을 주목했다. 하지만 비평가들은 142분짜리(영국 127분, 미국 128분) 영화에서 관객들에게 과거의 일반적인 페플럼을 본 것 같은 기시감이 들지 않게 하려면, '작은 아이디어들' 이외의 것이 필요하다는 데 동의했다. 그래도 '로도스의 거상'은 국내에서 큰 흥행 성공을 거두었다. 6억 5천 7백만 리라를 벌었는데, 이는 '헤라클레스' 영화들에는 미치지 못하지만, 마치스테, 삼손, 골리앗 영화들보다는 높은 성적이었다. 이후 몇 년 동안, '석기시대의 거상'(1962)부터 '로마의 거상'(1965)까지, 모방 영화들이 나왔다. 그런데 이 두 영화에서 거상은 다시 '거대한 근육을 가진 전능한 남자'로 되돌아갔다. 레오네는 훗날 과거를 회상하며 자신의 영화를 이렇게 평가했다. "나쁘지 않았다. 특히 디자인과 의상에서의 키치적인 성격이 좋았다. 그 점이 페플럼 영화를 풍자하는 것이었다. 그런 나쁜 취미의 축적이 결국에는 영화의 매력이 됐다. 곧 가짜 건물과 가짜 보석으로 만들어진 영화의 매력 말이다."

레오네는 '로도스의 거상'을 '달러 3부작' 전에 자신이 참가한 모든 영화처럼, 단지 돈벌이의 결과로 여겼다. 그는 종종 '빵과 버터를 위해, 그리고 스페인에서의 신혼여행 경비를 대기 위해' 영화를 만들어야 했다고 말했다. 어쨌든 이 영화 이후, 그는 많은 작업 제안을 받았다. "나는 마치스테 영화 제안을 하루에 6번 거절한 적도 있다. 그날 어떤 두 영화사는 계약에 서명하면, 나에게 바로 20만 리라를 계좌로 보낸다고도 했다. 나는 다음 날까지 계약서에 서명하기를 미루었다. 아내 카를라도 그런 작품을 하기 싫으면 거절하면 되고, 그러면 다른 무엇이 다시 나타날 것이라고 말했다." 새로 나타난 일은 여전히 시나리오 쓰는 것이었다.[24)]

레오네의 다음 작업은 다른 6명의 작가와 함께 쓰는 '7번의 도전'(Le sette sfide)의 시나리오였다. 감독은 프리모 첼리오(Primo Zeglio)이며, 영화는 1961년에 개봉됐다. 레오네는 2년 전, 에밀리오 살가리의 소설을 각색한 '붉은 해적선의 아들'(Il figlio del corsaro rosso)에서 첼리오의 조감독으로 일한 적이 있다. '7번의 도전'은 이탈리아와 유고슬라비아 공동제작인데, 자그레브 근처에서 촬영됐다. 이야기는 몽골의 칸이 종족 사이의 분쟁을 종식하기 위해, 각각의 추장들에게 맨몸으로 싸우는 결투를 하게 하는 것으로 시작된다. 이반(에드 푸리)은 경쟁자이자 적인 아목과 6번의 결투를 벌였다. 그런데 7번째 결투에서 그는 함정에 걸려 패배하고 만다. 이반은 상처를 입은 채 물러났는데, 자신의 연인 타마라(일레인 스튜어트)가 아목에 의해 살해되자 이를 복수하려 한다. 마지막의 길고 긴 결투에서 이반과 아목은 모두 죽는다. 결국에 이반의 동생 키르가 종족의 리더가 된다. 월간지 '영화 잡지'(Rivista del cinematografo)는 이렇게 평가했다. "좋은 부분은 연속하여 결투가 이어지는 전반부다. 흥미롭고, 폭력적이고, 창의력이 넘쳤다. 후반부는 뻔한 복수가 진행되는 연재소설 같았다." 영화가 개봉될 때는 페플럼의 인기가 말기에 접어들 때인데, 칭기즈칸 시대에 맞춘 이 영화의 배경은 당시에 아주 큰 사랑을 받았다. 왜냐면 무엇보다도 유고슬라비아의 현장이 몽골의 초원처럼 보였기 때문이다. 첼리오의 이 영화는 흥행에서 4억 1천 9백 60만 리라를 벌었다.

레오네는 또 다른 페플럼을 기획했다. 이번 영화의 배경은 기원전 763-753년이며, 전설에 따르면 로물루스가 도시 로마를 건설할 때다. 놀랍게도, 레오네 이전에 누구도 이 이야기는 생각하지 않고 있었다. 로물루스와 레무스의 이야기는 두 명의 보디빌더를 쌍둥이 형제, 그리고 경쟁자로 캐스팅할 수 있다는 탁월한 선택지를 갖고 있다. 그리고 세트(나무, 가죽, 숲)도 석조 기둥, 로마식 의상인 토가 그리고 시장의 광장이라는 상투성으로부터 잠시 벗어나게 해준다. 레오네는 제목 '로물루스와 레무스'를 재빨리 등록했다. 그리고 디테일하게 초안을 써나갔다. 도입부와 종결부 시퀀스에서는 대사를 하지 않도록 했다. 전설을 떠오르게 하는 음악, 자연의 소리 그리고 이미지만 사용했다.

도입부는 녹색 망토를 입은 여성을 보여준다. 그 여성은 울고 있는 두 아기를 나무로 만든 작은 뗏목 위에 놓는다. 아기의 포대 속에 두 개의 메달을 넣는다. 그리고는 아기들이 테베레강을 따라 흘러가는 것을 본다. 말 탄 사람들이 왔고, 그 여성을 둘러싼다. 아기들은 시야에서 사라진다. 뗏목은 잡초에 걸려 멈춘다. 암늑대는 아기들이 무서워서 우는 소리를 듣는다. 늑대는 뗏목을 자기 쪽으로 끌어당기고, 냄새를 맡는다. 디졸브. 개와 함께 양 떼를 돌보는 목동이 지평선에 있는 늑대를 본다. 화살을 쏘았고, 늑대는 한쪽으로 쓰러진다. 목동은 동굴 속에 두 아기가 있는 것을 발견한다. 아기들은 늑대 새끼들에 둘러싸여 있고, 아기들의 울음은 새끼들의 으르렁 소리와 뒤섞인다. 목동은 아기들을 데리고 나온다. 상처를 입은 암늑대가 보이는데, 숨을 몰아쉬고 있다.

종결부에서 로물루스는 황소 두 마리와 쟁기로 기름진 계곡에 밭고랑을 만들고 있다. 군인들과 순례자들이 그의 옆에서 큰 원을 그리며 함께 일하고 있다. 로물루스는 큰 소리로 말한다. "불멸의 신의 이름으로, 나는 내가 이 도시의 왕임을 선언하노라." 순례자들은 로물루스를 알아보기 위해 더 가까이 다가오고, 그때 어떤 말 탄 남자가 저 멀리 언덕에서 나타난다. 그는 계곡을 가로질러 오고, 말을 몰아 밭고랑을 엉망으로 만든다. 그 말이 방향을 휙 바꾸자, 로물루스는 "이걸 원하는 게 너냐? 레무스."라고 말한다. 그리고 두 사람은 원을 그리며 구경하는 사람들 앞에서 맨몸으로 싸우는 결투를 벌인다. 원형을 그린 사람들의 시각에 따라, 결투를 보여주는 다양한 쇼트가 나오고, 그 장면에는 드럼 연주가 뒤따른다. 결투에서 처음에는 주먹이, 그리고 돌, 황소의 뿔, 이어서 단검이 이용된다. 마지막에 로물루스는 어쩔 수 없이 레무스를 찌르고,

헬리콥터의 시선으로 밭고랑을 가로질러 누워 있는 레무스의 시체를 보여준다. 로물루스는 레무스 위쪽에 있고, 순례자와 군인들의 원, 그리고 밭고랑이 계곡을 둘로 나누고 있다. 그리고 계곡의 끝에, 고대 이탈리아의 사빈족 부대가 반원을 그리며 서 있다. 이 부대가 접근해오자, 로물루스 주변의 사람들은 하늘을 보고 있는 그의 곁으로 모여들며, 배경 음악(오케스트라)은 점점 커진다. 보이스오버가 끼어든다. "이것이 전설의 끝이다. 그리고 세상에서 가장 위대한 도시의 이야기가 시작된다. 영원한 도시, 로마!"

레오네가 원래의 시나리오를 썼고, 이는 '폼페이 최후의 날' 팀인 엔니오 데 콘치니, 두치오 테사리, 세르지오 코르부치, 그리고 루치아노 마르티노('로도스의 거상' 팀) 등에 의해 발전됐다. 엔초 바르보니는 촬영감독으로 계약했고, 프랑코 지랄디는 제작 2팀의 감독을 맡았다. 스턴트 감독은 베니토 스테파넬리였다. 캐스팅은 아주 특별했다. 스티브 리브스와 고든 스콧(두 사람은 페플럼에서 가장 유명한 근육남이며, 이 영화가 함께 출연한 유일한 경우였다)이 형제로 나왔다. 마시모 지로티가 사빈족 왕, 자크 세르나스가 약삭빠른 부하, 그리고 비르나 리지가 줄리아로 나왔다. 리지는 숲속의 샘에서 짧은 상의(페플럼)를 입고 수영하는 장면도 찍는다. 단골로 등장하는 춤추는 여성은 나오지 않는데, 왜냐면 아직 로마는 건설되지 않았기 때문이었다. 그런데 레오네는 '로물루스와 레무스'를 직접 감독하는 데는 큰 매력을 느끼지 않았다. "세르지오 코르부치가

'폼페이 최후의 날'을 찍을 때, 나를 아주 잘 도와줬다. 그래서 나 대신 이 영화의 감독을 맡아달라고 부탁했다. 내가 그에게 줄 수 있는 일종의 선물이었다. 그때부터 코르부치의 감독으로서의 경력이 다시 시작됐다." 레오네의 '원래 이야기'에 대한 헌신은 크레딧에 그의 이름이 나오면서 알려진다. '로물루스와 레무스'는 페플럼 영화들 가운데 가장 좋은 결과를 낸 작품 중의 하나가 됐다. 이 영화는 7억 1천 2백만 리라를 벌었다. 영화 학자 데릭 엘리(Derek Elley)는 저서 〈서사극 영화〉(The Epic Film)에서 이렇게 썼다. "상상력 넘치는 시나리오는 전설적인 캐릭터들을 잘 묘사했다. 또 시각적으로 이 영화는 초기 로마 시대의 디테일까지 세심하게 표현하고 있다."[25] 미술은 당시 젊은 건축가인 카를로 시미(Carlo Simi, 훗날 레오네의 미술감독이 된다)가 맡았다.

당시 레오네는 31살이었다. 그는 경험 많은 조감독이며, 장편 두 편을 감독했고(하나는 크레딧에 나오고, 다른 하나는 안 나온다), 그리고 단편 하나도 감독했다. 그는 자신이 믿을 수 있고, 복종을 잘하는 부사령관임을 증명했다. 그는 요구가 있을 때, 자신의 영화를 정해진 기간 안에, 또 정해진 예산 안에서 수행할 수 있음도 보여주었다. 훗날 레오네의 시나리오 작가가 되는 세르지오 도나티는 "레오네는 당시 테크니션으로서의 자질 덕분에, 이탈리아 영화산업계에서 높이 평가받았다."라고 말했다. 또 다른 작가 루치아노 빈첸초니는 "그는 고집 센 젊은이로 통하기도 했다."라고 전했다.[26] 레오네 자신도 시나리오를 몇 개 썼고, 또 아이디어를 제공하기도 했다. 따라서 여전히 연출 제의를 반복하여 거절한 것은 약간 놀랍기도 하다. 그는 여전히 시나리오를 썼고, 예상하지 않은 영화에서도 이름이 크레딧에 나타나기도 했다. 그는 공격적인 조감독이었고, 존 데릭 사건에서 알 수 있듯, 곤경에 처했을 때는 불같이 성질도 내는 감독이었다. 그는 이탈리아 동료들에게 영화에 관한 자신의 풍부한 지식을 과시하길 좋아했다. 아마 레오네는 페플럼을 찍으며 쉽게 경력을 쌓는 데 불편함을 느꼈을지도 모른다. 혹은 여전히 감독을 직업으로 선택해야 하는지에 대해 고민했을 수도 있다. 그가 탯줄을 자르는 것을 어려워한 것은 사실이다. 레오네는 자신이 자기 같지 않다고 느낄 때, 또 돈이 그를 힘들게 할 때, 가족이라는 넓은 품 안으로 되돌아가기를 원했던 것 같다.

'로도스의 거상'을 막 시작하기 전에, 레오네는 카를라 라날리(Carla Ranalli)와 결혼했다. 그는 10년 전에 카를라를 만났다. 그때 레오네는 19살이었고, 카를라는 또래들보다 키가 작은 10대 소녀였다. "카를라는 그때 16살이었다. 하지만 12살도 채 되지 않은 것처럼 보였다. 나의 어릴 때 친구 한 명이 카를라와 데이트하고 있었다. 나는 그 친구에게, 너무 작은 소녀에게 구애하면 안 좋은 일이 생길 거라고 말해주었다. 그는 카를라가 그렇게 작지 않다고 고집을 부렸다. 어쨌든 카를라는 그 친구의 모든 신체적 접근을 잘 방어했다. 그 후 10년 혹은 11년 동안, 나는 카를라와 관련 없이 살았다. 그런데 어느 날 저녁, 나는 어떤 행사에 가려 했는지, 막 데뷔한 금발 배우와 팔짱을 끼고 있었다. 어떤 차가 치네치타에 서 있는 우리를 태웠다. 그런데 그 차의 운전사가 바로 카를라였다. 나는 그녀를 알아보지 못했다. 하지만 카를라는 나를 기억했고, 과거에 우리가 만났던 것까지 모두 기억했다. 나는 놀랐다. 그래서 나는 금발 신성을 먼저 보내고, 밤늦도록 카를라와 정신없이 과거 이야기를 했다. 내가 알기로는, 그날 우리가 함께 살 인생 이야기가 시작됐다. 그리고 어릴 때 친구에게 내가 카를라와 결혼할 것이라고 말하자, 그는 도저히 믿지 못하겠다는 표정이었다."[27)]

카를라도 처음 만난 일에 대해 잘 기억하고 있었다. "처음에 나는 그를 좋아하지 않았다는 점을 먼저 밝혀야겠다. 그는 항상 여유 있는 척 행동했다. 최신 유행하는 양복 라인에, 밝은 색깔의 셔츠를 입고 폼을 잡았다. 그는 영화계에서 일하기 시작했다. 그리고 그 사실을 주위 사람들에게 항상 자랑했다. 나는 그의 이미지와 마찬가지로, 영화산업계도 별로 좋아하지 않았다. 나는 그때 고전 무용을 배우고 있었다. 그리고 우리는 어떤 친구 집에서 하는 파티에서 만났다. 나는 차를 몰고 이리저리 다니며, 친구들을 모두 내 차에 태워, 파티에 데려가야 했다. 그때 베네토 거리에 있는 큰 신문가판대 앞에서 세르지오를 태웠다. 다른 사람들은 전부 뒷좌석에 앉았는데, 세르지오만 내 옆의 앞 좌석에 앉았다. 조금 시간이 지난 뒤, 나는 너를 알고 있으며, 과거 어디에서 만나지 않았냐고 물었다. 그는 차창 앞만 바라보고, 나에게 고개를 돌리지 않았다. 그래서 나는 네가 영화 조감독을 한다는 말을 들었는데, 지금도 그 일을 하냐고 물었다. 그는 계속 앞만 바라보고, 나를 전혀 쳐다보지 않았다. 나는 계속 말하고, 또 말하고, 그리고 물었다. 그러면서 이제 기억나는데, 너의 이름은 세르지오라고 말했다. 그제야 그는 고개를 돌렸고, 흥미를 보이기 시작했다. 그는 놀랍도록 아름다운 신인 배우를 데리고 왔는데, 그 배우는 나의 두 배 사이즈였다. 모든 면에서 그랬다. 그런데 세르지오와 나는 소파에 앉아, 이야기하느라고 온 저녁을 다 보냈다. 그는 자신을 비판하는 유머, 그리고 역시 자기에 관한 아이러니와 개그를 잘했다. 나는 그의 이런 점이 좋았다. 우리가 공유하고 있던 첫 번째 점도 바로 이런 유머 감각과 삶에 대한 호기심 많은 태도였다. 어쩌면 웃기는 감각이기도 했다. 그는 '매우 착했다'(molto simpatico). 대단한 이야기꾼이었다. 그리고 실제로 수많은 이야기를 갖고 있었다."[28)]

두 사람이 데이트하는 동안, 세르지오는 로마 극장에서 펼쳐지는 카를라의 고전 무용 공연을 보고 싶어 했다. 레오네가 오페라와 발레의 주제에 관해 관심을 둔다는 것은 일이 점점 심각해진다는 신호였다. 카를라는 이렇게 기억했다. "그는 사운드에 관한 기막힌 귀를 갖고 있었다. 음악적 귀를 말하는 게 아니라, 그는 항상 어떤 노래의 주음을 흥얼거렸다. 게다가 그는 일상에서 들리는 소리에 관해 믿을 수 없을 정도로 민감했다. 세르지오는 고전 음악의 레퍼토리와 관습을 다 알만큼 충분한 시간을 갖지 못했다. 우리가 다시 만난 이후에, 세르지오는 로마 오페라 극장에서 펼치는 나의 공연을 보고 싶어 했다. 그래서 나에게 요구하길, 내가 언제 무대에 입장하고, 퇴장하는지 그 시간을 정확히 알려달라고 했다. 그는 나머지 시간까지 극장에 있고 싶어 하지 않았다."[29] 실제로 카를라 라날리는 '로도스의 거상'에 안무가로 이름을 올렸다. 영화에는 로도스의 귀족들을 즐겁게 하는 다양한 춤이 등장한다. 카를라는 자신의 직업이 영화에서 도움이 됐다고 기억했다. 세르지오는 '불운한' 키 때문에, 카를라의 무대 위에서의 경력은 그리 멀리 가지 못할 것이라고 봤다. 세르지오에 따르면, 고전 무용에서 스타가 되고 싶다면, 당시에는 모델과 같은 키를 갖고 있어야만 했다.

레오네는 카를라를 처음 만났을 때부터 함께 살기 시작한 1959년에서 1960년 이전에, 1950년대 초 '미스 소말리아'로 선정된 어떤 여성과 데이트를 하곤 했다(몇 년 동안, 공개적으로 혹은 비공개적으로). 미스 소말리아는 이탈리아인 부친과 잔지바르 출신 어머니를 두고 있었다. 처음에 커플이 길거리나 해변을 걸을 때, 로마 청년들이 휘파람을 불면 레오네는 그걸 즐기곤 했다. 하지만 결국에 이 소리에 그는 예민해지기 시작했다. 그는 또 막 데뷔한 신성들, 영화인들과 데이트를 하곤 했다. 주로 영화 관련 행사나 저녁 식사에 참석하는 것이었다. 하지만 이런 관계가 진지하게 이어진 것은 하나도 없었다. 가족 앨범에서는, 레오네가 로마의 나이트클럽에서 아름다운 배우들과 춤추는 사진들을 여럿 볼 수 있다. 그런데 세르지오와 카를라는 다시 만난 뒤, 곧바로 영원히 함께 살기를 결정했다. 그러자 레오네의 인생에서 주로 그랬듯, 부친의 동의를 받는 게 대단히 중요했다. 부친 빈첸초 레오네는 처음에 아들이 영화감독을 하는 것을 동의하지 않았었다. 하지만 시간이 지나, 이 문제는 잘 해결돼 있었다. 부친은 당시 많이 아팠고, 삶의 마지막 단계에 와 있었다. 카를라는 세르지오의 부친을 결코 만나지 못했다. 하지만 그때를 잘 기억했다. "우리가 다시 만난 지 얼마 되지 않았을 때, 세르지오는 부친을 만나러 남쪽으로 갔다. 나폴리 부근인데, 마을 이름은 토렐라 데이 롬바르디이고, 아벨리노에 가까웠다. 그곳에 도착한 뒤, 세르지오는 조심스럽게 나의 사진을 부친에게 보여주었다. 그리고 자신이 이 여성을 만나고 있고, 좋아한다는 점도 말했다. 부친은 내가 똑똑해 보인다며, 세르지오의 의견에 동의한다고 대답했다."[30] 아마도 부친은 아들이 드디어 스스로 마음을 정할 수 있다는 사실을 보여주어서 안심됐을 것이다.

카를라는 결혼을 하자마자, '로도스의 거상'을 찍고 있는 비스케이 만에 가서 남편과 함께 지냈다. 이후 그들은 로마의 가에타노 가포치 거리에서 신혼생활을 시작했다. 그리고 7개월 뒤, 요니오 거리로 집을 옮겼다. 이곳에서 그들은 5년간 머문다. 세르지오 레오네는 1949년 부친이 아벨리노로 은퇴한 뒤, 마리오 본나르드 감독의 집에서 살았었다. 따라서 이번의 이사가 어떤 면에선 진정으로 부친의 집을 떠난 첫 경험인 셈이다. 그리고 그때 레오네는 본나르드 감독의 보호에서 벗어나 진정한 프로로 살게 된다. 이제 레오네는 자기만의 가정을 가졌고, 바로 그때 감독으로서 데뷔도 했다. 1961년 11월 26일, 세르지오와 카를라 부부의 첫 딸 라파엘라가 태어났다. 카를라와 결혼하면서, 세르지오는 아내의 형부 풀비오 모르셀라(Fulvio Morsella)를 만났다. 모르셀라는 세르지오의 경영상의 고문이자 프로듀서로 일하게 된다. 모르셀라는 미국에서 몇 년 동안 살았고, 공학 관련 책을 번역했으며, 또 직업적인 통역가였다. 그때부터 그는 세르지오 레오네의 '영어의 목소리'였다. 모르셀라는 세르지오에 대한 첫인상을 이렇게 말했다. "그의 특별한 재능은 삶의 모든 면에서 평범한 것을 스펙터클처럼 보이게 한다는 것이었다. 내 생각에 이런 단어가 영어로 수용될지 모르겠지만, 그는 '스펙터클로 만드는 사람'(spectacularizer)이다. 영화에서도, 그리고 가정에서도."[31]

그런데 1961년, 레오네는 놀랍게도 경력을 뒤로 물리는 듯한 선택을 한다. 다시 제작 2팀의 감독을 맡기로 한 것이다. 그 영화는 '소돔과 고모라'(Sodom and Gomorrah)인데, 레오네는 로버트 올드리치 감독과 함께 일한다는 데 큰 매력을 느꼈기 때문이었다. 레오네는 이렇게 기억했다. "올드리치는 '로도스의 거상'을 좋아했다. 그는 나에게 제작 2팀 감독과 모든 전투 장면의 감독까지 제안했다. 촬영은 스페인의 오우아브 사라테(Ouav Zarate)와 모로코의 마라케시에서 진행됐다. 제작 1팀은 로마의 티타누스 영화사 스튜디오에 본부를 정했다. 나는 배반에 관한 위대한 웨스턴인 '베라 크루스'(Vera Cruz)를 만든 감독과 함께 일하는 기회를 잡은 것이다. 그 영화는 선인장과 십자가가 배경이 되고, 악당들이 등장하는 자유분방한 모험극인데, 당시 프랑수아 트뤼포는 이 작품이 웨스턴 장르에 아이러니를 가져왔다고 평가했다. 올드리치의 최근작은 '마지막 일몰'(The Last Sunset, 1961)인데, 종결부 장면은 최상급 가운데 하나였다. 그건 고문당하고, 검은 옷을 입은 커크 더글러스와 분노한 선인 록 허드슨 사이의 최후의 결투였다."[32] 레오네는 올드리치의 1950년대 중반의 작품들, 곧 '키스 미 데들리', '빅 나이프', 그리고 '공격'도 좋아했다.

고프레도 롬바르도(Goffredo Lombardo)는 로마에 본사가 있는 티타누스(Titanus) 영화사의 제작자다. 그는 최근 몇 년 동안 '소돔과 고모라'의 영화화를 위해 작업을 계속 해왔다. 처음에 그는 로버트 시오드막을, 이어서 페플럼 영화를 몇 편 만들었던 카를로 브라갈리아도 만났다. 그리고 롬바르도는 할리우드에서 조세프 E. 레바인과 협상을 하기 시작했다. 레바인은 '헤라클레스'를 미국에 수입하여, 많은 수익을 남긴 제작자다. 레바인은 제목만 듣고도 큰 관심을 보였다. 그래서 티타누스가 제작을 시작하기 위한 착수금인 백만 달러의 80%까지 투자를 끌어오겠다고 했다. 레바인은 또 주역에 스튜어트 그랜저와 피에르 안젤리를 캐스팅하여 분담금을 더욱 올릴 것이며, 그리고 브라갈리아는 쓰지 않겠다는 약속을 해달라고 했다. 그래서 로버트 올드리치가 로마에 불려왔다. 그런데 그와 시나리오 작가들의 첫 만남은 영 좋지 않게 진행됐다. 시나리오 점검을 맡았던 알레산드로 콘티넨차는 이렇게 기억했다. "올드리치는 사람들이 보통 말하는 소돔의 화려한 풍요는 주관적인 것이지, 객관적인 사실이 될 수 없다고 말했다. 왜냐면 유대인은 가난했고, 유목하는 목동들이 많았고, 따라서 그들의 가난과 비교되는 그 모든 다른 것은 풍요롭게 보였을 것이란 주장이었다. 그래서 내가 무슨 이야기를 하고 싶은지, 설마 여기서 네오리얼리즘을 이야기하는 것은 아닌지 물었다. 당시 나는 소돔과 고모라의 아이디어를 다룬 시나리오들 30편 가운데, 20편 정도를 힘들게 다 읽었다. 그래서 나는 올드리치에게 영화는 곧 촬영되어야 하고, 그러므로 정확히 무엇을 원하는지 말해 달라고 했다. 마지막에 가서 시나리오는 조르지오 프로스페리가 맡았다. 그가 고프레도 롬바르도와 정식으로 계약했다."[33)]

올드리치는 두 가지 이유로 레오네와 계약했다. 먼저, 그는 레오네가 제작 2팀을 책임져주길 바랐다. 이 일은 복잡하고 예산도 많이 들어, 겁을 먹을 수 있는 작업이었다. 둘째, 그는 레오네가 크레딧에서 '공동 감독' 혹은 '협력자'(collaborator)로 이름을 올리길 바랐다. 이것은 이탈리아의 국가 지원 시스템을 이용하기 위한 기술적인 조치였다. 이 영화는 그 시스템 속에서 제작되었다. 만약 제작과 관련하여 중요한 자리에 이탈리아인 협력자가 고용되면, 설사 이름만 올려져 있더라도, '소돔과 고모라'는 제법 많은 정부 지원을 받을 수 있었다. 그래서 이탈리아 판본에서는 세르지오 레오네가 감독으로 표시

될 것이었다. 그리고 이탈리아의 포스터를 보면, '로버트 올드리치의 영화. 감독 세르지오 레오네'(Una Film di Robert Aldrich. Regia di Sergio Leone)라고 돼 있다. 실제로 레오네는 제작 2팀의 감독으로 8주 동안 일했다. 2주 동안은 파트 1의 마지막 장면에 해당하는 전투 장면을 찍었다. 나머지 기간은 천여 명의 말 탄 사람들, 70명의 스태프와 함께 의상과 무기가 도착하기를 기다리고 있었다.

그런데 아쉽게 과거에도 이런 일이 종종 일어났는데, 레오네 자신의 영화적 영웅과의 작업은 실망스러운 경험이 되고 말았다. 레오네가 말했다. "처음 만나고 나서야, 나는 사태를 제대로 볼 수 있었다. 그는 이 영화를 펠리니의 '달콤한 인생'의 고대 판본처럼 만들 예정이라고 말했다. 자신감이 지나쳐서, 올드리치는 여왕의 형제가 그 여왕의 손가락을 빨게 하겠다고 했다. 이건 내가 보기에 올드리치가 보여준 성적 도착의 어떤 증후였다. 첫 작업부터 우리는 약간 광기 속에서 수영하는 것 같았다. 이탈리아 제작팀의 책임자 가운데 보르고니라는 사람이 있었다. 그는 영화산업계에서 일하는 나이 든 정치가 출신으로, 교양이 풍부했다. 그는 최종 시나리오를 읽은 뒤, 올드리치에게 달려왔다. 올드리치가 그에게 의견을 먼저 구했었다. 보르고니는 영화의 기본 개념에 작은 실수가 끼어 있다고 말했다. 소돔과 고모라는 두 개로 분리된 도시이며, 이중으로 이름이 불리는 하나의 도시가 아니라는 것이었다. 그런데 시나리오에는 소돔과 고모라가 하나의 도시, 같은 도시로 나와 있다는 것이었다. 발작할 정도로 화가 난 올드리치는 그를 방에서 내쫓아버렸다."[34)]

영화를 보면 우리는 소돔의 궁전에서 일어난 모든 종류의 성적 흥분을 상상할 수 있고, 베라 여왕(아누크 에메)이 총애하는 시녀에게 보내는 은밀한 눈빛, 그리고 근친상간을 희미하게 내비치는 남동생 아스타로스(스탠리 베이커)와의 관계에 관해서도 판단을 내릴 수 있다. 올드리치는 훗날 이렇게 고백했다. "당신은 소돔과 고모라에 대해 어떤 고정관념에서 상상하게 된다. 그건 편견이다. 아마 당신은 도덕적 변태 같은 것을 떠올릴 수도 있다. 그런데 만약 어떤 이가 소돔의 죄는 어디에 있냐고 물으면 어떻게 답할 것인가? 그 죄는 어디에 있는가? 소돔 사람들도 그 점에 대해 불만을 드러낼 수 있다." 그런데 영화가 개봉되자 바로 그 도덕적인 점에 대한 비평이 가장 많이 나왔다. 시사지 타임은 이런 의견을 냈다. '소돔과 고모라'는 남색(sodomy)의 이야기를 아이들에게도 하려고 시도한 최초의 영화라는 것이었다. 올드리치는 핵폭탄이 연상되는 거대한 버섯 모양 구름으로 평원에 있는 두 도시를 파괴하며 끝맺었는데, 그 표현법을 정당화하기도 어려웠다. 보기에 따라서는, 그건 페플럼 영화에 늘 등장하는 고문과도 같은 것이지만, 너무나 많은 예산이 들어간 것이었다.[35)]

레오네는 사나운 유목민인 헬람(허구의 이름) 종족의 기병대와 관련된 대규모 촬영을 책임졌다. 스토리에 따르면, 두목 세구르(다니엘레 바르가스)의 지휘 아래 있는 헬람족은 아스타로스와 음모를 꾸며, 베라 여왕을 무너뜨리고, 소돔과 고모라를 차지한다는 것이었다. 한편 히브리족은 베라 여왕으로부터 요르단 계곡을 7년간 임대하고 있었다. 그들은 헬람 종족에 대항하는 완충제를 갖는 셈이었다. 말하자면 히브리족은 자신들이 이번 갈등의 전선에 서 있음을 알게 됐다. 불후의 오프닝으로 남아 있는 도입부에서 헬람의 족장은 유명한 대사를 들려준다. "소돔의 순찰대를 조심하라." 바로 이어서 검은 복장을 한 기병들이 세 개의 다른 장면에서 등장하는데, 이것은 모두 레오네가 촬영했다. 첫 번째, 헬람 기병대는 아스타로스에게 잘 보이기 위해, 그들의 행진과 기마술을 정교하게 과시한다. 두 번째, 기병대는 번개처럼 카메라 쪽으로 달려든다. 이는 족장의 자부심을 그래픽적으로 묘사한 것이다. 그는 말한다. "여기에 더 필요한 용기가 있나?"

세 번째는 영화 전체에서 가장 역동적이고 시각적으로 야망을 드러낸 시퀀스인데, 헬람의 기병대가 요르단 계곡에 있는 히브리족을 공격하는 장면이다. 이 시퀀스는 미술감독 켄 아담(Ken Adam)이 그린 스토리보드에 따라 촬영됐다. 히브리 사람들이 결혼식을 하는 동안, 저 멀리서 헬람 기병대가 보이는 것으로 시작한다. 히브리 사람들은 계곡에 물을 대기 위해 건설했던 댐 근처의 과거 거주지로 옮겨갔다. 헬람의 족장은 전차를 타고 전사들을 지휘하고 있는데, 창들이 준비됐고, 기병대는 대형을 맞추어 히브리족 주거지로 들어간다. 그런데 막상 도착하니 그곳은 비어있다. 실망한 족장은 새 명령을 내린다. "오늘은 포로는 없을 것이다. 명령은 오직 죽이라는 것이다." 그는 계곡을 건너 총공격을 이끄는데, 그곳엔 히브리의 함정이 있다. 협곡 입구에 있는 불타는 벽이 기병대들을 묻어버렸다. 히브리의 리더 롯(스튜어트 그랜저)은 아들에게, 협곡 위에 있는 댐을 부수라고 명령을 내린다. 그러자 헬람 부대는 혼동 속에서 퇴각한다. 족장을 포함하여 대부분 사람이 익사하거나, 거대한 새총으로 쏜 불붙은 돌에 맞아 머리가 터지거나, 마치 헨리 5세가 그랬듯 얼굴에 큰 화살을 맞고 죽기도 한다. 댐 안에는 거대한 염전이 있었다. 이 소금이 히브리 사람들이 그렇게 기대하던 경제적 수입을 갖게 했다. 스튜어트 그랜저가 소리친다. "상점을 열어라. 무게를 정직하게 달고, 크기도 공정하게 하라. 소돔의 폭정은 이제 끝났다. 소금!" 그리고 영화의 파트 1이 끝난다.

많은 비평가가 헬람 시퀀스를 상찬했다. 여기에는 적어도 1천 명이 출연했고, 헬리콥터 숏이 이용됐고, 특별히 파놓은 활주로 같은 길, 육중한 액션 장면을 찍는 카메라 자동차(타이어 자국이 선명하게 보인다)도 동원됐다. 그리고 말발굽, 얼굴들, 창들의 클로즈업이 점점 속도가 붙는 편집으로 이어진다. 이 모든 장면은 불덩어리가 사막 저쪽으로 날아갈 때까지 계속된다. 이 시퀀스는 그 자체로 하나의 완결된 영화 같고, 절대 뺄 수 없는 부분인데, 그렇다고 스토리를 어떤 방향으로 끌어가진 않는다. 하지만 너무나 동적이고 스펙터클했다. 레오네는 이렇게 말했다. "그 액션 장면은 분명히 나에게 어떤 아이디어를 주었다. 훗날 나의 영화의 더 큰 장면을 위한 어떤 뼈대가 됐다."[36)]

레오네의 제작팀은 로버트 올드리치의 허락을 받아, 마라케시에서 남쪽으로 50km 떨어진 곳에 본부를 차렸다. 그들은 쌍둥이 도시와 그 주변에 사람이 사는 듯한 인상을 주려고 했다. 섭씨 43도가 넘는 낮 기온(밤에는 매우 추웠다)에서 일하는 것의 육체적 어려움에 더하여, 이곳은 프로듀서들에게도 소통에 큰 문제를 일으켰는데, 바로 이 점이 예산에 계속 부담을 가중시켰다. 시나리오 점검을 맡았던 알레산드로 콘티넨차가 말했다. "미국의 이 거물 감독은 모로코를 방문할 때 개인 비행기를 이용했다. 그는 이틀 혹은 사흘마다 로마와 모로코를 오가며, 이미 촬영한 필름들을 점검했다. 마치 개인의 채소 정원을 가꾸듯 했다."[37)] 올드리치에 따르면, 어느 날 그는 레오네에게 알리지 않고 모로코 현장에 갔으며, 레오네가 예상한 대로 일을 제대로 하고 있지 않는 것을 봤다고 주장했다. "나는 5천 내지는 6천 명 정도 되는 사람들이, 3시간 동안 점심 휴식을 취하는 걸 보았다. 나는 사구의 정상에서 3시간을 기다렸다. 아무 일도 일어나지 않았다. 또 3시간을 더 기다렸다. 그때도 아무 일도 일어나지 않았다. 나는 레오네를 불러 말했다. 비행기 표를 끊어 집으로 가라고, 당신은 해고됐다고 알렸다."[38)] 물론 레오네는 풍성한 점심을 즐겼다. 하지만 그에겐 이미 작업 패턴이 정해져 있었다. 새벽에 일어나 시작하고, 낮잠 시간에 중단하고, 이후에 다시 일하는 식이었다. 사실이 어떻든, 레오네는 그 일에 대한 올드리치의 기억에 격렬하게 반대했다. "나는 그 영화를 8주 동안 찍었다. 로버트 올드리치는 내가 왜 그만두었는지 이해하지 못할 것이다. 사실을 말하자면, 내가 계속 일하길 원한 사람은 올드리치였다. 그만둔 것은 나의 급여 문제도 아니었고, 그래서 내가 프로듀서들에게 재정적 어려움을 준 것도 아니었다. 그러면 왜? 나는 제작이 진행되는 그 모든 것에 신물이 났다. 그런 재난적인 상황에서 계속 일을 해야 할 이유를 찾을 수 없었다."[39)]

서로 나쁜 감정이 생기고, 서로를 비난하고 하는 사이에 실제로 무슨 일이 일어났는지 정확히 아는 건 쉽지 않은 일이다. 예산은 2백만 달러에서 놀랍게도 5백만 달러로 늘어났다. 이탈리아 제작자 고프레도 롬바르도는 올드리치와 사이가 틀어졌고, 올드리치는 미국 제작자 조세프 E. 레바인과 사이가 틀어졌다. 이후 레바인은 다시는 페플럼 영화에 참여하지 않는다. 올드리치는 "이탈리아인들이 우리 모두를 죽이려 작정했다."라고 말했다. 롬바르도는 올드리치를 통제할 수 없는 사람이라고 느꼈다. 감독이 점점 과도한 요구를 하고, 그것 때문에 투자자들의 좋은 돈이 나쁜 데 쓰였다는 것이다. 기병대 장면을 준비하며, 올드리치는 모로코에서 1천 명의 말 타는 사람들을 요구했다. 롬바르도가 말했다. "그런데 그는 그들을 모두 사막으로 불렀다. 그곳에서 말발굽이 사막 위를 정신없이 지나치고, 커다란 먼지 덩어리를 만들어내서 앞을 보지 못할 수준이 됐다. 올드리치는 촬영을 중단하고, 많은 물을 가져오기를 요구했다. 사막에 물을 뿌려, 모래를 젖게 하면, 먼지가 일어나는 것을 막을 수 있을 것 같아서였다. 그런데 섭씨 50도의 불타는 태양 아래서 30분만 지나면 물은 모두 말라버렸다. 그래서 우리는 그때 전문 기술자를 불렀다. 그가 물에 휘발유를 섞어 문제를 해결했다. 그것으로 우리는 5시간 혹은 6시간 동안 일할 수 있었다. 그런데 이런 작은 일에도 5억 리라의 추가 비용이 들었다. 그런데 이보다 더한 일, 더욱 더한 일이 계속 생겼다."[40]

'소돔과 고모라'를 만들며 그렇게 비용을 과도하게 썼는데, 이 영화가 유럽에서는 제법 괜찮은 흥행을 했지만, 결과적으로는 제작비를 회수할 수 없었다. 그런데 기마병 시퀀스의 책임자는 제작 2팀의 감독인 레오네였고, 그렇다면 질문을 던질 수 있다. 곧 그 장면이 그렇게 예산을 초과하여 촬영됐다면, 그건 올드리치의 잘못인가, 혹은 레오네의 잘못인가? 레오네는 누가 문제의 원흉인지에 대해 전혀 의심하지 않았다. "올드리치의 목표는 영화 제작 과정의 모든 것을 완벽하게 통제하는 것이었다. 그는 이탈리아 제작자 롬바르도를 제쳐놓기 위해, 심지어 나를 끌어들이려고 했다. 나는 그런 게임에 끼어들 마음이 전혀 없었고, 롬바르도는 방어를 잘했다. 그러자 올드리치는 롬바르도를 파멸시키려 했다. 이후 올드리치는 재정적으로 롬바르도를 망하게 할 수 있는 일이라면 모두 실천했다. 이런 일도 있었다. 내가 그만둔 뒤에 그는 미국인 조감독을 고용했다. 그 조감독이 해야 할 일은 전투 장면에서 다친 사람들의 상처를, 삽입 숏으로 쓰기 위해 디테일하게 찍는 게 전부였다. 그는 그 일만 했는데, 6개월짜리 계약을 맺고, 현장에 머물렀다. 임금은 최고 수준이었다. 나는 조감독으로 일하고 있을 때, 롬바르도에게 편지를 썼다. 현장에 와서 문제들을 좀 풀어달라는 뜻이었다. 일이 어떻게 돌아가는지 직접 보라고 권했다. 문장도 기억난다. 남쪽 바다에서 낚시나 하지 말고, 기관총을 들고 한 번이라도 좋으니 이곳으로 올 수 있냐고 물었다. 그리고 마라케시에 도착하면, 다른 걱정은 하지 말고, 단지 기관총을 쏘면 된다고 알렸다. 왜냐면 누구를 맞히든, 맞은 자는 죄지은 사람 가운데 한 명이기 때문이었다. 현장은 범죄 조직이나 다름없었다. 그들은 여기서 롬바르도 당신을 죽이고 있다고 편지에 썼다."[41]

이 영화에 관한 재난을 두고, 오래 진행된 다툼은 이탈리아 영화계 사람들에게 하나의 큰 냉소주의를 남겼다. 곧 그들은 외국에서 용병처럼 일하는 미국인 감독들에 대한 깊은 회의를 드러냈다. 롬바르도는 이렇게 말했다. "그들은 우리를 업신여기는 경향이 있었다. 우리는 낮은 계급의 약자라는 식이었다. 이탈리아 영화 문화가 생명의 신호를 보여주기 시작할 때, 그들은 그들이 할 수 있는 모든 것을 동원하여 그것을 죽여 버렸다. 꼭 말하고 싶은 것인데, 그들은 그것에 성공했다."[42] 아마 롬바르도가 편견을 가졌을 것이다. 어쨌든 '소돔과 고모라'의 대실패, 그리고 루키노 비스콘티의 '레오파드'가 당시 외국의 흥행업계에서 형편없는 대접을 받으면서(축약본이 배급됐다), 롬바르도의 영화사 티타누스는 바닥을 쳤다. 주요 은행들은 제작자들에게 대출을 해주려 하지 않았다. 헤라클레스 영화들이 유행할 때는 최고의 고객 대접을 받았지만 말이다. 레오네가 기억하길, 그 일 이후의 경제조건이 이탈리아에서 영화를 만든다는 게 거의 불가능하게 만들었다. 치네치타 스튜디오의 경우, 직업을 잃은 기술자들과 엑스트라들 때문에 그곳은 마치 사막처럼 보였다. 한편 로버트 올드리치는 이탈리아 법정에서, '소돔과 고모라'의 최종 상영시간에 대한 결정권은 자신과 롬바르도 사이에 누가 갖는 것인지, 다투고 있었다. 올드리치의 판본은 상영시간이 네 시간을 넘었다. 레오네는 영화의 상영시간이 어떻게 정해지든, 그 영화는 쓰레기에 불과할 것이라고 말했다. 그런데 1962년 여름, 레오네의 삶에서 벌어졌던 가장 중요한 일은 '베라 크루즈'를 연출했던 자신의 영화적 영웅 가운데 한 명이 실제로 겪어보니 인간으로서는 난파되고 있다는 점을 목격한 것이었다. "나의 환영은 산산조각이 났었다." 레오네는 그 영화에서 가장 기억에 남는 배우는 소금 기둥이었다고도 말했다.

올드리치의 일을 그만둔 뒤, 세르지오 레오네는 프로듀서 알도 파닐리아의 요청을 받고, 조르지오 비앙키를 대체하는 감독을 맡아 1주에서 2주 정도 다른 영화에서 일했다. 영화는 이탈리아와 프랑스 공동제작의 '경비대의 교체'(Il cambio della guardia)였다. 영화의 배경은 2차대전의 유명 전투인 '안치오 전투'(Battle of Anzio) 시기, 로마 근교의 아르데아(Ardea)라는 조그만 마을이다. 시장 선거를 놓고 두 경쟁자가 다투는데(한 명은 반파시스트), 이들의 자식들은 곧 결혼을 앞두고 있다. 파시스트 당국이 선거에 개입하고, 체포가 뒤따르고, 누가 누구인지 혼동과 확인이 이어진다. 마지막에 미국 군대가 도착했을 때, 파시스트와 나치들은 모두 도망간다. 반파시스트 후보가 결국 시장이 되고, 아르데아 사람들은 이후 행복하게 살았다는 이야기다. '경비대의 교체'는 1950년대에 지노 체르비(Gino Cervi)와 페르난델(Fernandel)이 출연하여 큰 사랑을 받았던 '돈 카밀로'(Don Camillo) 시리즈의 성공을 반복하려는 의도로 만든 작품이다. 촬영은 1962년 4월 안치오에서 시작됐다. 스타 엘리자베스 테일러와 리처드 버튼이 촬영지를 방문하는 덕분에 영화는 큰 홍보 효과를 보기도 했다. 그러나 영화가 개봉됐을 때 프랑스의 영화 잡지 '이미지와 사운드'(Image et Son)는 이런 결론을 내렸다. "예술적 결과. 제로. 우리는 우리의 친구들에게 이 영화를 추천하지 않겠다." 레오네는 자신이 '경비대의 교체'에 관여했던 일을 별로 말하고 싶어 하지 않았다. 대신 그는 그 영화에 대한 유명한 폄하의 말을 남겼다. "그건 웃기는 기획이었다. 영화는 소설 〈음악을 시작하라〉(Avanti la musica)를 각색했다. 그런데 이탈리아인 캐릭터들은 관광객을 위한 캐리커처처럼 상투적이었다. 나는 최선을 다해 모든 것을 조직화하려고 했다. 하지만 내가 이 영화의 예술적 책임을 지는 '작가'라는 감각을 가질 수 없었다."[43] 레오네의 말과 달리, 그는 영화 제작에서 더 많은 일을 했다는 증언도 있다. 프랑스의 스타 페르난델의 전기 작가는 "조르지오 비앙키의 어떤 면은 세르지오 레오네의 미래였다."라고도 주장했다. 놀라운 주장으로 받아들일지 몰라도, 당시 비앙키는 이미 32편을 감독한 베테랑이었다.

레오네는 자신이 주장한 대로 이 시기에는 어떤 영화에 참여한들, 자신이 '작가'라고 느끼지 못했다. 하지만 그는 경험도 쌓았고, 계약도 해보았고, 무엇보다도 자신의 영화를 이미 만들었다. '로도스의 거상'으로 레오네는 장르 영화에 이름을 올렸다. 레오네는 젊은 시절 자신의 영화적 영웅이었던 미국인 감독들로부터 배우기도 했지만, 그들을 넘어서기도 했다. 그는 또 훗날 자신이 즐겨 이용하는 스페인의 촬영지를 발견했다. 이 모든 것을 참조할 때, 레오네는 이탈리아 주류 영화계에서 제 자리를 찾아가는 것 같았다. 그런데 바로 그 시점에서, 이탈리아 영화산업은 바닥을 치고 있었다.

세르지오 레오네는 1961년, '소돔과 고모라'가 개봉됐을 때, 〈이탈리아 영화 연감〉(Annuario del cinema italiano)에 짧게 이름을 올린다. 로베르티 세르지오 레오네(Roberti Sergio Leone, 당시는 부친의 예명 로베르티를 성으로 썼다. 이탈리아에는 공공 문서를 작성할 때, 성을 먼저 쓰는 게 관행이다).

조감독, 초안 작가, 시나리오 작가. 이력: 초안과 시나리오 작성 공동 작가 '로마의 별자리에서'. 시나리오 공동 작가이자 감독 '로도스의 거상'. 시나리오 공동 작가 '7번의 도전'.[44]

그가 영화계에 들어온 지 13년이 됐을 때다.

1) Frayling: *Spaghetti Western*, pp. 54-57

2) Patrick Lucanio: *With Fire and Sword* (Scarecrow, NJ, 1994) pp. 12-13; on the culture of bodybuilding pp. 22-25. See also Geoffrey O'Brien: *The Fantom Empire* (W. W. Norton, New York, 1993) pp. 129-172

3) Domenico Paolella: *La psychanalyse du paure* (*Midi-Minuit Fantastique*, 12, May 1965) pp. 1-10; Frayling pp. 53-55

4) Paolella, pp. 9-10

5) See Pierre Leprohon, *The Italian Cinema* (Secker and Warburg, London, 1972) pp. 174-179 6) Christopher Wagstaff: *A Forkful of Westerns-Industry, Audiences and the Italian Western* (in *Popular European Cinema*, (ed.) Dyer and Vincendeau, Routledge, London, 1992) pp. 245-261

7) Franco Ferrini: *Interview with Sergio Leone*(*Bianco e Nero*, September/October 1971, pp. 37-42).

8) Simsolo, pp. 66-67.

9) Ibid.

10) Author's interview with Carla Leone, 1 July 1994.

11) Simsolo, pp. 59-61. See also Richard Whitehall: *Days of Strife and Nights of Orgy*(*Film & Filming*, vol. 9 no. 6, 1963, pp. 8-14); Raymond Durgnate: *Epic*(*Film & Filming*, vol. 10, no. 3, 1963, pp. 9-12); Patrick Lucanio: *With Fire and Sword* pp. 289-291.

12) Maria Wyke, pp. 147-182; Wyke: *Cinema and the City of the Dead* ((ed.) MacCabe and Petrie, *New Scholarship from BFI Research*, BFI, London, 1996, pp. 140-56); Derek Elley: *The Epic Film*, pp. 121-122; Lucaino, pp. 200-202.

13) Simsolo, pp. 62-63

14) Simsolo, pp. 65-66; author's interview with Sergio Leone, February 1982.

15) (ed.) Franca Faldini and Goffredo Fofi: *L'avventurosa storia del cinema italiano 1960-9* (Felrinelli, Milan, 1981) pp. 286-288

16) Faldini and Fofi, p. 286; Gabutti, pp. 82-85

17) Author's interview with Sergio Leone, February 1982.

18) Simsolo, pp. 66-67; Lambert, pp. 14-15; Gabutti, pp. 83-85

19) Gabutti, loc. cit.; see also Derek Elley, p. 74; (ed.) Lutz Becker and Martin Caiger-Smith: *Art and Power* (Hayward Gallery, London, 1995) pp. 14-17, 30-31.

20) Simsolo, P. 66

21) Simsolo, pp. 68-70; Lambert, p. 15; Gabutti, p. 84.

22) Simsolo, p. 70.

23) Author's Interview with Sergio Leone, February 1982; also Simsolo, pp. 72-73.

24) Oreste de Fornari, pp. 15-16

25) Elley, P. 77.

26) Author's interview with Sergio Donati, 23 May 1998 Vincenzoni interview by Hubert Corbin in *Cinéma Méditerranéen Montpellier* catalogue, 23 October- 1 November 1998, pp. 65-66.

27) Simsolo, pp. 49-50

28) Author's interview with Carla Leone, 1 July 1994.

29) Carla Leone interview.

30) Carla Leone interview.

31) Author's interview with Fulvio Mosella, Rome, 24 May 1998.

32) For Aldrich and *Sodom and Gomorrah*, see Richard Combs: *Robert Aldrich* (BFI, London, 1978) p. 44; Edwin T. Arnold and Eugene L. Miller: *The Films & Career of Robert Aldrich* (University of Tennessee Press, Knoxville, 1986) pp. 95-97; Mike Munn: *Stories behind the Scenes of the Great Epic Films* (Illustrated Publications Co, Argus Books, 1982) pp. 33-35; Lucanio, pp. 293-296.

33) Faldini and Fofi, pp. 178-80.

34) Simsolo, pp. 75-76.

35) Lucaino, and Combs, loc. cit.

36) Ken Adam's storyboards for the sequence were exhibited at the Palais de Tokyo, Paris, April-June 1992, and published in the catalogue *Storyboard- le cinéma dessiné*, (ed.) Peter, Faton and de Pierpont(Yellow Now, Paris, 1992) p. 146.

37) Faldini and Fofi, loc, cit.

38) Arnold and Miller, loc. cit.; also interview with Aldrich in *Positif*, 182, June, 1976.

39) Simsolo, loc, cit.

40) Goffredo Lombardo, quoted in Faldini and Fofi, pp. 179-180.

41) Simsolo, loc. cit.; Oreste de Fornari, pp. 15-16.

42) Faldini and Fofi, p. 180.

43) Simsolo, pp. 74-75.

44) *Annuario del cinema italiano* - Sezione I. p. 99(1961).

5.

황야의 무법자

(A Fistful of Dollars/Per un pugno di dollari)

웨스턴을 이탈리아에 적용한 기업가적 영화인들은 미국의 웨스턴과 구분되는 색다른 표현의 문제에 봉착했다. 이탈리아에는 서부가 없고, 변경의 카우보이와 악당도 없으며, 아니 그럴 문제를 다룰 변경도 없고, 그리고 금광도, 인디언도, 개척자도 없었다. 이탈리아 웨스턴은 조상에 대한 기억이 아니라, 영화인들의 집단적인 본능에서 나왔다. 그들은 젊은 시절 미국의 웨스턴과 사랑에 빠졌던 사람들이다. 말하자면, 할리우드 웨스턴은 신화에서 탄생했는데, 이탈리아 웨스턴은 신화에 대한 신화에서 탄생했다.

지배적인 주제는 더 이상 외롭고 용감한 개인, 그리고 자연과 사회의 부정적인 세력, 이들 간의 투쟁이 아니다. 이제 지배적인 주제는 돈을 놓고 벌이는 이전투구다. 주인공은 일상의 범죄자들로, 그들은 미국 영화에서는 주로 배경으로 등장한 인물들이다. 하지만 그들은 이탈리아 영화에서 화면의 전면에 등장했고, 주인공이 됐다. 우리 대중의 눈에 그들이 갖는 매력은 관대함이나 기사도가 아니다. 대신 그들은 교활하고, 길거리에서 배운 지혜와 기발한 재능을 갖고 있다. 그들이 사람을 좋아하지 않고, 돈을 위해 이전투구를 벌이고, 교활하게 행동하는 것은 미국 웨스턴 장르의 거대한 세계, 서사적 분위기와는 크게 달랐다. 그래서 당신은 이런 질문을 하게 될 것이다. 그것도 자주. "이런 이야기를 다 하고, 그래서 원하는 게 뭐지? 단지 한 줌의 달러를 위해? 아니면 더 많은 무엇이 있나?"

—알베르토 모라비아, 1967년 1월.

1963년 말, 조명담당 카메라맨인 엔초 바르보니(Enzo Barboni, 훗날 '튜니티 시리즈'의 감독)는 로마의 아를레키노 영화관을 나오며, 우연히 세르지오 레오네를 만났다. 바르보니는 금방 전 구로사와 아키라의 '요짐보'(1961)를 보았는데, 레오네가 이 영화를 좋아할 것으로 생각했다. 영화는 방랑하는 사무라이(미후네 도시로)에 관한 이야기다. 그는 두 경쟁적인 파벌, 곧 비단 파벌과 사케(술) 파벌 모두에게 자신이 경호원으로 일할 수 있다고 접근했다. 그 후 미후네는 일상이 너무 지루해서, 한 파벌이 다른 파벌을 공격하는 듯한 일을 꾸몄다. 그리고는 이 마을의 대로를 볼 수 있는 목제 소방탑 위에 올라가, 연속하여 일어나는 대혼란을 바라보았다. 바르보니는 이 이야기가 '모험과 의례, 그리고 아이러니'를 섞고 있다고 느꼈고, 레오네는 바로 이 점을 좋아할 것으로 생각했다.

레오네는 다음 날 저녁 아내 카를라와 '요짐보'를 보러 갔다. 레오네는 당시 이탈리아 영화계에서 일하던 동료들과 마찬가지로 약 18개월 동안 일을 못 하고 있었다. 남아도는 게 시간이었다. 대중의 사랑을 받던 페플럼 영화들도 투자를 받지 못해 위기에 빠졌고, 레오네는 이런저런 시나리오 팀에서 간헐적으로 일할 수 있었다. 레오네는 '로마의 독수리들'(The Eagles of Rome)이라는 영화의 시나리오 팀에 참여했는데, 이 영화는 고대 로마 배경의 '황야의 7인'(Magnificent Seven) 같은 작품이었다.[1)] 레오네는 '알라의 깃발 아래'(Under the Flag of Allah)의 시나리오 팀에도 참여했다. 당시 이탈리아에 개봉됐던 '엘 시드'에 강한 영향을 받은 영화였다. 이 영화의 공동 감독은 구이도 추를리와 자코모 젠틸로모였고, 시나리오 팀은 레오네, 추를리 그리고 움베르토 렌치였다. 이탈리아와 유고슬라비아 공동 제작인 이 영화는 16세기 스페인이 배경인데, 무슬림 공동체와의 전쟁을 선동하는 기독교 공동체의 사악한 정치가를 다루고 있다. 최종적으로 그 정치가의 계획은 양 진영을 대표하는 두 기사에 의해 좌절된다. 두 기사는 전면전이 될 수 있는 전쟁을 막았다. 그런데 레오네의 마음은 딴 데 있었다.

아내 카를라는 레오네가 구로사와의 영화에 열정적으로 반응한 사실을 잘 기억하고 있었다. "세르지오는 쉬지 않고, 자신이 만들고 싶은 영화를 끊임없이 찾고 있었다. 나는 그와 함께 '요짐보'를 보러 간 날을 기억하고 있다. 그때 세르지오는 그곳에서 '요짐보'를 웨스턴으로 만들 생각을 했다. 세로지오는 '요짐보'를 아주 좋아했다. 그러자 그의 뇌가 지나칠 정도로 활동하기 시작했다. 세르지오는 어떤 생각에 집중할 때면, 담뱃갑의 모서리나 혹은 자기 주변에 있는 두꺼운 아무 종이나 집어 들고, 손가락으로 찢곤 했다. 혹은 트럼프 카드를 씹기도 했다. 어느 날 세르지오는 영화관에서 집으로 돌아온 뒤, 두꺼운 종이를 하나 찢으면서 흥분했다. 그가 말하길 '요짐보'의 원작은 미국 소설이고, 원래의 아이디어가 탄생한 곳으로 그것을 되돌려 주면 아주 재밌겠다는 것이었다.[2] 다음 날 아침, 세르지오는 동료들에게 전화했다. 감독인 두치오 테사리, 세르지오 코르부치, 시나리오 작가 세르지오 도나티, 그리고 촬영감독 토니노 델리 콜리였다. 당장 '요짐보'를 보라고 말했다. 코르부치는 바르보니의 추천으로 이미 봤다. 도나티는 과거 몇 년 동안 레오네가 주도한 헛된 기획 때문에 허송세월했고, 그래서 그때는 그를 신뢰하지 않아 영화도 보지 않았다. 그 결정을 그는 훗날 후회하게 된다. 테사리는 당시 감독으로서의 경력이 거의 막다른 골목에 이르렀는데, 영화를 보고 레오네만큼이나 흥분했었다."[3]

이때 이전에도 이탈리아 영화계의 사정은 좋지 않았다. 하지만 지금 되돌아보면 1963년이 가장 어려웠다. 매년 티켓 판매가 급격하게 감소했다. 1963년에 6억 8천만 티켓이 팔렸는데, 1950년대 중반에는 8억 2천만 티켓이 팔렸었다. '소돔과 고모라'(1962, 로버트 올드리치 감독)와 '클레오파트라'(1963, 조지프 맹키위츠 감독)의 대재난 이후, 미국인들은 이탈리아 영화계에서 철수하기 시작했다. 더 나쁜 것은 미국인들도 이탈리아 시장에 제공할 수 있는 영화 제작의 수를 감소해야 하는 과정에 있었다. 주요 제작사들은 직접 일하기보다는 에이전시를 통해 일했다. 수출입 서류는 산업의 '위기'를 강조하는 말로 가득 찼다. 신뢰의 위기(투자자들), 생산성의 위기(배급업자들), 그리고 창의력의 위기(인기 영화감독들)가 거론됐다. 영화관은 여전히 많았지만, 그들이 계속 상영할 작품은 충분히 배급되지 않았다. 시장은 바닥을 치고 있었지만, 그것을 일으켜 세울 추동력은 거의 없었다.

카를라 레오네는 이렇게 말했다. "우리는 돈을 아껴 써야 했다. 당시 우리는 '소돔과 고모라'(레오네는 조감독이었다)에서 받은 것, 그리고 다른 조그만 일에서 번 것으로 살고 있었다. 또 첫 아이의 탄생을 기다리고 있었다." 그래서 레오네는 자신의 책상 위에 알맞은 기획물이 뚝 떨어지기만을 영원히 기다릴 수는 없었다. 고예산 영화는 고려하지도 않았다. 그런데 값싼 대체물이 매력적으로 다가오기 시작했다. 레오네의 기억이다. "유럽의 웨스턴은 독일인들이 먼저 시작했다. 그건 아주, 아주, 좋지 않은 TV 영화였다. 독일 작가 칼 마이(Karl May)의 소설을 영화화한 '비네토우'(Winnetou, 아파치 추장 이름) 시리즈가 그것이다. 하지만 그 영화들은 적어도 서부가 매력을 갖고 있다는 점은 보여주었다. 영웅으로 나오는 개척민은 유럽 영화 관객의 가슴 속에 여전히 애정의 대상으로 남아 있었다."[4)]

첫 번째 비네토우 영화인 '은빛 호수의 보석'(The Treasure of Silver Lake)은 1962년에 제작됐다. 함부르크의 리알토(Rialto)

영화사와 자그레브의 자드란(Jadran) 영화사 제작이었고, 감독은 오스트리아의 베테랑인 하랄트 라이늘(Harald Reinl) 박사였다. 이 작품은 칼 마이가 19세기 말에 썼던 소설 시리즈 가운데 하나를 각색한 것이다. 이야기는 게르만족 개척자 노인 '떨리는 손'(Shatterhand)과 아파치의 고귀한 추장 비네토우의 모험을 연대기 순으로 따라간 것이다. 칼 마이의 책은 기독교적 동료애, 생태학, 인디언 국가의 문화적 퇴보, 그리고 '초인'의 적절한 행위에 관한 개인적인 호기심으로 가득 차 있다. 하지만 영화는 강조점을 코미디, 활기찬 액션, 그리고 스턴트로 바꾸었다. 촬영은 아드리아해의 스플리트(Split, 현재는 크로아티아의 도시)에서 주로 진행됐다. 이스트먼컬러로 찍은 와이드스크린은 유고슬라비아의 풍경을 잘 보여주었다. 사슴 가죽옷을 입은 '떨리는 손' 역은 렉스 바커(Lex Barker)가 맡았다. 그는 1960년에 이탈리아로 이주하기 전에, 1948년에서 1955년 사이 할리우드에서 타잔을 연기했었다.

'은빛 호수의 보석'의 후속작이 곧 나왔다. '비네토우, 용사 혹은 아파치의 황금'(Winnetou the Warrior or Apache Gold, 1963)이 그것이며, 그럼으로써 영화도 시리즈가 되었다. 1964년에 스튜어트 그랜저(Stewart Granger)가 이 팀에 합류했고, 늙은 '확실한 손'(Surehand) 역을 맡았다. 나머지 시리즈물에는 말 그대로 국제적인 캐스팅이 이루어졌다. 클라우스 킨스키, 샤를 아즈나부르, 헤르베르트 롬, 그리고 테렌스 힐(이때는 본명인 마리오 지로티로 출연했다. 늘 그랬듯 말을 잘 못 하고, 푸른 눈을 가진 로

미오였다)도 나왔다. 다시 주목받은 칼 마이의 유행이 최고조에 이르자, 독일 가수가 '평원의 바람'(Der Wind der Prairie)이란 노래를 불렀고, 어떤 신문은 '와일드 웨스트 ABC'(Wild West ABC)라는 기획물을 연재했다. 서부에서 주로 이용하는 속어들을 설명하는 연재물로, 예를 들어 '이런 젠장'(thounderation), '망할 것'(deuce), '빌어먹을'(zounds), '맙소사'(hang it all) 같은 단어를 소개했다. 스튜어트 그랜저는 1964년에 비네토우 영화로 독일, 오스트리아, 네덜란드 그리고 스칸디나비아 시장에서 가뿐히 각각 2백만 달러씩을 벌어들였다고 기억했다. 그럼으로써 경쟁사들도 독일 웨스턴을 만들었다. 곧 '바람은 뜨거웠다'(Hot Was the Wind), '산타크루즈의 거침없는 보안관'(The Inexorable Sheriff from Santa Cruz) 등이 1964년에 개봉됐다.

이렇게 이탈리아와 스페인에서 비네토우 영화들이 성공을 거두자, 이탈리아의 제작자들은 투자하기 시작했다. 물론 이전에도 이탈리아 웨스턴은 있었다. 첫 작품은 레오네의 부친인 빈첸초 레오네의 '여성 인디언 뱀파이어'(La vampira indiana, 1913)였다. 그리고 미국 웨스턴 문화의 전설 버팔로 빌(Buffalo Bill)을 흉내 내는 쇼가 1917년에 열렸다. 모방할 수 없는 버팔로 빌(본명 William Cody)은 그가 과거에 베로나의 야외극장에서 '와일드 웨스트'(Wild West) 쇼를 펼친 뒤부터 거의 25년간 이탈리아에서 대단히 유명한 인사가 돼 있었다. 안드레아 우첼리니(Andrea Uccellini) 감독의 '카우보이들의 여왕'(La reginetta dei butteri)은 1922년 제작됐는데, 이 영화는 토스카나에서 버팔로 떼를 돌보는 실제의 이탈리아 카우보이들을 등장시켰다. 1940년대에는 푸치니의 웨스턴 오페라 '서부의 아가씨'(La fanciulla del West)를 참조한 서부극도 나왔다. 이를테면 '서부의 숙녀'(1942), 그리고 '서부의 총각'(1943) 같은 작품들이 있었다. 1948년에는 보넬리(Bonelli)와 갈레피니(Galeppini)가 공동 집필한 이탈리아 판 웨스턴 만화 〈텍스〉(Tex)가 처음으로 나왔다. 비평가 오레스테 디 포르나리에 따르면, 이 만화는 연금술사 칼리오스트로(Cagliostro) 스타일의 '바로크 악당'과 폭력적인 죽음을 선호했고, 여성 인물은 거의 등장시키지 않았다(이 만화책은 지금도 출간되고 있다).[5] 텍스는 비밀 요원 출신인데, 그는 법을 자신의 손으로 직접 집행할 때 더욱 안전하다는 사실을 믿고 있다. 이 책의 경쟁만화로 베니토 야코비티의 〈코코 빌〉(Cocco Bill)이 있었다. 이 만화는 워너 브라더스의 '루니 툰스'(Looney Toons) 만화처럼 과장된 슬랩스틱을 강조했다. 〈코코 빌〉은 미국의 웨스턴 소설 작가 제인 그레이(Zane Grey)의 전통에 따라, 깨끗하게 면도한 각진 얼굴의 영웅을 등장시켰는데, 그는 총보다는 올가미를 더 잘 썼다. 이탈리아 내의 이런 웨스턴 전통과 비네토우 영화의 성공을 보며, 레오네는 서부 개척지의 영웅은 당대의 유럽 관객과도 통할 수 있다는 시각을 갖게 됐다.

한편 할리우드는 당시에 웨스턴을 점점 덜 만들었다. 북미 시장 배급에서 웨스턴의 비중은 1950년의 34%에서 1963년 9%로 격감했다. 제작 편수는 150편에서 15편으로 줄었다. 잡지 '뉴 요커'의 평론가인 폴린 카엘(Pauline Kael)은 당시의 웨스턴들은 스토리의 생명력을 잃어버리고, 베테랑 스타들이 과거처럼 멋있게 역할을 해내는 것을 보여주는 것에 집착하여 위기를 맞았다고 지적했다. 당시 영화관에 가는 사람들은 제임스 스튜어트나 존 웨인이 여전히 말을 잘 타는 것을 확인하기 위해 웨스턴을 보기도 했다. 카엘은 '요짐보'의 리뷰에서 웨스턴에 관해 특별히 말하며, 관객은 일종의 '안장의 상처'(saddle sore, 말이나 자전거를 오래 타서 엉덩이가 아픈 것)를 경험했다고 말했다. 곧 관객들은 현대 생활과의 관련성이 엘리자베스 시대의 목가만큼이나 적은, 진부한 할리우드 장르 웨스턴에 지루함을 느끼기 시작했다는 것이다. 카엘은 이렇게 썼다. "최근에 특히 존 포드는 웨스턴을 거의 정적인 회화 장르로 변경시켰다. 웨스턴은 생명력이 없는 건조한 형식이 됐는데, 이는 목가적인 아름다움, 그리고 기본적이고 단순한 삶의 방식에 대한 애틋한 향수로 '장식'돼 있다. 우리가 어릴 때부터 봐왔던 해적, 갱스터, 그리고 웨스턴 영화의 관습은 옛 영화에 신화의 지위를 부여했다. 그런데 지금 우리가 '위대한' 웨스턴을 보러 가기가 두려운 것은 그 '위대함'이라는 것이 느리고, 회화적으로 구성된 것을 의미하기 때문이다. 우리는 서부에 대해 지나치게 '애정이 넘치고', 또 '순수하고', '진정한' 풍경을 보며 잠들고 말 것이다. 혹은 분위기를 바꾸어, '건파이터'(1950) 또는 '하이눈'(1952) 같은 '성숙한' 웨스턴에 있는 메시지로 두들겨 맞을 수도 있다(메시지는 애초에 우리가 믿지 않왔던 신화는 틀렸다는 것이다).”[6]

폴린 카엘은 구로사와처럼 할리우드의 신화 공장 외부에서 일하는 감독은 윤리의 위선을 폭로하며, 웨스턴 장르의 관습을 마음껏 사용할 수 있는 특별한 위치에 있다고 결론지었다. 구로사와 자신도 어떤 면에서 ‘요짐보’는 원래 할리우드 웨스턴에 대한 사랑에서 탄생했다고 말했다. 특히 조지 스티븐슨의 ‘셰인’(Shane)을 언급했다. 의식적인 신화 만들기의 작품인 ‘요짐보’는 일본에서 믿을 수 없을 정도로 큰 인기를 끌었다. 구로사와는 이렇게 말했다. “웨스턴은 계속 반복하여 만들어졌다. 그런 과정에서 어떤 문법이 진화됐다. 나는 웨스턴의 그 문법을 배웠다. 하지만 나는 조지 스티븐슨의 영화를 모방할 그 어떤 의도도 갖고 있지 않았다.”[7] 어쨌든 적어도 1950년대에는 웨스턴은 전 지구적 텍스트가 됐다. 이는 스탈린, 비트겐슈타인 그리고 처칠 같은 사람들도 공통으로 갖고 있던 어떤 열정이었다.

레오네는 독일 웨스턴에서 영향을 받은 이탈리아 초기의 모방작들을 기억하면, 부끄러운 생각이 든다고 회상했다. “그 작품들은 전부 훔친 제목을 썼다. 크레딧에 뜨는 이름들은 모두 미국식으로 바꾸었다. 스페인 감독들과 C급 이탈리아 작가들의 신분을 감추기 위해서였다. 그 작품들은 주로 독일, 이탈리아, 스페인의 공동 제작이었는데, 이는 위험을 세 곳으로 나누기 위한 것이었고, 당시 거의 모든 사람은 그 작품들을 당연히 ‘B’급 영화로 취급했다. 주로 미국 TV 프로그램에 이탈리아산 덤핑으로 배급됐다(미국화한 가짜 이름들은 특히 이탈리아 남부의 재개봉관 관객들에게 미국에선 여전히 이런 작품이 만들어지고 있다는 확신을 주려는 의도였다). 그런데 작품들이 엉성했음에도 불구하고, 이탈리아 웨스턴은 그 작품들이 공동으로 제작되고, 스페인에서 촬영되는 한, 재정적으로는 건강한 상태를 유지할 수 있었다. 특히 스페인에는 적절한 풍경이 있었고, 마드리드에는 유성 녹음이 가능한 스튜디오와 실험실이 있고, 또 조감독들, 기술자들, 카우보이들, 말들, 의상담당자들, 그리고 덩치 큰 멕시코 사람을 대체할 수 있는 살찐 배우들이 있었다. 모든 게 준비돼 있었고, 앞으로 가기만 하면 됐다."[8)]

1959년 스페인의 페세타(peseta) 통화의 안정화 이후에, 미국의 제작자 사무엘 브론스턴(Samuel Bronston)은 일련의 대작 영화 제작을 위해 스페인의 시설과 스태프를 이용하여, 미국의 감독과 배우들을 그곳에서 일하게 하는 데 성공했다. 브론스턴은 만약 그들이 스페인에서 일하지 않는다면, 그런 작품들을 만들 수 없었다. 예를 들어 브론스턴은 '왕중왕'(King of Kings, 1961)을 만들며 세비야의 거대한 스튜디오에 예루살렘을 건설했다. '엘 시드'(1961)를 찍을 때는 부르고스의 대성당을 만들었고, '북경의 55일'(1963)에서는 미망인 여왕을 위한 제국의 도시와 만리장성의 일부를 마드리드에서 20km 떨어진 라스 마타스(Las Matas)의 방대한 땅 위에 건설했다. 또 '로마제국의 멸망'(1964)을 위해선 라스 마타스의 옆에 포로 로마노(Foro romano) 전체를 만들었다. 포로 로마노를 만드는 데는

2천8백만 달러가 들었다. 그 영화가 흥행에서 실패하면서, 브론스턴의 영화사도 거의 무너졌다. 하지만 브론스턴 영화사는 많은 중요한 유산을 남겼다. 당시의 스페인 기술자들은 할리우드의 기준에 맞춰 최고의 훈련을 받았다. 지역의 하층민들은 영화 산업계에서 정규직 종사자로 일했다. 라스 마타스의 복합 스튜디오의 일부는 저예산 영화를 만드는 제작사에 임대를 해주었다. 브론스턴의 뒤를 이어 1961년에서 1964년 사이, 약 10편의 공동 제작 웨스턴이 만들어졌다. 모두 외관은 미국 영화인 것처럼 꾸며 시장에 나왔다. 이들 가운데 영국 '해머'(Hammer) 영화사에서 만든 '야만의 총'(Savage Guns, 1961)이 있었다. 이 영화가 스페인의 알메리아(Almeria)에서 일부를 찍었고, 이곳은 나중에 레오네 웨스턴의 특별한 장소가 된다. 이런 웨스턴들은 쇠퇴기에 접어든 할리우드 배우와 할리우드에서 떨어져 나간 미국인 감독들에게 일을 주었다.

스페인은 자국의 웨스턴을 몇 편 만들었다. 가장 눈에 띄는 감독은 호아킨 로메로 마르첸트(Joaquin Romero Marchent)였다. 그는 '엘 코요테'(1955)와 후속작 '코요테의 정의'(1954), '조로의 복수'(1962)와 '조로의 그림자'(1962), '세 명의 선한 남자들'(1963) 등을 만들었다. 비평가 카를로스 아귈라르는 마르첸트를 '스페인 웨스턴의 개척자'라고 정의했다.[9)] 마르첸트는 나에게 말했다. "훗날 레오네의 제작자가 되는 알베르토 그리말디는 나의 조로(Zorro) 영화들이 성공하는 것을 보고 투자를 결심했다. 그는 1963년에서 1964년 사이, '정오의 결투'(Gunfight at High Noon)와 '죽음의 시간'(Hour of Death)에 투자했다. 두 영화는 '센타우르'(Centaur) 영화사의 작품이었다. 10년 뒤 레오네의 영화에서 바텐더 실바니토 역을 맡은 호세 칼보(José Calvo)는 나의 '엘 코요테' 출신이다. 그리고 나는 '황야의 무법자'의 로케이션을 찾는 데 간접적으로 도움을 줬다. 당신 생각에 레오네 영화의 모든 가구, 서부의 집들, 마구간, 그리고 역마차가 어디서 왔겠는가? 나의 '조로' 영화에서였다." 마르첸트는 미국인 제작자 사무엘 브론스턴의 유산이 스페인 웨스턴에 직접적인 영향을 줬다는 주장을 인정하지 않았다. "돈과 세트는 그렇다. 하지만 나는 브론스턴이 나를 가르치기를 전혀 원하지 않았다." 마르첸트는 유럽 웨스턴의 발전에 관한 스페인의 기여가 부당하게 간과된 점을 지적했다. 아니 그는 여전히 그 점에 화가 나 있었다.[10)] 세르지오 레오네는 '요짐보'를 웨스턴으로 각색한 것은 자신이 처음 떠올린 아이디어라고 자랑하길 좋아했다. 하지만 웨스턴은 이미 이탈리아 제작자들의 메뉴에 올라와 있던 것은 확실했다. 그들이 로마의 베네토 거리에 있는 카페에서 스페인과 독일의 동료들과 협정을 맺었다. 더 나아가 할리우드 감독 존 스터지스는 당시에 구로사와의 '7인의 사무라이'(1954)를 각색하여 '황야의 7인'(1960)을 발표했다. 이 영화는 이탈리아에서 대성공을 거뒀다.

1964년 레오네의 첫 웨스턴 '황야의 무법자'가 개봉됐을 때, 비평가들은 이 작품을 할리우드의 고전과 비교하려 했다. 그리고 명백한 차이점들을 찾았다. 곧 영웅을 묘사하는 주관적 스타일, 눈에 띄는 미술 연출과 먼지 많은 스페인의 공간, 음악과 사운드의 편집, 일련의 시끄러운 클라이맥스로 구성된 액션 중심의 플롯, 간혹 보이는 장식화된 극단적 폭력, 많은 아이러니, 그리고 초현실주의와 유머 등이다. 레오네의 데뷔작은 초기 이탈리아 웨스턴이나 스페인 웨스턴과도 다르다는 의견이 거의 똑같이 나왔다. 과거의 작품들은 미국 스타일 웨스턴을 싸게 만든 것이었다. 작가 세르지오 도나티는 그런 작품들은 'B급 영화 보다 아래'였으며, 아니 'C급 영화'라고 단정했다.[11] 그렇다면 어떻게 '복사'가 아니라 '이탈리아화'하는 게 가능했을까? 레오네는 이렇게 설명했다. "나는 두치오 테사리와 함께 5일 만에 초안을 만들었다. 테사리가 제목을 영리하게도 '황야의 7인'을 본 떠 '황야의 이방인(The Magnificent Stranger)'으로 정했다. 테사리는 내가 무엇을 하려는지 전혀 이해하지 못하고 있었다. 그리고는 내가 좀 이상한 것을 한다고 로마에 소문을 내고 다녔다. 그래서 나는 혼자 각색했고, 이틀간 그 일에 매달렸다. 로마에 있는 나의 아파트에서 계속 그렇게 일했다."[12] 아내 카를라 레오네가 덧붙였다. "찢어버리는 종이가 계속 쌓여갔다. 세르지오는 테사리를 그렇게 높은 작가로 평가하지는 않았다. 하지만 그는 좋은 친구였고, 세르지오는 자신의 아이디어를 누군가와 공유하며 일하는 걸 좋아했다. 두 사람은 함께 쓸 때, 실제로 총싸움 놀이도 하곤 했다. 그때 테사리는 총잡이 캐릭터와 웨스턴에 대한 열정에 다시 불을 붙였다." 두치오 테사리에 따르면, 레오네는 아침에 와서, 흥분하여 이렇게 말하기도 했다. "어젯밤에 나는 세 단어를 꿈꿨네. 이걸 반드시 영화 속에 포함해야 해."[13)]

동료 감독 세르지오 코르부치(훗날 '장고'로 유명)는 다르게 말했다. "레오네는 편집기 앞에 앉아 노예처럼 일하며, '요짐보'를 카피하기 바빴다. 그가 바꾼 것은 세트와 대사의 일부였다." 레오네도 자신이 일본어에서 번역된 '요짐보'의 대사를 참조했다는 것을 인정했다. "하지만 그것은 단어 하나하나를 카피하려는 목적이 아니었다. 내가 지키려고 한 것은 구로사와 영화의 기본 구조였다."[14)] 두 영화 사이에는 비슷한 점이 많은 게 사실이다. 심지어 어떤 순간에 이방인(the Stranger, 이스트우드)은 마치 사무라이처럼 칼을 휘두르기도 한다. 다른 장소에서 레오네는 방어적으로 그 점에 대해 말했다. "유사점은 내가 '요짐보'에 주목했기 때문일 테다. 주목한 이유는, 우선 어떤 이유로 위험을 감수하며, 이 영화를 만들었는지 설명하려 했기 때문이었다. 이 영화를 만든 이유는 도발적이어야 했고, 나 자신의 개인적인 아이디어를 표현해야 했기 때문이었다. 내가 한창 각색을 하고 있을 때, 나의 호기심을 자극한 것은 '요짐보'의 이탈리아 개봉에 맞춰, 신문에 나온 조그만 뉴스였다. 그 기사는 구로사와의 영화가 미국 스릴러 소설에서 영감을 받았다는 것이었다. 그건 하드보일드 작가 대실 해밋의 〈붉은 수확〉이었다. 구로사와는 소설을 변주하여, 기기한 가면과 사무라이의 무도를 입혔다. 내가 하고자 했던 것은 그런 '꼭두각시'을 벗겨내고, 그 작품을 카우보이에게 돌려주는 것이었다. 곧 바다를 다시 건너, 원래의 자리로 되돌리는 것이었다. 바로 이 점이 도발적이었다. 그런데 다른 문제도 남았다. 나는 이 작품을 만들 이유를 서부의 환경에서 살아온 캐릭터가 아니라, 나의 내부에서 찾아야 했다. 나는 그 이유를 나의 문화 내부에서 찾아야 했다."[15)]

무엇보다도 레오네는 조감독으로 일하면서 어렵게 배웠던 교훈을 실천해보고 싶었다. "나는 항상 세상에서 가장 요구가 많은 관객의 내부로, 나를 밀어 넣는 것을 배웠다. 내가 영화관에 갔을 때, 나는 자주 좌절하곤 했다. 왜냐면 처음 10분만 보면, 스크린에서 무슨 일이 벌어질지 충분히 상상할 수 있었기 때문이었다. 그래서 나는 주제에 관련된 일을 할 때, 항상 놀람(surprise)의 요소를 찾았다. 사람들의 호기심을 붙들어 놓기 위해 집중했다. 처음 볼 때, 사람들은 이미지의 공격성을 경험한다. 그들은 모든 것을 이해하지 않고도, 자신들이 본 것을 좋아한다. 풍부한 바로크적 이미지는 이해보다는 놀람을 위한 것이었다. 두 번째 볼 때, 사람들은 이미지 아래에 있는 담론을 충분히 이해하게 된다."[16)] 레오네의 웨스턴 데뷔작의 담론은, 그가 주장한 대로, 장르의 법칙과 역사적인 결별을 하는 것이었다. "나 이전에, 여성을 배제하면 웨스턴 자체를 만들 수 없었다. 주인공이 긍정적인 생각을 하는 사람이라면 폭력을 행사할 수 없었다. 리얼리즘에 관련해선 아무런 질문을 하지 않아도 됐다. 그래서 주인공들이 마치 패션모델처럼 옷을 입기도 했다! 하지만 나는 부정적이고 더러워 보이는 영웅을 소개했다. 그는 '사람'처럼 보이는데, 자기 주변과는 밥 먹듯이 폭력을 행사한다."

레오네는 '요짐보'의 시나리오에 변화를 주었다. 공간적 배경은 일본의 지방에서, 멕시코와 미국의 국경으로 바꾸었다. 그곳엔 히스패닉의 가치 체계가 적용되고 있다. 어깨를 잔뜩 움츠리고 나무 조각을 씹으며 칼을 대단히 빨리 뽑는, 주인 없이 방랑하는 사무라이는 '황야의 무법자'에서는 신비에 가득 찬 '이방인'으로 변해 있다. 그는 눈까지 모자를 눌러 쓰고, 궐련을 피우며, 콜트권총을 대단히 빨리 뽑는다. '황야의 무법자'에서는 두 개의 대규모 장면이 추가돼 있다. 리오 브라보 협곡에서의 학살, 그리고 공동묘지에서의 결투다. 묘지에선 두 군인의 시체가 장식용으로 쓰인다. 구로사와의 영화와 달리, 레오네의 영화에서 제거된 중요한 장면도 있다. 곧 지역 수사관의 도착이다. '요짐보'에서는 그가 스토리의 경계 안에서, 이곳에서도 정치적, 또 사회적 세계가 진행되고 있다는 사실을 드러낸다. '요짐보'에 드러난 두 파벌을 지배하는 가부장들과 그들의 잔인한 피고용인들 사이의 정교한 구분은 여기 웨스턴의 부패한 세계에서는 갈 데까지 간다. 곧 레오네가 시나리오에 쓴 대로 "모든 사람이 부자가 되든지, 아니면 죽는다." '황야의 무법자'는 19세기 일본에서 일어날 법한 에피소드로 도입부를 여는 대신에, 마치 연극의 한 장면처럼 진행된다. 합창단원(미친 종치기 후안 데 디오스) 같은 인물이 무대를 열고, 시체가 널브러져 있는 장면(관 짜는 노인이 목례를 한다)에 대한 오버헤드 쇼트로 마지막 커튼을 닫는 식이다. 레오네는 이렇게 기억했다. "내가 나의 첫 웨스턴을 준비할 때 떠오른 생각인데, 윌리엄 셰익스피어가 웨스턴을 썼으면 걸작을 남겼을 것이란 상상이었다. 그가 이탈리아에는 전혀 와보지도 않고, 이탈리아의 위대한 사랑 이야기(〈로미오와 줄리엣〉)를 썼으니 말이다." 그래서인지 레오네는 도입부에서 종치기가 산 미구엘 마을에 도착한 이방인에게 인사할 때, 〈햄릿〉을 참조한 대사를 툭 던지게 했다.[17)]

사실 무대 위의 '인형'(puppets)은 구로사와의 문화라기보다는 레오네의 문화이다(1장 참조). 무대에는 성서를 참조하는 표현이 무수히 나왔다. 이런 것들이다. 신비한 이방인은 볼품없는 노새를 타고 마치 예수가 예루살렘에 들어가듯 산 미구엘에 들어간다(또는 존 포드의 '청년 링컨'에서, 링컨이 일리노이주의 스프링필드에 들어가듯). 이어서 술집 바깥의 나무 관 위에 이방인을 위해 그려 놓은 십자가, 로호(Rojo) 집안의 '최후의 만찬'에 참여하는 이방인, 그의 죽음과 부활(다시 일어섬), 반복되는 배신, 그리고 공동묘지와 관이 인상 깊게 등장한다. 레오네는 또 이방인에게 심판의 날에 등장하는 가브리엘 천사의 이미지를 입혀 놓았다. 가브리엘은 절멸의 천사로, 그의 이야기는 이 영화의 '우화'와 닮아있다. 한편 레오네의 영화는 이탈리아의 전통 가면극 '콤메디아 델라르테'(commedia dell'arte)의 특성, 그리고 카니발의 특성도 갖고 있다. 이는 많은 사람이 함께 나올 때 분명하게 확인된다. 곧 사기꾼처럼 행동하는 이방인 영웅은 전통적인 영웅과 달리, 먹고 마시는 데 집중한다. 죽음에 대한 조롱이 있고, 히스패닉 캐릭터들은 과장된 행동을 하며, 산적들의 얼굴엔 그로테스크한 리얼리즘이 표현돼 있다. 신성한 순간의 표현에 대중문화적인 게 동원된다(여기선 웨스턴 영화). 이런 장면들은 마치 예배의 한 부분 같고, 반복되는 이중 배신은 관객들을 계속 성서에 대해 생각하게 만든다. 이 모든 것이 모여질 때, 문학 비평가 미하일 바흐친의 유명한 말이 떠오를 것이다. "웃음이 풍성한 세상의 이용은 공식적인 문화, 진지한 것, 종교적인 것 그리고 권력 관계를 뒤집는다." 다시 말해 〈그리스도는 에볼리에 멈췄다〉(카를로 레비의 기록 문학)가 아니라, '이스트우드는 잠시 산 미구엘을 방문했다'가 되는 것이다.

그리고 미국 웨스턴에 대한 참조도 있다. 먼저 '셰인'(1952)을 불러냈다. 어디서 왔는지도 모를 신비에 가득 찬 이방인이 도착한 뒤, 다시 자기의 장소로 되돌아가는 이야기이다. '셰인'은 레오네가 첫 번째 웨스턴 시나리오를 쓸 때, 그에게 특별히 중요한 작품이었다. 레오네는 주인공 알란 라드의 연기에는 크게 인상 받지 않았다. 레오네는 '셰인'을 '추상화, 걸어 다니는 신화'로 간주했다. 레오네는 검은 모자를 쓰고, 한쪽 손에 검은 장갑을 낀 전문 총잡이 윌슨(잭 팰런스)을 사랑했다. 윌슨은 말에서 내릴 때 "대단히 천천히, 그리고 스타일 있게" 연기했다. 그리고 레오네는 '셰인'의 그래프턴 상점 바깥에서의 결투 장면을 매우 즐겼다. "그건 총알이 어떤 사람을 맞추면 무슨 일이 벌어지는지를 실감 나게 보여줬다." 에드워드 드미트릭의 '워락'(Warlock, 1959)도 참조했다. 이 긴장된 영화에서 앤서니 퀸은 마을 사람들을 불러내는데, "그들은 마치 아이들이 서커스 행진을 기다리듯" 결투를 기다렸다. 존 포드의 '황야의 결투'(1946)에서는 "역마차에 의해 만들어진 먼지 속의 결투"가 나온다. 하워드 혹스의 '리오 브라보'(1959)에는 "존 웨인과 딘 마틴이 길의 양쪽을 걸으며 대단히 조심스러운 야간 순찰을 한다." 프릿츠 랑의 '웨스턴 유니온'(1941)도 언급했는데, "조의 이발소에서 반만 면도한 악당과 랜돌프 스콧 사이의 경이로운 결투" 때문이었다. 앤서니 만의 '윈체스터 73'(1950)은 그 상징적인 장총, 그리고 폭력을 통해, 폭력에서 자신을 해방하는 영웅을 참조했다. 존 포드의 '리버티 밸런스를 쏜 사나이'(1962)도 중요했는데, 이 영화는 "마침내 등장한, 환영에서 깨어난 작품"이었기 때문이었다.[18] 작가 루치아노 빈첸초니가 말했다. "당시 세르지오 레오네가 가장 좋아하던 작품은 '워락'이었다. 그 작품을 그의 머리에 인쇄해두었다. 인물들 사이의 관계 맺기가 특히 레오네에게 깊은 인상을 주었다."[19]

환영에서 깨어나는 것은 레오네 영화의 기본적인 메커니즘 가운데 하나였다. 그래서 산 미구엘이라는 마을은 미래에 살아갈, 아무것도 갖지 않는 곳으로 나온다. 인형들의 무대는 먼지가 낀 창문의 커튼을 통해 관객에게 드러난다. 인형들이 원하는 것은 오로지 전능한 달러이다. 투자하려는 게 아니라, 달러가 '상금'(prize)이기 때문이다. 이 작품의 시나리오를 쓸 때, 레오네는 처음으로 "시칠리아 전통 극장의 인형들과 스펙터클 쇼 '와일드 웨스트'(Wild West)의 캐릭터들 사이에 미묘한 유사성이 있다는 것을 알게 됐다. 물론 두 세계 사이의 장식과 디테일은 다르다. 하지만 인간 존재의 동기는 단순했고, 상황은 변하지 않았다는 것"이다.[20)]

레오네가 만든 산 미구엘이라는 마을은 아주 유명하고 사악한 두 가족 혹은 파벌에 의해 지배된다. 곧 로호(Rojo) 가족과 박스터(Baxter) 가족이다. 마을의 중앙에는 종탑(campanile)이 있다. '캄파닐리스모'(Campanilismo, 종탑주의, 곧 고향에 대한 사랑)는 이렇게 고립되고, 위치도 모를 마을에도 시민 의식이 있다는 증거이다. 레오네의 가족에 대한 시각은 상징적인데, 그는 액션의 중심에 '신성한 가족'(훌리오, 마리솔, 아기 예수)의 판본을 심어 놓았다. 이는 '요짐보'의 가족에는 없던 특성이다.[21)] 이방인이 아주 드물게 자신의 과거와 사적인 윤리를 드러내는 순간이 있다. 은혜를 입은 마리솔이 그에게 질문한다. "왜 당신은 우리에게 이런 일을 해주나요?" 그가 답한다. "과거에 당신 같은 사람을 알았지. 그때는 아무도 도와주는 사람이 없었어." (최초의 시나리오에는 이런 수수께끼 같은 말이 설명적으로 길게 언급됐는데, 나중에 모두 뺐다). '신성한 가족'에 대한 이방인의 태도는 그가 사실은 선인이라는 점을 알게 한다. 이는 로호의 패거리들이 아기 예수에게 한 행동(아이 방향으로 무차별 사격을 한다)이 그들의 사악함을 강조한 것과 대조된다. 마지막으로 기억할 게 있는데, 신성한 가족은 짐을 싸서, 어디론가 정착할 곳을 향해 가야 한다. 산 미구엘은 아기를 키울만한 곳이 전혀 아니기 때문이다.

이방인은 당연하게도 늘 혼자 일을 해나가길 좋아한다. 그런데 로호 집안의 에스테반은 이방인이 만약 자기들과 함께 일하기를 원한다면, 로호의 거주지에서 "함께 자야 한다"라고 말한다. 이방인은 담배 연기를 에스테반의 얼굴에 뿜으며 이렇게 대답한다. "여기는 아주 좋군. 하지만 당신들 남자들이 그렇게 매력적이진 않군." 실제로 '그 남자들'은 잔인한 악당으로 드러난다. 그들은 이방인을 고문할 때는 배를 잡고 웃으며 때리고, 그럴 때면 에스테반은 아주 기분이 좋은지 자기 손을 다리 사이로 비비기도 한다. 박스터 집안의 가모장인 콘수엘로 박스터가 남편과 아들의 죽음에 슬퍼할 때, 그녀를 쏜 사람은 에스테반이다. 이 행동은 사이코패스 같은 로호 집안의 리더이자 형인 라몬(잔 마리아 볼론테)까지 놀라게 한다. 이방인이 콘수엘로와 마리솔과 맺는 관계를 보면, 여기선 여성도 같은 '동료'로 간주된다. 이방인은 콘수엘로의 내실로 숨어 들어가서, 마치 공격할 듯하더니, 현재 벌어지고 있는 상황을 모두 이야기해준다. "군인들이 국경으로 역마차를 끌고 가는데, 그 안에는 금이 있다."라고 알려준다. 그가 처음 마리솔을 만났을 때는 그만 실수로 그녀의 얼굴에 주먹을 날리고 말았다. 이런 장면들을 찍을 때, 레오네는 객석에 앉아 있는 젊은이들을 염두에 뒀을 것이다. 산만한 젊은 관객들, 곧 서로 전통 할리우드 웨스턴에서 봤던 로맨틱한 순간에 관해 이야기하기 바쁘고, 여전히 집에서 '맘마'(mamma)와 함께 살고 있을 그들 말이다. 이방인은 마치 이런 젊은이들 같다. 다른 사람의 몸에 손을 댄다든지 또는 감정을 드러내는 것을 하지 못 한다.

레오네 영화의 주요 장면과 '요짐보'의 주요 장면을 대조하면, 많은 유사점도 있고, 많은 다른 점도 있다. '요짐보'의 주인공은 파수꾼과 장의사에게 자신은 이곳에 머물면 참 행복하겠다고 말한다. 그리고는 자신의 사업에서 이윤을 남기면 더욱 행복하겠다고 덧붙인다. "이봐, 나는 죽이면 돈을 받아. 여기 남자들이 모두 죽으면, 나에겐 더 좋겠지." 그리고는 그 요짐보(경호원이란 뜻)는 사케 파벌에게 시비를 건다. 그는 어슬렁거리며 걸어가더니, 머리를 긁적거리고, 그리고는 재치있는 말을 그들에게 던진다. "참 착한 얼굴들이네. 화를 내면 더욱 귀여워 보일 거야." 상대들이 화를 내며 덤비자, 미후네는 칼을 재빨리 뽑아, 팔을 자르고, 배를 찌르고, 그리고는 자신의 칼을 마치 의례를 하듯 멋있게 칼집으로 넣는다. 이 모든 게 겨우 몇 초 만에 일어난다. 그는 장의사에게 걸어가서, '관 두 개'라고 말한다. 그리고는 잠시 생각하더니, '아마 세 개'라고 덧붙인다.

이제 레오네의 영화를 보자. 이방인은 박스터의 남자들에게 모욕을 당한다. 그들은 총을 쏘아 이방인의 노새에게 겁을 주었고, 그를 거의 안장에서 떨어지게 했다. 그러자 이방인은 곧

장 로호 집안으로 가서, 만형 미구엘에게 '봉사'를 제안한다. 단 "나는 싸게 일하지 않는다."라고 덧붙인다. 그리고는 그는 박스터 남자들에게 다시 가서, 싸울 생각을 한다. 이방인은 그들에게 서서히 걸어가며, 관을 만드는 노인 곁을 지난다. 노인은 나무 작업을 하며 콧노래를 크게 부르고 있다. "곧 관 세 개가 필요할 거요." 이방인은 박스터의 주거지에 도착한다. 농장의 입구에는 방금 전에 이방인을 모욕했던 남자들이 빈둥거리며 앉아 있다. 그들은 이방인을 또 놀리고, 웃는다. "우리는 너처럼 나쁜 놈을 이 마을에서 다시 보고 싶지 않아. 너의 노새를 타고 꺼져." 고개를 숙이고 있던 이방인은 이들에게 쏘아붙인다. "이봐, 나의 노새는 너희들이 그의 발에 총을 쏘았기 때문에 화가 나 있어." 이방인은 얼굴을 들고, 패거리를 위협하듯 바라본다. 농담은 더는 없다. "잘 들어. 나의 노새는 사람들이 웃는 걸 좋아하지 않아. 그를 보며 웃으면, 그는 아마 미칠 거야. 하지만 그에게 사과한다면, 나는 너희들이 그럴 거라 생각하는데, 그렇다면 나는 너희들이 진심으로 괴롭혔던 것은 아니라고 노새를 설득시켜 보겠네." 이러자 박스터의 남자들은 침을 뱉고, 인상을 잔뜩 찌푸린다. 이방인의 미간은 더욱 좁아지고, 박스터의 남자들은 총을 뽑으려 한다. 하지만 이방인은 더욱 빨리 총을 뽑아, 네 명을 순식간에 쓰러뜨린다. 박스터 집안의 리더인 보안관 존은 이방인에게 바로 경고한다 ("당신은 전부 네 명이나 죽였어. 당신은 대가를 치를 것이고, 교수형에 처해질 거야."). 이방인은 시큰둥하게 "당신이 시체들을 더 잘 묻어줄 것 같군."이라고 답한다. 그는 뒤돌아서서 걸어간다. 술집 바깥의 인도에 도착했을 때, 관을 만드는 노인을 보고 말한다. "나의 실수였소. 관 네 개요."

이것이 레오네가 만든 활기찬 영화의 수사학이다. 여기엔 수없이 많은 할리우드 웨스턴에 관한 참조도 들어 있다. 그래서 레오네는 자신의 작품은 '요짐보'를 '카피한 게' 아니라, 할리우드 웨스턴을 이탈리아어로 번역한 것이라고 주장했다. 이방인의 개성 있는 스타일은 구로사와의 뒤뚱거리고, 몸을 긁는 주인공과는 한참 동떨어진 인물이기도 하다. 이방인은 기술적으로 실력이 있고, 말을 매섭게 하며, 필요할 때는 입술을 꼭 다물고 침묵하는데, 이는 마피아의 '침묵하는 존재'(omerta)에 더 가까운 인물이다.[22)]

레오네는 1964년 1월 말, 각색을 모두 끝냈고, 제작자를 찾아 나섰다. 촬영감독 토니노 델리 콜리는 자기 아내의 사촌인 아리고 콜롬보(Arrigo Colombo)를 추천했다. 그는 투자를 고려하고 있었는데, '이 작품이 잠재력을 터뜨릴지 자신이 없어.'[23)] 결정을 철회했다. 그래서 레오네는 다시 프랑코 '케코' 팔라지(Franco 'Checco' Palaggi)를 찾아갔다. 팔라지는 콜롬보의 '욜리'(Jolly) 영화사에서 프로듀서로 일하곤 했다. 팔라지는 레오네를 위해 여러 이야기를 만들어내고, 여러 역할을 했다. 팔라지는 레오네의 영화는 독일과 스페인 협력회사의 도움을 받는 데는 적지 않은 문제점을 안고 있다고 말했다. 우선 투자를 받기 위해서는 두 국가 출신의 배우를 캐스팅해야 했고, 영화는 1억 2천만 리라로 만드는 저예산 수준을 유지해야 했다. 세 국가는 각각 4천만 리라씩 분담하는 것이었다. 레오네는 이렇게 기억했다. "나는 페플럼 영화를 만들 때부터 독일과 스페인 영화사와는 좋은 관계를 유지하고 있었다. 그래서 나는 투자자들이 큰 어려움을 느끼지 않고, 제작에 참여할 것이라고 순진하게 생각했다." 독일의 투자사는 '콘스탄틴'(Constantin)이었는데, 이 영화사는 칼 마이 소설의 각색(특히 웨스턴)에선 최고급의 솜씨를 보였었다. 팔라지는 다시 이 영화의 기획을 아리고 콜롬보와 그의 파트너인 조르지오 파피(Giorgio Papi)에게 가져갔다. 파피와 콜롬보는 욜리 영화사의 공동 창업자인데, 이미 이탈리아-스페인 합작의 웨스턴인 '텍사스의 결투'(Duello nel Texas, 1963)를 제작한 적이 있다.[24] 조르지오 파피는 1940년대 초부터 영화계에서 일하며, 8편의 장편을 프로듀스했다. 그는 장 르누아르의 '프렌치 캉캉'(1954)에서 함께 일했고, 1960년대는 영국 해머 영화사의 호러들을 이탈리아 판본으로 바꾸어 프로듀스하기도 했다. 콜롬보는 상대적으로 늦게 영화계에 들어왔다. '마치스테 대 헤라클레스'(1962)에서 크레딧에 이름을 올렸다.

파피와 콜롬보는 로마의 베네토 거리에 있는 엑셀시오르 호텔에서 레오네와 첫 미팅을 가졌다. 이들은 시사실에서 레오네에게 '텍사스의 결투'를 보여주었다. 당시 욜리 영화사와 계약 관계에 있던 근육남 리처드 해리슨이 주연이었고, 공동 작가로 앨버트 밴드, 촬영감독에 '잭 달마스'(본명은 마시모 달라마노), 그리고 음악은 '댄 사비오'(본명 엔니오 모리코네)였다. 시사실의 실내조명이 들어오고, 엔딩 부분에서 노래가 흘러나올 때('총에서 손을 떼지 마라, 그 누구도 믿지 마라.'), 레오네는 말을 잊고 말았다. 레오네가 기억했다. "총알이 머리에 맞기도 전에 배우는 마루에 쓰러지는, 그런 수준 이하의 영화였다. 이름이 그링고인 사슴 가죽옷을 입은 영웅이 아버지가 살해당했다는 사실을 당국에 알리기 위해 마을에 말을 타고 들어와서, 침착하게 이발소로 걸어 들어가, 씻고 머리를 빗고, 면도하고, 그리고는 이렇게 말한다. '나는 이제 보안관을 찾아가야 해. 누군가가 나의 아버지를 죽였어.' 그런 수준의 영화였다."

하지만 파피와 콜롬보는 당시 돈을 갖고 있었고, 두 편의 웨스턴 혹은 한 편 반의 웨스턴에 동시에 투자할 수 있었다. 첫 번째 작품은 제목까지 정해졌는데, '총알은 다투지 않는다'(Bullets Don't Argue)였고, 시나리오 작가 겸 감독은 마리오 카이아노(Mario Caiano)였다(영어 이름은 Mike Perkins). 만약 레오네가 저예산으로 영화를 만들 준비가 돼 있고(욜리 영화사는 4천 5백만 리라를 투자받은 상태에서, 전체 제작비의 1/3인 4천만 리라를 댄다. 그러니 어떤 일이 일어나든 욜리 영화사는 괜찮은 이익을 보는 것이다), 촬영을 6주 안에 끝마친다면, 파피와 콜롬보는 시나리오의 초안 제목인 '황야의 이방인'(The Magnificent Stranger) 제작을 지원할 것이다. 단 다른 영화를 만들 때 쓴 재료들을 모두 이용한다는 조건이었다. 파피와 콜롬보는 덧붙여 '총알은 다투지 않는다'와 같은 로케이션, 대부분 같은 스태프, 같은 의상, 비슷한 방식의 시나리오, 심지어 같은 배우들을 쓰라고 요구했다. 한 가지 다른 점이 있다면, '총알은 다투지 않는다'의 주인공인 캐나다 배우 로드 캐머런(Rod Cameron)에게는 '황야의 이방인'의 다른 배우들 개런티보다 더 많은 보수를 주겠다는 것이었다. 레오네는 불과 2년 전만 해도 고예산 영화 팀에 속해 있었다. 그런데 마치 복수를 당하듯 레오네는 다시 '가난한 팀'으로 밀려났다. 그런 데에는 이유가 있었다. 토니노 발레리(한때 레오네의 조감독)가 말했다. "프로듀서들은 레오네가 연출하는 것을 원하지 않았다. 왜냐면 그들은 레오네의 능력을 신뢰하지 않았거나, 혹은 그를 매우 대단한 인물로 간주했기 때문이었다. 불리한 소문도 돌았다. 레오네는 현장에서 광기를 보이며, 자신을 믿지 못하고, 비용이 많이 드는 아이디어를 주로 낸다는 것이었다. 그런데 레오네가 연출을 맡아야 한다고 두 제작자 파피와 콜롬보를 설득한 사람은 프랑코 팔라지였다."[25)]

원래 레오네는 카이아노 감독의 웨스턴 '총알은 다투지 않는다'를 위해 선발된 디자이너 알베르토 로치안티와도 같이 일해야 했다. 그런데 토니노 발레리에 따르면 예상하지 않은 일이 벌어졌다. "어느 날 건축가 카를로 시미가 욜리 영화사의 사무실에 왔다. 당시 그는 로마에 있는 콜롬보의 아파트에서 실내장식 작업을 하고 있었다. 그는 레오네의 책상 위에 펼쳐져 있는 세트 관련 그림들을 보았다. 그는 미소를 지으며 물었다. '이건 아마 멕시코의 인테리어 작업이지요?' 레오네가 놀라 되물었다. '왜요? 당신이 이것을 더 잘 꾸밀 수 있나요?' 대답은 하지 않고 시미는 연필을 들어 그림을 그렸다. 거대한 천장이 있는 실내인데, 그 천장은 나무로 된 기둥들과 무거운 지지대로 떠받쳐져 있었다. 레오네는 놀라 입을 벌리고 있었다. 그 자리에서 레오네는 미술 감독은 로치안티가 아니라 시미가 맡아야 한다고 확신했다. 이후 시미는 레오네의 모든 영화에서 세트와 의상과 소품을 책임질 디자이너가 됐다."[26]

카를로 시미가 웨스턴의 건축에 관해 알고 있던 것은 우연이 아니었다. 시미가 나에게 말했다. "나는 세르지오 코르부치의 영화를 만들기 위해, 웨스턴 시대의 건축에 대해 이미 공부했었다. 코르부치는 웨스턴 '미네소타 클레이'(Minnesota Clay)를 준비하고 있었다. 그 영화는 자금이 부족해 당시에 엎어져 있었다. 어느 날 저녁, 나는 나의 친구인 프랑코 팔라지를 만나러 갔다. 팔라지는 내가 이름과 명성만 알고 있던 세르지오 레오네와 미팅을 하고 있었다. 레오네는 나에게 강한 인상을 남겼다. 그의 말투는 감히 누구도 부정하지 못할 것 같았고, 주위의 모든 이를 통제했다. 나는 책상 부근에 있었는데, 그 위에 영화 관련 그림들이 있었다. 나는 그 그림들이 영화에 수용될 수 없다는 점을 말해야 했다. 약간 결례가 되게, 나는 나의 의견을 큰 목소리로 말했다. 레오네가 물었다. '당신이 말한 것을 증명할 수 있소?' '물론이요, 나는 자격을 갖춘 건축가요.' 그러자 레오네가 다시 말했다. '가서 그림을 가져오시오. 그래서 당신의 능력을 보여주시오. 여기서 기다리겠소.' 그래서 나는 '미네소타 클레이'의 그림을 갖고 돌아왔다. 레오네는 그 그림들을 자세히 보더니, 자기와 함께 제작자 아리고 콜롬보의 사무실로 올라가자고 했다. 그곳에서 레오네는 퉁명스럽게 콜롬보에게 말했다. '나는 이미 정해져 있는 디자이너와는 일 못 하겠소. 나는 이 사람과 일하겠소.' 처음에 콜롬보는 당황하여 지금은 시간적 여유가 없다고 반대했다. 그리고는 전략을 바꾸었고, 그 대신 조건을 내세웠다. 내가 디자인과 의상을 두 작품에서 동시에 해야 한다는 것이었다. '황야의 이방인'('황야의 무법자'의 초안 제목)과 '총알은 다투지 않는다' 두 작품 모두 말이다. 나는 짧은 시간에 정말 어마어마한 작업을 해내야 했다. 그런데 당신은 믿을 수 있겠소? 제작자들은 계획을 바꾸어, '미네소타 클레이'도 새로 만들기로 했다는 사실 말이요."[27]

이 영화를 위한 카를로 시미의 세트 디자인과 의상, 그리고 다른 많은 이탈리아 웨스턴에서의 그의 작업은 스타일이 넘치고, 독창적인 것이었다. 촬영감독 마시모 달라마노(Massimo Dallamano, 욜리 영화사의 고정 스태프)도 대단히 중요한 역할을 했다. 토니노 발레리는 이렇게 말했다. "달라마노는 당시 테크니스코프라는 와이드스크린 포맷을 이해한 최초의 인물이었다. 테크니스코프는 그때 '2p' 또는 '구멍 두 개 포맷'으로 불렸다. 이 장비로는 새로운 종류의 클로즈업을 할 수 있었다. 극단의 클로즈업이라고 말할 수 있는데, 얼굴 앞부분의 경우 턱의 위부터 턱의 맨 아래까지를 클로즈업할 수 있다. 그러면 영화의 아주 세밀한 부분까지 놓치지 않을 수 있다. 또 다른 주요한 인물은 프랑코 지랄디(Franco Giraldi)인데, 그는 제2 제작팀의 감독을 맡았다. 그의 미국식 예명은 프랭크 가필드였고, 나중에 이탈리아 웨스턴 '맥그리거 집안의 일곱 개 총'(Seven Guns for the Macgregors, 1965)을 연출했다."[28)]

레오네는 자신에게 주어진 주요 로케이션 제안을 기쁘게 받아들였다. 먼저 '웨스턴 특유의 대로'였다. 이 거리는 원래 1961년에서 1962년 사이, 마르첸트 감독의 '조로' 영화들을 위해 시에라 마드리드에 세워졌다. 이후에는 초기의 스페인-이탈리아 합작 웨스턴을 위해 사용됐다. 이 지역은 '오호 데 만사나레스'(Hojo de Manzanares)라고 불렸다. 이곳은 마드리드 북쪽으로 35km 떨어진 산 페드로 지역의 '라 페드리시아 디 콜메나르 비에호'(La Pedrizia di Colmenar Viejo)와 가깝다. '조로' 영화 세트의 대로에는 한 면만 판자로 만든 건물들, 점토로 만든 교회, 2층짜리 건물 등이 있다. 교회와 건물 사이에는 원형의 분수가 있다. 레오네는 처음 스페인의 로케이션을 봤을 때 바로 만족했다. "그건 마치 버려진 유령 도시 같았다. 바로 내가 원하던 효과였다. 나는 스페인 소유자에게 그곳을 절대 고치지 말라고 설득했다." 레오네는 영화 속의 '리오 브라보 협곡'을 표현하기 위해, 강변 로케이션도 받아들였다. 그 강변은 '총알은 다투지 않는다'에서는 '리오그란데의 둑'으로 설정돼 있었다. 세 번째의 주요 촬영지는 마드리드에 있는 '카사 데 캄포'(Casa de Campo)였다. 전통적인 전원생활과 민속 관련 박물관이었는데, 이곳엔 집들, 안뜰, 숙박소, 지하창고 등이 있었다. 카를로 시미에 따르면, 건축비를 아끼기 위해 제작자 콜롬보가 선택한 장소였다. 이것은 로호 집안의 거주지가 된다. 시미가 덧붙였다. "부자이자 권력을 가진 박스터 집안을 위한 집은 특별히 디자인됐다. 레오네는 그 집을 보고 '바로크적 감각'에 큰 애정을 느꼈다."[29)]

'총알은 다투지 않는다' 팀이 먼저 스페인의 콜메나르(Colmenar)로 가야했다. 그러면 1964년 4월 말에 레오네 팀이 합류할 예정이었다. 첫 촬영은 관목으로 뒤덮인 곳에서 진행하려 했다. 그런데 '황야의 무법자' 팀은 레오네가 발견했다고 주장하는 사막 같은 곳으로 가야 했다. "그곳은 내가 '폼페이 최후의 날'을 찍을 때, 최남단인 알메리아에서 발견했다. 전신주도 없고, 전기도 없지만, 원하기만 하면 카메라를 360도 돌릴 수 있는 곳이다. 그곳엔 점토로 만든 작은 집들도 있는데, 그것은 영화의 배경을 더욱 옛날처럼 보이게 했다."[30)] 조감독 토니노 발레리는 좀 다르게 기억했다. "레오네는 영화를 촬영할 때, 알메리아에서 한 시간도 보내지 않았다. 제2 제작팀의 프랑코 지랄디가 주요 장면을 찍었다. 곧 리오 브라보 협곡 장면, 박스터 집안의 저택이 불타는 야간 장면, 그리고 사막에서 찍은 외부 장면 등이다."[31)]

제2 제작팀 감독 프랑코 지랄디는 마지막 순간에 팀에 합류했다. 당시 스태프는 대부분 마드리드에 있었다. 그가 말했다. "그때까지 그들은 제2 제작팀이 필요하다는 사실을 인지

하지 못했다."[32] 레오네는 이방인 장면과 그에 필요한 컷어웨이(cutaway, 두 쇼트 사이의 삽입 장면) 찍기에 바빴다. 하지만 레오네는 로케이션 장소를 찾는 데는 적극적으로 도움을 주었다. 결국에 그들은 자갈 깔린 안뜰을 찾았다. 알메리아 동쪽에 있는 산 호세에서 5분 정도 떨어진 '코르티호 엘 소티요'(Cortijo El Sotillo)에서 찾았는데, 그곳에선 우물과 점토로 만든 주거지도 찾았다. 이 모든 곳은 지역의 지주가 소유하고 있었다. 이곳은 영화의 도입부에 나오는 허구의 도시 '산 미구엘'의 외곽을 표현하기에 이상적이었다. 레오네는 또 타베르나스(Tabernas) 사막 위쪽에 있는 로스 필라브레스(Los Filabres) 산의 기슭에서 두 개의 '람블라스'(ramblas, 바닥이 말라버린 강)를 찾아냈다. 레오네는 덩치 큰 멕시코 사람들이 말을 타고 돌진할 때의 협곡을 이곳에서 표현하려 했다. 그런데 문제는 그곳에 접근하기가 대단히 어려웠다는 점이다. 먼저 그라나다 또는 알메리아에는 공항이 없었다. 그래서 타베르나스 사막까지는 마드리드에서 시간이 오래 걸리는 기차를 타거나, 또는 말라가에서 기차보다 시간이 더 걸리는 차로를 이용해야 했다. 더 나아가 그 지역에는 촬영에 관련된 시설이 거의 없었다. 당시 알메리아는 스페인에서 가장 낙후된 곳이었다. 어떤 사람들은 프랑코 총통이 의도적으로 알메리아를 차별했다고도 주장했다. 스페인 내전 때 알메리아 사람들이 치열한 공화주의자였다는 이유에서다. 그래서 중앙에서든 지역에서든 그 어떤 정부 지원을 하지 않았다고 한다. 그런데 1962년 봄, 데이비드

린이 '아라비아의 로렌스'를 그곳에서 찍은 뒤, 알메리아의 사막은 세계의 영화인들에게 대단히 매력적인 곳으로 알려졌다.

마드리드에서 촬영지를 찾고 있을 때, 레오네는 스턴트 감독이자 배우인 베니토 스테파넬리를 만났다. 스테파넬리가 말했다. "나는 그때 치네치타의 세트에서 촬영된 코미디 웨스턴 두 편의 제작에 참여했다. 세르지오는 그 일에 큰 흥미를 보였다. 그때 그는 제작자 파피와 콜롬보와 함께 웨스턴을 만들 준비를 하고 있었다. 세르지오는 우리가 어디서 총과 의상들을 조달했는지 대단히 궁금해했다. 그는 나에게 스토리 라인을 들려주었고, 그러면 나는 의견을 주곤 했다. 이야기가 끝날 무렵, 레오네는 나에게 스턴트 공동 감독을 제안했다. 나는 그에게 '로도스의 거상'(레오네의 장편 데뷔작)에서 함께 일했던 사람에게 요청하라고 대답했다. 레오네는 고집을 꺾지 않았고, 결국 우리는 함께 일하기로 했다. 그 일은 요청과 거절이 거듭되며 결정됐다."[33] 스테파넬리는 다음 7년 동안 레오네의 모든 웨스턴에서 함께 일하게 된다.

레오네 영화의 주인공은 미국인 배우가 맡아야 했다. 제작자 파피와 콜롬보는 자신들의 큰 자산인 리처드 해리슨을 캐스팅하길 바랐다. 해리슨은 과거 아메리칸-인터내셔널 픽처스 소속이었는데, 최근에 '무적 검투사'(1962)와 '무적 페르세우스'(1963) 등에 출연하며 몸을 크게 만들어 놓았다. 하지만 레오네는 제작자들의 제안을 거부했다. 해리슨의 출연료는 비교적 합리적인 2만 달러였지만, 그에겐 매력적으로 다가오지 않아서였다. 레오네는 주인공 '이방인' 역으로 헨리 폰다를 마음에 두고 있었다. 관객들에겐 즐거운 '놀람'인, 이런 캐스팅이 전형성에 반하는 것이라고 여겼다. 또 다른 이유도 있는데, 젊은 시절 로마의 트라스테베레에 있는 어둡고 더러운 극장에서 영화를 볼 때, 시네필 레오네에게 헨리 폰다는 영웅이었다. 그래서 영어 대사의 시나리오를 할리우드에 보냈다. 그런데 폰다의 에이전트는 시나리오를 배우에게 보여주지도 않았다. 단지 '폰다는 그 일을 할 수 없다'라는 답만 보냈다. 그래서 레오네는 다른 젊은 배우 두 명을 떠올렸다. 그들은 강하고 과묵한 타입인데, '황야의 7인'에서 '전문가'로서의 뚜렷한 인상을 심어준 배우들이다. 곧 제임스 코번과 찰스 브론슨이 그들이다. 코번은 캐스팅에 응하며 2만 5천 달러의 개런티를 요구했는데, 제작자들은 부담할 수 없다고 했다. 한편 브론슨은 그 시나리오는 당시에 자신이 본 것 중 가장 나쁜 것이라고 생각했다. 브론슨은 레오네의 제안을 딱 잘라 거절했다(훗날 브론슨은 이렇게 고백했다. "내가 이해할 수 없었던 것은 시나리오에 어떤 특별한 점도 없었다는 것이다. 그런데 그걸 특별하게 만든 것은 레오네의 방식이었다.").[34] 작가 세르지오 도나티에 따르면, 레오네는 클리프 로버트슨(Cliff Robertson)도 심각하게 고려했다. 도나티의 기억이다. "로버트슨은 레오네의 마음에 있던 배우였다. 하지만 그의 개런티가 제작비와 거의 맞먹었다."[35] 제작자 파피와 콜롬보는 당시 54살이던 로드 캐머런에게 역을 맡기자고 제안했다. 그는 당시 위기에 몰려 있었고, 그래서 두 영화 모두에서 써먹을 수 있었다. 하지만 그가 제작 예산을 줄여준다고 해도, 레오네에게 캐머런은 적역이 아니었다. 웨스턴의 전설적인 배우 벅 존스(Buck Jones)의 스턴트 대역으로 영화 경력을 시작한 캐머런은 레오네의 구상에는 전혀 들어있지 않았다.

이 즈음에 로마에 있는 윌리엄 모리스 에이전시에서 일하던 클라우디아 사르토리가 욜리 영화사에 연락했다. 미국의 CBS에서 장기 방영하던 TV 웨스턴 '로하이드'(Rawhide) 시리즈의 에피소드 91에 관련된 16mm 복사본을 방금 받았다고 알렸다. 그리고 '에피소드에 등장하는 젊고 키 큰 배우가 흥미로울 것'이라고도 했다. 조감독이던 토니노 발레리는 당시 욜리 영화사에서 사후 제작을 담당하고 있었는데, 클라우디아 사르토리의 제안을 레오네가 어떻게 거절했는지를 전해주었다. 레오네는 그녀에게 이렇게 말했다는 것이다. "나는 당신이 연락한 것을 들었어. 하지만 나는 제임스 코번을 원해." 그래서 내가 레오네에게 말해주었다. "세르지오, 너의 영화가 완성되길 원한다면, 현실적으로 되어야 해. 그리고 우리는 사무실 근처에 있는 임시 시사실에 갔다. 그곳에 있는 편집기로 우리는 그 에피소드를 봤다."[36] 그 에피소드는 1961년 11월 10일 미국 TV에서 처음 방영됐다. 제목은 '검은 양의 사고'(Incident of the Black Sheep)였다. 내용은 수많은 웨스턴에서 우려먹는 목장주와 양치기 사이의 갈등이었다(여기엔 '셰인'도 포함된다).

스토리는 이렇다. 소 떼를 모는 카우보이들이 어떤 양이 이동 경로에 끼어들자, 서로 달려간다(소 떼는 텍사스의 산 안토니오에서 출발해, 캔자스의 세달리아로 향하고 있다). 소 떼를 이끄는 짐 퀸스는 말에서 떨어져 부상을 입었다. 이동의 책임자 질 페이버(에릭 플레밍)는 양치기 토드 스톤(특별 출연 리처드 베이스하트)에게 그 양을 옆으로 가게 하라고 요구한다. 하지만 스톤은 이를 거절한다. 그래서 그 임무는 카우보이 가운데 성격이 꼿꼿한 라우디 예이츠(Rowdy Yates, 클린트 이스트우드)에게 떨어진다. 그는 소 떼의 이동 경로 가운데에서 양이 무슨 짓을 하고 있는지 이해할 수가 없었다. 그는 양의 냄새를 맡을 때마다 복통을 일으키기도 한다. 예이츠는 그 양에게 겁을 주려 했지만 실패했고, 결국에 스톤과 주먹질을 하며 싸움까지 한다. 스톤은 쓰러졌고, 심각한 부상을 입는다. 페이버는 예이츠를 꾸짖고, 스톤을 역마차에 태워 가까운 의사에게 데려가라고 명령한다. 마을에 가자, 목장주의 남자들이 예이츠를 양치기로 오인하여, 두들겨 팬다. 그리고는 부당하게도 예이츠를 감옥에 집어넣는다. 그래서 예이츠는 '양에 대한 증오'의 위험성과 양에 대한 일반적인 편견에 관하여 깊은 깨달음을 얻는다. 그는 말한다. "이봐, 나는 미국 시민이야." 그러자 그들이 답한다. "너는 아무것도 아니야. 너는 양치기야." 이런 식으로 클린트 이스트우드는 날카로운 대사를 이어가고, 분위기 있는 '더블 테이크'(double-take, 반복 동작)도 보여준다. 그런데 에피소드 내내, 그는 이름과 달리 전혀 '소란스럽지'(rowdy) 않다. 전체적으로 볼 때, 그는 체크무늬의 면 셔츠와 가죽 바지를 입은 귀여운 강아지 같기도 했다. 그는 오프닝 크레딧에 바로 소개된다('라우디 예이츠에 클린트 이스트우드'). 이스트우드는 허리까지 웃통을 벗고, 물 한 바가지를 마시며, 자신 있는 미소를 짓는다.

그 에피소드를 봤던 때에 대해 토니노 발레리가 말했다. "반쯤 봤을 때, 세르지오가 일어서서, 밖으로 나갔다. 우리는 기다렸다. 에이전시의 클라우디아 사르토리가 그 에피소드를 만들 때 찍은 스틸 사진을 몇 개 보여주었다. 레오네는 이스트우드가 소에 관한 보기 딱한 영화에 나오면서, 얼굴에 아무 표정이 없다고 말했다. 사르토리가 응답했다. 그 배우가 지금 미국에서 뜨고 있다는 것이다. 만약 레오네의 영화가 완성될 때면, 그의 인기는 더욱 올라갈 것이라고도 했다. 당시 이스트우드의 개런티는 1만 5천 달러였다. 바로 이 점 때문에 그 역에는 이스트우드가 제격이라고 두 제작자는 생각했다. 제임스 코번은 더 많이 요구했었다. 두 제작자 파피와 콜롬보는 레오네에게 지금 당장 영화를 시작하든지, 아니면 영영 기회는 없다고 말했다. 레오네가 이스트우드의 캐스팅에 대해 정확하게 '예스'라고 말했는지는 기억나지 않는다."[37] 그렇게 레오네는 약간 주저하며, 깨끗한 인상을 가진 34살의 배우를 캐스팅한다는 아이디어에 휩쓸려 들어갔다. '로하이드' 시리즈의 소떼에 관한 바로 그 에피소드에서, 꿋꿋한 카우보이로 나온 이스트우드 말이다.

레오네는 거의 20년이 지난 뒤 나에게 말했다. "클린트가 매력적이었던 것은 그의 외모, 그리고 그의 성격이었다. '검은 양의 사고'에서, 클린트는 별로 말을 하지 않는다. 나는 클린트의 게으르고 느긋한 태도에 주목했다. 그는 별로 힘들이지 않고 에릭 플레밍의 장면을 훔쳐냈다. 그의 게으름은 곧 확인됐다. 우리가 함께 일할 때, 클린트는 5백 피트 떨어진 곳에서 마치 뱀처럼 늘 낮잠을 즐겼고, 담요를 돌돌 말아서 자기도 하고, 차의 뒷좌석에서 자기도 했다. 그리고는 담요에서 나와, 몸을 펴고, 스트레칭을 했다. 그런데 그의 느린 게으름을 권총 사격의 충격과 속도와 대조하면, 그 차이점이 그의 근본적인 특성임을 알게 될 것이다. 우리는 이런 차이점에 기초하여 그의 캐릭터를 만들었고, 육체적으로도 그렇게 표현했다. 클린트는 수염을 길렀고, 실제로는 전혀 피워보지 않았던 시가를 입에 물었다. 그는 후속작 '석양의 건맨' 출연 제안을 받았을 때, 나에게 말했다. 그는 시나리오를 읽었고, 이리 오겠으며, 영화를 하겠다고 했다. 하지만 딱 한 가지만 부탁하는데, 제발 시가를 또 입에 물게는 하지 말라는 것이었다. 그래서 내가 말해주었다. 클린트, 우리는 시가를 뒤로 물릴 수 없어. 시가가 주인공이거든."[38]

레오네가 농담하는 것이지만(이것은 1967년 두 사람이 헤어진 뒤, 이스트우드가 장난치듯 파티에서 주로 써먹던 이야기가 됐다), '신비로운 이방인'(The Mysterious Stranger, 시나리오에 나오는 이름은 조)을 꾸미는 소품들은 이 캐릭터를 성공시키는 데 주요한 역할을 했다. 곧 살짝 자란 수염, 판초, 양가죽 조끼, 시가,

갈색 가죽 부츠, 몸에 붙는 데님 바지 등이다. 이 캐릭터는 원래 좀 더 나이 든 남자였다. 그런데 캐릭터를 구축해가는 과정에서 모든 것을 이스트우드에게 맞추었다. 레오네가 설명했다. "클린트는 약간 세련됐고, 약간 가벼웠다. 나는 역할에 맞춰, 그를 더욱 남성적으로, 더욱 강하게, 더 성숙해 보이도록 했다."[39] 그래서 전통적인 웨스턴의 영웅과 달리, 그는 심리와 역사와 도덕이 드러나는 '육체적 현존'이 돼야 했다. 곧 미국의 강함이 아니라, 라틴의 마초를 형상화했다. 그리고 레오네는 이와 관련해 흥미로운 이야기를 들려주었다. "미켈란젤로 안토니오니 감독의 조언을 들었다. 그는 많은 다른 배우들 가운데 그를 선택하며, 어떤 특별한 '대리석 덩어리'를 보는 것 같다고 말했다. 그러면서 안토니오니는 그에게서 모세를 봤다는 것이다. 과거로 돌아가서, 나는 왜 이스트우드를 선택했냐는 질문을 받으면 같은 대답을 하고 싶다. 클린트 이스트우드에게서 내가 무엇을 봤냐는 질문을 받는다면, 나는 단지 '대리석 덩어리'를 봤다고 답할 것이다. 바로 그것을 내가 원하고 있었기 때문이었다."[40] 말하자면 이는 세월이 지난 뒤에 얻은 깨달음 같은 것이다.

클린트 이스트우드는 레오네의 시나리오에 관해 L.A.에 있는 윌리엄 모리스 에이전시를 통해 알게 됐다. 이 에이전시는 '로하이드'의 에피소드가 방영된 뒤, 로마 지사로부터 전화를 받았다. "나(이스트우드)의 에이전시에서 일하던 남자가 스페인에서 이탈리아-독일 합작으로 만들어질 웨스턴 시나리오가 있으니, 한번 읽어보라고 했다. 나의 즉각적인 대답은 '절대 안 해'였다. 그런데 그가 단지 읽어보고, 로마에 있는 지사에 몇 마디 코멘트를 하면 된다고 했다."[41] 에이전시는 동시에 다른 전속 배우와 협상했다. 갱스터에서 성질 급한 인물로 특화된 헨리 실바(Henry Silva)였다. 에이전시는 이스트우드가 시나리오를 봤냐는 질문을 받으면, 그랬다고 얼버무려야 했다. 그런데 헨리 실바가 1만 6천 달러 이하로는 대서양을 넘지 않겠다고 말했다. 반면에 클린트 이스트우드는 시나리오를 한 번 보기로 합의했다. 다음날 시나리오는 바로 도착했다. 시나리오는 마치 두꺼운 서류철 같았는데, 부자연스럽게 번역된 영어가 넘쳤다. 그리고 연출 지시가 길게 붙어 있었다. "그건 영어로 쓰여 있었다. 하지만 이상한 영어였다. 영어를 잘하지 못하는 이탈리아 작가들이 썼기 때문이었다. 특히 웨스턴에 특화된 은어가 많았다."

"나는 어느 순간에 빠져들었다." 이스트우드의 기억이다. "뭔가가 떠올랐다. 그건 나의 다른 캐릭터를 만들어 볼 기회였다. 그래서 나는 감독에 관해 찾아보았다. 그때까지 레오네는 웨스턴 연출 경험은 없었고, 몇 편의 시대극을 만들었다. 그리고 이탈리아 영화계에서 재능 있는 감독으로 통한다는 것도 알았다. 그리고 그는 매우 유머가 있는 사람이었다. 나는 시나리오를 읽으며 그 점을 이미 알고 있었다."[42] 당시에 레오네의 유머는 아직 세계적이지진 않았다. 이 영화에서 '신비한 이방인'인 조(Joe) 캐릭터가 처음으로 등장한다. 이스트우드는 특히 그 캐릭터에 꽂혔다. "보통의 웨스턴 이야기는 이렇다. 영웅은 마을로 말을 타고 들어간다. 어떤 말이 두들겨 맞는 것을 보고, 여교사를 보고, 말을 구하고, 그리고 알다시피 마지막에는 그녀와 결혼한다. 그런데 여기서는 멋진 말도 없다. 영웅은 노새를 타고 마을에 들어간다. 검은색(실제로는 브라운) 모자를 쓴 그는 아이가 총으로 위협을 당하고, 발로 차이는 것을 본다. 그리고 걱정에 휩싸인 여성을 본다. 그런데 그는 돕기는커녕 방향을 돌려, 노새를 타고 떠나버린다. 당신은 그가 영웅인지는 영화의 반을 보고도 확신하지 못한다. 당신이 확신하지 못하는 이유는 또 있다. 왜냐면 그는 자신에게 필요한 것을 얻기 위해서만 밖으로 나가기 때문이다."

이스트우드는 당시의 아내 매기(Maggie)에게 리액션을 시키며 연기 연습을 해보았다. 아내도 '고독한 남자' 이방인의 이야기에 매혹됐다. 그리고 아내는 '로하이드' 일정이 잠시 멈추는 초여름을 이용하여, 이탈리아와 스페인에서 6주 동안 휴가를 보낸다는 즐거운 상상을 했다. 이스트우드는 경력에서 위험이 될 수도 있는 이번 일을 제작자, 감독, 그리고 제작에 직접 관련된 그 어떤 사람도 만나지 않고 결정했다. 더 나아가 이스트우드는 할리우드 주변에서 들을 수 있는, 불붙듯 하는 이탈리아 영화 산업계에 관한 모든 두려운 이야기를 무시하기로 했다. "나는 그 일이 위험하다고 보지 않았다. 나는 할리우드로 돌아가 '로하이드'의 에피소드에 여전히 출연할 수 있었다(그는 시즌7 계약을 맺었다). 그리고 다른 이유로 일이 제대로 진행되지 않는다 하더라도, 나는 최소한 스페인에서 휴가를 즐길 수 있는 것 아닌가."[43] 그런데 이스트우드는 가끔 언론에 불만을 드러내곤 했다. CBS와의 관계 때문에 활동에 제한이 걸려있다는 것이다. "시리즈 '로하이드'를 시작한 뒤, 나에겐 장편 영화 출연이나 TV에 게스트로 출연하는 것까지 허용되지 않았다." 업계 신문인 '할리우드 리포터'에 이렇게 말했다. "아마 그들은 내가 연기한 대로, 나를 양처럼 순한 착한 남자로 이해한 것 같았다." 이스트우드는 '좋은 남자'(Mr. Good Guy) 이미지에서 벗어나는 것을 두려워했다. 그리고 그는 미국의 장편 영화 제목 위에서 자신의 이름을 보고 싶어 했다. "이탈리아에서 제작된 웨스턴의 대부분이 세상의 많은 곳에서 상영됐다. 그런데 영국이나 미국, 그리고 영어권 국가에선 전혀 상영되지 않았다. 나는 그런 작품들이 바로 영어권 국가들에서 소개되길 진정으로 바랐다. TV 시리즈에 출연한 거의 모든 사람이 세상에 소개되듯 말이다."[44] 이스트우드는 1955년부터 1958년 '로하이드'가 시작될 때까지, 10편의 영화에 나왔다. 대부분 단역이었다. 그가 TV에 출연하면서부터, 영화 경력은 사실상 내리막길을 걷고 있었다.

이스트우드와 레오네 사이의 관계는 예민하게 시작됐다. 레오네는 거의 절망 상태로 계약에 서명했고, 주인공 배우를 여전히 확신하지 못했다. 그래서 레오네는 자신을 대신하여, 마리오 카이아노('총알은 다투지 않는다'의 감독)를 로마의 피우미치노 공항에 보내, 이스트우드를 환영하게 했다. 카이아노는 영어를 할 줄 알았다. 이스트우드는 마치 '미국인 학생'처럼 옷을 입고, 서류 가방을 든 채 도착했다. 가방엔 CBS에서 가져온 몇 개의 소품이 있었다. 그가 '로하이드'에서 이용했던 권총 벨트, 목제 총잡이(금속 뱀 무늬로 장식) 등이었다. 이스트우드는 이것들이 행운을 가져올 것이라고 여겼다. 토니노 발레리의 기억이다. "카이아노는 레오네를 대신하여 나온 점을 설명하고 사과했다. 레오네가 아프다는 둥 핑계를 댔다."[45] 결국에 감독과 배우는 이스트우드가 숙박하고 있던 로마의 호텔에서 만났다. 레오네는 조바심을 냈고, 목소리도 걸걸하게 변했고, 자신 없어 보였다. 배우에게 누가 보스인지 각인시키려고 너무 예민해져 있었다. 훗날 레오네는 고백했는데, 사실 그는 만남에 '겁을 먹고 있었고', 자신만의 방식으로 그걸 숨기고 있었다. 다음날 미국 배우인 브렛 할시(Brett Halsey)가 호텔 밖에서 이스트우드를 만났고, 그를 파티에 초대했다. 두 사람은 아는 사이였다. 할시는 이탈리아에서 이미 영화 일을 경험했다. 파티에서 어떤 손님이 이스트우드에게 '황야의 무법자' 프로젝트에는 매우 조심스럽게 참여해야 한다고 조언했다. 왜냐면 몇 달째 제작에 관한 결정과 취소가 반복되고 있고, 촬영에 들어가면 그 기간이 더욱 길어질 수 있다는 것이었다. 이것은 사실이 아니었지만, 이제 막 도착한 신참에겐 먹힐 수 있는 내용이었다. 이스트우드는 자기가 어떻게 대답했는지를 기억했다. "일을 오래 끌었을 것이다. 하지만 나는 좋았다. 내 생각에 일이 재미있을 것 같았다."[46] 어쨌든 이제 두 번, 세 번 생각한다는 것은 너무 늦은 일이 됐다.

레오네는 훗날 이스트우드의 캐릭터에 관련된 소품은 자신의 아이디어였다고 주장했다. "내가 그에게 더 크게 보이게 하려고 판초를 주었다. 그리고 모자도 주었다. 아무런 문제도 없었다." 레오네는 윌리엄 모리스 에이전시 직원인 클라우디아 사르토리가 급하게 보낸 흑백사진 중의 하나도 기억했다. 그 사진에 수염도 그려보고, 시가도 물리고, 판초도 입혔다는 것이다. 이스트우드는 동의하지 않았다. 그는 영국 비평가 이언 존스톤에게 이렇게 말했다. "나는 산타 모니카의 대로에 있던 어느 소품 상점에 갔다. 나는 그곳에서 옷을 사고, 입어보았다. 그런 일은 쉬운 게 아니다. 왜냐면 영화를 찍으려면 당신은 항상 같은 종류의 모자 두 개 혹은 세 개, 같은 종류의 재킷 두세 벌을 갖고 있어야 한다. 옷을 잃어버린다거나, 젖어서 갈아입어야 하는 일이 생기기 때문이다. 그런데 이 영화를 할 때는 나는 모두 한 가지씩만 가질 수 있었다. 모자 하나, 양가죽 조끼 하나, 판초 하나, 그리고 몇 벌의 바지를 준비했다. 바지는 전부 프리스코(Frisco) 타이프의 데님이어서 여러 벌이 가능했다. 영화 촬영 도중 이것 중 하나라도 잃어버리면, 나는 정말 곤란해졌을 것이다."[47)]

내가 과거의 일에 대해 레오네가 말한 사실을 이스트우드에게 들려주자, 그는 사실은 다르다는 반응을 보였다. 이스트우드가 말했다. "그가 사실을 인정하지 않던가? 글쎄, 나도 그가 그렇게 말했다는 것을 들었다. 그리고 사람들이 말해주던

데, 레오네는 내가 걸어야 할 곳엔 전부 밧줄로 표시했다는 이야기도 있었다. 그렇다면 그가 모든 것을, 내 생각까지 통제했다는 것이다. 그럴 수 있는 유일한 인물이 그밖에 없다는 사실이 우습지 않나? 그런데 아마 그에게는 그게 일상적인 일이었을 것이다. 어쨌든 나는 미국으로 돌아가야 했고, 그는 비슷한 영화를 또 만들 것이며, 그리고는 얼마간은 쉴 것이고, 내가 다른 영화를 하는 것을 볼 것이며, 아마 그것이 또 그에게 영향을 미칠 것이다. 왜 사람들이 사실을 다르게 말하는지 누가 알겠나?"[48)]

사실을 말하자면 '이방인'의 판초를 그린 카를로 시미의 디자인이 남아 있다. 그렇다면 의상에 관련된 것은 이탈리아의 프로덕션 디자인팀이 했을 가능성이 크다.

'이방인'의 외모와 스타일에 대한 아이디어를 누가 처음 제시했는지는 따로 두고, 이스트우드는 주인공의 시각적 외관이 '셰인'에서 장식 달린 사슴 가죽옷을 입은 알란 라드와는 극단적으로 다르다는 점에는 동의했다. "만약 당신이 사람들에게 이 영화는 무슨 영화였는지 묻는다면, 그들은 아마 대답을 잘 못 할 것이다. 하지만 그들은 '보이는 것'(그는 판초를 어깨너머로 넘기는 시늉을 한다), '다 다 다 다 둠'(그는 '석양의 무법자'의 오프닝에 나오는 멜로디를 허밍한다), 그리고 시가와 총 같은 자신들에게 충격을 준 작은 이미지들은 많이 이야기할 것이다." 사실 '황야의 무법자'는 원래의 제목 후보였던 '텁수룩한 수염'(Designer Stubble)으로 크레딧에 소개될 수도 있었다. 이스트우드는 이 점을 확신하지는 못했다("대평원에서의 사람들 모습이라면, 면도하지 않는 게 맞겠지."). 레오네는 원래 제목에 관해 설명했다. "그 제목은 이 영화를 위해서만 발명해낸 게 아니었다. 나는 역사적 자료를 참조했고, 당시 서부의 방랑자는 더욱 더러웠다는 점을 확신했다. 얼굴만 두고 봐도, 그들은 끔찍했다. 방랑자들은 영화 속 모든 배우보다, 더 많은 흉터와 얽은 피부를 갖고 있었다."[49)]

클린트 이스트우드는 역할을 맡기로 하며 몇 가지 조건을 제시했다. 먼저 대사를 바꾸는 기회를 달라는 것이고, 너무 말이 많은 주연 캐릭터는 재고해보자는 것이었다. "늘 생각하던 것인데, 만약 캐릭터가 원래 시나리오에 있는 대로 모든 것을 설명하면, 우리는 그에 대해 전혀 신비로움을 가질 수 없다." 말하자면 이스트우드는 영화의 역사에서, 자기 분량의 대사를 줄이려고 싸운 드문 배우 가운데 한 명이 됐다. 레오네도 이스트우드가 대사를 줄이려고 할 때마다 지지했다고 기억했다. 이스트우드의 기억은 좀 다른데, 레오네는 확신이 없었고, 처음에는 자신의 시나리오에 집착했다는 것이다. 이스트우드는 시나리오가 지나치게 설명적이었다고 기억했다. "그래서 나는 모든 것을 잘라냈다. 레오네는 내가 미쳤다고 여겼을 것이다." 가장 유명한 게 바로 프롤로그에 덧붙여 세 페이지에 걸쳐 설명돼 있던 것을 간단하게 줄인 대사다. "과거에 당신 같은 사람을 알고 있었지. 그때는 그곳엔 도울 사람이 없었어." 이스트우드는 레오네에게 이렇게 바꾸자고 설득하는 일은 복잡한 사업을 하는 것과 같았다고 기억했다. "그는 영어를 전혀 못 했다. 나는 이탈리아말을 전혀 못 했다. 우리는 소통을 하는 데 적지 않은 문제를 안고 있었다. 수많은 손짓을 하며 우리는 합의 비슷한 데 이르곤 했다. 공식 통역가는 폴란드 여성인 엘레나 드레슬러(Elena Dressler)였다. 독일의 콘스탄틴 영화사 로마 지부의 에이전트였다. 그녀는 6개 혹은 7개 언어를 할 줄 알았다. 드레슬러는 독일의 집단수용소에 갇혀 있었는데, 미군이 왔을 때 해방됐다. 그리고 스태프 가운데 영어를 하는 사람이 한 명 있었다(스턴트 감독 베니토 스테파넬리를 말함). 그가 현장에서 필요한 모든 지시를 내게 알려주었다."[50)]

이스트우드는 최종적으로 자신과 레오네는 연기에 관해서는 합의에 이르렀다고 기억했다. "세르지오는 내가 무엇을 하는지 이해했다. 그런데 제작자들이 러시 필름을 보면, 나는 아무것도 안 하는 것처럼 비쳤다. 그게 당시는 문제였다. 하지만 편집이 완결되면, 제작자들은 마음을 바꾸곤 했다. 관습적인 스토리만 다루던 '로하이드' 이후에, 세르지오와 함께 일한 것은 매우 재미있었다. 세르지오의 방법과 아이디어는 정통적이지는 않았다. 하지만 그것 덕분에 나는 새로운 시각을 발견할 수 있었다. 세르지오는 웨스턴의 명장들인 하워드 혹스와 존 포드를 대단히 존경했다. 하지만 그는 웨스턴이 어떻게 되어야 하는지에 대해 자신만의 시각을 갖고 있었다. 어떤 아이디어는 정말 미친 것 같았다. 가끔 나는 배를 정상 항로로 돌려놓기 위해 끼어들어야 했다."[51)] 시가는 이스트우드의 기분에 영향을 끼치기도 했다. 그는 길이가 다양한 꽁초들을 늘 세트 주변에 두었다. 그리고 필요할 때면 불을 붙이지 않고, 시가를 입의 가장자리에 물었다. 하지만 가끔 그는 불을 붙이기도 했다. "내가 기분 나쁜 상태를 연기해야 할 때, 나는 두 개비에 불을 붙이기도 했다. 그러면 됐다."

촬영이 막상 시작되자(처음엔 로마, 그리고 스페인의 콜메나르, 이어서 알메리아), 레오네는 작업에 편안하게 몰입해 들어갔다. 그는 촬영장에 올 때면 카우보이모자에, 웨스턴 부츠, 그리고 선글라스를 끼고 나타나곤 했다(이스트우드에 따르면 레오네는 워너브라더스 만화의 캐릭터인 '요세미티 샘' 같았다). 그는 아주 작은 디테일까지 필사적으로 임했고, "나를 잘 봐!"라고 소리지르며 모든 배우의 연기를 직접 선보였다. 그럴 때면 레오네는 저예산 영화 만들기의 어려움에 분통을 터뜨리며, 흥분하기도 하고 분노하기도 했다. 시나리오는 영어, 이탈리아어, 독일어 그리고 스페인어로 준비됐다. 레오네는 마임 연기(몸짓 언어)를 하며, 배우들과 열심히 소통했다. 제2 제작팀 감독 프랑코 지랄디는 이 영화에 대한 레오네의 특별한 기여를 이렇게 말했다. "레오네는 로마제국의 악당들, 하지만 약간 동정이 가는 그런 인물들을, 지나치게 순진하고 고정화된 웨스턴 영웅들과 합성했다. 레오네가 촬영장에서 연기 시범을 보일 때면, 그건 웨스턴 인물들을 자기식으로 로마제국의 인물들로 바꾸는 것이었다."[52] 이스트우드는 이런 기억도 전했다. "레오네는 그런 일을 하는 것을 기쁘게 즐겼다. 그는 화를 내지 않을 때는 좋은 시간을 보냈다."[53] 이스트우드는 레오네가 허세를 부리는 것은 자신의 예민함을 숨기기 위한 것이라고 말했다. "그는 집중력이 강하고, 진지한 사내였다. 동시에 화를 매우 잘 내고, 긴장하는 스타일이었다. 그럴 때면 손을 비비기도 하고, 초조해지곤 했다. 하지만 자신의 집중력을 잃어버린 적은 없었다."[54] 레오네는 일할 때면 새로 나온 장난감을 갖고 노는 아이처럼 흥분했다. 그는 세상을 마치 아이들이 바라보는 방식으로 보았다. 그리고 레오네는 1960년대 중반의 성인 관객을 위해, 어린 시절 자신이 로마의 트라스테베레 지역 영화관에서 보았던 마법을 다시 만들어내고자 했다. 레오네가 성인을 위해 만든 동화를 어른들은 마치 자신들이 어린이가 된 듯 바라보았다. 미국의 웨스턴은 영웅과 악당을 너무 고정적인 인물로 만들어 놓았다. 그런데 레오네는 그들을 신화의 인물로 되돌려놓았다. 레오네는 이런 말을 자주 했다. "서부는 폭력과 단순한 남자들에 의해 만들어졌다."

영화의 중요한 특징 중 하나는 조용한 미국 배우와 유럽의 조연 배우들 사이의 대조되는 연기법이었다. 특히 레오네는 이탈리아 배우들에게, 이스트우드가 말한 속칭 드라마 학교의 '과장된 연기'(Hellzapoppin)를 하지 못하도록 했다. 잔 마리아 볼론테(Gian Maria Volonté)가 이런 면에서는 가장 두드러진 배우였다. 그는 1950년대에 로마의 국립연극학교(Accademia Nazionale di Arte Drammatica)를 졸업했다. 볼론테는 베로나의 아레나 극장에서 로미오를 연기하기도 했고, 도스토예프스키의 〈백치〉를 각색한 TV 드라마에 나오면서 이름을 알렸다. 1960년대 초반에 저예산 영화에도 몇 편 나왔다. 하지만 이 영화가 그의 의미 있는 첫 번째 '국제적' 출연이었고, 그의 최초의 악역이었다. 볼론테는 자신의 연극 수련이 서부극 촬영장에서는 크게 제한받는다고 생각했다. 볼론테는 자신이 허영심 많고 가학적인 인물인 라몬 로호라고 생각하는데 어려움을 느꼈다. 그럴 때면 레오네가 '노려보는 것'을 연습하게 했다고 말했다. 레오네는 볼론테의 의상에 치명적인 가죽 장갑을 추가했다. 그럼으로써 그를 더욱 사악하게 만들었고, 못된 대사를 더 하도록 했다. 마지막 결투 장면을 찍을 때가 됐을 때, 볼론테는 모든 것을 이해하게 됐다고 언론에 말했다. "나는 내가 쓰러지기 전에 이스트우드에게 세 발을 더 쏘아야 했다. 나는 나의 배역에 사로잡혀 있었고, 그래서 나는 너무나 사악해서 죽을 수 없다고 느꼈다."[55)]

그런데 레오네는 볼론테가 여전히 카메라보다는 촬영장의 갤러리(구경꾼)를 더욱 의식하며 연기했다고 말했다. "볼론테는 연극적인 스타일이었다. 그는 모든 것을 무대화했다. 그런데 첫 번째 웨스턴을 위해서는 그의 영화적 결핍이 나에게는 도움이 되었다. 곧 버릇 나빠진 아이인 그의 캐릭터를 더욱 강조하는 결과를 냈다." 볼론테는 이런 이야기를 들려주었다. "레오네는 자신의 장르 영화에서 일을 어떻게 해야 하는지 잘 알고 있었다. 그의 태도는 마치 게임을 즐기는 것과 같았다. 하지만 그때 웨스턴은 이미 지고 있는 장르였고, 나는 별 흥미를 느끼지 못하고 있었다."[56] 제작자 파피와 콜롬보가 흥미를 보인 것은 볼론테의 개런티가 2백만 리라밖에 되지 않는다는 점이었다. 프랑코 지랄디의 기억에 따르면, 볼론테는 프랑코 총통의 스페인에서, 특히 이상한 영화의 불쌍한 마을에서, '이탈리아의 정치 상황'을 자주 성찰했다는 것이다(그의 진보적 성향은 유명하다). 심지어 볼론테는 성공하지는 못했지만, 이탈리아의 정치에 관한 논쟁에 이스트우드도 끌어들이려 했다.[57] 레오네는 스페인 배우들은 '오직 얼굴로, 특히 얽은 피부'로 뽑았다고 전했다. 다른 중요한 배역은 이렇다. 영화에서 치코라고 불리는 멕시코 악당 역의 마리오 브레가(Mario Brega)는 로마 출신으로 레오네의 친구인데, 초기 이탈리아 웨스턴에 이미 한두 편 출연한 배우였다. 마르게리타 로차노(Margherita Lozano)는 굳건하고 힘 있는 콘수엘로 박스터로 나왔는데, 레오네는 루이스 부뉴엘의 '비리디아나'를 볼 때 그녀를 주목했다. 마리솔 역의 마리안네 코흐(Marianne Koch)는 1950년대 중반에 짧은 기간 동안 할리우드에서도 일했고('마을의 네 처녀', '간주곡'), 당시 서독의 '필름 에코'(Film Echo)라는 잡지에 의해 가장 인기 있는 여배우로 뽑히기도 했다. 레오네가 말했다. "나는 그녀가 시나리오를 읽는 것을 원치 않았다. 그 역은 작고, 대사도 별로 없다. 하지만 나를 믿고 동의한다면, 그녀는 확실한 인상을 심어줄 수 있다고 말했다." 관 짜는 노인은 오스트리아 뮤직홀 출신의 코미디언 요제프 에거(Josef Egger)가 맡았다. 레오네에 따르면, "그의 얼굴 찡그리는 표정이 좋았다. 그럴 때면 수염이 위로 올라가는 것 같았다. 그는 웨스턴의 전형적인 캐릭터였다."[58)]

한편 클린트 이스트우드의 영향력은 자신의 연기와 외모 너머로까지 확장됐다. 이스트우드가 말했다. "우리가 그곳에 도착했을 때, 의상부터 전부 바꾸어야 했다. 그들은 심지어 개척시대 영웅인 데이비 크로켓(Davy Crockett)이 쓰던 털모자를 준비했고, 모든 종류의 것들이 멕시코 상황과는 전혀 맞지 않는 것이었다."[59)] 이는 레오네의 주장을 훼손하는 것이다. 레오네는 웨스턴의 열혈 팬으로서, 미국 개척자들의 외모와 느낌에 관한 사진과 서류를 모으기 위해 '상당한 자료'를 연구했다는 주장을 했었다. 그리고 레오네는 이런 말도 자주 했다. "나는 영화 일을 네오리얼리즘 시기에 시작했다. 나는 '진짜'를 좋아한다. 그것이 상상력, 신화, 미스터리 그리고 시학에 의해 걸러지면 말이다. 핵심은 모든 디테일은 '진짜'로 보여야 한다는 것이다. 만들어지는 건 안 된다. 나는 이야기는 동화이지만, 세팅은 철저하게 사실적일 때, 그 동화는 상상력을 갖게 된다고 생각한다. 리얼리티와 판타지의 혼합은 우리를 다른 차원으로, 곧 신화와 전설의 차원으로 이끈다."[60)] 하지만 이스트우드는 다른 의견이었다. "세르지오는 서부에 대해 아는 게 거의 없었다. 그는 단지 좋은 감독이다. 말하자면 그는 자신만의 아이디어를 갖고 있었다. 그리고 사실 레오네가 서부에 대해 잘 모른다는 사실이 그에게는 효과적이었다. 내 생각에 그는 영화에 대단히 개방적이고 소년 같은 태도로 임했다. 나는 이것으로 그를 비판하는 게 아니라, 바로 그 점으로 레오네가 영화에 새로운 외양을 입혔다고 생각한다. 당시 미국의 웨스턴 감독들이 시도해보기를 두려워하던 것을 레오네는 용감하게 해냈다."[61]

이스트우드가 보기에 레오네가 할리우드의 규칙을 몰랐기 때문에 몇 개의 혁신이 일어날 수 있었다. 예를 들어, 심의 규칙인 '헤이스 코드'(Hays Code)는 총에서 발사된 총알을 맞은 캐릭터가 발포된 그 총과 같은 프레임에서 동시에 보여선 안 된다고 정해놓았다. 너무 폭력적이기 때문이다. 이스트우드가 말했다. "그런 장면은 따로 찍어야 했고, 이어서 사람이 쓰러지는 걸 보여주었다. 그건 말하자면 멍청한 관례였는데, TV에서 우리는 항상 그렇게 해야 했다. 보다시피, 세르지오는 그런 것을 몰랐다. 그래서 그는 시도할 수 있었다. 한 숏에서 총은 발포되고, 총알은 발사되고, 사람은 쓰러지는 것 말이다. 이런 식으로 표현하는 것은 이전에는 없었다."[62]

또 다른 혁신은 클로즈업에 관한 레오네의 특별한 사용법이다. 그건 전통적인 리액션 숏도, 리버스 숏도 아니다. 그건 서로를 바라보는 얼굴 중심 초상화에 관한 연구였다. 곧 안달루시아의 집시 얼굴, 얼굴에 상처가 있는 이탈리아 배우들, 그리고 2주 정도 면도를 못 한 미국인의 초상화였다. 모두 기괴한 석상 같았다. 레오네는 눈의 클로즈업을 좋아했다. "캐릭터에 관해 알고 싶은 모든 것을 말해주기 때문이다. 용기, 두려움, 불확실성, 죽음 같은 것 말이다."[63] 이와 대조되게 이스트우드의 캐릭터에게는 무표정을 일관되게 요구했다. 그의 눈동자는 마치 그의 아포리즘 같은 대사처럼, 분명하게 표현하지 않는다. 이런 클로즈업은 할리우드와는 달리, 세르게이 에이젠슈타인의 '전형성으로서의 얼굴'(faces as types) 세계에 더 가까운 것이다. 전례는 펠리니의 영화에서도 찾을 수 있다. 이스트우드는 이렇게 기억했다. "레오네는 펠리니와 다른 많은 이탈리아 감독들이 그랬듯, 얼굴이 모든 것을 의미한다고 믿었다. 영화 내내 당신은 위대한 배우보다는 위대한 얼굴을 볼 것이다."[64)]

촬영 작업 자체도 늘 예측 불허였다. 제작 예산은 아주 작았고, 모든 것은 최소한만 준비돼 있었다. 이스트우드가 말했다. "모든 사람은 나무 뒤로 가야 했다. 무슨 말인지 알겠죠? 그곳엔 아무런 시설(화장실 등)이 없었다." 촬영이 시작된 첫날부터 레오네는 카메라를 어디에 놓아야 하는지 분명한 자기 생각을 갖고 있었다. "하지만 그는 똑같은 숏을 여러 벌 프린트해야 했고, 그게 항상 문제를 일으켰다. 작업실에서 어떤 한 벌에는 긁힌 자국을 내기도 하고, 또 다른 세 벌을 잃기도 했다." 그리고 러시 필름은 흑백이었는데, 이건 작업에 도움이 되지 않았다. 레오네가 러시를 봤을 때, 그는 거의 정신분열을 일으켰고, 엄청난 조바심을 냈다. 이스트우드에 따르면, 제작자 콜롬보(이스트우드는 그와 잘 지내지 못했다)는 하루분의 러시를 본 뒤, 다른 협력 업체 사람들에게 이렇게 말했다. "아, 이건 쓰레기야!"[65)] 아내 카를라 레오네는 로마로 돌아왔다. 그리고 콜메나르와 알메리아에서 로마의 작업실로 보내온 러시 필름을 자세히 살펴보았다. 그것에 문제가 있을 때, 그녀는 레오네에게 전화하곤 했다. 클린트 이스트우드와 달리 카를라는 당시를 많이 기억하진 못했다. 왜냐면 그녀는 두 번째 아기(딸 프란체스카)를 임신 중이었고, 아쉽게도 남편의 촬영장에 합류할 수 없었다. 하지만 카를라는 레오네가 로마에서 실내 장면을 찍을 때는 현장에 가곤 했다. 그녀가 기억하는 가장 활기찬 장면은 첫날 촬영이었다. "그건 로호 세 형제의 집 내부였다. 이스트우드가 박스터 집안의 총잡이들을 쏜 뒤 그곳에 왔다. 그리고 그는 그곳에서 쓱 나가버린다." 카를라는 또 로호 형제에게 잔인하게 두들겨 맞은 이스트우드가 수직갱도 같은 것을 이용하여 빠져나오는 장면도 기억했다. 이런 장면들, 그리고 다른 이탈리아에서의 실내 장면 덕분에 이 영화는 적지 않은 정부의 지원금을 받을 수 있었다.

촬영장에서 보내온 필름을 처음 본 사람은 조감독 토니노 발레리였다. 그는 욜리 영화사의 사후제작팀 책임자이기도 했다. "테크니스코프 필름은 네가티브 필름보다 50% 비용을 절감시켰다. 과거의 한 프레임 가격으로 두 프레임을 프린트할 수 있었다. 하지만 이런 과정을 이해하지 못하고, 촬영 원본을 보면, 두 프레임을 동시에 보게 된다. 두 명의 클린트 이스트우드, 두 명의 잔 마리아 볼론테, 두 마리의 노새, 네 개의 총 같은 식이다. 따라서 이 일을 하려면 기계 장치에 적응할 뿐만 아니라, 심리도 적응해야 한다. 촬영 원본이 처음 도착했을 때, 나는 이스트우드의 연기가 이상하다고 생각했다. 그의 등장 모두가 이상하게 보였다. 그래서 제작자들을 불렀다. 그들은 두 프레임을 동시에 보았고, 폭소를 터뜨렸다. 모두 제작에 신뢰를 잃었다. 사람들은 레오네가 자신은 무엇을 하고 있는지 알고 있을 것이란 믿음도 갖지 않았다."[66]

레오네는 자신의 계획을 즉흥으로 실험하진 않았다. 하지만 다른 일에서는 많은 즉흥이 일어났다. 이스트우드가 산 미구엘 마을로 들어갈 때, 레오네는 그가 사막에 홀로 서 있는 나무를 지나가길 바랐다. 그 나무엔 교수형 로프가 달려 있어야 했다. 하지만 알메리아 지역의 사막에는 그런 나무가 없었다. 카우보이모자를 쓰고 있던 레오네는 활기찬 토론을 벌인 뒤, 자신이 그런 나무를 찾아 나서기로 했다. 운 좋게 그는 자신이 원했던, 잎이 없는 나무를 우연히 발견했다. 문제는 그 나무가 누군가의 농장에 있다는 것이었다. 그래서 다음날 레오네는 트럭에 인부들을 실은 뒤, 안달루시아의 농장 주인 노인이 거절할 수 없는 제안을 갖고 다시 갔다. 이스트우드는 이렇게 기억했다. "레오네는 그곳에 쳐들어가 말했다. 우리는 고속도로 건설부에서 왔소. 이 나무는 굉장히 위험하오. 나무는 곧 쓰러질 것이고, 그러면 누군가가 다칠 것이오. 당신을 위해 우리가 지금 치워주겠소. 노인은 바로 그 옆에 서 있었고, 무슨 일이 일어나는지도 모른 채 이탈리아 사람들이 나무에 톱질하는 것을 보고 있었다."[67] 그렇다면 레오네는 알메리아에 '있었던' 셈이다(토니노 발레리는 레오네가 알메리아 현장엔 없었다고 주장했다).

현금 흐름에도 문제가 많았다. 세 영화사, 곧 욜리(Jolly), 콘스탄틴(Constantin), 오션(Ocean) 사이의 협상에는 구멍이 많았다. 일주일 분의 돈이 조달되지 않으면, 세 영화사는 늘 다른 두 회사 측에 책임을 물었다. 토니노 발레리는 분명하게 기억하고 있었다. "이 영화에서 레오네의 지분은 30%인데, 그건 스페인 영화사를 통해 구한 것이었다. 스페인 제작자는 3천만 리라를 투자하기로 했다. 사실 그건 적은 돈이었다. 어쨌든 첫 회분이 지급된 뒤, 레오네는 더 이상 돈을 받지 못했다. 어느 날 레오네가 콜메나르 현장에 가보니, 문과 창문은 모두 사라지고 없었다. 서부의 거리에 문과 창문이 모두 없어진 것이다! 그들은 더 이상 촬영할 수 없었다. 그래서 레오네는 제작자 파피와 콜롬보에게 전화했다. 당시는 이탈리아 외부로 돈을 들고 나가는 것은 금지돼 있었다. 키가 작은 아리고 콜롬보가 서류 가방에 현금 3천만 리라를 담아, 마드리드로 향했다. 그런 행위로 그는 국경에서 체포될 수도 있었다. 운 좋게 아무도 그를 막아서지 않았다. 이 일 덕분에 콜롬보는 스페인 공동 제작자에게 책임 몫을 실천할 것을 재차 요구했고, 레오네의 지분도 보장하게 했다."[68]

이런 불안은 촬영장에도 퍼졌다. 이스트우드가 촬영 전에 이미 여러 사람으로부터 경고받았던 이탈리아 영화계의 악소문을 확인하는 것 같았다. 레오네의 자신감도 현장에선 아무 소용없었다. '이방인'이 로호 패거리에게 심하게 두들겨 맞은 뒤, 겨우 기어 나오는 장면을 준비하고 있을 때를 이스트우드는 잘 기억하고 있었다. "나는 오전 내내 감독과 스태프의 다툼이 중단되길 기다리며, 더러운 진창에 서 있었다. 그들은 스페인말과 이탈리아말로 싸웠고, 나는 한 마디도 알아듣지 못했다. 하지만 무언가 중요한 점에 대해 다툼을 벌이고 있다는 것은 알 수 있었다. 나는 오전에 단 한 장면도 찍지 못했고, 시간을 모두 허비하기 전에 그들이 문제를 해결하길 바랐다. 세르지오가 나를 불렀다. '클린트, 우선 분장부터 시작해.' 그는 통역을 통해 내게 말했다. 내가 도대체 무슨 일을 결정할 수 있겠나. 항상 그런 생각이 들었다. 그 장면을 찍기 위해서는 나는 분장을 많이 해야 했다. 나는 로호 패거리들에게 심하게 맞았고, 그래서 얼굴이 퉁퉁 부었기 때문이었다. 나는 얼굴 피부가 화끈거리고 불편했지만, 세트로 향했다. 나는 말하자면 스페인에서 가장 외로운 남자였다. 세트에는 아무도 없었다. 프로듀서, 감독, 스태프 모두 없었다. 큰 아크형 램프만이 스페인의 독수리처럼 홀로 서 있었다. 짐작하건대 스태프는 2주 동안 한 푼도 받지 못했다. 분장 때문에 나의 한쪽 눈은 감겨 있었고, 얼굴 전체엔 쓰레기 같은 것을 바르고 있었다. 그래서 나는 화가 나서 그들에게 나를 공항에서나 찾을 것이라고 말해주었다. 호텔을 떠나기 전에 세르지오가 나를 붙들었다. 그는 사과했고, 다시는 이런 일은 일어나지 않을 것이라고 약속했다. 그 일이 있고 난 뒤, 상황은 조금 부드러워졌다."[69)]

이스트우드는 세세한 부분까지 모두 기억했다. "나는 그들이 많은 돈을 갖고 있어도, 스페인에는 가지 말았어야 했다고 생각했다. 다시 할리우드로 돌아가면, 나는 아내 매기와 휴가를 더 즐길 수 있었다. 그래서 나는 이런 무질서를 그만 포기해야 한다고 생각했다. 그런데 얼마간이지만 일들이 좀 부드럽게 흘러갔다. 당시는 마지막 촬영 기간이었고, 레오네가 기억한 것처럼, 돈이 한 번에 다 들어왔다. 파피와 콜롬보는 아직 남아 있던 고비용 촬영을 빼버렸고, 스태프는 모두 로마로 돌아가게 했다. 두 제작자는 알메리아에 세 명의 배우와 15명의 기술자만 남게 했다. 그리고는 마지막 촬영을 위해 산 호세의 지주를 설득하기 시작했다. 크레딧에 이름을 올리겠다는 말도 했다. 그래서 지주의 전기를 쓰도록 허락받았다. 그 지주가 없었다면 영화는 완성되지 못했을 것이다."[70]

운 좋게도 편집자 로베르토 친퀴니(Roberto Cinquini)는 필름 현상소에서 나온 모든 것들을 하나로 묶어내는 데 대단한 기술을 갖고 있었다. 토니노 발레리의 전언이다. "가장 유명한 박스터 집안 학살 시퀀스는 친퀴니의 실력 덕분이었다." 이탈리아 버전에 따르면, 이 장면은 더욱 길다. 멕시코인들이 쾌락을 즐기듯 웃고 있는 일련의 얼굴 클로즈업으로 구성돼 있다. 그들의 얼굴은, 불에 타서 땅으로 무너져내리는 박스터 집안 저택의 불길을 반사하고 있다. "친퀴니는 또 버려진 장면들을 가능한 많이 프린트해냈고, 잘 촬영된 것들의 복사에도 뛰어난 실력을 발휘했다. 그는 이런 일에 발군이었다. 그는 같은 장면을 어떻게 세 번, 네 번 더 이용하는지도 잘 알고 있었는데, 항상 시작을 다르게 가져갔다. 나도 사후 제작 기간에, 대사의 더빙에서 나름의 공헌을 했다. 레오네가 스페인에서 돌아올 때, 가장 최근에 업데이트된 원고를 갖고 있지 않았다. 그는 그것을 잃어버렸다! 나는 초고 시나리오를 이용했다. 몇 개는 바꾸었는데, 편집 기간에 스토리가 적지 않게 변했기 때문이었다. 그리고 나는 실제로 필요한 몇 개의 쇼트는 다시 찍었다. 이를테면 불타는 도화선 같은 것이다."[71)]

그런데 가장 신경이 곤두서는 순간은 촬영이 2/3 정도 진행됐을 때 일어났다. 로마의 욜리 영화사에서 연락이 왔는데, 레오네(그리고 이 문제와 관련된 모두)는 어떤 상황이든 '요짐보'라는 단어를 꺼내지 말라는 요구를 받았다. 이스트우드는 "저작권 문제가 분명하게 처리되지 않았다."라고 기억했다. 하지만 대부분은 이는 기술상의 문제일 뿐이라고 여겼다. 며칠 지나면 이 문제는 해결될 것으로 생각했다. 하지만 그렇지 않았다. 아마 욜리 영화사가 영악하게 리메이크 저작권에 필요한 1만 달러 지불을 하지 않고 있었거나(레오네의 주장), 레오네가 흥분하여 '요짐보'에 관련된 것들을 잊었거나(다른 사람들의 주장), 욜리 영화사가 로마에서 일본의 토호 영화사와 계약을 맺었는데 답신을 받지 않았거나(토니노 델리 콜리의 주장), 레오네가 구로사와의 영화를 리메이크한다고는 진짜로 생각하지 않았다는 것이다(스토리를 원작의 자리인 미국에 돌려놓았다는 레오네의 주장). 어쨌든 허락을 받는 것을 분명하게 처리하는 게 오랫동안 연기돼 있었다. 구로사와 영화의 제목을 언급하는 것을 피하라는 명령은 '누군가'가 그 '무엇을' 하고 있다는 것이었다. 프로듀서 풀비오 모르셀라는 세르지오 레오네는 아니라고 주장했다. "그가 제작자들을 끌어들였고, 그들을 위해 '요짐보'를 보여주었다. 그리고 그들이 리메이크를 원한다면, 자기가 영화를 만들겠다고 말했다. 제작자들은 저작권을 사겠다고 해놓고, 실제로는 사지 않았다. 그런데 세로지오는 먼저 일을 시작했고, 그리고 '황야의 무법자'를 만들었다. 그래서 구로사와에 의해 다툼이 시작됐고, 그건 그의 권리였다."[72] 토니노 발레리는 사후의 표절 사건에 대해 이렇게 기억했다. "즐거운 일은 아니었다. 제작자인 파피와 콜롬보는 '요짐보'를 개인적인 시사실에서 세르지오와 함께 일찍 보았다. 나는 사후 제작의 책임자로서, 그 시사에 관한 필름의 송장을 갖고 있었다. 재판이 열렸을 때도 나에게는 그 송장이 있었다. 나는 그때 파피와 콜롬보에 의해 고용돼 있었고, 세르지오의 친구였다. 나는 당시 상황에 관해 알 수 있는 거의 유일한 위치에 있었다. 나는 집에 와서 송장을 찢어버렸다."[73]

그리고 또 다른 매우 공식적이고 진지한 편지가 한 통 있다. 편지엔 구로사와 아키라와 시나리오 작가의 서명이 들어 있었다. 이 편지의 수신인은 세르지오 레오네였다. "레오네씨, 나는 얼마 전 당신의 영화를 볼 기회가 있었소. 좋은 영화더군요. 하지만 그건 나의 영화요. 일본은 국제 저작권에 관한 베른 협정의 서명국이고, 따라서 당신은 나에게 저작료를 지불해야 합니다." 순진한 레오네는 그 편지를 들고 주위의 모든 이에게 흔들어 보였다. 그 편지는 엄청 공격적이었다. 표절이고, 구로사와의 영화를 베꼈다고 고발했다. 하지만 레오네는 상황을 인지하지 못한 것 같았다. 레오네는 위대한 감독 구로사와가 자신에게 편지를 썼고, 자신의 영화를 좋다고 한 사실 이상으로 나가지 못했다. 레오네는 오직 그 점에 전율을 느끼는 것 같았다. 어떤 이가 제발 그 편지를 옆으로 치워버리라고 하자, 레오네는 '왜?'라며 계속 물었다.[74)]

욜리 영화사와 레오네를 대변하는 변호사들은 최고의 방어는 공격이라고 생각했다. 그래서 역공을 펼칠 작전을 짰다. 발레리가 기억했다. "변호사들은 말했다. 만약 우리가 과거의 문학 작품을 베낀 사람은 바로 구로사와라는 사실을 입증하지 못하면, 이 사건에서 패배할 것이다. 이왕이면 이탈리아 문학 작품이면 좋겠다. 그래서 훌륭한 이탈리아작품을 찾는 작업의 책임은 내가 맡았다. 나는 우연히 계몽주의 시대의 희곡작가인 카를로 골도니의 연극 〈두 주인을 섬기는 아를레키노〉(Arlecchino servitore di due padroni)의 공연 관련 광고를 보았다. 당시 최고급의 연극 감독 중의 한 사람이 제작한 작품이었다. 그래서 나는 친구인 작가 에르네스토 가스탈디(Ernesto Gastaldi)에게 전화했다. 그는 자신의 매력적인 서재에 〈봄피아니 문학 사전〉을 갖고 있었다. 그래서 나는 그에게 골도니의 작품을 찾아, 플롯을 알려달라고 부탁했다. 그날 오후 나는 이 뉴스를 제작자 조르지오 파피에게 전했다. 나는 내가 하는 일에 약간 수치심을 느꼈다. 나는 파피에게 구로사와가 '요짐보'

를 위해 훔친 문학 작품을 찾았다고 알렸다. 그 작품은 〈두 주인을 섬기는 아를레키노〉라고 전했다. 그는 이 소식을 변호사에게 알리라고 했다. 변호사들은 처음엔 회의적이었지만, 곧 이것으로 해보자고 했다. 나는 보상으로 돈도 조금 받았다. 그래서 나는 매우 염려했다. 이런 식이라면, 이탈리아 웨스턴에 영감을 준 사람은 골도니가 되는 것이었다."[75)]

'골도니 작전'은 나쁘지 않았다. 레오네가 '요짐보'를 이탈리아 관객을 위해 각색하면서 도입한 문화적 변화들을 고려하면 더욱 그랬다. 이는 통하지 않았다. 하지만 최소한의 협상 여지를 제공했다. 발레리의 전언이다. "그때까지 구로사와는 우리를 벽에 밀어붙였다. 그런데 우리는 최소한 말을 할 수 있는 여지를 마련했고, 타협된 동의에 이를 수 있었다." '요짐보'의 작가로 간주되는 구로사와와 기쿠시마는 두 영화 사이의 명백한 유사점이란 이유로 보상을 받았다. 이들은 '황야의 무법자'를 일본, 대만, 한국에 독점 배급하는 권리를 갖게 됐다. 그리고 전 세계 흥행의 15%를 가질 수 있었다. 레오네의 변호사들은 두 영화의 작가 인세는 모두 카를로 골도니의 유산 관리인에게 지급되어야 할 것이라고 합의했다. 그리고 이 영화를 소설화할 때(훗날 발간된다)는 아래 문구를 달게 했다. '로마의 욜리 영화사 시나리오에 근거하며, 도쿄의 구로사와 제작사의 허락을 받음.' 조르지오 파피는 동경으로 날아가, 합의서에 서명했다.

이 사건의 후유증은 클린트 이스트우드의 실망에 관한 것인데, 소송 때문에 이 영화의 미국과 영국에 대한 배급이 2년 반 이상 지연된 점이다. 갑작스럽게 이스트우드는 패배자로 물러나 있는 것처럼 비쳤다. 또 다른 영향은 '제작 중 배급'(built-in distribution) 시스템이 극동에서 만들어진 점이다(주로 일본 영화사가 수입하고, 그 회사는 한국과 대만에 독점 배급권을 가졌다). 오랜 시간이 지난 뒤, 1990년 칸 영화제 개막식 파티에서, 클린트 이스트우드는 80살의 구로사와 아키라를 만났다. 그들은 통역을 통해 '요짐보'에 대해 이야기했다. 레오네가 저작권 문제를 분명히 처리하는 것을 잊은 점, 이스트우드가 표절 때문에 경력에 큰 손상을 입은 점 등이었다. 두 사람은 그냥 웃고 말았다. 동시에 누군가에겐 그 일이 재밌지만은 않았다. 레오네는 입이 쓴 결론에 이르렀다. "구로사와는 그가 했던 일에 전적으로 옳았다. 그는 사업가이고, 이 작전으로 구로사와는 그의 모든 영화가 번 돈보다 더 많은 돈을 벌었다. 나는 그를 시네아스트로서는 존경한다. 그런데 의문이 하나 든다. 그가 할복자살을 시도한 이유는 혹시 자신의 영화를 리메이크한 작품들이 대단한 성공을 거뒀기 때문이 아닐까? 존 스터지스의 '황야의 7인'도 흥행에서 돌풍을 일으켰다."[76)]

토니노 발레리에 따르면 제작자 조르지오 파피의 일본 출장은 레오네에게는 최후의 결정타였다. "먼저 파피 일행은 스페인의 공동제작사 지분을 가져갔다. 그리고 파피는 자기 영화의 15%를 (일본의) 그들에게 주었다." 레오네에 따르면, 제작자들은 관련 재산을 다른 회사에 파는 절차를 밟았다. 그런데 그 회사는 나중에 '보석함이 비었다'라는 사실을 알게 됐다. 한편 레오네는 제작자들과의 법정 다툼을 준비했다. 그런데 신기하게도 그들에게는 레오네에게 지불할 돈이 하나도 없었다. 항상 자신의 돈에 관해 매우 조심했던 레오네에게, 이번 일은 '작가'로서의 자기 경력에 불길한 출발이었다. 20년이 지난 뒤에도, 충분히 이해할 수 있는데, 레오네의 반응은 매우 비통했다. "오늘까지, '황야의 무법자'는 나에게 한 푼도 벌어주지 못한 유일한 웨스턴으로 남아 있다. 더 나쁜 것은 이 영화 때문에 내가 많은 돈을 썼다는 점이다. 그 일을 경험한 뒤, 나는 내 영화는 스스로 제작할 마음을 먹었다. 마지막으로 나는 멕시코에서 번 것으로 약간 보상받았다. 그런데 멕시코는 유일하게 흥행이 잘 안 된 곳이다. 멕시코 사람들이 악당으로 나오기 때문이었다."[77)]

이야기의 원래 아이디어는 누구에게서 나왔든, '황야의 무법자'가 보여준 화면과 사운드의 경험은 정말로 독특한 것이었다. 이스트우드가 말했다. "내 생각에 세르지오의 영화는 웨스턴에 접근하는 스타일을 바꾸었다. 웨스턴을 오페라처럼 만들었다. 이탈리아인들은 폭력과 총 쏘는 장면을 실제보다 과장하여 표현했다. 음악도 위대했고, 새로운 형식의 곡들을 써냈다." 이스트우드는 레오네가 사운드 디자인을 혁신적으로 바꾼 것도 기억했다. "영화는 자기만의 사운드를 가져야 했고, 이탈리아인들은 사후 제작 과정에서 이 점을 분명히 의식하고 있었다. 그들은 촬영 중에는 사운드를 녹음하지 않았다.

세르지오 레오네는 사운드가 매우 중요하다는 점을 잘 알고 있었고, 영화의 약 40%를 차지한다고 생각했다. 레오네는 오페라 같은 음악을 썼고, 트럼펫을 많이 이용했고, 그리고 갑자기 빵! 했다. 그리고는 또 갑자기 멈췄고, 말이 힝힝거리게 했으며, 모든 게 그런 식이었다. 결과적으로 대단히 효과적이었다." 작가 세르지오 도나티는 총소리의 특별함에 대해 말했다. "레오네는 사운드 디자인을 즐겼다. 이를 위해 많은 회의를 했다. 그는 침묵을 좋아하지 않았다. 예를 들어 레오네는 리볼버 권총은 윈체스터 장총 소리처럼, 그리고 윈체스터 장총은 대포 소리처럼 들리게 했다. 제작팀은 사운드 녹음 기술자를 로마 근처 계곡에 보냈다. 그곳엔 길도 없고, 사람을 산만하게 하는 소음도 없었다. 레오네가 그를 그곳에 보냈는데, 그는 돌이 튀는 소리와 메아리를 녹음한 '핑-퐁-펑' 같은 사운드를 녹음해 왔다. 사운드는 전자 기술로 만든 게 아니었다. 그건 자연에서 녹음한 것이고, 레오네는 자연의 그런 공기와 분위기를 원했다."[78]

이스트우드는 미국으로 돌아간 뒤, 이탈리아의 관습대로 자신의 중요한 부분을 녹음했다. 사운드에 관해서는 사후제작팀의 결정에 맡겨두었다. 이후에 이스트우드는 로마의 더빙 스튜디오로 와서, 자신의 목소리를 사후에 맞추어야 했다. 이탈리아 판본을 위해, 이스트우드의 목소리는 배우 엔리코 마리아 살레르노(Enrico Maria Salerno)가 더빙했다. 그의 목소리는 이스트우드의 것보다 깊고 풍부했다. 이 목소리 때문에 주인공은 더욱 '무겁게' 느껴졌고, 무심하고 냉정한 성격은 무뎌졌다. 이탈리아 관객들은 이런 식의 더빙 목소리에 익숙했다. 이를테면 존 웨인의 목소리는 수년 동안 에밀리오 치골리(Emilio Cigoli)가 맡았다. 치골리의 목소리는 웅장했고, 연극적인 특성을 보였다.

제작자 파피와 콜롬보의 압력을 받아, 레오네는 영화의 초기 편집본을 작곡가 엔니오 모리코네에게 보여주었다. 레오네가 원래 원했던 작곡가는 프랑코 라바니노(Franco Lavagnino)였다. 레오네와 라바니노는 '폼페이 최후의 날'과 '로도스의 거상'에서 함께 일했다. 하지만 욜리 영화사는 '붉은 모래의 결투'(Gunfight at the Red Sands)에서 이미 모리코네에게 음악을 맡겼고, '총알은 다투지 않는다'에서도 그를 쓸 참이었다. 레오네에게 그를 한번 만나 보라고 권했다. 레오네는 그의 집에 갔고, 놀라운 뉴스를 들었다. "그의 집에 들어서자마자, 엔니오는 우리가 같은 학교에 다녔다고 알려주었다. 나는 그가 허세를 부리는 것인가 생각했다. 아니면 농담이든가. 하지만 아니었다. 그는 초등학교 3학년 학급 사진을 보여주었다. 우리 모두 그 사진 속에 있는 것을 확인했다. 그건 기분 좋은 만남이었다. 하지만 그것 때문에 그에게 일을 맡길 수는 없었다. 나는 그 점에 대해 솔직하게 말했다." 그리고 레오네는 모리코네에게 말했다. "웨스턴 '텍사스의 결투'(Duello nel Texas)에서의 너의 음악은 독창성이 있지는 않았다. 할리우드의 거장인 디미트리 티옴킨(Dimitri Tiomkin)의 음악에 물을 탄 것 같았다.” 그러자 모리코네는 레오네가 놀랄 정도로 반격했다. “나는 동의할 수 없다. 제작자들이 디미트리 티옴킨의 음악에 물을 타라고 했다. 그래서 나는 그렇게 만들었다. 작곡가도 살기 위해서는 돈을 벌어야 한다.” 레오네가 말했다. “나는 그의 수준을 바로 알 수 있었고, 그에게 기회를 주었다.” 레오네에 대한 모리코네의 기억은 이랬다. “세르지오는 ‘산 후안 밥티스테 데 라 살레’ 초등학교에 다닐 때 잡기 놀이(경찰과 도둑 놀이)를 즐겼고, 나는 축구를 좋아했다. 둘은 모두 활달한 아이들이었다. 우리는 함께 즐겼던 놀이들, 같이 찍은 사진들, 동기동창들 가운데 당시까지 연락하던 친구들에 관해 이야기했다. 우리는 8살 혹은 10살 이후에는 전혀 만나지 못했다. 그러니 거의 25년 만의 만남이었다.”[79)]

엔니오 모리코네는 1928년 11월 10일 로마의 트라스테베레 지역의 ‘산 프란체스코 아 리파’(S. Francesco a Ripa) 거리에서 태어났다. 두 사람은 나이도 거의 같고, 가족 환경도 비슷했다. 모리코네의 부친인 마리오 모리코네는 나이트클럽과 뮤직홀에서 트럼펫을 연주했다. 레오네의 부친인 빈첸초 레오네보다는 덜 빛났고, 벌이도 적었다. 그런데 마리오 모리코네는 아들 엔니오에게 어릴 때부터 여러 악기를 가르쳤다. 특히 트럼펫을 강조했다. 엔니오 모리코네의 기억이다. “나는 일찍 작곡을 시작했다. 6살 때였다. 아버지가 음표를 가르쳤다. 휴가 기간이었고, 나는 아주 단순한 음을 이용하여 바로 작곡을 했다. 그건 머리에 맴도는 테마였다. 이를테면 라디오에서

들은 음악 같은 것이었다. 나는 그것을 모두 버려버렸다. 나는 베버의 '마탄의 사수'를 듣고 큰 영감을 받았다. 귀로 들은 대로 서곡을 받아썼다. 아마 이때 사냥한 테마가 웨스턴 영화를 위한 작곡에 도움이 됐을 것이다. 거대한 야외 장면, 나는 그 음악을 들으며 장소는 그래야 한다고 상상했다. 그런 테마들이 세르지오 레오네의 웨스턴 음악과 연결된 것이다."[80)]

레오네가 로마대학 법학부에 등록했을 때, 모리코네는 로마의 '산타 체칠리아 음악원'에 입학했다. 그는 트럼펫, 화성법, 작곡을 전공했다. 유명 작곡가 고프레도 페트라시(Goffredo Petrassi)의 엄격한 지도를 받았다. '팔레스트리나, 몬테베르디부터 스트라빈스키, 스톡하우젠, 그리고 루치아노 베리오까지 모든 것'을 배웠다. 트럼펫 전공자가 작곡도 동시에 공부하는 게, 당시는 아주 특별한 일이었다. 모리코네는 낮에는 공부하고, 저녁이면 부친을 도와 연주하며, 두 세계를 왕복했다. 1943년 15살 때, 몸이 아픈 아버지를 대신하여 '코스탄티노 밴드'(Costantino's Band)에서 연주하기도 했다. 모리코네에 따르면, 이런 경험 덕분에 자신은 음악을 학문이기보다는 경험으로 받아들였다. 1954년 모리코네는 작곡 학위로 10점 만점에 9.5점을 받았고, 그해 졸업했다. 이어서 페트라시의 지도를 받으며, 모리코네는 1950년대 중반부터 말까지 여러 작품을 작곡했다. 칸타타 1곡, 6중주곡 1곡, 프레스코발디(Frescobaldi)의 주제에 의한 변주곡 5곡, 피아노를 위한 인벤션 1곡, 클라리넷 3중주 1곡, 콘체르토 1곡, 플루트를 위한 연습곡 3곡, 바이올린과 비올라와 피아노를 위한 디스탄체(distanze) 1곡, 그리고 이들 작품 중 몇 개는 현대음악협회의 주목을 받았다. 저녁이면 모리코네는 여전히 생계를 위해 나이트클럽에서 트럼펫을 불었다.

1956년 10월 모리코네는 마리아 트라비아(Maria Travia)와 결혼했다. 다음 해에 아들이 태어났고, 모리코네는 어떤 결정을 내려야 할지 큰 고민에 빠졌다. 먼저 약간의 강사 월급과 아주 적은 수입이 생기는 현대 음악 작곡을 계속해야 할지, 또는 더욱 상업적인 일에 몰두해야 할지 결정하지 못했다. 모리코네는 라디오, TV, 연극의 편곡자로 일을 시작했고, 레코드 회사의 편곡도 맡았다. 그래서 그의 작품인 '콘체르토'가 베네치아의 '라 페니체' 극장에서(1960), 그리고 '디스탄체'가 로마의 '아테네오' 극장에서 연주될 때, 모리코네는 나폴리의 애창곡인 '판출리, 판출라'를 편곡하고, 1959년 테너 마리오 란차가 죽기 바로 전에 그를 위해 '산타 루치아'도 편곡했다. 당시 모리코네는 정말 왕성하게 일했고, 그래서 업계에 이름이 알려졌다. 하지만 그는 마음 아프게도, 작곡가가 아니라 '현대 편곡의 선구자'라는 별명으로 통했다. 그는 공영방송 RAI에서 방영하는 버라이어티 쇼의 편곡도 맡았다. 1959년 모리코네는 작곡가이자 친구인 마리오 나심베네의 요청에 따라, 영화 음악 몇 곡을 편곡하고, 이름을 밝히지 않은 채 작곡도 몇 개 했다. 그건 프랑코 로시(Franco Rossi) 감독의 '어느 친구의 죽음'(Morte di un amico, 1959), 그리고 할리우드 감독 리처드 플레이셔의 '바라바'(Barabbas, 1961)였다. 모리코네가 영화 음악에 공식적으로 입문한 것은 루치아노 살체(Luciano Salce) 감독을 통해서였다. 모리코네는 그를 TV 방송국에서 만났다. 먼저 살체는 로마에서 연출한 두 편의 연극에서 모리코네가 작곡하기를 원했다. 그리고 살체는 페플럼 영화 '헤라클레스의 쓴 약'(Le pillole di Ercole)의 작곡을 위해, 거물 제작자인 디노 데 라우렌티스에게 모리코네를 소개했다. 하지만 디노 데 라우렌티스는 모리코네가 무명이라는 이유로 그 제안을 거절했다. 1년 뒤, 모리코네는 살체의 영화 '파시스트'(Il federale, 1961)에서 작곡을 맡으면서, 드디어 크레딧에 자신의 이름을 올렸다. 모리코네는 살체가 감독한 이후의 세 작품에서도 작곡을 맡았다. 모리코네가 세르지오 레오네를 다시 만났을 때는 카밀로 마스트로친퀘 감독의 작품 두 편에서 작곡을 막 끝냈을 때였다.[81]

어떤 면에서 보면 두 사람, 곧 감독과 작곡가의 경력은 비슷한 궤적을 그린 것 같다. 하지만 분명한 차이점도 있다. 가장 명백한 것은 모리코네의 직업으로서의 삶은 그를 훈련시킨 음악학교를 졸업한 뒤에는, 오직 하나의 궤적만 그렸다는 점이다. 반면에 레오네는 잘못된 출발을 몇 번 경험했다. 두 사람의 관계는 레오네의 표현에 따르면, 이혼법이 정해지기 전의 카톨릭 신자 사이의 결혼과 비슷했다(1970년대의 이혼법 이전에는, 이탈리아에서 이혼은 아주 어려웠다). 곧 폭풍 같았고 또 헌신적이었다. 모리코네는 이렇게 말했다. "세르지오는 거의 음치였다. 그래도 우리의 관계는 강렬했고 매우 창의적이었다. 나는 그가 부드럽다고 느꼈다. 세르지오는 어떤 테마가 떠오르면 '다-다-다 이렇게 진행되는 것인데 알겠지'라고 말했다. 그런데 그 테마도 모호했다. 그가 참조하고 싶은 테마가 어떤 것인지 이해하기 위해서는 내가 큰 노력을 해야 했다."[82)]

두 사람이 '황야의 무법자'를 위해 함께 일하게 됐을 때, 레오네가 특별히 생각하고 있던 음악이 두 개 있었다. 정교하게 짜여 있는 두 장면의 배경 음악인데, 하나는 포로를 교환할 때, 그리고 또 다른 하나는 마지막에 결투가 벌어질 때였다. 레오네의 생각에 따르면, "텍사스의 남쪽은 열정적이고 더운 장소였다. 그곳엔 미국과 멕시코가 섞여 있다. 이런 환경이 그들의 장례식과 종교에 특별한 기운과 분위기를 새겨놓았다. 세팅을 준비하며, 나는 나만의 죽음의 춤을 생각했다. 나의 첫 웨스턴을 위해, 나는 티옴킨이 '리오 브라보'와 '알라모'에서 사용했던 '데구에요'(deguello) 같은 음악을 요구했다. 그건 멕시코의 만가였다." 관련 장면의 초기 편집본이 편집기에서 돌아갈 때, 레오네와 편집자 친퀴니는 모리코네에게 그 음을 함께 허밍으로 들려주었다. 하지만 그건 레오네가 주장한 연결점이 없어 보였다. '데구에요'는 티옴킨이 '리오 브라보'(1959)를 위해 특별히 작곡하고 편곡한 것이다. 그건 보안관 챈스(존 웨인)와 마을 감옥의 경비를 보는 그의 부하들을 위한 만가처럼 쓰였다. 멕시코의 술집 밴드가 계속하여 애도하듯 트럼펫 연주를 하고, 마리아치의 기타가 뒤따르는 곡이다. '리오 브라보'에서 콜로라도(릭키 넬슨)는 이렇게 설명한다. "이 사람들은 저 곡을 데구에요라고 부르지. 무시무시한 곡이야. 멕시코 사람들은 알라모 강에 처넣은 텍사스 소년들을 위해 저 곡을 연주해." 레오네가 원했던 것은 두 문화의 파멸과 충돌의 분위기였다. 하지만 모리코네는 다른 작품을 표절하는 데는 전혀 친숙하지 않았다. 티옴킨의 곡이 기초로 삼은 것은 원래 '옛 멕시코의 노래'라는 것은 중요하지 않았다. 티옴킨은 그 곡에 자신의 이름을 올렸고, 그 곡은 피아노를 위한 악보로 출간까지 됐다. 그건 직업윤리의 문제였다.

모리코네는 레오네에게 이렇게 말했다. "만약 네가 그 음악을 넣기를 원한다면, 나는 이 영화에서 할 일이 아무것도 없다." 그랬더니 레오네가 답했다. "알겠다, 음악은 네가 알아서 작곡해라, 단 너의 음악이 데구에요처럼 들리도록 해다오." 모리코네는 그 의견도 별로 진지하게 받아들이지 않았다. "나는 내 음악 가운데 옛것을 하나 꺼냈다. 그건 자장가였는데, 유진 오닐의 세 편의 바다 드라마를 연극 무대에 올린 친구를 위해 작곡한 것이었다. 자장가는 미국의 피터스 시스터스(The Peters Sisters) 중 한 명이 불렀다. 분명히 말하는데, 그 음악의 테마는 고통과는 별 관계가 없는 것이었다. 그 음악과 데구에요 사이에 유사성이 있다면, 집시 스타일을 닮은 트럼펫 연주이다. 장식이 화려한 멜리스마(melisma) 형식을 썼는데, 그건 오직 하나의 음표를 중심으로 클라이맥스에 이르는 방식이다. 그것이 멜리스마의 특징이기도 하다. 다시 말하지만, 내 음악의 테마 자체는 데구에요와 같은 게 전혀 아니었다."[83] 음악적 영향을 받았느냐의 문제는 지금도 모리코네에겐 아픈 부분이다. 이런 의문은 1965년 모리코네가 티옴킨의 데구에요를 편곡하여 발표하자 더욱 깊어졌다. 이번에는 보컬과 합창까지 포함했고, 이탈리아에서 앨범으로 출간했다. 하지만 모리코네는 단호했다. "그렇다. 나는 하워드 혹스의 '리오 브라보'에서 음악적 분위기를 끌어 썼다. 하지만 나는 그것을 트럼펫 곡을 통한 새로운 해석과 연주로 수행했다. 트럼펫 곡은 완전히 창의적인 것이다."

사실 모리코네와 레오네는 이번 일을 시작할 때부터, 일반적인 미국 웨스턴에서 영감을 받은 음악은 원치 않는다고 서로 합의했다. 모리코네의 의견에 따르면, 할리우드 웨스턴 음악은 너무 과도하게 '교향곡 같은 음악'을 쓴다는 것이다. 다시 말해 할리우드는 간단한 민속 음악을 지나치게 교향곡 풍으로 바꾸어, 음악은 사치스럽고 감상적으로 들리며, 너무 '장황해서' 서부의 평원과는 거의 관계없는 것으로 바뀐다는 것이다. 기술적인 면에서(레오네는 특히 이점에 강박적이었는데), 사운드 믹싱을 할 때 콘서트 같은 음악을 자연의 소리와 섞으면 관객의 귀는 다 들을 수 없다고도 했다. 레오네도 그렇게 할 필요가 없다고 생각했다. 왜냐면 캐릭터들의 대사는 사운드트랙에 묻혀버릴 수 있기 때문이었다. 레오네가 말했다. "제작자들은 총을 쏘고, 말발굽 소리가 요란할 때에도 사람의 목소리를 내길 원했다. 그렇게 하면, 지금 웨스턴에서 하고자 하는 이야기가 무엇인지 잃어버릴 수도 있는 데 말이다. 들리는 건 목소리뿐이었다! 제작자들은 당대의 가장 긍정적이고 재확인하고 싶은 서부의 가치는 미국 역사의 짧은 기간에 존재했다는 점을 강조하려 했다. 사실 그때는 알려진 것과는 달리, 놀라운 폭력이 난무했던 시절인데 말이다. 나는 그때를 '폭력에 의한 폭력의 규칙'이라고 불렀다. 제작자들이 다르게 믿는 것은 할리우드 영화에서 영향받은 것이다. 말뿐인 영화들 말이다."[84] 모리코네와 레오네는 할리우드의 표준과 달리, 음악, 사운드, 그리고 시각적 이미지들이 더욱 활발하게 서로에게 영향을 미치기를 바랐다. 그들이 믿기에, '어떤 장면, 어떤 침묵, 어떤 사운드'이든, 그것은 반드시 '존재 이유'가 있어야 했다. 이상적인 이야기이지만 레오네는 음악은 촬영이 시작되기 전에 완성되기를 바랐다. 그래야만 음악은 시나리오 작성의 초기 단계에서 스토리에 통합될 수 있었다. 그러면 또 감독은 음악의 심리적 이미지를 선제적으로 떠올릴 수 있었다. 하지만 그들의 작업 조건은 그렇게 선제적이지 못했다. 덧붙여 그런 혁신을 뒷받침하기엔 예산이 너무 적었다.

모리코네와 레오네는 초기의 만남에서 자신들이 어떤 음악을 원하지 않으며, 어떤 음악이 적절한지에 대해 완벽하게 합의했다. 이탈리아 특유의 후시녹음을 할 때, 사운드트랙 전체는 긁는 소리부터 '디자인' 되어야 했다. 하지만 문제는 예상보다 어려웠다. 모리코네의 전언이다. "세르지오와 나는 음악은 특정 캐릭터를 완결짓기 위해, 그래서 그들에게 특정한 스타일을 주기 위해 이용하는 것이라는 데 합의했다. 예를 들어, 나는 특정 캐릭터의 아이러니한 면은 음악으로 강조했다. 세르지오는 미국식의 심리학을 좋아하지 않았다. 그는 공공연히 말했는데, 그것보다는 이탈리아의 리얼리티를 더 좋아했다. 곧 더욱 현실에 다가가는 것 말이다. 세르지오는 나처럼 로마에서 태어났다. 그의 영화에서 어떤 캐릭터들은, 특히 악당 캐릭터들은 대단히 이탈리아적이고, 좁혀 말하면 로마적이다. 단지 머리에 카우보이모자만 쓰고 있을 뿐이다. 이는 미국의 역사와 아무런 관련이 없다. 이런 이탈리아 캐릭터의 아이러니와 광기를 강조하기 위해 나는 '이탈리아적'인 사운드를 만들어냈다." 이것은 일반적인 웨스턴에서는 거의 사용하지 않던 특별한 악기를 통해 성취됐다. "나는 더욱 압박을 가하고, 더욱 문제를 일으키고, 더욱 직접적인 경험에서 얻을 수 있는 음악을 얻기 위해 머리를 짜냈다. 그래서 나는 시칠리아에서 이용되던 김바르드(guimbarde)와 마란차노(maranzano, 일명 '유대인의 하프')를 사용했다. 고무줄 튕기는 소리를 내는 김바르드와 철사 튕기는 소리를 내는 마란차노는 지중해의 악기인데, 북아프리카와 아시아에서도 사용되던 것이다."[85)]

모리코네가 말했다. "나는 사람의 목소리를 닮은 악기를 쓰는 것을 즐겼다. 플루트와 바이올린을 썼고, 사람의 목소리 자체도 마치 그것이 악기인 것처럼 독주 또는 합창으로 썼다. 이를테면 비음으로 민요를 부르는 형태 등이 그것이다. 나에겐 그런 것들이 삶 자체에 연결된 가장 아름다운 악기였다." 김바르드와 민요 부르기는 '멀리 떨어진 장소에 대한 음악'으로 적절했다. 이것이 '황야의 무법자'에 잘 맞았다. "그런데 내가 세르지오를 위해 작곡을 시작할 때, 나는 음악을 그 영화에 특별히 맞출 필요는 없다고 생각했다. 어떤 모델처럼 기능하는 미국 웨스턴을 참조하며, 단지 나는 대평원이나 사막으로의 도피라는 아이디어와 고독에 관한 표현을 하길 원했다. 나는 이 모든 것을 음악 속에 넣었다. 곧 고립된 장소, 마을의 소음과 소란스러움에서 멀리 벗어나 있는 분위기 말이다. 나는 이런 황야의 감각을 음악 속에 재창조하려 했다." 그래서 '고독의 표현'으로 휘파람이 적절해 보였을 것이다.

레오네는 모리코네의 의견에 동의했다. 하지만 그는 방금 찍은 영화가 특징적인 것처럼, 음악도 그렇게 느껴지기 위해서는 다른 무엇이 더 필요하다고 했다. 모리코네가 말했다. "세르지오는 내가 1년 혹은 2년 전에 미국 민요를 편곡한 음악을 들었다. 그 편곡 속엔 나의 음악적 아이디어가 들어있다. 나의 아이디어는 편곡을 통해, 관객들이 자신들을 위한 음악을 듣도록 하는 것이었다. 관객들은 음악의 뒤에 있는 어떤 캐릭터의 향수, 미스터 X의 향수, 도시에 대한 향수 같은 것을 듣는 것이다. 그래서 만약 도시가 멀리서 들린다면, 나는 저 멀리서 들리는 도시의 사운드를 이용했다. 세르지오는 그 음악을 들었고, 아주 좋아했다. 그리고 그 음악을 이 영화를 위한 나의 편곡 작품 가운데 하나로 포함했다."[86]

편곡한 작품의 원래 음악은 우디 거스리(Woody Guthrie)가

부른 미국 포크송 '풍요의 목초지'(Pastures of Plenty)였다. 모리코네는 이 곡을 1962년 미국의 테너 피터 테비스(Peter Tevis)를 위해 편곡했다. 1962년 이 곡은 RCA를 통해 싱글로 이탈리아에서 발매됐다. 편곡된 곡에는 반복되는 리듬 반주에 실린 강력한 보컬이 있고, 그리고 채찍, 종, 망치 소리에 16음계의 짧은 플루트도 들어있다. 합창('우리는 먼지와 함께 왔고, 바람에 함께 떠난다')을 위해, 현악기와 남성 합창단이 동원됐다. 덧붙여 주요 멜로디 부분에는, 전통적인 스페인 기타 대신에 펜더 스트라토캐스터 전기 기타가 강력하게 연주됐다. 이 합창은 영화 속 낯선 악기들처럼, '황야의 무법자'의 정체성이 됐다. 그런데 레오네는 편곡에 멜로디 연주 부분을 더 얹기를 원했다. 레오네는 피터 테비스의 지나치게 연극적인 목소리를 좋아하지 않았다. 레오네와 모리코네는 파피와 콜롬보가 제작한 '텍사스의 결투'에서 이미 테비스를 힘들게 한 적이 있었다. 그래서 레오네는 모리코네에게 사람의 목소리는 뺀 편곡을 요구했다. 그건 모리코네가 힘들게 작업한 부분인데 말이다. 레오네는 마침내 모리코네가 완성한 곡을 듣자마자 완전히 빠져버렸다. 레오네는 모리코네에게 말했다. "네가 영화를 다 만들었어. 이제 바다에 가서 쉬게. 너의 일은 끝났어. 이건 내가 원한 바로 그것이야. 이제 더 할 일이란 휘파람 잘 부는 사람 한 명 데려오면 돼." 휘파람을 부는 사람은 당시 39살이던 알레산드로 알레산드로니(Alessandro Alessandroni)였다. 알레산드로니는 가수이자 피아니스트이며 기타리스트였는데, 모리코네가

10대 시절 나이트클럽에서 연주할 때부터 알고 있었다. 알레산드로니는 당시 유명한 보컬 그룹 '칸토리 모데르니'(Cantori Moderni, '현대의 성가대원')를 이끌고 있었다. 모리코네는 이 그룹도 노래와 합창을 할 때 써먹었다. 모리코네에 따르면, 알레산드로니는 탁월한 합창 지휘자였고, 그의 그룹은 최고의 성악팀이었다. 알레산드로니는 휘파람을 불었는데, 마치 그것이 악기인 것처럼 해냈다.

알레산드로니는 합창단을 준비했고, 기타를 쳤으며, 휘파람을 불었다. 알레산드로니는 감색과 흰색으로 장식된 1961년형 펜더 기타를 자랑스럽게 매었고, 다른 키(key)를 연주할 때는 이탈리아의 민속 악기를 동원했다. 여기엔 마란차노와 세라믹으로 만든 아르길로포노(arghilofono)가 포함됐다. 알레산드로니가 말했다. "RCA 레코드사에서는 아무도 그 영화를 믿지 않았다. 그래서 그들은 사운드트랙 제작에 많은 돈을 쓰려고 하지 않았다. 그리고 모리코네가 음악을 입힌 어떤 장면을 볼 때면, 주검이 너무 많아서 웃기도 했다. 모든 곳에 시체들이 널려 있었다. 세르지오도 가끔 왔는데, 의자에 앉아 나에게 농담을 하곤 했다. 알다시피 그는 엄청 덩치가 크다. 나에게 말하길, 바로 그날 아침에 내가 가장 잘 부를 수 있는 휘파람을 불어야 한다고 요구했다." 알레산드로니는 모리코네가 악기를 실험하려 한 점과 자신에게 일을 제안한 점에 감사를 표했다. "나는 나의 합창단의 모든 점을 알고 있었다. 목소리 하나하나를 다 파악하고 있었다. 모리코네는 가능한 모든 것을 요구할 수 있었다."[87)]

레오네에 따르면 모리코네의 음악은 상투적이고 단조로운 전통적인 사운드트랙을 대체했다. 그의 음악은 자연의 사운드, 새와 동물들의 울음, 특별한 효과음악을 이용한 과감한 발명이었다. 그건 모든 소음도 음악의 영역이라는 생각에 대해, 모리코네가 연구를 멈추지 않음으로써 얻어낸 결과였다. 모리코네는 1958년 독일의 다름슈타트에서 존 케이지가 조직하고 공개한 세미나에 참가했었다. 그때부터 모리코네는 아방가르드 음악가와 작곡가들의 비공식적인 그룹인 '새로운 화성의 즉흥 그룹'(Gruppo d'improvisazione Nuova Consonanza)과 꾸준히 관계를 맺어 왔다. 이 그룹은 1950년대 후반 로마에서, 소수 관객을 대상으로 특별 콘서트를 열었다. 그리고 이들은 1964년 정식 밴드가 됐다. 모리코네는 이 그룹에서 경험한 것과 영화 음악과의 '직접적인 연결'은 부정했다. 하지만 자신의 영화 음악에서 그때의 경험이 어떤 요소가 될 수 있음은 인정했다. 그건 그 그룹의 영향이었다. 대표적인 요소들은 자연의 사운드를 혁신적으로 이용한 것이고, 특히 레오네의 웨스턴에서 효과를 낸 것들이다. "세르지오의 영화는 나에게 생각하는 특별한 방법, 또 웨스턴의 몸속에 일상의 사운드를 집어넣는 방법을 제안했다. 이것이 영화 음악 작곡에 새로운 생명을 부여했다."[88)]

'황야의 무법자'에서 가장 영향이 컸던 요소들이 독창성의 문제를 놓고 논쟁에 휘말린 것은 우연이 아니었다. 곧 데구에요 테마(모리코네 대 티옴킨), 이방인 조의 외모(이스트우드 대 레오네) 그리고 '요짐보'와의 관계(구로사와 대 레오네) 등에서 그랬다. 이런 요소들이 영화의 성공에 작용하지 않았다면, 아무도 논쟁거리로 삼지 않았을 것이다. 영화계에는 이런 말도 있다. 스티븐 스필버그의 영화 가운데 독창성에 관해 논쟁거리를 제공하지 않은 유일한 작품은 '1941'뿐이라는 것이다.

'황야의 무법자'에 관한 첫 번째 비평들은 레오네를 약간 실망하게 했다. 대부분 이 영화가 표현한 '이탈리아적'인 요소들을 보지 못했기 때문이었다. "신문 비평들은 내가 영화의 초반부터 곧바로 미국 웨스턴을 모방했다고 비판했다. 시간이 얼마 지난 뒤, 비평가들은 내가 '비판적 영화'의 형식을 창조하기 위해 노력했다고 썼다. 하지만 모두 각자의 방식으로 요점을 놓치고 있었다. 중요한 점은 나는 웨스턴에 내가 만들어낸 엄격한 관습들을 적용했다는 것이다. 그리고 분명한 사실인데, 내가 원한다고 해서 물리칠 수 없는 문화가 그곳엔 들어있다."[89)]

레오네의 이런 관습 가운데 대표적인 건 시각적 요소이다. 이는 후속작인 '석양의 건맨'에 비교하면 덜 분명하지만 말이다. 산 미구엘의 분수 주변에서 벌어지는 마지막 결투가 그 사례다. 이방인 조는 라몬 로호와 그의 부하들 쪽으로 걸어온다. 이는 언뜻 전통적이고, 마지막이면 등장하는 대결처럼 비친다. 그런데 이방인은 쓰러지면 다시 일어나면서(부활), 저쪽에서 이쪽으로 비틀거리며 다가온다(라몬의 총알은 강철로 만든 가슴 방패를 맞췄기 때문이다). 이때 레오네는 라몬 로호 부하들의 클로즈업 얼굴을 차례대로 중간에 삽입한다. 그러면서 하나의 원이 그려진다. 그런 식으로 라몬이 죽을 때, 약간 흐려진 (라몬의)주관적 쇼트는 하늘을 중심으로 역시 원을 그린다. 말하자면 길거리에서 벌어지는 전통적인 맞대결 대신에, 여기에서의 결투는 원형의 사건이 된다. 그건 마치 투우장에 들어가거나 혹은 회전하는 룰렛을 보는 것과 같다. 레오네의 설명이다. "그것은 '극장화된' 결투이다. 진실이 밝혀지는 장소는 원형경기장(arena)인 것이다. 얼굴을 마주 보는 정면대결이 아니다! 살 수 있는 마지막 기회는 관객이 있는 원형경기장에서 수행된다. 그건 우화의 도덕이기도 하다. '황야의 무법자'에서의 결투는 모든 종류의 관습을 뒤집었다. 이런 말도 있다. '4.5구경 권총을 가진 남자가 장총을 가진 남자를 만나면, 권총을 가진 남자는 이미 죽은 사람이다.' 하지만 나는 이 말의 반대를 실현하면서 즐겼다. 진짜 서부는 웨스턴 영화와는 아무 관계가 없다. 나는 게임 같은 것을 다큐멘터리 느낌이 나는 것과 섞었다. 장 마리아 볼론테의 장총에 총알이 떨어졌을 때, 이스트우드는 자기의 권총을 땅에 던진다. 그리고는 두 사람의 결투가 시작된다. 우리는 이스트우드가 자신의 권총을 집어 들고, 장전하는 기술을 찍었다. 뒤이어 우리는 볼론테의 기술도 그대로 찍었다. 장총은 시간이 더 걸린다. 그렇게 볼론테는 진다."[90]

또 다른 레오네의 '엄격한 관습'은 시각적 순간을 할리우드의 고전 웨스턴에서 가져와서, 그것을 아주 정교하게 확장하여 찍는 것이다. 이를테면 마지막 결투는 내면이 아니라 외면을 특별하게 강조하고 있다. 캐릭터들이 말에서 자세를 잡을 때면 부츠, 무기, 얼굴의 경련 등을 클로즈업하는 식이다. 레오네와 제작 2팀 감독인 프랑코 지랄디는 영화의 초반부에서, 바텐더 실바니토와 이방인 조가 리오 브라보 협곡을 바라볼 수 있는 언덕에 도착하는 것을 보여준다. 그런데 카메라가 먼저 강조하는 것은 두 남자가 말에서 내리는 것이다. 그리고 크레인 카메라는 위로 올라가, 언덕 전체를 보여주면서, 라몬 일당의 역마차들과 강을 가로질러 오는 기병대를 보여주는 식이다(보통은 그 반대). 후반부에서 레오네는 두 파벌 가족이 공동묘지에서 서로 총을 쏘는 장면을 찍는다. 이 장면에 이방인 조가 로호 집안의 지하창고를 조사하는 장면이 삽입돼 들어간다. 이방인은 권총으로 많은 나무통을 두드려본다. 그의 동작 모두는 공동묘지에서의 사건과 동시에 연결된다. 네 번 두드리면, 네 번 총을 쏘는 식이다. 이런 표현은 오래된 영화적 수사학의 한 부분인데, 개그 같은 이런 방법은 시각적으로, 또 청각적으로 주목을 끌 수 있다. 그리고 상투적인 옛 방법이 갑자기 신선하게 느껴지기도 한다. 이런 수사학은 미국 웨스턴의 관습을 풍자하기도, 찬양하기도, 그리고 때로는 폄하하기도 하는 것이다.

레오네가 주장하길, 자신은 미국 웨스턴 감독들의 게으름에 반발했다는 것이다. 레오네는 미국 감독들이 '반복'과 '디테일에 대한 결핍'에 빠져 있다고 말했다. 레오네에게 그런 것은 일종의 죄였다. 레오네는 나에게 이렇게 말했다. "고전 웨스턴 '셰인' 기억나는가? 잭 팰런스가 술집 바깥에서 작은 남자와 결투하는 장면을 생각해보자. 작은 남자가 총에 맞았을 때, 그는 6야드 뒤로 확 밀려나 진흙에 쓰러진다. 그건 죽음에 대한 매우 리얼한 묘사였다. 깊은 성찰의 결과일 것이다. 당신이 본 모든 웨스턴을 생각해보자. 나는 당신이 동의하리라고 확신하는데, 제작자들은 리얼한 접근을 피하고, 모든 것을 사전에 포장된 일종의 오락으로 바꾸어버린다. 이것이 하나의 규칙이 됐고, 이는 TV의 텅 빈 상투성에 길을 깔아주었다."[91)]

'황야의 무법자'의 예산으로는, 디자인에서 어느 정도의 '디테일에 대한 신경 씀'이 '간신히' 가능했다. 일반적으로 악당은 검은색 옷을 입는다. 하지만 이방인을 처음 만날 때 라몬은 우윳빛의 흰색 셔츠를 입고 있다. 그리고 배경에는 흰색 솜 조각 같은 것이 공중에 떠다녀, 거의 겨울 눈의 효과를 내고 있다. 포로 교환 장면에서, 이런 흰색은 가을의 부드러운 갈색(길거리, 사막, 먼지, 말들, 그리고 옷들까지)으로 바뀐다. 이는 라몬의 스페인 스타일의 어두운 겉옷과 아기의 헐렁한 흰색 셔츠와는 배치되는 색깔이었다. 예산에 여유가 있었다면 더욱 개선됐을 장면도 있다. 마을 사람들은 두 번에 걸쳐 짧게 등장하는데, 그들은 마치 같은 날 촬영한 것처럼 보였다. 그리고 색깔을 조절하는 것도 아쉬웠다. 특히 어두운 장면이나 밤 장면은, 그것이 낮에 촬영됐음을 알 수 있을 정도였다. 아마 이런 부분 때문에, 레오네는 시장에 이 영화를 내놓을 때 어려움을 겪었을 것이다. "이 영화 이전에 대략 25편의 이탈리아 웨스턴이 만들어졌다. 영화를 다 만든 뒤, 사업가들을 위한 시사회를 열었는데, 적어도 50개의 극장을 갖고 있던 로마의 어떤 사업가는 오지도 않았다. 왜냐면 그때 이탈리아에서 웨스턴은 끝났다는 생각들이 이미 퍼져 있었다. 이탈리아 웨스턴 영화들이 개봉됐지만, 비평가들은 눈길 한 번 주지 않았다. 아무도 주목하지 않았는데, 이탈리아 웨스턴들은 제목들을 '훔쳤고', 또 모두 'B급' 영화라고 인식돼 있었다."[92)]

이 영화의 원래 제목은 '황야의 이방인'(Il magnifico straniero/The Magnificent Stranger)이었다. 제작 예산은 'B급' 영화 수준이었다. 제작자 파피와 콜롬보는 이미 두 편의 웨스턴을 만들었는데, 이번에도 비슷한 수준의 예산을 적용했다. 이 영화를 일반적인 웨스턴과 구별하려면 최상급의 마케팅 정책이 필요했다. 첫 번째 일은 제목을 '기독교화'하여 바꾸는 것이었다. 그래서 고친 제목이 '황야의 무법자'(Per un pugno di dollari/A Fistful of Dollars, 한 줌의 달러를 위해)이다. 이는 주인공이 선호하는 지급 방식을 의미하기도 하지만, 아마도 1911년 멕시코 혁명 때 혁명가 에밀리아노 사파타(Emiliano Zapata)가 한 유명한 연설을 참조했을 것이다. 사파타가 말했다. "마데로(Madero, 사파타의 라이벌)의 추종자들은 '한 줌의 동전을 위해'(por un puñado de monedas) 폭군에게 비위를 맞췄는데, 이것이 형제들의 피를 솟구치게 했다." '한 줌의 동전을 위해', 이는 유다를 빗댄 말이다.

다음 단계는 관객의 눈길을 사로잡는 오프닝 크레딧 타이틀을 만드는 일이었다. 이는 루이지 라르디니(Luigi Lardini)가 작업했다. 검은색, 붉은색, 흰색을 배경으로, 액션 장면이 로토스코프(rotoscope) 애니메이션으로 만들어졌다. 여기에 영화의 메인 음악이 강력하게 실렸다. 마지막으로 포스터 작업은 그래픽 디자이너인 산드로 시메오니(Sandro Simeoni)가 맡았다. 포스터는 미국의 고전 웨스턴과 비슷한 형식을 보여주는데, 붉은 셔츠를 입은 총잡이가 바닥에 한쪽 무릎을 꿇고, 만화에 등장할 것 같은 악당의 배에 총을 쏘는 장면이다. 이 포스터는 클린트 이스트우드와 아무런 연관성도 보여주지 않았다(그때 이스트우드는 무명이었다). 그리고 영화의 시각적 스타일도 반영하지 않았다. 그냥 초기 이탈리아 웨스턴의 아무 영화에 써도 될 그림이었다. 한 가지 특이점이 있다면, 총잡이의 권총이 관객을 정면으로 조준하고 있다는 것이다. 청색과 붉은색으로 인쇄된 고딕 글씨는 미래의 도박사인 감독 이름을 '봅 로버트슨'(Bob Robertson, 부친의 예명인 Roberto Roberti를 영어식으로 바꾼 것)이라고 밝히고 있다. 악당의 이름은 '존 웰스'(John Wells)로 표기했다(Gian Maria Volontè에서 Gian은 영어로 John, 그리고 Volontè = will = wells로 변한 것). 마리안네 코흐가 여주인공으로 표기됐다. 코흐는 영화 전체에서 한 줄 정도의 대사만 하는데, 그녀를 여주인공으로 표기하는 것은 의문이었다. 입장권을 산 관객들은 뒤늦게 이 영화에는 여주인공이 없다는 사실을 알게 될 것이다. 스턴트 감독 베니토 스테파넬리는 '베니 리브스'(Benny Reeves)로 표기됐다. 스테파넬리는 스티브 리브스와 네 번 혹은 다섯 번 함께 작업한 기억에서, 이름을 이렇게 정했다.[93)]

'황야의 무법자'는 흠잡을 데 없이 미국화된 이름을 달고, 소렌토에서 매년 개최되는 필름 마켓에 참여했는데, 구매자가 한 사람도 없었다. 웨스턴은 이제 한물간 유행이었다. 어느 날 시사회가 끝난 뒤, 토스카나의 극장 체인 주인이 봅 로버트슨에게 찬사를 보냈다. "영화 잘 봤습니다. 새로운 것이 많았어요. 훌륭합니다." 레오네는 물었다. "그래서 영화를 살 건가요?" "아니요. 성공 가능성이 낮아요. 영화에는 여성이 없지 않소." 레오네는 그 배급업자를 설득하려 했다. 레오네는 가장 성공한 미국 웨스턴인 'OK 목장의 결투'나 '하이눈'도 여주인공인 론다 플레밍스와 그레이스 켈리 때문에 일부 손해봤다고 주장했다. "최고의 웨스턴에서도 여성은 스타로서 억지로 액션을 한다. 하지만 결국 남성 주인공에 의해 '소유'되는 것으로 운명지어져 있다. 그녀는 '여성'으로 존재하지 않는다. 이를테면 어떤 웨스턴에서 여성을 빼고, 당신의 머리에서 그 영화를 상상해보라. 아마 더 좋은 작품이 만들어질 것이다. 사막에서 핵심적인 문제는 생존하는 것이다. 여성은 생존하는 데 방해가 된다. 여성은 단지 스토리를 지탱하면 된다."[94)] 하지만 배급업자는 이런 설명에 별 인상을 받지 못했다. 사실 세르지오 레오네는 옛 스타일의 여성 주인공 대신에 '성 가족'(Holy Family)의 마돈나 상을 영화 속에 제시했다. 그러나 그녀는 스크린에 너무 적게 나왔고, 그래서 스토리도 많이 '지탱'하지 못했다. 하지만 최소한의 의미는 만들어냈다.

아래의 이야기들은 이탈리아 영화계에서 자주 회자 되는 것들이다. 특히 레오네 집안에선 더 자주 들렸는데, 결국 얼마 안 돼 이 이야기들은 신화의 지위에 이른다. 먼저 세르지오 레오네가 들려주는 이야기 판본은 이렇다. "나는 1964년의 8월을 절대 잊지 못할 것이다. 나는 27일 첫 시사를 위해 피렌체에 갔다. 숨이 막힐 정도로 더웠다. 이탈리아에서 8월에 영화를 개봉하는 것은 그 작품을 완전히 죽이는 것이다. 게다가 시내의 후미진 극장에서 개봉하는 것은 영화를 죽이고, 또 매장하는 것이나 다름없었다. 영화관은 뒷골목 같은 데 있었다. 극장의 나무 가구들과 다른 장식들은 1908년부터 이어져 왔고, 거의 영화가 발명될 때 그대로였다! 최악의 악몽으로 남은 것은, 나는 그날처럼 음울한 분위기에 살아보지 않았다는 점이다. 필름 마켓에서의 평가 때문에 겁을 먹은 제작자들은 홍보를 위해 단 1리라도 쓰려고 하지 않았다. 나의 영화는 신문에 제목만 올라오는 리스트로 알려졌다. 영화는 존재하지 않는 것 같았고, 거의 존재하지 않았다."[95)]

금요일과 토요일, 흥행에서 영화는 평균 이하의 점유율을 보였다. 레오네는 로마로 돌아왔다. 그런데 레오네는 월요일에 피렌체 극장의 주인에게 전화를 걸었는데, 전혀 다른 이야기를 들었다. 월요일 점유율이 일요일의 두 배라는 것이다. "현대 영화사에서 그런 일은 유일할 것이다. 최소한의 홍보에,

단 하나의 비평 기사도 없이, 영화는 스스로 날아오르기 시작했다. 두 배나 무명인 영화가 마치 복수하듯 날아올랐다. 유명한 '입소문'이 있었다. 사람들은 영화에 대해 많은 말을 했고, 우리는 무슨 일이 일어나는지 전혀 알 수 없었다. 화요일, 수요일이 되자 영화는 매진되는 바람에 사람들은 극장에 들어가지 못하고 돌아가야 했다. 나는 지금도 궁금한 게, 그 사람들은 어떻게 그런 숨어 있는 영화관의 주소를 알아냈는가 하는 점이다."[96]

6개월 뒤, '황야의 무법자'는 여전히 피렌체에서 상영되고 있었다. 레오네는 모든 사람에게 자랑하듯 말했는데, 피렌체의 그 주인은 프린트를 내놓으려고 하지 않았다. 피렌체에서 개봉한 2주 뒤, '월드 프리미어' 행사(사실상 두 번째)가 로마의 비미날레 광장 코너에 있는 거대한 '슈페르치네마'(Supercinema) 영화관에서 열렸다. 소렌토에서 이 영화를 거절했던 많은 사업가가 이 행사에 참여했다. 1964년 11월에서 1965년 12월 사이, 이탈리아에서의 흥행 성적(특히 로마, 밀라노, 토리노, 나폴리)은 상식적인 궤도를 넘어가 버렸다.

조감독 토니노 발레리는 이런 매력적인 이야기를 조금 다르게 기억했다. "피렌체의 영화관은 시내의 중심은 아니지만, 중심 가까이에 있었다. 개봉관은 아니지만, 그렇다고 형편없는 극장은 아니었다. 이 영화의 배급사 우니디스(Unidis)의 사업 담당자는 영화가 상영 프로그램에서 제외되지 않게 하려고, 매일 엄청난 양의 티켓을 샀다. 그런데 월요일에 기적이 일어났다. 영화관은 실제로 돈을 주고 티켓을 산 사람들로 꽉 찼다 '입소문'이 돌았다는 사실은 부정하지 못할 것이다. 어떻게 그런 일이 일어났는가 하면, 영화관은 기차역 근처에 있었는데, 그래서 기차를 기다리며 두 시간 정도 시간을 죽여야 하는 영업사원들이 그 극장에 자주 드나들었다. 그들은 '입소문'을 퍼뜨리기에 좋은 관객들이다." 발레리는 이런 이야기도 덧붙였다. "제작사는 더 많은 프린트를, 두 배나 빠른 속도로 만들어야 했다. '아름다운' 이야기가 하나 있다. 영화는 테크니컬러로 인쇄됐다. 노란색 네거티브, 붉은색 네거티브, 녹색 네거티브 필름이 함께 섞였다. 프린트를 달라는 요청이 너무 많이 들어오자, 제작사는 인지하지 못한 상태에서, 일부 프린트는 한 가지 네거티브 필름만 보내고 말았다. 이를테면 붉은색 네거티브 필름만 보낸 것이다. 이탈리아에서는 실제로 한 가지 네거티브 필름만 상영한 극장이 있었다. 어느 날 어떤 신사가 레오네에게 와서 말했다. '레오네 씨, 아름다운 영화였어요. 정말 아름다웠어요. 모든 게 붉은색이었어요.' 그러자 레오네가 물었다. '무슨 말입니까? 모든 게 붉은색이라니요?' 신사가 대답했다. '화면이 너무 아름다웠어요. 정말 기발한 아이디어입니다.' 황당한 일이었다."[97)]

시나리오 작가 세르지오 도나티는 또 다른 이야기를 들려주었다. "이 영화의 성공은 세르지오 레오네의 끈기 덕분이었다. '황야의 무법자'는 다른 B급 웨스턴들과 함께 배급됐다. 그런 영화들처럼, 오직 이틀 혹은 사흘만 상영되고, 그러면 끝나는 것이었다. 예외적인 일이 벌어진 것은 피렌체의 극장 주인이 이 영화를 아주 좋아했다는 점이다. 그래서 그가 이 영화를 2주 동안 상영했다. 그래서 레오네가 피렌체로 가서, 영화를 한 달 동안 상영해달라고 설득했다. 레오네는 로마로 돌아와서 이렇게 말했다. '피렌체에서 영화는 대성공'이다."[98)]

피렌체에서 영화는 오직 소수의 비평적 반응을 받았다. 그런데 1964년 11월, 로마에서 '황야의 무법자'는 마치 새로 개봉된 것처럼 언론의 주목을 받았다. 진보적인 신문 '파에제 세라'(Paese Sera, 석간 도시)의 젊은 비평가였던 다리오 아르젠토(미래의 호러 거장)는 지식인 사회에서의 첫 반응을 이렇게 기억했다. "지식인들… 세르지오 레오네의 영화에 대한 나의 첫 반응은 열정적이었다. 하지만 다른 이탈리아 비평가들은 보통 이 영화를 끔찍하다고 말했다. 모든 면에서 거칠다는 것이다. 나는 영화를 보기 위해 로마의 슈페르치네마 극장에 친구 세 명과 함께 갔다. 우리는 놀랐다. 왜냐면 이 영화는 우리가 보기를 꿈꿨던 바로 그 웨스턴이었다. 역사적인 웨스턴들은 보통 혁신적이지 않았고, 광적이지도 않았고, 스타일도 없었고, 폭력적이지도 않았는데 말이다."[99)] 또 다른 대세를 거스르는 비평가는 역시 파에제 세라에 영화평을 쓰던 아제오 사비올리(Ageo Savioli)였다. 이건 좀 이상한 일이었는데, 사비올리는 4년 전 '로도스의 거상' 때 공동 시나리오 작가였고, 그때 레오네와 아주 사이가 틀어졌기 때문이었다. 그때 레오네는 사비올리가 써낸 시나리오에 전혀 인상을 받지 못했는데, 그렇지만 크레딧에 이름은 올리고, 임금도 계속 지급하겠다고 말했다. 하지만 더는 쓰지 말라고 했다. "우리는 이런 식으로는 일할 수 없다. 우리 모두 의미 있는 시간을 허비하는 것이다. 너는 쓰고, 나는 네가 쓴 것을 읽는 것 말이다." 이건 두 사람 사이의 작은 비밀일 수 있었다. 그래서 레오네는 사비올리의 빛나는 비평을 읽고 아주 놀랐다. "영화가 로마에서 개봉한 바로 다음 날, 나는 어떤 리뷰를 보고 정말 놀랐다. 왜냐면 그건 나의 적이 썼기 때문이었다. 그건 생각이 깊은 리뷰였고, '황야의 무법자'와 존 포드 웨스턴 사이의 연결점까지 지적했다. 나는 전화를 걸어 그에게 말했다. '나는 감동했어, 너의 지지에 정말 감동했어. 너무나 감사해. 또 네가 과거의 불화를 땅에 묻어버렸다는 게 너무 기뻐.' 그런데 그의 답은 이랬다. '도대체 네가 '황야의 무법자'와 무슨 관계가 있어?' 나는 뒤늦게 알았다. 로마에서 봅 로버트슨의 이름 뒤에 세르지오 레오네가 있다는 사실을 모르는 유일한 비평가가 바로 그였다. 그때 이후, 사비올리는 늘 똑같은 어조로 변함없이 나의 작품들을 혹평했다."[100]

한편 미국에서 '로하이드'의 에피소드 151회가 방영됐다. 클린트 이스트우드는 일곱 번째 시리즈에 참여한 것이다. 그는 스트레스를 많이 받으며 일했다. 이스트우드는 업계 소식지인 '버라이어티'를 읽고 있었다. 이탈리아 웨스턴이 유럽 시장에서 반짝 성공하더니, 이제 로마에서 완전히 죽어버렸다는 기사였다. 다음 호에는 이런 기사가 실렸다. 저예산 웨스턴인 '황야의 무법자'가 흥행에서 놀라운 성공을 거두고 있다는 것이었다. 아무도 이스트우드에게 전화해서 '황야의 이방인'으로 알고 있던 제목이 '황야의 무법자'로 바뀌었다는 소식을 전해주지 않았다. 이스트우드에게 중요할 것이라고 여기지 않았기 때문일 것이다. "내가 떠난 뒤에 제작자들은 아무런 연락이 없었다. 감사하든, 꺼지라고 하든, 아무 말도 없었다."[101]

1964년 11월 18일, 로마의 버라이어티 통신원은 슈페르치네마 극장에서 이 영화를 본 뒤 리뷰를 썼다. "이탈리아와 스페인에서 만들어진 정말 멋진 웨스턴이다. 이탈리아 사람들과 전 세계적인 캐스팅이 이뤄졌다. 제임스 본드 영화의 활기와 유머를 가진 이 영화는 세련된 관객과 일반적인 관객 모두에게 호소력을 갖고 있다. 초반부에 나오는 이탈리아 인물들은 올해의 가장 매력적인 사람들 후보감이다. 캐스팅이나 홍보보다, 입소문이 진정한 판매 요소라는 건 사실이다. 이 영화는 해외에서도 좋은 상영 프로그램에 포함될 것이다. 이 영화는 히트가 보장된 작품이다. 능숙한 연출, 빛나는 촬영, 적절한 연기, 이는 액션 영화 팬들과 그 이외의 사람들까지 원하던 모든 요소를 갖고 있다는 뜻이다." 주인공인 클린트 이스트우드의 연기에 대한 찬양도 빠지지 않았다. "그는 이방인으로서의 자신을 잘 표현했고, 이런 종류의 영화를 원하는 사람들이 후속작을 요청하기에 충분하도록 강한 캐릭터를 만들어냈다." 이렇게 '황야의 이방인'은 '황야의 무법자'가 되었다. 그리고 주인공 이스트우드는 이탈리아에서 사뭇 슈퍼스타가 됐다. 그리고 후속작에 관한 이야기가 나왔다. 말하자면 유럽에서의 그 6주는 그에게 시간 낭비가 전혀 아니었던 셈이다.

1) On the *Yojimbo* visit, see Oreste de Fornari pp. 166-168, and *Cinéma Méditerranéen Montpellier* pp. 61-63; confirmed by my interview with Carla Leone. On *The Eagles of Rome*, see *Cinéma Méditerranéen Montpellier*, interview with Tonino Delli Colli, pp. 71-72. The project was still being discussed as late as 1975, as a possible vehicle for Elliot Gould and Donald Sutherland.

2) Carla Leone interview.

3) Carla Leone interview; see also De Fornari and Faldini and Fofi, pp. 287-288.

4) Author's interview with Sergio Leone, February 1982.

5) Oreste de Fornari, p. 39.

6) Frayling: *Spaghetti Westerns*, p. 39.

7) Ibid. pp. 147-150.

8) See Frayling, p. 101. Also Carlos Aguilar: *Sergio Leone* (Catedra, Madrid, 1990) pp. 76-86; Peter Besas: *Behind the Spanish Lens* (Arden Press, Denver, 1985); Mesegosa, Mañas and Vizcaino: *La produccion cinematografica en Almería 1957-75* (Institute of Almerian Studies, Almería, 1997) pp. 13-18, 32-40; Vincente Vergara: *10,000 dolares para una masacre* (Cine español, cine de subgéneros, (ed.) Fernando Torres, Valencia, 1974). Plus author's interview with Joaquin Luis Romero Marchent, Udine, 26 April 1997.

9) Aguilar, p. 82.

10) Author's Interview with Marchent, 16 April 1997.

11) See Frayling, pp. 121-137. Also author's interview with Sergio Donati, 23 May 1998.

12) Simsolo, pp. 89-90.

13) Carla Leone interview, also Patrick McGilligan: *Clint: the Life and the Legend* (Harper Collins, London, 1999) pp. 130-131

14) Faldini and Fofi, pp. 288-290; Simsolo, pp. 87-88.

15) See Franco Ferrini's interview in *Bianco e Nero* (September/ October 1971), Leone's interview introduction to *Per un pugno di dollari* (Cappelli, Bologna, 1979) pp. 11-20, and interview with Leone for *Visions* (Large Door/ Channel 4) November 1983.

16) Simsolo, pp. 112-114.

17) Author's interview with Sergio Leone, February 1982.

18) Ibid.

19) Vincenzoni interview with Hubert Corbin, in *Cinéma Méditerranéen*

Montpellier, p. 65-66

20) *Visions* interview, November 1983. See also Frayling: *Spaghetti Westerns*, pp. 160-175.

21) Frayling, pp. 60-63, 180-191.

22) Ibid. pp. 147-150.

23) Tonini Delli Colli interview with Hubert Corbin, in *Cinéma Méditerranéen Montpellier*, pp. 71-72.

24) De Fornari, pp. 166-168.

25) Ibid.; also *Montpellier*, pp. 61-62

26) De Fornari and *Montpellier*, loc. cit.

27) Author's interview with Carlo Simi, *Montpellier*, 24 October 1998; also see Carlo Simi-l'Amérique de Sergio Leone(*Cinéma Méditerranéen Montpellier*, 1998, (ed.) Corbin) pp. 4-6.

28) Author's interview with Tonino Valerii, see also *Montpellier* pp. 61-63.

29) Author's interview with Carlo Simi.

30) Lambert, pp. 23-24.

31) Author's interview with Valerii; see also *Montpellier* pp. 61-63.

32) *Montpellier*, p. 60.

33) Fabio Melelli, interview with Benito Stefanelli, pp. 138-150.

34) See Steven Whitney: *Charles Bronson* (Dell, New York, 1975); Richard Harrison's foreward to Gary A. Smith: *Epic Films* (McFarland, North Carolina, 1991) pp. xii-xiv and (ed.) Danny Peary, *Close-Ups* (Galahad Books, New York, 1978) pp. 535-536.

35) Author's interview with Sergio Donati.

36) Author's interview with Tonino Valerii.

37) Ibid.

38) Author's interview with Sergio Leone.

39) Guy Braucourt: *Interview with Sergio Leone* (*Cinéma 69*, November 1969) pp. 81-90; also Frayling: *Spaghetti Westerns*, pp. 145-146.

40) Peter Hamill interview with Leone (*American Film*, June 1984) pp. 23-25; Elaine Lomenzo interview (*Film Comment*, August 1984) pp. 21-23; and Christopher Frayling: *Clint Eastwood* (Virgin, London, 1992) pp. 53-67.

41) Richard Schickel: *Clint Eastwood* (Cape, London, 1996) pp. 131-133, 134-

150. I am indebted to this biography as well as to Daniel O'Brien: Clint Eastwood (Batsford, London, 1996) pp. 42-70, Minty Clinch: *Clint Eastwood* (Coronet, Hodder & Stoughton, London, 1995) pp. 49-72, 'Directed by Clint Eastwood' in *Projections 41/2*, (ed.) Boorman and Donohue (Baber, London) pp. 60-62, Douglas Thompson: *Clint Eastwood, Sexual Cowboy* (Smith Gryphon, London, 1991) pp. 32-36, Michael Munn: *Clint Eastwood, Hollywood's Loner* (Robson, London, 1992) pp. 44-66, De Witt Bodeen: A *Fistful of Fame* (Focus on Film, 9, Spring 1972 pp. 12-24), Paul Smith: *Clint Eastwood, a Cultural Production* (University of Minnesota Press, 1993) pp. 1-28 and Iain Johnstone: *The Man with No Name* (Plexus, London, 1981) pp. 35-51.

42) Schickel, loc. cit.; Frayling, *Clint Eastwood*, loc. cit.

43) Schickel, loc. cit.

44) Frayling, *Clint Eastwood*, loc. cit.

45) Author's interview with Tonino Valerii.

46) Schickel, pp. 134-135.

47) Johnstone, *Clint Eastwood*, pp. 36-37.

48) Frayling, loc. cit.

49) Simsolo, pp. 92-93.

50) *Projections 4 1/2*, pp. 60-62; Frayling, *Clint Eastwood*, loc. cit.

51) *Projections*, Christopher Frayling, David Downing and Gary Herman: *Clint Eastwood, All-American Anti-Hero* (Omnibus Press, London, 1977) pp. 28-52.

52) *Montpellier*, interview with Franco Giraldi, p. 60.

53) Schickel, p. 141.

54) Clint Eastwood interview, in the television documentary *Sergio Leone... Les Westerns* (Blue Dahila Productions and Canal Plus, directed by Philip Priestley, 1997).

55) Frayling: *Spaghetti Westerns*, pp. 146-147, and *Westerns all'italiana* (Anaheim, California, nd.) *Gian Maria Volonté memorial issue.*

56) Frayling, Spaghetti Westerns, loc. cit.; Simsolo, p. 96.

57) *Montpellier*, p. 60.

58) Simsolo, pp. 89-92.

59) Frayling, *Clint Eastwood*, p. 56.

60) Simsolo, pp. 92-93.

61) Frayling, *Spaghetti Westerns*, pp. 59-60.

62) Frayling, *Spaghetti Westerns*, pp. 63-64; Schickel, pp. 145-146.

63) Guy Braucourt, pp. 86-90.

64) Schickel, p. 147.

65) Schickel, p. 150.

66) Author's interview with Tonino Valerii.

67) Schickel, p. 144.

68) Author's interview with Tonino Valerii.

69) Thompson, pp. 32-36; Munn, pp. 44-66.

70) Lambert, pp. 29-30.

71) De Fornari, pp. 166-168; *Montpellier*, pp. 61-63; author's interview with Tonino Valerii.

72) Author's interview with Fulvio Morsella, 14 May 1998.

73) Author's interview with Tonino Valerii.

74) Ibid.

75) Ibid. See also De Fornari, pp. 166-168.

76) Simsolo, p. 88.

77) Author's interview with Carla Leone; *Montpellier*, pp. 71-72; Simsolo, pp. 104-105; Gianni Di Claudio: *Directed by Sergio Leone* (Libreria Universitare, Chieti, 1990) pp. 43, 67.

78) Frayling: Clint Eastwood, pp. 61-62; author's interview with Sergio Donati, 23 May 1998.

79) Simsolo, pp. 93-95; Anne and Jean Lhassa: *Ennio Morricone* (Favre, Lausanne, 1989) pp. 51-56; *Ennio Morricone* BBC television documentary (directed by David Thompson, spring 1995)

80) *Ennio Morricone* television documentary; on Morricone's music for Leone's film, see Robert C. Cumbrow: *Once Upon a Time – The Films of Sergio Leone* (Scarecrow, New Jersey, 1987) pp. 199-216.

81) Lhassa, pp. 23-33, 45-50; H. J. de Boer and M. van Wouw: *The Ennio Morricone Musicography* (Amsterdam, 1990) pp. 1-33.

82) Interview with Ennio Morricone for *Viva Leone!*, Rome, November 1989; Lhassa, pp. 201-214; De Fornari, p. 165.

83) Lhassa pp. 57–72; *Viva Leone!* interview; Christopher Palmer: *Dimitri Tiomkin*

(TE Books, London, 1984) pp. 64–65, 87–91.

84) Author's interview with Sergio Leone, February 1982.

85) Lhassa, loc. cit.

86) *Viva Leone!* interview with Ennio Morricone; see also Lhassa, and De Fornari, loc. cit.

87) Author's interview with Alessandro Alessandroni, Rome, 22 May 1998; see also Lhassa, pp. 80–83.

88) Lhassa, pp. 57–72, 201–214; *Ennio Morricone* television documentary; see also musicologist Sergio Miceli's explanatory booklet in Morricone's boxed set *The Italian Western* (RCA ML/MK 3 1543). Miceli's book *Morricone, La Musica, Il Cinema* (Ricardi Mucchi, series Lesfere No. 23, 1994) is good on the composer's early life, pp. 26–39, 65– 105, and on Nuova Consonanza, pp. 195–205.

89) Author's interview with Sergio Leone, February 1982.

90) Simsolo, p. 97.

91) Author's interview with Sergio Leone.

92) Lambert, p. 32; Ferrini's interview (*Bianco e Nero*, September/October 1971) pp. 37–40.

93) Interview with Stefanelli in Fabio Melelli: *Eroi a Cinecittà*, pp. 138–150.

94) Frayling: Spaghetti Westerns, pp. 129–130.

95) Lambert, pp. 32–33.

96) Simsolo, pp. 103–104.

97) Author's interview with Tonino Valerii; see also De Fornari pp. 166–168.

98) Author's interview with Sergio Donati, 23 May 1998.

99) Interview with Dario Argento for *Viva Leone!*

100) Sergio Leone, interview introduction to *Per un pugno di dollari* (Capelli, Bologna, 1979) pp. 12–20; Simsolo, pp. 63–64.

101) Schickel, pp. 152–154.

6.

석양의 건맨

(For a Few Dollars More/Per qualche dollaro in più)

아기의 매력은 크게 보자면, 나르시시즘, 자기만족, 그리고 자기로의 접근 금지에 있다. 이것은 먹이 앞의 고양이나 커다란 맹수가 그렇듯, 우리에게는 아무런 관심도 보이지 않는 동물들의 매력과 같다. 심지어 중범죄자나 익살꾼도, 문학 속에 나와 있듯, 일관된 나르시시즘으로 우리의 흥미를 유발한다. 그렇게 함으로써 그들은 자아를 위축시키는 것이라면 그 무엇이든, 자아로부터 떼어놓을 수 있다. 그래서 그들이 행복한 마음 상태를 유지하고 있는 것 같아서, 우리는 그들을 부러워한다. 우리는 이미 포기했던 난공불락의 그 마음 상태 말이다.

—지그문트 프로이트,

'나르시시즘', 〈정신분석 강의〉, 1914

'황야의 무법자'가 큰 성공을 거두자 세르지오 레오네는 후속작을 만들어야 할지 심각한 고민에 빠졌다. 클린트 이스트우드가 관찰한 바에 따르면, 깊은 생각에 잠긴 레오네는 목표한 지점에 가는 것을 두려워하면서, 동시에 그것을 실현하기를 몹시 원하는 그런 타입이었다. 레오네가 아는 영화계의 많은 사람은 그가 이탈리아의 전통적인 치네치타 스타일로, 두 번째 웨스턴을 빨리 진행하기를 원했다. 그런데 사람들이 그에게 압력을 가하면 가할수록, 레오네는 완전히 다른 기획을 제시하곤 했다. "모든 곳에서 압력이 들어왔다. 두 번째 금맥의 정확한 위치를 보여주기도 했다. 나는 점점 그런 제안에 굴복하는 느낌을 받았다. 말하자면 나의 성공은 나의 창의력을 마비시켰다. 모든 사람이 말하길, '황야의 무법자'를 만든 사람은 다른 장르의 영화를 만들 수 없을 것이라고들 했다. 나는 도전하고 싶었다. 그래서 서랍 저 아래에 넣어두었던 '글로리오조 거리'(영광의 거리)의 시나리오를 꺼냈다."[1] 하지만 페데리코 펠리니가 이미 '비텔로니'로 비슷한 이야기를 했다는 점은 차치하고, 1930년대 후반 트라스테베레의 '일상'에 관한 자전적인 이야기에 아무도 흥미를 보이지 않았다. 세르지오 레오네가 그 시나리오로 감독을 직접 할지라도 말이다.

레오네는 프리츠 랑의 'M'을 리메이크할 계획도 잡았다. 원작에서 뒤셀도르프의 어린이 살인자 역을 맡았던 페터 로레(Peter Lorre) 역에 당시 연극 무대에서 큰 인기를 끌던 클라우스 킨스키를 캐스팅할 수도 있었다. 동시에 레오네는 작가 세르지오 도나티에게 연락하여, '황야의 무법자'를 제작한 파피와 콜롬보의 욜리 영화사를 위해 또 다른 시나리오를 써주기를 요청했다. 그것은 다이아몬드 절도에 관한 스릴러였고, 제목은 '모든 대가를 치르고'(Ad ogni costo/Grand Slam)였다. 도나티의 기억이다. "그는 10편의 영화를 연속하여 만드는 계약을 파피와 콜롬보와 맺은 것 같았다. 나는 로케이션 장소로 갈 준비를 마쳤다. 이집트행 티켓도 있었다. 그런데 레오네가 밀라노에 있는 나에게 전화했다. '가지 말라. 절대.' 마지막 순간에 그가 나에게 말했다."[2)]

레오네는 결국 독한 마음을 먹고 후속작 '석양의 건맨' 작업에 착수했다. 제작자 파피와 콜롬보가 레오네에게 알리기를, 만약 그가 앞으로도 함께 일한다면, '황야의 무법자' 수익의 30%를 주겠다는 것이었다. 물론 웨스턴을 만들어야 했다. 시나리오 작가 세르지오 도나티와 루치아노 빈첸초니에 따르면, 레오네는 '황야의 무법자'를 출범시키고 싶은 간절한 마음에, 대단히 현명하지 못한 계약에 서명했다는 것이다. 계약에 따르면, 레오네는 두 제작자를 위해, 최소한 한 작품의 후속작을 만들어야 했다. 하지만 레오네가 보기에, '황야의 무법자'가 큰 성공을 거둔 뒤, 파피와 콜롬보가 보여준 태도는 그 어떤 의무를 면제시켜주는 것 같았다. "그런데 두 제작자의 태도는 변했고, 이는 나에게 복통을 일으켰다. 그래서 나는 그들을 만나러 갔다. 나는 그들에게 말했다. '일련의 사건들이 몹시 나를 기쁘게 한다…' 그 말을 한 이유는 나는 다시는 그들과 일하지 않겠다는 의미였다. 나는 곧 법적 절차를 준비했고, 더 이상 그들을 보고 싶지 않았다. 그곳에서 나의 복수의 씨앗이 싹텄다. 그래서 그들에게 말했다. 내가 또다시 웨스턴을 만들지는 모르겠다. 만약 만든다면, 오직 당신들을 기분 나쁘게 하기 위해서다. 제목은… 바로 그 순간에 '몇 푼의 달러를 더 벌기 위해'('석양의 건맨'의 원제인 'Per qualche dollaro in più')라는 제목이 떠올랐다. 몇 푼 더 벌자고 그럴 수 있냐는 뜻이었다. 물론 그때는 다음 작품이 어떤 영화가 될지 전혀 상상하지 못하고 있었다."[3)]

아내 카를라 레오네에 따르면, 세르지오가 제목을 '석양의 건맨'('몇 푼의 달러를 더 벌기 위해')으로 정한 이유는 오직 파피와 콜롬보를 기분 나쁘게 하려는 의도였다. 이럴 즈음 레오네는 또 다른 미래의 제작자를 만난다. 그는 나폴리 출신의 변호사로, 로마에 사무실을 갖고 있었다. 세르지오 레오네는 그 사람에 대해 말하는 것을 좋아했다. "그는 변변찮은 변호사였다. 그는 가끔 유나이티드 아티스츠 영화사를 위해 일했고, 저예산으로 만드는 스페인 영화에 집중했으며, 그것들을 이탈리아 배급업자들에게 팔았다." 사실 레오네의 말과 달리, 그 제작자는 이탈리아 흥행업계에서 일하는 최고급의 변호사였다. 그는 컬럼비아 영화사, 그리고 20세기 폭스 영화사와도 일했고, 크레딧에 이름을 올리지 않았지만, 스페인 웨스턴 7편을 프로듀스했다. 그 가운데 3편은 스페인 웨스턴의 '전설' 호아킨 로메로 마르첸트의 작품이었다. 마르첸트는 심지어 자신이 이탈리아 웨스턴을 발명했다고 주장한 감독이다. 그 변호사의 기억이다. "시장 조사를 통해, 관객의 80%가 웨스턴을 좋아한다는 사실을 알았다. 당시 미국 웨스턴은 거의 만들어지지 않을 때였다. 말하자면 수요와 공급만 맞추면 되는 문제였다."[4]

아내 카를라 레오네가 말했다. "그 변호사의 이름은 알베르토 그리말디(Alberto Grimaldi, 훗날 펠리니와 파졸리니의 제작자로도 유명)였다. 남편과 그는 만났는데, 누군가가 전하길, 그리말디는 영화 제작에 더 깊이 관여하기를 원한다는 것이었다. 그리말디는 결정적인 기회를 노리고 있었다. 어떤 사람들이 말하듯, 그리말디가 '욜리 영화사 소송'('황야의 무법자' 저작권 관련)에 관여한 변호사여서 두 사람이 만난 게 아니었다. 세르지오는 에이전트의 아파트에서 그리말디를 만났다. 두 사람은 오랫동안 이야기했다. 그리고 세르지오가 나에게 말했다. 나는 '석양의 건맨'을 만들 거야. 그리말디가 자신에게 엄청난 제안을 했다는 것이다."[5]

그리말디의 제안은 정말 놀라웠다. '경비, 급여 그리고 수익의 50%' 보장이었다. 그때 '황야의 무법자' 관련 수익 보장이 매우 위험해지고 있었고, 그리고 둘째 딸 프란체스카가 태어났다. 이런 이유 등으로 그리말디의 제안은 레오네로서는 거절하기 어려웠을 것이다. 작가 도나티가 기억했다. "당시에 그리말디는 위대한 제작자라고는 할 수 없었고, 매우 영리한 사람이었다. 하지만 그는 제 때에 접근하는 제작자로서의 본능을 갖고 있었다. 그때 계약서에 영화 수익의 50%를 보장했다. 그건 대단한 제안이었다."[6] 이제 레오네는 자신의 '창의력 마비'에서 벗어나, 일을 시작하면 됐다.

'모든 곳에서의 압력'은 차치하고, 레오네는 '황야의 무법자'

가 엄청난 돈을 벌어들이기 시작할 때, 많은 경쟁자가 비슷한 영화로 재빨리 사전제작 단계에 들어가는 것을 알았다. 레오네로서는 이것은 '불안한' 명예였다. 왜냐면 '마치스테' 영화들이 그러다가 나쁘게 끝났기 때문이었다. 그리고 이탈리아의 총잡이들, 현상금 사냥꾼들, 복수하는 자들, 코미디까지, 이 모든 것이 레오네의 눈에는 자꾸 나빠지고 있었기 때문이었다. 사람들은 레오네의 '이방인 조'(이스트우드)와 당시 두 번째로 유명했던 세르지오 코르부치의 '장고' 캐릭터를 따라, 주인공 이름과 스타일들을 마구 뒤섞었다('장고'라는 이름은 집시 기타리스트 장고 라인하르트를 따른 것이다. 그는 미국의 재즈 밴드를 유럽에 소개했는데, 유럽에선 미국식이 아니라 유럽적인 현악기 위주로 연주했다). 쏟아져나온 캐릭터들 이름을 한 번 불러보면 이렇다. 에이멘(Amen), 묵시록 조, 아리조나 콜트, 블레이드, 부카루, 공동묘지, 처크 몰, 이방인 클린트, 엘 디아블로, 장고, 주라도, 두랑고, 다이너마이트 짐, 그링고, 할레루야, 홀리 스피릿, 인디오 블랙, 무적 조, 신사 조, 조코, 홀리 워터 조, 조니 햄릿, 조니 텍사스, 조니 유마, 북에서 온 남자 키토시, 마탈로, 미네소타 클레이, 나바호 조, 페코스, 필루크, 프로비던스, 퀸타, 퀸타나, 멕시코인 라몬, 링고, 엘 로호, 로이 콜트와 윈체스터 잭, 사바타, 사르타나, 상고, 사일런스, 슬레지, 슈가 콜트, 트리니티, 그리고 베리타스까지다. 이는 전부 제목 속에 등장했던 이름들이다.[7)]

2년이 지난 뒤, 그런 영화들을 가리키며 '스파게티 웨스턴'

이라는 용어가 만들어졌다. 처음에 이 단어는 레오네를 화나게 했다. 그는 나에게 말하길, 처음 이 단어를 들었을 때, 너무 문자적으로만 해석했다고 전했다. "나는 그것이 매우 간교한 것이라고 봤다. 스파게티는 카우보이가 자주 다루던 올가미를 대체한 단어라고 해석했다." 이후에 레오네는 '스파게티'라는 단어가 단순히 '이탈리아'의 유사어라는 점을 인식했다. 레오네가 말했다. "그 단어에 악의가 없다는 것을 알았다. 그건 단지 미국인들이 국가적 원천을 정의하는 방식이었다. 이 단어가 장르 전체에 오명을 씌우는 것이라며, 비판적으로 받아들인 사람들은 오히려 일부 유럽인들이었다." 사실 그 단어는 미국에서 무언가를 얕볼 때 쓰는 것이다. 하지만 그것이 무엇을 의미하든, 레오네는 자신과 '전체 장르'(곧 이탈리아 웨스턴) 사이에 거리를 두려고 노력했다. 당시 '전체 장르'는 조립 시스템을 통해, 상품들을 막 찍어내려 하고 있었다. "사람들이 나를 이탈리아 웨스턴의 아버지라고 말하면, 나는 늘 물어야만 했다. 당신 생각에 내가 얼마나 많은 ×새끼를 퍼뜨렸다고 생각합니까? '황야의 무법자'가 상업적 성공을 거두자, 무서운 황금광 시대가 열렸다. 나는 이런 현상에 대해 책임감을 느꼈고, 앞으로도 느낄 것이다. 왜냐면 그때는 이탈리아 웨스턴은 제작자나 감독들로부터 진지하게 수용되지 않았기 때문이었다. 대부분 사람이 바위가 아니라 모래 위에 성을 쌓고 있었다. 기초는 전혀 마련되지 않았다. 그냥 소 떼처럼 우르르 몰려 다녔다. 상상해보시라. 나의 첫 영화를 애정을 갖고 본 사람들은 비슷한 것을 찾기 위해서는, 4백 편 이상을 참고 보아야 한다는 사실 말이다."[8)]

소설가 알베르토 모라비아는 '황금광' 현상에 관해 유머로 설명했다. 이 현상은 이탈리아 관객들의 인구과잉에 관한 무의식적 공포에 일부 이유가 있다는 것이었다. 그래서 이 문제를 풀기 위해 웨스턴에서는 더 많이 죽이는 학살이 표현됐다고 말했다. 루치아노 빈첸초니는 긍정적인 의견을 내놓았다. "세르지오 레오네는 10년 동안 1만 명을 위한 직장을 만들어냈다. 이런 점에서 볼 때 그는 성인이다!" 웨스턴에 대한 이런 광기에서 영화계는 어떤 방법론을 찾았다. 어떤 면에서 그것은 '소 떼' 같은 것인데, 이는 배급업자의 시각에서 볼 때, 세 개의 목표를 달성한 것이었다. 우선 계속되는 입장권 판매 하락에 대응했다(1955년 8억 1천 9백만 티켓에서 1964년 6억 8천 3백만 티켓으로 하락). 둘째 1962년에서 1964년 사이 영화산업계의 위기 동안, 미국의 배급업자들이 철수하면서 남긴 구멍을 메울 수 있었다. 셋째, 거대한 숫자의 이탈리아 영화관을 유지하게 했다. 영화관들은 눈길만 사로잡으려는 겉치레 영화들에 지쳐있었다. 대부분 값이 싼 이 웨스턴들(이들 중 많은 영화가 정말로 싼 것들이었다)은 배급업자들의 보증으로 재원을 지원받을 수 있었다. 배급업자들은 웨스턴이 수입이 보장된 투자라는 사실을 알았다. 그리고 웨스턴은 그렇게 되어야만 했다.

당시의 들쭉날쭉한 제작 환경에 대해 세르지오 레오네가 들려주는 재밌는 이야기가 있다. 저질의 웨스턴들이 어떻게 재개봉관에서 끝날 운명에 빠져버렸는지에 대한 설명이다. "영화 한 편은 주 단위로 투자를 받았다. 제작팀은 첫 주의 러시 필름을 보여주고, 그러면 투자자들은 두 번째 주의 제작비를 낼 것인지를 결정했다. 그런 식으로 이어졌다. 누구든 언제든지 해고된다는 것은 알고 있었다. 이런 긴장된 분위기인데, 마지막 주가 되면 주연 배우는 촬영장에서 나가버린다. 돈을 받지 못했기 때문이다. 마지막 장면을 찍어야 하는데, 이러면 감독은 정말 큰 어려움에 부닥친다. 그 장면은 주인공이 말을 타고 인디언 거주지로 들어가는 것이다. 평화를 가져오든, 혹은 결투를 벌이기 위해서든 말이다. 주인공이 없는 데, 어떻게 할까? 감독은 이미 주연 배우가 떠났다는 실망스러운 뉴스를 들었다. 그러면 감독은 제작자에게 이렇게 말한다. '30분만 달라, 그러면 뭔가를 갖고 오겠다.' 30분 후에 감독은 돌아와서 제작자에게 말한다. '당신 스튜디오의 복도를 청소하던 그 노인 알고 있지요?' 제작자에게 감독이 그런 말을 할 때, 그 노인은 치네치타에 관련된 사람이 아니라, 그냥 저임금을 줘도 되는 사람이라는 점을 알려야 한다. 그리고는 그 노인에게 빨리 카우보이 의상을 입히라고 말한다. 시나리오를 다시 고치고, 곧바로 촬영에 들어가야 한다. 노인은 초라한 마차를 타고 인디언 거주지로 들어가서 이렇게 말한다. '나의 아들은 못 오게 됐다. 그가 나를 대신 보냈다'… 이탈리아 웨스턴의 전성기에도 이런 일들이 일어났다."[9)]

세르지오 레오네가 '석양의 건맨' 기획을 시작할 때, 그의 친구들(또는 경쟁자)인 세르지오 코르부치, 두치오 테사리, 프랑코 지랄디, 그리고 엔초 바르보니 등은 당시의 웨스턴 유행에 직접 뛰어들었다. 코르부치의 '미네소타 클레이'(Minnesota Clay)는 이미 개봉됐는데, 이 영화는 이탈리아 감독이 자신의 본명으로 '서명'한 첫 번째 이탈리아 웨스턴이 됐다(당시 대부분 이탈리아 웨스턴에는 미국화된 이름을 썼다). 두치오 테사리의 '방랑의 무법자'(Pistol for Ringo)는 사전제작 중이었고, 프랑코 지랄디의 코미디 웨스턴 '맥그리거 집안을 위한 일곱 총'(Seven Guns for the MacGregors)은 파피와 콜롬보의 제작사인 욜리 영화사를 위해 시나리오가 쓰이고 있었다(테사리와 함께). 엔초 바르보니는 '그랜드캐년의 학살'(Massacre at Grand Canyon)을 이미 찍어 놓았다. 이 영화의 공동 감독으로 코르부치가 참여했는데, 이름은 과거처럼 영어식인 스탠리 코베트(Stanley Corbett)를 썼다. 이런 숙련된 동료들의 '압박'은 의심할 여지없이 '석양의 건맨' 연출에 영향을 미쳤다. 레오네는 어쨌든 이 방면에서 선두를 유지해야 했다. 어떤 어려움이 있더라도, 레오네는 그만의 독창성을 보여주어야 했다.

1964년 가을, 클린트 이스트우드는 친구 버트 레이놀즈를 초대했다. 당시에 레이놀즈도 활동 영역을 TV에서 영화로 바꾸고 싶어 했다. 이스트우드는 그를 할리우드의 '리뷰 스튜디오'(Review Studios)에 초대하여, '황야의 무법자' 프린트를 보게 했다. 이스트우드는 레이놀즈의 반응을 보고 싶었다. 당시 레이놀즈는 CBS의 TV 시리즈인 '건스모크'(Gunsmoke)의 일곱 번째 시즌에서, 혼혈 인디언 대장장이 역을 끝내고 쉬고 있었다. 레이놀즈는 자서전에서 당시를 이렇게 기억했다. "별로 특별할 게 없는 타이틀이 뜨고, 그리고 이상한 음악이 들렸다. 나는 이 지독하게 이상한 영화에 대해, 나중에 그에게 뭐라고 말해야 할지 고민하고 있었다. 그런데 갑자기 오프닝이 시작됐다. 그 인상은 완전히 독보적이었다. 음악은 내가 전에 전혀 들어보지 못한 것이었다. 나는 바로 사랑에 빠졌다. '세르지오 레오네라는 친구 번뜩이네. 그는 내가 본 그 어떤 감독들보다 모든 배우에게 최고의 지시를 하고 있어. 그 친구는 배짱이 두둑한가 봐.' 영화가 끝날 때 나는 이렇게 말했다." 바로 이어 이스트우드는 레이놀즈를 제작자인 디노 데 라우렌티스에게 소개했다. 제작자는 급작스럽게 진행된 웨스턴인 세르지오 코르부치의 '나바호 조'(Navajo Joe)에 레이놀즈를 출연시키는 계약을 맺었다. 디노 데 라우렌티스는 급하게 이탈리아식 영어로 레이놀즈에게 말했다. "그러니까, 이 영화는, 아주 큰 영화가 될 거야. '황야의 무법자' 같은 수익을 내기 위해, 이 영화는 이탈리아에서 만들어져야 하고, 이탈리아의 보통 사람이라면 이 영화를 35번은 봐야 할 거야. 하지만 우리는 더 크게 갈 거야. 클린트가 1백 명을 죽이고, 너는 2백 45명을 죽일 거야. 우리는 두 배나 크게 될 거야."[10] 레이놀즈는 그때 독특한 상상을 할 줄 아는 사람이 자기 앞에 서 있다고 생각했다.

레오네는 제목을 정해 놓았다. 그가 따로 고민하고 있던 것은 주제였다. 토니노 발레리가 당시 레오네의 조감독이었고,

항상 그의 옆에 붙어 있었다. 발레리가 말했다. "초안은 제작자 그리말디의 책상 위에 이미 놓여 있었다. 엔초 델라퀼라와 페르난도 디 레오가 썼다. 제목은 '현상금 킬러'(The Bounty Killer)였다. 레오네는 이 시나리오를 정말 좋아했고, 그래서 그리말디는 그를 위해 곧바로 판권을 샀다. 상당히 높은 가격이었다. 한 가지 조건을 달았다. 두 젊은 작가는 영화의 크레딧에 어떤 형식으로든 등장한다는 권리를 포기해야 했다. 그들은 이 작품으로 자신들의 명성을 쌓고 싶어 했는데 말이다. 아마 레오네가 그런 무명작가들에 의해 쓰인 시나리오로 영화를 만들기를 꺼렸기 때문일 것이다. 혹은 루치아노 빈첸초니가 말했듯, 레오네는 크레딧에 자신의 이름이 오르는 것만 원했기 때문일 것이다. 이유가 어떻든 최종적인 시나리오는 초안에 기초하여, 빈첸초니와 레오네가 함께 썼다. 현상금 사냥꾼 역은 처음부터 클린트 이스트우드에게 맞춰 있었다. 하지만 욜리 영화사의 파피와 콜롬보는 이스트우드를 레오네로부터 떼어 놓으려고 음모를 꾸미기에 바빴다."[11)]

시나리오 작가 루치아노 빈첸초니가 이 프로젝트에 합류할 때, 레오네와 그의 동서이자 프로듀서인 풀비오 모르셀라는 원래의 원고에서 수정된, 새로운 초안을 만들고 있었다. 빈첸초니는 10년 전 레오네를 처음 만났다. 그때 빈첸초니는 마리오 본나르드 감독의 '그들은 전차를 훔쳤다'의 스토리를 쓰고 있었다. 그의 첫 시나리오였는데, 전차 운전사와 차장 사이의 친구 같은 경쟁 관계를 다룬 코미디였다. 이후 빈첸초니는 상당히 존중받는 시나리오 작가가 됐다. 그는 특히 정치적 풍자를 섞는 '이탈리아식 코미디'에 능했다. 마리오 모니첼리 감독을 위해, 빈첸초니는 그의 경력에 분수령을 이룬 '거대한 전쟁'(La grande guerra, 1959)을 썼다(공동 작가는 아제와 스카르펠리). 두 명의 서로 다른 건달을 다루는데(한 명은 로마, 다른 한 명은 밀라노 출신), 이들은 자신들의 뜻과 상관없이 제1차 세계대전에서 영웅이 되는 이야기다. 한편 빈첸초니도 피할 수 없이, 당시의 페플럼 열기에 빨려 들어갔다. 그는 페르디난도 발디 감독을 위해 '호라티우스와 쿠라티스'(1961)의 초안을 썼다. 나이 든 알랜 라드가 주연이었다. 1년 전에, 빈첸초니는 미국의 이탈리아인 무정부주의자 '사코와 반체티'(Sacco and Vanzetti)의 삶에 기초한 희곡을 썼고, 이는 로마에서 공연됐다. 잔 마리아 볼론테가 사코, 엔리코 마리아 살레르노가 검찰관 카츠만으로 나왔다. 세르지오 레오네는 빈첸초니의 특성, 곧 '다큐멘터리 같은 리얼리즘과 도시의 유머 감각'을 섞는 것을 좋아했다.

그런데 빈첸초니는 웨스턴에 유머 감각을 입힌 것은 레오네였다고 말했다. "나는 그 영화를 진지하게 다루지 않았다. 내가 코미디에 지적인 향기를 불어넣는 작가여서가 아니었다. 그렇게 생각한 것은 비평가들이었다. 나는 몇 가지 유머를 생각해 내긴 했다. 왜냐면 이탈리아 사람이, 혹은 나 같은 베네치아 사람이 웨스턴을 쓴다는 사실이 웃겨서였다. 나는 말하자면 '왼손으로' 써 갈겼다. 그냥 조크라고 여겼다. 나는 칸

영화제나 베네치아영화제에서 상을 받은 작품의 시나리오를 썼다. 마리오 모니첼리('거대한 전쟁', 베네치아영화제 황금사자상), 피에트로 제르미('유혹받고, 버려지고', 칸영화제 남우주연상)의 영화들 말이다. 그런 시나리오를 쓰려면 종이 위에서 몇 달 동안 고생해야 한다. 내가 '석양의 건맨'을 쓰는 데 며칠이 걸렸는지 아는가? 겨우 9일이었다."[12] 그리고 훗날 이런 말을 덧붙였다. "그때 나는 그 영화에 약간 오만했다."[13]

빈첸초니는 레오네가 자신의 아파트를 찾아온 날을 기억했다. 레오네는 아파트 문을 두드렸고, 긴장하며 말했다. "좋은 날입니다. 박사님." 빈첸초니는 대답했다. "박사라니, 무슨 뜻인가? 우리는 친구였어(빈첸초니가 3살 위다). 우리는 몇 년 동안 만나지 않았지만, 여전히 친구 아닌가. 들어오게 세르지오."[14]

빈첸초니가 말했다. "나를 일에 끌어들이기 위해 레오네가 처음 한 말은 클린트 이스트우드와 리 밴 클리프 사이의 결투였다. 두 사람은 서로의 구두 코를 밟고, 서로를 차며, 서서히 서로의 머리가 곤두서게 한다. 나는 이 장면에 약간 당황했다. 반어법을 쓰려면 그럴 수도 있다고 생각했다. 하지만 나는 존 웨인이 헨리 폰다를 차는 것을 보고 있을 수는 없었다. 그건 나를 웃게 하지는 못했다. 그래서 나는 그 장면이 유치하다고 말해야 했다. 하지만 세르지오가 전체 장면을 이야기하자, 나는 설득되고 말았다. 기본적으로 그 장면은 주장이 강한 아이들 사이의 놀이였다. 아주 본능적인 성격을 가진 캐릭터에게 적용하기엔 매우 좋았다. 세르지오는 세계적으로 성공한 웨스턴은 리처드 위드마크이든 존 웨인이든, 웨스턴 영웅의 어리석음에 기인한다는 주장을 고수했다. 그런 캐릭터는 로마의 변방 혹은 로마의 트라스테베레 출신 사람과 비슷한 것이었다. 세르지오는 트라스테베레에서 자랐다. 그는 이런 짓을 하는 마초 개구쟁이들과 함께 놀았다. 오만하고 육체적으로 강한 소년들은 사람들을 차기도 하고, 도발하기도 할 것이다. 말하자면 세르지오는 어릴 적 기억을 웨스턴으로 전이시켜 놓았다."[15] 그런데 빈첸초니도 '미국 웨스턴에 열정적'이었다. 그는 특히 레오네의 접근 방식인 반어법의 잠재력을 높게 평가했다. 레오네가 빈첸초니를 위해, 스토리에 나오는 모든 캐릭터를 먼저 연기해봤다는 것은 사실이다. 문제가 됐던 그 장면은 세 명의 소년이 인도 아래에 숨어, 두 명의 현상금 사냥꾼들이 벌이는 괴상한 행동을 관찰하는 형식을 하고 있다. 두 남자는 서로의 구두를 더럽히고, 서로에게 펀치를 날리고, 총을 쏘아 서로의 모자를 벗기고, 그제야 우정의 술잔을 함께 나눈다. 소년들은 '우리가 하는 놀이와 같네.'라고 말한다. 풀비오 모르셀라는 바로 이런 장면이, 레오네가 어떤 단순한 일을 스펙터클로 만드는 좋은 사례라고 기억했다. "허구의 사건이 떠올랐을 때, 레오네는 시나리오 작가를 불러서, 머리에 떠오른 모든 일을 토론하기 시작한다. 마치 자기에게 일어난 것처럼 연기하기도 한다. 그리고 우리는 영화를 함께 준비하는 것이다. 그런데 한 가지 기억할 게 있는데, 세르지오는 문법에 약했다. 특히 오문이 많았다. 그래서 모든 것을 종이 위에 옮길 때는 세르지오는 전적으로 시나리오 작가에게 의존해야 했다."[16)]

한편 제작자 파피와 콜롬보의 작전도 진행되고 있었다. 콜롬보는 편지와 전화로 클린트 이스트우드와 계속 연락했다. 그럴 때면 자신들의 욜리 영화사를 위한 '후속편'에 관심이 있는지 물었다. 콜롬보는 차기작의 스토리에 대해서는 분명한 이야기를 하지 않았다. 그러면 이스트우드의 답변은 언제 '황야의 무법자'가 여기 미국에서 개봉하느냐는 것이었다. 콜롬보는 구로사와와 다투며, 세금 문제에 잡음을 내고 있었다. 이스트우드는 가까스로 콜롬보와의 대화를 중단할 수 있었다. 왜냐면 로마에 있는 그리말디의 영화사가 연락해서, 세르지오 레오네는 욜리 영화사와 최종적으로 헤어졌다는 사실을 이스트우드에게 알렸기 때문이었다.[17)]

다음에 무슨 일이 일어났는지는 조감독 토니노 발레리가 잘 기억하고 있었다. "클린트 이스트우드는 세르지오 레오네에게 신의를 갖고 있었다. 그가 세르지오에게 전화해서 사실들을 알렸다. '여기서 무슨 일이 벌어지고 있는지 알고 있는가? 하지만 걱정하지 말게. 너에게서 말을 듣기 전까지는 아무것도 수용하지 않을 거야.' 어쨌든 세르지오는 바로 미국으로 가야 했다. 그리고 이는 세르지오의 꿈의 땅, 미국으로 가는 첫 번째 여행이 됐다. 당시 그는 부자가 아니었다. 그리고 순진하게도 돈은 사람을 불멸의 존재로 만든다는 사실을 아직 모를 때였다. 그런데 세르지오는 비행 공포증이 있었다! 그래서 세르지오는 나에게 로마의 피우미치노 공항까지 데려달라고 했다. 그리고 비행기가 이륙하면 아내인 카를라 레오네를 집까지 배웅해달라고 했다. 공항에서 그는 마치 나뭇잎처럼 떨었다. 지금도 마치 이별의 시퀀스 같은 당시의 분위기가 눈에 선하다. 세르지오는 마치 유언을 하는 것처럼 음침한 목소리로 말했다. '너라면 어떻게 하겠니?' 그는 마치 사형 선고를 받은 사람 같았다. 다행히 세르지오에게는 동행자가 있었다. 프로듀서 풀비오 모르셀라가 함께 여행길에 올랐다. 모르셀라는 영어를 잘했다."(세르지오는 이후에도 비행을 두려워했다. 비행기 여행에 익숙해졌을 때도 그랬다. 그는 똑같은 동작을 반복했다. 자신의 의자에 앉아서, 무릎 위에 잡지를 놓고, 행운을 빌기 위해 고환을 만졌다).[18)]

레오네와 모르셀라는 완성된 시나리오를 갖고 있지 않았다. 여러 번 고쳐 쓴 초안만 있었다. 하지만 이런 상황이 그들의 계획을 막지는 못했다. 비평가 리처드 시켈(Richard Schickel, 훗날 이스트우드 평전을 쓴다)에 따르면, 이스트우드의 어머니가 아들 집의 응접실에서 진행됐던 만남을 잘 기억하고 있었다. 그녀는 이스트우드와 함께 레오네가 들려주는 '석양의 건맨' 스토리를 듣고 있었다. 레오네는 중요한 모든 장면을 직접 연기하기도 했다. 한편 이스트우드에 따르면, 레오네가 그와 함께 앉아, 플롯에 대해 말해주었다. 이 만남은 식당까지 이어졌고, 그 자리엔 변호사와 윌리엄 모리스 에이전시 직원도 있었다. 그 자리에서 레오네와 모르셀라는 이스트우드가 계약서에 서명하게 하도록 설득하면서, 느긋한 척하려고 매우 애를 썼다. 식사가 끝난 뒤, 주차장에서 이탈리아 쪽 사람 누군가가 갑자기 봉투 하나를 이스트우드에게 꺼냈다. 그 속엔 처음 제안된 개런티의 반이 넘는, 현금 2만 5천 달러 이상이 들어 있었다. 그 직원은 봉투를 이스트우드에게 주었다. 하지만 이스트우드는 현명하게 대응했다. "서두를 거 없어요." 이스트우드는 서명하기 전에, 최종 시나리오와 제대로 작성된 계약서가 만들어지길 바랐다. 당시 상황에 대해 카를라 레오네는 더욱 간단하게 들려주었다. "파피와 콜롬보가 그 일에 끼어들려고 했다. 그런데 이스트우드가 말하길, 이탈리아에서 자기는 레오네와만 일하겠다는 것이었다."[19)]

로마에 돌아와서 가장 먼저 해야 할 일은 시나리오를 완성하는 것이었다. 레오네는 빈첸초니와 함께 정성을 다해 쓰기 시작했다. 빈첸초니가 모든 대사를 다 썼다. '석양의 건맨'은 두 명의 현상금 사냥꾼 이야기다. 이스트우드가 젊은 영웅이고, 그의 곁에 50대의 비슷한 사람이 등장한다. 그러면서 두 사람은 대조되고, 삶의 다른 경험이 표현된다. 이들은 같은 먹이를 추적하고 있다. 그는 사이코패스 멕시코 산적인 '인디오'이다. 여러 차례의 반전과 실력을 발휘한 뒤에, 두 남자는 '몇 푼의 달러를 더 벌기 위해'(원제목) 힘을 합친다. 그리고 인디오와 그의 갱단을 전부 처단하기 위해, 쉽지 않은 협력관계를 유지한다. 나이 많은 남자는 가족의 죽음에 대한 복수를 한 뒤, 석양으로 말을 타고 사라지며, 이스트우드가 돈을 모두 가진다. '황야의 무법자'에 영향을 미친 할리우드의 고전이 '셰인'이라면, 이번의 모델은 '베라 크루스'(Vera Cruz, 1954)이다. 로버트 올드리치 감독의 작품으로, 두 명의 용병을 다루고 있다(게리 쿠퍼가 노련한 남군 소령 출신으로, 버트 랭캐스터가 총싸움에 능한 협잡꾼으로 나온다). 이들은 팀을 이루어, 막시밀리언 황제의 금을 호송하기 위해 1860년대 멕시코의 후아리스타(Juarista) 지역을 통과한다. 이 영화의 자유분방한 구조, 세팅(선인장들과 십자가들), 냉소주의, 나이 든 총잡이 대 젊은 총잡이라는 테마는 '석양의 건맨'에 매우 큰 영향을 미쳤다. 영향을 미친 또 다른 작품은 헨리 킹 감독의 '브라바도스'(The Bravados, 1958)이다. 검은색 옷을 입은 그레고리 펙은 네 명의 혐의자를 쫓고 있는데, 그들이 자신의 아내와 자식을 죽였다고 생각하기 때문이다. 펙은 그들을 처단하기 바로 전에, 회중시계를 꺼내 아내의 초상화를 보여준다.

레오네는 과거를 돌아보며, 그 시나리오의 중심엔 두 남자의 세대 간의 적의가 있었다고 말했다. "한 명은 대령이다. 나이가 많고, 교양 있고, 세련됐다. 그는 복수를 수행하기 위해 항상 미리 생각하고 조심한다. 다른 한 명은 그냥 전문가이다. 그는 단순히 자기의 일을 하는 것이다. 그는 냉소적인데, 말하자면 거의 로봇이다. 그의 관심을 끄는 것은 오직 돈뿐이다. 그래서 거대한 폭력이 일어날 수 있다. 액션의 모티브는 돈이기 때문이다. 그런데 어찌 보면 돈이 그렇게 중요하지 않을 수도 있다. 왜냐면 그도 순식간에 죽을 수 있기 때문이다. 엔딩에서 그는 자신을 위해, 돈을 몽땅 차지할 수 있는데, 그렇게 하지 않고 대령의 목숨을 구해준다. 그는 이것을 마치 스포츠 게임 하듯 처리한다. 대령에게 자신의 리볼버 권총을 주는 것이다. 그는 대령을 인디오와 같은 수준에서 경쟁하게 함으로써, 각자 스스로 자기 생명을 구하도록 했다. 그때까지 대령은 자신의 재주와 지능으로만 생존했다. 대령은 적수의 권총 사정거리를 미리 정교하게 계산하여, 거리를 이용했다. 사정거리가 긴 총을 가진 그는 자신에게 유리한 거리를 조절할 수 있었다. 대령은 전문가라기보다는 테크니션이다. 최종의 결투에서, 이스트우드는 진실의 순간에 자신의 전문성을 영원히 증명해야 했다. 이스트우드는 대령에게 기회를 주었다. 하지만 대령은 인디오가 총을 아주 빠르게 뽑기 때문에, 더 빠르게 움직여야 했다. 이런 긴박한 순간에서 이스트우드는 대령을 돕지 않는다. 그는 관찰자로 남는다. 만약 대령이 진다면, 그를 대신하여 복수할 것이다. 하지만 여기서 더 중요한 것은 동료의 진실의 순간을 지켜주는 것이다. 이건 술집에서의 보통 결투에 비하면 전혀 상투적이지 않다."[20]

레오네에게는 이 두 남자와 맞서는 악당이 필요했고, 그는 상당히 허세가 센 인물이어야 했다. 조감독 토니노 발레리가 이 캐릭터 발전에 기여했다. "초창기 시나리오 작업에서 잔 마리아 볼론테가 연기한 악당 캐릭터는 이름이 툼스톤이었다. 그리고 그냥 평범한 악당이었다. 그는 두 영웅과 비교하면 근처에도 가지 못할 인물이었다. 세르지오가 이 인물에 대해 더 생각해볼 것을 나에게 요구했다. 그래서 나는 그를 '인디오'로 바꾸었다. 그는 멕시코 인디언 혈통의 산적이고, 약물 중독자이며, 금단현상을 느낄 때 살인을 하고, 마리화나를 피울 때면 자신이 죽였던 대령의 여동생을 기억하는 인물이 됐다."[21] 이렇게 인디오는 주류 영화에서 최초로 마리화나를 피는 악당이 됐다. 발레리와 레오네는 "과거에 멕시코와 볼리비아 같은 가난한 나라에서는 약물이 일상의 빵 같은 것"이었다고 생각했다. 그리고 그들은 "그런 약물이 영화에서, 특히 서구에서 금기시된 사실"이라는 점을 즐겼다. 이런 흥분에도 불구하고, 그들이 마리화나의 실제 생활에서의 영향에 대해서는 깊게 공부하지 않은 것 같다. 당시에 그런 약물 효과는 호러 영화에서의 표현에 한정돼 있었다. '리퍼 매드니스'(Reefer Madness) 시리즈 혹은 아주 싼 호러 영화 정도에 그런 효과가 표현됐다. 그래서인지 인디오가 마리화나에 불을 붙일 때면, 호러처럼 배경음악이 전자 소음으로 변하고, 스크린은 붉은색이 되곤 했다.

레오네가 기억하길, 그는 약물과 폭력에 관련하여 이탈리아의 검열에서 몇 가지 문제를 일으켰다. 영화가 진행되면, 인디오는 더욱 목표를 잃었고, 부하들은 서로서로 싸웠다. 결국에 그들은 아구아 칼리엔테(Agua Caliente, 뜨거운 물)라는 곳에서 자멸의 순간에 이른다. 인디오의 잔인함은 국제용 판본에서는 2분 정도 잘려나갔다. 원래의 판본을 보면, 인디오는 교도소 소장의 얼굴에 총을 쏘기 전에, 성수를 이용하여 자신의 총에 세례를 한다. 그리고 소장의 얼굴에 네 개의 구멍을 만들어놓는다. 대령의 여동생은 강간을 당한 뒤, 인디오의 권총을 뽑아 자기 몸을 쏜다. 그리고 인디오는 클린트 이스트우드와 리 밴 클리프(대령)가 부하들에 잡혀 잔인하게 두들겨 맞을 때, 미친 듯 폭소를 터뜨린다. 국제용 판본에서도 살인에 대한 인디오의 '쾌락'은 명확했고 소란스러웠다. 작가 빈첸초니는 레오네의 '무겁고 어리석은' 아이디어 가운데, 인디오의 야만성은 항상 아주 멀리 가려는 레오네의 성향에 대한 분명한 증거라고 여겼다. 빈첸초니는 특히 이스트우드가 두들겨 맞는 장면을 문제 삼았다. 이스트우드가 도둑질하다 인디오의 부하들에게 붙들렸을 때다. "그때 얼굴 클로즈업들이 나온다. 모든 이가 미친 듯 웃는다. 세르지오에게 말했다. '제발, 이게 뭐야. 어떤 이는 때리고, 어떤 이는 리오 카니발에 온 것처럼 웃다니.' 13명의 바보 같은 사람들이 때리고 웃고, 이런 장면이 몇 분간 중단하지 않고 이어졌다. 게다가 거기엔 리얼리티도 없었다. 만약 어떤 사람이 13명의 남자에게 그렇게 맞으면, 2분도 안 돼서 그는 영원히 가버릴 것이다."[22)]

'황야의 무법자'에서 이스트우드는 어떤 도시에 노새를 타고 들어와, 그곳을 지배하는 두 집단으로부터 돈을 벌었다. '석양의 건맨'에서 이스트우드는 동료 전문가와 함께 여러 길을 통과하며, 화이트 록스, 엘 파소, 아구아 칼리엔테 같은 마을을 지나간다. 여기선 오직 하나의 산적 집단을 추적하고 있다. 말하자면 1부의 한 명의 영웅과 두 명의 악당(가족)에서, 여기선 두 명의 영웅과 한 명의 악당으로 변형됐다. 지리학과 이야기의 크기와는 별도로, 1부와 2부 사이에 근본적인 차이가 또 하나 있다. 1부에서 이스트우드는 말을 타고 다니는 부랑자였고, 단지 지나가는 사람이었다. 일종의 주군 없는 무사였다. 그런데 '석양의 건맨'에서 그는 프로 현상금 사냥꾼이 됐다. 이는 레오네가 서부의 역사를 공부한 결과에서 나왔다. "현상금 사냥꾼, 또는 현상금 킬러라는 캐릭터는 모호한 것이다. 그들은 당시 서부에서 '무덤 파는 사람'(gravedigger)으로 불렸다. 나는 그 캐릭터에 매혹됐다. 그는 서부의 땅에서 살아가는 방법을 보여주었기 때문이다. 그들은 공적인 사법부를 대체하는 프로였다. 그들은 존재하기 위해 죽여야 했다."[23)]

'달러 3부작'의 처음 두 작품을 준비하며, 레오네는 일종의 '목격자가 있는 60개의 이야기' 같은 민담을 연구했다고 주장했다. 그런 이야기들은 개척지 마을에서의 삶이 어땠는지를 다룬다. 이 가운데 두 권의 책이 특히 레오네의 가슴에 박혔다. 먼저 마크 트웨인의 〈서부 유랑기〉(Roughing It, 1872)로, 네바다 지역에 있는 광산 마을에서 유래한 과장된 이야기를 담고 있다. 그리고 이 책보다 먼저 나온 토마스 딤스데일(Thomas Dimsdale)의 〈몬태나의 자경단, 혹은 로키산맥의 민중 사법부〉(The Vigilantes of Montana or Popular Justice in the Rocky Mountains, 1866)가 있다. 이 책은 살기등등한 노상강도인 헨리 플럼머(Henry Plummer) 갱단을 추적하고 체포한 과정을 담고 있다.[24)] 트웨인은 딤스데일의 책을 자주 인용하고 있고, 두 책이 강조하는 인물은 '캡틴' 잭 슬레이드('Captain' Jack Slade)이다. 그는

1860년대 초, '오버랜드 스테이지'(Overland Stage) 회사에 고용된 전문 요원이다. 그의 임무는 콜로라도의 줄스버그에서 유타의 솔트 레이크 시티까지, 역마차와 가축들을 보호하여 이동하는 것이다. 마크 트웨인은 이렇게 썼다. "이 지역에서 그는 마치 대법관 같았다. 그리고 그는 배심원이자 동시에 사형집행인이었다. 자신의 고용주들에 반하는 행동을 하는 사람들은 물론이고, 지역을 통과하는 이주민들에게도 그랬다." 1861년 8월, 트웨인은 그를 와이오밍의 로키 리지에서 만난 적이 있다. 트웨인은 그가 대단히 친절하고 부드럽게 말해서, 그의 무서운 과거에도 불구하고 따뜻함을 느꼈다. 하지만 슬레이드가 대접한 커피 한 잔은 정중하게 거절했다. 그날 아침 슬레이드는 아직 한 명도 죽이지 않았고, 트웨인은 그가 어떤 다른 방법을 생각할지 모른다는 두려움을 느꼈기 때문이었다.

슬레이드에 관련된 과장된 이야기는 역마차 마부들과 역마차 정거장의 사람들이 옮기기를 좋아했는데, 주로 그의 영리함, 냉혹함, 그리고 권총 솜씨에 관한 것이었다. 트웨인은 여러 사람으로부터 여러 이야기를 들었다. 그런데 이야기를 들려주는 사람들은 전부 자신들이 말하는 내용을 믿고 있었다. 잭 슬레이드에 관련된 가장 유명한 이야기는 1863년 줄스버그 근처에서 일어난 일련의 사건이었다. 슬레이드가 회사로부터 위임받은 일은 자기와 같은 프로인, 프랑스계 캐나다 사람 르네 쥘(혹은 쥘 르네)을 제거하라는 것이었다. 르네 쥘은 말 도둑들과 연계된 것으로 의심받았다. 트웨인은 특유의 경쾌한 분위기로 썼다. "전쟁은 선포됐다. 하루 혹은 이틀 동안 두 남자는 길거리를 조심해서 걸으며 서로를 찾았다. 쥘은 2연발 장총으로, 슬레이드는 역사적으로 유명한 리볼버로 무장하고 있었다. 결국에 슬레이드는 가게 안으로 들어갔고, 쥘은 문 뒤에서 그를 향해 총을 쏘아댔다. 슬레이드는 분노했고, 쥘은 몇 발의 총탄을 맞았다. 두 사람 모두 쓰러졌고, 각자의 숙소로 옮겨졌으며, 다음에는 더 나은 작전으로 치명타를 안길 것을 맹세했다. 두 남자는 오랫동안 침대에 누워 있었다. 쥘이 먼저 일어났다. 그리고는 사라졌다. 심판의 날을 대비해, 안전한 장소에서 다시 힘을 모으기 위해서였다."

결국에 캡틴 잭 슬레이드의 부하들은 쥘(슬레이드는 절대로 그를 잊을 리 없다)을 잡아서, 로키 리지의 방목지 울타리 나무에 묶어두었다. 슬레이드는 쥘이 제대로 묶여 있는지 꼼꼼하게 살폈고, 그날 밤엔 그냥 물러났다. 다음 날 해가 뜨면 아주 화려하게, 천천히 그를 죽이며 즐길 수 있는 것을 알기 때문이었다. "아침에 슬레이드는 그를 향해 연습하듯 리볼버를 쏘았다. 쥘 몸의 이쪽저쪽 살점을 뜯어냈고, 손가락을 자르기도 했다. 그러자 쥘은 당장 자기를 죽여달라고, 그래서 이 고통에서 벗어나게 해달라고 빌었다. 슬레이드는 다시 권총을 장전했다. 자신의 먹이 앞으로 천천히 걸어간 뒤, 그만의 연설을 했고, 그리고는 보내버렸다. 시체는 반나절 동안 그곳에 있었다. 누구도 명령 없이 그 시체를 손댈 수 없었다. 슬레이드는 일행들에게 세세하게 설명했고, 쥘을 매장할 때는 돕기도 했다. 그런데 슬레이드는 죽은 쥘의 두 귀를 잘라냈다. 그리고는 조끼의 주머니 속에 넣었다. 한동안 그는 큰 만족감을 느끼며 그 귀를 갖고 다녔다. 슬레이드는 몬태나의 버지니아 시티에서 최종적으로 태형을 당하기 전, 여러 술집에서 술값을 내는 척하며 쭈글쭈글해진 그 귀를 의도적으로 보여주곤 했다."[25] 다른 한쪽은 회중시계 장식처럼 사용했다.

마크 트웨인은 '진정한 무법자'(a true desperado)의 이야기를 쓴 뒤, 잭 슬레이드의 행동을 '더욱 연구해야 할 수수께끼'라고 생각했다. 한편 레오네는 잭 슬레이드의 전설, 곧 권총 테크닉, 영악함, 그리고 냉혹함에 완전히 매혹됐다. 레오네에게 충격을 준 것은 단연 귀에 관한 세세한 이야기였다. 레오네는 생각했다. "그는 사디스트일까? 미친 남자일까? 전혀 그렇지 않다. 그는 다른 사람과 같다. 그의 곁에 있는 사람들처럼 그도 두려움을 갖고 있었다. 서부를 지배하는 것은 두려움이었다. 보다시피 귀가 의미하는 것은 이렇다. '조심하라, 나를 건들지 마라, 나는 위험해.'가 아닐까." 레오네가 특별히 주목한 장면은 술집 바에서 잘린 귀를 보여주는 슬레이드의 허세였다. "실제로 현상금 사냥꾼들은 으스대기 위해 이런 식으로 보여주는 행위를 하지는 않았다. 슬레이드의 행위는 그를 뒤에서 쏘려는 사람도 물론, 누구든지 죽일 준비가 돼 있다는 것을 보여주고 싶었기 때문일 테다."[26] 슬레이드의 무모한 행위는 처음 들을 때도 과장된 것임을 알 수 있는데, 레오네가 다시 이야기하면 그 과장은 더욱 심해졌다. 레오네가 종종 들려주던 과장된 이야기는 슬레이드가 술집의 깨끗한 바 위로 귀를 던지는 장면이었다. 그 순간에는 피아니스트는 연주를 중단하고, 노름꾼들은 말을 하지 않으며, 잡부들은 웃음을 멈추고, 잭 슬레이드는 그 집에서 공짜로 술을 마셨다는 것이다.

레오네는 이와 비슷하게 과장된 또 다른 이야기를 즐겨 들려주었다. 그건 서부의 잔인한 폭력에 관한 것인데, 이야기할 때마다 더욱 상세한 부분이 조금씩 새로 늘어났다. 이런 이야기였다. "전설 와이어트 어프(Wyatt Earp)가 작은 마을에 보안관으로 임명됐을 때, 그는 일부러 잡범을 찾아가 결투를 신청했다. 이건 규칙을 따르는 결투였는데, 당시에 드문 경우였다. 결투의 상대방은 먼지 속에 쓰러졌다. 하지만 잠깐! 결투가 끝났을 때, 와이어트 어프는 자기 뒤에서 나는 어떤 소리를 들었다. 그는 죽은 남자의 친구가 복수하러 온다고 생각했다. 그는 돌아서서 총을 뽑아 쏘았다. 그런데 새로 나타난 그 남자는 바로 그날 자신이 임용한 부보안관이었다. 어프는 그의 두 눈 한가운데에 총알을 맞혀 죽였다. 서부에서의 삶은 즐거운 게 아니었다. 법은 가장 강한 사람, 가장 잔인한 사람, 가장 냉소적인 사람 편이었다. 이후에 이런 형식의 폭력은 다른 형식으로 대체됐다. 곧 서부의 킬러들은 미국에서 마피아에 의해, 또 익명의 범죄집단에 의해 계승됐다."[27] 여기서 레오네는 분명히 과장하고 있고, 미국 역사를 '스펙터클'처럼 바라보고 있다. 그는 효과를 위해 간단하게 말하는 것을 좋아했고, 어떤 미국 사업가에게 들은 이야기를 전했다. "헌법은 겉보기엔 민주적인 것 같다. 하지만 헌법은 범죄자들에 의해 만들어졌고, 믿을 수 없을 정도로 책임 회피적이다."

세르지오 레오네는 개척지에서의 삶에 관한 괴상한 디테일에 관심이 많았다. 그는 역사적 사실에서 그런 점을 찾아내는 데에 즐거움을 느꼈다. 다른 사람들도 그런 사실을 발굴하도록 설득하기도 했다. 워싱턴을 방문할 때, 작가 루치아노 빈첸초니가 레오네와 동행했다. 그는 '레오네의 발굴'에 대해 다른 주장을 했다. "발굴한 역사적 사실은 다른 사람이 아니라 내가 의회 도서관에서 찾은 것이다. 레오네는 나와 함께 있었다. 하지만 그는 주로 호텔에 머물렀다. 내가 도서관에 있었고, 그곳에서 발굴했다."[28] 레오네는 특별히 폭력적이고, 예상하기 어렵고, 명예롭지 않은 행동들에 관한 이야기를 좋아했다. 그는 그런 이야기들이 당대에서 고립된 것이 아니라, 그 시대를 대표하는 것이라고 여겼다. 영리한 마크 트웨인은 잭 슬레이드 관련 이야기가 민담 수준이라는 것을 알고 있었고, 자신의 취향을 위해 너무 과장하지는 않았다. 그런데 레오네에 따르면, 슬레이드의 사디즘은 '그 주변의 모든 사람과 같은' 것이었다. 사람을 뒤에서 쏘는 것은 이미 '서부에서 사람을 죽이는 하나의 방식'이 됐다고 간주했다. 와이어트 어프의 이야기는 1871년 '와일드 빌' 히콕('Wild Bill' Hickock)에게 일어난 일이었다. '작은 마을'이 아니라, 캔자스의 애빌린(Abilene)이었다. 법 집행관이 잡범을 다룬 게 아니라, 대로에서의 총싸움이었다. '같은 날 그가 임명한' 부보안관이 아니라, 그의 충직한 부보안관

마이크 윌리엄스였다. 힉콕은 윌리엄스의 죽음에 몹시 마음이 상했고, 눈물을 쏟았다고 전해진다. '와이어트 어프' 판본은 좋은 스토리를 위해 만들어졌는데, 어쨌든 결과적으로는 레오네의 주장을 담고 있는 것이었다. 레오네의 주장, 곧 삶은 폭력이며, 법 집행관은 특별한 도덕적 권위를 갖고 있지 않았고, 기사도의 규칙을 따르는 결투는 매우 드물었으며, 결투는 총격전 같은 것으로 변했다는 것이다.

"전설을 인쇄하라." '리버티 밸런스를 쏜 사나이'에서 나온 이 유명한 대사로, 존 포드는 무엇을 말하려 했는지 피터 보그다노비치와의 인터뷰에서 밝혔다. "우리는 위대한 영웅이라고 생각되는 수많은 사람을 알고 있다. 하지만 당신도 잘 알겠지만, 제기랄 그런 영웅은 없었다. 그래도 존경할 영웅을 갖는다는 것은 국가에 좋은 것이다." 그런데 세르지오 레오네가 사실을 미화시킨 이유는 단지 '당신도 잘 알겠지만, 제기랄 그런 영웅은 없었다'라는 부분을 증명하기 위해서였다. 레오네는 자신의 말을 듣는 사람들에게 지옥의 인상을 강하게 심으려 했다. 레오네가 많은 자료를 모은 것은 '미국 역사의 짧은 기간'에 관한 홉스주의 시각, 곧 만인의 만인에 대한 투쟁이라는 시각을 보강하기 위한 것이었다. 그가 모은 자료는 할리우드가 퍼뜨린 복음서와는 아무 관련이 없고, 귀중하게도 1960년대 중반 전문 역사학자들이 보인 관심과 관계있는 것이었다. 레오네는 서부의 역사를 마치 자신이 '역류하는' 연금술사가 된 듯 읽었다. 곧 황금을 원래의 금속으로 되돌려 놓는 연금술사 말이다. 이를 위한 날것의 자료들은 많이 있었다.

레오네는 서로 얼굴을 마주 보는, 정석의 결투는 드물었다는 점을 알고 있었다. 하지만 그는 그 정석을 마치 교회의 의례처럼 다루었다. 레오네는 또 당대의 권총은 정확성과는 거리가 아주 멀었다는 점도 알고 있었다. 하지만 그는 '황야의 무법자'에서, 이스트우드가 단지 네 발의 총알로 박스터 집안의 부하들 네 명을 죽게 했다. 그리고 레오네는 현재의 연구자들이 보여주고 있듯, 소 목장이나 방목지에서의 폭력은 대도시의 폭력과는 비교도 되지 않을 정도로 심했다는 점을 알고 있었다. 고전 웨스턴 영화에서 주로 다루는 역사적 시기, 곧 남북전쟁과 공식적인 개척지 폐쇄 시기 사이에서도 그랬다. 그러므로 '석양의 건맨'으로 네오리얼리즘의 웨스턴을 만든다는 것은 논외가 된다. 차라리 이것은 '성인들을 위한 동화'가 된다. 이 영화의 '다큐멘터리 같은 자료들'은 계속 웨스턴을 믿기를 원했던 관객들에게 리얼리티를 제공하는 것이었다. 1960년대의 관객들(특히 이탈리아의 관객들)은 당대의 정치가들, 관료들, 그리고 경찰들은 뇌물을 받는다고 생각했다. 이것이 '새로운 형식의 동화'에서, 보안관('황야의 무법자'처럼)은 부패한 지배 세력의 한 부분이거나, 혹은('석양의 건맨'처럼) 산적인 베이비 '레드' 캐버나(Baby 'Red' Cavanagh)를 위해 일하는 것으로 봤다. 산적의 지명수배 포스터는 바로 그 보안관의 사무실 벽에 걸려 있지만 말이다. 영화에서 이스트우드가 묻는다. "보안관은 용감한가? 적어도 정직한가?" 화이트 록스(White

Rocks)의 기가 죽은 보안관은 답한다. "그렇다." 그때 이스트우드는 그 남자의 가슴에 있는 양철 스타를 떼어내, 길바닥에 던져 버리고, 주민들에게 이렇게 말한다. "당신들에겐 새 보안관이 필요해." 악당의 왕국에서는 현상금 사냥꾼이 왕인 것이다.

할리우드 웨스턴에서 남북전쟁 이후의 현상금 사냥꾼은 보통 비겁한 악당으로 나왔다. 그들은 높은 상금이 붙은 시체를 안장에 매달고, 마을에 들어오곤 했다. 그런데 앤서니 만 감독의 '운명의 박차'(Naked Spur, 1952)와 '가슴에 빛나는 별'(The Tin Star, 1957)은 현상금 사냥꾼의 동기를 더욱 발전시켰다. '운명의 박차'에서 분노한 제임스 스튜어트 캐릭터는 남북전쟁 중에 부당하게 잃은 목장을 되찾기 위해 충분한 돈을 벌려고 한다. 하지만 마지막에 가서, 그는 자기가 선택한 소명, 곧 자기 파괴적인 성격은 지명 수배자를 '사람이 아니라, 단지 돈다발'로 여긴다는 사실을 인식하게 된다. '가슴에 빛나는 별'에서 분노한 헨리 폰다 캐릭터는 아내와 어린 아들의 죽음 이후에 현상금 사냥에 나서게 된다. 아내와 아들이 죽을 때, 마을 사람들은 치료비에 필요한 돈을 그에게 빌려주기를 거절했었다. 그런데 그는 경험 없는 젊은 보안관(앤서니 퍼킨스)을 돕고, 미망인이 된 집주인과 어린 아들(곧 대체 가족)을 돌보며, 자신의 삶을 새로 일으켜 세운다. 말하자면 제임스 스튜어트와 헨리 폰다 모두 현상금 사냥꾼이 됐는데, 그 이유는 자신들이 상처를 받은 사람이었고, 정의롭지 못한 일에 좌절했기 때문이었다. 생계를 위한 돈벌이가 도덕적이지 않지만, 거기엔 반드시 정당한 이유가 있어야 했다. 그들은 탐욕이나 야망을 위해 현상금 사냥꾼이 된 게 아니었다. 그리고 그들은 사람 사이의 관계가 다시 중요해졌을 때, 자신들의 직업을 그만두었다. 현상금 사냥꾼들은 외로운 존재들이었고, 하지만 정상적인 사람은 결혼했으며, 특히 목장을 운영하는 사람이 많았다. 안드레 데 토트 감독의 '현상금 사냥꾼'(The Bounty Hunter, 1954)은 '가슴에 빛나는 별'의 성공 전에 발표됐는데, 역시 도덕적 이야기를 하고 있다. 짐 킵(랜돌프 스콧)은 도둑이며 살인자인 레이 버치의 시체를 마을로 갖고 와, 5백 달러의 현상금을 받는다. 그런데 킵은 마을 의사의 딸인 줄리(돌로레스 돈)에게 자기 일을 설명한다. 이 일을 한 이유는 작은 식료품 가게 주인이었던 부친이 두 명의 무법자에 의해 총에 맞아 죽었기 때문이라는 것이다, 킵은 줄리에 대한 열망을 품고 있다. 결국에 킵은 돈을 벌고, '자기 손에 넣을 수 있는 모든 살인자'의 현상금을 차지하는 것보다, 인생에는 더 중요한 무엇이 있다는 점을 깨닫는다.

레오네는 틀림없이 그 영화들을 전부 보았을 것이다. '석양의 건맨'에는 그 영화들에 대한 참조가 들어 있다. '현상금 사냥꾼'의 오프닝에서 검은 옷을 입은 랜돌프 스콧은 풀만 듬성듬성 있는 사막 같은 곳을 말을 타고 지나가고, 저 위 바위에서 무법자가 그를 향해 총을 쏜다. 이는 '석양의 건맨'의 오프닝과 매우 유사하며, 역할만 뒤바뀌어 있다. '가슴에 빛나는 별'에서 헨리 폰다는 마을의 유일한 호텔로 향하고 있다. 마을 사람들이 그를 보고 있고, 어떤 특별한 이유 없이 모든 방은 전부 예약돼 있다는 말을 듣는다. 그는 얌전하게 걸어 나와서, 말을 타고 떠난다. '석양의 건맨'에 이와 비슷한 장면이 있다. 이스트우드도 호텔에서 퇴짜를 맞는다. 단 그는 그 말을 받아들이지 않는다. '가슴의 빛나는 별'의 절정에서, 헨리 폰다는 젊은 보안관(앤서니 퍼킨스)과 악당 보가디스(네빌 브랜드) 사이의 결투에서 심판을 본다. 폰다는 손에 장총을 들고, 결투가 정당하게 벌어지는지 감독한다. '석양의 건맨'의 마지막 결투는 이것과 매우 비슷하다. 단 여기에서는 악당과 결투하는 인물이 나이 많은 남자(리 밴 클리프)다. 그리고 젊은 남자(이스트우드)가 장총을 들고 심판을 본다. '현상금 사냥꾼'에서 랜돌프 스콧은 자신의 먹이 한 명이 호텔의 2층 방에 있다는 말을 듣는다. 스콧은 그 방으로 쳐들어가고, 무법자는 창문으로 탈출하여, 발코니에서 뛰어내린 뒤, 거리로 도망간다. 이것은 '석양의 건맨'에서 모티머 대령과 악당 기 캘로웨이가 보여준 장면과 거의 같다. 레오네는 인터뷰에서 가끔 '운명의 박차'를 언급하곤 했다. 레오네는 모티머 대령(리 밴 클리프)의 과거에 관한 트라우마를 '운명의 박차'에서 끌어쓴 것 같다. 그 트라우마 때문에 대령은 남북전쟁의 존경 받는 장교에서 차갑고 계산적인 현상금 사냥꾼으로 변했다. 그런데 레오네는 이런 참조들을 이용하면서, 자신만의 시각은 유지하고 있다. 이것은 영화가 시작될 때 스크린에 나타나는 문장 속에 요약돼 있다. "생명이 가치가 없는 곳에서, 죽음은 가끔 그 가격을 갖는다. 이것이 현상금 사냥꾼이 나타나는 이유다." 이와 대조되게 '현상금 사냥꾼'은 이런 말로 시작한다. "그들은 항소가 없는 외로운 법정에서 판사도 되고, 사형집행인도 된다. 그들은 현상금 사냥꾼이라고 불린다."

이들 영화 사이의 관계에 덧붙여, 레오네의 반영웅 캐릭터는 소위 '래나운 서클'(Ranown cycle)의 영웅과 비교된다. 래나운 서클은 1956년에서 1959년 사이, 버드 뵈티커(Budd Boetticher)가 연출하고 랜돌프 스콧이 주연한 저예산 웨스턴을 말한다. 레오네는 뵈티커 감독을 존경했는데, 이는 카이에 뒤 시네마 잡지의 비평가들과 같은 취향이었다. 레오네는 뵈티커 영화의 특징인 비관주의와 좋은 유머의 조합, 그리고 화강암 같은 얼굴의 금욕주의적 영웅과 화려하게 표현된 악당 사이의 대조를 좋아했다. 뵈티커는 '외로이 달리다'(Ride Lonesome, 1959)에서 현상금 사냥과 복수라는 테마를 다루었다. 믿음이 가는 벤 브리게이드(랜돌프 스콧)는 무법자 샘 분(퍼넬 로버츠)과 와이드(제임스 코번)의 머리에 붙은 돈을 노리고, 그들 안으로 들어가는 것처럼 보인다. 그런데 진짜 이야기는 프랭크(리 밴 클리프)에 대한 브리게이드의 추적이다. 프랭크는 목을 매달아 브리게이드의 아내를 죽인 악당이다. 어떤 비평가는 뵈티커의 영웅에 대해 이렇게 썼다. "그들에게 삶은 강한 개인이 갖는 자존감과 목표 의식이 없다면, 아무 의미가 없는 것이다." 이와는 대조되게, '석양의 건맨' 프롤로그에 나온 대로, 레오네에게 삶은 지명수배 포스터에 인쇄된 돈의 크기, 그 이상의 가치는 없는 것이다. 레오네의 폭력적이고 단순한 개인들은 화려한 스타일로 보상금을 타내는 것 이상의 목표를 갖고 있지 않다. 이스트우드는 자신의 먹이를 죽이는 데 전혀 거리낌이 없다. 반대로 '외로이 달리다'에서 무법자 역의 퍼넬 로버츠는 뵈티커 특유의 대사를 말한다. "세상에는 사람이 단지 말을 타고 돌아다닐 수만은 없는 그 무엇이 있어."

예상대로 앤서니 만과 버드 뵈티커는 레오네 스타일의 웨스턴에 별로 열광하지 않았다. '석양의 건맨'에 대해 앤서니 만이 말했다. "그 영화에는 웨스턴의 진정한 정신이 빠져 있다. 우리는 평범한 사람들에 관해 이야기했다. 프로 살인자들이 아니었다. 평범한 사람들이 특별한 상황 때문에 폭력에 내몰리는 이야기였다. 좋은 웨스턴에는, 캐릭터들이 시작하고 끝맺는 지점이 있다. 그들은 인생과 충돌하는 그 궤적을 따라간다. '석양의 건맨'의 캐릭터들은 오직 인생의 '흑색' 길만 따라간다. 나쁜 길 말이다. 그건 추한 길이기도 하다. 그리고 도대체 얼굴들이 왜 그런가! 한두 명 정도가 그러면 괜찮다. 하지만 24명이라면, 그러면 안 된다. 너무 많다! 5분마다 총싸움을 하는 것은 관객들이 지루해하는 것에 감독이 두려움을 갖고 있기 때문이다. 감정 이입할 인물이 없으니 관객은 지루해할 수 있다. 허구를 만들 때, 5분 혹은 6분 이상 이어지는 '서스펜스'를 넣으면 안 된다. 왜냐면 감정의 포물선은 상승해야 하지만, 병원에서 이용하는 심전도처럼 되어서는 안 되기 때문이다."[29)]

뵈티커도 자신의 영화와 직접으로 비교되는 것을 경험했다. 자신의 기품 있는 영웅 중 한 명인 루시라는 프로 총잡이(그는 자신의 삶에 의미를 부여하던 모든 것을 잃었을 때 악당으로 변한다)가 돈 시겔 감독의 '호건과 사라'(Two Mules for Sister Sara, 1969)에서 전통적인 웨스턴 영웅이 아니라, 레오네 스타일의 반영웅으로 변신해 있는 것을 보았다. 그 영화의 초반부에서 호건(이스트우드)이 시거로 다이너마이트 묶음에 불을 붙이고, 그것을 세 명의 취한 거구들에게 냉정하게 던져넣을 때, 자신의 시나리오가 누군가에 의해 또 다른 이스트우드적인 것으로 변형된 것을 알 수 있었다. "그 캐릭터는 '석양의 건맨'의 '이름 없는 남자' 캐릭터였다. 나의 남자들은 이유가 있어야 거칠어진다." 이스트우드는 그냥 자신이 거칠었기 때문에 거칠었다. 레오네와 뵈티커는 1960년대 말에 만난 적이 있다. 레오네가 당시 의장을 맡았던 밀라노의 영화제에서였다. 그들은 자신들 사이에 공통점이 많은 것을 알았다. 뵈티커가 나에게 이런 말을 전한 적이 있다. "나는 약간 우려하고 있었다. 나는 계단을 올라가고 있었고, 레오네는 내려오고 있었다. 레오네가 말했다. 버드, 친애하는 버드, 나는 당신에게서 모든 것을 훔쳤어." 이후에 세르지오 레오네는 '미스터 바넘의 말'(A Horse for Mr Barnum)이라는 제목으로, 뵈티커의 재기작을 프로듀스할 계획을 세웠다. 미국의 남서부에 있는 스페인 말에 관한 영화였다. 하지만 할리우드의 프로듀서들은 옛 스타일 웨스턴 감독 뵈티커에 대해 더는 흥미를 보여주지 않았다. 그래

서 그 계획은 없던 일이 됐다.[30)]

레오네는 두 명의 현상금 사냥꾼 가운데 젊은이 역은 클린트 이스트우드가 맡아야 한다고 줄곧 생각하고 있었다. 이번에 이스트우드 역은 표면적으로 더욱 아이로니컬하게 변했다. 이는 많은 부분 작가 루치아노 빈첸초니 덕분인데, 그가 이스트우드 특유의 미소를 만들어냈다. '황야의 무법자'를 찍을 때, 이스트우드는 1만5천 달러라는 비교적 저렴한 개런티, 그리고 이코노미석 항공권을 제공받았다. 이번에는 5만 달러 개런티, 일등석 항공권, 그리고 총수익 가운데 일부를 받는 조건이었다. 하지만 작은 문제가 하나 있었다. "이스트우드는 항상 입에 시가를 물고 있어야 했다. 그는 그때 담배를 피우는 법도 몰랐다." 시가 문제는 '토스카노'(toscano) 담배로까지 이어졌다. 토스카노는 이탈리아의 풀로 만든 대단히 딱딱한 담배인데, 이번에 도전해보기로 했다. 지역 사람들은 이 담배를 주머니칼로 이등분 해서 피웠다. 이스트우드는 담배의 끝을 입으로 물어 뜯어내야 했다. 그는 촬영할 때면 그 담배를 피우지는 않고, 계속 불을 붙였다.

대령 역에 대해 레오네는 다시 헨리 폰다를 설득했다. 하지만 레오네는 '황야의 무법자' 때와 같은 대답을 폰다의 에이전트에게서 들었다. 레오네의 두 번째 선택은 찰스 브론슨이었다. 그도 역시 제안을 물리쳤다. 그러자 레오네는 로버트 라이언과 리 마빈 사이에서 결정해야 했다. 레오네는 리 마빈이 '리버티 밸런스를 쏜 사나이'에서, 채찍을 든 악당으로 최고의 연기를 보여주었다고 생각했다. 레오네는 마빈의 에이전트로부터 구두 약속까지 받았다. 하지만 촬영 일정이 정해지기 며칠 전에, 레오네는 리 마빈이 '캣 벌루'(Cat Ballow, 1965)에 출연하기로 계약을 맺었다는 사실을 알았다. 마빈은 그 영화에서 한물간 총잡이, 그리고 동시에 이상한 코를 가진 사악한 형제 역까지 연기했다. 레오네는 다시 L.A.로 가서, 짧은 시간 안에 대령 역 배우를 찾아야 했다. 레오네는 프로덕션 디자이너인 오타비오 오포와 함께 갔다. 늘 그렇듯 서류 가방에는 달러 현금이 꽉 차 있었다. 그리고 그는 〈아카데미 배우들〉(Academy Players)이라는 업계용 책에서 오려낸 많은 사진도 갖고 있었다. 레오네가 말했다. "그건 오래된 사진들이었다. 그 속에는 이탈리아 남부 출신의 헤어드레서를 닮은 배우가 있었다. 그런데 그는 매와 같은 코, 반 고흐 같은 눈을 갖고 있었다. 하지만 그가 1965년에는 어떤 모습일지 알 수 없었다." 그가 바로 리 밴 클리프였다. 카를라 레오네가 덧붙였다. "세르지오는 돌아와서도, 카우보이 복장을 하고 영화 속의 역할을 연기할 수 있음을 보여주는 배우들을 매일 만났다. 그런데 세르지오는 리 밴 클리프의 사진을 보자, 손가락으로 가리키며 말했다. 바로 그 얼굴이야."

레오네는 이렇게 말했다. "계산해보니 그 배우는 40살 정도 될 것 같았다. 대령 역에 맞으려면 48, 49, 혹은 50살 정도 되어야 했다(실제로 리 밴 클리프는 40살이었다). 그런데 내가 할리우드에 도착했을 때, 그는 완전히 사라진 것처럼 보였다. 주변을 다 돌아다니다가, 우리는 시드라고 불리는 에이전트를 겨우 만날 수 있었다. 이 에이전트는 리 밴 클리프는 이제 더 이상 배우가 아니라고 했다. 그는 화가가 됐으며, 병원에 오래 입원해 있었다고 말했다. 1958년 가을, 리 밴 클리프는 베벌리 힐스의 언덕길에서 정면충돌하는 교통사고를 당했다. 왼쪽 무릎의 슬개골이 부러졌고, 수술 뒤에 그는 한동안 절뚝거리며 살았다. 그는 말을 타려면 사다리를 이용해야 했다. 우리가 갔을 때도 뛰지는 못했다. 그래서 그는 새로운 직업을 찾아야 했다. 에이전트에게 내가 말했다. '알겠다. 하지만 나는 그를 꼭 봐야겠다. 이 캐릭터에 그는 육체적으로 딱 맞는다.' 비행기가 뜨기 몇 시간 전에, 리 밴 클리프와 그 에이전트는 내가 묵고 있던 L.A. 외곽의 작은 호텔로 찾아왔다. 캐넌 드라이(Canyon Dry) 혹은 그 비슷한 곳에 있던 드라이브인 모텔이었다."[31)]

카를라 레오네에 따르면 리 밴 클리프는 이 만남에서 강인한 인상을 남겼다고 한다. "리 밴 클리프는 검은색 부츠에 낡은 셔츠, 그리고 많은 얼룩이 묻은 트렌치코트를 입고 왔었다. 하지만 그의 얼굴은 너무나 강인했고 힘 있어 보였다. 세르지오가 그에게 말했다. 계약서에 서명하자. 그리고 내일 이탈리아로 가자. 만 달러면 되겠소? 정확한 액수는 사실 잘 기억나지 않는다. 리 밴 클리프가 대답했다. 좋다. 그런데 나는 지금 작업 중인 그림을 먼저 마쳐야 한다. 고객에게 건네주기로 약속했다. 그리고 돈도 이미 받았다. 이틀 뒤, 그들은 치네치타에 도착했다. 리 밴 클리프를 바로 데려온 이유는 이미 세트가 모두 완성돼 있어서였다." 처음에 리 밴 클리프는 레오네가 자신을 놀린다고 생각해서, 약간 기분 나쁘게 행동했다. 바텐더가 개입하여, 모든 게 잘 풀렸다. 레오네는 그의 육체적 외모가 배역에 딱 맞는다고 생각했다. 리 밴 클리프는 독수리 같았고, 검은색과 회색이 섞인 머리였다. 레오네는 그곳에서 계약서의 이곳저곳을 고쳤다. 레오네가 말했다. "나는 그에게 시나리오를 주어, 로마로 가는 비행기 안에서 읽게 했다. 로마에 도착했을 때, 차가 마중 나왔고, 우리를 치네치타로 데려갔다. 우리는 그곳에서 첫 번째로 준비된 장면을 찍어야 했다. 몇 시간도 쉬지 못하고 바로 일을 하기 시작했다. 그런데 그는 비행기 안에서 시나리오를 다 읽었다. 나는 그의 자리에 가서, 어땠는지 물었다. 자, 어떻게 생각해? 그러자 그는 미소로 답했다. 이건 셰익스피어 극인데. 그는 스토리의 사건들에 좀 놀란 것 같았다. 시나리오를 잘 이해한 것 같지는 않았다."[32]

리 밴 클리프는 자신의 영화 경력을 잭 콜비 역으로 시작했다. '하이눈'(1952)에서 악당 두목 프랭크 밀러의 도착을 기다리며, 철로 위에 서 있던 세 명의 총잡이 중 한 명이었다. 그 작품 이후, 그 특유의 '반짝이는 눈의 비웃음'(beady-eyed sneer, 그가 이렇게 불리길 좋아했다)은 여러 웨스턴에 등장했다. 하지만 영화가 끝날 때까지 스크린에 남아 있지는 못했다. 그는 아쉬운 듯 기억했다. "내가 등장한 모든 영화에서 나는 중간에 존 웨인, 그레고리 펙, 혹은 게리 쿠퍼에 의해 죽임을 당했다." 그는 '하이눈'에서는 총에 맞았고, '가슴에 빛나는 별'(1957)에서는 교수형에 처해졌고, 'OK 목장의 결투'(1957)에서는 칼에 찔렸으며, '지옥의 추적대'(Posse from Hell, 1961)에서는 배에 총을 맞고 죽을 때까지 내버려 졌고, '차이나 게이트'(1957)에서는 앤지 디킨슨이 낭떠러지에서 그를 밀어버렸다. '브라바도스'(The Bravados)에서는 집요한 짐 더글러스(그레고리 펙)에 의해 풀이 우거진 곳에서 추적을 당했고, 짐은 그를 죽이기 전에 회중시계 안에 있는 사진을 보여주며 기억을 되살려내려고 했다. 리 밴 클리프는 1962년 이후에는 영화에 나오지 못했다. 하지만 앞에 언급한 웨스턴으로 그는 레오네의 가슴에 충분히 남아 있었다. 레오네는 특히 '브라바도스'에 나오는 거의 모든 대사를, 마치 시를 낭송하듯 연기할 수 있었다.

리 밴 클리프는 레오네의 제안에 기뻤다. "내가 받은 돈은 겨우 생활할 정도로 적었다. 하지만 나는 그때 하루하루 먹고 살고 있었다. 내가 처음 나왔던 영화의 개런티 정도 받았다. 레오네의 프로덕션 매니저가 가방을 열어 수천 달러의 현금을 보여주었다. 나는 에이전트 몫으로 10%를 떼주고, 집에 왔다. 나는 TV 저작권료로 살고 있었고, 당시는 실업 상태였다. 그리고 아내가 비서 일을 하며, 좀 벌었다. 나는 그때 전화료도 내지 못했다. 얼마 되지도 않는 금액이었는데 말이다."[33] 리 밴 클리프는 이탈리아 감독이 '하이눈'과 '브라바도스'에 너무 해박해서, 강한 인상을 받았다. 그런데 그는 '석양의 건맨'에서 자신이 들고나올 대령의 종소리 나는 회중시계가 '브라바도스'에서 직접 끌어쓴 것이란 점은 인식하지 못한 것 같았다. 대령이 들고 있는 회중시계에도 여동생의 사진이 들어 있다. 레오네가 리 밴 클리프를 선택한 것은 시각적 이미지는 물론, 이런 영화적 문맥 때문이었다.

리 밴 클리프도 위험을 감수한 결정을 내린 것이었다. 말하자면 모텔 주차장에서 생판 모르는 사람으로부터 달러 봉투를 받았다. "내가 그때 약속받은 것은 하나의 영화, 그리고 2주 분량의 선급이었다." 아마 그때 레오네는 꿈꾸는 듯한 눈동자를 보였을 것이다. 하지만 그는 전체 중 일부만 지급할 수 있었고, 그리고(리 밴 클리프는 모를 것인데) 나머지는 당시로선 어떻게 될지 알 수 없었다. 하지만 이 캐스팅을 통해 리 밴 클리프는 이탈리아와 스페인에서 제2의 경력을 열 수 있었다. 그는 이후 9년 동안 12편의 웨스턴에 나왔다. 이탈리아에서 그는 타이틀 위에 이름을 올릴 수 있었다. 그건 미국에선 한 번도 성취하지 못한 위치였다. 1960년대 말, '하이눈'이 이탈리아에서 재개봉됐는데, 포스터의 문구는 이렇게 바뀌었다. '주연 게리 쿠퍼, 리 밴 클리프.' '석양의 건맨'을 마친 얼마 뒤, 레오네는 뉴욕을 방문했을 때 리 밴 클리프의 초대를 받았다. "화려한 중국 식당에서 그는 아내 조안(Joan)과 함께 왔다. 아내는 그가 병원에 입원해 있을 때 간호사였다. 그녀에게 말했다. 모피코트가 참 아름답습니다. 그녀가 답했다. 당신 덕분입니다. 불과 2년 전, 우리는 전기세도 내지 못해 애를 먹고 있었어요. 그녀는 미소를 띠고 있었다."[34)]

말할 것도 없이, 처음에 리 밴 클리프는 레오네와 일하는 것에서 안정감을 느낄 수 없었다. 로마에 도착하자마자 그는 의상부터 빨리 조정해야 했다. 창이 평평하게 넓은 큰 모자, 검은색 조끼, 검은색 턱시도 상의 그리고 무릎까지 오는 검은색 부츠를 정했다. 그는 언어 장벽을 넘어서야 했다. “나는 클린트가 첫 영화를 만들 때, 세르지오와 소통을 거의 하지 못했다는 것을 알았다. 그들은 대화할 때 수많은 단어를 연결했는데, 소통에 이르기까지는 못했다. 걱정하는 나를 클린트가 안심시켰다. 세르지오가 1년 전보다 영어를 더욱 잘한다는 것이었다. 촬영 중에는 나는 그럭저럭 버텨냈다. 첫 영화를 만들 때, 세르지오의 영어와 클린트의 이탈리아어가 지금보다 더 나빴을 텐데, 그들은 어떻게 해냈는지 의아하기도 했다.” 리 밴 클리프가 듣기에는 어떤 장면을 찍을 때는 다섯 언어가 섞이기도 했다. “그리스어, 이탈리아어, 독일어, 스페인어, 그리고 내가 그리스말을 알아듣는 것보다 더 어려운 런던 액센트의 영어까지 섞였다. 하지만 나는 녹아들어야 했다. 왜냐면 나의 시나리오에 따르면 그들은 전부 영어로 말하는 것으로 돼 있기 때문이었다. 그래서 그들이 말하기를 멈추면 나는 무언가를 말해야 했다.” 결국에 리 밴 클리프는 이런 게임을 능숙하게 해냈다. “가장 간단한 방법인데, 모든 역의 대사를 전부 외워버렸다.”[35] 레오네의 영어는 향상됐을 것이다. 하지만 일을 해낼 만큼 충분하지는 않았다. 프로듀서 풀비오 모르셀라가 말했다. “그가 영어 배우기를 거절했다는 것은 사실이 아니다. 그는 영어를 좋아하지 않았다. 그는 영어를 두고, ‘소리도 이상하고 빌어먹을 형식의 언어'라고 말하곤 했다. 그는 정성을 들여 영어 단어들을 발음했지만, 우습게 들렸다. 세르지오가 말했던 어떤 특별한 단어가 떠오르지는 않는데, 어쨌든 그가 그 단어를 발음하면, 무지하게 웃기게 들렸다. 특히 미국 배우들과 말할 때 더 그랬다. 그러니 얼마나 역설인가. 그는 미국과 서부에 매혹된 남자이니 말이다."[36)]

카를라 레오네는 리 밴 클리프의 당황해하는 하루를 재밌어하며 바라보았다. "그가 첫날에 한 것이라곤 바라보는 것밖에 없었다. 악당 인디오의 부하들이 나타났을 때, 그는 호텔 창문을 통해 망원경으로 밖을 바라보았다. 단지 창문 밖을 바라보는 것, 그는 종일 그것만 했다. 세르지오가 그에게 말했다. '다시, 다시.' 세르지오도 이 불쌍한 남자를 생각하며, 마치 미친 사람처럼 웃었다." 세르지오 레오네가 말했다. "나는 미국에 갔다. 그는 영화를 하기로 동의했다. 그는 찍을 영화가 어떤 것인지도 몰랐다. 그는 나도 몰랐다. 그는 이탈리아로 날아왔고, 잘 시간도 없었다. 그는 겨우 샌드위치를 하나 먹었고, 언어라고는 한 단어도 발음하지 못하고 있었다. 그리고 그는 저 창문 뒤에 서 있었다."[37)]

작가 빈첸초니가 기억하길, 언어 장벽에도 불구하고, 리 밴 클리프는 촬영 현장에서 감독을 전적으로 믿었다. 교통사고 이후의 오랜 후유증은 리 밴 클리프에게 몇 가지 문제를 남겼다. 그는 달릴 수 없었다. 그래서 그는 서커스에서 이용되는 온순한 말을 타야 했다. 또 그는 많은 물을 마셔야 했다. 리 밴 클리프의 마시는 양은 언제나 통제를 받아야 했다. 빈첸초니의 전언이다. "그는 천사였다. 누구와도 잘 지냈다. 아마 필요하면 킹콩과도 잘 지낼 것이다. 그는 아주 달콤했다. 그는 감독의 명령을 받는 것을 좋아했다. 세르지오가 이런 명령을 했다. '자, 이제 당신은 대단히 진지해야 한다. 그리고 바로 웃어야 한다.' 그러면 그는 레오네가 말한 그대로 완벽하게 연기하곤 했다."[38)]

클린트 이스트우드는 이전 시즌에, TV 웨스턴 시리즈 '로하이드'에서 두 편의 에피소드에 출연했다. 거기에 리 밴 클리프도 출연했는데, 캐스팅 리스트의 후반부에 나온다. 두 번째 에피소드인 '파이니'(Piney)에서 밴 클리프는 자신이 죽기 전에, 로디 예이츠(이스트우드)에게 총을 쏘아 그를 말에서 떨어뜨렸다. 6개월이 지났고, 이제 밴 클리프는 로마에서 이스트우드와 공동 출연하게 된 것이다. 이스트우드는 1965년 4월에 신참(밴 클리프)이 도착했을 때, 레오네가 '거의 미쳤다'라고 생각했다. 하지만 이스트우드는 밴 클리프에게, 상황을 이해하기 위해서는 가능한 빨리 이탈리아 판본으로 '황야의 무법자'를 보라고 조언했다. 밴 클리프는 로마의 어느 극장에 갔고, 나오면서 이렇게 말했다. "이제 네가 하고자 하는 말을 알겠다. 시나리오는 중요하다. 하지만 그보다 더 중요한 것은 스타일이다."[39)] 이스트우드가 기억하길, 레오네는 모든 사람에게 현장에서는 가능하면 영어로 말해달라고 간곡하게 부탁했다. 이것은 어떤 이에겐 매우 어려운 문제였다. '황야의 무법자'에서 잔 마리아 볼론테는 자신의 목소리가 영어 판본에서는 다르게 나와 기분이 상했었다. 이번에 그는 계약서에 영어 더빙도 자기가 하기로 정했다. 하지만 그는 현장에서는 영어로 말하지 않았다.

이번 영화의 예산은 '황야의 무법자'보다 200% 올라 약 6백만 달러가 됐다. 그건 레오네에게 희소식이었다. 하지만 그 예산도 이번 영화가 더욱 길어질 것이며, 더욱 복잡해질 것은 고려하지 않은 수치였다. 제작자 알베르토 그리말디는 공동제작을 기획했다. 자신의 회사인 '유럽 어소시에이트'(로마), 그리고 '아르투로 곤살레스'(마드리드)와 '콘스탄틴'(뮌헨) 영화사가 함께 참여했다. 이 공동제작 덕분에 레오네는 디테일에 더욱 신경 쓸 수 있었고, 내러티브도 느슨하게 숨통을 틔울 수 있었으며, 선형적이 아닌 방식으로 넉넉하게 스토리를 작성할 수 있었다. 실제로 가장 중요한 부분(이방인과 모티머 대령 대 인디오와 그의 부하들)은 스크린에서 약 20분 동안 표현할 수 있었다. '석양의 건맨'은 스크린 밖에서 들리는 사운드로 시작한다. 우리는 사막에서 홀로 말을 타고 있는 사람을 보고, 그때 휘파람 소리, 토스카노 담배에 불붙이는 소리, 담배 연기를 빨아 마시는 소리, 그리고 장총을 장전하는 소리를 듣는다. 한 발의 장총 소리가 들리고, 말을 탄 사람은 황야에 떨어진다. 그때 타이틀 음악이 시작된다. 그래서 '황야의 무법자' 팬들은 신비한 '이방인'(이스트우드. 시나리오에 '몬코' 혹은 '외팔이 사나이'라고 적혀 있고, 가끔 스크린에서도 그렇게 불린다)이 언덕에서 사막을 바라보았다는 점을 알게 된다. 그의 특성(휘파람, 시가)이 그를 알린 것이다. 이처럼 그는 얼마나 유명해졌는지, 굳이 스크린에 모습을 드러내지 않아도 됐다.

그리고 우리는 가죽 장정의 성경책을 본다. 이 책이 아래로 내려오면 모티머 대령의 얼굴이 보인다. 그는 '성직자' 행세를 하며, 기차를 타고 뉴멕시코의 투컴캐리(Tucumcari)로 가고 있다. 이렇게 리 밴 클리프가 클린트 이스트우드보다 먼저 등장한다. '몬코'(이스트우드)는 뒷모습으로 처음 나타난다. 화이트록스(White Rocks) 마을로 들어온 이스트우드는 쏟아지는 빗속에서 그 특유의 모자와 판초를 걸치고 있다. 이어서 클로즈업이 나오는데, 모자의 테두리가 천천히 위로 올라가며, 면도하지 않은 그의 얼굴을 모두 보여주는 식이다. 그는 왼손으로 토스카노 담배에 불을 붙이며, 총 쏠 때 쓰는 손은 자유롭게 둔다. 그 손이 중요하기 때문이다. 우리가 인디오(볼론테)를 처음 보는 것은 그가 감옥의 침대에서 일어날 때이다. 그리고 이 세 명의 주요 인물들이 시각적으로 연결된다. 곧 몬코는 '인디오만 달러'라고 적힌 지명수배 포스터 앞에 서 있고, 그리고 모티머 대령도 그렇게 하며, 이어서 빠른 교차 편집으로 은유법적인 총격 장면이 뒤따른다. 곧 세 주인공의 얼굴 디테일을 보여주는 것이다. 얼굴, 입, 코, 그리고 무엇보다도 눈이 강조된다. 이들은 영화가 제법 진행될 때까지, 신체적으로는 직접 만나지 않는다. 마침내 세르지오 레오네는 자기 스타일을 드러내는 발걸음을 본격적으로 뗐고, 아마도 감독으로서는 처음으로 즐기면서 일을 시작했을 것이다.

'황야의 무법자'와 비교할 때, '석양의 건맨'에는 카니발적인 장면이 더 많다. 인디오는 폐허 같은 바로크 교회의 설교단에 서서, 엘 파소 은행을 공격할 계획을 말한다. 인디오는 12명의 '사도'에게 이야기한다. "내가 의도하는 것을 쉽게 이해시키기 위해, 나는 훌륭한 작은 우화로 말하고 싶다. 옛날 옛적에 목수가 있었다." 인디오의 사도들은 그 교회의 종에 신나게 총을 쏘면서 그들의 도착을 알렸었다. 이에 덧붙여, 이곳에선 성직자가 보안관보다 더 나은 권위를 갖지 못한다. 그리고 아무도 아무를 믿지 않는다. 모티머 대령은 인디오의 갱단에 들어간 몬코에게 북쪽으로 가라고 조언했는데, 두 사람은 아구아 칼리엔테의 술집에서 다시 만난다. 그곳은 북쪽도, 또 남쪽도 아니다. 모티머 대령은 어떻게 몬코가 선택했을 방향을 알았을까? 그건 프로들이 갖는 경계심의 재밌는 사례가 될 것이다. "쉽지. 나는 너에게 인디오를 북쪽으로 가게 하라고 했는데, 그러면 너는 그 반대로 가게 하겠지. 의심 많은 인디오는 또 두 방향 모두와 다른 곳으로 갈 것이고. 그러면 엘 파소는 아닐 것이니, 나는 여기에 있는 것이지."

'석양의 건맨'에서 처음으로 세르지오 레오네는 자신만의 날 것 그대로이며, 세속적인 감각이 담긴 유머를 펼칠 수 있었다. 이런 것들이다. 현상금 사냥꾼(이스트우드)은 호텔 방으로 처들어갔는데, 수배자는 없고, 어떤 여성이 욕조에 나체로 앉아 있는 것을 보고, "실례했습니다. 마담."이라고 말한다. 또 사냥꾼은 은행을 바라볼 수 있는 호텔 방을 차지하기 위해 손님을 강제로 쫓아내고, 불쌍한 그 남자의 긴 내복을 계단에서 던지며 말한다. "나는 이런 거 안 입어."(내복 입는 남자를 폄하). 작고 쥐 같은 호텔 주인은 현상금 사냥꾼을 '동물'이라고 부른다. 그런데 그의 풍만하고 야한 아내는 이렇게 말한다. "하지만 그는 키가 아주 커요." 그 아내의 이미지는 프로듀서의 실제 아내로부터 빌린 것이다. 그 아내는 레오네에게 항상 바르게 행동하지는 않았다.[40] 노인 예언자('황야의 무법자'에 나오는 관 만드는 노인과 비슷한 캐릭터인데, 같은 배우가 연기했다)는 그의 수염으로 몇 가지 웃음을 선사한다. 어떤 악당은 면도 거품을 바른 채 등장하는데, 수염의 반만 면도 되어 있다. 산타크루스의 거의 모든 거리에는 닭들이 돌아다닌다. 그리고 전신 사무소에는 달걀들이 넘친다. 몬코(이스트우드)는 앨라모고도(Alamogordo, 세계 최초로 핵폭탄 실험이 이뤄진 사막) 방문 카드를 다이너마이트 묶음에 남김으로써, 핵폭탄의 기억을 되살린다. 중간에 등장하는 작은 역할들(영업 사원, 철도 경찰, 보안관, 바텐더, 전신 사무소 직원)은 일종의 모욕을 당하는 임무를 맡았다. 러프 컷이 시사될 때, 레오네와 모리코네를 바짝 긴장하게 만든 명 장면이 있다. 모티머 대령이 '와일드'(Wild)라고 불리는 꼽추에게 대단히 무례하게 행동하는 순간이다. 꼽추는 눈동자를 굴리고, 뺨을 실룩거리는 클라우스 킨스키가 연기했다. 와일드는 대령을 알아보고, 말한다. "그때 담배 피우던 사람 아닌가? 나를 기억해?" 대령은 계속 식사를 하고 있다. "아니.” “엘 파소였어.” “세상 참 좁군.” “그렇지 너무 좁지.” 꼽추는 등을 대령 쪽으로 돌리고 다시 말한다. “자, 내 등에 다시 성냥을 그어 보게.” 대령이 답한다. “나는 보통 식사를 마치고 담배를 피우네. 10분 후에 다시 오게.” 그러자 더욱 얼굴을 실룩거리며 와일드가 고함을 지른다. “10분 후면 너는 지옥에서 담배를 피울 거야. 일어나.” 와일드는 총을 뽑는다. 하지만 모티머 대령은 소매에서 데린저 권총을 꺼내 그를 쏘아 죽인다. 그 기술 때문에, 그는 이 장면을 지켜보고 있던 인디오의 주목을 끈다. 이 장면에서 또 우리는 모티머 대령이 지저분한 식당에서, 채소 수프와 흰 빵만 있는 간단한 식사를 진짜 즐기고 있다는 것을 알게 된다. 이것은 먹는 것의 즐거움에 대한 증거인데, 이 영화 이후 레오네의 영화 만들기에서 빠지지 않는 요소가 된다.

레오네는 시나리오를 더욱 예리하게 만들기 위해 작가 세르지오 도나티를 로마로 불렀다. ‘돈은 지불하지만, 크레딧에 이름은 없다’는 조건이었다.[41] 또 다른 협업 작가인 빈첸초니에겐 알리지 않았다. 도나티는 이런 것들을 생각해 냈다. 모티머의 대사 “이 기차는 투컴캐리에 설 것이야.” 또 노인 예언자의 장면, 그리고 그의 경력에서 최고라고 생각되는 대사를 만들었다. 마지막에 나오는 몬코의 조크이다. 몬코가 인디오의 ‘사도’들을 죽임으로써 얼마나 벌었는지를 계산할 때다. 그는 시체들을 농장의 마차에 싣고 있다. “만, 만 2천, 만 5천, 만 7천, 2만 2천… 2만 2천.” 그는 잠시 멈추며, 계산이 틀렸음을 알게 된다. 그때 그의 뒤에서 산적 한 명이 나타나, 그에게 총을 쏘려고 한다. 몬코는 그를 쏘았고, 안도하며 말한다. "2만 7천." 석양으로 사라지던 모티머가 몬코를 향해 소리친다. "문제 있니, 애야." "아무것도 아니요. 노인장." 몬코는 입에 물고 있던 토스카노 담배를 버린다. "내가 덧셈을 못 하나 생각했소." 도나티가 고안한, 무표정하면서 기괴한 기분을 주는 이런 장면은 레오네 영화의 정수가 됐다. 또 그것은 이스트우드가 좋아했던 유명한 대사들의 모범이 되었다. 이스트우드는 이후 할리우드에서 "너에게 운이 있을까?"(Do you feel lucky?), 또는 "나를 기쁘게 해봐"(Make my day) 같은 명대사를 남겼다.[42)]

레오네가 보여준 또 다른 그의 최초의 결과는 과거를 구축한 표면이 마침내 믿을 수 있는 수준에 도달했다는 것이다. 이는 술집의 어수선한 방들, 은행과 감옥, 그리고 당시의 운송수단인 기관차에서 두드러지게 표현돼 있다. 빈첸초니는 레오네가 어떻게 이 영화의 모든 것, '모든 작은 디테일들', 곧 세트를 만드는 것부터 시작하여 해군용 리볼버 권총 모델들의 특성까지 꿰고 있었는지를 설명했다. "세르지오는 사물을 좋아하는 사람이었다. 그는 18세기 로마의 은그릇을 수집했고, 가구와 그림도 수집했다. 게다가 그는 남다른 시각적 교육도 받았다. 그는 만약 당신이 어떤 장면에 관해 쓸 때, 10가지의 색다른 방법을 제시하면, 그는 1백 가지의 또 다른 방법으로 되돌려주는 그런 흔치 않은 감독이다. 그리고 만약 당신이 시나리오 작업에 참여한 영화를 본다면, 자신에게 이렇게 물을 것이다. '진정 내가 저것을 썼단 말인가?' 다른 많은 '카우보이' 감독들과 일해 본 뒤, 나는 세르지오의 특별한 자질을 알게 됐다. 그건 그가 자신이 하는 일을 진심을 다 해 믿는다는 것이다."[43]

화이트 록스의 술집에서 몬코가 포커를 치는 악당 레드 캐버나를 발견하는 장면이 있다. 레오네는 할리우드식인 번지르르하고 조명이 강한 분위기를 단호하게 지워버렸다. 그가 원한 것은 더럽고, 사람들로 복잡한 장소, 시가의 연기가 가득하고, 나무 장작이 타는 난로가 있는 공간이었다. 그래서 연기 만드는 기계를 최고치로 돌렸다. 연기가 어느 정도 퍼져나갔고, 화면에 현실성이 확보됐을 때, 기술자들이 기계의 전원을 껐다. 그러자 레오네는 외쳤다. "안돼! 안돼! 더 많은 연기가 필요해. 저곳에서 사람이 숨 막혀 죽을 정도로 보여야 해."

레오네는 이 영화를 통해서 마침내 '작가로서의 목소리'를 발전시킬 수 있었고, 사물들뿐 아니라 신화에 대한 자신의 역사적 자료들을 적용하는데 전적으로 몰입할 수 있었다. 그는 총에 관한 지식을 어떻게 쌓았는지 이야기했다. "두 명의 현상금 사냥꾼들의 삶은 자신들 직업의 수단, 곧 총에 관한 완벽한 지식에 달려 있다. 나는 상상적인 사물을 만들어낼 수 없었다. 나는 기술적 시각에서 볼 때 정확한 것이 필요했다. 그래서 나는 자료를 모으기 시작했다. 그러던 중 나는 당대의 모든 형식의 무기에 대해 묘사해놓은 자료를 발견했다. 나는 영화를 위해 그런 무기들을 만들어달라고 요구했다. 그때 나는 놀랍게도 이탈리아의 북부 브레시아에서 여전히 그런 총들을 만드는 기술자들이 있다는 사실을 알았다. 지난 세기에 리볼버를 만들 때, 그곳에선 거의 모든 집에 공방이 있었다. 그들은 미국 시장을 위해 작업을 했다. 하지만 정확성이 충분히 확보되지는 않았다. 나는 정확한 탄도와 사격 거리를 알아야 했다. 다시 말해 현실적인 자료로서, 우화 같은 이야기에 영양소를 주입해야 했다."[44)]

모티머 대령이 처음 자신의 역량을 보여줄 때, 그는 수배자 캘로웨이가 권총 사격 거리에서 벗어날 때까지 기다려야 했다. 그리고 대령은 안장 천을 열어젖힌다(사운드트랙에 아주 크게 '트왕'하는 소리가 동반된다). 이때 수직으로 떨어지는 천 속에 무기들이 드러난다. 탈착식 어깨 개머리판이 달린 번트라인 스페셜(Buntline Special) 권총, 펌프 연사식 콜트 라이팅(Colt Lighting) 장총, 윈체스터 '94(Winchester '94) 장총, 2열 르포쇠(Lefaucheux) 권총 등이다.[45)] 대령은 번트라인에 어깨 개머리판을 달고, 지명수배(1천 달러)된 남자의 눈 사이를 정확하게 맞춘다. 몬코는 자신이 좋아하는 콜트 45 권총을 쓴다. 손잡이에 뱀 무늬가 그려져 있다(CBS 홍보 파트의 도움을 받았다). 이탈리아의 총과 총알 전문 잡지인 '디아나 아르미'(Diana Armi, '다이애나의 무기'라는 뜻)에 따르면, 웨스턴의 소품 담당들은 장인들이 브레시아를 중심으로, 무기 복제 산업에 종사하고 있다는 사실에 놀랐다고 한다. "이탈리아, 스페인, 그리고 유고슬라비아에서 촬영된 영화에서 볼 수 있는 단발식 무기들은 우리가 신뢰할 수 있는 총제조사에서 살 수 있는 것들과 똑같았다. 총열만 예외인데, 그건 진짜가 아니다. 단순한 튜브 같은 것이지, 쏠 수 있는 게 아니었다." 1960년대 말, 일부 총제조사와 복제 무기를 만드는 공장은 이탈리아 웨스턴의 촬영 중에 손상된 무기들을 수리하는 것을 전문으로 하기도 했다. 그들은 흥분한 멕시코 거구들이 바위를 향해 세게 던져 손상된 장총이나 권총의 총열을 다시 펴는 작업을 정기적으로 했다. 이탈리아 웨스턴의 소품을 담당하는 사람들은 어떤 이유에서인지 1858-65형 복제 레밍턴(Remington) 권총을 미국 웨스턴에 나오는 콜트 권총보다 더 좋아했다. '디아나 아르미'(신화, 섹스, 총을 섞은 조어)라는 잡지의 제목 자체가 이탈리아의 총 문화에 대해 많은 것을 이야기하고 있고, 레오네의 페티시즘도 설명하고 있다. 레오네 영화에 등장하는 디테일들이 늘 맞지는 않을 것이다. 하지만 그게 중요한 것은 아니다. 곧 그는 리얼리즘을 추구했지, 리얼리티를 추구한 것은 아니었다. 레오네는 디자이너 카를로 시미와 함께, 서부의 무기를 그림으로 설명한 카탈로그를 자주 읽곤 했다. 시미가 말했다. "세르지오는 무기의 모든 것을 알고 있었다. 시기, 모델, 제조사까지."[46)]

시모넬라(Simonella)라는 소품 회사는 페플럼 영화를 만들 때, 전차와 사원의 구조물들을 공급하고, 칼과 샌들을 제공하고 수선하며 운영을 잘했다. 이번에 이 회사는 길거리의 가구들, 실내장식, 그리고 역마차를 담당했다. 이것은 한 단계 발전한 것인데, 전작인 '황야의 무법자'를 만들 때는 '조로 시리즈' 제작팀이 버린 것을 이용했었다. 폼페이(Pompeii)라는 회사는 과거에 로마 제국의 샌들을 엄청나게 공급했는데, 이제는 카우보이들의 가죽 부츠를 만들었다. 이후에 두 회사는 이탈리아 웨스턴의 붐을 타고, 좋은 실적을 올리게 된다.

예산이 알려진 것과 달리 넉넉하게 느껴지지 않은 것은 '서부 마을'(Western Town) 하나를 온전히 만들었기 때문이었다. 카를로 시미가 디자인한 것인데, 마을은 스페인 남부 알메리아의 해변에서 12km 떨어진 타베르나스(Tabernas)에 건축됐다. 주요 배우들은 지역 사법부 건물 옆에 있는 4성 호텔인 그랜드 호텔(Grand Hotel)에 머물렀다. 레오네가 좋아하던 방은 532호였고, 이후로도 사막에서 영화를 찍을 때면 대개 그 방을 이용했다. 1960년대 이래로 호텔은 별로 변하지 않았다. 과거를 잘 기억하고 있는 호텔 회계 담당은 리 밴 클리프는 호텔 바에서 소중한 시간을 많이 보냈다고 말했다. 간혹 그의 방에 위스키병이 너무 많아, 함께 치워주기도 했다고 기억했다. '서부 마을'은 지금도 존재한다. 이제는 '미니-할리우드'(Mini-Hollywood)라고 불린다. 대로의 양 끝에는 개척지의 전통적인 목제 건물들이 서 있다. 그리고 이층 짜리 술집, 호텔, 보안관 사무실, 관 만드는 곳, 전신 사무소, 이발소 등이 있다. 여기에 하나 더 보태진 게, 점토로 만든 건물인데, '퍼스트 시티 뱅크'(First City Bank)라는 이름이 붙어 있다. 대로의 양 끝에는 화강암 색깔의 산이 있으며, 알메리아 사막의 세이지(sage) 풀, 선인장, 그리고 올리브 나무가 보인다. 영화에서 이런 장소들은 엘 파소와 화이트 록스라는 이름으로 등장한다.

디자이너 카를로 시미가 말했다. "세르지오는 제작 초기 단계에서, 세상에서 가장 좋은 서부 마을을 만들어달라고 했다. 그 마을은 영화 속의 주인공 같아야 한다는 것이다. 말하자면 은행 건물은 그 자체로 하나의 캐릭터가 되어야 했다. 은행이 있는 마을은 엘 파소인데, 나는 오래된 스페인의 요새처럼 디자인했다. 건물 일부는 파손돼 있지만, 전체는 태양 빛이 강한 광장 안에 있었다. 다른 건물은 여기서 조금 떨어진 곳에 지어야 했다. 인디오와 부하들이 공격하는 장면을 찍으려면 공간적 여유가 필요했기 때문이었다. 호텔의 내부와 술집까지 포함하여, 영화 대부분을 내가 건설한 '서부 마을'에서 찍었다. 세르지오와 제작자 그리말디는 결과에 만족했고, 영화 속 은행의 책임자 역할을 내가 연기하게 했다. 원래 마을은 마드리드 북쪽 라 페드리시아(La Pedrizia)에 지으려고 했다. 그런데 우리가 탐사를 갔을 때, 그곳에선 눈이 내리고 있었다. 그래서 우리는 타베르나스를 대신 선택했다. 그곳에선 날씨를 믿을 수 있었다."[47]

이곳에서 약간 떨어진 곳에 또 다른 중요한 촬영 장소가 있었다. 시에라 데 가타에 있는 로스 알바리코케스(Los Albaricoqes)라는 점토 건물의 마을이다. 자갈로 된 거리, 그리고 지붕이 낮은 단층 짜리 건물이 들어서 있다. 영화에선 아구아 칼리엔테로 불린다. 이 마을을 보며 인디오는 '시체 안치소' 같다고 말한다. 사막을 내려다보는 언덕은 오프닝 시퀀스에 등장하는데, 타베르나스 갈림길에서 15km 정도 떨어진 구아딕스-타베르나스(Guadix-Tabernas) 도로에서 약간 벗어난 곳에 있다. 뒤로 보이는 것은 로스 필라브레스(Los Filabres) 산맥이다. 대령과 몬코가 만나는 사막의 교차로는 카를로 시미가 만든 세트 위쪽의 언덕에 있다. 야자수 나무가 있는 곳에서 인디오 일당은 엘 파소 은행의 금고를 쏴대는 데, 그곳은 현지에서 엘 오아시스(El Oasis)라고 불린다. 주요 촬영장에서 람블라 데 타베르나스(Rambla de Tabernas)를 따라 조금만 내려오면 도착한다. 야자수 나무들은 3년 전, '아라비아의 로렌스' 영화 세트 담당자들이 그곳에 심은 것이다. 인디오가 자기의 본부로 쓰는 교회의 내부는 투리라스(Turrilas)에 있는 16세기 교회 '산타 마리아'(Santa Maria)에서 찍은 것이다. 타베르나스 남쪽으로, 가파르고 세차게 바람이 부는 길을 따라가면 나온다. 그 건물은 촬영 당시 거의 반 정도가 훼손돼 있었다(지금은 신중하게 복원돼 있다). 레오네와 시미는 바로크 스타일의 천사, 회전 무늬가 있는 기둥, 그리고 나무 연설대 등 '스페인화 된 것'으로 내부를 꾸밀 수 있다는 허락을 받았다. 왜냐면 루이스 벨트란(Luis Beltran, 스턴트맨이며, 현지 배우 캐스팅 담당자)이 시장과 친했기 때문이었다. 벨트란은 레오네가 자신에게 요구했던 캐스팅에 관한 디테일한 사항들을 들려주었다. "모든 인물의 얼굴 특징은 자세히 적혀 있었다. '미국인은 금발에 푸른 눈, 멕시코인은 갈색의 집시 얼굴' 같은 식이었다. 이 영화에 출연하려고 심한 경쟁이 벌어졌다. 나는 두 번이나 배에 집시가 찌르는 칼을 맞았다. 그는 누가 출연하고, 누가 하지 못하는 점에 대해 불만이 많았다."(벨트란은 전쟁의 상처인 것처럼 자랑스러워하며, 그 흉터를 보여주었다).[48)]

조감독 토니노 발레리는 다른 촬영장소를 찾고, 단역 배우 캐스팅을 감수하고, 세트장의 배경을 만드는 일을 했다. 그는 촬영이 대단히 복잡했던 점을 이야기했다. "우리는 로마의 실내에서 처음 촬영을 시작했다. 그리고 마드리드, 오요 데 만사나레스, 콜메나르 인근, 그리고 알메리아와 구아딕스로 이동했다. 빌린 기차로 기관차 장면을 찍었는데, 우리는 구아딕스-알메리아 노선에서 일했다." 잔 마리아 볼론테가 갇혀 있던 감옥의 내부는 로마이고, 바깥의 계단은 알메리아의 투우장이었다. 이렇게 여기서 조금, 저기서 조금 하는 식으로 찍었다. 알메리아 근처에서 촬영장소를 찾던 중, 발레리는 미나 로달쿠이라르(Mina Rodalquilar)라는 사용하지 않는 황금광산 근처에서 포토제닉한 장소를 발견했다. 발레리가 말했다. "그곳은 람블라 데 타베르나스 위에, 산에서 내려다볼 수 있는 장소인데, 말라버린 강바닥이 있었다. 그곳은 사막 장면을 찍을 때 대단히 유용하게 쓸 수 있었다."[49)]

발레리가 말하길, 당시 레오네는 알메리아 촬영장에 대해 확신을 갖고 있었다. 한편 아내 카를라 레오네는 촬영장의 외교관 역할을 했다. "세르지오는 가끔 어떤 일에 기분이 나빠지면 화를 내곤 했다. 마치 서서히 타는 퓨즈 같았다. 아무것도 아닌 것, 또는 작은 일에 그렇게 했다. 나는 예리한 모서리를 펴는 여성의 역할을 했다. 스태프들 사이에 작은 싸움이 일어나기도 했다. 대개 그런 일은 특별한 이유 없이 벌어졌다. 나는 그들을 뜯어말렸다. 그런 일을 하는 것을 좋아했다. 그렇게 하면, 내가 세르지오의 세상에 개입해 있는 것 같았다. 딸 프란체스카는 우는 아기 역을 맡았다. 그런데 기차가 역에 도착할 때, 라파엘라도 거기에 앉아, 자갈 같은 것으로 놀이를 할 예정이었다. 하지만 기차가 들어올 때마다, 라파엘라는 너무 놀라 도망갔고, 그 역을 할 수 없었다. 그러자 세르지오는 이 세 살짜리 소녀 때문에 화를 냈다. 그는 간혹 어린 딸들을 마치 어른인 듯 다루었다."[50] 이런 일도 있었다. 레오네는 두 딸 가운데 한 명에게 잠자리에 들라며, 교육적인 이야기를 하나 했다. 레오네가 말했다. "첫 번째로 배워야 할 것은 절대 영화 만들기에 너의 돈은 한 푼도 쓰지 말라."는 것이었다.

1991년 '세르지오 레오네 헌정' 전시회가 열렸다. 그곳엔 프로덕션 디자이너 카를로 시미가 만든 '석양의 건맨' 세트에서, 레오네가 아이들과 함께 찍은 사진이 두 장 전시됐다. 사진에서 레오네는 '잭슨의 가게'(Jackson's Store) 바깥에 있는 계단에 앉아 있다. 영화에서 이스트우드가 보안관의 배지를 먼지 속으로 던지던 곳이다. 카우보이모자와 선글래스를 쓰고 있는 레오네는 약간 불안해 보이고, 딸 라파엘라는 시대극 복장을 하고 그의 옆에 있다. 또 다른 사진에는 그는 말을 타고 있다. 소년처럼 옷을 입은 라파엘라는 레오네의 앞에 함께 앉아 있다. 레오네는 마치 휴일에 '와일드 웨스트' 공연장에서 스냅 사진 찍듯 포즈를 취하고 있다. 두 사진 모두에서 레오네는 아이들과 카우보이와 인디언 놀이를 하는 평범한 아버지처럼 보인다. 그 사진에선 50만 달러 이상의 예산을 쓰고 있는 감독의 모습은 보이지 않는다. 레오네는 점점 안장 위에서의 삶에 적응해갔다. 이번에는 대규모 파업도, 임금 미지불 문제도 없었다. 그래도 레오네는 이전처럼 여전히 카우보이모자를 쓰고, 배우들 모두에게 그들의 연기에 대한 시범을 보였고, 자신이 하고자 하는 것에 대해서는 관련자들의 의견을 모두 청취했다. 레오네와 잔 마리아 볼론테 사이에 긴장감이 흐르기도 했다. 레오네가 볼론테의 과장된 연기 스타일을 좀 줄이려 했기 때문이었다. 루이스 벨트란에 따르면, 화가 난 볼론테가 엘파소 세트장을 걸어 나갈 때 긴장은 절정에 달했다. 레오네는 볼론테의 등에 대고 소리를 질렀다. "이번에는 제작사로부터 아무런 도움도 받지 못할 거야." 볼론테는 차를 얻어 타고 사막을 떠나버렸다. 그리고 몇 시간 뒤에 볼론테는 발견됐다. 그 시간 동안 볼론테는 화를 진정시키고 있었다.[51)] 아마 볼론테도 여러 가지를 계산했을 것이다. 프로듀서 풀비오 모르셀라에 따르면, 이번 제작을 통해서 레오네는 세트장에서 사람들이 최선을 다하고, 또 집중하게 하는 데, 자신이 소질을 갖고 있음을 처음 깨달았다. "세르지오는 다른 사람의 의견을 듣기 위해 늘 시간을 내려고 노력했다. 그럼으로써 자기가 생각하고 있는 것과 다른 사람의 의견이 충돌하는 것을 사전에 막으려 했다." 레오네는 집중했고, 잘 믿는 편이었고, 흥분도 잘 했다. 하지만 단호했다. 그런 상황에서 레오네는 자기 안에 있는 아기 같은 성질을 따랐을까? 카를라 레오네가 말했다. "그는 아기 같은 게 아니라, 광대(buffo) 같다. 세르지오는 웃기는 것, 또 일상에서의 코미디에 강한 감각을 갖고 있다. 세르지오는 아기들처럼 정직하고 즉각적으로 행동했다. 그리고 그는 사람들을 믿었다."[52)]

세르지오 레오네와 엔니오 모리코네는 서로에게 정직하게 말하는 사이가 됐다. '황야의 무법자'가 로마의 퀴리날레 극장에서 성공리에 상영될 때, 두 사람은 함께 그 영화를 보았다. 그리고 그들은 영화가 더 잘 만들어질 수 있었다는 점을 동시에 느꼈다. 그들이 함께 나누었던 음악과 이미지에 대한 의견들은 '해결되지 않은 채' 남아 있었다는 점을 인식했다. 또 영화가 상영될 때면 관객들에게 더 강력한 충격을 줄 수 있었음도 깨달았다. '황야의 무법자'가 발표된 뒤, 모리코네는 더욱 많은 경험을 쌓았다. 그는 아홉 편의 영화에서 음악을 작곡했다. '석양의 건맨'이 '황야의 무법자'에 바로 이어 제작되는 까닭에, 음악을 사전에 녹음한다는 것은 불가능했다. 하지만 모리코네는 최소한 영화가 촬영되기 전에 일에 개입할 수 있었다. 감독과 작곡가는 오랜 시간의 회의를 연속하여 가졌다. 레오네가 기억했다. "나는 그에게 시나리오를 읽어보라고 말하지 않았다. 나는 마치 동화를 이야기하듯 스토리를 말해주었다. 그리고 내가 원하는 테마 음악을 설명했다. 모든 캐릭터는 자신만의 테마 음악을 가져야 했다. 그런데 나는 로마 스타일로 말했다. 곧 수식어와 대조법을 많이 이용했다. 모든 게 분명했으면 하는 마음 때문이었다. 그는 곧 작곡 작업을 시작했고, 캐릭터에 맞춰, 아주 짧은 테마 곡을 몇 개 들고 왔다. 그는 피아노로 그것을 연주했다. 일정 기간 동안 일은 이렇게 진행됐다. 그 곡들은 내게 영감을 줄 때까지 작업됐다. 음악은 엔니오에게 영감을 주는 게 아니라, 나에게 영감을 주어야 했다! 한 소절이 좋으면 나는 말했다. 바로 이거야!"[53)]

모리코네에 따르면 레오네는 점점 깐깐하게 변했다. "세르지오는 간단한 테마곡을 원했다. 귀에 편하고, 조성이 맞고, 대중적인 곡들 말이다. 그는 점점 음악과 사랑에 빠졌고, 점점 더 많은 음악을 원했다. 나는 평범한 피아니스트이다. 그런데 만약 세르지오가 피아노로 듣고 좋아한다면, 오케스트라에선 더 좋아할 것이 분명했다." 그런데 모리코네는 피아노로 곡을 만들지 않았다. 그는 레오네의 '책상에서' 작곡을 했다. 모리코네는 자신이 쓴 음악을 바로 악보 위에서 오케스트라 곡으로 만들었다. 레오네는 '짧은 테마곡'을 콘서트용의 웅장한 스타인웨이 피아노보다는 가정용의 평범한 피아노로 시도해보는 것을 더 좋아했다. 작곡가를 배려해서였다. 그렇게 작업하면 결과가 충분히 '영감'을 주지 못할 경우, 작곡가는 악기에 핑계를 댈 수 있었기 때문이었다.

이번에 가장 중요한 것은 세 캐릭터에 맞는, 테마곡 혹은 라이트모티프에 초점을 맞추는 것이었다. 그래서 몬코(이스트우드)를 위해서는 플루트의 짧고 높은 음계 혹은 마란차노로 연주하는 간단한 '트왕' 소리, 대령(리 밴 클리프)을 위해서는 낮은 음계의 플루트, 그리고 인디오(잔 마리아 볼론테)를 위해서는 교회 종소리와 음이 증폭된 12줄짜리 기타가 이용됐다. 인디오 테마를 녹음한 기타리스트 브루노 다마리오 바티스티(Bruno D'Amario Battisti)에 따르면, "기타는 아주 극적으로 또 공격적으로 연주되어야 했다. 게다가 소리도 커야 했다. 나는 처음엔 평범하게 연주했다. 그러면 엔니오가 '아니야. 더 크게. 더욱 더 크게.'하고 외쳤다."[54] 전체 음악이 녹음될 때, 알레산드로니('황야의 무법자'의 기타리스트)는 다시 휘파람을 불었고, 합창을 지휘했다. 하지만 이번에 그는 기타는 집에 두고 와야 했다.

음악적 테마는 화면을 장식하는 것 이상이 되어야 했다. 음악은 캐릭터들의 행동에 코멘트를 하는 것이었다. 곧 그건 음악적 구두법이었다. 인디오가 마리화나를 피울 때면 '윙'하는 전자음이 들렸다. 거친 대사 뒤에 긴장을 풀 때, 그리고 이스트우드가 시가를 입의 이쪽에서 저쪽으로 옮길 때는 떨리는 음악이 나왔다. 모티머 대령과 꼽추(킨스키)가 결투할 때는 투바로 트림하는 것 같은 소리를 냈다. 악기들은 일반적인 방식과 다르게 쓰였다. 예를 들어, 엘 파소 은행을 털 때, 피아노 와이어가 마치 타악기처럼 쓰였다. 그리고 놀랄 정도로 서정적인 오보에 테마 곡도 있다. '굿 바이, 대령'(Goodbye, Colonel)이란 제목이 붙은 이 곡에서 음악학자 세르지오 미첼리(Sergio Miceli)는 레오네와 모리코네 사이의 협력관계가 다음 단계를 예고하고 있는 점을 알 수 있었다. 미첼리가 말했다. "레오네 웨스턴의 스토리는 '개가 개를 먹는' 패턴인데, 이를 깨는 게 모티머 대령 캐릭터다. 그는 마지막에 현상금의 자기 몫을 거부한다. 그는 복수를 한 것에 만족했다. 이 장면은 '굿 바이, 대령'에 의해 더욱 정당화된다. 여기엔 새로운 오케스트라 색깔이 입혀져 있고, 그래서 캐릭터는 새로운 스타일의 삶을 암시한다. 끝없는 지평선을 표현하기 위해, 더욱 풍부하고 더욱 다양한 오케스트라 사운드, 그리고 소리가 큰 게 아니라 더욱 세련된 합창이 동원된다. 이런 음악은 세계 시장에서 영화팬과 음악팬 모두에게 즐거움을 주었다. 그리고 이때부터 이런 음악은 모리코네 사운드트랙의 특성이 되었다. 이탈리아 웨스턴 장르의 특성이 된 것은 말할 것도 없다."[55]

모리코네는 카니발 같은 분위기를 유지하는 과정에서, 어떤 부분에선 자기도 모르게 잘 알려진 고전 음악 테마를 이용했지만, '인용'할 때는 사람들이 충분히 인식할 수 있게 했다. '석양의 건맨' 이후, 그들의 영화 음악의 역사에서, 신성한 순간에 불경하게 음악을 이용하는 것은 모리코네와 레오네 모두에게 하나의 트레이드마크가 됐다. 그런데 모리코네는 콘텍스트 속에서 강조점을 찍는 이런 종류의 '인용'(citation)과 일부 영화 작곡가들이 인지하지 못했다 하더라도 고전 음악에서 자신들의 아이디어를 뽑아내는 '경향'(tendency) 사이의 차이를 구분하는 데 민감했다. 그런데 '석양의 건맨'에는 의문스러운 장면(영국 검열에서 문제가 됐다)이 하나 있다. 산적 인디오가 신성이 지워진 교회 내부에서 토마소(엘 인디오를 신고하여, 감옥에 가게 했다)를 자극하는 순간이다. 인디오는 토마소의 아내와 아기(그들은 마돈나와 아기처럼 전통적인 아이콘으로 찍혔다)를 쏘아 죽이라고 부하들에게 명령한다. 이어서 인디오는 토마소에게 총을 주고, 자신의 회중시계를 열어 벨소리가 울리게 하면서 "음악이 끝날 때, 시작하라."라고 말한다. 히스패닉 바로크 건축물의 잔재들이 교회 내부에 흩어져 있고, 두 남자는 신성한 교회의 중앙 복도에서 서로를 마주 보고 서있다.

모리코네는 이 장면이 교회 세트인 이유로, 편곡할 때 오르간을 끼워 넣었다. 그 장면은 아주 독특했는데, 모리코네는 이렇게 말했다. "나에게 그건 미켈란젤로의 그림 같았다. 나는 거기에 오르간을 문맥없이 쓰고 싶지 않았다. 그래서 나는 바흐의 '토카타와 푸가 D단조'를 '인용'했다. 트럼펫의 테마는 그 오르간곡에서 끌어왔고, 그래서 라-솔-라로 시작한다. 인디오의 시계 벨소리는 리 밴 클리프의 회중시계에 들어 있는 종소리를 더욱 늘인 뒤, 변형을 줬다. 이런 사례는 '옛날 옛적 서부에서'에 등장하는 하모니카와 같은 것인데, 우리가 사용했던 방식은, 음악학자 세르지오 미첼리의 용어을 빌리자면, '내재적 음악'(internal music, 음악이 보조 수단에 머물지 않고, 영화의 서사적 요소로서 극 속에서 실재하는 듯한 느낌을 주는 것)이었다. 소프라노 에다 델로르소(Edda dell'Orso)의 목소리는 여기서 이미 이용했다. 나중에 '옛날 옛적 서부에서'는 에다 델로르소의 목소리가 더욱 중요한 캐릭터가 된다." 오르간을 쓰는 아이디어가 처음 고려될 때, 세르지오 도나티는 그 현장에 있었다. "레오네와 모리코네는 편집 기계 앞에 함께 앉아 있었다. 모리코네는 메모장에 말 그대로 모든 것을 다 기록했다. 레오네는 이런 말들을 했다. '여기서 멈춰.' '여긴 그냥 비워 두자.' '여기에 새가 우는 소리, 그리고 모든 레오네 스타일의 소음을 넣자.' 덧붙여서 나는 교회에서 볼론테 장면에 대해 레오네가 말한 것을 정확히 기억하고 있다. '여기서는 뭔가 종교적인 게 필요해.' 모리코네가 답했다. '바흐 어때?' '좋아. 그리고 트럼펫에 데구에요 넣어줘, 엔니오.' 세르지오가 덧붙였다."[56)]

종이 위에서 음악은 이렇게 진보했다. 뮤직 박스에서 시작하여, 캐스트네츠 반주가 있는 증폭된 12줄 기타, 온갖 노력을 기울인 교회 오르간, '겁을 주는' 듯한 합창 반주로 마리아치가 연주하는 트럼펫 독주까지 이어졌다. 세르지오 미첼리가 주목한 대로, "시각적 이미지에 맞춰 연주된 이 음악은 단지 하나의 작품이 아니라, 단호하게 공식화된 화면 내에서, 작곡가가 얼마나 과감한 실험을 했는지를 보여주는 것이었다. 엔니오 모리코네에게 웨스턴 영화들은 특정 '시기'에 대한 역사적-지리적 화면, 그 이상도 그 이하도 아니었다. 웨스턴은 무엇보다도 하나의 마음 상태를 보여주는 것이었다. 그 상태는 감성과 감상으로, 황혼과 번쩍거림으로, 음악적 재료의 정교한 탐구와 사운드의 세속성으로, 그리고 자기 일을 걱정하며 걸어가는 어느 남자의 간단한 휘파람과 부끄러움도 없이 쾅쾅거리는 오르간으로 작곡되는 것이다."[57)]

레오네에 따르면, 그가 직접 모리코네에게 시계 모양의 뮤직박스를 주었다. 러프 컷을 볼 때였고, 그 시계를 '출발점'으로 여겼다. 그리고 모리코네에게, 라-솔-라 테마를 뮤직 박스와 섞어 달라고 요구했다. 그래서 시계의 반복되는 멜로디는 동시에 '사운드 효과, 음악적 입문 그리고 스토리의 중요한 요소'가 됐다. '옛날 옛적 서부에서'에 나오는 찰슨 브론슨의 하모니카처럼, 시계 벨소리를 통해 플래시백을 시작했고, 그건 레오네 캐릭터들의 저 깊은 지점까지 데려가는 것이었다. '석양의 건맨'의 경우, 플래시백은 인디오의 머리에서 일어난다. 그런데 회중시계의 음악은 모티머 대령과 이어주고, 그의 트라우마 같은 기억을 되살린다. 카를라 레오네가 기억하길, 세르지오 레오네는 자신의 영화를 '편종'(carillon)에 비유하곤 했다. 레오네는 이렇게 말했다. "플래시백의 기능은 프로이트적인 것이다." 그리고 이런 주장도 했다. "그때까지 미국인들은 플래시백을 매우 좁은 방식으로, 지나치게 공식대로 썼다. 그건 실수였다. 플래시백은 상상이나 꿈처럼 그냥 방랑하게 둬도 된다." 이 영화에는 세 개의 플래시백이 등장한다. 모두 반복되는 멜로디로 시작되고, 퍼즐의 잃어버린 조각을 제공한다. 그렇게 반복되는 멜로디는 사운드트랙에서 다른 모티브와 엮여 있고, 그래서 모호하고 초점이 맞지 않고 호기심을 자극하는 기억의 중요함을 일깨운다. 그건 스토리의 발전 과정에서 가장 중요한 순간들이다. "사람들은 하나씩 '발견해야' 한다. 그건 놀람의 요소를 찾는 나의 연구의 한 부분이다. 예상하지 못한 것 말이다. 그러므로 플래시백 안에서도 긴장은 풀어지지 않는다."[58]

인디오의 기억은 이렇다. 그는 젊은 커플이 사랑을 나누는 것을 보았다. 그는 남자를 죽였다. 젊은 여성은 인디오에게 강간당한 뒤, 손에 넣은 총으로 그를 죽이는 게 아니라, 자살한다. 인디오는 이 특별한 사고를 경험한 뒤, 여전히 폭력적이고 잔인한 경력을 이어가는 데, 과거의 그 사고가 그에게 깊은 트라우마가 됐음을 인식하게 된다. 첫 번째 플래시백에서 인디오는 관음 하는 사람이다. 마지막 플래시백이 끝난 뒤, 우리는 그가 그 여성의 자살 때문에 아마도 불능이 됐음을 짐작할 수 있다. 모티머 대령도 그 사고(이것이 영화 전체를 통해 그에게 동기를 부여한다)를 기억한다. 여성은 대령의 동생이었다. 벨소리가 나는 대령의 회중시계 안에는 여동생의 사진이 들어 있다. 인디오의 시계에도 그 사진이 들어 있는데, 바로 사고가 나던 날 밤, 침대에서 훔친 것이다. 이 모든 것은 인디오가 처음 등장할 때부터, 사운드트랙에 들리는 음악적 참조를 통해 암시돼 있다.

그리고 테마 곡 '시계'는 마지막 장면에 등장한다. 모티머 대령과 인디오는 최후의 대결을 앞두고 있다. 레오네 영화에 처음 등장하는 '투우장'(야외원형경기장) 장면이다. 이번에는 '황야의 무법자'의 산 미구엘 거리와 달리, 두 남자는 원형의 공간에 등장한다. 돌로 만들어진 야외경기장은 점토 집들이 있는 아구아 칼리엔테 마을 바로 옆에 있다. 그건 자갈로 구성된 원형이며, 당시 알메리아 지역의 농장 뒤에서 종종 볼 수 있었던 타작하는 마당이다. 카를로 시미의 기억이다. "세르지오는 우리가 반드시 원형 공간을 찾아야 한다고 말했다. 하지만 그는 이유는 말하지 않았다."[59] 모티머 대령과 인디오는 투우에서 볼 수 있는 모든 의례와 절차 속에 각자의 위치에 선다. 몬코는 심판을 보는데, 한 손에 벨소리가 나는 원형 시계를, 또 다른 손에는 장총을 들고 있다. '길어진 벨소리'는 인디오가 감옥에서 시간을 보낼 때 처음 들렸다. 그 소리는 최종적으로 '황소의 광장'에서 결판을 보게 됐다. 시계의 사운드는 마리아치가 연주하는 트럼펫의 '데구에요' 형식으로 돼 있다. 이것은 모티머 대령의 복수가 보여주는 멜로드라마의 절정이자, 동시에 패러디였다.

이런 장면에 대해 베르나르도 베르톨루치는 모리코네의 음악이 "영화에서 거의 시각적 요소가 됐고, 세르지오와 엔니오는 매우 상호 보완적이었다."라고 말했다.[60] 질로 폰테코르보는 '석양의 건맨'을 본 뒤, 엔니오 모리코네에게 '알제리 전투'의 음악을 써 달라고 부탁했다. 폰테코르보는 음악은 뒤따르는 그 무엇이 아니라, 부당할지 몰라도 작품 자체에 올라타는 것이라고 강하게 믿었으며, 촬영장에서 연주되는 음악으로 새로운 환경을 창출해내는 것을 좋아했다. '알제리 전투'에서 폰테코르보는 모리코네의 드럼 테마(피날레로 염두에 두고 사전에 녹음했다)를, 결정적인 장면을 연습하는 어려운 리허설이 계속 이어질 때, 현장에서 틀게 했다. 곧 세 명의 알제리 여성이 세

련된 프랑스 여성으로 변하기 위해 베일을 벗는 장면이었다.[61)]

이스트우드와 밴 클리프는 사운드트랙이 입혀졌을 때, 이탈리아의 RCA 녹음실에서 영어 버전 더빙을 하기 위해 로마로 돌아갔다. 세르지오 도나티에 따르면, 그때 이스트우드의 목소리 연기가 변하기 시작했고, 그의 트레이드마크인 '영화 목소리'(movie voice)가 탄생했다. "이스트우드는 엔리코 마리아 살레르노가 전작에서 자신의 목소리를 이탈리아어로 더빙하는 것을 이미 들었고, '석양의 건맨'에서도 자신의 목소리를 더빙하는 것을 들었다. 내 생각에 그때부터 이스트우드는 영어를 살레르노처럼 말하기 시작했다. 만약 당신이 '황야의 무법자'와 '석양의 건맨'을 본다면, 두 번째 영화에서 이스트우드는 더욱 느리게 말하는 것을 알 수 있을 것이다. 더욱 '클린트 이스트우드처럼' 말한다. 나는 확신하는데, 살레르노가 그렇게 하게 만들었다." 그런데 이스트우드의 미래의 아내인 손드라 록(Sondra Locke)은 그의 목소리는 아주 다른 곳에서 영감을 받았다고 밝혔다. "클린트는 자신이 어떻게 '달러 3부작'에서 휘파람 불 듯 목소리 연기를 했는지 말해주었다. 그는 마릴린 먼로의 숨소리가 들어간 휘파람 같은 목소리에 주목했고, 그게 아주 섹시하다고 생각했다. 그런 목소리가 먼로에게 아주 잘 어울렸는데, 그는 그 목소리를 남성 버전으로 만들었다고 나에게 말했다."[62)]

이스트우드는 더빙을 마치고 미국으로 돌아가기 전에, '마녀'(Le streghe)라는 다섯 부분으로 구성된 옴니버스 영화에 출연 제의를 받았다. 이탈리아의 타이쿤인 디노 데 라우렌티스가 제작하는 영화였다. 영화 속의 모든 파트는 제작자의 아내이자 스타인 실바나 망가노가 출연하는 조건이었다. 이스트우드는 환상 속에서 카우보이가 되기를 원하며 지루하게 시간을 보내는 사업가로 나온다. 제목은 '다른 날과 다를 바 없는 저녁'(An Evening Like the Others)이고, 감독은 비토리오 데 시카였다. 데 라우렌티스는 이스트우드에게 개런티로 2만 5천 달러 혹은 2만 달러와 페라리 한 대를 제안했다. 이스트우드는 후자를 선택했다. 페라리에는 10%의 세금이 면제 된 게 하나의 이유였다. 영화 촬영이 끝난 뒤, 이스트우드는 페라리를 뉴욕으로 가져갔다.[63] 이 영화를 촬영 중일 때, 데 시카와 이스트우드는 '석양의 건맨' 프랑스 개봉을 위해 파리로 함께 갔다. 데 시카는 관객들에게 이스트우드를 "영화계의 가장 큰 별이 될 것이며, 새로운 게리 쿠퍼"라고 소개했다. 그때 '석양의 건맨'은 이탈리아의 모든 흥행 기록을 깨고 있었다. 그리고 '로하이드'는 1965년 12월 7일, 마지막 에피소드를 방영하면서 끝났다. '황야의 무법자'는 제작자들에게 이탈리아 웨스턴에 투자하도록 주의를 상기시켰다. 그런데 '석양의 건맨'은 이 장르 전체의 스타일을 정의했다. '소렌토 영화 마켓'에서 '석양의 건맨'은 단 하루만에 26개 국가에 팔렸다. '석양의 건맨'은 1965년에서 1968년 사이(당시는 영화관이 눈에 띄게 줄어들 때다), 국내 시장에서만 5백만 달러를 벌었다('황야의 무법자'는 4백 6십만 달러를 벌었다). '석양의 건맨'은 당시까지 이탈리아에서 최고의 흥행 성적을 냈다. 이 기록은 펠리니의 '달콤한 인생'을 50% 차이로 넘어선 것이었다. 국내 시장에서 이 영화는 가장 티켓이 많이 팔린 영화가 됐다. 이 기록은 1971년까지 유지됐다('황야의 무법자'가 근소한 차이로 2위였다).

두 작품의 성공으로, 공동제작 붐이 일었고(1960년대 후반, 이탈리아 영화 제작의 반이 공동제작이었다), 제작사가 대폭 증가했으며, 할리우드의 영화사들이 이탈리아에 에이전시가 아니라 직영 사무실을 다시 열었다. 파생 작품들 제작이 늘었는데, 과거에는 대부분 저예산으로 재상영관과 국내 시장만을 목표로 했던 것이었다. 이런 변화는 소위 '1965년 코로나 법'(Legge Corona 1965)에 영향을 받았다. 이 법 덕분에 제작사는 정부 보조금과 보증금을 받을 수 있었다. 그리고 국립노동은행으로부터 대출도 받을 수 있었다. 그래서 싸게 만든 웨스턴들이 상당한 수입을 올릴 수 있었고, 손실도 어느 정도 보전받을 수 있었다.[64] '황야의 무법자'와 '석양의 건맨'은 영화 산업에 다시 활기가 돌게 했고, 산업을 재구성하게 했다. 마치 1958년에 프란치시 감독의 페플럼 영화 '헤라클레스'가 그렇게 했던 것 같았다. '황야의 무법자'는 이탈리아 웨스턴을 피렌체의 싸구려 극장에서 개봉관으로 옮겨가게 했다. '석양의 건맨'으로 마침내 레오네는 당시의 수많은 대중영화로부터 자신의 작품을 분리할 수 있었다. 비록 그의 성공의 뿌리와 미학적 태도가 그런 영화에서 연유했지만 말이다. 성공의 또 다른 간접적인 결과는 이제 레오네는 프로듀서들을 동반하고 많은 회의에 참석할 수 있게 된 것이다. 레오네와 욜리 영화사 사이의 법적 다툼이 여전히 진행 중이었지만, 이미 그는 부자가 되고 있었다. 활발하게 활동하는 젊은 비평가들 사이에서, 레오네에 관한 글은 계속 발표됐다. 이들 가운데 다리오 아르젠토는 레오네의 발명과 명백한 '테크닉에 대한 사랑'에 또 다시 충격을 받았다. "나에겐 '석양의 건맨'이 '황야의 무법자'보다 더 나았다. 그가 우리를 더욱 놀라게 한 점에 화가 날 정도다."[65)]

1965년은 레오네의 삶에 결정적으로 중요한 해가 됐다. '석양의 건맨'은 4월 중순부터 6월 말까지 촬영됐고, 가을에 화려하게 개봉됐다. 레오네는 AXA라고 불리는 로마 근교의 상류층 지역으로 이사했다. 해변 도시 오스티아(Ostia)에서 10km 떨어져 있고, 바다와 더욱 가까운 곳이다. 당시에는 거리 이름도 없었는데, 지금은 리지포 거리(via Lisippo)라고 불린다. 주소는 그 거리의 23번지다. 레오네의 멘토였던 마리오 본나르드 감독이 그해에 76살의 나이로 타계했다. 본나르드는 1909년부터 감독을 시작했는데, 공동연출까지 합쳐 모두 1백 편 이상의 영화를 남겼다. 마지막 작품은 1961년에 발표됐다. 세르지오 레오네는 그의 작품 가운데 8편에서 조감독을 했다. 레오네는 그의 보호 아래 자신의 첫 시퀀스를 찍었고, 10년 이상 그의 집에서 살았다. 상징적이게도 1965년에 레오네는 예명인 봅 로버트슨을 버리고, 마침내 자신의 본명인 세르지오 레오네로 자랑스럽게 영화를 발표했다.

1) On Leone's 'creative paralysis', see Lambert, p.37 and Simsolo, pp. 105–106.

2) Author's interview with Sergio Donati, 23 May 1998; see also De Fornari pp. 158–159.

3) Simsolo, p. 106; Gianni Di Claudio, p. 67.

4) *Montpellier*, pp. 72–73; Simsolo, pp. 105–106.

5) Author's interview with Carla Leone, 1 July 1994.

6) Author's interview with Sergio Donati.

7) See, for an extensive if not always accurate filmography, Thomas Weisser: *Spaghetti Westerns – The Good, the Bad and the Violent* (McFarland, N. Carolina, 1994) and for a more accurate one Luca Beatrice: *Al cuore, Ramon, al cuore* (Tarab, Florence, 1996) pp. 184–248.

8) Author's interview with Sergio Leone, February 1982.

9) As recounted by Luca Morsella, 21 December 1991.

10) Burt Reynolds: *My Life* (Hodder & Stoughton, London, 1994) pp. 111–119.

11) Author's interview with Tonino Valerii, 26 April 1997. See also De Fornari, pp. 166–168 and *Montpellier*, pp. 61–63.

12) Interviews with Luciano Vincenzoni by Cenk Kiral, 25 April, 2 May and 13 May 1998. See also De Fornari, pp. 171–2. For Vincenzoni's career, see (ed.) Everardo Artico and Silvano Mezzavilla: *Luciano Vincenzoni – Sceneggiatore* (Comune di Treviso, 1986).

13) *Montpellier*, pp. 65–66.

14) Ibid.

15) De Fornari, pp. 171–172.

16) Author's interview with Fulvio Morsella, 24 May 1998.

17) Schickel, pp. 154–155; Gianni Di Claudio, pp. 67–68.

18) Author's interview with Tonino Valerii, 20 April 1997. See also De Fornari, pp. 166–168.

19) Schickel, p. 156; author's interview with Carla Leone, 1 July 1994.

20) Simsolo, pp. 107, 109–110.

21) Author's interview with Tonino Valerii; see also De Fornari, pp. 167–168.

22) Interviews with Cenk Kiral, April–May 1998.

23) Simsolo, pp. 107–108.

24) See Mark Twain: *Roughing It* (University of California Press, Berkeley, 1972)

pp. 86–104 (Twain's account) and pp. 542–5 (Orion Clemens's account); Prof. Thomas J. Dimsdale: *The Vigilantes of Montana* (reprinted Time–Life Books, Virginia, 1981) pp. 166–177.

25) Some variations on the Slade story are summarized in Jay Robert Nash: *Encyclopedia of Western Lawmen and Outlaws* (Paragon House, New York, 1992) pp. 284–285.

26) Frayling: *Spaghetti Westerns*, pp. 125–126; Lambert, p. 9; Simsolo, p. 108.

27) Guy Braucourt interview, *Cinéma 69*, November 1969, pp. 81–90; Lambert, pp. 8–9; Frayling, *Spaghetti Westerns*, p. 120.

28) Cenk Kiral interviews, April–May 1998.

29) See Peter Bogdanovich: *John Ford* (University of California Press, Berkeley, 1978), for Ford's comments on printing the legend. On bounty-hunters, a useful source is Kim Newman: *Wild West Movies* (Bloomsbury, London, 1990) pp. 127–138. The Mann quote is cited in Christopher Wagstaff, p. 245.

30) See Frayling: *Clint Eastwood*, pp. 1–20, based on author's interviews with Budd Boetticher.

31) Interview with Sergio Leone for *Visions* documentary (Large Door/Channel 4), November 1983; author's interview with Leone, February 1982; Simsolo, pp. 110–112; author's interview with Carla Leone, 1 July 1994. On Van Cleef's life, see Mike Malloy: *Lee Van Cleef* (McFarland, N. Carolina, 1998) pp. 3–31 and *Westerns all'Italiana*, 'Lee Van Cleef Memorial Issue', 1990.

32) As note 31, plus Cenk Kiral interview with Vincenzoni, April–May 1998. Also William R. Horner: *Bad at the Bijou* (McFarland, N. Carolina, 1982), pp. 43–60.

33) Horner, loc. cit.; Romany Bain interview with Van Cleef (*TV Times*, 14 February 1980, pp. 4–7) and Frank Garvan interview (*Weekend*, London, 21–27 November 1979, pp. 24–25).

34) De Fornari, p. 17.

35) Horner, loc. cit.; and Munn, pp. 53–57.

36) Author's interview with Fulvio Morsella, 24 May 1998.

37) Author's interview with Carla Leone.

38) Cenk Kiral interviews, April–May 1998.

39) Clint Eastwood interview in *Sergio Leone… Les Westerns* (Blue Dahlia/ Canal Plus Production, 1997). On dubbing, see Anthony Burgess's essay in (ed.) Michaels and Ricks: *The State of the Language* (University of California Press, Berkeley, 1980) pp. 297–303.

40) De Fornari, p. 52.

41) Author's interview with Sergio Donati, 23 May 1998.

42) Ibid. See also De Fornari, pp. 158–159 and Schickel, pp. 159–161.

43) De Fornari, pp. 171–173.

44) Simsolo, pp. 108–109.

45) Frayling: Spaghetti Westerns, pp. 168–169.

46) Author's interview with Carlo Simi, 24 October 1998; see also interview in the television documentary *Sergio Leone… Les Westerns.*

47) Author's interview with Simi; see also Hubert Corbin's catalogue *Carlo Simi – L'Amérique de Sergio Leone*, pp. 8–12.

48) Author's interview with Luis Beltran, at Leone ranch, Almeria, 18 September 1998.

49) Author's interview with Tonino Valerii; see also De Fornari, pp. 166–168. Also interview for *Viva Leone!*, November 1989.

50) Interview with Carla Leone. This *may* in fact be an anecdote about *Once Upon a Time in the West*, where there are small children in the Flagstone station sequence, and the Leone girls were photographed on set.

51) Luis Beltran interview, 18 September 1998.

52) Carla Leone interview.

53) Lhassa, pp. 201–214; Hubert Niogret: *Ennio Morricone sur trois notes* (*Positif*, 266, April 1983, pp. 2–11); interview with Ennio Morricone for *Viva Leone!*, November 1989; Simsolo, pp. 118–119; De Fornari, p. 165.

54) *Ennio Morricone*, BBC television documentary, directed by David Thompson (spring 1995).

55) Sergio Miceli, loc. cit; and Miceli: *Morricone, La Musica, Il Cinema* (Ricordi Mucchi, 1994; Le Sfere No. 23).

56) Author's interview with Sergio Donati, 23 May 1998.

57) Sergio Miceli, loc. cit. And Miceli: *Morricone, La Musica, Il Cinema*, pp. 103–122.

58) Leone on the flashback: interview in *Take One*, May 1973, pp. 30–31; Simsolo, pp. 112–113.

59) Author's interview with Carlo Simi.

60) Ennio Morricone, BBC television documentary.

61) Author's interview with Gillo Pontecorvo, 7 October 1995.

62) Author's interview with Sergio Donati; and Sondra Locke: *The Good, The Bad and The Very Ugly* (William Morrow, New York, 1997) pp. 230–231.

63) Schickel, pp. 165–168.

64) Wagstaff, loc. cit.

65) Interview with Dario Argento for *Viva Leone!*, November 1989.

7.

석양의 무법자

(The Good, the Bad and the Ugly/Il buono, il brutto, il cattivo)

산초의 뚱뚱한 배, 식욕, 그리고 갈증은 지금도 그의 카니발적인 영혼(중세의 기괴한 전통의 후계자)을 강력하게 표현하고 있다. 풍요와 부에 대한 산초의 사랑은 과거에도, 그리고 지금도 사적이거나, 이기적이거나, 또는 고립된 특성이 아니다. 산초는 유명한 코린토스 도자기를 장식했던, 고대의 올챙이배 악마의 직접적인 후계자다. 음식과 음료에 대한 세르반테스의 이미지 속에는 여전히 민중적 만찬의 영혼이 들어 있다. 산초의 물질주의, 그의 올챙이배, 식욕, 많은 배변은 분명히 우습게 육체화된 무덤(복부, 창자, 흙)에 대한 최저급의 기괴한 리얼리즘이다. 이 리얼리즘은 돈키호테의 추상적이고, 이미 죽은 이상주의와 대조된다. 슬픈 얼굴을 한 기사(돈키호테)는 더욱 향상되고, 더욱 위대한 사람으로 재탄생하기 위해 반드시 죽어야 한다고 말할 수 있다. 이것은 사적으로 이상주의적이고, 영적으로 가식적인 것에 대한 육체적이고 민중적인 교정이다. 더 나아가 이것은 협소한 마음을 가진, 영적인 가식의 지나친 진지함에 적용되는 웃음의 민중적 교정이다. 또 이것은 갱생하는 죽음, 웃는 죽음이다. 돈키호테와 의 관계에서 산초의 역할은 고급 이데올로기와 숭배에 대결하는 중세 풍자극의 역할이며, 진지한 의례와 대결하는 광대의 역할이다. 웃음이 나오는 갱생에 대한 원칙은 작게 언급해도, 풍차(거인), 여인숙(성), 양과 염소 떼(기사 군단), 여인숙 주인(성의 주인), 매춘부(귀족 부인) 등에서 보일 것이다. 이런 모든 이미지는 전형적이고 기괴한 카니발을 형성한다. 이런 것들이 〈돈키호테〉의 물질적으로 육체화된 이미지의 최초의 카니발적인 면이다. 그런데 바로 이런 면이 세르반테스의 리얼리즘, 그의 보편적인 천성, 그의 깊고 민중적인 유토피아주의에 대한 거대한 스타일을 만들어 낸다.

—미하일 바흐친, 〈라블레와 그의 세계〉(1940)

'석양의 건맨'이 '황야의 무법자'에 이어 로마의 수페르치네마 극장에서 개봉될 때, 이 영화는 당시까지의 극장 흥행 기록을 모두 깼다. 그것도 세 배였다. 그리고 세르지오 레오네의 다음 영화 '석양의 무법자'가 잉태된 곳도 바로 수페르치네마 극장이었다. 작가 루치아노 빈첸초니와 해외 배급회사 유나이티드 아티스츠(UA) 간부들이 그 극장의 객석에 앉아 있었다. '황야의 무법자'가 일본 영화를 보며 영감을 받았다면, '석양의 무법자'는 레오네 자신의 영화를 보며 영감을 받았다. 빈첸초니는 '석양의 건맨'의 제작 때, 시나리오와 대사를 쓰는 것 말고도, '영화의 해외 판매에 개입'하는 조건으로 계약했었다.

빈첸초니가 말했다. "나는 파리에 있는 유나이티드 아티스츠 부회장이자 친구인 일리아 로퍼트(Ilya Lopert)에게 전화했다. 그가 직원들과 함께 로마로 왔다. 나는 그들을 수페르치네마로 데려갔는데, 마침 그때는 운 좋게도 '석양의 건맨'이 계속 흥행 기록을 깨고 있었다. 매일 매진이었고, 객석엔 3천 명의 관객이 앉아 있었다. UA 사람들은 객석의 관객들이 웃고 박수를 치고 하는 것을 보았다. 그리고 바로 그랜드 호텔에 가서, 차기작에 대한 계약서에 서명하기를 바랐다. 그들이 제작비로 보장한 최소의 금액은, 프로듀서들이 가장 낙관적으로 예상한 금액의 세 배를 넘었다. 미국인들이 이 바닥에서 사업할 때 보여주는 어떤 전형성이 있다. 첫째 그들은 계약서에 서명하면, 곧바로 상호보증을 요구한다. 그리고 수익과 손실에 대한 보상은 차기작으로 하자는 식이다. 그런데 다음에 제작할 영화가 무엇일까? 당시 우리는 어떤 계획도 갖고 있지 않았다. 단지 레오네와 제작자 그리말디 사이의 묵시적인 합의가 있었다. 그래서 내가 뭔가를 발명해야 했다. '이번 영화는 세 악당에 관한 것이다. 그들은 미국의 남북전쟁 시기에 보물을 찾고 있다. 이건 당신이 미국에 배급한 마리오 모니첼리 감독의 '거대한 전쟁'의 정신과 비슷한 것이다.' 그러자 그들은 곧바로 대답했다. '좋아. 우리가 사겠다. 얼마면 될까?' 그때는 시나리오는 한 줄도 쓰지 않았고, 앞에 말한 몇 마디 단어뿐이었다."[1)]

사실 UA와의 협상은 이것보다는 더 복잡했다. 작가 세르지오 도나티의 말이다. "제작자 그리말디는 '석양의 건맨'에 대한 권리를 미국과 캐나다에서 팔려고 했다. 그런데 바로 그때, 빈첸초니는 일리아 로퍼트와 일하고 있었고, UA의 또 다른 간부인 아널드 피커와 데이비드 피커와도 잘 지내고 있었다. 그들은 모두 로마에 있었다. 빈첸초니가 로퍼트에게 말해서, UA 사람들을 '석양의 건맨'을 상영하는 극장으로 데려왔다. 빈첸초니가 '석양의 건맨'을 UA에 팔았고(북미배급권), 수익의 10%를 받기로 협상했으며, 다음 영화에서도 비슷한 조건으로 계약하기로 했다."[2] 빈첸초니가 UA와 맺은 계약(자신의 몫도 약간 들어 있다)이 당시 그리말디가 미국에서 협상하고 있던 것보다 훨씬 내용이 좋았다. 그래서 그리말디는 뉴욕에서 로마로 돌아왔고, 바로 UA 사람들을 만났다. '석양의 건맨'을 위해 로퍼트가 제안한 금액은, 추정치인데, 최소한 백만 달러를 보장하는 것이었다.

빈첸초니가 덧붙인 이야기는 이렇다. "로퍼트가 새 영화 비용이 얼마가 되겠냐고 물었을 때, 나는 고개를 돌려 레오네에게 물었다. '얼마 할까?' 레오네는 '얼마가 뭔데?'라고 물었다. '내가 방금 전에 그들에게 판 영화(차기작)의 비용.' 정직하게 말하건대, 협상은 허구가 하나도 없는 하나의 기적이었다. 그리말디와 레오네가 내게 물었다. '그들에게 뭐라고 말했어?' '남북전쟁 때의 세 악당 이야기라고 했어. 금액을 말해.' 그리말디가 답했다. '그러면 80만 달러가 어떨까?' 그래서 내가 '백만 달러로 하자'고 했다. 나는 로퍼트에게 고개를 돌려 '백만 달러'라고 답했다. '오케이.' 로퍼트가 바로 답했다."[3] 그런데 그날 이후 빈첸초니에 따르면, 자신과 레오네와의 관계가 약간 싸늘해졌다. 레오네는 감독의 신비스러움을 열정적으로 지키려는 사람이었다. 레오네는 자신이 작아지는 느낌을 받았고, 자기 작가에 의해 무언가가 '빼앗기는' 기분마저 들었다. "아마 내가 주도하여 영화를 팔았기 때문일 테다." 더 나아가, 빈첸초니는 영화 수익의 일부를 소유하게 됐다. UA는 새 영화의 준비를 위해, 50만 달러를 선금으로 지불하기로 했다. 그들의 전체 투자금은 이탈리아 외부의 흥행에서 50%를 갖는 것으로 교환됐다. '석양의 무법자'의 전체 예산은 결국 1백 30만 달러가 됐다.

짐작하겠지만, '석양의 무법자'의 '기원'에 대한 세르지오 레오네의 이야기는 아주 다르다. 1960년대 후반까지 레오네는 인터뷰를 통해, 세 번째 웨스턴은 앞의 두 작품을 만들며 형성된 '작가적' 진보였고, 모든 게 자신의 아이디어였다고 말했다. "나는 대중들에게 다른 영화를 내놓아야 한다는 사실에 더 이상 압박을 느끼지 않았다. 나는 내가 원했던 그대로 영화를 만들 수 있었다. 아이디어는 '석양의 건맨'의 스토리를 되돌아보고, 밴 클리프와 이스트우드의 각각 다른 동기를 작동하게 한 것은 무엇인지 생각할 때 나왔다. 그러면서 나는 세 번째 웨스턴의 중심 아이디어를 떠올렸다. 사실 늘 생각하고 있었는데, '좋은 것', '나쁜 것', 그리고 '폭력적인 것'은 절대적이거나 본질적인 의미에서는, 존재하지 않는다는 것이었다. 나는 웨스턴의 무대에서 이런 세 성격을 탈신화화 하는 데 큰 흥미를 느꼈다. 살인자도 숭고한 이타주의를 드러낼 수 있고, 착한 사람도 무관심 속에서 사람을 죽일 수 있다. 악하게 보이는 사람도, 우리가 그를 더 잘 알게 되면, 겉모습과 달리 더 가치 있는 사람으로 보일 수도 있다. 그는 친절한 사람일 수도 있다. 내 기억에 각인된 로마의 오래된 노래가 있다. 내 생각에 이 노래는 아주 상식적이다.

> 어떤 추기경이 죽었네,
> 그는 좋은 일도 나쁜 일도 했다네.
> 나쁜 일은 잘했고,
> 좋은 일은 못 했네.

이것이 내가 영화 속에 넣고 싶었던 기본적인 도덕이다."[4)] 이 영화는 처음에는 '좋은 놈, 추한 놈, 나쁜 놈'(The Good, The Ugly, and The Bad)이 아니었다. 처음 제목은 '두 명의 위대한 빈털터리'(I due magnifici straccioni)였다. 촬영이 시작되기 바로 전에 제목이 바뀌었다. 빈첸초니가 새 제목을 만들어 냈고, 레오네는 그 제목을 아주 좋아했다.

레오네는 작업의 초기 단계에서 빈첸초니와 동의했는데, 영화의 스토리는 남북전쟁의 비극적이고 역사적인 사건과 피카레스크(악한 소설) 정신을 섞는 것이었다. 다시 말해 사막이 많은 남서부에서, 일련의 사건들이 약삭빠른 협잡꾼들 사이에서 벌어지는 것이다. 피카레스크 문학과 이탈리아의 전통극인 '콤메디아 델라르테'(commedia dell'arte)는 여기서 유용한 참고자료가 된다. 레오네가 말했다. "사건들은 공통점을 가진다. 곧 한 명의 캐릭터에 의해 재현되는 진정한 영웅은 없다는 것이다." 빈첸초니가 말한 '보물을 찾는 세 악당'을 기반으로, 토론은 시작됐다. 레오네가 설명했다. "나의 흥미를 끈 것은 우선 세 특성(좋은, 추한, 나쁜)을 탈신화화 하는 것이고, 또 다른 하나는 전쟁의 부조리를 보여주는 것이었다. 캐릭터들이 만나게 되는 남북전쟁은 내가 그린 화면에서는, 쓸모없는 것이고, 멍청한 것으로 표현된다. 그 전쟁엔 '선의의 동기'가 없다. 이 영화의 핵심 문장은 '다리의 전투'에서, 한 캐릭터가 말한 대사 속에 있다. '이렇게 많은 사람이, 이렇게 나쁘게 소비되는 걸 본 적이 없어.' 나는 북군의 포로수용소를 보여주었다. 그건 유대인 오케스트라가 있던 나치의 수용소를 떠올리게 하는 것이었다."[5)]

남부연합의 조지아에 있던 앤더슨빌 포로수용소(Andersonville Camp)와 그곳에서 벌어진 잔혹 행위(학살, 굶주림, 식인까지)는 영화에선 잘 다루지 않았는데, 역사와 문학에서는 유명한 이야기로 남아 있다. 무엇이 잘 못 돼서 그렇게 됐는지 정확하게 알기 위해, 학자들이 관련 자료들을 조사했다. 공급과 지원이 부족해서일까? 정책이 혼란을 일으켜서? 북군이 포로 교환을 하지 않아서? 아니면 앤더슨빌 수용소 사령관 헨리 위르츠(Henry Wirz)를 포함하여, 단지 관련된 장교들이 잔인해서인가? 존 포드가 미국 원주민 포로수용소를 '샤이엔의 가을'(1964)에서 표현했을 때, 그는 수용소의 지휘관으로, 깐깐한 독일인 장교(오스카 웨셀스 대위. 일종의 나치 원형인데, 칼 말덴이 연기했다)를 내세웠다. 그것이면 관객에게 모든 것을 설명하고도 남았다. 군의관은 지휘관에게, 네브라스카의 겨울에 샤이엔족을 창고 안에 가두어, 굶어 죽게 한 점에 대해 책임감을 느끼냐고 물었다. 웨셀스 대위가 대답했다. "나는 책임질게 하나도 없다. 나는 단지 명령을 따르는 기구일 뿐이다." 그러자 의사가 말한다. "당신은 마치 암기한 듯 말하는군요." 이 작품보다 먼저 발표됐던 '존 웨인의 기병대'(The Horse Soldiers, 1959)는 역사적으로 유명한 그리어슨 공습(Grierson Raid)에 기초한 작품이다. 공습은 저항하는 적을 따라 미시시피 쪽으로 300마일 공격한 작전이다. '존 웨인의 기병대'에서 존 포드는 앤더슨빌 포로수용소를 명백히 언급하고 있다. 냉소적이지만 인간적인 북군 외과 의사(윌리엄 홀덴)는 강경한 직업 군인 존 웨인에게 묻는다. 남군의 전선에서 머물며 위험을 감수할 것인지, 아니면 '약을 찾을 수 있는 곳'으로 북군을 이끌고 떠날 것인지 말이다. 그러자 존 웨인이 대답한다. '앤더슨빌도 괜찮소?' 다시 말해 '앤더슨빌'이 답인 것이다.

하지만 이런 주제는 할리우드가 금기시하는 것이었다. 무성영화 시대에 칼렘(Kalem) 영화사가 만든 15분짜리 영화 '앤더슨빌에서의 탈출'이라는 작품이 있는데, 이 영화는 단지 6명의 북군 포로들이 기차를 훔쳐 타고, 가까스로 남군의 수용소를 탈출하는 이야기를 담고 있다. 1950년대에는 제작자이자 감독인 스탠리 크래머가 맥킨리 캔터(Mackinlay Kantor)의 기념비적인 소설 〈앤더슨빌〉을 영화화한다는 소문이 돌기도 했다. 컬럼비아 영화사가 그 작품을 만들 것이며, 감독은 프레드 진네만이 될 것이라고 예고했다. 하지만 제작비 추정치가 1천 2백만 달러를 넘어가자, 계획은 취소되고 말았다. 그런데 레오네의 '석양의 무법자'에는 허구의 이름인 '베터빌'(Betterville)이라는 수용소가 등장하는데, 이곳은 웨스턴에서는 아주 드물게도 승리한 쪽인 북군과 연관되어 있다. 그리고 전쟁 자체가 놀라운 디테일들로 상세하게 표현돼 있다. 이는 남과 북이라는 양쪽 구분 없이 무차별적으로 묘사된다. 예를 들면 이런 것들이다. 팔이 하나밖에 없는 북군 병사, 다리가 없는 남군 소속의 '반 군인'(half-soldier), 산 안토니오의 야전병원에서 임무 수행 중이며 자신들의 믿음을 완전히 잃어버린 프란체스코 수도사들, 북군 기차의 배장기(선로의 장애물을 밀어 없애는 데 쓸 수 있도록 기관차 앞에 붙이는 뾰족한 철제 기구)에 묶여 있는 남군 소속 스파이, 담벼락에서 총살당하기 전에 자신의 관을 직접 끌어가고 있는 '군수품과 장비'를 훔친 자, 죽음과 같은 불길에 휩싸여 있는 폭격 맞은 마을에서 탈출하기 위해 안간힘을 쓰는 부상 당한 시민들, 들판 곳곳에 흩어져 있는 매장하지 못한 시체들, 어딘지 모를 장소의 중심에 있는 거대한 군사 묘지 등이다.

레오네가 말했다. "나는 피카레스크 형식의 영화에서 인간의 어리석음을 보여주고 싶었다. 여기서 나는 전쟁의 리얼리티도 표현하려 했다. 나는 어디선가 읽었는데, 앤더슨빌 같은 남부의 수용소에서 12만 명이 죽었다는 것이었다. 그리고 그런 수용소는 북군 쪽에도 있었다. 우리는 보통 패배자의 부끄러운 행위에 대해서만 듣지, 승리자의 그것은 듣지 못한다. 그래서 나는 북군의 수용소에서 일어난 참상들을 보여주기로 했다. 이것이 미국인들을 불쾌하게 했을 것이다. 미국의 남북전쟁은 거의 금기의 테마였다. 왜냐면 그 진실은 미친 짓이었고, 믿을 수 없는 일들이었기 때문이다. 그리고 미국의 진정한 역사는 문학이든 영화든 제대로 표현하지 못했는데, 왜냐면 그것은 폭력 위에 구축됐기 때문이다. 나는 항상 어떤 역사적 사건에 대한 공적인 시각에 대해 거부감을 느낀다. 내가 파시즘 아래 자랐다는 게, 의심의 여지 없는 이유다. 나는 먼저 역사가 얼마나 조작되었는지 보려고 했다. 그래서 항상 무엇이 선전되었는지 질문했다. 나에겐 이렇게 스스로 회의하는 습관이 생겼다."[6)]

북군의 베터빌 수용소는 감시탑과 통나무로 만든 울타리로 건설돼 있다. 깊게 파인 참호가 있는데, 그곳에 시체들을 매장한다. 남군 포로 음악인으로 구성된 작은 오케스트라는 고문받는 동료 포로의 절규를 못 듣게 하려고, 슬픈 곡인 '병사의 발라드'('이야기는 어떻게 끝날까? 누가 승리할까?')를 연주한다. 포로들을 위한 휴식 공간은 없고, 그것은 오직 북군 장교들을 위해서만 있다. 수용소의 디자인은 앤더슨빌을 묘사한 강철 조각품에 근거하고 있다. 그 조각품은 1864년 8월에 제작됐는데, 당시 수용소는 3만 5천 명의 전쟁 포로를 수감하고 있었다. 영화 속에서 북군의 베터빌이 왜 텍사스에 위치하는지는 설명되지 않는다. 아마 북군에 의해 운용된 수용소에 관한 레오네와 빈첸초니의 지식(레오네는 음모를 꾸미듯, 이것을 마치 비밀 정보처럼 표현한다)은 할리우드의 두 영화에서 영향받은 것 같다. 먼저 로버트 와이즈의 '서부의 두 깃발'(Two Flags West, 1950)은 뉴멕시코에 있는 북군 포로들을 다루고 있다. 그리고 샘 페킨파의 '던디 소령'(Major Dundee, 1964)은 남군 포로를 다루는데, 주요 배경은 건조한 남서부이다. 역사적으로 볼 때, 남북전쟁 관련 대부분 행위는 미시시피강 동쪽에서 일어났다. 할리우드가 제작한 웨스턴 가운데 전쟁 시기를 배경으로 한 작품은 주로 총기 밀거래, 빈틈없는 황금 수송, 정보 수집 등을 다뤘다.[7] 다른 말로 하자면 전투가 아니라 군수 관련이었다. 더욱 분명한 것은 포로수용소는 거의 다루지 않았다.

레오네에 따르면 텍사스를 배경으로 한 것은 역사적으로 타당했다. "미국인 작가들은 영화 시나리오 작가들에게 너무 많이 의존한다. 그들은 자신의 역사를 충분히 파지 않는다. 내가 '석양의 무법자'를 준비할 때, 나는 남북전쟁 중에 텍사스에서 단 한 번의 전투가 있었다는 사실을 발견했다. 그 전투는 텍사스에 있는 황금광의 소유에 관한 것이었다. 전투의 요점은 북군(혹은 남군)이 황금광에서 손을 떼게 하는 것이었다. 그래서 내가 워싱턴에 방문했을 때, 그 사건에 관한 더 많은 자료를 수집하려 했다. 세계에서 가장 큰 의회도서관에서 일하던 어떤 사서는 나에게 말했다. 이 점에 대해, 당신이 옳을 리 없어요. 텍사스라고 말했나요? 실수하신 겁니다. 미국에서 황금광을 두고 벌어진 전투는 결코 없어요. 그리고 어떤 경우든 남북전쟁이 텍사스까지 미치진 않았어요. 이틀이나 사흘 후 다시 오세요. 당신을 위해 몇 가지 확인해 놓을게요. 하지만 확신하건대 당신이 틀렸어요. 그래서 나는 이틀 혹은 사흘 후에 도서관에 다시 갔다. 그 사서는 마치 유령을 보듯 나를 바라보았다. 여기 8권의 책이 있습니다. 모두 그 특별한 전투에 관한 책입니다. 도대체 당신은 그것에 대해 어떻게 알았나요? 당신은 이탈리아어로 읽었지요? 그렇다면 어떻게 발견했나요? 이제야 이탈리아 사람들이 어떻게 그렇게 특별한 영화를 만들어 낼 수 있는지 알겠어요. 나는 여기서 20년간 일했어요. 그 어떤 미국인 감독도 서부의 역사에 관해 자기에게 알려 달라며 나를 귀찮게 한 사람은 한 명도 없었어요. 그래서 나는 나만의 거대한 도서관을 갖게 됐다. 워싱턴에서 그 책들을 모두 8달러에 복사해주었다."[8)]

레오네는 이전 영화들에서 서부의 이상한 일화들을 다루었다. 하지만 이번에는 미국 역사를 전복시킨 시각으로, 전체 이야기를 더욱 풍성하게 만들었다. 좋은 놈, 추한 놈, 나쁜 놈은 전부 이기적인 건달들일 수 있다. 그런데 그들이 경험한 남북전쟁은 전혀 필요하지 않은 파괴와 잔인함으로 점철된 지옥이었다. 만약 이 영화가 파괴와 잔인함(일반적인 웨스턴에서는 이런 것들은 '절대적'인 요소로 사전에 고정돼 있다)에 대해 질문하고, 또 판단하면, 동시에 그것은 역사적 사건에 관해 수용되고 있는, 일반적인 시각에 대한 질문이 될 것이다. 레오네는 로마제국 목욕탕에 관한 신화로 영화계에 발을 디뎠는데, 이제는 롤랑 바르트의 〈신화론〉과 씨름하는 것이다. "늘 그렇듯, 나는 관습적인 영화에서 출발했다. 그리고는 외관들의 정체를 드러내기 위해 모든 약호를 파괴하기 시작했다. 그것은 역사적 사건에 붙어 있는 진실이 아닌 다른 모든 것을 쓸어내기 위해, '살인의 코미디'(comedy of murders)를 보여주는 것과 같다. 그래서 나는 일정 기간, 자료에 기록된 리얼리티에 매달렸다. 원형과 고정된 특성을 탈신화화하는 작업은 매혹적이었다. 그래서 나는 영화의 모든 장면에서 이런 탈신화화의 원칙을 강조했다. 항상 고정된 외관을 속이는 게임을 했다. 이런 장면이 있다. 먼지가 북군의 푸른색 제복을 덮어, 그들을 회색 제복을 입은 남군처럼 보이게 한 것이다. 이것은 기호의 조작인데, 영화의 다른 요소에서도 작동한다."[9)]

문제의 장면에는 블론디(좋은 놈)와 공범 투코(추한 놈)가 나온다. 둘은 훔친 회색의 남군 제복을 입고 있다. 이들은 저 멀리에서 어떤 부대가 접근해오는 것을 본다. "푸른색이야 회색이야?" 블론디가 묻는다. "우리처럼 회색이야. 저들에게 인사하고, 계속 앞으로 가자." 투코가 답했다. 부대가 더 가까이 오자, 투코는 고함을 지른다. "남부연합 만세. 만세. 타도하자 그랜트 장군. 만세 장군… 이름이 뭐였지?" "리 장군." 블론디가 급히 답한다. "리 장군, 신은 우리 편이다. 왜냐면 신도 양키를 증오하기 때문이다." 그러자 블론디가 말한다. "신은 우리 편이 아니다." 블론디는 이제 가까이에서 거의 멈춰 있는 그들을 바라보며 말한다. "왜냐면 신은 바보도 증오하기 때문이야." 그러자 우리는 지휘관의 소매로 줌인하는 장면을 본다. 그는 사막의 먼지를 깨끗이 털고 있다. 그는 사실 북군의 푸른색 제복을 입고 있었다. 이런 혼동의 장면은 앰브로즈 비어스(Ambrose Bierce)가 쓴 냉소적인 단편 소설 〈실종된 한 명〉(One of the Missing)을 떠오르게 한다. 내용은 저자가 남북전쟁 중에 인디애나 연대에서 경험한 것이다. 이야기는 젊은 북군 병사가 죽는 것으로 끝난다. 그는 죽어 자갈 더미에 누워 있고, 그래서 먼지가 그를 덮어, 제복은 남군의 회색처럼 보였다.[10)]

남북전쟁은 시나리오 작가들에게 국가가 아니라 개인의 차원에서, 참전과 '운명'의 문제에 대해 천착할 수 있는 풍부한 배경을 제공했다. 할리우드에서, 북부는 진보와 산업과 도시를 의미했다. 그건 1865년 이후부터, 국가 정부의 승리를 뜻했다. 반면에 남부는 봉건제와 달빛과 목화를 의미했다. 그건 '옛날의 좋은 명분', 노예제, 목화 재배에 독점적으로 주어진 농장제를 뜻했다. 셀즈닉이 제작한 '바람과 함께 사라지다'(1939), 에드워드 드미트릭의 '애정이 꽃피는 나무'(Raintree Country, 1958), 그리고 '서부 개척사'(How The West Was Won, 1962)에서 존 포드가 연출한 부분에서는, 주인공이 어떤 편인지의 문제가 영화의 도덕적 시금석이 됐다. 그런데 자크 투르뇌르가 감독한 '아침의 위대한 날'(Great Day in the Morning, 1956)에서 주인공 펜트코스트(로버트 스탁)는 보통 사람들과 달리, 임박한 전쟁에 대해 대단히 냉소적인 인물로 나온다(레오네는 이 영화를 존중했다). 마지막에서 그는, 자신을 희생한 술집 여성과의 사랑을 통해, 동시대 웨스턴의 현상금 사냥꾼처럼, 참전의 가치와 개인의 책임에 대해 생각하게 된다. 그래서 그는 남군에 자원하기로 결심한다(이는 그의 성격과 매우 다른 선택이어서, 이런 질문을 받는다. "무엇이 너의 마음을 변화시켰냐?" "누가 너에게 딕시 음악이라도 연주했냐?"). 그리고 당시는 전쟁에 대해서는 할리우드가 여전히 중요한 배후 조종을 하고 있었다. 레오네는 자신의 '남북전쟁'을 위해 혼신의 노력을 했고, 잠시 시간을 내어, 스페인의 부르고스 식당에서 오손 웰스를 만났다. 웰스는 자신도 한때 남북전쟁 영화를 만들기 위해 미쳐 있었다고 말했다. 하지만 '바람과 함께 사라지다'는 예외이고, 남북전쟁의 주제 자체가 흥행의 독약이라는 것이었다. 아마 미국의 주들 사이의 전쟁을 다룬다는 주제는 트라우마일 것이다. 미국의 정신에 기초한 이 전쟁은 현대 세계에서 벌어진 첫 번째 '총력전'이었다. 거기엔 시민뿐만 아니라, 형제를 공격하는 형제까지 개입해 있었다.

이런 점에서 볼 때, '석양의 무법자'는 대단히 이단적이다. 레오네의 이 영화에는 도덕적 시금석은 없다. 대신 많은 먼지가 있다. 남북전쟁은 단지 영화의 배경에 등장하는 못된 사건으로 표현된다. 이를 배경으로 주요 인물들의 초현실적인 모험이 펼쳐지고, 그리고 어떤 면에서 그들은 심판도 받는다. 여기서 남북전쟁은 다른 사람의 어떤 전쟁이다. 로마에서 성장한 10대 레오네에게 비친 2차대전 같은 것이다. 전쟁은 반영웅들에 의해 굴절돼 있는데, 그들은 이상주의를 의심하며, 동시에 거창한 수사학도 의심한다. 말하자면 그들은 전후 이탈리아에서 벌어진 정치적 대타협 시기의 레오네와 같다. 남북전쟁은 진보의 행진을 막는 장애물이 아니라, 여기서는 일탈로 그려진다. 레오네의 영화에서 남북전쟁은 '폭력에 의한 폭력의 규칙'이라는 맹아를 품고 있다. 그런 일들은 전쟁 이후, 서부에서 일어날 것이다.

'좋은 놈'은 남군 제복을 훔치고, 북군 탈영병들과 함께 말을 타며, 다리를 폭파하려는 북군 대위를 돕고, 죽어가는 남군 장교의 시가에 마지막 불을 붙여준다. '나쁜 놈'은 굶어 죽어가는 남군 상사의 말을 들은 뒤 북군에 하사관으로 지원하고, 수용소의 간부가 되며, 군인을 하기 싫을 때 군대를 떠나고, 보상금만 많다면 그 누구라도 쏠 준비를 한다. '추한 놈'은 북군에 잡히기 전에 남군 제복을 훔치고, 하지만 그는 무엇 때문에 전쟁을 하는지 알지 못한다. 그런데 세 사람 모두 같은 동기를 갖는다. 황금을 찾는 것이다. 황금은 무명용사의 묘지, 다시 말해 이름 없는 묘지에 묻혀 있다. 그러니 작가 빈첸초니가 급하게 만든 이야기, 곧 '보물을 찾는 세 악당'의 이야기는 영화 전체를 받치는 척추 역할을 했다.

빛나는 구성 감각으로, 전쟁이 서사 속으로 들어오는데, 여러 상황에서 블론디(좋은 놈)와 투코(추한 놈)를 살려놓는다. 이런 것들이다. 어디서 왔는지 모를 '남부(CSA) 본부 3연대'라고 적힌 신비한 남군 역마차가 갑자기 사막 가운데에 등장한다. 역마차의 등장으로, 투코는 집중력을 잃었고, 블론디는 그로부터 총에 맞아 죽을뻔한 위기에서 벗어난다. 박격포가 건물 바닥에 떨어져, 역시 투코에 의해 목매달려 죽을 위기에 놓인 블론디는 또 생명을 구한다. 투코가 덩치 큰 북군 월러스 상사에게 두들겨 맞고 있을 때, 북군 열차가 베터빌 역에 들어와, 투코에게 시간을 벌어준다. 투코는 철로 위에 수갑을 올려놓아, 북군 상사와 연결된 그 수갑을 끊으려 한다. 그때 북군 군용열차가 그 일을 해낸다. 남군의 박격포가 제 때에 먼지를 일으켰고, 그 먼지 뒤에 있던 블론디와 투코는 '나쁜 놈'의 부하들을 하나씩 처단할 수 있었다. 랭스턴 다리의 전투 덕분에 그들은 강을 건널 수 있었으며, 마침내 황금이 있는 곳에 도달했다. 그곳 새드 힐(Sad Hill) 묘지는 그들이 추적하고 있는 보물을 숨기고 있다.

레오네와 빈첸초니가 의도한 전투 장면은 1차 세계대전의 참호 전투를 참조했다. 또 수용소 베터빌은 아우슈비츠를 참조한 것이다. 이렇게 한 이유는 전쟁에 대한 생생한 그림을 만들기 위해서였다. 그것은 개봉 당시의 관객들에게 봅 딜런의 노래 '신은 우리 편'(With God on Our Side)과 조지프 헬러(Joseph Heller)의 소설 〈캐치-22〉(Catch-22)에 드러난 반전 테마와 조응하게 했다. 큰 예산 덕분에 레오네는 랭스턴 다리를 내려다보는 계곡을 따라, 남북전쟁의 무기에 관한 특별한 목록을 펼쳐놓을 수 있었다. 곧 박격포, 개틀링(Gatling) 기관총, 휘트워스(Whitworth) 야포와 장총. 이들 중 일부는 마드리드에 있는 '육군 박물관'(Museo del Ejercito)에서 빌린 것이다. 이 박물관은 '프라도 산책로'(Paseo del Prado) 옆에 있는데, 당시 특별전을 하고 있었다(일명 '엘 시드'라고 불리는 로드리고 디아스 데 비바르 소유의 칼도 있었다). 여기에는 해군의 콜트(Colt) 권총, 아담스(Adams) 리볼버 장총, 19세기식 사거리의 스페인 박격포, 1878년형 15mm 대포를 그린 판화, 1836년형 오르간 파이프 대포, 그리고 나폴레옹의 스페인 전쟁부터 1939년까지 쓰인 목제 부교에 관한 몇 개의 모델이 전시돼 있었다. 이 모든 것이 레오네의 전투에서 이런저런 형태로 등장한다. 박물관은 개틀링 기관총은 전시하지 않았다. 하지만 그 총을 복제할 수 있는 수많은 할리우드 영화, 그리고 참고도서가 있었다. 미술감독 카를로 시미가 그린 그림들에는 박격포와 '마드리드 무기 박물관'에 전시됐던 두 대의 이동 대포가 들어 있다. 사진을 참조하기도 했는데, 마크 H. 브라운과 W.R. 펠튼의 저서 〈개척 시대〉(The Frontier Years)도 이용했다. 거대한 대포와 금속 탄창 개틀링 총은 남북전쟁 이후에야 등장한다는 사실은 문제 삼지 않았다. 블론디가 금속의 45구경으로 장전하기 위해, 꼼꼼하게 해군용 콜트 권총(반동 권총)을 청소하고 조립하는 것도 문제 삼지 않았다. 요점은 역사에 관한 엉성한 '핍 쇼'(peepshow)를 창조하는 데 있었다. 레오네는 파괴의 기술을 전시한 무기 박물관의 수집품들을 조명할 기회를 잡은 것에 기뻐했다. 박물관의 관련자들은 부르고스 근처 들판에 가서, 무기의 효과를 보여주기도 했다. 박물관에 전시된 무기는 특별하게 복제된 대포(예를 들어 거대한 로저스 대포) 옆에 나란히 서 있었다. 그 대포는 역사적 삽화를 보고, 카를로 시미가 디자인한 것이었다.[11)]

크레딧 타이틀은 루이지 라르디니(Luigi Lardini)가 디자인했다. 액션 장면은 마치 전설적인 사진작가 매튜 브래디(Matthew Brady)가 찍었던 것처럼, 세피아 색의 사진으로 만들었다. 그리고 사진 위에 원색 컬러를 앤디 워홀 스타일로 뿌려 놓았다. 매튜 브래디는 남북전쟁 시기, 찰나적인 장면도 많이 찍었다. 곧 전시의 혼란스러운 기차역에서, 북군 장교들이 주일용인 최고의 제복을 깨끗하게 차려입고, 박격포 옆에서 자랑스럽게 포즈를 잡는 사진 등이다. 리 밴 클리프에 따르면, 세르지오 레오네는 촬영을 준비할 때 이런 자료 사진들을 자주 참조했다. "세르지오가 만들게 했던 포로수용소에는 특별한 게 없었다. 건물이 몇 개 있었고, 울타리가 있는 정도였다. 그리고 사람들이 많았다. 그래서 사람들은 남북전쟁 시기에 그곳이 그랬을 것이라고 여기게 된다. 수용소는 내가 봤던 앤더슨빌 관련 사진 같았다. 매튜 브래디의 사진 같기도 했다."[12)]

200야드의 목제 다리가 다이너마이트로 폭파되는 대장면을 찍는 날이 왔다. 그런데 특수효과팀이 카메라가 작동하기 전에 실수로 다리를 폭파하고 말았다. 이 모든 일은 언어적 착각 때문에 벌어졌다. 누군가는 이런 일이 레오네의 화려한 손 제스처에 대한 오해 때문에 생겼다고도 했다. 하지만 일라이 월러크(추한 놈)에 따르면 그렇지 않았다. “세 대의 카메라가 준비됐다. 한 대는 가까이에, 나머지는 좀 멀리 설치됐다. 이 장면을 위해 폭발물을 준비한 사람은 스페인 군대의 대위였다. 특수효과팀의 담당자는 대위에게 만약 그가 촬영장에서도 도와준다면 큰 영예라고 말했다. 그래서 단추를 눌러 다리를 폭파하는 영예는 대위의 것이 되어야 한다고 말했다. 하지만 대위는 원하지 않는다고 답했다. 담당자가 말했다. ‘하세요. 잘 들어요, 내가 바야(Vaya!)라고 외치면 단추를 누르세요(바야는 Go).’ 일은 이렇게 진행됐다. 그런데 조감독 한 명이 와서, 그 담당자에게 물었다. ‘작은 카메라는 저곳에 설치해야 하나요?’ 담당자는 답했다. ‘그래, 좋아 보여(Yes, vi, fine).’ 대위는 그때 자신이 ‘Vaya!’를 들었다고 생각하여, 단추를 눌렀고, 다리는 그만 폭파되고 말았다. 레오네는 몹시 화가 났다. ‘그(담당자)를 죽여버릴 거야.’ 레오네가 소리 질렀다. ‘당장 해고할 거야! 그는 해고야!’ 레오네는 대위에게 이 모든 일을 설명했다. 그러자 대위가 답했다. ‘내가 다리를 다시 만들겠소. 그 사람은 해고하지 마세요.’”[13)]

다리를 다시 만드는 데는 가벼운 발사(balsa) 나무를 이용했는데도 며칠이 걸렸다. 클린트 이스트우드와 일라이 월러크는 이 장면에 대해 생각해보는 많은 시간을 가졌다. 촬영에 들어가자 레오네는 약간 흥분했고, 실제로 폭발할 때, 두 배우가 위험하게도 다리 가까이 달리고 땅에 엎드리도록 했다. 좋은 놈과 추한 놈이 뒤에서 다리가 폭발할 때, 공중을 나는 파편에서 자신들을 보호하며 달리는 장면은 레오네가 보기에 최고 가운데 하나였다. 레오네는 이전에도 대규모 액션 장면을 찍은 적이 있다(자신의 페플럼과 다른 사람의 페플럼 영화에서). 하지만 이렇게 많은 장면을 책임진 적은 없었다. 오손 웰스가 한 유명한 말인데, 그건 자기 자신만의 장난감 기차 세트를 갖는 것이었다. 이스트우드는 모든 것이 다시 준비되는 것을 보고, 레오네에게 물었다. "나와 일라이는 정확히 어디로 가는 거야?" 레오네는 자신이 그 장면을 어떻게 볼 것인지만 설명했다. 이스트우드는 다리와 폭파 뒤의 피난소가 너무 가깝다고 봤다. "세르지오, 너는 어디에 있을 거야?" 레오네가 답했다. "카메라 바로 뒤에서 너희들을 기다릴 거야." "그렇다면, 그대로 하겠네." 그러자 이번에는 레오네가 다리와 카메라 사이의 거리를 걱정스럽게 바라보았다. 리허설을 마친 뒤, 이스트우드는 예정에 없던 두 명의 스턴트맨 대역이 좋은 놈과 추한 놈의 옷을 입고 나타난 것을 보았다. 그리고 두 캐릭터가 뛰어들 수 있도록 모래주머니로 만들어진 얕은 참호도 보았다. 그때 조감독 한 명이 이스트우드에게 와서 말하길, 레오네 감독은 촬영 과정을 더 좋은 각에서 보기 위해 저 뒤 높은 곳으로 이동하기로 정했다는 것이다. 말하자면 위험하게도 다리가 너무 가까이 있다는 점은 분명했다. 이런 식의 계획 변경은 레오네에겐 드문 일인데, 하지만 촬영의 연속성을 위한 작은 실수였다. 어쨌든 블론디와 투코는 퓨즈에 불을 붙이고, 헤엄치고, 그 장소에서 1/4 마일 정도 떨어져 나왔다. 1970년대 후반에 그 당시를 떠올리며 레오네는 이렇게 말했다. "나의 영화에서 다리는 자주 폭발하게 되지."[14)]

'인간의 어리석음'과 잔인함에 대한 이 영화의 탐구는 프랑코 총통의 묵시적인 가호와 스페인 군대의 기술적인 도움 속에 완성됐다. 1973년 미국영화협회(AFI) 세미나에서, 이스트우드는 제작 중에 스페인 당국과 마찰이 없었느냐는 질문을 받았다. 이스트우드가 답했다. "스페인에서 그들은 당신이 무엇을 하는지 관심을 두지 않는다. 만약 당신이 스페인이나 스페인 사람에 대한 스토리를 만든다면, 그들은 관심을 둘 것이다. 그들은 아주 험하게 조사할 것이다. 그런데 당신이 웨스턴을 만든다면, 그건 미국의 남서부나 멕시코에서 일어나는 일이다. 그렇다면 당신이 하는 이야기가 뭐든, 주제가 뭐든 그들은 별 관심을 두지 않는다."[15)]

레오네의 이전의 웨스턴들도 인간의 잔인함에 관한 관심을 드러냈었다. 그런데 이번의 세 번째 웨스턴에서 레오네는 보물 사냥꾼의 폭력과 전쟁의 무자비하고 비인간적인 학살을 병치시켜 놓았다. 훗날 세르지오 레오네는 이런 테마와 관련해서, 자신이 좋아했던 영화 하나를 염두에 두고 있었다고 주장했다. 그건 찰리 채플린의 '살인광 시대'(Monsieur Verdoux)이며, 1947년 발표됐고, 오손 웰스의 아이디어로 만든 영화였다.

"그 영화는 특정 시대의 혼란스럽고 부조리한 면을 바라보고 있다. 그 시대에 주인공은 여성들을 몇 명 살인했는데, 법정에서 그는 이렇게 말한다. '나는 루스벨트, 혹은 스탈린과 비교하면 아마추어입니다. 그들은 스케일이 훨씬 컸죠.' 살인마 베르두는 모든 산적, 모든 현상금 사냥꾼의 모델이었다. 그에게 모자를 씌우고 부츠를 신게 하면, 당신은 웨스턴 영화 하나를 갖게 된다."[16] 채플린의 영화에서 주인공 앙리 베르두는 프랑스 법정에서 이렇게 말한다. "대학살자가 되라고 세상이 나를 부추기지는 않았죠? 오직 대학살을 목표로 파괴적인 무기를 만들지도 않았고요? 아무 관련 없는 여성들이나 작은 아이들을 조각으로 만들어버리지도 않았고, 그걸 과학적인 방법으로 하지도 않았어요? 말하자면 대학살자의 차원에서, 나는 비교 대상이 되지 않는 아마추어입니다." 채플린의 '살인의 코미디'와 레오네의 영화 사이에는 흥미로운 친화력이 있다. 살인은 '엄격한 사업 계획'으로 조직될 수 있다는 아이디어가 그것이다. 그래서 사업과 살인의 언어를 섞는 유머("돈을 죽이게 벌었겠군"/You must have made a killing), 옷과 제복을 갈아입는 것(베르두의 다른 변장들), 영화의 구조(영화는 한 명의 부자 희생자에서 다른 희생자를 찾아, 전국을 돌아다니는 살인자의 기차 여행을 중심으로 짜여 있다) 등을 예로 들 수 있다. 하지만 루치아노 빈첸초니는 화를 내며 그런 영감을 부정했다. "나는 '석양의 무법자'를 11일 만에 썼다. 나는 다른 무엇을 참조할 시간이 없었다. 말하자면 나는 찰리 채플린을 너무나 존경하는 까닭에, 그를 세르지오 레오네의 웨스턴에 끌어들이지 못했다."[17)]

레오네는 인터뷰할 때면, 특히 프랑스인들과 인터뷰할 때면, '살인광 시대'의 주요 테마는 루이 페르디낭 셀린의 반자전적 소설 〈밤 끝으로의 여행〉을 떠오르게 한다고 말하길 좋아했다. 레오네는 셀린의 소설을 '현대 세계 속 삶의 모순'에 관한 책이라고 정의하며, 이 책을 아주 좋아했고, 20살 때 처음 읽었다고 말했다. 또 이 소설은 '당신 삶의 후반부를 결정짓는 그런 책'이라고 설명했다. 셀린의 데뷔작인 이 소설은 작가의 머리에 파편이 남아 있을 때인 1932년에 발표됐다. 소설은 피카레스크 스타일로, 화자인 페르디낭 바르다뮈와 그의 '그림자' 로뱅송의 모험을 반추하고 있다. 1차 세계대전 때부터 시작하여(플랑드르, 벨기에의 아르뎅, 뫼즈 지역), 아프리카의 프랑스 식민지, 뉴욕, 디트로이트, 그리고 최종적으로는 파리 근교의 산업지대에까지 이른다. 일련의 부조리하고 종종 폭력적인 사건을 통해, 이 소설은 암울한 도덕적 메시지를 강조하는데, 존재의 유일한 가치는 생존이며, 고상한 가치를 위한 모든 위선은 거절돼야 한다고 말한다. 셀린은 1913년 기병대에 입대했다. 그리고 전쟁 몇 달 만에 머리에 부상을 입었고, 그것 덕분에 훈장을 받기도 했다. 제대한 뒤에 그는 의학 학위를 받았고, 파리로 돌아오기 전에는 디트로이트의 헨리 포드 자동차 공장에서 외과의로 일했다. 〈밤 끝으로의 여행〉 스타일은 프랑스 노동자 계급이 사용하는 언어에 대한 셀린의 특별한 귀, 조셉 콘래드의 〈암흑의 핵심〉과 마르셀 프루스트의

〈잃어버린 시간을 찾아서〉 같은 작품을 읽은 경험, 그리고 셀린 자신의 어두운 유머 감각에 기초하고 있다.

셀린의 다양한 문학적 인용, 화려한 언어, 우연한 만남, 부조리한 사건, 서사적이며 동시에 우울함 속에서도 배를 잡게 하는 웃음 등은 세르지오 레오네의 세계관과 매우 유사하다. 셀린의 권위적인 인물들(전쟁의 장교들, 아프리카의 식민주의자들, 뉴욕의 거부들, 디트로이트의 두목들)은 자신들이 부패하지 않았을 때는 겁쟁이거나 잔인한 사람으로 그려지는데, 이것도 레오네의 정치적 태도와 닮았다. 하지만 레오네의 시나리오 작가들은 그가 '석양의 무법자'를 쓸 때, 셀린에 대한 존경을 작품에 끌어오지는 않았다고 말했다. 세르지오 도나티는 더 나아갔다. 그는 레오네가 셀린의 책을 읽었다는 것조차 부정했다. "세르지오는 책을 별로 읽지 않는 사람인데, 하지만 매우 머리가 좋았다. 〈밤 끝으로의 여행〉은 루치아노 빈첸초니가 늘 옆에 두고 읽은 책이다. 빈첸초니가 그 책을 거의 외울 정도로 읽었고, 세르지오는 단 한 단어도 읽지 않았을 그 책에서, 문장을 발췌하여 읽어주길 좋아했다. 빈첸초니가 계속하여 세르지오에게 인용하고, 인용하고, 인용해주었다. 1968년 이후 세르지오는 프랑스에서 작가 대접을 받기 시작했다. 그는 마치 명예 문학박사 학위를 받은 사람 같았다. '늘 옆에 두고 읽는 책이 있습니까?' 같은 질문을 받으면, 세르지오는 셀린의 〈밤 끝으로의 여행〉이라고 답했다. 그러면 프랑스인들은 '오!'하며 반응했다."[18] 빈첸초니의 의견도 같았다. 빈첸초니는, 1968년 프랑스 TV 프로그램에서 레오네가 그 책을 손에 들고 있는 것을 보았고, 믿을 수 없어서 숨을 쉴 수 없었다고 말했다.

프로듀서 풀비오 모르셀라는 이런 상황에 관해 가장 잘 알 수 있는 위치에 있었다. 모르셀라는 영어로 출간되는 책들은, 그것을 이탈리아어로 번역하여 레오네에게 읽어주곤 했다. 레오네는 인터뷰에서 종종 자신의 가장 큰 야망 중의 하나가 셀린의 작품을 영화화하는 것이라고 말하곤 했다. 하지만 그는 셀린 소설의 온전함을 훼손하는 것은 원치 않는다고도 했다. 자기에게 너무나 소중하기 때문이라는 것이다. 이것은 사실일까? 모르셀라가 말했다. "아니다. 그건 전형적인 오만한 태도다. 왜냐면 셀린의 작품은 그에게 맞지 않기 때문이다. 그런 종류의 영화를 만든 적도 없다. 시각도 그와 다르다. 말하자면 세르지오는 그 점에 관해 늘 말만 했지, 실천한 것은 하나도 없었다. 나는 그에게 셀린을 소개하지도 않았다. 이미 이탈리아어로 번역돼 있었다. 내 생각에 소설의 제목이 세르지오를 매혹했을 것이다. 그는 그 제목을 좋아했다."[19] 덧붙여 그 소설은 잭 케루악이 가장 좋아한 책이었다. 그런데 '석양의 무법자'에는 셀린 소설의 강한 향기가 들어 있다. 이는 6년 전, 마리오 모니첼리 감독의 '거대한 전쟁'에서도 있었다. 아마 두 영화 모두에서 시나리오를 쓴 루치아노 빈첸초니가 그 향기를 넣었을 것이다.

레오네에 따르면, 전투 장면은 버스터 키튼의 '제너럴'(The

General, 1926)에서 영감을 받았다. 이 영화에도 비슷한 순간이 있는데, 남북전쟁 기간에 증기기관차가 불타는 다리 위로 올라가서, 아래쪽 강으로 추락하는 장대한 장면이 그것이다. 버스터 키튼도 촬영 중에 실수를 범했고, 그 장면만 찍는데 4만 2천 달러가 들어갔다. 영화학자 케빈 브라운로(Kevin Brownlow)에 따르면, 그건 '무성영화 시대의 가장 비싼 숏'이 되었다. 무솔리니 시절에 그 장면을 처음 본 뒤, 그건 레오네의 마음에 마법으로 또 스펙터클로 각인됐다. 레오네의 시나리오 작가들은 '키튼의 메아리'에 대해서는 모두 기쁜 마음으로 확인해주었다. 그 누구도 영화에 관한 레오네의 백과사전 같은 지식을 부인하려는 시도조차 하지 않았다.

이런 다양한 의견에 덧붙여, 다른 작품에서 끌어온 유명한 대사가 있다. 후반부에서 피곤한 북군 대위가 어떻게 위스키가 '전쟁에서 가장 강력한 무기'가 됐으며, '병 속에 전투력이 있다'라고 말하는 부분이 등장한다. 이것은 제1차 세계대전에 관한 환상을 깨는 소설로, 에밀리오 루수(Emilio Lussu)가 쓴 〈고원에서의 1년〉(Un anno sull'altopiano)에 나오는 대사를 기초로 한 것이다. "그 책에서 어떤 대위가 말한다. '마셔야 한다. 취해야 한다. 이것이 우리의 최고의 무기다. 술이 없다면 누구도 끝까지 가지 못한다.' 이 대사를 나는 알도 쥐프레가 연기한 대위 캐릭터가 말하도록 했다. 알도 쥐프레는 나폴리 출신 코미디 배우로, 전설인 에두아르도 데 필리포의 제자였다."[20] 레오네는 특히 이 대사를 '다리 전투' 장면에 넣는 것을 좋아했다. 왜냐면 존 포드 감독의 '존 웨인의 기병대'에는 루이지애나주의 주도 배턴 루지(Baton Rouge)의 바로 바깥에 있는 남부의 어떤 다리를 놓고 벌이는 비슷한 상황의 전투 장면이 나오는데, 여기서 존 웨인은 한 모금의 위스키마저 거절하며 마시지 않기 때문이었다.

레오네는 빈첸초니의 처음 아이디어를 시나리오로 작업화하며, 유명한 코미디 작가 팀인 아제노레 인크로치(Agenore Incrocci)와 푸리오 스카르펠리(Furio Scaepelli)에게도 의지했다(이들은 '아제-스카르펠리'라는 이름으로 더 유명). 두 작가는 1950년대에, 전설적인 코미디 배우인 토토의 영화를 함께 쓰며 이름을 알렸고, 마리오 모니첼리의 문제작 두 편을 쓰며 국제적인 주목을 받았다. 두 작품은 '마돈나 거리의 한 탕'(1958)과 '거대한 전쟁'이다. '거대한 전쟁'에서는 빈첸초니도 함께 썼다. 세르지오 도나티는 레오네가 두 작가에게 의지한 것은 빈첸초니에 대한 일종의 '불충'이라고 해석했다. 하지만 빈첸초니는 그 문제에 대해 더욱 점잖게 말했다. "나는 아제-스카르펠리, 그리고 레오네와 함께 시나리오 작업을 했다. 우리는 농담도 했고, 내가 쓰고 나면 세르지오는 읽었고, 몇 개의 수정도 요구했다. 작업 진행은 아주 정상적이었다." 그리고 아제-스카르펠리 팀을 추천한 사람은 바로 빈첸초니였다.[21] 레오네가 아제와 스카르펠리에게 접근할 때, 그들은 마리오 모니첼리 감독의 '브란카레오네 군대'(L'armata brancaleone) 시나리오 팀에서 일하고 있었다. 이 영화는 카니발 같은 분위기가 감도는 중세 모험극인데, 주요 캐릭터들은 귀족, 성직자, 기사를 흉내 내며, 허세를 부린다. 또 이 영화에는 두 개의 다리가 부서지는 장면도 있다. 그래서 '브란카레오네 군대'를 끌어들이는 게 완벽한 접근처럼 보였다. 하지만 현실은 그렇게 진행되지 않았다.

레오네는 두 작가의 투입이 거의 '재난'이었다고 기억했다. "그들은 농담만 했다. 다른 아무것도 하지 않았다. 나는 그들이 쓴 것은 하나도 이용할 수 없었다. 내 인생에서 그렇게 기만당한 적이 없었다. 나는 다른 유령 작가들과 시나리오를 다시 써야 했다."[22] 세르지오 도나티가 가장 중요한 유령 작가가 됐다. 도나티는 레오네의 작업과 아제-스카르펠리의 작업을 연결 짓는 '협업'에 대해 말했다. "마지막 시나리오에는 거의 아무것도 없었다. 그들은 오직 초반부만 조금 썼다. 거의 한 줄 정도였다. 그들은 레오네의 스타일과 너무 달랐다. 그들을 끌어들이는 것은 레오네의 전형적인 방식이다. 그는 뭔가 새로운 것을 원했다. 그래서 생긴 고생은 우리가 했다. 아제와 스카르펠리는 서부의 세트에서 웨스턴이 아니라 그들의 장기인 코미디 영화를 썼다."[23] 빈첸초니는 이 영화에서 11일 동안 일했다. "나와 레오네의 관계는 약간 냉랭해졌다. 그래서 나는 당시에 다른 영화 두 편을 쓰기로 계약했다. 세르지오 코르부치를 위해 '용병'(Il mercenario, 1968), 그리고 줄리오 페트로니를 위해 '남자 대 남자'(Da uomo a uomo, 1967)를 썼다. 나는 두 영화를 통해 평소보다 두 배를 벌었고, 이들 감독과는 논쟁을 전혀 하지 않아도 됐다."[24)]

아제와 스카르펠리는 자기들 나름대로 레오네와 함께 일하기를 원하고 있었다. 뒤늦은 깨달음이지만 스카르펠리가 말했다. "직업상 우리는 다른 사람의 영화에 대해 호기심을 갖고, 주의를 기울여야 한다. 어떻게 일하는지, 무슨 일이 일어나는지 알아야 한다. 당시는 세르지오 레오네의 두 웨스턴의 시대였다. 영화계의 모든 사람은 웨스턴 영화에 대해서는, 비밀스럽고 유아적인 열정을 갖고 있었을 것이다. 그래서 우리는 함께 일하기로 합의했다. 또 레오네는 항상 마리오 모니첼리의 '거대한 전쟁'을 웨스턴으로 리메이크하기를 원했다. 하지만 그를 만난 것은 치명적인 결과를 냈다."[25)] 레오네가 말한대로 협업은 불발탄이었다. 왜냐면 아제와 스카르펠리는 레오네의 시각에 동의하지 않았다. 레오네로서는 웨스턴을 슬랩스틱 코미디로 만들 수는 없었다. 그는 일종의 '서사극' 웨스턴을 원했다. '차원이 다른 아이러니'가 주요 캐릭터 모두에게 적용돼야 했다. 이는 오프닝 시퀀스부터 분명히 나타나야 했다.

영화는 투코부터 소개한다. 화가 난 그는 술집 유리창을 깨고 밖으로 뛰어나온다. 한 손에는 반쯤 뜯은 양고기 갈비가 있고, 다른 손엔 권총이 있다. 투코는 방금 자신의 식사를 방해하던 세 명의 부랑자를 쏘았다. 부랑자들은 서로 결투하듯 보였지만, 사실은 모두 투코를 겨누고 있었다. 병에 걸린 듯한 개가 술집으로 조용히 걸어 들어왔다. 그건 '개의 암시'인데,

이는 마지막 시퀀스에서 다시 등장한다. 투코가 황금을 찾으려고, 마치 개처럼 자신의 손으로 무덤을 팔 때다. 화면은 정지되고, '추한 놈'(Il brutto/The Ugly)이라는 자막이 뜬다.

이어서 시나리오에는 '검정 옷을 입은 남자'(The Man in Black), 또 이탈리아 판본에는 '선고'(Sentenza)라고 불리는 남자가 등장한다. 영어 판본 영화에서 그는 '천사의 눈'(Angel Eyes)으로도 불린다. 리 밴 클리프에 따르면 이 이름은 촬영장에서 이스트우드와 이야기하다가 즉흥적으로 생긴 것이다. 그는 어두운 침실에 있다. 그는 베이커라고 불리는, 병에 걸린 늙은 남자를 방문 중이다. 베이커가 어떤 농부로부터 정보를 구해오라고 그를 고용했었다. 그런데 그 농부는 위기를 모면하려고 이미 '천사의 눈'에게 천 달러를 주었다. 그가 베이커에게 말한다. "내 생각에 농부의 계획은 너를 죽이는 것이다." 두 사람은 긴장하며 웃는다. "하지만 너는 알아야 해. 나는 한 번 돈을 받으면, 그 일을 끝까지 처리하지." 베이커는 웃음을 멈춘다. 고용된 그 남자는 늙은 남자의 얼굴을 베개로 덮고, 그 위로 총을 쏜다. 그는 웃는다. 화면은 정지되고, '나쁜 놈'(Il cattivo/The Bad)이라는 자막이 뜬다.

블론디는 사막에서 말을 타고 갈 때 소개된다. 그는 화가 난 투코를 사막에 혼자 남겨두고, 그 스스로 자신을 지키도록 했다. 그때까지 둘은 일종의 사업을 함께 했었다(W.C. 필드와 메이 웨스트가 주연한 '나의 작은 박새'를 참조한 듯). 이런 식이다. 블론디는 현상금을 받으려고 투코를 잡아간다. 그리고는 마을 사람들이 투코를 교수형 시키려고 할 때, 로프를 쏘아 그를 구하는 것이다. 그런데 이제 블론디는 현상금을 투코와 나누기보다는 전부를 다 가지려고 한다. 혼자 떠나려는 블론디의 뒤에서, 타고 갈 말도 없고 손이 묶인 투코는 소리를 지른다. "내가 만약 너를 잡으면, 블론디, 너의 심장을 끄집어내, 먹어버릴 거야." 블론디는 고삐를 당겨 말을 세우고, 천천히 뒤돌아본다. "저런 배은망덕한 놈." 그는 침을 뱉는다. "나는 항상 너의 생명을 구해주었건만." 화면은 정지되고, '좋은 놈'(Il buono/The Good)이라는 자막이 뜬다(이때의 정지된 화면은 사후제작 기간에 타이틀 디자이너가 제안했다. 레오네는 그 아이디어를 좋아했고, 적용하기로 했다).

말하자면 '좋은 놈'이라는 별명이 붙은 남자는 보복당할 짓을 하고, 약은 짓을 한다. '나쁜 놈'은 정말로 매우 나쁘다. 그리고 '추한 놈'은 매력적일 수 있고, 웃긴다. 레오네에 따르면, 세 남자 사이의 구분은 일부 자전적 요소에서 나왔다. "나의 세계에서, 가장 진정한 캐릭터는 무정부주의자들이었다. 나는 그들을 잘 알고 있었고, 나의 가치관도 그들과 매우 가까웠다. 나는 그들의 특성을 세 남자 모두에 넣어 놓았다. '나쁜 놈'은 영혼이 없다. 그는 프로라는 말을 가장 상투적으로 적용할 수 있는 그런 남자다. 말하자면 로봇이다. 다른 두 남자는 이와 조금 다르다. 나의 체계적이고 조심하는 특성을 고려하면 나는 블론디(좋은 놈)에 가깝다. 하지만 나의 깊은 연민이 항상 닿는 곳은 투코(추한 놈) 같은 남자다. 그는 부드러움과 상처받은 영혼으로 감동을 줄 수 있다. 그렇지만 투코는 본능의 존재이고, 잡놈이며, 부랑자다."

그래서 레오네는 세 역할, 곧 아를레키노(이탈리아 전통극의 영리한 남자, 이스트우드), 피카로(피카레스크 소설의 방랑자, 월러크), 그리고 악당(밴 클리프) 모두에 자신의 특성을 섞어 놓았다. 클린트 이스트우드는 처음 시나리오를 읽었을 때, 이런 특성을 바로 알아보았다. 그는 이렇게 반응했다. "처음 출연했을 때는 나는 거의 혼자였다. 그리고는 두 명이 되었다. 이제 우리는 세 명이다. 나는 마지막엔 기병대에까지 들어가야 했다." 1965년 말, '로하이드' 시리즈가 끝났다. 7년에 단 5일 모자라는 기간이었다. 시리즈는 시즌 중에 중단됐다. 이스트우드는 장기계약자여서, CBS로부터 보상금으로 11만 9천 달러를 받았다(업계 뉴스의 보도에 따르면). 마지막 13편의 에피소드에서 이스트우드는 최고 출연료를 받았다. 극 중에서 그는 에릭 플레밍이 잘린 뒤, 카우보이들의 보스로 진급했었다. 진급에 관한 질문을 받고 이스트우드는 이렇게 대답했다. "내가 왜 기뻐해야 하나? 나는 극의 반만 책임지면 됐다. 그런데 지금은 같은 돈을 받고, 극 전부를 끌고 간다." 이스트우드의 이탈리아 웨스턴은 여전히 미국에서 배급을 기다리고 있었다. 말하자면 이스트우드는 두 배로 손해를 보고 있었다. 곧 TV에서의 일과 여전히 안심되지 않는 이탈리아 영화산업 때문이었다. 그런데도 이스트우드는 레오네의 세 번째 출연 제안을 받고, 선뜻 응하지는 않았다. 유일하게 고예산의 영화이지만, 그가 겨우 구축한 이미지에 별로 좋을 것이 없을 것이란 염려 때문이었다. 레오네가 말했다. "그는 블론디 역할을 꺼렸다. 그는 시나리오를 읽은 뒤, 사실상 투코 역이 다른 두 역보다 더 낫고, 대단히 중요하다는 것을 알았다. 그래서 내가 그에게 설명했다. '영화는 두 시간이 넘을 거야. 네가 항상 혼자 나올 수는 없어. 투코는 스토리에 필요한 역이야. 그는 내가 원하는 만큼만 남아 있을 거야. 네가 알아야 할 게, 그는 단지 너의 물지게꾼이야. 그리고 네가 등장하는 순간은 바로 극적으로 나타나는 별의 순간일 거야.' 나는 그를 설득해야 했다."[26)]

하지만 이스트우드는 더 많은 설득을 원했다. 그래서 레오네는 아내 카를라와 함께 캘리포니아로 갔다. 카를라의 기억이다. "클린트 이스트우드는 그의 아내 매기와 함께 우리가 묵던 호텔에 왔다. 나는 이스트우드가 두 명의 다른 뛰어난 배우와 함께 연기하는 것은 그의 위상을 더욱 높여줄 것이라고 말했다. 위대한 배우들은 종종 상황을 유리하게 만들기 위해, 다른 위대한 배우들과 연기할 때, 작은 역을 맡기도 한다고 설명했다. 적은 게 가끔 많은 것보다 낫다고 말이다." 두 명의 아내가 협상하는 동안, 카를라 레오네는 토론이 남성 에고 사이의 충돌로 변해가는 것을 보았다. '누가 무엇을 할 것인가'를 두고, 처음으로 방안에는 대단한 긴장감이 감돌았다. "결국에 세르지오가 말했다. '네가 그 역을 한다면, 나는 아주 기쁠 것이다. 하지만 네가 하지 않는다면, 글쎄, 내가 그 역을 만들었기 때문에, 내일까지 그와 비슷한 다른 역을 만들 것이다.' 그런 작전은 항상 미국인과 협상할 때 효과가 있었다. 황소 앞에 서 있는 투우사처럼, 눈에는 눈 작전 말이다."[27] 캘리포니아를 방문한 이틀 뒤, 이스트우드는 시나리오 초안에 기초하여 계약서에 서명하는 것을 원칙적으로 합의했다. 하지만 그는 매우 빡빡한 계약 조건을 내밀었다. 이번에 이스트우드의 개런티는 25만 달러이며, 서구에서의 순이익에 10%를 받기로 했다. 그건 1년 만에 400%가 오른 것이었다. 두 작가 도나티와 빈첸초니에 따르면, 레오네는 이 계약 때문에 매우 마음이 상했다고 한다.

이스트우드의 연기는 첫 두 작품과 비교하면, 더욱 여유가 있었고, 유머도 많았다. 이스트우드는 '블론디'라고 불렸는데, 이는 타고난 그의 머리 색깔을 살짝 무시하는 단어였다. 하지만 이스트우드는 시간을 즐기는 것처럼 보였다. 그는 연기할 때, 아주 인간적으로 보이기도 하고, 동시에 믿을 수 없는 사람으로 보이기도 했다. 그러면서 이전의 '신비한 이방인'이라는 페르소나를 잊게 했다. 하지만 이런 결과에도 불구하고, 이스트우드와 레오네 사이의 관계는 불편해지기 시작했다. 이스트우드는 촬영 일정(3개월 이상)이 비합리적으로 길다고 생각했다. 훗날 이스트우드는 회고전에서 그때를 두고 농담도 했다. 이를테면 '다리 사고' 같은 재난들을 겪었는데, 그 사고는 다른 큰 사고와 비교하면 별것도 아니었다고 말했다. 일라이 월러크가 이스트우드의 '물 지게꾼'이 아니라는 사실을 아는 데는, 그의 연기를 5초만 보면 됐다는 것이다. 오히려 이스트우드가 월러크에게 '먹이를 갖다 주는 사람'이었다. 더욱 참기 어려웠던 것은 레오네가 이 영화를 '레오네 스타일이 아니라 데이비드 린 스타일'로 만들려고 한다는 사실이었다. 시사지 타임의 영화 평론가 리처드 시켈은 이렇게 덧붙였다. "레오네는 이스트우드를 그만의 캐릭터가 아니라, 감독의 거대한 디자인 속에서 도상적으로 이용했다. 혹은 다른 방법으로 쓰기도 했는데, 곧 레오네 영화의 풍경이 확대됨에 따라, 이스트우드는 자신의 공간이 더욱 축소됐음을 느꼈다."[28] 두 사람은 촬영장에서 함께 노를 젓지 않았다. 그런데 레오네는 이 영화가 그들이 함께 일하는 마지막 작품이 된다는 사실을 알아야 했다. 이스트우드는 확실히 알고 있었다. 세르지오 도나티는 이스트우드의 더빙을 녹음하기 위해 레오네와 함께 미국에 갔다. 미국 판본을 위한 작업이었는데, 도나티는 레오네와 이스트우드 사이의 긴장이 폭발할 것 같음을 느꼈다. 곧 당겨질 방아쇠는 이탈리아의 영화인들이 하나가 아니라, 세 개의 시나리오를 준비하는 경향 때문에 생겼다. 하나는 계약을 위해, 또 하나는 촬영을 위해, 그리고 나머지 하나는 더빙을 위한 것이었다.

다른 배우들을 위한 더빙은 1967년 10월에서 11월 사이 뉴욕에 있는 브로드웨이 극장에서 진행됐다. 미국 배우 믹키 녹스(Mickey Knox)가 감수했다. 녹스는 일라이 월러크의 친구인데, 라울 월시의 '화이트 히트'(1949), 니콜라스 레이의 '그늘진 태양'(Knock on Any Door, 1949)에 출연했었다. 하지만 그는

1951년 미 하원의 반정부 활동 위원회에 불려갔고, 그래서 무명으로 할 수 있는 일들, 곧 파리와 로마에서 통역하고 더빙하는 일들을 주로 했다. 녹스는 과거 레오네를 힘들게 했던 배우 존 데릭의 친구였다. 하지만 그 이유로 녹스가 레오네의 일에서 배제되지는 않았다. 월러크가 녹스를 지지했기 때문이었다. 녹스가 말했다. "세르지오는 이탈리아어를 형편없이 번역한 판본을 갖고 있었다. 그리고 대개 미국 배우들은 더빙할 때면 대사를 바꾸곤 했다. 나는 이탈리아어 시나리오도 갖고 있었고, 그래서 배우들이 무슨 말을 하려 하는지 알 수 있었다. 하지만 나는 정확한 대사를 찾아야 했다. 스토리를 따라가는 것은 물론이고, 입술에도 맞아야 했다. 그건 쉬운 일이 아니었다. 사실을 말하자면 그들이 원하는 '입술에 맞는 시나리오'를 만드는 데 6주가 걸렸다. 보통 나는 한 영화를 작업하는데, 7일 혹은 10일 정도를 썼다. 하지만 세르지오의 영화는 일반적인 영화가 아니었다."[29] 이것 말고도, 이탈리아어의 빈정대는 말을 영어 문장으로 바꾸는 데도 많은 시간이 걸렸다. 예를 들어, "세상에는 두 종류의 사람이 있지(There are two kinds of people in the world)." 또는 "이건 농담이 아니야, 이건 밧줄이야(It's no joke, it's a rope)." 그리고 "쏴, 말하지 말고(Shoot, don't talk)." 등이다. 마지막 대사의 이탈리아 판본은 "누군가 말한다면, 그는 너를 쏘지 않는 거야."라고 돼 있었다. 월러크는 뉴욕에서의 더빙 작업은 귀중한 경험이 됐음을 알았다. 무엇보다도 월러크는 깐깐한 레오네를 늘 곁에 두고 일했다. 그의 더빙 부분은 대개 소리를 지르는 것이었다. "우리는 7일 연달아 일했다. 외부에서의 소리, 고함 지르기, 전투 장면에서의 대사를 다시 하는 것은 매우 어려운 일이었다." 그런데 다른 일을 하고 있던 이스트우드는 뉴욕에서의 더빙에 참여하지 않았다. 그래서 레오네는 믹키 녹스에게 일을 그만하라고 했다. 녹스의 전언이다. "세르지오는 지독하게 돈을 아꼈다. 그는 클린트의 더빙을 자기가 할 수 있을 것으로 여겼다. 나에게 지불할 필요도 없었고, 편의 시설을 제공하지 않아도 됐다. 클린트의 작업은 맨 마지막이었다. 세상에서 가장 구두쇠인 세르지오는 당시에 나를 해고함으로써 몇 푼을 아낄 수 있을 것으로 생각했을 것이다."[30)]

드디어 유나이티드 아티스츠 부사장인 크리스 맹키위츠(감독 조지프 맹키위츠의 아들)가 더빙 일을 위해 이스트우드를 불렀다. 세르지오 도나티가 말했다. "그럴 즈음, 세르지오 레오네는 클린트 이스트우드를 싫어했다. 내 생각에, 클린트가 이 영화를 찍으며 너무 많은 돈을 요구했기 때문일 것이다. 두 사람 모두 상대방의 성공은 자기 덕분이라고 말했다. 클린트는 아침 8시 반에, 촬영 때 사용했던 옛 시나리오를 들고 더빙 스튜디오에 나타났다. 그리고 우리를 자극하기 위해, 그는 그 시나리오를 독서대 위에 올려놓고, 새로운 판본의 대사가 아니라 그것을 읽겠다고 주장했다. 어색한 장면이 연출됐다. 크리스 맹키위츠가 개입했고, 만약 협조하지 않는다면, 클린트는 더 이상 미국에서 영화를 하지 못할 것이라고 협박했다. 미국인들은 이렇게 완전히 무표정한 태도로 겁나는 위협을 하곤 한다."[31)]

레오네와 이스트우드의 관계가 틀어진 것은 직업상의 경쟁심에서 비롯된 게 분명했다. 레오네의 조감독 생활을 자주 했던 토니노 발레리의 기억이다. "세르지오는 다른 사람들의 기여를 인식하는 데 문제가 있었다." 아마도 레오네는 이스트우드가 감독이 되고자 하는 야망을 알았을 것이다. 그 야망은 '로하이드' 시절에 이미 있었다. 그때 이스트우드는 예고편을 만들기도 했고, 몇 개의 매력적인 장면을 찍기도 했다. 레오네는 과거에 존 데릭(감독을 준비하던 배우)과 일 할 때, 비슷한 상황을 경험했고, 아주 고생했었다. 문제는 레오네가 자기 경력에서 계속 가속도를 유지하는 것이었다. 당시 레오네는 자신의 영화적 범위를 확장하고, 세계 영화계에 진입하려는 단호한 태도를 갖고 있었다. 그런데 그건 이스트우드의 '현존'이 있어야 가능한 게 아닐까? 빈첸초니가 기억하길, 레오네는 비평가와 관객들이 자신의 영화를 클린트 이스트우드의 영화로 받아들이는 데, 대단히 화를 냈다는 것이다. 한편 이스트우드로서는 '로하이드'로 받았던 안전한 수익이 더 이상 없었다. 그가 이 영화에 얼마를 요구했는지는 차치하고, 이스트우드는 이 영화로 할리우드에 확실한 인상을 남겨야 했다.

이스트우드의 출연을 설득하기 위해 L.A.로 여행할 때, 레오네는 일라이 월러크와 리 밴 클리프도 만났다. 레오네는 밴 클리프를 다시 출연시키는 데 약간 주저하고 있었다. 레오네는 반복한다는 비판을 받고 싶지 않았다. 그리고 아직 밴 클리프에게 어떤 역할을 맡길지 확신하지 못하고 있었다. 다시 말하지만, 레오네는 '나쁜 놈'에 찰스 브론슨을 염두에 뒀다. 브론슨도 동의했었다. 하지만 브론슨은 그때 로버트 올드리치 감독의 '더티 더즌'(The Dirty Dozen)에 출연하기로 막 계약을 맺은 상태였다. 그의 출연은 불가능했다. 그래서 레오네는 자신이 이탈리아에서 슈퍼스타로 만든 이 남자(밴 클리프)와 한 번 더 하기로 했다. "리 밴 클리프는 처음 나온 '석양의 건맨'에서는 낭만적인 캐릭터를 연기했다. 그에게 완전히 대조되는 캐릭터를 연기하게 하려는 아이디어가 나의 흥미를 끌기 시작했다."[32] '천사의 눈'을 위해 밴 클리프는 상당히 위협적인 연기를 잘 해냈다. 그는 의미 없이 미소지었고, 거친 목소리로 말했고, 공허한 웃음을 지었다. 밴 클리프는 말에서 내려올 때, '셰인'에서 잭 팰런스가 그랬던 것보다 더욱 천천히 위협적으로 행동했다. 대사를 하는 첫 장면에서부터, 야비한 이 캐릭터를 대단히 효과적으로 연기했다. "너의 가족이야?" 그는 벽에 걸린 세피아 색깔의 사진을 가리키며 농부에게 말했다. "좋은 가족이네(Nice family)."

영화의 다른 배역들은 레오네의 웨스턴에 자주 출연했던 배우들로 채워졌다. 마리오 브레가('황야의 무법자'의 치코, '석양의 건맨'의 니노)는 과체중에 잔인한 수용소 경비인 월러스 하사관으로 나왔다. 말하자면 로마의 배우가 북군 모자를 쓴 것이다. 스페인 배우 알도 삼브렐('황야의 무법자'에서 로호 갱단 일원,

'석양의 건맨'에서 인디오의 부하)은 '천사의 눈'의 가방을 싸는 부하 역을 맡았다. 루이지 피스틸리('석양의 건맨'에서 마지막에 죽는 산적으로 데뷔했다)는 여기서 투코의 형제인 라미레스 신부가 됐다. 신뢰가 가는 스턴트 감독이자 연기자인 베니토 스테파넬리는 단역 악당으로 등장한다. 새로 출연하는 배우 가운데, 스페인의 베테랑 성격파 배우 안토니오 카사스가 있다. 도입부에서 밴 클리프의 총에 맞는 농부로 나온다. 캐나다 배우 알 멀로크는 외팔이 총잡이로 나오는데, 원래 이 역은 잭 일람에게 주려던 것이었다. 농부의 아내는 켈로 알론소가 맡았다. 알론소는 레오네가 페플럼을 만들 때, 관능적인 유혹녀로 나오곤 했다. 레오네의 정사진 담당인 안젤로 노비도 카메라 앞에 잠깐 섰는데, 그는 프란체스코 수도승이었다.

하지만 '석양의 무법자' 캐스팅의 쿠데타는 역시 일라이 월러크였다. 레오네는 처음엔 잔 마리아 볼론테를 생각했다. 그러나 타고난 코믹 재능을 가진 배우를 출연시키기로 마음을 바꾸었다. 게다가 일하는 데 너무 힘들게 하지 않는 배우를 원했다. 레오네는 일라이 월러크를 선택했다. 이유는 그가 액터스 스튜디오 출신의 뛰어난 연기자라는 사실도, 또는 존 휴스턴의 '맞지 않는 사람들'(The Misfits)의 연기 때문에도, 그리고 '황야의 7인'의 멕시코 산적 두목 역할 때문에도 아니었다. 레오네가 월러크를 선택한 것은 옴니버스 영화 '서부 개척사'에서 조지 마샬의 에피소드인 '철로'(The Railroads)의 어느 순간 때문이었다. 그곳에서 월러크는 악당 찰리 그랜트로 나오는데, 젭 롤린스(조지 페퍼드 역)의 아이들에게 두 개의 손가락을 겨누며 협박하는 장면이 있다. 마치 손가락으로 두 개의 권총을 쏘듯 행동하고, 아이들이 움찔하는 것을 즐기는 순간이다. 레오네에게는 그 손가락 연기가 결정적이었다. "사람들은 나에게 말하길, 그는 액터스 스튜디오 출신이니, 멀리하라는 것이었다. 하지만 나는 그런 말을 듣지 않았다. 단지 나는 그가 위대한 광대가 되리라는 것을 알았다."[33] 투코 베네딕토 파시피코 후안 마리아 라미레스(Tuco Benedicto Pacifico Juan Maria Ramirez) 역의 윌러크의 연기는 레오네의 피카로(피카레스크의 악당) 인물 가운데, 최초이자 최고였고, 그가 상상한 그 이상이었다.

'달러 3부작'의 앞의 두 작품에서 레오네는 후안 데 디오스(Juan De Dios)라는 미친 듯 종을 치는 남자와 그와 비슷하게 미친 노인 예언자 같은 작은 캐릭터를 등장시켰다. 그런 인물들은 스페인과 이탈리아의 고전 대중 문학에 나오는데, 르네상스의 문인들이 중세 말에 등장했던 그 인물들을 발전시킨 것이었다. 움베르토 에코는 레오네의 웨스턴을 혈기왕성한 르네상스의 작가들이 중세에 대해 보여준 '무신론적인 향수' 같은 것이라고 해석했다. 그런데 레오네가 전적으로 구축한 캐릭터인 투코는 할리우드에서라면 탄생하기가 거의 불가능한 인물이었다. 투코는 '비도덕적 가족주의자'이고, 사기꾼인데, 시칠리아 인형극의 고정 레퍼토리에 등장하는 '노프리우'(Nofriu) 같았다. 노프리우는 웃기고, 아기 같고, 약삭빠르며, 금지를 모르고, 그런데 놀랍도록 부드럽다. 투코는 멕시코와 스페인 스타일의 넝마 같은 옷을 입고, 오직 삶의 쾌락을 추구하는 남자다. 투코는 지저분하게 먹고, 트림하며, 위스키를 목구멍으로 쏟아붓고, 말이 많고, 기차의 객차에서 밖으로 소변을 본다. 그는 열심히 소리 지르고, 최고의 목청으로 욕설을 내뱉는다. "너는 천 명의 아비를 둔 아들이야, 그 아비들은 모두 너처럼 잡놈들이지." "위대한 창녀의 아들!" "너는 네가 누군지 알아? 창녀의 더러운 아들이야." 가끔 이런 욕설들이 나올 때면, '베라 크루스'에서 버트 랭커스터의 욕설 때처럼, 비명 같은 소리가 사운드트랙에 들리기도 한다. 이를테면 최고 볼륨의 트럼펫 팡파르가 끼어드는 식이다. 레오네는 투코 같은 캐릭터들을 좋아했다. 월러크의 연기는 코미디 전설 치코 막스(Chico Marx)의 목소리와 비교되고, 얼굴에 표현된 영악한 미소가 특징이었는데, 이는 메소드 연기 그 이상이자, 약간 과장된 것이었다. 하지만 그가 영화 전체를 지배했다. 그의 연기 스타일은 포커페이스를 유지하는 다른 미국인 배우들의 축소된 연기와 교묘하게 대조됐다. 다른 두 미국인 배우는 거의 로봇 같았다. 투코는 클린트 이스트우드가 연기한 색바랜 기사 돈키호테 옆의 산초 판사였다. 프로덕션 디자이너 카를로 시미의 그림을 보면, 투코는 낡아빠진 옷을 입고 말을 타는 광대였다.

레오네가 L.A.에서 처음 일라이 월러크를 만났을 때, 월러크는 이런 영화에 출연하는 게 자신의 영화 경력에 맞는지 생각을 해야 했다. "나 자신에 관해 생각했다. '스파게티 웨스턴?' 이건 '하와이 피자'(Hawaiian pizza)인가?"[34] 월러크는 이 작품에 출연하기 전, '모든 연출 속에서'(In All Directions)라는 글에서 액터스 스튜디오 출신 배우의 어려움에 관하여 쓴 적이 있다. 이 글에서 그는 배우들의 준비나 리허설보다는 기술적인 설치가 우선시되는 촬영장에 가면 힘들었다고 썼다. 그는 이런 말도 했다. "나는 감독이 내가 해야 할 연기를 직접 선보이는 것을 별로 좋아하지 않는다. 그것보다는 '이런 타입의 멜로디를 들려줘. 그리고 나머지 노래를 그 멜로디로 채워줘'라고 말하는 감독이 더 좋다."[35] 월러크가 고백했듯, 그의 뿌리는 연극 무대였다. 그래서 그가 영화의 첫 경험을 엘리아 카잔의 '아기 인형(Baby Doll, 1956)과 존 휴스턴의 '맞지 않는 사람들'(The Misfits, 1961)을 통해 한 것은 행운이었다. 이 감독들은 배우들의 연기를 끌어낼 때면 관찰과 토론을 통해 이뤄냈다. 월러크는 '옛 스타일', 또는 '옛 감독들'과는 행운을 별로 누리지 못했다.

월러크에 따르면 영화계에서 일할 때의 위험 가운데 하나가 배역이 고정되는 것이었다. "이상한 일들이 벌어졌다. 영화계에서 나에 대한 스크린에서의 첫인상은 '아기 인형' 때 생겼다. 나는 어둡고, 불길한 예감을 주는 악당이며, 콧수염을 기르고 복수심에 가득 찬 라틴 남자였다. 그런데 이 첫인상이 굳어졌다. 그때부터 나는 더욱 나쁜 역할들을 제안받았다. '황야의 7인'(1960)에서 나는 황금 이빨에 수염을 기른 산적 두목이었는데, 그때부터 나는 수많은 산적 역할을 제안받았고, 아마 모든 종류의 산적 역할 제안을 다 받았을 것이다." 그래서 월러크는 '서부 개척사'(1962)에서 경멸적으로 웃는 악당 찰리 그랜트로 나왔다. 그리고 '황야의 7인' 후속편 제작이 논의됐고, 월러크는 오리지널 판의 마지막에서 죽은 산적의 삼촌 역을 제안받았다. 그는 그 제안을 거절했다.

월러크의 마음에는 투코 역할을 맡았을 때의 또 다른 위험도 감지됐는데, 그건 과도한 폭력이었다. "돈 시겔 감독의 '라인 업'(The Line Up, 1958)을 찍을 때, 나의 캐릭터는 5명을 죽였다. 나는 큰일 났다고 생각했다. 나는 그 영화가 너무나 많이 총알, 무기, 권총, 폭력, 폭력 그리고 또 폭력을 강조한다고 느꼈다. '라인 업'을 마친 뒤, 나는 더 이상 영화 일은 안 할 생각이었다." 그래서 그는 브로드웨이 무대로 돌아갔고, 그곳에서 메소드 연기에 대해 가르치기도 했다. 월러크가 말했다. "시간이 지난 뒤, 나는 다시 영화로 돌아갈 준비가 돼 있었다. 나는 영화에서 생긴 악한 성질을 나의 마음에서 충분히 비워냈고, 그리고는 무대로 가서 선한 역, 빛나는 기사 역 같은 것을 했다. 그래서 결과적으로 나는 이후, 두 역할 모두를 할 수 있었다." 그래서 월러크가 레오네를 처음 만났을 때는 모든 종류의 비상벨을 누를 준비를 다시 했다. 이를테면, 또 라틴 악당이고, 영어를 할 줄 모르는 감독의 작품이고, 그리고 그 감독은 '총알을 아주 많이 강조한다'라는 평판을 듣고 있었다. 레오네는 자신의 영화 가운데 아무거나, '단 1분만' 봐달라고 월러크에게 요구했다. 그리고는 시사실에서 '석양의 건맨' 오프닝 시퀀스를 틀었다. 그러자 월러크가 말했다. "나를 언제 원하지?"[36]

레오네는 이스트우드에게 투코의 캐릭터는 시나리오에 있는 대로 진행될 것이라고 말했다. 하지만 월러크와 레오네가 로마와 알메리아에서 함께 일하기 시작하자, 시나리오 일부를 바꾸는 일은 피할 수 없는 것이었다. 월러크의 기억이다. "내가 로마에서 세르지오를 처음 봤을 때, 그는 멜빵 바지에 혁대까지 하고 있었다. 그래서 말했다. '이렇게 해야 너는 바지를 입는 게 안심이 되니?' 그러면서 덧붙였다. '투코 캐릭터를 위해 나도 그렇게 입을 거야.' '좋아'하고 세르지오가 대답했다." 레오네도 두 사람이 함께 세트장에서 서로에게 총질 연기를 하며 즐긴 것을 기억했다. 두 사람은 손으로 작업하는 장인의 집중하는 태도와 괴상한 유머 감각을 공유했다. 레오네가 말했다. "일라이 월러크가 손가락 제스처를 제안했다. 극중에서 투코는 그 제스처를 아주 서투르게 하곤 한다. 그러면서 그는 자신에게 닥칠 액운을 쫓으려는 것이다. 그는 사실 그런 것을 믿지 않는다. 하지만 그렇게 하지 않으면 안심을 하지 못하는 것이다." 월러크는 레오네의 연출 방법에 관해 농담하는 것을 아주 편안하게 느꼈다. 레오네의 기억이다. "나는 무대에 약간의 놀람을 주는 조크를 준비했다. 마지막 장면에서, 황금이 숨어 있는 묘지를 발견하는 사람은 투코이다. 나는 그에게 묘지에 들어갈 때 경건함과 신중함을 갖추라고 요구했다. 동시에 희망과 긴장도 있어야 했다. 그 모든 것은 완벽한 침묵 속에 진행됐다. 막 촬영이 시작될 때, 월러크에게 알리지 않고, 개를 한 마리 풀어 그의 다리 쪽으로 가게 했다. 그리고 나는 그의 자연스러운 반응, 곧 놀라는 것을 찍었다. 이건 단지 웃음을 위한 것이 아니었다. 나는 영화가 멜로드라마로 빠지는 것을 막기 위해, 극적 긴장을 깨야 했다."[37)]

일라이 월러크는 디테일까지 포함하여, 레오네와 토론한 것은 '영화에서 내가 경험한 최고의 순간 중 하나였다'라고 기억했다. 레오네는 영어를 못했지만, 그런 이유 등으로 오히려 그는 토론에 대단히 열린 태도를 보였다. "우리는 대개 프랑스어로 소통했다. 스크립트 담당 여성이 매우 훌륭했다. 그녀는 나를 설득할 정도로 영어를 충분히 잘했다. 나는 세르지오에게 황금 이빨('황야의 7인'의 칼베라처럼)을 하고, 선택한 모자를 쓸 수 있는지 물었다. 그러면 그는 곧장 '오케이'하고 답했다. 세르지오와 일할 때면, 배우는 영화에 자기만의 무언가를 투입한다는 것을 느낀다. 배우는 줄로 연결된 인형이 아니라, 자신의 창의력을 이용하도록 허락된 존재인 것이다. 총집에 대해 말할 때, 그는 총에 줄을 달아 나의 목에 거는 게 어떻겠냐고 말했다. 그래서 답했다. '오케이. 나는 네가 총을 나의 무릎 사이에 달게 하지 않을까 상상했어.' 그래서 그는 시도했는데, 총이 그의 주요 부위를 맞췄다. 그러자 '그만두고, 그냥 총은 너의 호주머니에 넣어.'라고 말했다."

처음에 월러크는 촬영장에서의 많은 혼돈을 느꼈다. 하지만 그는 곧 사정을 알게 됐다. "세르지오는 그가 원하는 장면을 정확히 알고 있었다. 이탈리아인들은 혁신적이며, 과감하게 시도하는 것을 두려워하지 않으며, 그렇게 일하는 것을 즐겼다. 만약 영화 제작이 무정부적으로 이루어지는 것 같고, 목적이 없는 것 같고, 그리고 조직이 없는 것처럼 진행되는 것을 보면, 당신은 환멸을 느끼지 않을 수 없을 것이다. 그런데 이탈리아 영화에서 중요한 열쇠를 손에 쥐고 있는 사람은 바로 감독이다. 게다가 세르지오는 항상 영화만 생각하는 사람이다. 그는 영화와 잠을 자고, 영화를 먹는다. 세르지오는 예민한 사람이다. 영화를 찍을 때 보면, 늘 손을 폈다가 쥐었다가를 반복한다. 그는 집중력이 대단하다. 그리고 어떤 마법적인 터치를 할 줄 안다. 내가 알고 있는 사실에서 말하자면, 나는 지휘봉을 흔들고 있는 그를 즐긴 악기 연주자 같았다."[38)]

리 밴 클리프에 따르면, 자신과 이스트우드는 투코의 캐릭터에 레오네가 특별한 애정을 갖는 사실을 알고 있었다. 레오네와 월러크는 실제로 함께 많은 시간을 보냈다. 밴 클리프의 기억이다. "우리 셋 중, 관객이 모든 것을 알 수 있는 유일한 캐릭터가 투코이다. 관객은 그의 형제도 만나고, 그가 어디 출신인지, 왜 산적이 됐는지 알 수 있다. 하지만 클린트와 나의 캐릭터는 의문 속에 남는다. 관객들이 투코 캐릭터에 가장 가까이 다가가는 것은 분명한 사실이다." 일라이 월러크의 리 밴 클리프에 대한 중요한 기억은, 함께 일할 때 밴 클리프가 새로운 벤츠를 자랑하던 일이었다. 월러크에게 무정부적으로 보이는 이탈리아 세트장에서 발생하는 시련과 고난을 이해하도록 도와준 사람은 이스트우드였다. "그가 나의 손을 잡고, 모든 곳을 안내했다." 이를테면 스턴트와 특수효과에 대해서 자세하게 관찰하도록 경고한 사람은 이스트우드였다. 두 사람은 로마에서 마드리드까지 함께 비행기를 타고 갔고(실내 장면이 끝난 뒤), 전투 장면을 찍기 위해 스페인 북쪽의 부르고스까지 함께 차를 몰고 갔다.[39)]

월러크가 말했다. "나는 클린트가 매우 고마웠다. 그는 아이디어도 많았고, 사업 감각도 있었는데, 그런 게 나의 캐릭터를 더욱 발전시켰다. 그는 세트장에서는 별로 말이 없었다. 하지만 클린트는 매우 영리하고 관찰력이 뛰어났다. 그가 말하길, 이 영화는 이탈리아에서의 그의 세 번째 작품이며, 이를 마치면 미국에 돌아가서, 자신의 경력에 집중하겠다고 말했다. 그리고 그는 그렇게 했다." 이스트우드는 자신이 스타가 되어야 할 이 영화에서, 그 자리를 월러크에게 내어준 사실에 씁쓸함을 느낄 수도 있었다. 하지만 이스트우드는 그런 모습을 월러크에게 전혀 표 내지 않았다. 아니 그 반대로, 대단히 유용한 조언을 많이 했다. 이런 장면이 있다. 블론디는 투코 뒤에서 말을 타고 달리며(투코는 손이 뒤로 묶여 있고, 최대한의 속도로 뛰어야 한다), 그를 안장 위로 끌어 올려야 한다. 이스트우드는 월러크에게 조언하길, 전혀 표나지 않을 테니 스턴트맨을 쓰라고 했다. 카메라는 월러크의 뒤에 있기 때문이었다. 월러크는 동의했다. 하지만 이스트우드는 자신의 스턴트 부분은 자신

이 했다.[40)]

그런데 또 다른 위험들도 있었다. 월러크는 그 일을 잘 기억하고 있었다. "나는 수갑으로 연결된 간수(마리오 브레가)를 기차에서 떨어뜨렸다. 내가 자유로워질 수 있는 유일한 방법은 그 간수의 몸을 철로 위에 올리고, 기차가 수갑 위로 지나가도록 하는 것이었다. 수갑은 가벼운 납으로 만들어져 있었다. 세르지오는 나에게 그 장면을 어떻게 찍을지 설명했다. 곧 나는 기차가 다가오는 것을 보고, 고개를 관객 쪽으로 돌려, 현장에 있는 사람은 스턴트맨이 아니라 바로 나라는 사실을 알게 해야 했다. 그래서 나는 기차가 오는 것을 보고, 마지막 순간에 레오네가 원하는 대로 고개를 돌렸다. 그런데 마지막 객차가 지나갈 때, 나는 모든 객차의 맨 뒤엔 계단이 달린 것을 보았다. 세르지오는 그 장면을 다시 찍기를 원했고, 이번에는 나에게 고개를 좀 더 높이 들라고 요구했다. 만약 내가 고개를 좀 더 들었다면, 아마 나는 머리가 잘렸을 것이다. 세르지오가 말했다. '다시 해', 나는 '안돼'라고 답했다. 우리는 다시 하기로 했고, 이번에는 철로 아래를 조금 더 파서, 구멍을 냈다. 하지만 나는 고개를 계속 아래로 숙이고 있었다. 세르지오가 말했다. '제발 한 번만 더.' 나는 안된다고 답했고, 그래서 결국에 우리는 첫 촬영분을 썼다."[41)]

월러크에 따르면, '석양의 무법자'를 찍는 일과 비교하면, 브로드웨이의 무대는 안전 가옥 같았다. 엘리아 카잔이 이탈리아에 왔다고 하더라도, 그는 자신의 말을 전달하기 위해서는 고함을 질러야 했을 것이다. 월러크가 말했다. "이탈리아에는 조합의 규칙이 없었다. 그래서 당신은 해가 뜰 때부터 해가 질 때까지 촬영해야 한다. 또 일부 카메라 장비는 낡은 것이다. 계속하여 렌즈를 갈아주어야 했다. 공동묘지 장면은 그렇게 찍었다. 곧 카메라는 나의 허리를 잡고, 그다음에는 내려가서 총을 잡고, 다시 위로 올라가 허리를(그리고는 곧바로 월러크의 눈동자로) 잡고 하는 식이었다. 또 스페인 말과 일하는 것도 위험했다. 내가 교수형에 처하는 장면을 보자. 내가 묶였을 때, 클린트가 로프를 쏜다. 소품 담당은 로프에 소량의 다이너마이트를 넣었다. 그러면 클린트가 총을 쏠 때, 로프는 터질 것이다. 내가 타고 있는 말은 총소리를 들었을 때, 아주 예민했다. 그래서 나는 세르지오에게 제안하길, 말의 귀에 솜을 좀 넣자고 했다. 그는 그런 일은 들어본 적이 없다고 답했다. 나는 할리우드에서 서부영화를 찍을 때, 총 쏘는 장면이 많고, 말들을 진정시키기 위해 귀에 솜을 넣는다고 말해주었다. 하지만 레오네는 그렇게 하지 않았다. 그러면 짐작하겠지만, 그 말은 총소리를 들었을 때, 겁을 먹었고, 나를 위에 태운 채 달렸다. 마치 지옥에서 도망가는 박쥐처럼 말이다."[42)]

이런 일도 있었다. 블론디와 투코가 드디어 황금을 발견한 뒤에 벌어지는 장면을 찍을 때다. 황금은 8개의 가죽 자루에 담겨, 묘지에 들어 있었다. 월러크가 말했다. "촬영팀은 금화가 들어 있는 가죽 자루를 부드럽게 만들려고 소량의 산을 이용했다. 그런데 바보 같은 소품 담당이 실수로, 내가 즐겨 마시던 스페인 레몬 소다에 산을 넣고 말았다. 나는 운이 좋았다. 그 병을 입에 대자마자, 나는 그것이 산인 줄 알았고, 바로 뱉었다." 이런 위험한 일들을 겪은 뒤, 월러크는 감독이 반드시 손에 쥐고 있어야 할 열쇠를 제대로 쥐고 있는지 종종 질문해야 했었다.[43)]

투코 캐릭터는 레오네 웨스턴에서 근본적으로 다른 새로운 출발을 보여주었다. 타임의 평론가 리처드 시켈은 "모든 약탈 행위에도 불구하고 투코라는 인물은 우리가 동일시할 수 있는 넓은 감정 폭을 제공하고 있다."라고 정의했다. 투코의 '비도덕적 가족주의'는 그가 산 안토니오 수도원에서 생활 중인 형 파블리토 라미레스 신부(루이지 피스텔리)를 방문한 장면에서 강력하게 표현돼 있다. 파블리토는 투코에게 어머니의 죽음(오래 전)과 아버지의 죽음(며칠 전)에 대해 말한다. 그러자 투코는 "겨우 이제야 그것에 대해 생각하고 있어?"라며 퉁명스럽게 답한다. 그는 파블리토가 성직자 수업을 받고 있을 때, 바로 자신이 가족을 돌봐야 했고, 산적이 된 것도 가족을 먹여 살리기 위해서였음을 상기시킨다. "너는 너의 길을 갔어. 나는 나의 길을 갔고. 나의 길이 훨씬 험했어." 그리고 두 형제는 마치 어린 소년들처럼 서로를 잡고 다툰다. 이 장면을 블론디가 숨어서 보고 있었다. "용서해라, 형제여." 창피함을 느낀 파블리토 신부는 뒤에 남아서 이렇게 말했다. 투코는 뒤도 돌아보지 않고, 밖으로 걸어 나온다. 그리고는 블론디에게 뽐내며 말한다. "나의 형이야. 나를 너무 좋아하지. 내가 부랑자라도 말이야. 무슨 일이 벌어져도, 먹을 수 있는 한 그릇의 수프는 항상 있을 거야." 블론디가 대답한다. "그럴 거야. 식사 후에는 좋은 시가보다 나은 게 없지." 투코는 눈물을 닦고, 시가를 씹어 먹기 시작한다. 그리고 빙긋이 웃는 표정이 다시 그의 얼굴에 퍼져나간다. 레오네에 따르면 이 장면이 투코의 캐릭터를 단번에 '정의'했다. 이렇게 설명했다. "투코가 파블리토 신부에게 말한다. '너와 나 사이에, 더 나은 사람은 바로 나야.' 그리고 그 신부는 옛날의 선한 기독교인답게, 그 말을 충분히 이해한다. 심지어 그는 사과까지 했다(용서해라, 형제여). 그리고 투코는 머리에 가족에 관한 경이롭고 과장된 가치관을 지닌 채, 다시 길을 떠난다. 이 장면에서 투코는 정말 감동적이었다."[44)]

투코는 약한 모습을 보여줄 때가 있다. 그는 파블리토 신부의 방에서 보여준 대화처럼, 다른 사람들에게 이런 특성을 잘 이용하기도 한다. 블론디가 사막의 태양에 노출돼 부상을 입은 뒤, 회복할 때이다. 투코는 황금이 정확히 어디에 숨어 있는지 알기 위해, 블론디의 기분을 맞춰준다. "블론디, 부모 있어? 어머니는? 어머니도 없구나. 너는 완전히 혼자구나. 나처럼 말이야. 블론디." 전체적으로 투코는 개가 개를 잡아먹는 세상에서 더욱 편안함을 느끼는 인물이다. 영화 속 세상에는 이상하게 번역된 일련의 격언들이 자주 소개되곤 한다. 이런 게 있다. "친구, 이 세상에는 두 종류의 사람이 있지. 총을 장전하는 사람, 그리고 땅을 파는 사람. 네가 땅을 파."

또 다른 흥미로운 대사도 나오는데, 투코가 폭탄 맞은 호텔 방에서 목욕을 즐기고 있을 때이다. 도입부에서 등장했던 말탄 부랑자 중의 한 명(알 멀로흐)이 쳐들어온다. "나는 너를 8개월 동안 찾아다녔어. 드디어 나에게 딱 맞는 곳에서 너를 찾았구나." 그런데 비누 거품 아래서 네 발의 불꽃이 터져 나온다. 부랑자는 바닥에 쓰러졌다. 비누가 묻은 콜트 권총을 쥐고 있는 투코가 욕조에서 천천히 나오며 말한다. "총을 쏘아야 할 때는 쏘아. 말하지 말고." 조금 뒤, 투코와 블론디는 '천사의 눈'(밴 클리프)이 그들에게 남긴 메모를 발견한다. 투코는 문자를 읽으려고 애를 쓴다. "다시 만나자, 멍(Idi), 멍청(Idio). 멍청이들(Idiots)." 블론디가 말한다. "너에게 썼네."

'석양의 무법자' 촬영에는 13주가 걸렸다. 장소는 로마(실내 장면을 위한 엘리오스 스튜디오), 타베르나스, 알메리아 사막 일대, 구아딕스, 마드리드, 그리고 부르고스였다. 레오네에 따르면 부르고스 근처의 북부 스페인은 버지니아처럼, 그리고 알메리아의 남부 스페인은 애리조나처럼 찍었다. '석양의 건맨'에서 카를로 시미가 만든 엘 파소는 여기서 퇴각한 남군들로 가득 찬 마을이 됐다. 프란체스코 수도원의 외부는 19세기의 성이다. 예배당과 별채가 붙어 있는 성은 '형제들의 장원'(Cortijo de Los Frailes)에 있는데, 알바리코케스에서 먼지 많은 길을 따라 수 킬로미터 내려오면 닿는 곳이다. 성의 내부는 '석양의 건맨'에서, 밤에 몬코(이스트우드)가 인디오 갱들로부터 탈출하는 장면에서 이미 사용했다. '형제들의 장원'은 1930년대에 불행한 젊은 커플이 도주한 곳으로 유명하다. 작가 페데리코 가르시아 로르카는 그 사건에 기초하여 희곡 〈피의 결혼식〉을 썼다. 이곳은 지금은 폐허가 됐다. 병원의 내부 장면은 부르고스 근처, 역시 지금은 폐허가 된 아를란차 수도원에서 찍었다.

사막 시퀀스인 소위 '태양이 불타는 모래' 장면은 산 호세 근처의 '라 알마드라바 데 몬테레바'(La Almadraba de Monteleva) 위의 조그만 사구에서 촬영했다. 현재 그 사구는 해변의 모래 사장을 위해 옮겨졌다. 박격포 전투가 벌어지는 폐허의 마을은 허구의 '아베르딘 시티'(Aberdeen City)인데, 콜메나르 비에호(Colmenar Viejo)에 만들어진 세트이다. 북군의 포로수용소 근처 기차역의 실제 역은 칼라호라(Calahora) 역인데, 가우딕스 근처에 있다. 가우딕스는 과장되게 치장한 기관차와 철도 지게차 사이의 교차점으로 나온다. 미술감독 카를로 시미의 전언이다. "투코의 첫 번째 '교수형'은 로마의 엘리오스 스튜디오에 있는 서부 마을에서 진행됐다. 두 번째는 내가 이미 만들었던 엘 파소에서, 그리고 세 번째는 알바리코케스 근처의 전형적인 시골 마을에서 촬영했다. 목이 매달린 블론디가 거의 죽을 뻔한 호텔은 타베르나스의 술집 실내였다. 도입부 장면은 고원 위에 특별히 건축된 마을에서 찍었다. 그곳에선 타베르나스의 강바닥이 보인다. 그래서 저 멀리 지평선을 볼 수 있다. 외부 장면을 위한 모든 시설은 설치하고 고치는 게 매우 어려웠다. 왜냐면 장비들이 무겁고, 종종 손으로 직접 들어 옮겨야 했기 때문이었다. 다른 중요한 촬영 장소는 더욱 북쪽인데, 아란다 데 두에로(Aranda de Duero)와 부르고스 사이에 있었다. 현지에선 코바루비아스(Covarrubias, 붉은 동굴)라고 불렸고, 여기서 전투 장면, 참호, 아를란사(Arlanza) 강을 찍었다. 다리는 나무로 만들고, 그 위에 폭파될 돌을 얹었다. 우리는 강에 물이 충분히 있도록 보를 만들었다. 강은 여름에 바싹 마르기도 하기 때문이었다. 그 지역은 지금은 모두 인공 호수로 덮여 있다."[45)]

시각적 디테일에 관한 레오네의 강박은 영화업계의 전설 수준으로 발전했다. 프로듀서 풀비오 모르셀라의 아들 루카 모르셀라(훗날 레오네의 조감독)는 이런 이야기를 전했다. "어느 날 제작팀은 촬영을 끝냈고, 제작 담당(페르난도 친퀴니)은 아주 행복했다. 왜냐면 그날 모든 일이 제시간에 끝났기 때문이었다. 그때 세르지오가 말했다. '박차에 관한 디테일을 하나 놓쳤다. 다음에 찍겠다.' 제작 담당이 답했다. '걱정하지 마라. 박차처럼 작은 부분은 언제든지 촬영할 수 있다.' 결국에 그 날이 왔고, 제작 담당의 일정표에는 '박차에 관한 디테일'이라고 적혀 있었다. 그 담당은 세르지오에게 가서, '지금 촬영할까?'라고 말했다. 세르지오가 답했다. '아는지 모르겠는데, 나는 3백 명의 엑스트라, 역마차, 말들, 그리고 관련된 모든 게 필요하다.' 그 장면이 '박차에 관한 디테일'인 것은 맞다. 하지만 세르지오가 원한 것은, 박차의 뒤로 살아 있는 마을 전체가 보여야 하는 것이었다. 사람들은 일하고, 말들이 다니는 마을 말이다. 그때부터, 그 일은 업계의 전설이 됐다. 그래서 감독이 '디테일을 하나 놓쳤다.'라고 말하면, 제작팀은 반드시 '박차에 관한 디테일' 같은 건 아닌지 확인해야 했다."[46)]

'진정으로 내가 이것을 썼습니까?' 같은 경험은 루치아노 빈첸초니도 했다. 블론디와 투코가 사막에서 사업 계획을 토론하는 장면을 볼 때다. 시나리오대로, 두 사람은 늘 그랬듯, 현상금을 반으로 나눈다. "다섯은 네 것, 다섯은 내 것." 그때 투코가 새로운 계약을 원한다. "세상에는 두 종류의 사람이 있어. 목에 로프를 맨 사람, 그리고 그 로프를 끊는 사람. 이보게, 로프의 끝에 매인 것은 나의 목이야. 위험을 감수하는 사람은 나야. 그래서 다음부터는 내가 반 이상을 가져야겠네." 그리고 빈첸초니는 그것이 화면에서 어떻게 표현됐는지를 봤다. "세르지오는 며칠 동안 이 장면을 찍은 필름을 보내왔다. 그 일은 조감독들이 산속의 길(알메리아에 있는 타베르나스 위쪽)을 찾을 때까지 계속됐다. 그 길은 장엄한 배경을 갖고 있었고, 그래서 그들의 대사에 더욱 힘을 실었다."[47)] 사막 장면처럼, 이 시퀀스도 다른 작품을 떠오르게 하는데, 그건 윌리엄 웰먼의 '황색 하늘'(Yellow Sky, 1948)의 먼지 많은 장면이다. '황색 하늘'은 미국 서부 데스 밸리(Death Valley) 국립공원에서 촬영됐다. '황색 하늘'엔 태양에 불타는 70마일의 사막과 나무가 우거진 유령 마을이 등장하는데, 그곳에서 코요테는 울부짖고, 창문 덮개는 덜컹거리며, 바람은 음산한 휘파람 소리를 낸다.

레오네의 촬영감독으로 토니노 델리 콜리(Tonino Delli Colli)가 마시모 달라마노(영어 이름은 Jack Dalmas)를 대신하여 합류했다. 델리 콜리는 레오네의 후반부 경력 내내 함께 일했다. 델리 콜리가 말했다. "우리는 시작할 때부터 한 가지 시각을 갖고 있었고, 그건 미학적 규칙이었다. 곧 웨스턴에서는 너무 많은 컬러를 쓰지 않는다는 것이었다. 우리는 정교한 그림자를 찾았다. 곧 검은색, 갈색, 옅은 흰색의 그림자들이었다. 왜냐면 건물들은 전부 나무로 만들어졌고, 시골의 컬러는 충분히 생생했기 때문이었다. 우리 둘은 모두 모래색 그림자를 좋아했다."[48] 레오네는 많은 시간을 들여(스토리보드는 밀쳐 두고), 델리 콜리와 함께 프레이밍, 구도 그리고 공간의 이용을 토론했다. 두 사람은 거대하고 복잡한 클로즈업에 관해 활기찬 대화를 나누었다. 그런 클로즈업은 그날의 중요한 시퀀스와 큰 규모의 작업이 모두 끝나, 영화가 필름 통에 안전하게 보관된 뒤, 일정의 맨 마지막에 촬영됐다. 레오네와의 이 작업은 피곤한 낮 작업만큼이나 오래 진행됐다. 그래서 델리 콜리는 이런 일이 늘 재미있지는 않았다.[49] 1997년 클린트 이스트우드는 이렇게 말했다. "짐작하건대, 토니노 델리 콜리는 세르지오만큼 그 작업에 열정적이진 않았다. 클로즈업은 촬영에서 그렇게 흥미로운 일이 아니었기 때문이었다. 하지만 세르지오는 어떻게 하면 영화를 더욱 크게, 동시에 더욱 친밀하게 만드는지 알고 있었다."[50] '석양의 무법자'에서는 풍경이 말하자면 무대의 배경이었다. 그 속에서 주요 인물들은 도시의 감각을 지닌 채 돌아다닌다. 이런 효과는 넓은 테크니스코프 화면으로 강조됐다. 주요 캐릭터들을 위해 사막을 정원으로 바꿀 필요도 없었고(점토 오두막집에 사는 농부들처럼), 그들을 도시로 끌어들일 필요도 없었다(기회주의적인 호텔 직원이나 군대의 간부들처럼). 이런 효과는 모든 곳에서 드러났다. 곧 캐릭터들은 대지를 그들의 목표를 위한 수단으로 이용했다. 그들은 말을 타고 떠났고, 절대 돌아오지 않았다. 그들은 마치 도시의 거리를 지나가는 것 같았다.

영화적 공간에는 어떤 통일성 같은 것이 빠져있다. 어떤 경우는 공간이 너무 차 있고, 또 어떤 경우는 너무 비어 있다. 영화는 황야의 숏으로 시작한다. 이 장면은 영원히 저곳으로 멀어질 것처럼 보인다. 그런데 갑자기 마마 자국이 있는 부랑자(알 멀로흐)의 얼굴 숏이 극단적인 클로즈업으로 프레임을 가득 채운다. 그런데 영화의 끝은 클린트 이스트우드를 하이 앵글로 찍은 롱숏이다. 그는 스크린의 넓은 가로축을 따라 말을 타고 가고 있으며, 곧 알메리아의 넓은 지리 속으로 들어간다. 일라이 월러크에 따르면 마지막 장면의 원래 계획은 이랬다. "세르지오는 헬리콥터 숏을 원했다. 나를 공동묘지 가운데 있는, 아주 작은 개미 형상으로 보여주려고 했다. 하지만 그는 흔들리지 않고 작업을 할 수 있는 헬리콥터 카메라를 구할 수 없었다. 그래도 세르지오는 자신이 갖고 있는 것만으로도, 충분히 좋은 장면을 만들어 냈다."[51)]

이런 시퀀스를 통해 레오네는 형태와 공간적 관계를 더욱 확대된 방법으로 발전시켰다. 레오네가 이전 작업에서는 그렇게 강조하지 않은 방법이다. 이 영화의 많은 부분에서, 카메라가 움직이지 않은 채 가만히 있는 경우는 드물다. 총잡이들이 말에서 내릴 때면, 카메라는 말 아래의 등자에서 시작하여, 그들이 땅에 내릴 때면 위로 올라가 얼굴을 잡는 식이다. 패닝 숏은 지평선의 형상을 이용한다. 콜트 권총과 헨리 장총을 그렇게 잡았다. 대상은 카메라의 바깥에서 나타나기도 하는데, 그 대상이 카메라의 시각장(field of vision) 아래에서 출현했음을 알게 한다. 종종 카메라는 캐릭터들이 이미 봤어야 했던 것을 갑자기 우리 앞에 '드러내기'도 한다. 고전 할리우드의 문법에 따르면, 이런 카메라 움직임은 동기화가 전혀 되지 않은 것이고, 따라서 쓰지 않았다. 다시 말해, 이 영화에서는 캐릭터들이 보지 않을 수 없는 것들과 관련된 공간적 충격을 준다. 이런 장면이다. 블론디와 투코는 지도를 들고 사막 같은 곳을 함께 걷고 있다. 갑자기 북군 초병의 총과 총검이 프레임 아래서 나타난다. 그와 동시에 크레인 카메라는 위로 올라가, 군인들로 꽉 찬 넓은 전장을 하이 앵글 숏으로 잡는다. 그 전장은 그들이 걷던 길의 울타리 바로 옆에 있었는데 말이다. '석양의 무법자'의 영화적 공간은 이런 식의 초현실적인 병치로 가득 차 있다. 그렇게 해서 관객의 눈을 속이고, 계속 관객의 흥미를 붙잡아둔다.

세르지오 레오네는 미국의 시사회 참석자들이 이런 병치와 카메라 움직임에 짜증을 내고, 사막 시퀀스가 너무 길어 억지로 늘린 것 같다는 반응을 보이자, 몹시 기분이 상했다. 그들은 이번 영화의 리듬은 처음의 두 '달러 영화'에 비해 너무 느려졌다고도 했다. 앞의 영화들은 거의 환상적일 정도의 속도를 갖고 있었다는 것이다. 그들이 보기에, 두 영화에서는 시간이 늘어나거나 좀 길어질 것 같으면, 갑작스러운 개입이 반드시 뒤따랐다. 그런데 모리코네의 음악과 더불어 이번 영화의 경험은 오페라 극장에서의 오랜 저녁과 비교됐다. 혹은 어떤 환각적인 약을 먹은 것 같다는 반응도 나왔다. 레오네는 약을 먹었을까? 이번 영화에서 레오네는 처음으로 장면이 '잘린' 경험을 했다. 보기 역겨운 이유 때문이 아니라, 상영시간 때문이었다. 영화는 처음의 182분에서 148분으로 줄었다(레오네는 씁쓸한 표정을 지으며 "팝콘을 더 팔려고 그랬다"라고 말했다). 투코가 무기 상점에 들어가 리볼버를 고르는 장면에서 일부가 잘렸고, 이어서 구입한 총으로 상점에서 강도질하는 장면으로 넘어갔다(이는 '공공의 적'에 나오는 제임스 캐그니의 장면을 참조한 것). 베터빌 수용소 사령관 관련 장면이 모두 잘려나갔다. 그리고 '천사의 눈'(나쁜 놈)이 베터빌로 향하는 장면, 투코가 아파치 협곡을 따라 산 안토니오 수도원으로 가는 장면, 여기에 관련된 지도 장면들이 모두 잘렸다. 이런 편집 때문에 영화의 지리학은 더욱 초현실적으로 보였다. 레오네는 사막 시퀀스를 지키려고 신경이 곤두서 있었다. 사막의 태양 때문에 피부가 바싹 마르고, 얼굴에 수포가 생긴 블론디의 뒤에서 투코가 말을 타고 따르는 장면이다. 투코는 분홍색의 주름이 많은 파라솔을 쓰고, 자신은 태양으로부터 보호하고 있다(이는 일종의 패러디인데, 푸른 피가 흐르는 귀족은 운이 없게 이와 비슷한 상황에 놓이면 투코처럼 행동한다는 것이었다). 레오네는 특히 이 장면을 좋아했고, 그래서 미국의 반응을 알고, 마음이 많이 상했다. "미국에서 가장 안 좋았던 것은 사막 시퀀스가 너무 길다는 반응이었다. 나는 그 장면을 존중한다. 촬영감독 토니노 델리 콜리는 위대한 초현실주의 화가처럼 그 장면을 찍었다."[52)]

레오네는 1950년대 초반부터 초현실주의 화가들의 작품에 열광했다. 막스 에른스트에서 시작하여, 르네 마그리트, 그리고 조르지오 데 키리코에 이르렀다. 레오네의 평가에 따르면, "위대한 전환점을 가져온 화가는 데 키리코였다. 데 키리코가 없었다면, 살바도르 달리는 나타날 수도 없었다. 데 키리코는 미술의 역사에서 과거와의 어떤 결렬을 의미했다. 그의 새로운 발명은 초현실주의와 미래파에 길을 닦았다."[53)] 레오네는 그들에 대한 자신의 흠모를 설명하며, 작가들이 보여준 지각의 게임, 환영과 트롱프뢰유(trompe l'œil, 실물의 착각 묘사), 그리고 기괴한 병치를 강조했다. 말하자면 '사물은 보기와는 전혀 다르다'는 것이다. 데 키리코는 원근법, 오브제와 사람에 대한 크기를 아주 특이하게 다루었다. 데 키리코는 자신의 그림은 모든 게 정오의 태양 아래 보인 것처럼, '하드 에지'(hard-edge, 색상 영역간의 갑작스러운 전환)하며, 강렬한 대조가 있다고 말했다. 레오네는 만약에 초현실주의가 중요하다면, 그건 작가들이 꿈과 환영의 언어를 개척한 데 있다고 말했다. "미래파(레오네의 부친은 이들의 일부를 알고 있었다)가 중요해진 것은 재평가의 결과였다. 여기엔 화가이자 시인인 자코모 발라(Giacomo

Balla)가 커다란 공헌을 했다. 발라는 미래파 조각가 움베르토 보초니(Umberto Boccioni)와 비교하면, 아직도 상대적으로 낮은 위치에 머물러 있지만 말이다." 레오네에 따르면, 미래파의 테크놀로지에 대한 열광, 극단적인 것과 폭력적 행위에 대한 매혹, 그들의 수사학(선언문이든 캔버스의 그림이든), 현대 세계의 역학과 놀라움을 잡아내기 위해 특징적인 시각적 표현을 찾으려는 시도 등은 충분한 주목을 받지 못했다. 특히 영화 관련 작가들로부터 외면받았다. 왜냐면 좌익 영화 비평가들은 미래파 운동이 파시즘의 발호와 연관되어 있어서, 거리를 두고 있었기 때문이었다. 레오네의 견해에 따르면 이는 비평이 너무 간과한 것이었다.

레오네는 1950년대 말부터 그림을 수집하기 시작했다. "나는 부친의 재산이 난파되는 과정에서 살아남은 그림들을 몇 점 갖고 있었다. 그리고 내가 돈을 벌기 시작하면서, 나는 내 돈으로 그림을 샀다. 처음에는 아주 작게, 나중에는 아주 크게 샀다. 나의 취향은 다방면에 걸쳐 있다. 하지만 오직 나를 감동시킨 것만 샀다. 유행에 따른 적은 절대 없었다." 그런데 당시의 조감독인 토니노 발레리에 따르면, 레오네의 수집은 1965년 마리오 본나르드 감독이 그에게 20세기의 이탈리아 예술 작품들을 유산으로 남긴 뒤부터 시작됐다. 발레리가 말했다. "본나르드는 대부 같았다. 그는 가장 가치 있는 작품 가운데 몇 점을 세르지오에게 남겼다."[54] '석양의 무법자'를 만들 때, 레오네는 데 키리코의 작은 그림을 하나 샀다. 그 그림은 도시의 아케이드 혹은 사막 같은 공간에 있는 열주 건물을 그려놓았다. 그림의 전면에는 수평으로 여성이 누워 있고, 뒤에는 웨스턴에서 볼 수 있는 미국의 기관차(굴뚝과 배장기까지)가 그려져 있다. 이 그림에는 원근법을 비튼 특별한 사용법이 있고, 대상의 크기에 대한 감각도 특이하다. 이 그림에는 빛이 머리 위의 태양에서 직각으로 떨어진 것처럼 보인다. 레오네는 이 그림을 '석양의 무법자'를 찍기 전에, 촬영감독 토니노 델리 콜리에게 보여주었다. 또 다른 데 키리코 그림도 있는데, 광장이 등장하고, 아주 대조되는 빛을 받는 동상이 그려져 있다. 그리고 아케이드가 두 개 있는데, 하나는 뒤에, 다른 하나는 옆에 그려져 있다. 사람들도 실루엣으로 보이는 이 그림도 레오네가 연이어 산 것이다. 레오네는 호안 미로의 그림도 구입했다. 간단한 추상화인데, 눈부시게 비치는 햇살을 닮은 노란색 눈물방울 형태가 그려져 있다. 이 그림은 1966년 작품이고, 그해에 '석양의 무법자'가 개봉됐다.

아내 카를라 레오네는 당시에 초현실주의에 대한 남편의 열정을 공유하진 않았다. "세르지오는 마그리트를 흠모했다. 하지만 나는 세르지오가 그런 그림들을 사는 것을 염려했다. 나는 그런 작품들을 이해할 수 없었다. 언젠가 그가 산 그림은 나무를 그려놓았는데, 디자인 때문에 나무가 새(鳥)로도 보일 수 있었다. 나는 그 새를 참을 수 없었다. 그 새는 불길한 징조를 상징하는 것이었다. 그림에 눈동자만 그려진 것도 있었다. 그게 무엇을 의미하는지 알 수 없었다. 내가 모르긴 해도 그 그림은 훌륭한 작품일 것이다. 하지만 나는 그 그림을 집안에 걸어두고 싶진 않았다."[55)]

결혼 초기부터 부부는 로마의 여러 갤러리에서 진행되는 사적인 열람회에 정기적으로 참석하곤 했다. 두 사람은 토요일 오후면, 고가의 골동품 가게 주변을 산책하곤 했다. 그 가게들은 17세기와 18세기 장식 예술의 역사에 특화된 곳이었다. 레오네가 주장하는 문학적 세련됨에 관해서는 늘 회의적이었던 세르지오 도나티도 이렇게 '시각적 교육'이 레오네에게 강렬했다는 점은 인정했다. 레오네는 그림을 통해 영감을 얻으려고 했다는 것이다. "그건 사실이다. 세르지오는 아름다운 물건들, 예를 들어 은그릇과 가구들을 소유하고 있었다. 로마에서 함께 일할 때, 오후만 되면 우리는 자선사업을 위한 국가 운영 전당포인 '몬테 디 피에타'(Monte di Pietà)에 갔다. 그곳에서 진행되는 경매에서 세르지오는 보석들을 사곤 했다. 내가 말했다. '그 보석들은 피와 눈물로 만들어진 거야.' 세르지오는 '상관없어'라고 답했다. 일요일이면 세르지오는 종일 그 보석과 골동품들을 옛 칫솔과 비누로 씻곤 했다. 그는 이런 말도 했다. '내가 여자라면, 이런 것들을 사랑했을 거야.' 세르지오는 골동품의 느낌을 아주 좋아했다. 세르지오가 골동품들을 미술감독 카를로 시미에게 보여주었고, 시미는 영화 속에서 그것들을 이용했다."[56)]

세르지오 레오네는 마드리드의 프라도 미술관에 대한 애정을 일찌감치 키웠다. '폼페이 최후의 날'을 찍을 때 미술관을 정기적으로 방문했다. 그가 가장 좋아한 그림은 벨라스케스의 '시녀들'(1656)과 고야의 '마드리드 5월 3일: 프린시페 피오 언덕의 학살'(1814)이었다. '시녀들'은 화가의 캔버스 뒷면과 음침한 스튜디오의 뒷벽 거울에 반사된 이중 초상화(스페인의 왕과 왕비)를 보여준다. 그래서 이 그림은 이미지를 만드는 과정뿐 아니라, 그림의 주체 문제까지 드러내고 있다. 레오네에 따르면, 이런 '그림에 대한 우화'는 벨라스케스를 '당대 최고의 화가'로 만들어 놓았다. 그리고 벨라스케스가 다루는 테마와 주제들('거지들, 병에 걸린 사람들, 난쟁이들')도 레오네에게 큰 영향을 미쳤다. 그는 그런 부분을 인식하고 있었다고 말했다.

"나는 궁정화가 고야가 아니라, 어두운 고야를 좋아한다. 이를테면 '옷을 벗은 마하'는 늘 나에게 소화불량을 일으킨다. 고야는 여러 테크닉을 사용한 최초의 화가 중 한 명이다. 총살 장면을 위해 고야는 영화적 이미지를 이용하고 있다. 당신은 고야가 장총과 총검을 배치한 방식대로, 또 그가 이용한 조명대로 그림을 보게 된다. 나는 이 그림을 촬영감독 토니노 델리 콜리에게 보여주었다. 그는 깜짝 놀랐다. '이 자식 고야는 인물들에게 5천 와트의 조명을 이용했어. 배경을 위해서 말이야. 이것 덕분에 고야는 선명한 효과를 얻을 수 있었어.' 흥분한 델리 콜리의 말이었다."[57)]

말하자면 레오네는 어둡고 밝은 색조를 극적으로, 또 날카롭게 대조하는(단색 스타일) 화가에 끌렸다. 그리고 흙색과 모래색을 사용하는 화가에 끌렸다. 예를 들어 고야는 질감에서

(섬유, 돌, 나무, 흙 등의) 관능적인 쾌락을 끌어냈다. 그리고 레오네가 관찰한 바에 따르면, 고야는 '전쟁의 참화'와 '변덕' 시리즈에서, 농부들의 기괴한 얼굴을 인상적으로 표현하곤 했다. 그런데 그런 그림에는 분명한 연민이 들어 있었다. 반면에 부르주아 혹은 귀족을 그릴 때, 그런 연민이 표현된 경우는 매우 드물었다. 레오네는 이런 종류의 사회적 풍자에 관해 이야기할 때면, 바이마르 시대 화가 게오르게 그로스(George Grosz)의 그림을 높이 평가했다("나에게 깊은 흔적을 남긴 화가다. 그의 색깔, 우습고 기괴한 것에 대한 그의 감각이 특히 그랬다"). 또 오토 딕스(Otto Dix)를 '가공할' 화가로 꼽았다("그의 놀라운 아이러니 때문에"). 레오네의 영화를 묘사할 때 '매너리즘'이라는 미술용어가 자주 사용되는데, 놀랍게도 그는 엘 그레코와 카라바지오에 관해서는 거의 관심을 드러내지 않았다.

레오네는 미술의 역사를 현대의 영화감독을 위한 시각적 교과서로 여겼다. 그는 와이드 스크린을 이용하고, 지각의 게임을 즐기며, 더욱 미술을 참조했다. 일라이 월러크는 레오네의 명단에 베르메르(Vermeer)와 렘브란트를 추가해야 한다고 말했다. 레오네는 '두 화가에 경도된 사람'이었다고도 전했다. 그런데 레오네는 자신의 미학에 흔적을 남긴 다른 화가로 에드가 드가를 꼽았다. 레오네는 드가의 독특한 '보는 방식'(way of seeing)을 강조했다. "나는 드가를 위대한 영화감독으로 바라보았다. 발레리나들의 제스처를 잡아내는 그의 방식 때문이었다. 드가는 전통적인 동작이 아니라, 항상 즉각적인 순간을 잡았다. 그 순간들은 얼핏 의미가 별로 없는 것 같지만, 자세히 보면 특별한 캐릭터의 더욱 깊은 진실을 드러내고 있다. 드가는 정말 특별하다." 레오네에게 특별한 인상을 남긴 드가의 방법은 댄서들의 사적인 순간을 잡아내는 것이었다. 곧 무대에서 공연하는 것보다는 씻고, 레슨 받고, 연습하는 순간들이었다. 덧붙여 원근법을 만들기 위해 한 명의 댄서를 저 멀리 배치하는 방식, 또 한 명을 캔버스의 옆으로 끌어내어 극단적인 클로즈업으로 전면 배치하는 방식 등도 큰 인상을 남겼다. 그렇게 그리면, 인물들의 상대적으로 다른 크기 덕분에, 관객은 평면이 매우 깊다는 인상을 받는다.[58] 레오네도 바로 이런 식으로 인물들을 잡는다. 이를테면 전신주도, 기차 궤도도 없어 원근법을 만들기 어려운 사막 장면에서 특히 그랬다. '석양의 무법자'는 처음부터 끝까지, 세 명이 나오는 장면, 다시 말해 '삼위일체'의 장면으로 넘친다. 그런데 영화 전체에서도 적어도 셋 중 둘은 항상 찍힌다. 이건 군무(corps de ballet)이기보다는 죽음의 춤(결투)이다. '원스 어폰 어 타임 인 아메리카'에서 어린 데보라가 축음기에서 나오는 음악에 맞춰 춤을 추는 장면은 드가 스타일로 조명이 조절됐고, 프레임이 잡혀 있다. 토니노 델리 콜리가 말했다. "세르지오는 우리가 촬영을 하고 있을 때는 그림을 이용하지 않았다. 하지만 사전작업 중일 때 우리는 그림에 관해 이야기를 많이 했다. 그건 '일의 핵심'이었다."[59]

레오네에게 일어난 중요한 개선 가운데 하나는 모리코네의 음악 중 일부가 촬영 이전에 작곡된 점이었다(어떤 곡은 녹음까지). 이렇게 작업할 수 있도록 예산이 충분히 확보됐다. 모리코네가 말했다. "이 영화 속의 주요 캐릭터에게는 모두 테마 음악이 주어졌다. 말하자면 캐릭터는 내가 작곡한 곡을 연주하는 일종의 악기다. 이런 의미에서 나는 화음과 대위법을 중요하게 다뤘다. 나는 음악으로 인간 단점의 혼합물인 이들 세 캐릭터의 노선도를 재현했다. 나에게는 크레셴도(crescendo)와 특별히 주목하게 하는 음악이 필요했는데, 이런 음악은 이 영화의 전체적인 정신과 조응해야 했다. 말하자면 음악은 영화에서 가장 중요한 요소 중 하나가 됐다. 음악은 복잡했는데, 유머와 서정주의, 또 비극적인 것과 바로크적인 것이 섞여야 했다. 음악은 행위의 요소가 되기도 했다. 이를테면 포로수용소 시퀀스에서 그랬다. 포로들의 오케스트라는 고문받는 사람들의 절규를 지우기 위해 연주를 해야 했다. 영화의 다른 부분에서, 음악은 리듬의 갑작스러운 변화를 수반한다. 예를 들어 어디서 왔는지 모를 유령의 역마차가 사막에 도착할 때다. 나는 그 장면에서 음악은 바로크적이기를 바랐다. 나는 거기에서 캐릭터들의 테마 음악을 반복하는 것을 원하지 않았다. 또 나는 촬영장에서 준비한 음악을 듣게 했다. 그러면 음악은 그 장면의 분위기를 창조해냈다. 연기는 음악에 의해 절대적으로 영향을 받는다. 클린트 이스트우드는 이런 방식을 매우 감사하게 여겼다."[60)]

이런 효과 이외에, 음악의 사용은 언어의 장벽 문제를 풀어주었다. 모리코네는 몇 개의 악기만으로, 음악 테마와 주요 캐릭터의 모티프를 녹음하였다. 그러면 레오네는 그만의 방식으로 그 테이프를 현장에서 틀었다. 그러면 "배우들은 음악에 맞춰 연기하거나", 또는 "음악에 대해 반응했다." 그런데 주요 캐릭터들은 이런 과정을 기억하지 못했다. 반면에 작가 세르지오 도나티는 종결부의 '삼자 대결'에 쓰인 음악에 관해 분명히 기억했다. "그 음악은 촬영 전에 작곡됐고, 촬영할 때 다시 편곡됐다. 아마 엔니오와 세르지오는 사전제작 중일 때 작곡을 했고, 나중에 바꾸었을 것이다." 작곡가이자 연주자인 알레산드로 알레산드로니도 분명히 기억했다. "레오네는 특별한 장면을 준비하며, 모리코네에게 작은 오케스트라로 데모 테이프를 만들어주기를 원했다. 그 데모 테이프를 기초로 하여, 우리는 정규 오케스트라로 재편곡하곤 했다(레오네의 후반기 영화에서도 그렇게 했다). '석양의 무법자'에서 모든 음악은 이미지에 맞게 재녹음되었다."[61] 이런 특별한 제작과정은 영화의 마지막 20분에서는 매우 가치 있는 것으로 증명됐다. 레오네에 따르면 마지막 20분은 모리코네의 두 개의 테마, 곧 '황금의 희열'(the ecstasy of gold)과 '정산하기'(the settling of accounts)를 위한 20분의 마임이었다. 그리고 또 남북전쟁 장면에서도, 사전에 녹음된 음악이 현장에서 연주됐는지 안 됐는지에 관계없이, 음악은 비슷한 효과를 냈다. 시나리오에 따르면, 여기에서 특정한 악기가 쓰인다는 지시는 따로 없었다. 그래서 베터빌 오케스트라에 맞는 '내재적 음악'(internal music)이 연주됐다

(북군 상사는 제정신을 차릴 수 없는 남군 청년에게 퉁명스럽게 말한다. "야, 계속 연주해." 그러자 바이올린 청년은 레오네 영화에서 유일하게 등장하는 노래에 맞춰 계속 반주한다). 그리고 투코가 욕을 해대는 ("너는 네가 누군지 알아? 단지 더러운 창녀…") 종결부에서 나오는 테마 음악은 이 영화에서 가장 유명한 곡조가 반복해서 연주될 때, 소리를 지르는 가수들의 목소리와 섞인다. '황금의 희열' 테마 음악은 간단하고 반복적인 네 개 음의 피아노 연주로 시작되는데, 이 테마는 쨍하는 종소리로 강조되고, 이어서 소프라노 에다 델로르소의 치솟는 보컬로 발전된다. 그리고 묘지의 유령 합창단이 부르는 듯한 '와, 와, 와'하는 소리로 중단된다. '황금의 희열'은 투코를 새드힐 공동묘지에서 미친 듯이 뛰게 했다. 이 음악도 시나리오에서는 별 것 아닌 것처럼 표시돼 있었다. 그런데 음악을 통해 이 장면은 안무가 들어 있는 극적인 춤이 됐고, 동적인 카메라 움직임의 역작이 됐다. 이 음악은 작은 메아리 소리와 함께 갑자기 중단된다. 그리고 침묵이 따른다. 말하자면 레오네는 이 장면을 찍을 때야 비로소 마음속에 이 음악을 품었다.

비평가들은 '석양의 무법자'에 들어 있는 긴 침묵에 주목했다. 그리고 이 작품의 '서부 서커스'(horse opera) 같은 요소, 그리고 복잡한 구조에 대해 농담을 하곤 했다. 그런데 이 영화에는 사람들의 침묵이 있다. 그들은 자신에 관해서나 다른 사람에 관해서, 그 무엇도 누설하고 싶어 하지 않는다. 그건 사람의 삶이 단지 간단한 정보에 의해 좌우될 수 있는 이 세상을 염려한 침묵이었다. 그 침묵은 미국의 남서부보다는 마키아벨리적이고 마피아적인 것이었다. 레오네는 떳떳하게 말했다. "나의 웨스턴은 멜로드라마와 비교됐다. 이런 비교는 내 영화에 등장하는 음악의 중요성 때문에 제기됐을 것인데, 나는 그 말을 들을 때면 기분이 좋다. 나는 늘 대사의 사용에는 제한을 가했다. 그러면 관객들은 서부 영웅들의 느리고 의례적인 제스처를 볼 때, 자신들의 상상력을 이용할 수 있다. 그건 영웅들이 산속에 있든, 더 넓은 광야에 있든 관계없다. 만약 내가 피카레스크적인 인물들을 서사극의 환경에 등장시켜, 새로운 스타일의 웨스턴을 창조했다는 게 사실이라면, 그 인물들이 말하게 한 것은 모리코네의 음악이었다."[62)]

'석양의 무법자'에 들어 있는 모리코네의 '휘장'은 도입부의 메인 타이틀 음악이 시작될 때부터 나오는 짧은 구의 형식에서 확인할 수 있다. 이는 주요 캐릭터들에게 각각 다른 특성으로 연주됐다. 이를테면 '좋은 놈'에겐 높은음, '나쁜 놈'에겐 낮은음을 부여하는 식이다. 테마 음악들은 각각 괴상한 방식으로 오케스트라에 의해 연주됐다. 모리코네가 말했다. "도입부에 나오는 코요테의 울음소리는 크레딧에 리듬을 부여하는데, 이는 보통 클라리넷으로 연주됐고, 내가 콘서트를 지휘할 때 쓰던 곡이다. 그런데 원래 하고자 했던 연주는 더욱 창의적이었다. 두 명의 남자 목소리를 겹치게 하려 했다. 한 명은 A음으로 울고, 다른 한 명은 E음으로 우는 것이다. 진행은 AAAH와 EEEH가 되는데, 반드시 격정적이어서, 동물의 울음소리를 닮아야 했고, 또 거친 서부의 야만성을 드러내야 했다."[63] '코요테의 울음소리'는 영화 내내 자주 들린다. 어떨 때는 플루트로, 또 전기 기타로, 그리고 거친 목소리로 연주된다. AEAEA로 진행되는 사운드는 자연의 소리처럼 들리는 사운드와 섞인다. 이는 특별한 방식으로 편집된 사운드 믹싱 덕분이었다.

오프닝 시퀀스의 '무성'(silent) 부분에서, 테마 음악은 코요테의 울음소리, 바람이 부는 소리, 천막이 펄럭이는 소리, 자갈길을 밟는 부츠 소리, 그리고 장전하는 소리에 자리를 내준다. 그리고는 갑자기 침묵이 이어진다. 마지막 시퀀스에서, 무덤의 판석들이 몰려 있는 새드힐 공동묘지에서 벌어지는 세 주인공 사이의 결투는 까마귀의 울음소리와 유령들의 웃음소리로 강조돼 있다. 이때의 주제 음악은 레오네가 사랑하는 또 다른 데구에요인데, 스페인 기타와 캐스터네츠로 시작한 뒤, 마리아치가 연주하는 승리의 트럼펫 독주로 이어지고, 이는 사람의 합창으로 뒷받침된다. 이때의 음악은 테마가 발전되면서 더욱 강력하게 연주된다. 여기엔 '석양의 건맨'에 나왔던 시계의 종소리가 인용되기도 한다. 레오네에게 '삼중대결'은 "가장 큰 만족을 준 시퀀스가 됐다. 특히 편집의 시각에서 보면 더욱 그랬다. 피카레스크 스타일의 여정이 여기서 모든 결론에 이른다." 영화 전체가 주요 캐릭터의 눈에 의해 읽힐 수 있다. 투코(추한 놈)는 '생쥐'의 눈을 갖고 있다. 불안하고, 계산적이며, 순진하다. 블론디(좋은 놈)는 '수호천사'의 눈을 갖고 있다. 자신 있어 보이고, 영리하고, 즐길 줄 안다. 천사의 눈(나쁜 놈)은 '로봇'의 눈을 갖고 있다. 냉정하고, 침착하고, 지지 않을 것 같다. 작가 빈첸초니도 공동묘지 장면을 '영화의 최고점'으로 기억했다. 이 장면 덕분에 앞에 나왔던 너무 많은 '추한 장면들'을 상쇄할 수 있었다는 것이다. 레오네는 막 제작을 마치고, 이 영화가 프랑스에서 개봉됐을 때 이렇게 말했다. "나는 영화의 대단원으로 마지막 장면을 항상 원형의 공간에서 마치고자 했다. 그런 공간에서 클린트 이스트우드는 잔 마리아 볼론테를 죽였다('석양의 건맨'). 이번에는 클린트 이스트우드, 일라이 월러크 그리고 리 밴 클리프가 동시에 대결했다. 이는 삶의 원형경기장(arena)이다. 곧 죽음의 순간은 진실의 순간이 되는 것이다."[64)]

이 원형경기장은 아를란차 계곡에 있는 '살라스 데 로스 인판타스'(Salas de Los Infantas) 근처의 카라소(Carazo)에 만들었는데, 물류배급에서 보자면 악몽이었다. 레오네가 기억했다. "나는 공동묘지가 고대의 원형경기장 같기를 원했다. 그런 것은 주위에 하나도 없었다. 그래서 나는 화약 담당 스페인 장교에게 갔다. 그는 다리를 건설하고 폭파하는 일의 책임자였다. 그가 나에게, 원하는 공동묘지를 만들 수 있게 250명의 군인을 내주었다. 그들이 1만 개의 무덤을 만들었다. 군인들은 이틀 동안 정말 열심히 일했다. 그래서 결국 공동묘지를 만들 수 있었다. 이는 나의 변덕에서 생긴 게 아니다. 원형경기장을 만든다는 생각은 영화에 결정적인 아이디어였다. 배우들이 죽음의 윙크를 한다. 왜냐면 마지막 스펙터클을 보는 목격자들은 무덤 속의 죽은 자들이기 때문이다. 나는 음악도 무덤 안에 있는 시체들의 웃음소리처럼 들리게 해달라고 했다. 세 배우 각각, 세 개의 클로즈업을 찍는 데 하루를 다 썼다. 나는 관객이 이 장면에서 발레를 보는 듯한 인상을 받기를 원했다. 나는 계략을 짜내는 그들의 태도를 계속 찍었다. 곧 그들의 눈길, 제스처, 또 주저하는 것까지 숏을 모았다. 음악은 이런 '사실주의적'인 이미지에 서정주의를 심었다. 그래서 이 장면은 서스펜스가 쌓이면서 안무의 수준에 이르렀다."[65] 마지막에 이스트우드는 판초를 입고 떠난다. 아마 '황야의 무법자'에 나오는 산 미구엘로 향할 것이다 "그렇게 게임은 이어진다."라고 레오네는 말했다. 말하자면 원형 구성인 것이다. 군용 공동묘지는 성스러운 땅 근처에, 오벨리스크도 있고, 가운데는 석판들이 있는 것으로도 만들 계획을 잡았었다. 하지만 최종적으로 레오네는 텅 빈 원형 투우장 같은 것으로 정했다.

이 장면을 찍기 전, 일라이 월러크는 레오네에게 하나의 제안을 했다. "나는 세르지오에게 '위대한 유산'(Great Expedation 1946)에 나왔던 장면을 말했다. 그 장면은 내가 엘리아 카잔에게도 제안하여 '아기 인형'에서 써먹기도 했다. 그건 내가 묘지 주변을 뛸 때, 내가 카메라가 되는 것이었다." 데이비드 린의 '위대한 유산'의 도입부 장면은 이렇다. 소년 핍은 묘지로 걸어간다. 그는 소리를 내며 흔들리는 나무를 보고, 바람이 불어 가지에 달린 가을 나뭇잎이 떨어지는 것을 본다. 그리고 잠시, 카메라는 펍이 '되는' 것이다. 공동묘지 장면에 관해, 리 밴 클리프는 이렇게 말했다. "우리는 공동묘지의 가운데에 있었다. 세르지오는 차례로 우리의 클로즈업을 찍었다. 그리고 총 근처에 있는 우리의 손을 클로즈업으로 잡았다. 모두 특별한 각을 통해서였다. 세르지오에게 말했다. '세르지오, 내가 클린트를 잡을 수도 있어. 그를 쏘아 넘어뜨릴 수 있어.' 세르지오가 이렇게 답했다. '나도 알아. 그래서 관객들은 더욱 궁금할 거야. 누가 이 결투에서 살아나올지 모르거든.' 세르지오는 그 마지막 장면을 놀랍게도 5분 만에 찍었다. 우리가 한 일이라곤 그곳에 서서, 멋진 원형경기장을 가로질러 서로를 째려보는 것이었다. 그때 사운드트랙의 음악이 폭발한다. 그건 내가 본 가장 인상적인 장면 가운데 하나였다. 내가 나왔던 것과는 관계없이 말이다."[66]

1966년 4월 중순부터 7월 중순까지 진행된 촬영 일정이 끝났다. '석양의 무법자'는 크리스마스 시즌에 맞춰 이탈리아 영화관에 상영되도록 준비해야 했다. 레오네는 마지막 순간까지 사후제작 과정에 깊이 개입했다. 여기엔 편집자 니노 바랄리, 그리고 세르지오 도나티와 엔니오 모리코네가 함께했다. 레오네가 사운드트랙을 믹싱하고 있을 때, 다리오 아르젠토는 우연히 바로 옆에 있는 더빙 스튜디오에 있었다. 아르젠토가 말했다. "그는 먹이를 노리는 새의 울음소리를 계곡에 삽입하려고 했다. 그는 계속하여 정확한 소리와 정확한 순간을 찾고 있었다. 그는 수많은 시도를 거듭했다. 하지만 그는 전혀 만족하지 못하는 것 같았다."[67)]

편집자 니노 바랄리(Nino Baragli)는 14년 전에 처음으로 레오네와 일했다. 바랄리는 이때부터 레오네를 '분쇄기'(the pulverizer)라고 불렀다. "그는 편집이 시작되면, 당신을 종이 가루로 만들어버릴 것이다. 세르지오는 여러 이유로 여러 숏을 준비한다. 먼저 그는 배우들의 최고 장면을 뽑는 데 단호했다. 자신을 방어하기 위해서였다. 그래서 레오네의 영화를 편집하는 데는 수천 개의 방법이 있을 수 있다. 모든 시퀀스는 어떻게 편집하는가에 따라, 극적으로 보일 수도, 아이러니로 보일 수도 있다."[68)]

사후제작 과정에서 가장 큰 압박은 영화의 상영시간이었다. '석양의 무법자'는 상영시간 문제를 두고, 레오네의 영화가 뉴스가 되는 첫 번째 경우였다. 유나이티드 아티스츠는 사전에 빈첸초니에게 조언하길, '두 시간을 넘는 그 무엇도' 원하지 않는다고 말했다. 빈첸초니가 처음 본 판본은 240분 정도였다. "우리는 싸워야 했고, 나는 변덕쟁이라는 말을 들어야 했다." 세르지오 도나티가 개입했는데, 그가 해야 할 일은 영화를 180분으로 타협하여, 축소하는 것이었다. "세르지오 레오네는 시퀀스를 줄이거나, 리듬에 변화를 주려고 하면, 차라리 에피소드 전체를 들어내려고 했다. 그래서 나는 연결을 위해 필요한 장면을 썼다. 그렇게 유용한 것은 아니었는데, 리 밴 클리프와 다리가 없는 군인, 곧 '반-군인'과의 대화 장면이었다. 그들은 엉뚱한 이야기를 했다. 그래서 우리는 그 군인이 잘려나간 부분에서 무슨 일이 일어났는지 설명하게 했다."[69]

도나티는 당시의 긴장감에 대해 잘 기억하고 있었고, 그것은 레오네 경력의 또 다른 전환점이 됐다고 말했다. 도나티는 이전에 광고업계에서 상당히 빛나는 경력을 쌓았다. 그는 레오네와 이 작품에서 일하기 위해, 떠오르는 신예 주세페 콜리치(Giuseppe Colizzi) 감독의 제안을 거절했었다. 레오네는 긴밀한 협력을 요구했고, 실제로 일은 그렇게 진행됐다. 그런데 도나티가 기억하길, 레오네는 '약간 기분 나빠했고, 질투'했다. '레오네의 작가' 도나티가 세르지오 솔리마(Sergio Sollima) 감독과 제작자 알베르토 그리말디를 위해 '빅 건다운'(La resa dei conti/The Big Gundown)의 시나리오를 '석양의 무법자'의 편집이 완전히 끝나지 않은 상태에서 쓰고 있어서였다. 압축적인 편집작업이 끝나갈 때, 도나티는 레오네가 의심에 빠졌다고 느꼈다. "그의 마음에 무언가가 일어났다. 아마도 확신이 들지 않아서일 것이다. 그는 마치 영화 제작이 종결되는 것을 원치 않는 것처럼 행동했다. 새벽 5시까지 20번이나 재작업을 하고도 그는 만족하지 못했다. 세르지오 레오네는 데드라인을 지키지 않을 것처럼 보였다. 그는 우리를 거의 죽였다. 그리고는 마침내 말했다. '너는 나의 작가야.' 그래서 나는 기뻤다. 나는 나의 생명을 주었다. 우리는 마지막 주에, 매일 더빙 룸에서 잤다. 편집자 바랄리, 모리코네 그리고 나였다. 그런데 드디어 12월 23일 '우리는 해냈다'라는 느낌을 받았다. 마지막 믹싱을 마친 것이다. 기분이 오르락내리락했다. 제작 담당은 샴페인을 준비하고 있었다. 우리는 멋지게 축하할 수 있었다. 모두가 약간 감동했다. 그때 세르지오 레오네가 말했다. '오케이. 굿 나잇.' 그는 제작 담당 옆을 빠르게 지나갔다. 30명, 아니 40명의 사람이 그 영화를 위해 피를 흘렸다. 그런데 그가 한 말은 고작 '굿나잇'이 전부였다."[70)]

레오네는 겉보기에는 항상 자신감이 넘치는 사람이었다. 그런데 '석양의 무법자'를 편집할 때, 그의 가면이 벗겨진 것이다. 도나티가 상세하게 말했다. "말하자면 '석양의 무법자'를 찍기 전까지, 세르지오 레오네는 무언가를 발명하고 창조하는 것을 즐긴 감독이었다. 그런데 편집 도중에 그는 완벽하게 변했다. 이 작품이 자신의 명성에 미치지 못할 것이란 불안감도 있었다. 그는 오만한 사람이 아니었다. 남들 눈에는 잘 보이지 않지만, 그는 자신의 한계를 분명히 아는 감독이었다. 세르지오는 점점 자기 의심의 병에 사로잡혔다. 그는 영화의 개봉일을 자꾸 연기하려 했고, 솔직히 말해 인간의 차원에서 보자면 불쌍해 보였다. 또 그때부터 그는 돈을 너무 생각했다. 그래서 끝없이 대상을 더욱 크게, 더 더욱 크게 만들려고 했다. 그래서 내가 말했다. '세르지오, 그만해. 대체 어디에서 끝낼 거야?' 그게 세르지오였다."[71)]

도나티는 자신의 이름을 크레딧에서 볼 수 있기를 희망했다. 그는 1966년 7월부터 12월까지, 시나리오를 감수하고, 쓰고, 사후제작에 참여했다. "그때 내가 배웠던 모든 것을 나는 기억하고 있다. 그건 많은 것이었다. 하지만 세르지오는 영악한 개새×였다. 비정했다. 예를 들어, 나는 그 영화와 이혼당한 셈이었다. 나는 내 삶의 6개월을 편집하고, 더빙하고 하는, 그 모든 데 다 썼다. 그래서 나는 세르지오가 나에게 이렇게 말해 주기를 바랐다. '세르지오(도나티), 최소한 너의 이름을 타이틀에 올릴 게.' 하지만 아무것도 없었다. 나는 묻지 않았다. 그는 내가 돈을 받았으니 됐다는 식이었다. 나는 그가 왜 그랬는지 안다. 그를 잘 알고 있었기 때문이다. 이유는 내가 동시에 다른 사람을 위해 글을 썼다는 것이 그를 매우 화나게 했을 것이다."[72)]

레오네가 12월 23일 더빙 룸에서 모든 사람에게 '굿나잇'이라고 말했을 때, 그는 사실 웨스턴 영화에 대해서도 오랫동안 작별을 고하길 원했다. 그는 이탈리아 언론과의 인터뷰에서 이렇게 말했다. "나는 더는 웨스턴을 만들고 싶지 않다. 나는 그런 종류의 영화, 그런 종류의 이야기를 이제 끝냈다. 나는 이전처럼 웨스턴을 사랑하지 않는다." 정신없이 바쁜 3년 동안 세 작품을 연이어 만들며, 그의 열정은 다 빠져 버렸다. 아내 카를라가 말했다. "그는 정신을 못 차릴 정도로 바빴다. 우리의 삶도 완전히 바뀌었다."

클린트 이스트우드는 자신이 앞으로 더 나아갈 수 있을지 확신하지 못하고 있었다. 그는 '어떤 갱스터 영화'에서 '아일랜드 갱스터'로 출연하기를 제안받았다. 그건 레오네에 따르면, 자신이 어렴풋이 생각한 것인데, 하지만 곧 그 아이디어를 버렸다고 했다. 그건 시나리오 작업이 된 것도 아니었고, '이스트우드가 했던 것을 반복하는 것' 같았다. 그래서 이스트우드는 캘리포니아에 머물며, 할리우드의 프로듀서들을 설득할 수 있는 분명한 그 무엇을 기다리고 있었다. 이스트우드는 자신의 남다른 경력에도 불구하고, 유럽에서 그랬던 것처럼 미국에서도 스타가 되기를 원했다. 이스트우드는 레오네와의 작업에 대해 훗날 이렇게 말했다. "나는 그곳에서 영화를 만들며, 10년은 더 일할 수 있었다. 하지만 그 정도면 충분하게 좋았다." 이스트우드는 할리우드의 영화 관객들을 위해 자신의 '황야의 이방인'(Magnificent Stranger) 이미지를 미국화하는 데, 제법 긴 시간을 들여야 했다. 이스트우드는 1966년 여름부터 1967년 여름까지, 자신에게 맞는 시나리오를 찾고 있었다. 드디어 한 작품이 왔다. 유나이티드 아티스츠는 '집행자'(Hang 'Em High, 1967)로 시장을 열려고 했다. 이탈리아식 서사를 미국 배경으로 연결한 것인데, 솔직히 잘되지는 않았다. 유나이티드 아티스츠는 레오네를 초대하여 감독을 시키려 했다. 레오네는 그 제안을 즉각 거절했다. 1968년이 되자, 돈 시겔의 '일망타진'(Coogan's Bluff)이 발표됐고, 이 작품 덕분에 이스트우드는 비로소 자신의 모든 것을 고국으로 가져올 수 있었다.

일라이 월러크는 레오네를 '아름다운 사람'으로 여겼다. 그는 '석양의 무법자' 이후 몇 년간, 이탈리아와 스페인에 돌아와서, 세 편의 웨스턴에 참여했다. 먼저 '에이스 하이'(주세페 콜리치, 1967)와 '다른 빰을 내밀지 마라'(두치오 테사리, 1971)인데, 테사리의 웨스턴에서 월러크는 보물 지도를 자신의 엉덩이에 문신으로 그려놓았다. 미국 제목('Long Live Your Death')은 월러크가 정했다. 그리고 지금은 거의 볼 수 없는 '하얀 놈, 노란 놈, 검은 놈'(세르지오 코르부치, 1974)이 있는데, 제목은 '아쉽게도' 미국인, 일본인, 그리고 '블랙 잭'(월러크)이라고 불리는 보안관 등, 세 인물을 가리키는 것이다.

'석양의 무법자'가 촬영되고, 편집될 때는 신예 감독 주세페 콜리치의 그림자가 드리워져 있다. 그는 마흔 살의 작가이자 기자였는데, 자신의 미국과 남미 여행에 기초한 두 권의 소설을 이미 발표했었다. 또 콜리치는 네오리얼리즘의 거장 루이지 참파(Luigi Zampa)의 조카였다. 그런데 그때 콜리치는 웨스턴의 시나리오를 쓰고, 감독하는 데 집중했고, 막 일을 시작했다. 그래서 앞에서 밝혔듯, 세르지오 도나티에게 함께 일할 것을 제안했다. 콜리치는 자신의 제작사를 갖고 있었고, 첫 작품은 '신은 용서한다, 나는 아니다'(God Forgives, I Don't, 1967)였다. 이 웨스턴은 '석양의 무법자'가 발표된 몇 달 뒤 개봉됐다. 영화는 폭력적인 기차 강도를 다루는데, 10만 달러의 황금을 좇아 돌아다니는 남자들의 모험 이야기다. 남자 중 두 명은 테렌스 힐과 버드 스펜서이다. 소위 '뇌와 근육'(영화 속에 그렇게 소개된다)이라는 대조되는 두 캐릭터의 등장이었다. 다시 말해, 대조되는 두 배우의 출연은 콜리치가 처음 시도한 것이었다. 콜리치는 레오네의 편집과 믹싱을 본 뒤, 후속편 시나리오를 준비했다. 그 작품이 '에이스 하이'(Ace High)이다.

콜리치는 자신의 웨스턴을 준비하는 기간에 누아르(검은색)

범죄 소설(이탈리아에서는 노란색을 의미하는 '잘로'라고 불린다. 이탈리아에서는 그런 책들이 프랑스에서의 검은 표지와 달리 노란색 표지였다)을 우연히 만났다. 그 책은 범죄 전문 기자라고 소개된 해리 그레이(Harry Grey)의 소설 〈후드〉(The Hoods)인데, 이탈리아에서 〈무장된 손〉(Mano armata)으로 번역되어 출간돼 있었다. 로마의 책방에서 쉽게 구할 수 있는 페이퍼백 판본이었다. 콜리치는 허락을 받지 않고 '에이스 하이'를 위해, 책에 나오는 카지노 강도 장면을 '훔쳤다'. 콜리치는 이 책을 레오네의 제작팀에 있는 프로듀서 풀비오 모르셀라에게 추천했고, 책 한 권을 주었다. 모르셀라는 "즉각 책 전체를 이탈리아말로 레오네에게 읽어주었다. 레오네는 이 책에 매혹됐다. 콜리치는 모르셀라에게 '이것은 레오네를 위한 스토리'라고 말했다."[73)] 콜리치의 말이 맞았다. 레오네가 기억했다. "그 책은 나에게 그렇게 특별한 것은 아니었다. 그런데 책 속에 수많은 흥미로운 디테일들이 들어 있었다(책 표지의 안내문에 이렇게 적혀 있다. 이 책은 '진짜 갱스터의 자서전'이다). 나는 명백하게 패배자인 이 캐릭터에 흥미를 갖기 시작했다. 그는 어릴 때부터 갱스터처럼 살았는데, 그 방식은 거의 무정부적이었다."

해리 그레이는 본명이 골드버그(Goldberg)였는데, 그의 책은 1952년에 출간됐다. 이야기는 금주법 시대, 뉴욕의 남동부(Lower East Side)를 배경으로 잡범 갱들의 모험을 다룬다. 작가가 말하길, 자신은 사실을 바로 잡기 위해 소설을 썼다고 했다. 다시 말해 1930년대 갱스터 영화, 특히 제임스 캐그니, 에드워드 G. 로빈슨, 폴 무니 그리고 험프리 보가트가 나오는 영화는 갱스터의 환경을 너무 낭만화했다는 주장이었다. 해리 그레이는 이런 낭만적인 이미지와는 정반대로, 아주 다른 우주에 사는 잡범 갱들의 진짜 이야기를 전하려 했다. 그들은 어른처럼 행동한 소년들인데, 총과 성기와 그리고 손쉽게 버는 돈에 사로잡혀 있었다. 소설은 1933년 12월 금주법이 폐기되고, 어린 시절 친구 세 명을 배반한 중심 캐릭터(별명 '누들스')가 경찰과 갱들의 조직인 '결합'(The Combination)에서 벗어나 비행기를 타는 것으로 끝난다. 이 캐릭터가 바로 해리 그레이인 것은 마지막 문장에서 드러난다. "자, 이런 오랜 시간 뒤에 내가 이야기를 들려주기 위해 여기 있다. 하지만 내가 어떻게 숨어 있던 곳에서 나왔을까. 그건 다른 이야기이다. 내가 왜 지금 여기서 말하지 못하는지 당신은 이해할 것이다."[74)]

세르지오 레오네가 뒷날 말하길, 처음 그 책을 읽었을 때 자신이 놀란 것은 해리 그레이가 '있는 그대로의 사실'을 썼다고 스스로 믿고 있다는 점이었다. 실제로는 다루는 내용이 허구화된 자서전이며, 특히 '어른' 부분은 할리우드 갱스터 영화의 상투성이 반복되는 것이었는데 말이다. 갱스터 영화들이 그의 무의식을 너무나 식민화해서, 그레이는 실재와 허구의 다른 점을 구별할 수 없었다는 것이다. 그런데 레오네가 느끼길, '그 책은 나의 우주에 속하는 그 어떤 것을 떠오르게 한 것'은 사실이었다. 1910년대와 1920년대, 뉴욕의 들랜시 스트리트(Delancey Street) 주변에서 묘사된 그레이의 어린 시절 관련 에피소드는 더욱 진짜에 가까웠다. 그건 그레이의 기억이 어른이 되어 갱스터 영화를 수없이 보며 혼동을 일으키기 전의 일이었다. 이 에피소드가 레오네의 다음 영화의 출발점이 될 수 있을 것 같았다. 레오네는 주변의 모든 사람에게 차기작에 대해 말하기 시작했다. 제목은 '원스 어폰 어 타임 인 아메리카' 혹은 '원스 어폰 어 타임, 아메리카'가 될 것이라고도 했다. '원스 어폰 어 타임'은 동화와 할리우드에서 영감을 받은 사건들을 의미하며, '인 아메리카'는 양차 세계대전 사이의 현실과 갱스터들의 어린 시절을 의미한다고 했다.

"나는 미국으로 갔다. 그곳에서 가장 영향력이 있는 프로듀서들과 토론했다. 그들은 '석양의 무법자'의 흥행 성공(특히 유럽과 일본)을 잘 알고 있었다. 그래서 내가 원하는 대로 모든 것을 할 수 있다는 데 동의했다. 하지만 현실은 그렇게 진행되지 않았다. 그들은 내가 대작 웨스턴을 다시 만들길 원했다. 그들의 태도는 강경했다. '당신의 새로운 아이디어는 아름답고, 훌륭하다. 하지만, 우리에게 왜 좋은 웨스턴을 만들어주려 하지 않는가? 그런 다음, 당신의 프로젝트를 실현할 기회를 주겠다.' 나는 미국인 프로듀서들에게 말했다. '웨스턴은 이제 모든 사람의 것이다. 나처럼 이탈리아 사람들의 것이며, 독일 사람들에겐 자우어크라우트(Sauerkraut, 독일의 대표적 요리) 웨스턴이며, 프랑스 사람들은 이제 퐁텐블로에서 카망베르(Camembert, 프랑스의 대표적 치즈) 웨스턴을 만들고 있다. 심지어 일본 사람들도 웨스턴을 만든다. 이렇듯 누아르 소설도 이제는 더는 미국 사람들의 고유물이 아니다. '살인 집단'(Murder Incorporated, 1930년대 미국 갱스터 조직) 이야기는 세상의 모든 시나리오 작가들이 식탁에서 커피를 마시며 다루고 있다.' 하지만 미국인들은 더는 듣고 싶어 하지 않았다."[75)]

당시 레오네 스토리의 초점은 '광란의 1920년대를 배경으로 한 초창기 갱스터들'에 맞춰 있었다. 그때는 아직 갱스터들이 식탁 뒤에 앉아, 전화로 사업 이야기를 하지는 않았다. 그러면 1930년대 갱스터 조직과는 다른, 초창기 갱스터들이 생생하게 비교될 것이었다. 다시 말해 초창기 갱스터들은 이민자들로, '길거리에서 자라고, 그곳에서 죽은 사람들'이었다. 그들의 이야기에, '리틀 시저', '공공의 적', '스카페이스'에서 묘사된, '가난에서 부자가 되는 꿈의 영화'를 입힐 것이었다. 앞의 세 고전은 갱스터의 첫 세대가 사라진 뒤 개봉됐는데, 그들의 삶을 신화화한 것이었다. 이 갱스터 고전들과 달리, 레오네가 강조하는 점은 중심인물이 아일랜드 사람('공공의 적'의 캐그니), 이탈리아 사람('리틀 시저'의 로빈슨, '스카페이스'의 무니)이 아니라, 유대인들이라는 것이었다. 유대인들은 동부 유럽에서 이민 왔고, 들랜시 스트리트 주변의 하층민 공동주택에서 성장한 사람들이었다.

이런 아이디어를 갖고, 레오네는 사전답사하듯 뉴욕을 방문했다. 그곳에서 레오네는 일을 진척시킬 것이며, 이 여행에 세르지오 도나티가 동행했다. 도나티가 말했다. "나는 이 영화를 위해 사전 조사를 해두었다. 나는 영화가 다루는 시기의 환경을 몸에 익히려고, 뉴욕 타임스의 자료실을 가곤 했다. 그리고 우리는 함께 뉴저지 주변을 산책하기도 했다. 당시 세르지오는 할 수 있는 최선을 다했다. 하지만 나는 새 프로젝트에 대해 걱정이 된다고 말했다. '너는 이 책을 영화로 만들 거지. 이 책은 뉴욕의 이스트 사이드 유대인 이야기야. 너는 그 사람들에 대해 충분히 알고 있지 않아.' 실제로 그 책은 갱스터 이야기가 아니라, 젊은 이민자들 이야기를 다뤘다. 특히 전반부가 그랬고, 레오네는 그 부분에 흥미를 느꼈다. 내가 보기에, 그 책은 미국인들의 이야기, 특히 이스트 사이드 미국인들의 이야기였다. 그래서 세르지오에게 다시 말했다. '이 이야기는 이탈리아 사람들에겐 어려워.' 그리고 세르지오 자신도 그쪽 문화를 충분히 알고 있지 않았다. 단지 특별한 영화적 문화는 알고 있었다. 아니 영화에 대해서는 모두 알고 있었다. 세르지오가 이런 스토리를 다룰 수 있을까? 그건 마치 미국인 감독이 1930년대 로마의 트라스테베레 이야기를 하려는 것과 같았다. 당시 세르지오가 하려는 방식은 틀린 것이었다. 나는 지금도 틀렸다고 확신한다. 왜냐면 세르지오는 자신이 잘 알지 못하는 세상에 대해서 사실주의적인 이야기를 하려고 했기 때문이었다. 책에 있는 젊은 사람들 이야기 말이다. 훌륭한 아이디어는 그때가 아니라 훗날에 왔고, 그것이 스토리를 확장했다. 플래시백을 이용하여, '훗날'과 '말년'을 만들었다. 하지만 1967년 기획 단계에서는 그런 게 없었다."[76)]

레오네는 당시 갱스터 영화가 세계적인 인기였고, 많은 사람이 좋아해서, 자금을 댈 수 있는 제작자들을 설득할 수 있을 것 같았다. 하지만 그는 도나티를 설득하지 못했다. 도나티에 따르면, 먼저 해리 그레이의 소설 〈후드〉는 전통적인 형식에서 보자면 갱스터가 아니었다. 그리고 웨스턴 장르의 '규칙들'이 갱스터 장르의 그것보다 더 잘 알려져 있고, 알기도 더 쉬웠다. 도나티가 말했다. "세르지오는 갱스터의 내러티브 스타일을 새로 직면해야 하는 점을 인식했다. 그건 그가 주로 해왔던 것과는 전적으로 달랐다. 말하자면 갱스터들은 서부의 총잡이들처럼 움직이지 않는다. 그들은 차에서 내리기 위해 15분을 소비하지는 않는다."

한편 유나이티드 아티스츠는 레오네에게 또 다른 웨스턴을 의뢰했다. 만약 레오네가 그 제안을 받아들이면, 그는 '커크 더글러스, 찰튼 헤스턴, 그리고 그레고리 펙을 캐스팅'해야 했다. 그 제안은 흥미롭지 않았다.[77] 파라마운트는 더욱 매력적인 조건을 내세웠다. 자신들의 '유산'을 제공하는 것인데, 마침내 헨리 폰다를 캐스팅한다는 것이었다. 아내 카를라에 따르면 당시에 레오네는 차기작 웨스턴은 직접 연출하는 게 아니라 '제작'하는 데만 관심을 두고 있었다. 카를라가 말했다. "레오네는 파라마운트의 제안에 동의했다. 그가 말했다. '내가 다른 작가와 함께 시나리오를 쓰겠다. 내가 영화 운영을 전부 맡겠다. 나는 로케이션, 의상, 배우 등 모든 것을 감수할 것인데, 하지만 감독은 다른 사람을 찾아라.' 그런데 지금 되돌아보니, 그건 새 영화는 세르지오의 아이디어에 따라 만들어지지 않을 것이란 의미였다. 하지만 세르지오는 연출에 동의할 수도 있었다. 어쨌든 그때 그는 늘 원했던 대로, 작가-감독으로서 영화를 만들 수 있는 충분한 조건을 부여받았다."[78)]

프로듀서 풀비오 모르셀라는 당시에 세르지오 레오네의 경력에 더욱 깊숙이 개입해 들어갔다. 그는 레오네의 아내인 카를라의 형부다. "그러니까 '석양의 무법자'의 흥행 성공 이후, 작가 빈첸초니는 세르지오에게 미국 영화사들이 자기에게 자꾸 연락해온다고 말했다. 그 영화사가 유나이티드 아티스츠인지, 파라마운트인지, 또는 워너 브라더스인지는 잘 기억나지 않는다. 어쨌든 미국의 제작사는 한 작품 당 연출료 50만 달러를 제안했다는 것이었다. 그래서 세르지오가 답했다. '그래, 내가 당장 계약서에 서명할게.' 그리고 그것을 나에게 읽어보라고 주었다. 나는 읽었고, 대답했다. '잘못 읽었어. 그들은 너에게 50만 달러를 준다는 게 아니라, 영화 전체의 비용으로 50만 달러를 준다는 것이야.' 그날 이후 세르지오와 나 사이의 우정이 본격적으로 시작됐다. 그는 나에 대해 진솔한 믿음을 가졌다. 이후 나는 모든 계약을 책임지는 사람이 됐다. 그러면서 나는 그의 프로듀서이자, 영어 담당자가 됐다."[79)] 작가 빈첸초니가 유나이티드 아티스츠와 협상하며 '석양의 무법자'를 만들 수 있게 했고, 그러면서 그는 제작 관련자 중 아주 중요한 인물이 됐다. 그런데 계약에 관한 이번의 혼동으로, 그와 감독 사이의 협력이 계속 유지될 수는 없었다. 레오네는 나쁜 계약에서 '구조' 됐다. 그렇지 않았다면, 그 계약서는 감독의 미래에 영향을 미쳤을 것이다. 제작자 파피와 콜롬보와의 계약서('황야의 무법자')가 그랬던 것처럼 말이다. 그런 일을 겪은 뒤, 레오네는 믿을 수 있는 사람, 직업적으로 다른 속셈을 가지지 않은 사람, 그리고 가족 같은 사람들과 일했다. 또 자신에게 오만한 태도를 보이는 작가와는 일하지 않았다.

레오네는 '개인적인 영화'(작가 영화)를 연출하기로 마음을 먹은 뒤, '달러 3부작'과 거리를 두기 위한 첫 번째 시도로서, 클린트 이스트우드, 리 밴 클리프, 그리고 일라이 월러크를 새 영화의 도입부에 총잡이로 출연시키려 했다. 그리고 오프닝 크레딧이 끝나면, 그 세 명을 모두 쏘아 쓰러뜨리는 것이었다. "나는 그들에게 안녕을 고하고 싶었고, 내가 만들었던 게임의 규칙에 안녕을 고하고 싶었다." 리 밴 클리프와 일라이 월러크는 동의했고, 클린트 이스트우드는 거절했다. 레오네가 말했다. "그건 비용의 문제가 아니었다. 그는 단지 농담을 이해하지 못했다. 이스트우드는 유머 감각이 별로 없었다." 어쨌든 '신비로운 이방인'(Mysterious Stranger)이 없다면, 다른 두 사람을 쓸 이유가 없었다.[80)]

'석양의 무법자'는 로마에서 1966년 12월부터 1968년 2월까지 상영됐다. 이때 이탈리아에서의 총수익이 4백 30만 달러였다. '황야의 무법자'는 4백 60만 달러, '석양의 건맨'은 5백만 달러였던 점을 고려하면, 흥행 성적이 약간 내려갔다. 제작자 알베르토 그리말디는 루치아노 빈첸초니를 통해, 레오네의 '달러 3부작' 모두를 미국에 배급하기로 유나이티드 아티스츠의 데이비드 피커와 협상을 맺었다. 그리말디는 첫 웨스턴 '황야의 무법자'의 권리도 파피와 콜롬보로부터 샀다. 그리말디는 '황야의 무법자'를 이번 협상에 포함하는 데 매우 공을 들였다. 유나이티드 아티스츠는 20여 분이 잘린 '석양의 무법자'를 보고 흥분했다(그들이 많은 투자를 했다). 하지만 유나이티드 아티스츠는 '황야의 무법자'까지 함께 배급해야 하는 데에는 더 많은 설명을 요구했다. 토론이 이어진 뒤, 세 작품을 연속하여 미국에 배급하기로 합의했다(구로사와 문제도 해결됐다). 3부작은 미국에서 순서대로 1967년 2월, 1967년 7월, 그리고 1968년 1월에 개봉됐다. 유나이티드 아티스츠의 마케팅 부서는 영국의 제임스 본드 시리즈를 선전하며 힘을 얻고 있었는데, 세 작품을 미국의 관객들에게는 하나의 패키지처럼 선보였다. 일이 이렇게 진행되며, '이름 없는 남자'(Man with No Name, 이스트우드)가 무대의 중앙을 차지했다.

'황야의 무법자'에서 이스트우드 캐릭터의 이름은 조(Joe)였고, '석양의 건맨'에서는 몬코(Monco), 그리고 '석양의 무법자'에서는 블론디(Blondie)였다. 이런 이름들이 영어 판본에서도 언급되지만, 이스트우드는 대실 해밋 소설의 주인공 별명인 콘티넨탈 옵(Continental Op)처럼, '이름 없는 남자'로 더욱 친하게 느껴졌다. 이런 점은 1960년대 젊은 관객들에게 영화를 판매하는 데 도움이 됐다. 첫 작품 '황야의 무법자'가 배급되기 전, 신문들은 영화의 광고를 실었다. 그래픽 디자이너 버니 푹스(Bernie Fuchs)의 그림인데, 이는 클린트 이스트우드에 관련된 다양하고 중요한 선전들을 담고 있다. 이 그림들은 포스터와 선전 인쇄물에도 실려 나갔다. 이런 텍스트가 덧붙여졌다. "이 긴 권총은 이름 없는 남자의 것이다. 이 시가도 이름 없는 남자의 것이다. 이 판초도 이름 없는 남자의 것이다." 영화가 개봉되기 1주일 전, 사전에 제작된 이런 선전물들은 정식 영화 포스터에도 이용됐다. 이런 식이었다. "그는 완전히 새로운 스타일의 모험을 펼친다." 또는 이렇게 변주된 것도 있다. "아마 그는 살아남은 가장 위험한 남자다." 이런 광고 카피들은 세 작품 모두와 관련하여, 클린트 이스트우드를 강조한 그래픽 디자인 위에 번쩍였다. "이것은 유례가 없는 첫 번째 영화이다. 이것은 마지막이 될 수도 없다!" 따라서 '석양의 건맨'에서는 이렇게 바뀐다. "이름 없는 남자가 돌아왔다! 검은 옷을 입은 그는 기다린다." '석양의 무법자'를 위해서는 대포 옆에 서 있는 세 명의 주인공을 더욱 사실적인 그래픽으로 그려놓았다. 이들의 아래에는 다리에서의 전투 장면이 그려져 있다. 여기엔 새로운 텍스트가 붙어 있다. "세 남자에게, 남북전쟁은 지옥이 아니다. 그건 연습이다!"

이 영화의 광고는 되돌아보면, 중심인물의 이름을 발명해내거나 혹은 이름을 의도적으로 빠뜨림으로써, 새로운 역사를 썼다. 그런데 '조'와 '몬코'라는 이름은 미국 판본과 홍보용 자료에 남아 있다. 하지만 '석양의 무법자'를 위한 유나이티드 아티스츠 예고편을 보면, 도대체 누가 누구인지 헷갈리게 돼 있다. 곧 일라이 월러크가 '나쁜 놈'으로, 그리고 리 밴 클리프가 '추한 놈'으로 돼 있다. 이런 일 때문에, 리 밴 클리프는 자신이 주연한 이탈리아 영화가 미국에서 홍보될 때, '추한 놈'으로 소개되며 말 위에 앉아 있기도 했다. 짐작하겠지만 레오네의 영화들은 미국에서 비평가들로부터 혹평을 받았다(시각적 스타일만 유지한 대용품 웨스턴이라고 불렀다). 하지만 흥행에서는 엄청난 성공을 거두었다. '황야의 무법자'는 3백 50만 달러, '석양의 건맨'은 5백만 달러, 그리고 '석양의 무법자'는 6백만 달러를 벌었다. '석양의 무법자'의 타이틀은 로버트 케네디가 선거 유세에서 채택하여 유명해지기도 했다. 무엇보다도 가장 놀라운 것은 미국의 영화사들이 세르지오 레오네에게 '대작 웨스턴의 리메이크'를 요구한 것이었다.

1) De Fornari: pp. 171–173; Cenk Kiral interviews, April–May 1998.

2) Author's interview with Sergio Donati, 23 May 1998.

3) Cenk Kiral interviews, April–May 1998; De Fornari, pp. 171–173; *Montpellier*, pp. 65–66

4) Lambert, pp. 56–58; Simsolo, pp. 125–126.

5) Lambert, loc. cit; Simsolo, pp. 123–124; interview in *Cinéma 69*, November 1969, pp. 81–90

6) Simsolo, pp. 123–124; Frayling: *Spaghetti Westerns*, pp. 121–137.

7) On Hollywood and the American Civil War, see Kim Newman: *Wild West Stories*, pp. 21–33, Jack Spears: *The Civil War on the Screen* (Barnes, New Jersey, 1977), pp. 11–16 and *The BFI Companion to the Western* (Deutsch, London, 1988), pp. 88–90.

8) Author's interview with Sergio Leone, February 1982.

9) Simsolo, p. 125.

10) Ambrose Bierce: *An Occurrence at Owl Creek Bridge and Other Stories* (Penguin, Middlesex, 1995) pp. 59–76.

11) Franco Ferrini's interview with Sergio Leone (*Bianco e Nero*, September–October 1971), pp. 37–42; author's interview with *Carlo Simi; Hubert Corbin: Carlo Simi – l'Amérique de Sergio Leone*, pp. 14–18.

12) Munn and Horner.

13) *Westerns all'Italiana* (Anaheim, California) No. 49, 'Eli Wallach issue', 1997; interview in *Sergio Leone… Les Westerns* (Blue Dahlia/ Canal Plus, 1997); interview in Eli Wallach video (Bill Shaffer, 1991); interview by Alvin H. Marill (*Films in Review*, August–September 1983, pp. 400–408).

14) Johnstone, p. 46; *Sergio Leone… Les Westerns*, interview with Clint Eastwood; Richard Schickel, pp. 174–175; see also chapter 5, note 41.

15) Bound transcript of seminar, in the AFI library, Los Angeles.

16) Frayling: *Spaghetti Westerns*, pp. 139, 157; Simsolo, pp. 121–122; *Cinéma 69*, November 1969. This was a favourite Leone reference, post-1968.

17) Cenk Kiral interviews, April–May 1998.

18) Author's interview with Sergio Donati, 23 May 1998. See Louis–Ferdinand Céline (tr. John Marks): *Journey to the End of the Night* (Chatto & Windus, London, 1934). Sergio Leone often referred to the novel: see, among many examples, Simsolo, pp. 83, 173–4; interview in *Cinéma 69*.

19) Author's interview with Fulvio Morsella, 24 May 1998.

20) Francesco Mininni: *Leone* (*Il castoro cinema*, Florence, 139, January–February 1989) p. 6; also Simsolo, p. 122.

21) Author's interview with Sergio Donati; Cenk Kiral interviews with Luciano Vincenzoni, April–May 1998.

22) Simsolo, pp. 124–125.

23) Author's interview with Sergio Donati.

24) De Fornari, pp. 171–173.

25) Lorenzo Codelli: interview with Age and Scarpelli (*Positif*, 193, May 1977, pp. 2–9).

26) Simsolo, pp. 131–132.

27) Author's interview with Carla Leone.

28) Schickel, pp. 169–170.

29) Patrick McGilligan and Paul Buhle: *Tender Comrades – a backstory of the Hollywood blacklist* (St Martin's Press, New York, 1997), interview with Mickey Knox, pp. 385–387; Cenk Kiral's interviews with Mickey Knox, 18 January and 1 February 1988.

30) McGilligan and Buhle, op cit; Kiral interviews.

31) Author's interview with Sergio Donati; see also De Fornari, pp. 158–160.

32) Simsolo, p. 128.

33) Simsolo, pp. 126–127; author's interview with Sergio Leone, February 1982.

34) See note 13.

35) Eli Wallach: *In All Directions* (*Films and Filming*, May 1964, pp. 7–8).

36) *Westerns all'Italiana* No. 49, 'Eli Wallach issue'; interview by Marill in *Films in Review*, August–September 1983, pp. 400–408.

37) Simsolo, pp. 126–128.

38) Eli Wallach video (Bill Shaffer, 1991).

39) Schickel, pp. 174–175.

40) See, among many other versions, the reference in Clinch, pp. 60–72.

41) *Westerns all'Italiana*, No. 49.

42) Ibid.; and Eli Wallach video (Bill Shaffer, 1991).

43) Eli Wallach video (Bill Shaffer, 1991).

44) Simsolo, pp. 126–128. The sequence is a distant echo of James Cagney/Pat

O'Brien gangster films too.

45) See Hubert Corbin: *Carlo Simi – l'Amérique de Sergio Leone*, pp. 14, 18.

46) Interview with Luca Morsella for *Viva Leone!* (November 1989).

47) De Fornari, pp. 172–173.

48) De Fornari, pp. 157–158.

49) Author's interview with Tonino Delli Colli, 24 October 1998; see also *Montpellier*, pp. 71–72.

50) *Sergio Leone… Les Westerns*, interview with Clint Eastwood.

51) Eli Wallach video (Bill Shaffer, 1991).

52) Simsolo, pp. 131–132.

53) Author's interview with Sergio Leone, February 1982; see also Simsolo, pp. 77–81, where Leone goes into some detail about his taste in paintings.

54) Author's interview with Tonino Valerii, 26 April 1997.

55) Author's interview with Carla Leone.

56) Author's interview with Sergio Donati.

57) Simsolo, pp. 77–81.

58) Ibid.

59) *Montpellier*, pp. 157–158; in conversation Delli Colli observed that Leone may have overdone the *explicit* references to paintings in order to impress arty interviewers.

60) Simsolo, pp. 128–129.

61) Author's interview with Allessandro Alessandroni, 22 May 1998.

62) Lhassa, pp. 57–72, 201–214.

63) Ibid, p. 237; also interview with Morricone for *Viva Leone!*, November 1989.

64) Interview in *Cinéma 69*, November 1969, pp. 81–90.

65) Simsolo, pp. 130–131. Delli Colli recalls that two cameras were used for Eli Wallach's run around the tombs, and that 'the rhythm was achieved in the editing room, with the music'.

66) Eli Wallach video (Bill Shaffer, 1991); Munn, pp. 53–57; Horner, pp. 43–60.

67) Interview with Dario Argento for *Viva Leone!*, November 1989; De Fornari, pp. 149–150.

68) De Fornari, pp. 150–151.

69) Author's interview with Sergio Donati; De Fornari, pp. 171–173; Cenk Kiral interviews, April–May 1998.

70) Author's interview with Sergio Donati.

71) Ibid.

72) Ibid.

73) Author's interview with Fulvio Morsella, 24 May 1998; see also De Fornari, p. 23 for Leone's version; also Simsolo, pp. 177–178.

74) *The Hoods* was first published in America in May 1953 (Crown Publishers Inc. for New American Library of World Literature, pp. 1–371). The first British edition was in September 1965 (New English Library, Four Square Books, pp. 1–416). It was dedicated 'to my true and loyal mob M,B,H & S'.

75) Lambert, pp. 79–82; *Take One*, May 1973, p. 27; Gilles Cèbe: Sergio Leone, pp. 46–47; Simsolo, pp. 135–136.

76) Author's interview with Sergio Donati; also De Fornari, pp. 159–160

77) Interview in *Cinéma 69*, November 1969, pp. 81–90.

78) Author's interview with Carla Leone; Simsolo, pp. 135–136; Lambert, pp. 79–82.

79) Author's interview with Fulvio Morsella.

80) Author's interview with Sergio Leone, February 1982.

8.

옛날 옛적 서부에서

(Once Upon a Time in the West/C'era una volta il West)

관객: 미스터 그린, 당신은 그런 영화들을 이야기하고 있군요. 엔터테인먼트 말입니다. 당신이 저서에서 '엔터테인먼트'라고 부르는 것들과 같은 것이지요. 당신은 이제 미디어는 통제 불가능하며, 우리는 미디어와 어떻게 지내야 하는지도 모른다고 말하는 것 같군요. 그리고 당신은 '옛날 옛적 서부에서'를 지난 10년 동안의 영화 가운데 최고 중 하나라고 제안합니다. 당신은 과거에 그랬던 것처럼 영화를 진지하게 받아들일 수 없는가요?

그레이엄 그린: 나는 영화를 진지하게 받아들입니다. 그리고 나는 '옛날 옛적 서부에서'를 진지하게 받아들이고 있습니다.

필립 오크스(인터뷰 진행자): 제가 개입해도 될까요? 그레이엄 그린은 그 영화를 프랑스에서 봤습니다. 제 생각에 그 판본은 우리가 여기서 본 것과 아주 다릅니다. 우리가 본 것은 단축된 판본입니다.

그레이엄 그린: 그렇습니다. 내가 그 영화를 볼 때 나를 화나게 했던 것은, 영국에서 영어 언론에 실린 비평들을

읽었을 때인데, 그들은 주로 영화가 너무나 느리다는 것을 비판했습니다. 그런데 나는 영화가 느리면 왜 안 되는지 알 수 없군요. 사람들은 액션이 빠르고, 촬영도 빠르고, 편집도 빠른 영화를 훌륭하다고 말할 수 있습니다. 그것과 마찬가지로 나에겐 매우 느린 영화가 충분히 존중받아야 한다고 생각합니다. 나는 '옛날 옛적 서부에서'에 표현된 거의 발레 같은 성격을 좋아합니다. 특히 도입부의 15분을 좋아합니다.

—그레이엄 그린, 영국영화협회(BFI) 극장에서, 1971

1966년 크리스마스 바로 전에 베르나르도 베르톨루치는 로마에서 '석양의 무법자'를 보러 갔다. 개봉 첫날이었고, 오후 3시에 상영되는 첫 회였다. 베르톨루치가 기억했다. "나에게 '영화 보기'는 다른 사람으로부터 어떤 위안을 찾는 것이다. 당시 나는 그런 것을 해내지 못했다." 그는 두 편의 장편을 발표했다. 피에르 파올로 파졸리니의 아이디어에 기초한 데뷔작 '냉혹한 학살자'(La commare secca, 1962), 그리고 '혁명 전야'(1964)였다. '혁명 전야'는 칸영화제와 뉴욕영화제에서 발표됐다. 하지만 그 영화는 거의 관객을 만나지 못할 운명이었다. 그때 이후 베르톨루치의 경력은 중단될 것 같았다. 그는 이탈리아에서 자신을 거의 외국인처럼 느꼈다.

베르톨루치가 영화를 보러 갔을 때, 행복한 놀라움이 기다리고 있었다. "세르지오 레오네는 자기 영화가 어떻게 상영되는지 보기 위해 영사실 안에 있었다. 그의 옆에는 다리오 아르젠토도 있었다. 레오네는 나를 알아보았고, 다리오가 우리를 소개했다." 다음 날, 레오네는 집에 있는 베르톨루치에게 전화하여 영화가 좋았는지 물었다. "나는 좋았다고 답했다. 하지만 그 대답만으로는 충분치 않았다. 세르지오는 이유를 알고 싶어 했다. 그래서 나는 내 생각에 그가 아주 좋아했던 문장으로 답했다. 아니 그를 거의 유혹했다. 나는 그가 말의 엉덩이를 찍는 방식이 좋다고 답했다. 일반적으로, 이탈리아 웨스턴이든 독일 웨스턴이든, 말들은 주로 앞에서 혹은 옆에서 찍힌다. 그런데 레오네는 말들을 찍을 때 항상 뒷부분들을 찍었다. '엉덩이들의 합창'이었다. 뒤를 찍는 감독은 드물다. 문법적으로도 안 맞고, 낭만적이지도 않다. 그런데 그렇게 찍는 사람은 '존 포드가 있고, 또 한 명은 당신'이라고 말했다. 레오네는 이 말을 듣고 완전히 정신을 잃었다. 몇 초간 침묵이 흘렀고, 그가 말했다. '우리는 언젠가 함께 일해야 해.' 그리고 그는 새 영화의 스토리를 이야기하기 시작했다."[1)]

다리오 아르젠토는 영사실에서 레오네와 함께 미장센을 두고 열띤 논쟁을 하고 있었다. 당시 27살이던 아르젠토는 레오네처럼 로마의 영화계 가족 출신이다. 부친 살바토레 아르젠토(Salvatore Argento)는 영화 수출을 담당하는 정부 산하 기관인 '우니탈리아'(Unitalia)의 홍보담당 간부였다. 아르젠토의 어린 시절 기억 중에는 소피아 로렌의 무릎 위에 앉아 있던 행복한 순간도 있다. 고교를 졸업한 뒤, 아르젠토는 일간지 '파에제 세라'(Paese Sera, '지역 석간')에서 영화비평가로 일했다. 그때 아르젠토는 '달러 3부작'의 1, 2편에 대해 열변을 토하면서 레오네의 관심을 끌었다. "우리는 매우 많은 이야기를 했다. 그는 나의 영화 사랑에 놀라기도 했다. 우리 세대의 청년들은 정치에 관심이 많았다. 영화산업계에서 일하고자 하는 청년은 적었다. 돌리 카메라가 뭔지 아는 청년은 거의 없었다. 그는 나와 영화 이야기를 하는 것을 좋아했다. 물론 나도 그와 영화에 관해 이야기하는 것을 미친 듯이 좋아했다. 이론이 아니라, 실재적인 사실들을 이야기했다. 나는 그때 여전히 순진했고, 그가 나의 발을 땅에 딛게 했다."[2)]

베르톨루치의 부친 아틸리오 베르톨루치는 시인이자, '가제타 디 파르마'(La Gazzetta di Parma, '파르마의 소식')의 영화비평가였다. 베르나르도 베르톨루치는 북부 에밀리아(Emilia) 지역의 전원에서 12살 때까지 살았다. 그리고 가족을 따라 로마로 이주했다. 2차 세계대전이 끝난 뒤, 소년 베르나르도(1941년 생)는 파르마 인근의 6개 극장 가운데 한 곳을 자주 갔다. 그곳에서 그는 영화가 정식으로 개봉되기 전의 시사회에 부친과 함께 참석하곤 했다. "나의 친구들은 나처럼 그렇게 자주 영화관에 가지 못했다. 친구들은 주로 노동자나 농부, 또는 하급 직장인들의 자식들이었다. 그래서 나는 내가 본 영화를 그들에게 이야기해주어야 했다. 그렇게 영화가 재구축됐다. 우리는 영화 속에 나오는 캐릭터의 이름대로 역할을 맡았다. 나는 존 포드의 '역마차'를 좋아했다. 그래서 자연스럽게 나의 역할은

링고(존 웨인)가 됐다. 나는 7살에서 10살 사이, 존 웨인과 완전히 동일시했다. 나는 그가 걷는 대로 걸었고, 그처럼 반만 미소를 지었다."[3)]

1960년대 중반에, 베르톨루치의 마음을 끌던 문학과 영화의 좌익 문화계에는 "내가 아주 좋아하던 미국 영화에 대한 의심이 있었다." 이와 비슷하게, 대중적인 이탈리아 영화에 대한 의심도 있었다. 곧 "대중영화들은 네오리얼리즘을 '이탈리아 스타일의 코미디'(commedia all'italiana)로 타락시켰다"라는 의심을 받았다. 베르톨루치는 이탈리아 감독들보다는 장-뤽 고다르와 알랭 레네에게서 더 큰 친근감을 느꼈다. 하지만 베르톨루치는 "세르지오 레오네를 4명의 이탈리아 영화의 대가, 곧 로셀리니, 안토니오니, 비스콘티, 데 시카와 더불어 유일하게 뭔가 다른 것을 하는 감독"으로 기억했다. 1967년 당시에 그는 "정치적 견해와 위대한 고전 웨스턴을 두고, 레오네와 그 어떤 대립을 느끼지 않았다"라고 기억했다. "어쨌든 당시 파리의 시네아스트들은 모두 할리우드를 사랑했다." 그리고 베르톨루치는 이런 사실을 인정했다. "나는 당시에 일할 수 있기를 몹시 바랐다. 심지어 당시에 나는 모든 사람에게 즐거움(pleasure)을 주는 영화를 만들기를 꿈꿨다. 롤랑 바르트의 〈텍스트의 즐거움〉에서의 그 즐거움 말이다."[4)]

베르톨루치는 이미 시인이었고, 부친의 친구였던 파졸리니의 조감독이었다. 프랑스 뉴 웨이브에서 큰 영감을 받은(특히 장-뤽 고다르) 베르톨루치는 자신의 영화에서 정치와 개인적인 인격의 관계, 마르크스와 프로이트의 관계를 탐험하려 했다. 세르지오 레오네도 좌익 문화계 출신이다. 하지만 그는 이미 오래전부터 자기 특유의 환멸을 '대중영화'를 통해 표현하기로 결심했었다. 이런 차이점에도 불구하고 두 사람은 큰 틀에서 유사점을 갖고 있음을 알았다. 베르톨루치의 마르크스주의는 레오네의 멜랑콜리와 시네필 감수성과 만났다. 두 사람이 만남 지점은 특별한 종류의 영화가 됐는데, 이는 고다르의 표현법에 따르면 '가장 영화적인 장르'였다. 베르톨루치가 기억했다. "나는 세르지오와 아주 잘 지냈다. 왜냐면 영화적 '모델'과 관련된 우리의 관계는 어떤 면에선 아주 비슷했다. 나에게 영화적 모델은 앙드레 바쟁과 프랑스의 영화 이론가들을 읽으며 생겨났다. 세르지오에게 그것은 더욱 즉각적으로 생겼는데, 그건 기본적으로 내가 미국 웨스턴을 봤을 때의 방식과 같았다. 나는 파르마에서 자전거를 타고 가서 미국 웨스턴을 봤는데, 그건 레오네가 로마의 트라스테베레에 있는 극장에서 봤던 미국 웨스턴과 크게 다르지 않았다. 우리의 눈에서 타올랐던 열정은 같은 온도에서 불탔음이 틀림없다."[5)]

레오네는 자신의 새 영화 '옛날 옛적 서부에서'의 스토리를 베르톨루치와 아르젠토와 함께 쓰기로 계약했다. 세 사람은 리지포 거리(via Lisippo)에 있던 레오네의 집에서 만남을 이어갔다. 아내 카를라 레오네의 기억이다. "그건 세르지오에겐 또 다른 방식의 시작이었다. 다리오와 베르나르도는 젊은 사람들이었고, 영화에 대해 말하는 세르지오의 방식에 매력을 느끼고 있었다."[6] 레오네는 자신이 제작을 통제하기 위해 만든 새로운 영화사 '라프란'(Rafran)과 '젊은이들'을 계약하게 했다. 라프란이라는 이름은 레오네의 두 딸인 라파엘라와 프란체스카에서 따온 것이다. 레오네는 이번 영화가 '달러 3부작'과는 달리 더욱 개인적인 영화("관객보다는 나를 위한 영화이며, 이전 작품들에 대한 반작용일 것")가 될 것이라고 알렸다. 자신의 오래된 시나리오 작가들을 쓰는 것은 당연할 것이라고 레오네는 투자자들에게 알렸다. 또 치네치타의 시설들을 사용한 흔적은 최소한으로 하겠다고도 말했다. 레오네는 할리우드의 제작사에 이렇게도 알렸다. "나는 이번 영화를 나의 미래 프로젝트인 '원스 어폰 어 타임 인 아메리카'를 위한 기본 틀에서 작업하겠다." 걸프 앤 웨스턴(Gulf and Western, 파라마운트의 모회사)의 오스트리아인 대표인 찰스 블루돈(Charles Bluhdorn)은 활달하고 성마른 성질의 사업가인데, 그는 반박당하는 것을 좋아하지 않았다. 블루돈은 레오네에게서 좋은 인상을 받았고, 그에게 작업을 진행할 권한을 위임했다.

레오네가 말했다. "그래서 우리 세 명은 만났고, 함께 꿈을 꾸기 시작했다. 그런데 다리오는 자신이 너무 많은 일을 부여받았음을 느꼈다. 하지만 베르나르도와 나는 우리가 좋아했던 미국 영화를 참조하며 더욱 멀리 갔다. 그건 마치 베르나르도와 내가 벌이는 테니스 게임 같았다. 다리오는 관객처럼 앉아, 우리가 주고받는 경기를 지켜보았다. 다리오는 좋은 충고를 했고, 무엇보다도 좋은 동료로 남았다. 작업을 진행하던 초창기에 나는 단 한 줄도 쓰지 않았다. 오직 대화만 이어갔다. 나는 거기서 악마의 변호사 역을 맡았다. 나는 토론 내용을 바로 원고로 옮기는 것을 원치 않았다. 결과에 너무 만족할 것 같아 두려워서였다. 실행하기 전에 모든 것에 대해 질문할 수 있는 자유를 갖기를 원했다."[7)]

레오네에 따르면 이런 과정은 약 두 달간 이어졌다. 하지만 베르톨루치는 석 달 혹은 넉 달이었다고 했고, 아르젠토는 여섯 달이었다고 기억했다. 아르젠토는 두 동료에 의해 사실상 일에서는 물러났다. 레오네는 이렇게 이해했다. "영화는 바뀌고 있었다. 똑같은 이야기를, 똑같은 방식으로 해서는 안 됐다. 우리는 초안을 만들며, 많은 대사 대신에 시각적 이미지와 감각을 넣었다. 그때 우리는 막 일을 시작했고, 우리 내부에서 수년 동안 잉태된 아이디어가 넘치고 있었다. 수많은 대화를 했다. 스토리에 관한 수많은 모호한 대화를 나눴다. 우리는 옛 영화에 나오는 특별한 숏에 대해 말했다. 모든 것은 우리의 작업을 앞으로 나가게 하려는 것이었다."[8)]

베르톨루치에 따르면, 레오네는 당시 '원스 어폰 어 타임 인 아메리카'에 대해 생각하고 있었고, 자신의 제안에 대한 미국 스튜디오의 반응을 슬기롭게 대처하고 있었다. 할리우드의 꿈과 역사적 현실이라는, 대조되는 테마는 레오네가 해리 그레이의 소설 〈후드〉(The Hoods)에서 모호한 방식으로 길러져 온 것인데, 계속 그의 마음속에 남아 있었다. "레오네와의 대화 내용은 위대한 세련됨부터 시작하여, 이탈리아 특유의 세속적인 것에까지 걸쳐 있었다. 이런 조합은 과거의 이탈리아 영화에서는 잘 일어나지 않은 것이었다. 레오네는 정말 이상했는데, 이중적인 성격을 갖고 있었다. 그는 루키노 비스콘티 같은 사람이 되고 싶어 했다. 우아하고 호화로운 귀족 말이다. 그래서 레오네는 비스콘티가 웨스턴을 찍는 것을 상상하며 영화를 만들었다. 알겠지만 레오네의 기본 이데올로기는 소년처럼 삶을 단순하게 보는 것이었다. 그래서 그는 마치 소년이 이미지의 역동성에 접근하듯 일했다. 그리고 레오네는 비스콘티처럼 세속적이며 동시에 천재적인 사람이었다. 비스콘티는 북쪽 롬바르디아의 귀족 출신이고, 레오네는 로마의 프티 부르주아 출신이었다."[9]

이런 식으로 이야기의 초점을 맞춰왔는데, 이제 토론은 이탈리아어 제목 '옛날 옛적 서부에서'(C'era una volta il West)라는 문장의 여러 의미에 맞춰졌다. 우선 제목의 뜻은 '옛날 옛적에 서부가 있었다'라는 것이다. 이번 영화의 중심 테마는 농촌의 개척지에 도착한 '문명'과 '진보'였다. 그건 대륙횡단 철도를 통해 왔다. 사실 이것이 특별하게 창의적인 것은 아니다. 작가 프랭크 그루버(Frank Gruber)는 이미 '철마'(Iron Horse, 기차라는 뜻)의 공식을 웨스턴 장르에 등장하는 7개의 기본 플롯 가운데 하나로 범주화했었다. 그런데 역사에 관한 레오네의 특별한 관심은 대중적인 허구('옛날 옛적')와 역사적 사실('서부에서') 사이의 관계를 천착하는 것이었다. 그때 레오네는 웨스턴의 황금시대(남북전쟁 이후부터 1890년대 초반까지)의 종식과 동화로서의 웨스턴의 종식을 안타까워했다. 그리고 레오네의 천착은 할리우드의 표준적인 접근이기보다는 호르헤 루이스 보르헤스의 미로에 더 가까웠다.

존 포드의 '철마'(The Iron Horse, 1924)에서 '레일을 놓는 것'은 미국의 창의력과 끈기에 관한 서사극이 됐는데, 이는 링컨에게 헌정한 작품이었다. 철로는 아일랜드 이주민, 이탈리아 이주민, 중국 이주민을 모두 미국인으로 묶는, 새로운 국가에 관한 상징이었다. 그 미국인들은 공동의 목적을 갖고, 북군과 남군으로 나뉘어 싸웠었다. 세실 B. 드 밀의 '유니언 퍼시픽'(Union Pacific, 1939)은 미국의 위대한 모험 이야기를 들려줬다. 곧 질주하는 기차, 스펙터클한 충돌, 대평원 인디언들(Plains Indians)의 공격 등이 들어 있다. 또 '유니언 퍼시픽'은 단순한 멜로드라마도 포함하고 있는데, 절정은 1930년대의 증기기관차(현대와 진보의 상징)가 장밋빛 미래를 향해 달리는 것으로 표현돼 있다. 레오네가 본격적으로 서부극을 만들 때 발표된 서사극 웨스턴 '서부개척사'(How the West Was Won, 1962)에 들어 있는 '철로'(Railroad) 에피소드는 조지 마셜과 헨리 해서웨이가 감독했는데, 여기엔 유니언 퍼시픽(미국 최초의 대륙횡단 철도)과 센트럴 퍼시픽(중부에서 서부까지의 철도) 사이의 경쟁이 들어 있다. 이 경쟁은 땅을 차지하는 데 매우 중요한 단계로 묘사돼 있는데, '자연의 시점에서 그리고 원주민의 시점'에서 3대의 카메라가 동원된 시네라마(Cinerama)로 찍혔다. '서부개척사'는 '레일을 놓는 것'은 '미국인들이 자신들의 꿈을 실현하는' 또 다른 방식이라고 결론 내리고 있다. 또 철로로 얻는 이득과 편리한 점은 손실을 상쇄하고도 남는다는 것이었다.

그런데 세르지오 레오네의 출발점은 아주 달랐다. "기본적인 생각은 미국 웨스턴과 개인적으로 좋아하던 웨스턴의 관습, 장치, 그리고 세팅을 이용하는 것이었다. 이런 것을 이용한 것은 국가의 탄생 이야기에 관한 '나의' 시각을 표현하기 위해서였다."[10] "나의 선택은 도발이었다. '옛날 옛적 서부에서'는 웨스턴의 관습적인 캐릭터들이 나와서, 아무런 이야기가 없는 일종의 전제 같은 것을 보여주는 것으로 시작한다. 그 장면을 통해 나는 그 시절의 미국을 재건축하려 했다. 곧 그 시대의 마지막 순간을 생생한 모습으로 보자는 것이다. 우리는 이 캐릭터들을 서사극의 문맥 속에 위치시켰다. 당시는 첫 번째 경제 붐이 일어났고, 그것이 서부의 위대하고 로맨틱한 시기를 사라지게 했다." 그래서 스토리는 웨스턴의 영웅들('과거의 인종들'), 철도 붐이 일 때의 새로운 시기, 카우보이와 총싸움에 관한 어린 시절에 들은 우화, 그리고 복잡한 세상에 관한 어른들의 기억 속에 살아남은 이미지들 사이의 경쟁이 됐다. '우리가 잃어버린 세상'에 관한 테마는 루키노 비스콘티의 영역에 속하는 것인데, 베르톨루치는 이렇게 기억했다. "내가 염두에 뒀던 것은 멜로드라마적인 비스콘티였다. 그건 과잉에 관한 태도와 계급의 죄의식에 관한 어떤 감각이었다. 하지만 레오네에게 비스콘티는 우아한 미장센을 위한 참조점이었다."[11]

'옛날 옛적 서부에서'의 유명한 장면 중의 하나는 비스콘티와의 관련성이 깊은 부분일 것이다. 그건 사업가가 되기를 원하는 철도회사의 청부살인자 프랭크(헨리 폰다)와 개척지에서 마지막으로 살아남은 개인주의자 하모니카(찰스 브론슨) 사이의 결투 장면이다. 결투는 철도회사 재벌인 모튼(가브리엘레 페르체티) 같은 기회주의자들에 의해 죽임을 당한, 황금시대에 관한 장엄한 논쟁으로 시작한다. 하모니카가 말한다. "모튼 같은 사람은 또 올 거야. 그들은 모든 것을 죽여놓겠지." 이 논쟁은 레일을 놓는 철도 노동자들 모습으로 강조돼 있다. 그럼으로써 이 논쟁은 시각적 대응물을 갖게 됐고, 여기서 영화는 끝난다. 기차가 이곳 새로운 마을로 들어올 때, 하모니카는 언덕 위로 말을 타고 간다. 그는 산적 샤이엔(제이슨 로바즈)의 시체를 실은 말도 끌고 있다. 이들의 운명은 기술적 진보에 길을 내어주는 것인데, 그들 자신의 미래도 예견하는 것이다. 그들은 이런 변화가 마음에 들지 않았을 것이다. 이 장면은 비스콘티가 영화화한 람페두사(Lampedusa)의 소설 〈레오파드〉(1958)를 떠오르게 한다. 여기서 살리나의 왕자 돈 파브리치오는 통일된 이탈리아에서 봉건적인 남부는 진보된 북부에 의해 쇠퇴할 것이라는 점을 인식한다. "우리는 표범이고 사자였어. 우리의 자리를 차지한 자들은 자칼이나 하이에나겠지. 그리고 미래에 우리는 모두, 표범이든 자칼이든 양이든, 자신을 대지의 소금이었다고 여길 거야." 하모니카는 귀족은 아니다(적어도 비스콘티의 상식에선 그렇다). 그리고 그의 고통은 돈 파브리치오의 반동적인 성격을 갖는 것도 아니다. 하지만 둘 사이의 감정은 비슷하다.

인터뷰할 때면, 종종 그림과 골동품을 수집하는 '귀족적' 이미지를 가진 감독으로서의 레오네가 중심 무대를 차지했다. 하지만 다른 곳에서는 웨스턴의 광으로서, '퇴행적'인 레오네가 그 자리를 대신 차지했다. 베르톨루치의 기억이다. "레오네는 영화를 준비하는 것이 어릴 때 카우보이 놀이하는 것과 같다는 인상을 주곤 했다." 다리오 아르젠토도 그런 어릴 적 놀이의 중요성을 강조했다. "세르지오는 마임 연기를 했다. 그는 위대한 마임 연기자였다. 그는 영어를 잘하지 못했다. 하지만 이미지로 영어를 말했다. 그는 총으로 마임을 하며 설명했고, 우리에게도 마치 아이들처럼 마임을 했다. 우리는 총으로 미국인처럼 농담을 주고받았다." 아르젠토에 따르면, 그런 생각은 전염성이 강했다. "나는 총을 샀다. 진짜 콜트 권총을 샀다. 무게를 느껴보고 싶었다. 집에 혼자 있을 때, 총을 갖고 놀았다. 주위를 겨냥해보고, 손으로 돌려보곤 했다. 나는 카우보이 모자도 샀다. 나는 거울 앞에서 그 모자를 써보곤 했다. 그렇게 함으로써 영화 만들기의 어떤 정신에 나를 맞추려고 했다." 그러면서 작업은 엄격함을 갖게 됐다. "베르나르도와 나는 해야 할 일을 나누는 시스템을 만들었다. 우리는 각자 더 투입해야 할 것은 스스로 썼다. 그리고 둘이 쓴 것을 합했다. 세르지오는 우리가 쓴 것을 들었고, 가끔 수정할 부분을 이야기했다. 그리고 세르지오는 그런 게임의 대가였으므로, 우리는 그가 말하는 모든 것을 진심으로 신뢰했다. 나는 세르지오에게 매혹됐는데, 예를 들어, 특정 장면을 위해 필요한 카메라 움직임을 사전에 정확하게 묘사할 때 같은 경우다. 나에게 그 순간의 레오네는 시를 낭송하는 단테 같았다."[12)]

마침내 '옛날 옛적 서부에서'는 골격을 갖추기 시작했다. 레오네는 몇 번에 걸쳐 미국을 방문했다. 그는 지프를 렌트하여, 콜로라도, 애리조나, 그리고 뉴멕시코를 탐험했다. 그는 촬영감독 토니노 델리 콜리와 함께 애리조나와 유타주 사이에 있는 모뉴멘트 밸리로 가는 가이드 투어에도 참여했다. 델리 콜리가 말했다. "세르지오는 존 포드 영화에 나오는 거의 모든 숏을 흥분하며 이야기했다. 포드는 여기서 찍었고, 카메라는 여기 뒀다는 식이었다. 모든 게 세르지오의 머리에 있었다."[13)] 하지만 레오네의 협력자들은 아직은 찍어 넣어야 할 빈 필름만 갖고 있었다. 아르젠토가 말했다. "우리의 웨스턴은 미국의 모델과는 당연히 달라야 했다. 우리는 이탈리아 사람이고, 우리는 웨스턴을 오직 영화를 통해 알았기 때문이었다. 존 포드, 앤서니 만, 니콜라스 레이의 웨스턴 말이다."[14)]

시네필인 베르톨루치로서는 게임을 더 확장하고 싶었다. "당시는 인용에 대한 숭배 같은 게 있었다. 나는 나에게 묻곤 했다. '레오네처럼 재능있는 감독이 인지하지 못한 채, 결백한 상태에서, 인용한다면 아름답지 않을까? 인용이 의도되지 않고, 그냥 일어난다면 말이다.' 몇 개의 인용은 그렇게 하는 게 가능했다. 나는 레오네가 그런 인용을 하게 하는 데 성공했다."[15] 나중에 그런 사실을 알게 됐을 때 세르지오 레오네는 어떻게 생각했을까? "레오네가 인지하지 못한 채 참조한 게 있다는 사실을 내가 말하면, 그는 좋아하지 않았다!" 베르톨루치는 명백하게 레오네의 성질을 긁었다. "레오네는 화를 냈다. 그리고는 '참조한 거 이미 알고 있었어.'라고 말했다. 나는 '아니다. 너는 몰랐어.'라고 답했고, 그러면 그는 '알고 있었어.'라고 응수하곤 했다."

이런 포스트모더니즘의 게임을 출발시킨 인용 대상의 영화들이 몇 개 있다. 먼저 니콜라스 레이의 '조니 기타'(1954)는 베르톨루치가 유명한 비평문에서 '최초의 바로크 웨스턴'으로 꼽은 작품이다. 덧붙여 '조니 기타'는 '옛날 옛적 서부에서'가 가장 명백하게 참조한 작품 가운데 하나라고도 했다. 존 포드의 '수색자'(1956)는 도입부 맥베인 집안의 농장에서 벌어진 '가족 살해'에 영감을 줬고, 철로를 놓는 영화들, 곧 '철마'와 '유니언 퍼시픽' 같은 작품도 참조됐다. 존 포드의 '리버티 밸런스를 쏜 사나이'(1962)에서는 정치적 압력과 바위처럼 거친 서부 사나이의 개인적 갈등이 참조됐고, 또 로버트 올드리치의 '마지막 일몰'(The Last Sunset, 1961)도 인용되는데, 이 작품은 훗날 베르톨루치가 '거미의 계략'(1970)을 만들 때도 참조된다. 조지 스티븐스의 '셰인'(1952)이 의식하고 있는 신화적 성격과 장례 장면도 참조된다. 존 스터지스의 '황야의 7인'(1960)에서는 찰스 브론슨이 하모니카를 부는 것에 영감을 얻었고, 다리오 아르젠토는 이후에 다른 이탈리아 웨스턴을 쓸 때, 그

이야기를 두 번이나 이용했다.[16)]

그런데 이런 영화들은 더 깊은 논쟁을 위한 촉매 역할을 했다. 레오네가 말했다. "이 영화는 '죽음의 춤'이다. 나는 미국 웨스턴에서 가장 상투적인 캐릭터를 통해, 아니 빌려서, 그 춤을 표현하려 했다. 곧 캐릭터들은 뉴올리언스 출신의 착한 매춘부(클라우디아 카르디날레), 낭만적인 산적(제임스 로바즈), 반은 살인자이고 반은 사업가인데 최종적으로 사업가가 되려 하는 살인청부업자(헨리 폰다), 자신을 총잡이로 오판하는 사업가(가브리엘레 페르체티), 그리고 고독한 복수의 남자(찰스 브론슨) 등이다. 미국 웨스턴에서 끌어온 상투적인 다섯 캐릭터를 이용하여, 나는 웨스턴에 오마주를 표현하고, 동시에 당대 미국 사회가 경험하고 있던 변화를 보여주려 했다. 따라서 이야기는 탄생과 죽음에 관련된 것이다. 상투적인 이 캐릭터들은 화면에 등장하기 전부터 자신들이 육체적으로 또 도덕적으로 죽는다는 사실을 이미 알고 있다. 말하자면 그들은 다가오는 새 시대의 희생자들이다." 레오네의 최종적인 목표는 바로 '미국의 탄생에 관한 영화적 프레스코'를 그리는 것이었다.[17)]

다른 면에서 보자면, '옛날 옛적 서부에서'는 이미 '낡은 장면들'과 할리우드 웨스턴의 전체 역사를 떠받치는 시각적 상투성의 선집이었다. 여기서 다루는 할리우드 웨스턴의 역사는 무성영화부터 시작하여, 1950년대와 1960년대 초의 '심리적 웨스턴', '신고전 웨스턴' 그리고 컬트 웨스턴에까지 걸쳐 있다. 더 나아가 이 영화는 웨스턴 그 너머에까지 간다. 베르톨루치에 따르면, "브렛 맥베인(Brett McBain)이란 이름은 범죄소설 작가인 에드 맥베인(Ed McBain)과 브렛 할리데이(Brett Halliday)에서 따왔다. 우리는 이와 같은 모호한 참조를 많이 이용했다. 웨스턴뿐만 아니라 미국 영화 일반에서 끌어왔다."[18] "어쨌든 그녀는 멋진 커피를 만들었지."(She made swell coffee, anyway)라는 대사는 '안녕 내 사랑'(Farewell My Lovely, 1944)의 마지막 장면에 나왔었다. '살인 회사'(Murder Inc., 1951)에서 살인자는 이탈리아인 이발사로부터 날이 선 면도칼을 부드럽게 받아 쥔다. 그리고 "너는 어떻게 혁대와 멜빵을 모두 하는 사람을 믿을 수 있지? 자신의 바지도 믿지 못하는 그런 사람을 말이야." 이는 빌리 와일더의 '비장의 술수'(Ace in the Hole, 1951)의 대사를 거의 그대로 이용한 것이다. 일라이 월러크가 목격한 대로, 세르지오 레오네 자신이 자신의 바지를 믿지 못하는 그런 사람이었다. 아마 이런 이유로 그 대사는 레오네의 마음에 깊이 박혔을 것이다. 막스 오퓔스의 '미지의 여인에게서 온 편지'(Letter from an Unknown Woman, 1948)에 나왔던 플래시백과 기억의 아이디어도 참조됐다. 기억은 '조각으로 등장'하여, 두 명의 주인공이 벌이는 마지막 결투에서 완성에 이르게 된다. 그리고 '옛날 옛적 서부에서'에 등장하는 발군의 대사 가운데 하나는 샤이엔(로바즈)이 하모니카(브론슨)를 두고 하는 말이다. "저런 사람은 안에 무언가를 갖고 있지. 죽음과 관련된 그 무엇 말이야."(People like that have something inside. Something to do with death. 'Something to do with death'는 이 책의 부

제목이다). 이는 라울 월시의 '하이 시에라'(High Sierra, 1941)를 떠올리게 한다. 여기에서 의사 밴튼(헨리 헐)은 이런 말을 한다. "너와 그 사람 같은 남자들에 대해 갱스터 조니 딜린저가 한 말을 기억하라. 딜린저는 너희들은 그냥 죽음으로 달려간다고 말했어. 바로 그렇다. 죽음으로 달려가는 것이지."

놀랍게도 맥베인의 농장이 있는 스위트워터(Sweetwater)라는 지명은 빅토르 쇼스트롬의 무성 시대 서사극인 '바람'(The Wind, 1928)에서 따온 게 아니었다. '바람'은 사막의 샘물이 있는 텍사스의 스위트워터가 배경이었다. 레오네의 제작팀은 그 영화를 보지 못했다. 베르톨루치가 말했다. "우리는 영화에 등장하는 지역의 이름을 짓기 위해, 그 지역 관련 미국 지도를 보고 있었다. 그때 나는 아주 마음에 드는 지명을 발견했는데, 그것이 '스위트워터'였다."[19] 중반부 스토리가 진행되는 허구의 도시로는 원래 캔사스의 애빌린(Abilene)을 염두에 뒀다. 그런데 기차역에서 스위트워터까지, 모뉴멘트 밸리(Monument Valley)를 지나가는 마차 여행이 정해지자, 지명은 애빌린에서 애리조나의 플래그스태프(Flagstaff)를 참조한 '플래그스톤'(Flagstone)으로 바뀌었다. 말하자면 지도를 참조한 것은 별 의미가 없었다. 하지만 질 맥베인(클라우디아 카르디날레)과 마부 샘(파올로 스토파)은 모뉴멘트 밸리에 있는 붉은 모래 언덕들을 지나가야 했다. 모뉴멘트 밸리는 '역마차'(1939)부터 '샤이엔의 가을'(1964)까지, 10편의 존 포드 웨스턴에 등장한 유명 장소다. "우리는 모뉴멘트 밸리로 가는 역마차를 바라보았다."라고 베르톨루치는 말했다. 그 지역이 정해지자, 이제 문제는 적절한 목적지를 찾기 위해 지도를 보는 것으로 바뀌었다. 목적지는 유타주 쪽 모뉴멘트 밸리의 북동 방향에 있는 작은 마을 스위트워터로 정했다. 베르톨루치가 좋아하던 바로 그 마을이었다. 이런 '창의적인 지리'는 베르톨트 브레히트가 1920년대에 베를린에서 '미국'에 관한 노래 가사를 지을 때와 비슷한 과정을 거친 것이다. 다시 말해 가수 로테 레냐(Lotte Lenya)에 따르면, 브레히트의 가사에 나오는 '앨라배마'(Alabama) 같은 단어는 사운드 때문에, 또 당대 독일의 과격한 청년들 마음속에 떠오르는 이미지 때문에 선택됐다. 그 어떤 현실적 관련성도 고려되지 않았다는 것이다.[20)]

베르톨루치는 스위트워터를 몇 개의 아이로니컬한 목적에서 선택했다. 먼저 이곳은 맥베인의 '일생의 꿈'이 어린 장소이며, 동시에 그의 모든 가족이 살해되는 장소, 그리고 철도가 가져올 것에 대해 반신반의하며 축복하는 장소다. 마부 샘에겐 '사막의 냄새 나는 귀퉁이'이며, 하모니카에게는 '아름다운 도시'가 될 수 있는 곳이다. 그리고 미국에 대한 브레히트의 시각처럼, 스위트워터에는 사업가와 살인자, 자본가와 청부살인업자가 서로 닮아있다. 이곳의 이야기는 자본주의 사회에서의 희생자와 포식자 사이의 끝나지 않을 투쟁에 관한 것처럼 보인다. 마치 미국 특유의 웨스턴에서 '야만과 문명' 사이의 갈등이 그랬던 것처럼 말이다. 브레히트가 말한, '부정적인 주요 인물이 긍정적인 영웅보다 더욱 흥미롭다'라는 것은 유명한 이야기다. 왜냐면 '부정적인 인물은 비판의 정신에서 연기하기 때문'이다. 멜로드라마의 악당은 허세를 보이는 행동을 통해, 자신이 연기하는 캐릭터와는 거리를 두고 있다는 점을 관객에게 드러낸다. 레오네의 영화에서 맥베인의 꿈을 파괴하는 가장 지독한 악당(헨리 폰다)은 이런 전략의 고전적인 사례일 것이다.

베르톨루치에 따르면, 시나리오 작가들이 펼쳤던 오마주 게임은 '영화란 무엇인가?'에 대한 질문을 하려 했던 것이었다. 세르지오 레오네가 설명했다. "우리는 모든 미국 웨스턴을 한 데 묶어서 보는 만화경 같은 시각을 원했다. 하지만 그럴 경우, 조심해야 하는 게, 인용을 위한 인용이 되어서는 안 됐다. 그런 의도로는 전혀 하지 않았다. '참조'는 미리 계획하여 계산된 것이 아니었다. 참조는 특별한 우화 '옛날 옛적 서부에서'를 이야기하는 데 도움을 주기 위해, 배경에 등장한 미국 웨스턴의 느낌을 전달하려고 단지 그곳에 있었을 뿐이었다. 곧 역사적 현실을 확보하려는 나의 시도로 한몫했다. 경제붐이 일던, 새롭고 무정한 서부 시대의 역사적 현실 말이다. 나는 그것을 우화와 섞고 싶었다." 베르톨루치가 주장한 대로, 레오네는 참조가 어디서 왔는지 전부 알고 있었을까? 레오네는 이런 이야기를 하면 늘 그렇듯 발끈하곤 했다. "먼저 말 할 수 있는 게, 베르톨루치는 기대와 달리 기억을 정확하게 하지 못했다. 그는 스토리를 만들 때 함께 일했고, 시나리오를 직접 쓰는 일에는 참여하지 않았다. 감독으로서 모든 결정은 내가 내렸다. 그가 스토리 작업에, 진정으로 개인적인 어떤 것을 가져온 것은 사실이다. 시나리오 작업은 뒤에 됐다. 곧 베르톨루치가 자신이 제안한 윤곽에 따라, 약 두 달 동안 나와 함께 초안을 만든 뒤였다. 시나리오 작업은 나와 세르지오 도나티가 했다. 아주 빠른 기간에 해냈는데, 한 달이 채 걸리지 않았다."[21] 레오네는 이런 사실도 덧붙였다. 할리우드 웨스턴에 대한 표면적인 인용은 '모든 미국 웨스턴에 대한 만화경 같은 시각'을 의도한 것이었고, 그리고 그것은 영화 전체를 통해 실현됐다. 그건 지금은 '포스트모더니즘'이라고 불리는 상호텍스트성(intertextuality)의 과정이었다. 그런데 이 모든 것은 관객들이 가장 명백한 인용을 인식하도록 해야 했다. 이것은 일종의 훈련이기도 했는데, 관객들이 이전에 어디에선가 봤던 것을 보고 있다는 인상을 받도록 해야 했다. 하지만 그런 인식을 할 때, 관객들은 스토리가 과거에는 이런 식으로 전개되지 않았었다는 사실을 알고 충격을 받았으면 했다. 말하자면 영화에는 인식과 놀라움, 시각적 상투성과 착시화(trompe l'oeil)가 섞여 있었다. 레오네가 강조했듯, 이것이 관객을 앞으로 끌어가는 열쇠였다.

다리오 아르젠토도 이번 경험을 통해 배운 게 많았다. "레오네에게 배운 것은 영화가 기본적으로 시간과 리듬이라는 사실이었다. 이것이 강박적으로 나를 사로잡았고, 그때부터 나는 나의 영화를 만들 때도, 항상 스톱워치를 들고, 모든 것을 쟀다. 사후제작 과정에서 그것이 필요 없을 때도 스톱워치를 들고 있었다. 그리고 나는 작가(감독)가 영화의 또 다른 캐릭터라는 점을 배웠다. 작가는 늘 세트장에 있으며, 자신의 존재를 항상 느끼게 했다. 그건 그즈음 고다르가 찾고 있던 그 어떤 것이었다."[22)]

어떤 면에서 보자면, '옛날 옛적 서부에서'는 할리우드 웨스턴 고전의 유명한 순간을 반어법적으로 뒤집는 장면들로 구성돼 있다. '하이 눈'을 빗대, 세 명의 총잡이가 캐틀 코너(Cattle Corner) 기차역에서 영웅(악당 두목이 아니라)을 기다리고 있다. 영웅은 정오의 기차를 타고 도착할 것이다(이것은 물론 플래그스톤에서 두 시간 늦게 출발했다). 악당의 이름은 '하이 눈'의 그 악당처럼 프랭크이다. 꼬마 티미 맥베인은 아빠와 사냥을 간다. '셰인'의 오프닝 시퀀스에서 꼬마 조이 스타렛이 나무총을 들고 사냥을 간 것처럼 말이다. 하지만 이번에는 흰색 모자를 쓴 구원자가 사슴뿔 사이의 시각 안으로 들어온 것과는 달리, 맥베인 부자는 무자비하게 총에 맞아 죽는다. 몇 개의 기분 나쁜 전조가 있었다. 매미는 갑자기 소리를 멈췄고, 세이지(sage) 숲에서 꿩이 날아갔으며, 어떤 닭은 심하게 꽥꽥거렸다. 이는 에드워즈 집안의 농장에 코만치의 전사가 도착했다는 것('수색자'에서처럼)을 알리는 게 아니라, 모든 철도회사에서 고용한 살인자들이 나타났음을 알렸다.

하지만 가장 중요한 전복은 영화 전체에 스며들어 있는데, 존 포드 웨스턴에 있는 시각적 문법과 이데올로기에 대한 전복이다. 이런 점에서 볼 때, '옛날 옛적 서부에서'는 1960년대 후반, 유럽의 영화적 '순간'에 결정적으로 공헌했다고 해석된다. 당시 시네필 출신 감독들은 '비판적 영화'(레오네가 좋아하지 않던 용어이지만)의 형식을 발전시키고 있었다. 비판적 영화(critical cinema)는 할리우드 감독의 작품을 참조했는데, 유럽 감독들은 할리우드 감독들에 관해 글을 쓰기도 했다. '카이에 뒤 시네마'의 첫 세대가 펼친 몽환적인 찬사는 더욱 분석적인 시각을 위한 길을 열었다. 클로드 샤브롤은 히치콕에 대해, 베르톨루치는 미국의 필름 누아르에 대해, 그리고 레오네는 '옛날 옛적 서부에서'를 통해 존 포드에 찬사를 보냈다. "존 포드는 내가 엄청나게 존중했던 작품을 남긴 감독이다. 웨스턴의 모든 감독 그 이상이었다. 내가 웨스턴을 만들기로 마음먹은 것도 거의 포드 때문이었다. 나는 특히 포드의 정직함과 직접성에 큰 영향을 받았다. 그는 아일랜드 이주민의 아들로서 미국이라는 나라에 늘 감사를 느꼈을 것이다. 그는 낙관주의로 충만한 사람이다. 그의 주요 캐릭터들은 자주 장밋빛 미래를 꿈꾼다. 내가 '달러 3부작'에서 그랬던 것처럼, 포드도 가끔 서부를 탈신화화 하기도 했는데, 그때도 그의 작품에는 항상 어떤 낭만주의가 있었다. 그것이 포드의 위대함인데, 그건 동시에 역사적 사실에서 그를 아주 멀리 데려가는 것이기도 했다(동시대의 웨스턴 감독들보다 덜 하기는 했지만). 포드는 낙관주의가 충만한 사람이고, 나는 비관주의가 충만한 사람이다."[23)]

포드에게 빚진 점에 대해 레오네는 이렇게 덧붙였다. "시각적 영향도 컸다. 그는 '서부'를 표현하는 진정한 시각적 이미지를 찾기 위해 매우 세심했다. 곧 그 이미지들은 먼지, 나무집 마을, 의상, 그리고 사막이었다. 그와 가치를 공유하는 게 더욱 늘어나면서, 내가 그의 작품 가운데 가장 좋아한 것은, 가장 덜 감성적이었던 '리버티 밸런스를 쏜 사나이'(1962)였다. '옛날 옛적 서부에서'를 준비하며 나는 그것을 깨달았다. 이유는? 당시 존 포드는 거의 65세였는데, 결국에는 비관주의의 모든 것에 대해 이해하고 있었다. 사실 그 영화를 통해 포드는 서부에 대해서 이전에 했던 말을 전부 삼킬 수 있었다. 그가 경력을 시작하며 서부에 대해 뱉어냈던 그 모든 담론을 말이다. 왜냐면 '리버티 밸런스를 쏜 사나이'는 정치 세력과 개인, 곧 정치 세력과 서부의 고독한 단독자 영웅과의 갈등을 보여주었기 때문이었다. 그는 서부를 사랑했다. 그 영화를 통해 마침내 포드는 그 사실을 이해했다. 어떤 이가 말했는데, '리버티 밸런스를 쏜 사나이'에는 나의 영화에서처럼 '3중'의 결투가 들어 있다. 세 방향의 결투인데, 제임스 스튜어트, 존 웨인, 그리고 리 마빈 사이의 결투였다."[24)]

'아파치 요새'(1948)에 대해 존 포드는 이런 말을 했다. "존경할만한 영웅을 가진다는 것은 국가를 위해 좋은 것이다." 그런데 1962년 '리버티 밸런스를 쏜 사나이'를 연출할 때, 신문편집장을 통해 이런 유명한 대사를 남긴다. "이것이 서부입니다. 전설이 사실이 될 때, 우리는 전설을 기록합니다." 이것은 포드의 어두워진 시각에 대한 증거이다. 랜섬 스토다드 상원(제임스 스튜어트)은 악당 리버티 밸런스(리 마빈)를 쏜 사나이라는 '사실' 덕분에 정치 경력을 쌓을 수 있었다. 그럼으로써 그가 거친 개척지를 길들였다는 평가를 받았다. 그러나 실제로는 랜섬과 리버티 사이에 결정적인 결투가 벌어질 때, '고독한 영웅' 톰 도니펀(존 웨인)이 어둠 속에 숨어서 리버티 밸런스를 쏘았다. 영화 전체는 하나의 길고 긴 플래시백으로 대부분 구성됐는데, 이 플래시백은 결투에서 끝난다. 포드는 서부에 법과 질서가 도착한 것을 축하하는 순간에도, 옛날에 대해 강한 향수를 갖는 것 같다. 영화는 신본(Shinbone)이라는 도시에 검은 연기를 뿜으며 기차가 들어오는 것으로 시작하고, 그 기차가 동부로 돌아가는 것으로 끝난다. 기차 안에는 스토다드 상원이 타고 있고, 그는 이곳의 풍경을 바꿀 새로운 관개공사 관련 입법에 대해 기뻐하고 있다. 그의 아내 할리(베라 마일스)가 말한다. "한때 여기는 야만이었어요. 지금은 정원이 됐네요. 당신은 자부심을 느끼지 않나요?" 존 포드는 세월이 흐르며 서부에 대한 시각이 왜 더욱 비관적으로 바뀌었는지 종종 질문을 받았다. 그는 이렇게 답했다. "만약 조상들이 지금 우리를 본다면, 그들은 비통해하며 부끄러워할 것이다." 그런데 포드의 이런 반환영주의는 '리버티 밸런스를 쏜 사나이'에서 불쑥 표면에 드러난 것이라고 말한 레오네의 주장은 사실과 다르다. 비관주의는 '수색자'(1956) 이후로 계속 나왔다. 그전은 아니라고 하더라도 말이다. 또 비관주의는 영화 산업 전체에 대해 포드가 점점 더 많이 느꼈던 압박감을 비춘 것 같았다.[25)]

'옛날 옛적 서부에서'를 만들며, 세르지오 레오네가 존 포드를 명백하게 참조하고, 또 그의 유토피아에 대한 꿈을 파괴하는 대표적인 장면은, 하모니카와 샤이엔이 브렛 맥베인의 농장으로 배달된 목재들을 점검할 때이다. 그들은 기차역이 어떻게 만들어질지 거리를 재고 있다. 스위트워터라는 작은 공동체의 중심인 맥베인의 농가는 배경에 보인다. 하모니카가 아일랜드 사람 맥베인의 전략을 추정하고 있다("그는 플래그스톤을 통과하는 철도가 서부로 이어질 것을 알고 있었어. 그래서 그는 여기 사막 같은 땅을 찾을 때까지, 이 지역 전체를 조사하고 다녔지. 아무도 이 땅은 원하지 않았어. 하지만 그는 샀지. 그리고 그는 허리띠를 졸라맸고, 몇 년을 기다린 거야."). 샤이엔은 무슨 말인지 재빨리 알아차렸다. "아하, 우리의 죽은 친구가 바보가 아니라는 것이지? 그는 사막 같은 이 땅을 금값으로 팔려고 했다는 것이지?" 하모니카가 대답한다. "너라면 평생의 꿈을 팔지는 않겠지." 맥베인은 '우리의 죽은 친구'가 됐는데, 왜냐면 철도회사가 고용한 살인자들이 그와 그의 가족 모두를 살해했기 때문이었다. 레오네는 '평생의 꿈'과 유토피아 같은 공동체에서 실제로는 무슨 일이 일어났는가를 가장 전복적으로 다뤘다. 평생의 꿈과 유토피아 공동체는 존 포드 웨스턴이 줄곧 지지하던 가치였다.

'옛날 옛적 서부에서'의 종결부에서, 웨스턴의 '오래된 상투성'은 더 이상 이용되지 않는다. 철도회사 재벌인 모튼은 총잡이를 동원하는 방법까지 썼지만, 원했던 태평양을 보지 못한다. 대신 그는 사막 가운데 있는 물웅덩이, 곧 빽빽 소리를 내는 자신의 기관차에서 흘러나온 오줌 같은 물웅덩이로 달팽이처럼 기어가며 죽는다. 그의 죽음에 들리는 만가 같은 음악은 앞부분에서 그가 태평양을 그린 그림을 간절하게 바라볼 때 연주되던 것이다. 프랭크는 총잡이에서 사업가로 변신하려는 시도에 성공하지 못한다. 그는 죽을 때에야 비로소, 자신이 '평범한 남자'라는 사실을 안다. 그리고 그때 누가 자신의 적인지도 분명히 안다. 다시 말해 하모니카가 그의 입에 자신의 악기를 끼워주었고, 그는 숨을 몰아쉬며 죽음의 곡을 불게 된다. 멕시코의 낭만적인 산적 샤이엔은 죽을 때, 하모니카에게 저리 떨어지라고 요구한다(그는 자신이 죽는 모습을 보여주려 하지 않는다). 샤이엔은 총상을 입었고, 이 장면 뒤로 스위트워터의 모습이 보인다. 존 포드 공동체에 나오는 춤의 광장은 여기서는 죽음의 광장이 됐다. 하모니카는 언덕 위로 말을 타고 가며, 이 '아름다운 마을'에서 멀어진다. 그런데 그 모습이 이젠 시대에 뒤처진 것처럼 보인다. 이들은 전부 미국 웨스턴의 수사학 속의 인물들이었고, 또 사막의 무대에서 자신들의 역할을 충분히 해냈다. 하지만 그들과 그들의 무대는 역사적 진보에 의해 모두 파괴될 것이다.

이런 모든 것에 예외가 하나 있는데, 그것은 질 맥베인이다. 다른 인물들은 자기의 역할을 으스대며 해낸 뒤, 무대에서 사라지는데, 오직 질 맥베인만은 유용하고 해야 할 일을 하는 역할을 맡았다. 곧 목마른 철도 노동자들을 돕는 것이다. 신화가 풀려가며, 그녀만이 그 자신이 되는 것이다. 레오네는 자신의 영화 경력을 통틀어, 유일하게 여기서 여성 캐릭터를 행위의 중심에 놓았다. '달러 3부작', 그리고 그의 모방작들까지, 온 세상은 배타적인 남성의 공간이었다. 몇 가지 예외가 있긴 하다. 하지만 그때의 여성들은 매춘부, 풍만한 호텔 직원, 산적들의 연인, 그리고 교외의 점토 집에 살며 대사 한 줄 하지 않는 멕시코 과부들 정도였다. 이탈리아 영화인들은 옛 스타일 웨스턴의 여성 주인공을 사실상 불필요한 존재, 혹은 어쩔 수 없이 기용한 인물 정도로 다뤘다. 그런데 시간이 지나며, 그들은 비평가 앤드류 새리스(Andrew Sarris)의 말대로 '마돈나 숭배의 얇은 합판'마저 벗겨내면서, 여성 혐오의 성격을 그대로 드러냈다. 이는 '가장 강력한 프로이트주의 할리우드 웨스턴에서도 좀체 접근하지 못한 것'이었다.[26)]

레오네는 '석양의 무법자'를 찍을 때, 짧은 장면이지만 이스트우드와 멕시코 여성이 함께 침대에 누워 있는 장면을 보여주려 했다. 그는 촬영도 했고, 홍보용 사진까지 배포 했지만, 그 시퀀스는 마지막 편집에서 잘려나갔다. 비슷한 상황은 '석양의 건맨'을 찍을 때도 있었다. 이스트우드가 호텔 직원과 침대에 누워 있는 장면을 보여주려 했다. 하지만 자족적이고 상징적인 영웅이 그런 식으로 약점을 보인다면, 그 성격이 왜소해질 것 같았다. 세르지오 레오네는 여성 혐오라는 비판을 받을 때면 자신의 영화는 신화적이기 때문에 그렇다고 답했다. 말하자면 호머의 작품 같은 것이고, 그것은 복잡하지 않고 단순한 남자들의 세상이며, 모험의 세상이라는 것이다. 곧 남성의 세상이라고 답했다. 그리고 논쟁을 벌이며, 레오네는 진짜 서부에서는 "가장 중요한 문제는 생존하는 것이며, 여성은 생존에 장애가 된다."라고도 말했다. 역사에 대한 자신의 조사에 대해 말할 때도 레오네는 1960년대 말인 당시에 막 시작됐던 선구적인 여성에 관한 연구(전기적 자료, 편지와 일기, 개척기 시대 여성의 역사에 관한 출판물)는 전혀 언급한 적이 없다. 레오네는 종종 고전 할리우드 웨스턴에 여성 캐릭터들이 기능적으로 등장하는 점을 비난했다. "소년 시절부터 나는 많은 할리우드 웨스턴을 보았다. 만약 여성의 역할을 편집해 낸 판본을 가정하여, 당신의 머리에서 상영해보라. 그 영화는 더욱 좋아질 것이다." 레오네의 딸 라파엘라는 여성의 역할에 대한 부친의 명백한 무관심을 이렇게 변호했다. "아빠의 영화에서 왜 그렇게 여성들은 작은 역만 맡냐고 물었다. 그러면 부친은 집에 세 명의 강한 여성이 있어서 그렇다는 식으로 답했다. 아내 카를라, 그리고 두 딸 라파엘라와 프란체스카가 그렇다는 것이다." 아내 카를라는 이렇게 말했다. "실제 삶에서 여성은 그에게 핵심적인 역할을 맡고 있으니, 영화에서는 단지 소품처럼 다루는 것이 아닐까."[27]

레오네는 웨스턴의 인습을 흔들고 싶었다. 따라서 이런 경우, 영화의 중심에 지략이 넘치고 강력한 여성을 세운다는 것은 적절했다. "질(카르디날레)은 물과 약속의 땅 서부를 재현한다. 플롯은 그녀를 중심으로 돌고, 그녀는 살아남는 유일한 인물이 된다." 하지만 영화의 스토리에서 이런 면을 '만든' 사람은 레오네가 아니었다. 베르나르도 베르톨루치가 그런 인물을 만들었다. "나는 지금도 초안에 나온 그 아이디어를 제공한 데 자부심을 느끼고 있다. 나는 그의 영화에서 처음으로 여성 캐릭터를 나오게 하려고 설득했다. 여성 캐릭터를 수용하고, 그 캐릭터를 진지하게 받아들이라고 말했다. 그 점에 대해서, 나는 정말 열심히 설득했다."[28)] 베르톨루치는 레오네에게 '조니 기타'(1954)를 보게 했다. 이 영화의 중심에는 잊지 못할 두 여성이 자리 잡고 있다. 하지만 설득은 힘든 투쟁이었다. "나는 어떤 특정 장면을 제안하기도 했다(찰스 브론슨 관련인데, 캐틀 코너 역에서의 총싸움 뒤, 회복됐을 때다. 이는 촬영도 됐지만, 마지막 편집에서 잘렸다). 영웅은 작은 호텔에 들어가, 침대에 몸을 던진 뒤, 질에게 말한다. '부츠를 벗겨'(그녀가 부츠를 벗긴다). '발 마시지를 해'(그녀는 발 마사지를 시작한다). 이것이 에로틱한 만남의 시작이 되어야 했다. 하지만 레오네가 중간에 끼어들었다. '알았어. 그녀는 발 마사지를 천천히 시작하지. 아주 천천히. 그래서 그는 잠드는 거야.' 레오네는 성적 관계의 가능성을 중화시키려는 경향을 보였다."

베르톨루치가 기억하길, 다른 점에서 레오네는 책략을 쓰는 것을 놓치지 않았다. "초안에 따르면, 클라우디아 카르디날레가 영화에 처음 등장하는 순간은 기차에서 내릴 때이다. 그때 그녀는 뉴올리언스에서 최근에 유행하는 옷을 입고 있다. 그런데 레오네가 말했다. '기차 칸의 문이 열리고, 카메라는 기차의 계단에 초점을 맞춘다. 그러면 관객들은 발부터 볼 것이다. 이어서 카메라는 그녀가 입은 치마를 크게 잡을 것이고, 그때 관객은 그녀가 속바지를 전혀 입지 않았다는 사실을 알게 될 거야.' 나는 이것이 아름답다고 생각했다. 말하자면 어떤 인물이 성별(sex)에 의해 즉각 함의를 갖게 되거나, 설명되기 때문이었다."[29)]

베르톨루치가 기억하길, 조안 크로프트가 연기한 '조니 기타'의 중심인물인 비엔나가 질 맥베인의 영화적 모델이었다. 클라우디아 카르디날레도 이 사실을 인정했다. 질은 어두운 여성에서 아름다운 여성으로 발전한다. 고전 웨스턴에 판에 박은 듯 나오는 '댄스 홀 걸'(dance-hall girl, 전쟁 이후 할리우드는 그들을 이렇게 순화해서 불렀다)인데, 자신의 과거로부터 탈출하기 위해 서부로 떠나는 인물이다. 그녀는 마을의 '존경받는' 사람들과는 떨어져서 지내고, 소외돼 있다. 그래서 그녀는 서부 영웅의 도덕적 갈등을 더 잘 알려고 하고, 더 잘 이해한다. 그에게 연민을 드러내고, 영웅의 연약해진 '십자군 운동'에 다시 활력을 불어넣기도 한다. 게다가(영웅과 달리) 그녀는 공동체의 가치에 전적으로 동의한다. 질 맥베인은 이런 판에 박은 인물에서 나온 것은 틀림없다. 질은 뉴올리언스 버본 스트리트(Bounbon Street)의 가장 유명한 매음굴에서 스위트워터로 온 인물이다. 서부에서 처음 그녀가 위협을 느꼈을 때, 뉴올리언스에서 익히 했을 것 같은 행동을 하며 그 일에 대처한다. "네가 원한다면, 나를 저 식탁 위에 눕혀 즐기면 되겠지. 너의 부하들까지 불러서 말이야. 내가 알기론 그런 일로 죽은 여자는 없어. 네가 끝마칠 때면, 나는 내가 과거에 있던 곳으로 정확히 가 있는 거야. 단지 더러운 기억은 남겠지.” 하지만 샤이엔을 좀 알게 되자, 질은 마음을 터놓고 더 나은 것을 원했었다고 그에게 말한다. 그러자 샤이엔은 질이 맥베인을 처음 만났을 때를 이렇게 상상하며 묘사한다. “착한 남자였겠지. 자신 있는 눈동자, 힘센 팔. 그리고 너와의 결혼을 원했겠지. 그런 일은 좀체 일어나지 않거든. 자신이 부자라고도 했을 거고. 하지만 그게 중요한 것은 아니겠지. 아마 너는 이렇게 생각했을 거야. ‘그래, 망할 뉴올리언스. 청혼을 받아들이고, 서부에 가서 살자. 나는 그를 위해 여섯 명의 아이도 놓을 거야. 가정을 보살피고. 무엇이든 못할까’라고 말이야.” 샤이엔은 덧붙인다. “너는 더 잘할 거야.” 그러자 질이 답한다. “나에게 그런 말을 마지막으로 했던 남자가 바로 저 바깥에 매장돼 있어.”

이렇게 긴 대화는 모튼과 프랭크 사이의 토론으로 교차편집 돼 있는데, 여기서 뿌리 없는 샤이엔은 질을 모친의 어떤 대체물로 절실하게 여기는 것이 분명하게 드러난다. 샤이엔은 질의 곁을 떠나며 감상적으로 변하는데, 그는 이렇게 말한다. “질, 이것 알아. 너는 나의 어머니를 떠오르게 해. 어머니는 캘리포니아 앨러미다(Alameda)에서 가장 유명한 매춘부였지. 하지만 가장 훌륭한 여성이었어. 누가 나의 아버지인지 몰라도, 아마 그는 한 시간 혹은 한 달 같이 있었겠지만, 세상에서 가장 행복한 사람이었을 거야.” 영화의 종결부에서 두 사람은 다시 만난다. 샤이엔은 더욱 마음을 터놓고 말한다. "우리 어머니도 커피를 이렇게 끓였어. 뜨겁고 강하고 맛있게." 이때의 질은 초반부에서 환영이 깨진 뒤의 실망을 극복하고, 여기 머물기로 마음먹었으며, 사태가 어떻게 진행될지 지켜보려는 여성으로 변해있었다. 질은 매춘부에서 개척지의 여성으로 변한 것이다. 서부의 새로운 마을의 약속을 가까스로 믿으며 말이다.

질은 자신의 새로운 집 바로 앞에서 일하며, 더위에 노출되고, 피로에 찌든 철도 노동자들에게 '대지의 어머니'가 된다. 이것은 전형적인 이탈리아식 비유법이다(클라우디아 카르디날레는 5년 전 펠리니의 '8과 1/2'에서 '봄의 젊은 여성'으로 등장한 적이 있다. 그녀는 절망한 영화감독 마르첼로 마스트로이안니에게 온천의 물을 제공하며, 그가 '삶의 활기를 되찾도록' 돕는다). 사실을 말하자면 질은 영화 전체를 통해 이런 이미지를 위해 세심하게 묘사됐다. 샤이엔은 집을 짓고 불을 붙이게 도왔다. 하모니카는 질이 가방을 싸서 다시 뉴올리언스로 돌아가려는 것을 막았다. 그는 질이 입고 있는 옷의 '최신 유행' 부분을 찢어내고, 스위트워터 우물에서 물을 길어오는 데 더 적합한 옷을 만들었다. 보기에 따라서는 강간 같았던 유명한 이 장면에서, 하모니카는 질의 보호자 역을 떠맡았다. 옷을 찢는 행위는 질의 어두운 의상에서 흰색 레이스 부분을 뜯어내는 것인데, 그럼으로써 질이 프랭크 부하들의 목표물이 되는 것을 막고자 했다. 종결부에서 샤이엔이 질과 이별하며 그녀의 엉덩이 부분을 툭 치는

데, 그때도 질은 일하기에 적합한 그 옷을 입고 있다. 샤이엔의 행위는 밖에서 일하는 노동자들('질의 아들들')과 질을 연결하는 것이다. 엉덩이를 친 뒤, 샤이엔은 약간 무안해하며, 일꾼들이 비슷한 행위를 할 것이라고 경고한다("남자들이 얼마나 행복해하는지, 당신은 모를 거야. 그냥 아무것도 아닌 것처럼 여겨."). 기차는 도착하고, 하모니카와 샤이엔은 떠나며, 철도 노동자들은 질의 주변에 모여든다. 이후는 역사의 몫이다.

그런데 남성 캐릭터들의 행위는 사건에 어떤 영향을 미친데 비해, 질 맥베인은 상대적으로 수동적이고, 주동하는 사람이 아니라 반응하는 인물이라고 말할 수 있다. 종결부에 이르기까지, 이야기의 전개에 있어서 질이 주도권을 쥔 순간은 없다. 하지만 영화 전체에서 질의 기능은 결정적이다. 말하자면 질이 모든 판에 박은 전형적인 인물들에게 포커스를 맞추게 했고, 유일하게 살아남았으며, 현대화된 세상에 적응했다. 그렇지만 레오네는 질의 생존을 모호함을 갖고 표현했다. "어떤 시각에서 보자면, 낙관주의이다. 거기에서 위대한 국가가 탄생했기 때문이다. 그건 정말 어려운 탄생이고, 하지만 그런 위대함은 모두 폭력에 의해 가능했다. 다른 시각에서 보자면, 비관주의도 있다. 의심할 여지 없이 서부는 미국의 위대한 모계사회에 길을 열어주었다. '엄마'(Mom)에 대한 숭배 말이다. 미국은 이것을 기초로 삼았다. 고환(balls)이 없는 세상이 시작될 때, 기차 안내원이 도착한 것이다. 미국적 삶의 위대한 힘은, 상당 부분 믿을 수 없는 성공 이야기의 일부일 텐데, 말하자면 강철 고환(iron balls)을 가진 여성들에 기초한 것이다. 나는 확신할 수 있는데, 록펠러의 할머니는 뉴올리언스의 매음굴 출신일 것이다."[30]

레오네와 베르톨루치 그리고 아르젠토 사이에 진행됐던 많은 시나리오 작업은 초안 만들기, 스토리 작성, 기술하기, 시각적 이미지 제안, 그리고 무대 연출에 관한 것이었다. 베르톨루치가 기억하길, '어마어마한 작업이었고, 3백 페이지 분량쯤' 됐다. 그때 베르톨루치는 극장의 신화에 관한 30분짜리 영화를 연출해달라는 제안을 받았다. 배우 줄리안 벡(Julian Beck)을 비롯해, 리빙 시어터 그룹(Living Theatre Group)의 단원들이 참여하는 작품이었다. 제목은 '열매를 맺지 못하는 무화과나무'였는데, 나중에 '고통'(Agony)으로 바뀌었고, 이는 고다르 등이 참여한 옴니버스 영화 '사랑과 분노'(Love and Anger, 1969)에 포함됐다. "나는 그때 내 영화를 만들기를 원했고, 그래서 레오네 팀에서 중도에 빠졌다." 베르톨루치는 도스토옙스키의 소설 〈분신〉을 각색하여, 영화 '파트너'(1968)를 만들었는데, 여기엔 1960년 중반의 고다르 스타일이 참조돼 있다. 이 스타일은 일부 '옛날 옛적 서부에서'의 카메라 움직임에도 적용됐다.

다리오 아르젠토는 곧바로 이탈리아 웨스턴의 시나리오 작가 생활을 시작했다. 그때의 웨스턴 가운데 '다섯 남자의 군대'(The Five Man Army)가 있는데, 여기서 아르젠토는 몇 시퀀스를 직접 연출했다. 1969년 아르젠토는 감독으로 데뷔할 준비를 했다. 데뷔작은 히치콕 스타일의 스릴러인 '수정 깃털의 새'(1970)였다. 아르젠토가 훗날 고백하길, 자신이 감독의 길을 걷는 데는 '옛날 옛적 서부에서'의 경험이 큰 역할을 했다. "레오네 옆에서 일한 것은 행운이었다. 내 생각에 그는 자신을 특별히 나의 스승이라고 여기지 않을 것이다. 레오네는 주변에 제자들을 여럿 둘러 세우는 그런 스타일의 사람이 아니다. 하지만 그의 지식은 저절로 주변에 전달된다. 나는 데뷔작을 찍을 때, 세르지오로부터 배운 것을 실천했다. 그리고 젊고 경험이 적은 젊은이들을 많이 썼다. 이들 가운데 촬영감독 비토리오 스토라로(Vittorio Storaro, 훗날 베르톨루치의 촬영감독으로 유명)도 있었다. 하지만 음악을 위해서는 베테랑인 엔니오 모리코네에게 연락했다. 이건 세르지오에게 내가 배운 또 다른 중요한 점이었다."[31]

세 사람 사이의 토론은 1967년 1월부터 4월까지 이어졌다. 이 시기의 중간쯤인 3월 9일 아들 안드레아(Andrea)가 태어났다. 레오네가 회사 이름을 라프란(Rafran)이라고 지어놓은 것은 행운이었다. 안드레아라는 이름은 회사 이름에 저절로 속해지기 때문이다. 세 아이 이름 라파엘라(Raffaella), 프란체스카(Francesca), 그리고 여기에 안드레아(Andrea)가 합해져도 라프란이란 이름은 유지됐다. 혹은 레오네가 이미 마음속에 아들 이름을 정해뒀을 수도 있다. 세르지오 도나티는 농담하듯 말했다. "레오네는 아들 이름을 안드레아라고 정해야만 했었다. 그렇지 않으면 회사 이름을 바꾸어야 했다."[32]

당시 세르지오 도나티는 기분이 씁쓸했다. 도나티는 크레딧에 이름을 올리지도 못했는데, '석양의 무법자' 시나리오를 쓰는 데 수개월을 보냈었다. 그런 이유는 레오네가 차기작의 시나리오 작업을 그에게 약속했기 때문이었다. 하지만 도나티는 12월부터 아무런 소식도 듣지 못했다. "나는 다른 제안들은 모두 거절하고, 레오네의 소식을 기다리고 있었다. 1월, 2월, 3월, 나는 전화기 옆에 있었다. 이후에 나는 레오네가 아르젠토, 베르톨루치와 작업하고 있다는 것을 알게 됐다. 하지만 한마디도 하지 않았다. 드디어 4월 말에 전화가 왔고, 세르지오가 나에게 말했다. '두 지식인이 작업을 그만 두었어. 우리는 영화를 만들기 위해 어떻게 해야 할까?' 그는 두 청년이 떠난 것에 절망한 것 같았다. 나는 몹시 자존심이 상했다."[33] 이런 기분은 더욱 악화됐다. 왜냐면 도나티는 레오네가 어쩔 수 없다는 듯 '나의 오랜 시나리오 작가들'(빈첸초니와 도나티)이라는 말을 했다는 것을 들었기 때문이었다. 도나티가 이해한 대로, 레오네는 '영화가 변하고 있다는 사실을 인지'하고 있었을 것이다. 당시는 베르톨트 브레히트와 프랑스 잡지 카이에 뒤 시네마의 시대였다. 하지만 레오네는 자기에게 명성을 가져다준 과거의 두 작가 없이 일을 진행할 수는 없었다. 도나티의 말이다. "그래서 나는 2주 동안 세르지오와 함께 머물렀다. 뼈대를 세우고, 윤곽을 잡고, 모든 장면을 분명하게 정하기 위해서였다. 그 순간은 마치 소극 같았다. 나는 그때까지 베르톨루치와 아르젠토를 만난 적이 없다. 그들이 만든 이야기는 그렇게 거대한 게 아니었다. 대략 80페이지 정도였다. 이후 나는 시나리오 전체를 썼고, 25일이 걸렸다. 일이 지옥 같았고, 나는 의자에서 거의 일어나지 못했다. 그리고 나는 두 가지는 다시 써야 했다. 당신이 촬영 일지를 보면 알 텐데, 모든 것은 내가 시나리오에 쓴 대로 진행됐다. 도입부 역에서의 파리 장면까지 말이다."[34]

세르지오 도나티가 '파리'를 강조한 것은 다리오 아르젠토가 도입부의 이 장면에 자신이 아이디어를 냈다고 주장했기 때문이었다. 아르젠토는 더 나아가 작업 초반부의 초안이 아니라, '시나리오' 작업에서 자기가 직접 참여했다고 주장했다.[35] 이 점이 도나티를 더욱 화나게 했는데, 아르젠토는 시나리오 책의 겉표지가 무슨 색깔이었는지도 몰랐다고 말했다. 그건 당연한데, 아르젠토는 그 책을 보지도 못했기 때문이란 것이다. "나는 아르젠토의 태도에 화가 났었다. 반면에 베르톨루치는 늘 사실만 말했다."[36]

그렇다면 초안은 도나티가 받았을 때, 어떤 상황이었을까? "레오네의 모든 의도가 거기에 있었다. 하지만 속도가 느렸고, 수사학적이었다. 그건 세르지오 레오네가 아니다. 아주 좋은 의도들은 많았지만, 실체는 없었다." 도나티의 초기 소설들에는 로맨틱한 것에 대한 애정이 들어 있었다. 그는 이런 특성을 시나리오의 향기 속에 주입했다. 도나티는 이 작품 이전에 다른 웨스턴의 초안을 썼었다. 그 작품에 등장하는 주인공은 관객이 모르게, 또 주민들도 모르게, 결투 때 배에 맞은 총상 때문에 24시간 동안 서서히 죽어가는 인물이었다. 이 운명은 시나리오를 쓸 때 샤이엔을 위해 남겨두었다. "내 생각에, 내가 한 최고의 작업은 '옛날 옛적 서부에서'에 의미를 부여한 것이다. 대서양에서 태평양을 연결하는 철도는 개척기 시대의 끝이고, 모험의 끝이고, 외로운 영웅도 끝이라는 의미였다. 이건 분명 나에게 빚진 것이다. 그리고 다리가 없는 남자, 곧 태평양에 이르고자 했던 모튼이라는 사업가는 내가 만들어낸 인물이다."[37)]

"나는 레오네가 좋아하는 스타일의 시나리오를 다 끌어모았다. 곧 중단없이 이어지는 묘사, 암시적인 대사, 캐릭터에 관한 긴 전기적 사실, 그리고 시퀀스를 어떻게 연출할지에 대한 다양한 제안들을 모두 썼다. 레오네는 나에게 종종 이렇게 말했다. '이봐, 시나리오를 쓸 때, 나에게 줄 수 있는 선택지를 최대한 많이 줘.' 우리는 항상 서너 개의 가능성을 제시했다. 그러면 레오네는 촬영에 들어갈 때, 어떤 것을 사용할지 선택할 수 있었다. 영화 속에 남아 있는 많은 장면을 위해 나는 싸우다시피 한 적도 있다. 이들 중에는 정말 좋은 장면으로 밝혀진 게 제법 있다. 예를 들어, 사막에 있는 술집에서의 중단없는 장면 같은 것이다. 그곳에선 실제로 어떤 일이 일어나진 않지만 말이다. 마지막 결투 장면에서도, 나는 세르지오를 설득하여, 이전 영화 속 결투 장면보다는 짧게 찍게 했다. 더 나아가 나는 그 결투를 카메라의 시야 바깥에서 진행하게 하여, 클라우디아 카르디날레의 반응을 보여주도록 했다."[38)]

초안에 있었던 일부 요소는 시나리오화되는 과정에서도 살아남았다. 이를테면 이야기가 본격적으로 시작되기 전의 장면이 그렇다. 베르톨루치는 완성된 영화를 본 뒤, 특정 장면은 바로 알아보았다. "내가 초안에서 썼던 장면과 기적적으로 닮은 부분이 있었다. 가족들이 클라우디아 카르디날레가 도착하기를 기다리는 장면이다. 가족들은 문밖에서 식탁 위에 케이크를 놓고 있다(이때는 전혀 대사가 없다. 나는 존 포드의 '수색자'를 생각하며 그 부분을 썼다). 나는 아주 세세하게 매미 소리를 묘사했던 초안의 그 페이지들이 기억났다. 매미 소리는 불안한 이런 침묵에 의해 중단된다. 그리고 산적들의 먼지를 뒤집어쓴 더스터(duster, 먼지 막이 코트), 먼지 낀 구름, 그리고 옥수수밭에서 나타난 그들의 등장이다. 나는 초안에 '옥수수밭'이라고 썼다. 왜냐면 나는 서부를 나의 고향 에밀리아 지역으로 옮겼기 때문이었다."[39)]

스토리와 시나리오 작성에 관한 이런 특이한 과정은 왜 이 영화가 수많은 웨스턴(레오네가 좋아하는)의 인용으로 가득 차 있는지를 설명한다. 세르지오 레오네가 말한 대로, 그건 개별적인 웨스턴 인용의 모자이크였다. 이것은 최초의 진정한 포스트모던 영화일 것이다. 곧 시네아스트에 의한, 시네아스트를 위한 작품이었다. 먼저 이 영화는 '하이눈'에서 시작하여, '철로', 그리고 '셰인'과 '추적'(Persued)을 거쳐 '수색자'에 이른다. 도입부의 캐릭터들은 존 포드의 동상 같은 흑인 배우 우디 스트로드(Woody Strode), 1950년대 수많은 웨스턴에서 눈알이 큰 덩치로 나온 잭 얼람(Jack Elam), 그리고 하모니카를 부는 남자(찰스 브론슨) 등이 맡았다. 이 남자는 '화살의 질주'(Run of the Arrow) 속 캐릭터인 '침묵의 혀'(Silent Tongue)에서 나왔다. 레오네가 말하길, '브론슨의 하모니카는 조니의 기타'였다. 레오네에 따르면 헨리 폰다가 스크린에 처음 등장할 때, 얼음 같은 폰다는 존 포드가 '아파치 요새'에 소개한 그 캐릭터의 적법한 아들이었다. 그리고 질이 모뉴멘트 밸리를 통과하는 역마차 여정과 중간 시퀀스는 '윈체스터 73'(교역소)을, 다시 '셰인'(장례식), '조니 기타'(나무로 만든 철로), 그리고 '워록'(모친을 기억하는 샤이엔)을 인용했다. 신체장애자인 철도 거부 모튼 캐릭터는 1940년대와 1950년대 웨스턴에서 강철 같은 회초리를 들고, 소유 토지를 지키려던 휠체어를 탄 수많은 가부장 캐릭터에서 나왔다. 사업과 총싸움에 관한 논쟁은 '리버티 밸런스를 쏜 사나이'의 방향을 따라간 것이며, 질이 마실 물을 준비하는 행동은 '서부의 사나이'(Man of the West)에서의 비슷한 장면을 참조했다. 샤이엔이 모튼의 움직이는 기차에서 보여주는 활약은 '별 없는 남자'(Man Without a Star)에서, 경매 장면은 '리버티 밸런스를 쏜 사나이'에서, 프랭크가 플래그스톤의 인도를 조심하며 걷는 것은 '리오 브라보'에서 따왔다. 모튼의 죽음은 '웨스턴 유니언', 샤이엔이 질에게 누군가 엉덩이를 칠 때에 대해 말하는 것은 '주발'(Jubal), 하모니카가 나무 조각을 패는 것은 '황야의 7인'에서 나왔으며, 그리고 마지막 결투는 '마지막 일몰'(The Last Sunset)의 마지막 장면처럼 편집됐다. 엔딩은 존 포드의 '철마'에 나오는 '철로의 끝'을 참조했다. 모두 합쳐 대략 서른 편의 할리우드 웨스턴이 참조됐다. 이 점은 사전제작 회의에 참석했던 사람이, 최소한 한 사람 이상이 확인해준 것이다.

수많은 인용 가운데, 여기엔 자기 인용의 요소도 들어 있다. 마지막 결투에서다. 레오네가 말했다. "마지막 결투를 되돌아보면, '석양의 건맨'에서 리 밴 클리프가 잔 마리아 볼론테를 죽였고, '석양의 무법자'에서는 클린트, 일라이, 리가 서로를 마주 보았다. '옛날 옛적 서부에서'는 브론슨이 폰다를 이긴다. 이것은 모두 인생의 야외경기장(arena)이며, 진실의 순간이다. 그래서 나는 브론슨과 폰다의 뒤에 바위로 가득한 길들을 보여주었다." 레오네는 이전보다 더욱 극단적인 테크니스코프 클로즈업을 많이 보여주려 했다. 그런데 그렇게 하면 고전 웨스턴과의 '화해'는 잘되지 않았다. "내가 그렇게 하려던 것은 시선이 가장 중요한 요소이기 때문이었다. 시선에서 모든 게 읽힌다. 폰다가 발코니에 있는 브론슨의 도움을 받으며 플래그스톤의 거리에서 적들을 죽일 때, 그는 고개를 들어 하모니카를 바라본다. 폰다의 모든 성격, 모든 문제는 그 시선 속에 있다. 그리고 그의 종말까지 알려준다. 그때부터 폰다에게 다른 중요한 것은 없다. 오직 브론슨이 무엇을 원하는지를 알아야만 한다."[40]

레오네는 시나리오 작업 중에 잠깐 빠져 나와, 다른 이탈리아 웨스턴에 출연했다. 이것은 20년 전 '자전거 도둑'에 출연한 뒤로는 처음 카메라 앞에 서는 것이었다. 레오네는 오랜 친구이자 프랑스 배우인 로베르 오셍(Robert Hossein)의 초대를 받았다. 오셍은 '십자가 없는 공동묘지'(1969, 공동 작가 다리오 아르젠토)를 연출하고, 출연했다. 오셍은 영화 속에 '전형적인 레오네의 순간'을 포함하려 했다. 카를라 레오네는 그 계획을 듣고 세르지오가 얼마나 흥분했는지를 이렇게 말했다. "세르지오는 오셍을 사랑했다. 왜냐면 오셍은 거의 미친 남자였으며, 착하고, 매혹적인 남자였기 때문이었다. 그의 부친 앙드레 오셍은 영화 음악을 작곡하곤 했다. 오셍은 세르지오에게 그가 원하는 만큼 아주 오만하게 연기하기를 바랐다. 세르지오는 영화를 제작하는 데는 참여하지 않았다."[41)]

'십자가 없는 공동묘지'(Cemetery Without Crosses)는 마누엘이라는 방랑하는 멕시코 총잡이에 관한 이야기다. 마누엘은 윌 로저스라는 부유한 목장주에게 복수하려 한다. 로저스가 마누엘의 가장 친한 친구에게 린치를 가했으며, 그가 사랑했던 마리아(미셸 메르시에)를 아내로 삼고 있기 때문이다. 이 영화는 '조니 기타'를 참조했으며, 따라서 아르젠토가 거기에 기여했을 것이다. 어떤 시퀀스에서 마누엘(오셍)은 말을 집어 타고 달린 뒤, 거친 서부에 있는 지저분한 호텔 속으로 걸어 들어간다. 호텔 직원은 키가 작고, 뚱뚱하며, 쇠테 안경을 쓰고 있다. 그리고 흰색 셔츠, 짧은 상의, 단단히 맨 나비넥타이를 하고 있다. 짧은 수염에 대머리 가발도 쓰고 있는데, 그가 바로 세르지오 레오네다. 그는 시가를 피우며, 신문을 읽고, 손님을 쳐다보지도 않는다. 그는 심지어 퉁명스럽게 말한다. "방 하나에 1달러이고, 목욕을 원하면 50센트 더 내야 합니다." 위층에서는 시끄러운 말싸움이 벌어지고 있다("내 돈 내놔"/"지옥에나 가"). 마누엘은 위를 쳐다본다. 하지만 호텔 직원은 신경 쓰지 않고, 침을 뱉으며 시가를 물고 이렇게 말한다. "지금 당장 돈 내세요." 그러면서 그는 천천히 눈을 위로 뜬다. 그때 위층 방에서 빰 때리는 소리가 들린다. "벌은 네가 번 것이야." 어떤 남자의 목소리가 들린다. "여기서 나가." 화가 난 여성이 계단을 내려오며 소리를 지른다. "쓰레기! 돼지! 저 늙은이와 형제들은 전부 못된 놈들이야." 직원은 열쇠를 들고, 마누엘을 안내하며, 계단을 올라간다. 그는 시끄러운 소란을 무시하고 있다. 여성은 계단 중간에서 직원과 마주친다. "그는 반드시 대가를 치를 거야. 그렇게 하도록 할 거야." 여성의 코트가 그 방에서 날아오더니, 직원의 얼굴 위에 떨어진다. 그는 언짢아하며 위를 쳐다본 뒤, 시가를 입에서 떼며 이렇게 말한다. "그만 가. 나는 로저스와 문제를 일으키고 싶지 않아." 이 시퀀스는 1분 조금 넘게 진행되는데, '석양의 건맨'에 나왔던 비슷한 장면의 명백한 패러디이다. 당연히 '십자가 없는 공동묘지'는 '석양의 건맨'을 가장 많이 패러디하고 있다. '십자가 없는 공동묘지'가 세르지오 레오네에게 헌정된 것은 놀랄 일이 아니다. 레오네의 서서히 불타오르는 연기는 그런 역할은 어떻게 연기해야 하는지에 대한 그의 오래된 아이디어를 보여주는 것이었다. 하지만 그는 연기 재능에 대해 환상을 갖고 있지는 않았다. "내가 등장하는 장면을 볼 때, 이런 경험은 다시는 하지 않기로 마음먹었다. 말들도 나보다는 연기를 잘할 것이다." 레오네는 자신의 연기 '재능'을 미래에는 자기가 연출하는 배우들에게 어떻게 연기해야 하는지 보여주는 데만 써먹었다.

한편 레오네는 할리우드의 유명 스타들과 협상을 벌이면서, '스파게티 웨스턴'의 세상과 거리를 두기에 바빴다. 1967년 봄, 레오네는 프랑스 TV 뉴스 프로그램의 인터뷰에 나왔다. 넥타이를 맨 정장 차림의 그는 프랑스 기자에게 흥분한 채 말했다. "우리는 모뉴멘트 밸리에서 촬영할 것이다. 일부 장면은 스페인에서 찍을 텐데, 그곳에서 과거에 쓰던 기차와 철도를 이용할 수 있기 때문이다. 예산은 4백만 달러가 될 것이고, 이탈리아 배우는 클라우디아 카르디날레와 엔리코 마리아 살레르노(모든 역의 후보자)가 참여하고, 미국 배우는 헨리 폰다, 찰스 브론슨, 제이슨 로바즈, 프랭크 울프, 로버트 라이언(보안관 역의 후보자), 잭 일람, 우디 스트로드, 그리고 이외에도 많이 나올 것이다." 레오네는 우디 스트로드를 '우디 스트로디'(Woody Strody)라고 발음했는데, 그때 손을 떨고 있었다. 가장 놀랄 캐스팅은 헨리 폰다였다. "프랭크라는 매우 나쁜 악당 캐릭터를 위해, 나는 예상할 수 없는 배우를 원했다. 프랭크는 정치적 야망이 큰 무법자이다. 또 그는 비열하기 짝이 없는 살인자다. 그런 나쁜 남자를 연기하려면, 나에게는 항상 '선한 사람'을 재현했던 배우가 필요했다. 그래서 나는 헨리 폰다를 원했다."[42)]

알다시피 레오네는 과거에 폰다에게 여러 번 구애했지만,

배우는 고사하고 그의 에이전트 근처에도 가지 못했다. 이제 레오네는 부인할 수 없는 명성을 가졌지만, 여전히 몇 가지 문제에 봉착했다. 폰다는 당시에 나이 든 악당을 '외로운 보안관'(Firecreek, 1967)에서 이미 연기했다. 하지만 레오네의 시나리오는 더욱 극단적이었고, '전혀 보지 못한 사악한 남자'를 표현하고 있었다. 폰다가 받은 시나리오는 과장된 영어로 씌어 있었다. 그건 세르지오 도나티의 글을 그냥 직역한 것이었다. 폰다가 말했다. "나는 알아먹을 수가 없어서, 시나리오를 그냥 내려놓았다. 나는 친구들과 점심을 먹으며, 어떤 이탈리아 감독이 그 역할에 대해 말하기 위해 비행기를 타고 온다는 내용을 전했다. 그들이 물었다. '누구?' 내가 답했다. '세르지오 누구라던데.' '세르지오 레오네?' 나는 그렇다고 답했고, 그들은 전부 쓰러졌다. 아마 레오네가 이탈리아에서 제작한 가장 큰 흥행 성공작을, 세 편 연속하여 만든 감독이어서 그런 것 같았다. 그래서 나는 집에 가서, 오래되고 소중한 친구 일라이 윌러크에게 전화했다. 나는 시나리오에 나온 만큼 거칠지는 않다고 말했다. 일라이가 대답했다. '시나리오는 신경 쓰지 마. 그냥 가. 너는 세르지오와 사랑에 빠질 거야. 경이적인 시간을 갖게 될 거야. 내 말을 믿어!' 일라이는 열정적으로 말했다."[43)]

그래서 폰다는 레오네를 직접 만나기로 했다. 일라이 윌러크의 친구 믹키 녹스가 통역가로 참석했다. 폰다는 녹스가 새로 번역한 시나리오를 전달받았다. 레오네는 폰다가 처음 한 말을 이렇게 기억했다. "나는 옛날 방식에 익숙하다. 나는 언제든지 출연 제안을 거절할 수 있다. 하지만 한번 출연을 결정하면, 나는 감독의 권위를 절대적으로 존중한다. 이게 내가 하는 방식이다. 자, 그러니 다른 것을 합의하기 전에, 당신의 영화부터 먼저 보고 싶다."[44] 레오네는 보통 카리스마 넘치는 배우를 처음 보면 아주 당황했다. 그의 자신 없어 보이는 태도는 역으로 퉁명스럽고 믿을 수 없는 인상을 줬다. 하지만 이번에 폰다는 정말 제대로 단추를 눌렀다. 말하자면 폰다는 캐릭터 분석에 탁월했다. 폰다가 감독에게 '전적인 권위'를 주는 것과 관계없이, 그는 레오네를 편안하게 만드는 최고의 방법을 이미 이해하고 있었다. 믹키 녹스에 따르면, 그날의 만남은 '매우 따뜻'했다.[45] 레오네가 말했다. "어느 날 아침 일찍, 할리우드의 사적인 영사실에서, 폰다는 종교적 성인의 인내심을 갖고, 중단 없이 '황야의 무법자', '석양의 건맨', '석양의 무법자'를 연속하여 보았다. 영사실에서 그가 나왔을 때는 늦은 오후였다. 그는 나오자마자 '계약서 어디 있어?'라고 물었다."[46] 사실 폰다는 '석양의 무법자'는 반 정도만 보고 상영을 중단시켰다. 하지만 마라톤 같은 이 상영회를 통해, 폰다는 레오네에 대한 인상을 제대로 받았다("아주 재밌었어. 혼자서 제대로 즐겼어. 내 생각에 그 작품들은 모든 방법을 통해 재미와 오락을 주었어."). 그리고 폰다는 일라이 월러크가 틀리지 않았다는 점에 기분이 좋았다.

헨리 폰다는 1973년 가을, 미국영화협회(AFI) 세미나에서 자신이 맡은 역할을 어떻게 준비했는지 말했다. "먼저 시나리오를 다시 읽었다. 레오네가 나에게 원한 인물은 매우 무겁다는 것을 알았다. 그래서 나는 베벌리 힐스에 가서 검안사를 만났다. 나는 눈동자를 더욱 어둡게 보이게 하는 콘택트렌즈를 맞추었다. 나의 푸른 눈동자는 이 무거운 캐릭터에게 어울리지 않는다고 생각했다. 나는 링컨 대통령을 암살한 존 부스처럼 보이기 위해, 콧수염을 약간 길렀다." 이렇게 변모한 폰다는 로마에 도착했다. 다음에 무슨 일이 일어났는지는 자서전인 〈나의 삶〉(My Life)에 밝혀놓았다. "세르지오는 영어를 할 줄 몰랐다. 나를 쳐다보더니, 성질 급한 이탈리아 사람의 반응을 쏟아냈다. 말할 때마다 손과 팔을 거칠게 흔들었다. 통역가가 그 옆에 서 있었고, 내가 들은 첫 번째 영어는 '면도!'였다. 그리고 레오네는 '갈색 눈은 내다 버려요. 푸른 눈동자는 어디 있소? 내가 산 것은 바로 그것이요.'라고 연속하여 말했다."[47] 그런데 레오네가 기억하길, 자신은 더욱 정교한 방식으로 자신이 원하는 것을 손에 넣었다. "나는 그 점에 대해 아무 말도 하지 않았다. 나는 그가 나오는 장면의 촬영을 연기했다. 매일 나는 그가 분장하고 있는 요소들 가운데 하나씩 없애는 것을 제안했다. 먼저 두텁고 짙은 눈썹을 지웠다. 그리고 콧수염을 없앴다. 마지막으로 그의 눈동자가 문제였다. 나는 그의 콘택트렌즈가 '외모'를 텅 빈 것으로 보이게 한다고 말했다. 그는 동의하지 않는 듯하면서도, 나의 모든 제안을 듣고 있었다."[48]

그런데 과거를 회상할 때, 폰다와 레오네 모두, 서로를 이해하게 된 순간은 맥베인 가족 학살 장면을 찍을 때였다고 말했다. 이 장면이 영화에서 폰다가 처음 촬영된 것은 아니다. 하지만 그때 폰다는 레오네의 의도를 처음으로 이해했다. 그때까지 폰다는 '자신에게 요구된 것'만 하고 있었다. 폰다가 말했다. "그곳에는 행복한 농장주와 가족이 있다. 그들은 미소짓고 웃으며, 오두막집 바깥에서 식사 준비를 한다. 한 발의 총성이 들렸고, 18살짜리 딸이 눈에 총을 맞고 쓰러져 죽는다. 아빠는 위를 쳐다보고, 한 발의 총알이 그의 머리 정면을 맞춘다. 16살짜리 아들이 헛간에서 뛰어나오고, 총을 맞는다. 그도 죽는다. 그러자 아홉 살짜리 아들이 당신이 상상할 수 있는 가장 나쁜 학살의 중앙에 서 있게 된다. 화면은 롱숏으로 바뀌고, 사막 뒤쪽 숲에서 5명의 기분 나쁜 사람들이 나타난다. 모두 먼지를 뒤집어쓴 회색(실제로는 갈색) 옷을 입고, 챙이 넓은 검은 모자를 쓰고 있으며, 장총을 들고, 허리에도 무기를 달고 있다. 천천히 그들은 어린 소년에게 다가온다. 화면은 소년으로 컷 되고, 다시 다가오는 남자들로 컷 된다. 공포에 사로잡힌 소년의 눈으로 컷, 그리고 다섯 무법자 중의 중심인물 등쪽으로 컷 된다. 이어서 천천히 카메라가 도는데, 이건 세르지오가 항상 좋아하는 방식이다. 드디어 주요 인물인 바로 그 무거운 남자가 보이는데, '맙소사, 그는 헨리 폰다였어!'라는 반응이 나오는 것 말이다."[49)]

레오네가 덧붙였다. "폰다는 '이제 알겠어.'라고 나에게 말했다. 관객들은 폰다가 연기하는 냉혹한 캐릭터와 폰다의 평소 얼굴 사이의 깊은 대조 때문에 순간적으로 굳어버릴지도 모른다. 그 얼굴은 오랜 세월, 정의와 선함의 상징이지 않았나." 레오네는 존 포드가 '아파치 요새'에서 표현했던 어떤 직관을 이어받기를 원했다. 그 영화에서 포드는 폰다를 '도덕률과 인디언과의 약속을 어기는 불쾌하고 권위적인 대령'으로 캐스팅했다. 바로 '그 남자'를 레오네는 원했고, 그래서 폰다는 미소짓는 푸른 눈동자의 아동 학살자가 됐다. 레오네는 드라마적 과장법을 정확히 계산하여 표현했다. "내가 함께 일해야 하는 회사의 부회장들은 모두 푸른 눈동자에 정직한 얼굴을 하고 있는데, 그들 전부 개새×가 될 수 있다. 게다가 폰다 자체가 전혀 성인이 아니다. 그에겐 다섯 명의 아내가 있었다. 마지막 아내는 그를 죽이려다 창문에서 떨어졌다. 폰다는 마치 아무 일도 없었다는 듯, 아내의 몸을 넘어, 연극 〈미스터 로버츠〉를 공연하기 위해 극장으로 갔다."[50)]

그날 이후 폰다는 레오네와의 관계에 더 큰 믿음을 가졌다. 레오네는 놀랍다는 듯 말한 적이 있다. "그는 스타의 변덕 같은 것을 부리지 않았다. 그는 마치 아이처럼 말을 잘 들었다." 폰다는 자기 능력의 최대치를 보여줘야 한다는 데 강박적이었다. 레오네의 기억이다. "나는 그가 연출에 대해 수많은 질문을 하는 데 놀랐다. 만약 유리잔을 들어야 할 상황이면, 나에게 물었다. 오른손으로 들까? 왼손으로 들까? 이런 질문은 거의 모든 숏에서 나왔다. 그런 상황을 또 맞은 어느 날, 나는 통역가를 불러, 우리 사이의 문제를 깨끗하게 풀려고 했다. 헨리에게 말해. 나는 그를 평생을 통해 최고의 배우로 흠모해 왔어. 지금 나는 꿈이 실현됐어. 그를 나의 영화에서 연출하고 있으니 말이야. 그런데 그는 계속하여 멈추지 않고 쓸데없는 디테일에 대해 질문하고 있어. 나를 놀리는 것인가? 나는 그를 배우로서 최고라고 평가하는데, 왜 그런 상투적인 질문을 계속하는지 이해할 수 없어. 그는 그런 문제들이라면, 나 없이 쉽게 풀 수 있을 거야. 그러자 헨리 폰다가 대답했다. 세르지오의 말이 맞아. 하지만 그가 이해해야 하는 게, 나는 고도로 훈련받은 배우라는 사실이야. 나는 나를 감독이라는 장군으로부터 명령을 받은 군인이라고 생각해. 나는 아주 작은 것이라 할지라도, 실수를 할 수 있는 권리를 갖고 있지 않아. 그가 단호하게 말했다."[51)]

레오네는 이렇게 기억했다. "행크(Hank, 헨리 폰다의 애칭)는 익숙하지 않은 역할 때문에 불안했고, 붕 떠 있었다. 너무 다른 역할을 해야 한다는 사실에 당황하는 것 같았다. 그래서 나는 그의 연기가 단조롭고 발전하지 못했다고 여겼다. 그리고 나는 러시 필름을 보았다. '이제야 알겠어'라고 말할 차례가 나에게 왔다는 것을 그때 알았다. 헨리는 정교함의 모자이크를 창조하여, 표현하고 있었다. 그는 자신의 캐릭터를 현실적이고, 인간적인 것으로 디자인했다. 그럼으로써 헨리는 자신의 개성이 주위 배우들을 압도하는 위험을 감수했다."[52)]

가끔 폰다의 이런 불안은 그가 연기에서 드러내곤 했다. 다시 말해 자신이 존중하지 않는 사람(모튼)과 일할 때 느끼는 캐릭터(프랭크)의 좌절을 표현하는 데 잘 맞았다. 그리고 여전히 다른 어려움도 있었다. 헨리 폰다는 말과 일하는 것을 좋아하지 않았다. 특히 말에 올라타는 장면 찍는 것을 좋아하지 않았다. 그는 엔니오 모리코네의 음악이 틀어진 가운데 연기하는 것에도 쉽게 설득되지 않았다. 음악이 언어의 문제를 풀어줄 수 있음에도 말이다. 그리고 레오네는 그의 의상을 고르는 데도 어려움을 겪었다. "그에게 어떤 옷을 입히든, 설사 가장 낡은 오래된 넝마 같은 것을 입혀도, 폰다는 항상 왕자 같았다. 그 특유의 품위 있는 발걸음과 귀족 같은 태도 때문이었다. 한 발을 다른 발 앞에 놓는 간단한 동작 하나에서 비교되지 않는 미적 효과가 나왔다." 당시를 기억하며 통역가 믹키 녹스는 여전히 즐거운 듯 말했다. "나는 레오네와 폰다가 폰다의 모자를 선택하기 위해 노력하는 장면을 잊을 수 없다. 나도 같이 있었다. 두 사람은 몇 시간이 지나도록 수백 개의 모자를 써보았다."[53]

폰다에게 신경 쓰인 큰 어려움 중 하나는 레오네가 낮에는 종일 일하고, 그리고 몇 시간 더 일한다는 점이었다. 그렇게 일하면 폰다는 지쳐버릴 수도 있었다. 과거에 일라이 월러크가 지적한 대로, 이탈리아와 스페인에서 촬영할 때면, 그들은 조합의 규칙에 별 신경을 쓰지 않았다. 믹키 녹스는 촬영장의 통역가이자, 영어 판본의 번역가였는데, 그는 이렇게 기억했다. "하루에 15시간에서 17시간 일하는 게 일반적이었다. 레오네는 해가 저물면 촬영을 중단하는 것을 아주 싫어했다. 레오네는 제작 담당 매니저들과 항상 다투었다. '당신들 무슨 말을 하고 있어? 우리는 겨우 8시간 촬영했어. 촬영을 마치지도 못했다고.' 그런데 헨리 폰다가 그런 점을 좋아하지 않았다. 폰다는 약간 불만을 드러냈고, 그래서 레오네는 그를 위해서는 일을 쉽게 하려고 노력했다."[54)]

레오네가 말했다. "일반적으로 한 테이크 찍기 위해 나는 리허설을 한다. 네 번 혹은 다섯 번. 좋은 장면을 위해서다. 폰다와 할 때는 리허설을 적게 했다. 단, 촬영 자체는 10번 정도 했다. 나는 그 점에 지치지 않았다. 과장된 찬사 같은 것도 하지 않았다. 나는 폰다를 지치게 할 수도(그는 63살이었다), 또 나를 지치게 할 수도 있었다. 그런 위험을 감수했다. 하지만 그와 함께 일하는 것은 매혹적이었고, 기쁨은 너무나 컸다."[55)] 영화감독 존 랜디스(John Landis)는 당시 이 영화가 알메리아에서 촬영될 때, 젊은 스턴트맨으로 일하고 있었다. 그는 레오네와 폰다 사이의 상투적인 대화를 수없이 들었다. "레오네가 말했다. 행크(헨리의 애칭), 나는 이 일을 네가 직접 해주면 좋겠어. 그러면 폰다가 대답했다. 세르지오, 너는 '액션!'이라고 말해. 나는 총을 뽑을 거고. 그러면 너는 '컷!'이라고 말하면 되는 거야. 그런 식이었다."[56)] 이렇게 일을 마치면, 두 사람은 그림에 관해 이야기를 나누곤 했다. 폰다가 그린 그림도 이야기했다. 레오네는 폰다의 그림이 "이탈리아의 마법적 리얼리스트(magic realist) 화가들을 떠오르게 한다."라고 말하기도 했다. 두 사람이 조합한 세밀한 테크닉과 판타지(일종의 망설임 없는 무언의 창조력) 덕분에, 레오네는 무엇이 배우를 작동하게 하는지 이해하게 됐다. 어떤 경우든 가장 중요한 것은 절대적인 디테일이었다.

레오네는 L.A.에서 헨리 폰다에게 구애할 때, 하모니카라는 모방할 수 없는 역할의 배우를 찾기 위해 클린트 이스트우드에게 매달리고 있었다. '석양의 무법자' 더빙을 마친 뒤 몇 달이 지났고, 그들의 마음은 제법 부드러워져 있었다. 이스트우드에 따르면, 레오네는 오프닝 시퀀스의 모든 순간을 기쁨에 차서 연기로 세세히 보여주었다. 15분 정도 지난 뒤, 이스트우드가 끼어들었다. "잠깐만, 이 장면으로 우리는 어디로 가는 거야?" 그것을 알았을 때, 이스트우드는 '옛날 옛적 서부에서'가 자신을 위한 영화가 아니라는 것을 알았다.[57] 레오네는 제임스 코번에게 다가갔고, 비슷한 결과를 받아들였다. 레오네는 테렌스 스탬프도 고민했다. 제작 초기에는 록 허드슨이나 워렌 비티 같은 이름도 그에게 전달됐다. 하지만 레오네는 관객이 좋아하지 않을 것이란 점을 확신했다. 레오네가 말했다. "도대체 무슨 일을 하는 거야? 그들이 분위기를 망치고 있어!"[58] 레오네는 마침내 당시 46살이던 찰스 브론슨의 얼굴이 오프닝 시퀀스의 클라이맥스에 잘 맞는다고 결정했다. 하지만 브론슨은 이전에 주연급으로 나온 적이 없었다. 브론슨은 성격파 배우로 알려졌고, 소수 종족의 거친 남자에 특화돼 있었다. 그는 원주민 미국인 역할을 자주 맡았다. 로버트 올드리치의 '아파치'(1954)에서 혼도, '드럼 비트'(1954)에서는 혼혈인

캡틴 잭이었다. 사무엘 풀러의 '화살의 질주'(1957)에서는 인디언 수족 블루 버팔로, '황야의 산 세바스찬'(1967)에서는 멕시코 인디언인 테클로로 출연했다. '드럼 비트'를 찍을 때, 그는 성을 부친스키(Buchinsky)에서 브론슨으로 바꾸었다. 부친스키는 당시 매카시즘으로 할리우드가 좋지 않을 때, '미국인 같지 않은' 이름으로 들렸다. 이런 많은 출연을 했지만, 브론슨은 자신이 평가한 대로, '주연급'은 결코 아니었다. 그의 이름은 항상 주연 다음에 등장했다. 브론슨은 L.A.에서 레오네를 만났을 때 말했는데, 당시 제안받았던 역할로 환영에서 깨어났고, 그래서 할리우드를 떠나 유럽에 가는 것을 결정했다.[59)]

레오네가 브론슨을 캐스팅하려는 것은 오직 얼굴의 인상 때문이었다. 장-뤽 고다르가 게리 쿠퍼의 얼굴에 관해 쓴 것에 따르면, 브론슨도 '광물의 왕국'(the mineral kingdom)에 속했다. 레오네는 특유의 수사학으로 브론슨에 대해 기억했다. "브론슨은 운명(Destiny)이었다. 침투할 수 없고, 하지만 인생이 새겨진 일종의 화강암 덩어리였다. 나는 미국에서 사업가들, 회사의 대표들 같은 많은 중요한 사람들을 만났다. 솔직히 말해 그들이 브론슨 캐릭터보다 더욱 강했다. 그리고 그들은 찰스 브론슨과 똑같은 미소를 지었다. 위협적이고 불안하게 만드는 미소였다."[60)] 바로 그것이 레오네가 브론슨에게 요구한 역할이었다. "그 캐릭터는 대리석으로 만든 얼굴, 집요하게 복수를 추구하는 혼혈아다. 그는 형을 죽인 남자에게 복수하기 위해 얼마나 기다려야 하는지 정확히 알고 있는 남자다. 그는 인디언이기 때문에 이미 백인에 대한 증오심을 갖고 있다. 그리고 그는 모든 희생자의 이름으로 프랭크를 고문할 것이다. 하지만 항상 얼굴에는 냉정한 표정을 유지해야 한다. 그는 말을 거의 하지 않는다. 그는 자신의 슬픔을 하모니카로 표현한다. 그의 음악은 저 깊은 곳에서 올라오는 고통이다. 그건 본능적인 감정이고, 조상의 기억에 관련된 것이다."[61] '고대 종족'의 마지막 후손으로서, 그 캐릭터는 오직 하모니카의 고통으로 동일시돼 있다. 말하자면 그가 진정한 '이름 없는 남자'인 것이다.

레오네에 따르면, 1967년 파라마운트의 중역들은 그를 수용소 같은 데 감금하려고 했다. 왜냐면 레오네는 찰스 브론슨의 이름을 다른 어떤 스타들보다 먼저 소개하려 했기 때문이었다. 이전에 레오네와 유나이티드 아티스츠의 계약이 파기된 데는 이런 이유도 포함됐었다. 그러나 파라마운트는 결국 레오네에 동의했다. 당시 파라마운트의 회장인 찰스 블루돈은 레오네에게 항상 자유를 주려 했고, 그의 직원들은 회장에게 반대하는 것을 두려워했다. 브론슨은 승선한 뒤, 레오네의 지성과 웨스턴에 관한 지치지 않는 지식을 알고는 놀라면서도 기뻐했다. 하지만 브론슨은 영화 전체에 관한 레오네의 큰 그림에 전부 동의하지는 않았다. 브론슨이 기억했다. "그건 미국인들에게 웨스턴을 어떻게 만드는지를 보여주는 게 아니었다." 그가 느끼기에 레오네의 영화는 "전적으로 유럽 관객을 목표로 삼았다. 특히 이탈리아인들을 목표로 삼았다. 이탈리아인들은 폭력적인 것을 좋아하고, 웃을 줄 알았다. 적어도 그들은 이 영화를 즐길 것이었다."[62] 브론슨은 하모니카 연주자 프랑코 데 제미니(Franco De Gemini)로부터 개인 교습을 받았다. 데 제미니는 그에게 악기를 손으로 어떻게 잡는지, 숨은 어떻게 쉬는지 등을 가르쳤다.[63] 브론슨이 레오네와 가장 많이 토론한 것은 어떻게 움직이는가였다. '운명'이라는 존재로서 그의 출현은 은근히 초자연적이기도 했다. 그는 화면 밖이라 할지라도 항상 있었고, 그를 필요로 하는 곳이라면 금방 나타났다. 그럴 때면 그는 프레임 속으로 미끄러져 들어왔다. 곧 기차의 객차 뒤에서, 혹은 우체국에서, 또는 창문을 통해서도 나타났다. 그는 극단적인 클로즈업 화면에서, 주로 측면으로 찍혔다. 마지막 결투에서 카메라는 천천히 브론슨의 꿰뚫어 보는 푸른 눈동자로 다가간다. 그런 상태로 22초간 머무는데, 이건 레오네 영화에서 가장 극단적인 클로즈업일 것이다. 클라우디아 카르디날레는 촬영을 하지 않을 때의 브론슨의 태도에 대해 기억했다. "그는 늘 혼자 있었다. 그는 모자를 자신의 눈까지 깊이 내려쓰고 앉아 있었다. 그렇게 하면 다른 사람을 안 봐도 되고, 인사를 하지 않아도 된다. 그는 항상 손에 고무공을 하나 갖고 있었는데, 그것을 끊임없이 튕기곤 했다. 그에게서 미소를 보는 것은 어려운 일이었다. 하지만 우리는 잘 지냈다. 아마 나도 내성적이어서 그랬을 것이다."[64]

하모니카가 '복수의 유령'처럼 등장했다면, 혼란스럽지만 '낭만적인 산적'인 샤이엔은 주로 문을 통해 화면에 들어왔다.

그럴 때면 문이 쾅 닫히는 소리가 동반됐다. 그는 집에 있어 본 적이 없다. 밖에서는 그는 항상 도주 중인데, 반면에 집안에 들어오면 아주 천천히 움직였다. 그가 극적으로 변화된 모습을 보여주는 순간은 모튼의 화려한 전용 기차 내부로 숨어들어갈 때다. 그때 샤이엔은 화장실 변기의 손잡이를 마치 말의 등자처럼 이용하는데, 물 내려가는 소리는 그가 출발했음을 알리는 팡파르 같았다. 레오네는 당시 47살이던 제이슨 로바즈를 처음부터 염두에 두고 있었다. "샤이엔 역은 오직 그를 위해 맞춤옷처럼 만들었다. 그 캐릭터에는 몇 개의 모순적인 감정이 혼합돼 있다. 영화의 초반부에서, 그는 별로 영리해 보이지 않는다. 하지만 기차 장면(샤이엔은 기차 아래에 붙어 있었고, 나중에는 부츠 속에 숨긴 총을 쏘기도 한다)은 그가 얼마나 재주 넘치고 영리한지를 잘 보여준다. 그는 아주 괴상한 방식으로 등장해도, 리얼리티를 갖고 있으며, 이것이 그의 신비로운 형상을 더욱 보강한다. 그는 자신이 속한 세상은 사라진다는 사실을 알고 있다. 그 역할에 가장 가까이 갈 수 있는 사람이 제이슨 로바즈이다."[65]

레오네처럼 제이슨 로바즈도 무성영화 시대 배우의 아들이다. 미국 드라마 학교(the American Academy of Dramatic Arts)를 졸업한 뒤, 로바즈는 유진 오닐의 두 작품을 통해 이름을 알린다. 그건 〈얼음 장수 오다〉(The Iceman Cometh)와 〈밤으로의 긴 여로〉(Long Day's Journey Into Night)인데, 1960년대 초에 오닐의 작품이 재조명될 때였다. 로바즈가 비평가들의 주목을 받은 첫 번째 영화는 〈밤으로의 긴 여로〉를 각색한 것이었고, 여기서 그는 술고래에, 자기 파괴적인 제이미 타이런 역을 맡았다. 레오네는 브로드웨이 극장에서 그를 처음 보았다. "나는 완전히 사로잡혔다. 그는 놀라운 배우였다. 그는 내부에 불안의 힘을 가진 캐릭터로 다가왔는데, 묘하게도 로맨틱한 외모와 섞여 있었다. 로바즈가 험프리 보가트를 닮았다는 것은 사실이다. 하지만 그는 레슬리 하워드('바람과 함께 사라지다')가 맡았던 역할도 연기할 수 있다. 그건 보가트는 할 수 없는 것이다."[66)]

작가 세르지오 도나티에 따르면, 로바즈가 샤이엔 역에 적합했는지 확신할 수 없었다. 도나티는 그 캐릭터에 특별한 애정을 갖고 있었다. "로바즈는 뛰어난 연극배우였다. 하나의 장면을 마치고 나면 스태프들이 박수를 보내는 그런 배우였다. 하지만 소위 업계에서 말하는, 스크린으로 잘 전이가 되지 않는 배우 중의 한 명이었다. 로바즈는 특별한 눈동자를 갖지 못했는데, 내 생각에 그것이 문제였다."[67)] 하지만 레오네를 위해서 로바즈도 눈동자를 많이 이용했다. 게다가 로바즈는 함께 일하기 어려운 배우로 소문이 나 있었다. 레오네는 이런 문제를 작업 초반기에 이미 경험했다. "우리가 처음 인터뷰를 할 때다. 로바즈는 완전히 술에 취해서 나타났다. 환상이 깨지는 순간이었다. 그래서 나는 나와버렸다. 그의 에이전트가 한 번 더 기회를 달라고 나에게 부탁했다. 나는 동의했고, 단서를 달았다. '만약 로바즈가 촬영장에 취해 나타나면, 나는 계약서를 파기할 것이다. 그리고 그런 일이 벌어지면, 에이전트가 대체 배우를 동원한 재촬영의 모든 비용을 반드시 내야 한다'라고 알렸다. 하지만 그런 문제는 전혀 일어나지 않았다. 설사 로바즈가 밤새 술을 마셨다고 하더라도, 그는 촬영장에 정시에 도착했고, 시간개념도 좋았고, 직업의식도 프로였다." 레오네가 기억하길, 로바즈가 촬영을 중단하게 한 유일한 예외가 하나 있었다. "로버트 케네디의 암살 소식을 들었을 때였다. 로바즈는 정신을 잃었고, 몹시 울었다. 그는 나에게 와서 그날도 계속 일을 해야 하는지 물었다. 그때는 오후 1시였다. 나는 모든 것을 접고, 다음 날까지 일을 중단했다. 솔직히 말해 로바즈는 정말 특별한 남자였다. 말하자면 그는 예민했고, 정말로 로맨틱했으며, 천재적인 배우였다."[68)]

이 작품에 캐스팅되기 이전에, 로바즈는 오직 한 편의 웨스턴에 이름을 올렸다. 그건 '작은 여인을 위한 큰 손'(Big Hand for the Little Lady, 1966)인데, 로바즈는 주로 앉아서 연기했다. 그런데 이런 경험 부족이 '옛날 옛적 서부에서' 캐릭터에는 더욱 유용했다. 어떤 장면에서 샤이엔이 타고 있던 말이, 그가 안장에 충분히 앉기도 전에 스위트워터에서 달려나갈 때가 있다. 이런 엉성한 퇴장은 프랭크의 느리고, 신중한 말타기 스타일과 극적인 대조를 보여주었다. 촬영 스크립트에 따르면 샤이엔은 수명지배 포스터 위에 '마누엘 샤이엔 구티에레스'라고 적혀 있다. 하지만 영화 속에서 로바즈는 굵고 걸걸한 목소리의 영어로, 단 한 번도 멕시코 산적이라는 인상을 주지 않는다. 레오네가 말하길, 그는 '석양의 무법자'에서 일라이 월러크가 연기했던 캐릭터와 비슷한 유형인데, 특별히 더 부드러운 면을 갖고 있다. "그런데 샤이엔은 더욱 따뜻하고, 익살과 슬픔이 섞인 인간애를 갖고 있다. 이것이 그에게 인생에 대한 특별한 철학을 갖게 했다." 이를테면 샤이엔은 질에게 이렇게 말한다. "나는 아기들 빼고는 다 죽여. 성직자도 죽이는 사람이지. 물론 가톨릭 성직자 말이야." 로바즈의 연기 스타일이 이런 특성을 잘 보여주고 있다. 그는 마초 역일 때도 자기 풍자에 가깝게 연기하는 배우다. 마지막 장면에서, 그는 중심 액션의 바깥에 머물며, 면도 거울을 통해 자신을 바라보고 있다. 레오네 영화에서, 마지막 장면에도 끼지 않는 유일한 산적인 것이다. '미스터 기차'(모튼)와의 결투도 무대 밖에서 일어났다. 그 결투는 어설프게 진행됐고, 거의 사고처럼 처리됐다.

사후제작의 동시녹음 과정을 참관했던 프로듀서 풀비오 모르셀라에 따르면, "로바즈는 내가 본 최고의 더빙 배우 가운데 한 명이었다. 만약 당신이 더빙 테이프를 듣는다면, 여러 번 듣는다 해도, 로바즈의 목소리를 인지하지 못할 것이다. 왜냐면 그는 자주 목소리를 바꾸기 때문이다. '너는 이런 목소리를 원해, 아니면 저런 목소리를 원해?'라고 로바즈는 묻곤 했다. 로바즈는 자신의 목소리를 정말 잘 이용했다."[69)]

남자 배우들은 이탈리아 웨스턴의 보통의 경우와는 달리 나이들이 많았다. 폰다는 63살이었고, 브론슨과 로바즈는 40대 후반이었다. '황야의 무법자 이후'의 스파게티 웨스턴은 청년의 장르였다. 남자 배우들과 달리, 레오네는 당시 29살이던 튀니지계 이탈리아 여성인 클라우디아 카르디날레를 캐스팅할 수 있었다. '핑크 팬더'(1964)에 함께 출연했던 데이비드 니븐에 따르면, 카르디날레는 전형적으로 밝은 유형이었고, '스파게티 이후, 이탈리아가 발견한 최고의 행운'이었다. 그리고 레오네는 카르디날레가 전형적인 이탈리아 사람이 아니라는 데 안도감을 느꼈다. 사전제작 과정에 있을 때, 거물 제작자인 카를로 폰티가 참여할 의도를 비쳤다. 그리고 놀랍게도 자신의 아내이기도 한 소피아 로렌을 캐스팅하기를 제안했다. 레오네의 기억이다. "나는 로렌에게서 뉴올리언스 출신의 매춘부 모습을 전혀 볼 수 없었다."[70)]

카르디날레는 지역의 미인대회에서 우승한 뒤, 프랑스에서 영화에 데뷔했다. 이탈리아 관객들에게는 마리오 모니첼리 감독의 '마돈나 거리에서의 한탕'(I soliti ignoti/Big Deal on Madonna Street, 1958)을 통해 알려졌다. 이때 카르디날레는 20살이었고, 비평적 주목까지 받았다. 이어서 비스콘티의 '로코와 그의 형제들'(1960)에서는 약혼한 10대 엄마로, 그리고 펠리니의 '8과 1/2'(1963)에 출연했다. 카르디날레는 지나 롤로브리지다와 소피아 로렌을 잇는 스타로 할리우드에 알려졌다. 카르디날레는 다국적 제작의 영화에도 출연했다. '카르투슈'(Cartouche, 1962), '레오파드'(1963), 그리고 사무엘 브론스톤의 '지상 최대의 서커스'(The Magnificent Showman, 1964), 블레이크 에드워즈의 '핑크 팬더', 리처드 브룩스의 '4인의 프로페셔널'(The Professionals, 1966) 등에 나왔다. 당시 카르디날레는 유명 제작자인 프랑코 크리스탈디(Franco Cristaldi)와 결혼한 사이였고, 롤로브리지다-로렌과는 다른 길을 걸었다. 카르디날레가 캐스팅될 때는 어떤 세련됨, '라틴적' 성질을 투입하기 위한 것이었고, 또 그녀는 목이 깊게 파인 드레스를 자주 입어야 했다. 카르디날레의 섹스의 여신 같은 이미지는 비스콘티 감독에 의해 강화됐었다. 비스콘티는 '레오파드'를 홍보할 때 카르디날레에 대해 이렇게 말했다. "그녀는 화려한 고양이다. 넓은 소파에 길게 드러누워, 누군가 간질어 주기를 기다리는 고양이 말이다. 하지만 조심! 그 고양이는 금방 호랑이로 변할 수 있다." 한편 펠리니는 '8과 1/2'을 만들 때, 카르디날레에게서 '대지의 어머니' 같은 잠재성을 보았다. 이런 이탈리아적인 다양한 조합이 카르디날레에 대한 신뢰를 높였다. 그리고 레오네의 눈에는 매춘부이자 물을 나르는 캐릭터로 보였다. 카르디날레는 이런 모든 특성을 넘어, 이탈리아의 투자자들을 만족시키는 스타를 대변했다.

카르디날레에 따르면, 자신이 이 작품에 참여하게 된 큰 이유 중의 하나가 레오네 특유의 장대하고 카리스마 넘치는 클로즈업의 매력 때문이었다. 그리고 카르디날레는 레오네가 그런 화면처럼 아주 마음이 넓다는 것을 알았다. "세르지오는 나와 일할 때는 애정으로, 영리한 방식으로 임했다. 내가 연기해야 할 모든 장면에서, 세르지오는 음악을 틀었고, 특히 나의 캐릭터에 관련된 음악을 들려주었다. 이런 방식은 집중하는

데 큰 도움이 됐고, 현실 세계로부터 나를 떨어뜨려 놓을 수 있었다."[71] 카르디날레는 작업하기 이전에 이미 음악을 알고 있었다. 레오네는 손에 테이프를 든 채 그녀를 불러, 자신이 원하는 역할을 연기하게 했고, 그때 음악을 들려주었다. "그가 말할 때도 우리는 영화의 음악을 같이 들었다. 그리고 그 음악을 들을 때, 영화를 스크린으로 보기 전이지만, 이미 영화의 모든 순간을, 모든 숏을 이해했다." 두 사람은 요리의 감사함도 함께 나눴다. 하루의 오랜 촬영이 끝나면, 미국에 있을 때나 로마에 있을 때 모두, 레오네는 그녀와 함께 영화에 관해 이야기하고 싶어 했다. "내가 많이 먹는 것을 바라보는 것이 세르지오의 기쁨이었다. 그는 먹고 있는 나를 바라보며 행복하다고 말했다. 그때마다 자신은 그렇게 많이 먹을 수 없다고도 했다. 그리고는 그도 잘 먹기 시작했다. 아니 엄청나게 먹었다."[72]

카르디날레는 촬영 장소가 캐릭터의 성격을 잡는 데 도움이 된다는 점을 알았다. "우리가 모뉴멘트 밸리로 일하러 갔을 때, 장대하고 아름다운 그 장소는 어떤 감성을 말해주는 것 같았다. 우리는 이름도 모르는 지역의 가운데에 있는 어떤 모텔(굴딩 트레이드 포스트. 존 포드와 그의 스태프가 주로 머물렀다)에 머물렀다. 그곳에만 사람들이 있었다. 우리는 미국인들과 별로 접촉하지 않았다. 사실 우리는 나바호 인디언들과 더 많은 접촉을 했다. 우리는 그들의 보호구역에서 촬영했다. 그들은 신중했고, 조용히 멀리서 우리를 바라보았다. 세르지오는 그런 환경을 마치 자신의 것인 양 여겼다. 그는 정말 행복해 보였다. 기쁨에 가득 찬 작은 아이 같았다."[73)]

하지만 카르디날레의 첫 번째 촬영 장면(그것은 이 영화의 첫 번째 촬영 장면이었고, 1968년 4월이었다)은 로마의 치네치타에서 진행됐다. 그 장면은 레오네가 잘하는 게 아니었다. 그건 공중에 걸린 침대에서, 프랭크가 벗은 질의 위에 엎드려 있는 장면이다. 질은 목숨을 건지기 위해 안간힘을 쓰고 있다("이런 떠돌이가 있나. 너의 목숨을 구하는 것이라면 세상에서 못 할 짓이 없겠군." "아무것도 없지. 프랭크."). 긴 제작 일정을 고려하면 이 장면 촬영은 드문 경우였다. 50명의 건장한 스태프만 남기고, 촬영장에는 아무도 못 들어오게 했다. 이 장면을 찍는 데 이틀이 걸렸다. 그런데 파라마운트의 홍보팀은 이 사실을 알고 있었고, '헨리 폰다의 경력을 통틀어 최초의 러브 신'이라고 소문냈다. 그리고 카메라가 작동하기 전에 기자단을 초대했다. 카르디날레가 말했다. "대단히 불편한 자세로 무대 위에 있는 것 같았다. 이 장면에 별 관심이 없는 낯선 관객들이 당신을 바라보고 있는 것을 상상해보라." 카르디날레가 보기에, 폰다도 긴장하고 있었고, 자신은 그보다 더 긴장하고 있었다. "레오네가 나를 헨리 폰다에게 소개했다. 우리는 그전에 만난 적이 없었다. 우리는 악수하며, 각자 '안녕하세요'라고 인사를 했고, 곧장 침대 위에 함께 있었다. 그리고는 카메라 앞에서 열정적인 사랑을 나누는 장면을 찍었다."[74)]

카르디날레는 촬영이 시작되기 전에, 자신의 옷을 모두 벗는 것이 영화에 절대적으로 중요한 것인지를 놓고 레오네와 사적인 논쟁을 벌였다. "내가 먼저 말했다. 내 생각에 옷을 입거나 혹은 최소한이라도 입고 있으면, 섹시하게 보이는 것에 더 큰 도전이 될 거야. 세르지오가 답했다. 어떤 여성이 사랑을 나누는 데 침대에서 옷을 입고 있다면 참 어리석게 보일 거야. 그렇지 않아? 그리고 우리는 논쟁을 벌였다. 결국에 세르지오는 이렇게 말했다. 당신은 배우야, 아니야? 당신이 배우라면 누드를 연기할 거야. 그리고 이 장면의 연기를 시작하면, 사람들은 오히려 누드라는 사실을 주목하지 않을 거야. 그래서 그가 원했던 대로 진행됐다."[75] 1960년대 영화 관습에 따라 헨리 폰다는 상의를 입었고, 카르디날레는 코르셋을 벗었다. 영화의 후반부에서 카르디날레는 플래그스톤 호텔 룸의 욕실에 누워 있는 장면을 찍는다. 그들은 '피부색 하의'를 입기로 합의했다. "나는 비누 거품이 갑자기 사라지지 않기를 계속 기도했다. 그리고 욕실에서 나올 때 나는 수건을 걸치고 계속 연기했다. 그러면서 궁금했는데, 내가 제대로 가려져 있는지 알 수 없었다. 정말 위험을 감수한 장면이었다."[76]

레오네도 위험을 감수했다. 그도 그의 경력에서 처음으로 '진정한 러브 신'을 찍었다. 헨리 폰다가 긴장해 보였다면, 레오네도 당연히 그랬을 것이다. 카르디날레가 기억했다. "레오네는 긴장하지 않는 척하려고, 항상 손에 담뱃갑, 성냥갑 같은 것을 들고 있었다. 간혹 나는 그의 뒤로 몰래 가서, 그 손을 묶어버리고 싶었다!"[77] 레오네는 훗날 인정했다. "나는 러브 신을 찍는 데, 어려움을 겪었다. 클라우디아가 정말 많이 도와주었다. 클라우디아는 자신의 몸 위에 65살의 남자가 아니라, 25살의 청년이 있는 것처럼 연기했다. 그래서 헨리도 평소처럼 지혜롭고 느긋하게 연기할 수 있었다."[78)]

과거에 조감독이었던 토니노 발레리에 따르면, '달러 3부작'처럼 이 영화도 레오네가 여성의 심리에 대해서는 거의 이해하지 못한다는 사실을 계속 보여주는 것이었다. "보라. 카르디날레의 캐릭터는 '조니 기타'에서 따온 것이다. 상황도 같고, 캐릭터도 같다. 가장 큰 차이점은 카르디날레가 헨리 폰다라는 늙은 남자와 잠을 잔다는 사실이다. 이건 여성혐오증 아닌가? 레오네는 여성 캐릭터와의 관계에 항상 어려움을 느꼈다. 아마 그의 모친과의 관계 때문일 것이다. 나는 레오네가 자신에게 흥미로운 유일한 관계는 항상 남성 사이의 우정이라고 말하는 것을 들은 적이 있다."[79)] 하지만 카르디날레는 만족했다. 영화의 주요 사건들이 전부 자기 캐릭터를 중심으로 돌기 때문이었다. 카르디날레는 특히 질 맥베인의 용기와 단호함을 좋아했다. "그녀는 자신이 무엇을 원하는지 알고 있고, 그것을 손에 쥘 때까지 악착같이 매달린다. 웨스턴에서 그런 여성 캐릭터를 발견하기란 어려울 것이다."[80)]

철도회사 사장 모튼 역을 위해, 레오네는 파시즘 시절부터 이탈리아 영화계에 알려진 유명한 연극배우를 선택했다. 그는 로마 출신의 가브리엘레 페르체티(Gabriele Ferzetti)인데, 1950년대부터 특히 여성들의 우상이었다. 그는 역사적 인물을 다룬 영화들, 곧 '푸치니'(1952), '자코모 카사노바'(1954), 그리고 '도나텔로'(1956) 등에서 주역을 맡으며 신뢰를 얻었다. 페르체티가 국제적으로 이름을 알리는 데는 안토니오니의 '정사'(1960), 그리고 존 휴스턴의 '천지창조'(1966)에서의 롯 역을 통해서였다. 하지만 그의 연기 경력은 타성에 젖어가고 있었다. 연극 비평가들에 따르면, 페르체티는 '귀족적인 매너' 덕분에 유명했다. 이 영화는 그가 웨스턴에 처음 등장한 작품이다. 미국 배우들은 레오네의 지도를 따르고, 단순히 그렇게 '되는 것'에 만족했다. 반면에 페르체티는 분명하게 진정한 '연기'를 보여주려 했다. 당시에 이것은 페르체티가 이탈리아 웨스턴에 억지로 출연하는 것 같은 인상을 주었다. 그런데 다행히도 이것이 영화 속 그의 캐릭터에 아주 잘 맞았다.

세르지오 레오네는 1860년대에, 대륙을 가로질러 철도를 놓으려고 시도했던 회사는 없었다는 점을 알고 있었다(최소한 영화 '철마'를 통해서도). 자본가의 원형인 모튼은 대서양을 보려는 거대한 프로젝트에서 시작하여, 몸속에 퍼지고 있는 '뼈의 결핵'이 자신을 죽이기 전에 태평양을 보려는 희망을 품고 있다. 그래서 레오네가 설명한 대로, 모튼은 다른 캐릭터들처럼 역사적 사실에 관련된 것, 하지만 정확히 역사의 한 부분은 아닌 그 무엇을 재현했다. 이름 모튼(Morton)은 '석양의 건맨' 속 모티머(Mortimer)처럼, 그가 죽음(morte)과 어떤 관계에 있음을 보여준다. 여기서 죽음의 그 무엇은 끈적끈적한 철로 형태이다. 그가 죽음 뒤에 남긴 것인데, 뱀을 닮은 것, 곧 '아름다운 두 개의 빛나는 철로(목발)'이다. 레오네의 설명이다. "브론슨처럼 페르체티의 캐릭터는 하나의 목표를 두고 있다. 곧 자신의 기차로 태평양에 도착하는 것이다. 그렇게 하면서 그는 다른 사람들처럼(아니 그는 병들었기 때문에, 다른 사람들보다 더욱 심하게) 심판을 받을 것이란 사실을 알고 있다."[81)]

촬영장에서 레오네는 분위기를 위해 엔니오 모리코네의 테마 음악을 이용했다. 이번에는 모든 음악이 사전에 작곡됐고, 연주됐고, 녹음됐다. 세르지오 도나티의 기억이다. "모든 사람이 음악과 더불어 연기했고, 음악의 리듬을 따랐고, '더욱 강화된' 음악의 특성 때문에 마음에 고통을 받았다. 음악은 신경을 더욱 자극했다."[82)] 도나티는 특별한 장면을 예를 들었다. "클라우디아가 도착하는 장면을 위해 테마 음악이 틀어졌다. 바깥의 식탁 위에는 시체들이 누워 있었다. 촬영장은 알메리아였는데, 당시는 황혼 무렵이었고, 그곳의 모든 사람이 울었다. 심지어 울음을 잘 참는 거친 사내들도 울고 있었다."[83)] 모리코네의 음악은 레오네의 '안무'에 영감을 주었다. 모리코네의 기억이다. "카르디날레가 기차역에서 나올 때, 크레인이 그녀를 뒤따라 위로 올라가는데, 세르지오는 그 속도를 음악에 맞추었다. 그때 음악도 점점 위로 올라간다."[84)]

음악은 보통 때보다 템포가 더욱 느렸고, 더욱 정적이며, 변주도 더욱 줄었다. 하지만 더 많은 것을 담고 있었다. 이번에는 마란차노의 '뿅뿅' 거리는 소리도 없고, 목을 긁는 합창도 없고, 채찍 소리와 총소리도 없다. 몰아치는 리듬을 강조하는 새소리도 없다. 레오네는 자기가 만든 초기 웨스턴 속에 표현된 이미지의 폭력으로부터 조심스럽게 멀어지고 있었다. 그리고 1940년대 할리우드의 음악을 닮은 이번의 음악은 이런 강조점의 변화에 조응하는 것이었다. 광대한 테마 음악은 더 넓은 야외 풍경, 철도의 도착, 그리고 질 맥베인의 캐릭터와 어울렸다. 여기엔 철금(glockenspiel) 소리가 첨부됐다. 또 무명 작가의 트럼펫 만가가 있는데, 이 곡은 가끔 증폭된 기타로 연주되기도 하고, 하모니카의 절규가 위에 입혀지기도 한다. 이 곡은 '심판으로'(As a Judgement)라는 제목으로 불렸다. 만가는 맥베인 가족의 학살과 마지막 결투에서 연주된다(그리고 하모니카와 프랭크의 출현에도). 샤이엔의 캐릭터는 말발굽 같은 피아노 소리와 밴조 멜로디를 갖는다. 거칠고 값싼 술집에서 쿵쿵대는 것 같은 이 음악의 제목은 '형편없는 오케스트라'(Bad Orchestra)인데, 여기에는 긴 호각(slide-whistle), 튜바, 밴조 그리고 바이올린이 합주된다. 이 곡은 샤이엔이 플래그스톤에 도착할 때 연주된다. 한편 모튼을 위해서는 낙관적인 '태평양' 테마가 쓰였는데, 우르릉거리는 피아노가 파도 소리와 섞여 들려온다. 그리고 통곡하는 하모니카 독주가 있다. 프랑코 데 제미니가 연주했는데, 하모니카 소리는 브론슨의 캐릭터가 '말하는 것'을 표현한 것이다. 모리코네에게 하모니카는 "향수를 자극하는 야영장에서의 악기이다. 미국의 작곡가들은 항상 하모니카를 시골의 고독과 연결지었다." 하지만 레오네에게 그것은 '더욱 음울'해야 했다. 그래서 하모니카는 블루스 연주자 스타일을 따라, 마이크 위에 손으로 감싼 채 연주돼야 했다. 단 더욱 느려야 했다. 모리코네는 기쁜 마음으로 말했는데, 이 영화를 통해 "마침내 우리는 '데구에요'(deguello, 멕시코 만가)에서 벗어나기 시작했다."라는 것이다. 그리고 트럼펫 만가 판본의 '심판으로'도 있는데, 이는 '리오 브라보'에서 마리아치들이 연주한 것과 닮았다. 헨리 폰다가 스위트워터에서 철도 노동자들 옆을 말을 타고 지나갈 때 연주된다.

모리코네의 기억이다. "샤이엔의 테마는 어떤 논쟁 없이, 거의 즉각적으로 만들어졌다. 우리는 녹음실에 있었고, 나는 피아노를 치기 시작했다. 세르지오가 좋다고 하여, 나는 바로 작곡했다."[85] 레오네의 기억은 약간 달랐다. 처음에 샤이엔의 테마는 모리코네가 작곡한 곡 가운데 영화와 어울리지 않는 부류에 속했다. "엔니오가 말했다. 기악과 편곡이 이어지면 전혀 다른 효과를 낼 거야. 나는 설득되기를 기다렸다. 우리는 녹음실에 갔고, 80명의 음악인이 기다리고 있었다. 그들은 전부 프로들이었다. 엔니오는 지휘대에 올라, 지시를 내렸으며, 오케스트라의 연주가 시작됐다. 연주가 끝난 뒤, 그는 안경 너머로 나의 얼굴을 바라보았다. 나는 무표정했고, 별로 인상을 받지 못했다. 그는 음악이 나를 설득하지 못했다는 점을 금방 알았다. 왜 그러지? 그는 녹음실 부스로 들어오며 물었다. 미안하지만, 이 음악은 헛소리 같아. 4개월 전과 같아. 너는 편곡이 이어지면 모든 게 다를 거라고 말했잖아. 하지만 변한 건 아무것도 없어. 엔니오는 나에게 따라오라며 녹음실의 옆 방으로 갔다. 피아노 곁에 와. 너의 캐릭터에 대해 무엇을 원하는지 다시 설명해줘. 나는 더 이상 뭘 해야 할지 모르겠어. 나는 벌써 15번이나 테마를 실험했어! 그래서 나는 즉각적으로 엔니오에게 월트 디즈니의 '레이디와 트램프'(Lady and the Tramp)를 보았는지 물었다. 보았어. 그것이 샤이엔과 무슨 관계가 있지? 내가 설명했다. 샤이엔은 부랑자(tramp)야. 동시에 그는 지적이고 본능적이야. 그는 산적이고 건달이며 개새×이지. 하지만 그는 우정을 나눌 수 있는 인물이야. 그러니 샤이엔의 테마 음악이 폭력적일 필요는 없지. 대신에 부드러우면 좋겠어. 그는 달콤하고 로맨틱한 캐릭터이며, 자부심과 사랑으로 가득 차 있거든. 엔니오는 이런 묘사를 다 들은 뒤, 피아노를 치기 시작했다. 탄, 탄탄탄탄, 탄티 탄, 탄티 탄. 엔니오는 본능으로 음악을 작곡했다. 바로 그거야. 바로 그것. 나는 소리를 질렀다."[86)]

샤이엔의 테마는 모리코네가 레오네와 일하며, 웨스턴의 음악적 상투성에 가장 가까이 다가간 곡이었다. 곧 말발굽 소리, 야영장에서의 휘파람, 그리고 느린 리듬을 이용했다. 유일하게 특별한 성격은 이 음악이 전자 피아노를 위해 작곡된 점이었다. 그리고 관객이 곡의 반복에 익숙해질 때쯤 중간에 갑자기 중단되기도 한다. 마치 라이트모티프(leitmotif)가 중단되고 조용해지는 것과 같다. 알레산드로 알레산드로니가 여기서도 휘파람 연주를 맡았다. 처음에 그는 '달러 3부작'처럼 날카로운 스타일로 휘파람을 불었다. "하지만 엔니오가 그렇게 하지 말라고 했다. 뭔가 부드럽고 지친 소리를 원했다. 바이브레이션도 원치 않았다. 다른 연주였다. '황야의 무법자'에서는 영웅적인 휘파람이었고, '석양의 건맨'에서는 공격적이고 강했는데, 이번에는 더욱 부드럽고 긴장이 풀린 휘파람이었다."[87)]

모리코네는 오프닝 시퀀스를 위한 테마 음악도 사전에 작곡했다. '캐틀 코너' 기차역에서 세 명의 총잡이들이 오래 기다리는 장면이다. 이 장면을 찍는 데 4일이 걸렸고, 스페인에서 촬영된 장면 중에서는 마지막이었다(가우딕스 외곽 칼라오라 역 근처의 철로). 잭 엘람의 마멀레이드를 바른 수염 위에 파리가 윙윙거리는 장면은 예상했던 것보다 시간이 더 걸렸다. 파리로 가득 찬 유리병이 소품 담당에 의해 만들어졌다. 하지만 미술팀 매니저 클라우디오 만치니에 따르면, 그 장면은 단 한 마리의 파리로 완성했다. 우디 스트로드의 머리 위로 녹은 물이 떨어지는 장면은 3시간이나 걸렸다. 하지만 존 포드의 사도인 스트로드는 존경하는 이탈리아 감독과 그 장면을 찍어서인지 행복한 표정이었다. "클로즈업들, 나는 믿을 수 없었다. 할리우드에서 나는 그런 클로즈업을 갖지 못했다. '4인의 프로페셔널'에서도 영화 전체를 통틀어 나는 3개의 클로즈업을 가질 수 있었다. 세르지오 레오네는 나를 스크린에서 5분 동안 잡았다. 그것이면 됐다. 집에 돌아왔을 때, 나는 '아버지'(Papa) 존 포드를 만났다. 아버지, 웨스턴을 사랑하는 이탈리아 사람이 그곳에 있어요. 사람들이 스파게티 웨스턴이라고 부르지만, 그가 다른 웨스턴을 만드는 게 아니에요. 그를 위해 사인 하나 해주세요. 나는 그렇게 말했다."[88]

레오네는 도입부 장면을 준비할 때, 사전에 작곡된 음악은 상황에 맞지 않는다고 여겼다. 그래서 그는 증폭된 '자연의 소리'를 복잡하게 믹싱하려 했다. 모리코네의 기억이다. "그때 내가 세르지오에게 대단히 중요한 사실을 하나 말했다. 당시에 나는 피렌체에서 열렸던 음악회에 갔다 왔었다. 어떤 남자가 발판 사다리를 들고 무대 위에 올라갔다. 그러자 완벽한 침묵 속에서 사다리는 끼익 끼익 소리를 내기 시작했다. 이런 상황이 몇 분간 계속 이어졌다. 관객들은 무슨 일이 벌어지고 있는지 전혀 알 수 없었다. 하지만 침묵 속에서의 끼익 끼익하는 소리는 어떤 의미를 띄기 시작했다. 이런 실험에는 철학적 논쟁도 뒤따랐다. 소리는, 일상에서 들을 수 있는 그 어떤 소리도 문맥에서 벗어나 있으면, 또 침묵으로 벗어나 있으면, 다른 그 무엇이 된다는 것이다. 그것은 자연의 실제 소리가 아닌 것으로 변한다. 나는 그 경험을 세르지오에게 말해주었다. 세르지오는 이미 뀟속에 그런 아이디어를 갖고 있었고, 침묵에 대한 그의 생각도 같았다. 바로 이런 아이디어에서, 세르지오는 '옛날 옛적 서부에서' 도입부의 10분간 이어지는 발군의 장면을 만들었다. 내 생각에, 그건 이 영화에서 세르지오가 만든 최고의 장면 가운데 하나다."[89]

그래서 사운드를 믹싱할 때, 오프닝 시퀀스는 오직 한번 웅얼대는 대사로 중단되는, 과장된 사운드의 심포니가 됐다. 사운드는 이렇다. 끼익 대는 목제 문, 흑판의 분필 소리, 기름을 많이 쳐야 할 풍차, 바람, 쿵쿵거리는 발자국, 역무원의 칭얼거림, 새장 속 새의 펄럭거림(총잡이 중의 한 명이 화가 난 고양이 소리를 새에게 냈다), 수탉의 울음, 다시 풍차, 철제 문의 쾅 닫힘, 이런 모든 것이 '세르지오 레오네 영화'(A SERGIO LEONE FILM)라는 단어가 그 철제 문 위에 나타나기 전에 들린다. 그 문 위에는 '출입금지'(Keep Out)라고 적혀 있다. 모리코네는 이 시퀀스를 처음 봤을 때, 사운드트랙에 대해 "내가 만든 최고의 음악"이라고 말했다. 미술감독 카를로 시미의 기억이다. "어떤 바보 같은 사람이 우리가 녹음하기 전에 풍차 장치에 기름을 치려고 했다. 세르지오가 폭발했다. 알다시피 세르지오가 원한 것은 신경을 건드리는 바로 그 사운드였기 때문이었다."[90)]

모리코네가 설명하길, 브론슨의 하모니카는 20세기 초 음렬주의 음악(serial music)에 기초한 것이었다. "나는 음악학교에 다닐 때 음악의 역사를 전부 공부했다. 그런데 내가 특별히 관심을 보인 것은 아놀트 쇤베르크와 음렬주의 음악이었다. 나는 이런 종류의 음악을 영화에서 자주 이용했다. 그럴 때면 음렬주의 음악을 조성의 핵심으로 통합했다. 예를 들어 브론슨의 하모니카 테마를 만들 때, 실내에서 들을 수 있는 일련의 사운드를 조성의 언어로 구성했다. 나는 음렬주의 음악을 포기할 생각을 전혀 하지 않았다. 내가 믿는 바에 따르면, 음렬주의 음악은 청년 시절 내가 활동했던 전위적인 음악 그룹 '누오바 콘소난차'(Nuova Consonanza, 새로운 화음)와 함께, 내가 영화에서 만들어내는 음악들을 이끈다."[91)] 하지만 음악은 몰두

할 수 있게 간단해야 했다. 오케스트라가 복잡해지고, 가끔 괴상해지더라도 말이다. "하모니카를 위해서, 나는 단지 기악의 3도만 이용했다. 그것이 대중에게 아주 간단한 형식이기 때문이다. 덧붙여 나는 어떤 육체적 힘을 느끼도록 심장박동 같은 것을 결합했다."[92] 모튼의 '태평양 테마'는 단지 6도로 구성되고, 음계가 내려가도록 했다. 반면에 하모니카와 프랭크의 결투에 쓰인 '심판으로'의 3도는 간단하고, 기억되기 쉽게 작곡돼 있다.

중요한 교차점에는 촬영이 끝난 뒤에 음악이 첨가됐다. 레오네는 거대한 시퀀스 사이의 시각적 연결을 완결하는 데 큰 어려움을 겪고 있었다. 이런 것들이었다. 쓰러졌던 하모니카는 캐틀 코너 기차역 플랫폼에서 일어나고/ 브렛 맥베인은 총을 쏜다. 아들 티미는 죽고/ 기관차 소리와 휘파람 소리가 들린다. 질은 커피를 끓이고/ 모튼은 장난감 같은 '작은 장애물'을 철로에서 치우게 한다. 프랭크는 질과 침대에 있고/ 하모니카는 레이스로 만든 커튼을 통해 안을 쳐다본다. 이럴 때 모리코네의 음악적 전환은 시퀀스 연결을 강화하는 데 도움을 주는 것이다. 레오네가 설명한 대로, "관객들은 대사가 설명할 수 없는 것을 음악을 통해 이해"했다. 이렇게 적용했다. '심판으로'의 몇 음은 하모니카의 첫 등장에도 쓰였고, 샤이엔 테마의 몇 음은 산적들이 교역소에 도착할 때도 나왔다. '심판으로'의 테마는 하모니카가 처음으로 프랭크를 만날 때 현악기로 가볍게 연주됐다. 바이올린으로만 연주하는 메인 테마는 나바호족의 절벽 거주지에서 쓰였다. 프랭크가 플래그스톤의 인도를 조심하며 걸어갈 때는 피아노가 마치 타악기처럼 연주된다. 샤이엔의 테마는 그가 질과 함께 엉덩이 부분을 툭 치는 것에 관해 이야기할 때 다시 들린다. 바로 전에는 '심판으로'의 테마가 철저하게 안무 된 마지막 결투에서 충돌하듯 나왔다.

음악은 보통 때처럼 로마의 '포럼 스튜디오'(Forum Studio)에서 녹음됐다. 하지만 이번에는 규모가 아주 컸다. 이를 위해 로마 음악가조합(the Roman Union of Musicians)이 구성됐다. 산타 체칠리아 음악학교의 교수들, 공영 라이(RAI) 방송국의 음악가들, 로마 오페라극장의 음악가들이 이번 일을 위해 특별히 모였다. 합창 부문은 알레산드로니와 그의 '칸토리 모데르니', 그리고 소프라노 솔로를 위해 에다 델로르소('악기 같은 인간의 목소리, 텍스트 없는 노래')가 참가했다. 일부 비평가들이 고전 뮤지컬 '노티 마리에타'(Naughty Marietta, 1935)의 주제곡 '오, 인생의 달콤한 미스터리'(Oh, Sweet Mystery of Life)와 연결 짓기도 했던 질의 테마 음악에 가장 화려한 오케스트라가 쓰였다. 이 음악은 질이 플래그스톤에 도착하는 것을 보여주는 85초간의 트래킹과 크레인 숏에 처음 등장한다. 그 장면은 하나의 숏으로 구성됐는데, 질은 기차에서 걸어 나오고, 짐꾼들은 그녀의 가방을 들고 뒤따르며, 플랫폼을 지나, 역장의 사무실 안으로 들어간다. 그곳에서 질이 역장과 이야기하는 모습을 우리는 밖에서 레터 박스 형태의 창을 통해 본다. 그리고 질은 넓은 대로로 향한다. 그때 카메라는 타일 지붕 위로 올라가고, 목제 마을 플래그스톤 전체와 그 너머의 사막까지 모두 보여준다. 바로 이 숏에서 레오네는 '크레인의 속도를 음악의 상승'과 맞추었다. 트래킹 숏은 40초, 크레인 숏은 45초간 이어졌다. 레오네가 시도한 가장 대담한 숏 가운데 하나였다. 에다 델로르소의 목소리는 카메라가 위로 올라가, 도시의 대로를 보여줄 때까지 계속 올라간다. 이 테마 음악은 영화의 마지막에 140초 동안 다시 들린다. 카메라는 줌과 팬을 반복하고, 그때 영화는 모두 종결된다. 철도 노동자들은 질 주위로 몰려들고, 그녀는 그들에게 물을 준다. 기차는 저 멀리 레일의 끝에서 나타나고, 하모니카는 화면의 오른쪽으로 말을 타고 간다. 하모니카는 샤이엔의 말 위에 그의 시체를 걸치고 가는 중이다. 이 해에 모리코네는 '옛날 옛적 서부에서' 음악의 최종본을 녹음했고, 또 다른 영화 20편의 음악을 녹음했다. 그리고 그해에 칸영화제 심사위원으로도 참석했다. '황야의 무법자' 시절과 비교하면, 모리코네의 경력은 엄청나게 발전했던 것이다.

레오네가 그린 '미국의 탄생에 관한 영화적 벽화'는 네 개의 주요한 세트에서 진행된다. 고립된 농장, 발전하고 있는 도시, 철도, 그리고 미국의 사막이다. 이런 세트는 피카레스크 형식인 '석양의 무법자'보다 그 수가 적었고, 심지어 '석양의 건맨'보다도 적었다. 하지만 이번의 세트는 더욱 정교하게 준비됐다. "나는 촬영을 실제의 장소에서 하고 싶었다. 하지만 그건 불가능한 것이었다. 1870년에 맞는 그런 황야는 더 이상 없었다. 지평선에는 수많은 전선, 고속도로와 간판, 저 멀리에는 많은 농장과 목장이 있었다. 카메라의 시각 안에 너무 많은 현대성이 들어와 있었다."[93] 그리고 더욱 현실적인 이유인데, "이탈리아와 스페인이 비용면에서 유리했다. 그리고 나는 나의 스태프와 일하고 싶었다. 미국의 조합은 정말 나를 짜증 나게 했다."

스위트워터 촬영장은 타베르나스에서 10km 떨어져 있다. 알메리아에서는 30km 떨어져 있는데, N324에서 100야드 정도 되는 곳이다. 타베르나스 바로 앞에, 알메리아/사바스 도로가 만난다. 1967년에는 경제 붐 덕분에, 남부 스페인에는 농부들, 엑스트라, 스턴트맨, 카우보이, 건설 노동자들이 많았다(비록 전문가는 아니라 할지라도). 작은 도시인 타베르나스 한 곳에서 두 개의 영화가 동시에 촬영되기도 했다. 도시의 어느 도로는 '영화의 거리'(Cinema Street)라고 불리기도 했다. 만약 그곳에 사운드 녹음 시설과 사후제작 관련 시설이 있었다면, 알메리아의 '황금광 시대'는 계속 유지됐을 것이다. 하지만 알메리아의 촬영장은 마드리드에 있는 스튜디오와 실험실로부터는 너무 떨어져 있었다. 하지만 레오네는 그곳에 가장 공을 들인 세트를 만들었다. 미술감독 카를로 시미의 디자인에 따라, 촬영현장에 농장 집이 건설됐다. 그 집엔 별채와 돌담도 만들었다. 2층짜리 농장 집은 통나무로 지어졌다. 경사진 이중 지붕은 나무 타일로 덮여 있고, 현관 위에는 발코니도 있다. 그 집은 전통적인 통나무 오두막이기보다는 거대한 스위스식 목제 건물 같았다. 집 뒤에는 알메리아 사막의 회색 바위들이 있고, 집 주변에는 보라색 로즈메리와 세이지 풀, 그리고 아몬드와 올리브 나무가 있다. 대단히 정교하게 지은 집인데, 그 안에는 독립적으로 세 아이를 키울 수 있도록 설계돼 있다. 왜냐면 주변에는 가족 농장을 위한 땅이 전혀 없기 때문이었다. 집의 앞에는 커다란 나무그루터기가 있다. 이것이 사막의 한가운데에 이런 통나무집이 어떻게 세워졌는지를 잘 설명하고 있다. 이 세트는 지금도 그곳에 있다. 지금 그곳은 '웨스턴 레오네-서부의 마을'(Western Leone-poblado del oeste)이라고 불린다. 카를로 시미의 기억이다. "원래 세르지오는 그 집을 미국에 짓기를 원했다. 그래서 우리는 라스베이거스 근처를 답사했다. 하지만 적당한 장소를 전혀 찾지 못했다. 그는 집의 구조가 아주 단단해야 한다고 요구했다. 강인한 아일랜드 남자가 미래를 내다보고 지은 집이라서 그래야만 했다. 시공자는 스페인의 젊은이였다. 그는 수많은 통나무를 나에게 보내왔다. 그 나무들은 오손 웰스의 '팔스타프'(1966)에서 쓰인 것이었다. 아주 단단했는데, 그래서 그 집은 지금도 그곳에 남아 있다."[94]

레오네는 스위트워터 세트에 이르는 기차 철로를 얕은 계곡을 따라 건설했다. 그는 기관차와 철도차량을 트럭에 실어서 현지에 가져왔다. 그리고 이들을 새로운 철로 위에 올렸다. 레오네는 길을 넓힐 수 있는 허락을 받았다. 그래서 카를로 시미는 트럭을 철로 옆에 붙일 수 있었다. 그는 또 다른 기관차는 언덕 뒤에 감추었다. 제작에는 두 대의 기관차가 동원됐다. 카를로 시미는 모튼이 타고 있는 기차를 우아한 요소들로 장식했다. 객차는 앗시리아-바빌로니아 스타일로 꾸며, 부와 권력이 드러나게 했다. 하지만 노동자들의 기차는 장식을 많이 없앴다.[95] 기관차 중의 하나는 버지니아-트럭키 철도(Virginia and Truckee Railroad)에 맞춰, 1875년형 '제노바' 스타일로 주문 제작했다. 이 영화를 위한 철도의 침목은 이후에도 '웨스턴 레오네'를 확장하기 위해 다시 이용될 것이다. 플래그스톤 마을은 칼라오라 역의 실제 철로 너머 수백 미터 떨어진 곳에 세워졌다. 그곳에 있던 벽돌로 지어진 구조물들(은행, 술집, 여러 가게와 주거 공간)은 지금도 그 자리에 있다. 레오네는 칼라오라 주변에 백 에이크 정도의 땅을 빌렸다. 그곳은 주요 철로가 지나가는 가우딕스 역에 아주 가까웠다. 그래서 기관차를 한 곳의 세트에서 다른 곳의 세트로 옮기기에 편했다. 가우딕스 근처에 있는 측선에는, 지금도 서부극 쇼 '와일드 웨스트'(Wild West)에 사용됐던 객차가 썩은 채 남아 있다. 플래그스톤 세트에 25만 달러가 들었다. 이는 '황야의 무법자'의 전체 예산보다 많은 돈이었다. 덕분에 레오네는 플래그스톤이라는 '새로운' 목제 도시를 건설할 수 있었다. 이 도시에 기차역, 호텔과 술집, 알비레네(Albilene) 은행, 가게들, 이발소, 마구간, 대장장이 가게, 극장, 사무실, 주거지, 그리고 주요 도로로 통하는 작은 길을 만들었다. 도시의 배경에는 시에라 데 바사(Sierra de Baza) 산맥이 보인다. 마을 일부는 완공됐고, 일부는 막 공사가 시작됐고, 또 일부는 한창 공사가 진행 중인 것으로 그려져 있다. 레오네가 말하길, "그때 그랬던 것처럼" 보이게 했다. 기차역, 술집, 마구간, 그리고 이발소의 내부는 만들어졌다. 완성된 영화에서, 우리가 마을 전체를 볼 수 있는 유일한 시간은 질이 역에 도착할 때이고, 마을은 하늘에서 바라보는 시점으로 드러난다.

프로덕션 디자이너(미술 감독) 카를로 시미는 플래그스톤을 텍사스의 엘 파소 관련 자료 사진에 기초하여 건설했다. 엘 파소는 붉은 벽돌과 나무로 건설돼 있었다. 시미의 기억이다. "우리는 기차역과 플랫폼을 만들고, 그것에 맞추어 마을을 건설했다. 마을의 중앙에는 술집을 만들었다. 세르지오는 그 술집을 아주 좋아했다. 우리는 가능한 최고의 리얼리즘에 도달하려 했다."[96)]

제작팀은 로마에서 실내장면을(1968년 4월), 알메리아와 그라나다의 일대에서 실외장면을, 그리고 모뉴멘트 밸리에서 야외 촬영을 이어갔다(1968년 7월). 대략 '석양의 무법자' 촬영 기간과 비슷했다. 레오네가 시에라 데 바사와 시에라 데 로스 필라브레스(Sierra de Los Filabres)를 촬영지로 선택한 것은, 그 지역이 유타와 애리조나 주의 붉은 색 흙과 비슷한 색깔을 갖고 있었기 때문이었다. 레오네는 로마의 치네치타에서 실내장면을 찍을 때에 대해 이렇게 말했다. "나는 루키노 비스콘티보다 더욱 꼼꼼하고 세심하게 일했다. 심지어 나는 모뉴멘트 밸리에 있는 특유의 색깔에서 나오는 바로 그런 먼지를 원했다. 내 생각에, 특별한 점에 관한 꼼꼼한 접근은 배우들에게 큰 도움이 되고, 지지가 됐다. 비스콘티는 지나치게 꼼꼼하다는 비판을 받곤 했다. 하지만 알다시피 아무나 그럴 수 있는 건 아니다."[97]

카를로 시미는 나바호에 있는 프랭크의 아지트를 준비했던 과정을 기억했다. "나는 벽에 풀을 바르고, 모래를 그 위에 스프레이로 뿌렸다. 세르지오가 물었다. 모래 색깔 확실해? 물론이지. 그러지 말고 네가 비행기 타고 가서 좀 가져오는 게 어때? 세르지오, 미쳤니? 내가 어떻게 시간을 낼 수 있겠니? 네 말이 맞아. 다른 사람을 구해야지. 그리고 그는 진짜로 그렇게 했다."[98] 마지막 로케이션 장소였던 모뉴멘트 밸리는 핵심적인 곳이었다. 모뉴멘트 밸리의 애리조나 쪽인 웨스트 미튼 버트(West Mitton Butte), 이스트 미튼 버트(East Mitton Butte), 그리고 메릭 버트(Merrick Butte)를 태양 아래 마차를 타고 지나가는 25초 숏이 등장한다. 그리고 마차가 밸리의 더 깊은 곳으로 들어가, 질과 마부 샘이 특별히 디자인 된 교역소(배경에는 밸리의 산 하나가 보인다)에 도착하는 30초 숏이 등장한다. 밸리 지역은 플래시백에서도 핵심적이다. 그곳에서 젊은 헨리 폰다와 그의 일당이 하모니카의 형(프로덕션 매니저인 클라우디오 만치니가 연기)을 아크 형 구조물 위에 매달아 죽인다. 벽돌 아크는 모뉴멘트 밸리(유타 쪽)에서 북쪽으로 15마일 떨어져 있는 작은 공항 근처에 만들었다. 이곳은 하이웨이 163에서 2마일 떨어져 있는데, 근처에 밸리의 유명 관광지인 굴딩스 럿지(Gouldings

Lodge)와 멕시칸 햇(Mexican Hat)이 있다. 1980년대 초반까지, 이 아크는 손상되지 않은 채 있었다. 하지만 1985년 중앙 부분이 무너졌고, 지금은 벽돌 기둥만 남아 있다.[99)]

기차가 플래그스톤에 도착하는 장면은 디테일에 대한 레오네의 사랑을 잘 보여준다. 기차가 도착하자, 소, 상인들, 제복 입은 군인, 장애인 아이, 어머니와 잘 차려입은 딸, 흑인 일군들, 원주민 미국 여성, 북부 출신 뜨내기들, 부를 찾아 돌아다니는 노인과 그의 당나귀와 '인디언 전사들'이 내린다. 또 곡물 자루, 기구들, 상자와 통이 내려진다. 이 가운데는 당시에 있을 것 같지 않은 '올리브 오일'(Olive Oil)이라는 라벨도 붙어 있다. 실내장면에서도 사실과 디테일, 그리고 연관성에 대한 레오네의 집착이 잘 드러나 있다. 그는 비스콘티 스타일의 '우아한 미장센'을 만들어내려는 야심을 보여준다. 비스콘티의 '레오파드'에는 빛바랜 가족사진, 펄럭이는 커튼, 담배 연기, 재와 먼지가 등장한다. 이런 것들이 '옛날 옛적 서부에서'는 빛바랜 사진들, 사용하지 못한 결혼 부케, 묵주, 그리고 스위트워터 농장 집 내부의 퀴퀴한 서류들로 가득 찬 서랍 등으로 표현돼 있다. 비스콘티는 시칠리아 저택의 내부를 통해, 우아한 부패, 그리고 급격하게 변하는 시간에 겨우 매달린 옛 세계의 인상을 만들어냈다. 반면에 레오네는 스위트워터의 내부를 통해, 시대의 잡동사니를 보여주고, 브렛 맥베인에 대해 정교하게 선택된 정보를 알려주고, 관객들에게 맥베인의 물건들을 뒤지고 있는 질(카르디날레)에 관해 무언가를 말해주고 있다. 스위트워터에는 믿음이 가고, 그리고 그곳에는 스토리가 들어 있다. 레오네의 시퀀스는 두 곳에서 비스콘티의 영향을 보여준다. 질은 먼지 낀 거울을 쳐다보며, 입술에 침을 바르고, 얼굴로 내려온 머리칼을 정리한다. '레오파드'의 무도회 시퀀스에서 안젤리카(카르디날레)가 그대로 하던 동작이다. 그리고 질은 네 개의 기둥이 있는 침대에 엎드려 누워 있고, 카메라가 다가올 때 몸을 돌린다. 카메라는 위에서 아래로 천천히 줌으로 다가오며, 검은색 레이스로 만들어진 침대의 장식을 통해 그녀를 잡는다. 촬영감독 토니노 델리 콜리는 이 숏에 특별한 애정을 느꼈다. 심지어 이 장면에서 초점의 변화는 '완벽하지 않았는데' 말이다. 이 장면은 우아하고 화려했다. 동시에 이 장면은 질이 여기에 오래 머물수록 그녀는 더욱 위험해진다는 것도 보여주었다. 그건 누군가가 만들어 놓은 거미집에 갇히는 것이었다.

레오네와의 관계가 약간 틀어져 있던 작가 루치아노 빈첸초니가 기억하길, 레오네의 눈, 그리고 그의 시각화에 대한 특별한 접근은 이 영화를 통해 최고의 수준에 이르렀다는 것이다. "세르지오는 폭력적인 장면에서, 약간 무겁기도 했고, 과장도 했다. 하지만 그는 절대 지저분하지 않았다. 다른 감독들은 지저분할 때가 많았다. 그들의 천성이 원래 그랬을 수 있고, 또 그들은 제작자의 요구에 너무나 쉽게 항복했다. 만약 제작자가 한 장면을 찍는데 오직 이틀밖에 줄 수 없다고 말하면, 6일이 필요한 것을 알고 있는 레오네는 8일을 요구할 것이다. 다른 감독들 가운데는 그런 요구를 들으면, 심지어 하루 반이면 된다고 말하는 사람도 있다. 레오네는 촬영 일정을 20주 넘게 잡을 수 있는 능력이 있었다. 그 비용은 60억 리라가 될 것이고, 필름 사용은 50만 미터가 될 것이다. 스크린에서는 겨우 4천 5백 미터의 필름을 볼 테지만 말이다. 누군가 이 정도로 자신에게 부담을 지울 수 있다면, 그는 매우 유능한 감독일 것이다. 아니 최고의 감독일 것이다. 그리고 세르지오는 자신이 촬영한 것이 모두 대단히 아름답다고 여겼고, 단 한 장면도 버리지 않으려고 했다. 모든 프레임이 그에게는 자식 같았다. '옛날 옛적 서부에서'의 도입부 장면을 떠올려보자. 당신은 곧바로 레오네의 영화적 기억, 곧 기차역에서 기다리는 세 명의 총잡이가 나오는 '하이눈'을 알게 될 것이다. 그리고 또 거기엔 그의 특별한 '외관'(look)이 보태졌다. 그는 수천 개의 철도 침목으로 기차역에 벌판 같은 것을 만들었다. 이건 정말 뛰어난 조형적 아이디어였다. 아마 다른 감독이라면 이렇게 말하지 않을까? '풀도 조금 넣고, 돌도 조금 넣자. 비슷해 보이지 않아?' 또 사막 한가운데에 거대한 교역소를 만들었다. 레오네는 이것이 믿을만한 것인지에는 별 관심이 없었다. 그에게 중요한 것은 그것이 장면에 깊이를 줄 수 있는지였다. 레오네에게는 '효과를 내는 것'이 중요했다. 항상 그랬다."[100] 카를로 시미는 전통적인 작은 기차역은 나무로 만든 평범한 장소와 달랐다는 레오네의 의견에 동의했다. "우리는 완성된 기차역을 원하지 않았다. 작은 기차역은 시간이 지나며 이런저런 조각들로 스스로 만들어지는 것이다.”

촬영감독 토니노 델리 콜리는 ‘하이눈’ 시퀀스를 ‘레오네가 만든 극장’[101]이라고 묘사했다. 그 극장의 의상들은 의도적으로 최고가 지난 것들로 준비됐다. 레오네는 깊은 애정을 갖고 말했다. “나는 할리우드에 있는 ‘웨스턴 코스튬’(Western Costume) 회사의 창고에서 옷을 뒤지고 있었다. 특히 존 포드와 그의 친구들이 남겨둔 옛 옷을 뒤졌다. ‘웨스턴 코스튬’ 회사는 할리우드의 스튜디오들이 투자해 만든, 일종의 의상 부서 같은 곳이다. 셔츠의 깃부터 소맷동까지, 만들어지고 이용된 모든 것은 마지막에 여기로 오게 돼 있다. 내가 방문했을 때, 그들은 최근 것을 다 보여주었다. 내가 TV 영화에서 이미 보았던 것들인데 모두 새것 같았다. 하지만 나는 그들에게 설명하길, 나는 이탈리아에서 온 가난한 감독이며, 쓸 수 있는 예산이 한정돼 있고, 그래서 창고 구석에 놓여 있는, 쓰지 않는 것들이 있는지 궁금하다고 했다. 그들은 지하에 그런 것들을 무지하게 많이 갖고 있는데, 의상은 대부분 넝마가 됐다고 대답했다. 그 순간부터 나의 탐사는 쉬워졌다. 나의 의상 담당과 그곳 지하를 뒤지며 몇 시간을 보낸 뒤, 나는 내가 원했던 바로 그것을 가질 수 있었다.”[102] 이때부터 레오네는 로마에 있는 ‘폼페이’(Pompeii) 회사와 더불어 ‘웨스턴 코스튬’ 회사를 항상 이용했다.

통역을 담당했던 믹키 녹스는 레오네가 자신이 창조해낸 ‘외관’을 대단히 조심스럽게 점검하는 것을 보고 깊은 인상을 받았다. 그건 녹스의 할리우드 경험과는 전혀 다른 것이었다. “예를 들어, 그들이 입고 나오는 롱코트는 ‘더스터스’(dusters, 먼지막이)라고 불렀다. 미국의 웨스턴에서는 그것이 매력적이지 않다는 이유로 사용하지 않고 있었다. 알다시피 미국 웨스턴에서는 몸에 딱 붙는 바지, 권총 벨트 같은 것을 이용했다. 그런데 레오네가 자부심을 드러내며 더스터스에 대해 나에게 설명했다.” 레오네가 말했다. “미국인들은 ‘옛날 옛적 서부에서’의 의상에 대해 말할 때면, 늘 그렇듯 내가 어디에서 아이디어를 카피했는지 물었다. 그러면 나는 말해주었다. ‘내가 만들어낸 것은 없다. 나는 원본으로 돌아갔을 뿐이다.’ 더스터스는 실용성이 뛰어난 옷이었다. 그건 카우보이들이 입을 수 있는 유일한 보호복이었다. 그들은 마을을 벗어나 사막에 한 번 나가면, 며칠 동안 머물러야 했다. 더스터스 덕분에 그들은 낮이면 사막의 끔찍한 먼지에서, 밤이면 쏟아지는 폭우에서 자신을 보호할 수 있었다. 그리고 더스터스는 위스키 얼룩에도 좋았다. 더스터스는 표면을 보호하기 위해, 버팔로 기름으로 닦여지기도 했다. 그래서 카우보이들이 그 옷을 벗으면, 더스터스는 거의 혼자 서있을 수도 있었다! 미국의 감독들은 다른 시나리오 작가들에게 너무 의존하여, 자신들의 역사로는 좀체 되돌아가지 않았다.”

믹키 녹스는 교역소 장면에 대해서도 깊은 인상을 받았다. “그곳의 내부에서 찰스 브론슨과 제이슨 로바즈가 처음 만난다. 그 내부는 정말 진짜 같았다. 내부는 매우 거칠게 마무리

돼 있었다. 할리우드 웨스턴에 나오는 술집들은 조명의 관점에서 보자면, 오늘날의 술집처럼 장식돼 있다. 하지만 레오네는 조명을 그 시절처럼 설치했다. 그래서 내부는 매우 어두웠다. 그곳에서 제이슨 로바즈가 가스등을 어둠 속에 앉아 있던 브론슨의 방향으로 밀어 보내는 멋진 장면이 나온다. 가스등이 그곳에 도착할 때 당신은 브론슨의 얼굴을 보기 시작할 것이다."[103] 내부 장면을 찍을 때 녹스는 할리우드 블랙리스트의 희생자였던 배우 리오넬 스탠더(Lionel Stander)와 담소를 나누는 기회를 가질 수 있었다. 스탠더는 1938년 코미디 '결혼할 시간이 없어'(No Time to Marry)의 엘리베이터 장면에서 '인터내셔널 찬가'를 휘파람으로 불었다. 그로부터 30년이 지난 촬영 당시, 스탠더는 로마에서 추방자로 살고 있었다.

아내 카를라 레오네에 따르면, "그 모든 것은 로마의 골동품 가게에서 잘 만들어진 물건들을 보고, 수집한 세르지오의 열정과 관련된 것이었다. 세르지오는 재료 자체의 질감을 느끼는 것을 좋아했다. 곧 대리석, 세련된 목각, 귀한 금속과 그 상감들 말이다. 장인정신으로 작업된 사물은 그에게 곧바로 매력의 대상이 됐다."[104] 카를라에 따르면, '옛날 옛적 서부에서'를 만들 때쯤, 레오네는 17세기 로마 가구를 한 점 샀다. 그건 바로크 건축가 프란체스코 보로미니(Francesco Borromini)가 만든 '기도대' 혹은 기도서와 경건문서를 위한 선반이 딸린 기도용 의자였다. 그런데 세르지오는 가구의 역사를 알고 매우 기뻐했다. 보로미니는 그것을 고객에게 배달했는데, 그 고객이 무릎을 꿇으면 다리에 경련이 일어났다. 그래서 결국 그 가구는 어떤 추기경의 침실에서 작은 탁자로 이용됐다는 것이었다. 카를라가 말했다. "세르지오는 은 골동품을 만든 장인정신을 매우 존경했다. 은으로 만든 그릇 일체, 쟁반, 그리고 새와 동물들 말이다. 말하자면 재료들이 과거에 숙련된 손으로 만들어진 그 방식을 세르지오는 존경했다."

레오네의 멜랑콜리한 서사극은 진짜 같은 외관과 더불어 어떤 속도를 유지하려는 것 같았다. 레오네가 말했다. "이 영화의 리듬은 죽기 직전에 마지막 숨을 내쉬는 사람의 감각을 만들어내려는 것이었다. 처음부터 끝까지, '옛날 옛적 서부에서'는 죽음의 춤이다. 클라우디아를 제외하고, 영화에 나오는 모든 캐릭터는 자신이 살아서는 마지막에 도달하지 못한다는 점을 의식하고 있다. 그리고 나는 그들이 어떻게 살고 죽었는지, 세 시간 동안 관객들이 '느끼기'를 바랐다. 마치 관객들이 그들과 더불어 10일을 보낸 것처럼 만들고 싶었다. 영화의 도입부에 나오는 세 명의 총잡이를 예로 들어보자. 그들은 기차를 기다리고 있고, 이런 일에 매우 지쳐있다. 나는 세 남자의 특성을 관찰하려고 했다. 그들이 지루함을 살아내는 방식을 보여줌으로써 말이다. 그래서 우리에겐 파리와 손가락 꺾기, 그리고 떨어지는 물방울이 필요했다. 그들은 아무것도 하지 않는 것을 매우 지루하게 느꼈다."[105)]

레오네는 이렇게 시간이 늘어나게 하는 것을 일본 영화(오즈, 구로사와)를 통해서 보았다. 일본 영화가 '침묵을 이용하고,

영화에 즐거운 리듬을 주는 것'에서 레오네는 영감을 받았다. 또 다른 이유는 1940년대와 1950년대 할리우드 영화의 미친 듯한 속도에 반발하는 것이었다. "나는 소년 시절과 10대 시절에 '속도'의 기호 아래서 살았다. 그리고 나는 내가 조연출을 했던 거의 모든 감독이 움직이는 속도에 강박적이었음을 알았다. 그들은 배우들이 대화할 때면 계속 속도를 높이도록 했다. 그래서 당신은 어떤 사람이 말하는 마지막 음절과 또 다른 사람이 말하는 첫음절을 거의 듣지 못할 것이다. 대답하기 전에 생각하기를 원하는 사람이 있을 텐데, 그런 영화들에는 절대 시간의 간격을 두지 않았다. 나는 그런 시스템에 동의할 수 없었다. 그건 너무 인위적인 것이었다. 대답하기 위해 생각하는 감각은, 나는 오직 일본 영화에서 찾을 수 있었다. 그렇게 나는 일본 영화에 영향을 받았다. 나는 오랫동안 영화에 이런 리듬을 넣고 싶어 했다. 그래서 카메라 움직임도 애무하듯 했다. 촬영감독 토니노 델리 콜리가 처음으로 그런 결과물을 만들어냈다."[106)]

시각적인 관점에서 보자면, 느린 속도와 정교한 기술적 장치는 이 영화를 고도의 수사학적 모범으로 만들었다. 로마에서 내부 장면을 찍을 때는 모든 것이 잘 돌아가는 것 같았다. 하지만 스페인의 타베르나스에서 촬영할 때, 레오네는 갑자기 공포에 사로잡혔다. 레오네가 계산한 바에 따르면, 만약 이 영화가 이런 속도로 계속 만들어지면, 상영시간이 최소한 3시간 반은 된다는 것이었다. 로마에서 작가 세르지오 도나티는 연락을 받았다. 도나티의 기억이다. "레오네는 보험의 적용을 받아서, 이틀 동안 영화촬영을 중단했다. 그리고 나에게 전화했는데, 그때 레오네는 대단히 겸손했다. 이렇게 말했다. '세르지오(도나티), 난 못할 것 같아. 이리로 와. 우리는 20분에서 40분 정도를 잘라내야 해.' 그래서 나는 아내와 아들과 보모와 함께 차를 타고 현장에 갔다. 그때는 여름이었다. 프랑스에서 '5월의 사태' 곧 '혁명'(la Révolution)이 벌어질 때다. 나는 그곳에서 2주 혹은 3주 동안 머물렀다. 내가 촬영장에 도착했을 때, 나는 레오네가 위기에 빠진 것을 처음 보았다. 그는 말했다. '나는 리듬을 바꾸어가면서 촬영할 수 있을 것을 확신했어. 그런데 이제 내가 그럴 수 있을지 모르겠어.' 그래서 나는 알메리아에 머물렀다. 그가 촬영하는 동안 나는 잘라내는 작업을 했다."[107)]

이동 중에도 과감한 결정을 내려야 했다. 레오네는 그렇게 하는 것을 원치 않았지만 말이다. 이미 촬영이 된 8개의 장면이 스크립트에서 제외됐다. 제외됐지만, 매우 중요한 대사는 살아남아 다른 장면으로 옮겨졌다. 플래그스톤 마구간에서 질과 마부 샘 사이에 있었던 일부 대사는 모뉴멘트 밸리로 향하는 마차 여행에서 진행된다. 플래그스톤 호텔 로비에서의 장면, 여기서 질은 은행에서 나온 '시뇨르 오리어리'(Signor O'Leary)에 의해 스위트워터 농장의 주인으로 확인된다. 또 은행원은 브렛 맥베인이 한때 그 땅을 '꿈, 위대하고 빛나는 꿈'이라고 불렀던 사실도 알려준다. 하지만 이 맥베인이 남긴 대사는 지워졌다. 이는 나중에 하모니카의 대사로 살아난다. '당신이라면 일생의 꿈을 팔지는 않겠지.' '그는 그곳에 역을 지을 모든 권리를 갖고 있더군. 나는 서류를 보았어. 모든 게 정리돼 있었어.' 지역 보안관에 의해 경매가 집행되기 바로 전에, 플래그스톤에서의 이발소 장면이 있다. 이발사는 프랭크에게 이렇게 말했다. '밖에 한 남자가 있소. 그는 나무 조각을 씹고 있는데, 내 느낌에, 그가 씹기를 중단하면, 무슨 일이 일어날 것 같소.' 이 대사는 잘려나갔고, 이는 나중에 샤이엔에 의해 살아난다. 샤이엔이 카메라 앞에 다시 나타나, 마지막 결투를 알릴 때다. 또 다른 장면, 곧 하모니카가 샤이엔이 있던 호텔의 방문을 노크하고, 그에게 겨누었던 총을 '유감스럽지만' 거두고 잠시 쉬는 장면도 없어졌다. 이는 경매할 때, 계단 위에서 시선을 교환하는 장면으로 바뀌었다. 하모니카가 승객이 가득 찬 기차 안에서 우블스(프랭크에게 정보를 팔던 하수인)를 찾는 장면도 전부 없어졌다. 이런 식으로 하모니카가 세 명의 프랭크 부하들에 의해 두들겨 맞기 전에 멕시코 여성으로부터 마사지를 받는 장면(베르톨루치가 언급했던 것)도 없어졌다.[108)]

이렇게 자르고, 옮기고, 재편집한 것 때문에 레오네는 어쩔 수 없이 영화의 연속성에 몇 개 실수를 저질렀다. 하모니카는 모뉴멘트 밸리와 스위트워터에 나타날 때 얼굴에 흉터를 갖고 있다. 이전에 프랭크 부하들에게 맞은 자국인 것이다. 프랭크는 왜 그런지 이유는 알 수 없지만, 플래그스톤 술집에 나타날 때, 깨끗이 면도한 모습이고, 머리도 잘 정돈돼 있다. 원래대로라면 그는 이발소에 갔다가 술집에 갔어야 했다. 레오네는 종종 말했는데, 자신은 '모든 것을 단순화하면서 모든 것을 설명하려는 나쁜 관습에 반하려고 했다'라는 것이다. 그래서 자신의 영화가 복잡한 것은 놀랄 일이 아니며, 두 번째 볼 때 모든 게 분명해진다고도 했다. 하지만 전체 상영 기간이 너무 길어진다고 잘 못 계산한 이유로, 촬영장에서 도나티와 함께 많은 것을 바꾼 것은 영화의 복잡성보다 더 심각한 문제를 남겼다. 그들의 작업은 완결된 영화에 자국을 남겨 놓았다. 과거 조감독이었던 토니노 발레리에 따르면, 사실 그런 문제는 레오네에게 늘 있었다. 곧 속도를 맞추는 어려움은 그의 경력 내내 따라다녔다. "세르지오는 그에게 떠오른 아이디어에 쉽게 휘둘렸다. 그런 아이디어들은 자신이 놓여 있는 환경에서 획득했다. 그는 아무것도 읽지 않는 사람이다. 톨스토이, 도스토옙스키, 카프카도 물론이다. 우리는 보통 읽지 않은 것에 관해서는 이야기를 들려주지 못한다. 그런데 세르지오는 시각화를 하는 데 환상적인 사람이고, 영화의 역학에 대해 잘 알고 있었다. 그는 영화계에 매우 일찍 들어왔다. 하지만 그는 자기만의 문화를 갖고 있었다. 누군가 업계에 발을 들여놓으면, 따로 시간을 내기가 어려운 법 아닌가? 가장 중요한 것은 영화감독이 되기 이전에, 그는 자원으로서의 자기 문화를 갖고 있었던 점이다."[109]

놀랍게도 이런 많은 변경에도 불구하고, '옛날 옛적 서부에서'의 예산은 한계를 넘지 않았다. 레오네의 기억이다. "그렇게 된 것은 기적이었다. 어떤 할리우드 프로듀서가 나에게 말하길, 만약 그때 자신들과 일했다면, 영화의 비용은 최소한 천만 달러가 됐을 것이라고 했다. 우리는 지금 1968년 상황에 대해 말하고 있다. 출연료가 약간 넘었는데 대략 150만 달러 들었다. 하지만 전체 비용은 약 3백만 달러였다. 따라서 스타들 개런티를 뺀 영화의 비용은 1백만 달러 약간 넘었다. 주요 무대 장치의 비용을 고려하면, 그건 정말 기적에 가까웠다. 바로 그런 이유로 파라마운트는 내가 만들길 원하는 대로 웨스턴을 만들게 했다."[110] 믹키 녹스가 말했다. "세르지오는 운이 좋았는데, 그 자신이 프로듀서 팀에 합류했기 때문이었다. 그는 제작자 그리말디와 결별한 뒤, 새 프로듀서 비노 치코냐(Bino Cicogna)와 함께 일했다. 치코냐는 대단히 부자이고 귀족적인 사람이었다. 그래서 세르지오는 좀 느슨하게 예산을 고민해도 됐다. 또 세르지오는 파라마운트의 회장과 아주 좋은 관계를 유지했다. 파라마운트는 당시 걸프 & 웨스턴 회사 소속이었고, 회장인 찰스 블루돈은 레오네를 아주 좋아했다. 레오네를 '위대한 감독'이라고 생각했다." 그래서 할리우드로부터의 어떤 간섭도 받지 않았다는 것이다.[111]

그런데 미키 녹스가 기억하길 돈에 관해서 말하자면, 레오네는 희한하게도 복합적이었는데, 관대하기도 하고 또 인색하기도 했다는 것이다. 레오네는 저녁 만찬에는 관대했다. 하지만 제작비와 임금 지급, 그리고 크레딧이 있어야 할 곳에 크레딧을 올리는 것에는 아주 인색했다. 다른 말로 하자면 레오네는 야비한 성격도 갖고 있었다. 녹스가 말했다. "스태프들은 레오네를 아주 존중했다. 그들은 감독을 두려워했다. 레오네는 자신이 원하는 것을 알고 있었고, 이미 머리에 혼자만의 그림을 그려놓고 있었다. 늘 그랬다. 그러면 나는 말할 수 있는데, 사람들은 목이 말라 죽을 것 같고, 구렁에 빠진 기분일 테다. 그는 당신 몸 위로 올라타, 걸어갈 것이다. 세르지오는 다른 사람들에게 거의 관심이 없다. 그는 매우 거친 남자이다. 내가 좋아하지 않는 점이 바로 그것이다. 예를 하나 들겠다. 우리는 모뉴멘트 밸리에 있을 때, 어느 모텔에 머물렀다. 저녁 식사 시간이면 모든 스태프는 항상 인디언 웨이터들에게 풍족하게 봉사료를 남겼다. 그들은 그 봉사료로 생활하기 때문이었다. 세르지오는 그들을 위한 봉사료를 한 번도 남기지 않았다. 네가 그 점에 대해 말하자, 세르지오는 식사료로 지불하는 금액에 봉사료도 포함됐다고 대답했다. 그래서 나는 그건 그들에게 별로 도움이 되지 않고, 따라서 그들은 봉사료를 받아야 한다고 말해주었다. 몇 년 뒤, 나는 그에게 사적으로 이렇게 말했다. 너는 감독으로서는 위대한 사람이야. 하지만 사람으로서는 '엿같은 놈'이라고 말해주었다. 그때 나는 이탈리아어로 '스트론초'(stronzo, 엿같은 놈)라고 말했다. 영어보다는 그 말이 더 맞아서였다. 그러자 레오네는 웃었다." 녹스는 레오네와 일할 때를 떠올려보면, 그는 추한 성격도 보여주었다는 것이다. "레오네는 영적이면서 동시에 현실적이었다. 그는 영화를 만들기 전에 이미 머리에 영화를 갖고 있었다. 그리고 그는 위대한 이야기꾼이다. 하지만 레오네는 너무나 표피적이었다. 그에겐 깊은 아이디어가 없었다. 하지만 그 누구도 영화를 만드는 테크닉에 있어서는 그를 넘어서지 못할 것이다."[112)]

녹스는 이런 이야기도 전했다. 도입부의 캐틀 코너 기차역 시퀀스를 끝내기 바로 전에, '너클스'(Knuckles, 손가락을 꺾는 역) 역을 맡은 배우 알 멀로호(Al Muloch)가 호텔 방 창문에서 뛰어내려 자살했다. 그때 그는 웨스턴 영화 의상을 그대로 입고 있었다. "나는 당시에 미술팀의 클라우디오 만치니와 함께 호텔 방에 있었다. 우리는 그가 우리 방의 창문을 지나 떨어지는 것을 보았다. 내 생각에 그는 문제가 많은 사람이었다. 그가 어떤 지독한 문제를 안고 있었는지, 왜 자살했는지 아무도 몰랐다. 그는 캐나다 사람이었다. 재밌는 이야기는 따로 있다. 곧 우리가 아래로 갔을 때, 그의 몸은 바닥에 그대로 있었다. 그 부근에 세르지오 레오네도 있었다. 클라우디오 만치니가 그를 차에 실어 병원으로 데려가려 했다. 막 떠나려고 할 때, 레오네가 만치니에게 말했다. '옷을 챙겨. 우리는 옷이 필요해.' 한 사람이 그곳에서 죽어가고 있는데, 레오네는 옷을 챙기고 있었다!"

세르지오 도나티도 비슷한 이야기를 했다. "우리가 '옛날 옛적 서부에서'를 편집할 때, 알 멀로호의 연기를 볼 때마다, 레오네가 말했다. 하루만 더 늦게 죽으면 안 되나? 클로즈업을 하나 더 해야 했는데 말이야."[113)]

믹키 녹스는 영화의 오프닝 크레딧에 자신이 '영어 대사' 담당으로 분명하게 소개될 것으로 약속받았다. 혹은 약속받았다고 생각했다. "하지만 레오네는 계약을 존중하지 않았다. 그는 나의 이름을 영화의 엔딩 크레딧에서 모든 기술자 이름이 나올 때, '대사 믹키 녹스'라고만 소개했다." 이것이 레오네의 복수 방식일 수 있다. 그런데 날카로운 눈을 가진 어떤 열정적인 팬이 그 이름을 기억했다. "아이로니컬하게도 레오네와 일한 사실 덕분에 나는 좀 유명해졌다. 파리에 있을 때, 어떤 친구와 저녁을 먹고 있었다. 옆 식탁에 조셉 로지 감독이 어떤 사람과 같이 있었다. 나는 그 사람을 알지 못했다. 믹키, 잘 지내지? 이 분을 소개할 게. 로지 감독은 나를 작가 그레이엄 그린에게 소개했다. 내가 말했다. 만나서 반갑습니다. 당신 작품은 거의 다 읽었어요. 그레이엄 그린이 조셉에게 말했다. 미안해. 그의 이름을 잘 듣지 못했어. 조셉이 믹키 녹스라고 답했다. 아, 알겠다. 당신이 '옛날 옛적 서부에서'의 영어 대사를 썼지요? 그렇지요? 그린이 그렇게 나에게 말했다."[114)]

녹스를 위한 또 다른 위로도 있었다. 할리우드의 프로듀서인 해럴드 헥트(Harold Hecht)가 왔을 때다. 그는 블랙리스트 시절에 의회에서 아주 협조적인 증언자였고, 그가 아는 공산주의자들의 이름을 모두 공개했다. 녹스는 촬영이 시작되기 바로 전에 헥트의 부탁을 누군가로부터 전해 들었다. 이런 일이었다. "어느 날 세르지오가 나에게 말했다. 나랑 점심 같이 먹자. 누군가가 뉴욕에서 오는 데, 네가 통역을 좀 해줘. 그래서 우리는 치네치타에 있는 레스토랑으로 갔다. 나는 세르지오에게 누굴 만나는지 물었다. 그는 '해럴드 헥트' 비슷한 발음을 했다. 내가 해럴드 헥트?, 라며 되물었다. 맞아. 그는 대실 해밋의 책 두 권에 대한 권리를 갖고 있어. 내가 연출에 동의한다면, 그 책들은 영화로 만들어질 거야. 그때 헥트는 프로듀서였다. 그러니?, 라고 내가 물었고, 세르지오는 그렇다고 답했다. 그런데 조금 뒤, 헥트는 나를 보자, 안색이 확 바뀌었다. 회색에서 창백한 얼굴이 됐다. 나는 통역을 했고, 헥트는 떠났다. 세르지오가 물었다. 어떻게 생각해? 나는 답했다. 해럴드 헥트는 사기꾼이야. 내 생각에, 세르지오 네가 할 일은 그런 점을 이탈리아 사람들에게 말해주는 것이야. 그러면 사람들은 그 점을 이해할 거야. 그래서 세르지오는 헥트의 제안을 무시했다. 며칠 뒤, 나는 뉴욕에 있는 에이전트로부터 전화를 받았다. 헥트가 에이전트에게 전화해서, 나에게 한 가지 물어보라고 했다는 것이다. 세르지오 레오네가 영화 연출을 맡을 것인지 말이다. 그러면 나에게 현금으로 2만 달러를 봉투에 넣어 주겠다고도 말했다. 그래서 내가 에이전트에게 물었다. 그가 왜 그러지? 에이전트가 답했다. 헥트는 네가 개인적인 이유로 그 제안에 반대하는 것을 느꼈어. 그래서 내가 말했다. 무슨 말이야. 나는 절대 그런 짓은 하지 않아. (웃으며) 그것이 해럴드 헥트에 대한 나의 복수였다(앞에서 밝혔듯 믹키 녹스는 블랙리스트의 피해자였다)."[115]

웨스턴에 '이별'을 고하려 했던 레오네의 '옛날 옛적 서부에서'는 이탈리아 관객들로부터는 미지근한 환영을 받았다.

그때 그들은 희극성이 강한 웨스턴의 주인공들인 테렌스 힐과 버드 스펜서를 더 좋아했다. 훗날 레오네는 이렇게 말했다. "나는 아직도 기억하고 있는데, 로마에서 개봉한 뒤의 어떤 기간이었다. 로마의 베네치아 광장에서 일하던 어떤 청과상이 내 옆에서 이런 말을 했다. '레오네는 미쳤어. 그런 말도 안 되는 소리를 더는 하지 못할 거야. 미국이 그에게 매우 나쁜 영향을 미친 게 틀림없어.' 하지만 '옛날 옛적 서부에서'는 스탠리 큐브릭의 '2001: 스페이스 오디세이'처럼 '전문가들만의 호평'(suces d'estime)을 받는 영화가 됐다. 두 영화는 개봉됐을 때, 좋지 않은 첫인상을 남겼다. 그러나 몇 달이 지나고, 세상의 '입'들은 말하기 시작했다. 특히 학생들, 시네필들 사이에서 그랬는데, 주로 프랑스와 서독의 대학생들이 좋아했다. 오스트레일리아에서도 비슷한 반응이 나왔다. 그러자 비평가들은 나의 초기작들도 상찬하고 나섰다. 내 생각에 웃기는 일이었다." 레오네는 또 파리에서 경험한 초기의 반응도 기억했다. "파리의 남성복 가게 주변에는 특별한 선전 문구가 있었다. '옛날 옛적 서부에서'가 막 개봉됐을 때다. 문장은 이랬다. '올해의 스타일은 세르지오 레오네이다.' 말하자면 프랑스의 영화 관객들은 느리고 성찰적인 이런 영화에 준비가 더 잘 돼 있었던 셈이다." 레오네가 식사할 때 자랑거리로 삼는 이야기 가운데 이런 게 있다. 어느 영사 기사에 관한 이야기다. "그는 센강 근처, 생 미셸 거리의 끝에 있는 영화관에서 일하고 있었다. 나는 그곳을 방문했다. 그 영화관은 2년 동안 중단하지 않고 '옛날 옛적 서부에서'를 상영하고 있었다. 나는 젊은 팬들에게 둘러싸였고, 딱 한 사람을 빼고 모두 사인을 요구했다. 그 한 사람이 영사 기사였다. 그는 나에게 다가와 말했다. '당신을 죽여버리겠어! 똑같은 영화를 2년 동안 틀고, 또 틀었어! 근데 이 영화 너무 느려!' 그는 화를 냈다."[116)]

제작팀의 루카 모르셀라는 런던의 어느 책방에서 있었던 이야기를 들려주었다. 그곳에서 그는 유명 영화 가이드 책인 〈할리웰의 영화 안내〉(Halliwell's Film Guide)를 달라고 요구했다. "직원이 물었다. 그 책으로 뭘 하려고요? 나는 무슨 뜻이냐고 되물었다. 직원이 말했다. '옛날 옛적 서부'에서 항목을 찾아보라. 그러면 저자의 평가 수준에 대해 알게 될 것이다. 나는 책을 집어 들고, 그 항목을 읽었다. '대단히 길고 복잡한 웨스턴 서사극. 이 작품으로 감독은 미국 스튜디오와 작업할 수 있었고, 무언가 진지한 발언을 하려는 그의 욕망을 실현했다. 아름답지만, 공허하고, 대단히 폭력적이다. 이 영화는 가장 긴 크레딧 명단을 갖고 있다.' 직원이 말했다. 봤어요? 그런 책을 믿을 수 있겠어요?" 집에 돌아온 뒤, 모르셀라는 그 일을 레오네에게 이야기했다. 그러자 레오네는 영화 장면을 찍은 사진 한 장을 그 서점에 보냈다. 이런 서명을 남겼다. '나의 평판을 지켜준 분에게, 세르지오 레오네.'[117)]

그런데 프랑스를 제외하고, '옛날 옛적 서부에서'는 '달러 3부작'에 비해 그렇게 좋은 흥행 성적을 내지 못했다. 이탈리아에서 이 영화는 3백 80만 달러를 벌었다('석양의 무법자'는 4백

30만 달러). 파리에서 이 영화는 '석양의 무법자'보다 5.5배 많은 입장권을 팔았다. '석양의 건맨'보다는 다섯 배 많이 팔았다. 이것은 당시 프랑스에서 개봉한 영화 가운데 가장 흥행 성적이 좋은 작품군에 속했다.

미국에서 이 영화는 뉴욕에서 시사회를 한 뒤, 평범한 평가를 받자, 다시 회수됐고, 새로 편집됐다. 교역소에서의 장면 중 14분이 잘려나갔다. 그리고 나바호족의 언덕에 있는 은둔지에서 프랭크와 모튼이 만나는 장면에서 2분, 프랭크가 모튼의 기차 칸으로 되돌아와서 두 명의 시체를 발견하는 장면에서 75초, 또 샤이엔이 모튼에게 접근한 뒤부터 그가 죽는 순간까지 4분이 잘렸다. 미국판 '옛날 옛적 서부에서'는 어느 비평가가 말했듯, '오페라인데, 아리아들은 불어지지 않고, 보이기만' 했다. 어쨌든 미국 관객들(그리고 자신 없는 스튜디오의 간부들)은 이 영화가 너무 길고, 너무 느리다고 생각했다. 결과적으로 20분 정도가 잘려나갔다. 그렇게 해서 현지의 영화관들은 매일의 상영 프로그램에서, 다른 작품을 하나 더 넣어서 틀 수 있었다. 미국판에서 이 영화의 주요한 액션 장면들은 손상되지 않았지만, 전체적인 형상이 파괴돼 버렸다. 지리적 연속성과 서사적 연속성은 어떤 경우든 방향을 잡기가 어려웠는데, 말하자면 그런 요소들은 너무 예의 없이 바닥에 버려졌다. 스튜디오의 간부들은 작곡가 아놀트 쇤베르크의 조언을 들었으면 좋았을 것이다. 쇤베르크는 바그너 뮤직 드라마의 길이를 줄이려는 오페라극장의 매니저들에게 그 행위의 위험성을 경고한 적이 있다. 많은 음악 매니저들이 줄이고 싶은 유혹을 느꼈었다. 쇤베르크는 그들에게 말했다. 당신이 긴 작품의 어느 부분을 잘라내 길이를 줄이려고 한다면, 그렇게 해서는 길이가 줄어든 작품을 갖지 못할 것이다. 단지 군데군데 우연히 짧아진, 긴 작품을 가질 것이다.

'옛날 옛적 서부에서'를 미국에서 개봉할 때, 길이를 축약한 결정은 기대했던 결과를 내지 못했다. 잡지 타임은 축약본의 리뷰를 이렇게 썼다(1969년 6월 13일). '잡초 속의 지루함.' 리뷰는 또 이런 점을 강조했다. "즐거움은 끝났다. 이탈리아 웨스턴이 처음 미국 해안에 도착했을 때, 모든 사람은 영화가 대단한 풍자를 그리고 있으며, 감독 세르지오 레오네는 정말 잘 속이는, 뛰어난 이야기꾼으로 받아들였다. 그런데 레오네의 최근의 작품은 그가 단지 심각할 정도로 지루하다는 점을 보여주고 말았다. 내용은 오페라적이지만, 결과는 잠 오는 것이었다. 이 영화를 끌고 갈 수 있는 유일한 것은 마을을 빠져나오는 역마차뿐이었다."

역마차는 예고편에서 이런 문구와 함께 마을을 빠져나온다. '미망인, 토지 강탈자, 무법자, 총잡이, 새로운 종류의 웨스턴에서.' 그리고 이미 미국판에서 잘린 두 개의 숏이 여기엔 포함돼 있다. 곧 프랭크가 모튼의 기차 칸을 다시 방문하는 것, 그리고 프랭크와 질이 얼굴을 맞대고 있는 수직적인 숏이다. 이 숏은 다시 옆으로 기울고, 그러면 우리는 두 사람이 공중에 걸린 침대 위에 함께 누워 있는 것을 알게 된다. '옛날 옛적 서부에서'는 미국 시장에서 1백만 달러를 벌었는데, 이건 '석양의 무법자' 수익의 1/6이었다. '석양의 무법자'는 빠르게 움직였고, 더욱 무거운 플롯이었으며, 말수가 확실히 적었다. 헨리 폰다가 간결하게 말한 대로, '옛날 옛적 서부에서'는 충분히 벌지는 못했다. 폰다는 이 작품이 심야 TV에서 방영될 때 많이 놀랐다. 왜냐면 맥베인 가족이 학살된 뒤, 그가 권총을 뽑으려는 순간에 꼭 광고가 끼어들기 때문이었다. 방송국들은 헨리 폰다가 소년을 죽이는 사실을 받아들일 수 없었다. 레오네가 주장했다. "영화를 축약하기로 한 결정은 정말 최악이었다. 영화는 기하학 문제처럼 매우 조심스럽게 구축됐기 때문이다. 혹은 글자 수수께끼(rebus)의 형식처럼, 아주 작은 요소도 전체에서 자기의 역할을 갖고 있다. 그래서 모든 요소는 중앙을 중심으로 함께 회전한다. 마치 미로 같다. 그건 나에게 대단히 중요한 개념이었다."[118]

미국 개봉에서 레오네에게 위안이 된 것은 그가 가장 아끼던 순간이 그대로 보존된 점이었다. 그건 최후의 결투 이후에, 하모니카와 프랭크 사이에 나누어 갖던 마지막 플래시백이었다. "기억은 영화 전체를 통해 조각으로 나타난다. 마치 연극적 요소처럼 말이다. 관객들은 어떤 사람이 자기들에게 걸어 나올 때, 한 번에 그를 알아보지는 못한다. 그는 저 깊은 이미지에서 앞으로 나오는데, 그건 기억의 저 깊은 곳에서 앞으로 나오는 것과 같다. 그런 식으로, 관객들은 폰다가 브론슨을 알아보기 전까지는, 폰다를 알아보지 못한다. 이 알아보는 순간은 최후의 결투에 나온다. 프랭크는 심장에 총을 맞았다. 그는 놀라서 등을 돌린다. 그는 자신의 적을 볼 수 없다. 그런데 그는 자신이 적에게 등을 돌렸다는 점도 모르고 있다. 그는 심지어 총을 권총집에 넣으려고 한다. 마치 모든 일이 다시 시작될 수 있을 것처럼 말이다. 하지만 그 순간이 플래시백의 마지막이다. 그리고 그는 죽는다."[119] 프랭크가 바닥에 쓰러지자, 하모니카는 그에게 악기를 돌려준다. 악기는 어릴 때부터 그에겐 트라우마였다. 프랭크가 조용히 고개를 떨어뜨릴 때, 어린 하모니카가 바닥에 쓰러지는 2초 동안의 슬로모션이 뒤따른다. 저 멀리 모뉴멘트 밸리가 보인다. 두 남자는 정확히 같은 순간을 기억했다. 그들 사이에 필요한 말은 한마디도 하지 않았다. 단지 악기 하모니카에 죽음의 헐떡임 소리만 들렸다. 이외에는 모두 침묵만이 있었다. 프랭크가 심장에 총을 맞아 죽는 데까지는 2분이 걸렸다.

레오네는 미국 편집본에 대한 실망감을 표현하며, 더 이상 웨스턴을 만들지 않겠다는 생각이 그때 결정적으로 굳어졌다고 결론 내렸다. 그리고 다음 이야기는 레오네의 특별한 답변일 수 있다. "요즘 관객들은 웨스턴에 매혹을 느끼지 않는다. 아마 이것은 할리우드와 미국의 TV가 과거에 이 장르를 이용했던 방식과 관계있을 것이다. 혹은 시골의 테마는 도시의 관객에겐 매혹적이지 않을 것이다. 하지만 초창기 웨스턴 관객들의 뼈대는 도시로 옮긴 이주민들이었다. 그런데 웨스턴은 다른 영화처럼 많은 돈이 든다. 요즘에는 더 들 수 있다. 모든 걸 처음부터 다시 시작할 경우는 더 그렇다. 하워드 혹스 혹은 다른 사람이 이런 말을 했다. 먼지, 바위, 그리고 어떻게 총싸움을 하고, 어떻게 말을 타는지 아는 배우 없이는 좋은 웨스턴을 만들 수 없다. 그런 곳엔 돈이 든다. 그런데 미국 웨스턴 영화의 오랜 역사를 보면, 엄청난 돈을 벌어들인 영화는 거의 없다. 만약 당신이 이런 작품도 웨스턴에 포함 시키면, '바람과 함께 사라지다'(나는 포함하지 않는다) 혹은 브로드웨이 풍자극인 '불타는 안장' 정도일 것이다."[120]

영화 제작의 세계에서 '옛날 옛적 서부에서'에 관한 의견은 양극단으로 나뉘었다. 영화학교에 다니던 신인급의 영화광 세대'(movie brat)는 이 영화를 아주 높게 평가했다. 존 부어맨은 레오네가 존중했던 감독인데, 그의 저서 〈돈에서 빛으로〉(Money into Light)에서 이 영화에 대해 찬사를 보냈다. "웨스턴은 작가와 감독들이 자기를 의식하고, 심리적 요소를 드러내면서 쇠퇴하기 시작했다. 존 포드와 그의 동료들은 피로써 웨스턴을 만들었다. 세르지오 레오네의 '스파게티' 웨스턴은 그 형식에 다시 생명을 불어넣었다. 그는 의식적으로 신화적 이야기로 되돌아갔고, 그러면서 텍스트와 디테일은 리얼하게 표현했다. 덧붙여 레오네는 서부의 '진짜'를 표현한다는 최근의 장식 경향, 그리고 심리적 동기화와는 사정없이 헤어졌다. 불행하게도 이런 것은 할리우드에서 이해되지 못했다. 레오네의 작업에서 힌트를 얻은 유일한 할리우드 감독이 샘 페킨파이다. '옛날 옛적 서부에서'를 통해 웨스턴은 정점에 도달했다. 레오네의 영화 제목은 의지의 표명이며, 잃어버린 우화를 미국에 선물하는 것이다. 이건 트렌드와 유행 바깥에서 일어날 수 있는 걸작이다. 이 작품은 가장 위대한 웨스턴이자, 또 가장 최후의 웨스턴이다."[121]

스탠리 큐브릭도 이 영화를 좋아했다. 레오네에 따르면, 큐브릭도 '배리 린든'을 찍을 때, 촬영 전에 음악을 먼저 선택했다. 레오네처럼 음악과 이미지 사이의 유사한 결합을 의도했다. 큐브릭은 영화를 준비하며 레오네에게 전화했다. 레오네의 기억이다. "스탠리 큐브릭이 물었다. 나는 엔니오 모리코네의 앨범을 전부 다 갖고 있다. 그런데 너의 영화를 위해 작곡한 그의 음악을 왜 내가 좋아하는지 설명할 수 있겠니? 그래서 내가 답했다. 걱정하지 말게. 나도 '2001: 스페이스 오디세이'를 보기 전에는 리하르트 슈트라우스(그의 '차라투스트라는 이렇게 말했다'가 주요 음악으로 사용된다)에 대해 별로 생각한 적이 없네."[122] '배리 린든'은 '옛날 옛적 조지 왕의 영국에서'(Once Upon a Time in Georgian England)쯤 된다. 여기에도 음악, 안무, 정교한 속도, 의례화된 결투가 있다. 하지만 레오네의 기억에 따르면, 큐브릭은 그 영화에서 평소의 이야기꾼 감각을 살려내지는 못한 것 같았다.

빔 벤더스는 1969년 11월, 잡지 '필름크리틱'(Filmkritik)에서 '옛날 옛적 서부에서'에 대해 이렇게 썼다. "나는 더 이상 웨스턴을 보기를 원치 않는다. 이 영화가 끝이다. 이건 진짜 진짜 장인기술의 끝이고, 끝판이다. 레오네의 영화는 그 자체에 대해서는 완전히 무관심하다. 그와 무관한 관객들에게 보여준 전부는 화려함이다. 이것 덕분에 영화가 만들어졌다. 곧 가장 복잡한 카메라 움직임, 가장 세련된 크레인 숏과 패닝 숏, 환상적인 세트 디자인, 믿을 수 없을 정도로 훌륭한 배우들, 허세로 넘치는 거대한 철도 건설 등이다. 그 철도는 기차가 지나갈 오직 한 장면을 위해 만들어졌다. 그리고 모뉴멘트 밸리가 있다. '진짜' 모뉴멘트 밸리 말이다. 배경에 판지로 만들어 세운 복제품이 아니다. 말 그대로 '미국'에서 만들었다. 그곳에서는 존 포드가 웨스턴을 찍었었다. 아마 영화의 이 지점에서 관객들은 이 영화에 대한 숭배를 느꼈을 것이다. 그런데 나는 영화를 두 번째 볼 때, 거기서 매우 슬펐다. 말하자면 나는 웨스턴 영화의 관광객 같았다. 슬픈 순간은 또 있다. 헨리 폰다의 끔찍한 얼굴을 처음 봤을 때, 헨리 폰다가 결국에 총을 쏘아 소년을 쓰러뜨릴 때, 그리고 우디 스트로드와 잭 얼람이 오프닝 시퀀스에만 등장할 때는 더욱 슬펐다. 그들의 죽음은 장르의 죽음이자 꿈의 죽음이다. 두 사람 모두 미국인이었다."

나는 벤더스에게 왜 그렇게 강하게 글을 썼냐고 물었다. 벤더스의 답이다. "왜냐면 그 영화는 장르의 종말이었고, 웨스턴을 추상화했기 때문이었다. 그러면 이미지는 더 이상 자체의 의미를 갖지 못 한다."[123)]

당시 1968년 '5월의 학생들'은 '옛날 옛적 서부에서'를 보려고 몰려들었다. 소르본대학에서 반 마일 떨어진 거리에 극장이 있었다. 베르톨트 브레히트와 거리 두기 효과(v-effect), 롤랑 바르트의 '코드 드러내기'를 통한 자본주의 거부, 그리고 할리우드 영화에 대한 해체(그때 막 유행한 용어)는 그 당시 고급문화의 한 부분이었다. 소련의 혁명 50주년을 기념하기 위해, 세르게이 에이젠슈타인의 '10월'의 새 프린트가 당시에 유통됐고, 잡지 카이에 뒤 시네마는 그것과 레오네의 작품을 비교했다. 예를 들어 전형성으로서의 얼굴, 이미지의 연결과 충돌, 리듬 있는 편집 등인데, 이는 에이젠슈타인이 고안한 '지적 영화'(intellectual cinema)의 이론과 실재였다. 파리의 영화잡지 포지티프와의 인터뷰에서, 베르톨루치는 자신은 '옛날 옛적 서부에서'를 레오네의 영화 중 가장 좋아한다며, 좀 지나치게 지적인 면이 있어도 그렇다고 답했다. 움베르토 에코도 덧붙였다. "레오네의 영화는 하나의 정형화된 원형(frozen archetype)을 포함하고 있다. 만약 영화가 하나의 정형화된 원형만을 담고 있다면, 모두가 그것은 끔찍하다고 말할 것이다. 하지만 수백 개의 정형화된 원형을 담고 있다면, 그것은 숭고해진다. 그 원형들은 서로 대화를 시작하기 때문이다"[124)]

레오네의 작가들은 상황이 이렇게 변하는 데 많이 놀랐다. 루치아노 빈첸초니는 분노하듯 말했다. "지적이라고? 당신은 세르지오 레오네가 철학을 한다는 게 상상이 되나? 말도 안 돼! 그는 영화의 원시인이다. 하지만 촬영장에서는 위대한 감독이다. 그게 다다." 하지만 '옛날 옛적 서부에서'가 만들어질 때, 레오네는 이미 다른 인상을 남기는 인터뷰를 많이 했다. 빈첸초니가 말했다. "그는 자신의 성공에 너무 놀랐고, 그래서 자신을 대단히 진지하게 받아들이기 시작했다. 어느 순간 레오네는 자신을 버나드 쇼와 카를 마르크스 사이 어디쯤으로 상상했다. 나는 그의 곁에 앉아 인터뷰할 때, 몇 번이고 그를 말려야 했다. 세르지오, 진정해. 그런 어리석은 말 하지 마. 하지만 그는 자신을 기자들과 비평가들 사이에서 찾았다. 그는 그렇게 자신을 찾아 나갔다."[125] 세르지오 도나티는, 레오네가 1968년 시네필들에게 자신을 지적으로 투영하자 대단히 당황했다. 도나티에 따르면, 레오네가 비평가들에게 자신의 이미지를 다시 만들려고 했고, 또 '히치콕 스타일'처럼 셀럽이 되려고도 했다는 것이다. 그건 이탈리아 대중 영화계에서는 대단히 이례적인 것이었다. 도나티가 말했다. "그는 자신을 위한 개성을 다시 만들기 시작했다. 그의 유명한 큰 복부도 그때 만들기 시작했고, 예언자처럼 수염도 길렀다. 레오네는 인터뷰할 때면 늘 무지를 숨기기 위해 가면을 쓰고 있었다."[126]

그래서 작가들의 주장에 따르면, 레오네는 자신의 동료들보다는 루이 페르디낭 셀린을 더욱 자주 언급하고, 버나드 쇼와 카를 마르크스라는 '두 지식인'에 대한 매혹을 더욱 자주 드러냈다는 것이다. 그래서 레오네는 자신을 '작가'로 내세웠고, 다른 사람들의 기여를 평가절하했다는 것이다. 정리하자면, 당시의 영화계는 레오네를 모든 것을 커버하는 단독자 지식인으로 믿으려 했고, 레오네는 그것에 맞춰 스스로 신화적인 인물이 되기 시작했다는 것이다. 도나티에 따르면, 이때부터 세르지오 레오네의 공식적인 발언은 최소한 두 사람에 의해 작성됐고, 검증을 거쳐야 했다. 같은 이유로 이때부터 레오네의 작가들은 그에게 더욱 비판적이었고, 신랄했고, 심지어 오만하기까지 했다. 처음엔 사적인 곳에서 그랬는데, 1980년대 중반부터는 공적인 곳에서도 그랬다. 진실은 아마 중간 어디쯤 있을 것이다. 베르톨루치는 과거에 대해 이렇게 말했다. "세르지오의 영화는 표면의 수준에서 대단히 훌륭하게 연출된 것이었다. 하지만 다른 층위도 있다. 내 생각에 세르지오는 철학자라기보다는 미장센에 대한 순수한 재능을 타고난 감독이다. 그는 카메라와 카메라 앞에 있는 사람들의 몸, 그리고 풍경 사이의 미장센을 잡는 데 특별하다. 세르지오는 종종 영화에 대한 위대한 비평가처럼, 또 거의 철학자처럼 말하곤 했다. 그것이 그의 약점이었다. 그는 카메라에 대한 아이디어, 감성, 특별한 속임수에 대한 재능이 넘쳤다. 그런 이유로, 나는 개봉 첫날 오후 3시, 첫 상영에 맞춰 '석양의 무법자'를 보러 갔다. 또 그런 이유로 나는 그와 함께 일했다."[127)]

한편 세르지오 레오네는 자신의 꿈은 '바람과 함께 사라지다'를 리메이크하는 것이라고 세상에 알렸다.

1) Enzo Ungari and Don Ranvaud: *Bertolucci by Bertolucci* (Plexus, London, 1988) p. 51; Bernardo Bertolucci: *Once Upon a Time in Italy* (*Film Comment*, July–August 1989), pp. 77–78; author's interview with Bertolucci, ICA, London, 25 February 1988; interview with Bertolucci in *Positif*, March 1973, p. 37.

2) De Fornari, pp. 149–151; interview with Dario Argento for *Viva Leone!*, November 1989; Luca Palmerini and Gaetano Mistretta: *Spaghetti Nightmares* (Fantasma Books, Florida, 1996) pp. 16–21.

3) Ungari and Ranvaud, childhood section.

4) Ungari and Ranvaud, op cit; author's interview, 25 February 1988.

5) De Fornari, pp. 151–153; author's interview.

6) Author's interview with Carla Leone, 1 July 1994.

7) Simsolo, pp. 135–137.

8) De Fornari, pp. 149–151.

9) *Positif*, March 1973, p. 37.

10) Author's interview with Sergio Leone, February 1982.

11) *Positif*, March 1973, p. 37; De Fornari, pp. 151–153.

12) De Fornari, pp. 149–151; interview with Dario Argento for *Viva Leone!*, November 1989; *Positif*, March 1973, p. 37

13) Author's interview with Tonino Delli Colli, Montpellier, 24 October 1998.

14) Interview with Dario Argento for *Viva Leone!*, November 1989.

15) Author's interview with Bernardo Bertolucci, 25 February 1988; Frayling: *Spaghetti Westerns*, p. 195

16) Author's interview with Bertolucci; interview with Argento for *Viva Leone!*

17) Author's interview with Sergio Leone, February 1982.

18) Author's interview with Bertolucci.

19) Ibid.

20) See James K. Lyon: *Bertolt Brecht in America* (Methuen, London, 1982) pp. 3–39 and John Willett: *Brecht in Context* (Methuen, London 1984).

21) Author's interview with Sergio Leone, February 1982.

22) De Fornari, pp. 149–151.

23) Author's interview with Sergio Leone; Simsolo, pp. 100–101, 143–144.

24) Author's interview with Sergio Leone, February 1982.

25) See, among many other sources, Dan Ford: *The Unquiet Man* (William Kimber, London, 1979).

26) Frayling: *Spaghetti Westerns*, p. 129.

27) Author's interviews with Raffaella and Carla Leone, 1 July 1994.

28) De Fornari, pp. 151–153.

29) Ibid.

30) Author's interview with Sergio Leone.

31) De Fornari, pp. 149–151.

32) Author's interview with Sergio Donati, 23 May 1998.

33) Ibid.

34) Ibid.

35) Among many examples, interview with Dario Argento for *Viva Leone!*, December 1989.

36) The details of 'who did what', of the length of the treatment, and of the extent of Argento's contribution, were the subject of a heated internet exchange, 22 July 1988.

37) Author's interview with Sergio Donati.

38) De Fornari, pp. 158–160.

39) Ibid., pp. 151–153; also *Film Comment*, July–August 1989, pp. 77–78.

40) Braucourt, pp. 81–90; also Simsolo, pp. 139–141.

41) Author's interview with Carla Leone, 1 July 1994; see also Gianni Di Claudio: *Directed by Sergio Leone*, pp. 94–95. Some Internet buffs have claimed that the heavily disguised Leone never in fact appeared in this film. But his participation is confirmed by everyone I have spoken to about it

42) Simsolo, pp. 137–139; also *Sergio Leone… Les Westerns* (Blue Dahlia/ Canal Plus, 1997) for the press conference of spring 1967 and (ed.) Danny Peary: *Close–ups* (Galahad Books, New York, 1978) pp. 535–536 'Sergio Leone remembers Henry Fonda'

43) Henry Fonda (and Howard Teichmann): *My Life* (New American Library, New York, 1981) pp. 305–307; also Fonda: *Dialogue on Film* (American Film Institute, November, 1973).

44) Simsolo, pp. 137–139.

45) Cenk Kiral interviews with Mickey Knox, 18 January and 1 February 1998.

46) Simsolo, loc. cit.

47) Frayling: *Spaghetti Westerns*, pp. 141–145.

48) Simsolo, loc. cit.

49) Henry Fonda (and Howard Teichmann): *My Life*, pp. 305–307; see also AFI: *Dialogue on Film*.

50) De Fornari, p. 19.

51) Simsolo, loc. cit.

52) (ed.) Peary, pp. 535–536.

53) Cenk Kiral interviews with Mickey Knox.

54) Ibid; see also Patrick McGilligan and Paul Buhle: *Tender Comrades* (St Martin's Press, New York, 1997) pp. 351–388.

55) (ed.) Peary, loc. cit.; Simsolo, pp. 137–139.

56) Author's conversation with John Landis, London, 21 January 1998.

57) Schickel, p. 184.

58) Simsolo, pp. 139–140.

59) Jerry Vermilye: *The Films of Charles Bronson* (Citadel Press, New York, 1980) pp. 153–158; Steven Whitney: *Charles Bronson, Superstar* (Dell, New York, 1978) pp. 148–150.

60) Simsolo, pp. 139–141; *Cinéma 69*, November 1969, pp. 81–90.

61) Simsolo, loc. cit.

62) Vermilye, and Whitney, loc. cit.

63) Interview with Franco De Gemini, *Westerns all'Italiana* (Anaheim, California) vol. 1, no. 2

64) De Fornari, pp. 155–156.

65) Simsolo, pp. 141–142.

66) Ibid.

67) De Fornari, pp. 158–160.

68) Simsolo, pp. 141–142.

69) Author's interview with Fulvio Morsella, 24 May 1998.

70) Simsolo, p. 143.

71) De Fornari, pp. 155–156.

72) Claudia Cardinale (with Anna Maria Mori): *Io, Claudia – Tu, Claudia* (Edizione Frassinelli, 1995), pp. 150–152.

73) De Fornari, pp. 155–156; Cardinale, pp. 150–152; interview in *Photoplay*, November 1968, pp. 13–15, 55.

74) *Photoplay*, November 1968, pp. 13–15, 55.

75) Ibid.

76) Ibid.

77) De Fornari, pp. 155–156.

78) Ibid., p. 19.

79) Author's interview with Tonino Valerii, Udine, 26 April 1997.

80) De Fornari, pp. 155–156.

81) Simsolo, pp. 141–142.

82) *Cinéma 69*, November 1969, pp. 81–90

83) Author's interview with Sergio Donati, 23 May 1998.

84) De Fornari, p. 165; interview with Ennio Morricone for *Viva Leone!*, November 1989.

85) Lhassa, pp. 57–72, 201–214. On the music for *Once Upon a Time in the West*, see Robert C. Cumbrow: *Once Upon a Time: The Films of Sergio Leone* (Scarecrow, New Jersey, 1987) pp. 199–216; also H.J. de Boer and M. van Wouw: *Ennio Morricone Musicography* (ISV, Amsterdam, 1990) pp. 60–76.

86) Simsolo, pp. 146–147; Lhassa, loc. cit.

87) Author's interview with Alessandro Allessandroni, 22 May 1998.

88) Woody Strode (and Sam Young): *Goal Dust* (Madison Books, New York, 1990) pp. 233–237.

89) Interview with Ennio Morricone for *Viva Leone!*, November 1989

90) Author's interview with Carlo Simi, Montpellier, 24 October 1984; also Corbin: *Carlo Simi – l'Amérique de Sergio Leone*, p. 20.

91) Lhassa, loc. cit.

92) Ennio Morricone interview with Hubert Niogret, *Positif.* 266, April 1983.

93) Photoplay, November 1968, pp. 13–15, 55.

94) Ibid. Corbin: Carlo Simi, pp. 20–24.

95) Ibid.; also author's interview with Carlo Simi, 24 October 1998.

96) Ibid.

97) Author's interview with Sergio Leone, February 1982; also De Fornari, pp.

20–21.

98) Corbin, loc. cit.

99) See Carlo Gaberscek: *Il West di John Ford* (Arti Grafiche Friuliane, 1994) pp. 81–3; also Carlo Gaberscek: *Dove Hollywood ha creato il West* (Udine, 1988) pp. 28–29.

100) De Fornari, pp. 171–173.

101) Author's interview with Tonino Delli Colli, Rome, 18 December 1981.

102) De Fornari, p. 20.

103) Author's interview with Sergio Leone, February 1982; Cenk Kiral interviews with Mickey Knox, January–February 1998.

104) Author's interview with Carla Leone, 1 July 1994.

105) Author's interview with Sergio Leone.

106) Simsolo, pp. 144–145.

107) Author's interview with Sergio Donati.

108) The original scenes have been published in Franco Ferrini: *L'Antiwestern e il caso Leone* (*Bianco e Nero*, September/October 1971) pp. 43–60; see also Frayling: *Spaghetti Westerns*, pp. 269–279.

109) Author's interview with Tonino Valerii, Udine, 26 April 1997

110) Author's interview with Sergio Leone.

111) Cenk Kiral interviews with Mickey Knox, January–February 1998.

112) Kiral, loc. cit.; McGilligan and Buhle, pp. 358, 385–7.

113) Kiral, loc. cit.; author's interview with Sergio Donati.

114) McGilligan and Buhle, pp. 385–387.

115) McGilligan and Buhle, pp. 363–364.

116) Author's interview with Sergio Leone; Luca Morsella confirms that this was a favourite Leone story.

117) Author's interview with Luca Morsella, Rome, 21 December 1991.

118) Author's interview with Sergio Leone.

119) Simsolo, p. 147, *Cinéma 69*, pp. 81–90.

120) Author's interview with Sergio Leone. In Britain, Paramount could not decide whether to market the film as an 'epic' (with a poster showing the main characters standing on the front of a train) or as an 'action film' (with the three pistoleri biting the dust). Female interviewees preferred the former;

male the latter. See *Once Upon a Time in the West – advertisement test* (London, 1968).

121) John Boorman: *Money into Light – A Diary* (Faber and Faber, London, 1985) pp. 22–23.

122) Author's interview with Sergio Leone, 1982; also Simsolo, pp. 207–208.

123) Wenders' review in (ed.) Sheila Johnson: *Wim Wenders BFI Dossier*, No.10 (1981), pp. 45–46; also Wenders: *Emotion Pictures* (Faber and Faber, London, 1989) pp. 24–25. Author's interview with Wim Wenders, on the road to Cambridge, May 1984.

124) Bertolucci in Positif, March 1973, p. 37; author's interview with Umberto Eco, Milan, May 1984.

125) Cenk Kiral interviews with Luciano Vincenzoni, April–May 1998.

126) Author's interview with Sergio Donati, 23 May 1998.

127) Bertolucci, in *Film Comment*, July–August 1989, pp. 77–78.

9.

석양의 갱들

(Duck, You Sucker!/Giù la testa)

위대한 날

혁명 만세 그리고 더 많은 폭탄을!
말을 탄 거지는 걷는 거지를 채찍으로 내리치네
혁명 만세 그리고 폭탄은 또 떨어지네!
거지들은 위치를 바꾸었고, 하지만 채찍은 계속되네.

—W. B. 예이츠, 〈마지막 시들〉(Last Poems, 1936-9)

미스 질크라이스트: 내가 늘 말했지. 장군과 약간의 총질은 사람들에게 문제를 잊게 하지.
메그: 그렇지. 생활비 걱정에서 마음이 떠나도록 만들어주지.

—브렌던 비언, 〈인질〉(The Hostage, 1958)

세르지오 레오네는 '옛날 옛적 서부에서'를 개봉한 뒤, 스스로 자신에 대해 몇 가지 질문을 던졌다. "그런 질문 가운데, 나의 직업을 전부 그만두는 것도 포함돼 있었다."[1] 할리우드에 따르면, 그는 웨스턴으로 엄청난 돈을 번 감독이었다(후반 작품은 상대적으로 덜 벌었지만). 정신없이 바쁜 4년의 세월을 보낸 뒤, 레오네는 드디어 '서부와 관련된 일'과의 사랑을 잃어버린 것 같았다. 당시에 레오네는 정말 많은 생각을 했다. 레오네는 책이 가득 꽂혀 있는 책장 앞에서 사진 찍히고, 특히 그 사진의 관련 기사가 프랑스 언론에 게재될 때, 큰 행복을 느꼈다. 레오네는 수많은 영화제의 심사위원 자리에 앉았고, 특히 칸영화제에 그는 단골로 초대됐다. 1968년 관련 사진을 보면, 레오네가 칸영화제의 기자회견에서 헨리 폰다를 관객에게 소개하는 것도 있다. 레오네는 마이크 앞에 넥타이를 맨 정장을 입고 서 있다. 그는 자부심이 넘쳤고, 동시에 불편해 보였다.

그때 레오네는 로마의 트라스테베레 지역의 가리발디 거리(via Garibaldi)에 있는 아파트를 한 채 샀다. 당시 그는 리지포 거리(via Lisippo)에 있는 집에서 계속 살고 있을 때였다. 새로 산 아파트는 15세기 수도원의 한 부분이었다. 어떤 건축가가 최근에 실내를 다시 디자인했다. 레오네는 그곳을 처음 봤을 때를 기억했다. "새 아파트 터는 옛날에는 세탁하는 곳이었다. 공동 정원에는 분수들이 있었다. 그 집엔 15세기에 사용한 목재들도 남아 있었다. 나이가 많은 집주인은 나폴리 출신이었다. 그가 나를 안내하며 둘러보게 했다. 그곳에서는 트라스테베레를 중심에 놓고, 로마 전체를 360도로 볼 수 있었다. 그곳은 내가 어린 시절 놀던 지아니콜로(Gianicolo)의 아래쪽이었다. 주인은 그곳에서 볼 수 있는 시야를 대단히 자랑했다. 그런데 내가 더 주목한 것은 창문을 통해 마페이(Maffei) 가문이 이끈 '로마 학파'(Roman School)의 벽화들을 볼 수 있는 점이었다. 그 순간 나는 그 광경들을 마치 시네마스코프처럼 보았다. 나에게 집주인 노인의 달콤한 이야기는 거의 들리지 않았다. 머리에서 이 아파트는 이미 나의 것이 돼 있었다. 나는 그 노인이 농담을 던지며 계속 안내할 때도, 그가 내 옆에서 무엇을 하고 있는지 모를 정도였다. 그가 방문자이고, 틈입자 같았다. 하지만 그는 나에게 무척 친절했다. 그는 존 휴스턴이 이미 이 집을 예약했다는 내용을 알려주었다. 하지만 그는 집을 나에게 파는 것을 더 좋아했다. 내가 로마 사람이라는 이유 때문이었다. 그래서 우리는 한 시간 만에 계약을 했다."[2)]

아내 카를라 레오네에 따르면, 그 집은 '노년기를 위한 아파트, 곧 은퇴 후의 집'이었다. 그때 레오네는 불과 39살이었지만, 그는 영화계를 떠나고, 관계를 완전히 끊을 것을 심각하게 고려하고 있었다. 그런데 이미 그때 그는 스스로(혹은 타인들에 의해) 유럽 영화계의 셀럽이 돼 있었다. 레오네는 큰 허리둘레와 수염, 하바나 시가에 대한 열정(시가는 작가 루치아노 빈첸초니가 소개), 그리고 훌륭한 이탈리아 요리에 대한 엄청난 식욕 때문에 금방 눈에 띄었다. 어쨌든 레오네가 다른 영역에서 활동한다는 것은 상상하기 어려운 일이었다. 어떤 기자가 레오네에게, 화려한 삶을 사는 감독이 영화를 준비하거나 촬영하지 않을 때는 시간을 어떻게 보내는지 물었다. 레오네가 답했다. "나는 끔찍한 진실을 인정해야 할 것 같다. 나는 태양 아래서 일광욕을 하고, 영화관에 가고, 축구를 보며, 책도 읽고 시나리오도 읽는다. 그리고 친구도 만나고, 휴가도 즐기고, 체스를 두고, 집 근처를 어슬렁거리며, 그리고 이것이 가장 고약한 것인데, 쓸데없는 말과 평가로 가족들을 화나게 한다."[3]

'황야의 무법자' 이후, 레오네는 각 작품을 마칠 때마다, 다음에 무엇을 할 것인가를 놓고 매번 심각한 불안에 빠졌다. 최근에 개봉한 작품을 넘어서는 차기작을 내놓을 수 있을까? 방법을 완전히 바꾸어야 할까? 더 높은 곳에 도달하고, 다른 무엇을 발전시킬 수 있을까? 어떤 평론가들이 말하듯 자신은 정말로 재능을 갖고 있을까? 레오네는 영화계 친구들과 저녁 파티에서 토론을 벌이며, 중단하지 않고 이런 말을 계속했다. 그는 세련된 수사학과 활발한 손짓을 동원하며, 새벽이 올 때까지 대화를 지배했다. 그리고 그는 상대에게 리액션을 요구했다. 그러면 그는 다시 논쟁적으로 변했다. 프로듀서 풀비오 모르셀라가 말했다. "사물을 '스펙터클'로 만드는 세르지오의 태도는 그의 사적인 삶에도 끼어들었다. 자기 생각과 뭔가가 맞지 않으면, 레오네는 소리를 지르거나, 화를 내고, 사람을 아주 기분 나쁘게 돌려보냈다. 나는 그와 여러 번 싸워야 했다."[4]

레오네의 조감독 출신인 토니노 발레리는 레오네가 습관처럼 조기 은퇴 선언을 했다고 말했다. 레오네는 '석양의 건맨'을 찍을 때, 클린트 이스트우드가 지나가듯 했던 말, 곧 '정착하고 은퇴하는 것'을 아주 진지하게 받아들였다는 것이다. 발레리는 은퇴 선언을 '석양의 무법자'를 마친 뒤에도 들었다.

그때는 미국에서 만들 갱스터 제작 계획이 성공리에 출발하지 못했을 때였다. 발레리가 생각하기에, 무엇보다도 “그는 추락을 겁냈다. 그는 항상 그 점을 걱정했다. 은퇴 이야기는 게임하듯 이어졌고, 프랑스의 시네마테크에서는 언성을 높이기도 했다. 그런데 그가 진정으로 걱정했던 것은 차기작이 그가 쌓아 올렸던 평판을 무너뜨리는 것이었다. 그는 자신감이 낮은 사람이었다. 겉으로는 허세를 부리고, 이야기꾼 같고, 그리고 사교적으로 보였지만 말이다.”[5)]

레오네를 모방하는 작품들은 계속 늘어났다. ‘황야의 무법자’가 성공을 거두자, 이후에 240편 이상의 이탈리아 웨스턴이 제작됐다. 이것도 조심스럽게 계산한 결과다. ‘황야의 무법자’가 나온 1964년, 27편의 이탈리아 웨스턴이 발표됐다. ‘석양의 건맨’이 나온 1965년에는 30편, ‘석양의 무법자’가 나온 1966년에는 40편, 1967년에는 74편, 그리고 정점을 찍은 1968년에는 77편이 발표됐다. 이 시기 초반부의 3년 동안(미국 영화를 모방하는 경향을 넘어), 대부분 이런 영화는 ‘황야의 무법자’의 파생물이었다. 이스트우드를 떠오르게 하는 ‘신비로운 이방인’(Mysterious Stranger)이 중심에 있었고, 제목도 종종 ‘나의 이름은…’(My Name Is…) 혹은 ‘그들은 불렀다…’(They Call Me…)로 시작했다. ‘이름 없는 남자’라는 캐릭터(이스트우드)는 할리우드에선 전혀 생각하지 못한 것이었다. 이런 웨스턴들은 대개 저예산이었고, 재개봉관을 목표로 제작됐는데, 점점 보기에 추하게 변해갔다. 이 영화들은 또 이상한 무기,

미친 멕시코인 캐릭터, 복수 그리고 모리코네 풍의 음악에 집착했다. 폭력은 더욱 잔인해졌다. 이를테면 총탄의 효과를 자세히 묘사하는 장면들이 아무렇지 않게 등장했다. 이탈리아 배우 중에는 이름이 클린트 웨스트우드(Westwood)인 사람도 있었고, 웨스턴의 주인공 이름이 샘 월러크(Wallach)인 경우도 있었다.

레오네 영화의 파생물 가운데는 '진지한 제작자와 진지한 감독'에 의해 만들어진 작품도 있었다. 하지만 대부분이 새로운 제작자들의 끝없는 요구에 부응하는 것들이었다. 특히 TV의 방송망이 잘 미치지 않는 남부에서 더욱 심했다. 그러자 주세페 콜리치(Giuseppe Colizzi, 레오네는 그를 '나의 제자'라고 부르길 좋아했다) 감독은 테렌스 힐과 버드 스펜서 콤비를 내세워 엄청난 성공을 거두었다. 콜리치 영화의 강조점은 아이러니, 멜로드라마, 그리고 슬랩스틱 코미디로의 이동이었다(대규모 액션이 아니라). 역시 두 배우가 주연한 엔초 바르보니(Enzo Barboni) 감독의 '내 이름은 튜니티'(They Call Me Trinity, 1970)는 '로렐과 하디의 서부극' 코미디였다. 테렌스 힐(Terence Hill)은 북쪽 출신의 두뇌, 버드 스펜서(Bud Spencer)는 남쪽 출신의 힘을 연기했다. '내 이름은 튜니티'는 적은 예산으로 만들었지만, 이탈리아 국내 시장에서 '옛날 옛적 서부에서'보다 5억 리라 이상을 더 벌었다. 레오네가 말했다. "그런 웨스턴의 유행은 '튜니티'로 끝났다. 바르보니는 이탈리아 웨스턴에 있던 흔한 캐릭터들에서 본능적으로 그런 인물을 선택하여, 4백 편의 추한 영화 앞에 줄곧 앉아 있던 바로 그 관객들에게 자신의 영화를 보여주었다. 그런데 이번에 그는 관객들의 얼굴에 침을 뱉었고, 그들을 조롱했고, 대단히 나쁘게 다루었다. 그리고 바르보니는 다시 반복하면서도 성공을 거두었다. 심리적으로 볼 때, 그의 트릭은 성공했다. 하지만 그건 아주 쉬운 게임일 뿐이다."[6] 발레리에 따르면, 레오네의 이런 말에는 일말의 질투가 들어 있었다. 어쨌든 '내 이름은 튜니티'는 레오네를 이탈리아 최고 인기 감독의 자리에서 비켜나게 했다.

레오네 식으로 관습적인 환상을 깨는 영화는 대중 영화 만들기의 한계를 넘어갔다. 그것은 '정치 영화' 만들기에서 하나의 유행이 됐고, '1968년 5월' 이후 이탈리아의 정치 문화를 넘어가는 데까지 이르렀다. 레오네가 말했다. "파리의 라탱 지구에서 일어났던 시위들은 전혀 나를 놀라게 하지 않았다. 또 체코슬로바키아로 진입한 러시아의 탱크, 혹은 이탈리아에서의 파시즘의 부활에도 나는 놀라지 않았다. 이런 사건들은 나의 선택, 곧 무정부주의를 더욱 확신하게 했다. 그건 내가 나의 영화에서 표현한 것이다. 그리고 막 태어난 '정치 영화'라는 새로운 영화 장르를 봤을 때, 나는 그런 영화들에 동의하지 않았다. 나는 그런 영화들을 믿을 수 없었다. 나로서는, 전투적인 영화는 당의 당원들에게만 보여주어야 한다고 생각한다."[7]

당시 이탈리아 정치는 극심한 불안에 빠져 있었다. 정당에 잠입한 경찰들에 대한 대대적인 수사가 있었고, 또 정치 자금의 부패한 유용과 소위 '클라이엔텔리즘'(clientelism, 두목과 부하의 관계)에 대한 수사도 이어졌다. 테러리즘(좌익이 비난받았고, 하지만 주로 우익이 일으켰다)은 유행이 됐다. 좌파 사회당은 다수당인 우파 기독교민주당과 연합을 해야 할지, 자신들의 마음을 결정할 수 없었다. '사회주의에 이르는 이탈리아식의 길'은 아무 곳에도 인도하지 못하는 것 같았다. 한편 극우 네오파시스트와 극좌파 그룹(황당할 정도로 다양한 이름을 갖는다)은 끊임없이 뉴스에 올랐다. 산업계와 대학의 소요사태는 '경제 기적'이 다수의 염원이었던 사회 개혁에 이르지 못했다는 사실을 알게 했다. 사회 개혁은 대기업을 대변하는 사람들에 의해 자주 저지됐다. 바티칸은 이혼을 자유화하는 모든 법에 반대했다. 1969년에는 7개월 동안 제대로 된 내각이 구성되지 못했다. 의회의 절차에 대해 환멸을 느끼는 현상은 점점 커졌다.[8)]

이런 분위기에서 레오네는 소위 '의식을 고양하는 영화들'은 개종한 사람들에게 행하는 설교라고 확신했다. 누가 지루해하며 그것들을 볼 것인가. 레오네에 따르면, 영화 만들기는 "민족적이어서도, 종교적이어서도 안 되며, 영화의 의미는 이탈리아에 있는 소수들의 경계를 넘어서 평가돼야 한다"라는 것이었다.[9)] 고다르는 정치적인 영화는 자본에 매수되어서는 안 되고, 정치적으로 만들어져야 한다고 주장했다. 이는 레오네의 시각에 따르면, 영화 만들기의 속성을 오해하는 것이었다. 그에게 영화는 대중매체이며, 그렇지 않다면 아무것도 아니었다. 레오네는 "40년 전 할리우드에서 작업한 채플린이 사회주의를 위해서는 이탈리아공산당 대표인 팔미로 톨리아티(Palmiro Togliatti) 혹은 '나의 친구' 프란체스코 로지(Francesco Rosi, 대표적인 진보 감독)보다 더 많은 일을 했다."라고 믿었다. "로지의 영화에는 1천 명의 관객이 왔고, 그들은 그의 영화에 관해 이야기했고, 그리고 그것이 전부였다."라고 말했다.

어떤 '정치 영화들'은 당대의 질병에 관해, 레오네의 비관주의와 같은 의견을 갖기도 했다. 하지만 레오네는 그들과 친밀감을 느낄 수 없었다. 그들과 토론할 때면 레오네는 멈추지 않고 신랄한 공격을 했다. "이탈리아에서 정치는 아무런 의미도 갖지 못한다. 그래서 나는 내가 하는 식으로 영화를 만든다. 우리는 인류를 믿지만, 인류는 우리를 실망하게 한다. 다른 나라에서도 상황이 비슷한 것은 사실이다. 그런데 우리가 가장 운이 없는 경우다. 우리의 위선과 '대타협의 정치'(politics of compromise, 좌파와 우파가 연정을 설립하는 것)는 우리를 영원한 위기 상태로 몰아넣었다. 교육받은 사람으로서, 우리는 스스로 정치에서 은퇴했고, 전투에 지쳤다. 그래서 죽음 이외에 우리가 무엇을 생각할 수 있을까? 우리는 20년 동안 파시즘을 겪었는데, 또 그것과 마주해야 한다. 이건 세상에서 가장 믿을 수 없는 일 아닌가? 우리는 이런 부조리를 겪어내야 하는, 세상에서 유일한 국가에 살고 있다. 그들은 다시 이길 것 같고, 우리는 아내를 처벌한다면서 자신의 성기를 자르는 남자처럼 행동하고 있다. 이건 정말 미친 짓이다! 그러면 나는? 나는 이런 것과 떨어져 살고, 그것에 대해 욕조차 하고 싶지 않다."[10]

레오네는 '신은 실패했다'라는 개념으로 상대를 자극하길 좋아했다. "전쟁이 끝났을 때, 많은 이탈리아인처럼 나도 환영과 꿈을 갖고 있었다. 나는 혁명을 믿었다. 거리에서가 아니라면, 마음의 혁명이라도 믿었다. 나는 더욱 정의롭고 인간적인 사회를 꿈꿨다. 그 사회에서는 부가 공평하게 분배될 것이다. 나는 역사를 사랑했다. 그래서 발전의 커다란 줄기를 추적하며 공부했다. 무엇보다도 나의 아버지는 파시즘에 대항하여 싸웠고, 그는 감독 조합을 만들었으며, 나는 사회주의 가족 출신이다." 레오네는 어머니와의 거리감은 이런 정치적 갈등에서 연유한 것임을 인정했다. 레오네가 말했다. "당신이 저택을 갖고 있으면, 당신은 공산주의자가 될 수 없다." 그런데 레오네는 참여의 강도를 표현하는 데 예민했다. "그냥 나는 환멸을 느낀 사회주의자라고 해놓자. 그래서 무정부주의자가 됐다고 말이다. 하지만 나는 양심을 갖고 있고, 폭탄을 아무 데나 던지지는 않는, 상식적인 무정부주의자가 됐다. 강조하고 싶은 것은 나는 살면서 거의 모든 거짓을 경험했다는 사실이다. 그러면 끝에 무엇이 남을까? 가족. 이것이 나의 최종적인 원형이다. 이건 선사시대부터 우리에게 전해진 것이다. 다른 무엇이 있을까? 우정. 이것이 전부다. 나는 태생적으로 비관주의자다. 존 포드와 더불어, 사람들은 창밖으로 희망을 본다. 그러면 나는? 나는 심지어 문을 열기를 두려워하는 사람들을 보여준다. 만약 그들이 문을 연다면, 두 눈동자의 정중앙에 총알이 박힐 수 있기 때문이다. 세상이 그렇다. 나의 영화에서 정치가 부재한 적은 단 한 번도 없다. 그리고 그 영화들에서 무정부주의자들은 진실한 캐릭터들이다. 나는 그들을 잘 안다. 왜냐면 나의 사상이 그들과 비슷하기 때문이다."[11] 레오네가 정치와 영화, 무정부주의와 포드를 끊임없이 연결하며 말하는 것은 많은 것을 시사했다. 그는 무정부주의와 포드를 이야기할 때 더 편해 보였다. 작가 루치아노 빈첸초니는 의심스러운 눈치로 덧붙였다. "세르지오 레오네가… 뭐, 정치?!"

이탈리아 웨스턴의 두 번째 시기(대략 1966년에서 1969년까지)에는 정치적 논쟁을 대중적 스펙터클과 섞으려는 시도가 많았다. 세르지오 레오네는 그런 영화들에 대해서도 별로 주목하지 않았다. 인터뷰할 때면, 레오네는 거리낌 없이 냉소주의를 드러냈고, 자신의 인상을 남기는 것을 즐기는 것 같았다. "이탈리아 웨스턴에서 소위 말하는 '정치 영화' 혹은 지적인 영화에 속하는 것으로는 나는 딱 한 편 보았다. 그건 세르지오 솔리마 감독의 '빅 건다운'(The Big Gundown, 1967)이다. 이 영화는 오프닝 타이틀에서 나에게 빚지고 있고, 또 모리코네의 음악을 배경으로 전개되고 있다. 프랑코 솔리나스의 시나리오는 훌륭했다. 하지만 어리석은 영화로 난파되고 말았다." 그의 의견은 이랬다. "정치 영화를 만든다면서 그런 어리석은 실수를 하는 것은 전형적인 유럽적 사고방식이다. 곧 지적으로만 접근하려는 태도 말이다."[12]

정치적 이탈리아 웨스턴의 유행은 2년 전에 시작됐다. 1966년 극좌파 시나리오 작가 프랑코 솔리나스(Franco Solinas, '살바토레 줄리아노'와 '알제리 전투'의 작가)는 사르데냐섬에서 일하는 젊은 경찰에 대한 짧은 글을 하나 썼다. 경찰은 지역 정부의 보스들을 위해 일했다. 보스들은 나이 든 농부를 추적하고 있는데, 농부는 술에 약간 취한 채, 어린 소녀를 폭행했다는 혐의를 받고 있다. 경찰은 농부가 죄가 없다는 사실을 알게 된다. 농부는 좌파적 정치 행위 때문에 모함에 걸린 것이었다. 그런데 경찰은 농부를 쏜다. 그는 정치적 업적과 자신의 출세를 위해, 정의감을 눌러버렸다. 이글을 바탕으로 제작된 영화 '빅 건다운'에서, 경찰은 현역 보안관(리 밴 클리프)으로, 늙은 농부는 교활한 멕시코 청년 쿠칠로(먹는 것에 카리스마를 갖는 인물인데, 쿠바 배우 토마스 밀리안이 나왔다)로 변경됐다. 시대적 배경도 현대의 사르데냐에서 1871년의 텍사스로 바뀌었다. 이 영화는 엔딩에서 세르지오 레오네로부터 조언을 받았고, 그건 모든 예상을 뛰어넘는 변화를 보여주었다. 곧 보안관은 쿠칠로 세력과 합류하고, 마지막 결투에서 부패한 자본가들과 맞선다. 결투에서 이들은 서로 오래 노려보고, 무기를 천천히 잡는다. 최종적으로 부패한 악당들은 쓰러져, 알메리아의 먼지를 삼키게 된다.

감독 세르지오 솔리마(Sergio Solima)는 초안을 발전시킬 때, 레오네의 작가 세르지오 도나티의 도움을 많이 받았다. 솔리마는 이렇게 생각했다. "이야기는 마치 베트콩과 미국의 그린베레 사이의 결투 같았다. 혹은 영국 제국주의 시절, 인도 원주민 청년과 영국 장교 사이의 결투 같았다. 두 캐릭터(멕시코 청년과 보안관)는 모두 '웨스턴'의 인물이다. 하지만 적대적인 두 인물 사이의 충돌은 더 많은 내용을 내포했다. 쿠킬로 캐릭터가 더욱 주인공 같았는데, 관객들에게, 특히 젊은 관객들에게 더 큰 동일시를 느끼게 했다. 그는 클린트 이스트우드처럼 차갑고 멀게 느껴지는 슈퍼히어로가 아니었다. 그는 웨스턴에서는 한 번도 이야기된 적이 없는 사회적 하층 계급의 인물이었다."[13] 로마에서 활동하던 작가들과 감독들은 시중의 입소문에 귀를 기울였는데, 웨스턴에 자본주의 비판 혹은 제국주의 비판을 섞는 것에 흥미를 느꼈고, 상업적으로 가능성도 있다는 것을 알았다. 장-뤽 고다르와 그의 협력자 장-피에르 고랭에 따르면, 뜨거운 그 시절에 "모든 마르크스주의자는 웨스턴을 만들고 싶어 했다." 1968년 '5월' 이후에, 학생운동의 리더인 다니엘 콘-벤디트(Daniel Cohn-Bendit)는 로마로 가서, 좌익 웨스턴을 준비했다. 고용주들과 싸우고 있는 광부들은 파업하고, 고용주들은 폭력배들을 동원하여 노동자들을 공격하고, 그리고 노동자들이 광산을 접수하며, 그렇게 진행되는 내용이었다.[14] 그런데 고다르가 그 기획을 다시 손보았고, 아주 다른 영화 '동풍'(Wind from the East)을 내놓았는데, 마치 이탈리아 웨스턴이 할리우드 웨스턴을 해체하듯 많은 변화를 주었다. 콘-벤디트의 이야기를 별로 바꾸지 않은 영화는 3년 뒤에 발표됐다. 그건 스페인의 유망주 마리오 카무스(Mario Camus)가 감독한 '바람의 분노'(La collera del vento)였다. 테렌스 힐이 20세기 초 남부 스페인에서 일어난 노동자 파업을 분쇄하는 고용된 암살자로 나왔다. 그런데 그는 현지인과 함께 살려고 했고, 결국에 고용주의 폭력배들이 쏜 총에 맞는다. 이 영화가 노린 것은 테렌스 힐과 버드 스펜서의 인기를 일부 이용하여 돈을 벌려는 것이었다. 그런데 이 영화를 본 관객들은 의외의 잊지 못할 놀라움을 경험하게 됐다.

정치 웨스턴의 실질적인 유행은 1966년 다미아노 다미아니(Damiano Damiani) 감독의 '장군에게 총알을'(Quien sabe?/Bullet for the General)에서 시작됐다. 중간급 예산의 영화인데, 그 흥행 성적은 배급업자들도 놀랄 수준이었다. 영화는 무뚝뚝한 미국인 '그링고' 빌 테이트(콜롬비아 출신의 루 카스텔 출연, 그는 간혹 루이지 카스텔라토라고도 소개됐다)와 성질 급한 멕시코의 산적 혁명주의자(잔 마리아 볼론테) 사이의 쥐와 고양이 같은 관계를 다루고 있다. 관계가 발전되며, 멕시코 산적은 혁명의 의미를 이해하게 된다. 반면에 그링고는 자신이 그곳에 있는 이유는 오로지 달러 때문이라고 말한다. 결국에 산적은 그링고를 쏜다. 그리고 산적은 그링고과 함께 나쁜 짓을 하며 벌었던 것의 자기 몫을 지나가던 가난한 일꾼에게 줘버린다. 또 그 일꾼에게 빵 대신 다이너마이트를 사라고 말한다. 이 영화의 공동 시나리오 작가인 프랑코 솔리나스는 '장군에게 총알을'은 자신의 더욱 귀중한 작품인 질로 폰테코르보 감독의 두 작품, 곧 '알제리 전투'와 '불 질러!'(Queimada!/Burn!)와 비교할 때, 더욱 대중적인 판본이라고 말했다. 로마와 파리의 좌익 비평가들은 이런 종류의 영화가 무엇을 의도하는지 확신할 수 없었다. 다시 말해 웨스턴을 더욱 잔인한 스펙터클로 만든 연출의 이런 변화는 기회주의(소위 '제 3세계' 시장을 뚫는 것)와 '혁명 담론'의 확산 사이의 절충주의처럼 보였기 때문이었다. 어떤 비평가가 지적한 대로, 모든 이런 영화가 보여주는 것은 "심장은 로봇보다 더욱 인간적"이란 점이었다. 이것 이외에 정치적 분석을 위해 다른 말은 필요 없었다. 그런데 이런 시기를 지나며, '정치적 웨스턴'은 웨스턴 만들기에 분명한 흔적을 남겼다.

다미아노 다미아니는 네오리얼리즘 시대에 거물 작가 체사레 차바티니(Cesare Zavattini)를 위해, 시나리오를 쓰며 경력을 시작했다. 그는 자신을 웨스턴 장르와 분리하려고 애쓰며 이렇게 말했다. "나의 영화 '장군에게 총알을'은 웨스턴이 아니다. 비평가들은 말을 보면, 그냥 웨스턴이라고 생각한다. '장군에게 총알을'은 멕시코 혁명 시기를 배경으로, 멕시코 혁명에 관해 말하고 있다. 그리고 그것은 분명히 정치 영화이며, 다른 무엇이 될 수 없다."[15] 다미아니는 '장군에게 총알을'과 '불 질러!' 사이의 구조적 친화력에 대해 기쁜 마음으로 설명했다. 두 영화 모두 식민주의자와 피식민주의자 사이의 쉽지 않은 협력을 다루고 있다. 또 이 영화들은 피식민주의자가 '거짓 의식'을 벗어버리고, 그의 억압자에 대항할 때 혁명의 의미가 드러나는 구조를 갖는다. 네오리얼리즘 출신의 또 다른 중견 감독 카를로 리차니(Carlo Lizzani)는 1967년, 이런 정치 웨스턴이 유행할 때, '편안히 쉬소서'(Requiescant)를 발표했다. 여기서도 루 카스텔이 나오는데(멕시코인 분장을 했다), 그는 텍사스에 합병된 땅에서 저질러진 학살에서 유일하게 살아남은 생존자다. 그는 어떤 여성 혐오주의자를 추적하고 있는데, 그 사람은 남군 출신 인종주의자 가부장(마크 데이먼)이며, 그 학살을 저지른 장본인이다. 그런데 그 사람은 돈 후안이라고 불리는 극단주의자 총잡이 성직자에 의해 최종적으로는 혁명 이념으로 개종한다. 성직자 역으로는 피에르 파올로 파졸리니가 특별 출연했다. 리차니가 기억하길, "웨스턴의 아이디어는 파졸리니를 매우 즐겁게 했다."[16] 파졸리니의 쑥 들어간 뺨은 잭 팰런스를 떠오르게 했다. 성직자 파졸리니는 성경을 톡톡 치며, 루 카스텔에게 이렇게 말한다. "우리의 목표는 우리를 자유롭게 하는 것이야. 이 책이 우리에게 자유를 가져다줄 거야. 반드시 변해야 하는 가장 중요한 것은 소 떼가 아니라 이념이야." 그리고 그는 레오네의 '차가운 슈퍼히어로'를 떠오르게 하는 마지막 대사를 내뱉는다. "불행하게도 우리는 당신 같은 사람이 필요해. 왜냐면 당신은 가장 전문적인 킬러이기 때문이요."

남부 이탈리아에서는 객석에서 놀라운 일들이 벌어지곤 했다. 세르지오 코르부치가 전한 내용이다. 시칠리아에서 어느 격분한 관객은 코르부치의 1968년 영화 '위대한 침묵'(Il grande silenzio/The Big Silence)의 엔딩에 너무 화가 나서, 마지막 크레딧이 올라올 때 스크린을 향해 총을 쏘았다는 것이다. '위대한 침묵'의 종결부에서, '언어장애자(침묵)' 영웅 장-루이 트리티낭은 보통 웨스턴과는 달리 악당인 현상금 사냥꾼 클라우스

킨스키에 의해 눈 위에서 비참하게 죽임을 당했기 때문이었다. 한편 이런 정치 웨스턴에 기여한 코르부치의 다른 주요한 작품들, 예를 들어 '용병'(Il mercenario/A Professional Gun, 1968)과 '동지들'(Vamos a matar, companeros!, 1970)은 카이에 뒤 시네마에 의해, 일관되게 사회 참여적이 아니었다는 이유로 비판받았다. 곧 재미있고 만화 같은 이 영화들은 혁명 테마에 립서비스만 한다는 것이었다. 카이에 뒤 시네마는 "혁명은 오직 재미를 위해 그곳에 전시됐다."라고 지적했다. 다시 말해 두 영화에서 코르부치는 세르게이 에이젠슈타인이기보다는 미국의 애니메이션 작가 척 존스(Chuck Jones)에 가까웠다는 것이다.

작가 프랑코 솔리나스의 작업은 차원이 달랐다. 솔리나스는 자신의 시나리오가 출발한 것은 이상적인 목표가 아니라, 시대가 요구하는 것에 동기가 있는, 두 개의 충돌하는 세력에 대한 분석이었다고 말했다. 그는 이탈리아공산당의 헌신적인 당원이었는데, 정치적 함의를 가진 텍스트는 자신의 특기였다. "당시는 유럽의 정치가 두 가지 중요한 이유로 꽉 막혀 있을 때였다. 첫째, 노동자 계급은 완전히 사회에 흡수된 것으로 여겨졌다. 혁명 조건과는 아무 관계 없는 존재처럼 보였다. 둘째, 정치 상황에 대한 깊은 분석은 유럽 대륙에서의 혁명의 가능성을 거의 밀어냈다. 당신도 알다시피 식민주의 모순의 폭발, 혁명, 무장 투쟁은 당시에 전부 제3세계에서 분출했는데, 이것이 유럽에 흥미로웠고, 또 희망도 주었다. 말하자면 유럽에서는 무적처럼 보이는 자본주의가, 그것에 자원을 공급하는 곳에서는 어쩌면 영원히 패배할 수 있다는 인식에 이르게 됐다." 그리고 솔리나스는 코르부치가 '용병'의 초안을 짤 때도 함께 일했다.[17)]

그런데 혁명 조건에 대한 '깊은 분석'과 사회적 착취 행위에 대한 비판은 이런 웨스턴들이 주는 재미와 스펙터클과의 경쟁에서 살아남았을까? 또 다른 의문이 하나 있다. 정치적 웨스턴들은 주로 반군국주의, 특히 너무나 명백한 반파시즘을 드러내고, 그리고 라틴 아메리카에 대한 외국 세력의 간섭을 비난하고 있는데, 어떻게 프랑코 총통이 있던 스페인에서 만들어질 수 있었을까? 아마도 이런 영화들은 전부 장르 영화들이고, 그래서 사람들은 그냥 심각하게 보지 않았을 수도 있다(나는 이 점에 대해 스페인의 베테랑 감독 호아킨 로메로 마르첸트에게 물었다. 그는 답했다. "웨스턴? 급진주의? 질문을 이해하지 못하겠다."[18)]). 이탈리아 웨스턴의 정치학에 대한 논쟁은 유명 인사들, 예를 들어 장-뤽 고다르, 시몬 드 보부아르, 글라우버 로샤, 카이에 데 시네마의 비평가들, 그리고 바티칸까지 끌어들였다. 결론은 대체로 이랬다. 널리 퍼져 있는 할리우드의 불편한 정치 영화(여기엔 항상 '시스템'의 오작동, '음모' '조직' 같은 개념이 들어 있고, 대신 사회구조와 경제 조건에 대한 분석은 없었다)와 비교할 때, 이탈리아의 정치 웨스턴들은 결함이 있지만, 최소한 분석적인 사례를 만들었다는 것이다. 특히 프랑코 솔리나스의 작업이 그렇다고 결론 내렸다. 분명히 솔리나스의 작품들은 관객이 동일시하는 대상을 '차가운 슈퍼히어로'(이스트우드)에서, 프란츠 파농(Frantz Fanon)의 지상에서 가장 불행한 사람들에게 옮겨놓으려고 시도했다. 되돌아보면, 정치적 웨스턴의 단점 가운데 최고로 명백한 것은 성의 정치학이었다. 이를테면 '빅 건다운'의 토마스 밀리안 캐릭터는 여성들에 대해 구석기 시대 같은 태도를 보였다. 그리고 동성애자 악당들은 어김없이 퇴폐의 최고치로 치부됐다.

세르지오 레오네는 매우 정치적인 가정에서 자랐다. 하지만 1968년 그때, 레오네는 '정치적' 혹은 '지적' 이탈리아 웨스턴에 신경 쓸 시간이 없었다.(이전에 레오네는 약간의 관용을 보여주기도 했다. 그의 오랜 친구 세르지오 코르부치가 마드리드 근처 엘리오스 스튜디오에서 '장고'를 찍고 있을 때, 현장을 방문했다. 레오네는 진흙탕 길, 금방 무너질 것 같은 마을, 그리고 주인공이 영화 내내 끌고 다니는 나무 관을 유심히 보았다. 레오네는 얼마간 생각을 하더니, 코르부치와 주역을 맡은 프랑코 네로에게 이렇게 말했다. "내 생각에 너희들 성공할 것 같아."[19]) 아마 레오네는 '클린트 이스트우드처럼 차갑고 냉담한 슈퍼히어로'라는 세르지오 솔리마 감독의 폄하하는 듯한 언급에 화가 났었을 수도 있다. 또는 제2차 세계대전에서 직접 경험한 것을 참조하여 영화를 만드는 일군의 감독들에게 질투를 느꼈을 수도 있다. 어쨌든 당시에 레오네는 평범한 스파게티 웨스턴과는 분명한 거리를 두려고 했다. 무엇보다도 레오네는 국제적인 평판을 얻었고, 모뉴멘트 밸리에서 촬영까지 했다. 레오네는 또 이탈리아 웨스턴을 경멸하는 것조차 느긋하게 감당할 수 있는 유명 감독이 됐다. 이탈리아 웨스턴 혹은 스페인 웨스턴을 얕잡아 보는 사람들은 그런 영화들이 '멕시코'의 사막, 남미 배우들, 그리고 지나치게 많은 총싸움에 한정돼 있다고들 지적했다. 더 나아가 레오네는 영화의 신화에 대해 아주 의식하고 있었다, 당시에 이탈리아 웨스턴의 신화는 '(미국)남쪽 국경을 지나, 멕시코까지' 가고 있었다.

미국 영화에서 멕시코는 도피의 장소, 혹은 피난처로 자주 등장했다. 또 시끄럽고 이국적인 매력이 있는 곳, 잃어버린 이상을 좇아 찾아가는 곳, 그리고 (무성영화 시절 가장 특징적인 역할인데) 지독하게 사악한 악당들의 온상이었다. 1911년에서 1919년 사이의 멕시코 혁명은, '남자가 해야 할 일이라면, 반드시 하는 남자'라는 자신들의 정체성을 되찾으려는 '미국의 방랑자 영웅들'에게 다채로운 배경을 제공했다. '비야 만세!'(Viva Villa!, 하워드 혹스와 잭 콘웨이 감독, 1934)에는 재치 있는 저널리스트 캐릭터 조니 사이크스가 등장한다. 그는 〈반란하는 멕시코〉(Insurgent Mexico)를 쓴 극단주의 저널리스트 존 리드(John Reed)를 참조한 인물이다. '베라 크루즈'(1954)는 유럽의 식민주의에 저항했던 베니토 후아레스(Benito Juarez) 대통령 시대의 멕시코가 배경인데, 여기엔 미국의 부도덕한 총잡이와 남부의 신사가 나온다. 그들은 남북전쟁 이후에 모험을 찾아 나섰다. 그리고 나중 것으로는 리처드 브룩스의 '4인의 프로페셔널'(The Professionals, 1966)이 있다. 여기엔 4명의 미국인 '무기 전문가'가 나온다. 이들은 목이 잘리는 피범벅의 멕시코에서 재벌의 아내를 구해내는 임무를 맡는다. '비야 만세!'는 이런 갈래에서 좀 특별한 경우다. 여기서 강조하는 것은 미국인이 아니라, 실제로 멕시코의 산적-혁명주의자였던 판초 비야(Pancho Villa)이다. 영화 전체를 통해 등장하는 자막들은 이 영화를 만든 감독들이 절대적으로 낭만적인 성향을 갖고 있다는 것을 보여준다. 이런 자막들이 있다. "판초 비야는 리오그란데에서 합류하는 네 남자와 함께 시작한다. 석 달 후 판초 비야는 6만 명 군사의 지휘자이자 정복자로 멕시코시티에 입성한다." 그리고 판초 비야는 "정의와 평등을 실현할 새로운 멕시코의 창조자가 된다. 거친 남자들의 싸움이 헛되지 않았다."

말하자면 당시에 이탈리아 웨스턴이 도전하려던 것은 바로 이런 종류의 할리우드 영화였다. 레오네도 낭만화된 '할리우드 영화의 멕시코판 로망스'를 거부했다. 그는 당대 이탈리아에서의 정치와 영화미학의 변화에 대해 환멸을 느끼고 있었다. 그리고 레오네는 할리우드판의 로망스에 대해 영화적으로 반박하는 것이 매력적이라는 사실을 알고 있었다. 작가 세르지오 도나티에 따르면, 얼마 동안 레오네는 벤 헥트(Ben Hecht)의 시나리오 '비야 만세!'를 공부했고, 리메이크도 생각했다. 주역에는 일본 배우 미후네 도시로를 염두에 뒀다. 이후에 프로듀서 클라우디오 만치니는 레오네의 라프란 영화사를 위해, '멕시코'라고 불리던 영화의 초안을 샀다. 환영에서 깨어나는 산적-혁명가 이야기였다. 도나티가 이 초안을 바탕으로 첫 번째 시나리오를 만들었다. '옛날 옛적 서부에서'의 알메리아 세트에서 회의가 열렸고, 도나티도 참석했다.

"로마로 돌아온 뒤, 나는 초안에 기초해서 시나리오를 썼다. 세르지오 레오네는 '옛날 옛적 서부에서'를 편집하고 있었다. 어느 일요일, 나는 세르지오의 집에 갔다. 그곳엔 프로듀서들인 클라우디오 만치니, 풀비오 모르셀라, 그리고 당시 만치니의 사업 파트너였던 우고 투치(Ugo Tucci)가 있었다. 그들은 나의 첫 번째 시나리오에 대해 말하기 시작했다. 그런데 마치 TV 방송국의 간부들이 귀찮은 원고에 대해 말하듯이 행동했다. 나는 세르지오를 바라보았다. 그런데 그는 그 어떤 관심도 보이지 않았다. 그는 그 시나리오에 전혀 집중하지 않고 있었다. 나는 마음이 상했다. 그런데 그들은 계속 어리석은 이야기를 늘어놓았다. 나는 세르지오를 바라보며 이런 말을 해주길 바랐다. '이것이 맞아. 혹은 내가 생각한 게 바로 이것이야.' 식사가 끝날 때쯤 나는 그들에게 알았다고 말했다. 나는 원고를 가지고 나왔다. 나는 5일 동안 두 번째 시나리오를 썼다. 그 원고엔 세르지오가 한마디도 하지 않을 때, 프로듀서들이 제안했던 모든 어리석은 것들을 다 포함했다. 그리고 세르지오는 그 원고를 읽었고, 이렇게 말했다. 너 뭐 한 거야? 나는 답했다. 그들이 제안했던 것, 네가 전혀 개입하지 않았던 것, 바로 그것을 모두 썼지. 세르지오는 나에게 고함지르기 시작했다. 나는 엿 먹어라고 답했다."[20]

시나리오는 역사적 시기, 곧 멕시코 혁명의 흥분(판초 비야와 에밀리아노 사파타의 초기 성공, 프란시스코 마데로 대통령의 토지개혁)이 막 끝나던 역사적 시기를 배경으로 했다. 그런 혼돈의 시기에 빅토리아노 우에르타(Victoriano Huerta) 대통령은 혁명의 열정을 다시 뒤로 돌려놓으려고 했다. 판초 비야와 에밀리아노 사파타는 남쪽과 북쪽에서 멕시코시티를 향한 협공작전을 준비했다. 우에르타 대통령의 실각은 눈앞에 다가왔다. 주인공은 순진한 멕시코 농부이다. 태생적으로 무정부주의자인 그는 오직 가족과 친구만 믿는다. 그는 신에게 직접 대고 말하고, 격변의 시기에 가장 나쁜 사람은 국가를 교란한 자들이라고 생각한다. 이 멕시코 농부는 직업 혁명가를 별로 존중하지 않는다. 왜냐면 혁명가들은 자신들의 목적을 달성하려고, 농부들을 이용한 죄를 지은 사람들이라고 여기기 때문이다. 어쨌든 이상하게 운명지어진 이런 관계, 곧 '농부와 혁명가'라는 두 캐릭터는 서로에게 의지하게 된다. 말하자면 혁명가는 환영을 잃지만, 우정에 감사하게 되고, 농부는 자신도 모르는 사이에 혁명에 휩쓸려 들어간다.

레오네는 새 영화의 기획에 참여하게 됐는데, 그러자 영화는 레오네 특유의 비관주의와 공명했다. 레오네의 관심은 '멕시코 혁명이 아니라, 상징으로서의 혁명'이었다. 레오네는 오직 혁명의 맥락에만 관심이 있었다. 곧 '혁명의 명성, 혁명과 영화의 관계'에 주목했다. 그건 '진정한 신화'였다.[21] 옛날 옛적에 동화 같은 이야기가 있었다. 많은 사람이 그것을 사실이라고 여겼다. 현실에서 분리하여 이상화했다. 말하자면 레오네의 이야기는 그런 동화와 대결하는 것이었다. 그것도 아주 단순한 사람의 지독히 세속적인 가치로 말이다. 레오네와 풀비오 모르셀라는 '멕시코 일꾼과 아일랜드공화국군(IRA)에 소속된 혁명아 사이의 우정'이라는 아이디어를 함께 발전시켰다.[22)]

작가 도나티의 기억에 따르면, 보통 때처럼 레오네의 조언은, "모든 대사를 당대 로마식으로 생각하자는 것이었다. 여기 등장하는 캐릭터들의 태도는 로마의 오스티아(Ostia), 스폴라티(Spolati) 지역 사람들과 같아야 했다. 그들은 진짜 로마 사람이어야 했다."[23)] 도나티가 쓴 초안의 스크립트를 들고, 레오네는 투자자들을 국제적으로 모을 수 있었다. 즉 제작사들은 '라프란/산 마르코'(Rafran/San Marco), '미우라'(Miura), 그리고 '유나이티드 아티스츠'였다(파라마운트는 '옛날 옛적 서부에서' 보인 용서할 수 없는 일 처리 때문에 여기서는 제외됐다). 투자까지 준비되자, 레오네는 제작 진행에서 물러나려고 했다. 그는 뒤편에 서서, '감수'하는 역할만 하려고 했다. 하지만 투자회사들은 레오네가 '공식적인 프로듀서'가 되어야만 계약서에 서명하겠다고 했다. 따라서 레오네는 어쩔 수 없이, 프로듀서의 역할에 대한 책임을 모르셀라와 만치니와 함께 지는 것에 동의했다. 도나티는 농부 산적 후안 미란다(Juan Miranda) 역에 관해서는, 특별히 일라이 월러크를 염두에 두고 글을 썼다. 그런데 도나티는 이렇게 기억했다. "영화의 제작비는 오르기 시작했고, 투자자들은 관련 업자들이 주목할 수 있도록 '더 유명한 배우'를 원했다." 도나티는 이 소식을 월러크에게 전하는 레오네의 태도에 별로 놀라지도 않았다(월러크가 확인해주었다. "세르지오 레오네와 나는 '석양의 갱들' 때문에 틀어지고 말았다. 계약서상의 문제였다. 우리 둘은 어떤 합의에 전혀 이르지 못했다. 그건 마치 이스라엘과 이집트의 계약 같았다. 이후에 우리는 야외 파티장에서나 간혹 만나곤 했다."[24]).

그러는 동안 레오네는 인터뷰를 통해 자신이 생각하는 여러 다른 기획을 알리기 시작했다. 이들 중 몇 개는 오직 상상 수준인 것도 있었다. 우선 오래 염두에 두었던 '바람과 함께 사라지다'의 리메이크, 멕시코의 혁명가 판초 비야의 전기영화, 셀린느의 〈밤 끝으로의 여행〉 각색, 그리고 〈돈키호테〉의 변주가 있었다. 〈돈키호테〉의 영화 버전은 현대 미국을 배경으로 하며, 이 영화에서 "미국은 돈키호테에 의해 재현되고, 미국을 발견해나가는 유럽인인 산초는 진정으로 긍정적인 유일한 캐릭터로 나올 것"이었다(레오네의 설명에 따르면, 산초 판사는 또 다른 카니발적인 캐릭터인데, 말하자면 '석양의 무법자'의 투코 같은 인물이다). 레오네는 또 1945년 4월, 무솔리니의 마지막 날들에 대한 재구성을 자랑스럽게 말했다. 그때는 나치, 파시스트, 바티칸, 민족해방위원회, 파르티잔 전사들 그리고 진군하는 미군들까지, 이들은 모두 코모호수와 스위스 국경 부근에서 밀라노를 차지하기 위해 경쟁을 벌이고 있었다. 셀린느의 작품을 위한 시나리오 작업은 전혀 이루어지지 않았다. 하지만 훗날 레오네가 주장하길, 셀린느의 미망인은 자신이 그 일을 해나가는지 큰 관심을 보였다고 말했다. 세르반테스의 작품을 현대화하는 것은 초안 만들기까지는 갔던 것 같다. 무솔리니 관련 영화는 포기했다. 왜냐면 레오네가 시나리오 작업의 기초로 삼으려던 역사적 자료는 이미 카를로 리차니 감독이 권리를 획득했다는 사실을 알았기 때문이었다.

한편 작가 루치아노 빈첸초니는 레오네-모르셀라의 초안과 도나티의 기초적인 시나리오를 받아 보았다. 어쨌든 빈첸초니는 이번 작품을 통해 레오네 팀에 합류하는 것을 기뻐했다. "주제는 특별히 창의적인 것은 아니었다. 하지만 레오네가 그 작품에 품위의 차원을 부여했다. 그래서 규모가 커졌다. 이 작품과 코르부치의 '용병' 사이의 차이점은 제작비와 배우들 캐스팅에 쓸 수 있는 경제적 자원이었다."

레오네는 새 영화를 위한 감독을 찾기 시작했다. 유나이티드 아티스츠는 영화 비평가에서 감독으로 변신한 새로운 유망주를 추천했다. 그는 당시 서른 살로, 저예산 영화 '타겟'(Targets, 1968)을 통해 소소한 성공을 거둔 피터 보그다노비치였다. 시네필인 보그다노비치는 뉴욕의 현대미술관(MOMA)에서 혼자 영화를 보며, 자신에게 영향을 미친 영화들(오손 웰스, 하워드 혹스, 앨프리드 히치콕의 영화들)을 공부하기 전에, 오프-브로드웨이 연극계에서 일했다. 그는 강도 높은 인터뷰집인 〈존 포드〉(1967)를 썼고, 이는 훗날 장편 다큐멘터리 '감독 존 포드'(Directed by John Ford)로 발전한다. 보그다노비치는 로저 코먼의 오토바이 영화 '와일드 엔젤'(The Wild Angels, 1966)에서 조감독을 하며, 자신의 첫 번째 장편 영화를 준비했다. '타겟'은 대단히 인상적인 데뷔작이었다. 보리스 카를로프(협박의 장인인 늙은 바이런 올록 역)의 카리스마 넘치는 연기를, 총을 수집하는 정신이 불안한 젊은이와 대조했다. 청년은 캘리포니아의 샌퍼낸도(San Fernando) 출신인데, 지나가는 오토바이족을 조준하여 쏘기도 한다. 보그다노비치는 로저 코먼의 영화 '테러'(The Terror, 1963)에서 재발견된 필름 푸티지를 짧게 이용하기도 했다. 그리고 이는 하워드 혹스의 영화에 대한 일종의 영화광적인 담론이었다. '타겟'의 마지막 장면에서, 젊은 저격수는 드라이브-인 영화관의 스크린에 나타난 이미지와 보리스 카를로프의 실제 모습 사이에서 혼동을 느끼는데, 그건 바로 레오네의 영화 영역에 들어온 것이었다. 보그다노비치는 레오네처럼 영화광이었다. 그의 주장에 따르면, 자신은 5,316편의 영화를 보았고, 그 모든 영화에 색인 카드를 썼다.

보그다노비치는 1969년 10월, 로마의 피우미치노 공항에 도착했다. 그건 매력적인 파트너십을 약속하는 것 같았다. 하지만 3개월이 지나자 프로듀서 레오네와 감독 보그다노비치 사이에는 공통점이 거의 없다는 것이 드러났다. 레오네에 따르면(그는 이 이야기를 할 때마다 세세하게 묘사했고, 점점 악의적으로 말했다), 두 사람의 관계는 나쁘게 시작했고, 더 나빠지기만 했다. "첫 2주 동안 보그다노비치는 로마의 모든 사이비 지식인 귀족들에게 자신의 영화 '타겟'을 보여주는 데 시간을 다 썼다. 그리고 나의 영화인 친구들에게도 '타겟' 시사회를 열었다. 그것이 잘 못 된 것은 아니다. 그런데 그게 우리의 영화와 무슨 상관이 있는가! 우리는 3주째에 비로소, 시나리오를 발전시키는 작업을 시작했다. 나는 루치아노 빈첸초니와 함께 우리가 요구하는 것을 그에게 제안했다. 그럴 때면 그는 거의 예외 없이, '마음에 들지 않아.'라고 답했다. '오케이, 그러면 너는 무엇을 하고 싶어.'라고 물었다. 그는 창백해지며, '나는 어머니를 원해.'라고 말했다. 그는 아내를 '어머니'(Mother)라고 불렀다(아내는 디자이너 폴리 플래트인데, 그의 협력자였다). 보그다노비치는 그녀 없이 자기는 일을 할 수 없다고 말했다. 그래서 나는 그의 아내도 함께 일하게 했다. 나는 그들에게 아름다운 저택도 빌려주었다. 그리고 나는 2주 안에 스토리를 짜오라고 했다. 2주 후, 보그다노비치와 그의 아내는 12페이지 정도 되는 원고를 영어로 써왔다. 나는 그것을 번역하게 했다. 나는 원고를 읽었고, 사색이 됐다. 나는 번역가가 무슨 실수를 했을 것이라고 여겼다. 나는 다른 사람을 고용하여, 처음부터 끝까지 다시 번역하도록 했다. 결과는 앞의 번역과 똑같은 재앙 수준이었다. 더는 할 게 없었다. 나는 보그다노비치에게 원고의 모든 페이지에 서명하게 하고, 그것을 유나이티드 아티스츠에 보냈다. 나는 작은 편지를 하나 첨부했다. 이것이 당신들이 나에게 추천한 사람의 작업 결과라고 알렸다. 3일 뒤, 나는 미국에서 보낸 전신을 받았다. '보그다노비치 부부를 뉴욕으로 되돌려 보내주세요. 이코노미석으로.' 나는 그 전신을 보그다노비치에게 보여주고, 그의 안녕을 빌었다. 그리고 조언도 하나 했다. 미국에 가서 '타겟'을 너무 자주 보여주지 말라고 말이다."[25)]

피터 보그다노비치의 기억은 물론 다르다. 그는 그것을 잡지 '뉴욕'(New York)에 재미있는 기사로 소개했다. 화가 난 점에 양해를 구하며, 보그다노비치는 세르지오 레오네가 제안한 주제에 대해 알고 있었다고 말했다. "나는 멕시코 혁명에 관한 시나리오의 초안을 받았고, 내가 급격하게 그 내용을 바꾸더라도 환영받을 것이라고 유나이티드 아티스츠로부터 확인을 받았다. 그리고 그들은 분명히 약속했는데, 레오네는 단지 프로듀서로서만 일하고, 나는 내가 원하는 대로 연출을 할 수 있다는 것이었다. 그리고 이탈리아로의 여행이 공짜라는 점도 고려했다. 나는 그곳에 가본 적이 없었다. 나는 또 1년이 지나도록 영화를 만들지 못하고 있었다. 내가 기획했던 세 작품이 모두 중간에 포기됐다. 그리고 세 번째 아기도 가졌다. 나는 그들의 제안을 거절할 수 없었다. 내 생각에 당신도 아마 그럴 것이다."[26)]

레오네에 대한 보그다노비치의 첫인상은 그다지 특별하지 않았다. "당시에, 레오네는 수염을 기르지 않았다(그는 '옛날 옛적 서부에서' 이후 면도로 수염을 밀어버렸다. 차기작을 찍을 때만 다시 수염을 길렀다). 사실 그는 크게 인상적이지 못한 명랑한 남자 같았고, 중간 키에, 배가 불뚝했으며(보통 몸에 딱 붙는 캐시미어

스웨터를 입었다), 언급할 만한 턱도 없었다. 하지만 그는 공항에서 나를 마치 로마의 황제처럼 위엄을 갖고 맞았다. 그는 신하들과 부하들에게 부를 나누어주는 황제인 듯 행동했다. 첫 만남에서의 느낌은 미묘했다. 그런데 그에 대한 인상은 다음 주에 바로 확인됐다. 그가 나에게 진정으로 원한 것은 자신을 위대한 감독이라고 믿어달라는 것이었다. 그런데 그걸 못 믿는 유일한 사람은 바로 레오네 자신이었다. 아마도 그래서 레오네와 함께 일하는 사람에게는 그것을 믿는 게 그렇게 중요했을 것이다."

레오네는 이전에도 공항에서 미국인들을 맞이할 때 결코 잘한 적이 없다. 그래서 아마 행동을 과장했을 것이다. 레오네는 자신을 위해, 또 이탈리아를 위해 무언가를 증명하려고 엄청나게 노력했을 것이다. 이번에는 세련된 작가 루치아노 빈첸초니가 두 사람 사이의 가교역할을 했다. 보그다노비치가 말했다. "빈첸초니와 나는 처음부터 사이가 좋았다. 그의 임무는 하나에 한정되지 않았다. 그는 통역가, 중재자, 비평가, 그리고 시나리오 작가 일을 동시에 했다. 우리는 많은 시간을 함께 보냈다. 그때 빈첸초니는 내가 세르지오에게 어떻게 현명하게 행동해야 하는지를 가르치려 했다. 시나리오 회의는 오전 11시로 정해져 있었다. 그때까지 나는 빈첸초니의 아파트로 갔고, 그곳에서 우리는 세르지오를 기다렸다. 오후 1시쯤 되면 어김없이 세르지오로부터 전화가 왔는데, 1시간 정도 늦을 것 같아서 미안하다고 했다. 우리는 밖으로 나가서, 점심을 함께 먹었다. 우리는 3시쯤 돌아와 있었다. 그러면 세르지오는 4시 반쯤 도착하고, 두 시간 정도 함께 일했다. 이런 식으로 2주 동안 일한 뒤, 무슨 이유에서인지 모르겠는데 세르지오는 나에게 시계(그의 시계 가운데 오래된 것)를 선물했다. 아마도 자신이 늦지 않으려고 그랬던 것 같다."

그 두 시간은 플롯을 발전시키는 데 썼다. 레오네는 모든 순간에 활기가 넘쳤다. 보그다노비치가 설명했다. "세르지오는 모든 장면을 거친 영어와 많은 연기로 시작했다. 그 장면들을 그는 방의 한 가운데서 드라마틱한 제스처를 섞어 표현했다. '두 개의 커어어다란 녹색 눈동자!'(Two beeg green eyes!), 그러면 어김없이 그는 한 손은 자신의 눈 위에, 그리고 다른 손은 스크린에서 볼 수 있는 지점까지 아래로 내렸다. 그건 내가 쉽게 찍을 수 있는 쇼트이고, 레오네의 모든 영화에서 최소한 스무 번은 봤을 쇼트이다. '컷!'하며 그는 계속했다. '다리 작업!' 이제 모든 시선은 그의 발로 향해야 했다. 그의 두 다리는 앞으로 천천히 나아갔다. '철거덩, 철거덩' 그는 박차의 소리를 계속 냈다. '컷!' 이번에는 거의 울부짖었다. '총 위에 손!' 그는 휘파람을 불며, 엉덩이 윗부분을 잡았다. '컷!' 다시 그의 손은 그의 얼굴 프레임을 잡았다. '두 개의 커어어다란 녹색 눈동자!' 이런 식으로 진행됐다. 마지막 총싸움 장면이 있고, 그러면 그는 지치고 탈진하여 안락의자에 털썩 주저앉았다. 먹자마자 육체적 활동을 지나치게 했기 때문이기도 하고(이탈리아에서, 특히 세르지오와 일할 때면 하루의 모든 일은 식사 이후에 진행됐다), 또 장면 자체에 대한 순수한 영감 때문이기도 했다. 그리고 세르지오와 루치아노는 나의 리액션을 기다리곤 했다."

보그다노비치는 프로듀서 레오네가 자기가 연기한 바로 그것처럼 영화를 촬영해주길 기대한다는 강한 인상을 받았다. 그건 자신이 약속받은 내용과 다른 것이었다. 다리오 아르젠토는 2년 전, 레오네의 그런 연기를 봤을 때, 그것을 〈신곡〉과 연결하여 생각했다. 하지만 이번에 이 미국인 감독은 '스타'에 별로 반하지 않았다. 보그다노비치에게 시나리오 회의는 연옥에 더욱 가까워 보였다. 특히 레오네의 시각 스타일은 보그다노비치가 갖고 있던 '고전 미국 영화'의 바라보기 방식과는 아주 달랐다. 보그다노비치는 하워드 혹스, 존 포드 학파였다. '타겟'의 주요 장면 가운데, 카를로프와 보그다노비치(그는 새미 마이클스라는 젊은 작가로 등장한다)는 호텔 TV로 하워드 혹스의 '형법'(The Criminal Code, 1931)을 보는 게 있다. 보그다노비치에 따르면, 그 장면에는 이야기를 어떻게 해야 하는지 정말로 아는 사람이 등장한다. "세르지오는 '두 개의 커어어다란 녹색 눈동자!'라며 새로운 장면을 시작했다. 나는 내가 하고 싶은 말을 하려고, 중간에 개입했다. 그러면 우리는 더 이상 숏이 아니라, 액션을 토론할 수 있을 것 같아서였다. 게다가 나는 클로즈업을 좋아하지 않았다. 나의 이 말이 통역되자, 세르지오의 얼굴에는 놀라움과 동시에 기분 나쁜 표정이 보였다. 제법 긴 침묵이 흘렀다. 마침내 그는 약간 걱정하는 눈빛으로, 내가 클로즈업을 좋아하지 않으면, 무엇을 좋아하는지 물었다. 그 질문에 나는 좀 짓궂게 대답했다. '롱숏'. 다시 로마로 돌아오며(오스티아 해변에 있는 레오네의 집에서 한 시간가량 걸린다), 루치아노는 걱정된다는 듯 머리를 흔들었다. 그가 말했다. 내 생각에 너는 이 영화를 찍고 싶지 않구나."

레오네는 기술적인 문제뿐 아니라, 주제에 관해서도 토론하기를 원했다. 그는 가끔 제작팀 모두에게 '지금 만들고 있는 영화는 사실 예수 그리스도에 관한 것'이라는 점을 상기시키기 위해, '극적으로, 또 끔찍할 정도로 심각하게 개입'하곤 했다. 보그다노비치에 따르면, 이런 통찰은 그의 영화에 들어 있는 숨어 있는 종교적 상징주의에 관한 비평문(이런 것 중에는 나의 글도 포함됐을 것이다)을 레오네가 읽으면서 나왔다는 것이다. 그래서 작가와 감독은 "영화 속 아일랜드 남자에 대한 레오네의 강연을 들어야만 했다. 그 남자는 그리스도의 진정한 은유라는 것"이었다. 작가 빈첸초니는 이 점에 대해 이렇게 말했다. "진짜 생각은 레오네가 신이 되고, 제임스 코번(아일랜드 혁명가)은 그의 아들 예수 그리스도가 되는 것이다. 무슨 말인지 알겠어요?"[27] 정당하게 말한다면, 레오네는 일정 기간에, '황야의 무법자' 이후 모든 자신의 영화에 들어 있는 종교적 참조에 대해 말하곤 했다(그건 나의 글이 자극한 것이기도 했다).

'석양의 갱들' 속 아일랜드 남자라는 캐릭터의 원래 참조는 존 포드의 '밀고자'(The Informer, 1935)에서 나온 것이다. 존 포드는 주인공을 '십자가형'에 처하고, 그에게 상징이 가득한 '변형'의 장면을 부여했다. 이것은 시나리오 작가 더들리 니콜스의 특기였다. 그런데 존 포드가 한 것이라면 무엇이든 성스럽게 봤던 보그다노비치에게, 레오네가 했던 대부분은 '내부에 시가 없는 것'으로 여겨졌다. 이는 비평가들이 그에 관해 쓰기 시작하면, 레오네는 그것을 삼키기만 했기 때문이란 것이다. 1967년의 긴 인터뷰에서, 존 포드는 '밀고자'에 대한 중요한 비평으로, '자신의 장점이었던 유머가 결핍된 점'을 보그다노비치에게 인정했다. 레오네는 자신의 새로운 영화에 대해 관련된 사람들이 발설하지 않도록 했다. 보그다노비치의 기억이다. "영화에서의 최고 장면을 레오네가 연기하는 것을 보는 것으로 시간을 보낼 때였다. 그건 멕시코 농부 산적에 관한 장면인데, 그는 자신의 엉덩이에 불붙은 성냥을 단 채, 바람을 쐬고 있었다. 그때 세르지오는 특별한 소리를 냈다. 곧 처음에 바람이 불어오는 소리, 그리고 눈에 보이는 성냥과 보이지 않는 휘발유가 만나 일으키는 소리까지 냈다. 세르지오는 아주 상세하게 그 부분을 연기한 뒤, 의자에 녹초가 되어서 앉았다. 그리고 이 장면이 스크린에서 재연되지 않을 것 같아서 걱정되는지 머리를 흔들었다. 동시에 어떡하든 그 장면을 만들어야 한다는 위협이기도 했다."[28]

피터 보그다노비치는 거의 모든 사례에 대한 레오네의 설명을 반박했다. 레오네는 '타겟'이 아직 개봉이 안 된 것처럼 이야기했는데, 사실은 1년 전에 이미 상영됐었다. 보그다노비치에 따르면, 레오네는 시나리오 작가로 고용된 적이 없고, 따라서 육체적으로 고생하며 무엇을 쓴 적이 없다. 레오네는 보그다노비치의 초안을 거절할 수 없었다. 그럴 수 있는 조항이 계약서에 없었다. 그리고 레오네가 그를 '해고'한 것이 아니었다. 그것이 아니라 보그다노비치가 몸을 숨기자, 레오네가 독이 올랐다는 것이다. 그런데 보그다노비치는 레오네와 빈첸초니가 수많은 아이디어를 그에게 주입한 것은 사실이라고 기억했다. 하지만 그런 제안에 그는 거의 매번 '내 맘에 들지 않아.'라고 답했다. 모든 이런 어려움에 대한 보그다노비치의 결론은 이렇다. "그 영화를 연출하고 싶은 사람은 레오네 자신이었다. 하지만 그는 모든 책임을 진다는 사실에 확신이 들지 않았다. 너그럽게 보아도, 그는 무의식중에 어쩔 수 없이 자신이 연출을 맡을 수밖에 없는 상황으로 일을 만들어갔다는 것"이다. 보그다노비치의 설명이다. "만약 영화가 폭탄이 되어가면, 레오네는 원래 기획했던 것은 이런 게 아니었다고 변명할 수 있다. 그래서 그는 어쩔 수 없다는 듯 연출을 맡을 것이고, 자신이 할 수 있는 최선을 다할 것이며, 동시에 그가 만들려고 준비 중이던 영화('원스 어폰 어 타임 인 아메리카')를 연기했을 것이다. 이런 상상을 해보자. 설사 당신은 믿지 않는다 하더라도, 모든 비평가와 사람들이 당신은 좋은 감독이라고 말하고, 그런데 우연히 발견된 좋지 않은 사실이 압도적인 것이 되어가면, 당신은 실패와 직면하기보다는 패배하지 않은 채 은퇴하는 게 낫다. 나의 주제넘은 이런 추론이 만약 사실이라면, 그건 슬픈 일이다. 왜냐면 레오네는 매우 좋은 감독일 때가 더 많았기 때문이다."

보그다노비치가 제작에 개입할 때, 이 영화의 원제 '옛날 옛적, 혁명'(Once Upon a Time, the Revolution)은 바뀌어야 했다. 레오네의 기억이다. "이탈리아 측이 나의 원제목을 바꾸길 원했다. 나는 제목을 '머리 숙여'(Giù la testa)로 바꾸었다. '머리 숙여'는 글자 그대로의 뜻도 있고, '길에서 비켜'(Get Out of the Way)라는 뜻도 있다. 그래서 제목은 대단히 사회적인 함의를 갖게 됐다." 그 제목은 또 1960년대 후반, 레오네의 정치적 신념을 요약한 것이기도 했다. 레오네는 이탈리아 기자 디에고 가부티에게 이렇게 설명했다. "나는 정말로 혁명에 대한 찬가를 만들 생각이 없었다. 다미아노 다미아니의 '장군에게 총알을' 같은 영화 말이다. 그 영화는 열정으로 만들어졌는데, 얼마 가지 않아 이데올로기는 낡은 공식처럼 비쳤다. 곧 중세 신비극의 기도문 같았다. 그렇게 하고 싶지는 않았다. 우리는 마음속에 사회적 코미디를 생각하고 있었다. 순진하고 하찮아 보이는 주인공이 나오는데, 그는 여러 종류의 역사를 경험한다. 그런데 그는 그 역사를 모르고, 자기 주위에 무슨 일이 일어나는지도 보지 못한다."[29)]

레오네는 관객들이 '유머의 그림자와 실망'을 구분해주기를 바랐다. 그는 오프닝 크레딧에서 애니메이션을 쓸 계획을 잡았다. "스크린에는 미국의 큰 지도가 등장한다. 현기증 나는 줌으로 멕시코 국경을 강조하고, 그곳에 원형으로 붉은색 불이 등장한다. 그곳엔 사막, 선인장, 산이 있다. 넝마를 입은 농부가 메마른 땅에서 일하고 있다. 그의 뒤로 흰색 줄이 마치 뱀처럼 땅을 가로질러 있다. 카메라는 그 흰 줄을 따라가고, 우리는 극단적인 클로즈업에 잡힌 큰 손을 본다. 그 손은 흰색 줄에 연결된 기폭제를 당기게 된다. '머리 숙여, 멍청이'(미국 제목 Duck, You Sucker)라는 조용한 목소리가 프레임 밖에서 들린다. 그리고 '쾅!' 폭발물은 연이어 터진다. 연기가 선인장과 산을 가린다. 그리고 연기가 걷혔을 때, 우리는 완벽하게 평평해진 지평선을 본다. 그러자 산더미 같은 바위들 뒤에서 그 농부가 나타나는데, 얼굴엔 혼이 빠져 있다. 그는 어깨를 한 번 으쓱한 뒤, 마치 아무 일도 일어나지 않은 것처럼 다시 흙을 이쪽에서 저쪽으로 옮기기 시작한다." 이것이 레오네가 주장하는 '영화의 정치적 메시지'를 숨긴 표현이다. 말하자면 "당신은 아무것도 모른다. 심지어 당신 주위에 일어나는 일도 통제하지 못한다"라는 것이다.[30)]

이런 계획 대신에, 완성된 영화에는 마오쩌둥의 인용문으로 시작한다(미국과 영국 판본에는 없음). 검은색 배경에 대문자다.

> 혁명
> 그것은 사교적 식사가 아니다,
> 문학적 축제도 아니고,
> 그림이나 혹은 자수도 아니다.
> 곧 그것은 우아함과 예의로
> 이루어지는 게 아니다.
> 혁명은 폭력 행위이다.

마오쩌둥의 원래 문장은 '그럼으로써 하나의 계급은 또 다른 계급을 무너뜨린다'라고 끝맺는다. 레오네는 분명한 목적을 갖고 문장을 줄였다. 이런 서문 뒤, 우리는 개미 떼가 나무에서 나오고, (화면 밖에서) 누군가 개미 위로 오줌을 누는 것을 본다. 저 멀리 바순으로 연주되는 행진곡 같은 게 들린다. 그건 모리코네의 테마곡인 '거지들의 행진'(The March of the Beggars)이다. 카메라는 왼쪽으로 패닝하고, 우리는 맨발의 두 발, 그리고 자신의 성기를 털고 있는 어느 남자의 실루엣을 본다. 카메라는 위로 올라가, 멕시코의 농부 후안 미란다(Juan Miranda)의 얼굴을 잡는다. 멀리서 뭔가가 폭발하는 게 들리고, 농부는 그 소리에 귀 기울인다. 이어 휘파람의 메아리, 그리고 주요 테마곡인 '숀 숀 숀'(Sean, Sean, Sean)이 들린다. 이 장면은 샘 페킨파의 '와일드 번치'(1969) 도입부에서 아이들이 전갈과 개미를 갖고 놀던 순간에 대한 마구잡이식 변주이다. 페킨파의 그 장면에는 영화를 끌고 가는 우정에 대한 암시가 들어 있었다. '석양의 갱들' 원래 판본의 엔딩은 농부 후안이 관객을 향해 보며, 처량한 목소리로 이렇게 한탄하는 장면이다. '나는 뭐 하지?' 그러자 그의 얼굴 위로 원제목 '머리 숙여'가 떠오르고, 스크린 위에서 그 글자는 점점 커진다. 그래서 '머리 숙여'는 일종의 교훈인 것이다. 곧 절대 개입하지 말라는 의미다. 주제 음악은 크게 들리고, 엔딩 크레딧이 계속 이어진다. 말하자면 이 영화는 가난한 농부가 아무 잘못도 하지 않는 것으로 시작하여, 자신이 갖고 있던 모든 귀중한 것을 파괴하는 혁명에 대해 원시적인 저항을 하는 것으로 끝맺는다. 레오네가 말했다. "아일랜드 남자는 멕시코 농부에게 양심을 주었다. 이것이 농부를 영원히 잃어버린 영혼으로 만들었다."

아이러니하게도 이탈리아 배급업자는 레오네가 제안한 제목('머리 숙여')이 베르톨루치의 '혁명 전야'처럼 혼동을 일으킬 수 있다고 생각했다. 그런데 레오네의 제목은 프랑스 판본에서는 그대로 남았다. 영국에서는 '한 줌의 다이너마이트'(A Fistful of Dynamite)가 됐다. 미국에서는 처음엔 '머리 숙여, 멍청이'(Duck, You Sucker)였다. 그런데 흥행이 나빠지자, 영국 제목을 쓰기 시작했다. 보그다노비치는 미국 배급 제목에 대해서도 레오네와 각을 세웠다. "레오네가 말하길, 그 제목은 널리 알려진 이탈리아의 표현법을 미국화한 것이라고 했다. 곧 레오네가 처음에 원했던 이탈리아 제목 '머리 숙여, 멍청이'(Giù la testa, coglione)를 글자 그대로 영어로 옮기면 '머리 숙여, 멍청이'(Duck Your Head, Balls)가 된다. 여기서 나중에 레오네는 욕설이 될 수 있는 '멍청이'(coglione)만 빼고, 이탈리아 배급 제목으로 정했다. 그리고 레오네는 미국 제목이 미국인들에겐 일반적인 표현법이라고 주장했다. 그래서 내가 말했다. 세르지오, 미국인들은 절대 그렇게 표현하지 않아. 미국의 그 어떤 곳에서도 그렇게 말하지 않아. 아니야. 미국에서 흔히 쓰는 표현이야. 반박하던 세르지오의 눈이 굳어졌다. 그는 내가 그런 표현을 듣지 않았다면, 나는 진정한 미국인이 될 수 없다는 듯이 생각하는 것 같았다. 세르지오는 발음도 이상하게

('Dock You Socker') 하며, 계속 그 말을 했다."[31)]

과거의 그 일이 있고 나서, 10년 뒤 나는 그와 대화하며, 보그다노비치의 레오네에 대한 태도가 상당히 경직됐다는 것을 알 수 있었다(레오네의 시나리오 작가들도 그랬다). "나는 레오네의 강렬한 팬이 아니다. 그가 매우 좋은 감독이라는 점을 알고 있지만 말이다. 내 생각에 레오네는 자신을 스필버그 혹은 루카스, 또 그런 감독들과 동급으로 여기며 자위하는 것 같았다. 그런데 그들은 단지 영화와 함께 성장하며, 자신들의 영화를 만들 뿐이었다. 계속하여 말이다."[32)]

보그다노비치는 자신의 비판을 더 이어갔다. "레오네의 영화는 냉소적이다. 포드는 그런 적이 절대 없다. 그리고 레오네의 영화에는 어떤 시학이 없다. 문제는 레오네의 영화가 미국 신화의 변화를 반영하는 방식으로 만들어지기 때문이다. 그의 영화는 함의에 있어선 더욱 파시스트적이다." 보그다노비치가 느끼기에, 레오네의 영화는 포드가 갖고 있던 테마, 곧 가족, 가정, 전통 그리고 미래에 대한 보수와 보호가 치명적일 정도로 결핍돼 있다고도 했다. "레오네의 영화에는 미래가 없다. 단지 죽일 뿐이다." 당연하게도 레오네도 종종 포드의 공동체 의식, 특히 고립된 공동체의 의식에 대해 말하며(심지어 쓰며), 그것은 자신의 영화에서도 최고로 중요하다고 강조했다. 그런데 첫 세대 아일랜드 이민자인 포드는 결정적으로 미국에 대해 '낙관적인 시각'을 갖고 있었다. "포드는 이전에 미국이 어땠는지 이해했다. 그때는 레오네가 태어나기도 전이다." 보그다노비치가 설명했다. "이제 무덤에서도, 포드는 레오네가 앞으로 이해할 것보다 더 많은 것을 이해할 것이다." 보그다노비치가 레오네의 영화에서 발견한 설득력 있는 미덕은 유머 감각이었다. 그런데 그것은 작가 루치아노 빈첸초니 덕분이라고 했다. 보그다노비치는 '옛날 옛적 서부에서'에서 가장 매력이 떨어지는 부분은 웨스턴 고전에 대한 난동 같은 오마주들이라고 말했다. "그 부분은 전혀 좋아할 수 없었다. 아니 그런 식으로 '참조'하는 것을 증오했다. 그건 완벽하게 메마른 것이었다. 마치 비평가들이 서로를 비판하는 것 같았다. 그리고 영화광이라면 굳이 많은 관객을 염두에 두지 않는다." 세월이 지나 빈첸초니는 레오네와 보그다노비치 사이의 일에 대해 자기만의 판단을 내놓았다. "나는 그들의 중간에 있었다. 나는 일종의 외교관이었다. 하지만 그 역할은 애초에 불가능한 것이었다. 레오네는 엄청난 성공을 거둔 뒤, 어쩌면 자연스러운 일인데 약간은 오만해졌다. 보그다노비치는 나의 친구가 됐다. 나는 그가 그 영화를 연출하길 바랐다. 그리고 그렇게 되도록 나는 많이 노력했다. 그러나 아무 소용이 없었다. 그 모든 일은 내 집에서 일어났는데 말이다."[33)]

보그다노비치가 떠난 뒤, 레오네는 유나이티드 아티스츠에서 새로운 연출자를 보내주기를 기다렸다. 그때 세르지오 도나티는 다시 제작팀의 연락을 받았다. 빈첸초니의 초안을 각색하여 시나리오를 완성하기 위해서였다. 도나티의 기억이다. "프로듀서 풀비오 모르셀라가 6개월 정도 지났을 때 전화했다. 늘 그렇듯 이렇게 말했다. '세르지오와의 사이에서 오해가 있었어.' '그건 오해가 아니야, 풀비오.' 나는 대답했다. '나는 이런 것을 참지 못하겠어. 나는 이렇게는 일 못 하겠어.' '아니야, 제발 와줘. 부탁이야.' 그래서 나는 그 팀에 돌아갔다. 상황은 여전히 '엿 같은' 분위기였다. 나는 며칠 동안 세르지오(레오네)와 같은 방에서 일했다. 마지막 결투 장면까지 모두 쓴 다음 나는 '계산해줘.'라고 말했다. 그러자 세르지오는 '전화번호부 책이라도 베꼈어?'라고 물었다. '오케이. 그럴지도. 잘 있어, 세르지오'라고 답했다. 그리고 나는 시나리오를 이탈리아 작가조합에 맡겨두었다. '네가 시나리오가 필요하면, 그곳에서 찾아.' 그는 변호사를 통해 시나리오를 가져갔다. 그것으로써 우리 사이는 끝이 났다. 안됐지만 말이다." 도나티는 과거의 격정적인 협력관계에 대해 종종 활기차게 회상하기도 했다. "당신도 보다시피, 내가 이 영화의 첫 번째 원고에 대해 말할 때는 우리는 바에서 싸우고 있었다. 그리고 우리는 서로에게 '엿 먹어'라고 욕했고, 그리고 빈첸초니와 보그다노비치가 함께 일하며 6개월이 또 흘렀다. 그리고 최후에 레오네는 여전히 만족하지 못했다. 아르젠토와 베르톨루치와 일할 때도 그는 그랬다. 그래서 그는 나를 다시 불렀다. 내가 그 일을 할 수 있다는 것을 레오네는 알고 있었기 때문이었다. 하지만 그는 나에게 '훌륭해!'(Bravo!)라고 말할 만큼 현명하지는 않았다. 나는 단지 그 말만을 바랐는데 말이다. 한 번도 그 말은 하지 않았다." 그런데 레오네도 도나티로부터 단지 '훌륭해!'라는 말을 듣기를 기다리고 있지 않았을까? 나는 도나티에게 물었다. "아마 그럴지도." 도나티가 답했다.[34]

그 당시에 대해서 레오네라면, 특유의 드라마 같은 과장을 섞어, 기획 전체가 서서히 중단되고 있었다고 말했을 것이다. 일정표에 따르면 촬영 개시와 세트 건설 마감이 점점 다가오고 있었는데 말이다. 레오네가 느끼기에, 유나이티드 아티스츠는 감독을 고르는 데 시간을 질질 끌고 있었다. 보그다노비치에 따르면 그때 UA는 레오네를 '베니토'(무솔리니)라고 불렀다. 그 앞에서는 물론 절대 그러지 않았지만 말이다. 이어서 캐스팅을 두고 로마와 할리우드 사이에 협상이 길게 이어졌다. 일라이 월러크는 빠졌다. 제이슨 로바즈는 아일랜드 남자 멀로리 역으로 캐스팅됐다가 나중에 빠졌다. '만약'(If…)으로 인기가 높았던 말콤 맥도웰이 거론됐다. 왜냐면 IRA의 남자들은 매우 젊었기 때문이었다. 그리고 클린트 이스트우드가 미국영화협회 세미나에서 밝힌 사실인데, 그도 주요 역할을 제안받았다. 그건 틀림없이 아일랜드 남자 역일 것이다. 프로듀서들은 '멕시코에서 촬영할 계획'도 잡았다. 만약 새 영화가 이스트우드에게 매력적으로 다가서면 말이다. 하지만 그는 거절했다(세미나에서 어떤 학생이 말했다. '영화는 좋았습니다.' '그랬나요? 나는 보지 않았어요.' 이스트우드의 답이었다).

레오네의 기억이다. "그 당시 나는 런던에서 샘 페킨파를 만났다. 우리는 서로 잘 맞았다. 그는 내가 프로듀스하는 영화를 연출하는 데 스릴을 느꼈다. 그는 나에게 약속도 했다. 나는 매우 기뻤다. 나는 우리 둘의 이름이 포스터 위에 함께 적힐 때, 그 효과가 어떨지 충분히 알고 있었다. 그래서 나는 UA에 그 사실을 알렸다. 그런데 놀랍게도 그들은 나의 제안을 미루어두었다. 그들은 새로운 도전을 하려고 하지 않았다. 대신에 말은 더 많이 하려고 했다."[35] 그런데 빈첸초니의 주장은 달랐다. 페킨파는 처음부터 레오네의 제안을 받아들이지 않았다. 페킨파는 다른 감독을 자신의 프로듀서로 수용하기에는 너무나 영리했다. "특히 프로듀서가 레오네처럼 오만하고 비문화적이면 더욱 그랬다. 아마 두 사람은 서로를 죽였을 것이다." 빈첸초니에 따르면, 레오네는 페킨파에 대한 섭섭한 마음을 나중에 영화 속에 표현했다. 레오네가 아이디어를 낸 '무숙자'(My Name Is Nobody, 1973)가 그것인데, 페킨파의 이름을 영화 속 무덤 위에 새겨놓았다. 빈첸초니의 설명이다. "그 장면으로 레오네는 이렇게 말하고 싶었을 것이다. 레오네는 페킨파를 무덤에 묻었다. 왜냐면 레오네가 페킨파보다 우월하기 때문이다."[36]

레오네는 대비책으로 작가 빈첸초니도 감독 후보로 고려했다. 하지만 빈첸초니는 영리하게 거절했다. "세르지오, 너는 항상 내 어깨 위에 앉으려 할 거야."[37] 그러자 이탈리아의 프로듀서들은 조감독이던 잔카를로 산티(Giancarlo Santi)를 격상시킬 계획을 잡았다. 그는 레오네의 곁에서 '석양의 무법자'와 '옛날 옛적 서부에서'를 찍을 때 긴밀하게 협조했다. 보그다노비치와 작가 도나티에 따르면, 산티는 실제로 이 영화의 연출을 시작했다. 하지만 "레오네가 이탈리아인 대리 감독에게 일을 맡기려 하자, 스타 배우들이 상황을 받아들이려 하지 않았다." 레오네의 기억에 따르면, 산티의 연출은 '최소한 처음 10일 동안' 이어졌다. 하지만 이후의 대규모 액션 장면을 찍기 위해, 산티는 광범위한 제2 제작팀을 떠안아야 했다. 그 일에 대해 도나티는 최근에 이렇게 기억했다. "첫날의 감독은 잔카를로 산티였다. 그리고 로드 스타이거(농부 후안 미란다)가 도착했다. 세르지오가 그에게 말했다. 산티는 나와 같아. 그는 내가 카메라 뒤에 있듯이 일할 거야. 그러자 로드 스타이거가 대답했다. 오케이. 내일 나는 누군가를 불러, 그에게 모든 것을 설명하겠네. 그는 바로 나처럼 촬영장에 임할 거야. 그리고 스타이거는 할리우드에 전화했다. 다음날 세르지오 레오네는 이 영화의 연출을 시작했다."[38]

훗날 레오네는 과거를 회상하며, 이런 모든 소동은 유나이티드 아티스츠가 처음부터 자신이 연출하기를 원했기 때문이라고 설명했다. "그들은 나를 줄에 연결된 인형처럼 다루었다. 그건 계약서에 서명할 때부터 시작됐다." 레오네가 느끼기에 처음부터 비밀 '음모'가 있었다. 그 일에 관련된 모든 사람이 레오네가 연출을 받아들이는 것 이외에 다른 것을 선택할 수 없게 만들었다는 것이다. "우리는 촬영 1주일을 남겨 두고 있었다. 스태프들은 이미 스페인으로 떠났고, UA의 프로듀서들은 내가 왜 감독을 할 수 없는지 스타들이 자꾸 묻는다고 말했다. 심지어 내 가족도 그 음모에 가담했다." 당연하게도 아내 카를라 레오네는 그런 '음모'를 부인했다. "세르지오는 정말로 이런 장르의 영화는 더 이상 연출하지 않으려 했다. 그는 이미 다른 영화에 대해 생각하고 있었다. 나는 그가 진심이라고 생각했다."[39] 가장 가능성이 큰 시나리오는 UA가 이 영화를 구원하기 위해 최소한의 저항만 했다는 것이다. 레오네는 시나리오의 모든 것을 자신에게 맞게, 세르지오 도나티와 함께 고치기 시작했다. 모든 게 레오네 특유의 방식으로 바뀌었다. '황야의 무법자' 이후 레오네의 모든 영화는 사전에 상세하게 준비하는 것으로 진행됐다. 레오네가 기억하기에, "촬영이 시작되는 데는 겨우 이틀 정도 남아 있었다. 나는 미국인 영화 제작자를 위한 상황에 나를 맞추어야 했다. 일을 진척하기 위해 나는 스스로 적응해야 했다."

레오네는 시나리오 작성의 모든 과정에 깊게 관여했고, 결과적으로 시나리오는 레오네 특유의 강박관념으로 가득 찼다. '석양의 무법자'처럼, 두 차례의 세계대전에 관한 참조가 과도하게 들어 있었다. 그럼으로써 이 영화에 한정된 특별한 역사적 배경을 넘어, 내용의 함의를 확장하려 했다. 레오네의 설명이다. "멕시코는 전쟁과 혁명을 끌어들이는 구실이 됐다. 어떤 장면에서 나는 다른 장소, 다른 시간에서 일어난 일을 함께 암시했다. 예를 들어, 멕시코의 왕이 도주했던 것처럼 행동한 돈 하이메(Don Jaime) 주지사의 도주, 비극적 역사인 이탈리아의 포세 아르데아티네(Fosse Ardeatine) 학살 사건을 닮은 9월 8일의 산 이시드로 동굴(the Grotto of San Isidro) 사건. 그 동굴에서 자행된 후안 가족의 살해 등이다. 또 나치의 강제수용소인 다하우(Dachau) 같은 곳, 마우트하우젠(Mauthausen)의 죽음의 도랑과 구덩이 같은 곳도 나온다. 이 영화에서는 그곳에서 우에르타(Huerta) 대통령의 명령을 받은 귄터 레사의 부하들이 수백 명의 멕시코 시민을 학살한다. 나는 심지어 청년 무솔리니를 닮은 얼굴을 찾아내어, 그에게 제복을 입혔다(그 군인은 탈영하고 탈주하기 위해 성직자의 옷을 입는다. 하지만 그는 다시 붙잡혔고, 벽에 세워진 채 처형된다. 그 역할은 '어떤 엔지니어'가 맡았다). 이런 것들은 모든 전쟁과 혁명을 함의하는 기호들이다. 그게 아일랜드이든, 스페인이든, 또 그 어디든 상관없다. 여기서 멕시코 혁명은 단지 상징일 뿐이다. 영화 속의 그건 역사적인 사건이 아니다. 역사적인 것으로서 영화와 관련해 나의 관심을 끈 것은 판초 비야, 그리고 '라쿠카라차'(La Cucaracha) 뿐이다."[40]

역사적 참조를 허구 속에 섞은 다른 사례로는 반혁명적이고 잔인한 대령 귄터 레사(Günther Reza)에 관한 것인데, 그는 나치의 탱크 사령관처럼 표현돼 있다. 또 멕시코 철도에 소속된 소 수송 화물차는 폴란드에 있는 죽음의 장소로 이송되던 유대인 희생자들을 실은 기차처럼 보인다. 그리고 지역의 혁명 조직은 치고 빠지는 전략을 펴고, 산에서 야영 생활을 하는데, 이는 1943년에서 1945년 사이에 활동한 이탈리아의 파르티잔을 참조한 것이다. 멕시코의 우에르타 정권 정보원들의 태도는 필사적으로 권력에 의존적인데, 이는 파시즘 정부 마지막 나날의 퇴폐와 잔인함을 거울처럼 비추고 있다(이런 현상은 파졸리니의 1975년 작 '살로, 소돔의 120일'을 통해 그 자체로 영화적 신화가 된다). "그런데 영화에서 가장 중요한 것, 그리고 나의 기본적인 동기는 나에게는 너무나 소중한 테마인 우정이다." 레오네의 설명이다. "두 남자가 있다. 한 명은 순진하고 또 다른 한 명은 지적이다(지식인들이 종종 순진한 척하며 자기중심적인 것처럼). 그때부터 영화는 피그말리온의 이야기를 역전하여 들려주고 있다. 곧 순진한 남자가 지적인 남자에게 가르침을 주는 식이다. 순수한 자연이 우위를 점하고, 최종적으로 문명의 지적인 남자는 늘 갖고 다니던 미하일 바쿠닌의 책을 던져버린다. 당신은 이것이 우리 세대가 약속의 방식으로 늘 들어왔던, 그 모든 것에 대한 상징적인 제스처라는 것을 금방 알 것이다."[41]

루이 셀린느의 〈밤 끝으로의 여행〉은 시나리오 작성에 주요한 영향을 미쳤다. 짐작할 수 있듯 작가 루치아노 빈첸초니의 개입 덕분이었다. 셀린느는 소설 속의 반영웅 페르디낭의 뉴욕 은행 방문을 이렇게 썼다. "신앙심이 깊은 그가 은행에 들어갈 때, 당신은 은행원들이 자신들을 위해 원하는 만큼 마음대로 돈을 가져갈 수 있다는 생각을 해서는 안 된다. 전혀 그렇지 않다. 그들은 달러와 대화하고 있다. 작은 창살을 통해 그에게 중얼거리며, 사실 그들은 달러에게 고해하고 있다."

농부 산적 후안이 처음으로 메사 베르데(Mesa Verde)에 있는 전설적인 은행에 대해 아일랜드 남자 숀에게 설명할 때, 그는 매우 흥분해 있다. "은행의 문은 마치 천국의 문처럼 황금이야. 그리고 안으로 들어가면 모든 것이 황금이야." 그리고 후안은 숀의 머리 위로 후광이 비치는 것을 상상한다. 그 후광엔 '메사 베르데 국립은행'이라는 신성한 글자가 가로질러 적혀 있다. 후안은 훔친 역마차의 내부에 봉헌 제단을 만들어 놓았다. 제단에는 성처녀 마리아의 조각이 있고, 그 아래에는 은행 입구를 어린이가 그린 것 같은 그림이 걸려 있다. 후안이 자신의 가족과 함께 은행에 도착했을 때(그들은 마치 사진을 찍는 관광객 같다), 그는 은행 입구의 위에 있는 창문이 축성 받은 교회 성체의 현현으로 변하는 것을 상상한다. 하지만 그는 무릎을 꿇지 않고, 초조하게 자신의 손을 쥐었다 풀었다 한다. 마치 그 모든 황금을 가지기 위해, 더 기다릴 수 없다는 듯 말이다. 후안은 자신이 '성수'(holy water)라고 부르는, 아일랜드 남자 숀의 니트로글리세린이 그를 도울 것으로 생각한다. 실제로 숀은 니트로글리세린 한 방울을 후안이 역마차 안에 만들어 놓은 그 제단에 떨어뜨린 적이 있다.

루이 셀린느는 프랑스 식민지 아프리카의 무역소에서 수익을 빼돌리기에 매우 바쁜 공무원과 사업가들의 기괴한 태도에 관해서도 썼다. 이들이 주로 나누는 대화의 테마는 현지인들의 난교, 그들이 식인종인지 아닌지에 대한 질문, 그리고 그들의 프랑스적인 모든 것에 대한 무지에 관한 것이었다. 이런 묘사들은 '석양의 갱들' 도입부 시퀀스에 큰 영감을 주었다. 곧 거대하고 화려한 역마차 안에서, 후안은 편견에 가득 찬 승객들로부터 무시를 당한다. 그들은 추기경, 지주와 그의 아내, 변호사, 그리고 미국 남부 출신의 사업가 등이다. (그들에 따르면) 멕시코의 농부들은 '충실하게 보호받고' 있으며("무엇보다도, 그들은 혁명에서 이겼어. 혹은 최소한 거의 이겼어."), 그리고 농부들은 '시궁창의 쥐처럼 무더기로 몰려 사는' 하등 동물이라고 비난받는다. "이런 쓰레기(후안) 같은 놈들에게 혜택을 주려고 그랬던 거야." 승객 가운데 한 명이 말한다. "농지 개혁이 시행된 것 말이야. 엿 같은 마데로(대통령)는 정권과 우리의 땅을 이런 멍청이에게 주려고 했어." 각계각층 출신인 역마차의 부르주아들이 드러내는 거친 편견에 대한 시각화는 얼굴, 눈, 그리고 음식을 먹어대는 입의 생경한 클로즈업 편집으로 구성돼 있다. 그런 입들은 마치 닦지 않은 항문처럼 보인다. 이건 셀린느의 생생한 산문에 대한 영화적 등가물이며, 또 에이젠슈타인의 몽타주에 많이 빚지는 것이다.

레오네는 '석양의 무법자'에서 그랬듯, 찰리 채플린을 여기서도 다시 인용했다. 농부 산적 후안 미란다는 오직 은행을 털려고 했다. 하지만 그가 발견한 것은 은행에 수감 돼 있는 수많은 정치범이었다. 여기서 레오네는 '모던 타임스'(1936)의 '그 장면'을 참조한다. '모던 타임스'에서 부랑자 채플린은 큰 트럭에서 떨어진 붉은 깃발을 들었고, 뜻하지 않게 자신이 노동자 시위대의 선두에 서 있는 것을 알게 된다. 후안 미란다는 은행 폭발 이후 길거리로 휩쓸려 나가게 된다. 폭발 덕분에 감옥에서 풀려난 사람들도 떼를 이루어 길거리로 쏟아져 나왔고, 그들은 후안을 어깨 위에 걸쳐 매고, "미란다 만세!" 라고 소리 지른다. 숀이 웃으며 말한다. "너는 이제 혁명의 위대한 영웅이 된 거야." 그러자 후안은 전혀 놀라지 않고 답한다. "내가 원하는 유일한 것은 돈이야." 또 다른 영화적 참조는 '비야 만세!'에서 나왔다. 이 영화에서 판초 비야는 필경사에게 편지 위에 자신의 이미지를 그리라고 명령한다. 비야는 자신의 많은 예비 신부 가운데 한 명에게 보낼 편지를 받아쓰게 하고 있다. "너는 내가 하라는 대로 해. 너는 거대한 황소를 그리면 돼." 이것이 반복되는 개그로 이어지고(후에 비야는 멕시코 시티의 왕궁에서 은제 황소 조각을 훔친다), 또 이것은 특별한 아이러니를 제공하는데, 곧 비야는 정육점 바깥에서 죽는다("죽기에는 우스운 장소"). '석양의 갱들'에서 후안은 숀에게 비야에 대해 말한다. "그는 이 세상 최고의 산적 두목이야. 이 남자는 황소와 같은 두 개의 커다란 고환을 갖고 있지. 그는 위대한 산적으로 혁명에 뛰어들었어. 그런데 혁명에서 나왔을 때, 그는 무엇이 돼 있었지? 장군이었지. 아무것도 아닌 그런 존재 말이야. 나에게 그런 장군은 똥 덩어리야." 이는 '멍청이와 장군'(cojones and generals)이라는 반복되는 개그가 된다. 후안은 적의 공격을 앞두고, 사막의 돌다리에서 겁 없이 아일랜드 남자와 함께 오직 둘만 남는다. 직업 혁명가들은 모두 그런 행동은 위험하다고 말했다. 하지만 후안은 그것이 누가 진정한 남자인지에 대한 테스트가 될 것이라고 생각했다("너는 여기 머물 수 있는 고환을 가진 유일한 용감한 남자가 너라고 생각하지? 글쎄, 네가 틀렸어.”). 마지막에 아일랜드 남자는 누워 죽어가고 있으며, 이때 후안과 숀 사이에 대화가 이어진다. 후안이 말한다. “너는 나를 남기고 떠나는 거야? 나에게 이제 무슨 일이 일어나겠어?” 숀이 답한다. “그들은 너를 장군으로 만들 거야.” 후안이 쏘아붙인다. “나는 장군은 절대 되고 싶지 않아.”

후안은 의도적으로 만든 카니발적인 인물이다. 그는 땀을 많이 흘리고, 신성한 상징을 모독하고, 성호를 긋고 하늘을 한 번 쳐다본 뒤, 사람들을 향해 기관총을 쏘아댄다. 또 두 손으로 음식을 입안으로 쓸어 담으며, 역마차에 타고 있던 부르주아 착취자 중의 한 명에게 자신의 넓은 가족관계를 이런 말로 소개한다. “당신, 내 가족에 대해 알고 싶어? 여기는 나의 아들들(역마차를 공격한 많은 소년), 그들은 전부 다른 엄마로부터 태어났어. 내 엄마(매춘부였다)? 그녀는 아스텍의 피를 갖고 있지. 그 조상들이 당신들보다 먼저야.” 말하자면 유럽의 식민정책은 아주 오래전에 시작됐는데, 그렇지만 후안 자신은 판초 비야처럼 이곳의 태생적인 사람이란 뜻이다. 후안은 안경을 쓴 지주에게 묻는다. “너는 아기를 만들 수 있어?” 지주는 머리를 옆으로 흔든다. “그것 슬프군. 하지만 우리는 고칠 수 있어. (고개를 돌리며) 부인!” 지주의 아내는 역마차에서 내려온다. 그녀는 자갈이 깔린 탈곡용 원형 바닥을 지나 농가로 안내된다. 이 장면은 레오네의 과거 영화에서 봤던 ‘결산’을 다른 방식으로 참조한 것이다. 후안은 작대기를 이용하여 그녀를 외양간으로 몰아간다. 어느 닭이 길게 운다. 그는 부인을 음탕하게 위아래로 쳐다본다. 이탈리아 판본을 보면, 후안은 자신의 성기를 드러낸다(프레임의 바깥이지만). 부인은 그것을 놀라운 눈빛으로 바라본다. "훌륭하지, 그렇지?" 후안이 물었다. 젖소의 울음소리가 들리고, 후안은 부인의 꽃장식 모자를 벗긴 뒤, 자신의 몸을 부인에게 세게 밀착한다. 부인은 지붕을 쳐다보며 탄식한다. "하나님, 도와주세요. 기절할 것 같아요." 후안이 답한다. "안돼. 지금 기절하면, 너는 최고의 순간을 놓치게 돼." 이어서 옷이 벗겨진 남자들 엉덩이가 클로즈업으로 잡힌다. 후안의 자식들이 역마차의 승객들을 벗긴 것이다. 부인(그녀는 역마차에서 연신 입안에 체리를 밀어 넣으며, 농부들이 '난교하고 섞여 사는 것'에 대해 상상을 했다)은 이제 자신이 가장 두려워하는 것(혹은 비밀스러운 상상)을 앞두고 있다. 말하자면 후안은 복수하고 있다. 이 장면은 바라보기가 힘들다. 하지만 레오네는 그 장면의 동기에 대해 특유의 태평한 태도로 설명하곤 했다. "나는 원형 경기장에서 벌어지던 영웅들의 스펙터클 대신에, 천박하고 사소한 사건을 하나 넣었다."[42]

그런데 이야기가 진행되며, 후안은 숀의 영향을 받고, 태도를 바꾸게 된다. 결정적인 장면이 하나 있다. 후안은 동굴에서 자신의 가족이 학살당한 것을 발견한다. 그는 항상 목에 걸고 다니던 십자가를 떼어 던져버리고, 울기 시작한다. 잠시 그는 말을 잇지 못한다. "모두 죽였어. 여섯 명 모두. 이전에 나는 세어본 적이 없어." 이탈리아 판본에 따르면, 우리는 그가 무엇을 보는지 볼 수 없다. 오직 그의 얼굴에 표현된 리액션만 본다. 그런 표현법이 이 장면을 더욱 강력하게 만들었다. 후안은 곧 귄터 레사의 군인들에 맞서기 위해 기관총을 들고 나간다. 이 순간에는 후안은 하늘을 한 번 바라보지 않는다. 이후에 후안은 주지사의 목숨을 살려주는 조건으로 보석과 돈을 제안받는다. 그런데 후안은 주지사를 쏘아 죽이고, 보석에는 별 흥미를 보이지 않는다. 그것은 충동적인 결정이 아니었고(후안은 잠시 동굴에서의 학살을 떠올린다), 진지하게 고려한 결과였다. 후안은 복수를 실현했는데, 그 복수는 차가울 때 먹은 최고의 요리였다. 영화 전체를 통해 폭력은 신중하게 고려됐다. 물론 레오네의 잣대에 따른 것이지만, 대단히 제한됐다. 전투 장면에서는 폭력이 강조됐다. 특히 귄터 레사의 기관총 장면이 있는데(미국과 영국의 판본에서는 잘렸다), 마치 '죽음의 춤'처럼 표현돼 있다. 말하자면 레오네의 익숙한 캐릭터인 피카로(Picaro, 피카레스크 소설의 주인공 악당), 곧 후안은 여기서는 드물게도 복잡한 인물로 등장하고 있다. 그는 자신이 속하지 않을 것 같은 곳에서도 등장하곤 한다. 곧 후안은 메사 베르데의 기차에서 진행되는 혁명 회의에도 등장한다. 후안은 가족들과 있을 때만 편안해 보인다. 그런데 후안은 위대한 역사적 사건이 다른 특별한 곳에서만 일어나는 것은 아니라는 사실을 알게 된다. 후안은 숀과의 친밀한 관계를 만들었고, 그 결과로 관계는 더욱 발전한다. 후안은 진지한 문제 속으로 휩쓸려 들어가며, 상투적인 인물에서 진정한 인간으로, 인형극 무대의 배우에서 실재하는 사람으로 거듭난다. 이런 점이 그를 레오네의 영화에 등장하는 최초의 캐릭터로 만들었다.

숀의 캐릭터도 변해간다. 그는 '아일랜드인 연맹'(The United Irishmen) 출신인데, 오토바이에 있는 신문을 후안이 보면서 우리도 그에 대해 알게 된다. 숀은 영국 정부가 자신의 목에 3백 파운드의 현상금을 걸었다는 기사를 알려준다(후안은 문맹이라 읽지 못한다). 그러자 후안은 숀도 자기처럼 산적이라고 여기며 기뻐한다. 하지만 숀은 자기가 개입하고 있는 문제의 성격이 후안의 그것과는 아주 다르다는 것을 암시한다("오, 우리는 아일랜드의 혁명에 대해서는 오줌 한 방울 정도의 공통점을 갖고 있지"). 숀은 폭발물 전문가이다. 그래서 단골로 등장하던 권총 결투 대신에, 여기에는 다이너마이트와 니트로글리세린을 놓고, 쫓고 쫓기는 일들이 벌어진다. 숀은 자신의 도구들(짧은 퓨즈, 중간 퓨즈, 긴 퓨즈)을 먼지 방지용 롱코트(duster)의 안감 속에 감추고 있다("만약 네가 방아쇠를 당겨 나를 쏘면, 나는 쓰러질 것이다. 만약 내가 쓰러지면, 모든 지도를 새로 만들어야 할 것이다. 내가 만약 반만 걸어가도, 이놈의 나라는 나와 함께 갈 것이다. 너도 포함해서!"). 그런데 숀은 현실에 환멸을 느끼는 반항자이다. 그는 너무 많은 술을 마신다. 이탈리아 판본에 따르면, 숀은 어느 장면에서 마비 증상을 느껴, 기폭 장치를 작동하지 못한다. 그래서 후안이 폭발물의 손잡이에 발을 올려, 광산주 아센바흐와 그의 호위 군인들을 날려버린다. 숀은 담배도 엄청나게 피운다. 그는 마치 자살 애호가처럼 행동한다. 이런 말을 한다. "이게 혁명이라면, 이건 혼동이야. 내가 다이너마이트를 쓰기 시작했을 때, 나는 여러 가지를 믿었어. 나중에는 결국 다이너마이트만 믿게 됐지."

스토리의 대부분에서 숀은 순진한 후안을 조종한다. 하지만 여기의 조종은 레오네 초기 영화의 이중 배반과 달리 개인적인 비극으로 이어진다. 그리고 숀은 그 과정에서 무언가를 배우게 된다. 소 수송 화물칸에서 진행되는 대단히 감동적인 장면이 있다. 숀은 가족을 잃은 후안이 느끼는 고통의 깊이를 이해하게 된다. 그러자 숀은 자신도 정상적인 감정을 느낄 수 있었던 과거를 떠올리기 시작한다. 슬로모션으로 표현되는 마지막 플래시백에서, 숀은 아일랜드 전원에서의 목가적인 시간 속에 있다. 그때 숀은 젊었고, 사랑에 빠졌고, 자신의 이상도 손상되지 않았었다. 이와 비슷한 생각을 하고 있던 후안은 본능적으로 고개를 돌려 아일랜드 친구를 바라본다. 아일랜드 남자는 동굴 학살 때부터 갖고 있던 후안의 십자가를 보여주며, 멕시코인 친구 후안에게 이렇게 고백한다. "나의 친구, 너를 엿 먹였던 것을 돌려주마." 후안은 고개를 흔들며 마치 계시처럼 말한다. "아니야, 그런 말 하지 마."

숀은 척추에 치명적인 부상을 당했다. 그러자 그는 장-뤽 고다르의 '미치광이 피에로'(1965)처럼 자신을 폭발시킨다. 레오네는 '미치광이 피에로'를 걸작이라고 평가했다. "수많은 영화를 봤지만, '미치광이 피에로'에서 완벽함과 풍부한 정서를 경험했다. 나는 그 영화를 깊이 존중한다."[43] '미치광이 피에로'에서 페르디낭(장-폴 벨몽도)은 여러 색깔로 장식된 다이너

마이트로 얼굴을 감싸고, 퓨즈에 불을 붙인다. 그런데 마지막 순간에 그는 마음을 바꾸어, 불붙은 곳을 찾으려고 더듬댄다. "바보 같아!" 페르디낭의 마지막 말이었다. '석양의 갱들'에서 숀은 기폭 장치 기능을 숨긴 마리화나를 깊게 빨아들인다. 그리고 거대한 폭발이 있기 전에 숀은 미소를 짓고, 목가적인 상상을 하며, 편안해 보인다. '미치광이' 페르디낭의 행동은 충동적이고 목표도 없는 것이었다. 하지만 숀의 행동은 계산된 것이었다. 숀은 후안을 만났을 때부터, 정교하게 죽음의 주사위 게임을 벌이고 있었다.

배신은 심각한 결과를 초래한다. 닥터 비예가(로몰로 발리)는 지적인 전략가인데, 귄터 레사에게 고문을 당한 뒤, 자신의 동료들 이름을 분다. 이것도 레오네에게는 발전의 흔적이다. 레오네가 말했다. "비예가의 행동은 '석양의 무법자'에 표현된 소극 형식의 배신과는 다른 것이다. 숀의 전쟁은 결과적으로 정치적 이념이 배제된 개인적 행위가 됐다. 적을 기다리며, 다리 앞에서 후안이 숀의 자살 같은 행위에 끼어들었을 때, 그는 의도하지는 않았지만, 숀이 홀로 죽는 것을 막을 수 있었다. 일어날 수 있는 가장 안 좋은 일은 두 남자가 죽음에서 도피하는 것이다. 그러면 그들이 보호하고 있던 사람들이 모두 소멸하게 될 것이다! 그들의 행위는 정말 미친 짓인데, 나는 그런 어두운 아이러니를 좋아한다."[44)]

비예가의 배신으로 총살부대는 빗속에서 정렬하여 선다. 촛불이 비추고 있는 이 장면은 고야의 그림 '마드리드의 5월 3

일'처럼 보인다. 그리고 그 배신은 숀이 경험하는 자아 인식의 마지막 단계로 이끈다. 곧 숀은 비예가를 자살 행위 같은 작전에 끌어들여, 스스로 죄를 씻게 하려 했다. 지적인 의사 비예가는 기관차에서 석탄을 채우는 삽질을 하며 손을 더럽히고 있다. 기차는 다이너마이트로 가득 차 있는데, 귄터 레사의 군대 기차와 충돌할 예정이었다. 그때 비예가는 자신이 왜 이 기차에 타고 있는지 이유를 알았다. 그는 자신이 어쩔 수 없이 했던 행위에 대해 필사적으로 해명하려 했다. "심판은 쉽지. 너는 고문 당한 적 있어? 너는 말 안 할 것을 확신해? 나도 확신했어. 그런데 나는 말했어." 그의 울분에 가득 찬 항의는 숀에 의해 갑자기 중단됐다. 기차가 폭발 목표물에 접근하고 있어서였고, 숀은 비예가에게 탈출하라고 소리질렀다("그냥 눈을 감고 뛰어내려. 신이 너를 도울 거야"). 하지만 비예가는 눈만 감고 있었다.

숀의 캐릭터를 알기 위한 중요한 열쇠는 젊은 IRA 멤버 시절을 기억하는 일련의 플래시백 속에 들어 있다. 첫 번째 플래시백에서, 숀은 아일랜드의 시골을 달리고 있다. 뒷좌석에서 짙은 머리칼의 아일랜드 처녀는 숀의 모자를 벗기고, 두 사람은 키스한다. 운전대를 잡고 있던 숀의 친구는 흐뭇한 미소를 짓고 있다. 이어서 두 남자는 더블린의 펍에서 '아이리시 프리덤'(Irish Freedom)이라는 소식지를 바삐 돌리고 있다. 그리고 ('빗속의 그 날 밤' 숀이 비예가를 알아보는 방식으로) 숀은 더블린의 어느 바에서 술을 마시고 있는데, 그 친구가 경찰과 영국 장교 두 명과 함께 나타나는 것을 본다. 친구는 심하게 맞았음을 알 수 있다. 군인들은 펍 안의 여러 사람을 지목하면, 그 친구는 고개를 끄덕인다. 숀은 거울을 통해 그들을 매우 긴장하며 바라보고 있다. 숀은 돌아서고, 손에는 신문으로 싼 리 엔필드(Lee Enfield) 소총이 들려 있다. 그리고 멕시코의 총살부대가 빗속에서 총을 쏘듯, 숀은 소총을 발사한다.

기관차 장면으로 돌아가 보자. 숀이 비예가에게 "제발 입 닥쳐!"라고 말할 때, 우리는 아일랜드의 펍으로 다시 돌아간다. 두 군인이 이미 총에 맞았고, 친구는 숀의 눈을 바라보며, 미소를 짓는다. 하지만 그 친구도 총에 맞는다. 그 친구가 쓰러질 때, 우리는 숀이 비예가에게 하는 말을 듣는다. "나는 너를 심판하지 않아. 그건 내 인생에 한 번이면 족해. 삽질이나 계속해." 마지막 플래시백은 마리화나 기폭 장치 때의 기억이다. 그때 숀은 젊은 자신을 떠올리고, 처녀와 친구는 그와 함께 아일랜드의 전원을 행복하게 뛰고 있다. 처녀는 나무에 기대어 서고, 숀은 그녀에게 키스한다. 이어서 친구도 그 처녀에게 키스한다. 숀의 몽상은 지도를 바꿀 정도의 거대한 폭발로 중단된다. 그때 후안은 "조니!"(숀의 영어식 표현)라고 소리 지른다.

레오네는 '두 아일랜드 남자가 한 여성을 함께 사랑하는 것'이 들어 있는 마지막 플래시백이 많은 나라에서 삭제된 점을 기억했다. 그는 매우 화를 내며 말했다. "그건 사랑의 자유 방임주의이거나 프리섹스를 말하는 게 아니다. 거기엔 상징적 차원이 들어 있다. 그 여성은 혁명을 재현하는 것이다. 모두가 포옹하기를 원했던 그 혁명 말이다. 숀은 이 이미지를 '수상한 담배'를 피울 때 회상한다. 당신은 그가 꿈을 꾸는지, 상상하는지, 기억하는지 알 수 없다. 나는 그 장면을 후안이 숀의 유령을 볼 때와 같은 방식으로 삽입했다. 말하자면 숀이 폭발하기 바로 전에, 두 남자는 다시 합쳐진 것이다."[45]

이 플래시백의 영화적 기원은 물론 존 포드의 '밀고자'이다. 뒤뚱거리는 술고래 자이포 놀란(빅터 매클래글렌)은 1922년, 스튜디오의 세트에 표현된 더블린의 안개 낀 거리를 방랑하고 있다. 그는 친구 프랭키 맥필립을 경찰에 신고하여 배신했다. 그때 받은 피 묻은 돈으로 그는 미국행 뱃삯을 마련할 수 있었다. 레오네와 작가 빈첸초니는 시나리오 작업을 할 때, 그 영화를 다시 보았다. '밀고자'는 존 포드의 먼 친척인 리암 오플래허티가 1925년에 쓴 소설을 각색한 것이다. 이 소설은 1923년 11월에 실제로 일어난 사건에 기초하고 있다. 당시에 아일랜드는 영국과의 조약 이후에 내전에 빠져 있었다. 포드의 영화는 감상적인 노래를 덧붙이며, 그 소설을 간단한 도덕 이야기로 변주했다. 술고래 놀란은 '황소처럼 건강'하지만, 혼란을 겪는 단순한 남자로 그려져 있다. 유명한 이야기인데, '밀고자'는 아주 조심스럽게 IRA를 언급했다. 영화에서는 '조직'이라고만 불렸다. 레오네는 포드의 영화를 참조하며, 배신의 테마를 유지했다. 하지만 강조점을 배신하는 자에서, 용서는 절대 받아들일 수 없는 복수하는 자로 이동했다. 더 나아가, 레오네의 영화는 '조직'이 무엇인지를 명확하게 드러냈다.

'석양의 갱들'은 아일랜드 전원에서의 플래시백 장면을 위해, 존 포드의 다른 작품 '말 없는 사나이'(The Quiet Man, 1952)를 거의 베끼듯 참조했다. 이 영화는 또 다른 숀(존 웨인)을 다루는데, 그는 이니스프리(Innisfree)라는 마을 근처, 매서운 바람에 노출된 작은 집으로 돌아온다. 이곳은 거의 비현실적인 푸른 풍경을 보여주는데, 아일랜드 메이요(Mayo) 지역의 콩(Cong)과 그 일대에서 촬영됐다. 레오네는 푸른 풍경과 숀이라는 이름, 그리고 존 포드 스타일의 감상주의를 그대로 가져왔다. 레오네는 우편엽서 같은 아일랜드를 표현하기 위해, '부끄러울 정도로' 존 포드를 끌어들이는 것을 전혀 주저하지 않았다("포드는 미국에 사는 아일랜드 사람들의 감성을 갖고 있었다. 그들은 푸른 초원이 미래로까지 이어질 것을 믿고 있었다."). 그리고 포드의 역사적 통찰도 그대로 참조했다("포드는 동화 같은 이야기를 만들었다. 거기엔 IRA에 대한 그 어떤 참조도 없다. 포드는 아일랜드를 마치 유토피아의 낙원처럼 묘사했다."[46]). 레오네와 시나리오 작가들은 흥분해서인지, IRA는 1919년에야 조직된다는 사실을 잊은 것 같다. 그때 혁명가 마이클 콜린스(Michael Collins)는 거의 죽어 있던 조직 '아일랜드 공화국 형제'(Irish Republican Brotherhood)를 되살렸다. 레오네는 'IRA의 남자들은 매우 젊은 것'으로 바라보았다. 사실 영화가 시작되는 1913년이면, 그들은 당연히 매우 젊어야 했다! '석양의 갱들'의 1922년 사건은 그렇다면 최소한 9년 정도 시간을 앞으로 당겨놓았다. 말하자면 시각적 배경은 역사적이기보다는 영화적이었다. 아마도 시나리오 작업을 하며, 레오네와 작가들에겐 '1968년' 이후에 전개된 북쪽(유럽)에서의 여러 사건이 머리에 맴돌았을 것이다.

시나리오는 레오네 특유의 강박적인 요소들로 꽉 차 있다. 그런데 레오네는 지나치게 과장하여, 마지막 순간에 자신이 모든 것을 '다시 썼다'라고 주장했다. 하지만 두 작가(빈첸초니와 도나티)는 처음 시나리오를 받았을 때, 이미 그것은 레오네 특유의 것으로 채워져 있었다고 말했다. 빈첸초니의 기억에 따르면, 레오네는 산적 후안이 멸시당하는 역마차는 반드시 호화롭고 진짜 같아야 한다고 줄기차게 주장했다. 그래서 '목공의 걸작'과 '진짜 루이뷔통 가방', 그리고 '과거의 침실 칸 화장실'이 반드시 있어야 했다. 또 배설물은 레오네의 도장이 찍힌 것처럼 상세해야 했다. "도입부에서 후안이 오줌 누는 아이디어는 세르지오의 것이다. 이것은 그가 어릴 때 장난치던 것 중의 하나였다. 세르지오가 집착을 보인 또 다른 장면은 후안이 소 수송 화물칸 안에 있을 때인데, 그는 새장 아래에 앉아 있다. 그런데 새가 후안의 머리 위에 똥을 싼다. '너는 부자를 위해서는 노래를 부르겠지' 후안이 그 새를 보며 하는 말이다."[47]

세르지오 도나티는 영화의 마지막 편집본 시사회에 참석하여, 레오네와 빈첸초니를 만났다. 그 판본은 도나티의 첫 번째 것과는 아주 달랐다. 그래서 도나티와 빈첸초니는 레오네에게 10쪽짜리 편지를 썼다. "더 자르라고 썼다. 세르지오는 우리의 편지에 매우 마음이 상했다." 1968년의 정치적 소요에 대해 상당히 감동한 사람으로서, 도나티는 레오네가 마오쩌둥의 유명한 말을 인용한 것에 혐오감을 느꼈다. 도나티가 느끼기에 그것은 "도발이었다. 세르지오는 말하자면 '정치적 냉소주의자'(qualunquista)였다. 그의 영화는 그냥 수사학으로 넘쳤다. 그에겐 분명한 입장이 없었다. '석양의 갱들'은 내가 아주 싫어하는 영화다."[48] 빈첸초니가 덧붙이길, '석양의 갱들'이 끝난 뒤에, "레오네와 나는 다시 싸웠다. 그일 이후 우리는 다시는 함께 일하지 않았다."[49]

음악은 여전히 엔니오 모리코네가 썼다. 주요 테마는 '예비판본'의 형식으로 사전에 작곡됐다. 늘 그렇듯 이 음악들은 '내재적 음악'(internal music, 음악이 보조 수단에 머물지 않고, 영화의 서사적 요소로서 극 속에서 실재하는 듯한 느낌을 주는 것)으로 기능한다. 숀은 권터 레사의 총살대에서 후안을 구하려고 할 때, 자신의 테마곡 몇 마디를 휘파람으로 불어(화면 밖에서) 신호를 보낸다. 후안은 그 신호를 인식한다. 메사 베르데 은행의 습격은 모리코네의 '거지들의 행진곡'으로 편집돼 있다. 여기엔 모차르트의 '아이네 클라이네 나흐트무지크'(Eine kleine Nachtmusik)이 인용돼 함께 들어 있다. 모차르트의 곡은 후안이 정치범들로 꽉 차 있는 감옥의 문을 열 때마다 또 들린다. 마지막 엔딩 타이틀에서('거대한 폭발 이후'), 소프라노 솔로가 숀의 테마곡을 편곡한 것의 일부로 연주되고, 이와 동시에 계속하여 합창의 후렴, 곧 '숀, 숀, 숀'(Sean, Sean, Sean)도 같이 들린다. 이어서 오케스트라 반주가 앞의 두 곡을 보강하게 된다. 그래서 숀의 자살도 음악적 등가물을 갖는 것이다. 하지만 이는 '옛날 옛적 서부에서'와 비교하면 '내부적 성격'의 정도가 약했다. 아마도 사전 제작 단계에서, 레오네와 모리코네 사이의 협력관계가 이전보다는 가깝지 않았기 때문일 것이다. 왜냐면 제작 계획이 결정되는 데는 너무 많은 시간이 걸렸었다.

1969년에서 1970년 사이, 엔니오 모리코네는 실제로 대단히 바쁜 사람이었다. 그는 그때 25편의 영화 음악을 작곡했다. '석양의 갱들' 디스크 표지를 보면, 레오네는 모리코네에게 우편엽서를 보낸다. "나는 네가 학교의 벤치에서 자는 것을 보았어. 나는 네가 편집실에서 코를 코는 것을 들었어. 하지만 이 음악은 너무나 아름답고, 너무나 웅장해. 나는 네가 언제 이런 곡을 썼는지 신기하기만 해." 이 내용은 곧바로 레오네의 단골 이야깃거리가 됐다. 레오네는 인터뷰 작가와 식사 손님들에게 이런 이야기를 즐겨 들려주었다. "모리코네는 정말 일을 열심히 해. 그는 아침 6시면 일어나. 그런데 그는 저녁 9시부터 잠을 자. 간혹 그는 녹음실에서도 자곤 하지." 또 레오네는 덧붙이길, 언젠가 모리코네는 녹음 과정에서도 잔 적이 있다고 했다. 레오네는 녹음실 마이크 볼륨을 최대로 올려 그를 깨웠고, 이렇게 말했다고 전했다. "엔니오, 잠자는 게 부끄럽지 않아?" 그 순간 모리코네는 아마 신의 목소리를 들었다고 생각했을 것이란 이야기다. 글쎄, 이것은 어쨌든 이야기다. 이런 이야기에 대해 진지한 마에스트로 모리코네는 이렇게 답했다. "인터뷰 작가는 '녹음 스튜디오'라는 단어에 집중했어야 했다. 혹은 잘못 번역했을 것이다. 왜냐면 나는 스튜디오에서 오케스트라를 지휘하며 선 채로 잠잘 수는 없기 때문이다! 그런 이야기가 일어나려면, 영화는 더빙되고 있어야 했다. 그때면 나는 편안하게 집에 머물 수 있었고, 침대에서 잠을 잘 잤을 것이다."[50)]

'석양의 갱들'에는 음악적 변주가 이전보다 줄었다. 대신 소프라노 에다 델로르소와 합창단 '칸토리 모데르니'(Cantori Moderni, 현대 성가대)의 역할이 더 강조됐다. 합창단은 심지어 중요한 단어들도 노래했다. 동시에 그 단어들로 '사운드'를 만들었다. 숀과 관련된 테마는 서정적이고 느린 곡인데, 알레산드로 알레산드로니의 부드러운 휘파람으로 연주됐다. 그 테마곡은 이미지와 달리, 두 남자가 다리를 폭파하는 시퀀스에서도 연주됐다. 그래서 마치 숀이 과거 아일랜드에서의 좋았던 시절을 기억하는 것 같았다. 레오네는 이런 스펙터클한 장면에 어울릴 것 같은 힘찬 음악을 쓰지 않았다. 레오네는 액션 장면이 이미 정교했고, 더 이상 그것을 강조할 필요가 없었다고 말했다. 이 테마곡은 플래시백에서도 쓰였다. 아내 카를라 레오네는 '숀, 숀, 숀'이라는 가사를 처음 제안한 사람은 자신이었다고 말했다. 원래는 제작 초기에, 피아노를 두고 작업할 때 그 가사는 '와, 와, 와'(wah, wah, wah)였다. 후안과 그의 가족들에게는 경쾌한 '거지들의 행진곡'이 동반됐다. 이 곡은 바순, 플래절렛(flageolet), 그리고 군대용 드럼이 순서대로 돌아가며 곡을 이끌었다. 모리코네의 기억이다. "이 행진곡을 위해, 나는 약간은 천박한 요소를 이용했다. 예를 들어 방귀 같은 소리도 있다(행진 중에 우습게도 배에서 나는 소리를 넣었는데, 그건 배고픈 사람들의 소리였기 때문이었다). 행진곡이 이랬기 때문에, 모차르트처럼 약간 우아한 것을 첨부하는 게 맞았다."[51)]

'거지들의 행진곡'을 짧게 이용하는 것은 '석양의 갱들' 전반부에 등장한다. 후안 미란다 일당의 나쁜 행동에 관련된 시각적 개그를 강조할 때다. 행진곡 전체가 등장할 때도 있다. 먼저 역마차 승객 모두의 '행진'을 위해서다. 이들이 후안의 흥분한 아이들에 의해 옷이 벗겨진 뒤, 농장의 마차에 실려, 돼지우리의 진흙탕 같은 곳으로 굴러떨어질 때다(가장 핵심적인 부분은 국제 배급 판본에서는 잘렸다). 그리고 메사 베르데 은행을 털 때 행진곡 전곡이 등장한다. 행진곡은 후안의 변하는 표정(놀람, 격분, 분노)에 맞추어 편집돼 있다. 그리고 이 곡은 후안의 뒤쪽에, 풀려난 정치범들의 수가 점점 늘어나, 모두 150명이 될 때까지 크레센도로 커진다. 이것은 영화 전체에서, 음악과 (대사 없는)이미지 사이의 연결이 가장 성공한 부분이다. 음악학자 세르지오 미첼리(Sergio Miceli)는 이 장면의 '무절제한 사람들과 장난스러운 모차르트의 인용'을 동시대의 이탈리아 아방가르드 예술과 연결지었다. 모리코네도 인정했듯, 행진곡의 어떤 면은 "내가 활동했던 아방가르드 그룹 '누오바 콘소난차'(Nuova Consonanza, 새로운 화성)에 빚진 것"이었다.[52)]

레오네는 촬영을 진행하며, 시나리오에 의미 있는 변화를 덧붙였다. 그중의 하나가 '혁명'에 관한 숀과 후안의 논쟁이다. 둘이 혁명군의 캠프에 있을 때이다. 숀은 '자신들이 참여하고 있는 이 작은 혁명'에 후안이 무관심한 점을 책망하며 책 읽기를 중단한다. 후안은 격분하며 말한다. "나는 모든 혁명과 그것이 어떻게 시작하는지 알고 있어. 책을 읽은 사람들이 책을 읽지 않은 사람들, 곧 가난한 사람들에게 가서, 이렇게 말하지. 드디어 변화의 시간이 왔다. 그래서 가난한 사람들이 변화를 일으키지 않나? 그리고 책을 읽은 사람들은 모두 번쩍이는 책상에 앉아, 말하고 또 말하고, 먹고 또 먹고 하지. 그러면 가난한 사람들에겐 무슨 일이 일어났나? 그들은 모두 죽었어. 그것이 너의 혁명이야." 숀은 잠시 생각에 빠진다. 그리고 자신이 읽던 책을 바라보더니, 그 책을 텐트 밖 진흙 속으로 던져버린다. 책의 표지에는 무정부주의자 미하일 바쿠닌의 〈애국심〉(The Patriotism, 이렇게 번역될 바쿠닌의 저서는 없다. 따라서 조심성 없는 인용이며, 레오네에겐 흔치 않은 일이다)이 적혀 있다. 화면은 바뀌어, 군대의 트럭 바퀴가 보인다. 어느 군인이 땅에 있는 그 책을 집어 든다. 그는 자신의 상관인 대위에게 그 책을 건네고, 대위는 다시 그 책을 레사 대령에게 넘긴다. 대령은 장갑 낀 손으로 책의 그 페이지를 넘겨 본다. 책을 읽은 사람들은…

이런 연결은 초반부에서 후안이 판초 비야에 대해 화를 터뜨릴 때를 생각나게 한다. 레오네는 그 주장을 더 확대하고 싶었고, 그래서 촬영 도중에 위와 같은 장면을 만들어 냈다. "두 사람 사이의 진정한 갈등이 터져 나올 때가 바로 그때다. 단순한 남자가 지적인 남자에게 가르침을 주는 것이다. 그리고 나는 바로 나치가 그 책을 진흙탕에서 발견하도록 했다. 그는 당연히 바쿠닌을 알고 있다! 이런 거부의 행동은 현실에 대한 나의 환멸을 드러내는 것이다."[53)]

이것은 또 레사 대령에게 바른 추적의 길을 가고 있다는 실마리도 주었다. 그건 마치 '석양의 무법자' 속 블론디의 시가 꽁초 같은 것이다. 더욱 중요하게는, 그것은 영화 세계 '지식인들'에 대한 레오네의 복잡한 감정을 드러낸 것이기도 하다. 레오네는 그런 사람들의 생각 속에서, 특히 그런 사람들의 작품을 보며 성장했다. 그런데 레오네는 누구든지 진지하며 동시에 대중적일 수 있고, 심지어 천박할 수도 있다는 점을 그들에게 증명하려 했다. 레오네는 파리의 시네아스트들에게 잘 보이려 했고, 어떤 면에서 자신을 그들이 상상하는 대로 맞추었다. 레오네는 사람들이 자신에 대해 하는 말, 특히 책을 읽지 않는다는 말에 민감하게 반응했다. 하지만 영화 속 두 남자 사이의 논쟁 장면은 위험하게도 무지에 대한 열정적인 호소에 가까웠다. 그건 지식인들의 잔혹한 비판에 대한 반박이 아니라, '정치적 냉소주의'에 대한 옹호였다. '석양의 무법자'에서 투코가 블론디에게 말할 때처럼, 그건 세상을 단지 두 종류의 사람으로 환원하는 것이었다.

레오네에 따르면 나중에 시나리오에 첨가한 것은 또 있다. 후안과 숀이 미국 국경을 몰래 넘어갈 계획을 암시하는 내용이었다. 그들은 미국에서 유명한 은행 강도 이름을 따서, 자신들의 이름을 '조니와 조니'(Johnny and Johnny)로 바꾸려고 했다. 메사 베르데의 은행 입구는 목제 장난감 기차에 숨겨 놓은 폭탄으로 폭파된다. 그 기차의 이름이 '조니와 조니의 특급'(Johnny and Johnny Express)이다. 소 수송 화물칸에서 숀은 후안의 기운을 북돋기 위해, 미국에서 받을 '현상금' 이야기를 해준다. 곧 아메리칸 드림으로 가득 찰 주머니 말이다. 숀이 죽을 때, 후안은 같은 종류의 위로를 되돌려준다("너 지금 나를 두고 떠나는 거야. 이제 나에게 무슨 일이 생길까?").

이때에도 레오네의 가슴에는 여전히 미래에 만들 미국 갱스터 서사극에 대한 생각이 자리 잡고 있었다. 레오네는 '석양의 갱들'을 '개척지의 황혼과 도시의 어두운 밤' 사이의 영화라고 묘사했다.[54] 영화의 전반부에서 후안은 젖과 꿀이 흐르는 땅에 대한 이민자의 환상을 피력한다. 후안에게 그곳은 자기개선을 위해 낮엔 일하고 밤엔 공부하는 그런 땅이 전혀 아니다. 대신에 그곳은 강도질하기 좋은 달콤한 은행이 수없이 많은 땅이다. 후반부에서 숀은 자꾸 기분이 나빠져 절망하고 있는 후안에게 그 상상을 이어갈 수 있도록, 최소한 그 땅에는 모든 길이 황금으로 포장된 곳이 있다고 말해준다. 그렇지만 두 사람은 결국 소 수송 화물칸에서 나와, 어김없이 혁명의 길로 들어선다. '석양의 갱들'은 투박한 방식이지만, 아일랜드, 이탈리아, 스페인, 그리고 멕시코에서 있었던 미국으로 향한 대규모 이민의 충동을 보여주고 있다. 이들 국가는 모두 로마

카톨릭 문화인데, 프로테스탄트가 지배하는 미국이라는 용광로로 왔다. 그때의 미국은 웨스턴 개척지의 종말과 거대 도시의 발흥, 그 사이에 있었다. 또 이 영화는 이곳의 원주민들이 용광로에서 서로로부터 분리되고, 또 모두로부터 분리되어 어떻게 살아남는지도 보여주고 있다.[55)]

레오네는 이런 각색 과정을 훗날 많은 사후의 합리화를 섞어 설명해주었다. "나는 그때 경력에서 하나의 시기를 종결지으려고 했다. 그래서 나는 나의 초기 작품들에 등장했던 거대한 장면들 일부를 다시 이용했다. 이를테면 은행에 대한 공격, 다리를 폭파하는 것 등 말이다. 하지만 나는 그런 장면을 나의 스타일을 유지하면서도, 다르게 다루고 싶었다. 그때 나는 '석양의 갱들'이 새로운 '삼면화'(소위 '옛날 옛적 3부작', 곧 '옛날 옛적 서부에서', '석양의 갱들', '원스 어폰 어 타임 인 아메리카')의 두 번째 패널화가 될 수 있으리란 생각을 했다. 그래서 이 작품을 미국의 개척지에 관한 두 번째 이야기로 끌어갈 수 있었다. 그리고 나는 그때 나의 결정적인 상상('원스 어폰 어 타임 인 아메리카')에 대해 말할 준비가 됐음을 알았다. 곧 나와 미국과의 관계, 잃어버린 우정, 그리고 영화에 대해서 말이다."[56)] 또 이런 것도 가능했는데, '석양의 갱들'에는 시각적 개그가 촬영 현장에서 즉흥적으로 이뤄지기도 했다. 이런 경우다. 테크니스코프 프레임의 레터 박스(letter-box) 화면 안에 등장하는 레터 박스 화면인데, 찢어진 정치 포스터를 통해, 그리고 소 수송 화물칸의 나무로 만든 가림막을 통해 표현된다. 이것은 조심스럽게 프레임을 잡는 것으로 유명한 레오네의 명성을 스스로 인용하는 일종의 농담이다. 레오네는 이 영화에서 새로운 촬영감독과 일했다. "그는 주세페 루촐리니(Giuseppe Ruzzolini)인데, 파졸리니의 사람이다. 왜냐면 나는 그때 나의 모든 옛 시스템에서 해방되고 싶었다." 제2 제작팀을 이끌던 잔카를로 산티를 위해서는 촬영 담당으로 프랑코 델리 콜리(레오네의 촬영감독이었던 토니노 델리 콜리의 사촌)가 동원됐다. 당대의 새로운 비디오 기술은 제작팀이 원했던 시각적 효과를 사전에 볼 수 있게 했다. 스페인의 작업실에서 보내는 러시 필름을 애타게 기다리지 않아도 됐다. "그것이 아주 편했다. 이전에는 '컷'을 외친 뒤에 촬영이 잘 됐는지 알려면, 불안해 보이는 카메라맨이 '예스!'라고 답할 때까지 기다려야 했다. 과거에는 그런 과정이 큰 스트레스였다." 토니노 델리 콜리와 일할 때처럼, 레오네는 루촐리니와 작업할 때도 사전에 토론을 많이 했다. 그럴 때면 레오네는 자신이 원하는 장면을 설명하기 위해 여전히 인쇄된 그림들을 이용했다. 이번에는 고야의 '전쟁의 참화' 시리즈가 가장 중요한 시각적 참조가 됐다. 또 고전 영화에 나오는 유명한 숏을 레오네는 아주 상세하게 묘사하곤 했다.[57)]

레오네에 따르면 주요 캐스팅은 아주 늦게 이루어졌다. 유나이티드 아티스츠는 레오네가 처음에 제안했던 것(도나티가 일라이 월러크 같은 특정 배우를 염두에 두고 썼던 것까지 포함하여)을 모두 거절했다. 대신 그에게 더 유명하고, 더 큰 수익을 보장하는 스타를 소개했다. 곧 UA는 로드 스타이거를 캐스팅할 수 있다고 알렸고, 레오네는 동의했다. 스타이거는 1968년 '밤의 열기 속에서'(In the Heat of the Night)에 등장하여, 껌을 질경대는 미시시피 경찰 서장 역으로 아카데미 주연상을 받았다. 스타이거가 정해지자, 레오네는 아일랜드 남자 역의 배우에 대한 자기 생각을 바꾸어야 했다. 처음에 레오네는 그 역에 '젊고 상대적으로 경험이 적은 배우'를 기용하려 했었다. 최종적으로 42살이던 제임스 코번이 그 역을 맡았다. 코번은 스타이거의 에이전트 소속이었다. 스타이거는 자신이 맡은 역할에 모든 것을 쏟아붓는 배우로 유명했다. 따라서 레오네는 균형을 맞추기 위해, 스타이거와 비슷하게, 엄청난 열정을 가진 배우를 원했다.

로드 스타이거는 일라이 월러크처럼 '액터스 스튜디오'(Actor's Studio) 출신이다. 메소드 연기로 유명한 곳으로, 동기화와 '내면의 자아'(the inner person)를 강조했다. 스타이거는 저널리스트들이 언급하는 '메소드'는 부정했다. 하지만 그의 연기는 월러크보다 더 많은 집중력과 즉흥에 기초했다. 그는 자신을 '재현적인 배우'(representational actor)라고 묘사했다. 곧 자신의 '내면'을 찾기 위해, 자신의 심리를 철저하게 연구하는 방법을 택한다는 이유에서다. 그래야 더욱 집중된 연기가 나온다고 했다. 그는 어떤 순간이 막 시작될 때 바로 연기하는 것을 좋아했다. 촬영할 때, 스타이거는 스튜디오의 통제된 분위기를 선호했다. 그리고 최대 4번의 테이크에만 동의했다. 더 이상 반복하면 '즉각성의 손실'이 우려되기 때문이라는 것이다. 그건 본능에 대한 배신이라고 봤다. 그해의 초반에, 스타이거는 세르게이 본다르추크의 '나폴레옹'(Waterloo, 1970) 촬영장에서 중간에 관두고 나온 적도 있다. 러시아의 감독이 너무 많은 테이크를 반복하여, 에너지가 소진됐기 때문이었다. "이건 나의 직업이 아니야. 이건 나의 삶이야." 스타이거가 한 말이었다. 당시 스타이거의 아내였던 클레어 블룸은 피터 홀 감독의 '둘 중 셋은 안 된다'(Three into Two Won't Go, 1969))에서 함께 일했는데, 그가 첫 번째 테이크에서 곧바로 최고치를 넘어서는 연기를 해서 놀란 적이 있다. 보통 스타이거는 그런 연기는 세 번 혹은 네 번의 테이크에서 도달하곤 했는데 말이다. 레오네가 말했다. "나는 스타이거의 연기를 보며, 시작하자마자 최고치에 도달하고, 서서히 내려온다는 사실을 알았다. 다시 말해 나는 처음에는 배우에게 최소한의 심리전을 벌이고, 그런 상태를 계속 끌어가면 됐다."[58] 그런데 그렇게 하면, 스타이거와의 작업에서 레오네 특유의 연출 방식, 곧 사후의 음성과 화상의 일치(post-synchronization)의 강조, 광활한 야외에서의 현지 촬영, 수 없이 반복되는 테이크, 큰 그림의 부분으로서 배우 얼굴의 클로즈업 이용 등은 별로 쓰일 일이 없을 수도 있다.

로드 스타이거는 1951년에 데뷔한 뒤, 당시까지 32편의 영화에 출연했다. 시네필들 사이에서 그가 유명해진 것은 엘리아 카잔의 '워터프론트'(1954)에서, 말론 브랜도와 함께 차의 뒷좌석에 앉아 있을 때부터다. 그리고 그는 두 편의 컬트 웨스턴에도 나왔다. 델머 데이브스의 '주발'(Jubal, 1956), 그리고 샘 풀러의 '화살의 질주'(Run of the Arrow, 1957)에서다. 또 그는 프레드 진네만의 웨스턴 '오클라호마'(1957)에도 출연했다. 스타이거는 심지어 1950년대 후반, 그의 할리우드 경력이 침체했을 때, 이탈리아로 와서 네 편의 영화에 나왔다. 이 중에는 나폴리의 빈민가를 배경으로 찍은 프란체스코 로지 감독의 '도시 위의 손'(1963), 그리고 클라우디아 카르디날레와 토마스 밀리안과 공연한 '무관심의 시간'(프란체스코 마젤리 감독, 1964)이 포함돼 있다. 당시에 대해 레오네는 이런 말을 했다. "촬영 초기에 스타이거와 작업하는 데, 작은 문제가 있었다. 그는 '석양의 갱들'이 아주 진지하고 지적이라고 생각했다. 그래서 그는 혁명가인 에밀리아노 사파타 혹은 판초 비야 스타일로 나타났다. 하지만 자신의 실수를 안 뒤부터는 모든 게 제대로 진행됐다."[59] 15년이 지난 뒤, 레오네는 좀 더 자유로워졌고, 그래서 자신과 스타이거의 관계가 별로 행복하지 않았던 점을 기억하기도 했다. "그는 나에게 이탈리아말로 이야기하는 게, 나를 기쁘게 한다고 생각했던 것 같다. 그의 이탈리아말 억양은 러시아말 같았다. 그는 나를 화나게 했다. 그는 자신의 캐릭터를 대단히 진지하고, 전적으로 지적인 것으로 구축하려 했다. 나는 그에게 그 캐릭터는 단순한 농부 도둑이자 산적이라는 점을 설명하기 위해, 나 자신을 거의 죽여야 했다. 나는 일주일 내내 냉정함을 유지하려고 노력했다." 레오네의 입장에서 보면, 당시에 그는 전례 없는 냉정함을 보여주었다.

하지만 레오네의 활화산 같은 성격에 익숙한 그의 오래된 스태프들은 그 이유를 알기 위해 아내 카를라 레오네에게 달려갔다. 카를라는 늘 촬영장에 있었고, 영화의 홍보를 담당했다. 하지만 카를라도 당시의 특별한 경우에 대해, 왜 남편이 전례 없는 냉정함을 유지했는지 전혀 설명하지 못했다.

레오네는 스타이거가 습관적으로 제임스 코번의 연기 스타일에 영향을 미치려는 것을 알아챘다. 결국에 레오네는 격분했다. "우리는 알메리아에서 50km 떨어진 산에 있었다. 나는 코번과 한 숏을 찍고 있었다. 그런데 스타이거가 중간에 끼어들었다. 그는 우리가 당장 일을 중단해야 한다고 말했다. 그렇지 않으면, 우리는 하루 노동 시간을 초과하게 된다는 것이었다. 그리고 그는 코번에게 자기를 따라오라고 신호를 보냈다. 바로 그때 나는 폭발했다. 나는 촬영하는 데 24시간이 걸리면, 그렇게 할 거야. 나는 네가 이름이 로드 스타이거이든, 아카데미에서 상을 받았든 전혀 상관하지 않아. 그 상도 실수로 받았잖아. 너는 한 줌의 똥 덩어리야. 나는 진심으로 권유하는데, 너는 엿이나 먹어. 너도, 유나이티드 아티스츠도 모두 말이야! 그리고 나는 대화를 더 이상 하지 않았다." 그리고 레오네의 미화된 설명을 더 들어보면, 어쨌든 두 사람 사이의 대화는 중단됐다. 조감독이 메신저 역할을 했다. 그리고 대단히 전략적인 메시지도 전달했다. 이를테면 이런 것도 있었다. "그는 귀를 쫑긋 세우거나, 코를 벌름거리지 않고 말하든가?" 레오네는 나흘 동안 화난 얼굴로 스타이거를 외면하고 지냈다. 결국에 스타이거가 세트장에서 일으킨 문제들을 사과하러 왔다. 그리고 만약 감독이 자신을 그 역에 맞지 않는다고 생각한다면, 법정 보상 없이 계약을 취소해도 된다는 말까지 했다. 그때부터 스타이거는 자신에게 요구된 대로 일했다. 레오네의 주장이다. "25번의 테이크 이후, 스타이거는 너무나 피곤하여 자신의 액터스 스튜디오 전략을 더 이상 실천할 수 없었다. 결국에 스타이거는 전혀 매너리즘을 드러내지 않았고, 영화 내내 빛나는 연기를 보여주었다."[60)]

카를라 레오네는 남편의 설명에 동의했다. "세르지오가 스타이거를 지옥으로 보냈다. 그때 스타이거는 얼마 전에 아카데미 상을 받은 배우였다. 그는 약간 거만했다. 그는 액터스 스튜디오 출신이었다. 우리가 보기에는 거의 미친 사람 같았다. 우리는 스타이거의 그런 점 때문에 자주 웃었다. 스페인에서의 촬영 첫날, 그는 역마차를 세우는 장면을 연습하고 있었다. 그는 저 멀리 1km 이상 걸어 나갔고, 우리는 그것을 바라보았다. 우리는 그가 왜 그렇게 멀리 걸어가는지 알 수 없었다. 그러더니 갑자기 방향을 뒤돌려, 그는 달리기 시작했다. 스타이거는 스페인어로 자신에게 말했다. '나의 어머니는 죽지 않았어. 나의 어머니는 죽지 않았어.' 마음의 상태를 제대로 맞추기 위해, 스스로 그런 심리를 만들려는 것 같았다. 그리고 그는 역마차의 마부 앞에 섰고, 이렇게 말했다. '세뇨르, 나는 산 펠리페에 가야 합니다. 나의 어머니가 죽었어요.' 그 모든 달리기와 자기 분석은 그가 말해야 했던 단순한 대사에는 너무 지나쳐 보였다. 스태프들은 일순간 아무 말도 하지 않고 조용히 있었었다."[61] 카를라는 하루의 촬영을 정해진 시간 내에 마치려고 스타이거가 시도했던 마지막 반항도 기억했다. 그때 촬영팀은 코번이 역마차를 폭파하는 장면을 찍고 있었다. 레오네의 성질이 폭발했다. "여기를 책임지는 유일한 사람은 나야. 액션, 컷, 이런 말도 나만 할 수 있어. 그런데 너는 나의 고환을 부수었어. 이곳이 네 맘에 들지 않으면 너는 나가서 지옥으로 가면 돼. 그리고 나도 내일 아침이면 나갈 거야. 세르지오가 그렇게 고함을 지른 이후 모든 논쟁은 더 이상 없었다. 두 사람은 순한 양이 되었다. 코번은 스타이거를 대단히 존중했다. 처음에 코번은 스타이거가 자신을 지도하게 내버려 두었다. 하지만 코번은 스타이거처럼 하지 않을수록, 그의 연기는 더 좋아진다는 사실을 알게 됐다."[62] 카를라가 보기에, 중간에 관두고 나가겠다고 위협한 사람은 스타이거가 아니라 레오네였다.

레오네는 촬영장에 있는 모든 사람이, 운전석에 앉은 사람은 다른 그 누구도 아니며, 오직 감독인 자신이라는 사실을 알기를 원했다. 그리고 레오네는 '연기'의 대부분은 사후 제작 과정에서 구축된다는 점도 알고 있었다. 그런데 촬영장에서 심한 논쟁이 벌어진다는 것은 무언가가 잘못되고 있고, 레오네는 자신감을 잃어서 이미 벌어진 일을 수습하기에는 별 도움이 안 된다는 것을 의미했다.

작가 루치아노 빈첸초니는 당시에 그 촬영장에 있었고, 여러 일을 목격했는데, 그곳의 분위기를 알 수 있는 일화를 전했다. "우리는 알메리아에 있는 큰 호텔에 있었다. 그곳에는 3개의 영화 제작팀이 함께 투숙하고 있었다. 우리는 카메라 팀과 다른 스태프까지 포함하여 모두 호텔 로비에 앉아 있었다. 갑자기 로드 스타이거가 들어왔다. 스타이거는 그날 아침 레오네와 심하게 싸웠었다. 스타이거는 우리 옆을 지나, 10개 정도 떨어진 식탁에 혼자 앉았다. 그는 고개를 들어 말했다. '세르지오, 이리로 와. 너에게 할 말이 있어.' 그곳엔 3백 명 정도의 사람들이 있었다. 그러자 세르지오 레오네가 마치 인형처럼 일어서서, 스타이거의 식탁으로 갔다. 스타이거는 앉아서 계속 말했고, 레오네는 마치 사병처럼 서서 듣고 있었다. 그리고 난 뒤, 세르지오는 나에게로 와서 말했다. '저 똥 덩어리가 나를 모욕했어.' 나는 답했다. '아니야, 세르지오. 너를 모욕하는 사람은 바로 너야.' 당신도 알다시피 세르지오는 매우 영리하다. 그는 언제 철수해야 하는지 정확히 아는 사람이다. 나는 그렇게 하지 못한다."[63)]

스타이거는 당시에 '석양의 갱들'에 대한 공식적인 언급은 거의 하지 않았다. 1972년 9월호 '포토플레이'(Photoplay)에서, 스타이거는 촬영 중인 영화 '석양의 갱들'에 대해서는 거의 말하지 않고, 대신 영어 제목('Duck, You Sucker')이 바뀌었으면 하는 바람은 강하게 드러냈다. 영화 칼럼니스트 바브라 파스킨(Barbra Paskin)은 다리 폭파 장면을 찍고 있을 때, 스타이거를 만나기 위해 알메리아에 갔다. 그리고 공개하지 않은 많은 분량의 인터뷰를 녹음했다. 스타이거는 촬영 중인 영화가 '기껏해야 웨스턴 판타지'이며, 그 어떤 '사회적 의미'도 들어 있지 않다고 말했다. 하지만 그는 '영화가 혁명에 대해 언급'하는 점은 알고 있었다(이 영화는 레오네가 최초로 웨스턴 장르에, '개인적으로 반하지 않은' 미국 배우를 캐스팅한 경우라고들 말했다.).

스타이거는 촬영장의 소음과 싸워야 하는 문제에 대해서도 불만이 많았다. 그가 사전에 알고 있던 사실은 자신의 대사를 전부 동시녹음으로 할 수 있다는 것이었다. 그런데 이탈리아에서는 사후 더빙을 더 선호했다. 작업 방식이 달라 충돌했던 것은 이탈리아에서 일하기로 계약할 때 미리 조정해야 했다. 스타이거는 그런 점을 알고 있었다. 그리고 스타이거의 가장 큰 근심은 '이 영화가 중요한 작품이 아니라는 점'이었다. 스타이거는 레오네에 대해서는 거의 언급하지 않았다. 그와 감독 사이에는 늘 일정한 긴장이 있었다. 하지만 스타이거에 따르면 '나폴레옹'을 찍을 때처럼 긴장이 매일 강하지는 않았다.[64)]

26년 뒤, 바브라 파스킨은 이 책을 위해, 로드 스타이거를 다시 인터뷰했다. 그때 스타이거는 후안 미란다를 연기한 경험에 대해 약간 편안한 마음으로 말했다.[65)] 그리고 촬영장에서 일어났던 일과 관련해 레오네의 행동을 평가했다. "이렇게 설명할 수 있다. 나는 재능이 뛰어난 사람과는 평소보다 더 일을 많이 한다. 그리고 고통도 받는다. 당시에는 그도, 나도 그랬을 것이다. 상상력이 없는 사람과 일할 때는 그러지 않는다. 그는 개념에 대한 뛰어난 감각을 갖고 있었다. 그 개념을 그의 머리에서 영화로 만들었다. 그 영화가 그랬다. 거대한 상상력, 그리고 그의 에고가 그것을 만들었다!"

스타이거는 미국 배급용 제목('Duck, You Sucker')을 정말 좋아하지 않았다. 그는 제목을 바꾸자고 구걸하다시피 했다. "하지만 레오네와는 더 이상 말하기가 어렵다. 그는 늘 마에스트로처럼 굴었고, 그 누구도 자신에게 제안하는 것을 좋아하지 않았다." 그런데 두 사람 사이에서 그날 폭발한 이유는 무엇일까? 스타이거가 말했다. "그날 우리는 종일 일했다. 알메리아의 산 정상에서 찍었고, 그때 태양은 아주 뜨거웠다. 우리는 이미 13시간 정도 촬영하고 있었다. 세르지오가 말했다. '자, 이제 우리는 이것을 더 해야 해.' 그래서 나는 통역을 통해 그에게 말했다. '저기 벤츠 보이지?' '응, 보여.' '이제 내가 저곳까지 걸어가서, 집에 가는 것을 네가 보면 좋겠어. 벌써 13시간 넘게 일했어,' 세르지오는 손동작을 심하게 하며 나에게 말했다. '너는 그럴 수 없어.' '이봐, 상상력이 지쳤다는 것은 재능이 남아 있지 않다는 거야.' 나의 답변이었다." 아마도 그런 손동작을 하며, 레오네는 훗날 들어야 하는 비난에서 벗어나려고 했을 수도 있다. 혹은 아마도 레오네가 했던 말은 그냥 자신이 원했던 그것일 수도 있다. 스타이거는 촬영장에서 걸어 나갔다. 하지만 알메리아에 있는 그랜드 호텔까지만 갔다. 그날 이후, 스타이거는 레오네가 그를 항복시키려고 테이크를 반복하는 시도는 거의 하지 않았다고 기억했다.

스타이거는 세르지오가 전투 장면을 찍을 때, 정말 행복하지 않았다고 기억했다. 스타이거만 그런 게 아니었다. "세르지오는 머리 부분이 나무로 된 총알을 쓰려고 했다. 그런데 총알의 그 끝부분만 해도, 맙소사!, 1인치가 넘었다. 우리는 카메라 바로 앞에 서 있었다. 그들은 총알을 막기 위해, 촬영팀과 카메라 앞에 1/2인치짜리 베니어판을 설치했다. 나는 세르지오에게 말했다. '이게 잘 될 것 같지 않네.' '아니야, 분명히 잘 될 거야.' 글쎄, 너무나 분명히 잘 됐다. 우리는 촬영에 임했다. 나무 총알 하나가 베니어판을 뚫었고, 촬영팀원 누군가를 맞혔다. 그는 다리에 살이 찢어지는 상처를 입었다. 그날은 정말 불쾌한 날이었다. 나는 몹시 화가 났다."

스타이거는 이런 사소한 말다툼 이외에, 어떤 끊임없는 싸움은 기억하지 못했다. 그가 말했다. "내 생각에, 두 사람 모두 상대방을 홀로 남겨 두면, 아주 행복한 기분을 느꼈다." 스타이거는 또 레오네가 늘 하던 동작을 따라 하며 혼자서 작은 만족을 느끼기도 했다. "나는 레오네의 특징적인 손동작을 따라 했다. 멕시코 산적(스타이거)과 그의 가족들이 은행을 바라볼 때다. 나는 은행을 바라보며 서 있었고, 나의 손을 쥐었다 폈다를 반복했다. 그건 레오네가 늘 하던 동작이었다." 스타이거는 이런 특징적인 손동작을 또 반복했다. 후안 미란다가 총살부대와 마주 서 있을 때다. 그런 상황을 작가 세르지오 도나티는 정말로 좋아했다. 도나티가 말했다. "스타이거는 손동작으로 레오네를 만들어 냈다. 정말 그랬다." 그건 스타이거가 보여준, 상황에 맞는 애정 어린 제스처였다. 하지만 도나티는 알고 있었는데, "스타이거는 레오네가 정말로 원했던 그런 배우는 아니었다."[66]

스타이거에게 레오네의 인격은 정말 미스터리로 남았다. 우선 레오네의 엄청난 식욕이 그랬다. "그는 마치 본능적으로 먹는 사람 같았다. 그는 우리 집에서 머핀 케이크 먹기 기록을 세우기도 했다. 이건 당신에게 분명하게 말 할 수 있는 것이다." 스타이거는 레오네의 완벽주의에도 큰 인상을 받았다. 그것을 지키기 위해 레오네는 사뭇 완고해 보이기도 했다. "그는 첫날 세트장에 와서 나에게 말했다. '저기 역마차 보이지? 저 역마차는 그것이 사용됐을 때 바로 그대로의 모습으로 만들어졌어.' 실제로 역마차에는 말이 네 필 있었고, 목재는 물론, 모든 게 단단했다. 그래서 나는 역마차를 바라보았다. 그런데 마차 길은 마치 화산재 같다는 점, 곧 모래처럼 부드럽다는 점을 알았다. 그래서 말했다. '글쎄, 모랫길에서 저 역마차가 움직이기에는 너무 가파른 언덕 아닌가?' '아니야.' 레오네의 답이었다. 네 필이든, 여섯 필이든, 여덟 필이든 상관없이, 역마차는 뒤에서 트랙터가 민다는 것이었다. 내 생각에, 그렇다면 그들은 역마차를 더욱 가벼운 나무로 만들어야 했다. 그래서 그 일을 하느라고 그들은 약간의 시간을 허비했다. 그런데 이것이 레오네의 기분을 상하게 했다. 왜냐면 그는 어떤 방법을 동원하든 원하는 곳에 도착하고야 마는 강인한 남자였고, 그것을 스스로 증명해 왔으며, 자신의 방법이 항상 옳다고 여겼기 때문이었다."

한편 후시녹음은 스타이거를 몹시 지루하게 만들었다. 다른 배우들은 모두 더빙을 마쳤다. 그런데 스타이거는 레오네가 고용한 미국 배우 가운데, 자신의 대사를 현장의 녹음으로 이용하길 요구한 최초의 배우였다. "나는 그 점을 처음부터 레오네에게 말했다. 나는 더빙을 해서, 내 연기의 40%를 잃어버리곤 싶지 않았다. 어떤 장면에서는 소음 문제가 있었다. 그때 레오네는 시각 효과 작업으로 바빴다. 그런데 그 효과에 소음이 끼어 있다는 것은 알지 못했다. 그렇지만 나는 그 부분이 아무리 중요하다 해도 반복할 수는 없었다. 사후 작업에서 가장 기분 좋을 때는 긴 대사를 줄여, 문장을 짧게 만들 때다. 그런데 마치 폭발하듯 레오네가 성질을 내면, 당신은 다시 반복할 준비를 해야 한다. 그건 놀랄 일도 아니다. 하지만 나는 레오네에게, 뒤로 갈 수 없으며, 영화 전체를 반복하는 것은 할 수 없다고 말했다."

스타이거가 전한 이야기가 레오네가 전한 것보다 더욱 분명했고, 더욱 진심이었다. 그렇다면 왜 '마에스트로' 레오네는 자기 주변에 자기가 만든 이야기를 퍼뜨렸을까? 스타이거가 답했다. "아마 내가 그의 신발에 키스하지 않아서가 아닐까? 잘 모르겠다. 정말 이해하지 못하겠다." 이런 일도 말해주었다. "레오네가 기분이 좋지 않을 때면, 그는 늘 스태프와 이탈리아 말로 뭔가를 중얼거렸다. 그럴 때면 제임스(코번)와 나는 서로를 쳐다보았다. 우리 둘 가운데 누구를 두고 레오네가 말하고 있는지 알 수 없었기 때문이었다. 나는 육감적으로 대부분 경우가 나 때문이란 것을 알았다." 그럴 때면 레오네는 늘 연주하게 하던 음악도 소리를 질러 멈추게 했다. "이 장면에서 연주하는 곡을 듣고 싶지 않아." 하지만 성질이 폭발하지는 않았다.[67] 두 사람 사이에서 긴장을 더욱 과장한 사람은 분명히 레오네이고, 또 그의 특성이기도 했다. 이는 마에스트로와 액터스 스튜디오 출신 배우가 서로 먼저 상을 타려고 싸우는 싸움 같았다. 그 싸움 이야기는 마에스트로가 KO 펀치를 날리며 이기는 것으로 끝난다. 그 이야기를 간단히, 그리고 정당하게 말하자면, 스타이거의 소위 '초-자의식적인 접근'(hyper-conscientious approach) 방식이 종종 레오네의 성질을 건드렸고, 또 그 반대로 마에스트로처럼 행동하는 레오네의 태도도 스타이거를 화나게 했다. 하지만 스타이거는 촬영이 끝난 뒤, 마틴 스코세지가 참석한 뉴욕에서의 회견에서, 이탈리아의 전통 가면극인 '코메디아 델라르테'(commedia dell'arte)를 이용한 레오네의 스타일을 상찬했다. 그 스타일 덕분에 배우와 그들의 인상이 빛날 수 있었다는 것이었다.

촬영 중이거나 촬영 이후에, 제임스 코번은 자기 일을 매우 안정적으로 또 이성적으로 해냈다는 사실에 관련자 대부분이 동의했다. 그는 지나치게 흥분하는 두 사람 사이에서 종종 명상하곤 했다. 레오네는 코번에 만족했다. "그와 일하는 것, 그게 스타 시스템이다. 당신이 그에게 설명하면 그는 '예스'하고 대답한 뒤, 그곳으로 가서 주어진 일을 한다." 코번은 아일랜드, 스웨덴, 스코틀랜드 후손인데, 1959년 버드 뵈티커 감독의

'외로이 달리다'(Ride Lonesome)에 출연하며 영화계에 입문했다. 그리고 그는 '황야의 7인'(The Magnificent Seven, 1960)에서 약간 야위고 천천히 걷는 칼 전문 카우보이로 나오며 전환점을 맞았다. 영화광들은 길에서 그를 만나면 그의 유명한 대사를 해달라고 요구하기도 했다. 그러면 그는 '넌 졌어!'(ya lost!)라고 말하곤 했다. 그건 총과 칼의 결투 끝에, 그가 툭 던지는 대사였다.

이후에 코번은 친구인 감독 샘 페킨파의 '던디 소령'(1964), 로드 스타이거와 함께 토니 리처드슨 감독의 '사랑스러운 그대'(The Loved One, 1965), 그리고 제임스 본드 시리즈의 파생 코미디인 '우리의 남자 플린트'(Our Man Flint, 1966)에서 연기했다. '플린트'에서 코번은 미국 비밀 검찰국(US Secret Service)에서 일하는데, 여기서 그는 특유의 무관심한 태도와 옅은 미소, 그리고 카라테 기술을 선보인다.

코번과 레오네는 이전에 몇 번 만났었다. 가장 최근에는 크리스티안 마퀀드(Christian Marquand) 감독의 '캔디'(Candy, 1968) 세트장에서였다. 그 영화는 스페인에서 일부를 촬영했다. 제임스 코번은 여기서 크란카이트 박사로 나오는데, 그는 연예계의 악마 같은 외과 의사 캐릭터였다. 코번은 '황야의 무법자' 때, 주연으로 제안을 받았었다. 레오네에 따르면, 그때 코번은 너무 많은 돈을 요구했다. 1981년에 코번은 그때를 기억했다. "시나리오를 읽었을 때, 나는 내가 별로 중요한 인물이 아니라고 느꼈다." 코번은 '옛날 옛적 서부에서'의 제안도 거절했다. 훗날 코번은 그 점을 원통하게 생각했는데, 알다시피 그 대신 나온 찰스 브론슨은 더욱 유명한 배우가 됐다. "세르지오와 나는 '석양의 갱들'에서 처음으로 함께 일했다. 이유가 있는데, 나는 언젠가 헨리 폰다와 저녁을 먹고 있었다. 그에게 물었다. 세르지오와 일하니 어땠어요? 폰다가 답했다. 그는 내가 함께 일한 감독 가운데 최고야. 내가 물었다. 농담하세요? 아니야. 진정이야. 폰다의 답이었다. 그래서 나는 영화에 나왔는데, 이후 무슨 일이 벌어졌나? 영화는 미국에서 '고개 숙여, 멍청이'(Duck, You Sucker)라는 제목으로 개봉됐고, 아무도 보려고 하지 않았다."[68] 예상한 대로, 레오네는 '황야의 7인'에서 코번이 칼을 던지는 장면을 보고, 그와 함께 일하기를 원했다. '코번'(Coburn)이라고 레오네는 그의 이름을 찌르듯 발음했다. "그는 클린트 이스트우드보다 더욱 당당하고, 유머가 있었다." 레오네가 기억하길, 코번이 스타이거와 경쟁을 하지 않을 때, 그는 더욱 잘 된 방향으로 나아갔다. "나는 코번에게 말했다. 이 영화에서 너는 더욱 적게 행동할수록 더욱 많은 것을 가져갈 거야. 로드는 인상을 너무 써. 그는 카메라를 씹어 먹으려고 해. 만약 네가 아무것도 하지 않는다면, 모든 것을 가져가는 사람은 네가 될 거야. 그가 나를 곁눈질로 힐끗쳐다보았다. 그는 모두 이해했다."[69]

코번도 스타이거처럼 알메리아 세트장에서 바브라 파스킨과 인터뷰했다. 레오네와 함께 일하는 경험이 어떤 의미가 있냐는 질문을 받았다. 코번은 말을 아꼈다. "나는 아직 일을 끝

마치지 않았다. 아직은 잘 모르겠다."[70] 하지만 코번은 일의 진전에 대해 긍정적이었다. "내 생각에, 우리는 정말 좋은 것들을 해냈다. 나는 있는 그대로를 말하는 것이다. 이 영화가 전통적인 시대극인 '사계절의 사나이'(A Man for All Seasons)는 아니지 않은가." 코번은 이미 레오네의 엄격함에 익숙해져 있었다("세르지오는 자신이 뭘 원하는지 알고 있다. 그가 원하는 범위가 어디까지인지도 알고 있다. 그걸 위해 계속 일한다. 그는 어떨 때는 두 번 혹은 세 번의 테이크로 그것을 얻는다. 어떨 때는 18번의 테이크를 하기도 한다"). 하지만 코번은 자신의 캐릭터를 신뢰할 수 있는 수준으로 발전시키는 데는 애를 먹기도 했다("나는 도달해야 하는 지점을 지적받기도 했다. 여전히 감독과의 친밀감을 더욱 높여야 할 것 같다"). 코번은 자주 말했는데, 레오네의 시각적 매너리즘이 그런 문제를 낳는 하나의 원인이 됐다. "세르지오는 종종 자의적으로, 작은 움직임과 이의 리액션을 원했다. 이를테면 어떤 사진적 구도를 위해, 그는 특정 시선 장면을 어떤 장소에서 잡는다. 그 시선은 그곳에 속하지 않을 수도 있다. 그런데 배우는 레오네가 원하는 것을 주기 위해, 장소에 상관없이 자신이 했던 것을 잊지 않고 그대로 연결하여 연기해야 한다." 분명하게 말할 수 있는데, 코번은 레오네 스타일의 배우다. 그러나 코번은 모두가 생각하는 이상적인 아일랜드 남자가 아닐 수도 있다. 공정하고, 느긋하고, 무심한 아일랜드의 이상형 말이다. 하지만 그것 또한 오히려 좋은 일일 수 있다.

비예가 박사는 혁명의 전략가이자 부엌에서도 수술을 할

수 있는 능숙한 외과 의사인데, 레오네는 이 역을 위해 로몰로 발리(Romolo Valli)를 선택했다. 발리는 레오네보다 네 살 위다. 발리와 레오네는 가까운 친구였다. 발리는 의과대학에 다닌 적도 있는데, 1950년대부터 연극배우로 일했다. 당시 발리는 스폴레토(Spoleto) 음악축제에서 6년간 예술 감독을 맡기도 했다. 이어서 발리는 이탈리아 영화에 성격파 배우로 등장했다. 루키노 비스콘티의 '레오파드'(주인공 돈 파브리치오에게 아부하는 예수회 성직자 역), 그리고 '베니스에서의 죽음'(리도섬에 있는 '호텔 데 뱅'의 까다로운 매니저 역) 등에 출연했다. 레오네는 아직 시나리오가 완결되기 전에 발리를 먼저 캐스팅했다. "처음엔 발리에 대한 의문이 있었다. 이 영화에서 그가 옹호해야 할 캐릭터에 맞을지 확신이 서지 않았다. 나는 그가 한때 의사였던 점을 알고 있었다. 그래서 이 영화에서 그 직업을 가진 사람으로 나오게 했다. 영화에서 그가 어떤 사람을 수술하는 장면도 나온다(메사 베르데의 '카페 카라도' 뒤에 있는 연기가 가득 찬 방에서다. 그곳에서 혁명가들이 회의를 하고 있다). 나는 처음부터 그에게 연극에서부터 익혀온 모든 매너리즘을 버리기를 요구했다. 그가 그때까지 배워온 모든 것을 잊으라고 말했다. 그것엔 비스콘티와의 작업도 포함됐다. 그런데 이것은 그에게 어려운 일이 아니었다. 제임스 코번은 발리를 대단히 흠모했다. 두 사람은 서로를 존경했고, 친구로 남았다."[71]

촬영은 1970년 4월부터 7월까지 이어졌다. 이는 이전의 두 영화 제작 기간과 같았다. 중요한 장소는 알메리아의 로스 필라브레스(Los Filabres)에 있는 산과 말라버린 강(ramblas), 알메리아 자체, 가우딕스, 부르고스, 그리고 그라나다 등이다. 역마차가 세워지고, 승객들의 옷이 벗겨지는 장면 촬영은 헤르갈(Gérgal, 타베르나스 갈림길 방향) 너머 7km 떨어진 곳에 있는 농장 부근인데, 이곳엔 별채와 원형의 타작마당이 있다. 현재 이곳은 가우딕스와 알메리아를 연결하는 주요 도로가 됐다. 메사 베르데의 기차역은 알메리아의 기차역이다. 총살 부대, 산책로, 메사 베르데 교회는 가우딕스의 옛 지역 산티아고에 있는 16세기 교회의 앞마당 부근에서 촬영됐다. 은행 자체는 부르고스에 있는 어느 건물이다. 폭발하는 다리는 미술감독 카를로 시미가 산의 중턱에 만들었던 엘 파소 세트장에서 5km 떨어진 곳에 있다. 다리로 이어지는 먼지가 가득한 길에 도착하려면, 스태프들은 엘 파소 외곽을 둘러와야 했다. 다리의 석재 기초는 협곡의 양쪽에 지금도 남아 있다. 제임스 코번과 로드 스타이거는 한때 그곳에 기관총을 설치하여 점거한다. 대단히 스펙터클한 장면, 곧 총살 부대가 돌로 만든 긴 배수로에서 시민들을 사살하는 장면은 아수카레사 산 토르쿠아토(Azucareza San Torcuato, 스페인 최초의 대주교 이름을 딴 것)라고 불리던, 당시에는 사용하지 않던 설탕 공장에서 촬영했다. 이곳은 가우딕스 시내의 바로 옆에 있다. 그 배수로는 원래 사탕무를 씻던 곳이다. 레오네는 공장 건물 옆에 별도의 철로를 새로 놓았다. 그래서 가우딕스 역에서 오는 기관차의 선로를 변경했다. '석양의 갱들'이 촬영될 때, 알메리아 현장에서는 이미 100편 이상의 유럽 웨스턴이 만들어졌다. 그 웨스턴 붐은 이후에도 2년 혹은 3년 더 이어질 것이다. 실내 장면은 로마에 있는 '데 라우렌티스 스튜디오'(De Laurentiis Studio)에서 촬영됐다. 아일랜드의 플래시백 장면은 글렌달로그(Glendalough) 계곡 근처와 위클로 주(County Wicklow)에 있는 전원주택의 정원에서 찍었다. 카를로 시미는 그때 이 영화 작업에 합류할 수 없었다. 그는 다른 일도 많았고, 특히 제작자 알베르토 그리말디의 회사인 PEA 건물 디자인 작업에 바빴다. "세르지오는 내가 미술감독을 하길 바랐다. 하지만 나는 시간을 낼 수 없었다." 그래서 켄 아담(Ken Adam), 딘 타불라리스(Dean Tavoularis) 같은 다른 유명 미술 감독들이 거론됐다. 최종적으로는 안드레아 크리산티(Andrea Crisanti)가 맡았다. 카를로 시미는 '빗속에서의 총살 장면, 기차역 배수로에서의 학살 장면'에 큰 인상을 받았다. 나머지 부분에 대해서는 이렇게 말했다. "내가 했다면 몇 개는 다르게 했을 것이다. 하지만 그건 별로 중요하지 않다."[72)]

데이비드 워벡(David Warbeck)은 뉴질랜드 출신의 배우인데, 당시까지 그는 영국의 TV와 호러 전문인 해머(Hammer) 영화사의 작품에 나온 게 전부였다. 그가 대사 없는 숀의 친구 배신자 역을 맡았다. "세르지오는 사물에 미친 사람이었다. 자동차, 기구 같은 것 말이다. 그래서 그의 영화에는 총들, 옛 차들, 아름다운 기계들이 자주 등장한다. 이런 일이 있었다. 우리는 아일랜드 장면을 준비 중이었다. 적절한 차를 찾기 위해 우리는 박물관을 둘러보고 있었다. 세르지오는 1930년대의 아름다운 버스를 발견했다. 그가 말했다. 우리는 이 버스를 반드시 영화에 넣어야 해. 내가 물었다. 도대체 저것으로 우리는 무엇을 할 것인데? 세르지오가 답했다. 나는 알고 있어! 저 버스는 시골을 돌아다니던 버스야. (흥분하여) 그렇지! 아일랜드의 어린 여학생들이 저런 버스를 타고 학교에 갔어. 그래서 우리가 투숙하고 있던 호텔에 어리고 씩씩거리는 어린 여학생들이 넘쳤다. 세르지오는 이 버스가 올라가고 내려가는 장면을 오래 찍었다. 물론 이 장면은 실제 영화에서는 전혀 사용되지 못했다. 세르지오는 촌스러웠고, 거친 로마 남자였다. 그의 능력과 시각적 재능에 대해선 의문을 가질 필요가 없다. 하지만 마초주의는 항상 약간 부담스러울 정도였다."[73]

레오네는 실제로 사물에 대해 강박관념을 갖고 있었다. 그것들이 어떻게 보이고, 어떻게 느껴지는가가 대단히 중요했다. 그래서 종종 특별한 소품이 요구됐다. 레오네가 훗날 말했다. "영화는 어떤 디테일을 다룰 때는 매우 정확해야 한다. 이를테면, 장갑차(이것은 실제로 독일이 멕시코에 보낸 첫 모델이다), 기관총, 기차, 권총(이는 벨기에, 독일, 미국에서 쓰던 것들이다), 오토바이, 식민지에서 쓰던 피스 헬멧(pith helmet) 등이 그랬다. 이건 역사적 정확성을 위한 것이 아니라, 우화를 더욱 믿을 수 있게 만들기 위해서였다."[74] 진짜처럼 보이게 하는 노력에서 초현실적인 부수효과도 나왔다. 로드 스타이거와 제임스 코번이 스페인의 사막에 앉아 있을 때인데, 그들은 화려하고 푹신한 가구와 루이뷔통 가방으로 둘러싸여 있었다.

'석양의 갱들'은 '옛날 옛적 서부에서'처럼, 이탈리아, 독일, 프랑스에서는 오래 상영됐지만, 미국에서는 제목을 바꾸기도 했는데, 흥행에서 좋은 성적을 내지 못했다. 이탈리아 국내 시장에서 18억 리라를 벌었다. 프로모션은 이지노 라르다니(Igino Lardani)가 만든 예고편으로 진행됐다. 예고편은 영화에 등장하는 화면의 스틸 사진들을 보여주는데, 다른 색깔이 들어 있기도 하고, 약간 표백돼 있기도 하다. 사진들은 불꽃 위에 걸려 있는 종이처럼 탄다. 당시의 프랑스와 이탈리아의 비평가 중 일부는 이 영화를 레오네의 최고작으로 꼽는 사람도 있었다. 레오네는 처음으로 조잡한 오락 극장의 조달업자가 아니라, '베테랑'으로 대접을 받았다. 레오네의 주장, 곧 '영화가 지닌 가능성에 대한 사랑은, 그 영향이 거의 물리적일 정도로 강렬하다'는 점이 널리 주목받았다. 유명 작가 알베르토 모라비아도 이 영화에 대해 좋게 말했다. 모든 인터뷰와 레오네 자신의 미화가 효과를 봤다. 하지만 짐작할 수 있듯, '석양의 갱들'은 유럽의 좌파 영화인들 사이에서 논쟁을 몰고 왔다. 그들은 영화가 품고 있는 함축된 의미를 주목했다. 베르톨루치는 이렇게 말했다. "레오네 특유의 유아기적, 퇴행적 비전에 대한 배신이다. 위대해지려고 그는 자신의 매력을 잃어버렸다." 파리에서 감독 장-클로드 기게(Jean-Claude Guiguet)는 잡지 '영화의 계절'(La Saison Cinematographique)에서 이렇게 썼다. "이번에 레오네는 '나는 신경 안 써'(I don't give a damm)라는 접근법에서 좀 더 멀리 갔다. 혁명에 관한 두 시간 반짜리인 이 영화는 진정한 영화를 염두에 두고 보면, 관람해야 할 가치를 별로 갖고 있지 않다."[75)]

비평가 오레스테 데 포르나리는 이 영화에 대한 논쟁을 이탈리아 영화의 발전과 연관 지어 인식했다. "이 영화의 구조는 다미아니 또는 코르부치 연출의 '대중적' 웨스턴과는 정반대로 달랐다. 예를 들어 코르부치는 자신의 혁명 메시지를 두 주인공 사이의 관계에 집중하였다. 그래서 그다지 '영적이지 않은' 이탈리아 일반 관객의 취향에 맞추기 위해, 그 메시지를 당연한 것처럼 과도한 학살 장면에 던져 넣었다. 레오네는 상대적으로 이런 '국내적 한계'에서 벗어나 있었다. 심리적인 면을 코미디와 멜로드라마 수준으로 맞추었다. 대신에 레오네는 액션 장면을 '역사적 스펙터클'의 수준으로 끌어올렸다. 그에게 멕시코 혁명은 대지주로부터 땅을 뺏는 것이었다. 독재자 우에르타의 잔인한 심복들로부터 개인이 자신만을 방어하는 그런 수준이 아니었다."[76)] 레오네의 '냉소주의'는 영화를 편안하게 보도록 놓아두지 않았다. 더 나아가 '위장된 겸손한 방법으로' 자신의 냉소주의를 두둔했다. 작가 도나티와 빈첸초니는 이것이 훗날 반동으로 해석될 것으로 예상했다.

레오네는 파리에서 영화가 개봉된 이틀이 지난 어느 날 밤, 한 식당에서의 일로 큰 감동을 받았다. 전혀 모르는 사람이 샴페인 한 병을 그의 식탁으로 보냈고, 그는 이후에 레오네 일행과 합석했다. 그 남자가 말했다. "레오네씨, 나에게는 22살, 20

살 두 아들이 있습니다. 그들은 정치에 대단히 예민한데, 나와는 전혀 다른 시각을 갖고 있습니다. 우리는 끊임없이 폭력적인 논쟁을 벌였고, 결국에 두 아들은 집을 나가 버렸어요. 그들은 수년 동안 집에 오지 않았습니다. 그런데 '석양의 갱들'을 본 뒤, 아들들은 이제 집에 와 있습니다. 당신의 영화는 그들이 과거에 얼마나 잘못된 생각을 했는가를 알게 했습니다. 이제부터 아들들은 우리와 함께 집에 머물 것입니다. 이것이 내가 당신의 영화를 깊이 사랑하는 이유입니다." 레오네가 답했다. "이건 세상 최고의 비평보다 나에게 더 가치가 있습니다."[77] 이것이 전부 사실이든 아니든, 파리의 이야기는 당시의 이탈리아 정치에 대한 레오네의 태도를 잘 말해주고 있다. 레오네가 이룬 업적은 누군가를 정치적 담론에서 젖을 떼게 하고, 그를 가족의 품으로 돌려보낸 것이었다. 레오네는 '석양의 갱들'을 만든 데 대해 그 어떤 망상도 하지 않았다. "나는 그 영화를 만들며 많은 고통을 받았다. 촬영하기, 플롯 만들기, 그리고 여러 문제. 게다가 편집에는 더욱 오랜 시간이 걸렸다. 그래서 나는 이 영화에 대해 마치 장애를 가진 아이에게 그런 것처럼, 더 큰 애착을 갖고 있다."

그런데 바로 이때 레오네는 영화계의 동료들은 물론 가족들도 놀라는 일을 하나 했다. 어떤 단편 영화에 다른 사람들과 함께 자기 이름을 크레딧에 올렸다. 그 단편은 1969년 12월 12일, 밀라노의 폰타나 광장(Piazza Fontana)에 있는 농업은행에서 벌어진 폭탄 테러에 관련된 것인데, 기득권에 반하고, 정부의 공식 정보에 반하는 내용을 담고 있다. 그 테러로 16명이 죽고, 수백 명이 부상당했다. 단편 제목은 '12월 12일' 또는 '주세페 피넬리(Giuseppe Pinelli)에 대한 다큐멘터리'였다. 이 영화의 공동 서명자들은 루키노 비스콘티, 엘리오 페트리, 마리오 모니첼리, 체사레 차바티니 그리고 틴토 브라스 등이었다. '대안적인 뉴스 영화'인 이 단편의 목표는 사건에 대한 TV 보도는 단지 공식 발표를 보강하는 수준이라는 점을 밝히는 것이었다. 그 사건에 대해서는 할 말이 많이 남았고, 일반적인 영역에서 이에 도달하려면, 권위 있는 감독들이 공식 정보에 반하는 이미지를 통해 자신들의 주장을 강조하는 것이었다. 내용은 이렇다. 무정부주의자 주세페 피넬리가 테러라는 잔혹 행위 혐의로 체포됐다. 그런데 그는 밀라노의 경찰서 창문에서 '떨어져' 죽었다는 발표가 나온다. 당시에 그는 수사관 루이지 칼라브레지의 조사를 받고 있었다. 사회주의 혁명 그룹인 '투쟁은 계속된다'(Lotta Continua)는 공개적으로 수사관을 피넬리의 살인죄로 고소했다. 그리고 또 다른 무슨 일이 은폐됐는지 아무도 모른다는 의문을 제기했다.[78)]

단편 '12월 12일'은 여러 이미지를 통해 묻는다. 피넬리는 창문에서 떨어질 때 정말로 자살하려 했을까? 그것은 어떤 위장된 은폐가 아닐까? 폭탄 테러의 뒤에는 무정부주의자들이 있었을까? 재판은 왜 그리 서둘렀을까? 경찰은 얼마나 깊이 개입했을까? 이런 질문들은 극작가 다리오 포(Dario Fo)의 희곡 '어느 아나키스트의 우연한 죽음'(Accidental Death of an Anarchist, 1970), 그리고 엘리오 페트리 감독의 '완전범죄'(Investigation of a Citizen above Suspicion, 1969) 제작에 영감을 주었다. 책을 읽지 않은 사람들을 위해, 책을 읽은 사람들과 영화를 만드는 사람들은 연대했다. 그럼으로써 국가 장치가 어떻게 작동하는지 주목하게 했다. 아마 이런 흐름은 아나키스트 레오네에게 호소력을 가질 수 있었을 것이다. 혹은 단지 레오네는 자신이 좋아하는 사람들, 곧 비스콘티와 차바티니 같은 사람들의 이름과 연결되는 것을 즐겼을 수도 있다. 한때 조감독이었던 루카 모르셀라가 말했다. "세르지오는 그 단편에 대해 한 번도 말한 적이 없다. 단편은 그의 영화와는 아주 다른 것이었다. 그는 '대의'에 개입하는 그런 타입이 아니었다. 절대 아니었다."[79] 어쩌면 레오네는 이 일을 통해 자신의 신념을 더욱 굳혔을 것이다. 곧 '이탈리아에서 정치는 아무 의미가 없다는 것' 말이다.

1) Simsolo, pp. 149–151.

2) Ibid. pp. 81–83.

3) See Gilles Gressard: *Sergio Leone* (J'ai lu, Paris, 1989) pp. 100 ff.

4) Author's interview with Fulvio Morsella, 24 May 1998.

5) Author's interview with Tonino Valerii, Udine, 26 April 1997.

6) Author's interview with Sergio Leone, February 1982.

7) Simsolo, p. 149.

8) See Paul Ginsborg: *A History of Contemporary Italy* (Penguin, Middlesex, 1990) pp. 254–297, 298–347; also (ed.) Gaston Haustrate: *Le cinéma Italien des années soixante* (74, Sept–Oct 1974), pp. 34–265.

9) Interview with Leone in Take One, May 1973, pp. 28–9; Simsolo, pp. 149, 159–160; (ed.) Franca Faldini and Goffredo Fofi: L'avventurosa storia del cinema Italiano 1960–69 (Feltrinelli, Milan, 1981) pp. 300–303.

10) Take One, pp. 28–29.

11) Simsolo, pp. 100–101, 164; author's interview with Sergio Leone, February 1982.

12) De Fornari, pp. 22–23.

13) Faldini and Fofi, pp. 302–305.

14) See James Roy Macbean:Film and Revolution(Indiana University Press,1975) and Frayling:Spaghetti Westerns, pp.217–244.

15) Faldini and Fofi, p. 301; Luca Beatrice: *Al cuore, Ramon, al cuore* (Tarab, Florence, 1996) pp. 130–134; Christopher Frayling: *The Wretched of the Earth* (Sight & Sound, June 1993, pp. 26–29).

16) Faldini and Fofi, p. 306; Beatrice, pp. 156–160.

17) Piernico Solinas: *Gillo Pontecorvo's The Battle of Algiers* (Scribners, New York, 1973) pp. 192–201; Faldini and Fofi, pp. 302, 305; author's interview with Gillo Pontecorvo, Rome, 7 October 1995.

18) Author's interview with Marchent, Udine, 26 April 1997.

19) Author's interview with Franco Nero, Udine, 27 April 1997.

20) Author's interview with Sergio Donati, 23 May 1998.

21) Frayling, *Spaghetti Westerns*, pp. 225–226.

22) Simsolo, pp. 151–154.

23) Author's interview with Sergio Donati.

24) Author's interview with Sergio Donati; Eli Wallach in Bill Shaffer video, 1991.

25) Simsolo, pp. 151–153.

26) Peter Bogdanovich: *Two Beeg Green Eyes* (New York, 26 November 1973)

27) Ibid. Cenk Kiral interviews with Luciano Vincenzoni, April–May 1998.

28) Bogdanovich, loc. cit; Ian Hamilton: *Writers in Hollywood* 1915–51 (Heinemann, London, 1990) pp. 166–180; Peter Bogdanovich: *John Ford* (University of California Press, Berkeley, 1978).

29) Diego Gabutti: *C'era una volta in America* (Rizzoli, Milan, 1984) pp. 115–118; *Take One*, May 1973 p. 28.

30) Ibid.

31) Author's interview with Peter Bogdanovich, London, 26 November 1982.

32) Ibid.

33) Cenk Kiral interview with Vincenzoni, April–May 1998; author's interview with Peter Bogdanovich.

34) Author's interview with Sergio Donati, 23 May 1998.

35) Simsolo, p. 153. No biographies of Sam Peckinpah even mention this intriguing possibility, or indeed the undoubted influence of Leone on Peckinpah – very different in attitudes though they were.

36) Cenk Kiral interviews with Vincenzoni, April–May 1998.

37) *Montpellier*, p. 66.

38) Author's interview with Sergio Donati; Leone's version is in *Bianco e Nero*, September/October 1971, pp. 37–42

39) Author's interview with Carla Leone, 1 July 1994; Simsolo, pp. 153–154.

40) Simsolo, pp. 158–159, Cèbe, pp. 34–5, Lambert, pp. 85–88.

41) *Take One*, May 1973, pp. 27–28.

42) Simsolo, pp. 161–163.

43) Ibid. pp. 148–149

44) Ibid., pp. 161–163; *Bianco e Nero* September/October 1971, pp. 37–42.

45) Simsolo, pp. 159–161; *Bianco e Nero* September/October 1971, pp. 37–42; Cèbe pp. 49–50.

46) Sergio Leone: *A John Ford* (*Corriere della Sera*, 20 August 1983); Lambert, p. 92; *Take One*, May 1973, pp. 27–28. Simsolo translates the Ford essay into French, pp. 203–207

47) De Fornari, pp. 171–173.

48) Author's interview with Sergio Donati.

49) Cenk Kiral interviews with De Fornari, pp. 158–60 for background.

50) Lhassa, pp. 95–97, 201–214; Simsolo, p. 119; on the music for *Giu la Testa, see Ennio Morricone Musicography*, pp. 118–120, and Cumbrow, pp. 205, 208–209.

51) Hubert Niogret: *Ennio Morricone* (Positif 266, April 1983); De Fornari, p. 165; interview with Ennio Morricone for *Viva Leone!*, November 1989.

52) Sergio Miceli's brochure in Ennio Morricone: *The Italian Western*, RCA boxed set ML/MK 31543; Lhassa, pp. 201–214.

53) Gabutti, pp. 116–117; *Take One*, May 1973 p. 28; Simsolo, pp. 158–160. The complete release script of *Giù la testa* is published in *Bianco e Nero*, September/October 1971, pp. 61–107.

54) Gabutti, loc. cit.

55) Cumbrow, pp. 85–98.

56) Simsolo, pp. 161–163.

57) *Take One*, May 1973, p. 31.

58) Claire Bloom: *Limelight and After* (Weidenfeld and Nicolson, London, 1982) pp. 152–155; see also Claire Bloom: *Leaving a Doll's House* (Virago, London, 1996) pp. 117–136.

59) *Take One*, May 1973, pp. 27–28.

60) Simsolo, pp. 155–157; also De Fornari, p. 22.

61) Author's interview with Carla Leone, 1 July 1994.

62) Ibid.

63) Cenk Kiral, interviews with Luciano Vincenzoni, April–May 1998; De Fornari, pp. 158–160 for background; author's interview with Sergio Donati.

64) *Photoplay*, September 1972; Barbra Paskin: interview with Rod Steiger on the set of *Giu la testa* in Almeria (typescript).

65) Barbra Paskin interview with Rod Steiger, California, June 1997.

66) Author's interview with Sergio Donati.

67) Barbra Paskin interview with Rod Steiger, June 1997.

68) Michael Munn, interview with James Coburn (*Film Review*, December 1981, p. 11).

69) Simsolo, pp. 155, 158.

70) Barbra Paskin interview with James Coburn on the set of *Giù la testa* in Almeria (typescript).

71) Simsolo, p. 155.

72) Author's interview with Carlo Simi, 24 October 1998; also Corbin, p. 29. Filming in Guadix was extensively covered by photographer Yvan Dalain and the results published in Dalain: *Western Spaghetti* (Photoarchives, editions Ides et Calendes, Neuchatel, 1995).

73) John Martin interview with David Warbeck (*Giallo Pages*, 1, pp. 18–19); see also Palmerini and Mistretta: *Spaghetti Nightmares*, pp. 152–157.

74) De Fornari, pp. 21–23.

75) Gianni Di Claudio: *Directed by Sergio Leone*, p. 138; Bertolucci in *Positif*, March 1973, p. 37; Gilles Gressard: *Sergio Leone* (J'ai lu, Paris, 1989) pp. 98–100. Pasolini defended *Giù la testa* against left-wing dismissal, saying that 'Leone is incapable of making an uninteresting film'.

76) Frayling: *Spaghetti Westerns*, pp. 184–185, 232–233, citing De Fornari: *Sergio Leone* (Milan, 1977).

77) Simsolo, pp. 165–166.

78) On Pinelli and the Piazza Fontana massacre, see Ginsborg, pp. 333–334; also Enzo De Paoli: *Il Cinema e la Prima Republica* (Marna, Como, 1995) pp. 88–99 and Di Claudio, p. 192.

79) Author's interview with Luca Morsella, 24 May 1998.

10.

막간극

“나는 일하는 게 가장 즐겁습니다.” 먼로 스타(Monroe Stahr)가 말했다. “내 일이 아주 마음에 들어요.”

“당신은 항상 영화에 나오고 싶어 했나요?”

“아니요. 내가 젊었을 때, 나는 책임 서기가 되고 싶었소. 어디에 무엇이 있는지 다 아는 사람 말이요.”

캐서린 무어(Kathleen Moore)는 미소를 지었다.

“묘한 일이군요. 당신은 이제 그것보다 훨씬 더 중요한 사람이 됐어요.”

“아니요. 나는 여전히 책임 서기요.” 스타가 말했다. “그게 나의 재능이요. 만약 재능이란 게 있으면 말이요. 어떤 것이 어디에 있는지 아무도 모른다는 사실을 내가 알았을 때, 나의 재능이 나오지요. 그리고 나는 그것이 왜 그곳에 있었는지를 사람들이 알게 합니다. 그리고 왜 지금까지 남아 있어야 했는지까지 말입니다. 그러면 사람들은 나에게 모든 것을 맡겨놓기 시작합니다. 그래서 사무실은 매우 복잡해집니다. 얼마 되지 않아 나는 모든 열쇠를 갖게 됩니다. 그러면 사람들은 여는 데 맞는 열쇠를 기억하지 못하지요. 설사 내가 그들에게 열쇠를 준다고 하더라도 말입니다."

—F. 스콧 피츠제럴드,

〈마지막 타이쿤〉(The Last Tycoon, 1940)

세 명의 방랑자가 말을 타고 서부의 어딘 가에 있는 판자촌으로 다가온다. 전경에는 어떤 개가 그늘에서 졸고 있고, 몇 마리의 닭들이 대로를 가로질러 달려간다. 말을 탄 방랑자들은 카메라 쪽으로 오는 것 같다. 그런데 갑작스러운 카메라의 후퇴로, 사실은 그들이 판자촌 대로의 입구에 있음을 알게 된다. 개가 일어나, 천천히 멀어진다. 세 남자의 얼굴 클로즈업이 잡히고, 이때 자명종 소리가 들리며, 기타가 그 소리를 더욱 증폭한다. 호기심도 느끼고 겁도 먹은 어떤 소년이 금방 쓰러질 것 같은 이발소에서 세 남자를 바라본다. 수탉이 울고, 총잡이들은 서로 흩어져서, 이발소 안으로 들어간다.

이것은 '옛날 옛적 서부에서'의 도입부 시퀀스를 인용한 것이다. 하지만 이번에는 레오네가 배의 키를 잡은 건 아니다. '무숙자'(My Name Is Nobody, 1973)는 레오네가 프로듀스했고, 또 아이디어를 냈다. 감독은 레오네의 조감독이었던 토니노 발레리이다. 그는 '달러 3부작' 시절 레오네와 함께 일했다. 말할 것도 없이, '무숙자'는 레오네의 초기 작품을 적극적으로 인용하고 있다. 도입부 장면에 이어, 세 총잡이는 남들의 눈에 띄지 않으려고 마을 사람인 것처럼 행동한다. 그들은 젖소의 우유를 짜고, 말의 털을 빗어주고, 또 한 명은 이발소에서 목을 자를 듯한 면도기의 날을 갈며 시간을 보낸다. 면도기 소리는 계속 증폭된다. 이후에 이어진 장면에서 두 명의 주인공은 경쟁의 의례로서, 서로의 모자를 겨냥하여 총을 쏜다. 나이 많고 수염을 기른 예언자 같은 어떤 남자는 서부에 자본주의가 들어온 것에 대해 불평한다. 전문가 총잡이들의 태도는 몇 번에 걸쳐 명시적으로 어린이들의 놀이, 카니발, 그리고 동요와 연결돼 있다. 중심인물은 이름이 없는 어떤 남자(A Man with No Name)이다. 그는 이탈리아의 협잡꾼(테렌스 힐)인데, 할리우드 서부 사나이(헨리 폰다)의 신경을 건드린다. 그리고 마지막 결투는 '옛날 옛적 서부에서'의 마지막 장면을 흥분한 마을 주민들 앞에서 표나게 패러디하고 있다. 그런데 '무숙자'의 마지막 장면에 나오는 주요한 요소들은 이탈리아 웨스턴의 관습들을 애정을 담고 보여주는 것인데, 이는 웃음을 유발하기 위한 강렬한 패러디이다. 그래서인지 스티븐 스필버그는 언젠가 '무숙자'가 레오네의 영화 중, 자신이 가장 좋아하는 작품이라고 말했다. 독일과 프랑스에서 이 영화는 레오네의 새 작품으로 홍보됐다. 감독 발레리에게는 무척 화나는 일이었다.[1)]

피터 보그다노비치는 레오네가 자기만의 복잡한 숨바꼭질 놀이를 다시 했다고 생각했다. "세르지오는 경험 없는 이탈리아 동료를 고용하여, 또 다른 웨스턴을 감독하게 했다. 시간이 좀 지나자, 상황은 다시 세르지오를 개입하게 했다. 내 생각에 그것은 세르지오가 원하는 것이었다."[2)] 그런데 사실을 말하자면, 토니노 발레리는 '경험 없는' 사람이 결코 아니었다. 발레리가 내놓은 결과물(1966년 이후 감독으로서 여섯 작품)은 레오네의 것보다 많았다. 하지만 발레리는 주로 레오네의 추천으로 연출을 맡았었다. '테크노스프레소'(Technospresso) 연구소가 새로운 경제적인 필름, 곧 '두 개의 P 테크니스코프'(Two P Techniscope, 필름에 일반적으로 4개의 구멍이 뚫려 있는 것과 달리, 2개의 구멍이 뚫려 있어서 이런 이름이 붙었다)를 개발했을 때다. 테크노스프레소는 특허권을 가지려고 했다. 그러자 회사는 그 필름을 이용하여, 영화를 제작하라는 제안을 받았다. 그들은 웨스턴 쇼 케이스에 참가했고, 세르지오 레오네에게 접근하여, 누구를 감독으로 해야 하는지 조언을 들으려 했다. 발레리는 감사하는 마음으로 당시에 세르지오가 어떻게 답했는지를 기억했다. "나의 조감독을 잃는 것은 유감이오. 하지만 내 생각에 토니노 발레리라면 당신들을 위해 적격이요."

토니노 발레리는 현상금 사냥꾼을 다룬 '살인의 향기'(Per il gusto di uccidere, 1966)로 데뷔했고, 이어서 리 밴 클리프가 베테랑 총잡이로 출연하는 '분노의 날'(Giorni dell'ira, 1967)을 발표했는데, 이 영화는 20억 리라를 벌어들인 히트작이었다. 웨스턴은 두 작품 더 발표했다. 곧 '권력의 가격'(Il prezzo del potere, 1969), 그리고 '살아야 하는 이유, 죽어야 하는 이유'(Una ragione per vivere, una ragione per morire, 1972)를 감독했다. 발레리는 스릴러도 두 작품 만들었다. 레오네 영화의 스턴트 담당이자 배우인 베니토 스테파넬리는 '분노의 날'과 '권력의 가격'에서 발레리와 함께 일했다. 그는 '권력의 가격'을 레오네에게 추천했고, 두 사람은 로마의 콜론나 광장에 있는 갈레리아 극장에서 그 영화를 함께 봤다. 그리고 얼마 뒤, 레오네는 '무숙자' 작업을 위해 발레리에게 접근했다. 발레리는 레오네가 자신의 연출부 출신 가운데, 비교적 젊은 사람을 선호할 것을 알고 있었다(발레리는 레오네보다 다섯 살 아래). 발레리가 말했다. "나는 레오네가 연출에 있어서 어느 순간 개입할 것이란 점, 또 내가 좋아하는 것보다 그가 좋아하는 것을 더 많이 요구할 것이란 점도 인식하고 있었다. 그 게임에서 나는 이길 수 없었다. 레오네는 프로듀서로 데뷔하는 것이었다. 말하자면 그의 스타일, 그의 이야기하는 방식, 그의 웨스턴 만들기 방식과 다른 작품은 전혀 염두에 두지 않았다."[3)]

'분노의 날'에서 리 밴 클리프가 연기했던 프랭크 톨비처럼, '무숙자'의 주요 캐릭터인 잭 보르가드(헨리 폰다)는 늙어가는 것과 싸우고 있는 총잡이다. "그는 관절염을 앓고, 육체의 경직을 겪는다. 이 경직은 어떤 육체적인 질병에서가 아니라, 노화에서 오는 것이다." 발레리도 인정했는데, "이 영화의 원래 아이디어는 세르지오가 낸 것이다."[4)] 엔니오 모리코네의 기억에 따르면, 영화를 위한 음악을 토론할 때면, 감독 발레리는 항상 프로듀서 레오네와 함께 왔다. 다른 경우였다면 이런 상황은 매우 불편했을 것이다. 모리코네의 기억이다. "그 작품은 레오네가 처음으로 프로듀스한 것이다. 그는 모든 것에 각별한 주의를 기울였다. 당시에 그는 중요한 웨스턴 감독이었고,

따라서 반드시 그렇게 일해야 한다고 여겼다. 그래서 세르지오는 모든 토론에 참석하려 했다. 그리고 그는 우리가 합의한 것에도 사후에 전부 감수하려고 했다."[5)]

레오네는 여전히 '원스 어폰 어 타임 인 아메리카'의 후원자를 찾지 못했다. 그는 다른 프로젝트에 대해서는 별로 흥미를 보이지 않았다. 이전의 두 작품이 미국에서 큰 성과를 내지 못하자, 레오네의 갱스터 서사극은 실현 가능성이 더 낮아 보였다. 그런데 웨스턴 제작의 요청은 여전히 많았다. 하지만 레오네는 그 장르에는 단호히 등을 돌리고 있었다. 할리우드는 끈질기게 레오네에게 전화했다. 그러나 그 어떤 것도 레오네의 창의력을 자극하는 것은 없었다. 그런 제안 중에 '대부'가 있었다. 마리오 푸조의 소설이 타자된 원고로만 존재할 때인 1968년 후반, 파라마운트의 대표 찰스 블루돈은 그 원고의 복사본 1부를 레오네에게 보냈다. 블루돈은 이탈리아 사람이 그 영화를 만들기를 원했다. 그럼으로써 이탈리아-미국 공동체를 표현하는 이미지에 생길 수 있는, 잠재적인 문제를 막을 수 있다고 생각했다. '옛날 옛적 서부에서'가 레오네의 다른 영화에 비하면 흥행 성적이 좋지 않았지만, 아돌프 주커에 이어 파라마운트의 대표가 된 블루돈은 여전히 레오네의 재능에 대해 큰 신뢰를 보냈다.

원고 복사본이 로마에 도착했을 때, 레오네의 동료인 프로듀서 풀비오 모르셀라가 그 자리에서 통역하여 원고를 읽어 주었다. 다음에 무슨 일이 일어났는지는 여전히 논쟁거리다.

레오네에 따르면, 그는 풀비오의 의견, 곧 그 원고는 대단하지 않다는 의견에 동의했다. 그래서 레오네는 몇 년 뒤, 번역된 책을 읽고 비로소 이 이야기를 기반으로 하여 영화를 만들면 굉장한 작품이 나올 것을 뒤늦게 알았다. 특히 레오네는 뉴욕 길거리에서 좀도둑을 하던 돈 비토 코를레오네의 젊은 시절과 1940년대 후반의 마피아 전쟁을 대조하는 것을 좋아했다(이 아이디어는 '대부 2'에서 그렇게 각색된다). "하지만 그때는 늦었다. 코폴라가 이미 개입했기 때문이었다."[6] 한편 풀비오 모르셀라는 다른 이야기를 들려주었다. "나는 레오네가 그 영화를 만들도록 모든 노력을 기울였다. 하지만 그가 원하지 않았다. 그는 이탈리아-미국인 갱스터 영화보다는 본인의 것을 만들려고 했다."[7]

레오네는 다른 인터뷰에서 '대부'를 거절한 것은 자신의 책임이라고 말하기도 했다. 하지만 수많은 이유를 댔다. 파라마운트의 다른 마피아 영화인 마틴 리트 감독의 '마피아 형제들'(The Brotherhood, 1968)이 당시에 흥행에서 참패한 것도 하나의 이유였다. 또 레오네는 이탈리아 사람들의 '상투성'을 표현하는 데는 위험이 따른다는 점을 알고 있었다. "나는 그런 장면을 표현하는 것을 피하지 않았다. 예를 들어 스파게티 접시가 나오는 장면 말이다. 하지만 나는 그런 장면을 더는 하고 싶지 않았다. 왜냐면 많은 사람이 스파게티 웨스턴에 대해 너무 많은 말을 했다. 그렇다. 나도 스파게티를 먹는다. 단지 나는 '로마의 미국인'(Un americano a Roma, 1954)에서 주연 알베르토 소르디가 먹듯이, 엄청나게 큰 접시를 먹어 치운다. 어쨌든 '대부'는 나에게는 집단에 관한 이야기였다. 주인공은 가족의 일원, 그리고 마피아의 단원이었다. 한 개인이나, 전체를 이루는 부분으로서의 특정 캐릭터를 강조하는 게 아니었다. 나는 고립된 개인에게 더 많은 관심을 보인다."[8] 레오네가 더 좋아한 것은 조직된 살인집단이 아니라, '길거리에서의 양아치' 같은 인물이었다. "갱스터가 책상에 앉기 시작하면, 나는 그들에 대한 흥미를 잃고 만다."

그래서 레오네는 자신이 세운 라프란 영화사 일에 몰두했다. 이 영화사에서 동서이자 프로듀서인 풀비오 모르셀라, 그리고 프로듀서 클라우디오 만치니가 함께 일했다. 레오네가 흥미를 보였고 향수마저 느낀 것은 황금시대의 스튜디오 시스템을 만든 할리우드의 '창의적인 프로듀서들'이었다. 이를테면 데이비드 O. 셀즈닉, 혹은 규모는 좀 적은 발 류튼(Val Lewton), 또 샘 스피겔(Sam Spiegel) 같은 프로듀서들이었다. 레오네는 여전히 현역으로 일하고 있던 그들을 좋아했다. 일부 학자들이 주장하길, 이런 사업가-예술가들은 자신들이 제작한 영화에서 당시에 연출을 맡았던 그 어떤 감독들보다 더욱 뚜렷한 작가적 인장을 가졌다는 것이었다. 셀즈닉과 류튼의 경우만 보더라도, 수많은 책임감은 프로듀서의 소관이었다(책 혹은 주제의 선택, 저작권 매입, 작가 섭외, 각색 통제, 캐스팅 영향, '촬영을 책임지는 능력 있는 장인'들 결정까지). 말하자면 '창의적인 프로듀서'는 완성된 작품에 궁극적인 책임을 졌다.

이런 제작 과정에 대한 레오네의 모델은 물론 대작 영화, 그것도 복잡한 물류가 따르는 작품이었다. 이를테면 자신이 리메이크하기를 원했던 작품('바람과 함께 사라지다') 말이다. "만약 '바람과 함께 사라지다'가 잘되지 않았으면 무슨 일이 생겼을까? 결과는 우연히 동원된 여섯 명 감독들이 아니라, 제작자 셀즈닉에게 재난이었을 것이다. 그들 중 빅터 플레밍만 크레딧에 이름을 올렸지만 말이다. 같은 이유로, 나는 프로듀서로 첫발을 디디며 이런 원칙을 마음속에 새겼다. '다른 사람에 의해 연출된 세르지오 레오네의 영화'라고 말이다."[9] 이는 물론 프랑스의 누벨 바그의 작가주의 영향이다. 그들은 오손 웰스, 샘 풀러, 니콜라스 레이 같은 감독들을 최고로 여겼다. 이런 감독들이 할리우드의 오래된 위계질서 위에 작가-감독의 중요성을 확실하게 심어놓았기 때문이었다. 레오네 자신이 이런 작가 정책의 의미 있는 수혜자였다. 그렇다면 레오네의 아이디어, 곧 '능력 있는 장인'(감독)을 고용하여, 프로듀서인 자기의 뜻에 따라, 사전에 준비한 그대로 연출하게 하는 것은 시대착오적이었고, 당시 이탈리아 영화계에서도 이미 과거의 이야기였다.

훗날 레오네는 자신의 프로듀서 경험에 대해 뒤돌아보며, 자신의 명성 때문에 자신이 선택한 감독들이 위축됐다고 기억했다. 그래서 결국에 효과적인 협력의 가능성을 저해했다는 것이다. "나는 결국 감독으로 되돌아가는 게 낫다는 생각을 했다. 왜냐면 그것이 덜 피곤하고, 더욱 생산적이며, 덜 좌절하게 되고, 무엇보다도 덜 부담되기 때문이었다. 결국에는 감독보다는 프로듀서에게 더 많은 게 요구되었다. 프로듀서는 감독의 의무를 모두 해야 하고, 덧붙여 프로듀서 자신의 의무까지 모두 해야 한다. 곧 투자자를 찾아야 하고, 약속을 잡고, 모든 것을 총감독해야 한다."[10)]

어떤 경우든 셀즈닉이 되고 싶었던 레오네의 열망은 잘 진척되지 않았다. 그의 강박관념, 대결적인 성격, 혹은 실패에 대한 두려움 때문일 것이다. 레오네는 다른 사람에게 쉽게 신뢰를 보내지 않았다. 그리고 세트장에 프로듀서와 감독, 이들 두 명이 함께 있다는 것은 한 장소에 사람이 너무 많다는 것을 느끼게 했다. 레오네가 느꼈던 '미국의 옛날 프로듀서들에 대한 향수'는 결국 1964년 이후 자신이 제작자들에게 겪었던 경험을 다시 비추는 것에 지나지 않았다. 감독일 때 레오네는 간혹 그 뒤에 숨을 수 있는 다른 인물(프로듀서)을 필요로 했다. 그렇다면 왜 자신이 그런 인물이 되려고 했을까? 레오네는 친구인 기자 디에고 가부티에게, 자신은 종종 '피츠제럴드 풍의 거물' 같은 인물을 원했다고 고백했다.[11)] 곧 레오네가 감독 생활을 할 때, 자신도 한때 되곤 했던 '실제보다 더 큰 삶'의 마지막 타이쿤(Last Tycoon) 같은 인물을 원했다는 것이다. 레오네는 자신이 품고 있던 프로듀서로서의 꿈에는 '약간의 로맨티시즘'이 있었다고 고백했다. 피츠제럴드의 메아리가 그런 꿈을 확증시켰을 것이다.

자신의 이름을 알려준 장르로부터 '멀어지기'를 원했던 레오네는 첫 프로듀스하는 작품으로는 특이한 주제를 가진 것을 선택하고 싶었을 것이다. 하지만 그는 자신의 관객도 고려해야 했다. 무엇보다도 첫 작품은 새로운 경력을 알리는 명함이 되어야 했다. '무숙자'의 아이디어는 1970년 여름에 시작됐다. 그때 레오네는 '석양의 갱들' 편집을 하고 있었다. 작가 세르지오 도나티의 기억이다. "내가 초안을 썼다. 첫 아이디어는 호머를 따라 하는 것이었다. '무숙자(Il mio nome è Nessuno/My Name Is Nobody)'라는 제목이 우선 그렇다. 아이디어는 풀비오 모르셀라의 것인데, 〈오디세이〉를 웨스턴으로 만드는 것이었다. 남군의 장교로서 북군 포로수용소에 갇혀 있던 인물이 율리시스이다. 우리는 많은 인물을 준비했다. 키르케, 돼지들, 외눈박이 거인족인 키클롭스, 그리고 나쁜 남자들과 있는 페넬로페까지 말이다. 나는 1972년, 그 시나리오의 프로듀서를 맡을 예정이었던 피에로 라차리와 함께 뉴멕시코에 갔다. 나는 적절한 로케이션을 선택했고, 나바호족 마을에서 공동묘지도 발견했다. 그곳은 샘 페킨파의 영화를 떠오르게 했다. 원주민들은 그곳을 '하늘의 도시'라고 불렀다. 어쨌든 나는 초안을 완성했다. 그리고는 모든 게 너무 오래 걸렸다."[12)]

실제로 너무 오래 걸렸고, 도나티는 빠져버렸다. 시나리오의 마지막 판본과 관련해서, 작가 크레딧은 '세르지오 레오네의 아이디어에 따라 에르네스토 가스탈디, 풀비오 모르셀라'라고 돼 있다. 레오네의 기본적인 아이디어는 율리시스와 멀어졌고, '튜니티'(Trinity)라는 캐릭터의 상상과 천박함을 헨리 폰다로 대표되는 옛 웨스턴의 전설, 곧 서부의 전설과 대결하게 하는 것으로 바뀌었다. 레오네는 엔초 바르보니 감독의 두 편의 '튜니티' 영화(테렌스 힐 주연)가 성공하는 것을 보고 화가 났었다. '무숙자'를 만드는 과정에서 레오네는 테렌스 힐 캐릭터가 관객의 연민을 받게 될지, 아닐지를 놓고, 마음을 정하지 못했다. 에르네스토 가스탈디(Ernesto Gastaldi)는 이미 많은 작품을 쓴 작가였다. 그는 이탈리아 웨스턴 12편에 이름을 올렸다('사르타나 시리즈'도 썼다). 하지만 그가 가스탈디를 선택한 진짜 이유는 토니노 발레리의 '분노의 날'과 '살아야 하는 이유, 죽어야 하는 이유'를 함께 썼기 때문일 것이다.

프로듀서 레오네와의 협업에 대한 가스탈디의 평가는 다른 사람과 매우 비슷한 내용을 보여주었다. 가스탈디가 말했다. "내가 세르지오를 처음 만났을 때, 나는 자만심이 넘치는 나쁜 놈이었고, 매번 즉각적으로 그에게 뿔로 들이받았다. 그는 사람들을 모욕하곤 했다. 내가 만든 어떤 장면을 놓고 논쟁을 벌일 때다. 세르지오가 말했다. '이 장면은 축구로 치면 세리에 C야!' 나는 아주 큰 목소리를 갖고 있고, 그래서 소리를 질러 대꾸했다. '너는 네가 누구라고 생각해? 세리에 A에는 펠리니가 있어. 너는 세리에 B야. 그것도 아직 챔피언이 한 번도 된 적이 없는 팀 말이야.' 나는 폭풍처럼 화를 냈고, 문을 쾅 닫고 나와버렸다. 20일이 지난 뒤, 세르지오가 마치 하루 전에 헤어진 사람처럼 전화했다. 그가 말하길 나의 장면 묘사가 완전히 잘못된 것은 아니라는 것이었다. 세르지오는 문화가 없는 천재였다. 그는 개 같은 놈이지만, 나는 그를 사랑했다. 나는 친절하지만 평범한 사람보다 개 같은 천재를 항상 더 좋아했다."[13)]

가스탈디는 '무숙자'가 '자신이 쓴 것 그대로 촬영된 첫 번째 영화일 것'이라고 주장했다. "감독인 토니노 발레리는 세르지오로부터 지적당하는 것을 두려워했다. 그래서 그는 내가 쓴 대로 촬영했다. 모든 숏을 그렇게 찍었다." 가스탈디는 사전에 수천 편의 미국 웨스턴을 참조하며, 자신의 시나리오를 항상 '연구하듯' 썼다. "나는 그 분위기를 복사해야 했다." 오직 세르지오 레오네와 작업할 때, 가스탈디는 처음으로 옛 서부에 관련된 역사책을 읽고, 남북전쟁 관련 사진들을 보고, 그런 식으로 계속 공부했다. 가스탈디가 쓴 이야기의 핵심은 고전 할리우드 웨스턴(헨리 폰다에 의해 재현)의 액션을 과도한 이탈리아 웨스턴(테렌스 힐에 의해 재현)과 대조하는 것이었다. 베테랑 총잡이(헨리 폰다)는 처음에 자신에 대한 신화적 찬사를 거부한다. 반면에 젊은 총잡이(테렌스 힐)는 그를 숭배하며, 그와 최고의 대결을 벌일 것을 계획한다. 그 대결은 젊은이를 전설의 반열에 공식적으로 올려놓을 것이기 때문이다. 이 영화는 또 어떻게 이탈리아의 이름도 없는 사람(nobody)이 결국에는 중요한 사람(somebody)이 되는가도 보여주려 한다. 그 이탈리아 사람은 어린 시절 미국 영화를 볼 때, 그 자신도 믿을만한 '중요한 것'(something)이 되길 원했었다. 이 영화의 스토리가 내포하는 또 다른 점은 모든 신화적 영웅은 훌륭한 시나리오 작가와 그것을 알아주는 관객을 필요로 한다는 사실이다.

그래서 영화 전체를 통해 베테랑 잭 보르가드(헨리 폰다)의 액션과 그의 스타일을 잘 알고 있는 팬들은 여러 거울을 통해 서로 반사돼 보인다. 클라이맥스에서 팬들은 '옛 서부에 관한 역사책'의 한 페이지처럼, 세피아 색깔 속에 얼어붙어 서 있다. 뉴올리언스의 거리에서 벌어지는 마지막 결투는 어떤 사진사의 카메라 속 뷰파인더를 통해 위아래가 뒤집혀 있다. 그때 이 지역의 주민들은(길거리의 한쪽에는 잘 차려입은 상인들이 있고, 다른 쪽에는 밀짚모자를 쓴 가난한 흑인들이 있다) 야구장의 분리된 객석에 있는 것처럼 행동한다.

이 시나리오는 웨스턴 장르에 대한 세르지오 레오네의 최종적인 '아리베데르치'(arrivederci, 작별 인사)를 보여주려 했다. 평소와 달리 지나치게 말을 많이 하면서 말이다. 종결부에서 잭 보르가드는 안경을 쓰고 젊은 총잡이 노바디(Nobody, 그는 결국에 Somebody가 됐다)에게 고별 편지를 쓴다. 보르가드는 증기선 '선다우너'(Sundowner)의 선실에 있다. 이 배를 타고 그는 유럽으로 가서 편안한 은퇴 생활을 보낼 것이다. 이 배는 문명화되고 나이든 서부 사나이를, 결투로 사라지게 하지 않고, 유럽으로 데려갈 것이다. 당시는 1899년으로, 19세기의 자정이었다. 말이 긴 고별 편지는 이렇다. "너는 우리 세대에게 통했던 환영을 어느 정도 유지할 수 있을 거야. 아마 너는 너만의 방식으로 더 재미있게 할지도 모르겠네. 어쨌든 우리는 똑같이 감사해야 할 것이야. 왜냐면 되돌아보니, 우리는 모두 낭만적인 바보의 무리였거든. 아마 우리는 여전히 좋은 총과 빠른 손이 모든 문제를 해결할 수 있다고 믿을지 몰라. 그때의 서부는 대단히 넓은 공간이었고, 그곳엔 큰 방도 많았지. 아마 너는 그런 서부에서는 같은 사람을 두 번 만나지는 못할 거야. 시간이 지났고, 이제 너는 변한 서부에 와 있어. 이제 서부는 작아졌고, 사람들로 붐비고, 너는 같은 사람을 우연히 계속하여 만나게 될 거야. 만약 네가 서부를 파리나 잡으면서 평화롭게 돌아다닐 수 있다면, 그건 나 같은 사람이 그곳에 먼저 있었기 때문이야. 그럼, 네가 보기를 원했던 역사책 속의 그런 사람들 말이야. 왜냐면 사람들은 네가 말했듯, 믿을 수 있는 그 무엇을 원했기 때문이지. 하지만 너는 더 많은 시간이 흘러도 네가 원하는 것을 가지기 어려울 거야. 왜냐면 이제 나라가 더 이상 같지 않아. 그리고 나도 여기가 낯설다고 여기고 있어. 더 중요한 것은 폭력도 변했다는 사실이야. 폭력은 성장했고 조직됐어. 좋은 총이란 것은 이제 한 푼의 의미도 없어. 나는 네가 이 모든 걸 알고 있으리라 생각해. 왜냐면 지금은 너의 시대이지, 나의 시대가 아니거든. 이런 이유로 나 같은 사람은 사라져야 했지. 그래서 네가 나와의 결투를 마련했겠지. 나를 안전하게 서부에서 끄집어내기 위해 말이야. 그러고 보니 내가 목사처럼 설교하고 있네. 하지만 이건 너의 잘못이야. 국가적 기념물(보르가드 자신)에서 네가 뭘 더 기대할 수 있겠어!”

이 마지막 장면에서 우리는 할리우드의 ‘젊은 링컨’으로서의 헨리 폰다 이미지가 소환되는 것을 잊으면 안 된다. 곧 잭 보르가드는 고개를 들어 지나가는 외륜선을 바라보는데, 그

배의 이름은 '대통령'(The President)이다. '무숙자'에는 이런 식으로 많은 참조가 들어 있다. 첫 시퀀스와 마지막 시퀀스는 이 발소에서 진행된다. 처음에는 헨리 폰다, 마지막엔 테렌스 힐이 면도를 위해 앉아 있는데, 면도를 준비하는 사람들은 갱단 와일드 번치(the Wild Bunch)의 단원이라는 것을 알게 된다. 이는 프리츠 랑의 '웨스턴 유니언'(Western Union, 1941), 그리고 '오명의 목장'(Rancho Notorious, 1952), 또 에드워드 드미트릭의 '워록'(Warlock, 1959)에 나왔던 장면을 참조한 것이다. '무숙자'에서 잭 보르가드와 노바디(테렌스 힐) 사이의 관계는 '숙명의 일탄'(The Fastest Gun Alive, 1956)에서의 브로데릭 크로포드와 글렌 포드의 경쟁 관계를 반사하고 있다. 또 다른 중요한 참조는 샘 풀러의 '40정의 총'(Forty Guns, 1957)이다. 이 영화에는 제시카 드루몬드(바바라 스탠윅)에 의해 고용된 40명의 총잡이가 벌판을 달린다. '무숙자'에서는 개 같은 150명의 악당이 말을 타고 달린다.

그런데 발레리 감독의 이 영화에서 갱들은 페킨파의 동명 영화(1969) 제목처럼 '와일드 번치'라고 불린다. 당시에 어떤 평론가가 말하길, '무숙자'는 '명백히, 일관되게 1970년까지의 샘 페킨파의 영화에 대한 비판'이라고 말했다. 실제로 '무숙자'에는 폭력 행위에 대한 슬로모션이 들어 있고(레오네의 웨스턴에서는 처음), 신출내기 군인들이 도둑맞은 기차를 추적하고, 나바호의 공동묘지에 있는 어느 묘비에는 이름이 '페킨파'(Peckinpah)라고 적혀 있다(노바디가 말하길, '나바호에서는 아름다운 이름'이다). 하지만 베테랑 총잡이는 이와는 달리 '하오의 결투'(Ride the High Country, 1962)의 주인공 조엘 맥크레처럼 안경을 쓰고 있다. 잭 보르가드는 이런 모든 소동을 이겨내고, '역사 속으로 사라질 것'이다. 그런데 루치아노 빈첸초니 같은 작가들에 따르면, '무숙자'에 표현된 샘 페킨파 작품에 대한 참조는 레오네가 지나치게 우월감을 드러낸 것이기도 했다. 이번에 레오네가 참조한 것은 '누가 누구에게 영향을 미쳤는가'를 밝히려는 작업이었다는 것이다. 그리고 레오네가 말하길, 페킨파가 자신에게 빚을 진 사실을 알고 기뻐했다고도 했다. 페킨파가 인정했듯, 실제로 레오네의 작품들이 영화 '와일드 번치'를 가능하게 하는 텍스트를 제공했다. 레오네가 이긴 게임이었다.

잭 보르가드의 고별 편지는 웨스턴의 아버지 존 포드의 메시지 같았다. 그것은 세르지오 레오네가 존 포드의 웨스턴에서 일어난 일, 그리고 존 포드가 은퇴한 뒤 미국 웨스턴에 무슨 일이 일어났는지에 대해 보여준 성찰이었다. 포드는 그때 암으로 죽어가고 있었고, 할리우드라는 영화 공동체에서 150마일 떨어진, 올드 프로스펙터 트레일(Old Prospector Trail)의 팜 데저트(Palm Desert)에 있는 농장 같은 집으로 이주해 있었다. 그곳의 이웃들로는 하워드 혹스, 헨리 해서웨이, 프랭크 카프라 등이 있었다. '무숙자'가 촬영되기 바로 전에, 닉슨 대통령은 할리우드에서 진행된 의례에서 포드에 대해 말했다. 그 연설에서 포드는 최고의 추앙을 받았고, 자유의 대통령 메달(Presidential Medal of Freedom)을 받았다. 연설은 이랬다. "존 포드는 국가 유산의 해석자로서, 이곳과 외국의 모든 세대에게 그 개인의 인장을 지울 수 없게 남겨놓았다. 존 포드는 그의 삶과 작품을 통해, 미국 영화의 최고와 미국의 최고를 재현했다." 포드는 그때 녹음을 통해 이런 말을 남겨놓았다. "조상들이 오늘의 우리를 본다면, 대단히 부끄러워할 것이다." 보르가드의 편지는 포드의 영혼이 지금의 세상과 양립할 수 없음을 확인하고 있다. 곧 지금의 세상은 '폭력이 성장' 했고, 선한 남자는 계속하여 적응하느라 크기가 작아졌고, 도시의 관객들이 통제권을 쥐었고, 범죄는 사업의 규모로 조직되었기 때문이었다. 보르가드의 편지에서 강조하는 또 다른 점은 '여전히 포드는 감사해야 한다'라는 것이었다. 무엇보다도 이탈리아 사람들이 '그들만의 재밌는 방식으로' 웨스턴을 다시 살아있게 했기 때문이었다. 당시는 할리우드가 영화 산업에서 웨스턴을 거의 포기했을 때다. 그래서 레오네는 포드에 대한 자신의 빚을 갚기를 원했다. 그리고 그 위대한 남자에게 자신이 중요한 사람이 된 사실을 공개적으로 증명하려 했다. 존 포드는 자신의 묵주를 쥐고 죽었다. 그때 '무숙자'는 중요한 촬영을 막 끝냈었다.[14)]

헨리 폰다(이 영화가 그의 마지막 웨스턴)가 황혼으로 말을 타고 가는 것과 선다우너 선박에서의 장면은 매우 슬픈 애가 같다. 시각적으로는 화가 프레데릭 레밍턴(Frederic Remington)의 그림을 참조했고, 모리코네가 자기식으로 변주한 '마이 웨이'(My Way)가 연주된다. 이와는 대조적으로 테렌스 힐의 노바디 장면은 기괴하고 웃긴 만화처럼 촬영됐다. 장난꾸러기 스토커 같은 그는 콩을 엄청나게 먹고, 연방 트림을 하고, 사과를 한 번에 다 먹고, 별로 움찔대지도 않고 위스키 다섯 잔을 모두 마시고, 공중 화장실에서 기차의 기관사가 오래 참은 소변을 더 참게 하려고 버티고 서있기도 한다. 어떤 순간에 노바디는 상대방이 총을 한번 뽑기도 전에, 자기의 총은 벌써 세 번 뽑고 총집에 넣는다. 심지어 이것은 안장을 한 손에 든 채로 해낸다. 노바디의 카니발 같은 태도는 명백하게 실제의 카니발과 연결돼 있다. 곧 거리는 카니발의 재밌는 사람들, 예를 들어 댄서들, 난쟁이들, 그리고 장터에서 고함지르는 사람들로 넘친다. 또 여러 볼거리가 있으며, 홀에는 거울과 펀칭 머신이 많이 보인다. 보르가드는 광활하게 열린 공간에 어울리고, 반면에 노바디는 오락거리가 많은 아케이드에 어울리는 것이다.

"이 모험극이 보여줬던 도덕은 사람들은 절대로 아무나 공격하지 않는다는 것이었다. 서부에서의 실제 삶에서도, 중요하게 여겨지는 유일한 사람은 절대로 패배할 것 같지 않은 사람이었다."[15] 그리고 레오네가 선택한 제목(Il mio nome è Nessuno/My Name Is Nobody)은 그런 메시지를 신화의 광활한 공간으로 옮겨간 것이다. 레오네는 인터뷰에서 이런 말을 자주 했다. 곧 "웨스턴의 위대한 작가는 그리스의 호메로스다. 웨스턴이 다루는 차원은 미국에만 속하는 게 아니고, 전 세계에 속하는 것이다. 이는 보편적인 우화인데, 각각의 특별한 문화에 의해 걸러진 것이다." 토니노 발레리는 레오네의 이런 주장을 보강해주었다. "이 영화의 제목은 몇 년 전에 다른 이탈리아 웨스턴을 위해 고안된 것이었다. 그 웨스턴은 율리시스가 거인족 키클롭스의 외눈박이 두목 폴리페모스와 벌였던 모험에서 영감을 받았다." 레오네가 그 영화를 일부 참조했다. 그럼으로써 레오네는 웨스턴의 뿌리는 신화 자체에 기원을 뒀다는 사실을 주장하고, 웨스턴의 그런 기능을 보여주려 했다. 곧 야외의 캠핑에서 나누던 이야기부터 고예산의 영화까지, 또 민속 문화부터 산업적인 문화까지, 이런 모든 것은 신화 자체에서 크게 변한 게 없다는 것이다. 레오네는 성질 급하고 생각이 빠른 율리시스와 느릿느릿한 거인 폴리페모스 사이의 대결도 즐겁게 참조했다. 하나의 신화에서 또 다른 신화가 나온 것이다.

호메로스의 〈오디세이〉에서 율리시스는 식인 거인족 키클롭스의 두목 폴리페모스와 대결할 때 이렇게 말한다. "너는 나의 이름을 알고 싶지. 내가 말해주지. 그러면 다음 순서에서 네가 나에게 약속한 선물을 주면 좋겠네. '나의 이름은 노바디'(My name is Nobody)야." 그래서 외눈박이 거인은 다른 선원들을 모두 먹은 뒤, 노바디는 맨 마지막에 먹겠다는 약속을 한다. 하지만 그는 율리시스의 올리브나무 가지에 찔려, 눈을 잃는 운명에 놓인다. 율리시스는 거인의 동굴을 탈출한 뒤, 자신의 진짜 마음을 폴리페모스에게 전달하고 싶어 안달한다. 다시 말해, 그는 선원들에게, 그리고 그 말을 듣는 모든 사람에게 자신은 중요한 사람(Somebody)이라는 사실을 알리고 싶어 했다. 이 말이 폴리페모스를 다시 화나게 했고, 그래서 율리시스의 선원들은 점잖게 항의한다. "저 야만인을 자극하다니, 좀 경솔하지 않나요?"

보르가드는 느릿느릿하게 행동하는 악당과는 거리가 멀다. 하지만 그도 거인처럼 앞을 잘 보지 못하긴 한다. 그런데 건달(테렌스 힐)과 국가적 유산 같은 인물(헨리 폰다) 사이의 대결이 풍기는 반향을 보며, 레오네는 제목('Nobody')이 최고라고 확신했다. 이탈리아 언론은 즉각적으로 고전을 참조한 사실을 알았다. 하지만 이외의 지역에서는 아무도 몰랐다. 그 건달 노바디가 거인을 만나는 장면까지 레오네가 '무숙자'에 삽입했지만 말이다. 그런데 축제 장면에서 나오는 거인은 가까이 가서 보니, 목마를 타고 있는 난쟁이였다.

엔니오 모리코네의 음악은 보통과 달리 대단히 절충적이었다. 마지막 결투를 위한 '마이 웨이' 변주곡부터, 주제곡으로 쓰인 흥겨운 유럽 팝, 그리고 최후의 대결을 위한 '심판처럼'(Like a Judgment)의 패러디까지 동원했다. 그리고 의도적으로 흥겨운 음악을 위대한 신화의 명곡과 섞었다. 이를테면 갱단인 와일드 번치가 등장할 때마다, 바그너의 '발퀴레의 도약'을 인용하여 첨가했다. 모리코네가 말했다. "그건 추상적인 아이디어가 결코 아니었다. 두 요소 사이의 명확한 연결을 참조했다. 곧 남자 같은 북쪽의 놀라운 금발 여성들인 발퀴레와 말

탄 악당들 사이의 병렬적 비교였다. 이는 그로테스크하고 패러디가 섞인 요소인데, 코미디 영화에서 표현할 수 있는 정당한 유사점이었다. 그리고 사람들이 전혀 인식하지 못한 게 하나 있다. 그 순간에 들리는 발퀴레의 테마는 자동차의 경적을 이용하여 연주했다. 발퀴레와 와일드 번치의 광적인 에너지가 이런 아이디어를 떠올리게 했다. 촬영장소는 도시의 교통체증 같은 것은 전혀 존재하지 않는 곳이었다."[16)]

토니노 발레리에 따르면, 레오네는 부끄럽게도 엔조 바르보니와 지나치게 경쟁했다. 바르보니는 '내 이름은 튜니티'(They Call Me Trinity, 1970)와 '튜니티라 불러다오'(Trinity Is Still My Name, 1971)를 발표하며, 레오네를 이탈리아 웨스턴의 마에스트로라는 권좌에서 끌어내릴 기세였다. 발레리가 말했다. "바르보니의 작품은 이탈리아 웨스턴과 관련된 상투성을 대단히 반어법적으로 패러디한 것이었다. 그래서 레오네는 '예술적 복수'를 하려고 했다." 따라서 '튜니티'의 스타 테렌스 힐을 '노바디'로 캐스팅하는 것은 레오네에게 매우 매력적이었다("사실을 말하자면, 그 일에는 일종의 사악한 터치가 끼어 있었다"). 그렇지만 레오네는 수많은 코믹한 장면을 테렌스 힐에게 하게 했고, 그러면서 그로부터 최고를 뽑아내었다. 그런데 발레리는 헨리 폰다 캐릭터에 더 많은 관심을 보였다. 발레리는 곧 알게 됐는데, 레오네가 노바디의 캐릭터를 받아들임으로써, 폰다에 대한 긴장을 풀었다. 곧 "노바디는 자신의 어린 시절 영웅을 만나기를 바라는 선한 청년이고, 실제로 그 영웅을 만났을 때,

영웅은 경력의 위기에 있다는 것을 알게 된다. 그래서 노바디는 영웅이 자기 자신에게 맞는 방식으로 경력에서 은퇴할 수 있도록 돕는다. 레오네는 이런 변화를 받아들이며 매우 점잖게 행동했다."[17]

레오네는 이 영화가 개봉된 뒤에도 '처음에 가졌던 악의'와 이 영화의 시나리오를 가능하게 한 이탈리아 영화계의 동력에 대해 숨기지 않고 말했다. 특히 레오네는 관객들이 이탈리아 영화와 함께 하는 게 아니라, 이탈리아 영화를 보며 낄낄대고 웃는다는 점을 좋아하지 않았다. 심지어 자신이 스파게티 웨스턴의 대부분은 쓰레기라고 말했는데도 말이다. 그런데 웨스턴이 표피적으로 보였다면, 그건 레오네의 헌신 때문이기도 했다. 그래서 레오네의 상투적인 것들은 너무나 쉽게 패러디됐다. 레오네가 말했다. "말하자면 '튜니티라 불러다오'가 나오며, 권총으로 하는 결투는 얼굴의 빰을 때리는 것으로 바뀌었다! 그때 관객들은 어떤 해방 같은 것을 느꼈다. 그건 보복의 행위였다. 관객들은 이런 영화들에 나오는 악당들, 곧 귀가 찢어지고, 모자를 귀 아래까지 눌러 쓴, 그 악당들을 보는 것을 좋아했다. 그리고 '튜니티라 불러다오'는 엄청난 흥행 성공을 거두었다. 그 영화는 이탈리아 웨스턴이 더는 숨을 쉴 수 없을 정도로 포화 됐을 때 나왔다. 그 영화가 이후에 다시 재개봉됐을 때는 전혀 흥행하지 않았다."[18]

레오네에게는 헨리 폰다가 보르가드를 연기하고, 테렌스 힐이 노바디를 연기하는 것은 영화가 의도한 것을 표현하는 데 핵심이었다. 테렌스 힐은 33살이었고, 베네치아 출신으로, 본명은 마리오 지로티(Mario Girotti)였다(그를 가리켜 이탈리아 평론가들은 '폴 뉴먼 이후 가장 푸른 눈'이라고 불렀다). 그는 디노 리지(Dino Risi) 감독에 의해 수영장에서 '발견'됐다. 그는 12살 때, '갱스터와의 바캉스'(Vacanze col gangster, 1952)로 데뷔했다. 전환점이 된 역할은 비스콘티의 '레오파드'(1963)에서, 버트 랭커스터의 딸에 구애하는 용기 있는 젊은 백작 장교 캐릭터였다. 이때부터 그는 평생의 직업으로 배우를 생각했다. 주세페 콜리치 감독이 '신은 용서한다, 나는 안 한다'(God Forgives, I Don't)를 알메리아에서 찍고 있을 때, 마리오 지로티는 자신의 대사 담당 코치인 미국인 로리 힐(Lori Hill)과 결혼했다. 그때 자신의 이름도 아내를 따라 바꾸었다. 콜리치 감독의 영화에서, 테렌스 힐은 나폴리 출신의 배우이자 의류 디자이너인 카를로 페데르솔리(Carlo Pedersoli)와 팀을 이루었다. 그도 자신의 이름을 버드 스펜서(Bud Spencer)로 바꾸었다. '버드'(Bud, 맥주)는 그의 거대한 허리둘레에 맞춘 것 같고, '스펜서'(Spencer)는 '의류 산업에 대한 오마주' 같다. 아마도 '마크스 앤 스펜서'(Marks and Spencer)에 오마주를 보냈을 것이다.

주세페 콜리치 감독과의 후속 작품들, 곧 '에이스 하이'(Ace High, 1968)와 '대반격'(Boot Hill, 1969)의 성공 덕분에 테렌스 힐은 '튜니티 시리즈'에 캐스팅될 수 있었다. 1956년에서 1971년 사이, 이탈리아에서 가장 흥행에 성공한 작품 1위는 '튜니티라 불러다오'이며, 2위는 '석양의 건맨'이었다. 레오네는 엉성하게 구성된 코미디 영화 때문에 권좌에서 정말로 내려지는 것 같았다. 그 코미디는 술집에서 다투는 슬랩스틱을 강조하고, 스턴트맨은 워너 브라더스의 애니메이션 히트작인 루니 툰(Looney Toons) 스타일로, 모든 방향에서 스크린을 가로질러 돌진하게 했다. 튜니티 캐릭터는 말에 연결된 들것 같은데 누워, 정처 없이 떠도는 게으름뱅이다. 그는 아무것도 하지 않는데 늘 바쁘다. 그는 곰 같은 형제 밤비노(Bambino, 버드 스펜서)와 과장된 콤비 플레이를 벌인다. 프랑스 비평계에서 두 사람은 아스테릭스와 오벨릭스, 또는 로렐과 하디 콤비와 비교됐다. 이탈리아에서 더 자연스럽게 언급된 콤비는 돈키호테와 산초 판사였다. 혹은 '북쪽의 꾀돌이와 남쪽의 힘'이라고도 불렸다. '튜니티라 불러다오' 덕분에, 테렌스 힐은 독자 여론 조사에서, 세상에서 가장 유명한 남성 스타 5위에 뽑혔다. 1위부터 순서는 클린트 이스트우드, 폴 뉴먼, 로버트 레드포드, 그리고 스티브 맥퀸이었다. 레오네는 '무숙자'의 노바디 역에 대해, 테렌스 힐에게 이렇게 조언했다. "튜니티를 연기하듯 해. 하지만 약간만 더 진지하면 돼."[19]

노바디의 적은 사업가 설리반이다. 그는 와일드 번치의 사주를 받는다. 그 역은 프랑스 연극배우 장 마르탱(Jean Martin)이 맡았다. 마르탱은 사무엘 베케트의 친구였다. 그래서 그가 베케트의 연극 '고도를 기다리며'(1953)의 럭키 역과 '엔드게임'(1957)의 클로브 역을 처음 맡았다. 그는 질로 폰테코르보의 '알제리 전투'(1966)에서 프랑스 낙하산 부대의 마티유 대령 역을 맡음으로써 영화배우로도 이름을 알린다. 폰테코르보에 따르면, 마르탱은 촬영장에서 자주 아팠다. "나는 길거리에서 발굴한 배우들보다, 그와 더 많은 문제를 겪었다. 그는 '고도'에 출연했다. 그 점이 저절로 그를 훌륭한 배우로 만드는 것은 아니다."[20]

'무숙자' 시나리오에 대한 레오네와 발레리의 다른 해석은 사전제작 단계부터 시작됐는데, 왜 이 영화의 결과가 일관성을 유지하지 못했는가를 설명하고 있다. 지나치게 과장된 농담이 너무 오래 진행되고, '서부의 종말'에 대한 서정적인 테마와 테렌스 힐의 만화 같은 익살 사이의 관계가 영화 전체를 통해 껄끄러운 긴장을 만들어냈다. 테렌스 힐은 무도장에서 볼 수 있는 회전을 마음대로 할 수 있는 허락을 받았는데, 이것이 스토리의 진행을 방해했다.

마에스트로(레오네)는 아마 영화의 실제 촬영에 깊이 개입하고픈 마음을 억누르지 못했을 것이다. 혹은 더욱 가능성이 큰 짐작인데, 두 개의 영화(레오네와 발레리의 영화)가 동시에 서로 경쟁했을 것이다. 디테일에 대한 레오네의 집중력은 절대 축소되지 않았다. 발레리는 헨리 폰다의 의상에 대한 경우를 기억하며 그 점을 말했다. "나는 헨리 폰다의 의상을 고를 때, 존 포드의 '황야의 결투'(My Darling Clementine)에서 입고 나온 그 옷을 그대로 입히려 했다. 그 옷은 훌륭했고, 완벽했다. 내 생각에 그것이 헨리 폰다였다. 그런데 레오네는 다른 생각을 했다. 폰다의 셔츠는 앞에 많은 장식이 있어야 한다는 것이다.

레이스 주름 장식 말이다. '그래? 그런 셔츠가 간혹 웨스턴에 나오기도 하지. 하지만 그런 의상은 사랑의 모험가나 프로 도박사 혹은 단역에 어울리지 않을까?' 내가 말했다." 하지만 발레리는 마에스트로가 원하는 것을 하도록 했다. 얼마 뒤, 발레리는 산에 있는 촬영장 숙소에서 누가 자기를 깨우는 소리를 들었다. 너무 이른 시각이었다. '발레리씨, 로마에서 전화 왔어요.' 발레리가 기억했다. "나는 불안해졌다. 그 시각의 전화라면 가족에 관한 소식일 수도 있어서였다. 나는 전화기를 들었는데, 전화를 건 사람은 세르지오였다. 그가 말했다. '헨리 폰다에게 무슨 옷을 입힌 거야? 그 끔찍한 셔츠 장식은 뭐야?' 상당히 화가 나 있었다! 이런 게 사람의 모순일 것이다. 다른 감독이 그와 함께 러시 필름을 보았고, 그가 세르지오에게 셔츠 문제를 지적했다. 잘못된 것이고, 상황에도 맞지 않는다고 말이다. 그래서 우리는 결국 마에스트로도 기쁘게 하고, 또 내가 원하는 대로 헨리 폰다에게 옷을 입힐 수 있었다."[21)]

제2 제작팀이 알메리아의 가우딕스 근처 세트장(일부는 '옛날 옛적 서부에서'의 칼라오라 기차역 근처)에 가기 전에, 9주 일정의 미국 현지 촬영이 시작됐다. 나바호족 마을은 뉴멕시코의 타코(Taco)에서, 마지막 결투와 항구 장면은 뉴올리언스에서 찍었다. 작가 세르지오 도나티는 나바호족 공동묘지를 자신이 '발견'했다고 주장했다. 사실은 레오네가 나중에 피터 폰다에게서 들었는데, "그 마지막 인디언 마을은 '이지 라이더'(Easy Rider) 촬영장소의 한 부분이었던 바로 그 마을이었다.” 토니노 발레리는 몇 번의 중단을 겪었지만, 미국에서의 촬영 일정은 자신의 통제 아래 있다는 것을 느꼈다. “미국에서의 일은 잘 진행됐다. 한 가지 불협화음은 나와 미국에서의 촬영 감독인 아르만도 난누치(Armando Nannuzzi)와의 사이에서 일어났다. 그는 그럴 권한도 없으면서, 영화의 연출 부문에 개입하려 했다.”[22] 레오네가 난누치에게 이르길, “할 수 있는 한, 그곳에서 발레리를 많이 도와라.”라고 했다. 바로 이것이 긴장을 낳았다. 프로듀서 풀비오 모르셀라에 따르면, 두 사람 사이의 다툼으로 난누치는 중간에 해고되었고, 미국 현지의 제작 담당 매니저도 물러나야 했다. 왜냐면, “그 매니저는 항상 토니노의 머리에 대해 말하기 시작했다. 두 사람은 늘 싸웠다. 그래서 우리는 스페인 제작 파트를 위해서도 다른 매니저를 구해야 했다.”[23]

미국에서의 촬영이 끝나갈 무렵, 레오네는 상황을 점검하기 위해 로마에서 현지로 갔다. 레오네는 스페인의 가우딕스에서는 촬영 감독이 바뀔 것이라고 발레리에게 알렸다(새로운 촬영 감독은 주세페 루촐리니인데, '석양의 갱들' 촬영 감독이었다). 그리고 새로운 스태프도 준비됐다고 알렸다. 발레리의 기억이다. “하지만 스페인 촬영장은 완성되지 않았고, 의상은 미국에서 도착하지 않은 상태였다. 우리는 일주일 동안 작업을 중단해야 했다. 하지만 헨리 폰다는 우리 일정에 바로 이어 다른 일정이 있어, 마냥 기다릴 수 없었다. 그래서 레오네는 테렌스 힐과 촬영하는 제2 제작팀의 감독을 임시로 맡아 작업을 진행했다. 데렌스 힐은 레오네의 연출 지시를 받고 싶어서 안달이 었다. 이들이 찍은 것은 술잔 묘기를 벌이는 술집 장면, 그리고 마을에서 벌어지는 축제 장면이었다."[24] 레오네는 가우딕스에서 대략 2주 동안 촬영했는데, 공중 화장실 장면도 그가 연출했다. 테렌스 힐에 따르면, 레오네가 제법 많은 부분을 책임졌다. 대부분 테렌스 힐이 중심 역할로 나오는 장면들이었다. 한편 발레리는 헨리 폰다 관련 나머지 장면을 찍었고, 알메리아 사막에서 벌어지는 거대한 액션의 세부를 구성했다. 테렌스 힐에 따르면, 헨리 폰다는 발레리를 상당히 배려했다. 발레리에게 조언하길, '마치 모르는 배우를 연출하듯 하라'고 말했다. 발레리에 따르면 공중 화장실 장면은 원래 시나리오에 없었다. "그건 세르지오 레오네의 즉흥적인 창작이었다. 그 장면이 천한 것인지 아닌지는 다른 사람들이 판단하게, 나는 그냥 두었다."[25]

미국 배우 닐 섬머스(Neil Summers)는 술집 시퀀스에 캐스팅됐다(별명은 스퀴렐이고, 이빨을 딱딱거리는 총잡이다). 레오네는 존 휴스턴의 '법과 질서'(The life and Times of judge Roy Bean, 1972)를 보고 섬머스를 점찍어 두었다. 섬머스는 스페인에서는 레오네가 권좌에 앉아 있다는 분명한 인상을 받았다. "내가 나오는 대부분 장면을 세르지오가 연출했다. 내가 참여한 현지 촬영 첫날에, 우리는 테렌스와 내가 벌이는 액션에 관해서만 리허설을 했다. 그리고 다음 날 그 장면의 일부를 찍었다. 총을 빨리 뽑아서 술잔을 산산이 부수는 그 장면을 찍는 데, 1주일

이상이 걸렸다. 세르지오는 천천히 일했고, 항상 자신의 카메라로 새로운 앵글을, 그리고 배우들과는 더욱 혁신적인 장면을 잡아내려고 노력했다. 나는 스페인에서 많은 거울이 있는 집 장면도 찍을 예정이었다. 하지만 스태프는 세르지오를 만족시킬 정도로 많은 거울을 확보하지 못했다. 그래서 나는 그 장면을 보충하기 위해 로마로 가야 한다고 들었다."[26)]

레오네는 영화가 개봉된 뒤에, 상황 때문에 자신은 '어쩔 수 없이' 몇 장면은 연출해야 했다고 주장했다. 곧 도입부의 이발소 장면, 보르가드와 와일드 번치의 전투, 그리고 마지막 결투가 그것이다. 토니노 발레리는 전투와 결투에서 레오네가 개입해 무언가를 했다는 사실에 화를 내며 부정했다. 하지만 그 장면을 찍을 때, 레오네가 연출을 돕고 있는 사진들이 남아 있다. 그리고 레오네는 언급하지 않았지만, 스페인에서의 테렌스 힐 장면을 그가 연출했다. 그러므로 가장 현실적인 시나리오는 이렇다. 레오네는 결투 장면의 연출을 도왔고, 알메리아에서 진행된 전투에서의 제2 제작팀을 책임졌으며, 그리고 도입부 이발소 장면과 카니발 관련 장면(테렌스 힐 장면)을 연출했을 것이다. 이런 점이 스타일과 분위기 면에서, '무숙자'의 스페인 배경 부분과 미국 배경 부분이 왜 다른지를 충분히 설명한다. 발레리가 약간 힌트를 줬는데, 그의 생각에 따르면, 레오네가 테렌스 힐의 액션 장면을 연출하기 위해 교묘하게 상황을 만들어냈다는 것이다. 이것이 사실이든 아니든, 프로듀서라면 발레리가 스페인에 도착하기 전에 촬영장을 완성하고, 의상을 준비해야 했다. 그런데 그런 게 준비되어 있지 않았다. 레오네는 인터뷰어가 자신에게 호감을 갖는지, 반감을 갖는지에 따라, 연출에 대한 기여도를 바꾸어가며 말했다. 그는 뻔뻔하게 이렇게 말하기도 했다. "이 영화는 나의 작품이다. 익살스러운 장면이 좀 과도했지만 말이다."[27)]

시나리오 작가 에르네스토 가스탈디는 더욱 의심하며 이런 설명을 했다. "영화에는 천박하고 필요 없는 장면이 하나 있다. 테렌스 힐이 마을의 거리에서 바보 같은 민중 민요를 부른다(그 노래는 사실 아이들의 전래 동요인데, 힐의 액션에 대한 사운드 트랙처럼 쓰였다). 레오네가 이 장면을 넣은 것은 이유가 분명했다. 곧 이 영화는 자신이 연출한 다른 작품들처럼 진지하거나 중요한 게 아니라는 것이었다. 그런데 매일 매일 이 영화는 점점 훌륭한 웨스턴으로 보이기 시작했다. 아니 더 나아가, 레오네의 웨스턴보다 더 훌륭해 보였다! 그는 바로 그 점을 참을 수 없었을 것이다. 시간이 좀 지나자 레오네는 전략을 바꾸었다. 사람들에게 진짜 감독은 자신이라고 말하기 시작했다!"[28)] 토니노 발레리는 제작사 라프란의 프로듀서 클라우디오 만치니로부터 이런 말을 들었다. "만약 레오네가 한 프레임이라도 찍는다면, 모든 사람이 그가 영화 전체를 연출했다고 말할 것."이라는 내용이었다. 그런데 바로 그런 일이 일어났다. 게다가 크레딧에 세르지오 레오네의 이름은 너무 많이 등장했다. '세르지오 레오네 제공', '세르지오 레오네의 아이디어에서', 그리고 '세르지오 레오네 제작' 등이었다. 반면에 감독의 이름은 단 한 번 소개됐다. 그리고 관객들은 레오네의 새로운 영화를 열렬히 기다리고 있었다. 발레리의 기억이다. "나는 만치니의 말에 별로 주목하지 않았다. 게다가 나는 초과비용 때문에 레오네가 재정적으로 고통받는 것을 원치 않았다. 그런데 영화가 완성되고 개봉됐을 때, 많은 비평가가 이 영화의 실제 감독은 레오네라고 썼다. 나는 단지 레오네의 대필자라는 것이었다."[29)]

레오네는 프로듀서로서의 첫 작품을 만들며, 자신이 원했던 것 곧 '다른 누군가에 의해 연출된 세르지오 레오네의 영화'라는 목표를 달성했다. 그는 자신의 감독을 '촬영을 관리할 줄 아는 능력 있는 기술자'로 다루었다. 이 영화는 특정인만 만족시키는 경험을 제공한 건 아니다. '무숙자'는 흥행에서 '내 이름은 튜니티'를 넘어섰다. '무숙자'는 36억 3천 리라를 벌었다. 이것은 '내 이름은 튜니티'보다 5억 리라 이상이며, '튜니티라 불러다오'보다는 13억 리라 이하였다. '무숙자'는 프랑스와 독일에서 엄청난 성공을 거두었다. 하지만 미국에서는 좋은 성적을 내지 못했다. 배급사 유니버설은 몇 장면을 잘랐고, 평범한 홍보 캠페인 이외에 별다른 조치를 하지 않았다("노바디, 하지만 '노바디'만이 자신이 일으킨 문제를 안다"). 과거를 회고하며, 레오네가 말했다. "영화는 미국에서 약간 실망스러운 결과를 냈다. 발레리는 이럴 때, 어떻게 시적 차원을 충분히 제공해야 하는지 몰랐다." 헨리 폰다는 이 영화에 대해, 자신이 특별한 관심을 두지 않는 웨스턴이라고 말했다. 테렌스 힐은 자기가 맡은 부분에 대해 이렇게 말했다. "내 경력에서 최고의 신화였다. 그리고 가장 큰 애정을 느끼고 있다." 훗날 레오네는 토니노 발레리를 평가해달라는 질문을 받았다. 레오네는 칭찬하는 척하며 이렇게 말했다. "그는 지적이고 교양 있는 사람이다. 그는 효과적이고 정확한 감독이었다. 천재성은 없지만, 정직함을 갖고 있었다."[30] 토니노 발레리와 세르지오 레오네는 그 후 다시는 함께 일하지 않았다.

한편 레오네와 가족은 그때 이사했다. 로마 외곽 리지포 거리(via Lisippo)의 집에서, EUR(로마 남부의 현대적 주거지) 지역의 비르마니아 거리(via Birmania) 76번지에 있는 거대한 저택으로 옮겼다. 그곳은 라프란 제작사 바로 옆이었다. 저택은 안전을 위해 담으로 둘러싸여 있었고, 전자장치가 된 현관을 통과해야 했다. 레오네와 자신의 제작사는 차기작을 준비하고 있었는데, 1973년 로마에서 프랑스 감독 베르트랑 블리에(Bertrand Blier)의 '왈츠를 추는 사람들'(Les Valseuses)을 볼 때 일은 진척되기 시작했다(프랑스 제목은 속어로 남자의 고환을 의미한다). 블리에의 에로틱 코미디는 자신의 소설에 기초한 것인데, 화가 나 있는 두 청년에 관한 이야기다. 그들은 시외에 사는 무직자 장 클로드(제라르 드파르디유)와 피에로(파트릭 드베르)이다. 두 청년은 마리 앙제(미우-미우)와 팀을 이룬다. 마리는 어떤 남자의 정부인데, 그 남자의 차를 세 사람은 훔쳤고, 시골을 돌아다니며 사기행각을 벌인다. 영화에는 충동적인 섹스와 즉각적인 스릴이 넘치는데, 이상한 삼각관계의 이들은 그런 일들에 금방 싫증을 낸다. 피에로는 고환에 총을 맞았고, 그래서 발기가 되지 않으며, 장 클로드와 항문 섹스를 한다. 그런데 이야기가 전개되며, 자신의 성정체성에 대해 더욱 확신하는 사람은 장 클로드로 밝혀진다. 장 클로드는 공격적인 마초였는데, 피에로와의 관계를 이어가며 더욱 성숙해지고 부드러워진다. 마리 앙제는 처음에는 거의 모든 사람으로부터 이용당했는데, 성적 해방은 개인의 해방에 이른다는 사실을 알게 된다(그녀는 기회만 되면 자신의 옷을 전부 벗어버린다). 비평가들은 이런 모든 것이 여성 혐오주의자의 함성인지, 페미니스트의 코미디인지 알 수 없었다. 감독 블리에는 말했다. "나는 여성 혐오주의자가 아니다. 여성 혐오주의를 보여주었다. 나의 영화는 야만적인 것이며, 여성에 반하는 게 아니다." 그리고 그는 판타지 영화 '칼모스'(Calmos, 1975)를 만들었다. 여기서 그는 페미니즘을 스탈린주의와 비교했다. 그 영화는 첫 국제 여성의 해에 개봉됐다.

레오네의 즉각적인 생각은 몸집만 큰 이 아이들의 이야기를 웨스턴 배경으로 옮기는 것이었다. 그는 '왈츠를 추는 사람들'의 트리오를 위한 새로운 구성을 만들었다. 곧 두 명의 사기꾼과 한 명의 해방된 여성이라는 이상한 삼각관계인데, 이번에 이들은 애리조나주를 떠돌고, 미국 기병대와 인디언 사이의 전쟁에 개입하게 된다. 이들은 처음에는 마초이거나 몰인정해 보이는데, 결국에는 천사와 같은 면도 있다는 게 밝혀진다. 레오네가 말했다. "베르트랑 블리에의 영화는 프랑스에서만 흥행 성적이 좋았다. 심지어 영어 시장에선 배급도 되지 않았다." 그래서 캐스팅은 이렇게 결정됐다. 곧 테렌스 힐과 로베르 샤를부아(Robert Charlebois, 당시 30살로 프랑스어로 노래하는 캐나다 가수)가 두 청년으로, 그리고 미우-미우가 이들과 동시에 사랑을 나누는 단순한 여성으로 출연한다. 에르네스토 가스탈디가 시나리오를 쓰고, 풀비오 모르셀라가 더 발전시켰다. 이 시나리오는 '왈츠를 추는 사람들'을 넘어서, "이번에는 '스팅'(The Sting)의 웨스턴 판본이 됐다."[31)]

프로듀서로서 레오네는 이 영화의 감독으로 다미아노 다미아니를 선택했다. 프랑코 네로와 마틴 발삼이 주연한 다미아니 감독의 '공화국 검찰에서의 경찰 간부의 고백'(Confessione di un commissario di polizia al procuratore della repubblica)은 1970년 흥행작 가운데 하나였다. 당시 흥행 경쟁작은 코스타-가브라스의 '제트'(Z)와 엘리오 페트리의 '완전범죄'(Indagine su un cittadino al di sopra di ogni sospetto, 모든 의심 위에 있는 어느 시민에 대한 수사)였다. 레오네는 또 멕시코 혁명을 다룬 다미아니의 웨스턴 '장군에게 총알을'(Quien sabe?)에 깊은 인상을 받았다. 그리고 다미아니는 레오네의 팀에게 내놓을 수많은 아이디어를 갖고 있었다. 다미아니가 말했다. "새 영화는 웨스턴에서 공식화된 상투성에 대한 농담이었다. 레오네의 이전 영화와는 아주 달랐다. 레오네는 장르의 공식을 대단히 사랑했는데, 이번에는 모든 가능한 내용을 빼버렸다. 레오네는 웨스턴에서 일련의 원시적인 싸움을 읽는 위대한 매너리스트였다. 어

짰든 존 포드가 '역마차' 이후 웨스턴을 만들었던 곳에서, 촬영할 수 있다는 것은 즐거운 일이었다."[32)]

새 영화 '천재, 두 동료, 겁쟁이'(Un genio, due compari, un pollo)는 오프닝 크레딧이 뜨기 전에, 인종주의자 목장주가 인디언 복장을 한 총잡이들에 의해 살해되는 장면으로 시작한다(모뉴멘트 밸리 배경에서다). 이 영화는 말을 타고 돌아다니는 방랑자 조 생크스(Joe Thanks, 테렌스 힐)에 대해 이야기한다. 그는 길에서 총을 들고 결투 시범을 벌이고, 그 장면을 넋을 잃고 본 구경꾼들에게 모자를 돌려 헌금을 받는다(그래서 이름이 생크스이다). 그의 총 뽑는 솜씨가 얼마나 빠른지, 총집에 손을 대기도 전에 권총은 이미 나와 있다. 조 생크스는 두 명의 동료를 매음굴에서 만난다. 그들은 귀여운 도둑들인 스팀-엔진 빌(Steam-Engine Bill, 샤를부아)과 루시(미우-미우)이다. 이들은 영성체 때 쓰는 은색 잔을 도둑맞아 화가 잔뜩 난 성직자에게 쫓겨 매음굴까지 왔었다. 또 이들은 웨스턴 철도회사에서 해고된 노동자들을 만난다. 그들은 고용주들에 의해 무일푼으로 쫓겨나 모뉴멘트 밸리에 머물고 있었다. 노동자들은 '태평양이 어디에 있냐?'고 트리오에게 묻는다. 조는 동료들에게 교묘한 사기를 함께 치자고 설득한다. 곧 빌은 펨브로크 대령(장 마르탱)처럼 옷을 입고, 루시는 그의 누이처럼 행동하는 것이다. 그러면 트리오는 제5 기병대의 미친 소령 캐봇(패트릭 맥구언)을 속여, 원래는 인디언들의 돈인 30만 달러를 가질 수 있을 것이란 계획이다. 트리오는 인디언처럼 옷을 입은 총잡이들을 앞질러 간다. 총잡이들의 두목은 모티머(Mortimer)인데, 이들은 인디언들을 모두 끌어들이는 전쟁을 하려고, 일부러 소동을 일으킨다. 요새에 도착하자, 트리오의 계획은 그르치고 만다. 그래서 조는 기병대가 화를 내도록, 일부러 뮤직홀 쇼 같은 난동을 일으킨다(로시니의 '윌리엄 텔' 서곡으로 긴장감을 높인다). 하지만 인디언들은 오직 펨브로크 대령과 협상할 준비만 하고 있다. 그래서 캐봇 소령은 빌의 비위를 맞추어야 하고, 모든 게 좋은 듯 행동한다. 최종적으로 30만 달러가 들어 있는 금고는 모뉴멘트 밸리를 폭주하듯 지나는 역마차를 통해 운송된다. 모두 그 역마차를 추적하고, 철도 노동자는 임금을 받고, 이제 정착민처럼 옷을 입은 인디언들은 나머지를 받을 것이다. 트리오는 서로를 끌어안는다. 루시는 빌과 함께 정착할 마음을 먹는다. 그리고 빌은 마지막 순간이 되어서야 자신이 인디언 핏줄임을 알게 된다. 그때 빌이 묻는다. "도대체 무슨 일이 벌어진 거야?" 그건 좋은 질문이었다.

'천재, 두 동료, 겁쟁이'는 레오네의 영화를 적극적으로 참조하고 있다. 오프닝 시퀀스는 맥베인 가족의 학살이고, '웨스턴 철도회사'는 모튼의 계획에 대한 더욱 냉소적인 표현이며(이상 '옛날 옛적 서부에서'), 악당 두목의 이름은 모티머이고('석양의 무법자'), 테렌스 힐은 중간쯤에 노바디(Nobody)라는 사실이 밝혀진다('무숙자'). 조 생크스가 독 포스터(Doc Foster, 클라우스 킨스키)와의 결투에 도전할 때, 그는 레오네 영화에 상투적으로 등장하던 루틴을 묘사한다. "이런 일이 서부에서는 어떻게 진행되는지 알아? 두 남자가 술집에서 나오고, 그들은 서로를 마주 보며 서지. 둘 가운데 한 명이 다리를 벌리고, 주민들은 겁을 먹고, 안전한 거리를 확보하기 위해 저 끝으로 가지. 그러면 누군가가 장송행진곡을 나팔로 연주하기 시작하지(조는 모리코네의 '데구에요'를 흉내 내기 시작한다). 그리고는 아무것도 없어. 소리도 전혀 없지. 오직 사막에서 불어오는 휘파람 같은 바람 소리뿐이지." 이쯤 되면 결투는 돈을 지급하는 관객을 위한 행위 예술 같은 게 된다. 먼지 막이 롱코트(duster)를 입은 조는 모자의 챙을 두드리며 이렇게 말한다. "쇼는 마음에 들었어?"

'천재, 두 동료, 겁쟁이'는 존 포드의 영화도 적극적으로 참조하고 있다. 마을 사람들은 진짜 펨브로크 대령이 도착하자 '오 마이 달링 클레멘타인'(Oh My Darling Clementine)을 부른다('황야의 결투'). 캐봇 소령은 저녁 만찬 연설에서 '아파치 요새'의 역사를 들려준다. 그리고 '역마차'에서 봤던 야키마 캐너트의 유명한 스턴트(역마차의 달리는 말들 위를 뛰는 것)를 재연하기도 한다. 그런데 이런 많은 참조 중에서 이번에 특별하게 들어있는 것은 생태학적 테마(철로를 놓는 곳 가운데 있는 산은 신성시된다), 미국 원주민에 대한 진보적인 태도(화려한 전통 복장을 한 추장은 '과거의 재현'처럼 보이지만, 그는 현대 세계에서 살아가기 위해, 부족민들이 어떻게든 돈을 벌어야 하는 것의 중요성을 말한다), 그리고 제작 당시에 유행했던 반-군국주의의 표현들이다.

베르트랑 블리에 감독의 자유분방한 작품 '왈츠를 추는 사람들'의 영향은 혼란스러운 결과만 낳고 말았다. 영화 자체가 현명하지 않게 너무 많은 것을 시도한 점도 있었다. 그런데 프로듀서 풀비오 모르셀라에 따르면, '천재, 두 동료, 겁쟁이'의 진짜 문제는 어떤 감독을 선택하느냐에 있었다. "시나리오는 매우 흥겨운 것이었다. 그런데 감독(다미아노 다미아니)은 유머 감각이라고는 없는 사람이 선택됐다. 그래서 중견 감독 줄리아노 몬탈도(Giuliano Montaldo)가 세르지오를 위해 제2 제작팀의 연출을 도왔다. 그때 일부 장면은 세르지오가 직접 연출하기도 했다."[33] 사후 제작 과정에서 모르셀라가 기억하는 가장 좋지 않았던 악몽은 필름 자체에 있었다. "누군가 영화의 원본 네거티브 필름을 훔쳐갔다. 그들은 필름을 '납치'했고, 로마에서 보상금을 요구했다. 하지만 제작사 라프란의 책임 매니저로서 나는 그들에게 이렇게 말했다. '나는 보상금을 한 푼도 줄 수 없다. 나는 이 회사의 매니저로서 그런 협상은 정당하다고 볼 수 없기 때문이다. 그래서 당신이 해야 하는 것은 어떤 버려진 트럭에서 필름을 발견했다고, 여기에 와서 대신 말할 수 있는 사람을 구하는 것이다. 다른 방법은 전혀 없다.' 하지만 그들은 그렇게 하지 않았다." 다행히, 늘 그렇듯 레오네는 수많은 반복 촬영을 해놓았다. "그래서 우리는 어떡하든 영화를 복원해낼 수 있었다. 원본 네거티브 필름은 영원히 찾지 못했다. 영화 전체는 모두 대안으로 찍어둔 필름으로 완성됐다. 그리고 우리는 어떤 숏의 포지티브 필름에서 새로운 네거티브 필름을 인쇄하기도 했다."[34]

모르셀라의 기억이다. "웨스턴 '천재, 두 동료, 겁쟁이'는 성공하지 못했다. 사람들은 영화가 보충 촬영된 필름으로 완결됐다는 점을 알고 있었다. 소문은 돌아다녔고, 우리는 그 영화를 잘 팔 수 없었다." 이 영화는 이탈리아에서 '겨우' 7억 9천만 리라를 벌었다('무숙자'보다 28억 리라 적은 액수). '천재, 두 동료, 겁쟁이'의 제목은 독일에서 '가장 위대한 노바디'(Nobody's the Greatest), 포르투갈에서는 '튜니티와 친구들'(Trinity and Friends)로 바뀌었지만, 결과에는 큰 변화를 가져오지 못했다. 비평가 오레스테 데 포르나리는 이 영화를 '가식적인 소극이며, 유일한 위안은 미우-미우의 해방된 미소'라고 말했다. 레오네는 감독 선택에 대한 모르셀라의 비판에 동의했다. "내가 큰 실수를 했다. 다미아니 감독은 드라마틱한 영화에서 빛났다. 하지만 그는 유머가 있는 사람은 아니었다. 이 영화는 너무 실망스러웠고, 그래서 나는 더는 웨스턴을 프로듀스하지 않을 것을 결정했다."[35] 실제로 '천재, 두 동료, 겁쟁이'는 레오네와 웨스턴 장르와의 마지막 만남이 되었다.

레오네는 '크리에이티브 프로듀서'(Creative Producer)라는 위험을 감수했지만, 자신이 이 작품과는 가까운 사이가 아니라는 걸 강조했고, 결과의 책임은 자신이 선택한 감독에게 돌렸다. 레오네라는 이름은 실제로 '천재, 두 동료, 겁쟁이'의 크레딧에 등장하지 않는다. 다만 프랑스와 독일 포스터에 '세르지오 레오네 제공'(Sergio Leone Presents)이라는 문구가 들어 있다. 하지만 이 영화는 레오네의 원래 아이디어에서 나왔고, 테렌스 힐에 따르면, 레오네는 자주 촬영장에 있었다. 또 일정의 문제 때문이었는데, 크레딧이 뜨기 전의 도입부 장면은 레오네가 연출했다. 모뉴먼트 밸리에 있는 고립된 목제 농장에서 편견이 심한 농장주는 '가짜 인디언들'의 손에 의해 살해된다. 그가 머릿속에서 계속 들리는 것 같은 소리로부터 멀리 달아나려 할 때, 이 장면은 마치 '옛날 옛적 서부에서'의 맥베인 가족 학살장면처럼 찍혔는데, 그건 과대망상의 상상이었다. 말하자면 이건 씁쓸한 농담이었다. 농장주가 바닥에 쓰러진 것은 그가 총에 맞았기 때문이 아니라, 기둥에 자신의 코트가 걸렸기 때문이었다. 제2 제작팀을 일부 책임졌던 몬탈도 감독이 찍은 것은 오프닝 크레딧 장면, 인디언 장면, 그리고 그들이 기병대와 협상하는 장면들이다.

이 작품 이후 레오네는 당분간 '한 명의 평범한 관객으로서 옆으로 비켜 있기'로 결심했다. 라프란 영화사의 세 번째 작품이자, 그의 다음 작품은 2년 뒤 나왔다. 곧 '고양이'(Il gatto, 1977))가 그것인데, 당시 60살이던 루이지 코멘치니 감독이 연출을 맡았다. 레오네는 1952년 코멘치니가 '백인 여성 거래'(La tratta delle bianche)를 만들 때, 그의 조감독이었다. 10년 뒤 레오네는 이렇게 말했다. "코멘치니 감독을 선택할 때, 나는 자신이 있었다. 나는 경험을 통해 그가 위대한 프로라는 사실을 알고 있었다."[36] 레오네는 '고양이'를 이탈리아 경찰 영화에 대한 부드러운 패러디라고 불렀다. 또 이 작품은 풍속 코미디인데, '일련의 살인사건과 관련된 고양이의 이야기'이다. 원래의 시나리오는 코미디의 전설 배우 알베르토 소르디(Alberto Sordi)를 염두고 두고 쓰였다. 그런데 레오네가 계획을 바꾸어, 주연인 아메데오 페고라로 역에 우고 토냐치(Ugo Tognazzi)를 선택했다. 토냐치가 마리안젤라 멜라토(Mariangela Melato, 아메데오의 누이인 오펠리아 역)와 더 잘 어울린다는 이유에서였다. 현대 로마가 배경이고, 영화는 두 명의 중년 캐릭터를 다룬다. 이들은 둘 다 미혼이고, 스릴러 중독자들이다. 두 사람은 부동산 중개업자로부터 낡고 고풍스러운 건물의 판매대금으로 10억 리라를 제안받았다. 이 건물은 해체되고, 여기엔 새 아파트가 들어설 것이다. 두 사람은 그 제안을 받아들인다. 그래서 두 사람은 그렇게 존중받을 정도는 아닌 이 건물의 세입자들에게, 떠나라고 설득해야 하는 숙제를 맡게 됐다. 이 작업에 속도를 낼 기회가 왔는데, 바로 그들의 고양이가 죽임을 당했을 때였다. 건물 주인들은 경찰서에 가서, 모든 세입자를 고발했다. 그들이 어떻게든 고양이의 죽음에 관여됐다는 이유에서다. 혼란이 뒤따르고, 모든 세입자는 집을 비워야 했다. 세입자 중에는 매춘부들, 마피아 단원, 성직자, CIA 요원, 유고슬라비아의 미인대회 출신도 포함돼 있다. 수사는 살인을 포함하여, 죄책감이 들게 하는 많은 비밀을 드러낸다. 아메데오와 오펠리아 남매가 문제는 끝났다고 생각했을 때, 스토리는 갑자기 '범인은 누구?' 같은 스릴러로 급변한다. 마리오 브레가가 수염이 있는 킬러 역을 맡았고, 엔니오 모리코네가 귀에 탁 꽂히는 음악을 만들었다. 그건 수상한 느낌이 드는

'방랑하는 고양이' 멜로디인데, 실로폰, 목관 그리고 만돌린으로 연주됐다. 이 음악은 로마의 카페 오케스트라를 위해 편곡된 쿠르트 바일(Kurt Weill) 스타일이다.

'고양이'는 국내 흥행에서 제법 괜찮은 결과를 냈다(11억 리라, '천재, 두 동료, 겁쟁이'보다는 상당히 잘 됐다). 이 영화의 유머는 프랑스에는 성공적으로 전달됐다. 프랑스에는 더빙된 이탈리아 코미디에 대한 굳건한 시장이 형성돼 있었다. 하지만 '고양이'는 영어권 관객에겐 거의 소개되지 못했다. 레오네가 프랑스 개봉을 앞두고 파리에 갔을 때, 경험이 적은 기자들이 이런 질문을 했다. 곧 영화를 어떻게 연출할지에 대해 루이지 코멘치니에게 조언하고픈 유혹을 느꼈냐는 것이었다. "나는 만약 누군가가 조언해야 한다면, 그 사람은 내가 아니라 코멘치니라고 답했다. 내가 프로듀서로 나서면, 어떤 어려움에 봉착하는지 잘 보여주는 사례였다. 비평가들이 내 이름이 들어 있는 제작물은 내가 연출한다고 생각하면, 감독들도 그렇게 생각하기 시작할 것이다. 그러면 비난 혹은 어리석은 타협을 피하는 것은 거의 불가능해진다." 풀비오 모르셀라의 기억이다. "코멘치니는 자기의 일을 잘 알고 있었다. 그래서 세르지오가 개입할 일이 거의 없었다." 로버트 벤튼 감독의 '살인 연극'(The Late Show)이 다음 해에 발표됐는데, 이 영화는 '고양이'와 비슷한 플롯과 분위기를 갖고 있다.[37)]

1979년 세르지오 레오네의 다음 제작물에는 크레딧에 '그의 이름'이 들어 있지 않았다('라프란 영화사를 위해 클라우디오 만치니와 풀비오 모르셀라 프로듀스'). 새 영화는 줄리아노 몬탈도가 연출한 '장난감'(Il giocattolo)으로, 세르지오 도나티가 시나리오를 썼다. 영화는 온순한 안전요원 비토리오 바를레타(니노 만프레디)를 다룬다. 그는 자본가 그리포를 위해 열심히 일한다. 그런데 비토리오는 절도범을 다루다 부상을 입었고, 결국에 정리해고됐다. 그의 아내 아다(마를렌 조베르)는 병이 아주 깊어, 늘 집에만 머문다. 비토리오의 취미는 시계 수집이다. 시계가 갖는 기계의 정확성이 소극적인 그에게 매력으로 다가와서다. 실직 상태에 있을 때, 비토리오는 어느 경찰과 친해진다. 그러면서 권총에 흥미를 갖기 시작했다. 그는 권총 클럽에 가입하고, 곧 명사수가 된다. 권총은 그에게 '비극적 장난감'이 되고, 그 자신이 폭력에 사로잡힌 장난감이 된다. 비토리오는 경찰과 피자집에서 저녁을 먹고 있었는데, 경찰은 어느 범법자를 알아봤고, 그를 체포하려 했다. 하지만 그 과정에서 경찰이 그만 죽고 말았다. 비토리오는 자신의 권총을 뽑았고, 그 살인범을 죽였다. 그리고 비토리오는 자본가 그리포에 대한 원한(그는 친구였는데, 몇 년 동안 부자라고 자신을 종종 억압했다)과 아내에 대한 아픈 마음에서 복수를 계획한다. 하지만 아내 아다는 그러지 말라고 설득했고, 여의치 않자 그의 총을 뽑아, 발사했다. 비토리오는 치명적인 부상을 입는다. 비평가 잔니 론돌리노(Gianni Rondolino)는 이 영화에 대해 이렇게 썼다. "이 영화는 결국에 파시즘과 연결되는 일반적인 '냉소주의'(예를 들어 3년 전에 발표된 마이클 위너의 '데스 위시')를 그리는 게 아니다. 이건 현대 사회의 폭력에 대한 탐사다. 그런데 이 영화가 인습적인 스펙터클이 되려는 유혹을 피하지 않은 것, 그리고 주연 만프레디가 연기에서, 사실적이지 않은 '가면'을 피하지 않은 것은 부끄러운 일이다." 풀비오 모르셀라의 기억이다. "세르지오는 또 다른 강한 감독(몬탈도)을 선택했고, 그래서 이 영화에 거의 개입하지 않았다."[38)]

세르지오 도나티는 레오네와 다시 일하게 돼서 매우 놀랐다. 그들은 '석양의 갱들' 이후 나쁜 관계 속에 있었다. "나의 에이전트로부터 확인할 수 있을 텐데, 나는 일정 기간 '세르지오 레오네와 관련되는 계약서'에는 특별한 조항을 삽입했다. 이런 내용이다. '어떤 식으로든 세르지오 레오네가 개입하는 영화 제작에 합류할 때는 모든 돈의 합은 두 배가 되어야 한다'라는 것이었다. 그때 나는 그 조항을 갖고 있었다. 그리고 나는 줄리아노 몬탈도를 위해 매력적인 시나리오를 하나 썼다. 프로듀서는 클라우디오 만치니였다. 그런데 촬영에 들어가기 얼마 전에, 세르지오 레오네는 만치니의 몫을 샀다. 그래서 세르지오가 나를 프로듀스한다는 점을 알았다. '장난감'은 뛰어난 아이디어였다. 배우 니노 만프레디 때문에 망쳤다. 영화의 원래 피날레는 이랬다. 주인공 비토리오는 완전히 미쳐버린다. 아내는 병들었고, 그래서 그는 아내를 죽이기로 결정한다. 아내는 그 점을 알게 된다. 그리고는 집에서 그가 오기를 기다린다. 그건 레오네 스타일의 결투를 염두에 둔 것이었다. 그런데 니노 만프레디가 말했다. '안돼. 사람들은 나를 선한 남자로 알고 있는데, 그런 일을 어떻게 할 수 있어.' 그래서 바뀐 피날레가 만들어졌다. 세르지오는 처음 시나리오를 아주 좋아했다. 바뀐 사실을 알고 나는 기분이 상했다. 그렇지만 나는 세르지오가 훌륭한 프로듀서였다는 점은 인정한다. 그는 영화를 잘 지켰고, 그렇게 일을 진행했다."[39)] '장난감'은 여전히 편집은 니노 바랄리, 음악은 엔니오 모리코네가 맡았다 (메인 테마는 처음과 끝이 뮤직 박스로 진행되는데, 이는 '석양의 건맨'과 닮았다). 영화는 국내에서만 12억 리라를 벌었다. 그해 10번째로 인기 높은 이탈리아 영화가 됐다. 홍보를 마친 뒤, 레오네는 라프란 영화사를 얼마간 잠자게 하기로 결정했다. "솔직하게 말해, 충분히 벌었다."

하지만 레오네는 제작 파트에 곧 돌아왔다. 1979년 후반, 그는 메두사(Medusa) 영화사의 작품 '정말 아름다운'(Un sacco bello)을 프로듀스했다. 이 작품을 통해 당시 29살이던 로마의 코미디언이자 스탠드업 배우인 카를로 베르도네(Carlo Verdone)의 영화 데뷔(감독이자 배우)가 이루어졌다. 카를로 베르도네는 유명한 영화학자인 마리오 베르도네 교수의 아들이다. 처음에는 세르지오 도나티가 합류하기로 했다("세르지오 레오네와 나는 '장난감' 이후 다시 친구가 됐다"). 도나티는 앞으로의 협업을 위해 제안을 하나 했다. 곧 마지막에 이상한 짓만 하지 않는다면 선불 관행을 양보할 수 있다고 했다. "문명화된 국가 미국에서 하는 것처럼 말이다." 레오네가 도나티에게 베르도네에 관해 물었을 때, 협업의 가능성은 컸고, 도나티도 좋아했다. 두 사람은 베르도네의 무대 쇼를 보러 극장에 갔고, 그곳에서 그를 만났다. 레오네는 9년 뒤, 카를로 베르도네의 연기를 처음 봤을 때, 그에게서 어떤 매력을 느꼈는지에 대해 이렇게 썼다. "많은 캐릭터를 소화하는 능력, '로마 사람 되기'에 대한 풍부한 처방전(베르도네의 캐릭터는 항상 로마 사람이었다), 이런 특성이 신뢰가 가는 냉소주의와 계산된 전략과 섞여 있었다. 카를로 베르도네는 '자신의 눈동자를 이용하는 남자'였고, 이것이 그의 매력에 대한 나의 답변이다. 이런 이유로 나는 그의 첫 영화를 프로듀스했다. 연출도 그가 하도록 했다. 그가 연기하는 캐릭터들은 만약 그가 연출한다면, 잘못 해석될 위험이 거의 없었기 때문이었다."

도나티의 기억이다. "내가 말했다. '세르지오, 모든 프로듀서는 베르도네가 연기한다면 4개의 캐릭터를 만들려고 할 거야. 그것으로 영화를 하나 만들 수 있지. 너는 왜 그렇게 하지 않니? 네 개의 이야기, 네 개의 캐릭터 말이야.' 그래서 나는 베르도네가 연기할 세 개의 캐릭터에 덧붙여 사랑에 빠지는 소년의 이야기를 하나 더 썼다. 시나리오 작업은 베르도네와 함께 했다." 하지만 불행하게도 초안 작성이 끝났을 때, 도나티는 자기가 쓴 부분을 레오네가 배급업자들에게 보여주며 '너는 어떻게 생각하니?' 같은 질문을 자주 했다는 것을 들었다. 도나티는 레오네에게 전화하여 말했다. "뭐 하는 거야? 이런 일은 똥 덩어리 같은 프로듀서들이 하는 짓이지. 우리 사이에선 절대 아니지? 다시 'Fu×× You' 같은 욕설이 오갔다."[40]

시나리오 작업은 상처가 난 상태에서 다시 시작됐다. 레오네의 오래된 두 작가, 곧 레오 벤베누티(Leo Benvenuti)와 피에로 데 베르나르디(Piero De Bernardi)가 베르도네와 함께 작업을 이어갔다. 이들은 앞으로도 베르도네의 고정 협업자로 남는다. '정말 아름다운'은, 제목은 따로 없는, 세 편의 병렬적인 이야기로 구성된다. 세 편 모두에 베르도네가 연기하는 다른 캐릭터가 등장한다. 첫 번째에서 베르도네는 로마 근교 출신 마초 말썽꾸러기 엔초로 나온다. 그는 폴란드의 크라쿠프로 함께 여행할 동료를 찾고 있는데, 그곳에 가서 여성들을 유혹할 계획이다. 두 번째에서 베르도네는 루제로라는 히피로 나온다. 그는 '신의 아이들'이라는 공동체 멤버인데, 아버지(마리오 브레가)의 설득으로 집으로 돌아와 가족과 머문다. 하지만 수많은 훈계를 들어야만 한다. 세 번째에서 베르도네는 소극적인 마마보이 레오를 연기한다. 그는 아름다운 스페인 여성을 만났고, 격정적인 사랑을 꿈꾼다. 하지만 그 여성의 약혼자가 나타나며 꿈은 산산조각이 난다. 이탈리아 비평가들은 이 영화가 '약간 시대에 맞지 않는다'라고 비판했다. 하지만 베르도네가 스타 알베르토 소르디의 코미디 전통을 이어받아, 여러 변주를 시도한 것은 상찬했다. 그 전통은 '이탈리아식 코미디'(La commedia all'Italiana)라고 불리는 것인데, 할리우드의 코미디와는 아주 다른 것이다(사회 풍자의 유머가 특징). 이 장르는 1950년대 중반부터 1960년대 중반까지 이탈리아 국내에서 인기가 높았다. 하지만 '정말 아름다운' 제작 당시는 유행이 약간 지났을 때고, 그래서 특별한 영양제가 필요할 때였다. 레오네의 오랜 협업자 카를로 시미가 프로덕션 디자인을 맡았는데, '디테일과 연민으로 로마 근교의 세계를 소환'했다는 호평을 받았다.[41)]

'정말 아름다운'은 '무숙자' 이후 레오네에게 가장 큰 성공을 안겨준 작품이 됐다(국내에서만 14억 4천만 리라). 이 작품으로 카를로 베르도네는 이탈리아 영화계의 주요 인물이 됐다. 시나리오는 레오네 영화에 관한 인용과 농담을 포함하고 있다. 이상화된 스페인 여성의 이름은 마리솔(Marisol, '황야의 무법자')이며, 어느 전통주의자 이름은 세르지오, 그리고 레오네의 고정 배우 마리오 브레가가 연기하는 몸집 큰 전통주의자는 마리오 브레가 이름 그대로 나온다. 베르도네는 프로듀서 레오네에 대한 감사함을 공개적으로 표현했다. "세르지오가 나의 영화를 프로듀스하기로 결정했을 때, 가장 좋았던 점은 최고의 협력자들을 끌어모을 수 있었던 것이었다. 이 영화는 젊은 배우의 연출 데뷔작이다. 세르지오가 연출, 기술, 그리고 편집에서 많은 도움을 주었다. 그는 이런 모든 일에서 나를 지지해주었다." 세르지오 레오네는 평소의 그답지 않게 겸손하게 말했다. "베르도네는 장편 극영화를 연출한 적이 없었다. 단지 단편 다큐멘터리 하나를 만든 경험이 있다. 그래서 그는 염려됐을 것이다. 아마도 내가 그를 지지한다는 사실이 그에게 앞으로 갈 용기를 줬을 것이다. 나는 단지 옆으로 비켜 있었다는 말은 반드시 해야겠다. 촬영에 들어가기 전에 기술적인 조언만 몇 개 했다. 그리고 캐스팅과 그를 돕기 위한 알맞은 팀을 조직하는 정도의 일을 했다. 결과는 아주 재밌는 것이 됐고, 그건 초보자가 할 수 있는 게 아니었다. 영화는 실제로 그랬던 것보다는 더욱 기술적으로 복잡한 것처럼 보였다. 나는 그의 두 번째 영화에서도 똑같이 일했다. 그러자 그는 진짜로 날아가기 시작했다."[42)]

이를 즈음 레오네는 카를로 베르도네를 '영화의 트릭'(the trick of film)으로 초대했다. 레오네는 마이클 리치(Michael Ritchie)의 '못다 한 사랑'(An Almost Perfect Affair, 1979)에 직접 카메오로 짧게 출연했다. 이 영화는 영화 산업계에 대한 어두운 풍자극이다. 내용은 '유명' 살인자 개리 길모어(Gary Gilmore)의 처형에 관한 영화를 찍어, 어떡하든 데뷔하려는 젊은이를 다룬다. 이 영화는 칸영화제에서 소개됐다. 이 영화에는 라프 발로네(Raf Vallone, 이탈리아의 유명 제작자 디노 데 라우렌티스를 떠올리는 역), 비토리오 데 시카의 아들인 크리스티안 데 시카(Cristian De Sica, 발로네의 아들 역), 그리고 크레딧에 이름이 오르지 않는 다른 유명인들도 출연한다. 곧 폴 마주르스키, 마르코 페레리 등 다른 감독들이다. '못다 한 사랑'의 일부 장면은 1978년 여름, 칸에서 촬영됐다. 그리고 이 영화는 레오네가 영화제 환경을 마치 '집처럼' 느끼는 것을 잘 보여주고 있다. 레오네는 심사위원으로, 또 셀럽으로 칸에 자주 왔었다. 레오네는 1970년대 중반에 파리에 집을 한 채 샀다. 칸영화제 홍보 사진에는 레오네가 들어 있는데, 장편 영화 심사위원단 모습(1971), 이탈리아 영화계 사람들과의 대화(1974), 그리고 해변을 산책하는 장면(1978) 등이다.

레오네는 '정말 아름다운'이 개봉된 다음 해에, 다시 메두사 영화사를 위해 '비앙코, 로쏘, 베르도네'(Bianco, Rosso, e Verdone, 백색 적색 거대한 녹색이란 뜻으로, 이탈리아 국기의 의미도 가진다)를 프로듀스했다. 카를로 베르도네는 여기서도 상투성을 지닌 다양한 캐릭터를 다시 소화했다. 세 캐릭터는 모두 총선에 맞춰 투표하기 위해 차를 타고 고향에 간다. 토리노 출신으로 안경을 낀 자동차광은 끊임없이 수다를 떨어, 자신의 아내와 아이들을 지루하게 만든다. 또 독일에 이민 온 남부 출신의 저속한 남자는 너무 작은 원룸에 살고 있다. 그리고 마지막으로 로마의 트라스테베레 출신인 몸집만 큰 마마보이가 있다. 이 영화는 '현대 이탈리아의 초상'으로 홍보됐는데, 그해 로마에서 개봉된 영화 가운데 흥행작으로 꼽혔다. 하지만 '버라이어티'지는 이 영화의 스타일이 특정 문화에 기초한 유머를 담고 있어서, 수출은 아마도 지중해와 남부 유럽에 한정될 것이라고 지적했다. 결과는 그렇게 됐다. 트라스테베레 출신의 청년을 다루는 부분이 가장 성공적이라는 평가를 받았는데, 여기서는 '지나치게 특별한 이야기 전달'에 의존하고 있지 않았다. 이 부분은 레오네가 협조를 많이 했을 텐데, 그가 바로 이곳에서 자랐기 때문이다. 반면에 화장실 청소용 솔(남부인은 이전에 이런 것을 본 적이 없다)과 화장실 문(그는 이것을 열지 못한다)과 씨름하는 남부 출신 남자 에피소드는 지역적으로 특별한 이야기 전달에만 의존하고 있다. 루카 모르셀라(풀비오 모르셀라의 아들)는 당시 제3 조감독이었다. 그의 기억에 따르면 레오네가 프레제네(Fregene) 근처에 있는 촬영장을 방문한 적이 있는데, 예리하게도 배경에 나오는 거리가 사막 같다는 점을 지적했었다. "레오네가 물었다. '여기 무슨 일이 벌어졌어? 폭탄 같은 것이라도 떨어졌어?' 우리는 그 누구도 인지하지 못하고 있었다. 그리고 드문 일인데, 그는 프로듀서이지만 엑스트라를 더 많이 쓰라고 요구했다(비용이 드는 데 말이다). 베르도네는 말하자면 그의 제자 비슷했다. 하지만 베르도네가 종종 주장했던 '특별한' 관계는 아니었다."[43)]

레오네는 5년 뒤, '너무 강한'(Troppo forte, 1986)에서 카를로 베르도네와 다시 함께 일했다. 에피소드 영화인데, 여기서 베르도네는 몸집 큰 오토바이족 건달 오스카로 나온다. 이 캐릭터는 베르도네가 TV용으로 써먹은 것이다. 오스카는 모든 사람에게, 자신이 '로마의 람보'라는 인상을 심어주려 한다. 그는 미국의 어떤 액션 영화에 출연하기 위해 오디션에 참가했는데, 충분히 거친 인상을 주지 못해 탈락하고 말았다. 버라이어티 잡지는 이 영화가 '지루하고 또 전에 본듯한 인상'을 준다고 비판했다. 그리고 이번에는 슬프게도 베르도네의 특성인 파토스와 휴머니즘이 사라졌다고 지적했다. 그런데 이 영화는 '특히 젊은 관객들 덕분에' 이탈리아에서 엄청난 성공을 거두었다. 세르지오 레오네는 이번에는 프로듀서로 일하지 않았다. 하지만 레오네의 딸이자 이 영화의 의상 담당인 라파엘라 레오네에 따르면, "그는 간혹 촬영장에 왔고, 제작팀을 도왔다." 레오네는 심지어 로마 근처에서의 오토바이 경주 장면은 연출하기도 했다(크레딧에 이름을 올리진 않았다). 이 작품은 '황야의 무법자' 이후 레오네가 관여한 작품 가운데 처음으로 엔니오 모리코네가 음악을 맡지 않았다.[44)]

세르지오 레오네는 1974년 이후 프로듀서로 일하며, 동시에 10편의 TV 광고영화를 연출했다. 광고영화들은 프랑스의 광고회사 텔레 아셰트(Télé-Hachette)의 후원 아래 진행됐다. "나는 그런 제안을 오래 거절해왔다. 전 세계 모든 곳에서 나에게 접근해왔고, 나는 늘 그런 제안을 무시했다. 그런 작업에 나는 흥미를 느끼지 못했다. 내가 그쪽의 일을 하게 된 것은 친구 프레데릭 로시프(Frederic Rossif, '마드리드에서 죽다'의 감독이며, 당시 텔레 아셰트의 매니저였다)를 통해서였다. 그가 광고 만들기는 분명히 즐거울 것이라고 약속했다. 하지만 나는 개인적으로 30초 또는 40초 정도의 공간에서 무엇을 성취할 수 있을지 상상할 수 없었다. 그 정도의 시간이면, 나의 영화에서는 두 손이 손뼉을 치는 정도에도 미치지 않을 것이다. 그런데 로시프가 계속 광고 일을 고집했다. 나는 그때의 일을 후회하지 않는다. 보통 3시간 이상짜리 영화를 만들던 사람에게, 30초짜리를 연출한다는 것은 매혹적인 경험이었다. 광고계에서 일하며 나는 스토리보드에 나와 있는 대로 이미지를 만든다는 것에는 절대로 동의하지 않았다. 스토리보드는 역설적으로, 업계에서는 '창의적'이라고 알려진 사람들에 의해 작성된 것이었다. 하지만 나에겐 그렇게 보이지 않았다. 그들보다 덜 창의적인 사람을 만나기는 더 어려울 것이다. 그래서 나는 작업을 수락하면, 확실한 자유를 요구했다. 업계 사람들은 더 말을 잘 듣는 감독을 발견하기가 일정상 불가능할 때쯤이면, 내가 제시한 조건을 받아들이곤 했다. TV에서의 광고 시간은 이미 사들인 상태였다. 그러면 모든 일정이 정해진다. 광고영화는 매우 빠르게 준비돼야 했다. 나는 주제 잡고, 촬영하고, 편집하고, 마지막으로 믹싱하는 데까지, 보통 2주 정도의 시간만 가질 수 있었다. 이런 작업속도는 나를 기분 좋게 했다. 말하자면 광고는 나의 머리를 식혀주는 작업이었다."[45]

광고영화 작업의 보수는 상당히 좋았다. 레오네는 프랑스 영화인들과 함께 일하며 즐겼다. 레오네의 첫 광고영화는 1974년 12월에 방영됐다. 촬영은 토니노 델리 콜리가 맡았다. 음악은 '무숙자'에서 편곡해 썼던 모리코네의 '발퀴레'를 이용했다. 광고는 '제르베'(Gervais) 아이스크림을 위한 것이었다. 헬리콥터 숏으로 저 아래 모로코 사막의 사구를 보여준다. 여성 가이드가 한 마리 낙타를 끌고 있다. 아랍 남자가 낙타 위에 앉아, 탐욕스럽게 초콜릿 아이스크림을 먹고 있는 시퀀스다. 레오네에 따르면 가이드 여성은 '노예 상태에 있는 아랍 남자의 아내'이다. 하지만 그런 의도는 광고 자체에서 분명히 드러나지는 않는다. 다음으로 레오네는 '르노 18' 자동차 광고를 찍었다. 요르단의 페트라(Petra)에서 촬영됐다(여전히 토니노 델리 콜리). 이 광고는 신전에서의 자동차의 탄생을 그린다.

운전사는 보이지 않고, 차 한 대가 신전의 어둠 속에서 등장한다. 차는 계단을 내려오고, 페트라의 미로 같은 계곡의 길을 달리며 중심을 잃는 것 같다. 여신이 차의 길을 막으려고, 등장했다가 사라졌다가 한다. 차는 여신에게 라이트를 깜박이며, 마치 베일에 숨겨진 그 영혼을 유혹하듯, 반응을 보인다. 결국에 여신은 차를 놓아주고, 차는 도로 위로 달려간다. 레오네가 가장 좋아하는 광고가 이것이다. "차와 여신 사이에 사랑의 숨결이 있다는 것을 느낄 것이다. 여신은 신호를 보내고, 차는 신성한 장소를 떠나, 현대의 삶과 고속도로를 마주하는 내용이다."[46)]

당시에 롤랑 바르트의 〈신화론〉은 영화인들 사이에서 인기 높은 텍스트였다. 본문 중에 1955년 파리 모터쇼에서의 '시트로엥 DS'(혹은 여신을 의미하는 Déesse) 론칭 관련 에세이가 있다. 바르트는 이렇게 썼다. "새로운 시트로엥은 최상의 대상이 갑자기 나타나는 것처럼, 하늘에서 떨어졌다." 바르트에 따르면, 광고는 마치 자동차가 공장의 조립 라인에서가 아니라, 알 수 없는 곳에서 마법적으로 나타나도록 표현했다. 그래서 광고에서 지배적인 것은 성경에서의 '창세기' 이미지였다. 곧 자동차는 아담이고, 이는 무에서 탄생했다. 이렇게 광고의 문법은 자동차의 진짜 원천을 조금 가리면서, 차에 대한 욕망을 높여놓았다는 것이다. 레오네가 이런 철학을 의식적으로 따랐는지에 관계없이(아닐 것), 그의 '르노 18' 광고는 바르트가 생각한 것의 모범적인 사례가 됐다. 그 광고에서 자동차는 고대의

요르단 사원에서 마치 마법처럼 나타났다.[47)]

레오네는 르노 자동차를 위한 광고를 하나 더 만들었다. 이번에는 스티브 리브스 영화에 대한 패러디였다. 하늘에서 촬영한 이 광고는 콜로세움 같은 곳의 가운데에, 체인에 묶여 있는 디젤 모델을 보여준다. 자동차는 자기를 묶고 있는 체인과 싸움을 벌이는 것 같다. 차는 꽁무니를 쳐들고, 모래 위에서 바퀴를 강하게 공회전하며, 그리고 기어를 마구 바꾸어, 거대한 체인의 연결 고리 하나를 결국 부순다. 차는 마치 승자가 경기장을 한 바퀴 돌 듯 콜로세움을 돈다. 이 모든 것은 모리코네가 '천재, 두 동료, 겁쟁이'에서 썼던 역동적인 음악 속에 진행된다. 레오네는 이 광고로 '미네르바'(Minerva) 상을 받았다. 유럽 광고 아카데미에서 주는 상이다. 광고는 튀니지에 있는 고대 로마의 야외 경기장에서 촬영됐다.

르노 자동차를 위한 레오네의 세 번째 광고영화는 1989년 2월 짐바브웨에서 촬영됐다. 촬영 감독은 주세페 루촐리니였다. 쌍날개 비행기가 아프리카의 마을 위를 날고 있다. 아래에는 코끼리 떼가 이동 중이다. 자동차 네 대가 줄을 맞추어, 경주를 벌이듯 출발하여, 초가집 마을 바깥으로 나온다. 조종사 한 명이 그들에게 코끼리 떼에 대해 알리려고 애를 쓴다. 더 큰 문제는 자동차들의 앞에 부서질 것 같은 다리가 놓여 있는 점이다. 두 대의 자동차는 다리를 건너는 데 성공했다. 나머지 두 대는 브레이크를 강하게 밟아 방향을 반대로 돌린 뒤, 자동으로 뒤 범퍼와 다리 사이를 체인으로 연결한다. 그리고 네

대는 양방향으로 매우 빠르게 달린다. 다리는 자동차가 당기는 힘 덕분에 버티고 있으며, 그때 코끼리 떼는 무사히 이곳을 건넌다. 자동차들은 체인을 자동으로 풀고, 각자 달려나가자, 그때야 다리는 무너진다. 이는 레오네가 좋아하는 유명한 소재인 다리 폭파하기를 강조하는 것 같았다. 배경 음악으로는 '석양의 무법자'에서 마지막 결투에 연주됐던 모리코네의 곡이 쓰였다. 조감독이었던 루카 모르셀라에 따르면, 촬영팀은 우기에 현지에 도착했고, 원하는 것을 얻기 위해서는 일정 기간 기다려야 했다. 몇 장면을 찍은 뒤, 레오네는 인내심을 잃고 말았다. 그는 현장을 떠나고, 나머지는 루카 모르셀라에게 맡기려고 했다. 레오네는 떠나기 전에, 지역의 주술사에게 비를 그치게 하는 기도를 해달라고 요청했다. 주술사는 마을에는 비가 필요하다고 답했다. 하지만 다음 주 화요일까지는 무언가를 준비할 수 있다고 했다. "토요일부터 월요일은 아니요. 화요일에 뭔가를 하겠소. 다른 사람에겐 절대 말하지 마시오. 나를 죽이려고 할 거요." 화요일이 되자, 비가 그쳤다. 루카 모르셀라는 촬영을 마칠 수 있었다. 그러자 비가 다시 내리기 시작했다. 말 안 해도 알겠지만, 세르지오 레오네는 기회만 되면 이런 과장된 이야기를 들려주려 했다. 그들은 모두 합쳐 27일 동안 촬영을 했다.[48)]

1970년대 후반부터 1980년대까지 레오네가 찍은 다른 광고영화에는 이런 것들이 있다. 액체 세제 '갈락시'(Galaxy)를 위한 것(1986, 식탁에 있는 얇은 베일이 치워지고, 창문 밖으로 날아간다. 그때 '판도라의 상자'의 주인공 루이스 브룩스를 닮은 여성이 얼룩 한 점 없이 준비된 저녁 식탁을 바라본다. 그리고 와인 잔에 비친 남자 친구의 얼굴도 바라본다), '유로-어시스턴스'(Euro-Assistance)를 위한 것(1986, 청년이 사람들로 복잡한 부두에서 감정이 풍부한 가족과 이별하고 있다. 그는 배의 계단을 올라가 마르세이유-트리에스테행 선박에 탄다. 그리고는 자신만만한 태도로 자기가 입고 있는 조종 점퍼의 소매에 있는 유로-어시스턴스 배지를 가리킨다. '은행과 여행 회사의 품으로'), '본 푸르네'(Bonne Fournée) 빵을 위한 것(1985, 특별하게도 단색 조명 광고인데, 남자들이 식탁 가운데 있는 큰 그릇을 바라본다. 머리가 긴 히피 청년이 그릇 위에 천을 덮고, 그것을 오븐 속에 넣는다. 이런 약간 종교적인 행사에서 '시골의 빵'이 등장할 때, 히피의 친구들은 환호를 지른다. 이제 식탁은 무대 같은 곳 위에 있다. 왼쪽과 오른쪽에 커튼이 있고, 배경으로는 달리의 그림 같은 사막이 있다. 만들어진 빵이 나누어질 때, 이 장면은 점점 '최후의 만찬'을 닮아간다). 그리고 레오네는 이런 광고도 만들었다. 탈보트 솔라라(Talbot Solara) 자동차, 팜올리브(Palmolive) 세제, J&B 위스키, 그리고 뤼스튀크뤼(Lustucru) 파스타 등이다.

레오네는 훗날 이런 광고영화들은 주제설정부터 제작까지 2주 정도 걸려 만들었다고 말했다. 이들 대부분은 매우 정교하게 제작됐다. 촬영을 위해 모로코, 요르단, 튀니지, 트리에스테, 그리고 짐바브웨 등에 갔다. 헬리콥터 숏도 있고, 복잡한 특수효과도 있다. 또 사람들로 복잡한 부두와 특별히 제작된 아프리카 마을도 있다. 루카 모르셀라에 따르면, 레오네는 광고영화도 자기 특유의 디테일에 대한 집착으로 만들었다. "유로-어시스턴스를 준비할 때, 우리는 트리에스테에서 적당한 배를 발견했다. 그래서 우리는 그 배를 찍기 위해 나갔다. 그런데 레오네가 더 마음에 드는 배를 보았다. 우리는 그 배를 얻기 위해 다시 협상을 해야 했다. 본 푸르네 광고를 준비할 때, 나는 예수를 닮은 배우를 찾아야 했다. 그리고 관련 장면은 달리의 그림처럼 보이도록 조명을 준비해야 했다. 내가 돌아왔을 때, 세르지오가 말했다. '이봐, 그는 진짜 예수야. 우리는 그를 쓸 수 없어.' 그래서 그는 사도 중의 한 명으로 역할을 바꾸어야 했다. 그리고 늘 그렇듯, 세르지오는 촬영장소를 정할 때 주변에 좋은 식당이 있는지를 중요하게 고려했다." 아마도 레오네가 광고영화를 만든 이유로는 45초 안에 거대한 스토리를 넣을 수 있는 즐거움이 있어서일 것이다. 이를 위해, 레오네의 오랜 친구 카를로 시미 미술감독이 대부분 광고영화에서 디자인을 맡았다.[49)]

서부 유럽에서 1970년대와 1980년대는 광고의 역사에서 특별한 시기였다. 곧 유명한 영화감독들이 크레딧에 이름을 올리지 않고, 실험적인 광고영화를 만드는 기회를 잡았고, 또 그것으로 돈도 많이 벌 때였다. 이런 광고들은 관련 업계에서 수많은 상을 받기도 했다. 이 광고들이 홍보하는 제품이 시장에서 별로 성공적이지 않더라도 말이다. 특별한 광고가 나오고, 10년 정도 그것을 우려먹는 장면들(업계에선 이를 '지겨운 반복 ad nauseam'이라고 불렀다)이 이어지고 나면, 이제는 상품이 아니라 '광고를 위한 광고' 같은 게 등장했다. 영화 산업과의 크로스오버가 이루어지고, 광고와 영화가 서로에게 영향을 미치는 일이 상식이 됐다. 간판 광고와 광고영화의 시각적 수준이 믿을 수 없을 정도로 향상됐다. 레오네의 입장에서도, 이런 작은 영화 만들기는 색다른 경험을 할 수 있는 기회였다. "여행을 할 수 있고, 실험을 할 수 있으며, 그것들을 섞어 흥미로운 결과를 낼 수 있었다. 노장 감독 루이지 코멘치니가 오늘날의 TV 광고영화에 지대한 영향을 미쳤다. 어떤 외계인들이 우리 행성에 착륙하면, 광고를 평화롭고 조용하게 즐길 것이다. 그런데 그 광고 시청이 방해받으면, 그들은 중간에 끼어드는 저 엉터리 같은 (극장)영화는 무엇이냐고 물을지도 모른다." 광고영화를 만들며 레오네는 자신이 인정한 것보다 더 많은 시간을 들였고, 더 많은 문제를 만났다. 그런데 레오네는 록 비디오 만들기와는 확실한 선을 그었다. 레오네는 그들로부터 수백 건의 제안을 받았다(라고 그는 말한다). 하지만 레오네는 그들에 대해 일말의 관심도 보이지 않았다.[50)]

말하자면 광고영화는 일종의 기분전환이었다. 무엇으로부터일까? 라프란 영화사를 위한 제작을 해야 했고, 결국에는 포기했지만, 제작을 알린 여러 기획도 있었다. 1978년 레오네는 칸영화제에서, 마르코 폴로의 모험에 관한 거대한 TV 시리즈를 이탈리아 TV와 중국인민공화국이 공동제작할 것이라고 발표했다. "시나리오는 다양한 에피소드로 구성되며, 영화는 TV용과 극장용 모두로 촬영될 것이다. 중국 당국이 나에게 감독을 요청했다. 만약 내가 수락하면, 나는 외부 장면은 중국에서 6개월 동안, 그리고 내부는 이탈리아의 스튜디오에서 촬영할 것이다." 하지만 최종적으로 이 TV 시리즈는 미국의 지원을 받아, 줄리아노 몬탈도와 프랑코 지랄디의 연출로 완성됐다. 또 다른 TV 시리즈도 기획됐다. 곧 가리발디의 삶을 다룰 예정이었다. 당시 업계에서는 이런 농담이 떠돌았다. 만약 레오네가 1백 명의 '붉은 셔츠'(가리발디 군대)를 말하면, 당장 2백 명 혹은 그보다 더 많은 붉은 셔츠가 필요할 것이란 내용이었다. 스티븐 스필버그와의 제작도 가능해 보였다. 프로듀서 디노 데 라우렌티스의 제안에 따라 만화 〈플래시 고든〉(Flash Gordon)을 영화로 만드는 것이었다("나는 그 기획이 원작자 알렉스 레이먼드의 원래 그림과는 아무 관련이 없다는 점을 알고 거절했다").

레오네는 프로듀서로서, 테오 앙겔로풀로스, 그리고 알레산드로 조도로프스키와 일하고 싶어 했다. 레오네는 또 가브리엘 가르시아 마르케스의 소설 〈백 년 동안의 고독〉을 10부작으로 각색할 계획을 세워, 이탈리아 공영방송국 RAI에 접촉하기도 했다. 그 계획은 좌절됐는데, 마르케스가 '저작권으로 백만 달러를 요구했다'라는 말도 있고, RAI가 그 기획을 '마르코 폴로' 또는 '가리발디'보다 흥행 가능성이 떨어진다고 봤다는 이유도 있다. 레오네는 '몬차의 수녀'(the Nun of Monza)에 관한 진실의 이야기도 고려했다. 당시 교회 당국에 의해 공개된 다큐멘터리에서 영감을 얻었는데, 레오네는 이 작품이 '영화로서는 거대한 유혹'이 된다고 생각했다. 또 레오네는 가에타노 브레시(Gaetano Bresci) 관련 영화도 염두에 두었다. 그는 1900년 7월, 이탈리아의 왕 움베르토 1세를 암살한 아나키스트였다. 레오네는 계속하여 작가 루이 페르디낭 셀린느에 대하여 말하고 다녔다. 종종 판초 비야, 또 말할 것도 없이 돈키호테도 언급했다. 그런데 레오네는 이런 계획을 공개적으로 이야기할 때, 확신을 주지 못했고, 자기도 확신하지 못하는 것 같았다. 그의 마음속에는 다른 무엇이 자리 잡고 있었다.[51)]

'석양의 갱들'(1971)부터 '원스 어폰 어 타임 인 아메리카'(1984) 사이의 기간은 레오네의 '황야의 시기'(wilderness years)라고 불린다. 감독으로서 그가 다음 단계로 발전하기를 기다려온 사람들에게 그는 제자리걸음을 하는 것처럼 비쳤다. 당시에 레오네는 직업으로서의 자신감에 위기 같은 것을 겪고 있었다. 그는 감독하기를 바랐지만, 하지 않았다. 그는 '창의적인 프로듀서'가 되려고 했지만, 그러지 못했다. 그는 늘 더 큰 프로젝트를 기획했지만, 작은 영화를 감수하는 정도에 만족했다. 그는 머뭇거렸고, 대중 앞에서도 그랬다. 풀비오 모르셀라가 말하길, 레오네의 '무엇이든 스펙터클로 만드는 성격'에 프로듀서의 역할이 애초부터 맞지 않았다는 것이다. 또 다른 면도 있는데, 프로듀서의 역할에 효율적이지도 않았다. 이를테면 그는 돈을 쓰는 데 너무 신중했다. 풀비오 모르셀라는 1970년대 중반에 레오네가 운영하는 회사를 떠났다. "왜냐면 그는 내가 받아야 할 몫을 충분히 주지 않았다. 그래서 나는 그만두었다. 이야기하자면 길다. 다른 면에서 그는 매우 관대했다. 하지만 또 다른 면에선 그러지 않았다."[52]

레오네의 시나리오 작가들은 돈과 계약서와 부채를 놓고, 그와 자주 논쟁을 벌였다. 그들은 이 점에 대해 가감 없이, 또는 매우 아프게 말했다. 빈첸초니는 주저하지 않았다. "세르지오는 자신의 '배고픈' 자동차 마세라티를 위해 단지 2달러 정도의 기름을 샀다. 꽉 채우는 일이 없었다. 그의 차는 꼭 여행의 중간에 기름이 떨어졌다. 그는 자신을 태워줄 누군가를 기다렸다. 그리고 이렇게 말하곤 했다. '기름이 떨어졌어. 지금 주머니에 현금이 하나도 없어.' 그러면 당신은 그의 차에 기름을 채워주어야 한다. 말하자면 세르지오는 그런 종류의 사람이었다."[53] 레오네가 프로듀스한 웨스턴의 작가들은 그가 '창의적인 프로듀서'가 되려는 점을 의아스럽게 받아들였다. 왜냐면 레오네는 감독들을 자신의 전망을 실현할 수단으로 여겼기 때문이었다. 감독들의 전망이라지만 사실 그것은 레오네가 원한 바로 그것이었다. 곧 레오네와 함께 일하는 감독에게 요구된 것은 뛰어난 테크닉, 그리고 촬영장에서의 빛나는 능력이었다. 하지만 훗날 자신이 주장한 '작가' 감독은 되지 말아야 했다. '작가'의 에고는 자신에게는 매우 중요했지만, 다른 사람들에게는 그렇게 중요한 게 아니었다.

하지만 레오네에게 동정적인 사람들은 다른 점을 주목했다. 곧 프로듀서로서 매일 매일 처리해야 할 문제를 만났을 때, 레오네는 공상에 잠기곤 했다는 것이다. 조감독이었던 루카 모르셀라가 말했다. "그는 내가 만난 사람들 가운데 가장 현실적이지 않은 사람이었다. 그는 어떤 면에서 보면, 자기만의 세상 속에서 살았다."[54] 레오네가 자수를 놓듯 구성하는 이야기들은 자기가 잘 아는 내용인데, 다른 사람들에 의해 자주 공격받기도 했다. 다시 말해 이것도 비슷한 현상이었다(몽상가와 다른 사람과의 대립). 동시에 레오네는 세속적이지 않은 사람들과 달리, 논쟁하고 재정 문제를 처리하는 데도 최고가 되려고 신경을 곤두세웠다. 이런 것은 그에게 근육 같은 것이었다. 그는 한때 왜 그렇게 골동품을 열심히 모으냐는 질문을 받았다. 이렇게 답하곤 했다. 부친이 1930년대에 모든 것을 잃었는데, 그것을 전부 복원하고 싶었다는 것이다. 이것은 또 다른 질문에 대한 답도 될 것이다. 곧 왜 그는 재산을 축적하는 데 그렇게 세속적인 태도를 보였고, 사업에서 왜 그렇게 민감했는가 하는 질문 말이다.

비평가 데이비드 톰슨(David Thompson)은 1970년대 레오네의 '황야의 시기'에 대해 이렇게 질문했다. "그는 아팠는가? 스트레스를 많이 받았나? 게으르고 또 '달러 3부작'으로 여전히 배가 부른가? 아니면 죽어가던 웨스턴 장르에서 탈출하기 위해 노력했는가? 여기 한 명의 영화감독이 있다. 그의 전기는 많은 배움을 줄 것이다."[55] 이런 모든 것을 고려할 때, 1970년대는 레오네에게 '폐허 같은 시기'만은 아닐 것이다. 여러 면에서 불만족스러운 10년이었지만, 그는 계속 바쁘게 살았다. 프로듀스한 작품 6편, TV 광고 10편을 만들었다. 그리고

1960년대에 벌어들인 재산을 잘 관리했다. 문제가 되는 것은 특히 영어권 비평가들과 관련된 것인데, 레오네가 프로듀스한 작품들(그리고 광고영화들도)은 해외로 잘 수출되지 않았다는 점이다. 말하자면 그들에게 레오네는 보이지 않았다. 반면에 레오네의 실수는 너무 잘 보였다. 곧 그는 '대부'를 거절한 감독이며, 또 무시당한 작품인 '천재, 두 동료, 겁쟁이'의 아이디어를 낸 사람이었다. 하지만 그런 10년이 끝나가자, 레오네는 다시 경쟁으로 돌아갈 준비를 했다. 카를라 레오네가 말했다. "그는 영화를 만들 때면, 사람이 느낄 수 있는 모든 정상적인 감정을 다 느꼈다. 웃음, 눈물, 공포가 있었는데, 모두 고양된 기분 속에서 느꼈다. 문제의 10년 동안 그는 그런 것들을 매우 그리워했다. 정말 그랬다. 그리고 마침내 거대한 프로젝트에 뛰어들었을 때, 과거에 그리워했던 모든 것을 전부 쏟아부었다."[56] 레오네는 '원스 어폰 어 타임 인 아메리카'의 촬영에 들어가기 전에 스스로 물었다. "이 영화를 위해 도대체 나는 몇 년 동안 일을 하지 않았나?"

1) Author's interview with Tonino Valerii, Udine, 26 April 1997; see also *Montpellier*, pp. 61–64 and De Fornari, pp. 168–170.

2) Bogdanovich: *Two Beeg Green* Eyes.

3) Author's interview with Tonino Valerii; also interview for *Viva Leone!*, November 1989.

4) Ibid.

5) Interview with Ennio Morricone for *Viva Leone!*, November 1989.

6) Simsolo, pp. 173, 183–184; Lambert, p. 89.

7) Author's interview with Fulvio Morsella, Rome, 24 May 1998.

8) Diego Gabutti, pp. 21–31, 135–137.

9) Interview with Sergio Leone for *Visions* (Large Door/Channel 4), November 1983; Simsolo, pp. 150, 167–168.

10) Ibid.

11) Diego Gabutti, pp. 136–137.

12) Author's interview with Sergio Donati, 23 May 1998.

13) Interview by Tim Lucas with Ernesto Gastaldi in *Video Watchdog*, 39, 1997, pp. 48–51.

14) See Ron Chernow: *John Ford – The Last Frontiersman* (Ramparts, April 1974) pp. 45–48 for an account of his death.

15) Lambert, p. 89; Frayling: *Spaghetti Westerns*, pp. 247–255.

16) Interview with Ennio Morricone, *Positif*, April 1983; also interview with the composer for *Viva Leone!*, November 1989.

17) Author's interview with Tonino Valerii; interview for *Viva Leone!*, November 1989; De Fornari, pp. 166–170; *Montpellier*, pp. 61–64.

18) Author's interview with Sergio Leone, February 1982; see also Simsolo, pp. 169–170.

19) For background on Hill and Spencer, see (ed.) R. Jacquet: *Terence Hill and Bud Spencer* (Star System 2, Paris, 1980). Jacquet wrongly states, though, that Mario Girotti is the son of Massimo Girotti of *Ossessione* fame – a mistake often made.

20) Author's interview with Gillo Pontecorvo, Rome, 7 October 1995.

21) Interview with Tonino Valerii for *Viva Leone!*, November 1989.

22) Author's interview with Tonino Valerii; also De Fornari, pp. 168–170.

23) Author's interview with Fulvio Morsella, 24 May 1998.

24) Author's interview with Tonino Valerii; also De Fornari, pp. 168–170.

25) Ibid.; also *Montpellier*, pp. 61–64.

26) Neil Summers: *Terence Hill and My Name is Nobody* (*Westerns all'Italiana*, 26, Summer 1990)

27) Francesco Minnini: *Leone* (Il castoro cinema, 139, Rome, January–February 1989). p. 11. This statement, which Leone concluded by stating 'without false modesty I directed all the scenes the public remembered the most', particularly infuriates Valerii. 'Of course it is a lie... and does wrong to the name of Sergio who gained no advantage whatsoever from uttering it.'

28) Interview with Ernesto Gastaldi, *Video Watchdog*, 1997, pp. 48–51.

29) De Fornari, pp. 168–170; interview with Valerii for *Viva Leone!*, November 1989.

30) Simsolo, p. 168; Henry Fonda: *My Life*, p. 312; Beatrice, pp. 150–154.

31) Stephen Mackey: *An Analysis of Les Valseuses by Bertrand Blier* (RCA MA dissertation, unpublished, 1993); Simsolo, p. 171; Beatrice, pp. 132–134.

32) Ibid.

33) Author's interview with Fulvio Morsella, 24 May 1998.

34) Ibid.

35) De Fornari, p. 96; Simsolo, pp. 171–172.

36) Diego Gabutti, pp. 136ff; Simsolo, p. 172.

37) Author's interview with Fulvio Morsella, 24 May 1998.

38) Ibid.

39) Author's interview with Sergio Donati, 23 May 1998.

40) Ibid.; Georgette Ranucci and Stefanella Ughi: *Carlo Verdone* (Dino Andino, Rome, 1997), pp. 3–12, 17.

41) Enrico Giaconelli: *La commedia all'Italiana* (Gremese, Rome, 1990) pp. 122–125.

42) Interview with Sergio Leone for *Visions* (Large Door/Channel 4), November 1983; compare Verdone's account in Ranucci and Ughi, pp. 3–12, 16–21

43) Author's interview with Luca Morsella, 24 May 1998; Ranucci and Ughi, pp. 21–23.

44) Author's interview with Raffaelle Leone, 24 May 1998; Ranucci and Ughi, pp. 32–34.

45) Simsolo, pp. 175–176; *Catalogue de la Production Cinématographique Française t.II* (Centre National de la Cinématographie, Paris, 1975). Many of Sergio Leone's television commercials were screened on videotape as part of the exhibition *Omaggio a Sergio Leone*, Galleria D'Arte 'La Scaletta', Rome, December 1991.

46) De Fornari, p. 177; Simsolo, pp. 175–176; *Montpellier*, p. 87; Corbin, p. 41.

47) On Barthes and car advertising, see Bent Fausing: *The Genius of Design* (in (ed.) Susann Vihma: *Objects and Images*, UIAH, Helsinki, 1992), pp. 180–192

48) Author's interview with Luca Morsella, 20 December 1991.

49) Author's interview with Luca Morsella, 24 May 1998.

50) Simsolo, pp. 175–176.

51) On Leone's various projects, see Cèbe, pp. 51–53; Di Claudio, p. 192; Lambert, pp. 93–95; De Fornari, p. 178; Cinéma 69 interview, pp. 89–90.

52) Author's interview with Fulvio Morsella, 24 May 1998.

53) Cenk Kiral interviews with Luciano Vincenzoni, April–May 1998.

54) Author's interview with Luca Morsella, 24 May 1998.

55) David Thomson: *Leonesque* (*American Film*, 10 September 1989, pp. 26–30, 56).

56) Author's interview with Carla Leone, 1 July 1994.

11.

원스 어폰 어 타임 인 아메리카

(Once Upon a Time in America/C'era una volta in America)

프랭크 코스텔로가 비토 제노베제에게 벅시 시겔과 메이어 랜스키를 소개할 때다. 제노베제가 말했다. "프랭크, 무얼 하려고 그래? 유대인 무리로 무장할 거야?" 코스텔로가 답했다. "진정하게, 돈 비토. 자네도 엿 같은 외국인일 뿐이야."

—리치 코헨, 〈거친 유대인들〉(Tough Jews, 1998)

베르톨트 브레히트는 가까운 곳에 살았다(1935년 후반부, 뉴욕). 아니 그의 아파트는 같은 층에 있었다. 내가 하는 일이란 문을 노크한 뒤 이렇게 말하는 것이다. "어이, 사회 연구 조금 하는 게 어때?" 그리고 우리는 42번가로 차를 몰고 간다. 우리는 빛나는 남자 제임스 캐그니가 나오는 '공공의 적' 같은 갱스터 영화를 보는 것이다. 그런 일이 우리의 사회 연구였다.

—한스 번지, 〈작곡가 한스 아이슬러와의 대화〉

(Conversations with Composer Hans Eisler, 1970)

해리 그레이(Harry Grey)의 4백 페이지 소설 〈후드〉(The Hoods)는 미국에서 1953년 5월에 처음 발간됐다.[1] 페이퍼백 이탈리아어 번역본은 1960년대 중반, 로마의 서점에서 구할 수 있었다. 소설의 내용 대부분은 저자(본명은 Harry Goldberg)가 '싱-싱'(Sing-Sing) 교도소에 있을 때 썼다. 그는 석방된 뒤, 신문과 라디오 그리고 TV에, 1920년대와 1930년대 뉴욕의 유대인 갱스터에 관해 글을 쓰며, 이 방면의 전문 작가가 됐다. 〈후드〉 이외에 그레이의 유명한 저작으로는 모리배이자 갱스터 두목인 아서 플레겐하이머(Arthur Flegenheimer, 1902-1935)에 관한 전기가 있다. 플레겐하이머는 가족이 독일계임에도 불구하고 '네덜란드인' 슐츠('Dutch' Schultz)라고 불렸다. 그 전기는 워너 브라더스에 의해 1961년 저예산 영화 '폭력배의 초상'(Portrait of a Mobster)으로 각색됐고. 슐츠 역으로는 빅 모로(Vic Morrow)가 나왔다. 그레이의 홍보용 사진을 보면, 그는 주로 챙을 내려쓴 홈부르크 모자, 그리고 깃을 세운 트렌치코트 차림이다. 또 그는 긴 시가를 손에 쥐고, 렌즈를 째려보고 있다. 모든 면에서, 영화 속 갱스터가 형사로 변한 것 같았다. 그의 판매 전략은 저서들이 전부 자전적 사실을 쓰고 있다는 점을 알리는 것이었다. 다시 말해 그레이 자신이 베테랑 갱스터였다. 그는 적절한 시기에 빠져나옴으로써 '광란의 20년대'에 살아남을 수 있었다. 그때의 최고로 유명한 갱스터들, 곧 '네덜란드인' 슐츠, 벤자민 '벅시' 시겔(Benjamin 'Bugsy' Siegel), 빈센트 '매드 독' 콜(Vincent 'Mad Dog' Coll) 그리고 메이어 랜스키(Meyer Lansky)가 〈후드〉에 조금씩 등장한다. 하지만 이 소설은 그런 거물들이 아니라, 남부 맨해튼(Lower Manhattan)의 들랜시 스트리트(Delancey Street) 주변에서 활동하던 삼류 깡패들을 주로 다룬다. 시기는 1912년 11월(우드로 윌슨이 대통령으로 당선된 달)부터 1930년대 초반(수정헌법 18조에 의해 금주법이 끝날 때)까지다. 이 소설에서 뚜렷한 인상을 남기는 유일한 거물급 갱스터는 뉴욕의 프랭크 코스텔로(Frank Costello)이다. 그가 갱스터 '결합'(The Combination)를 운영했다. 코스텔로는 맨해튼의 호화로운 상류층 아파트에서, 계약서를 쓰며 갱스터들을 고용했다.

> (〈후드〉의 플롯은 이렇게 시작한다) 온갖 나라에서 온 이민자들이 다니는 학교의 어느 시끄러운 교실이다. 그곳에는 누들스(Noodles), 맥스(Max), 하모니카를 부는 사팔뜨기 코크아이(Cockeye), 팻시(Patsy), 그리고 작고 통통한 도미닉(Dominic)이 있다. 이들은 무법자 제시 제임스(Jesse James)와 그의 무리들을 우려먹는 웨스턴 펄프픽션을 열심히 읽고 있다. 누들스("너는 영리하구나. 그래서 사람들이 너를 뇌를 닮은 누들스라고 부르지, 그렇지?")가 내레이터이자, 바로 해리 그레이의 분신이다. 누들스는 늘 싸울 준비가 된 성질 급한 깡패인데, 하지만 그에겐 거리의 시인 같은 느낌도 있다. 책상에 앉아 있기가 지루해지자 누들스는 자기가 좋아하는 '믿음이 현실이 되는' 상상 게임을 한다. 이를테

면 '열린 창문을 통해 들리는 뉴욕 남동부 거리의 익숙한 소음'은 '코드가 맞지 않는 작은 오페라'라는 식이다. 그 오페라는 경찰의 호루라기 소리, 말들의 헉헉거리는 숨소리, 교통 혼잡의 소음과 쉰 목소리를 내는 사람들의 절규로 구성돼 있다.

제곱 마일 크기인 뉴욕 남동부에는 34만 4천 명의 주민들이 빽빽하게 몰려 월세로 살고 있다. 세상에서 가장 사람들이 많이 몰려 사는 곳이 여기다. 이곳은 소년 갱들에겐 범죄자의 삶을 흉내 낼 수 있는 배경이 되기도 한다. 사춘기 소년 맥스의 꿈은 연방준비은행을 털어, 백만 달러를 손에 쥐는 것이다. 누들스는 책을 읽어 지식을 얻는 소년이다. 그런데 그는 사람들이 바글바글하는 이런 슬럼은 부패한 정치단체 '태머니'(Tammany)의 두목들, 타락한 판사들, 그리고 탐욕스러운 건물주들에 의해 지배된다고 생각한다. 자신은 미래에 강도가 되어, 폭력을 저지를 것이며, 이는 맥스의 장의사 삼촌에 의해 보호받을 것이라고 여긴다. 그래서 누들스와 일당은 일종의 깡패 견습생이 된다. 다양한 싸구려 사기를 치며, 이들은 들랜시 거리에 있는 '젤리'(Gelly) 캔디 가게 주변을 어슬렁거린다. 젤리씨의 아들 '뚱보 모'(Fat Moe)가 그 가게에서 계산원으로 일한다. 누들스는 칙칙한 월세 집에 있을 때면, 청소부의 색녀 같은 딸 페기(Peggy)를 희롱하고, 자신의 어머니와 실업자 아버지와는 자주 다투고, 복도의 공동 화장실에서는 호레이쇼 앨저(Horatio Alger) 특유의 '빈곤에서 거부에 이르는' 내용의 소설들을 읽는다. '젤리'의 가게에서, 누들스는 예쁜 갈색 머리를 한 뚱보 모의 여동생, 곧 '손댈 수 없는 돌로레스'(the untouchable Dolores)에 관한 상상을 한다. 그는 뒷방에서 춤추는 그녀를 훔쳐보며, 혼이 빠지는 것 같은 기분을 느낀다. 이를테면 '깨끗하고, 고양된' 느낌 같은 것이다. 하지만 돌로레스가 그녀의 오만한 친구들과 함께 있으면, 누들스는 자신의 '더럽고 해어진 셔츠의 깃, 아버지가 입던 오래된 재킷에 난 구멍 때문에' 부끄러움을 느낀다.

소년 갱들은 '교수'(the Professor)라고 불리는 이탈리아 전과자에게 고용되어, 차이나타운의 모트 스트리트(Mott Street)에 있는 어느 가게에 아편을 배달한다. 어느 날, 누들스와 맥스는 미성년자인 페기가 타락하고 반유대주의자인 경찰 화이티(Whitey)와 섹스를 하는 현장을 발견한다. 그들은 경찰의 '약점'을 하나 갖게 되어 매우 기뻐한다. 한편 누들스는 낮에 이 지역 세탁소에서 일한다. 그곳에서 누들스는 파업에 참가하기도 하고, 경찰의 돈을 받은 파업 파괴자들과 싸우기도 한다. 이 일이 계기가 되어, 누들스는 세탁물 트럭 운전사들을 위해 이 지역의 '노동조합 조직가'로 일하게 된다. '교수'는 소년 갱들에게 '진정제 역할을 하고, 꿈 같은 쾌락을 주는 아편'을 가르쳐 준다. 교수는 또 소년들에게 '사고를 치는 데 꼭 필요한 총들과 다른 치명적인 무기'도 공급한다. 소년들은 작은 가게를 하나 털었고, 두 경찰이 이들을 쫓아 들랜시 거리를 샅샅이 뒤진다. 누들스와 맥스는 도망갔는데, 통통하고 작은 도미닉이 경찰이 쏜 총에 맞아 죽는다. 나중에 누들스는 체포되고, 뉴욕주 북부에 있는 유대인 소년원에서 18개월 동안 수감된다. 그리고 펫시는 카톨릭 소년원으로 보내진다.

맥스는 정치단체 '태머니'의 지역 리더에게 접근하여, 처벌을 면하게 된다. 맥스는 누들스의 석방에 맞춰, 소년원의 문 앞에서 기다리고 있다. 그는 시가를 피우며, 삼촌으로부터 유산으로 물려받은 빛나는 검은색 캐딜락을 몬다. 소년 갱들은 이제 노동조합에서 더 높은 계급이 되어 있다. 페기는 직업 매춘부가 됐고, 경찰 화이티는 경사로 승진했고, 돌로레스는 '브로드웨이의 뮤지컬 코미디계에서 춤으로 작은 센세이션'을 일으키고 있다. 그리고 금주법이 시행됐다. 갱들은 뚱보 모의 가게를 본부로 두고, 주류 밀매 체인점을 운영 중이다. 누들스가 회계 담당이며, 이들의 명목상의 사업은 맥스의 장의업으로 돼 있다. 누들스 일당은 갱스터 '결합'(The Combination)에 합류한다. 이는 뉴욕에서 가장 '명예롭게' 대접받고, 가장 과감하다고 알려진 프랭크 코스텔로 또는 그냥 프랭크 혹은 프란시스코라고 불리는 거물 갱스터가 운영하는 조직이다.

그런데 누들스는 이런 큰 사업에 적응하고, 명령을 받아들이는 것을 잘하지 못한다. 그리고 그의 돌로레스를 향한 열정은 늘 머리에 떠오르는 강박에 이른다. 누들스는 아편 소굴에서 그녀에 관한 백일몽을 꾸며, 몇 시간을 아무것도 하지 않고 보내기도 한다. 맥스가 45번가에서 다이아몬드 강탈을 해달라는 요청을 받았을 때, 누들스는 합류하는 것을 주저한다. 하지만 그는 단호한 맥스의 태도 때문에 어쩔 수 없이 그 일에 끼게 된다. 강도 계획은 보험회사 간부에게서 들은 정보에서 시작됐다. 그의 아내 베티는 보석 도매상에서 일하고 있다. 강도 행각이 한창 진행될 때, 베티는 일당의 폭력을 보며 성적으로 흥분하게 된다. 누들스도 그런 기분을 느낀다. 이를테면 보석함을 렌치로 따서 열 때, '성적 스릴'을 느낀다. 그런 강도 행위의 순간에서 누들스는 자신을 이해하기 위해, 갱스터에 관한 그의 책 속에 어떤 개념을 써놓는다. "갱스터는 왜 역사가가 될 수 없나? 실재했던 사실들은 나에게 남아 있고, 다른 모두는 감옥에 갔다. 나는 그런 것들을 시간을 가리고, 장소를 살짝 숨겨, 도피주의자의 임무로 다룰 것이다. 우선 사실들을 쓰고, 최소 20년 동안은 발표하지 않고 간직하는 게 나을 것이다." 그런데 그의 일들은 대부분 지루하거나 시시한 것들이었다. 곧 밀주 위스키를 운반하는 트럭운전사들 보호하기, 비유대인 고리대금업자의 희생자가 된 유대인을 지키는 것 등이었다.

돌로레스는 할리우드로 떠나기 전에 고급식당 '애로우헤

드 인'(Arrowhead Inn)에서 누들스와의 데이트를 마지못해 받아들인다. 누들스는 '10년 혹은 12년 동안 그녀에게 5번 정도' 말해 본 것 밖에 없다. 그런데도 누들스는 돌로레스에게 청혼할 계획이다. 그리고 그들은 '악취 나는 도시'를 벗어날 것이다. 조직에서 벗어나려는 갱스터에 관한 엉망진창인 영화의 상투적인 스토리와 달리, 누들스는 우아하게 은퇴할 것이다. 하지만 운전사가 딸린 리무진에서의 대화는 누들스가 생각한 대로 진행되지 않는다. 돌로레스는 누들스의 자장 밖에 있었다. 누들스는 돌로레스의 눈동자에서 자신이 '더럽고, 냄새나는 맨해튼 동부의 건달'로만 비치는 것을 바라본다. 결국에 누들스는 리무진의 뒷좌석에서 돌로레스에게 덤벼들고, 그녀의 옷을 찢는다. 운전사가 개입하고, 누들스는 부끄러움을 느낀다. 그들은 아무 말도 하지 않고 뉴욕으로 돌아온다. 다음 날, 그랜드 센트럴 역에서 누들스는 돌로레스가 자신의 인생에서 벗어나 저 멀리 떠나는 것을 바라본다. 누들스는 괴로움에 빠졌는데, 일당들이 자신에 대한 신뢰를 버렸다는 것을 알아챘다. 하지만 거물 갱스터 프랭크 코스텔로와의 계약 때문에, 그들은 다시 뭉친다. 프랭크는 사우스 저지(South Jersey)의 부패한 정치가와 연결돼 있다. 누들스는 맥스와의 넓고 깊은 우정으로, 자신을 위로하려고 노력한다("우리는 내가 기억할 수 있는 먼 과거의 그때처럼 가까웠다. 나는 그를 신뢰했고, 우리는 말을 하지 않고 단지 바라보기만 해도 대화를 할 수 있었다. 우리가 결혼하지 않은 것이 이상할 정도였다").

누들스 일당은 프랭크의 갱단인 '결합'을 위해, 브로드웨이에서 일하는 엘리베이터 노동자들이 일으킨 파업을 돕는 임무를 맡는다. 이 일을 하며, 그들은 동성애자 갱스터인 일명 '독사 살비'(Salvy the Snake)가 이끄는 경쟁 조직을 파괴한다. 이어서 이들은 브로드웨이 빌딩을 운영하는 미스터 크라우닝이라는 부동산 중개업자와 맞서게 된다. 누들스는 특히 부동산 업자에게 마땅한 벌을 줄 수 있어서 기뻐한다. 왜냐면 "그는 항상 애국심을 부추기는 편에 속했고, 그런데 반유대주의자였으며, 문제를 일으키는 반동주의 그룹 멤버였고, 이 나라의 힘없는 국민에게 사기를 치는 인물이기 때문이었다." 누들스는 또 두 명의 선출된 조합 간부, 곧 피츠제럴드와 지미를 도와, 그들이 원하는 것(일주일에 48시간 노동, 한 시간에 40센트의 임금, 그리고 조합의 인정)을 갖게 해서 기뻤다. 이 일을 계기로 누들스 일당은 미래에도 프랭크의 조직범죄단 '결합'을 위해 일할 준비를 마쳤다.

누들스는 코러스 걸 이브 매클레인(Eve McClain)을 만나고, 이때부터 정착을 생각하기 시작한다. 맥스는 보석 강도 때 만난 마조히스트 베티와 많은 시간을 보낸다. 베티는 보험회사 간부인 남편 존과 함께 다시 맥스 일당에 합류했다(존은 베티가 섹스하는 소리를 숨어 들으며 흥분을 느낀다). 누들스는 이들의 행위에 강한 역겨움을 느낀다. 또 맥스의 화를 잘 내는 성격, 과대망상증, 그리고 지나친 잔인함에도 염증을 느낀다. 맥스는 자기가 생각한 대로 연방준비은행을 턴다는 미친 계획을 더욱 끌고 나간다. 이때 누들스는 밀주 위스키를 뉴욕의 웨스트체스터(Westchester) 지역까지 운송하는 데 자신의 갱들이 호위할 것이란 사실을 금주법 관련 당국자에게 알려준다. "나는 그것을 해야만 했다. 죽음을 마주하는 것보다는 금주법 위반으로 18개월 동안 감옥살이하는 게 훨씬 나았다."

맥스는 누들스, 사팔뜨기 코크아이, 펫시를 설득하여, 은행에 저축해놓은 많은 돈을 출금하도록 한다. 그리고 그 현금을 네 개의 큰 트렁크 속에 있는, 네 개의 금고 속에 넣는다. 소득세 단속을 피하는 방법이다. 맥스는 웨스트체스터 작전이 끝나면, 네 개의 트렁크가 정확히 어느 창고 건물에 있는지를 알려줄 참이었다. 누들스는 5만 달러를 이브의 계좌로 보내고, 나머지 자기 돈은 금고 속에 넣었다. 그리고 누들스는 금주법 관련 당국자에게 전화했고, 중국인 조이가 운영하는 아편 소굴에 들어가 있었다. 그곳에서 누들스는 신문을 읽는다. 신문에는 그의 세 동료가 밀주 갱스터와 정부 요원들 사이의 총격전에서 전부 죽었다는 뉴스가 보인다. 누들스는 미친 듯이 네 개의 트렁크를 찾아다닌다(헛된 일이 되고 만다). 트렁크 속에는 백만 달러 이상의 현금이 들어 있을 것이다. 누들스는 죽어가는 모친을 방문하고, 곧 세 명의 킬러에게 발각된다. '결합'의 '킬러 사단'(killer squad)이 내부 고발을 했다는 이유로 누들스를 처형하려고 그들을 보냈다. 누들스는 자신이 처형될 어떤 창고로 끌려간다. 그리고 '허드슨강의 바닥에 시멘트를 달아 매장'될 것이다. 그런데 누들스는 뚱보 모의 집에 트렁크 열쇠가 있으며, 그 열쇠로 백만 달러를 가질 수 있다고 킬러들을 설득한다. 그러면 돈은 반반으로 나누겠다는 것이다. 뚱보 모가 킬러들에게 마실 것을 만들어준다. 누들스는 다시 중국인 아편 소굴로 간다. 누들스는 킬러들이 그곳에 들어오는 것을 들었을 때, 아편 소굴의 뒷문을 통해 기어나가서, 맥(Mack) 트럭에 몰래 숨어 탄다. 그는 총을 던져버리고, 도시를 벗어난다. "하지만 나는 완전히 숨어 있을 곳에 어떻게 찾아갈 것인가? 그건 또 다른 이야기이다." 그는 혼자서 웃는다. 신이여, 미국을 축복하소서(God bless America).

세르지오 레오네가 〈후드〉를 처음 만난 것은 프로듀서 풀비오 모르셀라가 그 소설을 이탈리아말로 읽어줄 때였다. 레오네는 이 소설을 '문학 작품'으로서는 특별한 관심을 갖진 않았다. 하지만 '진짜 갱스터의 자서전'이라는 사실에 스릴을 느꼈다. 문제의 갱스터가 유명한 프랭크 코스텔로 같은 인물이 아닌데도 말이다. 주인공은 '평범한 남자로, 자신의 시대를 거의 유령처럼 살아남은 자'인데, 그것이 레오네의 마음에 더 들었다.[2)]

누들스는 책 전체를 통해, '영화 속의 가짜 강도들', '갱에 대한 과장된 이야기', 그리고 영웅처럼 말을 빠르게 하는 할리우드의 프로 범죄자들과 자신을 구분하려고 매우 노력하고 있다. 〈후드〉의 이야기는 1933년 말에 끝난다. 그렇다면 누들스는 머빈 르로이의 '리틀 시저'(1930), 윌리엄 웰먼의 '공공의 적'(1931), 그리고 하워드 혹스의 '스카페이스'(1932) 같은 갱스터 고전들을 분명히 마음에 새겼을 것이다. 세 고전은 이민자 하층계급 출신 갱스터들의 성공과 몰락을 상세히 그리고 있다. 그리고 세르지오 레오네는 금방 알아봤는데, 이 책은 'B'급 영화 전문 시나리오 작가에 의해 쓰인 것 같았다. 소설의 1인칭 내레이터는 할리우드 영화의 보이스-오버를 떠오르게 했다. 레오네가 말했다. "삶의 마지막에 도달한 나이 든 갱스터에 관한 이상한 리얼리즘은 저자에게 계속하여 영화적 인용의 레퍼토리를 반복하게 하고 있다. 그의 제스처와 말들은 스크린에서 천 번도 넘게 보고 들은 것이다. 그것이 나의 호기심을 자극했고, 나를 기쁘게도 했다. 나는 그들의 허황된 시도와 거대한 파멸에 매혹됐다. 이런 동화 같은 이야기가 저자의 실제 삶에서 채택됐다면, 그것은 위대한 주제가 될 수 있을 것이다."[3)]

소설 속에서 누들스는 할리우드의 갱스터 '숭배'에 대해 비판적이지만, 그 자신도 '리틀 시저'의 주인공 시저 엔리코 반델로(Caesar Enrico Bandello)처럼 말한다. 누들스는 희생양이 되었고, '더럽혀진 얼굴의 천사'(Angels with Dirty Faces)에 나왔던 젊은 록키 설리번처럼 감화원에 보내진다. 누들스는 감화원 원장을 '더럽혀진 얼굴의 천사'에서 팻 오브라이언이 연기했던 코널리 신부처럼 묘사한다. 누들스는 '화이트 히트'(White Heat)의 코디 재럿처럼, 연장들은 자기 차 아래의 박스 속에 숨긴다. 누들스는 '스카페이스'의 토니 카몬테처럼 자신의 새로운 부를 과시하기 위해 비싸지만 무색무취한 옷을 입는다. 그는 스콧 피츠제럴드의 소설 속 제이 게츠비가 잡을 수 없는 데이지를 꿈꾸듯, '손댈 수 없는 돌로레스'에 대해 환상을 품는다. 그는 '포효하는 20년대'(The Roaring Twenties)에서 에디 바틀렛이 진 셔먼에게 욕정을 품었던 것처럼, 자신의 좌절된 욕망을 표현한다. 또 그 영화에서 제임스 캐그니와 험프리 보가트 사이의 관계처럼, 누들스는 맥스와 쉽지 않은 관계를 발전시킨다. 누들스는 대실 해밋의 〈붉은 수확〉에서 하부 플롯으로 이용됐던, 엘리베이터 노동자의 파업을 깨려는 수사 팀에 개입하게 된다. 그는 '공공의 적' 종결부에서 나왔던 장면처럼, 죽어가는 모친을 방문한다. 세르지오 레오네는 자신과 공통으로 갖는 사랑스러운 소재들에 조금 놀랐고, 그래서 "해리 그레이를 직접 만나야겠다는 강한 욕구를 갖게 됐다."

1930년대 갱스터 영화의 고전은 스튜디오의 옥외에서 촬영됐다. 그리고 영화의 이야기는 당대에 관한 것인데, 하지만 도시의 풍경은 거의 현실적이지 않았다. 이런 할리우드 영화들은 금주법 시대의 지하세계는 대개 이탈리아-미국인 혹은 제임스 캐그니의 경우처럼 아일랜드-미국인에 의해 지배되는 듯한 인상을 심어주었다. 금주법 시대에 관한 최근의 역사가인 에드워드 베어(Edward Behr)는 당대의 현실은 매우 복잡했고, 인종적으로도 매우 다양했다고 지적했다.[4)] 아널드 로스스타인(Arnold Rothstein)은 주류 밀매점, 불법 클럽, 그리고 뉴욕의 나이트클럽 관련 소유주들 가운데 거물에 속했는데, 그는 유대인이었다(어떤 사람들은 그가 1919년 야구 월드 시리즈를 출범시킨 장본인이라고 말한다). 덧붙여 앞에서 언급된 '네덜란드인' 슐츠, 메이어 랜스키, 그리고 가장 빈틈없는 최고의 지하세계 사업가 벤저민 '벅시' 시겔도 유대인이다. 리치 코헨(Rich Cohen)의 연구서 〈거친 유대인들〉(Tough Jews, 1998)은 그 시절 뉴욕에서 가장 영향력이 큰 유대인 갱스터와 관련해서, 풍부하고 상세한 '계보'를 제공한다. 그리고 그들 각각의 상승 차트를 만들었다. 뉴욕 갱들의 역사에 따르면, 와일드 웨스트(Wild West) 이후에는 아일랜드인들이 제일 먼저 등장했고, 그리고 동부 유럽인들, 마지막으로 이탈리아인들이 나타났다. 코헨에 따르면, 뉴욕의 조직범죄를 이탈리아인들이 지배한다는 신화는 법을 집행하는 요원들에 의해 광범위하게 알려졌다. 그리고 앞선 세대 유대인 갱스터들은 상대적으로 낮은 위치에 있는 것을 더 좋아했는데, 이들도 이탈리아인들의 신화를 퍼뜨렸다. 리치 코헨의 결론이다. "대부분 사람이 유대인 갱스터에 대해서는 듣지 못했다. 그들이 존재했다는 사실조차 믿지 않았다. 유대인 갱스터에 관한 아이디어는 유대인의 상투성에 반하기 때문이었다. 세상에서의 유대인 위치를 설명하는 그 상투성 말이다. 그런데 세상에 알려진 소수의 유대인 갱스터들은 바로 그런 상투성을 통해 유명해졌다. 말하자면 그들은 계산의 귀재, 금융의 천재로서, 월스트리트에서 쉽게 특기를 발휘할 수 있는데, 현실에선 유대인 거주지인 헤스터 스트리트(Hester Street)에서 일했다. 어떻게 사람들이 폭력적인 유대인 깡패를 상상할 수 있겠나? 유대인들은 그런 일을 하지 않는 것 아닌가."[5] 그러면서 코헨은 덧붙인다. 야물커(yarmulke, 유대인들이 정수리에 쓰는 모자)들을 바보로 보지 마라!

영화 속 갱스터들의 전기는 실제 삶과는 아주 다르다. 하지만 종종 첫 세대 할리우드 거물들의 삶을 비추기도 한다. 거물 제작자들은 그런 갱스터 영화에 자신들의 돈을 투자했다.[6] 유니버설 영화사의 설립자 칼 램믈(Carl Laemmle)은 남서부 독일 뷔템베르크의 라우프하임 출신 유대인인데, 맨해튼의 남동부로 이민 온 뒤, 알코올 중독 화학자의 심부름하는 소년으로 일했다. 파라마운트 영화사를 세운 아돌프 주커(Adolph Zukor)는 헝가리의 리세 출신 유대인인데, 맨해튼의 남동부로 이민 왔고, 그곳에서 권투선수 또는 스트리트 파이터로 일하며 일주일에 단 몇 달러의 돈을 벌었다(그는 찌그러진 왼쪽 귀를 평생 갖고 살았다). 폭스 영화사를 설립한 윌리엄 폭스(William Fox)도 유대인인데, 가게에 도움을 주기 위해, 남동부의 집을 돌아다니며 난로를 닦는 검은 기름을 팔았다. MGM의 대표 루이스 B. 메이어(Louis B. Mayer)는 러시아의 디메르(Dymer, 지금은 우크라이나) 출신 유대인인데, 가족과 함께 캐나다로 이주한 뒤,

자신의 신원 관련 서류를 전부 잃어버렸다고 주장했다. 그리고 그는 7월 4일 독립기념일을 생일로 채택했다. 영화계의 재정 전문가 마커스 로우(Marcus Loew)는 뉴욕의 남동부에서 태어난 유대인인데, 훗날 이렇게 기억했다. "나는 가난했다. 하지만 내 주변은 다 그랬다. 어떤 면에서 가난은 장점이었다. 뉴욕 남동부 출신에서 성공한 사람이 많이 나온 이유다. 좀 더 나은 일을 할 수 있는 재능을 가진 사람이라면, 그것을 연습해 보는 기회가 사방에 있었다."[7)]

배우 에드워드 G. 로빈슨(Edward G. Robinson)은 유대인 이름인 엠마누엘 골든버그에서 개명한 뒤, 이탈리아 사람 역할을 하며 명성을 얻었다. 존 가필드(John Garfield)도 원래의 유대인 이름인 줄리어스 가핀클에서 바꾼 것이다. 워너브라더스 영화사 잭 워너의 요구에 따랐다. 초창기의 거물들은 개인적인 경험을 통해, 다른 이민자들과 도시 하층계급의 꿈과 열망을 본능적으로 알았다. 그들이 1920년대와 1930년대, 영화 관객의 등뼈였다. 그리고 1908년이면, 뉴욕의 유대인 거주지에서만 1백 개의 영화관이 있었다. 하지만 '아메리칸 드림'을 확산시키고, 어느 정도 창조하기 위해, 거물들은 자신들의 인종적인 신원을 숨겼으며, 어떤 식으로든 그들에 대한 편견을 만들어낼 수 있는 주제는 피했다. 유대인 가족들은 이미 유럽에서 그런 경험을 충분히 했다. 영화가 소위 WASP(백인, 앵글로색슨족, 신교도) 문화에 의해 지배되는 만큼, 유대인에 대한 낮은 수준의 존경이 산업적으로는 오히려 좋았다. 그리고 거물들은 영화 산업을 통해, 공동체의 주류로 흡수되기 위한 완벽한 길을 찾았다. 그런 명백한 이유로, 유대인 갱스터는 배제됐다.[8)]

1950년대 후반부터 '갱스터 영화의 리바이벌'이 진행될 때, 할리우드는 처음으로 동부 유럽 출신 갱스터의 활동에 대해 주목하기 시작했다. 세 개의 대표적인 작품이 있다. 버드 뵈티커 감독의 '렉스 다이아몬드의 흥망성쇠'(The Rise and Fall of Legs Diamond, 1960), 조셉 M. 뉴먼(Joseph M. Newman) 감독의 '포효하는 20년대의 왕: 아널드 로스스타인 이야기'(King of the Roaring '20s: The Story of Arnold Rothstein, 1961), 그리고 조셉 페브니(Joseph Pevney) 감독의 '폭력배의 초상'(Portrait of a Mobster, 1961) 등이다. 그리고 2차 세계대전이 끝난 15년 뒤, 그 당시에 첫 세대 거물들은 할리우드의 새로운 성과를 내기 위해, 유대인 배경을 가진 갱스터 같은 논쟁적인 주제에 주목하기 시작했다. 이들 영화는 전부 영웅-악당의 인종적 배경을 부각했다. 이런 작품들은 총격전을 강조했고, TV보다는 한발 앞서 나가려고 했다. 테마 면에서 보면, 이런 영화들은 혼자 일하는 '외로운 늑대' 폭력배의 추락, 그리고 이와는 대조되는 회색 줄무늬 정장을 입은 남자들에 의해 운용되는 기업화된 범죄와 전국적인 조직의 발전을 주목했다.

그런데 세르지오 레오네에 따르면, 1960년대 초기에 만들어진 이런 조명 과잉과 장식적인 영화들은 시대에 대한 믿음을 줄 수 있는 어떤 노력도 보여주지 않았다. 시대에 맞지 않는 장면들도 넘쳤다. 그리고 레오네는 유명한 갱스터가 아니라, '후드' 곧 폭력배에 흥미를 느꼈다. 그래서 작가 세르지오 도나티는 레오네로부터 임무를 받아, '석양의 무법자'의 사후 제작단계가 진행될 때, 역사적으로 빠진 부분을 채우기 위해, 뉴욕으로 가서 신문사 자료실을 뒤졌다. 그 조사에서 도나티는 맨해튼의 남동부가 20세기 초 뉴욕 유대인의 중심지였으며, 1920년대와 1930년대에 진행됐던 유대인 인구의 감소도 그곳을 중심으로 일어난 점을 알아냈다. 1903년 윌리엄스버그 다리(Williamsburg Bridge), 그리고 1909년 맨해튼 다리(Manhattan Bridge)가 건설된 뒤, 유대인들은 근교로 대이동을 했다. 남동부에 남은 사람들은 대부분 비좁고 퇴락한 방 두 개짜리 아파트에 살았으며, 그곳엔 욕실이 따로 없었다. 그들은 또 착취당하는 노동에 종사했다. 도나티는 레오네에게 조사 결과를 알렸다. 만약 프로젝트가 진행되면, 일이 얼마나 복잡해질 것인지에 대해 강한 어조로 강조했다. 그는 물었다. "우리가 뉴욕 남동부 유대인에 대해 도대체 알고 있는 게 무엇일까? 왜 웨스턴에 집중하지 않지?"[9)]

작가 로버트 워쇼(Robert Warshow)는 갱스터 영화에 관한 1948년의 유명한 에세이에서 이렇게 말했다. "어떤 면에서 우리는 갱스터가 우리에게 하는 말을 쉽게, 혹은 적극적으로 이해하지는 못한다. 그건 현대적 삶의 질과 요구를 거부하는 미국적인 심리를 경험하는 것이다. 그런데 그건 '미국주의'(Americanism) 자체를 거부하는 것이다. 갱스터는 도시의 언어와 지혜를 가진 도시의 남자다. 그는 자신의 삶을 손에 들고 다닌다. 마치 알리기 위한 팻말처럼, 마치 싸우기 위한 곤봉처럼. 갱스터는 외롭고 멜랑콜리하며, 깊은 세속적 지혜를 줄 수 있다는 인상을 준다. 그래서 갱스터는 대체로 참을성이 없고, 자신이 아웃사이더라고 느끼는 미성년자들에게 특별한 호소력을 지닌다. 더욱 일반적으로 말하자면, 갱스터는 행복과 성취의 가능성이 누구에게나 '정상적'이라는 사실을 믿지 않는 우리 모두에게 호소력을 지닌다. 곧 갱스터는 위대한 미국에 대한 '긍정'을 '부정'한다. 그 긍정은 우리의 공식적인 문화로 지나치게 크게 각인돼 있는데, 사실 우리가 삶에서 실제로 느끼는 것과는 아무런 관련이 없는 것이다."[10]

로버트 워쇼는 갱스터와 더욱 명예로운 카우보이 영웅을 대조하기도 했다. 이를테면 레오네의 카우보이는 갱스터처럼 행동한다는 것이다. 말할 것도 없이 '갱스터'와 '미국주의' 사이의 방정식은 레오네에게 깊은 교감을 일으켰을 것이다. 레오네는 워쇼의 에세이를 알고 있었다.

당시 레오네는 소설 〈후드〉의 도입부에 나오는 소년 시절 챕터에 집중하고 있었다. 그리고 레오네는 이 소설의 영화화를 지원할 수 있는지, 제작 가능성에 대해 미국인 프로듀서들과 진지하게 이야기하기 시작했다. 레오네는 처음에 이 책을 읽을 때, '옛날 옛적 서부에서'에 나왔던 찰스 브론슨의 하모니카를 떠올리며 몹시 흥분했다. 〈후드〉에서 사팔뜨기 코크아이가 하모니카를 부는 것을 읽었기 때문이었다. 또 '석양의 무법자'에 나오는 라미레스 신부의 수도원 장면을 떠올렸다. 이 시퀀스는 소설의 한 부분과 매우 닮았다. 곧 누들스의 형제가 누들스를 비판할 때다. 형제에 따르면, 누들스는 병에 걸린 어머니를 간호하지 않고, 갱스터가 되어 집을 나가버리는 쉬운 길을 택했다는 것이다. “어머니에 대한 너의 보여주기식 헌신을 보면 웃음이 나온다.” 이름이 밝혀지지 않은 어떤 형제가 누들스에게 말했다. “왜 이곳에 더 자주 오지 않았냐? 거물.” 여기에 누들스가 답한다. “다음에 나는 또 올 거다. 그때도 네가 그런 잔소리를 늘어놓으면, 창문 밖으로 던져버릴 거야.” ‘석양의 갱들’을 떠오르게 하는 것도 있다. 산적 후안의 일생의 꿈은 메사 베르데 은행을 터는 것인데, 이와 비슷하게 맥스의 꿈은 연방준비은행을 터는 것이다.

세르지오 레오네는 ‘옛날 옛적 서부에서’의 촬영을 막 마친 뒤, 이 영화의 마케팅을 위해 뉴욕을 방문했다. 그때 레오네는 해리 그레이의 문학 에이전트인 어느 변호사에게 전화했다. 변호사는 자신의 의뢰인이 사업에 관한 토론은 직접 만나서 하지 않는다고 알렸다. 레오네는 변호사와 통화하며, 소설에 대한 저작권을 확보할 수 있다는 것을 직감했다. 하지만 레오네는 저자를 만나야 하는 것은 사업상의 이유가 아니라, 다른 이유가 있다는 점을 설명했다. “나는 이 책을 쓴 사람과 만나 직접 대화를 하고 싶다. 내가 만약 〈후드〉의 영화 저작권을 산다면, 소설을 있는 그대로 각색하지는 않을 것이다. 그래서 나는 소설을 쓴 사람과 몇 가지 토론을 반드시 해야 한다. 그 토론은 당신과 해야 하는 사업상의 대화와는 아무런 관계가 없다. 돈에 대해서는 당신과 내가 이야기하면 된다. 그건 뒤로 미루자! 지금으로서는 나는 이름이 해리 그레이라는 그 남자를 만나고 싶다."[11)] 하지만 레오네의 호소는 소귀에 경 읽기였다. 해리 그레이의 변호사는 계속하여 원칙적으로 '안된다'라고만 했다. 그는 해리 그레이가 누구와도 이야기하고 싶어 하지 않는다고 말했다.

레오네는 전화를 통한 이런 반격에 약간 좌절했다. 레오네는 찰리 블루돈의 도움을 받기로 했다. 파라마운트의 회장인 블루돈은 레오네의 친구이자 영화계의 거물이며, 걸프 앤 웨스턴의 회장이기도 했다. 이것도 소용이 없었다. 레오네가 말했다. "아무것도 통하지 않았다. 해리 그레이는 접근조차 안 됐다. 전능하신 신이 도와주어도 안 될 것 같았다. 리 밴 클리프는 서부의 총잡이들을 죽이는 것을 즐겼다면, 이 변호사는 수화기로 불쌍한 기독교인의 코를 눌러버리는 것을 즐기는 것 같았다. 나는 해리 그레이를 만나지 않은 채, 이 프로젝트를 시작해야 하는 문제를 생각해야 했다. 시작할 수는 있었다. 어렵지 않았다. 물론 나는 할 수 있다. 그건 문제도 되지 않는다. 나는 단지 그 남자를 알고 싶었다. 나는 그때 호기심의 강박에 사로잡혀 있었다. 다들 알다시피, 나는 디테일에 집착하는 사람이다. 나는 해리 그레이의 미국을, 그의 눈을 통해, 있는 그대로 재구축하고 싶었다. 주류밀매점, 유대교 사원, 아편소굴, 그리고 그 모든 것을 말이다. 오직 그레이, 또는 전능한 신과 핫라인을 갖고 있는 뉴욕의 자료연구원만이 나를 도울 수 있을 것이다. 나는 그레이를 원했다.”

“이틀이 지났다. 나는 뉴욕이 지겹기 시작했다. 영화들, 파라마운트의 사무실들, 모두 안경을 끼고 있는 여비서들, 그리고 에어컨에 질려있었다. 나는 해리 그레이의 거미집에서, 거미에 이르는 길을 찾지 못했다. 셋째 날, 나는 이탈리아로 막 돌아가려고 했다. 그때 나는 호텔에서 전화 한 통을 받았다. 내가 과거에 리 밴 클리프와 통화하려고 했던 것과 같았다. 또 다른 마법의 순간이었다. 나는 정직하게 말할 수 있는데, 만약 전화가 발명되지 않았다면, 나는 B급 감독에 머물렀을 것이다. 혹은 더 잘 안되어, 변호사가 됐을 것이다. 누가 전화했냐고? 해리 그레이가 직접 전화했다.”[12)]

전화선의 저쪽에서 걸걸한 목소리가 말했다. “세르지오 레오네씨, 나는 해리 그레이요.” 레오네는 이 이야기를 들려줄 때, 자주 그랬던 것처럼, 대화를 영어로 흉내 내며 말했다. 목소리는 메마르고, 거리를 두려 했고, 멀었다. 처음에 레오네는 이 전화가 농담이라고 생각했다. 왜냐면 레오네는 모든 사람에게 자신이 〈후드〉의 작가를 만나고 싶어 한다는 사실을 알렸기 때문이었다. 하지만 통화는 진짜였고, 해리 그레이는 레오네의 ‘달러 3부작’을 모두 봤으며 대단히 좋아했다는 사실도 알게 됐다. 그레이는 그날 저녁에 레오네를 만나는 것에 동의했다. 단 ‘목격자는 없어야 한다’라는 조건이었다. 레오네는 〈후드〉를 통해, 그레이가 마피아의 ‘결합’(The Combination) 혹은 법 집행자의 추적을 피하려고 얼마나 노력했는지 알고 있었다. 그레이의 그 습관은 여전했다. 하지만 '목격자 없이'는 불가능한 일이었다. 레오네는 영어를 잘하지 못했고, 그에겐 통역가가 있어야 했다. 레오네의 친척이기도 한 프로듀서 풀비오 모르셀라가 당시에 미국에 살고 있었고, 그는 미국 문학도 좀 알고 있었으며, 그의 동석은 '걱정할 게 전혀 없는 일'이었다. 그레이는 이 조건에 마지못해 동의한 뒤, 전화를 끊었다. 훗날 레오네는 영화잡지 '카이에 뒤 시네마'에 말했는데, 자신이 흥분한 것은 '누들스가 직접 건 유일한 전화'가 바로 그것이라는 점을 알았기 때문이었다.[13)]

레오네가 계속 말했다. "우리는 즉각 해리 그레이가 일러준 맨해튼의 어떤 바로 출발했다. 그 바의 이름은 기억나지 않는다. 그린포인트 애비뉴(Greenpoint Avenue) 바로 옆, 뉴 캘버리 묘지(New Calvary Cemetery) 근처에 있었다. 그 바는 당신이 예상할 수 있듯, 어둡고 지저분했다. 어둠 속의 작은 식탁에 사람들이 몸을 숨기듯 앉아 있었다. 그들은 서로 무슨 비밀을 말하듯 속삭였다. 매춘부 두어 명이 있었다. 그들은 길고 뾰족한 붉은색 플라스틱 부츠를 신었고, 옥색 가발을 하고 있었다. 그들이 백인인지 흑인인지는 모르겠다. 바에서 일하는 남자는 뚱보였는데, 착해 보였고, 성적 취향은 모호했다. 그는 대리석 선반 뒤에서 왔다 갔다 했는데, 마치 태엽장치가 된 땅속 요정(gnome) 같았다. 그는 '원스 어폰 어 타임 인 아메리카'에 나오는 뚱보 모(Moe)의 모델이었다. 이 장소는 편안하기도 또 비밀스럽기도 했는데, 1968년 당시 뚱보 모가 운영했던 바의 모델이 되었다. 그 장면에서 40년간 사라졌던 누들스는 뉴욕에 돌아와서, 바 앞에 있는 공중전화 박스에서 뚱보 모에게 전화를 건다. 이런 장면들은 우리가 해리 그레이를 만난 상황과 같은 것이었다. 우리는 커다란 코카콜라 네온 광고 아래의 창문 옆에 앉았다. 그는 몇 분 후 도착했는데, 약속 시각에 정확히 맞춰 왔다. 그는 입구에서 잠시 기다렸고, 바텐더에게 '헬로' 하면서 고개를 끄덕인 뒤, 곧장 우리가 있는 쪽으로 왔다. 그는 작고 몸집이 컸으며, 황소 같은 목을 갖고 있었다. 그의 얼굴은 부드러웠고, 소년 같은 장밋빛 안색이었다. 그는 모자를 쓰고 있었는데, 클로데트 콜베르(Claudette Colbert)의 젊은 시절에나 어울릴, 유행이 한참 지난 것이었다. 해리 그레이는 그때 70살이 이미 넘었지만, 어떤 면에서 에드워드 G. 로빈슨을 닮았었다. 우리는 악수했고, 그는 앉은 뒤 위스키를 주문했다. 하지만 한 모금도 마시지 않았다. 그는 몇 분간 냉정하게 그 위스키를 공부하듯 바라보았다. 그는 콜레스테롤 문제를 가졌을 수도 있고, 음료를 주문한 것은 그냥 의례일 수도 있었다. 그때 미국에서 그런 게 의례이듯 말이다. 미국은 그런 의례가 중요한 곳 아닌가. 그는 말수가 매우 적었다. 그럴 수도, 아닐 수도 있다. 그는 대실 해밋의 갱스터들과 같은 어휘를 구사했다. 오직 핵심만 말하는 것 말이다. 그리고 가상의 관객 앞에서 연기하는 것 같았다."[14)]

레오네는 모르셀라의 통역을 통해, 책에 관해 이야기하기 시작했다. 그러나 침묵. 해리 그레이는 두 명의 이탈리아 영화인이 몹시 흥분하여 빠르게 말하는 것을 바라보았다. 그리고 자신의 위스키를 보았다. 레오네는 자신이 정말로 〈후드〉를 좋아하며, 이 책으로 영화를 만들고 싶다고 거듭 말했다. 침묵. 그레이는 레오네를 바라보았다. 레오네는 자신이 '석양의 무법자'를 만들 때 가슴 속에 〈후드〉를 품고 있었다고 고백했다. 게다가 레오네는 '옛날 옛적 서부에서'를 촬영하기 이전부터, 이 책으로 영화를 만들겠다고 할리우드의 스튜디오를 설득해왔다는 사실도 덧붙였다. 침묵. 늙은 갱스터는 여전히 아무런 표정 없이 레오네를 바라보았다.

풀비오 모르셀라는 그레이가 지금 벌어지고 있는 상황을 이해하고 있는지 확신할 수 없었다. "그레이는 노인이었다. 겸손해 보였고, 하지만 그의 지성을 빌리기 위해 한 푼이라도 돈을 줄 필요는 없을 것이다. 그는 영리했다. 아니 아이디어로 넘쳤다. 하지만 그렇게 보이지 않을 뿐이었다."[15]

레오네의 기억이다. "나를 도운 모르셀라가 그레이에게 영화 제작에서 고문 역을 할 수 있는지를 물었다. 그는 고개를 아주 살짝 숙였다. 그는 열정적이진 않았다. 아니 그는 그 어떤 것에도 열정적이지 않았다. 나는 모르셀라가 다음과 같은 사실에 대해 질문을 할 때, 그레이가 스릴을 느낄 줄 알았다. 이를테면 옛날의 뉴욕, 유대인 게토에서의 어린 시절, 대규모 범죄조직의 발흥, 그가 읽었던 책들, 금주법, 부패한 경찰, 빛나는 금발들, 범죄조직 '결합'의 청부살인자에게 쫓겨 미국 전역을 돌아다니며 도피한 일, 자유의 여신상, 갱들, 그의 불행들, 주류밀매점, 허드슨강을 횡단하는 대교들 말이다. 하지만 침묵. 그레이는 자신의 작은 위스키 잔만 보고 있었다. 그리고 마침내 오케이라고 말했다. 우리는 마치 마취를 하지 않고 이를 뽑듯, 그로부터 몇 개의 답을 받아냈다. 그 답은 네, 아니요, 아마도(Yes, No, Maybe) 중 하나였다. 그는 말하는 것이 그의 목 근육을 고문한다는 듯 대답했다. 그 바에 있던 다른 사람들은 코카콜라 네온 광고 아래 앉아서, 우리 세 사람이 무슨 금지된 비밀을 교환한다고 생각했을 것이다. 하지만 아무도 우리를 경찰에 신고하지 않았다. 거친 분위기였다. 우리는 그레이의 모든 말에 땀을 흘렸다. 그런데 이런 식으로 50분이 지나자, 우리는 해리 그레이의 어두운 미국의 밤으로 들어가고 있음을 알았다. 나는 진지하게 말할 수 있는데, 나중에 영화의 반은 바로 그날 밤에 내 마음속에서 형태를 갖추었다. 우리는 당시의 아이디어를 그에게 강조했고, 그에게 영화를 틀 듯 말했다. 그런데 그 노인은 거의 단음절의 단어로, 아니 단음절로 구성된 미로로 우리를 인도했다. 네, 아니요, 아마도 였다."

그리고 그레이는 갑자기 바에 도착한 것처럼, 갑자기 일어났고, 작별을 고한 뒤, 문 쪽으로 걸어갔다. 세르지오 레오네는 커피 한 잔 하지 않겠냐고 물었다. 바의 높은 의자에 앉아서 말이다. 답은 아니요. 그래서 두 이탈리아 남자는 택시를 불렀고, 맨해튼에 있는 그들의 호텔로 돌아왔다. "나는 해리 그레이와 직접 말하기를 원했다. 어쨌든 그와 말하기는 한 셈이었다." 50분 동안 이어졌던 대화는 그 후 몇 년 동안 세르지오 레오네에겐 파티에서 써먹는 단골 이야기 소재가 됐다. 레오네는 몇 가지 새로운 사실도 알았다. 레오네가 알아낸 사실은 누들스가 절대로 '스카페이스'의 폴 무니, 혹은 '공공의 적'의 제임스 캐그니가 아니라는 것이었다. 또 '네덜란드인' 슐츠도 아니고, 알 카포네도 물론 아니었다. "누들스는 오래전에 손에는 기관총을 들고, 머리엔 볼사리노(Borsalino) 모자를 쓰고, 자신의 운명을 걸었던 불쌍한 남자였다. 그런데 그의 운명은 불투명했고, 궁핍해졌다. 해리 그레이를 위해 노래를 불러줄 호메로스도 없었다. 그래서 그는 자신의 범죄에 관한 시를 직접 썼다."[16]

그 만남을 통해 〈후드〉에 대한 레오네의 용기는 더욱 강화됐다. "책 속의 소년 시절 에피소드는 그레이가 직접 경험했음이 틀림없었다. 하지만 그 이후는 모든 게 상투성에서 벗어나지 못했다. 나의 육감은 분명했다. 곧 이 이야기의 유일한 진짜 부분은 소년 시절 에피소드라는 것이다. 그래서 나는 속으로 이렇게 말했다. 직접 그가 경험한 것보다, 상상한 것이 더 중요한 순간에서 영화를 시작하자고 말이다. 그래서 작가 스스로 가장 상투적인 것으로, 무언가 새로운 것을 해냈다고 생각할 수 있을 지점까지 끌어가기로 했다. 우리는 신화의 심장까지 제대로 또 진정으로 다가갔다. 바로 그때, 나는 알게 됐는데, 내가 찾아냈던 출발점, 바로 그 아이디어에 대해 영화를 만들어야 한다는 사실이었다. 나는 필름 누아르에 대해 오마주를 보내고 싶었다. 그리고 영화 자체에 대해서도 오마주를 보내고 싶었다."[17]

소설 〈후드〉는 작가가 싱-싱 교도소에 있을 때 준비됐다. 실제로 쓰는 일에 대해서 레오네는 직감으로 알았는데, "그레이가 아내로부터 많은 도움을 받았다. 초등학교 교사였던 아내가 그 소설을 발전시켰다."[18] 분명한 사실인데, 해리 그레이는 시간을 잃어버렸다고 느끼며 살았다. 상상이든 아니든, 레오네도 사람을 바보로 만드는 무솔리니 시대에 로마에서 성장하며, 시간을 잃어버린 것 같은 비슷한 박탈감을 느끼며 살았다. 두 남자 모두 영화를 통해 대리 인생을 사는 경험을 했다. 어쩌면 레오네는 그렇게 만나기를 원했던 단음절 언어의 노인에게 자신의 고민을 투사했을 수도 있다. 그래도 '잃어버린 시간에 대한 감각'은 레오네에게 깊은 인상을 심어준 것 같다. "우리 두 사람 모두 망각 속으로 떠나려고는 하지 않았다(레오네는 마흔 살에 가까웠고, 그레이는 70대였다). 나는 과거의 기념품과 기억을 그의 것과 섞고 싶었다. 그래서 나의 잃어버린 시간과 그의 잃어버린 시간에 대한 영화를 만들려고 했다. 아마 우리 두 사람 모두 이 영화에서 다시 그것을 찾을 수 있을 것이다. 영화의 부제가 있다면 이럴 것이다. '옛날 옛적에 이젠 존재하지 않는 어떤 영화가 있었다'(Once Upon a Time Was a Certain Cinema that No Longer Exists)라고 말이다."[19]

레오네는 맨해튼의 그 바를 나오며, 〈후드〉에 접근하는 최고의 방법은 나이 든 누들스가 삼류 깡패를 하던 소년과 청소년 시절을 재방문하는 것이라고 확신했다. 마치 해리 그레이가 책을 쓸 때 젊은 시절을 재방문하고, 레오네가 1968년에 그레이를 방문한 것처럼 말이다. 시간의 흐름은 가장 중요한 테마일 것이다. 영화는 1933년이라는 결정적인 순간에 초점이 맞춰 있다. 그때 누들스는 동료들을 구하기 위해 그들을 배신했고, 자신이 한 행동의 결과로부터 물러나서, 혼자 아편을 탐닉했다. 이 일의 배경에는 금주법의 폐지, 시대의 흐름을 따라가지 못하는 갱스터(누들스)와 따라가고 기꺼이 변하는 갱스터(맥스) 사이의 분리가 놓여 있다. 이 영화의 주요 인물은 서로를 거울-이미지처럼 비추는 두 남자이다. 이들의 관계는 하모니카와 프랭크('옛날 옛적 서부에서'), 그리고 레오네가 아슬아슬하게 균형을 맞춘 후안과 숀('석양의 갱들')의 관계와 같다. "내 인생의 어떤 순간에, 쓸모가 없어진 한 개인을 영화로 만드는 것은 매우 중요한 것 같았다. 그는 이제 흔적도 남긴 게 없고, 그를 지탱하는 유일한 힘은 우정의 감정뿐이다. 우정의 감정은 항상 나를 감동하게 했고, 나는 나의 모든 영화에서 그것을 다루었다. 아마 내가 외동 아들이기 때문일 것이다."[20)]

마흔 살의 남자가 그런 '가을의 생각'(autumnal thoughts)을 한다는 것("나는 인정해야 하는데, 그때부터 부고 기사를 읽기 시작했다. 이전에는 전혀 안 보던 것이었다"), 그리고 자기보다 나이가 두 배 정도 많은 남자와 강렬하게 동일시를 한다는 것은 이상한 일이었다. 삼류 미국인 갱스터와 거부인 이탈리아인 감독은 각자의 삶에서 매우 다른 지점에 있었다. 하지만 훗날 레오네의 회상을 고려하면, 이런 짐작을 할 수 있다. 곧 그날 바에서 만난 뒤 16년 동안, 레오네는 영화의 역사에서 자신의 위치가 분명하지 않다는 생각, 그리고 자신은 진정으로 '개인적'이라고 판정할 수 있는 작품을 만들지 못했다는 생각에 끌려다녔다. 그럴 즈음, 레오네는 시간과 기억('석양의 건맨'의 자명 시계, '옛날 옛적 서부에서'의 바늘 없는 시계), 그리고 우정의 테마에 대한 자기만의 매력을 폭발시킬 수 있는 작품을 갑자기 만난 것이다. 〈후드〉의 각색은 레오네가 평생 해온 작업의 종합이 될 것이다. 동시에 그것은 소년 시절부터 할리우드의 영화에 대해 사랑과 증오의 관계를 이어온 성인 남자의 자서전도 될 것이다. 당연히 이는 죽음과도 관련 있고, 동시에 몽유병자처럼 망각으로 이끌린 노바디(nobody)에 관한 작품도 될 것이다.

레오네는 그 만남 뒤, 15년 동안 이런 환상을 키웠다. 곧 "맨해튼의 그 바에 누군가가 글자를 새긴 비석을 세우는 것 말이다. 비석의 휘장을 벗기는 의례는 시네필과 제작자들에겐 하나의 파티가 될 것이다. 하지만 그레이는 우선 '뉴욕의 주인'으로 선출돼야 했다." 레오네는 1960년대 후반부터 몇 번에 걸쳐 해리 그레이를 만났다. "어떨 때는 하느님도 포기한 바에서, 또 센트럴 파크에서, 혹은 타임스퀘어의 네온 간판 아래서 만났다. 언젠가 해리는 나를 그의 집에 초대했고, 함께 너무 익은 스파게티를 먹기도 했다. 우리는 거의 친구가 됐다." 해리 그레이는 믿음을 갖게 되자, 엄청 과장된 이야기도 들려주곤 했다. 그의 아내는 이 특별한 손님을 기념하려고, 스파게티를 열심히 만들었는데, 흥미롭게도 그녀가 남편보다 더 이해하기 어려운 사람이었다. 레오네의 기억이다. "그녀는 모든 것에 지쳐있었고, 조용했다. 그녀는 나이 든 전직 교사였는데, 삶 전체를 그레이를 기다리며 살았다. 전화벨 혹은 현관에서 벨이 울릴 때마다 바짝 긴장하면서 말이다." 레오네는 그를 만날 때면 늘 누군가를 대동하려 했다. 함께 일할 시나리오 작가이거나 혹은 프로젝트를 발전시킬 프로듀서였다. 레오네는 걸으면서, 역사의 한 토막을 이야기하면서, 해리 그레에에게 과시하기를 좋아했다.[21)]

레오네는 초반기 그레이와의 일방적인 대화가 끝날 즈음, 다른 사실을 하나 더 알았는데, 너무 놀라서 의자에 털썩 주저앉고 말았다. 〈후드〉의 영화 저작권은 유명 제작자인 조셉 E. 레바인(Joseph E. Levine)에게 이미 팔렸을 것이란 사실이었다. 그레이는 확신하진 못했지만, 누군가에게 저작권을 판 것 같다고 말했다. 레오네와 모르셀라는 이탈리아로 돌아가려는 계획을 취소하고, 뉴욕에 더 머물며 정확한 사실을 알아내려고 했다. 레바인에게 전화했더니, 그레이의 기억이 맞았다. 게다가 레바인은 그 저작권을 다른 프로듀서인 댄 커티스(Dan Curtis)에게 팔았다는 점도 알렸다. 당시에 댄 커티스는 NBC의 낮 프로그램인 '고딕' 연속극 '어두운 그림자'(Dark Shadows)의 프로듀서였다. 커티스는 저작권을 레오네에게 양도하기를 냉정하게 거절했다.[22)] 그리고 그는 〈후드〉를 제작하고, 또 직접 연출할 생각이었다. 레오네는 기가 꺾이고 말았다. "나는 로마로 돌아왔다. 다른 책을 읽으려고 노력했고, 다른 주제를 찾으려고 했다. 아무것도 되지 않았다. 내가 다른 무언가를 할 때마다, 해리 그레이 소설의 풍부한 원천은 계속하여 영감이 되어 돌아왔다."[23)]

레오네의 걱정에 덧붙여, 그의 시나리오 동료 작가들은 영화의 새로운 중심 아이디어에 전혀 설득되지 않았다. 곧 누들스가 흔적도 남기지 않고 사라진 뒤, 맨해튼의 바에 다시 나타나서, 과거를 재평가한다는 것 말이다. 세르지오 도나티는 이런 아이디어를 '심각하게 순진한 것'이라고 간주했고, 루치아노 빈첸초니와 에르네스토 가스탈디도 같은 의견이었다.[24)] 도나티가 지적했다. "1933년 시카고에서 사라진 어떤 갱스터가 자신의 모든 흔적을 지우며 시골로 은퇴하고, 그리고 20년 뒤 뉴욕에 다시 나타난다? 이는 1833년 서부에서는 가능할 수도 있다. 하지만 1933년이고, FBI가 있는데, 절대 그럴 수 없다." 빈첸초니가 거들었다. "당신은 미국에서 30년 전에 사라진 어떤 갱스터가 다른 이름으로 매사추세츠주의 주지사가 되는 게 가능하다고 보는가? 무슨 말을 하는 거야! 미국에서 주지사가 되고 싶다면, 그는 3세기에 이르는 가족의 역사를 모두 공개해야 할 것이다. (그 아이디어는) 무지의 산물이다."

레오네는 '옛날 옛적 서부에서'와 '석양의 갱들' 사이의 휴지기에 소설 〈후드〉의 저작권을 획득하는 문제를 놓고 프랑스의 프로듀서들인 앙드레 제노베스(André Génovès)와 제라르 레보비치(Gérard Lebovici)와 논의했다. 이들의 영화사는 클로드 샤브롤의 영화를 몇 편 만들었고, 레오네의 공동 제작에 참여할 기회를 늘 보고 있었다. 그들은 '원스 어폰 어 타임 인 아메리카'의 제작에 동의했다. 단 제노베스가 저작권을 확보하는 데 성공한다면 말이다. 그러면 제라르 드파르듀가 젊은 맥스를, 장 가뱅이 20년 혹은 30년 뒤의 그를 연기할 수 있을 것이다. 드파르듀는 크게 흥미를 보였다. 그는 1976년 인터뷰에서 이 프로젝트는 베르톨루치의 '1900'을 떠오르게 했다고 말했다. "같은 나이의 두 남자의 운명을 통해, 국가의 역사를 말하는 작품."이라고 설명했다.[25] 드파르듀가 덧붙였다. "레오네가 역할에 대해 내게 직접 설명했다. 그런데 그가 말할 때면 그 역할의 성격은 늘 변했다." 레오네는 공동 제작 제안 건과는 별도로, 자신의 아이디어를 진지하게 받아달라고 요구했다. "나는 미국에 사는 프랑스인을 연출할 수도 있을 것이다. 제라르 드파르듀는 위대한 배우다. 맥스 역을 몹시 탐냈다. 그는 영어 공부를 시작했다. 흠잡을 데 없는 악센트였다. 맥스는 전혀 프랑스인이 아닌데도 말이다. 나는 흔들리기도 했다. 하지만 곧 밝혀지는데, 그런 캐스팅은 맞지 않았다."[26] 장 가뱅은 원칙적으로 자신의 역에 동의했다. 그런데 그는 미국으로 비행기를 타고 가기를 원치 않았다. 그는 바다로 여행하는 것을 선호했다. 그는 여행 중에 레저를 즐기듯 '역할에 대해 토의하기'를 원했다. 제노베스는 저작권을 갖기 위해 심지어 25만 달러를 제안하기도 했다. 그 책에 대한 저작권은 2만 달러도 넘지 않았었다. 하지만 댄 커티스는 꿈적도 하지 않았다. 이후 협상은 18개월 동안 이어졌다. 그 기간에 레오네는 어떤 말도 하지 않았고, 다른 사람과는 프로젝트에 관해 전혀 상의하지 않았다. 그러자 아이디어는 죽고 말았다. 루카 모르셀라(풀비오 모르셀라의 아들이며, 당시에 레오네의 조감독)의 기억이다. "저작권을 획득하려는 사람이 한 명 더 있었다. 1973년 경인데, 로셀리니 감독의 아들이었고, 그는 이탈리아 고몽영화사의 대표였다. 그가 시도했지만 성공하지는 못했다. 내 생각에, 그가 레오네와 상의하며 일을 진척했고, 많은 시간을 썼다." 그 일 이후, 프랑스와의 공동 제작 기획도 죽고 말았다.[27)]

1976년 레오네는 제작자 알베르토 그리말디에게 다가갔다. 두 사람은 만약 그리말디가 소설의 저작권을 획득할 수 있다면, '그때 다시 이야기하자' 정도의 비공식적인 합의를 했다. 그리말디의 기억이다. "당시에 세르지오와 나는 직업적으로는 헤어져 있었다. 그리고 나는 이 영화의 초반 작업에는 개입하지 않았다. 나는 L.A.에서 댄 커티스를 만났다. 나는 그를 설득하여, 그 영화를 대체할 작품을 찾아보자고 했다. 그 작품은 내가 프로듀스하고, 그가 연출할 것을 약속했다. 그 조건으로 〈후드〉의 저작권을 나에게 달라고 했다." 바로 그날 그리말디는 불가리(Bulgari)의 명품 접시에 소설 한 부를 담아, 비르마니아 거리에 있는 레오네의 집으로 보냈다. 영화화의 권리는 이미 주머니에 넣었다는 메모도 첨부했다.[28)] 그리말디는 당시 제작자 경력에서 가장 야심 찬 단계에 진입해 있었다. 대체 영화는 올리버 리드와 베티 데이비스가 출연하는 '불탄 제안'(Burnt Offerings)이었다. 제작비는 2백만 달러에 맞추었다.

드디어 세르지오 레오네는 '원스 어폰 어 타임 인 아메리카'의 계획을 진지하게 시작할 수 있었다. 늘 그렇듯 레오네는 직접 연출한다는 사실에 예민해졌고, 각색을 위해 가능한 모든 후보자와 토론하려고 뉴욕 여행을 자주 했다. 그때까지 레오네는 의례처럼, 이야기하기의 기술을 연습하기 위해 충분한 시간을 썼다. 카를라 레오네가 말했다. "그는 늘 하나의 이미지로 시작했다. 그리고 그 이미지에서 조금씩 쌓았고, 그러면 더 큰 스토리로 이어졌다. 로마에 있을 때면, 그는 저녁 식사 후에는 대부분 친구를 불러 모았다. 그리고 그때까지 상상한 이미지를 들려주었다. 천천히, 천천히 이야기는 진화했다. 그러면 모든 사람이 묻는다. 다음은? 다음은?" 그러면 레오네는 이렇게 끝을 맺곤 했다. "영화관에 개봉될 때까지 기다려. 다음에 무슨 일이 생길지 지금으로선 나도 모르겠네."[29)]

레오네는 시나리오를 쓰지 않았다. 세르지오 도나티에 따르면, "1967년에서 1977년까지 약 10년 동안 레오네는 오직 오프닝 장면만 갖고 있었다." 루카 모르셀라도 같은 의견이었다. "나는 기억하고 있다. 왜냐면 나는 어떤 서류를 찾기 위해 레오네의 라프란 영화사에 갔는데, 그때 작가의 저작권 보호 회사에 보내는 두 페이지짜리 서류를 보았다. 이 서류는 '원스 어폰 어 타임 인 아메리카'에 관한 것이었지만, 실제 영화와는 아무 관련이 없었다. 사실 두 페이지도 되지 않았다. 단지 '갱스터 스토리-뉴욕 1930년대'라고 적혀 있었다. 등장인물들 이름이 다른 것도 있었다. 아마 그 서류는 이름과 제목 같은 것들을 보호하려고 준비됐을 것이다."[30]

오프닝 장면은 에르네스토 가스탈디가 초고를 쓸 때쯤 떠올랐다. 가스탈디가 '천재, 두 동료, 겁쟁이' 시나리오를 마친 바로 뒤였다. 가스탈디에 따르면, 레오네가 그에게 〈후드〉 책을 주었고, 또 그를 그레이에게 소개했다. 가스탈디도 그 책을 좋아했다. "그레이는 프랭크 시나트라처럼 보였다." 가스탈디는 특히 그레이 본인의 이야기에 큰 관심을 보였다. 곧 그가 어떻게 범죄단에서 빠져 나와, 차를 몰고 허드슨강에 뛰어들고, 또 자살한 척했냐는 것이다. "그래서 나는 초고를 이렇게 썼다. 경찰차에 추적당하는 나이 든 킬러가 도주 중이다. 그는 강으로 뛰어든다. 카메라는 강 속에 빠진 그를 따라간다. 그가 강바닥에 누워 있는 난파선으로 가라앉을 때까지 말이다. 현대식 스포츠카가 천천히 옛날의 스포츠카로 디졸브된다. 카메라는 강 위로 다시 나오고, 그러면 우리는 1930년대 뉴욕으로 가 있는 것이다." 레오네는 오프닝 장면을 잘 기억하고 있었다. 하지만 그는 자신이 미국인 작가 로버트 딜론(Robert Dillon)과 함께 그 장면을 썼다고 주장했다. "딜론이 곧이어 존 프랑켄하이머 감독과 함께 일했다. 그가 바로 그 오프닝 장면을 거의 훔쳐, '99와 44/100% 죽음'(99 and 44/100% Dead)에 써먹었다. 그 영화의 도입부에 내가 만들고자 했던 장면이 나온다. 허드슨강 아래에 있는 공동묘지 말이다."[31]

아이디어의 진정한 주인이 누구이든(아마 가스탈디의 초안이 딜론의 초기 시나리오로 발전했을 것인데, 어떤 경우든 그것은 고전 '사냥꾼의 밤'에 등장하는 강바닥의 포드 모델 T 자동차에 빚진 것이다), 그 장면은 레오네가 자신의 프로젝트에 관해 누군가의 관심을 끌려고 할 때면 열정적으로 이야기하는 기본 소재가 됐다. 이 장면을 묘사하는 데만 레오네는 15분 정도를 썼다. 제작자 그리말디는 이런 프로젝트를 위해선 뛰어난 미국인 작가가 필요하다고 생각했다. 이후에 레오네는 파티에서 그 장면 이야기를 여러 번 더 했다.[32] 그런 와중에, 레오네는 뉴욕에 있는 피에르 호텔 스위트 룸에서 범죄소설 작가이자 기자인 피트 해밀(Pete Hamill)과 감독 밀로스 포만(Miloš Forman)을 만났다. 레오네는 늘 그랬듯, 눈길을 끄는 하나의 이미지로 이야기를 시작했다. 두 남자가 밤에 무거운 시체를 부두의 끝으로 끌고 온다. 시체의 발에는 콘크리트를 해놓았다. 그는 범죄조직 간 전쟁의 희생자다. 시체가 강의 바닥으로 가라앉을 때, 카메라는 그를 따라간다. 강바닥에서 우리는 다른 시체들도 본다. 차에 묶여 있는 남자들, 또 여전히 보석으로 치장한 여자들 등이다. 그리고 카메라는 강줄기를 따라 움직인 뒤, 물속의 다른 묘지를 보여준다. 이번에는 더욱 볼품없는 시체들을 볼 수 있다. 어떤 이는 수레에 묶여 있고, 다른 이는 넝마 같은 옷을 입고 있다. 강 아래에도 지상의 뉴욕처럼 '이웃'이 있는 것이다. 마침내 카메라는 강 밖으로 나오고, 달빛에 반사된 자유의 여신상을 보여준다. 제목: 원스 어폰 어 타임 인 아메리카.

영화가 마침내 개봉된 뒤, 피트 해밀은 레오네가 밀로스 포만과 자신에게 열정을 쏟았던 일화를 들려주었다. "세르지오 레오네는 어쩔 수 없이 젊은 여성 통역가의 도움을 받았고, 스릴 넘치는 디테일을 설명하기 위해 제작자 그리말디의 도움까지 받았다. '시체는 아래로, 아래로. 그리고 클로즈업. 엄청난 클로즈업, 녹색 눈동자, 그리고…' 이렇게 세르지오는 45분 동안 제스처를 섞어가며 말을 했고, 목소리는 휘파람부터 폭발하는 베이스 소리까지 다양하게 변했다. 세르지오는 장면, 캐릭터, 장소, 그리고 카메라의 숏까지 모두 설명했다. 연기를 섞은 세르지오의 설명은 대단했다. 하지만 나는 그의 갱스터 이야기를 들으며, 브루클린에서 어린 시절 경험했던 나의 갱스터들을 떠올렸다. 그들은 싸구려 깡패, 근육남, 헤로인을 몰래 파는 벌레 같은 놈, 그리고 자신의 손으로는 절대 이길 수 없는 사람들과 싸우기 위해 칼과 총을 쓰던 그런 자들이었다. 나는 갱스터에 대한 낭만적인 신화를 이해한다. 그리고 기관총을 들고 있던 남자들의 엄청난 매력도 이해한다. 이를테면 제임스 캐그니, 험프리 보가트, 그리고 조지 래프트가 연기했던 남자들 말이다. 그들은 세상의 규칙은 위선이라고 여기며, 자신만의 규칙을 만들려고 했던 남자들 아닌가. 하지만 그런 갱스터는 예술의 결과물이다. 진짜 갱스터는 지저분하다. 세르지오는 전설의 갱스터들, 곧 영화 속의 갱스터들에 대해 이야기했다. 세르지오의 연기를 섞은 설명은 대단했고, 오래 걸렸고, 커피가 식어갔다. 나는 세르지오 이외에 다른 사람에게 눈길 한 번 줄 수 없었다. 그리고 이야기가 잠시 중단됐다. 세르지오가 어떤 단어를 찾기 위해 그리말디에게 도움을 요청할 때였다. 나는 밀로스를 슬쩍 보았다. 그는 자는 것 같았다. 세르지오는 강조하는 부분에서 책상을 쾅 치며 소리를 질렀다. '이건 비극이야! 셰익스피어처럼!' 그러자 밀로스는 갑자기 잠에서 깼다. 세르지오가 물었다. '자, 어떻게 생각해?' 밀로스는 고개를 끄덕이며 '흥미롭다'라고 말했다. 우리는 인사하기 위해 일어섰고, 세르지오와 그리말디는 우리에게 다시 연락하겠다고 말했다. 그날 이후 우리 둘은 어떤 연락도 받지 못했다."[33]

거의 같은 시기에, 레오네는 뉴욕 지역에서 촬영되는 영화의 제작 관련 최고급 매니저인 프레드 카루소(Fred Caruso)를 만나기 시작했다. 그는 복잡한 물류 문제를 푸는 전문가였고, 최근에는 '대부'에서 그 작업을 맡아 해냈다. 카루소는 레오네와의 만남을 이렇게 기억했다. "우리는 나바로 호텔에서 만났다. 엄청 덩치가 큰 세르지오는 그의 스위트 룸의 욕실에서 나왔는데, 목욕 가운을 걸치고 있었다. 수염을 길렀고, 슬리퍼를 신고 있었다. 나는 나를 소개했고, 그는 쿨럭거리는 소리를 냈다. 우리는 악수했고, 그는 또 쿨럭댔다. 세르지오는 목욕 가운을 입은 채 이곳저곳에 앉는 것을 좋아했다. 하지만 그의 몸집은 컸고, 가운은 활짝 열려 있었다. 그는 국부보호대처럼 보이는 아주 작은 비키니 같은 속옷을 입고 있었다. 그리고는 팔각형 안경을 통해 나를 바라보았다. 모든 이미지가 나에겐 아주 이상했다."[34] 레오네는 카루소에게 대충이라도 제작 예산을 계산해달라고 했다. 그리고 우선적인 로케이션 장소도 알아봐달라고 했다. 카루소는 서류들을 제시하며, 제작에 드는 돈은 대략 1천 2백만 달러에서 1천 5백만 달러가 될 것이라고 말했다. 레오네는 몇몇 장소는 탐사하는 것에도 동의했다. 카루소에게 얼마를 지급할지는 전혀 언급이 없었고, 레오네는 7년 동안 카루소에게 아무 소식도 전하지 않았다.

레오네의 계획에 따르면 차기작을 연출할 또 다른 잠재적인 감독은 존 밀리어스(John Milius)였다. 레오네는 밀리어스의 데뷔작 '딜린저'(Dillinger, 1973)에서 큰 인상을 받았다. 이 영화는 1933년에서 1934년 사이 인디애나주와 일리노이주를 배경으로, 은행 강도 존 딜린저(워렌 오츠), 그리고 FBI 수사관 멜빈 퍼비스(벤 존슨)의 활약을 다룬다. 두 사람은 모두 자신에 대한 전설을 창조하고, 확장하는데 강박을 가진 인물들이다. 밀리어스는 레오네의 강렬한 흠모자였다. 그는 L.A.의 언덕에서 아주 흥겨운 자리를 마련했다. 레오네는 그날을 잘 기억했다. "그는 우리를 환영하고, 차에 태워, 그의 장소에 마련된 저녁에 초대했다. 그의 오픈카를 타고 우리는 달렸다. 우리가 그의 집으로 다가가자, 나는 나의 모든 영화에서 사용됐던 음악들이 하늘에서 연주되는 것을 들었다. 그는 언덕을 내려다보는 자신의 집에 강력한 스피커를 장치해놓았다. 그 소리는 모든 곳에 메아리로 퍼졌다. 그의 집에 도착했을 때, 그는 열쇠로 잠겨 있는 어떤 문을 열었다. 나는 그 방에 보석 같은 것이 있을 것으로 생각했다. 그런데 그 방엔 그의 총 수집품이 가득했다."[35]

밀리어스는 남가주대학(USC) 영화학과 시절에 대해, 열정적으로 이야기하기 시작했다. 그는 학과 동료인 조지 루카스 등과 더불어 '레오네의 모든 영화를 숏 단위로 분석'한 점을 이야기했다. 그 당시 밀리어스의 가장 큰 야망은 B급 웨스턴을 쓰고, 감독하면서 일생을 사는 것이었다. 그 세대의 영화인들은 '영화의 악동들'(movie brats)로 불렸다(밀리어스, 루카스, 스필버그, 코폴라, 카펜터 그리고 스코세지). 그런데 이들은 모두 레오네의 웨스턴을 흠모했다. 그리고 이들은 레오네처럼 옛 거장들을 존경했고, 그리고 레오네처럼 한때 마법을 창조했던 할리우드가 당대에 그러지 못한 점에 대해 아쉬워했다. 이들은 대개 '베이비 붐' 세대였고, 레오네가 직접 경험했던 전쟁의 전후에 주로 태어났다. 그런데 이들은 레오네의 영화 언어, 그리고 당시의 유행과는 달랐던 영화의 가능성에 대한 레오네의 강력한 믿음에 동의했다. 이어서 밀리어스는 자신이 썼던 시나리오, 곧 '법과 질서'(The Life and Times of Judge Roy Bean)와 '제레미아 존슨'(Jeremiah Johnson)에 대해 아쉬워하며 스스로 비판했다. '법과 질서'는 존 휴스턴과 폴 뉴먼에 의해 '너무 부드럽고 예쁘게' 만들어졌다는 것이다. 밀리어스가 말했다. "로이 빈 캐릭터는 거칠고, 냉소적이었다. 그는 이런 말을 한다. '나는 법을 알아. 나는 전 생애를 통해 명백하게 무시당하며 살았지.' 사실 나는 레오네 영화의 냉소주의에 큰 영향을 받았는데 말이다." 그리고 '제레미아 존슨'은 원래 클린트 이스트우드와 샘 페킨파를 염두에 두고 쓴 것이었다. 제목도 처음에는 '간을 먹는 존슨'(Liver Eating Johnson)이었다. 그런데 이 영화도 로버트 레드포드와 시드니 폴락에 의해 너무 온건하게 만들어졌다는 것이다. 레오네의 기억에 따르면 밀리어스는 이렇게 말했다. "두 영화 모두 레오네를 생각하며 썼다." 그들은 존 포드와 구로사와 아키라(밀리어스가 좋아했던 두 감독)에 대해 대화하기도 했다. 그리고 마침내 그들은 존 밀리어스가 '원스 어폰 어 타임 인 아메리카'를 감독하는 문제에 대해 말하기 시작했다. 하지만 밀리어스는 이 영화에 전념할 상황이 아니었다. 레오네가 기억하길, "그는 '지옥의 묵시록'이라는 이야기의 시나리오를 쓰고 있었다." 두 사람의 대화는 레오네의 새 영화 프로젝트와 관련, 초창기에 잠시 이루어졌다. 밀리어스가 그 프로젝트에 전념할 수 없었던 실질적인 이유는 자신의 두 번째 작품 '바람과 라이온'(The Wind and the Lion)을 준비하고 있었기 때문일 것이다. '바람과 라이온'은 테디 루스벨트 대통령의 바다 건너 모험에 대해, 어린이의 시선으로 그린 작품이다.[36)]

제작자 그리말디는 여전히 이 영화는 미국인 작가, 그것도 유명한 작가가 쓰야 한다고 생각했다. 그는 노먼 메일러에게 연락했다. 레오네와 메일러의 이름이 함께 적힌 포스터는 마치 꿈의 티켓처럼 보였다. 메일러의 가까운 친구 믹키 녹스가 도입부를 준비할 것이다. 레오네는 메일러의 오래된 팬인데, 첫 만남에서 그가 한 말을 듣고 약간 실망했다. 메일러가 말하길, '이런 주제를 다루다니, 레오네는 완전히 미친 사람'이라는 것이었다. 메일러는 이런 사람이라면 할리우드 영화계에서 시멘트 입은 기모노처럼 아래로 저 아래로 가라앉을 것이라고도 말했다. 그런데 메일러는 자신을 유대인이기보다는 갱스터라고 생각하는 그 사람(해리 그레이)처럼, 자신이 지금 무슨 말을 하는지를 알고 있는 것 같았다.[37] 곧바로 메일러는 이 일에 도전할 준비를 했다. 계약은 맺어졌다. 레오네의 기억이다. "메일러는 일하기 시작했다. 그는 위스키 몇 병, 타자기, 쿠바산 시가 몇 갑과 함께 로마의 호텔 방에서 혼자 바리케이트를 쳤다. 그는 몇 장 쓰면, 방의 문 아래로 자기가 쓴 원고들을 내놓았고, 문 앞에 서 있던 사람이 그 원고를 옮겼다. 그는 3주 내내 그 호텔 방에서 전혀 나가지 않고 지냈다. 우리는 그로부터 10칸이나 떨어져 있었는데, 그가 노래하는 소리, 저주를 퍼붓는 소리, 얼음 조각을 달라고 외치는 소리까지 다 들었다."[38] 그리고 노먼 메일러는 뉴욕에서 해리 그레이를 만났다. "그건 귀중한 만남이었다. 노인 그레이는 여전히 '네, 아니요, 아마도'(Yes, No, Maybe)만 말했다. 반면에 노먼 메일러는 노먼 메일러 역을 연기하는 것 같았다. 다시 말해 술고래, 말 많은 허세, 대단한 골초 말이다. 노인 그레이는 메일러를 오래 쳐다보기만 했다. 얼굴에 인상 변화가 전혀 없었다. 그리고 그는 일어서서, 모자를 썼고, 그 누구에게도 인사하지 않고 바에서 걸어 나갔다. 그것이 전부였다. 그는 그것으로 충분하다고 여겼고, 고향으로 돌아갔다." 메일러는 일부 시나리오를 필리핀에서 쓰기도 했다. 그곳에서 그는 권투시합 중계에 참석해야

했기 때문이었다.[39)]

메일러의 이런 개입에 대한 레오네의 기억이다. "나는 메일러에게 미안했다. 그에게 '유치한 판본'(a Mickey Mouse version)만 쓰게 했기 때문이다. 나의 시선, 곧 그의 오랜 팬의 시선에서 보기에, 메일러는 영화를 위한 작가는 아니었다." 베테랑 작가 엔리코 메디올리(Enrico Medioli)가 메일러의 남긴 원고를 맡아 일했다. 메디올리의 기억이다. "새로운 결말 같은 건 없었다. 메일러 자신이 뉴욕의 가난한 유대인 집안 출신인데, 그에게 기대했던 것은 전혀 나오지 않았다." 또 다른 작가 프랑코 페리니(Franco Ferrini)의 기억이다. "메일러의 원고는 환각적이고 연속성이 끊어지는 플래시백 구조였다. 플래시백은 시간 면에서 점프가 많았고, 논리가 약했다. 그래서 이야기는 구조를 발전시키는 데에 이르지 못했다." 그리말디가 덧붙였다. "불행하게도 세르지오와 노먼 메일러 사이의 계약은 좋은 결과를 내지 못했다. 나는 무슨 일이 벌어지는지 알았기 때문에, 시나리오 작업에 개입하려고 했다. 하지만 우리는 이미 계약서에 서명했고, 메일러는 급하게 원고를 썼다. 솔직하게 말해 그 원고는 아주 좋지 않았다."[40)] 레오네에 따르면 그 일 때문에 제작팀은 석 달 동안 아무것도 하지 못했다. "그래서 나는 메일러 없이 작업하기로 결정했다. 나는 이탈리아의 시나리오 작가들에게 의지하기로 했다." 메일러가 쓴 원고는 '전혀 논리가 맞지 않았다.' 그리말디는 곤경에서 빠져나오기 위해 법정 소송을 준비했다(이 프로젝트에서 벌어지는 많은 소송 중 첫 번째). 믹키 녹스의 기억이다. "나중에는 거의 전쟁처럼 변했다. 제작사는 메일러의 최종적인 지급분을 주지 않으려 했다. 재판에서 당연히 메일러가 이겼다. 결국에는 모든 걸 지급해야 했다."[41)]

이 일이 끝난 뒤, 레오네는 미국인 협력자에 대한 흥미를 잃고 말았다. 그래서 레오네는 당시 이탈리아 영화계에서 가장 존경받는 작가 두 명에게 연락했다. 곧 프랑코 아르칼리(Franco Arcalli, 그는 동료들 사이에서 Kim으로 불렸다)와 엔리코 메디올리가 그들이었다. 배우 출신인 아르칼리는 웨스턴 '살아있으면, 쏴라'(Se sei vivo, spara)에서 시나리오 작업과 편집에 참여한 뒤, 곧장 베르나르도 베르톨루치의 편집자이자 시나리오 작가가 됐다. 그는 '순응자'(1970)와 '파리에서의 마지막 탱고'(1972)에서 시나리오와 편집 작업을 했다. 레오네의 작업에 참여할 당시에 아르칼리는 베르톨루치의 '1900'(1976)에서 일하고 있었다. 아르칼리의 특징은 편집자의 시각적 언어로, 시나리오 작업에 접근하는 것이었다. 베르톨루치의 사촌이자 프로듀서인 조반니 베르톨루치가 '순응자'를 준비할 때, 레오네를 아르칼리에게 소개했다. '순응자'에서도 아르칼리의 개입이 영화를 더욱 빛나게 했다. 베르톨루치는 편집을 '필요악'으로 보았다. "아르칼리 같은 발군의 편집자 덕분에, 영화의 구조가 한 조각 한 조각씩 현실화되는 것을 보는 게 가능해졌다."[42)] '순응자'는 이야기의 시간 순서대로 촬영했다. 그런데 최종 판본에서는 연속되는 플래시백 구조가 된 것이다. 1970

년부터 1978년 아르칼리가 암으로 일찍 죽을 때까지, 베르톨루치와 그는 매우 가까운 협력자였다. 아르칼리는 그 시절 가운데 최소한 3년 정도, 레오네의 갱스터 영화 초안 작업에서 '편집하고 형태를 잡는 데' 기여했다. '원스 어폰 어 타임 인 아메리카'의 스토리는 몇 번에 걸쳐 시간 이동을 한다. 그래서 레오네는 아르칼리의 편집 타이밍과 시각적 기억에 대한 비상한 이해력을 높이 평가했다. 아르칼리는 기본적인 구조를 제공하려 했다. 그런데 작가로서가 아니라, 몇 시간 동안이나 이야기하고, 자신에게 떠오른 아이디어를 제안하는 즉흥 연주자로서 작업했다. 엔리코 메디올리에 따르면, 바로 이런 식으로 일하며 아르칼리는 '영화의 핵심'을 만들어냈다.[43]

엔리코 메디올리는 서사극, 그리고 루키노 비스콘티와 협업한 잃어버린 시간에 대한 오페라적 심리 드라마로 특성화된 작가였다. 비스콘티와의 협업 관계는 '로코와 그의 형제들'부터 시작됐고, 계속하여 '레오파드', '신들의 황혼', 그리고 '루드비히'까지 이어진다. 레오네의 의도에서 볼 때, 가장 매력적인 사실은 당시에 메디올리가 비스콘티를 위해, 마르셀 프루스트의 〈잃어버린 시간을 찾아서〉를 24시간짜리 TV 영화의 시나리오로 각색하는 작업을 완결했다는 것이었다. 1983년 메디올리는 이렇게 말했다. "내 생각에 레오네는 자신과 반대되는 누군가를 원했다. 나는 이전에 액션 영화에 참여한 적이 없다. 이번 영화의 모든 작가는 미국인도 아니고, 유대인도 아니며, 갱스터도 아니었다. 하지만 우리는 그런 것을 문학보다는 영화를 통해 만날 수 있었다. 이런 이야기들을 묶는 비밀의 실은 유럽적인 것이었다. 말하자면 저질렀던 실수, 기만, 배신, 아픔, 그리고 결정적으로는 잃어버린 시간에 대한 특별한 감각이 들어 있다. 우리의 작업에 있어서 출발점은 솔직히 말해 미국 영화에 대한 거대한 사랑이었다."[44] 메디올리가 참여하며, 과거에 저지른 범죄에 대한 기억을 창조할 수 있었다. 시나리오를 보면, 누들스가 뚱보 모로부터 이런 질문을 받을 때가 있다. "지난 세월 동안 뭐하며 지냈어?" 누들스가 답한다. "일찍 잠자리에 들었다." 이것은 〈잃어버린 시간을 찾아서〉의 첫 권인 〈스완네 집 쪽으로〉의 도입부에 나오는 유명한 첫 대사의 메아리였다.

몇 달 동안 함께 일한 뒤(메디올리는 이것을 '대성당의 건축'[45]에 비유했다), 레오네, 아르칼리, 그리고 메디올리는 3백 페이지 정도 되는 초안 시나리오를 완성했다. 아르칼리가 원고의 복잡한 시간 이동에 대한 해결책을 찾고 있을 동안, 레오네는 메디올리와 함께 뉴욕에 가서 촬영 장소를 물색했다. 그때 레오네는 메디올리를 해리 그레이에게 소개했다. 노인 그레이는 과거보다는 좀 더 마음을 열었다. 그레이는 자신이 과거 '프랭크'(Frank)라고 불리는 이탈리아 남자와 연계돼 있던 점을 처음 말했다. 프랭크는 '미스터 코스텔로'(Mr Costello)가 분명했다. 더 나아가 그레이는 〈후드〉를 쓰며 자유롭게 상상한 것은 맥스의 의문에 관한 것이었다고 고백했다. 사실 맥스는 죽지 않았다는 것이다. 그레이에 따르면 이제 70살인 맥스는 '살인, 주식회사'(Murder, Incorporated)라는 범죄조직 덕분에 생존할 수 있었다. 이 조직은 '랍비'(The Rabbi)라는 별칭으로 불리던 유명 갱스터 레프크(Lepke)가 운영하던 익명의 암살자 집단이었다. 이들은 당시에도 월세를 내기 위해 1년에 한두 건 정도의 계약을 맺고 그런 일을 처리했다. 레오네는 그레이에게 들은 이야기를 이렇게 전했다. "맥스는 여전히 아이디어가 많았다. 70살이지만, 그는 그레이에게 함께 무장 강도를 할 것을 제안했다. 해리 그레이의 아내가 그 일에 완강하게 반대했다. 아내가 말했다. '70살인데 그게 하고 싶다면, 모든 세월 내가 당신을 기다리는 데 다 보냈지만, 이제 내가 떠나겠다.' 그래서 그레이는 맥스의 제안을 거절했다. 그레이는 그렇게 크게 아쉬워하지는 않았다. 몇 주 뒤, 그레이는 TV에서 맥스가 체포되는 것을 보았다. 맥스는 혼자서 그 일을 해내려고 했다. 결과적으로 그는 다시 감옥에 갇혔다."[46] 영화의 1968년 부분은 소설의 끝에 해당하는데, 그래서 레오네는 그 시기에 일어날 수 있는 모든 것을 창작할 생각을 했었다. 그런데 전기적인 요소가 새로 생겼고, 이를 시나리오에 포함했다. 말하자면 누들스는 나이 든 맥스를 만나는 것이다. 누들스는 그가 죽었다고 생각했고, 그 점 때문에 30년 동안 엄청난 죄책감에 시달렸었다. 그런데 1968년 어떤 바에서 TV 방송을 통해 맥스를 보게 된다. 그리고 네 개의 큰 트렁크에 숨겨져 있던 네 개의 금고는 소설에서는 그냥 사라지는데, 영화에선 금주법 시대에서도 자기 스타일대로 살아남기 위한 맥스의 신중한 계획이었음이 밝혀지는 것이다.

레오네는 업무상 뉴욕을 방문할 때마다 누들스의 모험에 대한 사회적 배경을 조사하기 위해, 맨해튼의 남동부 출신 소위 '베테랑'들과 이야기하며 현장 학습을 했다. "매춘부들과 갱스터들은 영화인들을 항상 같은 범죄집단의 동료처럼 대했다. 심지어 죄를 고백하는 자들로 여겼다. 나는 그들의 말에 귀 기울였고, 유대인 게토의 특별한 냄새를 맡을 수 있을 정도가 됐다. 얼마 되지 않아, 나는 유대인 갱스터는 설사 매우 나쁜 놈이라고 해도, 나이가 들면 종교적으로 변한다는 사실을 알았다. 그들은 자신의 종교로 삶을 마무리하려 했다. 예를 들어 유명 갱스터 메이어 랜스키가 그랬다. 그는 70살에 병이 들었고, 죽기 전에 모든 것을 내놓을 것을 결정했다. 그리고 약속의 땅 이스라엘에 묻히기를 원했다. 하지만 이스라엘 정부가 거절했다. 이런 사건이 나를 매혹했다. 왜냐면 영화의 마지막에 나오는 맥스의 태도에 신뢰를 얻을 수 있어서였다. 맥스는 죄책감 때문에 스스로 잠식당한다. 그는 자신의 가장 친한 친구로부터 용서받기를 원했다. 이런 일은 이탈리아인들에게는 가능하지 않다. 마피아들은 완벽하게 종교를 조롱한다. 이탈리아인들은 종교를 오직 핑계를 위해 이용할 뿐이었다."[47] 늘 그렇듯 레오네의 기억 속에서, 영화는 역사처럼 강력했다. 메이어 랜스키에 대한 레오네의 언급은 '대부 2'(1974)에 나오는 허구의 인물 하이먼 로스에 빗진 것이다. 리 스트라스버그(Lee Strasberg)가 연기한 하이먼 로스는 랜스키에 기초한 캐릭터였다. 랜스키는 실제로 1970년에서 1972년 사이, 텔아비브에 정착하기를 지원했다. 하지만 그는 입국할 수 없었다. 당시의 총리 골다 메이어는 그에 대해 유명한 말을 남겼다. "이스라엘에 마피아는 안 된다." 코폴라의 영화 '대부 2'는 레오네처럼 뉴욕의 길거리에 대한 많은 탐사를 벌였는데, 이 영화 덕분에 레오네의 영화는 종결부에서 맥스가 양심에 대한 '가을의 위기'를 겪는 것에 정당성을 부여할 수 있었다. 또 '대부 2'는 1920년대와 1960년대 사이라는, 예상 밖이고 드라마틱한 시간 이동에 대한 레오네의 자신감을 더욱 고양했다. 그 시간 이동이 레오네가 자기 영화의 시나리오에 요구했던 가장 특별한 점이었다.

레오네는 〈살인, 주식회사〉(Murder, Inc.)라는 책에서 풍부한 배경 지식을 얻었다. 그 책은 전직 검사 버튼 터커스(Burton Turkus)와 기자 시드 페더(Sid Feder)가 범죄조직 '살인, 주식회사'에 대해 함께 쓴 5백 쪽짜리 고발문으로 1951년에 발간됐다.[48] 레오네는 이 책의 자료를 보고, 매우 어렵기는 하지만, 범죄조직인 '결합'(The Combination)의 복수와 FBI의 수사라는 두 추적에서 동시에 벗어나는 게 가능하다는 점을 알았다. 레오네는 여기에 나오는 특별한 이야기를 들려주는 것을 좋아했다. "장소는 시카고이고, 두 동료가 있다. 한 명은 알 카포네로 유명한 시카고의 범죄단 '조직'(The Organization)으로부터 다른 동료를 죽이라는 명령을 받았다. 그는 명령에 관해 더는 묻지 않았다. 그는 갔고, 다른 동료를 죽였다. 암살 이후에 자신을 위한 계획에 따르면, 그는 자기 차를 버리고, 조직원의 차에 타는 것이었다. 그러면 그 차가 그를 안전한 장소로 데려갈 것이다. 그런데 실제로 일어난 일은 달랐다. 그는 자기 차에서 내려, 그를 따라오던 다른 차에 타는 게 아니라, 도로 옆에 있는 숲으로 전속력을 다해 달렸고, 그리고는 사라졌다. 13년 뒤, 갱스터들은 그를 다시 보았다. 그가 할리우드 영화에 출연한 것이다."[49] 실제의 두 동료는 브루클린 출신이다. 살인자는 갠지 코헨(Gangy Cohen)이고, 희생자는 월터 세이지(Walter Sage)였다. 코헨은 얼음송곳으로 세이지를 32번 찌른 뒤, 캣스킬(Catskill) 숲으로 달려갔고, 그리고 사라졌다. 몇 년 뒤, 갱스터들이 윌리엄 홀덴과 바버라 스탠윅이 주연한 권투 영화 '골든 보이'(Golden Boy)를 보고 있었다. 그들은 코헨을 알아보았다. 그는 이제 잭 고든(Jack Gordon)이라고 불렸고, 매디슨 스퀘어 가든의 군중 장면에서 방해꾼으로 나왔다. 갱스터들은 영화 중간에 극장에서 나와, 즉각 소식을 '대원들'에게 알렸다. 갱스터들은 잭 고든을 바로 만날 시도는 하지 않았다. 그런데 3년 뒤, 고든은 할리우드에서 체포되어, 뉴욕으로 이송되었다. 레오네가 〈살인 주식회사〉에서 이 이야기를 기억하는 것은 놀랄 일이 아니다. 누들스의 이야기와 같았기 때문이었다. 비록 오래 끌지는 못했지만, 어떤 남자가 갱스터의 '조직'에서 도망칠 수 있었던 것 말이다.[50]

〈살인, 주식회사〉에는 다른 역사적인 디테일도 있었다. 그것들은 시나리오 속에 포함됐고, 해리 그레이가 말하고 썼던 것을 더욱 보강했다(또 1950년대와 1960년대에 발간됐던 아널드 로스스타인, 더치 슐츠, 벅시 시걸의 전기도 참조됐다). 조직 범죄단 '살인, 주식회사'의 두목 레프크(Lepke)와 제이콥 사피로(Jacob Shapiro)는 어떤 면에서, 맥스와 누들스 사이의 관계에 대한 원형이었다. 레프크와 사피로는 어린 시절 만났는데, 그때 이들은 뉴욕 맨해튼의 남동부 거리에 있는 어떤 손수레에서 무언가를 훔치려 하고 있었다. 그 당시에는 모트 앤 펠(Mott and Pell) 거리의 도이어(Doyer) 교차로 근처 차이나타운 일대에 많은 아편 소굴이 있었다. 1931년 한참 파업이 일어날 때, 가장 영향력이 큰 의류노동조합인 '통합 의류 노동자 조합'(Amalgamated Clothing Workers)이 양분됐다. 욕설을 퍼붓고 납 파이프를 든 갱스터들이 양쪽 모두로부터 부름을 받았다. 레프크와 그의 갱단이 여기에 참여했다. 그리고 조합장 시드니 힐먼(Sidney Hillman)은 10년 뒤 전혀 다른 사람이 되는데, 산업 생산 관련 프랭클린 루스벨트 대통령의 정책 조언자가 됐고, '백악관과 아주 가까운' 인물이 됐다. 힐먼은 '원스 어폰 어 타임 인 아메리카'에서 비슷한 캐릭터로 등장하는데, 노조의 리더인 지미 오도넬이 바로 그다. 말하자면 과거를 감추는 노장 정치인도 가능한 것이었다.

범죄 조직인 '살인, 주식회사' 소속의 '프리티' 레바인('Pretty' Levine)은 쓰레기 차를 몰고 다니며, 가끔 시체를 처리해주는 게 그의 특기였다. 부두에서 활동하던 랜스키의 부하 중에, 보스의 총애를 받던 '코크아이'(Cockeye)라는 사내가 있었다. 브라운스빌의 어느 깡패는 별명이 누들스였다. 벤자민 시걸은 누구라도 자신을 감히 '벅시'(Bugsy)라고 부르면 마치 맥스가 그러듯, 불같이 화를 내곤 했다. 벅시는 머리가 미쳤다는 뜻이다. 아마추어 권투선수 출신인 갱스터 어빙 '퍼기' 파인스타인(Irving 'Puggy' Feinstein)은 3명의 갱스터 곧 키드 트위스트 렐레스(Kid Twist Reles), 벅시 골드스타인(Bugsy Goldstein), 피츠버그 필(Pittsburgh Phil)로부터 칼로 공격당했고, 동그랗게 몸이 꽁꽁 묶였다. 그리고는 휘발유가 뿌려지고 불붙여졌다. 3명의 갱스터들이 '퍼기'를 거의 끝장냈을 때, 신발과 양말, 이빨 몇 개, 그리고 손목시계만이 그를 알아보게 했다. 그날은 1939년 노동절의 밤이었다. 전직 검사 버튼 터커스는 이렇게 썼다. "한때 사람이었는데, 거의 타버린 석탄이 됐다." 그래서 '원스 어폰 어 타임 인 아메리카'의 알아볼 수 없을 정도로 숯이 돼버린 시체는 역사적 전례를 가진 것이 됐다. 레오네는 시나리오상의 이것 때문에 너무 나갔다는 비판을 들어야만 했는데 말이다.[51)]

레오네는 로마로 돌아왔을 때, 1922년 배경의 소년들 스토리를 위해 또 다른 시나리오 작가가 필요하다는 생각을 했다. 그래서 레오네는 과거부터 팀을 이뤄 작업하던 레오나르도 벤베누티(Leonardo Benvenuti)와 피에로 데 베르나르디(Piero De Bernardi)에게 연락했다. 두 작가는 1955년부터 함께 일했고, 모두 19편을 함께 썼다. 그들이 쓴 작품 가운데, 레오네가 특별한 관심을 보인 것은 당시에 발표됐던 마리오 모니첼리 감독의 '나의 친구들'(Amici miei, 1975)이었다. "그 영화에는 우정이라는 테마가 두 작가에 의해 매력적으로 그려져 있다. 내 생각에, 누들스와 맥스, 그리고 다른 인물들의 소년 시절에 관련된 모든 것을 완벽한 수준으로 발전시킬 적절한 재능을 가진 작가는 바로 그들이었다. 나는 그들에게 나의 소년 시절, 로마의 트라스테베레, 그리고 어린 시절에 썼던 나의 시나리오 '글로리오조 거리'에 들어 있던 많은 요소까지 소상히 이야기했다."[52] (두 작가는 '자전거 도둑'에 대한 기억으로 화답했다. 레오네는 데시카의 영화에서 자신이 했던 일에 대해 즐겁게 회상했다). 결과적으로 레오네는 스토리와 관련하여 역사적으로 각각 다른 시기를 다룰 협력 작가 팀을 갖게 됐다. 벤베누티와 데 베르나르디는 1922년의 '소년 시절', 메디올리는 1930년대의 금주법 시대, 그리고 아르칼리는 시간의 이동을 맡았다(아르칼리는 죽는 그해인 1978년까지 함께 일했다). 레오네는 이런 작업 모두에 참여했다. 그가 직접 쓴 것은 별로 없다. 메디올리가 말했다. "그는 우리의 작업을 가까이서 감수하는 걸 좋아했다. 그는 거절했고, 받아들였고, 조정했다. 시나리오 작가로서의 세르지오는 감독을 할 때와는 완전히 다른 접근법을 보였다. 곧 그는 시나리오에서는 모든 게 멈추지 않고 흘러가기를 바랐다. 아마도 그 원고를 영화에 적용할 때, 그는 늘 그렇듯 '템포(tempo)를 늘려야 하는 점'을 알고 있었기 때문이었다." 이 점에 대해 벤베누티가 기억했다. "우리는 소설책과 노먼 메일러의 원고를 뒤로 제쳐두었다. 세르지오는 우리에게 어떤 웅장한 감각을 제공했다. 그건 전혀 사실적이지 않았지만, 대단히 영화적이었다."[53)]

레오네는 또 자신의 작가 팀에 젊은 비평가인 프랑코 페리니(Franco Ferrini)를 포함했다. 페리니는 피사대학교에서 문학을 전공한 뒤, 여러 전문 잡지에 영화 비평문을 기고하던 프리랜서였다. 1971년 페리니는 영화 관련 권위지 〈비앙코 에 네로〉(Bianco e Nero, 백색과 흑색)에서 레오네 관련 특집호를 낼 때, 전체의 편집을 담당했다. 특집호의 제목은 〈안티웨스턴과 레오네의 경우〉(L'antiwestern e il caso Leone)였다. 당시에 레오네는 '석양의 갱들'을 편집하고 있었다. 레오네는 청년 페리니를 자신의 아파트에 불렀다. 그리고 개인적으로 소장하던 영화 프린트를 보게 했고, 무비올라(moviola)도 이용하게 했다. 그 특집호는 결과적으로 비평적 형제애를 드러내는 '사과문'으로 기능했다. 곧 영화계는 레오네의 작품을 진지하게 다루고 있지 않다는 비판이었다. 분명한 찬사를 들은 레오네는 페리니를 격려했고, 이는 4년 전에 젊은 다리오 아르젠토를 격려한 것과 비슷한 경우였다. 레오네는 그 잡지를 발행하는 국립영화학교 '첸트로 스페리멘탈레'(Centro Sperimentale di Cinematografia, 영화실험센터)가 자신을 진지하게 받아들인다는 점에 기쁨을 느꼈다. 1970년대 초반에, 이런 경험(권위지로부터 레오네가 평가받는 것)은 최소한 이탈리아에서는 흔히 일어나는 일이 아니었다. 당시 〈웨스턴 영화〉(Western Movies)라는 제목의 책을 낸 어떤 영국 작가는 이탈리아의 문화관광부 장관으로부터 이런 이야기를 들었다고 전했다. 그 장관은 이탈리아의 문화를 위해, 레오네의 영화는 수용할만한 홍보물이 될 수 없다고 생각한다는 것이었다.

페리니는 당시의 일에 대해 이렇게 말했다. "어떤 저녁이었다. 나는 반쯤 취해있었다. 레오네가 자신의 밤색 롤스로이스를 운전해 나를 집으로 데려다주고 있었다. 나는 용기를 내어, '원스 어폰 어 타임 인 아메리카'의 시나리오 작업에 참여하게 해달라고 요구했다. 그가 동의했다. 그날 밤 나는 한숨도 자지 못했다. 부분적으로는 다른 이유도 있었다. 곧 아파트에는 전기장판이 있었는데, 나는 전원을 뽑는 방법을 몰랐다. 그래서 나는 그것이 사형수의 전기의자로 변하지 않을까 몹시 걱정했다."[54] 그런데 영화화의 진척은 매우 느렸고, 그럴 즈음 페리니는 고향 라스페치아(La Spezia)에서 로마로 이주했다. 그리고 그는 '관습적인 탐정 영화'인 '폭력 경찰'(Poliziotti violenti, 1976)로 시나리오 작가 생활을 시작했고, 레오네의 작업에 참여하기 전에는 TV에서 몇 편의 시나리오를 썼다.

페리니는 1910년대와 금주법 시대에 관련된 역사책과 소설을 읽으며 작업 준비를 했다. 여기엔 허버트 애스베리(Herbert Asbury)의 4백 쪽짜리 소설 〈갱스 오브 뉴욕〉(The Gangs of New York)이 포함됐다. 또 그는 유대인의 역사를 알기 위해 모리스 사무엘(Maurice Samuel)의 〈샬롬 알라이켐의 세계〉(The World of Shalom Alaikem)를 읽고, 유대인 학살 시절 러시아의 유대인 마을에서의 비극적인 삶에 대해서도 공부했다. 페리니는 호르헤 루이스 보르헤스의 〈불한당들의 세계사〉(1933) 속에 나오는 초창기 뉴욕 갱스터 '몽크 이스트먼'(Monk Eastman/Edward Osterman)에 관한 에세이도 읽었다. 페리니가 말했다. "갱스터 걸작 '대부' 두 편의 그림자가 레오네에게 짙게 드리워져 있었다." 그래서 레오네는 이탈리아인 갱스터에 관한 영화적 상투성은 전부 피하기로 했다. 레오네는 페리니에게 이렇게 조언했다. "갱스터주의(gangsterism)의 역사는 쓰지 말자. 단 유럽인의 시선으로 그 신화는 바라보자." 페리니의 기억이다. "레오네는 항상 하나의 장면은 다른 장면과 연결되기를 요구했다. 특히 현재와 과거가 연결되고, 그 반대도 마찬가지였다. 그는 우리가 시나리오 속에 연결 관련 문구를 쓰기를 원했다. 그 연결은 연상, 트라우마, 음악 테마, 혹은 헛된 추적이 되어야만 했다. 레오네는 그냥 넣는 플래시백은 원치 않았다. 플래시백은 반드시 액션으로 동기화되든가 혹은 시각적으로 설명돼야 했다."[55] 레오네의 기억에 따르면, 페리니는 주요 아이디어가 '이미 요리' 됐을 때, '완결된 시나리오'를 더욱 광택 나게 하는 데 힘을 보탰다. 그 작업 전에 페리니는 '옛날 옛적 서부에서'를 토론할 때, 아르젠토가 그랬던 것처럼 구경꾼에 머물렀다. 하지만 루카 모르셀라는 다르게 기억했다. "페리니는 마지막 단계에 합류했다. 그는 소년들 장면을 더욱 강조한 사람 중의 한 명이었다. 그 장면들 때문에 원래는 좀 길었던 파업과 경찰서장 아이엘로(Aiello) 관련 장면이 줄어들었다. 그래서 나는 세르지오가 오프닝 크레딧에 페리니의 이름을 넣기로 결정했다고 생각한다."[56)]

레오네는 여전히 바로 촬영할 수 있는 시나리오는 갖고 있지 않았다. 그러나 일이 어떻게 진행될지에 관한 충분한 원고는 갖고 있었다. 레오네는 1975년 후반기에 몬트리올 근처에서 촬영 장소를 물색하기 위해 캐나다를 방문했다. "몬트리올이 뉴욕보다 1930년대와 관련하여 더 많은 빌딩과 더 많은 디테일을 유지하고 있었다. 게다가 몬트리올은 금주법 시대의 수도였다. 대부분의 밀주가 몬트리올을 통과했다." 그 여행을 할 때인 10월 10일, 레오네는 캐나다 총리 피에르 트뤼도를 만나 저녁 식사를 했다. 그리고 촬영은 이듬해 5월에 시작한다고 공식적으로 발표했다. 레오네가 말한 캐스팅에는 누들스에 제라르 드파르듀, 맥스에 리처드 드레이퍼스가 포함됐다. 레오네는 1년 전 '더디 크레이비츠의 수습 기간'(The Apprenticeship of Duddy Kravitz)에 출연한 드레이퍼스가 예민한 유대인 청소년을 연기하는 것을 보고 큰 인상을 받았다. 드레이퍼스는 1975년 초, '조스'에서 '잊을 수 없는' 연기를 펼치기도 했다. 레오네는 또 존 밀리어스의 '딜린저'에서 드레이퍼스가 히스테리컬한 '아기 얼굴 닐슨'을 연기한 것도 좋아했다. 드레이퍼스는 레오네의 계획에 대단히 열정적이었다. 장 가뱅은 노인 맥스, 제임스 캐그니는 노인 누들스로 출연할 것이다. 그리고 할리우드 황금시대의 위대한 스타들이 특별 출연 형식으로 참가할 것이다. 이를테면 조지 래프트, 제임스 스튜어트, 헨리 폰다, 글렌 포드 등이 거론됐다. 코폴라의 두 편의

'대부'에서 미술 감독으로 일한 딘 타불라리스(Dean Tavoularis)가 영화의 외관에 신뢰를 부여하기 위해 고문으로 참가할 예정이었다. 또 프랑스-캐나다인이며 가수이자 배우인 로베르 샤를부아(Robert Charlebois, '천재 두 동료 겁쟁이'의 신성)가 중요한 역을 하나 맡을 것이다. 스토리의 일부는 캐나다를 배경으로 촬영될 것이라고 알렸다.[57]

당시만 해도 프랑스 배우들이 출연진에 여전히 포함돼 있었다. 그건 레오네가 캐나다의 관객들을 염두에 두고 괜한 말을 한 게 아니었다. 그런데 현실은 다르게 흘러갔다. 레오네가 기억하길, 제임스 캐그니는 "출연 제안에 대단히 기뻐했는데, 마치 나에게 경고하듯 자신의 떠는 손을 보여주었다." 리처드 드레이퍼스는 맥스 역을 맡는 것이 자신에겐 적절한 타이밍이 아니라고 생각했다. 레오네는 '대단히 애석한 일'로 기억했다. 드파르듀는 이 기획에서 사라졌다. 그래서 레오네는 촬영은 1년 더 연기하여 1977년 3월에 시작한다고 알렸다. 시나리오는 아직 '상상한 것에 미치지 못했고', 많은 '물질적 문제'가 남아 있었다. 1978년 칸영화제에서 레오네는 '마르코 폴로'의 제작 계획을 알렸다. 하지만 '원스 어폰 어 타임 인 아메리카'에 관해 더 많은 말을 했다.

1981년 10월, 레오네는 대단히 긴 영화가 될 317쪽짜리 촬영 스크립트를 갖게 됐다. 영화는 베르톨루치의 '1900'처럼 두 파트로 구성될 것이다.[58] 그런데 레오네의 평소의 경향, 곧 언어를 영화로 표현할 때, '템포를 늘리는 것'을 고려하면, 두 파트는 더욱 길어질 것이 분명했다.

> (새 스크립트의 주요 플롯은 이렇게 시작한다) 스크립트는 1933년 12월, 뉴욕의 그림자 인형 극장에서 시작한다. 극장에선 아시아의 창조 신화인 '라마야나'(Ramayana)의 특정 판본이 공연되고 있다. 세 명의 킬러가 갑자기 들이닥쳐 객석을 무섭게 뒤진다. 극장은 정교하게 만든 차이나 아편 소굴 입구에 있다. 안에서 누들스는 자리에 누워 아편을 흡입하며, 신문을 움켜쥐고 있다. 1면 헤드라인은 이렇다. '밀주업자, FBI의 덫에 걸리다. 세 명 죽음. 어제 익명의 전화, FBI 요원에게 제보.' 우리는 계속 울리는 전화벨 소리를 듣는다. 그 소리는 누들스의 머리에서 계속 메아리를 일으킨다. 누들스가 램프의 불타는 심지를 바라볼 때, 우리는 눈으로 뒤덮인 거리를 본다. 그곳엔 패트릭 골드버그(팻시), 필립 스타인(코크아이), 맥시밀리언 버코비츠(맥스)의 시체가 그들의 부서진 캐딜락 차 옆에 나란히 누워 있다. '맥스의 얼굴은 타버린 햄버거 같다.' 그리고 악몽 같은 검은색의 아편 수액이 빨려 들어갈 때, 우리는 어떤 노인의 시체를 본다. 그는 어떤 장의사의 대리석 판 위에 누워 있다. 소년 누들스와 세 친구는 그 시체를 놓고 종달새처럼 떠들어댄다. 이것은 장의사에게 역겨움을 드러내는 것이었고, 그래서 '그를 실물 크기의 그라우초 막스(Groucho Marx) 인형으로' 상상하며 바라본다. 이후 우리는

뚱보 모의 주류 밀매점에 있다. 그곳에는 흑백 장식을 배경으로 '진 할로 스타일의 흘러내리는 흰색 실크를 입은 여성들과 제임스 캐그니 스타일의 검은색 턱시도를 입은 남자들'이 있다. 누들스와 친구들은 춤추며 즐기고 있다. 그런데 누들스만은 초조해 보이고, 자리에서 일어나 자기 방으로 들어간다. 그는 전화기로 다가가, 다이얼을 돌린다. 경찰서에서 맥윌리스 경사의 손이 보이고, 그 손은 수화기로 다가간다. 전화벨 소리는 점점 커지더니, 멈춘다. 킬러 살과 카르미네는 외딴 부두에서, 의식을 잃은 누들스에게 휘발유를 뿌리고 있다. 일당 파스쿠알레는 성냥에 불을 붙인 뒤, 불어서 다시 끄고, 그것을 누들스에게 던지며, 억센 이탈리아 억양 영어로 이렇게 말한다. "나는 네가 강하다고 생각했어. 사람들이 내게 말했어. 이 녀석 조심해! 배짱이 크고, 머리도 좋고, 유다처럼 세 친구를 팔아넘겼어. 하지만 너는 마약부터 먼저 들이켰지. 너는 아베 마리아를 부르고 싶지?" 카르미네가 끼어든다. "그는 유대인이야. 아베 여호와를 불러야겠지. 너는 불에 탈 거야." 누들스는 겨우 대답한다. "그러면 백만 달러도 나와 함께 탈 거야." 누들스는 킬러들에게 전리품이 보관된 물품보관함을 열 수 있는 열쇠를 함께 찾자고 설득한다. 그들은 뚱보 모의 주류 밀매점에 간다. 그곳엔 바깥에 상중이라는 표시가 걸려 있다. 누들스는 마실 것을 주문한다. "네 잔 줘. 내가 먹던 것으로." 뚱보 모가 네 잔을 만들 때,

그의 눈가에는 묘한 붉은색이 돈다. 누들스는 킬러들을 자신의 방으로 데려간다. 대형 괘종시계는 똑딱거리고, 누들스는 그들이 차례로 쓰러지는 것을 본다. 술에는 이미 약이 들어 있었다. 거친 몸싸움을 한 뒤, 누들스는 그들을 모두 쏜다. 그는 책상 옆의 열쇠를 움켜쥐고, 다른 열쇠를 대신 그곳에 둔 뒤, 사무실에서 나온다. 지하철역에서 누들스는 물품보관함을 연다. 하지만 그는 부서진 트렁크 안에는 옛날 신문만 꽉 차 있지 아무것도 없다는 사실을 알게 된다. 누들스는 뉴욕 외곽 철도건널목에서 트럭운전사에게 손을 들어 태워달라고 한다(그 트럭에는 '메리 크리스마스, 해피 1934년'이라는 문구가 선명하게 장식돼 있다). 우리는 기차가 달리는 소리, 연속하여 울리는 기적 소리를 듣는다. 그리고 철로 맞은편의 장면은 기관차, 탄수차, 그리고 길게 늘어선 자동차들에 막혀 잘 보이지 않는다. 많은 자동차, 그 차들은 포드의 모델 T 혹은 1933년을 알리는 다른 포드 모델들이다. 기차는 계속하여 지나가고, 그런데 자동차는 더 이상 1933년의 포드 모델이 아니다. 자동차들은 분홍색과 터키석 같은 청록색, 에메랄드빛의 녹색으로 장식된 1968년 모델들이다. 이때 스크린을 가득 채우는 제목이 뜬다. '원스 어폰 어 타임 인 아메리카'. 기차는 사라지고, 그 소음도 사라지고, 철도건널목은 올라간다. 하지만 우리는 더는 넓게 펼쳐진 시골 풍경을 볼 수 없다. 대신 우리는 끝없는 고층빌딩의 숲, 곧 '오즈의 시멘트 도시'를 본다. 철도 교차로에서 우리와 마주쳤던 자동차의 행렬 맨 앞에는 이제 1960년형 쉐보레가 한 대 서 있다. 이번에 운전하는 사람은 60대이고, 그는 누들스인데, 40년이 지난 것이다.

뉴욕의 유대교 사원 바깥에서(1968년 여름), 누들스는 '베스 이스라엘'(Beth Israel) 공동묘지가 불도저로 파헤쳐지는 것을 본다. 그 묘지는 누들스가 자랄 때의 길거리 옆에 있고, 그 거리는 과거에서 변한 게 별로 없다. 사원 안에서 누들스는 자신이 받은 편지에 관해, 직원과 이야기한다(그 직원의 사무실에는 이스라엘을 홍보하는 밝은 포스터, 그리고 골다 메이어 총리의 컬러 사진이 걸려있다). 그곳에서 누들스는 자신이 찾고 있는 세 묘는 근교의 리버스데일(Riversdale)에 재매장됐다는 것을 알게 된다. 누들스는 자신의 이름이 로버트 윌리엄스라고 말한다. 그런데 편지는 사실 사원에서 보낸 게 아니었다. 누들스는 뚱보 모의 가게 앞에 있는 공중전화 박스에서, 35년 만에 처음으로 친구와 만날 약속을 한다. 그는 이제 허술한 식당이 된 그곳에 들어가, "너의 시계에 맞는 열쇠를 가져 왔어."라고 말한다. 누들스는 벽에 걸려 있는 옛 사진들을 본다. 그 사진에는 자신도 있고, 세 친구들, 곧 맥스, 코크아이, 팻시도 있다. 그리고 누들스의 귀에는 과거에 자신들이 즐겨 불렀던 노래 '아마폴라'(Amapola)가 상상속에서 맴돈다. 누들스는 그 음악에 이끌리듯, 뚱보 모의 식당 뒤쪽에 있는 작은 문으로 간다. 그는 의자 위로 올라가, 벽의 작은 틈새로 안쪽을 바라본다. 그런데 그 틈은 이제 이상하게도 햇빛으로 넘쳐난다.

안쪽의 창고 같은 방에는 13살짜리 소녀가 있다. 타이츠와 발레 신발을 신은 그녀는 데보라인데, 가냘프고, 약간 소년처럼 보인다. 그녀는 빅트롤라(Victrola) 축음기에서 나오는 '아마폴라'에 맞춰 춤을 춘다. 우리는 1923년에 있다. 14살 누들스(빗질하지 않은 헝클어진 머리칼에 물려받은 남루한 옷차림)는 화장실의 위쪽에 숨어서, 루틴대로 춤을 추는 데보라를 훔쳐보고 있다. 데보라는 그가 그곳에 숨어 있음을 알고 있다. 신발을 가방 속에 다시 넣을 때, 데보라는 자신의 작은 엉덩이를 그에게 보여주는 것 같다. 데보라는 레슨을 받으려고 '젤리의 바'(Gelly's Bar, 대부분 손님이 남자들이고, 그들은 또 대부분 서부 유럽에서 이민 온 아시케나지 유대인의 얼굴과 복장을 하고 있다)를 통과하여 나가며, 자신의 오빠 뚱보 모에게 '화장실에 살충제를 뿌려라'라고 요구한다. 누들스는 데보라를 따라 길거리로 나가고, 그곳에서 우연히 한패인 팻시, 코크아이, 8살짜리 도미닉을 만난다. 누들스는 데보라의 길게 땋은 검은색 머리를 잡는다. 데보라는 아픔을 참고 자신의 머리를 잡아채며 쏘아붙인다. "너는 더러워. 구역질 나. 너는 바퀴벌레처럼 화장실 벽을 타고 오르잖아."

네 소년은 신문가판대로 어슬렁거리며 걸어가서, '경찰

뉴스'(Police Gazette) 신문을 훑어본 뒤, 신문에 불을 지르고, 쏜살같이 도망간다. 이들은 '몽키'의 주류 밀매점에서 한탕을 벌일 대상을 고른다. 어떤 운 없는 남자가 황금 줄로 연결된 커다란 시계를 갖고 있다. 네 소년이 막다른 골목에서 막 그 남자를 공격하려고 할 때, 이웃 경찰인 화이티가 우연히 그곳을 지나치고 있다. 동시에 한 마리의 말이 끄는 마차도 잡동사니와 낡은 가구를 잔뜩 싣고 그곳을 지나가고 있다. 그 마차에는 소년이 한 명 타고 있는데, '산의 왕'(King of the Mountain)이라는 자신만의 진지한 게임을 하고 있다. 그 소년이 맥스이다. 그는 마치 '수호천사'처럼 그 취한 남자를 자기의 마차 위에 잡아끌어 태우고, 그 장소를 빠져나간다. 코크아이가 '목신의 파이프'(pipes of Pan) 같은 자신의 작은 팬파이프를 끄집어낸다. 그는 짧은 행진곡을 약간 느리게 분다. 실망한 소년들이 음악에 맞춰 그 거리를 걸어서 내려간다.

누들스는 월셋집 아파트의 바깥 계단에서 맥스를 다시 쳐다본다. 그는 3층으로 뛰어 올라간다. 그는 지저분한 집으로 들어가며 소리지른다. "엄마, 배고파요." "그럼 '게필테피시'(gefilte fish, 유대인의 생선 요리)와 빵을 먹어." 아버지는 기도 중이고, 그의 동생은 아마 모든 음식을 다 먹었는지, 부엌 바닥에 누워 자고 있다. 소란스럽지만 기도용 숄과 성구함을 걸친 아버지는 유대어로 기도하고 있다. "오 들어라 이스라엘, 우리의 신이시여, 신은 하나이니." 누들스가 응수한다. "예, 예, 오 이스라엘, 자식의 입에 있는 음식을 빼어 먹는 남자시여." 어머니의 차례다. "다윗은 이삭을 낳고. 너의 아버지를 존경하라. 너는 신이 없는 아이냐?" 누들스의 답이다. "나에겐 신이 없어요. 대신 나만의 신이 있지요. 돈, 셰켈(shekel, 유대의 돈), 마주마(mazuma, 현금)." 누들스는 문을 박차고 나간 뒤, 공동화장실로 들어가, 문을 잠그고 책을 읽는다. 누들스는 페기가 다가오는 소리를 듣자 문고리를 연다. 그들은 서로의 몸을 만진다. 페기가 말한다. "공짜로 하지 않았으면 좋겠어. 크림이 잔뜩 있는 러시아 샬럿(charlotte)을 가져와. 그러면 네가 원하는 대로 하게 할게."

학교에서 교사인 미스 몬스(Miss Mons)가 출석을 부르고 있다. "아론슨, 아이엘로, 번스타인, 코크런, 디 살보, 핏츠패트릭, 캣츠, 레바인, 마트리치아노, 오코너, 라미레스…"(이 성들은 주로 유대인, 이탈리아인, 아일랜드인들을 의미한다). 그때 맥스 버코비츠가 교실 안으로 들어온다("나의 삼촌이 여기 등록했어"). 그는 자신감이 넘쳐 보인다. "맥스밀리언 버코비츠, 너는 러시아계 유대인이니?" "폴란드입니다. 하지만 나는 미국에서 태어났어요. 나는 브롱크스에 삽니다. 아버지는 돌아가셨고, 그래서 우리는 삼촌 집으로 이사했어요. 삼촌은 장의사입니다. 나는 나의 숙제를 끝마치면 삼촌을 돕고 싶어요. 그 숙제가 반드시 알아야하는 것인지, 또는 돈을 버는 것인지는 아무래도 좋아요.” 맥스는 커다란 시계를 보여주는데, 바로 황금 줄이 달려 있는 그 시계이다. 누들스는 그것을 보고 화가 났고, 교실 밖 복도로 나가서 주먹 싸움을 시작한다. 맥스가 이렇게 말할 때, 싸움은 끝난다. “무엇을 하고 싶은 거야? 시간을 죽이고 싶은 거야?” 두 소년은 함께 크게 웃는다. 누들스와 그 일당(이제 맥스도 포함)은 전당포로 가서, 줄이 달린 시계를 주고 잭나이프를 손에 넣는다. 소년들은 이 일을 벅시에게 말할 것인지를 놓고 토론한다(도미닉은 “그가 보스야.”라고 말한다. 맥스는 “보스는 필요 없어.”라고 답한다). 소년들은 칼을 겨누어 어느 행인을 위협하고, 바지와 신발을 벗긴 뒤, 도망친다. 맥스는 뒤에 남아 그 남자에게 ‘사악하고 잔인한 폭력’을 휘두른다. 그리고는 소년 일당을 따라간다.

안식일이다. 누들스는 데보라를 따라 ‘젤리의 바’ 안으로 들어간다. 상인들은 최고의 안식일을 보내기 위해 가게들을 닫고, 유대교 사원으로 갔다. 바의 안쪽에서 데보라는 누들스와 함께 기도한다. 그녀는 구약에 나오는 ‘아가’(the Song of Songs)를 낭송한다. 데보라는 시적인 만남을 이렇게 말하며 마무리한다. “그는 모든 것이 사랑스럽습니다. 그런데 그는 늘 하찮은 건달처럼 행동합니다. 따라서 나의 사랑하는 이는 나의 타입이 아닙니다. 이건 아주 부끄러운 일입니다.” 그때 맥스의 목소리가 누들스를 부른다. 데보라가 말한다. “어서 집에 가. 너의 엄마가 부르잖아.”

밖의 골목길에서 맥스는 누들스에게 말한다. 자신들이 최근에 손에 넣은 그 물건(시계)을 '늙은 시치'(Old Shitzy) 립시츠에게 넘겼는데, 그러자 그 유명한 벅시와 그의 일당이 나타났고, 동료 두 소년을 잔인하게 두들겨 팼다는 것이다. 누들스는 도와야 한다는 사실을 설명하기 위해 데보라에게 돌아간다. 데보라의 얼굴엔 슬픔이 가득하다. 하지만 그녀는 대답은 하지 않는다. 입은 꽉 다물어져 있다. 두 소년은 복수하기 위해 맥스의 삼촌이 운영하는 장의사 안으로 뛰어 들어간다. 두 소년은 어떻게 하면 벅시를 제거할 수 있을지 토론한다. 모두가 벅시의 편이고, 경찰 화이티도 그를 봐주고 있는데 말이다. 이어서 우리는 젤리의 바에서 팻시가 크림이 잔뜩 발라져 있는 러시아 샬럿을 고르는 것을 본다. 그는 누들스의 집으로 가고 있다. 팻시는 페기가 목욕하고 나올 때까지 계단에 앉아 기다리며, 참지 못하고 샬럿의 맛있는 부분부터 먹기 시작한다. 그리고 팻시는 지붕의 물탱크와 굴뚝 사이에서 경찰 화이티와 페기가 만나는 것을 본다. 팻시는 누들스를 부르고, 누들스는 맥스와 함께 와서, 페기와 즐기고 있는 화이티의 사진을 찍는다. "너는 미성년자의 엉덩이에 네 물건을 넣었어." 두 소년은 자기들도 페기와 즐길 테니 '아일랜드 출신 경찰'에게 돈을 대신 내라고 말한다. 페기와의 관계에서, 누들스는 너무 급하게 하고, 맥스는 너무 예민해 보인다. 그리고 두 소년은 FBI로부터 벅시를 보호하는 일을 그만두라고, 그 경찰에게 요구한다.

'몽키'의 주류 밀매점 뒤에서, 벅시와 그 일당은 트럭에서 불법으로 만든 위스키가 제대로 하역되고 있는지 보고 있다. 그때 경찰차 두 대가 갑자기 도착하고, FBI는 현장에 있는 모두를 체포한다. 술병은 깨지고, 밀주가 골목에 넘쳐 흐른다. 맥스, 누들스, 그리고 일당은 맞은편 건물 지붕에서 이 장면을 즐거운 표정으로 바라보고 있다. 코크아이가 팬파이프를 꺼내고, 마치 피리 부는 사나이처럼 연주하며, 일당들을 비상계단 아래로 이끈다. 소년들은 이탈리아 후손들인 카푸아노(Capuano) 형제들의 종이 공장 뒤에 있는 비밀의 증류소에 있다. 그들은 '벅시가 했던 식으로' 이탈리아인 형제들이 거절할 수 없는 제안을 하나 하려고 한다. 도미닉은 자신도 이탈리아 패밀리의 일원이라는 점을 보여주기 위해 액센트를 더욱 강하게 발음한다. 카푸아노 형제(알, 프레드, 조니)는 소년들이 최근에 발명한 방법을 보고, 뒤늦게 관심을 갖기 시작한다. 그 방법을 쓰면 해안경비대가 나타나도, 물에 던진 밀주들을 구할 수 있을 것 같았다. 뉴욕의 남부 항만에서 새로운 방법의 효과는 입증된다. 그런데 그때 누들스는 맥스의 꾀에 넘어가, 그가 익사했다고 생각하여 몹시 슬퍼한다.

이제 소년들은 멋을 냈는데, 오버코트, 빛나는 구두, 모자, 그리고 장갑까지 보인다. 맥스의 제안으로, 이들은 지하철역에서 자기들 수입의 50%는 항상 트렁크 속에 넣어

둘 것을 진지하게 맹세한다. 그리고 뚱보 모가 열쇠의 보관인이 될 것인데, 그에게는 열쇠의 의미를 알려주지 않는다. 소년들은 줄을 맞춰 걷는데, 그만 벅시와 맞닥뜨린다. 벅시는 뒤에서 도미닉을 쏜다. 제일 어린 이 소년은 누들스 옆에 쓰러지는데, 놀랐고, 동시에 미안한 듯 말한다. "발이 겹질렸어." 누들스는 잭나이프를 손에 들고 뛰어간다(맥스는 뒤에 머물며, 이를 본다). 누들스는 벅시를 찌르고 또 찌른다. 말을 탄 두 명의 경찰이 끼어들자, 누들스는 그 경찰의 가슴도 찌른다. 누들스가 순찰차를 타고 다른 범죄인들과 함께 묶여 교도소 안으로 들어갈 때, 맥스, 팻시, 코크아이는 그에게 손을 흔들어 인사한다. 교도소의 벽에는 어떤 문장이 적혀 있다.

1968년. 리버스데일 공동묘지의 정교한 대리석 묘로 들어가는 입구에는 교도소에서 봤던 것과 같은 문장이 적혀 있다. 이사야 3장 25절이다. '너희의 장정은 칼에, 너희의 용사는 전란에 쓰러질 것이다.' 누들스가 그 안으로 들어가자, 근래에는 듣지 않았던 음악이 들린다. 코크아이의 팬파이프인데, 두 개의 스피커를 통해 건물 전체에 울려 퍼진다. 누들스가 문을 닫자, 음악도 멈춘다. 그 건물은 맥시밀리언 버코비츠 1908-1933(맥스), 패트릭 골드버그 1909-1933(팻시), 그리고 필립 스타인 1909-1933(코크아이)의 묘이다. 이 건물은 '1967년에 그들의 친구이자 형제인 데이비드 아론슨, 곧 누들스가 영원한 기억을 위해 건

럽했다'라고 적혀 있다. 누들스는 이름 누들스(Noodles)의 d에 걸려 있는 작은 열쇠로 다가간다. 그때 리버스데일의 여성 책임자가 들어와서, 누들스에게 말한다. "미스터 아론슨은 모든 것을 우리에게 맡겼어요." 그래서 음악 테이프도 보내고, 외국 은행을 통해 돈을 보낸다고 했다. 그녀는 정원사가 이곳과 아무 관련 없는 '미스터 윌리엄'(누들스)이라는 남자를 묘지 속으로 들어오게 하여 화가 나 있었다.

누들스는 지하철역에서 오래된 트렁크를 연다. 그리고 '다음 일을 위한 선불'이라는 문구를 읽는다(과거엔 분명히 두 개의 사물함에, 두 개의 열쇠가 있었다). 누들스가 트렁크를 들고 길을 걸을 때, 플라스틱 원반이 그의 머리를 스쳐 지나간다. 그 원반을 잡은 손은 맥스의 손으로 바뀐다. 맥스는 1933년 6월 11일, 교도소의 밖에서 누들스의 트렁크를 받아들고 있다. 누들스는 6년 형을 마쳤다. 맥스는 격식을 차린 정장 차림인데, 화려한 검은색 장의차를 몰고 그를 마중 나왔다("나의 삼촌은 죽었고, 모든 것을 나에게 남겼어"). 그리고는 매춘부가 나타난다. 그녀는 누들스를 위해 차의 관 속에 누워 있었다. 그들은 뚱보 모의 더욱 현대화된 주류 밀매점에 들어간다. 누들스의 동료들이 그의 귀환을 환영하고, 페기는 마치 할리우드 스타 매 웨스트(Mae West)처럼 다가온다. 누들스는 데보라와 약간의 대화도 시도한다("어쨌든 너는 나를 환영하기 위해 여기 왔지"/"꼭 그렇지는 않아. 나는 지금도 여기 살아. 나는 매일 밤 8시 30분에 로얄에서 공연해. 네가 원한다면 그곳에 와서 나를 훔쳐볼 수 있어"). 곧이어 누들스는 성질 급한 맥스와 함께 어떤 델리카트슨으로 가서 나이 많은 프랭키 에스포지토와 디트로이트 출신의 조를 만난다. 프랭키가 말한다. "이들이 모두 왔군. 묵시록의 네 기사야. 조, 혹시 그 영화 봤니?" 조는 프랭키에게 자기를 위해, 디트로이트에서 다이아몬드 강도를 해달라고 부탁했다. 그 일이 성사되면, 보석들은 캐나다로 옮겨진 뒤, 암스테르담으로 반출될 것이다. 누들스는 확신이 들지 않았지만, 어쩔 수 없이 그 계획에 합류한다.

세인트루이스 공항의 활주로다. 맥스 일당은 비행기가 막 이륙하려고 할 때, 겨우 탑승하게 된다. 비행기에는 '휴즈 에어라인, 세인트루이스'(Hughes Airlines, St Louis)라고 적혀 있다. 이들은 디트로이트 공항에서 과거에는 보험사 직원이었으며, 이번 사건에 대해 정보를 알려준 사람을 만난다. 그가 일당을 디트로이트 시내 44번가 112번지에 있는 반 린덴의 보석상으로 안내한다. 폭력적인 강도 행위가 벌어질 때, 반 린덴의 비서이자 보험사 직원의 아내인 캐롤이 이들의 폭력을 보며 성적 흥분을 느낀다. 누들스가 그녀와 갑자기 섹스를 한다. 캐나다 국경의 세관 검문소에서 이들은 자신들의 여권을 보여준다. 이들은 캐나다의 어떤 도시의 길에서, 조에게 보석을 넘긴다. 조가 보석상의 안경을 끼고, 노획물을 점검하고 있을 때, 팻시가 그를 쏜다. 조의 일당 중 한 명이 이런 아수라장을 뚫고 도망치기 시작한다. 누들스는 깃털 세탁 공장 안까지 그를 따라 들어간다. 그 남자는 '깃털의 나이아가라 폭포'에 빠져 숨을 못 쉬고 있다. 누들스는 확실하게 하려고, 그를 직사 거리에서 무차별 사격한다. 네 명의 일당은 부두에서 내려, 엉덩이를 거의 다 내놓고 호수에서 다이빙을 즐긴다. 하지만 누들스는 기분이 갑자기 나빠졌다. 그가 말한다. "나에게 알리지 않은 게 잘한 거야? 그래야 내가 거절하는 것을 막을 수 있었겠지. 나는 다이아몬드를 갖기 위해 조를 터는 것은 동의했을 거야. 하지만 프랭키를 위해 일하는 것은 반대했을 거야." 맥스가 답한다. "지금 프랭키는 가장 거물이야. 그가 '결합'(The Combination)을 운영하고 있어." 누들스가 반격한다. "한때 보스는 필요 없다고 나에게 말한 사람이 너 아니야?" 코크아이가 부두 위로 올라온다. 그는 일당을 위한 작은 행진곡을 연주한다. 이번에는 '느리고 슬프게' 연주한다. 논쟁이 끝날 무렵, 부두로 한 대의 모터보트가 천천히 다가온다. 이 보트는 1968년 여름, 롱 아일랜드 저택 바깥에 있는 비슷한 보트로 변한다. 노인 누들스가 자기 차 안에 앉아 있다. 그는 보트가 바람에 날려 파손되는 것을 바라본다. 그는 신문을 든다. 헤드라인에 붉은색 표시가 돼 있다. '연금 펀드 스캔들: 베일리 상원의원, 위원회 출석 예정.' 그 옆에 붉은 글씨로 쓰여 있다. '데이비드 아론슨, 곧 누들스의 관심 사항.' 경찰과 소방관들이 도착하고, 우리는 뚱보 모의 바에 있는 TV를 통해 이런 장면을 본다. 뉴스캐스터가 말한다. "베일리 상원의원이 늘 가던 낚시 여행을 빼먹은 것은 단지 우연이 아니었습니다." 그리고 그는 운송 노동조합의 위원장인 지미 오도넬을 인터뷰한다. 지미 오도넬은 '베일리 스캔들'과 노조 사이의 연결고리에 대해 늘 부인해왔다. "나는 전 생애를 통해, 나의 조합원들을 깨끗하게 유지하기 위해 호랑이처럼 싸웠다." 누들스가 말한다. "그는 늘 같은 말을 하는군." 아랍 스타일의 옷을 입은 다른 소년 고객이 TV 채널을 봅 호프의 영화로 돌려놓는다. 다시 1932년이고, 지미 오도넬이 보인다. 그는 25살쯤 되고, 우리가 전형적인 아일랜드 사람으로 생각하는, 붉은 머리에 녹색 눈동자를 하고 있다. 그는 파업 중인 철강 노동자들과 함께, 파업장에서 진행되는 희극 공연을 보며 크게 웃고 있다. 지미는 노동자들과 연대를 보여준 공연자들에게 따뜻한 감사를 표현하고, 복화술을 하는 광대에게 철강소 바깥에서 경찰을 보면 곧장 걸어가서 이렇게 말해 달라고 요구한다. "어이쿠, 여기서 뭐 하세요!"

이후에 지미는 동료 핏츠패트릭(핏츠)의 부름을 듣는다. 핏츠를 통해 지미는 맥스와 그 일당을 만난다. 핏츠는 경찰과 그들이 동원한 폭력배와 맞서, 파업하는 동료 노동자들을 돕기 위해 갱스터들을 이용하길 원하고, 지미는 원하지 않는다. 맥스가 경고한다. "이런 데 익숙해져야 해,

친구. 여기는 계속 성장하는 나라야. 어떤 질병은 너 앞에서 더 자라기 전에 손을 쓰는 게 좋아." 갑자기 두 명의 폭력배(독사 샐비와 원숭이 윌리)가 공장에 있는 지미의 사무실로 쳐들어온다. 그리고는 기관총을 아무 데나 갈겨대고, 창문을 통해 급히 도망간다. 경찰의 사이렌 소리가 들리고, 아이엘로 서장과 다른 경찰들이 도착한다. 아이엘로는 누군가 여기서 총을 쐈는데, 그건 공공질서를 위한 것이었다고 주장한다. 지미가 묻는다. "누가 저들을 들어오게 했어?" 이때 중풍을 앓고 있는 붉은 혈색의 덩치 큰 미스터 크라우닝이 대화에 끼어든다. "지미, 신이 주신 이성을 이용하게. 그러기 위해 조합이 있는 것이야. 정직한 척하려고 있는 게 아니야. 고되게 일하는 노동자들이 지금 밖에서 힘든 파업을 하고 있어." 그러자 경찰 아이엘로는 자리를 뜨려고 한다("내 아내가 오후에 아기를 놓을 거야"). 이번의 일에서 자신이 졌다는 사실을 인식한 지미는 파업을 중단하기로 한다. 누들스는 지미를 이해하지 못하지만, 일이 그렇게 진행된 데 대해 안심한다. "우리는 그 일을 위해, 아무것도 하지 않아도 됐어."

페기의 매음굴에서 네 청년은 일주일 동안 벌어들인 것의 50%를 따로 모은다. 코크아이는 벽의 중간에 있는 구멍을 통해 손님들, 곧 '살아 있는 님프와 사티로스'를 훔쳐보려고 허리를 숙인다. 누들스는 이제부터 이 장소는 페기의 소유이므로, 앞으로 따로 돈을 내지 않아도 된다고 말한다. 페기는 그 제안을 거절한다. "네 청년 모두가 나의 파트너라는 사실을 누구나 알기 때문에, 이곳에서 일어나는 모든 일은 아무런 문제 없이 비단처럼 매끄럽게 진행된다"라는 이유에서다(네가 아량을 베풀지 않아도 되고, 내 일은 내가 알아서 한다는 뜻). 그때 코크아이는 디트로이트의 보험 직원 아내인 캐롤이 이곳에 있음을 알아보았다. 캐롤은 큰 살롱에 있다. 맥스는 그녀를 불러, 들어오게 한다. 캐롤은 점검("네가 그때의 남자를 찾는지 보자")을 위해, 네 청년을 한 줄로 세운다. 캐롤은 맥스를 선택한다. '최고의 내밀함'이 있었기 때문에 이미 그를 안다고 여겼다(사실은 맥스가 아니라 누들스와의 섹스). 캐롤은 이제 맥스를 좋아하게 된다. 캐롤은 주말이면 남편과 함께 이곳에 온다. 캐롤은 하루에 20명에서 25명의 고객을 상대하고, 남편은 구멍을 통해 그것을 본다는 것이다.

정치계 인물인 샤키(Sharkey)는 페기의 매춘 사업에 늘 압력을 넣는 인물이다. 그가 살롱으로 들어오는 모습이 보였을 때, 파티는 갑자기 끝난다. 샤키는 매음굴의 어느 방에서 제안을 하나 한다. 밖에서 파업하고 있는 노동자들을 위해 맥스 일당이 도와줄 수 있냐는 것이다. 그는 경찰의 보호를 받는 폭력배들이 이미 뉴어크(Newark)에 있는 공장 안에 들어갔다고 말한다. 샤키는 만약 맥스 일당이 노동자들을 돕는 데 동의한다면, 받을 액수를 조정하겠다고 알린다("누가 우리에게 돈을 내지?"/"너희들은 그가 누군지 알 필요가 없어. 얼마인지만 알면 돼"). 샤키는 "미래는 조합과 노동자들의 행복에 달려 있다"라고 강조한다. 누들스는 일을 간단하게 처리하길 원한다. "네가 해야 할 일은 엿 같은 경찰들이 공장에서 나가도록 하는 것이야." 샤키가 답한다. "우리는 더욱 고민해야 할, 더 큰 사업 계획이 있어. 우리는 전국적인 조합을 위해 더욱 유리한 상황을 만들도록 법을 통과시킬 거야. 우리는 이제 행운에만 기댈 순 없어." 경찰 서장 아이엘로는 미스터 크라우닝에게 이미 매수됐다. 그에게 아나콘다 구리 회사(Anaconda Copper)의 주식 500주가 새로 태어난 아들 빈센트 아이엘로 주니어의 생일 선물로 주어졌다. "경찰 서장이 신경 쓰는 것은 자기 가족뿐이야."

화면은 병원의 산부인과로 넘어간다. 여기서 의사 옷을 입은 네 일당은 신생아들을 섞어놓고, 펫시는 자신들이 옮겨놓을 '그 아기'의 침대 번호표를 챙긴다. 아이엘로 부부는 병원의 어느 병실에서 딸 6명과 함께 있다. "너희 딸들은 알아야 해. 이제부터 이 집에서 아빠 다음의 보스는 새로 태어난 아들이야." 그런데 아들 빈센트의 이름표가 붙어 있는 침대의 아기가 소녀라는 사실이 밝혀지자 상황은 엉망진창이 된다. 누들스는 뚱보 모의 바에서 경찰 서장에게 전화를 건다. 만약 서장이 파업 노동자들을 풀어주면, 어떤 번호의 침대에 아들이 들어있는지 알려주겠다고 말한다. 누들스가 전화를 내려놓자, 팻시는 그때 고백하는데, 너무 흥분하는 바람에 번호를 잊어버렸다는 것이다. 그러면서 그는 기억할 수 있겠다며, 짝수 번호가 남자 아기들 번호였으니…

제철소에서 대체 노동자들이 '경찰의 호위'를 받으며 나오자, 크라우닝은 크게 당황한다(자신의 중재력이 필요없게 될까봐). 독사 샐비와 원숭이 윌리에게도 마찬가지다(회사 또는 경찰이 자신들을 버릴까봐). 공장 밖에 있던 지미와 핏츠가 이끄는 파업 노동자들은 다시 공장 안으로 들어갈 준비를 한다. 지미는 노동자들에게 연설한다. "우리는 우리가 있어야 할 곳을 우리의 힘으로 쟁취한 사실에 자부심을 느낍니다." '네 명의 총사들'이 이곳에 도착한다. 누들스가 말한다. "지미는 모르는 모양이지?" 맥스가 답한다. "그는 분명히 알고 있어. 다른 노동자들이 알기를 원치 않는 것이지." 맥스와 다른 동료들이 지미의 파업자들과 합류할 때, 누들스는 밤의 데이트를 위해 여기서 빠져나온다. 그날 쇼의 피날레에서, 스타인 데보라를 지지하기 위해 모든 출연진이 무대 위에 서 있다. 누들스는 수석 웨이터처럼 빼입고, 무대로 통하는 문 앞에 있다. 그는 유대인 갱스터와 이탈리아 마피아에 대해 운전사와 뼈있는 농담을 주고받는다. 그 운전사도 유대인인데, 빌린 롤스로이스를 몰기 위해 고용됐다. 데보라가 극장 밖으로 나온다. "오래 기다렸어?" "평생토록."

롤스로이스는 이들을 바닷가의 호화로운 식당으로 데려

간다. 식당은 비수기여서 문을 닫았는데, 누들스를 위해 특별히 열었다. 텅 빈 실내는 화려하고 세속적인 장식으로 가득 차 있다. 누들스는 이런 곳이 낯설어 허둥대는데, 데보라는 어떻게 행동해야 하는지 잘 알고 있다. 누들스는 데보라가 '맥스처럼' 행동한다고 생각한다. 두 사람은 조용하고 짧은 왈츠를 춘다. 이들은 바닷가로 가서, 큰 페르시아 카펫 위에 앉는다. 데보라는 갑자기 다음 날이면 자신은 할리우드로 떠난다고 알린다. "이 말을 하려고, 나는 너를 만나야만 했어." 뉴욕 시내로 돌아오는 길에서, 누들스는 자신의 또 다른 천성에 사로잡힌다. 누들스는 절망과 고통의 복잡한 감정으로, 데보라를 잔혹하게 강간한다. 차는 끼익 소리를 내며 멈춘다. 누들스에게서 수치를 느낀 운전사는 데보라만 태운 뒤 떠나버린다. 누들스는 홀로 밤에 남는다. 52번가에 있는 주류 밀매점에서, 술에 취하고 머리도 헝클어진 누들스는 풍만한 이브를 만난다. 이브가 누들스의 마음을 풀어준다. 누들스는 이브에게 현금 1천 달러를 준다. 누들스는 이제 자신의 거주지가 된 호텔 방에서 이브를 데보라라고 여기며 침대에 누웠는데, 금방 정신을 잃어버린다. 그랜드 센트럴(Grand Central)역에서 우아하고 창백한 데보라가 막 커피를 마신 뒤, 플랫폼으로 걸어가고 있다. 어젯밤에 입었던 옷차림 그대로인 누들스는 객차 창문을 통해 그녀를 바라본다. 데보라는 창문의 커튼을 내린다. 그리고 누들스를 자신의 삶에서 영원히 잘라낸다.

뚱보 모의 사무실이다. 누들스는 맥스가 커다란 금박 의자 위에 앉아 있는 것을 본다. 다른 동료들은 그의 발아래에 함께 있다. 그곳에 캐롤도 있다. "이 의자는 왕좌였어. 루마니아의 왕." 맥스가 설명한다. 조합이 이들에게 갱들과의 전쟁 대가로 돈을 충분히 줬다는 사실이 알려진다. 그때 누들스는 휴가를 즐겼고, 그 자리에 없었다. 누들스는 동료들이 연락하지 않은 점을 섭섭하게 생각한다. 맥스가 답한다. "우리는 너를 찾았어. 코크아이가 너를 중국인들 집에서 발견했어. 너는 약을 너무 많이 하여 그를 알아보지도 못했어." 코크아이가 말한다. "너는 나를 데보라라고 불렀어." 누들스는 캐롤을 놀린다. 이제 맥스와 캐롤이 한 짝이 됐다는 사실에 역겨움을 느낀다. 맥스가 단호하게 반격한다. "나는 그녀에게 절대 엿 먹이지 않아. 알겠어!" 긴장감이 돌았으나, 누들스가 갑자기 큰 웃음을 터뜨리며 분위기가 누그러진다. 전화벨이 울리고, 캐롤은 아무 말 없이 자리를 뜬다. 지미의 전화인데, 그는 시내의 약국에서 전화했다. "오늘 밤에도 너희들 도움이 필요해." 검은색 차가 지미 옆으로 다가오고, 독사 샐비와 원숭이 윌리가 기관총을 난사한다.

크라우닝은 플라자 호텔에서 어떤 거부에게 최근 일어난 사건에 대해 보고한다(그는 자본가와 노동자의 다리 역할도 한다). 그리고 그는 샐비와 윌리의 경호를 받으며 자리를 뜬다. 그들이 59번가를 건널 때, 두 갱스터는 누들스와 맥스의 총에 맞는다(그들이 지미에게 총을 쏜 행위에 대한 복수). 어떤 병원의 입원실. 맥스 일당은 정치계의 샤키와 함께 노동자의 승리를 축하한다. 이들은 '미국 노동조합주의'(American unionism)의 새로운 리더가 된 지미 오도넬(다리에 깁스를 하고 있다)을 위해 축배를 든다. 샤키는 금주법이 곧 폐지될 것이라며, 이제 트럭 사업에 진출해야 한다고 제안한다. 전국적인 조직을 만들어 수백대의 트럭을 운용하고, 강력한 트럭 운전사 조합으로 이를 지지하면 된다는 것이다. 누들스는 별 관심을 보이지 않는다. "너는 죽을 때까지 남동부의 악취를 끼고 있어야 할 거야!" 맥스가 조롱한다. 누들스가 반격한다. "젠장 너는 어디서 자랐냐? 부촌 오이스터 베이(Oyster Bay)? 난 남동부의 악취가 좋아, 오랜 친구 맥스야."

정치계의 샤키는 맥스에게 누들스를 가리키며, 자신이 무거운 짐을 진 것 같다고 말한다. 누들스는 태양을 즐기기 위해 바캉스를 계획한다. 병원의 복도에서 누들스가 엘리베이터에 탈 때, 다른 엘리베이터에서 '마피아 보스' 프랭키가 내린다. 이브가 누들스의 엘리베이터에 탄다. 이들은 저녁에 포춘 호텔에서 만나기로 약속한다. 누들스는 그곳에서 레이스가 달린 10여 개의 브라를 이브에게 선물한다. 이브는 퉁명스럽게 자신의 브라를 누들스의 무릎 위에 떨어뜨린다. 그 브라에는 두 개의 큰 고무 패드가 들어 있다. "거짓말쟁이." 누들스는 이브와 침대로 가며 이렇게 말한다. 맥스는 호텔 룸 문을 발로 차며 들어간다. 그는 현란한 여름 양복을 입고, 낚시 도구를 들고 있다. 캐롤은 '눈부시게 하얀' 옷을 입고 맥스 옆에 서있다. 이들 네 명은 모두 해변으로 나갈 것처럼 보인다. 사람들이 아주 많은 마이애미 해변이다. 해변구조대원이 이들 네 명에게 다가와 털썩 앉더니, 모래에서 술 병 하나를 파낸다. 말하자면 이제 그들은 공공장소에서도 마실 수 있게 된 것이다. 신문의 헤드라인은 이렇다. "볼스테드 법(Vostead Act, 금주법) 폐지. 12월에 금주 시대 종식." 누들스가 말한다. "그렇게 됐군. 우리는 직장을 잃었어." 맥스가 화를 내며 말한다. "우리는 바쁘기 위해 다른 금지에 도전해야 해." 여성들이 돈 이야기를 하고 있을 때, 맥스는 모래 위에 맨해튼 5번가 18번지에 있는 연방준비은행을 그린다. "너 미쳤냐?" "그렇게 말하지 마, 누들스. 절대 그렇게 말하지 마."
화면은 1968년 요양소의 유리 현관 안이다. 캐롤이 긴 의자에 누워있다. 캐롤은 누들스가 오랜 세월이 지나 갑자기 여기 나타난 것은 이브에 관해 이야기하려는 것이라고 생각한다. "그녀가 얼마나 기다렸던지. 너는 절대 나타나지 않았지. 이브는 창문을 닫고, 문을 잠그고, 그 누구에게도 방해받는 걸 원치 않았어. 이브는 그곳에 늘 혼자 있었어. 작은 알약을 곁에 두고 말이야. 장례식에는 아무도 없었어. 나만 있었지." 두 사람은 위층으로 올라간다. 캐롤은 누들스에게 맥스를 죽게 한 것에 대한 '죄의식의 여행'인지 묻는다. 그리고는 비밀 하나를 이야기한다. 맥스는 죽기를 잘했다는 것이다. 그는 이미 매독을 앓고 있었다고 밝힌다. 만약 그가 미치지 않았다면, 얼마 못 가서 미쳤을 것이라고 말한다.

1933년 연방준비은행이다. 빌딩 청소부 복장을 한 맥스와 누들스는 토끼장 같은 내부를 샅샅이 살펴본다. 모든 곳에 경찰이 깔려 있다. "이건 자살 행위야." 누들스가 말한다. 뚱보 모의 가게에 돌아온 뒤, '기념비적인 의례'가 진행된다. 맥스는 왕좌에 앉고, 동료들은 그 옆에 선다. 맥스는 누들스가 너무 약해졌다고 비난한다. 누들스는 그를 마치 미친 사람 바라보듯, 그런 눈빛으로 바라본다. 누들스와 이브가 호텔로 돌아갈 때, 캐롤은 차를 길에 세우고, 누들스에게 타라고 말한다. 캐롤은 자신이 경찰에게 먼저 알릴지도 모른다고 누들스에게 말한다. 그리고 누들스에게, 맥스가 그 계획을 잊어버릴 정도로 오래 감옥 안에 있도록 해달라고 요청한다. 맥스는 누들스가 자신을 밀고할 수 있다는 점을 생각했다는 것이다. "그는 너를 철저하게 다 알아."

뚱보 모의 주류 밀매점이다. 누들스는 이브에게 '우리의 마지막 선적'을 위해 나간다고 말한다. 금주법 폐지 전의 마지막 일이라는 것이다. 이브는 기다린다고 답한다. 누들스가 말한다. "오늘 밤에 돌아오지 않을 거야. 아마 내일도. 하지만 네가 기다려주면 좋겠어." 맥스의 일당들이 움직이기 시작하자, 맥스는 뚱보 모 가게의 종말에 대한 건배를 제안한다. 그리고 동료들과 함께 "우리의 마지막 선적을 위해"라면서 건배한다. 마음이 약간 울적한 누들스는 잔을 들고, 자신의 사무실로 향한다. 그리고 22번가 관할 경찰서로 전화한다. 누들스의 제보가 끝났을 때, 맥스가 그 사무실로 들어온다. 맥스는 누들스를 놀린다. "너는 더 이상 배짱이 없어지니, 엄청난 술고래가 됐어." "맥스, 너는 정말 미쳤어." 맥스는 자신의 권총 아랫부분을 들어, 누들스의 머리 위로 제법 강하게 친다.

다시 1968년. 요양소의 캐롤 침실이다. 날이 점점 어두워지고 있다. 캐롤은 맥스가 진짜 죽기를 원했다고 누들스에게 말한다. "그는 오두막집 같은 곳에서 삶을 끝내고 싶어하지 않았어. 그는 손에 총을 들고, 일을 하는 중에 죽기를 바랬지. 그래서 그는 우리들이 그를 고발하기를 은근히 원했던 거야." "그러면 팻시와 코크아이는 어떻게 되는 거야?" 누들스가 묻는다. "맥스는 그들에 대해 전혀 신경 쓰지 않았어. 하지만 네가 그런 자살 행위에 개입하는 것은 원치 않았어." '자살'이라는 단어가 들릴 때, 화면은 1968년 클레오파트라를 연기하는 데보라로 컷 된다. 데보라는 셰익스피어 비극의 죽음 장면을 연기하고 있다. 누들스는 공연이 끝난 뒤, 분장실에 있는 데보라를 방문한다. 그녀는 여전히 분장을 하고 있는데, 그건 마치 가부키 연극의 가면 같다. "극 중에 나오는 '나이는 그녀를 시들게 하지 못해'라는 대사는 너를 위해 쓴 것 같았어." 데보라는 분장을 지우기 시작하고, 누들스는 다음 날 롱 아일랜드에 있는 베일리 상원의 집에서 열리는 파티의 초대에 자신이 응해야 하는 지를 데보라에게 묻는다. 누들스는 데보라가 베일리 상원을 알고 있다고 생각한다. 이름이 데이비드인 청년이 분장실 문을 노크한다. 데보라가 대답한다. "아직 준비가 안 됐어. 밖에서 기다려." 데보라는 베일리 상원에 관련된 이야기는 하지 않으려고 한다. 누들스가 말한다. "왜 너는 네가 그의 정부라고 나에게 솔직히 말하지 않냐? 너는 그와 이미 15년 이상 함께 살았잖아?" 데보라가 답한다. "너와 나는 몇 개의 기억을 갖고 있지. 만약 네가 그 파티에 간다면, 너는 그 기억을 더 이상 갖지 못할 거야." 누들스가 분장실에서 나올 때, 그는 클레오파트라의 권좌에서 맥스의 이미지를 본다. "청년은 35년 전의 맥스 같네. 그의 금발 머리가 어깨까지 내려온 것만 달라." "청년은 베일리 상원의 아들이야. 그도 데이비드야. 너처럼." 하지만 그 청년이 데보라의 아들인지는 분명해 보이지 않는다.

상원의원, 곧 맥스(지난 세월 동안 누들스보다 더 많이 변했다)는 바다 쪽에 있는 정교한 정원의 창문을 통해 파티를 살펴보고 있다. 파티 참석자들은 '엄청난 부자'(맥스)와 어울린다는 사실에 대단한 만족감을 느낀다. 그들 중에 데보라와 데이비드도 있다. 맥스는 방향을 돌려, 오크나무 벽 장식이 된 서재로 들어간다. 지미 오도넬이 안락의자에 앉아 있다. 걸음 보조용 지팡이가 그의 곁에 있다. 벽을 가득 채운 TV 모니터를 통해 맥스는 파티가 어떻게 진행되고 있는지 알 수 있다. 지미도 FBI의 조사를 받고 있는데, 허세 섞인 동작으로 맥스에게 인사한다. 맥스는 지미의 노동조합이 자신을 날리려고 한다고 비난한다. 지미가 답한다. "우리가 원하는 것은 연금 펀드에서 3천만 달러를 돌려 달라는 것뿐이야." 맥스는 단호하게 반박한다. 그는 25년 동안 조합의 돈을 투자했다는 것이다. 지미는 바로 맥스를 비난한다. 맥스가 '미친 아프리카의 황제와 자신의 인형극'에 투자하는 바람에 막심한 손해를 봤다는 것이다. 맥스는 지미의 멱살을 거머쥔다. 조합장인 지미가 묻는다. "너는 늙은 장애자를 때리지는 않겠지. 그렇지? 너의 품위 넘치는 손님들 중에 아마도 너를 궁지에서 구할 수 있는 사람이 있을 거야. 맥스."

지미가 떠난 뒤, 누들스는 집사의 안내를 받아 맥스의 서재로 들어온다. 누들스는 긴 가죽 소파에 앉는다. 그리고 맥스를 계속 '미스터 베일리'라고 부른다. 맥스는 기차역의 트렁크와 다음 일을 위해 받았던 선금에 대해 이야기한다. 누들스가 말한다. "미스터 베일리. 나는 손에 총을 갖고 있지 않아요. 이런 상황이 얼마나 오래 됐는지도 모릅니다. 나의 눈도 과거의 그것이 아닙니다. 안경을 껴도 별 소용없어요." 맥스가 참지 못하고 끼어든다. "코미디 집어치워, 누들스. 나는 너도 알 듯이 이미 죽은 사람이야. 조사위원회에 가더라도 이 말은 하지 않을 거야. 너를 여기 오게 한 것은 다른 일 때문이야. 우리 사이의 승부를 무승부로 만들기 위해서지."

맥스는 테이블의 유리 표면 위로, 총 한 자루를 누들스 앞에 내놓는다. 누들스는 그 총을 바라본다. 아무것도 아닌 듯, 혹은 저 깊은 향수와 회한으로 가득 찬 마음으로 바라본다. 행복한 이미지가 마치 꽃처럼 피워 오른다. 코크아이의 팬파이프 소리가 들린다. 맥스는 마차를 타고 도착한다. 맥스와 누들스는 놀이 공원의 대회전 관람차에 앉아 있다. 맥스는 로우어 뉴욕 베이(Lower New York Bay)에서 수많은 색깔의 튜브 위로 다이빙한다. 그러자 알아볼 수 없을 정도로 형태가 일그러진 시체가 눈이 내린 인도 쪽에 놓여 있다. 누들스는 고개를 다시 든다. "미스터 베일리. 나는 당신이 무슨 말을 하는지 모르겠어요. 당신은 나에게 빚진 게 없어요." 맥스가 답한다. "나는 너에게서 너의 삶 전체를 빼앗었어. 나는 너의 자리에서 살아왔던 거야. 나는 너의 모든 것, 너의 돈과 여자까지 빼앗었어. 너는 무엇을 기다리고 있지?" 누들스가 말한다. "거기에는 나의 이야기도 있지요. 오래전에 나는 밀고를 하여 나의 친구를 구하려고 했어요. 그는 아주 친한 친구였어요. 그런데 상황이 그와 나에게 아주 안 좋게 진행되고 말았지요." 누들스는 나무로 만든 작은 비밀 문을 연다(누들스는 전 생애에 걸쳐 항상 그런 문 옆에 남았었다). 누들스가 말한다. "위원회의 조사가 당신에게 좋게 되길 희망합니다. 안녕히 계세요, 미스터 베일리."

상원의원 저택 근처의 길이다. 거대한 쓰레기 트럭이 시동을 건다. 누들스는 어떤 사람이 정장 차림을 하고 인도에 있는 것을 본다. '그는 맥스처럼 보인다.' 트럭이 누들스 옆을 지나갈 때, 그 남자는 사라진다. 그는 마치 밤 속으로 없어진 것 같다. 트럭의 뒤쪽에, 커다란 구멍이 입을 벌리고 있고, 이빨 같은 장치가 트럭의 속도에 맞춰 천천히 쓰레기들을 갈고 있다. 누들스가 볼 수 있는 것은 오직 트럭 뒤쪽의 두 개의 빨간 등이다. 두 개의 빨간 미등이 오래된 포드의 헤드라이트로 바뀐다. 파티에 갔다 온 사람들이 1930년대 초반의 옷을 입고 있다. 같은 브랜드의 자동차 두 대가 누들스 옆으로 지나간다. 술에 취한 사람들이 다락방에서 발견했을 오래된 옷을 인형처럼 입고 있다. 맨 뒤쪽에 있던 차에서, 어떤 여성이 술병 하나를 차창 밖으로 던진다. 누들스는 점점 소리가 커지는 음악, 나팔소리, 목소리를 듣는다. 화면은 1933년 12월 3일, 뉴욕의 차이나타운이다. 금주법 시대의 밤은 끝나가고, 길에는 술에 취해 미친 듯 홍청대는 사람들로 넘친다. 면도하지 않은 누들스가 신문을 들고 있다. 그 신문은 친구들의 죽음을 보도하고 있다. 누들스는 아편 소굴로 숨어 들어

> 간다. 그림자 인형극을 하는 극장을 가로질러 걷는다. 극장의 흰색 스크린에서는 선과 악을 상징하는 라마(Rama)와 라바나(Ravana)가 투쟁을 벌이고 있다. 아편 소굴의 위층에서 누들스는 긴 파이프를 이용하여 한 모금의 아편을 폐 깊숙이 빨아들인다. 아편 연기는 독하고, 친절하고, 깨끗하다. 그것은 기억과 갈등과 실수들을, 그리고 특히 시간을 지워버린다.

'원스 어폰 어 타임 인 아메리카'는 보다시피 정말로 긴 영화가 될 것 같았다. 시간과 공간에 대한 레오네의 상상력을 마음껏 펼쳐 놓았다. 게다가 이 영화는 전개될 시퀀스를 고려할 때, 아주 비쌀 것 같았다. 그리고 만약 관객들이 탐구하고 싶은 주인공을 기대한다면, 그건 어떤 놀라움이 될 것인데, 왜냐면 이 영화의 주인공은 바로 시간 자체이기 때문이다. 죄의식은 복수보다 더 중요하고, 성찰적인 태도는 이제 나약함의 신호가 아니며, 레오네의 영화에서 처음으로 사람 관계가 대단히 중요했고, 폭력은 처참했다. 이 영화는 드디어 '개인적인 작품'이 됐으며, 이건 15년 동안 이어진 감성적 투자의 결과였다. 그런데 제작자 알베르토 그리말디는 시나리오를 읽자마자 레오네에게 긴 편지를 썼다. 그가 보기에 문제가 될 것들의 목록을 작성했다. "너무 길고(상영시간이 다섯 시간이 될 것), 미국의 배급업자들은 강력하게 두 시간으로 줄일 것이며, 주인공 누들스는 미국 관객들에게 지나치게 부정적인 캐릭터다.

그는 여성을 강간하고, 이유 없이 사람을 죽인다. 이런 행위는 수용되기 어려울 것이다. 따라서 시나리오는 재작업이 돼야 한다. 그렇지 않으면 나는 제작하지 않겠다."[59)]

1981년 10월에 완성된 시나리오는 원래 소설에 있던 내용을 기반으로, 여러 흥미로운 방법을 동원하여 시작한다. 섹스 표현이 더 많고, 누들스의 수감 기간은 18개월이 아니라 9년이 되며, 로우어 뉴욕 베이 장면은 완전히 새롭게 꾸며졌다. 지하철역의 물품 보관함이 네 개의 트렁크 속에 들어 있는 네 개의 금고를 대신했다. 전반부에 해당하는 시간은 1913년~1933년에서 1922년~1933년으로 바뀌었다. 카지노 이야기는 뺐고, 엘리베이터 노동자는 금속 노동자가 됐다. 작가 프랑코 페리니는 산부인과 병동 시퀀스에 코미디를 추가했다. 시간의 이동에 대한 시각적 암시는 메시지를 담는 것이라고 미술감독에게 요구됐고, 그것은 상당히 디테일하게 표현됐다. 시각적 암시는 여러 경우에서 대사보다 더욱 중요했다. 시나리오에서는 사회학적 배경이 소설보다 더욱 강조됐다. 하지만 실제 범죄자들(특히 프랭크 코스텔로)에 대한 모든 참조는 잘라냈다. 왜냐면 레오네는 배우가 역사적으로 유명한 인물을 연기하면, 마치 밀랍인형처럼 된다고 믿었기 때문이었다. 그것은 관객들의 집중력을 떨어뜨리고, 캐릭터와 동일시하는 데도 방해가 된다고 보았다. 누들스의 동성애 혐오증(소설에는 강하게 드러나 있다. 특히 루크 터키 목욕탕과 에덴 가든 클럽 장면에서 두드러진다. 클럽의 매니저는 뮤직홀의 기이한 퀸이다)은 맥스의 반복적인 표현으로 굳어져 있다. 맥스는 '엉덩이를 제대로 당했네'(getting it right up the ass)라고 자주 말한다. 소년 시절 장면들은 레오네 자신의 트라스테베레의 경험, 특히 미완성 시나리오 '글로리오조 거리'(Viale Glorioso)에 대한 기억을 포함하고 있다. 영화에서 가장 아름다운 장면, 곧 데보라가 누들스를 '아가'(The Song of Songs)를 통해 받아들이는 장면은 새로 첨가됐다. 하지만 1922년~1933년과 관련된 부분의 주요 시나리오는 대부분 소설 〈후드〉의 아이디어에서 끌어낸 것이다. 덧붙여 시나리오는 시간을 바꾸고, '기억'을 전면화하고, 전체 이야기와 누들스와의 관계를 더욱 강조하고 있다. 소설과 가장 다른 점은 미국 역사에 대한 표면적인 참조를 모두 지운 것이다.

이런 것 이외에, 해리 그레이가 무의식적으로 영화의 상투적인 장면을 재작업한 것은 2차대전 이전 시대 할리우드에 대한 최상의 오마주였다. 레오네가 말한 대로, 그것은 '일종의 영화'였고, 그를 '매혹'했다. 시나리오 작가들은 스토리의 현대 부분(누들스가 돌아왔을 때) 전체를 마치 오손 웰스의 '시민 케인'을 갱스터 서사극으로 들려주듯 구성했다. 누들스는 자신의 로즈버드(Rosebud)를 찾아 나선다. 곧 맥스가 살아 있다는 사실을 밝히는 상징적인 물건인 금시계, 그리고 열쇠와 약간 부서지고 열려 있는 옛 트렁크 같은 소년 시절의 물건들을 찾는다. 누들스는 '시민 케인'의 경험 많은 취재 기자처럼 증거들을 모은다. 노인들의 휴양소에 있는 심하게 초라한 주거지('시민 케인'의 제드 릴랜드 같은 캐롤)에서 출발하여, 충성스럽고 자신을 낮추는 조력자(번스타인 같은 뚱보 모), 보드빌 극장 출신 가수에서 고전 극장 배우가 된 여성(수전 알렉산더 같은 데보라), 자신의 잔인한 방식 때문에 사람들로부터 고립된 억만장자의 미국인 거부(찰스 포스터 케인 같은 베일리 상원)를 찾아간다. 거대한 묘지는 '시민 케인'의 대처 기념 도서관을 닮아 있다. 그리고 역시 '시민 케인'처럼, 플로리다에서의 피크닉이 있고, 결정적인 플래시백은 흰 눈에서 전개된다. 시나리오는 '시민 케인'처럼, 그림 조각 퍼즐을 맞추듯 구성돼 있다. 그리고 1922년~1933년 부분에서는 다른 인용들이 들어 있다. 막스 브라더스(영안실에서 그라우초 막스에 대한 플래시백), 셜리 템플(데보라의 춤), 찰리 채플린의 '키드'(러시안 샬럿 케이크 먹기), 버스비 버클리(뮤지컬 극장에서의 데보라의 무대 공연), 그리고 루돌프 발렌티노('네 기수의 묵시록') 등이다. 레오네는 누들스라는 캐릭터는 "이름이 발렌티노인 어느 수의사의 아들과 매우 닮은 인물"이라고 주장하곤 했다. 그리고 "어떤 영화에서 봤는데, 갱스터들이 발렌티노의 팬들로부터 아무 방해도 받지 않고, 보석을 훔치는 장면이 있었다."라고 말하곤 했다.[60)]

그런데 가장 중요한 인용은 넓은 의미에서 '갱스터 무비'에 포함되는 영화에서 시작됐다. 곧 D. W. 그리피스의 '피그 엘리의 총잡이'(The Musketeers of Pig Alley, 1912)에서 시작하여, 프리츠 랑의 '빅 히트'(The Big Heat, 1953)까지 걸쳐 있다. 곧 첫 세대의 외로운 늑대 무법자부터 시작하여, 거대한 사업과 조직을 가진 갱스터까지 이어진다. 레오네는 갱스터 장르를 찬양하는 것이 아니다. 또 매장하는 것도 아니다. 그는 누들스의 머릿속에 계속 B급 영화를 틀어 놓으려고 했다. 그 영화들이 현대 부분 누들스의 혼란스러운 실존에 형태와 의미를 부여하기 때문이다. 동시에 레오네는 자신의 문화적 기억에도 흠뻑 빠져 있다. '갱스터 영화'의 중요한 내러티브 장치가 여기서 분명히 드러난다. 하지만 이것은 '영광 없는 갱스터의 이야기'이다. 그래서 중심인물인 누들스는 몽유병 환자처럼 표류한다. 그림자 인형극 '라마야나'(Ramayana)가 공연될 때, 이때의 프레임은 이러한 인용들을 신화 자체에 대한 탐구의 맥락 속에 위치시킬 것이다. 그럼으로써 일상의 모순과 복잡함을 명상하게 하고, 그것이 가져올 수 있는 안정감을 누들스가 얼마나 원했는지 알게 한다. 어떤 의미에서 장르의 덫을 씌우는 것은 책략일 수 있다. 레오네는 애석해하며 이런 지적을 했다. "이것은 갱스터에 관한 영화가 아니다. 이것은 어떤 시대에 대한 향수, 영화의 어떤 타입, 그리고 문학의 어떤 타입에 관한 영화이다."[61)]

그래도 이 영화에는 분명한 '인용들'이 여럿 들어 있다. 중국식 극장('상하이에서 온 여인'/The Lady from Shanghai, 1948)부터 계약 살인('킬러스'/The Killers, 1946), 어린 시절 살던 곳을 방문하는 갱스터('더럽혀진 얼굴의 천사'/Angels with Dirty Faces, 1938. '데드 엔드'/Dead End, 1937)까지. 그리고 무정부 같은 어린 시절에 대해 향수를 느끼는 한 명의 주인공('하이 시에라'/High Sierra,

1941), 점점 더 과대망상 환자로 변하는 주인공('화이트 히트'/White Heat, 1949), 노동조합과 정치라는 새로운 복잡한 세상과 마주하기('총알인가 투표인가'/Bullets or Ballots, 1936) 등이다. 그리고 지하철역에서의 트렁크는 '도시의 눈물'(Cry of the City, 1948)과 '킬링'(The Killing, 1956)을 떠오르게 한다. 누들스와 데보라의 관계는 '포효하는 20년대'(The Roaring Twenties, 1939)에 나오는 에디 바트렛과 진 셔먼의 관계와 닮았다. 노인 누들스가 롱아일랜드에 있는 베일리 상원의원의 파티에 도착하는 것은 '빅 히트'(The Big Heat)에서 형사 밴니언이 조직범죄단 두목인 마이크 래가나의 거대한 저택에 도착하는 것을 비추는 것 같다. 아기를 바꿔 치기 하는 것("우리는 전능한 신 같아.")은 1930년대의 '도덕' 테마 갱스터 영화들과 공명한다. 그때는 선천성이든 후천성이든 갱스터 숭배에 대한 유행이 폭발했다. 충분히 자랐음에도 자기 성기에 집착하는 소년들처럼 행동하는 갱들의 여성 혐오증은 이 장르의 오래된 전통이다. 톰 파워스는 포도를 키티의 얼굴에 문질러버리고('공공의 적'/The Public Enemy, 1931), '빅 히트'에서 빈스는 커피 끓이는 도구를 데비의 얼굴에 붓는다. '너희의 장정은 칼에 쓰러질 것이다.' 같은 문장은 '리틀 시저'(Little Caesar, 1930)의 도입부에 나오는 문장을 변주한 것이다. 이렇게 적혀 있다. '칼을 빼앗은 자는 칼에 의해 멸망할 것이다.'(마태복음 25장 52절). 이런 식으로 더 이어질 수 있을 것이다.

하지만 '원스 어폰 어 타임 인 아메리카'는 상상 부분을 제외하면, 가난했지만 부자가 되는 일반적인 갱스터 이야기, 혹은 카리스마 넘친 액션맨을 다루려고 하지 않았다. 이 영화는 자신의 인생에서 의미를 찾으려는 누들스에게 초점이 맞춰 있다. 그래서 누들스가 기억의 조각들을 모으고, 그것들을 조각 맞추기 퍼즐을 풀 듯 연결한다. 그리고 그가 그 일에 어떻게 실패하는지 보여준다. 스토리는 마치 기억이 그러하듯, 과감하게 시간을 뛰어넘고, 급격하게 시간 이동을 한다. 바로 그 점을 레오네는 시나리오 작가들에게 강조하여 요구했다. 유대인 작가 아이작 바셰비스 싱어(Isaac Bashevis Singer)의 소설에 나오는 작은 소녀가 자신은 '그리고 갑자기'라고 말하는 이야기를 좋아한다는 것처럼, 이 영화도 스토리가 급변한다. 기차 위에 있던 1933년의 포드 자동차는 1968년의 분홍색 터키색이 섞인 에메랄드 녹색의 차로 바뀐다. 1968년 뚱보 모의 식당 뒤에 있는 벽의 구멍을 통해 바라보는 늙은 누들스는 1923년 데보라를 훔쳐보는 어린 누들스로 바뀐다. 1924년 감옥의 문 위에 적힌 문장은 1968년 리버스데일 공동묘지의 큰 무덤 위에 적힌 문장으로 이어진다. 1968년 고가 철도를 떠받치는 시멘트 다리 아래서 플라스틱 원반을 머리 숙여 피하던 누들스 장면은 1933년 6월 교도소 밖에서 그를 기다리는 맥스의 장면으로 바뀐다. 1934년 캐나다 호수에서의 모터보트와 모래 파기 증기선 장면은 1968년 롱아일랜드 저택 바깥의 폭발하듯 달리는 모터보트와 쓰레기 트럭 장면으로 바뀐다. 노인 봅 호프의 영화를 보여주는 TV 장면은 1932년 금속노동자 파업에서의 공연물에 대한 조합의 반응으로 바뀐다. 1933년 마이애미 비치는 1968년 노인들의 요양소 현관으로, 위층의 침실은 1933년 연방준비은행으로, 뚱보 모의 주류 밀매점에 있는 누들스의 개인 사무실은 1968년 노인들의 요양소로 이어진다. 그곳에서 '자살'이라는 단어 위로 화면은 〈안토니오와 클레오파트라〉의 연극 공연으로 이어진다. 베일리 상원의 오크나무 장식 사무실은 1923년 로우어 이스트 사이드로, 또 코니 아일랜드로, 그리고 1933년 뉴욕의 웨스트체스터 거리로 이어진 뒤, 1968년의 사무실로 다시 돌아와 연결된다. 쓰레기 트럭은 금주법 종말을 축하하는 화려한 난교 파티로, 또 처음이 영화의 이야기가 시작되는 아편 소굴로 이어진다. 그곳에서 누들스는 자신의 배신 행위 자체가 기억의 환영 속에 있음을 알게 된다.

누들스의 배신과 아편 소굴로의 피신은 항상 이야기의 중심이었다. 1981년 시나리오에 따르면, 영화의 전체 이야기는 누들스의 머릿속에서만 벌어질 가능성이 분명히 들어 있다. 그렇다면 1933년에 있던 사람들 가운데 소수만이 1968년에 등장하는 이유가 설명될 수 있다. 또 누들스가 미래에 관계를 맺는 사람들이 단지 과거에 아는 사람들뿐이라는 것도 설명될 수 있다. 말하자면 괘종 시계가 멈췄을 때, 모든 시간이 정지한 것 같다. 그 시간은 열쇠를 다시 가져온 사람에 의해서만 작동한다. 그런데 만약 1968년 시퀀스가 모두 누들스의 상상의 산물이라면, TV, 자동차들, 하이테크 무덤 같은 것이 어떻게 설명될 수 있나? 모호함이 끼어 있는데, 여기엔 존 부어맨의 '포인트 블랭크'(Point Blank, 1967)에서 표현한 회상이 느껴진다. 이 영화는 워커(리 마빈)의 복수 이야기다. 그런데 그 이야기는 사막 같은 알카트라즈에 죽어 있는 워커의 소원 성취에 대한 꿈일 수 있다. 부어맨 영화의 팬인 레오네는 그런 해석을 옹호했다. "아편은 미래에 대한 환영을 만들 수 있다. 나로서는 누들스가 1933년을 절대 떠나지 않은 게 가능하다고 본다." 레오네는 더 상세하게 설명했다. "이 영화는 플래시백에서 종결되는 최초의 작품일 수 있다. 모든 게 상상의 여행이 되는 것이다." 비평가들이 어떤 주장을 내놓든, 레오네는 그 의견을 격하하지는 않을 것이다. "이 영화는 두 가지의 다른 읽기를 제공하고 있다. 나는 여기서는 이렇게 말하고 저기서는 부정하기도 한다. 그런데 1933년에 누들스는 도덕적으로 또 실질적으로 죽은 것은 분명하다."[62]

만약 이런 읽기가 맞는다면, 스토리는 완벽히 순환 구조이고, 영화적 경험에서 볼 때도 자기 반영적이다. 다시 말해 이 영화는 레오네의 이전 영화의 일부 이미지와 테마를 포함하고 있다. 이런 것들이다. 공동묘지(이번에도 파헤쳐진다. 곧 기억의 또 다른 상징), 시체를 넣는 관, 스톱워치, 유다의 인용, 두 남자 친구 사이의 우정과 배신, 아이의 죽음, 악기를 연주하는 캐릭터, 모래에 은행을 그리기('석양의 건맨'에서의 엘 파소에 대한 인디오의 그림), 한탕을 위한 일생의 야망('석양의 갱들'에서의 후안과 메사 베르데 은행), 주요 인물들이 화면에 등장하는 방식에 대한 강조(누들스는 늘 옆문을 좋아하고, 맥스는 정문을 통해 직행하고, 입구는 보통 지연된 등장을 예시한다), 슬로건과 경구의 반복, 도입부에서의 기차의 도착 등이다. 누들스가 빗속에서 죽은 동료들을 바라보는 장면은 '석양의 갱들'에서 숀이 총살형 집행부대를 바라보는 장면을 닮았다. 또 '옛날 옛적 서부에서'에 등장하는 대화를 반향하는 부분도 들어있다. "너는 이제 나이 든 장애자를 치지는 않겠지. 그렇지?" 1968년 장면에서 노조위원장 출신 지미가 묻는 말이다(지미는 실제의 노조위원장 지미 호파를 인용했다. 호파는 그의 집 바깥에서 이상한 쓰레기 트럭이 보인 며칠 뒤, 신기하게도 사라졌다). 지미의 대사는 철도 재벌 모튼 씨가 '옛날 옛적 서부에서' 프랭크(헨리 폰다)에게 한 말 그대로이다. 그리고 프랭크가 모든 것을 정산하기 전에 하모니카에게 전했던 고별사도 참조된다. 맥스는 누들스에게 이렇게 말한다. "나는 모든 것을 빼앗었어. 너의 돈, 너의 여자. 넌 무엇을 기다리고 있지?" 누들스를 갱스터로 만든 모든 것이 맥스에 의해 사라졌다. 하지만 이번에는 죽음의 시간이 다가왔지만, 결투의 정산은 하지 않을 것이다(누들스는 늘 불편한 정면충돌 같은 게 있을 때면 '수영하러 가자'며 피하곤 했다). 그렇게 상징적인 영웅과 악당도 없을 것이며, 폭력 때문에 생긴 정서적 갈등의 해결도 없을 것이다. 맥스가 누들스에게 권총을 주려고 할 때, 누들스는 그 총을 거절한다. 레오네가 말했다. "당신은 당신의 기억을 죽일 수는 없다." 이 영화의 이야기는 어떤 지연에 관한 것이다. 즉각적인 대답의 지연, 인물들에 관한 판단의 지연, 종결부에서도 끝내 오지 않는 만족에 대한 지연 말이다.

맥스가 쓰레기 트럭으로 투신했는지는 그 장면이 끝난 뒤에도 분명하게 밝혀지지 않는다. 길옆에서 정장 옷을 입고 서 있던 사람은 '맥스로 보이는 남자'이다. 레오네는 모호성에 대해 이렇게 말했다. "그것이 맥스가 건설한 세상인데, 마땅히 현대 미국의 쓰레기통으로 버려져야 한다. 그건 이제 한 개인의 문제가 아니다." 이런 말도 했다. "친구들이 모두 죽은 뒤, 자신이 보기를 원했던 모든 것과 함께 사는 사람은 누들스일 것이다. 이것이 모호한 엔딩에 대한 하나의 이유이다. 사라진 사람은 결단코 맥스가 아니다. 그냥 누군가가 사라졌다. 누들스에게는 그 누군가가 맥스이다."[63)]

따라서 현대 미국에 대한 이 영화의 이미지는 절대 실현될 수 없는 꿈 가운데 하나일 것이다. 서부의 약속은 이제 과거의 일이 됐다. 이제 고위직에서의 부패, 절망, 한 개인이 차이를 만들어내는 것의 불가능성 등이 남아 있다. 누들스는 대부분 시간을 단지 바라보는 것으로 보낸다. 레오네가 이렇게 덧붙였다. "해리 그레이 같은 사람은 모든 것을 술집의 창문을 통해 바라보는 것 같았다. 미국은 그의 옆으로 흘러간다. 미국을 만져보거나 변화시킬 그 어떤 가능성도 남겨놓지 않은 채 말이다."[64)]

음악도 전체적으로 멜랑콜리한 분위기에 맞춰 이전과는 다른 역할을 맡았다. 촬영 스크립트를 보면, 음악 테마에 대한 언급이 분명히 명시돼 있다. 하지만 세르지오 레오네는 자신이 원하는 특별한 멜로디에 대해 강력한 비전을 갖고 있었다. 그것은 해리 그레이와 전혀 관계없고, 전기적 소설의 내용과도 관계없다. "나는 그때 다른 음악을 엔니오 모리코네에게 요구했다. 우리는 그 시대의 음악인 '아마폴라'로 시작했다. 그리고 나는 이에 덧붙여 몇 개의 뮤지컬 테마를 사용하길 원했다. 곧 어빙 벌린의 '신이여, 미국을 찬양하소서'(God Bless America), 콜 포터의 '밤과 낮'(Night and Day), 그리고 조지 거슈인의 '섬머타임'(Summertime)이었다. 모리코네의 자작곡에 덧붙여, 이런 '신화적'인 멜로디가 나와서, 그 시대를 만들어냈다. 그리고 현대 부분을 위해 나는 존 레넌과 폴 매카트니의 '예스터데이'를 선택했다. 이런 음악들은 나의 머릿속에서, 그리고 아마도 현실에서도, 향수에 관한 명료한 형태였다. 나에겐 그런 음악들은 감성적인 기초였다."[65)]

어빙 벌린의 '신이여, 미국을 찬양하소서'는 1918년 제1차 세계대전의 종전을 축하하기 위해 작곡됐다. 하지만 이 곡은 1938년 휴전기념일에 가수 케이트 스미스(Kate Smith)가 라이브로 부른 게 녹음되기 전에는 대중들의 노래가 되지 못했다. 그렇다면 엄격히 말해, 1933년 12월 금주법의 폐지를 축하하기 위한 이 노래의 삽입은 약간 시대에 맞지 않는 셈이다. 하지만 이 노래에는 이민자들의 소원 같은 내용이 들어있고, 레오네는 그 내용을 반어법적으로 사용하길 원했다. 1965년 비틀스가 녹음한 '예스터데이'는 아마 음악 역사상 가장 커버가 많이 된 곡일 텐데, 1968년 부분의 첫 시퀀스와 연결하기 위해 사용됐다. 이 곡은 약간 무작(muzak, 공항 같은 곳에서 들을 수 있는 음악들)처럼 편곡됐다. '예스터데이'는 롱아일랜드 파티에서 누들스가 베일리 상원의원과 극적인 토론을 할 때, 다시 이용됐다.

레오네는 '원스 어폰 어 타임 인 아메리카'의 음악에 대해서는 '석양의 갱들' 제작이 끝나자마자 바로 작업을 시작했다. 음악은 대략 1975년과 1976년 사이에 완성됐다. 영화 촬영이 개시되기 무려 7년 전이었다. 이런 기록은 드물 것이다. 레오네가 '황야의 무법자' 음악을 위해 '데구에요' 테마를 들고 모리코네를 찾아온 이후, 모리코네는 항상 다른 사람이 '발견한 작품'에 대해서는 대단히 조심했다. 이번 경우에 대해서는 카를라 레오네가 확인해줬는데, "테마곡 '아마폴라'는 세르지오가 선택한 것"이었다. 원래 이 곡은 스페인 작곡가 호세 라카예(José Lacalle)의 작품이다. 영어 가사는 앨버트 갬스(Albert Gamse)가 썼고, 이 곡은 1924년 최고의 히트곡 가운데 하나였다. 1930년대에 유행한 레코드 버전은 지미 도시(Jimmy Dorsey)가 편곡했다. 아마 레오네는 '아마폴라'를 1971년 마이클 니콜스 감독의 '애정과 욕망'(Carnal Knowledge)의 사운드트랙에서 듣고, 알게 됐을 것이다. 시나리오 작가 쥘 파이퍼(Jules Feiffer)는 도입부에서 '40년대의 댄스 음악'을 넣어 달라고 요구했다. 마이클 니콜스는 알 두빈(Al Dubin)과 해리 워렌(Harry Warren)이 편곡한 '아마폴라' 버전을 이용했다. 1989년 모리코네는 이렇게 말했다. "내 생각에 이번 경우에 레오네의 선택은 아주 적절했다. 이 영화는 역사적 참조점을 필요로 했다. 그래서 이 곡 또는 다른 유명한 곡이라도 정확한 날짜와 사건에 조응해야 했다."[66] 영화가 개봉된 뒤, '아마폴라'는 팝 오페라의 레퍼토리로 다시 유행했다. 그리고 이 노래는 1990년 7월, 로마의 카라칼라 목욕탕에서 '쓰리 테너'(Three Tenors)가 마지막 메들리를 부를 때 어떤 정점에 이르렀다.

'아마폴라'가 처음 들리는 것은 1924년 버전인데, 데보라의 축음기를 통해서였다. 그리고 이후에는 누들스가 밤의 데이트를 즐길 때, 바닷가 식당 오케스트라를 통해 연주되는데, 이때는 현악 부분이 대단히 화려하게 편곡돼 있다. '아마폴라'의 주제음은 모리코네가 작곡한 '데보라의 테마'에도 섞여 있다. 이때는 A 장조에서 E 장조로 편곡됐다. 마치 두 개의 음악이 누들스의 머리에서 섞이듯 말이다. '발견한 음악'은 스크린에서 그 원천(축음기)을 보여주어, 서사 속의 실제 시간과 조응하게 했다. 이런 식으로 '코크아이의 노래'는 소년들이 들랜시 거리를 으스대며 걸을 때 팬파이프로 연주되는데, 이 곡은 모리코네에 의해, 소년들의 인종적 공동체를 드러내려고 유대인적인 테마로 덧붙여진다. 이것은 레오네의 초기 영화에 나왔던 '교차 참조'(cross-referencing)가 발전한 것이다. 모리코네가 말했다. "음악의 구축은 두 개의 음악을 우리가 의식적으로 혼합하면서 만들어진다. 그래서 일부는 주어진 시대의 실제적인 음악에서 나오고, 또 일부는 특별히 작곡된 것에서 나온다. 예를 들어 1920년대와 1930년대를 표현할 때, 나는 관련된 시간을 오케스트라로 표현하는 데 신중을 기했다. 그래서 액션이 일어나면, 관객들이 즉각적으로 역사적 시간을 알 수 있게 했다. 원곡에 대해 말하자면, 그 곡들은 덜 촉각적인 것들이다. 이를테면 시간의 흐름, 혹은 향수, 사랑, 기쁨 같은 특별한 정서를 불러일으키게 했다."[67)]

일반적인 음악의 이용, 곧 액션 시퀀스를 보강하기 위한 것, 또 이미지에 반어법적 강조를 표현하기 위한 것과는 달리, '원스 어폰 어 타임 인 아메리카'에서 음악은 거의 종교적인 느낌이 나도록 돼 있다. 마치 신이 누들스를 먼 과거로 부르는 것 같다. 또 전통적이고 멜로디가 풍부한 느낌도 들어 있다. 주류 음악에서 이용하는 편곡을 따르며, E음을 주요 음계로 쓰고 있다. 레오네가 말했다. "이번에 감성은 아주 예민하게 정해졌고, 그 감성은 너무 강하고 너무 로맨틱하여, 음악은 평소보다 덜 공감적이어야 한다고 우리는 동의했다. 이번에 음악은 저 먼 데서 와야 했다." 레오네는 팬파이프를 쓴 이유를 밝혔다. "루마니아의 위대한 연주자 게오르그 잠피르(Gheorghe Zamfir)가 나를 매혹했다. 또 팬파이프는 악기 가운데 가장 혼 들린 악기이기 때문이다. 그건 인간의 목소리 또는 휘파람 같다."[68)] 제작의 초기 단계에서 레오네는 어떤 곡 하나를 거의 거절할 뻔했다. '옛날 옛적 서부에서'의 테마곡과 닮은 게 두려워서였다. 그 곡이 '데보라의 테마'가 됐다. 레오네의 기억이다. "원래 이 사랑의 테마는 프랑코 제피렐리의 영화를 위해 작곡됐는데, 최종적으로는 사용되지 않았다." 그래서 레오네의 선택은

'시간이 증명하는 명예'(이는 '황야의 무법자'에서 시작됐다)를 계속 이어가게 했다. 다시 말해 다른 감독들이 거절한 모리코네의 음악을 그가 제대로 평가했다는 명예의 전통은 이어졌다. 그리고 그 음악이 성공한 것으로 판명 날 때면, 레오네는 음악의 잠재성을 알아본 자신의 현명함을 모두에게 말하며 자랑했다.

'데보라의 테마'는 짧고 주저하는 듯한 악구의 연속으로 구성돼 있다. 악구 사이에는 몇 개의 침묵이 끼어 있다. 테마가 반복될 때면, 악구는 새로운 장식으로 더욱 아름답게 꾸며진다. 그리고 소프라노 에다 델로르소의 목소리가 들릴 때, 절정에 이른다. 이건 '아마폴라'의 순간과 혼합돼 있는데, 누들스의 좌절된 욕망에 대한 직접적인 음악적 표현이다. 그런데 인간의 목소리는 마치 또 다른 악기 같지만, 레오네의 이전의 두 편 영화에 비해 '원스 어폰 어 타임 인 아메리카'에서는 덜 쓰이고 있다. 모리코네의 설명이다. "이번의 테마곡에서 에다 델로르소의 목소리를 적게 쓴 데는 이유가 있다. 그것은 소년 시절 장면에서는 쓰는 게 맞지 않아서였다. 하지만 그 목소리는 지나간 소년 시절에 대한 한탄으로는 완벽했다. 곧 관객들이 지나간 시간을 생각하게 했다. 누들스의 잃어버린 30년 말이다." 그런 성격의 대표적인 장면은 영화의 마지막 이미지일 것이다. 그때 소프라노의 목소리가 들어 있는 데보라의 테마가 반복된다. 누들스는 파이프를 통해 아편을 한 모금 빨아들이고, 등을 대고 누운 뒤, 최종적으로 미소를 짓는다. 모리코네가 말했다. "그 음악은 카메라가 누들스 캐릭터의 눈을 응시할 때 나온다. 곧 테마곡은 그 순간에 그가 무슨 생각을 하는지, 또 그의 내부에서 무슨 일이 일어나는지 알게 한다."[69)]

로시니의 오페라 '도둑 까치' 서곡도 일종의 '발견한 음악'이다. 이 음악은 신생아들을 바꿔치기할 때 나오는데, 카를라 레오네가 선택했다. 카를라는 뚱보 모의 주류 밀매점에서 연주되는 재즈곡도 선택했다. '금주법의 만가'를 위해 뉴올리언스의 당당한 장송곡이 연주되는데, 이 곡은 파티가 점점 무르익어가자 뜨거운 재즈로 변한다. 모리코네는 시나리오가 요구한 대로 음악을 썼다. 시나리오는 1930년대 중반 루이 암스트롱 스타일의 곡을 원했다.

메인 테마는 전부 1976년에 작곡이 완성됐다. 제작 일정이 정해졌을 때는 약간의 보정과 녹음만 남겨 놓았다. 레오네는 촬영장에서 '풀 오케스트라가 아니라 몇 개의 악기만으로' 연주하려 했다. 그럼으로써 레오네는 적절한 환경을 만들고, 집중하게 하고, "카메라 감독이 트래킹 숏을 찍을 때 필요한 '부드러움'을 갖게 하려 했다. 마치 그가 바이올린을 연주하듯 촬영하도록 도우려 했다."[70)] 어쨌든 그렇게 계획을 잡았다. 마지막 수정 작업에 한 달이 걸렸고, 녹음에 또 한 달이 걸렸다. 모리코네가 이런 점을 강조했다. "세르지오와 나는 항상 우리 일이 끝나는 막바지까지 고민했다. 중간에 우리가 스스로 만족하는 일은 없었다." 그리고 레오네는 늘 대안을 생각하곤 했다. "아주 자주 있었던 일인데, 세르지오는 음악이 이미 작곡됐는데도, 나에게 전화해서 이렇게 말하곤 했다. '이봐, 빨리 만나. 데보라의 테마에 대해 의심이 들기 시작했어.' 그리고 그는 그 음악을 다시 들었고, 그러면 조금 진정하곤 했다. 말하자면 세르지오는 그 테마를 여전히 좋아하고 있었다. 하지만 이런 일은 석 달 내내 벌어지곤 했다. 시나리오 작가들에게 이런 일은 큰 위기가 될 수 있을 것이다. 그들은 모든 것을 처음부터 다시 써야 할지도 모른다. 반면에 나에게 세르지오는 자신의 판단을 반복하여 확인을 받고 싶어한 것 같았다."[71]

시각적 참조에 대해 말하자면, 레오네는 1920년대부터 1940년대에 이미 존재하던 이미지들을 이용했다. 레오네는 그 점에 대해 오랜 협력자인 미술감독 카를로 시미, 그리고 촬영감독 토니노 델리 콜리와 짧은 회의를 했다. 레오네의 기억이다. "당시는 막스 에른스트와 조르지오 데 키리코는 더 이상 거론하지 않았다. 그들은 이미 '석양의 무법자'에서 참조해서다."[72] 어린 데보라가 춤추는 장면은 에드가 드가 그림의 조명을 참조했다. 그러나 이 영화에서 가장 중요하게 자극을 받은 원천은 에드워드 호퍼(Edward Hopper)의 그림, 노먼 록웰(Norman Rockwell)의 삽화, 레지널드 마쉬(Reginald Marsh)의 스케치와 그림, 그리고 그 시대에 관련된 사진들이었다. 레오네는 1923년 맨해튼 남동부의 인구밀도 높은 하층민 거주지 관련 세트를 위해, 덴마크 이주민인 제이콥 리스(Jacob Riis)가 찍은 사진들에 기초한 망판화와 스케치를 이용했다. 제이콥 리스의 영향력 높은 사진집 〈다른 절반은 어떻게 사는가〉(How the Other Half Lives)는 1890년에 출판됐다. 리스는 1880년대에 뉴욕에서 발간되던 일간지 '뉴욕 트리뷴'(The New York Tribune)의 범죄 담당 리포터였다. 그 책을 통해 리스는 특히 멀베리 거리(Mulberry Street) 지역을 중심으로, '10년의 경험에서 목격한 궁핍과 악행'을 보여주려 했다. 리스는 값싼 월셋집이나 작은 방에서 사는 거주민들을 허락을 받지 않고 찍으려고도 했다. 그래서 사진을 보면 그들은 놀라거나, 화를 내거나, 동물처럼 행동하기도 했다.

레오네는 1923년과 1933년의 뉴욕에 관한 비전을 위해서는, 1920년대와 1930년대에 발표된 사진에서 참조물을 모았다. 웨스트체스터에서의 갱들의 학살 장면을 위해서는, 1932년 일군의 경찰차와 소방차들이 밤에 총을 마구 쏘던 사건을 참조했다. 갱스터 샐비와 윌리의 총격 장면을 위해서는, 인도 옆의 시체를 찍은 어느 사건 기자의 사진을 이용했다. 시체 옆에는 주차된 차가 있었다(1933). 다이아몬드와 관련된 조의 살해를 위해서는, 베벌리힐스에서 조직범죄단의 킬러가 총으로 죽인 벤자민 벅시 시걸의 시체 사진을 참조했다(1947). 그리고 기관총에 의해 차창이 산산조각이 나는 장면을 위해서는, 영화 '스카페이스'의 스틸 사진을 이용했다. 1968년 롱아일랜드와 1933년 뉴욕과의 시각적 연결은 금주법이 끝났을 때 술 취한 사람들로 가득 찬 두 대의 차가 경주하며 달리는 장면을 플래시를 터뜨리며 찍은 사진에서 가져왔다. 이런 모든 사진은, 이에 영감을 받은 관련 영화 장면과 나란히 편집돼 이후에 책으로 발간됐다. 그 책은 〈옛날 옛적 미국에서-사진의 기억들〉(C'era una volta in America - Photographic Memories, 1988)이다.[73)]

레오네는 참조를 위해 에드워드 호퍼가 그린 뉴욕 관련 그림들을 가장 유용하게 이용했다. 예를 들어, '드럭 스토어'(Drug Store, 1927), 그리고 호퍼의 가장 대표적인 작품인 '밤새는 사람들'(Nighthawks, 1942)에서 뚱보 모의 주류 밀매점 식당을 위한 시각적 영감을 받았다. 또 호퍼의 '뉴욕 영화'(New York Movie, 1939)는 캐롤이 베일리 재단의 홀에서 늙은 누들스를 만나는 장면을 위한 견본이었다. 뉴욕의 남동부 지역 묘사를 위해서는 호퍼의 '윌리엄스버그 다리'(Williamsburg Bridge, 1928)와 '맨해튼 다리 고리'(Manhattan Bridge Loop, 1928)를 시각적 자료로 참조했다. 호퍼는 대부분 삶을 뉴욕에서 보냈는데, 자신이 말한 대로, '대도시의 외로움을 그리는 것'에 특화된 화가였다. 호퍼의 사람들은 등장할 때면, 밤의 불확실성 속에서 길을 잃은 것처럼 보인다. 호퍼의 유명한 그림들은 갱스터 영화 속 스튜디오에 구축된 기괴하고 인공적인 도시의 특성을 갖는다. 그건 마치 필름 누아르의 스틸 사진 혹은 스냅 숏 같다. 호퍼의 그림들은 문맥을 빼고 보아도, 실제 도시의 메아리이다. 레오네에 따르면 그런 그림들은 "(나의) 상상을 작동하게 했다."[74)]

노먼 록웰이 '새터데이 이브닝 포스트'(Saturday Evening Post)의 표지에 그린 활기차고 극사실적인 그림들 가운데 하나가 들랜시 거리의 신문 가판대 위에 등장한다. 누들스와 소년들이 불을 지르는 가판대인데, 그 잡지는 '라이프'(Life), '리버티'(Liberty), '폴리스 가제트'(Police Gazette)와 함께 걸려 있다. 표지에는 뚱뚱한 노인이 첼로를 연주하고, 어린 소녀가 서툴지만, 노인 앞에서 춤을 추는 그림이 그려져 있다. 그 그림은 우리가 방금 본 데보라의 더욱 우아한 춤에 대한 시각적 기억이다. 그 잡지는 1923년 2월 3일 발행된 것이다. 노먼 록웰은 1916년에서 1963년까지, '새터데이 이브닝 포스트'에서 거의 반세기 동안 일했다. 이 기간을 통해 록웰은 특히 미국의 어린이들에 대한 그림들을 많이 남겼다. 예를 들어 아이들은 소화전 옆에 서 있고, 옆에 있는 경찰에게 말을 걸고, 빵 가게에 앉아 있고, 나무 상자로 만든 자동차를 운전하며, 함께 글을 쓰려고 안간힘을 쓰고, 수건을 든 채 '수영 금지' 표지판을 달려 지나간다(이 유명한 그림은 1921년 6월에 실렸다). 록웰의 그림들은 평균적인 미국인들의 뉴욕에서의 삶에 대한 스토리보드 같다. 이는 장밋빛이 감도는 스펙터클처럼 그려져 있는데, 1923년 시퀀스를 위해 많은 유용한 디테일을 제공했다. 레오네는 록웰의 작품을 '촉매'(catalyst)라고 설명했다.[75)]

완성된 영화를 보면, 누들스는 1933년에 뉴욕을 떠나(기차를 이용해 즉흥적으로 버팔로로 간다), 1968년에 바로 그 장소로 돌아온다. 누들스는 떠날 때 그랬던 것처럼, 코니 아일랜드의 광고로 가득 찬 큰 벽 앞에 제법 오래 머문다. 벽의 위쪽엔 노란색으로, '코니 아이랜드를 방문하세요'(Visit Coney Island)라고 적혀 있다. 그 벽은 1930년대 스타일로 그려진 다섯 개의 야한 포스터로 구성돼 있다. 벽의 그 그림들 앞으로 많은 사람이 분주하게 걸어가고 있다. 이것은 뉴욕의 화가 레지널드 마쉬의 두 개의 그림을 교묘하게 콜라주한 것이다. 마쉬의 특성은 그가 명명한 대로, 1930년대의 '하나의 계속된 공연'(one continuous performance)으로서의 뉴욕을 그리는 것이다. 먼저 마쉬의 그림 '스모코, 인간 화산'(Smoko, the Human Volcano, 1933)은 영화 속 벽의 포스터에서는 '지극히 치명적인'(Fatalist Supreme)과 '스모코'(Smoko)로 나뉘어 있다. 그 사이에는 마쉬의 그림 '핍과 플립'(Pip and Flip, 1932)이 정교하게 끼어 있다, 이 그림에서 포스터의 또 다른 세 개의 이미지, 곧 '핍과 플립 쌍둥이'(Pip and Flip Twins), '월드 서커스'(World Circus), 그리고 '마이트 소령'(Major Mite)이 나왔다. 마쉬의 스케치와 그림들, 곧 '14번가'(Fourteenth Street, 1934)의 파티하는 사람들, '20센트 영화'(Twenty Cent Movie, 1936)의 걷고 있는 활기찬 여성 직장인들, 바워리(The Bowery) 거리에 누워 있는 공황의 희생자들, 지하철에서 신문을 읽으려고 안간힘을 쓰는 통근자들, 그리고 인도와 해변과 코니 아일랜드의 실내 오락장의 사람들을 그린 작품들은 1930년대의 뉴욕 생활을 환상적이고 야한 카니발처럼 묘사하고 있다. 그곳의 '최상의 조각과 장식은 설사 깊이가 부족할지라도 최고의 진열장'[76]이었다. 미술감독 카를로 시미는 '마쉬의 벽' 꼭대기를 가로질러 '렉스 다이아몬드의 부인의 매력'(Mrs Legs Diamond Attraction)이라고 써놓았다. 이것과는 대조적으로, 페기의 매음굴 실내는 오스트리아

화가 구스타프 클림트의 풍부한 '황금 스타일' 그림에 기초하여 화려하게 장식돼 있다. 그것은 세기 전환기의 아르누보 장식인데, 모든 게 황금으로 번쩍이고, 인물들은 몸을 비틀고 있다. 이는 레지널드 마쉬의 지저분한 거리와는 전혀 다른 세상이다. 노동자들은 마쉬의 거리 출신일 것이다.[77)]

촬영감독 토니노 델리 콜리는 이런 자료들을 연구하고, 뉴욕을 방문한 뒤, 영화의 세 시기를 시각적으로 다르게 만들기로 했다. "1923년을 위해, 우리는 갈색을 선택했다. 그건 그 시대의 사진을 생각나게 할 것이다. 1933년을 위해, 우리는 이미지를 아주 중립적으로 잡으려고 했다. 당대의 갱스터 영화에 가까이 가기 위해, 우리는 차가운 금속색, 그리고 흑백 이미지를 이용했다. 1968년을 위해서는 특수 효과를 쓰지 않기로 했다. 단지 우리는 이탈리아 테크니컬러가 저작권을 갖고 있던 Rn(상품 이름)을 소량 쓰고, 은이 조금 더 들어간 특별한 용액을 이용했다. 이것은 검은색을 덜 벨벳처럼 보이게 하고 덜 탁하게 만들어 색조를 낮춘다. 그럼으로써 모든 것을 더욱 빛나게 하고, 대조를 더욱 분명하게 보여준다."[78)]

레오네는 영화가 최종적으로 배급됐을 때, 미술감독 카를로 시미와 어떻게 일했는지에 대해 들려주었다. "장식들은 디테일에 대해 철저하게 주목하며 진짜처럼 만들었다. 어떤 것은 여기에서, 또 어떤 것은 저기에서 가져왔다. 나는 당대의 많은, 정말 많은 사진을 이용했다. 나는 굉장히 꼼꼼하게 조사를 벌였고, 이는 나의 미국인 친구들인 스필버그와 스코세지를 놀라게 했다. 그들은 로마에 왔을 때, 사진의 양에, 그리고 거의 완벽한 이런 시각 자료에 놀랐다. 이런 자료화 작업은 처음엔 작은 디테일에서 시작했고, 나중엔 전체적인 효과를 내는 데까지 이르렀다. 실내 장식과 장면들은 전부 우리가 했던 믿을 수 없을 정도로 많은 작업량을 말해주는 것이다. 대부분 다시 하라면 못하는 것들이다."[79] 카를로 시미는 뉴욕 남동부 지역의 실제 거리를 주문 제작한 점에 대해 말했다. "디테일이 캐릭터가 됐다. 곧 외부의 소방 계단, 건물 맨 윗부분의 장식, 액자, 창문, 상점 간판, 이 모든 걸 로마에서 섬유 유리와 조각된 나무, 그리고 금속으로 만들었다. 그리고는 이것들을 이탈리아 장인들이 설치해서 미국으로 배를 통해 전달했다. 장인들도 미국으로 갔다." 또 다른 중요한 작업은 뉴욕의 한 거리를 로마에 재구축하는 것이었다. 카를로 시미가 그 거리의 길이를 직접 재었고, 거의 같은 수준으로 만들었다.[80] 하지만 이번에는 의상은 카를로 시미가 디자인하지 않았다. 레오네가 유명 디자이너인 가브리엘라 페스쿠치(Gabriella Pescucci), 그리고 그녀의 조수이자 자신의 딸인 라파엘라 레오네와 함께 의상을 선택했다. 의상 디자이너들은 뉴욕과 L.A. 그리고 런던에서 옷을 연구했고 또 찾았다. "모든 옷이 가능한 한 진짜여야 했다." 어떤 옷은 로마에서 오기도 했다. 레오네가 말했다. "움베르토 티렐리(Umberto Tirelli)가 1920년~1925년 관련 의상을 많이 갖고 있었다. 그리고 그는 루키노 비스콘티가 이용한 옷들을 거의 다 갖고 있었다. 내가 장식과 의상과 소품들에 관해 시각적 협력자와 일할 때면, 우리는 완벽한 하나의 팀이 되어야 했다. 우연한 것은 전혀 없었다. 예를 들어 실내에서 어떤 사람이 감색 셔츠를 입고 있다면, 나는 붉은색이나 푸른색 같은 색깔들은 금지했다. 이런 식으로 모든 게 나를 거쳐야 했다. 누들스가 커피를 마실 때, 그는 둥근 컵을 사용할 수 없었다. 그는 작은 꽃무늬가 그려진 1930년대의 특징적인 6각형 컵을 이용해야 했다."[81)]

렌즈의 눈에 맞추어 모든 게 제대로 되어 가고 있었다. 반면에 레오네와 제작자 알베르토 그리말디 사이의 관계는 대단히 나빠졌다. 그리말디가 〈후드〉의 저작권을 구입했을 때, 그는 '파리에서의 마지막 탱고'(1972)의 국제적인 성공 덕분에 상종가를 치고 있었다. 그런데 이후 그리말디가 제작한 두 개의 다국적 영화, 곧 두 파트로 구분해 배급한 베르톨루치의 325분짜리 '1900'(1976)과 펠리니의 150분짜리 '카사노바'(1977)가 흥행에서 아주 좋지 않은 성적을 냈다. 레오네가 말했다. "그리말디는 패닉에 빠졌다. 주요 회사들이 과거와 달리 그에 대한 지지를 보내지 않아서였다. 우선 그리말디는 우리의 영화가 그를 곤란에서 구해주기를 바랐다." 또 그리말디는 고통스러운 경험을 했는데, 두 파트로 된 영화('원스 어폰 어 타임 인 아메리카'도 그럴 수 있었다)는 더는 가능한 투자 전략이 아니라는 것이었다. 그래서 촬영 개시를 두고 선언과 취소가 반복됐다. 이것이 법적 소송으로 이어졌다. 레오네의 주장이다. "그리말디는 나를 사실상 묶어 두어, 3년 혹은 4년을 잃어버리게 했다."[82)]

재판을 통해 레오네는 자신이 원하는 것을 밝혔다. "나는 우리의 합의를 취소하고, 소설에 대한 저작권을 내가 갖기를 원했다. 하지만 그리말디는 그렇게 되는 것을 허락하지 않았다." 레오네는 만약 이번 프로젝트의 통제권을 갖게 되면, 새로운 프로듀서를 찾을 계획이었다. 혹은 자신이 직접 프로듀스할 계획도 갖고 있었다. 그래서 자신이 원하는 대로 '원스 어폰 어 타임 인 아메리카'를 만들어볼 생각이었다. 알베르토 그리말디는 이런 주장을 대부분 부정했다. 그리말디의 주장이다. "(나는)파산의 위험에 있지도 않았고, 제작을 방해하지도 않았다. 나는 오로지 직업적인 이유에서 철회했다. 나는 시나리오를 신뢰하지 않았고, 이 영화의 성공도 믿지 않았다. 이 점에 대해 내가 썼던 편지를 지금도 자료실에 갖고 있다. 세르지오는 저작권을 주면, 나의 지출을 변제하는 데 동의한다고 했다. 우리는 50만 달러에 합의했다."[83)]

그리고 레오네는 프랑스의 프로듀서 이브 가세르(Yves Gasser)를 통해, 1980년 이스라엘인 백만장자 아넌 밀천(Arnon Milchan)을 만났다. 밀천은 파리에서 잭 골드의 '메두사 터치'(The Medusa Touch)를 비롯해, 몇 편의 연극, 그리고 미국 TV를 위해 로마제국과 이스라엘인들을 다룬 미니시리즈 서사극 '마사다'(Masada)를 제작했다(이는 유럽에서 극장 배급을 위해 재편집됐다). 밀천은 마틴 스코세지의 2천만 달러짜리 영화 '코미디의 왕'(The King of Comedy)을 제작했다. 밀천의 첫 할리우드 사업이었는데, 로버트 드 니로가 납치범에서 셀럽 루퍼트 퍼프킨으로 변하는 이야기를 다룬다. 그리고 밀천은 데이비드 린의 두 개의 버전으로 구성된 '바운티호의 반란'(Mutiny on the Bounty)을 구하기 위해, 세금 탈세 문제를 놓고 협상을 벌이기도 했다. 그 영화는 이탈리아의 유명 제작자 디노 데 라우렌티스가 몇 년 동안 돈을 쏟아부은 작품이었다. 밀천은 '바운티호의 반란'을 유나이티드 아티스츠(UA)가 제작하도록 프로듀스했다. 하지만 UA는 그때 마이클 치미노가 연출한 '천국의 문'(Heaven's Gate)의 흥행 참패 때문에 휘청대고 있었다. 다른 주요 제작사와 마찬가지로 UA는 할리우드의 환경 바깥에서, 거물 감독이 영화를 만드는 데 대단히 겁을 먹었다. 그래도 밀천은 큰 기회를 잡을 준비를 항상 하고 있었다.[84)]

아넌 밀천이 레오네를 처음 만났을 때, '원스 어폰 어 타임 인 아메리카' 프로젝트는 법적 분쟁 때문에 난파 위기에 빠진 것처럼 보였다. 그리고 레오네는 혼란에 빠져, 늙은 누들스로 폴 뉴먼을, 젊은 누들스로 톰 베린저를 염두에 두고 있다고 말하기도 했다. 또 맥스 역에는 더스틴 호프먼, 혹은 존 보이트와 하비 카이텔, 그리고 존 말코비치도 거론했다. 데보라 역은 라이자 미넬리가 맡을 것이라고 했다. 작가 세르지오 도나티가 보기에, "그 영화에서 역할을 제안받지 않은 배우가 없을 것"[85)] 같았다. 밀천과의 상세한 협상은 1980년 여름에 시작됐다. 밀천은 알베르토 그리말디로부터 〈후드〉의 저작권을 넘겨받는 데 성공했다. 그리고 배급회사로는 래드 영화사(The Ladd

Company)와 워너브라더스로 정할 수 있었다. 밀천은 제작비로 과거의 예상보다 더 많은 1천8백만 달러를 확보했다. 만약 레오네가 몇 개의 변경을 수락한다면, 제작비의 천만 달러는 래드 영화사가 내고, 나머지 대부분은 밀천 자신이 낼 수 있다고 했다. 3년 뒤 레오네가 말했다. "밀천은 '1900' 스타일로 만드는 것, 곧 두 파트 구조의 영화에 대해서는 알려고 하지 않았다. 그리고 그는 나를 설득하기를, 만약 우리가 일을 즉각 시작하지 않으면, 영화는 영원히 만들 수 없을 것이라고 했다. 그래서 그때 우리는 일을 해야만 했고, 내가 할 수 있는 한 길이를 줄였다. 하지만 나는 영화가 최종적으로 개봉될 때면, 두 개의 영화가 될 수밖에 없을 정도로 길다는 사실은 이미 알고 있었다."[86] 그해에 레오네는 프랑스 잡지 카이에 뒤 시네마에 이렇게 주장했다. "나는 4시간 반짜리 영화를 만들 수 있는 백지수표를 받았다. 그건 두 파트로 영화를 만들려는 것이었다. 그런데 촬영이 개시되기 겨우 넉 달 전에, 우리는 일부 배급업자들이 두 파트로 된 영화를 감당할 수 없다고 말하는 것을 들었다." 그래서 레오네는 영화를 세 시간짜리로 만들기 위해 칼을 들어야만 했다.[87] 어쨌든 길게 찍는 것으로 유명한 영화 감독에게, 그건 불길한 출발이었다. 워너브라더스는 레오네가 160분짜리 영화 제작에 계약했다고 기억하고 있었다. 그런데 레오네는 그 기억보다 적어도 100분이나 더 긴 영화를 만든다는 것이었다. 그 일에 대해 작가 루치아노 빈첸초니는 걱정스럽게 말했다. "불쌍한 미켈란젤로에게 돌무더기를 주고, '피에타'를 창조하라는 것이다. 만약 세르지오가 샴쌍둥이 같은 마돈나(두 파트의 영화)를 완성하면, 그는 모든 안 좋은 것을 만날 것이다. 영화계에서는 영화는 항상 분리되어 편집될 수 있고, 그것을 나누어 팔 수도 있다."[88]

조감독 루카 모르셀라의 기억은 이랬다. 밀천은 레오네에게 다루기 쉬운 한 편의 완결된 영화로 길이를 줄여 달라고 요구했다. 그리고 레오네는 자신이 만들려는 영화가 너무 길다는 사실을 어렴풋이 인식했다. 그런데 레오네는 길이 문제는 저절로 해결될 것이라는 가능하지 않은 희망을 품고 작업에 임했다. "당신도 알다시피, 세르지오는 실용적인 사람이 아니다. 그는 자기만의 방식으로 자기 세상에서만 산다. 하지만 그가 '나는 긴 영화를 만들 거야. 그러면 그들은 받아들일 거야.' 같은 식으로 생각하는 부정직한 사람은 아니라고 나는 알고 있다. 내 생각에 그는 '모든 게 잘 될 거야.' 같이 단순하게 생각했다. 그리고 나는 촬영을 시작하기 전에는 세르지오도 영화의 길이가 얼마나 될지 모를 것이라고 생각한다."[89] 사실이 어떻든, '원스 어폰 어 타임 인 아메리카'는 다시 '작동'했다. 1981년 초, 밀천이 프로듀서로 나섰다. 기자회견을 통해 촬영 개시는 1982년 1월이라고 알렸다. 막상 1월이 되니, 일정은 다시 6월로 연기됐다. 당시에 레오네는 시간을 양분하여 썼다. 우선 그는 80개의 대사가 있는 역할을 위해 3천 명 이상의 배우들과 인터뷰했고(오디션 장면 5백 개가 녹화됐다), 또 실제의 촬영장소를 찾아다녔다. 그리고 레오네는 시나리오를 축소하고,

새로운 형태로 만드는 작업을 총감수했다.

이 영화의 기획은 1967년부터 진행됐다. 이제 모든 게 빠른 속도로 실천될 것 같았다. 한 가지 시급한 일은 대사를 미국식 영어로 설득력 있게 전환하는 것이었다. 그때까지 대사는 번역투였다. 루카 모르셀라가 의견을 냈는데, 레오네가 스튜어트 카민스키(Stuart Kaminsky)를 만나는 것이었다. 모르셀라의 기억이다. "카민스키는 시카고에서 영화를 가르치고 있었다. 내가 세르지오에게 말했다. 네가 누군가를 찾는다면 카민스키가 적격이다. 그는 유대인이고, 1940년대 할리우드 배경의 미스터리물을 몇 편 썼다. 물론 너는 1920년대에 주목하고 있지만 말이다. 그리고 카민스키는 영화광이다. 게다가 너의 영화를 좋아한다. 대사를 전환하는 데는 그보다 나은 사람을 찾기 어려울 것이다."[90] 카민스키는 레오네의 영화에 관해 영화잡지 '테이크 원'(Take One, 1973)과 '벨벳 라이트 트랩'(The Velvet Light Trap, 1974)에 글을 쓰기도 했다. 그 글에서 카민스키는 레오네의 웨스턴은 '실존에 관한 희극적 악몽'이며 '공포를 마주한 남성 스타일'에 대한 축복이라고 결론지었다. 카민스키는 범죄소설도 몇 편 발표했다. 할리우드 스튜디오의 내부와 주변을 배경으로, 사립탐정 토비 피터스(Toby Peters)가 주인공으로 나왔다. 예를 들어 〈뱀파이어를 넘지 마라〉(Never Cross a Vampire, 1980)라는 작품이 있다. 이 소설은 호러의 전설적인 배우 벨라 루고시가 동물의 피로 쓴 독이 든 편지를 받는 것으로 시작한다. 그리고 이야기는 살인자로 미국 작가 윌리엄 포크너를 의심하는 것으로 발전된다.

스튜어트 카민스키는 1981년 여름에 제작팀과 만나기 시작했다. 몇 년 뒤 카민스키가 말했다. "엔리코 메디올리가 이탈리아 작가 중 유일하게 영어를 할 줄 알았다. 레오네는 영어를 거의 못했다. 작업 과정은 이탈리아어 시나리오를 번역가가 영어로 옮기고, 그 번역본이 나에게 주어졌다. 나는 대사를 다시 쓸 수 있었으며, 편집과 부분 변경 그리고 캐릭터의 성격 규정에 의견을 낼 수 있었다. 나의 시나리오는 다시 이탈리아어로 번역됐다. 이런 일이 레오네의 감수 아래, 다섯 판본을 거치며 이뤄졌다."[91] 그러면서 카민스키는 다른 작가들과 일을 구분해서 하는 데 빨리 적응했다. 이를테면 레오나르도 벤베누티는 육체적 시각적 액션을 담당했다. 엔리코 메디올리는 "촬영되는 영화가 서사극의 성격을 갖는다는 점을 상기하게 했다." 메디올리는 "주인공들(맥스와 누들스)은 극단적으로 대조되는 개인을 재현하게 했다." 그리고 그는 모든 대사의 영어 판본을 책임졌다.[92] 루카 모르셀라는 카민스키가 번역을 감수하고, 시나리오에 새로운 형태를 잡는 일 이외에, 더 많은 것을 제안할 수 있었다고 기억했다. "카민스키는 하려고 했다. 하지만 그럴 수 없었다. 아마 이탈리아 작가들 사이에 심한 질투가 있었을 것이다."[93] 카민스키는 완성된 영화의 크레딧에서는 '부가적 대사'(additional dialogue)의 담당으로만 나온다. 이것이 무엇을 의미하는지에 대한 레오네의 기억은 카민스키의 기억과는 같지 않았다. 레오네가 말했다. "이 영화를 위해 내가 필요로 한 것은 폴란드계 혹은 폴란드 출신의 유대인이었다. 그는 유대어(Yiddish)를 말하고, 쓸 수 있어야 했다. 카민스키는 그 일에 딱 맞았다. 하지만 그의 개입은 기술적인 면에 한정돼 있었다. 그가 더한 것은 아무것도 없었다. 그는 '번역'되어야 하는 어떤 것들을 충실하게 또 자유롭게 각색했다."[94) 레오나르도 벤베누티의 기억이다. "시나리오의 최종본을 쓰는 것은 번역본이 우리에게 전달될 때 동시에 이루어졌다. 우리는 번역가와 매우 가까이에서 일했다. 우리가 한 페이지를 쓰면, 번역가가 그것을 직역하여 영어로 옮겼고, 그러면 카민스키가 자신의 판본을 만들어주었다. 일은 그렇게 진행됐고, 몇 번의 논쟁도 있었다. 왜냐면 카민스키는 엄격한 유대인이었다. 이를테면 드 니로가 맥거번(데보라의 성인 역)에게 교도소에 있을 때 〈아가〉(Song of Songs)를 읽으며 자위를 하곤 했다고 말하는 것을 좋아하지 않았다. '안돼! 절대 안 돼!' 카민스키는 소리를 질렀고, 그래서 바꾸었다."[95)]

레오네는 대사를 영어로 새로 쓰는 데 카민스키의 공이 있었다면, '시나리오의 기적적인 결론'에는 벤베누티의 공이 컸다고 생각했다. 실제로는 어떤 일이 벌어졌는지에 대해 루카 모르셀라가 자세하게 설명했다. "1981년 가을부터 1982년의 연초까지, 작가들은 긴 시나리오를 축소하는 작업을 했다. 세르지오는 그때 없었다. 벤베누티와 피에로 데 베르나르디는 위대한 작가들이다. 그런데 세심하게 일하는 유일한 작가는 셋 중에서 메디올리였다. 작가들은 모두 자기 일에 충실했다.

하지만 영화의 길이에 대해서는 별로 신경 쓰지 않았다. 그것을 통제할 수 있는 작가가 메디올리였다. 그런데 레오네와 더욱 친밀한 관계에 있던 작가는 벤베누티와 데 베르나르디였다. 그래서 그들은 많이 잘라냈지만, 자르고 싶은 만큼 다 자를 수는 없었다. 세르지오는 촬영할 때, 그 시나리오로 작업했다. 간혹 시나리오는 새로운 버전으로 변하여 오기도 했다. 한두 번 정도, 시나리오는 촬영 며칠 전에 오기도 했다."[96)]

1982년 5월 세르지오 레오네가 뉴욕에서 최종 시나리오를 승인할 때, 여러 중요한 변화가 일어났다. 영화는 조직범죄단 '결합'(The Combination)이 고용한 킬러들이 이브를 총으로 쏘는 것으로 시작한다. 세 명의 킬러들은 누들스가 숨어 있는 곳을 알기 위해, 뚱보 모를 매우 잔인하게 폭행한다. 많은 사회적 배경도 삭제됐다(누들스의 부모, 학교의 교실 장면, 나탄의 장의 사무소). 쓰레기 트럭은 1933년과 1968년을 연결할 때 등장한다(베일리 상원의원의 파티 바깥에서 누들스가 목격하는 이상한 장면의 전조로 나온다). 금속노조의 파업은 극단적으로 압축된다. 그리고 비용이 많이 들어간 세트(공항, 코니 아일랜드의 놀이 공원)들이 사라졌다. 최종적인 시나리오는 서로 다른 역사적 배경을 더욱 기억나게 하는 대사(목소리)에 집중됐다. 그리고 일부 대사는 아주 훌륭하게 간결한 표현으로 바뀐다. 이런 것들이다. "누들스, 내가 미끄러졌어"(총에 맞은 도미닉). "그는 나의 연인이 절대 될 수 없어. 부끄러운 일이지"(어린 시절 데보라). "9시 32분이야. 이제 나는 잃을 것도 없어"(경찰에 신고할 때 누들스).

그렇지만 영화는 여전히 길었다.

레오네가 1982년 6월 14일 촬영을 시작할 때만 해도, '원스 어폰 어 타임 인 아메리카'의 오프닝 타이틀은 원래대로 정교하게 만들어진 시퀀스에서, 곧 자동차를 가득 실은 1933년 화물 기차에서 1968년 화물 기차로 넘어갈 때 나올 예정이었다. 루카 모르셀라에 따르면, 레오네는 "그 장면을 마지막 순간에 넣을 작정이었다. 그리고 그 시퀀스에서는 커팅하지 않으려고 했다. 다시 말해, 젊은 누들스와 늙은 누들스가 커팅 없이 한 장면에 나오는 것이었다. 그건 불가능했다!"[97] 결국 레오네는 오프닝 타이틀을 검은색 화면을 배경으로, 옛 서체인 레트라세트(Letraset)로 썼다. 이 오프닝 타이틀은 첫 화면이 뜨기 전에 나오는데, 레오네의 영화 가운데 가장 장식이 없는 것이었다. 그건 차라리 우디 앨런의 영화와 비슷했다. 그래서 1933년의 누들스는 철도 건널목에서 차를 얻어 타는 대신에, 기차역으로 바로 간다. 그곳에서 곧 출발하는 기차표를 요구한다(버팔로 행). 이어서 누들스는 어떤 여성이 거울을 보며 매무새를 다듬는 것을 본다. 음악은 '예스터데이'로 바뀌고, 30년이 지난 후, 노인 누들스가 거울을 보고 있다. 그리고 그의 뒤에는 그림이 그려진 벽 일부가 보인다. 그 그림은 뉴욕을 광고하기 위해, 빅 애플(Big Apple)을 그린 것으로 바뀌어 있다.

레오네는 누들스와 데보라와의 끔찍한 '데이트'를 찍기 전에, 원치 않았지만 누들스와 운전사 사이에 오가는 대사를 허락해야 했다. "그 대사에서 당신은 직감적으로 두 사람 사이의 경멸을 느낄 수 있다. 그리고 이탈리아 마피아와 유대인 갱스터 사이의 차이점도 설명된다. 유대인들은 미국의 이탈리아인들과 달리, 유대인 갱스터를 좋아하지 않았다. 기록을 남기기 위해, 운전사 역은 프로듀서인 아넌 밀천이 맡았다. 그가 팁을 거부하는 순간은 그의 모든 친구를 미소짓게 했다."[98]

그 장면은 계획대로 촬영됐다. 하지만 레오네가 장면의 일부를 잘랐는데, 그건 상영시간을 축소하기 위한 것과는 아무 관계가 없었다. 루카 모르셀라의 기억이다. "세르지오는 운전사 역을 아넌 밀천에게 약속했다. 그런데 촬영팀이 뉴저지로 막 옮기기 전, 캐나다에서의 현지 촬영이 끝났을 때, 세르지오는 약속한 점에 대해 용기를 잃어버렸다. 그는 캐스팅을 놓고, 많은 사람과 문제를 일으킬 것을 걱정했다. 그러면 일이 제대로 되지 않을 것 같았다. 세르지오는 약속을 취소했다. 밀천은 마음이 상했고, 로버트 드 니로에게 도움을 청했다. 그래서 세르지오와의 갈등이 좀 있었다. 세르지오는 최종적으로 그 장면을 찍기로 합의했다. 그는 찍었고, 그리고 일부(대사 장면)를 잘라냈다. 나중에 기자들에게는 밀천이 잘라내기를 요구했다고 말했다."[99]

1981년 가을부터 1982년 5월 사이, 촬영 중에 생긴 이런 변화의 부수효과는 이탈리아 관련 참조가 눈에 띄게 늘어난 점이다. 레오네는 자신이 떨쳐버렸다고 주장한 '두 대부(Godfather) 영화의 그림자'는 별개로 하고 말이다. 꼬마 도미닉은 카푸아노 형제들에게 이탈리아어를 섞어 말한다. "우리는 당신이 받은 적이 없는 최고의 경호를 했어"(We da best escort a-you ever gonna get). 또 산부인과 병동에서 로시니의 오페라 '도둑 까치'를 이용했다. 맥스의 과대망상증을 상징하는 루마니아산 왕좌도 넣었다. 그건 "교황에게 바친 선물이 됐는데, 나(맥스)는 8백 달러를 주고 샀어. 17세기 제품이야."라고 설명이 뒤따른다. 이건 세르지오 레오네 자신의 골동품 가구에 대한 취향을 슬그머니 드러낸 것이다. 이 영화에는 파편화된 유대어 대사, 델리카트슨 음식에 대한 농담, 유월절에 벌어지는 복잡한 게토에서의 스펙터클한 장면들이 들어 있다. 하지만 갱스터들에 관련된 유대인이 별로 나오지 않는다는 인상을 주었다. 존 랜디스 감독이 세르지오 레오네가 뉴욕 남동부 출신 유대인 갱스터 관련 영화를 만든다는 소식을 들었을 때, 그의 첫 반응은 "오, 노!(No!)"였다. 그리고 랜디스는 "이 영화는 무엇보다도 이탈리아인에 관한 것"[100)]이란 점을 발견하고, 자기 생각을 확신했다. 제작 이전에는, 배우들은 영어 자막과 함께 유대어 대사도 할 예정이었다. 그리고 레오네는 리처드 드레퓌스, 하비 카이텔, 더스틴 호프먼 같은 배우들과 접촉도 했다. 덧붙여 그는 이탈리아 배우들도 캐스팅하기 시작했다.

아넌 밀천이 다른 사람들은 실패한 제작 지점에서 출발했지만, 영화를 만들 수 있었던 결정적인 이유는 로버트 드 니로 덕분이었다. 그 일에 대해, 드 니로는 이탈리아 공영방송 라이(Rai)의 다큐멘터리 '옛날 옛적 영화에서'(C'era una volta il cinema)에 나와 이렇게 말했다. "나는 세르지오를 만났고, 그 영화에 관해 이야기했다. 사실 나는 그를 9년 전에 만났었다." 당시 레오네는 주인공 역으로 제라르 드파르디유를 생각하고 있었다. 또 그는 주연을 맡을 세 명의 다른 배우들도 생각하고 있었다.[101] 드 니로는 '대부 2'를 찍고 있었고, 두 사람은 뉴욕에서 만났다. 당시 로버트 드 니로의 영화 가운데 비평계의 주목을 받은 유일한 작품은 마틴 스코세지의 '비열한 거리'(Mean Street, 1973)였다. 드 니로는 영화잡지 '아메리칸 필름'(American Film)과의 인터뷰에서 이렇게 말했다. "그는 몸집이 큰 친구였다. 나는 그가 좋았다. 하지만 나는 그를 감독으로서는 확신하지 못했다. 물론 나는 그가 소위 '스파게티 웨스턴'이란 것을 만든 사실을 알고 있었다. 하지만 내 생각에, 그런 영화들은 어떤 면에서는 진지하게 수용되지 않고 있었다. 나는 그런 영화들을 하나도 보지 않았다. 하지만 나는 그가 좋았다. 그는 전형적인 이탈리아 사람이었다. 아주 '착한' 남자였다."[102)]

아넌 밀천이 로버트 드 니로를 다시 레오네에게 소개했을 때, 드 니로는 이제 '택시 드라이버', '뉴욕 뉴욕', '분노의 주먹' 그리고 '디어 헌터'라는 필름 목록을 갖고 있었다. 그리고 그는 대성공이 기대되는 '코미디의 왕' 작업을 앞두고 있었다. 1981년 뉴욕에서 두 사람이 다시 만났을 때, 레오네는 드 니로가 과거의 대화를 기억하고 있어서 큰 인상을 받았다고 말했다. "로버트는 '원스 어폰 어 타임 인 아메리카'를 기억하고 있었다. 스토리가 그를 감동시킨 것 같았다." 1981년의 만남에서도 레오네는 드 니로를 감동시켰다. "세르지오는 두 번의 만남에서 7시간이 넘게, 이야기 전체를 나에게 들려주었다."[103] 그리고 레오네의 기억이다. "밀천이 드 니로를 잡아 둘 수 있다고 말하는 것을 들었을 때, 누들스의 세 시기를 표현하기 위해, 세 명의 다른 배우를 쓴다는 내 생각을 바꾸었다. 사실 나는 로버트 드 니로를 최우선으로 생각하고 있었다. 캐스팅 소식을 들었을 때는 마치 카를로 콜로디(Carlo Collodi)에게 진짜 소년을 주고 〈피노키오〉를 쓰라고 하는 것 같았다. 그러면 이 영화는 아주 신화적이고 동화 같은 작품이 될 것이다. 게다가 로버트 드 니로에 대한 절대적인 '신뢰'는 영화에 더욱 특별한 사실성을 부여할 수도 있었다. 만약 로버트가 합류한다면, 이 영화는 그때까지 내가 만든 영화들과는 다른 것이 될 것이었다. 이제 인형 조종사(레오네 자신)가 해야 할 게임은 스토리에서 절정(orgasm)을 하나 더 짜내는 것이었다."[104]

레오네는 로드 스타이거 같은 액터스 스튜디오 출신 배우, 또는 걸어 다니는 신화 같은 특별한 배우(헨리 폰다)와 일한 경험에 대해 말할 때는 늘 과장을 하곤 했다. 그런 점을 고려해도, 로버트 드 니로를 캐스팅하는 것은 '약간 달라지는 것' 이상이 될 것이었다. 그건 기획 전체에 대해 극단적으로 다시 생각해보는 것을 의미했다. 드 니로는 자신의 총체적인 몰입 연기로 이미 유명했다. 마음과 육체 모두에서, 그는 어떤 역할을 맡든, 광적일 정도로 디테일에 집착하며, 캐릭터의 모든 의미를 연구하려 했다. 그 점에 대해, '코미디의 왕'에서 그와 협연했던 제리 루이스는 이렇게 농담을 섞어 말했다. "드 니로는 특이한 배우 노엘 코워드(Noel Coward)가 어떻게 하면 배우가 대사를 기억하고 가구에 부딪히지 않을 수 있는지에 대해 조언한 것을 전혀 들어보지 못했을 것이다." 드 니로는 완벽주의자였다. 그는 반복 촬영을 해도 목표에 이르지 못하면 감독과 토론을 거듭했다. 알려진 선입견과 달리, 그는 함께 연기하는 다른 배우와의 협업에 대단히 신경 썼다. 결과는 아주 인상적이었다. 하지만 배우들은 전통적인 의미의 '연기'를 하지 않았다. 다시 말해 그들은 누군가의 피부 내부에서 확실한 것을 얻어내려고 했다. 이건 표면에 집중하는 레오네의 방식과는 달랐다. 그리고 레오네는 말을 시작할 때부터, 누가 현장의 보스인지를 드러내길 좋아하는 성격이었다. 따라서 다른 성격을 가진 사람과의 충돌은 충분히 예상됐다.

레오네는 드 니로에게 영화는 정해진 촬영 순서대로 작업될 것이라고 말했다. 그리고 드 니로에게 1981년 시나리오를 주며, 누들스와 맥스 가운데 하나를 선택하라고 했다. 드 니로는 자기만의 연구에 들어갔고, 그래서 또 두 달이 연기됐다. 드 니로는 레오네의 영화를 서너 편 보았는데, 마틴 스코세지가 상찬한 '옛날 옛적 서부에서'는 당연히 포함됐다. 제작자 밀천이 세르지오 레오네의 능력에 대해 믿음을 갖게 된 데는 스코세지의 역할이 컸다. 드 니로의 기억이다. "내가 본 영화들은 전부 흥미로웠다. 레오네는 크레딧에서 그러는 것처럼, 자신을 진지하게 받아들이지 않는 것 같았다. 어쨌든 그에게는 내가 좋아하는 어떤 것이 있었다. 우리는 다시 만났고, 이야기했고, 나는 이탈리아로 갔다. 레오네는 나에게 세트장을 안내했다. 그들은 내가 있든 없든 곧 작업에 들어갈 것처럼 보였다(이건 전혀 사실이 아니다). 하지만 나는 일의 규모가 대단히 크다는 점을 알았다. 아마도 2년은 걸릴 것 같았다. 실제로 그렇게 됐다. 2년이 걸렸다."[105)]

한편 레오네는 드 니로의 편집광적인 성격과 완벽주의를 보며, 그가 '자신과 비슷하다는 것'을 알았다. 이 점은 레오네에게 과거의 작업과는 다른, 더욱 친밀한 관계를 만들어냈다. 레오네는 과거에도 협업을 중요시했다. 하지만 이 정도는 아니었다. "로버트는 자신을 완벽하게 캐릭터와 동일시했다. 그리고 1천 퍼센트 그렇게 살았다. 그는 노인을 연기할 때면, 그가 바로 노인이 됐다. 로버트는 시나리오와 살았다. 그는 집에서 10만 번이나 반복해서 읽었다. 그러고도 촬영장에 오면, 즉흥과 애드리브의 기운을 풍겼다. 나는 촬영장에서 그가 해야 할 부분을 연기해 보여주곤 했다. 그러면 로버트는 웃으며 나에게 이렇게 말했다. '아주 잘 하네'(You are very good). 그리고는 내가 도저히 할 수 없는 연기를 펼쳤다."[106)] 드 니로는 연구의 목적으로, 종종 레오네가 읽어주는 대사를 듣기를 원했다. "나는 세르지오에게 말하곤 했다. '너라면 어떻게 할 거야.' 만약 배우가 정확한 순간을 잡는다면, 감독으로부터 생생한 방식의 언어를 얻게 될 것이다. 세르지오가 말해주면, 나는 말했다. '오케이, 알았어. 네가 연기까지 할 필요는 없어. 하지만 네가 하려는 것을 알겠어.' 그러면 나는 그 연기를 할 수 있는 나의 방법을 갖게 됐다." 제작 초기의 어떤 일에 관한 레오네의 기억이다. "드 니로는 분명하게 말했는데, 자신은 충족감을 느껴야 한다는 것이었다. 그래서 나는 그때 처음으로 이 영화에서 배우의 생각을 따라야 했다. 내 생각을 파괴하지 않고도 말이다. 그렇다. 보비(로버트)는 자신만의 '예술적 해석'을 가지려 했다."[107)]

두 달이 지났고, 레오네는 자기 일에 만족했으며, 그때 그는 정말로 착했다. 드 니로는 누들스를 연기하기로 계약했다. 보도에 따르면 그의 개런티는 최초로 3백만 달러를 넘었다. 드 니로가 1933년과 1968년의 캐릭터를 모두 연기한다는 게 계약의 핵심이었다. 그래서 다른 캐릭터들도 당연히 두 시기를 모두 연기하는 것으로 정해졌다. 드 니로가 처음으로 연구하기 시작한 것 중의 하나가 노인들의 태도였다. 연속하여 분장 테스트를 하며, 드 니로는 노인 목소리를 연습했다. 그가 '대부 2'를 앞두고, 연구했던 것과 같은 과정이었다. 그때 드 니로는 '거친 목소리로 말하기 위해' 돈 비토 코를레온 역을 맡은 말론 브랜도의 연기를 비디오를 통해 반복하여 봤다. 제작에 합류하기 3년 전, 그는 '분노의 주먹'(1980)을 준비하며, 자신을 비만으로 만들기도 했다. 당시 그는 다른 사람들이 자신의 외모를 자연스럽게 믿기를 바랐다. 드 니로는 언론인 피트 해밀(Pete Hamil)에게 말했다. "이 영화를 하며 분장하는 데 시간이 너무 걸렸다. 네 시간 혹은 여섯 시간이 걸렸다. 노인처럼 보이게 하는 데, 나는 지쳐버렸다. 새벽 3시에 일어나, 4시에 분장을 시작하고, 8시 혹은 9시까지 일하러 가야 했다." 작가 레오 벤베누티는 그런 과정이 '지나치게 진지하여' 드 니로에게 농담을 하나 해야 하겠다고 생각했다. "이 문제를 해결하는 최선의 방법이 있다. 첫 번째 부분은 지금 네 모습 그대로 찍고, 그리고 중단한 뒤, 30년을 기다리고, 네가 진짜로 늙었을 때 나머지 부분을 모두 찍는 것이야." 드 니로는 의도적으로 전혀 웃지 않았다. 그리고 드 니로는 젊은 시절을 연속하여 찍고, 노인 부분은 뒤에 찍는 것으로 결정했다. 벤베누티가 아쉬운 마음으로 전했는데, 그 아이디어는 "제작비에 1백 50만 달러의 추가 비용이 들게 했다"라는 것이다.[108)]

로버트 드 니로가 선택한 첫 번째 분장사는 크리스토퍼 터커(Christopher Tucker)였다. 그는 데이비드 린치의 '엘리펀트 맨'(1980)에서 존 허트의 분장을 담당했다. 하지만 레오네가 동의하지 않았다. 누들스는 "노트르담의 꼽추 콰지모도도 아니고, 어떤 형태든 괴물이 아니다"라는 이유에서였다. 루카 모르셀라가 덧붙였다. "누들스는 머펫 인형처럼 보여서는 안 되었다." 누들스는 35년 동안 일찍 잠자리에 든 조용한 노인이다. 레오네는 10주 동안 분장 테스트를 했다. 그리고 자신이 내린 결정이 맞았음을 입증했다. 레오네가 기억했다. "나는 환상적으로 일을 해낸 젊은 이탈리아 분장사들을 불렀다(이 영화는 영화사에서 위대한 분장을 해낸 작품 중의 하나로 평가된다). 그들은 닐로 야코포니(Nilo Jacoponi), 만리오 로케티(Manlio

Rocchetti), 지노 참프리올리(Gino Zamprioli)이다. 드 니로는 두 달 반 동안 그들의 분장을 받았다. 그는 머리도 약간 면도하고, 얼굴 수염도 면도했다. 그리고 그는 미친 사랑과 프로 정신과 완전한 복종으로, 이 일의 영혼 속으로 걸어 들어갔다. 그와 함께 일하는 것이 얼마나 어려운 것인지 무수히 들었지만, 더는 문제가 되지 않았다. 그는 자신의 직업을 너무나 사랑했다."[109] 한편 드 니로는 1920년대와 1930년대 뉴욕에 관한 책들을 읽기 시작했다. 그는 남동부의 역사적 건물들 주변을 돌아다녔고, 아카이브에서 사진들을 보았다. 이 영화의 사전 홍보에는 이런 내용이 있다. "드 니로는 삼대가 함께 사는 이웃의 유대인 가족과 많은 시간을 보냈다. 유대인들의 말투와 제스처를 공부하기 위해서였다." 드 니로가 말했다. "나는 특정 사람들과 대화했는데, 내가 모르는 것을 느끼기 위해서였다. 나는 유대인 갱스터에 대해서는 몰랐다. 옛날에 그들의 숫자는 매우 적었다." 드 니로가 대화한 사람 중에 필라델피아 출신의 디스크자키가 있었다. 그가 리틀 니키 스카르포라는 갱스터를 안다고 했다. 그리고 스카르포는 노인이 된 메이어 랜스키를 안다고 했다. 드 니로는 유대인 갱스터를 직접 보기 위해, 스카르포에게 랜스키와의 만남을 주선해달라고 반복해서 요구했다. 하지만 스카르포가 나서지 않았다. 그 만남이 성사됐다면, 그것은 레오네와 해리 그레이의 만남처럼 매혹적이며 기괴한 것이 될 수 있었을 것이다.[110]

누들스 역으로 드 니로가 정해지자, 레오네는 "영화의 모든 아이디어를 다시 생각해야 했다. 영화는 꿈속에서 더욱 현실성을 갖는 것이 돼야 했다." 그리고 이제 다른 캐릭터의 캐스팅 작업에 들어가야 했다. 레오네가 말했다. "우리는 봅(로버트)을 선택했고, 그래서 다른 동료들은 같은 액센트를 써야 했다. 배우들은 전부 뉴욕 출신이어야 했다." 레오네는 캐스팅을 위해 할리우드에서 몇 주를 보냈다. 그런데 그곳에서는 텍사스 혹은 샌프란시스코 출신 배우들만 볼 수 있었다. 그래서 레오네는 직접 뉴욕에 가서, 긴 오디션을 보기로 했다. 이 일에는 로버트 드 니로, 배우 브라이언 프레일리노(Brian Freilino), 그리고 인터뷰 부서에서 일하는 미국인 조수도 함께 했다. 이는 드 니로가 마틴 스코세지와 함께 일할 때, 성공적으로 진행했던 절차와 같은 것이었다. 많은 시간이 걸리는 작업이었다. 맥스 역할 하나에만 2백 명의 배우가 오디션을 봤다. 레오네는 모호하게 말했지만, 다른 배우들이 로버트 드 니로와 함께 일하기를 몹시 원한다는 점이 행운이었다. 레오네가 말했다. "봅(로버트)은 맥스 역에 자신의 친구를 캐스팅하길 원했다. 그래서 우리는 봅의 친구들과 많은 오디션을 보았다. 다행히도 봅은 정직한 사람이다. 그는 테스트들을 본 뒤, 그의 친구 가운데 누구도 맥스 역을 연기할 수 있는 사람은 없다는 점에 동의할 수밖에 없었다."[111)]

"조 페시(Joe Pesci)의 경우는 달랐다. 밀천이 그에게 맥스 역을 약속했다. 내 생각에 조 페시는 '분노의 주먹'(제이크 라모타의 매니저이자 동생인 조이 역)에서 환상적이었다. 하지만 나는 그에게 맥스 역에는 맞지 않을 것이라고 알렸다. 나는 그에게 그가 선택할 수 있는 다른 역할들을 권했다(최종적으로 '결합'의 두목 프랭키가 됐다). 그리고 드 니로는 또 다른 친구를 소개했다. 튜즈데이 웰드(Tuesday Weld)였다. 나는 그녀가 어릴 때의 영화들을 보았다. 어린 시절 웰드는 브리지트 바르도처럼 아름다웠다. 그런데 오디션을 보자마자, 웰드는 캐롤(맥스의 애인) 역에 맞는다는 것을 스스로 입증했다."[112] 레오네는 웰드를 10대 시절 나왔던 초기의 영화로 기억했다. 웰드의 컬트 영화들, 곧 '로드 러브 어 덕'(Lord Love a Duck, 1966), '프리티 포이즌'(Pretty Poison, 1968) 등이었다. 하지만 '미스터 굿바를 찾아서'(Looking for Mr. Goodbar, 1977) 등 최근작은 잘 몰랐다. 웰드의 스크린 이미지, 곧 섹스어필하는 젊은 여성에서 야한 여성으로 변신한 것은, 한때 전성기가 있었고 이제 무심한 색녀로 변한 캐롤과는 딱 맞았다. 웰드는 다시 대작 영화, 곧 '분명한 책이나 사람이 할 수 있는 것처럼 당신을 저 멀리 떠내려 보내는' 작품에 합류한 점에 기뻐했다. 클라우디아 카르디날레도 캐롤 역을 원했는데, 실망하고 말았다. 하지만 레오네가 설득했다. "이 영화는 뉴욕 스타일의 특정한 캐릭터를 원한다. 너(카르디날레)는 그 역에 맞지 않는다."[113]

레오네는 맥스 역으로 새로운 얼굴을 원했다. 그는 1970년대 초 뉴욕의 연극무대에서 35살의 제임스 우즈(James Woods)를 보고 처음으로 주목했다. 레오네는 이후 TV 미니 시리즈인 '홀로코스트'(Holocaust'(1978)에서 그를 다시 보았다. 우즈는 여기서 집단수용소의 젊은 예술가를 연기했다. 우즈가 프랑스 언론인에게 한 말이다. "나는 '홀로코스트'를 마친 뒤, 고통받는 청년 유대인 역을 수없이 제안받았다. 내가 만약 그 제안을 모두 수용했다면, 이스라엘 의회(Knesset)의 명예 의원이 됐을 것이다."[114] 제임스 우즈는 '추억'(The Way We Were, 1972)에서 바브라 스트라이샌드의 대학교 남자 친구로 '눈에 띈' 뒤, '어니언 필드'(The Onion Field, 1979)에서 경찰관을 살해한 사이코패스로 나와 깊은 인상을 남겼다. 그 작품 이후 우즈는 변덕 심하고 긴장감 넘치는 악인이라는 성격 배우로 알려진다. 레오네의 기억이다. "나는 그의 연극 무대 연기를 이미 좋아했다. 그의 스크린 테스트는 결정적인 것이 되지 못했다. 하지만 나는 그의 특이한 인상 아래에 있는 극단의 노이로제, 곧 충동적 에너지를 느꼈다. 그래서 나는 우즈가 맥스 역을 맡아야 한다고 로버트 드 니로를 설득했다."[115]

제임스 우즈는 이렇게 기억했다. "레오네는 나를 불러, 내가 일생을 연기하는 역할을 맡는다고 말했다. 나는 '멋지군'이라고 답했다. 그리고 이 역은 나의 모든 것을 바꾸어 놓게 된다." 우즈는 배우들의 손을 통해 조그만 조각들이 서서히 생명을 얻어갈 때, 레오네가 '새로운 무언가를 배워가는 것'을 바라보며 큰 매혹을 느꼈다. "레오네는 어떤 틀이 정해진 감독이었다. 오페라적이며, 배우들을 인형처럼 다루었다. 거기 서라, 저 멀리 보라, 이것 하라, 저것 하라… 하지만 우리는 장면을 함께 만들었고, 그것을 레오네가 예상했던 것과는 전혀 다르게 만들었다. 장면을 창조하던 레오네가 이번에는 그것을 담기만 했다. 레오네가 말했다. '나는 항상 준비된 숏을 갖고 있었고, 거기에 배우들을 끼워 넣으면 됐다. 그런데 이제 자네들이 장면에 들어와서, 전혀 다르게 장면을 재정의한다. 그러면 나는 다큐멘터리 작가처럼 그 장면을 담아야만 한다. 나는 이런 식으로 일해본 적이 없다. 하지만 상당한 활력을 느낀다.' 감독 레오네의 말이었다."[116)]

제임스 우즈의 입장에서 보면, 그는 드 니로와 연기하며, 스크린에서의 맥스와 누들스 사이의 관계에 불을 지피려 했다. "나는 그때 제법 유명했고, 인정도 받았고, 성격파 배우로 입증됐으며, 그런 종류의 성공에서는 어떤 정점에 있었다. 나는 세계적으로 유명하고 위대한 배우로 인정받는 사람의 상대역을 주로 했다. 나는 그때 이렇게 생각했다. '좋아, 나의 도전은 모든 장면에서 로버트와 정면으로 맞서는 것이며, 나도 그처럼 배짱이 있다는 것을 증명하는 것이야.' 그래서 나는 그 역에 도전하는 것은 배우가 벌이는 자아(ego)의 경쟁으로 여겼다. 그건 맥스와 누들스 사이의 관계에 불을 지피는 것이고, 여기엔 애정과 격렬한 경쟁이 동시에 개입됐다. 로버트는 그것을 잘 알고 있었고, 영화에도 좋은 일이었다."[117)]

이런 방식은 드 니로가 누들스 캐릭터를 해석하는 것이 우즈가 맥스 캐릭터를 해석하는 것과 공명하는 데 도움이 됐다. 드 니로는 이탈리아 공영방송 라이(RAI)의 다큐멘터리에서 작가 디에고 가부티에게 이렇게 말했다. "영화에서 나의 관심을 끈 가장 중요한 두 가지는 우정과 배신이었다. 배신과 함께, 데보라와의 로맨틱한 관계가 들어 있는 것도 흥미로웠다. 누들스는 극단적인 배신자다. 그것이 전부였다. 내가 말하고자 하는 것은 마지막 장면에 들어 있다."[118] 두 배우는 그들 사이의 강렬함을 살리기 위해, 직접 녹음을 하자고 레오네를 설득했다. 직접 녹음은 그래서 상대적으로 더욱 내밀한 장면을 찍을 때 이용됐다. 그리고 많은 논쟁을 한 뒤, 이들은 간혹 '음악과 함께 촬영'하는 데도 합의했다. 레오네가 관찰한 것은 이렇다. "사실 로버트는 후시 녹음을 좋아했고, 동시 녹음은 포기하려 했다. 더빙하는 것은 필수적이었다. 왜냐면 로버트는 간혹 너무 작은 목소리로 말하곤 했다. 아마도 그는 마음 깊은 곳에서 억지로 연기한다는 생각이 들면, 부끄러움을 느꼈을 것이다. 그것이 그를 더욱 위대하게 만들었다." 음악은 리허설 때는 늘 연주됐다. 중요한 장면의 촬영을 앞두고는 늘 그렇게 했다. 상대적으로 큰 장면을 위해서, 대사를 일종의 가이드처럼 녹음해 두었다. 레오네가 추측하길, 영화가 완결됐을 때, 65%는 직접 녹음이었고, 나머지는 후시 녹음이었다.[119]

제임스 우즈는 사전에 녹음된 음악이 있는 환경에 흠뻑 빠졌고, 그것을 즐겼다. "우리는 촬영장에 가서, 몇 시간 동안 앉아 있는데, 카푸치노를 마시고, 그리고 영화를 위해 준비된 음악을 듣는다. 당신은 배우에 대해 이런 상상을 했을 것이다. '와일드 번치'의 마지막 장면에서, 윌리엄 홀든과 함께 장총을 들고 먼지가 많은 길을 걸어 내려오며, 그 음악을 듣는 것 말이다. 하지만 당신이 배우라면 그런 일은 절대 일어나지 않는다. 당신이 걸어 내려올 때, 그곳엔 쳐다보는 사람들이 있고, 사내들이 전기선 위로 뛰어다닐 것이다. 그러나 당신이 촬영장에 레오네와 함께 있다면, 그곳은 영화가 된다. 당신은 다른 사람을 바라보며 앉아 있고, 그러면 수백 명의 사람이 바이올린을 연주하는 것을 느끼게 된다. 당신은 이렇게 말할 것이다. '이것은 내가 원했던 바로 그것이야. 이것이 바로 내가 배우가 된 이유지. 이것은 마법이야. 위대한 영화에서 스타가 되는 그 마법이야.'라고 말이다."[120)]

당연히 촬영장에는 긴장되는 일도 있었다. 예를 들어 이런 일(레오네가 기억하길 즐기는 것)이 있었다. 로버트 드 니로가 세트에 대해 의문을 품었다. 레오네는 드 니로를 불러 뷰파인더를 통해 그가 직접 확인하도록 했다. 드 니로는 레오네가 옳았다는 점을 인정했다. 그러자 레오네는 기다렸다는 듯 말했다. "봅(로버트), 네가 그렇게 생각하다니 기뻐. 내가 감독이니까." 이런 경우도 있었다. 누들스가 동료들에게 돌아와서, 맥스가 왕좌에 앉아 있는 것을 볼 때다. 드 니로는 리허설 때, 자신이 본 레오네의 영화를 참조해, 감독에게 오마주를 보내는 것을 하고 싶다고 했다. 드 니로는 커피잔을 들었다. 그는 지나치게 오래 숟가락을 젓고 또 저었다. 동료들은 그런 모습을 바라보고만 있다. "그 장면에 딱 맞는 연기였다. 그 장면을 보면 누구나 레오네의 영화가 떠오를 것이다." 레오네는 드 니로가 옳았음을 인정했다.[121)]

라파엘라 레오네(감독의 딸로 당시에 의상 디자이너의 조수)가 에피소드를 하나 전했다. 1982년 6월 중순, 첫 번째 시퀀스가 촬영될 때다(로마에서 촬영된 아편 소굴 장면). 드 니로는 자신이 갑자기 깨어나는 연기에 설득력을 부여하기 위해, 세트장에서 전혀 낯선 음악을 틀어 달라고 했다. "우리는 거의 모든 음악을 다 틀었다. 촬영은 끝없이 반복됐다. 작업이 이런 식으로 진행되자, 스태프 가운데 누군가가 물었다. '이 영화에서 드 니로가 반드시 울어야 하는 장면은 없나요? 있다면, 내가 그의 고환을 차는 지원자가 되고 싶소.' 말하자면 하소연이었다." 또 라파엘라는 누들스가 쓸 모자와 그 모자의 어디에 정확히 주름을 잡아야 하는 문제를 놓고 레오네와 한참 토론해야 했다. "우리는 주름을 잡기 위해, 몇 번이고 다림질을 반복했다."[122] 사전제작 기간인 1982년 3월 초, 드 니로는 배우 캐스팅 문제를 놓고 존 벨루시(John Belushi, '블루스 브라더스'의 주역)와 토론했다. 드 니로는 벨루시가 마약 남용으로 L.A.에 있는 샤토 마르몽(Chateau Marmont) 호텔에서 죽기 바로 전날 밤에도 그를 만났다. 드 니로는 '뚱보 모' 역에 벨루시를 염두에 둔 것 같았다. 넉 달 뒤, 영화가 촬영 중일 때, 드 니로는 친구의 죽음 상황에 관한 증언을 로마에서 전화로 했다. 당시 경찰은 벨루시의 죽음을 살인 사건으로 다루고 있었다. 그래서 경찰은 성공하진 못했지만, 드 니로가 직접 경찰서에 출두하기를 바랐다. 그 일 때문에 드 니로는 매우 긴장했다.

뉴욕 출신 배우 대니 아이엘로(Danny Aiello)는 '대부 2'에 출연했고, 이 영화의 캐스팅 얼마 전에는 '암흑가의 투캅스'(Fort Apache, The Bronx, 1981)에서 푸에르토리코 소년을 살해한 경찰 역으로 제법 이름을 알렸다. 그가 '원스 어폰 어 타임 인 아메리카'에서 로버트 드 니로와 협연하고 싶어 한다는 소식이 제작진에게 알려졌다. 레오네는 형식적으로 응답했고, 대사 읽기를 하자고 요구했다(이런 요구는 주로 신인들에게 한다). 몇 년 뒤 아이엘로는 이렇게 말했다. "대사 읽기는 나를 놀라게 했다. 나에 대한 신뢰를 깎아내리는 것 같았다. 잠시 생각했다. 세르지오는 나를 본 적이 없을 것 같다고 이해했다. 그래서 나는 갔다. 세르지오가 말했다. '너는 얼굴이 잘생겼어. 잘생겼어. 너의 잘생긴 얼굴을 어디선가 보았어.' 그래서 내가 답했다. '암흑가의 투캅스?' '아니야, 그건 보지 않았어.' '사랑은 저 멀리(Hide in Plain Sight)?' '그것도 아니야. 어디였더라.' 세르지오는 기억하지 못했다. 그렇게 만남은 끝났다. 나는 끔찍한 인상을 남겼다고 생각했다. 나는 문 쪽으로 걸어갔고, 그때 세르지오가 말했다. '너는 당연히 내 영화에 나오는 거야.' 세르지오 레오네와 로버트 드 니로와 함께 하는 영화? 얼마나 멋진가! 나는 소식을 자랑하기 위해 배우들이 자주 가는 뉴욕의 단골집들을 돌아다녔다. 나는 많은 사람을 만났고, 신께 감사했다. 아마 수백 명의 배우도 나처럼 말을 할 것이다. 그제야 나는 혹시 출연하지 못할 점에 대해 걱정하기 시작했다." 하지만 아이엘로는 레오네로부터 시나리오를 받았다. 그에게는 세 개의 역할이 제안됐다. 그는 자신의 이름과 같은 극 중 인물을 선택했다. 곧 이름이 아이엘로인 부패한 경찰 간부 역이다.[123] 이후에 한 차례 더 만남이 있었고, 두 번의 대사 읽기(한 번은 녹화를 병행), 그리고 짧은, 하지만 떨리는 기다림이 있은 뒤, 아이엘로의 합류는 결정됐다. 1981년 시나리오에 따라 촬영한 아이엘로의 많은 부분 중에 완결된 영화에 남은 것은 두 개의 비교적 짧은 시퀀스이다.

레오네는 1923년 장면에 해당하는 어린이 배우 캐스팅은 시스 코먼(Cis Corman)에게 맡겼다. 그녀는 마틴 스코세지와 자주 일하던 캐스팅 디렉터였다. 레오네는 아역 스타를 원치 않았다. '정말 부랑아'처럼 보이고, 자신이 감독할 수 있는 어린이들을 원했다. 레오네에 따르면, "성공적인 후보자는 유대인 지역에서 왔고, 이전에 연기 경험이 없던 소년들"이었다. 하지만 사실은 시스 코먼이 연극이나 TV 광고에서 경험을 쌓은 어린이를 뽑았고, 단지 스콧 슈츠먼(Scott Schutzman, 어린 누들스)만이 완전한 신인이었다. 어린이 캐릭터가 성인이 됐을 때 연기한 배우 가운데, 래리 랩(Larry Rapp, 뚱보 모)도 영화는 처음이었다. 그는 의류 판매원이었는데, 혹시나 하는 마음에 캐스팅 에이전트인 친구에게 사진을 보냈다. 에이미 라이더(Amy Ryder, 페기)는 뉴욕의 카바레 극장인 듀플렉스(Duplex)에서 공연하던 배우였다. 그녀는 '사이즈 큰 미녀 모델 회사'(Big Beauties Modelling Agency)에서도 일했다. 달랜 플뤼겔(Darlanne Fluegel, 이브)은 '로라 마스의 눈'(Eyes of Laura Mars, 1978)과 '우주의 7인'(Battle Beyond the Stars, 1980)에 짧게 출연했는데, 패션모델로서 더욱 성공했다. 레오네가 말했다. "내가 그들을 연출할 때, 나는 평소처럼 그들의 역할을 모두 연기했다. 그리고 말했다. '나는 이것을 원해. 자 그러면 네가 내가 했던 것보다 얼마나 더 잘하는지 보자.' 그런 과정은 배우들의 과도한 해석을 피할 수 있게 했다. 러시아식 샬로트 케이크를 먹는 어린 팻시(브라이언 블룸)를 위해, 우리는 세 대의 카메라로 네 번에 걸쳐 찍었다. 어린 배우는 네 번이나 그 케이크를 먹어서 너무나 기뻐했다."[124)]

엘리자베스 맥거번(Elizabeth McGovern, 성인 데보라)은 줄리어드 드라마학교를 졸업하자마자 '보통 사람들'(Ordinary People, 1980)에서 티모시 허튼의 여자 친구로 영화에 데뷔한 신인급 배우였다. 그런데 레오네는 세기 전환기의 브로드웨이 스타 에블린 네스비트(Evelyn Nesbit)를 '래그타임'(Ragtime, 1981)에서 연기하는 맥거번을 보고 좋아했다. 레오네는 그래서 더욱 가까이에서 그녀를 연구하기 위해, 소규모 오프브로드웨이 극장에 들어가, 나무로 된 작고 딱딱한 의자에 몸을 구겨 넣기로 했다. 맥거번의 기억이다. "그들은 모두 함께 싸구려인 작은 극장에 들어왔다. 극장은 어떤 호텔의 옥상에 있었고, 그 연극은 당시의 극단인 '세컨드 스테이지'(the Second Stage)가 처음 공연하는 것이었다. 나는 그때 할리우드에서의 성공이라는 영광의 햇빛을 막 쬐고 있었다. 하지만 나는 연극무대에서 연기하고 싶었다. 나는 그것을 어떻게 해야 하는지 알고 싶었다. 연극은 웬디 케슬만(Wendy Kestlemann)이라는 여성이 썼다.

이야기는 장 주네의 〈하녀들〉(The Maids)에 나온 사건과 비슷한 역사적 사실을 자유롭게 허구화한 것이다. 곧 두 자매가 끔찍한 살인을 저지르는 내용이다. 연극이 끝난 뒤, 우리는 지금처럼 부서질 것 같은 엘리베이터를 타야 했다. 이어서 내 인생의 하이라이트가 펼쳐졌다. 몸집이 큰 이탈리아 남자들이 드니로와 함께, 이 작은 연극을 보기 위해 작고 부서질 것 같은 엘리베이터를 탔다는 것이다. 믿을 수 없었다!"[125] 그리고 레오네는 맥거번에게 편안하게 앉기를 권한 뒤, 영화의 스토리를 들려주었다. 맥거번이 말했다. "그는 나를 앉게 했다. 나는 말그대로 하늘의 태양이 매시간 조금씩 움직였던 것을 기억하고 있다. 나는 이야기를 계속하여 들었다." 맥거번이 인정한 대로, 레오네는 진솔한 '연기자'임에 틀림없었다.

그런데 로버트 드 니로는 맥거번이 데보라 역에 적격이라는 사실에 별로 동의하지 않았다. 우선 그녀는 뉴욕 출신이 아니었다(일리노이 주의 에반스턴 출신). 레오네가 말했다. "로버트는 모든 배우가 뉴욕 출신이길 원했다. 특히 브루클린 액센트를 필요로 했다." 대사 읽기와 몇 번의 테스트를 위해 로버트 드 니로와 맥거번이 만났다. 맥거번의 기억이다. "나는 그가 나의 캐스팅에 대해 믿음을 갖고 있지 않다는 점을 본능적으로 알았다. 실제로 우리는 잘 어울리지 못했다. 처음부터 끝까지 그랬다. 드 니로는 사실주의적인 디테일에 대단히 집착했다. 세르지오도 사실주의적인 디테일에 결코 소홀하지 않았고, 나도 진심으로 말하는데, 사실주의적인 디테일에 절대 소홀하지 않았다. 그런데 어쨌든 드 니로처럼 열심히 일하는 배우와 일하는 것은 대단한 영감을 주었다. 그는 믿을 수 없을 정도의 집중하는 힘을 보였다." 대사 읽기가 끝난 뒤, 스크린 테스트가 이어졌다. 스크린 테스트를 한다는 점에 맥거번은 전혀 주저함이 없었다(대니 아이엘로는 테스트를 원치 않았다). "나는 내가 해야 할 역할에 확신하지 못했다. 실제로 시나리오에 따르면, 그 역할에 생명을 부여하는 것은 대단히 어려운 일이었다. 데보라라는 캐릭터는 야망도 있고 강한 성격이지만, 어떤 면에서 그녀는 상상의 여성이다. 나는 그때 그 점을 인식했고, 그래서 나는 스크린 테스트를 하길 원했다. 왜냐면 나는 그 역할을 편안하게 할 수 있을지 확신할 수 없었기 때문이었다."

촬영 자체에 대해 맥거번은 이렇게 말했다. "나는 세르지오의 연출 방식과 정말 많이 다투었다. 세르지오는 이런 식이었다. '눈을 위로, 저곳을 바라보고, 턱을 아래로 내려.' 늘 그런 식이었다. 그렇지만 나는 열정적으로 그의 비전을 실현하길 원했다. 때때로 나는 불행하게도 배우로서 내가 가진 도구와 그의 비전을 어떻게 연결할지 알 수 없었다. 나의 작업 방식은 한 장면에서 다른 배우들에게 즉각적으로 반응하는 것에 기반을 둔 것이었다. 그런데 만약 당신이 세르지오의 영화에서 연기를 주목하면, 그곳엔 일종의 거짓이 있음을 알 것이다. 예를 들어 (반응 숏이 아닌)정지화면 같은 것 말이다. 하지만 세르지오는 배우들에 대해 큰 인내심을 갖고 있었다. 심지어 다툴

때도 그랬다. 나는 대사가 없는 장면이 차라리 연기하기에 물 흐르듯 부드러운 부분이라는 점을 알았다. 그 영화에서 대사는 다른 방식의 연기라기보다는 극복해야 할 그 무엇이었다."

레오네는 1984년 5월, 잡지 카이에 뒤 시네마에 이렇게 말했다. "맥거번은 훌륭했다. 그녀가 보여줬듯 연기를 잘했고, 그때 불과 21살이었다. 분장 장면에서는 정말로 50살로 보일 정도였다. 나에게 그런 장면을 소화할 이상적인 모델은 발렌티나 코르테제(Valentina Cortese) 같은 이탈리아의 전설적인 배우였다. 코르테제는 항상 젊었다!" 레오네는 특히 누들스의 상상 속에서 데보라는 클레오파트라처럼 '나이를 먹지 않는' 여성이라는 아이디어를 좋아했다.[126] 엘리자베스 맥거번은 그 장면이 성공을 거둘지에 관해서는 확신을 하지 못했다. "세르지오는 내가 50살 같았다고 말했나? 그것보다 더한 말도 했다. '너는 언제 고등학교 졸업할 거야?' 같은 말. 1968년의 모든 장면에서, 사실 나의 노인 분장은 그다지 성공적이지 않았다. 내 입장에서, 그것은 절망적이었다. 하지만 다른 무엇을 할 수 있겠는가? 세르지오는 그 장면을 연극 '안토니오와 클레오파트라' 극장에서 찍었다(그래서 데보라는 거의 가부키처럼 분장하고 있었다). 그런데 고맙게도 연극 장면은 모두 잘렸다. 왜냐면 어느 순간에 연극은 모든 액션을 중단시켰다. 관객들은 갑자기 셰익스피어식의 언어에 익숙해지는 데 애를 먹을 것 같았기 때문이었다. 죽음 장면을 가부키 스타일로 그 지점에서 묘사하는 것은 정말 낯설었다. 나는 셰익스피어 연극 코치를 몇 달 동안 끝없이 옆에 두고 있었다. 그 코치는 셰익스피어 전문 배우 로버트 스티븐스(Robert Stephens)처럼 말했다. 그는 끊임없이 말했고, 또 했고, 셰익스피어의 모든 모놀로그를 다 알고 있었다. 그 모든 게 마치 꿈 같았다. 로마에서였다. 하지만 나는 실제로 셰익스피어 연극을 해본 적은 한 번도 없었다. 그것은 본능적으로 잘 해낼 수 있는 게 아니다."

'원스 어폰 어 타임 인 아메리카'는 한편으로는 누들스와 데보라의 낭만적 관계, 하지만 어둡고 이루어지지 않는 관계에 관한 영화다. 그 관계는 맥스와 캐롤 사이의 데카당스한 관계와 대조된다. 영화가 처음 개봉됐을 때, 이런 관계, 특히 두 개의 강간 장면은 이 영화에서 가장 논쟁적인 부분이었다. 그들은 갱스터 장르의 범위 내에서 '연인과 엄마'라는 보통의 관습을 너무 쉽게 넘어갔다. 강도 행각이 벌어질 때, 영화에서 이미 창녀라고 묘사된 캐롤(튜즈데이 웰드)은 폭력의 향연에 성적 흥분을 느낀다. 캐롤은 책상 위에 숙이고, 뒤에서 누들스가 그녀를 겁탈한다. 이후에 캐롤은 맥스가 누들스를 누르려고 할 때 끼어드는 바람에, 맥스에 의해 모욕을 당한다. 더욱 나쁜 점은 캐롤이 그런 대우를 아무렇지 않게 받아들이고, 항상 그들에게 더욱 자주 돌아온다는 것이다. 강도 폭행 장면에는 웃음을 유발하는 대사도 있다. "우리는 간다."(We're goin'), "너는 (나)오니"(You comin'). 데보라의 경우, 누들스의 뺨에 동정 섞인 키스(시나리오에는 언급이 없다)를 한 뒤, 그녀는 잔인하게 강간당한다. 그것도 두 번이고, 운전사가 딸린 리무진의 뒷좌석에서다. 이 장면은 아주 길게 찍혔다. 너무 길어, 보기에 불편할 정도였다. 잔인하고 세속적인 장면이었는데, 레오네는 배우들을 특별하게 대우했거나 보호하지도 않았다. 그 장면에선 음악도 없다. 두 장면은 관객은 물론 비평가들도 불편하게 했다. 1984년 5월 칸영화제에서 일부 관객은 로버트 드 니로에게 소리를 질렀다. "나는 여자로서 그 장면을 볼 때 몹시 당황했다. 나는 도덕이 모두 무너지는 것 같은 것을 느꼈다." 또 다른 공적인 비난은 레오네가 '명백한 여성 혐오주의자이고, 반페미니즘 사디스트'라는 것이었다. 데보라를 강간하는 누들스의 행위에 대해 레오네는 공개적으로 자기의 주장을 내놓았는데, 별로 동의를 받지는 못했다. 레오네는 그 행위가 '평생 원했던 유일한 것을 잃은 한 남자의 사랑의 행위'라고 말했다. 한 달 뒤인 1984년 6월 6일, 로스앤젤레스 타임스의 머리기사 제목은 이랬다. "강간 장면은 세르지오 레오네의 눈에는 '사랑'이다"[127)]

인정할 수밖에 없는 게, 맥스 일당의 모든 멤버는 감정적 반응이 좀 늦다. 그들은 마치 생생하게 살아 있는 여성과는 어떻게 관계를 맺는지 전혀 알지 못하고, 장난감에만 몰두하는 소년들처럼 행동한다. 그들은 여성 혐오주의자들이 아니라 성적 성숙기 이전의 소년일 뿐이다. 새로운 장난감을 들고, 놀이터에서 다른 소년들과 놀 때 편안함을 느끼는 아이들 말이다. 그런데 레오네는 자기 영화의 주요 캐릭터들이 얼마나 경멸의 대상이 될 수 있는지는 제대로 인식하지 못한 것 같다. 그리고 평소처럼 그는 카니발적인 것을 즐겼다. 일부 평론가가 말한 대로, 레오네는 그 동안에 바뀐 사회적 태도를 잘 인지하지 못하고, 1980년대에 1960년대의 영화를 만들었다는 지적도 받았다. 〈후드〉의 내레이터는 지나칠 정도로 확신에 가득 찬 10대임에는 분명한데, 그래도 소설 속에 캐롤이든 데보라든 강간 장면은 나오지 않는다. 두 장면 모두 1981년 촬영 스크립트를 손볼 때 첨가된 것이다.

그 장면에 대한 엘리자베스 맥거번의 생각은 이렇다. "리무진에서의 장면은 폭력적인 섹스를 미화한 게 아니다. 그건 지극히 불편한 장면인 것은 맞다. 그것이 의미하는 것은… 그는 갱스터 영화를 만들었다. 말하자면 극단적으로 폭력적인 삶의 습관을 가진 사람, 그리고 지독하게 잔인한 보기 드문 사람을 이용하지 않고는 갱스터 영화를 만들 수 없다. 당신은 '이 폭력은 잘못된 것이야.'라고 말할 수 있다. 또 그것을 더 확장하여 '영화에 나오는 모든 폭력은 잘못된 것이야.'라고도 말할 수 있다. 그렇다면 당신은 이렇게 말해야 한다. '우리는 법에 복종하고 옳은 일을 하는 사람들에 관한 영화만을 만들어야 한다.' 하지만 그런 영화들은 a)삶의 많은 부분을 놓치고 b)어떤 면에서는 매우 지루할 것이다. 당신은 어떻게 분명한 선을 그을 수 있나? 나는 그가 폭력을 포함하지 않고 갱스터 영화를 만들 수 있다고 생각하지 않는다. 그리고 내가 그 강간 장면에 나왔다. 나는 그것이 총을 뽑아 사람을 쏘는 것과 같은 것이라고 말하는 게 아니다… 여성 혐오의 문제는 전혀 다른 차원의 것이다. 일부 그런 문제가 들어 있다. 그건 상당히 이탈리아적인 장면이었다. 그래서 나는 그 역을 맡으며 악전고투했다… 여성 캐릭터는 마돈나 아니면 창녀였다. 이것도 이탈리아 문화의 한 부분이었다. 또는 이탈리아계 미국인 문화의 한 부분이었다."

레오네는 그 장면에 대한 질문을 받고, 두 가지 점에서 그것은 '영화의 중심'이라는 주장을 폈다. 첫째 그것은 누들스의 실패다. 누들스는 '자신에 관해 숨길 게 아무것도 없는' 유일한 사람과의 성인으로서의 관계 맺기에 실패했다. 이는 누들스의 마음의 상태, 그리고 로맨틱한 그의 경향에 대해 많은 것을 알려준다. 둘째, 누들스와 맥스에 대한 데보라의 영향은 '옛날 옛적 서부에서'의 질처럼, 그녀를 강한 캐릭터로 보이게 한다. 하지만 야망에 찬 계획 이외에, 한 명의 사람으로서 데보라의 캐릭터는 무엇인가? 레오네는 항상 주제를 누들스로 바꾸며 이렇게 답했다. "여성 혐오라는 비판은 너무 부조리하다. 강간 장면은 사랑의 절규이다! 누들스는 그때 교도소에서 살고 나온 지 얼마 안 됐다. 그는 오직 바깥에 사는 이 여성만 생각했다. 누들스는 데보라를 미친 듯 사랑했다… 데보라는 할리우드에서 어떤 이미지가 되기 위해 떠난다. 그러면 그녀는 누들스에게 다시 이미지로만 남게 된다. 누들스는 그녀가 절대 다른 사람과 나눌 수 없는 기억을 안고 떠나기를 바랐다. 그리고 그는 자신이 할 수 있는 최대의 폭력으로 데보라를 파괴했다."[128]

영화가 개봉됐을 때 영화잡지 '아메리칸 필름'(American Film)은 레오네에게 더욱 일반적인 질문을 하나 했다. "당신은 여성에 대해 반감을 갖고 있나요?" 레오네는 정석 같은 대답을 했다. "여성에 대해 반감을 갖는 그 무엇도 없다. 그리고 사실 나와 가장 친한 사람들은 여성이다. 무엇을 생각할 수 있나? 이런 걸 상상해보라. 나는 여성과 결혼했고, 몹쓸 아들은 없고, 또 두 여성을 딸로 두고 있다. 그래서 최소한 지금까지, 나의 영화에서 여성이 별로 다루어지지 않았다면, 그건 내가 여성 혐오주의자이거나 쇼비니스트이기 때문이 아니다. 그건 전혀 아니다. 사실을 말하자면 나는 늘 서사극(epic)을 만들었다. 서사극은 정의된 의미에 따르면, 남성의 세계이다."[129)]

엘리자베스 맥거번은 과거를 되돌아보며, 이런 주장을 폈다. 곧 영화의 여러 장면 중 가장 잘 작동한 것은 성인으로서의 누들스와 데보라를 이해하는 부분이 아니라, 그들의 어린 시절에 관한 플래시백이라는 것이다. "그 부분엔 뭔가 마법적인 게 있는 걸 느꼈을 것이다. 그건 성인 부분에서는 절대 성취될 수 없는 것이다." 1930년대와 1960년대의 에피소드에서 가장 중요한 문제는 맥스와 누들스의 결속 관계이다. 그런데 맥거번이 보기에, 그것이 우정이나 강박까지는 이르지 못했다는 것이다. 또 충분히 섹시하지도 않았다. "세르지오가 나에게 영화에 대한 그의 비젼을 이야기할 때, 그의 마음속에는 어떤 특별한 게 있었다. 곧 맥스와 누들스 사이의 관계인데, 그건 나쁘게 끝난 사랑의 관계였다. 나는 그런 점이 마지막 완결본에 충분히 표현됐다고 생각하지 않는다. 왜냐면 스크린에는 제임스 우즈와 로버트 드 니로 사이의 화학반응이 일어나지 않았다. 그런 화학반응을 얻는다는 건 매우 어렵다. 그런 일이 드 니로에게 일어나지 않았다. 그는 그만의 천재성, 그만의 비전, 그리고 그만의 근시안도 갖고 있다. 하지만 그것이 둘 사이를 연결하는 데는 작동하지 않았다."

맥거번은 그럼에도 영화가 드러내고 있는 창작자의 간절한 마음에는 감동했다. "세르지오는 마음속에 분명히 멜랑콜리한 느낌을 갖고 있었다. 왜냐면 영화의 이야기는 절대 과거로 돌아가지 못하는 망명자에 관한 것이기 때문이다. 반면에 단지 게임을 즐기듯 사는 사람들은 정상에도 오른다. 맥스처럼 말이다. 그들은 심장이 별로 없는 사람들이다. 누들스는 세르지오가 자신이 좋아하는 스토리로 돌아가는 것처럼, 과거로 돌아간다. 그리고 맥스처럼 게임을 즐기는 사람이 대가를 치르기 위해 걸어나가는 것을 본다. 그것이 누들스가 부순 조화이다. 하지만 그는 한 번도 못에 정확하게 망치질을 하지는 못한다."

멜랑콜리한 이 영화는 레오네 웨스턴 특유의 시각적 광활함을 피하려고 했다. 레오네가 말했다. "이번에 카메라는 오직 캐릭터를 따라갈 때만 움직였다. 이 영화는 상대적으로 스펙터클이 적다. 나는 감정을 강조하기 위해 테크닉을 썼다. '옛날 옛적 서부에서'처럼, 세계와 역사와 우주를 발견하기 위해 테크닉을 썼던 것과는 달랐다. 나는 이 영화가 더욱 정적인 것이 될 것을 알았다. 하지만 여기서 정적인 것은 시간이 정적인 것을 말한다. 모든 것이 아편 소굴에서의 정지로 향하고 있다."[130] 처음에 이 영화는 시네마스코프로 촬영될 예정이었다. 그런데 레오네는 촬영감독 토니노 델리 콜리와 첫 테스트를 한 뒤, 마음을 바꾸었다. 그가 말하길, 첫 번째 이유는 1980년대의 많은 극장이 시네마스코프 영화를 상영하는 시설을 갖추고 있지 않아서였다. 그러면 화면은 가장자리와 초점에 문제가 생겨 흐릿해질 것이다. 또 다른 이유는 레오네가 미국의 어느 호텔 방에서 토니노 델리 콜리와 함께 TV를 통해 '옛날 옛적 서부에서'를 본 뒤 생겼다. 화면은 TV에 맞게 조정한 '팬 앤드 스캔'(pan and scan) 방식이었다. 그것은 마치 큰 얼굴들이 아무런 배경 없이 드러난 것 같았다. 토니노 델리 콜리는 '완전히 엉망'이었다고 기억했다. '옛날 옛적 서부에서'가 발표된 이후에, 이탈리아 전체를 통해 일종의 비디오 혁명이 일어났고, TV 방송 소유자들이 늘어났고, 채널이 급격히 증가했다. 이런 점을 감안할 때, 레오네는 '원스 어폰 어 타임 인 아메리카'는 그의 트레이드마크인 레터박스(letterbox) 화면 비율 대신에 1.85:1의 표준 비율로 찍는 게 최고라고 생각했다.[131]

세르지오 레오네는 모든 일정을 1982년 6월 14일에 시작하는 것으로 정했을 때, 해리 그레이에게 다시 연락했다. 계약서의 한 조항에 따르면, 그레이는 소설을 영화저작권으로 팔 때 '제작의 고문'이 될 것을 규정하고 있어서였다. 촬영이 개시되기 몇 주 전, 레오네는 그에게 드디어 희소식을 알리기 위해 뉴욕에서 전화했다. 곧 모든 문제에도 불구하고 모험이 시작됐다는 소식을 알리기 위해서였다. 계약서를 재점검하는 것은 레오네에겐 큰 상징적 순간이었다. “해리 그레이의 삶에 ‘원스 어폰 어 타임 인 아메리카’는 기념물이었다. 그의 삶은 뉴욕항으로 들어오는 이민선을 환영하는 거대한 조각상(자유의 여신상)의 그림자에 있었다. 그래서 나는 희소식을 알리려고 전화했다. 그의 아내가 받았다. 메마르고, 잘 안 들리고, 피곤한 것 같았다. 해리 그레이와 통화할 수 있나요? 그녀가 답했다. 해리 그레이? 몇 주 전에 죽었어요.”[132] 그의 실물보다 상당히 커진 기념물에 대해, 늙은 남자 해리 그레이의 반응을 들었다면, 대단히 매혹적이었을 것이다.

늘 그랬듯 ‘시각적 디테일’은 레오네에게 중요한데, ‘꿈에 리얼리즘을 부여하기’ 때문이었다. 1930년대 그랜드 센트럴 기차역은, 당시는 존재하지 않았고, 그래서 레오네는 이를 파리의 북역(Gare du Nord)에서 찍었다. 어떤 장면에서 ‘13번 트랙’(Voie 13)이라는 프랑스 글자가 선명하게 보인다. 레오네가 지적한 대로, “그랜드 센트럴 기차역은 원래 파리 북역의 복제품이었다. 또 그랜드 센트럴은 북역과 같은 재료로 건설됐다.” 데보라가 기차를 기다리며 앉아 있던 역의 간이식당은 파리의 생드니 거리(Rue St Denis)에 있는 줄리앙 식당(Brasserie Julien)에서 촬영됐다. 소년들이 낡은 트렁크를 숨기던 역의 보관함은 뉴저지의 호보켄(Hoboken) 역에 있다. 롱아일랜드에 있는 베일리 상원의원 저택의 입구는 이탈리아의 코모호

수(Lake Como)에서 찍었다. 쓰레기 트럭은 로마 근교 프라티카 디 마레(Pratica di Mare)에서 촬영됐다. 플로리다의 해변 장면은 마이애미 근처 탐파(Tampa) 시의 세인트피터스버그(St Petersburg)에 있는 돈 시저 궁(Don Caesar Palace)에서 찍었다. 누들스가 데보라에게 강한 인상을 주려고 초대한 아트 데코(art deco) 스타일의 호텔은 베네치아에 있는 엑셀시오르(Excelsior) 호텔이다. 그곳에서 누들스는 어떤 와인을 주문해야 하는지도 모른다. 레오네가 말한 바에 따르면 이렇게 찍은 이유는 "롱아일랜드에는 그런 종류의 호텔이 이미 없어졌기 때문이었다. 어쨌든 그곳에 있던 원래 호텔들은 베네치아 궁전들의 복사품이었다. 그래서 나는 그 시퀀스를 베네치아에서 찍었다. 그건 논리적인 결정이었다."[133] 베네치아에서 찍은 것은 하나 더 있다. 소년들이 남부 뉴욕항에서 밀주를 담은 작은 통들이 수면 위로 올라오기를 기다리는 장면이다. 이 장면은 베네치아의 산업 항구인 포르토 마게라(Porto Maghera)에서 찍었다.

호텔로 가고 오는 장면은 딜(Deal) 근처, 북부 뉴저지에서 촬영했다. 뉴욕 남동부의 거리 장면은 브루클린의 윌리엄스버그 다리 아래로 몇 블록 떨어진 곳, 베드포드 거리(Bedford Avenue)의 모서리 근처 스트리트 사우스(Street South) 8번가, 그리고 이 근처의 모든 곳에서 찍었다. 하지만 가장 낙후된 지역은 로마에서 촬영했다. 깃털 공장은 스트리트 사우스 8번가 근처에서 여전히 가동 중이던 공장이었다. 레오네는 '대부 2'에서 사용됐던 길거리를 추천받았다. 하지만 그는 더욱 깊은 초점 심도를 원했다. 곧 네 블록이 모두 강 쪽으로 향해야 했고, 그리고 뉴욕의 '거대한 다리들' 가운데 하나는 있어야 했다. 그래서 스트리트 사우스 8번가의 2백 미터 거리와 그 주변은 미술감독 카를로 시미와 그의 팀에 의해 로마 피에트랄라타(Pietralata) 구역의 델레 메시도로 거리(via delle Messi d'Oro)에 있는 스튜디오에 복제됐다. 루카 모르셀라가 말했다. "브루클린의 사우스 스트리트 8번가는 로마의 '데 파올리스 스튜디오'(De Paolis Studios)에 재건축됐다. 또 '뚱보 모'의 주류 밀매점과 식당, 그리고 갱단의 사적인 사무실도 그 스튜디오에 만들어졌다. 주류 밀매점의 바깥은 뉴욕과 로마 모두에서 찍었다. 그곳의 내부는 전부 로마에서 찍었다. 벅시가 맥스와 누들스를 폭행하는 골목길은 로마에서 찍었다. 브루클린의 골목길은 너무 좁고 작았다. 데보라가 창고에서 춤추는 장면도 로마의 피에트랄라타에서 촬영됐다."[134)]

파업파괴자들이 노조 간부 지미 오도넬을 폭행하는 장면은 로마 시내에 있는 오래된 도살장 '마타도요 디 로마'(Mattadoyo di Roma)에서 촬영됐다. 그곳에서 누군가가 레오네에게 재미있는 이야기를 해주었는데, 그는 엄청나게 큰 쥐를 봤고, 그래서 고양이들이 심장마비를 일으켰다는 것이다. 점심때 레오네는 농담하며, 자신이 그 쥐를 본 장본인 가운데 한 명이며, 쥐들은 온 사방에 있었다고 주장했다. 그런데 '사실성'의 문제에서 보자면, 감독에게 가장 도움이 됐던 발견은 몬트리올과 그 인근에 있던 손상되지 않은 1920년대와 1930년대의 놀라운 건물들이었다. 레오네가 말했다. "그곳에서 탐색하고 촬영하는 사이에, 내가 발견했던 장소들 가운데 일부가 이미 파괴되고 있었다."[135)]

몬트리올에서 찍은 장면들은 이런 것들이다. 소년들이 불을 지르는 신문가판대, 누들스가 갇히는 감옥, 누들스 동료들의 총격전과 죽음, 크라우닝의 부하 킬러들이 기관총에 맞아 쓰러지는 클럽의 외부, 그리고 연방준비은행 등이다. 몬트리올은 또 '환상적인 옛날 고급 차들의 진열장' 같은 장소도 됐다. 조(버트 영)가 눈에 총을 맞는 장면은 퀘백 근처 '트루아 리비에르'(Trois Rivières)에서 촬영됐는데, 그 사건 이후 고급 차는 부두를 빠져나간다. 카를로 시미가 말했다. "그곳의 세인트로렌스강(the St Lawrence)은 바다 같았고, 도로 양옆에는 썩어가는 배들의 잔해가 늘어서 있다." 그런데 미술감독 카를로 시미는 그곳을 가장 좋아했다.[136)] 이 장면의 바로 앞에 나오는 보석 강도 장면은 로마 치네치타의 사운드 스튜디오에서 촬영됐다. 그리고 치네치타에서는 아편 소굴, 레지널드 마쉬/빅 애플 벽화, 페기의 매음굴, 병원 내부, 베일리 상원의원의 집에 있는 서재 등을 찍었다. 그림자 인형극은 '당시에는 방치된 로마의 극장'인 '테아트로 라 코메타'(Teatro la Cometa, 혜성의 극장)에서 촬영됐다. 인형극은 헤이그에서 이탈리아 대사관이 찾아낸 인도네시아와 네덜란드의 인형조종사들이 진행했다. 그것을 보는 관객은 로마에 있는 중국인 공동체 사람들이다(일부 노인들은 파리에서도 왔다). 그들은 왜 중국인 아편 소굴에서 인도네시아 인형극을 했는지에 대한 질문을 받고 이렇게 말했다. 루카 모르셀라의 답이다. "우리 중 누구도 그 점에 대해 생각하지 않았다."[137)]

촬영 순서는 이렇다. 먼저 1982년 6월 14일부터 7월까지 로마에서 촬영했다. 그리고 파리의 북역과 줄리앙 식당(나흘간), 베네치아로 이동, 다시 로마, 캐나다(8월 말), 뉴저지, 플로리다(나흘 혹은 닷새간), 뉴욕(10월 중순부터 12월까지), 로마로 다시 돌아왔고, 베네치아(뉴욕 항구 장면), 마지막으로 코모호수의 벨라지오(Belaggio), 그리고 다시 로마로 돌아왔다. 루카 모르셀라에 따르면, 정확한 일정을 계산하는 것은 약간 복잡했다. "우리는 뉴욕에서 로마로 돌아온 뒤, 일정 기간 촬영을 연기했다. 일이 계속 진행되지 못했다. 우리는 다시 로마로 가서, 1983년 2월까지 중단하지 않고 촬영했다. 그리고 우리는 베네치아로 갔다. 그곳에서 다시 촬영이 연기됐다. 이어서 우리는 코모호수로 갔다. 그리고 마지막 장면을 찍기 위해 우리는 로마와 근교인 '프라티카 디 마레'에 갔다. 그곳에서 베일리 상원의원의 저택 외부의 일부를 찍었다. 그리고 우리는 캐딜락 자동차의 폭발 장면도 그곳에서 촬영했다. 어떤 지점에서 우리는 색다른 클로즈업 장면을 찍었다. 자동차가 폭발할 때인데, 카메라는 자동차의 번호판을 선명하게 보여준다. 그것은 우리가 늘 하던 클로즈업과는 달랐다. 그 클로즈업은 누들스 주변을 따라다니는 의심스러운 검은 자동차와 함께 촬영됐는데, 뉴욕 퀸스에 있는 공동묘지에서 찍었다. 최종적으로 우리는 그 장면을 쓰지 않았다. 촬영은 1982년 6월에 시작하여 1983년 3월, 4월까지 이어졌다. 15일 정도 촬영이 중단됐고, 총 촬영 시간은 9개월 걸렸다."

프레드 카루소(Fred Caruso)는 1982년 2월, '제작 책임자 중의 한 명'으로 계약을 맺었다. 그는 복잡한 물류의 전문가였다. 1984년 6월, 그는 잡지 '아메리칸 필름'에 이렇게 말했다. "우리는 로마에 뉴욕 남동부의 거리를, 곧 세트를 만들었다. 그건 브루클린의 실제 거리처럼 제작됐다. 또 몬트리올에서 그 거리처럼 작업해야 했다. 두 장소는 정확하게 연결돼야 했다. 우리는 두 곳을 번갈아 가며 촬영해야 했기 때문이었다. 우리가 몬트리올에 간 이유는 뉴욕에서는 시대에 맞는 건물들을 충분히 확보할 수 없어서였다. 뉴욕의 빌딩들은 모던한 광고판, 모던한 가로등, 모던한 전봇대로 뒤섞여 있었다. 그리고 몬트리올은 뉴욕에서 한 시간밖에 걸리지 않아, 접근성이 좋았다(레오네가 스트리트 사우스 8번가의 촬영 깊이를 확보하기 위해 그곳을 직접 선택했다). 레오네는 브루클린의 그 거리를 특히 좋아했는데, 배경에 윌리엄스버그 다리가 있어서였다. 그가 말했다. '이것이 미국이야. 이런 스타일의 다리는 유럽에 없어. 이 다리는 모든 이에게 이곳이 뉴욕이며, 이곳이 미국이며, 이곳이 맨해튼의 남동부라고 말해주고 있어.' 또 그 거리를 선택한 데는 다른 이점도 있었다. 거리의 한쪽은 많은 집이 시 당국 소유이거나, 방치됐거나, 또는 판자로 문들이 닫혀 있었다. 다른 한쪽에는 유대 식품인 '크니시'(knish)를 만드는 공장이 블록의

2/3를 차지하고 있었다. 그래서 우리는 그쪽의 소유주 한 명과 협상하면 됐다. 지금도 그곳에는 문제가 많다."[138]

가게의 가짜 정면이 만들어졌고(예를 들어 '마리오의 채소가게'는 '성 코헨의 히브리어 서점'으로 변했다), 가게의 창문은 영어와 이디시어(Yiddish) 문자로 장식됐다. 그리고 작은 유대인 사원과 묘지는 카를로 시미와 이탈리아인 장인들이 유리섬유로 만들었다. 5백 명의 배우들이 유대의 하시딤(Hasidim) 스타일 옷을 입었다. 그곳의 실제 거주자들(대부분 푸에르토리코 사람들)은 넉 달 동안 정면 유리창을 판자로 막고 살도록 설득했다. 사우스 스트리트 8번가를 장식하는 소도구에만 10만 달러를 썼다. 레오네와 그의 스태프는 1982년 10월 쌀쌀한 날씨 속에 그곳에 도착했다. 그들은 이미 로마에서 세부 사항을 일치시키는 장면과 실내 장면을 찍어 두었다. 두 개의 대군중 장면을 찍을 때, 이 장면은 '더럽혀진 얼굴의 천사'에 나왔던 비슷한 군중 장면보다 더욱 장대했는데, 잡지 '뉴욕'의 한 기자는 실제로 그곳에 살았던 어느 하시드(Hasid) 유대인 커플이 구경을 하며, 이런 말을 하는 것을 들었다. "남자와 여자가 유대 교회에 함께 가고 있다. 그들은 심지어 서로 만지기도 한다. 이것은 정말 잘못된 것이다… 이 영화의 배경은 1920년대이다. 그런데 거리에는 우리처럼 옷을 입은 사람들이 넘친다. 하지만 당시에 하시드 유대인은 미국에 거의 없었다. 우리는 주로 홀로코스트 이후에 이곳에 왔다." 지금 촬영 중인 영화가 '범죄에 관한 것'이라는 정보를 들은 또 다른 구경꾼은 완전히 혼란에 빠지고 말았다. "범죄와 하시드? 하시드라면 원칙적으로 이 영화를 인정할 수 없다. 문제를 더욱 혼란스럽게 하는 것은 엑스트라 가운데 일부에는 하시드의 옛 성원이 끼어 있다는 점이다."[139)]

루카 모르셀라는 뉴욕 촬영 때의 조감독이었다. 그는 레오네의 완벽주의, 아니 보통 때의 잣대보다 더욱 강박적이었던 레오네의 태도에 대해 말했다. "우리는 브루클린에서 8백여 명의 엑스트라와 함께 촬영하고 있었다. 그곳엔 15개의 다른 시기에 해당하는 차들, 픽업 트럭들, 온갖 종류의 동물이 있었다. 왜냐면 그건 시장 시퀀스였고, 세르지오는 모든 것을 크레인(Chapman crane) 위에 앉아 보고 있었다. 우리는 그 장면을 35번이나 찍어야 했다. 엑스트라들 사이에 빈틈이 생겼거나, 어떤 차가 제 때에 출발하지 않았거나, 혹은 이런 이유, 또 저런 이유 때문이었다. 항상 세르지오의 마음에 들지 않는 것이 생겼고, 그러면 우리는 다시 찍어야 했다. 26번째 혹은 27번째 촬영을 할 때였다. 모든 사람이 숨을 죽이고 있었다. 이번에는 잘 되고 있었기 때문이었다. 분명히 잘 되고 있었고, 모든 게 잘 될 것 같았다. 그런데 촬영이 거의 끝나기 2초 혹은 3초 전, 세르지오는 갑자기 미친 사람처럼 소리를 질렀다. '저것을 죽여'라고 말하며 실제로 그럴 듯 행동했다. 모든 사람이 정말 놀랐다. 그들은 이번에는 모든 게 완벽했다고 생각했기 때문이었다. 세르지오는 크레인에서 내려왔고, 카메라로부터 20미터 떨어져 있는 곳에서 어떤 소녀가 촬영 중에 카메라를 정면으로 쳐다보았다고 말했다… 세르지오는 작업이 끝날 때까지, 프레임과 카메라 움직임과 촬영장에 관한 모든 것을 점검했다." 촬영 감독 토니노 델리 콜리가 덧붙였다. "그가 뭔가를 마음먹으면, 아무것도 바꿀 수 없었다… 그는 필름에 절대 드러나지 않을 그 무엇을 찾아내려고 했다. 나는 그건 별로 중요하지 않다고 여러 번 말했다. 하지만 그에겐 모든 게 완벽해야 했다. 나는 가끔 옆으로 물러나 있었다. 그렇게 하는 것이 그가 사물을 보는 방식이었다."[140)]

레오네는 사이즈가 큰 푸른색 스웨터에 긴 붉은색 스카프, 그리고 안경을 쓴 눈으로 크레인에서 모든 것을 내려다보았다. 그는 크레인에 없을 때는 유대인 한 사람 한 사람에게 다가가 그들의 옷 매무새를 고치거나, 어린 누들스가 늙은 누들스가 했던 방식과 똑같이 모자를 쓰고 있는지 확인하고, 말할 것도 없이 로버트 드 니로의 점이 소년의 오른쪽 뺨에 제대로 있는지 확인에 확인을 거듭했다. 또 레오네는 프로듀서가 동네의 개구쟁이로 고용한 푸에르토리코 10대들과 협상하고, 그러면서 동시에 기자들에게는 인용할 수 있는 문장을 전하곤 했다. 예를 들어 "디테일이 중요하다. 하지만 그것이 전부는 아니다. 비젼이 전부이다." 같은 문장들 말이다. 물류 담당 프로듀서인 프레드 카루소는 45명의 이탈리아인, 그리고 이들의 대응관계에 있는 미국인들과 함께 뉴욕의 가장 가난한 동네에서 미국인 배우들을 촬영하는 작업을 했다. 그는 특히 이 지역 출신 히스패닉 사람들과 하시드 유대인들을 주의 깊게 관찰했다. 카루소도 자기 일을 분명하게 해내야 했다. "그곳에선 항상 언어의 문제가 발생했다. 하지만 사람들이 상상하는 만큼 나쁘지는 않았다. 우선 세르지오가 데려온 많은 이탈리아인이 있었다. 몬트리올에서 일부 이탈리아 사람은 프랑스말을 했고, 일부 캐나다 사람은 이탈리아말을 했다. 나처럼 일부 미국인들은 이탈리아말을 했다. 그리고 일부 이탈리아 사람들은 영어를 했다. 기억나는 일이 하나 있는데, 이탈리아인 조명 책임자가 미국인 조명 책임자에게 무언가를 설명하려고 했다. 그들은 스페인말을 하며 그 문제를 풀었다. 그런데 '정말로' 국제적인 언어는 손가락이었다. 누군가가 이해하지 못하면, 그들은 손가락으로 가리켰다."[141)]

레오네는 약 45명인 이탈리아인 스태프를 보충하기 위해, 미국인 스태프를 예비용으로 고용했다. "사실을 말하자면, 그들은 나에게 전혀 도움이 되지 않았다. 나는 미국에서 그 지역에 있는 두 개의 주요 노동조합 가운데 상대적으로 작은 조합과 협상했다. 그래서 나는 미국인 기술자들에게 이탈리아인 기술자들보다는 덜 지급할 수 있었다. 내가 나의 스태프와 일할 때, 미국인 기술자들은 집에 있었고, 나는 그들에게 임금을 지급했다. 이 점이 두 조합 사이에 문제를 일으켰다. 하지만 나는 그렇게 해서 많은 돈을 아낄 수 있었다. 만약 당신이 뉴욕에서 촬영을 해보면, 그건 미친 짓이라는 것을 알게 될 거다. 예를 들어 주차된 차 1백 대가 필요하면, 당신은 1백 명의 운전사 모두에게 주급으로 1천3백 달러를 지급해야 한다.

나는 작은 조합을 이용하여, 적게 고용할 수 있었다. 더 큰 조합은 화가 났고, 중요한 인물들을 통해 그 소식을 주변에 알렸다. 조합은 로널드 레이건과 에드워드 케네디에게 호소하여 도움을 요청했다. 그들은 시위를 조직했고, 전형적인 슬로건을 내걸었다. '미국이 경제적 어려움에 빠져 있는데, 왜 이탈리아인 스태프가 우리 영토를 침범하게 내버려두는가?' 실제로 우리는 협상 된 날짜에 맞추어 떠나야 했다."[142] 레이건 관련 언급은 레오네가 말한 과장된 내용과 달랐다. 소식지 '버라이어티'는 1983년 3월 30일에 관련 보도를 냈다. 헤드라인 제목은 '외국인 스태프의 입국을 반대하는 IATSE'였다. IATSE(International Alliance of Theatrical Stage Employees)는 '국제 극장 무대 종사자 연맹'이다. 보도에 따르면 레이건 대통령은 노동부에 지시를 내려, 브루클린에서 세르지오 레오네가 영화를 촬영할 때, 입국한 '외국인 스태프의 숫자'가 얼마나 되는지 조사하라고 했다. 그런데 그때는 레오네가 이미 고국으로 돌아가서, 스트리트 사우스 8번가를 복제한 세트에서 안전하게 작업하고 있었다.[143]

레오네는 진짜 스트리트 사우스 8번가에서 촬영할 때, 멀리 있는 윌리엄스버그 다리가 보이길 원했다. 이것은 조합뿐만 아니라 경찰까지 화나게 했다. 그 일에 대해 루카 모르셀라가 잘 기억하고 있었다. "그건 1923년 관련 장면이었다. 우리는 그 다리를 선명하게 볼 수 있었다. 뉴욕 당국은 우리에게 촬영허가를 내주었는데, 11시 정각부터 12시 정각이라고 알렸다.

그것 자체가 특별 대우였다. 그런데 누구나 예상할 수 있는 일이 벌어졌다. 세르지오는 12시 정각이라는 말에 행복할 수 없었다. 그는 늘 그랬듯, '한 번만 더'를 요구했다. 세르지오는 관련자들에게 '한 번 더 촬영'할 수 있도록 끈질기게 설득했다. 그래서 프레드 카루소와 이탈리아인 제작 책임자 마리오 코토네(Mario Cotone)는 워키토키를 들고, 자기 차를 타고 다리에 가서, 모두의 앞에 섰다. 그때는 다리는 닫혀 있었다. 그런데 경찰이 '당장 다리를 열어.'라고 말했고, 그러자 차들이 몰려왔다. 카루소와 코토네는 첫차들을 지나가게 했다. 그리고 그들은 자신들의 차로 다리를 다시 막았다. 마치 차가 고장난 것처럼 행동했다. 알겠지만 촬영 시간을 벌기 위해서였다. 그래서 세르지오는 다시 촬영하는 데 충분한 시간을 가질 수 있었다. 경찰은 몹시 화가 났다. '외국의 제작사가 여기에 와서 촬영할 수 있게 허가를 내주는 것은 이것이 마지막일 것이다.' 다음날 뉴욕의 어느 신문에 난 기사였다."[144)]

테드 커딜라(Ted Kurdyla)는 뉴욕에서의 연락(liaison) 담당으로 계약을 맺었다. 그는 스태프들이 미국에 있는 동안에는 더욱 복잡한 물류 문제와 씨름해야 했다. "로버트 드 니로가 뉴욕의 어느 극장에서 엘리자베스 맥거번을 마중하는 장면이 있다. 그는 엘리자베스를 태우고 롱아일랜드 해변에 있는 믿을 수 없을 정도로 아름다운 아르 데코 장식의 식당으로 간다. 식당 안에는 바이올린과 샴페인이 있고, 이어서 해변에서의 춤, 그리고 드라이브하여 돌아오는 장면이다. 이 장면은 모두

1930년대에 관련된 것이다. 스크린에는 아마 5분 정도 보일 것이다. 하지만 우리는 극장 내부는 몬트리올에서, 극장 외부는 뉴욕에 있는 어느 오래된 호텔에서, 드라이브는 뉴저지 북부에서 찍었다… 그리고 대서양의 바다는 사실 (이탈리아의)아드리아해 바다였다. 그렇게 한 것은 세르지오가 원했던 것과 아주 비슷한 촬영장소를 찾지 못해서가 아니었다. 우리는 그가 상상한 '바로 그것'을 가져와야 했다. 예를 들어 세르지오는 쓰레기 트럭을 어떤 책에서 보았다. 그는 영화에서 그 트럭을 쓰기를 원했다. 우리는 그 트럭을 확보해야 했다. 그가 상상한 트럭 모습은 쓰레기들을 갈아버리는 이빨처럼 생긴 장치에 근거한 것이었다. 어쨌나, 우리는 모든 곳을 뒤졌다. 우리는 미국 안에 있는 거의 모든 쓰레기 트럭을 봤을 것이다. 하지만 우리는 그 트럭을 찾을 수 없었다. 세르지오는 그 트럭과 비슷한 다른 것으로는 받아들이지 않았다. 그래서 우리는 그 트럭을 제작했다. 그런 일이 세르지오를 특별하게 만들었을 것이다. 사실 모든 감독은 어느 정도 그런 면을 갖고 있다. 그런데 세르지오는 감독과 미술 감독의 혼합 같은 인물이었다."[145] 그리고 트럭은 표면에 35라는 숫자를 드러내야 했다. 그건 누들스가 숨어 있던 햇수를 말한다.

이탈리아에서는 언론들이 이미 이 영화의 규모와 야망에 대해 말하기 시작했다. 작가 루치아노 빈첸초니가 말했다. "사람들은 '원스 어폰 어 타임 인 아메리카'의 분위기에 대해 말하고 있었다. 세르지오는 아편 소굴을 기어코 만들어냈다. 그 소굴은 마치 테르미니 기차역처럼 큰데, 연기와 복층 침대로 가득 차 있다. 이것은 물론 과장이다. 아편 소굴은 이곳의 중국인 지역에서 실제로 볼 수 있다. 영화보다 훨씬 지저분하다. 그런데 영화관의 객석 중간에 어떤 작은 남자가 앉아 있는 것을 상상해보자. 그는 거대한 스크린을 보고 있고, 클로즈업에서는 가로 6미터 세로 3미터 크기의 머리를 보게 된다. 그는 이런 이미지에 거의 두들겨 맞는 것이다. 그는 영화관을 떠날 때, 자신에게 영향을 준 강한 인상을 함께 가지고 간다. 레오네는 항상 '영향을 만들어' 냈다."[146] 작가 레오(나르도) 벤베누티는 바로 이 점이 레오네의 특성이라고 말했다. "만약 복층 침대에서 아편 피우는 사람이 한 명 떨어지면, 그는 죽을 것이다. 그건 불가능한 구조였다. 하지만 평범함은 세르지오의 것이 아니었다. 그래서 카를로 시미가 아편 소굴을 마치 대성당처럼 만들었다."[147]

레오네의 작업 방식에는 돈이 많이 든다. 제작자 아넌 밀천은 처음에 예산을 1천 8백만 달러로 잡고, 촬영 일정은 20주가 될 것이라고 예상했다. 이 계획은 변했다. 제작이 진행되며, 예산은 2천 3백만 달러, 일정은 30주가 될 것이라고 공식적으로 알렸다. 그런데 30주는 36주로 늘어났고, 또 그 이상이 됐다. 레오네의 계산에 따르면, 총비용은 1천 5백만 달러였다. "현장의 제작비만 계산했다. 나, 드 니로, 주요 배우의 개런티, 그리고 사후제작비는 뺀 것이다. 나는 그 액수를 확신할 수 있는데, 왜냐면 내가 일정을 넘어 촬영할 경우 개런티가 삭

감되기 때문이었다." 루카 모르셀라는 제작비가 '2천만 달러를 약간 넘었다'라고 추측했다. 영화가 개봉한 뒤에 나온 소식지 '버라이어티'의 계산에 따르면, 제작비는 3천만 달러가 넘었다. 프레드 카루소는 잡지 '아메리칸 필름'과의 인터뷰에서 "우리가 예산을 넘어 비용을 썼다는 것은 공정하지 않다."라고 말했다. 하지만 그는 시나리오에 쓰인 것과 실제로 촬영된 것 사이의 차이가 특별히 컸다는 점은 인정했다. 이것이 문제를 어렵게 했다. 카루소가 말했다. "시나리오에서 당신은 무언가를 읽을 수 있다. 그리고 그것은 괜찮은 작은 장면이라는 것도 알 것이다. 하지만 세르지오의 상상에서는 모든 장면은 거대해진다. 기념비적인 시각적 서사극이 된다. 그래서 장면은 시나리오에서 당신이 읽은 것의 두 배, 세 배, 아니 열 배로 커진다. 항상 그렇다. 나는 좋은 의미에서 이 점을 말하고 있다. 세르지오는 다른 사람이 하지 못하는 것을 시각화한다."[148)]

마지막 시퀀스는 베일리 상원의원 저택의 문밖에서 촬영될 예정이었다. 그곳에서 '누군가'가 쓰레기 트럭에 의해 씹혀 먹히는 것처럼 보이는 장면이다. 그러면 부패한 제국의 혐오스러운 종말에 걸맞을 것이다. 그때 제임스 우즈는 이미 계약서 이상의 일을 했고, 미국으로 돌아가 있었다. 세르지오 레오네는 단지 파티용 양복을 입은 인물이면 된다고 말했다. 레오네는 우즈가 떠나기 전에도 이런 말을 했었다. "나는 너 같은 인물을 원해. 하지만 너는 아니야." 레오네의 설명에 따르면 베일리는 트럭 운전사 조합의 사라진 위원장인 지미 호파(Jimmy

Hoffa)에 근거한 인물이었다. 호파는 조합원들의 연금 펀드를 마피아에게 빌려주는 위험한 도박을 했었다. 레오네는 비밀을 털어놓듯 말했다. "우리는 마음속으로 '그'가 쓰레기 트럭에 들어갔다고 생각한다. 하지만 우리에겐 그것을 확신할 어떤 증거도 없다. 나는 그렇게 남겨두기를 원했다." 촬영을 앞두고 1주일의 휴지기가 있었다. 책임 프로듀서인 클라우디오 만치니는 대역을 구하여 작업할 것을 제안했다. 레오네는 전혀 동의하지 않았다. 그러면 모호함이 줄어들 것이었다. 한편 루카 모르셀라는 그레고리 펙의 대역을 했던 사람을 가까스로 찾아냈다. 그의 육체적 외형은 우연하게도 제임스 우즈의 그것과 아주 비슷했다. 제작팀은 그에게 베일리 상원의원의 옷을 입히고, 얼굴에 성형용 분장을 붙였다. 그리고 모르셀라는 라프란 제작사의 편집실에서 일하던 레오네에게 '1초만 나오라'고 부탁했다. 그곳은 비르마니아 거리(via Birmania)에 있었다. 대역은 그 길의 끝에서 레오네에게로 걸어갔다. "그는 제임스 우즈가 했을 것처럼 행동했다. 늙었을 때 우즈는 다리가 흔들리는 연기를 했다." 레오네는 강한 인상을 받았다. 하지만 그는 대역을 공개적으로 보여주려고 하지 않았다. 레오네가 말했다. "이리 와. 내가 어떻게 할지 보여줄 게." 말하자면 레오네는 자기만의 장면을 마음에 품고 있었다.[149)]

쓰레기 트럭이 지나간 뒤, 누들스는 술 취한 파티 참가자들로 꽉 차 있는 승용차를 바라본다. 스크립트에 따르면, 이 장면은 금주법이 폐지되는 1933년 12월 3일 뉴욕 차이나타운의 밤으로 바뀐다. 레오네는 이 거리의 축제 장면을 당대의 유행에 맞춰 찍으려 했다. 루카 모르셀라가 말했다. "차이나타운 장면은 스크립트에 있었다. 하지만 잘라냈다. 누들스는 아편 소굴로 들어가기 전에 차이나타운을 어슬렁거린다. 그는 술 취한 사람들 사이로 걸어 다닌다. 이 장면 대신에 우리는 누들스에게 밝은 전조등을 켠 승용차가 한 대 다가오는 것을 찍었다. 상원의원의 저택 대문이 있는 바로 그 자리이다. 로마 근교의 '프라티카 디 마레'에서다. 화면의 뒤쪽에 석탑 구조물이 있는 게 보일 것이다. 이어서 드 니로가 아편 소굴에 있는 것을 본다. 그런데 누들스가 차이나타운의 거리로 어슬렁거리며 걸어가는 장면에 관한 이야기인데, 세르지오는 그것을 홍콩에서 찍으려고 했다! 2천 명 정도의 엑스트라와 함께 말이다. 선원들, 술 취한 사람들, 축하하는 사람들…"[150] 카를로 시미가 그려낸 영화 속 '차이나타운'은 이 영화에서 가장 정교한 시퀀스 가운데 하나가 됐다.

1983년 2월, 레오네는 필름 통에 10시간에 해당하는 촬영분을 갖고 있었다. 이탈리아에서 촬영한 장면을 위해 합류한 편집기사 니노 바랄리(Nino Baragli)의 도움을 받아, 이 촬영분은 6시간으로 줄어들었다. 그러자 최종적으로는 영화가 두 파트로 구성될 필요가 없다는 데 동의했다. 레오네는 3시간 49분짜리의 산뜻한 편집본을 만들었다. 그가 이상적으로 생각한 원래의 상영시간은 '4시간 10분에서 4시간 25분 사이'였다. 레오네는 마음에 들지 않았지만, 전체 영화에서 의미 있는 촬영분도 45분에서 50분 정도를 잘라냈다. 1922년 누들스가 월셋집으로 돌아가니, 부모들은 기도하러 갔고, 식탁에는 아무 먹을 것도 없는 장면 같은 것들이다. 몇몇 시각적 라이트모티프도 없어졌다. 누들스를 따라다니는 검은색 리무진과 불길한 쓰레기 트럭 등도 잘라냈다. 베일리 상원의원이 조합 간부였던 늙은 지미 오도넬과 연금 사기를 놓고 논쟁을 벌이는 것, 아편에 취한 누들스가 자신과 맥스와 다른 동료들의 어린 시절에 대해 플래시백 하는 것 등도 없어졌다. 레오네가 잘라낸 부분 중에서 개인적으로 가장 아쉬워한 것은 '여성과의 관계에 관한 것'이었다. 편집실의 복도에는 리버스데일 공동묘지의 책임자로 나왔던 루이스 플레처(Louise Fletcher, '뻐꾸기 둥지 위로 날아간 새'로 아카데미 여우주연상 수상)의 연기 부분 필름이 잔뜩 쌓여 있었다. 이브로 출연한 달랜 플뤼겔의 많은 장면도 없어졌다(누들스를 만나는 장면, 누들스가 그녀는 패드를 넣은 브래지어를 하고 있다고 밝히는 장면). 그리고 엘리자베스 맥거번 관련 몇 장면(버스비 버클리 공연과 셰익스피어 공연에 관한 연습 장면), 또 캐롤로 나온 튜즈데이 웰드가 요양원에서 누들스에게 맥스는 매독에 걸렸다고 말하는 장면 등이다.

1983년 4월 중순, 레오네는 카이에 뒤 시네마와 긴 인터뷰를 했다. 그때 미국의 배급회사인 '래드영화사'(the Ladd Company)에서 이미 불협화음이 들려왔다. 영화는 더욱 짧게 편집되어, 165분에 맞추어야 한다는 것이었다. 레오네가 계약할 때 그렇게 약속했다고도 주장했다. 레오네는 답변을 앞두고 공포를 느꼈다. 4개월 뒤, 영화의 길이는 180분 또는 210분이 되어야 한다는 내용에 합의하기 위한 토론이 전개됐다. 하지만 원래의 229분은 변하지 않고 고수됐다. 1983년 12월 27일, '뉴욕 데일리 뉴스'에 따르면, 래드영화사의 경영진은 영화관들이 그렇게 긴 영화를 상영하는 데 강하게 저항하는 것을 염려하고 있다고 전했다. 그래서 문제는 30분 정도 잘라내는 정도가 아니라, 전체 이야기를 다시 구성해야 할지도 모른다고 했다. 플래시백 장면을 해체하여, 이야기를 연대기 순으로 다시 편집할 수 있다고 했다. 래드영화사는 레오네가 원래의 상영시간 목표에 실패했기 때문에 최종 편집권이 박탈됐다고 주장했다. 레오네의 주장은 달랐다. 제작자와의 원래의 합의가 잘못 전달됐다고 말했다. 그는 제작자 측이 두 파트의 영화를 '원한다'라고 생각했다. 상상할 수 있듯, 레오네는 몹시 화가 났다. 레오네는 229분짜리 판본에 마지막 손질을 하며 대단히 바쁠 때, 경쟁 판본의 가능성에 위협을 느꼈다. 1시간 이상 줄어들고, 대서양 반대편에 있는 누군가에 의해 편집되고, 그것도 레오네의 허가 또는 감수를 전혀 받지 않는 판본 말이다.[151)]

크게 문제가 됐던 것은 정교하지만 혼란스럽고 대단히 폭력적인 도입부였다. 그건 끝없이 울리는 전화벨 소리로 절정에 이르렀다. 벨 소리는 영화 전체를 설명하는 데 필요한 것이다. 잡지 '아메리칸 필름'의 메리 콜리스(Mary Corliss)가 그 장면에 대해 말했다. "벨 소리는 아주 길고 컸다. 모두 22번 울렸다. 그 벨 소리는 아직 관객들이 이해하지 못하는 장면들이 이어질 때도 계속 들린다. 쉽게 상상할 수 있는데, 벨이 다섯 번 정도 울리면 래드영화사의 앨런 래드 주니어(Alan Ladd Jr)는 이것으로 레오네가 무엇을 하려는 지 알아내려고 할 것이다. 10번 울리면, 그것은 관객에게 고통을 준다고 판단할 것이다. 15번 울리면, 일부 관객이 '빌어먹을 전화 받아!'라고 소리지르는 것을 상상할 것이다. 20번 울리면, 그는 다른 사업을 하고 싶을 것이다. 그리고 벨 소리가 20초쯤 울렸을 때, 저주받을 그 영화의 길이를 줄여, 영화관 주인들이 받아들일 수 있게 만들 것이라고 결심할 것이다."[152)]

3시간 49분짜리 '원스 어폰 어 타임 인 아메리카'는 베르톨루치의 '1900' 이후 할리우드에서 개봉되는 가장 긴 영화가 될 것이었다. 당시 래드영화사는 미국 국내 시장에서 '필사의 도전'(The Right Stuff)이 참패하는 바람에, 그 여파로 비틀거리고 있었다. 그 영화는 3시간 14분짜리였다. 또 부각된 문제는 로버트 드 니로가 5년 전에 나왔던 '디어 헌터' 이후, 흥행 성공작을 내놓지 못하고 있다는 점이었다. 1984년 2월 17일, 보스턴에서 227분짜리 판본의 비공개 시사회가 열렸다. 2분은 폭력 때문에 잘렸다. 그런데 이 판본은 배급업자들에게 공포를 주었다. 시사회에 참석한 관객들의 응답 카드에는 이런 말들이 쓰여 있었다. '혼동을 준다', '화가 난다', 그리고 '너무 길다' 등이었다. 다음 날 워싱턴 D.C.에서 열기로 한 두 번째 비공개 시사회는 즉각 취소됐다.

레오네는 카이에 뒤 시네마와의 인터뷰에서 자신의 불안을 모두 토로했다. "그들은 이제 한 시간을 잘라내려고 한다. 특히 도입부 장면이다. 이것을 가능하게 하려면, 그들이 나의 플래시백 구조를 허무는 것이다. 나는 그럴 준비가 되어 있지 않았다. 나는 아주 훌륭한 프랑스 변호사 레오 마타라소(Leo Matarasso, 오손 웰스의 변호사)를 준비했다. 그리고 계약서는 프랑스 민법에 따라 작성돼 있었다. 나는 그 어떤 축소판이든, 배급되는 것을 막기 위해, 미국에도 변호사를 두었다. 나의 첫 번째 공격은 당시 프랑스에 있던 제작자에게 반하는 행동을 하는 것이었다. 미국판 엔딩에는 승리자도, 또 보호자도 없는 것이 사실이다. 래드영화사는 워너 브러더스의 영향 아래 있었다. 워너 브러더스에는 독보적인 한 명의 제작자가 있는 게 아니다. 그곳엔 많이 있었다. 그들은 모두 같은 방식으로 생각하고, 정해진 규칙에만 따라 일했다. 그들은 배급업자들과 전쟁하는 것을 원치 않았고, 그 결과를 책임지는 것도 원치 않았다. 내가 만든 것은 시간과 기억과 영화에 관한 영화다. 나의 영화는 '대부 1'혹은 '대부 2'(이는 1978년 4부작 TV 시리즈로 만들기 위해 재편집하기도 했다)가 아니다. 내 영화를 연대기 순으로 편집한 것은 볼 수 없을 것이다. 사실을 말하자면 워너 브러더스의 이 신사들은 메이저 영화사들 사이에서 항상 변하는 자기들의 일에 겁을 먹었다… 존재하지 않는 적과 싸우는 것은 어려운 법이다."

1984년 5월 20일 칸영화제의 비경쟁부분에서 '원스 어폰 어 타임 인 아메리카'의 3시간 49분짜리 판본이 소개됐다. 많은 비평가가 최고의 점수를 주었다. 이 판본은 전 세계를 통해 레오네 영화 가운데 최고의 찬사를 받았다. 하지만 일부 여성 관객들은 강간 장면의 '노골적이고 불필요한 폭력'을 이유로, 드 니로와 레오네를 비판했다. 드 니로는 양털로 만든 모자를 쓰고 있었다. 당시 그의 앞머리가 자꾸 뒤로 벗겨지고 있어서였다. 그는 모자를 눈 아래까지 푹 눌러쓰고, 아무 말도 하지 않고 앉아 있었다. 행사가 끝나자 드 니로는 앙티브(Cap d'Antibes)에 있는 호텔로 바로 돌아갔다. 그것이 드 니로가 공개적인 장소에서 영화 홍보에 참석한 마지막 자리였다. 레오네는 시사회를 마치고 나오며, 이탈리아의 거물 제작자인 디노 데 라우렌티스를 만났다. 그는 영화가 최고라고 말하며, '최소한 30분 정도를 자르면' 틀림없이 수익을 낼 것이라고 내다봤다. 디노 데 라우렌티스는 상영시간에 관해 의견을 낸 마지막 사람이었는데, 레오네는 그의 의견을 받아쳤다. 왜냐면 "디노는 두 시간짜리 영화를 만들면, 네 시간짜리처럼 느끼는데, 나는 네 시간짜리 영화를 만들어, 두 시간짜리로 느끼게 했기 때문이었다."[153)]

다툼을 통해서라도 영화를 구해내려는 레오네의 여러 노력에도 불구하고, '원스 어폰 어 타임 인 아메리카'는 미국 시장을 위해 재편집됐다. 편집은 자흐 스탠버그(Zach Staenburg)가 래드영화사의 지시를 받아 진행했다. 결과는 144분이었고, 이는 계약서에 명시된 것보다도 20분 이상 짧았으며, 이 판본은

'옛날 옛적 서부에서'의 축약본과 상영시간이 거의 같았다. 이 축약본은 플래시백을 들어냈고, 1923년 데보라의 춤으로 시작하며, 소년 갱들의 무모한 장난 장면을 잘라냈고, 또 1968년의 데보라 장면도 뺐다. 그래서 인물들은 설명 없이 불쑥 나타나고, 짧은 설명조의 대사가 더빙되며, 상원의원이 자살하는 게 명백한 총소리가 사운드트랙에 들리며 끝난다. 전화 벨소리는 딱 한 번 울린다. 이는 '대부'의 돈 비토 코를레온에게 유대인의 모자 야물커(yamulke)를 씌우는 것처럼, 연결이 되지 않는 시도였다. 레오네는 축약된 판본이 버뱅크(Burbank)에서 시사된다는 소식을 들었다. 영화사의 어떤 간부는 그 판본이 2월의 시사용 판본보다는 훨씬 좋았다고 말했다. 그 시사에 대한 레오네의 반응은 '할리우드 리포터'의 1면에 실렸다. 레오네는 영화에서 자신의 이름을 빼는 것을 고려 중이라고 말했다. "나는 '대부'를 리메이크하지 않았다. 내가 들려준 이야기와 일화는 비단 침대 시트 속의 피 흘리는 말의 머리가 아니다! 나의 이야기는 더욱 복잡하고 깊은 것이다." 레오네는 계약에서 165분으로 장편을 만들기로 했다는 점을 인정했다. 하지만 그것이 그의 작품을 영화사가 훼손하는 결정을 정당화하는 것은 아니라고 말했다. "나는 이 작품에 나의 성숙기의 시간을 모두 바쳤다."[154] 래드영화사의 홍보 파트는 레오네의 이런 분노에 대해 놀라움을 표현했다. "우리는 세르지오와 아주 가까운, 진심 어린 관계를 유지하고 있다."

래드영화사의 판본이 6월 1일 미국에서 개봉됐을 때, 비평가들은 대체로 레오네의 의견을 지지했다. 뉴욕 타임스의 빈센트 캔비(Vincent Canby)는 '이해 불가의 판본'이며 이것은 '룰렛 바퀴 위에서 편집' 됐다고 썼다. 월스트리트 저널의 머릿기사 제목은 이랬다. '유대인 대부: 이건 아니지 세르지오' 세르지오 레오네에게 이 제목은 가장 아픈 것이었다. 그는 항상 '대부'와 비교되는 것에 민감하게 반응했기 때문이었다. 이제 그의 영화는 레오네에 따르면, "야만스럽게 학살되어", 코폴라의 영화와 닮은 것이 됐다. 레오네는 미국 배급 판본을 결코 보려고 하지 않았다. 이렇게 한탄했다. "당신은 펠리니의 '8과 1/2'을 알 것이다. 만약 그 영화에서 플래시백을 들어내면, 남는 것은 펠리니가 스튜디오를 어슬렁거리는 것밖에 없을 것이다. 나는 절대로 갱스터 영화를 만들려고 하지 않았다. 하지만 미국 판본은 그렇게 보인다. 왜냐면 그들이 지저분한 에피소드들만 연결하여 남겼기 때문이다." 레오네는 화려한 속도로 세밀하게 조직된 이 작품은 존중을 받을 가치가 있고, 존중을 받아야 한다고 주장했다. "상영 시간이 길어질 것 같은 영화를 줄이려고 할 때, 그 영화는 지루하게 느껴지고 그래서 더욱 길게 느껴진다. 왜냐면 그렇게 하면 영화는 더욱 이해하기 어렵게 되기 때문이다."[155)]

예상대로 재난이 시작됐다. 축약된 판본으로 '원스 어폰 어 타임 인 아메리카'는 미국에서 고작 2백 50만 달러를 벌었다. 유럽에서 이 영화는 레오네의 승인을 받아, 227분 판본으로 개봉됐다. 영화는 이 판본으로 1984년 10월 12일 뉴욕 필름

페스티벌에서 다시 소개됐다. 그리고 맨해튼에 있는 '제미니 2 극장'(Gemini 2 Theater)에서 쇼케이스로 상영됐다. 이 영화가 미국에서 재소개된 것은 말하자면 비평계의 압력 때문이었다. 레오네는 공개적으로 비평가들에게 감사를 표했다.[156] 하지만 영화는 아직도 돈을 벌지 못하고 있다. 이런 소문도 돌았다. 1983년 2월 판본에서 잘려나간 부분을 되살린 레오네의 270분짜리 판본이 있는데, 이는 독일 혹은 이탈리아 TV에서 방영될 것이라는 내용이었다. 그런 일은 없었다. 필름을 보관한 통은 분명히 존재한다. 하지만 그것은 더빙이 되지 않은 것이었다. 레오네는 배우들을 다시 모으기를 바랐다. 그런데 그런 일은 전혀 일어나지 않았다.

엘리자베스 맥거번은 LA에 있는 래드영화사의 시사실에서 이 영화를 처음 본 날을 기억했다. "나의 가슴은 내려 앉았다. 그곳에 앉아 있기가 힘들었다. 하지만 그때 나는 세르지오와 자주 연락하지 않아, 그가 반드시 해내려는 노력을 잘 모르고 있었다. 그리고 나는 나의 다른 영화를 홍보하기 위해 파리에 갔다. 그곳에서 나는 나의 자매와 함께, 극장에 가서 돈을 내고 표를 사서 그 영화를 보았다. 내가 본 영화는 미국에서는 절대로 상영되지 않으리라는 강한 느낌을 받았다. 그럴 수 없는 이유는 명백했다. 내가 본 영화의 속도는 유럽식이었다."[157] 제임스 우즈는 더욱 노골적으로 말했다. "영화가 개봉되기 3주 전에, 그들은 '폴리스 아카데미'(Police Academy)의 편집 조수를 불러, 필름을 잘라 엿 같은 리본을 만들었다. 내가 자살충동을 느끼지 않을 수 있나? 결국 그 판본의 영화는 비평가들에 의해 학살됐다. 그럴 수밖에 없는 것이었다. 도대체 스튜디오는 그 영화로 비평가들을 기쁘게 할 수 있을 것으로 생각했단 말인가? 그들은 위대한 예술가의 영화에 개입하여, 이미 정치적 스캔들을 일으키지 않았나? 정말 어리석은 짓이었다. 젠장 그들은 물에 빠져 죽어있었다."[158] 제임스 우즈는 '낙태된 판본'을 절대로 보려고 하지 않았다. "나는 그들이 엿 같은 네거티브 필름을 태워버렸으면 좋겠다." 한편 작가 레오 벤티누티는 레오네에 상대적으로 덜 온정적이었다. "어떤 감독이라도 그 시나리오를 보면, 두 시간 반짜리 영화로 찍을 수 있을 것이다. 이 영화는 두 시간 반짜리로 만들 수 있었다. 추가된 30분은 '레오네다움'을 위한 것이 아닌가!"[159]

세르지오 레오네의 아들 안드레아는 1984년 3월에서 6월까지 진행된 부친의 노력을 분노보다는 슬픔으로 되돌아보았다. "영화는 대중뿐만 아니라 지식인 관객까지 사로잡을 수 있었다. '원스 어폰 아 타임 인 아메리카'는 전 세계에서 성공을 거두었다. 오직 미국만 예외였다. 나의 아버지는 미국에 대한 사랑을 잃지는 않았다. 하지만 그는 미국을 지배하는 어떤 제도에 속았다는 느낌을 받았다."[160] 안드레아 레오네가 슬픔으로 되돌아보는 데는 다른 이유도 있다. 영화를 촬영한지 6개월째 됐을 때였다. 그때는 1982년의 추운 겨울이었는데, 세르지오 레오네는 몸이 좋지 않다는 것을 느꼈다. 그는 심장에 문제가 있다는 진단을 받았다. 병명은 '확장성 심근증'(dilating myocardiopathy)이었다. 말하자면 그의 심장 근육이 적절하게 작동하지 않는다는 뜻이었다. 이것이 바이러스 때문인지, 또는 선천성 이유 때문인지는 확실하지 않다. 그때 며칠 동안 촬영이 중단됐다. 레오네는 사후제작 과정과 전투를 벌일 때, 로마에서 연속하여 심장 점검을 받았다. 그리고 자신의 건강 문제가 심각하다는 것을 알았다. 의사들은 레오네에게 스트레스를 받는 상황을 피하라고 조언했다. 그때가 바로 레오네가 제작자와 할리우드를 상대로 싸움을 막 벌이기 시작할 때였다. 1983년 4월 레오네는 의미심장한 말을 한 적이 있다. "루키노 비스콘티가 자기의 전성기 말년에 '베니스에서의 죽음'을 만든 것은 우연이 아니다. 그건 삶과 죽음을 마주 보는 어떤 지점에 대한 성찰이다. '원스 어폰 어 타임 인 아메리카'라는 이 영화는 바로 그런 순간을 맞이한 나에게 아주 중요한 것 같다." 레오네가 이런 말을 할 때, 그는 며칠 전에 55회 생일을 축하했다.

1) Harry Grey: *The Hoods* (Crown Publishers Inc for New American Library of World Literature, May 1953). The paperback edition was issued in England and Italy in autumn 1965.

2) Author's interview with Fulvio Morsella, 24 May 1998; Gabutti, pp. 21–34; Di Claudio, pp. 94–5.

3) Interviews with Sergio Leone in *Positif*, June 1984, pp. 6–15; *American Film*, June 1984, pp. 23–25; *La Revue du Cinéma*, June 1984, pp. 50–60; *Film Comment*, August 1984, pp. 21–23; *Cahiers du Cinéma*, May 1984, pp. 7–11, 56–90.

4) Edward Behr: *Prohibition* (BBC Books, London, 1997) p. 175.

5) Rick Cohen: *Tough Jews* (Cape, London, 1998) pp. 23–67; 130–132. See also, among many other sources, Robert Lacey: *Little Man – Meyer Lansky and the Gangster Life* (Little, Brown & Co, Boston, 1991).

6) See Neal Gabler: *An Empire of Their Own* (W.H. Allen, London, 1989) pp. 187–236; Philip French: *Kings of the Underworld* (*The Movie*, 4, Orbis, London, pp. 68–72).

7) Gabler, pp. 18–20.

8) On this aspect of the history of the gangster film, see John McCarty: *Hollywood Gangland* (St Martin's Press, New York, 1993) pp. 55–59; Raymond Durgnat: *The Gangster File* (*Monthly Film Bulletin*, April 1991) pp. 93–96; Carlos Clarens: *Crime Movies* (Da Capo, New York, 1997) pp. 100–170; (ed.) Phil Hardy: *BFI Companion to Crime* (Cassell, London, 1997); Ian Cameron: *A Pictorial History of Crime Films* (Hamlyn, London, 1975); Colin McArthur: *Underworld USA* (Secker & Warburg/BFI London, 1972) pp. 11–70.

9) Author's interview with Sergio Donati, 23 May 1998; De Fornari, pp. 158–160. On the Lower East Side in the 1920s and 1930s, see Beth S. Wenger: *New York Jews and the Great Depression* (Yale University Press, 1996) pp. 83–84.

10) Robert Warshaw: *The Gangster as Tragic Hero* (in *The Immediate Experience*, Atheneum, New York, 1975, pp. 127–134)

11) Simsolo, pp. 177–179.

12) Gabutti, pp. 21–31.

13) Ibid.; *Cahiers du Cinéma*, May 1984, pp. 7–11, 56–90.

14) Gabutti, loc. cit.

15) Author's interview with Fulvio Morsella, 24 May 1998.

16) Gabutti, loc. cit.

17) For various versions of this statement, see interviews listed in note 3.

18) De Fornari, pp. 23–26.

19) Brian Case: *Once Upon a Time* interview (*Sunday Times Magazine*, London, 30 September 1984).

20) On the 'friendship' theme in these three films, see Trevor Willsmer: *Leone's Fairytales* (*Movie Collector*, vol. 2, issue 2, 14 March 1995, pp. 62–67).

21) Gabutti, loc. cit.

22) Ibid.; De Fornari, pp. 23–26.

23) Simsolo, pp. 177–181.

24) Author's interview with Sergio Donati; Cenk Kiral interviews with Luciano Vincenzoni, April–May 1998; interview with Ernesto Gastaldi in *Video Watchdog*, 1997, pp. 48–51.

25) Guy Braucourt: interview with Gérard Dépardieu in *Ecran* 76, 15 February 1976; Cèbe, pp. 51–54.

26) Simsolo, pp. 179, 184–185.

27) Author's interview with Luca Morsella, 24 May 1998.

28) *Montpellier*, pp. 72–73.

29) Author's interview with Carla Leone, 1 July 1994.

30) Author's interview with Luca Morsella, 24 May 1998.

31) Interview with Ernesto Gastaldi in *Video Watchdog*, 1997, pp. 48–51; Jean A. Gili interview with Sergio Leone, *Positif*, June 1984, pp. 6–15.

32) *Montpellier*, pp. 72–73; Simsolo, pp. 185–187.

33) Pete Hamill: *Once Upon a Time in America* (*American Film*, June 1984, pp. 20–29, 54).

34) Ibid.

35) Simsolo, pp. 186–187.

36) Interview by Louise Swan with John Milius, California, October1995for the author's BBC radio series *Print the Legend*; also author's interview with John Milius, London, 1981.

37) Simsolo, p. 186; Gabutti, p. 32.

38) Gabutti, loc. cit.; Cèbe, p. 51.

39) Carl Rollyson: *The Lives of Norman Mailer* (Paragon House, New York, 1991) p. 275. Rollyson dates the Manila trip to the 'fall of 1975'. *The Los Angeles Times*

of 10 June 1984, on the other hand, dates Mailer's involvement to 1970 (sec c:23), which is impossible since Leone did not yet own the screen rights to the novel. Norman Mailer has not responded to my faxed requests for further information.

40) *Montpellier*, pp. 72–73; De Fornari, pp. 161–163 (Ferrini), 163–164 (Medioli).

41) Cenk Kiral's interviews with Mickey Knox, January–February 1998.

42) See Enzo Ungari and Don Ranvaud: *Bertolucci by Bertolucci* (Plexus, London, 1982).

43) De Fornari, pp. 163–164.

44) Ibid.

45) Cuel and Villiers: *interview with Medioli* (*Cinématographe*, 72, November 1981, pp. 21–23); Cèbe, pp. 52–53.

46) De Fornari, pp. 23–26; Gabutti, pp. 21–31; Simsolo, pp. 181–182.

47) Simsolo, pp. 182–184.

48) Burton Turkus and Sid Feder: *Murder Inc* (Da Capo, New York, 1992) especially pp. 46–47, 80–85, 94–95, 331–362.

49) Jean A. Gili: *Interview with Sergio Leone* (*Positif*, June 1984, pp. 6–15).

50) Turkus and Feder, pp. 46–47.

51) Turkus and Feder, pp. 80–85, 331–362. The gangster biographies in print at the time Leone and his team were researching included Ted Addy: *The Dutch Schultz Story* (Monarch, Connecticut, 1962), Leo Katcher: *The Big Bankroll – The Life and Times of Arnold Rothstein* (Da Capo, New York, 1958), Paul Sann: *Kill the Dutchman* (Da Capo, New York, 1971) and Dean Jennings: *We Only Kill Each Other* (Fawcett World, 1968). But Turkus and Feder seems to have been the main historical source.

52) Simsolo, pp. 180–181.

53) De Fornari, pp. 163–164; *Montpellier*, pp. 76–77.

54) The *Western Movies* book was by Walter C. Clapham (Galley Press, London, 1976) p.146; the Ferrini interview is in De Fornari, pp. 161–163.

55) De Fornari, pp. 161–163; Jorge Luis Borges: *A Universal History of Infamy* (Penguin, Middlesex, 1975) pp. 51–60 on 'Monk Eastman, purveyor of iniquities'.

56) Author's interview with Luca Morsella, 24 May 1998.

57) Cèbe, pp. 51–52; interviews with Sergio Leone in *Cahiers du Cinéma*, May 1984, *La Revue du Cinéma*, June 1984 and *Positif*, June 1984.

58) Script of *Once Upon a Time in America* dated October 1981 (Embassy International Pictures).

59) *Montpellier*, p. 73.

60) De Fornari, pp. 23–26.

61) On some of the genre elements in *Once Upon a Time*, and Leone's treatment of them, see Adrian Martin: *Once Upon a Time in America* (BFI, London, 1998)

62) On the 'opium' interpretation, see Nick Redman: *To Dream or Not to Dream* (*Movie Collector*, 14 March 1995, pp. 68–69), Chris Peachment: Once Upon a Time in America (Film Yearbook, 1986, pp. 96–97), and Adrian Martin, op cit. Leone's teasing statements about it include Simsolo, pp. 191–92.

63) For variations on this quote, see interviews in note 3.

64) Jean A. Gili: *Interview with Sergio Leone* (Positif, June 1984, pp. 6–15).

65) Simsolo, pp. 193–194.

66) Interview with Ennio Morricone for *Viva Leone!*, November 1989; also Lhassa, pp. 209–212, 243–244. On the music for *Once Upon a Time*, see Cumbrow, pp. 209–211 and *Ennio Morricone Musicography*, pp. 222–223.

67) Lhassa, loc. cit.

68) Leone may well have been introduced to Zamfir's work by the soundtrack of Peter Weir's *Picnic at Hanging Rock* (1975), a film he greatly admired.

69) Ennio Morricone interview for *Viva Leone!* ; Lhassa, loc. cit.

70) Interviews with Leone in *Positif*, June 1984; *La Revue du Cinéma*, June 1984; *Cahiers du Cinéma*, May 1984.

71) Interview with Ennio Morricone for *Viva Leone!*, November 1989.

72) Simsolo p. 193; (ed.) Garofalo, pp. 9–15, Sergio Leone's 'presentation'.

73) Alexander Alland, Sr; *Jacob A. Riis, Photographer and Citizen* (Gordon Fraser, London, 1975); and Otto Steinert: *Jacob A. Riis* (Museum Folkwang Essen, November 1971). Riis's photograph of a market in Mulberry Street, 1900, is very similar to Leone's/Simi's street scenes in *Once Upon a Time*, while his 'What the Boys Learn on Their Street Playground' resembles the antics of Noodles and Max as children, and his 'Mullen's Alley, Cherry Street' is very like the alleyway near Gelly's Bar in the 1920s sequences. Also, Garofalo, op cit; *Once Upon a Time in America* production information (The Ladd Company, 1984).

74) Simsolo, loc. cit.; see also Gail Levin: *Edward Hopper – The Art and the Artist* (W.W. Norton, New York, 1980) especially pp. 45–61, 185–197, 264–279

75) Simsolo, loc. cit.; see also Christopher Finch: *Norman Rockwell's America* (Harry

Abrams, New York, 1975) especially pp. 48–78 ('Growing Up') and 268–305 ('*Evening Post* Covers'); and Thomas S. Buechner: *Norman Rockwell – A Sixty-year Retrospective* (Harry Abrams, New York, 1975) especially pp. 13–52 (on the 1910–1929 period).

76) Marilyn Cohen: *Reginald Marsh's New York* (Dover and the Whitney Museum, New York, 1983).

77) Garofolo, pp. 19–38.

78) De Fornari, pp. 157–158, *Montpellier*, p. 71, author's interview with Tonino Delli Colli, 24 October 1998 ('when discussing composition, we did talk about Norman Rockwell and Edward Hopper, but not while we were actually shooting. Just to set the scene').

79) Leone interview in *Positif*, June 1984, pp. 6–15.

80) Corbin, pp. 30–38.

81) Leone interview in *Positif*, June 1984, pp. 6–15.

82) Simsolo, pp. 187–188.

83) *Montpellier*, pp. 72–73.

84) De Fornari, pp. 23–26. Kevin Brownlow, *David Lean* (Richard Cohen Books, London, 1996), pp. 639–40.

85) Author's interview with Sergio Donati, 23 May 1998.

86) De Fornari, loc. cit.

87) *Cahiers du Cinéma*, May 1984, pp. 7–11.

88) De Fornari, pp. 171–173.

89) Author's interview with Luca Morsella, 24 May 1998.

90) Ibid.

91) Stuart M. Kaminsky: *American Film Genres* (second edition, Nelson–Hall, Chicago, 1985) pp. 47–48.

92) See Martin, pp. 25–27.

93) Author's interview with Luca Morsella.

94) Interview with Sergio Leone, *Positif*, June 1984, pp. 6–15.

95) *Montpellier*, p. 76.

96) Author's interview with Luca Morsella.

97) Ibid. This section is based on a close comparison between the script dated October 1981 and the shooting script in the BFI Library which was received

on 27 March 1984.

98) De Fornari, pp. 23–26.

99) Author's interview with Luca Morsella, 22 May 1998.

100) Author's conversation with John Landis, 21 January 1998; see also review by Michael Sragow (reprinted in (ed.) Richard T. Jameson: *They Went Thataway*, National Society of Film Critics, San Francisco, 1994, pp. 12–16).

101) *C'era una volta il cinema*, directed by Gianni Minà, RAI, 1985.

102) Pete Hamill in *American Film*, June 1984, pp. 20–29.

103) Gianni Minà documentary; *American Film*, June 1984. Also see John Parker: De Niro (Vista, London, 1995) pp. 190–203; Patrick Agan: *Robert De Niro* (Robert Hale, London, 1996) pp. 114–118; Andy Dougan: *Untouchable – Robert De Niro* (Virgin, London, 1997) pp. 199–214.

104) Variations on this story appear in many interviews of May–June 1984; see note 3.

105) Pete Hamill, loc. cit.

106) De Fornari, pp. 23–26; *American Film*, June 1984, pp. 23–25; *Film Comment*, August 1984, pp. 21–23.

107) *American Film*, June 1984, pp. 23–25.

108) *Montpellier*, pp. 76–77.

109) *La Revue du Cinéma*, June 1984, pp. 50–60; *Cahiers*, May 1984, pp. 56–90.

110) Dougan, pp. 199–214.

111) Simsolo, pp. 188–189.

112) Ibid.

113) De Fornari, pp. 155–156.

114) *Ciné Revue*, 11 August 1983, pp. 24–25.

115) Simsolo, pp. 188–189; De Fornari, pp. 25–26.

116) Interviews with James Woods in *American Film*, May 1990, pp. 51–53 and *Film Comment*, January–February 1997, pp. 58–59.

117) Ibid.

118) Robert De Niro in Gianni Minà's RAI documentary.

119) De Fornari, pp. 23–26.

120) Interview in *American Film*, May 1990, pp. 51–53.

121) Case: *Once Upon a Time*; the De Niro biographies listed in note 103; Minà's RAI documentary.

122) Author's interview with Raffaella Leone, 24 May 1998.

123) Hamill, pp. 20–29.

124) De Fornari, p. 25.

125) Author's interview with Elizabeth McGovern, London, 7 November 1997; also for subsequent quotes.

126) *Cahiers* interview, May 1984, pp. 7–11, 56–90.

127) For the critical reaction, see references in Adam Knee: *Notions of Authorship and the Reception of Once Upon a Time in America* (*Film Criticism*, Meadville, PA, vol. x, no. 1, Fall 1985, pp. 3–17).

128) Simsolo, pp. 195–197.

129) Interview in *American Film*, June 1984, pp. 23–25.

130) *La Revue du Cinéma*, June 1984, pp. 50–60; *Cahiers*, May 1984; *Positif*, June 1984, pp. 6–15; Simsolo, p. 194 for various versions of this idea.

131) De Fornari, pp. 157–158; author's interview with Tonino Delli Colli, 24 October 1998.

132) Gabutti, p. 34.

133) Simsolo, pp. 193–194.

134) Author's interview with Luca Morsella, 24 May 1998.

135) Interview in *Positif*, June 1984, pp. 6–15.

136) Corbin, p. 38.

137) Author's interview with Luca Morsella, 24 May 1998; also for subsequent quotations.

138) Pete Hamill, *American Film*, June 1984, pp. 20–29, 54.

139) Joe Klein: *A Film Grows in Brooklyn* (New York, 24 January 1983, pp. 16–17).

140) Interview with Luca Morsella for *Viva Leone!*, November 1989; *Montpellier*, p. 71; author's interview with Tonino Delli Colli, 24 October 1998.

141) Hamill, loc. cit.

142) De Fornari, pp. 23–26; and interviews listed in note 3.

143) *Variety*, 30 March 1983, p. 7.

144) Author's interview with Luca Morsella, 24 May 1998.

145) Hamill, loc. cit.

146) De Fornari, pp. 171–173.

147) *Montpellier*, p. 76.

148) Hamill, loc. cit.

149) Author's interview with Luca Morsella, 1 July 1994.

150) Author's interview with Luca Morsella, 24 May 1998; Corbin, p. 37.

151) For press reaction to these different versions, see Knee, op cit. *Variety* reported on 24 August 1983 (p. 13) that the film would 'unspool as one epic, not two'; on 21 March 1984 (p. 3) *Variety* headlined 'Sergio Leone reacts to threat to trim *Once Upon a Time*; on 13 June 1984 (p. 2) *Variety* covered 'Leone speaks out on recut America'.

152) Mary Corliss: *Once Upon a Time* (*Film Comment*, July–August 1984, pp. 18–21). She was the only major critic to prefer the cut version

153) Simsolo, pp. 196–198.

154) *Hollywood Reporter*, 21 March 1984, p. 26 'Sergio Leone considers withdrawing his name'.

155) Leone on long films: interview for *Visions* documentary (Large Door/ Channel 4), November 1983.

156) *Variety*, 17 October 1984 (p. 5) 'Leone thanks critics at Fest conference'

157) Author's interview with Elizabeth McGovern, 7 November 1997.

158) Interview with James Woods in *Empire*, June 1991.

159) *Montpellier*, p. 76.

160) Interview with Andrea Leone for *Viva Leone!*, November 1989.

12.

어떤 영화

레닌그라드에 있는 시립역사박물관에는 어린이의 공책에서 찢어져 나온 페이지가 몇 장 남아 있다. 러시아의 알파벳에 따른 ABC 페이지들이다. 곧 A, B, V, G, D 식이다. 그 페이지에는 문자에 따라 간단한 항목이 어린이의 손으로 휘갈겨 적혀 있다.

Z-제냐, 죽음, 1941년 12월 28일 오전 12시 30분.
B-바부시카, 죽음, 1942년 1월 25일 3시.
L-레카, 죽음, 1942년 3월 17일 새벽 5시.
D-데디아 바시아, 죽음, 1942년 4월 13일 밤 2시.
D-데디아 레샤, 죽음, 1942년 5월 10일 오후 4시.
M-엄마, 1942년 5월 13일 오전 7시 30분.
S-샤비체바 가족들 죽음, 모두 죽음, 오직 타냐만 남음, 나는 철저히 혼자다.

이 항목은 당시 11살이던 여학생 타냐 샤비체바(Tanya Savicheva)가 썼다. 이것은 레닌그라드 포위 기간, 자신의 가족에 관한 이야기다.

—해리슨 솔즈베리, 〈9백 일〉(The 900 Days, 1969)

세르지오 레오네는 마치 왕관을 두 개 쓰고 담배 연기를 뿜으며 이야기를 들려주는 부족장처럼 말하곤 했다. 우리는 피아노를 치고 있는 드미트리 쇼스타코비치의 손을 크게 클로즈업하며 시작한다.[1] 쇼스타코비치는 '7번 교향곡'의 악보를 찾고 있다. 이 교향곡은 도시 레닌그라드에 헌정한 작품이다. 그래서 '레닌그라드 교향곡'이라고도 불린다. 레오네는 자신의 손을 크게 벌려, 피아노를 치듯 책상을 치곤 했다. 음악은 도입부에선 부드럽고 느리다. 그리고 작곡가가 악보를 찾으면, 피아노 연주에 끊임없이 드럼이 이어진다. 이어서 세 개의 악기, 또 열 개, 스무 개, 이어서 백 개의 악기가 거대하고 격정적인 크레센도로 합해진다. 드럼에서 시작하여 바이올린으로, 목관악기로, 금관악기로, 이어서 오케스트라 최대치의 힘에 이른다. 이 군사적 테마는 라벨의 '볼레로'처럼 끊임없이 반복되는데, 종국에는 죽은 자들을 위한 최대의 진혼곡이 된다. 쇼스타코비치의 손을 잡은 거대한 클로즈업은 열려 있는 창문을 통해 촬영된다. 오프닝 시퀀스 전체는 이 음악과 함께 조직될 것이다. 곧 쇼스타코비치가 '침략'이라고 부르는 1악장과 함께 말이다. 이 시퀀스는 사람들이 과거에는 한 번도 본 적이 없는 원 숏으로 찍힐 것이다.

우리는 창문에서 떨어져, 새벽에 '입이 떡 벌어지는 상처'를 입은 레닌그라드를 관통하는 여행을 시작한다. 총을 든 두 시민이 거리를 걸어 내려와, 이른 아침의 트램을 탄다. 카메라는 지옥을 통과하는 그들의 여행을 따라간다. 상점의 문이 열리기를 기다리는 긴 줄, 계단 아래서 벌어지는 난폭한 섹스, 쌓여있는 얼은 시체들, 공공 정원에 방치된 중단된 장례식들, 포로로 잡혀 두들겨 맞는 독일 군인들, 울고 있는 술 취한 사람들, 거리의 구석에서 소리를 지르는 연설가들, 피터 브뤼겔 그림 속의 누더기 같은 옷을 입고 있는 농부들이 이어진다. 트램은 몇 번 정지하고, 더 많은 시민이 올라타는데, 그들은 전부 총을 들고 있다. 카메라는 마치 날고 있는 천사처럼 이 도시의 하늘을 맴돌고 있는데, 밑바닥이 없는 것 같은 '단테의 지옥'을 바라보듯 아래를 보고 있다. 그 지옥은 너무나 깊어, 매장된 모든 것은 다시는 빛을 볼 수 없을 것 같다. 음악의 질감은 더욱 두꺼워진다. 트램은 외곽에 도착했고, 다른 트램들과 교차하는 광장에서 정차한다. 그들의 옆에는 찌그러진 트럭들이 무장한 남자들을 실으려 기다리고 있다. 이제 카메라는 덜커덩거리는 길을 달리는 트럭들을 따른다. 커팅 없고, 삽입 장면 없고, 여기서도 원 숏으로 촬영된다.

이제 우리는 도시를 방어하기 위해 파놓은 참호에 도착한다. 그리고 음악은 더 많은 악기로 연주되며, 폭발적이고 파멸적으로 변한다. 러시아 남자들은 참호 속으로 들어가 자리를 잡고, 우리는 강을 건너, 도시의 밖으로 넓게 펼쳐진 초원 쪽으로 향한다. 카메라는 초원을 지나, 한 번에 지나가는데, 1천

대의 독일군 전차를 가진 검은 군단이 발포 명령을 기다리고 있는 것을 발견한다. 1천 대이다. 전차가 첫 포탄을 발사하고, 이는 음악의 장송 행진곡으로 폭발하듯 들린다. 그곳에서 컷! 이때가 처음으로 하는 컷이다! 그리고 콘서트의 커튼이 열리고, 쇼스타코비치는 자신의 '7번 교향곡'을 연주하고 있다. 이는 1백 50명의 음악가가 연주하는 콘서트이며, 관객은 4천 5백 명이다. 이것이 레닌그라드에서 열린 최초의 '7번 교향곡' 연주회이다. 이때 메인 타이틀이 뜬다. 이것은 트로이의 성벽 안에서 다시 들려주는 〈일리아드〉의 지옥편인 셈이다.

레오네는 자신이 들려준 이야기를 듣는 사람들의 표정을 즐기며, 이 지점에서 숨을 쉬기 위해 멈추곤 했다. 그리고는 주석을 달았다. 도시의 포위가 끝났을 때, 승리 축하연이 열렸는데, 레닌그라드에 있는 바로 그 극장에서 똑같은 교향곡이 연주됐다. 모든 것이 과거 그대로 남아 있었다. 좌석도 열에 맞춰 정비돼 있었다. 최초의 연주회 때 참석했던 관객들이 그대로 초대됐다. 하지만 이번에는 연주가는 오직 9명뿐이었고, 관객은 46명뿐이었다. 다른 모든 사람은 죽었다.[2)]

세르지오 레오네는 파티가 벌어지면 이 이야기를 들려주었고, 이야기는 1980년대에 완벽해졌는데, 말할 때마다 새로운 디테일이 첨가됐다. 그건 영화의 역사에서 가장 비싼 원숏에 대한 묘사였다. 세르게이 에이젠슈타인은 '전함 포템킨'을 만들 때, 오데사의 주민들을 겨우 설득하여, 코사크족 기마병에게 쫓긴 그들이 계단을 급히 뛰어 내려가게 하는 데 성공했다.

그런데 레오네는 그것보다 더욱 멀리 가려고 했다. 그는 레닌그라드의 거리를 완벽하게 다시 장식하려 했다. 나치에 의해 2년 반 동안(1941년-1944년) 이어진 레닌그라드 포위 때의 거리 표면을 그대로 표현하려 했다. 그리고 레오네는 어떡하든 일부 주민을 설득하여 '도시를 비우게' 하려고도 했다.[3)] 레오네는 아카이브에서 직접 보았던 두 장의 사진을 종종 언급했다. 한 장은 소방관 헬멧과 두꺼운 안경을 쓴 쇼스타코비치인데, 그가 레닌그라드 음악원의 지붕 위에서, 나치의 끝없는 공습에 대비해 화재 진압 작업을 하는 모습이다(쇼스타코비치는 정식 군인으로 참전하기 위해 매우 노력했다. 하지만 그는 약한 시력 때문에 입대할 수 없었다. 대신 그는 레닌그라드 소방서에서 일하는 것을 허락받았다). 다른 사진은 안경 낀 쇼스타코비치가 콘서트를 위해 준비된 의자들 가운데, 혼자 앉아 있는 장면이다. 그는 카메라 밖에서 들려오는 1942년에 연주된 작품을 듣기 위해 몹시 귀를 기울이고 있다. 그때 썼던 '7번 교향곡' 말이다. 영화의 오프닝 시퀀스는 이 두 장의 사진을 '연결'하는 것이 될 것이다. 레오네는 또 쇼스타코비치를 보여주는 뉴스 장면을 언급하곤 했다. 그가 등화관제 때문에 컴컴한 레닌그라드의 아파트에서 교향곡에 쓰일 피아노 작업을 하는 장면이었다.

아내 카를라 레오네는 남편이 저녁 식사가 끝나면, 여러 친구에게 그 이야기를 들려주던 것을 기억했다. "늘 그렇듯 하나의 이미지로 이야기는 시작됐다. 러시아 사람들은 영화가 그곳에서 만들어진다는 사실에 매우 행복해 했다. 하지만 그들은 혹시 영화 속에 정부 당국이 승인하지 않을 장면이 들어 있을지 몰라 걱정하기도 했다. 정부 당국은 마치 달팽이처럼 느리게 일했다. 세르지오는 새로운 주제를 떠올릴 때마다 새로운 사람, 새로운 당 간부, 새로운 정치가들을 만나 그들의 비위를 맞추어야 했다."[4]

자주는 아니지만, 기관원들이 말한 핵심적인 것은 레오네가 다듬어야 했다. 브레즈네프 시대의 불안한 기관원들은 레오네의 긴 설명을 듣곤 이런 말을 하곤 했다. "당신은 900일간의 포위에 관한 영화를 만들려고 하는가? 하지만 흐루쇼프 시대는 얼마 전에 끝났다. 우리는 사회적으로 정치적으로, 새로운 위대한 시대에 들어섰다. 그렇게 돼야 한다는 현재의 권력은 스탈린 동지의 실수에 대해 기억하고 싶어 하지 않는다. 스탈린 동지는 모스크바를 방어하기 위해, 레닌그라드에 지뢰를 설치하여, 나치가 침범하면 바로 도시를 폭발시켜 날려버리려고 했다. 레오네 동지, 그건 옳은 방법이 아니었다. 그러니 900일을 10일로 줄이는 게 어떤가? 존 리드(John Reed)가 쓴 세계를 흔든 10일 말이다(1917년의 레닌 혁명을 말함). 좋지 않소? 그러면 합의된 것이다. 그런데 또 생각해보면, 하루라도 아예 없는 게 더 나을 수도 있다. 존 리드가 기록한 멕시코 혁명으로 시작하면 된다. 에이젠슈타인이 그렇게 했고, 그건 좋았다. 우리는 다시 할 수 있다. 멕시코 혁명이 당신에게 더 나을 것이다. 러시아 혁명은 확실하지 않으니, 잠시 옆으로 미뤄두는 게 좋을 것이다. 일부 늙은 당원들은 그 점에 대해 불쾌하게 생각할 수도 있다. 레오네 동지, 그런 사람들이 어떤지 잘 알지 않느냐? 그들은 우리와 달리, 어린이들 같지 않소."[5)]

레오네는 '원스 어폰 어 타임 인 아메리카'에 대한 투자를 끌어낼 수 있을 것이란 희망을 품고 뉴욕으로 갈 때, 로마의 피우미치노 공항에 레닌그라드의 포위에 관한 책을 갖고 갔다. 그 책은 해리슨 E. 솔즈베리(Harrison E. Salisbury)가 쓴 〈9백 일-레닌그라드 포위〉(The 900 Days-The Siege Of Leningrad)였다. 뉴욕타임스의 특파원인 솔즈베리는 도시의 포위가 풀렸을 때, 레닌그라드에서 일하고 있었다. 그는 기사를 리더스 다이제스트에 시리즈로 발표한 뒤, 1969년 책으로 발간했다. 레오네가 집으로 돌아왔을 때, 프로듀서 풀비오 모르셀라는 솔즈베리의 책을 처음부터 끝까지 이탈리아어로 다시 읽어주었다. 책의 영향은 대단했다. 시나리오 작가 세르지오 도나티에 따르면, 레오네는 책의 내용을 다 들은 뒤, 이 영화에 대한 아이디어를 발전시켰다는 것이다. 도나티가 말했다. "우리는 편집실에서 함께 일하고 있었다. 그때 소련의 베테랑 감독인 미하일 칼라토초프(Mikhail Kalatozov)가 북극 탐험 영화인 '레드 텐트'(The Red Tent, 1969)의 촬영감독과 함께 로마에 왔다(그 영화는 이탈리아-러시아 공동제작이며, 칼라토초프가 감독했다). 그들은 세르지오 레오네를 만나기를 원했다. 세르지오가 나에게 물었다. 칼라토초프, 이 친구는 누구야? 내가 답했다. 10여 년 전 국제적인 명성을 얻은 '학이 난다'(The Cranes Are Flying)라는 영화 못 봤어? 세르지오는 알았다고 말했다. 그리고 그들이 왔다. 칼라토초프는 매우 중요한 인물이었다. 그는 소련영화제작가협회 회장이었다. 영향력도 컸다. 프랑스말을 잘하는 세르지오는 체호프를 언급하며 이야기를 시작했다. 그리고는 말했다. '당신의 영화를 보았습니다.' 그건 거짓말이었다. 또 물었다. '그런데 영화의 풍경은 어디서 찾은 겁니까?' 칼라토초프가 답했다. '당신이 영화를 기억한다면, 그 영화는 사실 모스크바의 단 두 곳의 거리에서 모두 찍은 겁니다! 그 영화엔 모스크바뿐이며, 풍경 같은 것은 없어요.' 그러자 세르지오는 얼버무리며 자신이 구상하고 있는 영화 '레닌그라드'에 대해 두 러시아인에게 설명하기 시작했다. 세르지오가 말했다. 어느 날 아침, 독일 감시병이 탱크 엔진의 으르릉거리는 소리를 듣는다. 10대의 탱크, 20대의 탱크, 30대의 탱크, 그리고 2백 대의 탱크를 본다. 독일 병사는 '미친 짓'이라며 소리를 지른다. 그러자 2백 대 탱크 전체가 강을 건넌다. 그게 가능한 것은 밤에 누군가가 물 아래에 부잔교 같은 것을 만들어 놓았기 때문이었다. 그러자 그 촬영감독이 말했다. '그건 사실이요, 레오네씨. 하지만 그곳엔 단 두 대의 탱크만 있었소. 내가 그곳에 있었거든요.' 그러자 세르지오는 어깨를 으쓱했다."[6)]

레오네가 이 아이디어를 처음으로 공개한 것은 1969년 '옛날 옛적 서부에서'를 홍보하기 위해 어느 프랑스 영화인과 인터뷰 할 때다. "나는 정말로 장르를 바꾸고 싶다. 나는 감독은 오케스트라의 지휘자 같은 것이라고 믿는다. 베르디나 모차르트처럼, 또는 바그너와 스트라빈스키처럼 모든 것을 연주할 수 있는 능력을 갖춘 지휘자 말이다."[7] 레오네는 '레닌그라드 교향곡'의 1악장, 특히 '침략' 테마를 듣고 큰 영감을 얻었다. 그 테마는 1악장이 연주된 지 5분쯤 됐을 때 시작하는데, 이후 약 9분 동안 끊이지 않고 이어진다. 이 교향곡은 독일 나치의 소련 침공이 시작된 지 석 달 뒤인 1941년 9월에 작곡됐다. 그리고 1942년 8월 9일 레닌그라드에서 최초의 연주회가 열렸다. 그 날은 독일의 최고사령관이 '우리는 레닌그라드에 입성할 것'이라고 선언한 날이다.

나치 전쟁 기계들의 규칙적이고 무장된 전진을 묘사하는 '침략' 테마에 대해 쇼스타코비치는 이렇게 말했다. "레닌그라드 민중들의 단순하고 평화로운 삶은 전쟁으로 파괴됐다. 나는 전쟁에 관한 자연스러운 묘사, 곧 장전하는 총, 폭발하는 폭탄 등을 표현한 게 아니다. 나는 전쟁에 대한 관념을 감성적으로 전달하려고 노력했다." 결과는 결코 적지 않았다. '레닌그라드 교향곡'이 처음 연주된 1년 뒤, 벨라 바르토크는 '오케스트라를 위한 콘서트'(1943) 4악장에서 이 교향곡의 반복성과 음악적 상투성을 패러디했다. 당시의 어떤 모더니스트 평론가는 그 음악을 '경도(longitude)의 평범함'이라고 평가하기도 했다. 쇼스타코비치는 이후에 4악장 모두에 자신이 처음에 붙였던 제목을 지워버렸다. 그런 제목은 작품을 문자 그대로, 또 특징적으로 만들 수 있다고 생각해서였다.[8] 하지만 그 테마는 부정할 수 없는 큰 영향을 남겼다. 그리고 그것의 역사적 의미도 대단했다. 쇼스타코비치는 교향곡을 완결짓기 위해, 비행기를 타고 전쟁 시기 소련의 임시 수도인 쿠이비셰프(Kuibyshev)로 이동해야 했다. 그곳에서 벌어진 연합군 콘서트홀에서의 공연은 쇼스타코비치를 특별한 종류의 전쟁 영웅으로 만들었다. 이후에 아르투로 토스카니니가 NBC 심포니 오케스트라와 연주한 것이 방송을 타며, 그는 더욱 유명해졌다. 레오네가 말했다. "쇼스타코비치의 7번 교향곡을 듣는 순간, 영화는 머릿속에 바로 떠올랐다."

솔즈베리의 책, 음악, 그리고 두 장의 사진에 고무되어, 레오네의 마음속에서 영화의 스토리는 형태를 만들어갔다. 그건 포위라는 서사극의 배경을 두고, 냉소적인 미국의 뉴스 사진기자와 소련의 젊은 여성이 나누는 사랑의 이야기가 될 것이었다. 도시를 지키려는 3백만 주민들의 영웅적인 자기희생은 '미국인들의 눈을 뜨게 할 것'이다. 레오네의 마음에 그건 '누구를 위하여 종은 울리나'의 소련 판본이었다.[9] 사진기자는 '레닌그라드의 전투를 취재하기 위해 20일' 임무를 맡는다. 하지만 그는 포위 기간 내내 그곳에 머문다. 전쟁 원인에 대해서는 원래 아무런 관심도 없었는데 말이다. 하지만 사랑이 그의 마음을 바꾸었다.

레오네가 말했다. "잃어버린 사랑, 지옥에서 잃어버린 사랑의 이야기다. 이런 열정이 허락되지 않는 어느 당원의 사랑 이야기다. 만약 그녀가 서방인과 함께 있는 점이 발각되면, 그녀는 12년 형을 선고받을 수 있다. 하지만 그녀는 위험을 감수하기로 한다. 이들의 암울한 사랑은 매우 열정적이다. 도시가 해방되기 일보 직전에 아기가 태어난다. 사진기자는 죽었고, 손에는 카메라가 들려 있다. 그는 포위의 마지막 장면들을 카메라에 남겼다. 노동자의 죽음, 이것은 나의 그 어떤 영화들보다 더욱 비관적인 작품이 될 것이다. 나는 이전에는 시도하지 않았던 점을 손대보고 싶었다. 그런데 나는 그가 어떻게 죽는지를 보여주지는 않을 것이다. 우리는 그가 사랑했던 여성을 통해 그의 죽음을 알게 된다. 그녀는 극장에서 뉴스 영화를 본다. 그녀는 스크린에 영사되는 전투 뉴스가 뭔지 알아본다. 그건 그 남자가 찍은 것이라는 점도 인식한다. 그녀는 핸드헬드 카메라로 전투를 보여주는 그의 촬영방식을 알고 있다. 독일군은 도망가고, 러시아군은 추적하고, 온 사방에서 폭탄이 떨어지고, 그리고 카메라 바로 앞에서 폭탄 하나가 터진다. 그녀는 좌석에 앉아, 렌즈가 위로 튀어 오르는 것을 본다. 그때 그녀는 그가 죽었다는 점을 안다. 그녀의 품에는 어린 소녀가 있다. 겨우 몇 개월 된 아기다."[10] 레오네는 다른 자리에서, 행복한 엔딩에 대해서도 언급했다. "이 영화는 죽음이 아니라 생명에 관한 작품이 될 것이다. 심장은 늘 영웅의 가장 훌륭한 부분이다. 그러면 죽은 것으로 여긴 나의 영웅은 끝에는 살 수 있을 것이다. 영화는 그러든 그러지 않든 거대한 환영이 아닌가?"[11]

레닌그라드 이야기는 당연히 영화화에 대한 기대가 컸다. 하지만 레오네에 따르면, 스탈린은 자기 시대에 봉쇄에 관련해서는 극영화가 제작되는 것을 승인하지 않았다. 오직 단편 영화 '솔로'(Solo)만 예외였다. 콘스탄틴 라푸산스키 감독의 작품인데, 무시무시한 900일이 포위 동안 거의 연주를 멈추지 않은 어느 바이올린 연주자의 이야기였다. 또 쇼스타코비치의 7번 교향곡을 배경음악으로 하여, 뉴스 화면을 편집한 작품이 1959년 소련의 각 학교에 배포됐다. 그리고 1972년 쇼스타코비치의 7번 교향곡이 최초로 연주된 지 30주년을 맞아, 이에 관련된 음악 다큐멘터리가 발표됐다. 레오네에 따르면 러시아 민중들은 역사에 대해 분명하게 알고 있지 않았다. "나는 이탈리아 학자들, 그리고 프랑스 학자들과 많은 이야기를 했는데, 그들이 레닌그라드 전투와 스탈린그라드(현재의 볼고그라드) 전투를 혼동한다는 점을 알았다. 그러니 민중들은 말할 것도 없었다. 그래서 나는 해리슨 솔즈베리의 책을 아주 세세하게 읽어야 했다. 나는 레닌그라드의 시민들이 자신의 생명을 희생할 준비를 한 점에 놀랐다. 포위된 3년 동안, 도시 전체 인구의 40%가 죽었다. 약 1백 30만 명이었다. 당대의 뉴스 화면을 보면, 포위 사실이 알려졌을 때, 일하는 노동자들의 얼굴을 볼 수 있다. 카메라는 그들의 얼굴을 비추며 패닝하는데, 그것을 보면 독일군은 절대 이 도시에 들어오지 못할 것이라는 점을 알게 될 것이다. 당시 히틀러는 성공적인 공습을 위해 자금을 모으고 있었다. 그는 봉쇄 작전이 시작되면 10일 뒤, 레닌그라드 필하모니에서 개최할 리하르트 바그너의 콘서트를 준비하며, 티켓을 인쇄하게 했다. 당시에 관련된 잔인한 사실들도 많다. 사람을 먹는 것, 또 시체들이 얼어붙어 있어서 그 주검을 끌어가지 못하는 여성들 모습도 있다. 나는 안네 프랑크 같은 어떤 어린 소녀에게 특히 감동했다. 그녀는 가족들의 죽음에 관련해서 일기장에 항목을 만들었다. 그녀의 할머니, 언니, 어머니, 그리고 마지막에는 이렇게 썼다. '오늘 나는 철저히 혼자가 됐다.' 오직 그녀의 일기만 발견됐다(그것은 네바 제방 위에 있는 레닌그라드 역사박물관에 공개적으로 전시됐다). 이런 묵시록적인 세상의 중간에 한 명의 미국인과 한 명의 소련인이 있다. 오늘날 세상의 운명을 그들의 손에 쥐고 있는 두 강대국의 사람들 말이다. 여기엔 더 많은 작은 이야기들이 끼어들 것이다. 하지만 '닥터 지바고'는 아닐 것이다."[12)]

레오네는 1970년대 초반, 소련에서 자신의 '달러 3부작'이 컬트 현상으로 발전한 사실을 알고 매우 놀랐다. 레오네에 따르면, '석양의 무법자'는 거대한 체육관에서 수천 명의 관객 앞에서 공개됐다. "모든 것이 일라이 월러크를 중심으로 돌아가는 공동묘지 장면은 기립 박수를 받았다. 소련과 웨스턴 영화 사이의 사랑이 사라지지 않은 점이 신기했다." 소련에서 '황야의 7인'(1960)이 성공을 거둔 뒤, 공식적으로 서구의 영화들은 '미국의 거친 선전'이라는 딱지가 붙었었다. 레오네는 이 점을 의아하게 여겼다. "내 생각에 '황야의 7인'은 고전적인 공산주의 우화로 읽을 수 있다. 영화에는 자신을 방어하지 못하는 농부들이 있고, 사람들을 굶겨 죽이는 봉건적 산적들이 있으며, 그리고 농부들을 구하기 위해 달려가는 고용된 총잡이들, 곧 볼셰비키 당이 있다."[13)]

레오네도 알고 있듯, 소련에서 그의 영화들은 처음에는 선택된 소수들에게만 공개됐다. 이를테면 당 간부들, 영화 제작조합의 회원들, 합당한 신분 카드 소지자들, 또는 어떤 간부들에게 뇌물을 줘야 하는지 아는 사람들에게 한정돼 있었다. 그런데 레오네에 관한 컬트 현상은 확대됐고, 그가 모스크바를 방문했을 때, 소련의 최고 영화 제작협회의 어떤 대의원은 레오네에게 '소련에서 영화 만들기에 관심이 있는지'를 물었다. 레오네는 즉각 '9백 일'을 제안했다. 만약 그 계획이 시작되면, 소련 당국이 최초로 외국인 감독에게, 특히 비공산주의 감독에게, 혁명 이후의 역사에서 중요한 전환점을 맞았던 순간에 대해 공식적으로 제작 허가를 내리는 것이었다. 그 문제에 관한 토론은 레오네의 저녁 식사에서 중요한 레퍼토리가 됐다. 1980년 레오네는 '레즈'(Reds)의 연출 제안을 거절했다. '레즈'는 10월 혁명 때, 러시아에서 일했던 미국인 기자에 관한 작품이다(최종적으로 워렌 비티가 연출했다). 하지만 이번에 레오네는 '10일'(10월 혁명의 10일)보다는 '9백 일'을, 모스크바보다는 레닌그라드를, 그리고 미국 단독 제작보다는 소련과의 공동제작을 더 원했다.[14)]

프랑스 비평가 질 그레사드(Gilles Gressard)는 이렇게 말했다. "아직 완성되지 않은 영화를 두고, 그렇게 자주, 그렇게 말을 많이 한 감독은 아마 없을 것이다."[15)] 세르지오 레오네가 1980년대 중반 이후 국제영화제(칸, 베네치아, 안시)에서 심사위원장 혹은 게스트로 참가하면, 그는 차기작 '포위'(The Siege)

의 진행 여부에 대해 많은 질문을 받았다. 니스에서 있었던 '이탈리아 영화 주간'은 1984년 12월 22일 영화 잡지 '스크린 인터내셔널'의 표지에 등장했는데, 거기에서 레오네는 자신의 차기작은 '소련 혹은 중국'에서 촬영될 것이라고 밝혔다. 중국에서의 기획은 말할 것도 없이 앙드레 말로의 〈인간 조건〉의 영화화를 말한다. 이 기획이 발전하려면, 프랑스의 문화부 장관인 자크 랑(Jack Lang)이 도움을 주어, 중국 투자자들에게 공동제작에 참여하도록 설득하는 데 달려 있다고 했다. 소련에서의 기획은 '포위(9백 일)'였다. 두 기획 중 '더욱 가능성이 높은 것'이었다. 소련의 제작사 모스필름(Mosfilm)은 그 기획을 축하했는데, "계약서에 서명하기 전에 마지막 스크립트를 보기를 기다리고 있다"라고 발표했다. 기사는 레오네의 입장도 밝혔다. "나는 러시아인들에게 영화는 서사극이 될 것이라고 약속했다. 나치가 그들의 국가를 침략했을 때, 소련의 저항이 보여준 영웅주의와 인간성에 방점이 찍힐 것이다." 아마도 로버트 드 니로가 미국의 사진기자 역을 맡을 것이다. 레오네는 '원스 어폰 어 타임 인 아메리카'와 다른 점도 말했다. "나는 제작자 넬로 산티(Nello Santi)에게 약속했는데, 이번에는 상영시간이 세 시간이 넘지 않을 것이다."[16)]

1987년 2월, 레오네는 로마에서 이렇게 공개적으로 말했다. "러시아인들은 일주일 이내에 결정할 것이라고 알렸으며, 나는 그 답이 오기를 기다리고 있다." 자유주의적인 감독 엘렘 클리모프(Elem Klimov)는 이 기획의 지지자였는데, 1986년 여름에 영화 제작자조합의 위원장이 되었다. 그는 "마침내 페레스트로이카와 더불어, 바람은 맞는 방향으로 불고 있다."라고 말했다. 덧붙여 이탈리아의 외교부 장관은 레오네의 목표를 위해 부드럽게 개입했다. 그해 3월, 영화 관련 기사가 프라우다에 실렸다. 러시아 당국의 긍정과 부정의 의견이 계속 오가는 와중에, 레오네는 1989년 2월 7일 모스크바에서 기자회견을 열었다. 그곳에서 레오네는 4년 동안의 협상 끝에, 공동제작의 계약은 세 곳의 파트너 회사가 참가하여 최종적으로 합의됐다고 발표했다. 곧 파트너들은 소비필름(Sovifilm), 소브엑스포트필름(Sovexportfilm), 렌필름(Lenfilm) 등이었다. 이들과 함께 레오네 자신의 회사(Rafran), 그리고 이탈리아의 공영방송 RAI가 참가한다고 말했다. 레오네는 덧붙여 "소련의 국가영화위원회는 보증인이 될 것"이라고도 했다. 레오네는 당시 소련에서 주는 상을 받기 위해 아내 카를라와 함께 모스크바에 있었다. 그는 흥분해 있었다. "이것은 내가 오래 꾸어온 꿈이다. 배우들은 지금 찾는 중이다. 확실한 한 명은 '젊은' 로버트 드 니로이다. 영화가 실제로 찍힐 때까지 그가 노인이 되지 않는다면 말이다."[17] 이 농담은 멀리 퍼져 나갔다.

4일 뒤, 스크린 인터내셔널은 '레오네는 인터뷰할 때마다, 미국인 스타 가운데는 로버트 드 니로를 지속적으로 언급했다'라고 썼다. 하지만 드 니로는 그와 관련된 질문을 받았을 때, 그 기획과 관련해서는 레오네와 공식적으로 접촉한 적이 없다고 말했다. 그리고 자신은 동의하지도 않았다고 밝혔다.

드 니로는 '원스 어폰 어 타임 인 아메리카'를 찍을 때, 세르지오 레오네가 세트에서 '레닌그라드'에 관해 말했던 것은 어렴풋이 기억했다. 하지만 그가 기억하기로는 자신의 참가 여부는 언급되지 않았다는 것이다. 그런데 그들은 결국 동의했다. 두 사람은 다시 함께 일하는 것을 즐길 것이다.

레오네는 모스크바의 기자회견에서 이런 말도 했다. "영화에는 두 명, 혹은 세 명의 다른 미국인 배우가 참가할 것이다. 그리고 독일인들이 참가한다. 독일인은 진짜 독일인에 의해 연기돼야 하기 때문이다. 그리고 당연히 러시아 사람들이 참가한다. 나는 많은 스크린 테스트를 거친 뒤 결정할 것이다. 주연 러시아 여성 역은 러시아인이 맡을 것인데, 하지만 아직 선택되지는 않았다. 음악은 엔니오 모리코네가 맡을 것이다. 하지만 '레닌그라드 교향곡'이 돋보이게 쓰일 것이다."

기자회견에 참석한 어떤 이가 스토리를 좀 더 자세히 말해달라고 요구했다. 레오네가 말했다. "전쟁을 배경으로 한 러브 스토리다. '바람과 함께 사라지다'를 상상해보라. 기획 중인 작품은 거대한 영화적 벽화가 될 것이며, 상영시간은 최소한 3시간이 될 것이다. 나는 4백 대의 탱크를 요구했지만, 분명히 말할 수 있는 것은 이 영화는 전쟁을 강조하지 않는다는 점이다. 사실 처음에는 2천 대의 탱크를 요구하려고 했었다."

레오네가 처음 이 스토리와 사랑에 빠진 것은 솔즈베리의 〈9백 일〉을 읽은 뒤부터다. 그런데 1987년 모스크바를 방문한 뒤, 레오네는 '더욱 빛나는' 역사물을 발견했다. 그건 다닐 그라닌(Danijl Granin)과 알렉스 아다모비치(Alex Adamovic)가 쓴 〈포위의 책〉(The Book of the Siege)이다. 이 책에 대해 레오네는 훗날 이탈리아 시사지 '레우로페오'(L'europeo)에 언급했다. 포위에 관해 날짜별로 상술하고 있는 그 책을 레오네는 이탈리아공산당 기관지인 '루니타'(l'Unità, 단결)의 모스크바 특파원으로부터 추천받았다고 했다. "나는 해리슨 솔즈베리를 소련에서 언급할 수 없었다. 왜냐면 러시아인들은 그에 대해 별로 좋은 기억을 갖지 않았다."[18] 레오네가 덧붙였다. "지금으로서는 영화의 아이디어는 전부 나의 머릿속에 들어 있다. 하지만 나는 그것을 스크립트 수준으로 발전시키기 위해, 국제적인 시나리오 팀을 운영할 것이다. 먼저 현지의 TV 영화에서 포위에 관해 썼던 아놀드 야노비치 비톨(Arnold Yanovich Vitol), 또 프레드 진네만의 '줄리아'(Julia)를 통해 오스카상을 받은 미국 작가 앨빈 사전트(Alvin Sargent)를 설득할 것이며, 그리고 과거에 함께 일했던 나의 이탈리아 작가 두 명, 곧 레오나르도 벤베누티와 피에로 데 베르나르디를 염두에 두고 있다." 레오네는 이전에 프랑스 영화 잡지 '스튜디오'(Studio)에서 아놀드 야노비치 비톨에 관해 언급한 적이 있다. 곧 그를 이 팀에 참가하는 '공식적인' 소련 작가라고 소개했다. "그는 레닌그라드에 살았고, 가슴에 150개의 메달을 달고 있다. 그건 최소한 그가 당으로부터 신뢰를 얻고 있다는 인상을 주기에 충분했다."[19]

레오네는 스크립트를 위해 조사하고 쓰는 데 1년이 걸릴 것이며(이 가운데 5달은 레닌그라드에 체류), 그리고 촬영에 1년, 사후제작에 6개월이 걸릴 것이라고 예상했다. 그래서 이번 기획은 최소한 2년 6개월짜리가 될 것이었다. 레오네는 이번 영화는 공동제작이 됐어야만 했다며 기자회견을 마쳤다. "나는 소련 측이 충분한 예산을 확보할 수 있을지 확신하지 못했기 때문이다." 그리고 그는 자신의 스태프와 소련의 협력자들이 함께 행복하게 일하기를 바란다고 말했다. 그는 이때까지는 영화를 '자기 일방적으로' 만들었지만, 이번에는 자신도 프로듀서의 임무까지 겸한다고 밝혔다. 그리고 대부분 촬영은 레닌그라드에서 진행될 것이라고 말했다. 레오네가 덧붙였다. "하지만 나는 내가 이 도시를 또 파괴하지는 않기를 바란다." 소비필름의 어느 대표는 이런 말을 하며 회견을 정리했다. "이번 프로젝트는 어떤 스튜디오도 하지 못했던 가장 야심 차고 국제적인 기획이 될 것이며, 우리는 소련 육군의 협조를 받을 것"이라고 말했다.

레오네는 모스크바로 떠나기 바로 전, 프랑스의 영화 잡지 '프레미에르'(Première)와 인터뷰를 했다. 그건 삶의 최후에 공개된 인터뷰 가운데 하나였다. 레오네는 당시에 베네치아영화제, 안시영화제에서 심사위원장을 맡았었다. 인터뷰는 그 여행을 막 끝냈을 때 진행됐다. 그는 자기 차의 보닛 위에 걸터앉아 말하려고 했다. 그건 이 미식가가 자주 하던 행동이 아니었다. 그는 약간 공격적이었으며, 대답은 전례가 드물게 급했다. "러시아 측은 좋다고 대답했다. 행정적인 측면에서 엄격하게 볼 때, 모든 것은 좋게 진행되고 있다는 것이다. 그런데 이런 대답은 서류 위에 서명하기 전까지는 아무런 의미가 없다. 계약서는 준비되고 있고, 변호사들은 작은 문제까지 연구하고 있다. 지금은 내가 만들고 싶어 하는 영화를, 그들이 나에게 연출하게 하려는 의지를 갖고 있는지 시험하는 시기이다. 나는 연출에 대해서는 어떤 타협도 하지 않을 것이다. 그들이 내가 원하는 모든 것을 나의 처분에 맡기는지 기다려보자. 제작은 임박했고, 나는 별도의 제작사가 필요한 게 아니다. 나는 국가가 필요하다."[20]

한 곳에는 소련이 있고, 또 다른 곳엔 미국이 있고, 그 가운데 세르지오 레오네가 있는 모습은 '이름 없는 남자'(The Man with No Name)의 이미지를 떠오르게 했다. 레오네는 자기 이익을 위해 러시아인들과 협상했고, 그 과정에서 상당한 양의 자기 자금을 썼다. 그건 자신이 원하는 투자의 반을 확보하기 위해서였다. 그런데 1980년대 영화계에서, 돈에 대한 레오네의 인색함과 자신의 기획에는 자기 돈을 투자하기를 꺼리는 경향에 대한 악소문이 끝없이 퍼져 나갔다. 아들 안드레아 레오네가 말했다. "그 영화는 이탈리아와 러시아의 공동제작(이탈리아 방송국 RAI와 소련 측의 컨소시엄)이기 때문에 대단히 어려운 기획이었다. 또 어려운 이유는 그는 겨우 서너 페이지 정도만 써놓았고, 나머지는 모두 자신의 머릿속에 넣어두었기 때문이었다. 또 그는 외국 제작사를 위한 영화 관련 시설들은 있지만, 외국 영화와의 공동제작 경험은 전무한 국가와 계약을 하려 했기 때문이었다. 이런 점에서 볼 때, 그가 모스크바에 간 것은 영화의 역사에서 중요한 페이지를 남긴 게 된다."[21]

레오네는 정해진 제목, 배우, 스크립트도 없이 1천 5백만 달러의 투자금과 러시아 내의 시설을 가까스로 확보했다. 그의 경력과 강한 추진력 덕분이었다. 그는 4년도 더 전에 공개적으로 말하길, 러시아의 공동제작자들은 '계약서에 서명하기 전에 마지막 스크립트를 보길 기다리고 있다'라고 전했다. 그런데 그들은 여전히 스크립트를 보지 못했고, 계약서에 서명하지 않고 있었다. 배역과 관련해서, 레오네는 로버트 드 니로를, 혹은 젊은 로버트 드 니로를 언급하며, 모호한 태도를 보였다. 그리고 메릴 스트립이 러시아 억양을 쓰며 주연을 맡을 것이란 소문이 돌았는데, 레오네는 이렇게 답했다. "메릴 스트립? 당신 생애에는 그럴 일 없다! 그녀는 나와 맞는 타입의 배우가 아니다. 절대 아니다. 나는 많은 소련 배우들을 오디션할 것이다. 그리고 무명 배우를 쓰는 것도 가능하다."[22] 말하자면 캐스팅도 여전히 기획 단계에 머물러 있었다. 레오네의 계산에 따르면, 이 영화의 총제작비는 대략 3천만 달러 정도 됐다. 그리고 촬영은 대부분 소련에서 진행될 예정이었다. 여기엔 소련 육군의 협조는 물론, 끝없이 탱크를 공급받는 것도 포함됐다(일부 다른 언론은 총제작비가 1억 달러에 이를 것이라고 보도했다. 그러면 이 영화는 가장 비싼 영화의 목록에 오를 것이다. 한편 영화 잡지 '버라이어티'는 7천만 달러 정도로 예산을 측정했다). 레오네의 조감독 출신인 루카 모르셀라에 따르면, 레오네는 아들 안드레아 레오네가 말한 서너 페이지의 초안조차 갖고 있지 않았다. "아주 짧은 페이지가 복사본으로 있었다. 이는 제목('레닌그라드')과 아이디어를 보호하려는 것이었다. 세르지오는 제목과 아이디어 중 어떤 것도 스스로 보호할 수 없다는 것을 잘 알고 있었다. 그래서 어떤 변호사의 비서가 특별한 경우를 대비하여, 그 복사본을 만들어 놓았다."[23] 세르지오 레오네가 죽은 뒤, 작가 세르지오 도나티가 이런 말을 전했다. "어떤 제작자들이 작가 벤베누티와 데 베르나르디에게 와서 물었다. '스크립트 어디 있나? 초안은?' 하지만 아무것도 없었다. 세르지오가 종종 들려주었던 오프닝 장면만 남아 있었다."[24]

레오네의 오랜 동료들도 기억을 이야기했다. 제작자 알베르토 그리말디(그가 이 작품을 프로듀스할 예정이었다)가 말했다. "스크립트는 없었다. 단지 솔즈베리의 책과 러시아 측의 기록물이 있었다." 토니노 델리 콜리(그가 촬영을 담당했을 것)가 말했다. "세르지오는 '도입부'에 관해서만 이야기하기를 좋아했다. 그는 그 도입부로 아름다운 수를 놓을 것이다. 그가 갖고 있던 것은 '레닌그라드'의 도입부뿐이었는데, 그때 내가 말해주었다. '조심하게. 카메라의 필름 통(magazine) 안에는 3백 미터의 필름만 들어 있네. 나에게 말해준 모든 것을 찍는다면, 중간쯤 찍고 촬영은 중단될 거야.' 도입부의 원 숏 시퀀스가 그렇게 길었다." 작가 벤베누티는 동료인 데 베르나르디, 그리고 메디올리와 함께 쓴 긴 편지를 서재에 갖고 있었다. 편지는 '소련 사회주의 공화국 조합 귀하'라고 시작했다. 영화의 기획을 강조한 편지인데, 이름을 모르는 어떤 간부에게 보내는 것이었다. 편지는 "우리는 아직 명확한 제안을 받지 못했다."라고 밝힌 뒤, 도입부와 엔딩을 묘사하고, 레오네는 '두 문화를 연결하고, 예술과 인민을 연결하는 마법사'라고 추켜세웠다. 그리고 편지는 "우리는 정치 영화를 만들려는 게 아니다. 대신 지나친 영웅주의와 선전을 배제한 러브스토리를 만들 것이다."라고 결말 짓고 있다. 당시 레닌그라드에 미국인 카메라 기자가 존재하는 것에도 정당성을 부여했다. "신뢰할만한 미국 언론인(분명히 말하는 데 작은 역할임)이 런던에 있는 카메라 기자를 불렀을 수 있다. 아마 그는 프랑스 전선에서 물러난 뒤, 런던에서 정착했을 것이다. 또는 기자는 핀란드에서 독일군과의 전투가 끝난 뒤, 마지막 헬기를 타고 탈출했을 수도 있다." 해리슨 솔즈베리(아마도 '신뢰할만한 언론인')에 대한 벤베누티의 변호가 문제가 됐다. 레오네는 솔즈베리가 소련에서 아주 논쟁적인 인물이라는 사실을 알았다. 솔즈베리의 책 〈9백일〉은 그곳에서는 출간되지 않았다. 프라우다는 이 책이 도시의 방어에서 공산당의 역할을 폄하했고, '인민의 영웅주의'를 지나치게 강조했다고 논평했다. 또 프라우다는 솔즈베리가 레닌그라드에 대한 스탈린의 적대감을 묘사한 점을 지적했다. 곧 솔즈베리에 따르면, 레닌그라드는 1917년 혁명의 큰 시련이었는데, 그것은 스탈린에게 불리했고, 그래서 적대감이 생겼다는 것이었다. 바로 이 점이 공산당 간부들에게 대단히 나쁜 인상을 남겼다. 벤베누티에 따르면, 이 기획의 실현 가능성은 국제 정치와 연결돼 자주 변했다. "고르바초프와 레이건의 스위스 회담이 훌륭한 결과를 냈고, 그러면 기획은 전진했다. 아이슬란드에서의 정상 회담은 분위기가 좋지 않았고, 그러면 기획은 후퇴했다. 이외에 우리는 '미국인 언론인과 젊은 러시아 여성 사이의 러브스토리라는 문제'를 해결할 답을 찾았다는 전신을 받은 적이 있다. 해결책은 주인공들의 성을 바꾸자는 것이었다. 곧 여성 언론인은 러시아 남자와 키스하는 것이었다. 분명히 말하는 데 그것도 가능했다."[25)]

레오네는 이 영화를 만들 수 있었을까? 그는 영화가 만들어진다고 믿었을까? 혹시 그는 정교한 게임을 즐긴 것은 아닐까? 이 기획은 부조리할 정도로 지나치게 야심이 크지 않았을까? 또는 이전 작품과 비교할 때 수직으로 상승하는 것이었을까? 이를테면 다이너마이트의 폭발에서, 다리의 폭발로, 이어서 1천 대의 탱크로의 상승 말이다. 세르지오 도나티는 확신하지 못했다. 하지만 이런 이야기를 들려주었다. "그는 '원스어폰 어 타임 인 아메리카'를 만들 때도 10년 동안 오프닝 장면만 갖고 있었다. 우리는 그가 절대 그 영화를 만들지 못할 것이라고 생각했다. 하지만 결국에는 그는 만들지 않았나."[26)]

1986년 레오네는 소련 측의 합의를 기다리며 무력감 속에서 세월을 보낸 것을 후회하지 않느냐는 질문을 받았다. 그는 약간 짜증을 내며 답했다. "나는 그 기획의 어려움을 평가절하하지 않는다. 나는 어려운 도전에 가까이 갔었다. 그건 '평범한' 영화를 만들 때의 피곤함 같은 게 아니다. 구로사와와 나,

그리고 살아남는 소수의 감독은 그렇게 오래 경쟁을 하며 생존한 사람들인데, 우리는 쉽게 철수하는 징후를 가진 타입이 아니다. 영화를 만든다면, 살라미 속을 채우듯 일 할 수는 없다. 구로사와의 '란'(Ran) 혹은 '원스 어폰 어 타임 인 아메리카' 같은 영화를 준비한다면, 당신은 입이 바싹 마른 채, 머리에는 불이 나고, 그리고 영혼은 찢어진 채 오래 걸어야만 한다. 나는 평소에는 일을 많이 하지 않는다. 철학적인 이유가 있다. 나는 뷰파인더에 나의 눈이 붙은 채 죽고 싶지는 않다. 하지만 촬영을 시작하면, 나는 앞에서 말한 대로 일한다. 나는 그렇게 하기로 오래전에 정했기 때문이다. 결코 법정에 의해 그렇게 일하도록 판정받은 게 아니다."[27)]

로버트 드 니로는 지극히 행복한 미소를 지은 뒤, 어떤 인터뷰에서 이렇게 말했다. "미국의 잃어버린 꿈을 잇는 다음 작품에서 무엇이 가능할까? 죽음. 이번의 새 영화는 분명히 죽음에 관한 것이 될 것이다."

이런 기다림의 시기였지만, 세르지오 레오네는 여전히 이탈리아 영화계에서는 매우 눈에 띄는 인물이었다. 1984년 공산당 기관지 '루니타'(L'Unità)가 연례로 주최하는 행사인 '단결'(Unità) 에서, 레오네는 '원스 어폰 어 타임 인 아메리카' 덕분에 중앙에 자리 잡았다. 레오네는 개막식 연설을 했다. "나는 많은 스크린 동지들과는 달리, 철학자로 기억되길 원치 않는다. 나는 엔터테이너로 기억되길 원한다. 혹은 철저히 잊히길 원한다. 미국에 대한 나의 관심, 그것은 보편적인 관심일 수 있는데, 오직 이야기(tale) 때문이었다. 내가 보기에 미국은 길고도 잔인한 〈천일야화〉 같다. 그래서 나의 영화에는 바그다드의 도둑들, 납치된 공주들, 야비한 마법사들, 로큰롤을 부르는 새들이 많이 나온다. 나는 세헤라자데의 이야기를 들려주어야 했고, 대중의 주목을 받아야 했다. 그렇지 않으면, 새벽에 사형선고가 집행될 것이었다."[28)]

1985년 레오네는 '루니타'에 영화의 탄생 90주년을 기념하는 글을 썼다. 그는 비디오의 확산과 텔레비전 채널의 탈규제 시기를 맞아, 영화관 가기의 미래에 대해 숙고했다. "영화는 우리의 가정을 더욱 점령할 것이다. 이제 어떤 TV 단말기는 영화관에서 장편 영화를 보는 것과 비슷한 느낌을 주기에 충분할 정도로 큰 것도 있다. 나는 어떤 집에서 가로 세로가 4m와 2m가 되는 TV를 보았다. 그 TV는 벽 한 면을 모두 차지했다. 내가 듣기로는 일본에서는 빌트인(built-in) 영사기가 설치된 집이나 별장이 건설되는 것으로 알고 있다. 영화의 마지막 종착역이 집인 점은 틀림없다. 하지만 엔터테인먼트의 모든 위대한 대중 양식이 그렇듯, 영화도 집이 기초가 되는 오락이 될 수는 없다. 지금 벌어지고 있는 현상의 반대되는 일도 일어나고 있다. 프랑스 대도시에 있는 거대하고 오래된 영화관들이 이제 7개의 작은 영화관으로 변하고 있다. 이것은 문제인데, 경비를 줄이고, 좌석의 반이 비는 것을 막기 위해서 그렇게 하고 있다. 하지만 내가 보기에, 미래에는 거대한 스타디움이 영화관이 된다. 각 도시에는 오직 세 개의 영화관이 있고,

그것은 모두 거대한 스타디움이다. 관객은 1만 명 또는 2만 명이 들어오고, 스크린은 50m에 이른다. 어떤 영화들은 그런 영화관에서 상영되기에 적합하게 만들어진다. 당신은 스트레오 사운드를 갖춘 거대한 스크린에서 새로운 감각을 경험하게 된다. 2만 명의 관객이 당신 주변에 함께 있고, 혹은 2만 5천 명의 관객이 대화하느라고 소리를 낸다. 관객은 보고 있는 영화와 함께 살고 함께 숨 쉬는 것이다. 그런 것은 TV 스크린으로는 절대 대체될 수 없다. 아무리 TV가 크더라도 말이다."[29)]

레오네는 로마의 유적지 막센티우스 바실리카(Basilica of Maxentius)에서 30m의 스크린에 영사되는 '옛날 옛적 서부에서'를 5천 명의 관객과 함께 본 적이 있다. "나는 감동했다. 매우 감동했다. 영화를 만든 사람은 나인데도 말이다. 그러니 다른 사람이 느끼는 감정을 상상해보라." 이런 대립 되는 경향, 곧 가정 엔터테인먼트 대 공공 스펙터클의 경향이 이탈리아 영화 산업의 위기를 가져왔을까? 레오네는 그런 충돌을 '전환기의 특별한 단계'로 보았다. 그런데 1980년대의 산업지표는 확실히 놀랄 정도로 좋지 않았다. 1989년 이탈리아에서 제작된 117편의 영화 중 89편만이 영화관을 통해 개봉되었다. 이들 가운데 반은 단지 다섯 도시 이하에서 배급됐다. 이탈리아인의 70%는 영화관에 전혀 가지 않았다. 이 숫자는 조사에 포함된 이웃 국가들과 별로 다를 바 없다. 하지만 유럽 전체에서 가장 극적인 하락을 보여주었다(1980년에 비해 60% 줄었다). 치네치타의 제작 라인이 활발하게 돌아가던 1960년대에 이탈리아인들은 더욱 자주 영화관에 갔다. 성인은 1주일에 한 번 갔는데, 세계의 어떤 관객보다 빈도수가 높았다. 그리고 이탈리아인들은 대개 공동제작의 경우에도 이탈리아의 존재가 분명한 작품을 보거나, 이탈리아 단독 제작 영화를 보았다. 그런데 1980년대 후반이 되자, 미국 영화가 이탈리아에서 흥행 수입의 70% 또는 80%를 가져갔다. 당시는 '스타워즈'의 시대였고, 레오네의 시선에 그런 영화들은 '조지 거슈윈의 교향곡이기보다는 마이클 잭슨의 비디오테이프'[30]와 더욱 닮아간 것으로 보였다.

이탈리아 장편 영화의 80%는 두 개의 가장 큰 TV 채널인 공영방송 라이(RAI)와 민영방송 피니베스트(Finivest)의 지원을 받았다. 한편 이탈리아는 유럽 전체에서 가장 많은 지역 TV 방송국이 생긴 나라가 됐다. 그 결과로 이탈리아는 인기 있는 프로그램들을 수입했다. 그때 레오네는 새로운 취미에 빠진다. "나는 TV의 야간 시청자가 됐다. 나는 오래된 흑백영화를 찾기 위해 채널을 이리저리 돌렸다. 주로 1930년대와 1940년대 영화들이 대상이었다. TV 이미지가 영화 이미지를 식민화했다. 우리는 시각적으로 세뇌당한 것이다. 오스카는 이제 TV 영화, 이를테면 '애정의 조건'(Terms of Endearment, 1984) 같은 영화에 상을 주고 있다."[31] 그런데 그때는 또 주세페 토르나토레의 '시네마 천국'(1988), 곧 1950년대의 영화관 가기의 경험에 대한 대단히 향수 어린 플래시백 작품인데, 이는 오스카와 칸국제영화제에서 수상했다. 그리고 마우리치오

니케티의 '비누 도둑'(Ladri di saponette, 1989), 곧 이탈리아 미디어 산업의 극심한 경쟁을 풍자한 작품인데, 이는 모스크바 국제영화제에서 그랑프리를 수상했다. '시네마 천국'은 미국에서 배급되는 국제적인 인정을 받기 전까지는 이탈리아에서 별로 성공하지 못했다. '비누 도둑'은 국내 시장에서 전혀 사업이 되지 않았다.

레오네의 걱정은 많은 신인 영화감독이 '감독이라는 지위를 이용하여 유명해지기 위해 이 직업을 선택'하고, '영화에 대한 사랑'은 별로 갖지 않는 점이었다. 그들은 몸속 깊숙이 영화를 가진 것 같지 않았다. 국제적으로 보면, 레오네에게는 존 부어맨, 피터 위어, 그리고 마틴 스코세지 정도가 영화를 몸속에 깊이 갖고 있었다. 이들과 비교하면 이탈리아의 젊은 감독들은 경력 관리자들처럼 보였다. 사랑하는 영화 산업의 발전에 항상 민감했던 페데리코 펠리니는 1987년에 그의 경력에서 전환점이 되는 작품인 '인터뷰'(Intervista)를 만들었다. 이 영화는 일본인 TV 스태프들이 작업 중인 펠리니의 모습을 비디오에 녹화하는 형식을 갖고 있다. '인터뷰'는 카프카의 〈아메리카〉(실종자)를 기괴하게 비튼 작품이다. '인터뷰'를 보면, 펠리니가 영화를 만들고 있을 때, 치네치타의 나머지 장소들은 싸구려 TV 광고를 찍기에 분주하다. 어떤 지점에서 치네치타의 아카이브 담당자는 일본인 스태프들에게 '벤허'와 '쿠오바디스?'의 수영장을 보여준다. 그곳에서는 '클레오파트라'의 해상 전투 장면도 찍었었다. 이제 그 수영장은 아파트 단지 앞을 장식하는 작은 연못으로 변해 있다. 그리고 치네치타의 부동산 가치가 스튜디오의 세트 가치보다 더욱 높아졌다. '인터뷰'는 펠리니의 스태프들이 미국의 어떤 메인 스트리트로 설정된 야외에서, 텐트에 갇힌 채, TV 안테나를 들고 있는 인디언들의 공격을 받을 때 절정에 이른다. 그때 스태프들이 소리를 지른다. "우리는 절대 항복하지 않을 거야. 공격을 멈춰!"

영화 산업은 가정의 엔터테인먼트와 2만 명의 관객이 바라보는 거대한 스크린 사이로 양분될 수 있을 것이다. 만약 그렇다면 레오네 말고도, 베르나르도 베르톨루치(당시 세계적 단계로 접어들 때다)와 다리오 아르젠토(만약 메인스트림 영화를 만든다면) 같은 이탈리아 감독들이 '양분된 관객에 적합한 그런 종류의 영화'를 만들 수 있을까? 영화는 영화에 대한 이해력을 갖춘 대규모 관객의 흥미를 계속 끌고, 그들을 흥분시킬 수 있을까? 그리고 미국의 메이저 영화사의 투자가 아니라면 어디서 투자를 받을 수 있을까? 레오네의 관련 글은 편안함을 주는 생각으로 끝을 맺는다. 곧 이런 문제들은 '영화 산업과 TV 산업 사이의 합의를 통해' 해결될 수 있을 것이란 주장이다. 그럴 수도 있을 것이다.

세르지오 레오네는 당시 신문에 다른 글도 발표했다. 예를 들어, 일간지 '코리에레 델라 세라'에 존 포드에 대한 오마주, 공산당 기관지 '루니타'에 찰리 채플린에 대한 옹호(특히 '모던 타임스'와 '살인광 시대') 등이다. 레오네는 1987년 5월 10일 스포츠신문인 '가제테 델로 스포르트'(Gazzette dello Sport)에 독특한 스타일로 나폴리에서의 축구 리그컵을 대비하는 가상의 영화를 발표했다. "이 영화의 홍보는 벌써 시작됐다. 나폴리는 이미 푸른 깃발들, 푸른 우산들, 가발들, 마라도나의 모형들, 큰 스카프들, 숭배물들, 그리고 아무 쓸모 없는 수많은 장식으로 뒤덮여 있기 때문이다. 그런 것들은 전부 (나폴리팀의 색깔인) 푸른색이다. 영화는 사전에 완성된 스크립트를 따르는 형식이 되지 않을 것이다. 영화는 작은 에피소드들로 구성되고, 그것들을 차례로 찍는데, 나는 그 어떤 드라마적 장치로 끼어드는 일도 하지 않을 것이다. 이런 영화 만들기에서 감독의 즐거움은 수백 개 카메라의 시점을 이미 정하고 고정하는 데 있는 게 아니다. 대신 사람들의 거대한 움직임과 그들 사이에 공유된 애정에 관한 자유롭고 자연스러운 스토리에 올라타는 것이다. 나는 유명한 캐릭터를 배우가 맡도록 하지 않는다. 곧 네오리얼리즘의 지배적인 방법론에 따를 것이다. '자전거 도둑'에서 보았듯, 거기에서 집단적인 잔치 같은 장면에는 배우가 아니라 일반인들이 나왔다. 결과는 미리 만들어진 스토리에서, 배우가 연기하던 것과는 달랐다. 그리고 나는 나폴리가 주요 캐릭터라고 상상한다. 나폴리는 전쟁이 끝난 뒤, 한계를 넘어간 비정상의 도시로 내몰렸다. 늘 있는 교통 체증, 이것은 별다른 소리 없이 묘사될 것인데, 대신 이는 휘날리는 깃발들로 생명을 얻을 것이다. 나폴리의 축구팀 컬러인 거대한 푸른색의 시트가 도시 전체를 덮을 것이다. 나폴리는 자체의 열정과 전혀 움직이지 않는 사람들로 꽉 찰 것인데, 그들은 하늘을 바라보며 메시아의 계시를 기다린다. 계시는 신비로운 기도로 소환되고, 그러면 운명의 존재는 등장할 것이다. 그는 나폴리의 수호성인인 젠나로(Gennaro)의 옷을 입고, 마라도나의 머리 스타일을 하고 있으며, 나폴리만의 불꽃놀이 속에서 등장할 것이다."[32)]

위의 글을 쓰기 전인 1987년 봄, 레오네는 캄파냐 주(이곳의 주도가 나폴리)의 지포니 발레 피아나(Giffoni Valle Piana)에서 개최된 국제소년영화제에서 연설했다. 그는 명예 초대손님이었는데, 심사위원은 전원 14세 이하의 소년 소녀들로 구성된 영화제였다. 레오네는 어린이들의 상상력 넘친 세상과 개방성에 깊게 감명받았다고 말했다. 그리고 레오네는 영화전문잡지 '비앙코 에 네로'(Bianco e Nero)에 에르만노 올미의 '영험한 애주가의 전설'(La leggenda del santo bevitore, 1988)을 열정적으로 옹호하는 글을 기고했다. 레오네는 베네치아영화제의 심사위원장으로서, 이 영화에 황금사자상을 주기 위해, 다른 위원들을 설득하며 매우 노력했다(실제로 수상했다).[33)]

한편 공적 영역에 비친 레오네의 이미지는 '과장된 삶'을 사는 것으로 명성이 자자했다. 그는 매년 1980년대 중반에 구입한 자신의 요트('나의 작은 배')를 타고, 칸영화제에 참석했다. 그는 계속하여 파리에 자신의 집을 소유하고 있었다. 그는 비르마니아 거리(via Birmania)에 있는 로마의 저택에서 여전히 화려한 삶을 즐겼다. 그 집엔 비싼 포도주로 넘쳤는데, 레오네는 '브루넬로 디 몬탈치노'(Brunello di Montalcino)를 특히 좋아했다. 그리고 로마와 나폴리 스타일의 무거운 요리들을 즐겼다. 레오네는 기자들의 방문을 받으면, 크기가 넉넉한 아랍풍의 흰색 카프탄(kaftan)과 벨벳 실내화를 신었다. 그리고 레오네는 영화에 대해 기자들에게 말하기를 좋아했는데, 마치 자신이 구약에 나오는 수염 많은 장로인 것처럼 행동했다. 그는 자신의 큰 허리둘레와 비싼 하바나 시가 때문에 오손 웰스와 자주 비교되는 점을 싫어하지 않았다. 1988년 레오네는 시가의 미학에 대해 짧은 글을 하나 썼다. 그는 '시가는 육체적으로, 또 관능적으로 자신에게 완벽하다'라고 고백했다. 레오네는 '달러 3부작'에서 클린트 이스트우드에게 얇고 색깔이 진하고 맛이 독한 시가 토스카나(toscana, 냉정함과 불패의 상징)를 계속 피우도록 고집했었다. 그런데 레오네는 이제 〈시가에 대한 삽화가 있는 역사〉(The Illustrated History of Cigars, 1989)에서 자신을 '시가에 대한 소수의 위대한 이탈리아인 감정사 중의 한 명'이라고 명명했다.[34)]

1988년 레오네 가족은 비르마니아 거리에서 반 마일 떨어진 네팔 거리(via Nepal)에 있는 거대한 저택으로 이사했다. 그 저택은 원래 제작자 알베르토 그리말디를 위해 지어진 집이었다. 그리말디는 미국에 정착하기 전에 그 저택에서 약 2년간 살았다. 세르지오 레오네는 그 집을 아랍 거부로부터 샀다. 그 집의 설계자는 카를로 시미이다. 레오네의 오랜 프로덕션 디자이너인데, 그는 근처에 있는 그리말디의 PEA 영화사 건물도 설계했다. 고도의 안전장치가 설치된 저택의 인상적인 대문 위에는 사자의 금속 머리가 놓여 있었다. 그리고 바깥의 문 앞에는 석재 사자 두 마리가 앉아 있었다. 말하자면 사자들은 레오네 집안의 자부심을 표현한 것이었다. 실내에 들어서면, 17세기와 18세기 로마의 정교한 가구들, 그리고 선반에는 은제 그릇들이 있었다. 거대한 소파가 있고, 20세기 초 형이상학파와 초현실주의의 그림들, 아내 카를라와 세 자식이 포함된 가족사진들이 전시돼 있었다. 서재(레오네는 종종 이곳을 '박쥐 동굴'이라고 불렀다)의 책상 뒤로는 마틴 스코세지의 '분노의 주먹'(Raging Bull) 스틸 사진이 걸려 있었다. 사진에는 '세르지오에게 보비(Bobby). 너는 최고야.'라는 서명이 들어 있었다(드니로가 레오네에게 헌정한 것). 그리고 자신에게 너무 큰 옷을 입고 있는 존 포드의 사진도 있었다. '세르지오 레오네에게, 존경을 담아.'라는 서명이 들어 있었다. 또 모든 곳에 작은 개들이 뛰어다녔다.

1988년 레오네는 무기력해졌고, 업계의 전설적인 일 중독이었던 그의 스태미나는 눈에 띄게 떨어졌다. 그해 여름 레오네가 베네치아영화제에서 심사위원장을 할 때, 그의 육체적 조건이 열악해진 점을 숨길 수 없었다. 레오네의 수염은 회색이 됐고, 볼은 쑥 들어갔으며, 몸무게도 빠진 것 같았다. 그는 항상 앉아서 사진 촬영에 응했다. 1984년 심장에 문제가 생긴 이후, 레오네는 다이어트를 시도했었다. 그런데 이제 레오네는 계단을 오를 때면 심각하게 호흡이 가빠졌다. 1985년 공영방송 RAI에서 만든 다큐멘터리 '옛날 옛적 영화에서. 세르지오 레오네와 그의 영화들'(C'era una volta il cinema. Sergio Leone e i suoi film)에서 그는 어린 시절을 설명하기 위해 글로리오조 거리의 계단을 올라갔는데, 겨우 몇 발자국을 옮기고는 매우 힘들어했다. 그는 철책 난간에 의지한 뒤에야 겨우 균형을 잡을 수 있었다. 사람들은 심장 이식에 대해 말하기 시작했다. 하지만 레오네는 그것을 피하려고 모든 것을 다 했고, 생각조차 하지 않으려 했다. 모리코네의 기억이다. "레오네가 나와 이야기하지 않으려고 한 첫 번째 프로젝트가 '레닌그라드'였다. 그는 자신이 죽고 있다는 사실을 알고 있었다. 그는 심장 이식에 관한 조언을 많이 들었다. 그에겐 유일한 기회일지 모른다. 하지만 그는 거절했다."[35)]

'원스 어폰 어 타임 인 아메리카'의 발표 이후, 레오네의 인터뷰는 노숙한 면모를 보였는데, 이제는 이별을 고민하는 것 같았다. 영화에 대한 그의 평가는 전에 없이 추상적이고, 우왕좌왕하고, 멜랑콜리해졌다. "오래된 황금의 혈관은 캘리포니아의 영화 나라에 있었다. 그 혈관은 지면 가까이에서도 번쩍일 정도였다. 하지만 불행하게도 지금은 모든 게 말라버린 것 같다. 소수의 용기 있는 광부들이 여전히 파고 있기는 하다. TV와 운명 그리고 세상의 스튜디오들을 가난하게 만드는 스펙터클의 시대에 대해 훌쩍이고 또 저주하면서 말이다. 하지만 그들은 이제 사라질 공룡이 됐다."

그런 '광부'였던 클린트 이스트우드는 1988년 가을 레오네를 방문했다. 이스트우드는 '버드'(Bird)의 개봉에 맞춰 로마에 있었고, 레오네는 그를 점심에 초대했다. 두 남자는 바로 그날 저녁 약속도 했다. 그 자리에 레오네는 친구인 감독 리나 베르트뮐러(Lina Wertmüller)를 데려갔다. 이스트우드에 따르면 레오네의 기분은 약간 우울하고 향수에 젖은 것 같았다. 레오네는 자신의 병을 알고 있었지만, 그 자리에서 그 점에 대해서는 한마디도 하지 않았다. '자신의 배우'에 관한 레오네의 날카로운 언급은 이제 과거의 일이 된 것 같았다. 식사를 마친 뒤 레오네가 말했다. "우리가 함께 일했던 모든 시간보다 더 좋은 시간을 보냈어." 이스트우드는 레오네가 '이별을 고하기 위해 자신을 불렀다'라는 점을 알았다.[36)]

두 사람의 경력은 매우 다른 방향으로 전개됐다. 클린트 이스트우드가 말했다. "우리는 헤어진 것이 아니다. 내 생각에 우리는 철학적으로 다른 사람이 됐다. 그는 거대한 서사극 영화로, 나는 작은 개인적인 영화로 나갔다."[37)] 기자회견을 할 때면 그들은 '달러 3부작'의 최종 책임자는 누구인지를 놓고, 20년이 넘게 전투를 벌여왔다(이스트우드는 부드럽게, 레오네는 맹렬하게). 칸영화제에서 이스트우드의 '페일 라이더'(Pale Rider, 1985)에 관한 기자회견이 열릴 때, 이런 재밌는 대화가 오갔다. 곧 어떤 열정적인 프랑스 비평가가 55살이던 이스트우드에게 그의 영화는 56살이던 레오네, 곧 '영화적 아버지'에 대한 '오이디푸스적 파괴'를 구성하고 있다고 지적했다. 이스트우드는 가벼운 농담으로 응수했다. "만약 그가 나의 아버지라면, 세르지오는 아주 어릴 때 나를 잉태했어야 했다."[38)]

모든 문제는 그런 식으로 지나갔고, 세르지오 레오네는 로마에서 클린트 이스트우드에게 작별을 고한 뒤, 조감독 루카 모르셀라에게 와서 이런 농담을 했다. "그를 위한 배역을 반드시 하나 만들어야겠어." 그 배역은 당시 레오네가 기획하고 있던 TV 시리즈 '콜트, 미국의 전설'(Colt, an American Legend)이라는 작품에 속했다. 그 작품은 콜트권총 한 자루에 관련된 이야기를 다룰 예정이었다. 코네티컷의 하트퍼드에 있는 공장에서 만들어진 권총은 서부에서 아주 다양하게 이용되고 또 남용될 것이다. 모르셀라가 말했다. "리볼버 권총은 손에서 손으로 이어지고, 그러면서 서부의 역사를 이야기할 것이다. 클린트 이스트우드를 만난 뒤 세르지오가 생각해낸 아이디어다. '멋진 이방인'(이스트우드)이 자기를 위해 만들어지고 있는 권총을 보려고 애리조나에서 코네티컷의 하트퍼드까지 여행한다. 그리고 그가 원하는 대로 권총은 만들어진다. 이스트우드는 자기에게 꼭 맞는 권총을 가질 때까지 그 장인 옆에서 과정을 지켜본다. 그는 애리조나로 돌아와서, 사회 최하층 출신의 지저분한 악당을 만난다. 여기서 늘 하던 클로즈업의 결투가 벌어진다. 악당은 클린트 이스트우드의 이마 한가운데를 맞힌다. 혹은 뒤에서 쏜다. 악당은 바로 그 권총을 집어 들고, 그러면 다시 모험이 시작된다. 이것이 '콜트, 미국의 전설'의 도입부를 위한 세르지오의 아이디어였다."[39]

이 미니 시리즈에 관한 아이디어는 당시로부터 1년 전에 시작됐다. 세르지오 레오네는 카를로 베르도네 감독의 데뷔작을 준비할 때, 작가 세르지오 도나티와 심하게 다툰 적이 있다. 이후 그는 처음으로 세르지오 도나티에게 연락했다. 도나티가 들려준 내용은 어떤 데자뷔 같았다. "1987년 프로듀서 풀비오 모르셀라가 나에게 전화했다. '오, 세르지오(도나티), 오해가 있었네.'라고 그는 말했다(관계를 풀 때면 늘 그렇게 말했다)." 도나티는 레오네에게 연락했고, 최근에 심장 문제를 겪은 레오네는 과거와 비교해 더욱 인간적이고, 더욱 차분하게 변해 있음을 알았다. 레오네는 미니 시리즈 웨스턴을 프로듀스 해달라는 제안을 받았다고 말했다. 레오네는 뉴멕시코의 산타페에 있는 어느 술집을 배경으로 아이디어를 구상하고 있었다. 이야기는 옛 장소에 흘러들어온 사람들에 관한 것이었다. 도나티는 그 아이디어는 해묵은 것이라고 여겼다. 그리고 자신은 더 좋은 아이디어를 갖고 있었다. "나는 제목이 '권총'(Gun)인 이야기를 쓰고 있었다. 그건 '윤무' 혹은 '무도회의 수첩'처럼, 영화의 역사에서 가장 오래된 이야기 중의 하나였다. 곧 손에서 손으로 전달되는 똑같은 권총에 관한 이야기였다. 나는 말했다. '하지만 이건 권총을 통해 다른 이야기를 해볼 수 있는 거야. 드라마틱한 것, 반어법적인 것, 역사적인 것, 아니 모든 종류의 이야기를 할 수 있어.' 그리고 우리는 '레오네 스타일'로 이야기를 시작했다. 다시 말해 그의 집에서 리가토니 스파게티를 한참 먹으면서 말이다."[40)]

도나티는 '장난감'(Il giocattolo, 1979)의 시나리오를 쓸 때, 연속되는 권총 사용자에 관한 이야기를 이미 발전시킨 바 있다.

그 테마에 대한 레오네의 열정은 스크린 전체에 드러나 있었다. 토론이 진지하게 이어질 때, 두 명의 세르지오는 유명인들의 방문을 받았다. 도나티가 말했다. "방문객 중에는 '프란체스코'(1989)를 촬영하던 릴리아나 카바니 감독과 미키 루크가 있었다. 그다음 주 일요일에는 성서 드라마 '다윗 대왕'(1985)을 연기했던 리처드 기어가 있었다. 두 배우 모두 '콜트'의 아이디어를 좋아했다. 단 카메오로만 출연하려 했다. 그리고 세르지오(레오네)는 나에게 '왜 두 명의 개새×에 관한 이야기로 시작하지 않느냐'라고 말했다. 사실 레오네의 모든 영화는 그렇게 시작했다. '두 명의 개새×가 있었다. 그들은…' 이렇게 말이다. 그래서 내가 말했다. '세르지오, 이제 20년이 지났어. 우리는 웨스턴을 만들어, 그 웨스턴은 뭔가 좀 달라야 해.' 우리는 클린트 이스트우드의 영화(훗날의 '용서받지 못한 자')와 매우 비슷한 것에 관해서도 그때 토론했다. 내가 말했다. '왜 우리는 웨스턴을 실제로 일어난 그대로 이야기하면 안 될까? 10m 거리에서도 황소를 맞추지 못하는 권총의 이야기, 사람들이 잠자고 있을 때 창문을 통해 총을 쏘는 핑커톤(Pinkerton) 탐정 회사의 어떤 남자 이야기 같은 것 말이다.' 그런 것들이 진짜 서부가 아닌가? 그러고 나면 이야기는 결국에 성서적인 것, 곧 레오네적인 것으로 변하곤 했다."[41]

한편 1988년 초, 루카 모르셀라는 레오네가 제안받은 웨스턴 제작 작업을 위해 따로 연락을 받았다. 그 웨스턴은 레오네를 열정적으로 좋아했던 두 방문 배우를 위해 구성되고 있었다. "1987년, 세르지오는 미키 루크의 방문을 받았고, 몇 주 뒤에는 리처드 기어의 방문도 받았다. 두 배우는 각자 따로 세르지오와 웨스턴을 만들고 싶어 했다. 당시 세르지오는 TV 시리즈를 준비하고 있었고, 그래서 그들을 출연시켜 이 시리즈의 파일럿 프로그램을 만들 수 있다고 생각했다. 그는 연출을 맡을 생각은 없었고, 대신 프로듀서와 예술 고문으로 참여하여 영화의 질을 담보할 수 있다고 여겼다. 우리는 오랫동안 시나리오를 함께 발전시켜 왔고, 그는 나에게 감독 자리를 제안했다. 상상하겠지만, 나는 그 제안을 믿을 수 없었다. 어쨌든 그 영화를 위해 나는 읽기 시작했고, 시나리오의 아이디어를 연구하기 시작했다. 그런데 우리는 그 영화에 관해 이야기하면 할수록, 미키 루크와 리처드 기어 같은 배우는 '콜트'의 구성에 맞지 않는다는 결론에 이르렀다. 우리는 뭔가 다른 것을 필요로 했고, 이후 프로젝트는 고전 레오네 웨스턴과 점점 가까워졌다. 여섯 달의 연구 뒤에 우리는 젊은 작가 파비오 톤첼리(Fabio Toncelli)의 도움을 받아 시나리오를 쓰기 시작했다. 몇 달 뒤, 우리는 '오직 메리만이 아는 장소'(A Place Only Mary Knows)라는 시나리오를 완성했다. 이것이 세르지오가 영화를 위해 쓴 마지막 시나리오이다."[42)]

도나티는 소위 수정주의 웨스턴을 생각할 때, 모르셀라와 레오네는 더욱더 레오네다운 스타일의 웨스턴으로 나아갔다. 이번의 감독은 프로듀서 풀비오 모르셀라의 아들 루카 모르셀라가 될 것이었다. 풀비오 모르셀라는 레오네의 라프란 영화사에서, 1960년대 후반부터 1970년대 중반까지의 영화에서 모두 프로듀서로 참여했다. 그리고 그는 레오네에게 수많은 책(특히 영어책)을 읽어주었다. 비평가들이 보기에, 레오네는 열정적인 젊은 감독을 선택하여, 자신은 조정하는 역할만 하는 것을 좋아하는 것 같았다. 그러면 완결된 작품에 대해 레오네는 직접적인 책임을 지지 않아도 되었다. 또 다른 이들은 레오네는 단지 재능있는 젊은 감독(그리고 배우)을 발견하는 재능을 가졌다고도 말했다. 레오네는 그들에게 영화계에서 처음 일하는 기회를 주는 것을 좋아했다는 것이다. 레오네의 동기가 무엇이든, 1988년 8월 초 일간지 '메사제로'(Il Messaggero, 메신저)에 따르면 레오네는 새로운 프로젝트를 공개할 준비가 된 것 같았다. "다시 웨스턴이 유행하기 시작했다. 이건 공식적인 뉴스다. 공식적인 뉴스인 게, 이번엔 세르지오 레오네에 관한 것이기 때문이다. 레오네는 1960년대에 전례 없는 장르를 창조한 마에스트로이다. 그건 특히 미국에서 광범위하게 모방 되는 '스파게티 웨스턴'이다. 이탈리아의 마에스트로 레오네는 새로운 '총잡이'를 프로듀스할 것인데, 이 작품은 젊은 감독의 데뷔작이 될 것이다('석양의 갱들'의 감독 레오네는 카를로 베르도네를 데뷔시킨 사실을 잊지 말자). 뛰어난 두 명의 배우, 두 명의 슈퍼스타가 참여한다. 미키 루크와 리처드 기어인데, 그들은 스파게티 웨스턴의 아버지와 함께 일하는 사실에 매우 고무되어 있다."[43)]

초안에 따르면 '오직 메리만이 아는 장소'는 레오네에게 영감을 준 미국 작가들에 대한 오마주이다. 곧 〈스푼 리버 선집〉(Spoon River Anthology)의 에드거 리 매스터스(Edgar Lee Masters), 〈아울 시냇물 다리에서 생긴 일〉(An Occurrence at Owl Creek Bridge)의 앰브로즈 비어스(Ambrose Bierce), 〈실패한 군사작전에 대한 사적인 역사〉(The Private History of a Campaign That Failed)의 마크 트웨인, 〈붉은 무공 훈장〉(The Red Badge of Courage)의 스티븐 크레인(Stephen Crane), 그리고 '당연하게도' 〈바람과 함께 사라지다〉의 마가렛 미첼 등이다. 두 명의 '개새×'에 관한 이야기인데, 남북전쟁을 배경으로 이들의 여정은 계속 교차된다. 한 명은 조지아 출신의 마이크 커처인데, 그의 일은 북군에 남자들을 입대시키는 것이다. 다른 한 명은 리처드 번스이다. 비밀이 많은 사업가인데, 자신의 우아함을 자랑하는 그는 쾌활하지만 침착한 사람이다. 그는 다른 사람에게. 자신이 거친 남자라는 인상을 주려고 한다. 세 번째로 주요한 인물은 로마에서 온 젊은 요리사 프란체스코이다. 그는 도입부에서 이민선을 타고 보스턴 항구에 도착한다. 그들의 모험은 1863년 보스턴에서 시작하여, 콜로라도의 광산 마을, 애틀랜타, 그리고 조지아로 이어진다(1864년 이때 북군의 셔먼 장군이 이곳에 도착한다). 황금은 조지아의 이름 없는 묘지 속에 묻혀 있다. 그곳은 '오직 메리만이' 알고 있다.[44)]

메리는 한때 마이크의 여자 친구로 설명돼 있다. 그리고 황금 때문에 강도 행위가 이어진다. 리처드는 속아서 군에 입대했다. 그는 '앨런 소령'(Major Allen, 핑커톤 탐정 회사의 앨런 핑커톤을 암시)의 요원이 된다. 리처드는 마이크와 함께 붙잡히고, 남군 포로수용소로 이송된다. 그때 리처드는 인디언 거주 지역을 통과하며, '황금광'(Gold Rush) 일행에 합류한다. 리처드는 매튜 더글러스라는 전쟁 사진기자를 만나고, 유랑극단의 마차 행렬도 만난다. 그는 마이크와 주인 없는 땅에서 한뎃잠을 자는데, 그곳은 북군과 남군 지역을 가르는 곳이다. 리처드는 애틀랜타에 도착하고, 마이크는 스파이 혐의로 그곳에서 교수형에 처해질 것이다. 앰브로즈 비어스의 유명한 단편 소설에서 모티브를 따온 이 장면에서, 마이크는 탈출에 성공하여 사랑하는 메리에게 달려가는 것 같다. 하지만 사실은 그는 죽음의 순간에 자신의 전 생애를 한눈에 보는 중이다. 리처드는 이름 없는 묘지에 그를 묻는다. 그 묘지는 영화 전체를 통해 그들이 찾는 곳이었다(당연히 메리는 돈을 갖고 튀었다). 리처드는 애틀랜타가 함락되는 날, 프란체스코를 우연히 만난다. 프란체스코는 리처드를 힐끗 쳐다보고, 무엇을 먹고 싶은지 묻는다. 그리고 승리의 메뉴라는 게 제공된다. 메뉴에는 애틀랜타가 정복된 날의 날짜와 오직 하나의 요리 이름이 적혀 있다. 그건 '셔먼 장군 토마토 스튜'이다. 메뉴의 뒤쪽 페이지에는 다음 날의 날짜만 적혀 있고, 다른 아무것도 없다. 리처드가 묻는다. "내일은 뭐가 있소?" 프란체스코가 어깨를 으쓱하며 대답한다. "내일은, 그건 내일 생각해보겠소… (〈바람과 함께 사라지다〉 스타일로) 어쨌든 내일은 또 다른 날이니까(After all, tomorrow is another day)." 그때 우리는 완전히 정복되고 파괴된

애틀랜타를 본다. 그리고 담배 연기에 모여든 일군의 남자들을 본다.[45)]

레오네는 진지하지는 않았지만, 드디어 '바람과 함께 사라지다'를 시도해볼 수 있었다. 메리 캐릭터의 특성인 냉소주의는 높아진 충성심과 동기부여에 의해 조절된다. 그런 성격은 1960년대에 발표됐던 웨스턴보다는 역사에 더욱더 기초한 것이었다. 마이크와 리처드의 역할은 분명하게 미키 루크와 리처드 기어를 염두에 뒀다. 반면에 프란체스코 역할은 이탈리아 배우가 맡을 예정이었다. 루카 모르셀라가 이번 프로젝트에서 일하고 있을 때, 레오네는 자신의 딸 라파엘라의 이름이 이탈리아와 미국의 공동제작 영화에서 '의상 디자이너 보조'라는 타이틀을 달고 등장하는 것에 큰 기쁨을 느꼈다. 라파엘라는 '원스 어폰 어 타임 인 아메리카'의 의상 팀에서도 일했다. 이후 소피아 로렌과 알렉스 폰티가 제작한 TV 영화 '오로라'(Aurora, 1984), '폴리스 아카데미'의 파생 영화인 '탐정 학교 자퇴자들'(Detective School Drop-Outs, 1985), 그리고 카를로 베르도네의 '너무나 강한'(Troppo forte, 1986)에서 의상 팀 일원으로 일했다. 라파엘라의 경력이 시작된 것이다.

그런데 1989년 1월 말에서 2월 초 사이, 세르지오 레오네는 모든 사람의 반대를 무릅쓰고 르노19의 광고를 찍기 위해 루카 모르셀라와 함께 짐바브웨로 떠났다. 밧줄 다리와 코끼리가 나오는 그 광고다. 모르셀라가 말했다. "그는 마치 완벽한 컨디션에 있는 듯 행동했다. 스트레스와 피곤함을 잊었고, 위험도 전혀 느끼지 않았다.” 감독 경력 25년은 레오네의 비행 여행에 대한 두려움을 깎아내리지 못했다. “그런데 짐바브웨에 체류했던 그 시간에 세르지오는 예상과 달리 필요 이상으로 헬리콥터 혹은 경비행기를 타고 자주 여행했다. 그는 본인의 안전은 더 이상 신경 쓰지 않는 것처럼 보였다. 어느 날 우리는 헬리콥터를 타고 가다 전깃줄을 칠 뻔했다. 그가 밑으로 내려가기를 원해서였다. '아래로, 아래로, 아래로' 그는 계속 말했다.”[46)]

그리고 모르셀라는 다른 사람의 안전에 관해서도 레오네의 관심은 눈에 띄게 저하됐다고 기억했다. 어느 날 레오네는 땅에서 헬리콥터 조종사에게 착륙하라는 신호를 보냈다. 그러면 헬기의 날카로운 날개가 카메라가 달린 크레인에 매우 가깝게 지나가기 때문에 아주 위험했다. 크레인 위에는 카메라맨이 앉아 있었다. 카메라맨과 다른 동료도 먼지 때문에 헬기가 접근하는 것을 보기 어려웠다. 당시 모르셀라와 그의 아내 알렉시가 근방에서 보고 있었고, 위험 가능성을 알아보고 바로 개입하면서 사고를 막을 수 있었다. 모르셀라가 알기로는 그런 일은 레오네의 현장에서 아주 드문 경우였다. “그를 아는 모든 사람이 놀랐다.” 그런데 레오네는 이런 광고 영화 작업에도 평소대로 대단한 성실함으로 임했다. “그는 새벽 3시에 일어났다. 3시 30분까지 세트장에 가기 위해서였다. 아직 어둠이 깔린 새벽 4시에 그는 촬영하기를 원했다. 세르지오는 새벽의 첫 태양을 원했다. 그는 정말로 일에 미친 사람이었다.”[47)]

레오네는 1989년 2월 7일 기자회견을 위해 모스크바로 떠났다. 이때는 루카 모르셀라가 광고 영화의 연출을 대신 맡았다. 레오네는 로마로 돌아오자마자, 곧바로 자신의 필름과 모르셀라의 필름을 들고 편집에 들어갔다. 모르셀라가 말했다. "그때가 내가 그를 본 마지막 순간 중의 하나였다. 나는 내 촬영분이 마음에 들지 않아 걱정하고 있었다. 그런데 그는 '아니야, 너는 훌륭하게 해냈어.'라고 말했다. 믹싱 스튜디오에 있는 모든 사람 앞에서 그렇게 말했다. 참 좋은 순간이었다. 그리고 세르지오는 미국에 가려고 했다. 이렇게 말해도 될지 모르겠는데, 당시 그는 대단히 늙어 보였다. 하지만 그의 정신은 매우 고무돼 있었다. 그는 자신이 병들었다는 것, 생존하려면 뭔가 심각한 것을 해야 한다는 것, 그리고 아마 아무것도 자신을 살리지 못할 수도 있다는 사실을 받아들인 뒤, 걱정을 덜 하면서 살기로 작정한 것 같았다. 그는 L.A.에 있는 심장전문의를 만나 점검을 해보려고도 했다. 그 의사가 심장 이식을 할 수도 있었을 것이다. 하지만 세르지오는 소용없다고 생각한 것 같다. 그는 그냥 마지막 순간까지 잘 살기를 원했다."[48)]

레오네는 로마의 트라스테베레에 있는 '케코 에르 카레티에레'(Checco er Carettiere) 식당에서 '1937년' 초등학교 동창회 식사를 마친 뒤, 어릴 때 썼던 미완의 시나리오 '글로리오조 거리'에 프롤로그를 넣는 아이디어를 떠올렸다. 과거의 그 시나리오는 여전히 책상 서랍에 들어 있었다. 중년이 된 영화감독은 동창회 장소에 일찍 도착한다. 그는 5학년 A반 사진과 저녁 테이블 주변에 있는 빈 의자들을 바라보고, 1930년대 후반 로마에서의 소년 시절을 플래시백하기 시작한다. 과거 속 사진에는 색이 바래지 않아, 선명한 49명의 소년이 서 있다. 그러나 동창회 관련, 공개된 사진에는 이제 14명의 중년 남자가 있는데, 그들은 빈 병과 술잔이 널려 있는 식탁 뒤에 서 있다. 이들의 뒤로는 과일나무를 그린 벽화가 보이고, 식당 주인은 오른쪽에 있다. 회색 수염이 난 세르지오는 가장 나이 들어 보인다. 60살보다 훨씬 더 늙어 보인다. 그는 동창들과 좀 떨어져서 뒤쪽 어둠 속에 서 있다. 그의 바로 오른쪽에는 엔니오 모리코네가 있다. 레오네는 좋아 보이지 않는다. 그는 식이요법을 실천했음에도 결코 나아진 것 같지가 않다.

이 남자 레오네는 전후에 비토리오 데 시카 덕분에 로마의 길거리에서 영화 관련 첫 경험을 했는데, 자신의 카메라를 직접 로마 방향으로 돌린 적은 단 한 번도 없다. 그는 왜 미국에, 특히 서부에 몰두했는지, 그리고 왜 이탈리아에서 이탈리아에 관한 영화를 안 만드는지에 대한 질문을 받았다. 레오네가 말했다. "웨스턴 영화는 일본, 나이지리아, 콜롬비아, 영국, 이탈리아, 독일 그리고 프랑스 등 모든 곳에서도 소비자에게 좋은 품목이다. 웨스턴은 세계 전체에 해당하기 때문이다. 만약 당신이 이탈리아에 관한 스토리를 쓴다면, 불행하게도 그건 이탈리아에 관한 스토리 밖에 되지 않는다. 하지만 미국에서는, 설사 그곳이 작은 마을이라고 할지라도, 당신은 세계 전체에 관해 쓸 수 있다. 이유는? 그곳에는 모든 공동체가 종합돼 있기 때문이다. 당신은 미국에서 세계를 발견할 수 있다. 내가 말하는 세계는 모든 관습, 단점, 그리고 강점까지 가진 그런 세계다. 유럽인으로서 미국에 대해 더 알면 알수록, 나는 더욱더 미국에 매혹된다. 그러면서 동시에 더욱더 몇 광년이나 떨어진 거리감을 느낀다."[49]

레오네는 영화감독 경력을 통틀어, 현실과는 아주 먼 인공적인 세상에 매달렸다. 단 그 세상의 표면을 나타내는 디테일은 매우 세밀하게 연구했다. 그래서 관객의 불신을 유예할 수 있었다. 하지만 스토리는 신화의 왕국에 속한 것이었다. 캐릭터들은 로마의 부르주아가 아니라 거인들이었고, 그곳에서는 '극장'이 '일상'보다 더욱 중요하게 여겨졌다. 레오네의 이야기들은 다 자란 어른들을 위한 동화였다. 이런 의미에서 레오네는 자신의 대부분 삶을 소년의 시선으로 바라보았고, 이탈리아 사람으로서 자신이 보고 싶은 할리우드 영화를 아무런 제약을 받지 않고 만들었다. 비평가들이 레오네의 작품을 묘사할 때 쓰기 시작한 단어들은 '매너리스트', '카니발적', '과시욕이 강한', '과도한'(excessive, 나쁜 의미에서), 그리고 '과도한'(excessive, 좋은 의미에서) 등이었다. 그가 하고자 했던 것은 영화의 매력을 되찾는 것이었다. 그런 작업을 할 때, 레오네는 당대의 세계에서는 아무런 매력을 느끼지 못하고 있었고, 그래서 영화를 보거나 만들 때 개인적으로 느꼈던 활기를 전달하려고 했다. 그는 진짜 대중영화를 만든 최초의 현대적 시네아트스였다. 레오네는 '예술 영화'와 대중영화 사이에 다리를 놓았고, 그것은 비평가들에게 깊은 혼란을 주었다. 풀비오 모르셀라는 레오네 관련 단어 중 '스펙터클'을 좋아했는데, 이런 말을 남겼다. "50년 전에 세르지오는 오페라의 위대한 마에스트로가 될 수 있었다. 왜냐면 그는 사운드, 시각 효과, 스펙터클, 그리고 그 모든 효과에 대한 감각을 갖고 있었다."[50)]

1989년 4월 30일 일요일, 자정이 지난 뒤, 세르지오와 아내 카를라는 로마의 네팔 거리에 있는 저택에서 함께 침대에 누워 TV를 보고 있었다. 그들은 로버트 와이즈의 1958년 작품인, 참혹하기로 유명한 '나는 살고 싶다'를 보고 있었다. 영화는 실존 인물 바바라 그레이엄(수잔 헤이워드)이 아마도 자신이 저지르지 않은 범죄 때문에 캘리포니아의 가스실에서 처형되는 것을 보여준다. 그런데 갑자기 세르지오는 카를라의 어깨에 머리를 기대며 말했다. "미안해, 기분이 좋지 않아." 그리고 몇 초 만에 그는 죽었다. 카를라는 재빨리 새벽 1시 반에 구급차를 불렀다. 하지만 이미 늦고 말았다. 거의 모든 부고 기사는 그의 죽음의 이유가 심장마비라고 알렸다. 하지만 사실은 그는 단지 심장 박동이 멈추어서 죽었다. 당시 레오네는 5월 2일에 L.A.로 떠날 계획이었고, 그래서 집에서 쉬고 있었다. 그 여행에는 아들 안드레아 레오네, 그리고 공동제작 계약의 전문가인 아틸로 도노프리오가 동행할 예정이었다. 그 여행을 통해 레오네는 차기작 '레닌그라드'에 대한 미국의 투자를 제작사 '무비 그룹'(Movie Group)과 함께 논의하고, 심장전문의와의 약속도 지킬 예정이었다. 세르지오 레오네는 아마도 약한 심장을 아버지 빈첸초로부터 물려받은 것 같다. 빈첸초 레오네는 심장 때문에 1915년 이탈리아 육군에서의 병역을 면제받았다. 하지만 빈첸초는 영화감독에서 10년 미리 은퇴한 뒤, 80살까지 살았다. 어떤 보도는 세르지오가 67살이라고 알리기도 했다. 아쉽게도 그는 단지 60살이었다. 대부분 언론은 그의 묘비명에 '스파게티 웨스턴의 발명가'라고 언급했다. 세르지오는 그런 말을 결코 좋아하지 않았다. 어떤 부고 기사는 심지어 세르지오의 어머니가 전설적인 스타 프란체스카 베르티니라고 보도하기도 했다. 또 어떤 언론은 아들 안드레아가 딸이라고도 알렸다.[51)]

장례식은 5월 3일 수요일 오전 11시 30분에 산 파올로 성당(Basilica di San Paolo fuori le mura)에서 진행하기로 했다. 그 전에 레오네의 주검은 저택 내부의 목제 벽으로 장식된 개인 시사실에 놓여 있었다. 시사실의 벽엔 거대한 스크린이 있었고, 격자무늬 등받이가 있는 푹신한 녹색 의자도 5열로 있었다. 그곳에서 레오네의 친구들은 함께 영화를 보곤 했다. 이탈리아 대통령인 프란체스코 코시가(Francesco Cossiga)는 애도의 전신을 보냈고, 관광 연예 장관인 프랑코 카라로는 직접 와서 친구이자 골프 동료인 레오네에게 경의를 표했다. 어떤 이들은 이 마지막 공연을 보기 위해 시사실에 왔고, 또 5월 1일 노동절을 맞아 로마를 떠나지 않은 사람들도 왔다. 그들은 페데리코 펠리니, 베르나르도 베르톨루치, 미켈란젤로 안토니오니, 토니노 델리 콜리, 그리고 엔니오 모리코네 등이었다. 시사실 내 영사실에는 '원스 어폰 어 타임 인 아메리카'의 프린트가 있었는데, 겉에는 '치네치타 필름. 긴 판본'이라고 표시돼 있었다. 영구차가 저택을 떠날 때, 프랑스어로 적힌 길거리 표지판을 지나게 된다. 그것은 '세르지오 레오네 16번가'(16e Avenue Sergio Leone)인데, 원래의 네팔 거리 표지판 위에 입혀져 있었다. 카를라 레오네가 말했다. "어떤 프랑스 영화인이 그 표지판을 주었고, 세르지오는 그것을 아주 좋아했다." 장례식 성당에는, 어떤 사람이 기둥 한 곳에 이런 현수막을 걸어 놓았다. "감사합니다, 세르지오! 당신이 최고로 위대했어요. 당신은 존 포드보다 더 위대했어요."

레오네의 관이 도착했고, 모리코네는 오르간으로 '옛날 옛적 서부에서'의 테마곡을 느린 템포로 연주했다. 교회 안의 사람들은 큰 박수를 보내기 시작했다. 펠리니가 일어서서 말했다. "나는 동료 레오네가 자신을 행복하게 하는 그 무엇을 위해, 대단히 즐겁게 일한다는 인상을 받았다. 그는 영화를 위해 참여하고, 목소리를 내고, 깊은 사랑을 보여주었다." 모리코네가 말했다. "우리는 영화의 사운드와 침묵을 놓고 오래 싸웠다. 이제는 오직 침묵만이 남아 있다." 클라우디아 카르디날레는 짙은 선글라스를 벗고, 흐르는 눈물을 닦았다. 카메라들은 조명을 터뜨리며 그 우울한 분위기를 잡으려 경쟁했다. 프랜시스 포드 코폴라는 베르톨루치 옆에 앉아 있었다. 또 다른 감독들, 곧 다미아노 다미아니, 다리오 아르젠토, 에토레 스콜라가 있었다. 클린트 이스트우드는 캘리포니아에서 전보를 보내왔다. "세르지오 레오네는 나의 경력에 거대한 영향력을 미쳤다. 나는 배우로서, 또 감독으로서 그로부터 많은 것을 배웠다. 그리고 그는 한 명의 사람으로서 정말 특별했다. 그를 잃는다는 것은 나의 삶에서 가장 슬픈 일 중의 하나다." 이스트우드는 3년 뒤 자신의 영화 '용서받지 못한 자'를 '세르지오와 돈에게'(For Sergio and Don) 헌정했다. 그건 레오네와 돈 시겔에 대한 회상의 표현이었다. 로버트 드 니로도 전보를 보냈다. "세르지오와 일하는 것은 마치 아이들의 놀이 같았다. 그 점에서 우리는 모두 완벽했다." 장례식의 마지막 절차가 끝나자, 사람들은 다시 한번 관을 향해 박수를 보냈고, 그리고 '옛날 옛적 서부에서'의 음악이 재연됐다. 혼란스럽기도 했지만, 그 상황에 딱 맞았다.[52)]

장례식 얼마 전에 이탈리아 웨스턴의 배우 토니 앤서니는 감독 페르디난도 발디와 함께 로마의 식당에서 레오네를 만났다. 레오네는 차기작 '레닌그라드'와 당시에 출연이 예정된 스타 미키 루크("나는 이 친구를 믿어. 미키 루크 말이야")를 이야기하며 매우 좋아했다. 얼마 뒤, 토니 앤서니는 브라질에 갔다. 미키 루크가 주연을 맡은 '와일드 오키드'(Wild Orchid)에 출연하기 위해서였다. 그런데 어느 날 아침 일찍, 그는 레오네의 죽음에 관한 소식을 들었다. 그는 이제 막 제작 현장에 도착한 미키 루크를 만나 알려야겠다고 생각했다. "미키는 바깥에서 로프로 줄넘기를 하고 있었다. 나는 그에게 가서 말했다. '이렇게 인사를 하게 돼서 마음이 아프네… 나는 토니 앤서니이

네. 방금 내가 이탈리아로부터 들은 소식을 네가 알기를 원해. 세르지오 레오네가 죽었네.' 그는 입을 떡 벌리고, 무너져내리는 것 같았다. 그는 아내를 부르기 위해 안으로 뛰어갔고, 또 모두를 불렀다. 그리고 밖으로 나와 말했다. '맙소사. 나는 그와 겨우 두 달을 보냈어. 그리고 이건 틀림없이 거대한, 정말 거대한 영화가 될 수 있었어. 레닌그라드의 이야기를 다루는 영화 말이야.' 미키 루크의 흥분된 말이었다."[53] 1989년 5월 6일 자 잡지 '스크린'은 레오네의 갑작스러운 죽음이 전례가 없던 거대한 야망의 공동제작을 위험에 빠뜨렸다고 보도했다. 장례식이 끝난 뒤, 레오네의 측근 중 한 명은 이제 그 영화가 앞으로 갈 수 있을지는 소비에트 당국에 달려 있다고 말했다. 그 영화는 만들어지지 않았고, '오직 메리만이 아는 장소'도 그랬다. 프랑스의 여러 언론에 따르면 시리즈 '콜트'(90분짜리 6편인데, 세르지오 레오네의 정신에 아주 충실할 것이다)는 언젠가 만들어질 수 있을 것 같았다. 이 영화는 프랑스 방송국 카날 플뤼스(Canal Plus), 이탈리아 공영방송국 RAI, 안드레아 레오네 영화사, 그리고 미국의 독립영화사 한 곳 등이 참여할 예정이었다.

그런데 레오네의 웨스턴에 작가로 참여했던 사람들은 아무런 헌사를 보내지 않았다. 그들은 레오네에게 여전히 화가 나 있었다. 그들에 따르면, 레오네는 많은 작업을 자신만의 것으로 만들었고, 제작 중에는 그런 말이 없더니, 제작 이후에 관련 영화에 대해 모두 알고 있는 듯 지식을 과시했다는 것이다.

지금은 레오네에 대해 어떤 판단을 하는지 세르지오 도나티에게 물었다. "정말 어려운 질문이다. 나는 처음에는 세르지오(레오네)에 대해 완벽한 믿음을 갖고 시작했다. 그런데 그는 자신의 작업에 대해 냉소적이었다. 솔직히 말해, 그는 함께 이야기하기에 훌륭한 사람이다. 어떤 면에서 그는 위대한 감독이기도 하다. 하지만…" 루치아노 빈첸초니의 평가는 이랬다. "그는 아주 지적이었다. 유머 감각도 뛰어났다… 그리고 믿을 수 없을 정도로 뛰어난 사업가였다. 그는 액션 영화에 발군이었고, 촬영장에서는 위대한 감독이었다. 하지만 그는 자신을 너무 진지하게 여겼다. 그는 나를 포함하여, 그의 영화를 만들고, 그의 미래를 만든 모든 사람의 꼭대기에 자신을 위치시키려 했다. 그래서 나는 마지막에 가서 '이놈은 개새×야'라고 나에게 말하기 시작했다." 하지만 빈첸초니는 그와 화해하지 못한 점을 정말 후회했다. 빈첸초니는 특유의 귀족적인 태도로 이렇게 덧붙였다. "우리는 모두 바보처럼 행동했다. 특히 내가 그랬다. 내가 그보다는 좀 더 문화적인 사람이니까, 화해하기 위해 내가 지혜를 짜냈어야 했다."[54)]

1989년 10월, 프랑스의 안시국제영화제는 너무 일찍 죽은 감독에 관한 기억을 생생하게 살려내는 프랑스 혹은 이탈리아 감독에게 '세르지오 레오네 상'을 수여한다는 조항을 만들었다. 만약 그 상의 대상이 할리우드까지 확대된다면, 아마도 경쟁자들 목록은 아주 길어질 것이다. 이 명단은 미국의 소위 '영화 악동들'(movie brats)도 포함할 것이다. 그들은 과

거의 스튜디오 시스템이 무너지고 있을 때, 폭풍처럼 할리우드를 접수했고, 레오네가 언급했듯, 대학 시절 '옛날 옛적 서부에서'의 비밀을 발견하기 위해, 무비올라(Moviola)를 통해 그 영화를 분석한 청년들이다. 예를 들어 존 카펜터는 '분노의 13번가'(Assault on Precinct 13, 1976)에서 어느 인물을 통해 '옛날 옛적 서부에서'의 유명한 대사 '무언가 죽음과 관계있지'(Something to do with death. 이 책의 원제목)라는 문장을 말하도록 했다. 카펜터가 말했다. "내 생각에 '옛날 옛적 서부에서'는 전 시대를 통틀어 최고의 웨스턴 가운데 하나이며, 이 영화는 웨스턴의 정수와 신화학의 정수를 말하고 있다. 그리고 웨스턴 장르를 끝내버렸다." 카펜터는 이 작품의 음악을 그의 결혼식에서 틀게 했다.

레오네는 존 카펜터 세대 가운데 빛나는 별들에서도, 자신의 작품에 대해 '사랑의 빚'을 지고 있는 감독들을 알아볼 수 있었다. "스필버그의 '미지와의 조우'의 도입부를 볼 때, 나는 그것은 '세르지오 레오네가 만든 영화'라고 생각했다. 왜냐면 거기엔 먼지, 바람, 사막, 비행물체, 그리고 사운드트랙에서의 갑작스러운 코드도 등장했다. 조지 루카스는 자신이 '스타워즈'를 편집할 때, '옛날 옛적 서부에서'의 음악과 이미지를 계속 참조했다고 나에게 말했다. 그 영화는 우주를 배경으로 만든 진정한 B급 웨스턴이었다. 할리우드의 이런 젊은 감독들, 곧 조지 루카스, 스티븐 스필버그, 마틴 스코세지, 존 카펜터는 모두 자신의 작품이 나에게 빚지고 있다고 말했다. 하지만 그 누구도 웨스턴을 만들 시도를 하지는 않았다. 진짜 웨스턴 말이다."[55]

'레오네의 상'을 수상할 잠재적인 리스트는 20년 뒤의 '비디오 악동들'(video brats)까지 포함한다. 곧 쿠엔틴 타란티노와 로버트 로드리게스가 그들이다. 타란티노는 1983년 세풀베다 대로(Sepulveda Boulevard)에 있는 '비디오 아카이브'(Video Archives)에서 직업을 구할 수 있었는데, 그는 주인에게 세르지오 레오네에 대해 계속하여 말함으로써 그 자리를 얻었다. 타란티노의 '저수지의 개들'(Reservoir Dogs)과 '펄프 픽션'은 모두 '멕시코식 교착상태'(Mexican stand-off, 3자가 동시에 서로를 겨누는 것)로 끝난다. '펄프픽션'의 마지막 장면을 찍기 전에 타란티노는 사무엘 L. 잭슨에게 이렇게 설명했다. "우리는 '카사블랑카'의 도입부처럼 시작할 거야. 그리고 레오네의 '석양의 무법자' 같은 것을 하고, 마지막에는 만화영화 '로드 러너와 코요테'(Wile E. Coyote and the Road Runner)처럼 끝맺을 거야." 타란티노에 따르면 '석양의 무법자'의 삼각 결투는 영화의 역사에서 최고의 액션 장면 가운데 하나였다. 타란티노는 '저수지의 개들'에 나오는 검정 슈트, 검정 넥타이, 그리고 검은 그림자에 대해 이렇게 말했다. "나의 장르 영화 캐릭터는 제복을 입는다. 세르지오 레오네의 영화에서 그의 캐릭터들이 더스터(duster, 먼지막이 롱코트)를 입는 것과 같다." 그러면 '재키 브라운'(1997)에서 끊임없이 울려대는 전화벨 소리는 또 어떤가? 그리고 로버트 로드리게스의 '엘 마리아치'(1992)와 이것의 리메이크인 '데스페라도'(1995)는 '황야의 무법자'를 현대의 멕시코로 옮긴 것이다. 여기서 이름 없는 남자(the Man with No Name)는 기타 케이스 안에 자동 무기들을 숨기고 다닌다.

이런 명단을 감독에서 배우로 확장하면, 1960년대 이후 블록버스터 액션 스타들까지 포함될 것이다. 곧 클린트 이스트우드, 찰스 브론슨, 실베스터 스탤론, 아널드 슈왈츠제네거, 그리고 브루스 윌리스와 장 클로드 반담, 그 이후까지도 이어진다. 이들은 영예와 영광을 위해, 이전에 공개된 '황야의 무법자'의 특정 대사, 기술, 또는 반영웅주의를 표현했다. 장르의 면에서 레오네는 명백하게 웨스턴을 바꾸어 놓았다. 샘 페킨파는 레오네에게 진 빚을 인식하고 있었다. 혹은 페킨파는 그랬다고 레오네가 말했다. 하지만 페킨파의 권위 있는 전기 작가는 책에서 단 한 번도 이탈리아 웨스턴을 언급하지 않았다. 이런 생략은 미국의 대부분 영화 비평가와 영화 역사학자들이 공유하던 것이었다. 그들은 이탈리아 웨스턴의 영향을 일관되게 부정했다. 1981년 산타페 웨스턴 영화제에서 뜨거운 토론이 벌어졌는데, 이탈리아 웨스턴은 웨스턴을 죽였는지 구했는지 하는 것이었다. '하이눈'에서 다크 레이디로 나왔던 케이티 후라도(Katy Jurado)는 웨스턴의 위대한 전통이 '존중이 결여된' 스파게티 웨스턴의 희생양이 됐다고 말했다. 제임스 코번은 그렇게 생각하지 않았다. "글쎄, 세르지오! 세르지오는 자신만의 아이디어가 있었어." 일부 토론자들이 코번을 지지했다. "그냥 불경(존중의 결여)했다고 들어두자."[56]

이런 관계를 할리우드 바깥으로까지 확대하면, 우리는 매우 다양한 곳에서 레오네의 그림자를 볼 수 있다. 노르웨이의 닐스 가우프(Nils Gaup)는 자신이 감독한 '패스파인더'(Pathfinder, 1987)를 '순록 웨스턴'(reindeer Western)이라고 명명했다. 이 영화의 도입부는 '옛날 옛적 서부에서'의 도입부에 나왔던 맥베인 가족의 학살에서 영감을 얻었다. 영국과 남아공 합작인 리처드 스탠리의 '먼지의 악마'(Dust Devil, 1993)에는 이스트우드 스타일의 히치하이커가 엄청 과장된 더스터를 입고 등장한다. 페리 헨젤이 감독한 자메이카 영화 '어려우면 어려울수록'(The Harder They Come, 1972)은 라스타파리(Rastafari)에 속하는 무례한 청년에 대해 레오네와 코르부치의 웨스턴이 어떤 영향을 미쳤는지를 찬양하며 묘사한다. 유고슬라비아의 알레스 베르비치는 '옛날 옛적에서'(Once Upon a Time, 1989)라는 영화에서, 삶을 기차 여행으로 다루며, '바로 이 기차로 여행했던 세르지오 레오네에게 바친다'라는 헌사를 달았다. 오우삼(John Woo)은 '첩혈쌍웅'(1989)부터 '브로컨 애로우'(Broken Arrow, 1996)까지 스릴러 전문 감독이었다. '브로컨 애로우'에서 존 트라볼타가 악역으로 등장하리라는 사실은 듀언 에디(Duane Eddy)가 연주하는 바리톤 기타 소리로 예고된다. 그리고 오스트레일리아에서 조지 밀러가 만든 '매드 맥스'(1979)가 있다. '매드 맥스'의 후속작이 미국에서의 배급을 준비할 때, 조지 밀러는 다른 제목을 원했다. 첫 번째 작품이 사업 면에서는 그렇게 큰 성과를 내지 못했기 때문이었다. 후속작의 플롯은 핵전쟁 이후의 사막에서 기름이 통화 단위로 쓰이는 것에 중점을 뒀다. 당시의 작가는 BBC 라디오 방송에서 '석양의 건맨'의 영어 제목(For a Few Dollars More)을 참조해, 'For a Few Gallons More'를 제안했다. 최종적으로 그들은 '더 로드 워리어'(The Road Warrior)를 선택했다. 1984년 이후에 제작된 중국의 많은 역사서사극은 레오네의 마지막 영화의 구조와 분위기를 굴절시킨 것 같았다. 특히 서극의 '황비홍'(Once Upon a Time in China)이 대표적이다. 영국 감독 기 리치의 '록 스탁 앤 투 스모킹 배럴즈'(Lock, Stock and Two Smoking Barrels, 1998)에는 런던의 삼류 갱스터들 사이에서 벌어지는 레오네 스타일의 삼각 결투가 두 번 나온다.

'레오네 상'의 범위를 영화계뿐 아니라 대중 음악계로 넓히면, 엄격히 말해도, 자메이카 스카부터 갱스터 랩까지 모든 곳에서 레오네적인 것을 발견할 수 있다. 또 수많은 록 비디오, 레오네 영화의 사운드트랙에 나왔던 모리코네의 음악을 디지털로 콜라주하여 새로 '발견한' 듯 만든 음악도 마찬가지다. 그리고 이 범위에 좀 넓게 음악을 포함한다면, 마이크 올드필드와 장-미셸 자르의 음악도 들어간다. 덧붙여 전 세계에 존재하는 광고들이 있다. 내가 쓴 적이 있는데, 화물 운송회사를 알리는 런던의 어느 광고판에는 '리 밴 클리프'(Lee VAN Cleef, 승합차를 의미하는 VAN이 대문자로 적혔다)라고 이름이 변형돼 적혀 있었다. 배경에는 '석양의 무법자'에서 볼 수 있었던 리 밴 클리프의 인상 쓴 얼굴이 크게 배치돼 있었다. 또 매운 햄버거를 위한 어느 광고판은 웨스턴 스타일의 서체를 이용하기도 했다. 문장은 아마 '한 줌의 적은 돈을 위해'(For a Fistful of Small Change)였을 것이다. 리 밴 클리프의 마지막 역할 가운데 이런 게 있다(그는 1989년 12월, 64세로 죽는다. 레오네가 죽은 그 해이다). 총잡이 리 밴 클리프는 긴 가죽 더스터를 입고 낡은 술집으로 들어간다. 하모니카 소리가 배경으로 들린다. 그는 총을 뽑아 맥주병 몇 개를 맞춘다. 그리고는 즐겁게 바이에른 맥주를 마신다. 이것은 네덜란드의 어느 TV 광고를 위한 것이었다.

레오네가 표현한 대결과 삼각 결투의 이미지들은 처음 소개된 지 35년이 지나자, 시각적 기념물이 되어 만신전에 안치됐다. 그것은 샤워실의 재닛 리('사이코'), 노란 벽돌 길의 주디 갈랜드('오즈의 마법사'), 공항의 험프리 보가트('카사블랑카'), 트레비 분수의 마르첼로 마스트로이안니와 아니타 에크베르크('달콤한 인생')의 이미지 같은 것이다. 이런 이미지들은 즉시 알아볼 수 있으며, 바로 기억에 기록된다. 프랑스 철학자 장 보드리야르는 세르지오 레오네를 '최초의 포스트모던 감독'이라고 불렀다. 레오네는 당대의 '인용의 문화' 속에서, '수많은 거울의 방'을 이해한 최초의 감독이라는 것이다. 그래서 레오네의 작품이 다른 감독들에 의해 반영되는 것은 적절하고, 아니 필연적이라고 말할 수 있다. 클린트 이스트우드는 노새를 타고 산 미구엘에 들어왔고, 긴장감을 몰고 오는 모리코네의 음악에 맞춰 전 세계를 누비게 되었다.

그런데 세르지오 레오네의 상을 프랑스와 이탈리아 감독에게 한정하면, 진정한 레오네의 추종자를 발견하기는 쉽지 않다. 프랑스 감독 가운데는 뤽 물레(Luc Moullet)가 근접한 인물이다. 그의 작품 '빌리 더 키드의 모험'(Une aventure de Billy le Kid, 1970)에는 장-피에르 레오가 무법자 주인공으로 나온다. 그런데 그는 여자 친구와 함께 법의 추적을 피해 프로방스 위쪽 지역을 방랑하면서, 엉뚱하게도 인생의 의미를 계속 토론하는 것이다. 1983년 뤽 물레는 이렇게 썼다. "장르 영화 만들기에서 세르지오 레오네는 도발할 수 있는 모든 기록을 깬 감독이다. 그의 장르 영화는 소위 작가 영화들보다 더욱 개인적이고 더욱 미학적이다. 작가 영화는 이제 좌파들의 추억용 또는 탐미주의자들의 공상적인 도피의 수준으로 축소돼 있지 않나?"[57] 이탈리아 감독들 가운데는 다리오 아르젠토를 들 수 있다. 그는 1970년대와 1980년대에 스타일 넘치는 호러 영화들을 만들었다. 이 호러들은 레오네 영화처럼 천둥 같은 음악, 화려한 장식 그리고 정교한 기술 효과로 장착됐다. 아르젠토는 '스플래터 호러'(splatter horror, 피가 튀는 호러)를 매너리즘의 회화 수준으로 끌어올렸다. 아르젠토는 '고딕(호러)의 세르지오 레오네'(the Sergio Leone of the Gothic)라고 불리기도 했다. 그는 자신의 멘토이기도 한 레오네에 대해 장례식이 끝난 뒤 이렇게 말했다. "그는 나에게 리듬에 대한 감각, 판타지에 대한 취향, 그리고 화면 잡기의 엄격함을 물려주었다. 그는 나의 친구이며, 그의 작품에 대해 내가 사랑과 충성을 바치는 유일한 감독이다."[58] 하지만 프랑스와 이탈리아 감독들 가운데, '대중

영화'와 '예술 영화'를 레오네처럼 국제적인 성공을 거두면서, 서로 연결하는 데까지 이른 사람은 없었다.

그런데 문제는 레오네가 작업을 지속할 수 있었던 이탈리아 영화 산업이 쇠락하기 시작한 점이다. 쇠락은 TV, 위성, 비디오, 배급 체제 등 여러 문제 때문이었다. 또 다른 문제는 레오네는 이탈리아 사람(특히 나폴리 조상을 가진 로마 사람)이고, 그래서 그가 행동했던 것처럼 그런 종류의 영화를 만들었다는 점이다. 곧 그의 영화는 미국의 역사와 할리우드의 꿈을 다루고 있지만, 동시에 전후 시기 이탈리아의 문화와 사회도 비슷한 비중으로 다루는 것이다. 레오네는 '원스 어폰 어 타임 인 아메리카'를 편집할 때, '이탈리아 감독들 가운데는 누구와 비슷하냐?'는 질문을 받았다. 레오네는 늘 그랬듯 질문을 살짝 비켜 갔다. "의심할 여지 없이 나도 영화의 역사에서 한 자리를 차지할 것이다. 나는 감독 사전에서는 'L'로 시작하는 항목에서 나오겠지. 내 뒤에는 몇 명 없을 것이다. 친구 마리오 모니첼리(Monicelli) 정도. 내 앞에는 알렉산더 코다(Korda), 스탠리 큐브릭(Kubrick), 구로사와 아키라(영어식 표기는 Akira Kurosawa) 등이 있겠지. 영화의 역사에서 그곳이 나의 자리이다. 'K'와 'M' 사이 말이다. 잘 만든 영화감독 사전이라면, 보통 그 자리는 250쪽에서 320쪽 사이일 것이다. 만약 나의 이름이 '레오네'(Leone, 사자)가 아니라 '앤트로프'(Antelope, 영양)라면, 나는 첫 번째로 등장할 수 있다. 하지만 나는 레오네가 좋다. 나는 천성적으로 사냥꾼이지, 먹이는 아니다."[59)]

1993년 5월 말, 치네치타 스튜디오에서 경매가 시작됐다. 이 행사는 그곳에서 사용하던 가구와 소품들을 대상으로 16일 동안 이어졌다. 5백 품목이 나왔고, 8개의 창고에 나누어 소개됐다. 이들 가운데는 '레오파드'의 무도장 가구들, '클레오파트라'의 왕좌, '장미의 이름'의 수도원 필사실, 1930년대 코미디에 썼던 백색 전화들, 그리고 마르첼로 마스트로이안니가 유혹하는 장면에서 이용했던 여러 침대가 포함됐다. 여기에는 또 역마차의 바퀴, 멕시코 술집의 집기와 장식물들도 있었다. 그 경매는 이탈리아 문화의 경이로운 어떤 순간을 닫는 것이었다. 경매가 벌어질 때, 치네치타에서는 오직 한 편의 작품이 촬영 중이었다. 그건 TV 프로그램이었다. 왜 이런 이벤트가 개최돼야 했는지, 로마의 경매사들 대표가 말했다. "영화 산업은 큰 산업이다. 지금도 그런 식으로 유지되어야 한다. 만약 당신이 미국인들처럼 조직할 수 있는 위대한 기술을 갖고 있다면, 지금도 걸맞은 영화 산업을 만들 수 있을 것이다. 이탈리아 사람들은 상상력과 창의력을 갖고 있다. 하지만 조직할 수 있는 기술이 부족하다."[60)]

세르지오 레오네가 말하던 것처럼, 옛날 옛적에 어떤 영화가 있었다…

컷!(CUT!)

1) The *Leningrad* opening sequence is compiled from Gabutti, pp. 138–140; Simsolo, pp. 211–212; Di Claudio, pp. 18, 192; and reminiscences of various interviewees. Leone's primary source was Harrison E. Salisbury: *The 900 Days – The Siege of Leningrad* (reprint Da Capo, New York, 1985).

2) Di Claudio, loc. cit.

3) Gabutti, loc. cit.; Gianni Di Claudio, loc. cit.; Francesco Minnini, pp. 98–100. The *Potemkin* comparison was made by Leone himself: see Giles Gressard: *Sergio Leone* (Editions J'ai lu, Paris, 1989) p. 136.

4) Author's interview with Carla Leone, 1 July 1994.

5) Gabutti, loc. cit.

6) Author's interview with Sergio Donati, 23 May 1998.

7) Braucourt, pp. 89–90.

8) Liner notes by Philip Taylor for recording of Shostakovich's Seventh Symphony conducted by Gennadi Rozhdestvensky (Collets, CML 2036, 1991) and by Eric Roseberry for the Seventh Symphony conducted by Valeri Polyansky (Chandos, 9621, 1998).

9) Gressard, pp. 130–139; De Fornari, op cit. pp. 178–179; Di Claudio, loc. cit.; Simsolo, pp. 209–210.

10) Gabutti, loc. cit.; De Fornari, loc. cit.; Di Claudio, loc. cit.

11) Laurent Bachet: *Interview with Sergio Leone* (*Première* (French version), December 1988, p. 45). A very late interview.

12) See note 10. Leone tended to exaggerate his 'historical sources' as he retold the story. The anecdote about the performance of the Seventh during the 'victory celebration' is a garbled version of what happened at the Leningrad première in August 1942 when the surviving fourteen players of the Radio Orchestra, plus elderly and emaciated musicians, performed the piece. The story of Hitler printing tickets for a Wagner concert is based on his real-life plans to stage 'an elaborate military parade' in Palace Square. And, although Leone could not have known the fact, the famous photo of Shostakovich fighting fires has been proved a composite – issued for propaganda purposes.

13) Gabutti, p. 137–138.

14) Di Claudio, p. 192.

15) Gressard, p. 134.

16) *Screen International*, 22 December 1984, p. 6 ('Next project Soviet Union').

17) Giuletto Chiesa: *Leone a Mosca, L'Unità*, 12 January 1989 and 10 February 1989; *Screen International*, 11 February 1989.

18) De Fornari, pp. 178–179.

19) Gressard, pp. 136–137.

20) Bachet interview, *Première*, December 1988, p. 45.

21) Interview with Andrea Leone for *Viva Leone!*, November 1989.

22) Bachet interview, loc. cit.

23) Author's interviews with Luca Morsella, 2 July 1994 and 24 May 1998.

24) Author's interview with Sergio Donati, 23 May 1989.

25) *Montpellier*, p. 73 (Grimaldi), p. 71 (Delli Colli, plus author's interview 24 October 1998), pp. 76–79 (Leo Benvenuti). Benvenuti adds that Leone 'was unbeatable on the subject of Tom Mix, but his knowledge of Russian geography was more shaky', and that the screen writers' correspondence with Soviet officialdom began 'in the Brezhnev era, before the invention of faxes'. For background on the fortunes of The *900 Days* see Salisbury's introduction to the Da Capo edition, pp. vii–x.

26) Author's interview with Sergio Donati.

27) Di Claudio, p. 18.

28) Brian Case: *Once Upon a Time* (*Sunday Times Magazine*, London, 30 September 1984).

29) See, among many references, Sergio Leone: *Per il novantenario del cinema* (*L'Unità*, 28 December 1985); Jean A. Gili: *Interview with Sergio Leone* (*Positif*, June 1984, pp. 14–15); interview for television documentary *Visions* (Large Door/ Channel 4), November 1983.

30) Morando Morandini: *Paradiso Lost* (*Sight and Sound*, June 1991, pp. 18–21); Simsolo, pp. 208–209; Di Claudio, p. 190.

31) Simsolo, loc. cit.

32) 'Sergio Leone "films" his own football league cup', article in the Neapolitan newspaper *Gazette Dello Sport*, 10 May 1987.

33) Di Claudio, p. 192; Sergio Leone: *Venivamo da ogni parte della terra* (*Bianco e Nero*, Venezia 88 issue, December 1988 pp. 7–8).

34) Bernard Le Roy and Maurice Szafran: *The Illustrated History of Cigars* (Harold Starke publications, London, 1993; first published France, 1989) pp. 128–129

35) *Montpellier*, p. 75.

36) Schickel: Clint Eastwood, pp. 438, 464.

37) Frayling: Clint Eastwood, pp. 64–65.

38) Ibid., pp. 25–26.

39) Author's interview with Luca Morsella, 24 May 1998; letter from Luca Morsella, 28 September 1994, pp. 1–3.

40) Author's interview with Sergio Donati, 23 May 1998.

41) Ibid.

42) Letter from Luca Morsella to author, 28 September 1994.

43) Cited in Di Claudio, p. 174.

44) Sergio Leone, Luca Morsella and Fabio Toncelli: *A Place Only Mary Knows* (treatment, written in Rome, dated 1988), pp. 1–27.

45) Ibid., pp. 26–27.

46) Author's interview with Luca Morsella, 24 May 1998.

47) Ibid.

48) Ibid.

49) Interview with Sergio Leone for *Visions* (Large Door/Channel 4), November 1983.

50) Author's interview with Fulvio Morsella, 24 May 1998. On Leone's reputation among critics, see Adrian Martin: *Once Upon a Time in America* (BFI, London 1998), especially the introduction.

51) Minnini, pp. 98–101; *Westerns all'Italiana*, 'In Memoriam Sergio Leone', Fall 1989; Di Claudio, p. 189. Schickel, p. 135, reports that Leone claimed to have been born in 1929 but 'in fact [he] was born 23 January 1921, nine years earlier than Clint'. This is wrong, as the school photo on the wall of Checco er Carettiere and interviews with relations confirm. He did, however, look much older than his age from the mid-1980s onwards.

52) Based on a home video, shot at Leone's funeral; and articles collected in *Westerns all'Italiana*, Winter 1989–1990.

53) Interview with Tony Anthony in *Westerns all'Italiana*, Spring 1991

54) Author's interview with Sergio Donati, 23 May 1998; Cenk Kiral interviews with Luciano Vincenzoni, April–May 1998; *Montpellier*, p. 66.

55) Author's interview with Sergio Leone, February 1982.

56) Scott Simmons: review of Christopher Frayling's *Spaghetti Westerns in The Journal of Popular Film and Television*, Fall 1981, p. 149.

57) Luc Moullet, in De Fornari, p. 9.

58) Kim Newman: *Nightmare Movies* (Bloomsbury, London, 1988) pp. 105–109;

Di Claudio, p. 189; Minnini, pp. 98–101.

59) Interview with Sergio Leone in *American Film*, June 1984, pp. 23–25.

60) On the Cinecittà auction see David Willey in the *Observer*, London, 23 May 1993, pp. 22–23; Carla Pilolli in *Il Messagero*, Rome, 27 May 1993, p. 12 and 28 May 1993, p. 14; also the auction catalogue, dated May 1993.

역자 후기

레오네, 웨스턴의 무법자

영화 공부를 본격적으로 하기 전에는 웨스턴 장르 자체에 별 흥미를 느끼지 못했다. 야만과 폭력, 그리고 인종에 대한 웨스턴 장르의 무신경이 대단히 거슬렸다. 존 포드의 '역마차'(1939)에 나오는 원주민 인디언들과 존 웨인 무리와의 총격전은 영화사에 최고 명장면 중의 하나로 남아 있는데, 사실 나는 그 장면을 보기가 대단히 불편했다. 원주민들은 처음부터 악으로 설정돼 있고, 총격전을 벌일 때, 그들은 마치 사격의 움직이는 목표물처럼 표현돼 있어서였다. 반면에 백인 영웅은 어떻게 그려져 있는지는 다들 아실 테다. 미국 현대사의 굴곡진, 혹은 부끄러운 역사가 스크린을 통해 신화로 재탄생하는 허구에 불쾌한 거부감을 느꼈다. 어쩌면 나는 영화를 리얼리즘으로만 읽던 단순한 관객이어서 그럴지도 모른다.

정치의 무법자: 무정부주의자의 웨스턴

웨스턴에 대한 나의 이런 편견을 바꾼 게 소위 '스파게티 웨스턴'으로 불리는 이탈리아 웨스턴이다. 이 책에서도 반복해서 강조되듯, 레오네는 존 포드의 웨스턴을 흠모하며 자랐다.

그에게 할리우드 고전 웨스턴은 하나의 전범이었다. 하지만 자신의 웨스턴은 그렇게 만들지 않았다. 레오네는 웨스턴 고전을 '신화'로 수용했다. 곧 '역사'와는 아주 먼 허구라는 것이다. 말하자면 그는 롤랑 바르트의 〈신화론〉을 영화적으로 실천한다. 존 포드의 웨스턴이 신화라면, 레오네의 웨스턴은 그 신화를 해체한다. 이를테면 서부의 총잡이는 선의 실천이 아니라, 오직 돈을 벌기 위해 모든 실력을 발휘한다는 것이다. 바로 이 점이 1960년대에 전성기를 연 이탈리아 웨스턴의 핵심이다. 세상의 중심엔 오직 실용, 곧 돈이 있다는 냉소주의 말이다.

이런 흐름을 이끈 대표 주자가 세르지오 레오네이다. 그는 무정부주의자다. 레오네의 부친은 이탈리아 무성영화 시대의 스타 감독이었는데, 말년에 반파시스트 공산주의자로 변한다. 그러나 레오네는 부친의 철학도 지지하지 않았다. 그는 자신을 무정부주의자라고 말했다. 하지만 그의 영화에서 드러나듯, 레오네는 세상 모든 것을 의심하는 냉소주의자에 가깝다. 레오네의 웨스턴에는 자본가, 성직자, 법의 집행자들은 대개 부패한 기득권자로 나온다. 그런 부패의 고리에 균열을 내는 인물은 존 웨인 같은 강직한 총잡이가 아니라, 어쩌면 세상의 주변부 끝으로 밀려난 '놈, 놈, 놈' 같은 존재들이다. 그들은 무슨 '정의의 실현' 같은 대의를 가진 게 아니다. 레오네는 단지 '한 줌의 달러를 위해'('황야의 무법자' 원제목) 사람들은 총을 든다고 묘사한다.

1960년대는 이탈리아 영화계에서 진보적 영화인들이 주류를 형성했다. 루키노 비스콘티, 미켈란젤로 안토니오니, 피에르 파올로 파졸리니 등이 혁신적인 영화 미학으로 대중과의 소통에도 항상 긴장감을 몰고 올 때다. 하지만 레오네 같은 신인들은 영화계로 진입하기가 대단히 어려웠다. 그래서 그들은 소규모 예산의 액션 장르 영화로 마치 게릴라 전투를 벌이듯, 제도권의 '신화'를 예리하게 공격하면서 자신들의 공간을 만들었다. 당시 모두 30대였던 이탈리아 웨스턴의 감독들, 곧 세르지오 코르부치('장고'), 세르지오 솔리마('빅 건다운'), 다미아노 다미아니('장군에게 총알을') 등은 웨스턴이라는 대중적인 장르 영화에 진보 정치의 이데올로기를 잔뜩 주입해 놓았다. 이런 흐름을 열어젖힌 선구자가 세르지오 레오네이다.

장르의 무법자: 반할리우드 웨스턴

고전 할리우드 웨스턴은 권선징악의 이항대립이 강력하게 작동하는 장르다. 선인과 악인, 문명과 야만, 법과 무질서, 백인과 유색인의 대립적인 요소가 서사를 구성하는 핵심이었다. 백인 영웅이 주로 유색인 악당들이 설치는 야만의 서부에 법과 질서를 가져오는 게 기본적인 서사구조다(그래서 웨스턴은 지금도 서구 제국주의의 은유로 읽힌다). 레오네는 이런 고전 할리우드의 공식을 믿지 않았다. 아니 허구로 중첩된 신화로 봤다. 그의 '달러 3부작' 가운데 세 번째 작품이 '석양의 무법자'(1966)인데, 원래 제목의 뜻은 '좋은 놈, 추한 놈, 나쁜 놈'이다. 존 포드의 고전에 등장하는 서부 영웅들, 예를 들어 존 웨인처럼 용기 있는 용사, 헨리 폰다처럼 사려 깊은 신사, 제임스 스튜어트처럼 원죄의식에 번민하는 사색가… 이런 캐릭터들은 레오네의 웨스턴에서는 아무리 잘 봐주더라도 '좋은 놈' 정도에 머문다. 그런데 좋은 놈이 하는 일이란, 빼어난 기술을 발휘해 가장 돈을 많이 버는 것이다. 단 그는 '나쁜 놈'처럼 약자를 괴롭힌다든지, '추한 놈'처럼 수단과 방법을 가리지 않고 새치기를 한다든지 하는 비상식적인 행동을 하지 않을 뿐이다. 하지만 그는 공동체의 선에 대해서는 도통 관심이 없다.

그런데 이런 비판적이고 냉정한 태도가 후배들에겐 매력이었다. 레오네의 도전은 소위 '뉴 할리우드 시네마'의 후배들에게 큰 영향을 미친다. '석양의 갱들'(1971)의 주인공에 대한 많은 참조가 눈에 띄는 스티븐 스필버그의 '1941'(1979), 편집 때 '옛날 옛적 서부에서'(1968)를 적극적으로 이용했다고 밝힌 조지 루카스의 '스타 워즈'(1977), 그리고 마틴 스코세지를 비롯한 이 세대 감독들은 레오네의 영화들을 숏 단위로 나누어 분석했다고 밝히기도 했다. 그들이 거의 합의하는 레오네의 미덕은 역시 'B급 영화' 스타일에 대한 애정과 그런 작품 속에 드러난 반사회적 냉소주의였다.

미학의 무법자: '시간-이미지'의 웨스턴

레오네의 웨스턴에 들어 있는 반사회적인 테마보다 어쩌면 더 전복적인 것은 특별한 형식일 것이다. 내용이 이성의 영역이라면, 형식은 탈이성의 영역이다. 곧 존재의 혼을 흔든다. 스토리를 주로 다루는 내용에서도 레오네는 전통을 뒤집는 도전적인 태도를 잃지 않는다. 하지만 다른 감독들과 비교할 때, 지금도 특별한 것은 그만의 형식이다. 레오네는 웨스턴의 역사에서 아마도 최초로 질 들뢰즈의 '시간-이미지'를 미학적으로 실천한 주요 감독으로 기록될 것이다.

할리우드 고전의 공식은 행위의 원인과 결과에 기초한 인과율의 서사다. 인과율을 추동하는 사건(행위)이 있고, 그런 사건들이 진행되며, 이야기는 기승전결의 완결된 구조로 끝난다. 태초에 행위가 있는 것이다. 할리우드 고전을 완결지은 존 포드, 앨프리드 히치콕 같은 감독들의 작품을 떠올리면 된다. 관객은 그 행위를 따라가며, 곧 그 움직임(운동)을 따라가며, 한 편의 드라마를 감상하는 것이다. 질 들뢰즈는 이런 고전 영화를 '운동-이미지'라고 해석했다.

그런데 들뢰즈에 따르면, 2차대전 이후 이탈리아에서 네오리얼리즘이 열리며, 영화 미학에 큰 변화가 일어났다. 운동이 아니라, 시간이 전면에 나오는 영화들이 등장했다는 것이다. 곧 과거에는 인과율의 서사가 진행되는 동안에 시간은 행위(사건)들의 배경에 머물렀는데, 네오리얼리즘이 전개되며, 시간이 전면에 부각 됐다는 것이다. 들뢰즈는 행위가 중단될 때, '시간-이미지'의 사유가 시작된다고 해석했다. 이를테면 '자전거 도둑'(1948)에서 잃어버린 자전거를 찾기 위해, 로마를 헤매고 다니던 아버지와 어린 아들이 갑자기 내린 비 때문에,

어느 건물의 처마 밑에 몸을 피할 때다. 스크린 속의 사람들은 대부분 처마 밑에 가만히 서서, 조용히 자기들끼리 이야기를 하든지, 길 위에 떨어지는 비를 바라볼 뿐이다. 행위가 없고, 적막이 흐를 때, 시간은 중지되거나 지연된 것 같고, 관객은 화면을 바라보기보다는, 자기 내면을 바라보게 된다. 사유의 시간이 피어오르는 것이다.

들뢰즈는 이런 '시간-이미지'의 등장을 현대영화의 특성으로 해석했다. 레오네의 웨스턴이 처음부터 이런 특성을 보인 것은 아니다. 눈에 띄는 전환점은 '석양의 무법자'에 나오는 마지막 결투 장면일 것이다. 세 명의 '놈, 놈, 놈'이 원형의 공간에서 '삼각 대결'을 벌이며 서로를 째려보는 데만 무려 3분 이상이 걸린다. 시간은 흐르지 않고, 혹은 지연되는 그 순간만은 관객에게 행위보다는 사유가 우위에 선다.

이런 미덕은 더욱 발전되고, 정점은 '원스 어폰 어 타임 인 아메리카'(1984)일 것이다. 영화 전체가 현실과 가상, 과거와 현재, 기억과 환각이 섞여 있어, 그 경계가 모호한 구조다. 이러면 시간의 선형성은 무너지고, 순환되는 시간을 경험하게 된다. 알다시피 이 영화는 누들스(로버트 드 니로)가 아편을 피는 장면으로 시작하고, 그 장면으로 끝난다. 가장 유명한 순간은 마지막에 누들스가 아편을 피면서 카메라를 바라보고 미소지을 때다. 영화 전체가 누들스의 기억, 상상, 환각으로 구성돼 있어서, 그 마지막 장면을 보면, 영화 전체가 현실인지, 아편을 핀 누들스의 환각인지, 늙은 누들스의 흐릿한 기억인지, 구분이 명확하게 되지 않는다. 이런 의도적인 미완결적 구조로 관객을 불안한 사유 속으로 밀어 넣는 것도 '시간-이미지'의 특성이다. 들뢰즈가 주장한 현대영화의 미덕이 이 영화처럼 복잡하게 적용된 경우도 드물 것이다.

텍스트의 무법자: 미술 인용의 웨스턴

또 다른 특성은 레오네 영화의 콘텍스트성이다. 웨스턴과 미술은 왠지 멀어 보인다. 하지만 웨스턴 고전의 대가인 존 포드도 서부 풍경화의 전문화가인 프레데릭 레밍턴(Frederic Remington)의 그림을 적극적으로 참조했다. 그런데 레오네의 미술 인용은 어떤 한계를 넘어가는 것 같다. 움베르토 에코가 포스트모던 예술에 대해 말했던 유명한 경구, 곧 "인용된 클리셰가 한두 개 있으면 그 작품은 유치해진다. 그런데 수백 개가 있으면 그 작품은 숭고해진다. 인용된 클리셰들이 서로 대화를 하기 때문이다."(〈포스트모던인가 새로운 중세인가〉). 에코의 이런 정의를 적용할 대표적인 웨스턴 감독이 레오네이다. 만약 관객이 레오네의 영화 속에 등장하는 수많은 그림을 알아보고, 그 그림들의 문맥을 좇아 영화를 보기 시작하면, 아마 그에겐 전혀 다른 영화가 펼쳐질지도 모른다.

몇 가지만 예를 들면, '옛날 옛적 서부에서'에 등장하는 형이상학파 조르지오 데 키리코와 초현실주의자 살바도르 달리의 흔적들, 그리고 '석양의 갱들'에서는 고야와 벨라스케스 같은 스페인 화가에 대한 오마주가 이어진다. 또 '원스 어폰 어 타임 인 아메리카'에서는 에드가 드가의 발레 그림들을 비롯하여, 미국의 환경을 묘사하는 에드워드 호퍼, 레지널드 마쉬, 노먼 록웰 등의 작품들이 인용돼 있다. 미술의 콘텍스트를 따라가면, 관객은 롤랑 바르트의 '독자의 탄생'과 '작가의 죽음'을 경험할 것이다. 곧 관객이 작품의 또 다른 창조자가 된 듯한 경험을 한다. 그것이 바르트가 말한 '텍스트의 즐거움'일 것이다.

영화의 인용은 여기서 따로 거론하지 않는 게 좋을 것 같다. 정말 너무나 많은 웨스턴 고전들이 레오네의 작품 속에 인용돼 있다. 특히 '옛날 옛적 서부에서'를 만들 때, 청년 베르나르도 베르톨루치가 시나리오 작업에 참여했는데, 이때 영화광인 레오네와 베르톨루치는 경쟁하듯 웨스턴 고전을 끌어온다. 존 포드의 '수색자', 하워드 혹스의 '리오 브라보', 프레드 진네만의 '하이눈', 니콜라스 레이의 '조니 기타' 등 수많은 고전이 인용돼 있다. 그래서 포스트모던 철학자 장 보드리야르는 레오네를 '최초의 포스트모던 감독'이라고 해석했는데, 그 해석이 전혀 과장이 아님을 확인할 것이다.

저자 프레일링은 '원스 어폰 어 타임 인 아메리카'를 레오네의 작품 중 최고로 평가하는 것 같다. 그 작품을 다루는 11장은 웬만한 책 부피와 맞먹는 원고 700매 정도 된다. 그리고 이 가운데 최종 시나리오의 플롯을 요약한 부분은 원고 100매 정도 된다. 복잡한 시간 이동에 따라, 레오네가 원래 영화를 어떻게 구성했는지를 디테일하게 밝혀 놓았다. 그만큼 이 작품은 축소, 편집 등으로 자주 훼손됐기 때문이었다. 프레일링은 마치 Director's Cut을 만들 듯, 레오네가 원했던 작품의 본래 모습을 언어를 통해서라도 독자들에게 온전히 돌려놓고 싶었던 것 같다. 그때마다 등장하는 모리코네의 음악은 말할 것도 없다. 곧 프레일링은 레오네라는 감독의 평전을 쓰며, 영화에 대한 영화, 곧 영화의 역사와 문화까지 써놓았다. 이 책이 레오네 관련 최고의 평전을 넘어, 영화학의 고전으로 평가받는 이유일 것이다.

2026년 3월 한창호

참고도서

Carlos Aguilar: Sergio Leone (Ediciones Cátedra, Madrid, 1990)

Luca Beatrice: Al cuore, Ramon, al cuore (Tarab, Florence, 1996)

Gilles Cèbe: Sergio Leone (Veyrier, Paris, 1984)

Lorenzo Codelli: Nickelodeon Gazette (Udine, April 1997, on 'Eurowestern')

Hubert Corbin: Sergio Leone, une retrospective (20 Montpellier Festival, October 1998)

Robert Cumbrow: Once Upon a Time (Scarecrow, New Jersey, 1987)

Oreste De Fornari: Sergio Leone (Moizzi, Milan, 1977)

Oreste De Fornari: Sergio Leone (Tutti i film, ubulibri, Milan, 1984; 1997)

Lorenzo De Luca: C'era una volta il Western Italiano (Instituto Bibliografico Napoleone, Rome, 1987)

Gianni Di Claudio: Directed by Sergio Leone (Libreria Universitaria, Chieti, 1990)

Franco Ferrini: L'antiwestern e il caso Leone (Bianco e Nero, September/October 1971)

Christopher Frayling: Spaghetti Westerns (Routledge and Kegan Paul, London, 1981; new edition Taurus, London, 1998).

Diego Gabutti: C'era una volta in America (Rizzoli, Milan, 1984)

(ed.) Marcello Garofalo: C'era una volta in America – Photographic Memories (Editalia, Rome, 1988)

Gilles Gressard: Sergio Leone (Editions J'ai Lu, Paris, 1989)

Gilles Lambert: Les bons, les sales, les méchants et les propres de Sergio Leone (Solar, Paris, 1976)

Roberto Lasagna: Sergio Leone (Edizione Ripostes, Salerno, 1996)

Gian Lhassa: Seul au monde dans le Western Italien (3 vols, Grand Angle, Mariembourg, 1983)

Francesco Mininni: Leone (Il castoro cinema, Rome, January–February 1989; second edition April 1994)

Massimo Moscati: Western all'Italiana (Pan Editrice, Milan, 1981)

Philippe Ortoli: Sergio Leone – une Amérique de légendes (Editions L'Harmattan, Paris, 1994)

Noel Simsolo: Conversations avec Sergio Leone (Stock, Paris, 1987; reprint 1998)

Thomas Weisser: Spaghetti Westerns – the Good, the Bad and the Violent (McFarland, N. Carolina, 1992)

세르지오 레오네의 저작물

A John Ford (Corriere della Sera, 20 August 1983)

Preface to Harry Grey's Mano Armata (Longanesi, Milan, 1983)

Preface to Diego Gabutti's C'era una volta in America (Rizzoli, Milan, 1984)

Essay in Es war einmal in Amerika (Bastei-Lübbe-Paperback, Bergisch Gladbach, 1984)

Per il novantenaro del cinema (L'Unità, 28 December 1985)

Tout est entre les mains d'Allah in (ed.) Laura Delli Colli: Les métiers du cinéma (Liana Levi, Paris, 1986)

Introduction to Gianni Di Claudio: Il cinema western (Libreria Universitaria, Chieti, 1986)

Sergio Leone 'films' his own football league cup (Gazzette Dello Sport, 10 May 1987)

Per il decimo anniversario della morte di Chaplin (L'Unità, 26 December 1987)

'Presentation' to (ed.) Marcello Garofalo: C'era una volta in America – Photographic Memories (Editalia, Rome, 1988)

Venivamo da ogni parte delle terra (Bianco e Nero, Venezia 88, December 1988)

영화목록

조감독

레오네는 초창기 작업에서는 크레딧에 이름을 거의 올리지 않았다. 그의 역할은 제일 낮은 단계부터 퍼스트 조연출까지 걸쳐 있고, 그리고 제2 제작팀 조연출, 프로덕션(미술) 조감독도 했다. 여기 목록은 레오네가 경력의 후반부까지 함께 일했던 사람들을 강조한 것이다.

1944

'마레키아로의 광기'(Il folle di Marechiaro) 혹은 '산 마르티노의 불꽃'(I fuochi di San Martino)으로 공개됐다. 감독과 각본 Roberto Roberti, 1949, 출연 Aldo Silvani (미친 남자), Polidor (늙은 어부) and Tatiana Farnese (뱀파이어), 노래 Beniamino Gigli

1946

'리골레토'(Rigoletto) 감독 Carmine Gallone, 출연 Tito Gobbi (Rigoletto), Marcella Govoni (Gilda, 목소리 Lina Pagliughi)

1947

'자전거 도둑'(Ladri di biciclette) 감독 Vittorio De Sica, 각본 Cesare Zavattini, Oreste Biancoli, Susso Cecchi D'Amico, Adolfo Franci, Gherardo Gherardi, Vittorio De Sica, Sergio Amidei, 출연 Lamberto Maggiorani (Antonio Ricci), Enzo Stajola(Bruno, 아들)

'파비올라'(Fabiola) 감독 Alessandro Blasetti, Cardinal Nicholas Wiseman 원작을 14명의 작가가 각색, 출연 Michèle Morgan (Fabiola), Michel Simon (Fabius) Massimo Girotti (Sebastian) and Gabriele Ferzetti (Claudio); American version (1951) 각색 Marc Connelly, Fred Pressburger

1948

'파우스트의 전설'(La leggenda di Faust) 감독 Carmine Callone, 각색은 Goethe, Gounod 오페라, Berlioz 작품에서, 출연 Gino Mattera (Faust), Italo Tajo (Mephistopheles), Nelly Corradi (Marguerite, 목소리 Onelia Fineschi)

1949

'운명의 힘'(La forza del destino) 감독 Carmine Gallone, 출연 Tito Gobbi (Don Carlos), Nelly Corradi (Leonora, 목소리 Caterina Mancini)

'일트로바토레'(Il trovatore) 감독 Carmine Gallone, 출연 Gianna Pederzini (Azucena), Vittorina Colonnello (Leonora, 목소리 Franca Sacchi)

1950

'무졸리노의 산적'(Il brigante Musolino) 감독과 공동각본 Mario Camerini, 제작 Carlo Ponti, Dino De Laurentiis, 각본 Antonio Leonviola, Mario Monicelli, Steno, 출연 Amedeo Nazzari (Beppe Musolino), Silvana Mangano (Mara)

'서약'(Il voto) 감독 Mario Bonnard; 각본 Mario Bonnard, 원작 Salvatore Di Giacomo, Alfredo Cognetti, 촬영 Tonino Delli Colli, 출연 Doris Duranti (Carmela), Giorgio De Lullo (Vito), Maria Grazia Francia (Cristina)

'야간 택시'(Taxi di notte) 감독 Carmine Gallone, 음악 레온카발로와 도니체티의 오페라, 출연 Beniamino Gigli (the taxi-driver), Danièle Godet (Laura Morani), William Tubbs (William Simon, American industrialist)

1951

'쿠오 바디스?'(Quo Vadis?) 감독 Mervyn Le Roy, 각본 John Lee Mahin, S.N. Behrman, Sonya Levien, 동명 원작 Henryk Sienkiewicz, 출연 Robert Taylor (Marcus Vinicius), Deborah Kerr (Lygia), Peter Ustinov (Nero), Leo Genn (Petronius)

1952

'욜란다 검은 해적의 딸'(Jolanda la figlia del corsaro nero) 감독 Mario Soldati, 제작 Carlo Ponti, Dino De Laurentiis, 원작 소설 Emilio Salgari, 각본 Ennio De Concini, Ivo Perilli, Franco Brusati (not credited), Mario Soldati,

촬영 Tonino Delli Colli, 편집 Roberto Cinquini, 음악 Nino Rota, 출연 May Britt (Jolanda), Marc Lawrence (Van Gould), Renato Salvatori (Ralf, son of Morgan)

'세 해적'(I tre corsari) 감독 Mario Soldati, 제작 Carlo Ponti, Dino De Laurentiis, 원작 Emilio Salgari(Il corsaro verde), 각본 Ennio De Concini, Age and Scarpelli, Franco Brusati, 촬영 Tonino Delli Colli, 음악 Nino Rota, 출연 Ettore Manni(Enrico, the black pirate), Renato Salvatori (Rolando, the red pirate), Cesare Danova (Carlo, the green pirate)

'남자, 야수, 덕성'(L'uomo, la bestia, la virtù) 감독 Steno [Stefano Vanzina], 원작 Pirandello 희극, 음악 Angelo Francesco Lavagnino, 조감독 Lucio Fulci, 출연 Orson Welles(Captain Perella), Totò (Prof. Paolino), Viviane Romance (Assunta Perella)

'백인 여성 거래'(La tratta delle bianche) 감독과 공동각본 Luigi Canencini, 제작 Carlo Ponti, Dino De Laurentiis, 편집 Nino Baragli, 제작부 조연출 Sergio Leone, 출연 Eleonora Rossi Drago (Alda), Ettore Manni (Carlo), Silvana Pampanini (Lucia), Marc Lawrence (Marquedi), Vittorio Gassman (Michele)

1953

'프리네, 동방의 궁녀'(Friné, cortigiana d'Oriente) 감독과 공동각본 Mario Bonnard, 원작은 그리스 전설, 음악 Giulio Bonnard, 출연 Elena Kleus (Friné, alias Afra), Pierre Cressory(Iperide), Giulio Donnini (Lamarco)

1954

'트로이의 헬렌'(Elena di Troia/Helen of Troy) 감독 Robert Wise, 호머의 〈일리아드〉 각색, 제2 제작부 감독 Raoul Walsh (not credited), 미술감독 Edward Carrère, 미술조감독 Ken Adam, 출연 Rossana Podestà (Helen), Jacques Sernas (Paris), Cedric Hardwicke (Priam), Stanley Baker (Achilles), Brigitte Bardot (Andraste)

'배반한 여자'(Tradita/La notte delle nozze) 감독 Mario Bonnard, 각본 Mario Bonnard, Vittorio Nino Novarese, 촬영 Tonino Delli Colli, 음악 Giulio Bonnard, 출연 Lucia Bosè (Elisabetta), Pierre Cressoy (Franco Alberti),

Brigitte Bardot (Anna)

'이것이 삶이다'(Questa è la vita) (〈몸에 붙는 연미복〉의 네 이야기 중 네 번째) 감독과 각본 Aldo Fabrizi, 원작 Pirandello, 출연 Aldo Fabrizi (Prof. Fabio Gori), Walter Chiari (Andrea), Lucia Bosè (Angela Reis)

'그들은 트램을 훔쳤다'(Hanno rubato un tram) 감독 Aldo Fabrizi (시작은 Mario Bonnard), 원작 Luciano Vincenzoni, 각본 Mario Bonnard, Ruggero Maccari, Aldo Fabrizi, 촬영 Mario Bava, 음악 Carlo Rustichelli, 출연 Aldo Fabrizi (Cesare Mancini), Carlo Campanini (Bernasconi), Lucia Banti (Marcella, daughter of Mancini)

1955

'도둑녀'(La ladra) 감독과 공동각본 Mario Bonnard, 출연 Fausto Tozzi (Nino), Carlo D'Angelo (성직자 don Pietro), Henri Vilbert (lawyer)

1956

'법이 나에게 죄를 씌웠다'(Quai des illusons/La legge mi incolpa) 감독, 제작, 편집, 공동각본 Emile Couzinet, 음악 Joseph Kosma; 이탈리아판 다이알리스코프 감수 Sergio Leone, 촬영 3년 뒤 개봉, 출연 Lise Bourdin (Lise Vincent), Fausto Tozzi (Fausto), Gaby Morlay (Mme Vincent)

'아빠, 허락해주세요!'(Mi permette, Babbo!) 감독 Mario Bonnard, 음악 Giulio Bonnard, 출연 Alberto Sordi (Rodolfo), Aldo Fabrizi (Allessandro Biagi)

1957

'마에스트로'(Il maestro) 감독과 공동각본 Aldo Fabrizi, 출연 Aldo Fabrizi (마에스트로, Giovanni Merino), Edoardo Nevola (Antonio, 아들), Mary Lamar (교사)

1958

'아프로디테, 사랑의 여신'(Afrodite, dea dell'amore) 감독 Mario Bonnard;, 각본 Ugo Moretti, Sergio Leone, Mario Bonnard, Mario Di Nardo, 출연 Isabelle Corey (Lerna), Antonio De Teffè(Demetrio), Irene Tunc (Diala), John Kitzmiller (Tomoro)

'붉은 해적의 아들'(Il figlio del corsaro rosso) 감독과 공동각본 Primo Zeglio(에밀리오 살가리의 소설을 자유롭게 각색), 편집 Roberto Cinquini, 출연 Lex Barker (Enrico di Ventimiglia), Silvia Lopez (Carmen di Montelimar), Vira Silenti (Néala)

'수녀 이야기'(The Nun's Story/La storia di una monaca) 감독 Fred Zinnemann, 미술감독 Alexander Trauner, 제2 제작부 촬영감독 Enzo Barboni, 출연 Audrey Hepburn(Sister Luke, Gabrielle Van Der Mal), Edith Evans (Mother Superior), Peter Finch(Dr Fortunati)

1959

'벤허'(Ben-Hur) 감독 William Wyler, 음악 Miklos Rozsa, 미술감독 William A. Horning, Edward Carfagno, 제2 제작부 감독 Andrew Marton, Yakima Canutt, Mario Soldati, 조감독 Gus Agosti, Alberto Cardone, 출연 Charlton Heston (Judah Ben-Hur), Jack Hawins (Quintus Arrius), Haya Harareet (Esther), Stephen Boyd (Messala), Hugh Griffith (Sheik Ilderim)

배우

1941

'거리의 입'(La bocca sulla strada, 소년 역)

1944

'마레키아로의 광기'(Il folle di Marechiaro, 미군 역)

1947

'자전거 도둑'(Ladri di biciclette, 젊은 사제 역)

1968

'십자가 없는 묘지'(Cimitero senza croci/Une corde, un colt) 감독과 공동각본 Robert Hossein, 각본 Dario Argento, 호텔 직원 역

1979

'거의 완벽한 사건'(An Almost Perfect Affair) 감독 Michael Ritchie, 레오네 본인으로 출연, 칸영화제에서)

각본

1958

'아프로디테, 사랑의 여신'(Afrodite, dea dell'amore) (레오네는 세 작가와 공동각본)

'로마의 별자리에서'(Nel segno di Roma/Sign of the Gladiator) 감독 Guido Brignone (완결은 Michelangelo Antonioni), 제2 제작부 감독 Riccardo Freda, 스토리와 각본 Francesco Thellung, Francesco De Feo, Sergio Leone, Giuseppe Mangione, Guido Brignone, 음악 Angelo Francesco Lavagnin, 편집 Nino Baragli, 조감독 Michele Lupo, 출연 Anita Ekberg (Zenobia, Queen of Palmyra), Georges Marchal (Marcus Valerius), Folco Lulli(Semanzius), Jacques Sernas (decurion Julian), Chelo Alonso (Erika)

1959

'폼페이 최후의 날'(Gli ultimi giorni di Pompei/The Last Days of Pompeii), 레오네는 네 작가와 공동각본

1960

'일곱 번의 도전'(La sette sfide/Seven Challenges) 감독 Primo Zeglio, 각본 Sabatino Ciuffini, Sergio Leone, Ambrogio Molteni, Roberto Natale, Ernimmo Salvi, Giuseppe Taffarel, Primo Zeglio, 음악 Carlo Innocenti, 출연 Ed Fury (Ivan), Elaine Stewart(Tamara), Roldano Lupi (The Great Khan), Furio Meniconi (Amok)

1961

'로몰로와 레모'(Romolo e Remo/Romulus and Remus/Duel of the Titans) 감독 Sergio Corbucci, 제2 제작부 감독 Franco Giraldi, 스토리 Luciano Martino, Sergio Leone, Sergio Corbucci, 각본 Ennio De Concini, Franco Rossetti, Duccio Tessari, Luciano Martino, Sergio Leone, 촬영감독 Enzo Barboni, 음악 Piero Piccioni, 디자인 Giancarlo Simi, 미술감독 Franco Palaggi, 스턴트 감독 Benito Stefanelli, 출연 Steve Reeves (Romulus), Gordon Scott (Remus), Virna Lisi (Julia)

1962

'알라의 녹색 깃발'(Le verdi bandiere di Allah) 감독 Guido Zurli, 감수

Giacomo Gentilomo, 주제 Umberto Lenzi, 각본 Umberto Lenzi, Sergio Leone, Arnaldo Marrosu, Adriano Bolzoni, Guido Zurli, 출연 José Suarez, Linda Cristal, Mimmo Palmara, Walter Barnes

1973

'무숙자'(Il mio nome è Nessuno, 세르지오 레오네의 아이디어에서)

감독

1957

'택시… 손님?'(Taxi… signore?)
단편, 로마에서 촬영 (일부 크레딧에 남음)

1959

'폼페이 최후의 날'(The Last Days of Pompeii/Gli ultimo giorni di Pompei (It/Sp/Ger)
감독 Mario Bonnard (사전제작 이후에는 사실상 세르지오 레오네가 감독)

Cast: Steve Reeves (Glaucus), Christine Kauffman (Ione), Fernando Rey (High Priest), Barbara Carroll (Nydia), Annemarie Baumann (Julia), Mimmo Palmara (Gallinus), Guillermo Marin (Ascanius), Angel Aranda (Antonius), Mino Doro (Second Consul), Carlo Tamberlani (Leader of the Christians), Mario Berriatúa (Praetorian guard), Mario Morales(Praetorian guard), Angel Ortiz (Praetorian guard), Ignazio Dolce, Antonio Casas, Tony Richards, Lola Torres, Vicky Lagos, Ignaz Cole.

Script: Ennio De Concini, Luigi Emmanele, Sergio Corbucci, Roberti Sergio Leone, Duccio Tessari
Story(이탈리아 영화 제작 관습의 특징으로, 첫 아이디어를 낸 작업을 중요시한다. 이 작업을 이탈리아어로는 주제라고 표기하고, 영어로는 스토리라고 표기한다): adapted from the novel The Last Days of Pompeii by Lord Edward George Bulwer-Lytton
Art director: Aldo Tomassini, Ramiro Gómez
Construction: Francisco R. Asenzio
Costumes: Vittorio Rossi

Costume assistant: Giuliana Bagni
Make-up: Angelo Malantrucco Volcano special effects: Erasmo Baciucchi
Director of photography: Antonio López Ballesteros
Process and colour: SuperTotalScope and Eastmancolor
Colour photography consultant: Jorge Grau
Sound: Mario Amari, Giovanni Percelli
Second unit director of photography: Enzo Barboni
Second unit director: Sergio Corbucci
Assistant directors: Duccio Tessari, Sergio Leone, Antonio Fenollar
Editors: Eraldo Da Roma, Julio Peña
Music: Angelo Francesco Lavagnino
Sound mixer: Fausto Ancillai
Production managers: Cesare Seccia, Eduardo De La Fuente
Production secretary: Alfonso Fabrizio
Production companies: Cineproduzioni Associate (Rome), Procusa (Madrid), Transocean(Munich)
Distributed in USA by United Artists
Running times: It: 100 mins, GB: 97 mins, US: 103 mins

1960

'로도스의 거상'(The Colossus of Rhodes/Il Colosso di Rodi) (It/Sp/Fr)
감독 Sergio Leone

Cast: Rory Calhoun (Dario), Lea Massari (Diala), Georges Marchal (Peliocles) Conrado Sanmartin (Thar), Angel Aranda (Koros), Mabel Karr (Mirte) Mimmo Palmara(Chares), Roberto Camardiel (Serse), Alf Randall [Alfio Caltabiano] (Creonte), Jorge Rigaud (Lisippo), Yann Larvor (Mahor), Carlo Tamberlani (Senone), Félix Fernandez (Carete), Antonio Casas (Phoenician ambassador), Fernando Calzado (Sidione), Ignazio Dolce.
Uncredited: José Suarez, José Vilches (Etéocle), Arturo Cabre, Angel Menendez, Carlo Gualtieri, Giovanni (Nello) Pazzafini (striker of the gong).

Script and story: Ennio De Concini, Sergio Leone, Cesare Seccia, Luciano Martino, Aggeo Savioli, Luciano Chitarrini, Carlo Gualtieri
Interiors: Cinecittà (Rome), Istituto Nazionale Luce (Rome), CEA (Madrid)
Exteriors: the port of Laredo, between Santander and Bilbao (Spain)

Art director: Ramiro Gómez
Assistant art director: Giuseppe Ranieri
Set decorator: Jesus Mateos
Sculptor of the Colossus: Socrate Valzanis
Construction: Francisco R. Asenzio
Key grip: Aldo Colanzi
Costumes: Vittorio Rossi
Costume assistant: Antonio Cortes
Costume suppliers: Casa D'Arte di Firenze
Wardrobe: Irma Tonnini
Wardrobe assistant: Maria Pia Mancini
Footwear: Pompei
Make-up: Angelo Malantrucco, Carlos Nin
Wigs: Palombi
Choreography: Carla Ranalli
Stunts: Alfio Caltabiano
Weapons and props suppliers: R. Sormani of Rancati
Special effects: Erasmo Baciucchi, Vittorio Galliano
Director of photography: Antonio López Ballesteros
Second unit director of photography: Emilio Foriscot
Process and colour: Totalscope and Eastmancolor
Lens and technical equipment: ATC (Rome)
Camera operator: Eduardo Noé
Camera assistants: Franco Frazzi, Gianni Maddaleni
Sound: Giuseppe Turcio, Mario Amari
Continuity: Jose Castañer, Maria Isabel Ruiz-Capillas
Special assistant to the director: Michele Lupo
Assistant director: Jorge Grau
Director's assistants: Mahnahen (May) Velasco, Luis Lasala
Production managers: Cesare Seccia, Eduardo De La Fuente
Laboratory: Tecnostampa (Rome), Riera (Madrid)
Optical effects: Tecnostampa (Rome)
Sound effects: Tonino Cacciottolo
Editor: Eraldo Da Roma
Assistant editor: Marisa Mengoli
Music: Angelo Francesco Lavagnino

Music publishers: Nazional Music (Milan)
Dubbing studio: CDC
Executive producer: Michele Scaglione
Production companies: Cineproduzioni Associate (Rome), Procusa Film (Madrid), Comptoir Français de Productions Cinématographiques (Paris), Cinéma Télévision International (Paris)
Distributed in USA: MGM
Running times: It: 142 mins, GB: 127 mins, US: 128 mins.
[Some sources list Sergio Leone as director of Vacanze in Argentina (1960), an Italian –Argentinian co-production: it was in fact directed and co-written by Guido Leoni]

1961

'소돔과 고모라'(Sodom and Gomorrah/Sodoma e Gomorra) (It/Fr/US)
감독 Robert Aldrich. 제2 제작부 감독 Sergio Leone(이탈리아 포스터에는 공동 감독으로 표기)

Cast: Stewart Granger (Lot), Anna Maria Pierangeli/Pier Angeli (Ildith, wife of Lot), Anouk Aimée (Queen Berah of Sodom), Stanley Baker (Astaroth, brother of Queen Berah and prince of Sodom), Rossana Podestà (Shuah, daughter of Lot), Scilla Gabel (Tamar), Rik Battaglia(Melchior), Claudia Mori (Maleb, daughter of Lot), Giacomo Ross Stuart (Ishmael), Aldo Silvani (Nakur), Antonio De Teffè (Captain), Giovanna Galletti (Malik), Gabriele Tinti(Lieutenant), Feodor Chaliapin (Alabias), Mimmo Palmara (Arlok), Daniele Vargas (Segur, leader of the nomads), Enzo Fiermonte (Eber), Mitzuko Takara (Orfea), Alice and Ellen Kessler (Dancers), Massimo Pietrobon (IIssaak), Liana Del Balzo (old Hebrew woman), Mimmo Poli (bodyguard), Nazzareno Natale (soldier), Vittorio Artesi, Primo Moroni, Calogero Chiarenza, Andrea Tagliabue, Tom Felleghi, Renato Terra Caizzi, Valenino Macchi,
Renato Giuia

Script: Hugo Butler, Giorgio Prosperi
Art directors: Ken Adam, Giorgio Giovannini
Set decorators: Gino Brosio, Emilio D'Andria
Costumes: Giancarlo Bartolini Salimbeni

Costumes assistant: Giuliana Ghidini
Choreography: Archie Savage
Special effects: Lee Zavitz, Serse Urbisaglia, Wally Veevers
Dialogue director: Michael Audley
Directors of photography: Silvano Ippoliti, Mario Montuori, Alfio Contini
Colour: Technicolor
Sound: Kurt Dubrowsky
Second unit director: Sergio Leone (listed as co-director in most sources)
Assistant directors: Gus Agosti Giorgio Gentili, Franco Cirino
Production managers: Giorgio Zambon, Mario Del Papa
Production assistant: Giorgio Adriani
Special photographic effects: Cyril Knowles
Titles: Maurice Binder
Editors: Mario Serandrei, Peter Tanner
Music: Miklós Rozsa, conducted by Carlo Savina
Executive producer: Maurizio Lodi-Fé
Producer: Goffredo Lombardo
Production companies: Titanus (Rome), SN Pathé (Paris), SGC (Paris)
Distributed in USA: 20th Century-Fox
Running times: It: 150 mins, GB: 153 mins, US: 154 mins. Original cut: 171 mins.

1962

'경비 교대'(Il cambio della guardia/En avant la musique/The Changing of the Guard) (It/Fr)
감독 Giorgio Bianchi (경우에 따라 Maurizio Lucidi도 표기), 완결은 Sergio Leone.

Cast: Gino Cervi (Mario Vinicio), Fernandel (Attilio Cappellaro), Franco Parenti (Virgili), Andrea Aureli (Luciano Crippa), Frank Fernadel (Gianni Cappellaro), Milla Sannoner(Aurora Vinicio), Dada Gallotti (Silvana Crippa), Gerhard Herter (German official), Amelia Perrella (Bianca Vinicio), Giuseppe Giannetto (don Fausto), Giuseppe Fortis (Mezzanotte), Pietro Vivaldi (Vernazza), Jimmy il Fenomeno [Origene Soffrano] (the street cleaner)

Script: Albert Valentia, Jean Manse, from the novel Avanti la musica by Charles Exbrayant
Exteriors: Ardea (Latina)
Art director: Sergio Canevari
Costumes: Fiammetta Petrucci
Director of photography: Giuseppe Aquari
Assistant directors: Aldo Florio, Milo Panaro
Editor: Nella Nannuzzi
Music: Mario Nascimbene, conducted by Alessandro Derevitsky
Executive producer: Franco Dodi
Producer: Aldo Pomilia
Production companies: APO Film (Rome), Paris Elysées Productions (France)
Running time: 92 mins

1964

'황야의 무법자'(Fistful of Dollars/Per un pugno di dollari) (It/Sp/Ger)
감독 Bob Robertson [= Sergio Leone의 영어식 이름]

Cast: Clint Eastwood [dubbed by Enrico Maria Salerno] (The Stranger), Marianne Koch(Marisol), Johnny Wels [= Gian Maria Volonté] [dubbed by Nando Gazzolo] (Ramón Rojo), Wolfgang Lukschy (John Baxter, the sheriff), Sieghardt Rupp (Esteban Rojo), Joe Edger [=Josef Egger] (Piripero, the undertaker), Antonio Prieto (Miguel Rojo, called 'Benito' in Italian print), José 'Pepe' Calvo (Silvanito, the cantina owner), Margherita Lozano (Consuelo Baxter), Daniel Martin (Julián), Benny Reeves [= Benito Stefanelli] (Rubio), Richard Stuyvesant [= Mario Brega] (Chico), Carol Brown [= Bruno Carotenuto] (Antonio Baxter), Aldo Sambrell (member of Rojo gang). Uncredited: Fredy Arco (Jesus), Antonio Vica, Raf Baldassarre, Umberto Spadaro, Johannes Siedel, José Orjas, Antonio Molino Rojo, Lorenzo Robledo (blond Baxter gunman)

Script: no credit given (Duccio Tessari, Victor A. Catena, G. Schock, Sergio Leone, from the screenplay Yojimbo by Ryuzo Kikushima and Akira Kurosawa)
Story: no credit given (Sergio Leone, after Kurosawa)
Dialogue: Mark Lowell

Exteriors: La Pedrizia di Colmenar el Viejo, near Madrid; Almeria
Art director, set decorator and costumes: Charles Simons [= Carlo Simi]
Make-up: Sam Watkins
Special effects: John Speed [= Giovanni Corridori]
Stunts: W.R. Thompkins [= Bill Tompkins] and Benito Stefanelli
Photography: Jack Dalmas [= Massimo Dallamano], assisted by Federico Larraya
Process and colour: Techniscope and Technicolor
Camera operator: Steve Rock [= Stelvio Massi]
Sound: Edy Simson
Continuity: Tilde Watson
Unit manager: Fred Ross
Production managers: Frank Palance [= Franco Palaggi], Günter Raguse
Second unit director: Frank Prestland [= Franco Giraldi]
Negative: Eastmancolor
Editor: Bob Quintle [= Roberto Cinquini]
Music: Dan Savio/Leo Nichols [= Ennio Morricone]
Trumpet player: Michele Lacerenza
Guitar, whistle, and choral arrangement: Alessandro Alessandroni
Choir: I Cantori Moderni di Alessandroni, soprano Edda dell'Orso
Dubbing facilities: Titanus and CDC
Music publishers: RCA Italiana
Titles: Luigi Lardani
Producers: Harry Columbo [= Arrigo Colombo], George Papi [= Giorgio Papi]
Production companies: Jolly Film (Rome), Ocean Film (Madrid) and Constantin Film (Munich/Monaco)
Distributed in USA: United Artists (1967)
Running times: It: 100 mins, Fr: 96 mins, US: 96 mins, GB: 95 mins.

1965

'석양의 건맨'(For a Few Dollars More/Per qualche dollaro in più/La muerte tenia un precio) (It/Sp/Ger)
감독 Sergio Leone

Cast: Clint Eastwood ('Monco', the bounty-hunter), Lee Van Cleef (Colonel

Douglas Mortimer), Gian Maria Volonté (El Indio), Mara Krup (Hotelier's wife), Luigi Pistilli (Groggy), Klaus Kinski (Wild, the hunchback), Josef Egger (The Old Prophet), Panos Papadopoulos, Benito Stefanelli (Luke, a member of Indio's gang), Aldo Sambrell (Cuchillo), Roberto Camardiel (station clerk), Luis Rodriguez, Tomás Blanco, Lorenzo Robledo(Tomaso, the betrayer), Sergio Mendizabal, Dante Maggio (El Paso bank guard), Diana Rabito (girl in tub), Giovanni Tarallo, Mario Meniconi and Mario Brega (Niño). Uncredited: Carlo Simi (bank manager), Rosemary Dexter (Mortimer's sister), Peter Lee Lawrence [= Karl Hirenbach] (Mortimer's brother-in-law), Diana Faenza (Tomaso's wife), Aldo Ricci, Ricardo Palacios (saloonkeeper), Antonio Ruiz (child in El Paso), Francesca Leone (baby).

Script: Luciano Vincenzoni, Sergio Leone
Story: Sergio Leone, Fulvio Morsella
Dialogue: Luciano Vincenzoni
Interiors: Cinecittà (Rome)
Exteriors: Almeria; Guadix (Spain)
Art director, set decorator and costumes: Carlo Simi
Assistant art directors: Carlo Leva, Raphael Ferri [Jorda]
Head make-up artist: Rino Carboni
Make-up: Amedeo Alessi
Special effects: Giovanni Corridori
Stunts: Benito Stefanelli
Director of photography: Massimo Dallamano
Process and colour: Techniscope and Technicolor
Camera operators: Eduardo Noé, Aldo Ricci
Assistant camera operator: Mario Lommi
Sound: Oscar De Arcangelis, Guido Ortenzi
Continuity: Maria Luisa Rosen
Assistant director: Tonino Valerii
Director's assistants: Fernando Di Leo, Julio Samperez
Production manager: Ottavio Oppo
Production supervisors: Norberto Soliño, Manuel Castedo
Production secretary: Antonio Palombi
Supervising editor: Adriana Novelli
Editors: Eugenio Alabiso, Giorgio Serralonga

Music: Ennio Morricone, conducted by Bruno Nicolai
Music publishers: Eureka Edizioni Musicali
Whistle and choral arrangement: Alessandro Alessandroni
Choir: I Cantori Moderni di Alessandroni
Guitar: Bruno D'Amario Battisti
Recorded at: RCA Italiana Studios
Synchronization: International Recording
Dubbing studios: CDS
Mixing: Renato Cadueri
Titles: Luigi Lardoni
Producer: Alberto Grimaldi
Production companies: PEA [Produzioni Europee Associate] (Rome), Arturo Gonzales
(Madrid), Constantin Film (Munich/Monaco)
Distributed in USA: United Artists (1967)
Running times: It: 130 mins, GB: 128 mins, US: 128 mins.

1966

'석양의 무법자'(The Good, The Bad and The Ugly/Il buono, Il brutto, Il cattivo) (It/USA)
감독 Sergio Leone

Cast: Clint Eastwood ('Blondie'), Eli Wallach (Tuco [Benedicto Pacifico Juan Maria] Ramirez), Lee Van Cleef ('Angel Eyes'; 'Sentenza' in Italian print), Aldo Giuffrè (Union officer), Luigi Pistilli (Padré Pablo Ramirez), Rada Rassimov (Maria, the prostitute), Enzo Petito(storekeeper robbed by Tuco), John Bartha (Sheriff), Livio Lorenzon (Baker), Antonio Casale(Jackson, alias 'Bill Carson'), Claudio and Sandro Scarchilli, Benito Stefanelli (member of Angel Eyes' gang), Angelo Novi (Monk), Antonio Casas (Stevens), Aldo Sambrell (member of Angel Eyes' gang), Al Muloch (one-armed bounty-hunter), Sergio Mendizabal, Antonio Molino Rojo, Lorenzo Robledo (Clem, a member of Angel Eyes' gang), and with Mario Brega(Corporal Wallace). Uncredited: Chelo Alonso (Stevens's wife), Antonio Ruiz (Stevens's youngest son), Silvana Bacci, Frank Brana

Script: Age [= Agenore Incrocci], [Furio] Scarpelli, Luciano Vincenzoni,

Sergio Leone (and Sergio Donati uncredited)
Story: Luciano Vincenzoni, Sergio Leone
English dialogue: Mickey Knox
Interiors: Elios Film (Rome)
Exteriors: Almeria; Colmenari Burgos
Art director, set decorator and costumes: Carlo Simi
Assistant art director: Carlo Leva
Make-up: Rino Carboni
Hairdresser: Rino Todero
Equipment suppliers: Tani
Costume suppliers: Western Costume Co., Antonelli
Special effects: Eros Bacciucchi
Stunts: Benito Stefanelli
Director of photography: Tonino Delli Colli
Process and colour: Techniscope and Technicolor
Camera operator: Franco Di Giacomo
Assistant camera operator: Sergio Salvati
Sound: Elio Pacella, Vittorio De Sisti
Continuity: Serena Canevari
Assistant director: Giancarlo Santi
Director's assistant: Fabrizio Gianni
Production supervisor: Aldo Pomilia
Production manager: Fernando Cinquini
Production assistants: Carlo Bartolini, Federico Tofi
Production secretaries: Antonio Palombi, Luigi Corbo
Editors: Nino Baragli, Eugenio Alabiso
Titles: Luigi Lardani
Music: Ennio Morricone, conducted by Bruno Nicolai (Lyrics of the song 'The Soldier's Story' by Tommie Connor)
Orchestra: Orchestra Cinefonico Italiana
Solo performers: Bruno D'Amario Battisti (guitar), E. Wolf Ferrari, I. Cammarota, F. Catania, Michele Lacerenza (trumpet), N. Samale, Franco De Gemini (harmonica), F. Traverso
Choir: I Cantori Moderni di Alessandroni
Whistle: Alessandro Alessandroni
Vocals: Alessandro Alessandroni, E. Gioieni, F. Cosacchi, G. Spagnolo, Edda

Dell'Orso
Recorded at: International Recording (by Giuseppe Mastroianni)
Music publishers: Eureka Edizioni Musicali
Sound mixing: Fausto Ancillai
Sound dubbing: Goffredo Potier
Dubbing studio: CDS
Synchronization: NIS Film
Producer: Alberto Grimaldi
Production company: PEA [Produzioni Europee Associate] (Rome)
Distributed in USA: United Artists (1968)
Running times: It: 180 mins, Fr: 166 mins, US: 161 mins, GB: 148 mins.

1968

'옛날 옛적 서부에서'(Once Upon a Time in the West/C'era una volta il West) (It/USA)
감독 Sergio Leone

Cast: Claudia Cardinale (Jill McBain), Henry Fonda (Frank), Jason Robards (Manuel 'Cheyenne' Gutierrez), Charles Bronson (Harmonica), Gabriele Ferzetti (Mr Morton), Paolo Stoppa (Sam), Woody Strode (Stony), Jack Elam (Snaky), Marco Zuanelli (Wobbles), Benito Stefanelli (member of Frank's gang), Keenan Wynn (Sheriff of Flagstone), Frank Wolff (Brett McBain), Lionel Stander (trading-post owner and barman), Levio Andronico, Salvo Basile, Aldo Berti, Marilù Carteny, Luigi Ciavarro, Spartaco Conversi (member of Frank's gang shot through Cheyenne's boot), Bruno Corazzari, Paolo Figlia, Stefano Imparato, Frank Leslie, Luigi Magnani, Claudio Mancini (elder brother of 'Harmonica'), Umberto Marsella, Enrico Morsella, Tullio Palmieri, Renato Pinciroli, Corrado Sammartin, Enzo Santaniello (Timmy McBean), Simonetta Santaniello (Maureen McBain), Sandra Salvatori, Claudio Scarchilli, Ivan Scratuglia, Fabio Testi (member of Frank's gang), Dino Zamboni. Uncredited: Al Muloch (Knuckles), John Frederick (member of Frank's gang), Dino Mele (Young Harmonica), Aldo Sambrell (member of Cheyenne's gang), Michael Harvey (Frank's aide), Raffaella and Francesca Leone (girls at Flagstone station), Luana Strode (Indian woman)

Script: Sergio Donati, Sergio Leone

Story: Dario Argento, Bernardo Bertolucci, Sergio Leone
English dialogue: Mickey Knox
Interiors: Cinecittà and Luce (Rome)
Exteriors: Guadix, Almeria, Arizona, Utah
Art director, sets and costumes: Carlo Simi
Assistant set builder: Enrico Simi
Furniture suppliers: Cimino, Ellis Mercantile, Matheos
Set dressers: Carlo Leva, Raphael Ferri
Assistant set dresser: Tonino Palombi
Key grip: Franco Tocci
Gaffer: Alberto Ridolfi
Wardrobe: Marilù Carteny
Head dressmaker: Valeria Sponsali
Costume and footwear suppliers: Safas, Western Costume, Antonelli, Pompei
Make-up supervisor: Alberto De Rossi
Make-up: Giannetto De Rossi
Make-up assistant: Feliziani Ciriaci
Hairdresser: Grazia De Rossi
Assistant hairdresser: Antonietta Caputo
Wigs: Rocchetti
Special effects: Eros Bacciucchi and Giovanni Corridor
Stunts: Benito Stefanelli
Director of photography: Tonino Delli Colli
Process and colour: Techniscope and Technicolor
Camera operator: Franco Di Giacomo
Assistant camera operator: Giuseppe Lanci
Sound: Claudio Maielli, Elio Pacella, Fausto Ancillai
Continuity: Serena Canevari
Stills: Angelo Novi
First assistant director: Giancarlo Santi
Director's assistant: Salvo Basile
Production manager: Claudio Mancini
Production supervisor: Ugo Tucci
Production assistants: Camillo Teti, Manolo Amigo
Production secretary: Glauco Teti
Production accountant: Raffaello Forti

Negative : Eastmancolor
Editor: Nino Baragli
Assistant editors: Andreina Casini, Carlo Reali
Sound effects: Luciano Anzilotti
Sound effects editors: Italo Cameracanna, Roberto Arcangeli
Editing, mixing and synchronization: NIS, with the participation of CDC
Music: Ennio Morricone, conducted by Ennio Morricone
Music edited and recorded at: RCA Italiana S.p.A.
Harmonica: Franco De Gemini
Vocals: Edda Dell'Orso
Whistling: Alessandro Alessandrini
Executive producer: Fulvio Morsella
Producer: Bino Cicogna
Production companies: Rafran, San Marco
Distributed in USA: Paramount (1968)
Running times: It: 168 mins, Fr: 164 mins, US: 144 mins, GB: 145 mins.

1971

'석양의 갱들'(A Fistful of Dynamite/Duck you Sucker/Giù la testa/Il etait une fois la Revolution/Todesmelodie/Agachate, maldito) (It/USA)
감독 Sergio Leone

Cast: Rod Steiger (Juan Miranda), James Coburn (Sean Mallory), Romolo Valli (Dr Villega), Domingo Antoine [billed as Jean Michel Antoine on English-language print] (Col. Gunther Reza/Gutierrez), David Warbeck (Sean's friend in flashback), Maria Monti (Adelita, the woman on the coach), Rick Battaglia (Santerna), Franco Graziosi (Don Jaime, the governor), Giulio Battiferri, Poldo Bendandi (executed revolutionary), Omar Bonaro, Roy Bosier(landowner), Vivienne Chandler, John Frederick (the American), Amato Garbini, Michael Harvey (a Yankee), Biagio La Rocca ('Benito'), Furio Meniconi (executed revolutionary), Nazzareno Natale, Vincenzo Novese (Pancho), Stefano Oppedisano, Amelio [Meme] Perlini(a peón), Goffredo Pistoni (Niño), Renato Pontecchi (Pepe), Jean Rougeul (monsignor on coach), Corrado Solari (Sebastian), Benito Stefanelli, Franco Tocci, Rosita Torosh, Anthony Vernon (coach passenger). Uncredited: Antonio Casale (the notary), Franco Collace(Napoleone)

Script: Luciano Vincenzoni, Sergio Donati, Sergio Leone
Additional dialogue: Roberto De Leonardis, Carlo Tritto
Story: Sergio Leone, Sergio Donati
Interiors: De Laurentiis Studios
Exteriors: Dublin, Co. Wicklow, Almeria, Guadix, Burgos
Art director: Andrea Crisanti
Set decorator: Dario Micheli
Assistant set decorators: Franco Velchi, Ezio Di Monte
Furniture suppliers: Cimino, Rancati
Key grip: Franco Tocci
Gaffer: Massimo Massimi
Costumes: Franco Carretti
Costume and footwear suppliers: Tirelli, Pompei, Nathan, Western Costume
Wardrobe supervisor: Luisa Buratti
Jewels: Nino Lembo
Make-up supervisor: Amato Garbini
Hairdresser: Paolo Borzelli
Wigs: Rochetti
Arms and explosions: Eros Baciucchi
Armourers: Giovanni Corridori, Tonino Palombi
Special effects: Antonio Margheriti
Stunts: Benito Stefanelli
Director of photography: Giuseppe Ruzzolini
Camera operator: Idelmo Simonelli
Assistant camera operators: Alessandro Ruzzolini, Roberto Forges Davanzati
Process and colour: Techniscope and Technicolor
Second-unit directors: Giancarlo Santi and Martin Herbert [= Alberto De Martino]
Second-unit director of photography: Franco Delli Colli
Continuity: Serena Canevari
Stills: Angelo Novi
Assistant director: Tony Brandt
Production manager: Camillo Teti
Production supervisor: Claudio Mancini
Production secretary: Vasco Mafera
Production accountant: Raffaello Forti

Negative: Eastmancolor
Editor: Nino Baragli
First assistant editor: Rossana Maiuri
Assistant editors: Gino Bartolini, Olga Sarra
Synchronization: NIS Films, and CD
Music: Ennio Morricone, conducted by Ennio Morricone
Music recorded by : Federico Savino at International Recording Studios
Orchestra: Unione Musicisti di Roma Symphony Orchestra
Music publishers: Bixio – Sam (Milan)
Mixer: Fausto Ancillai
Dubbing director: Giuseppe Rinaldi
Sound editor: Michael Billingsley
Associate producers: Claudio Mancini, Ugo Tucci
Producer: Fulvio Morsella
Production companies: Rafran Cinematografica, San Marco Films, Miura, plus Euro
International Films
Distributed in USA: United Artists (1971)
Running times: It: 154 mins, US: 138 mins, GB: 138 mins, Fr: 150 mins; restored to 160 mins.

1984

'원스 어폰 어 타임 인 아메리카'(Once Upon a Time in America/C'era una volta in America) (USA)
감독 Sergio Leone

Cast: Robert De Niro [dubbed by Ferruccio Amendola] (David 'Noodles' Aaronson), James Woods [dubbed by Sergio Fantoni] (Max Bercovicz), Elizabeth McGovern [dubbed by Rita Savagnone], (Deborah Gelly), Joe Pesci (Frankie Menaldi), Burt Young (Joe), Tuesday Weld[dubbed by Maria Pia Di Meo] (Carol), Treat Williams (Jimmy Conway O'Donnell), Danny Aiello (Police Chief Vincent Aiello), Richard Bright (Chicken Joe), James Hayden (Patrick 'Patsy' Goldberg), William Forsythe (Philip 'Cockeye' Stein), Mario Brega ('Mandy', the heaviest leader of Eve's killers), Darlanne Fleugel (Eve), Larry Rapp (Fat Moe Gelly), Richard Foronji ('Whitey' the patrolman), Robert Harper (Sharkey, the labour fixer), 'Dutch' Miller(Van Linden, the diamond merchant), Gerard Murphy (Crowning, the businessman), Amy Ryder (Peggy), Olga Karlatos (woman in Chinese shadow theatre), Ray Dittrich ('Trigger', Eve's killer), Frank Gio ('Beefy', third of Eve's killers), Karen Shallo (Mrs Lucy Aiello), Angelo Florio (Willie the Ape), Scott Tiler (Young Noodles), Rusy Jacobs (Young Max, and David Bailey), Jennifer Connelly (Young Deborah), Brian Bloom (Young Patsy), Adrian Curran (Young Cockeye), Mike Monetti (Young Fat Moe), Noah Moazezi (Dominic), James Russo (Bugsy), Frankie Caserta (member of Bugsy's gang), Joey Marzella (member of Bugsy's gang), Clem Caserta (Al Capuano), Frank Sisto (Fred Capuano), Jerry Strivelli (Johnny Capuano), Julie Cohen (Young Peggy), Marvin Scott (Marvin Brentley, the TV reporter), Mike Gendel (Irving Gold, Bailey's lawyer), Paul Herman ('Monkey', the barman), Ann Neville (girl in a coffin), Joey Faye (old man beside the hearse), Linda Ipanema (Nurse Thompson), Tandy Cronin (first reporter), Richard Zobel (second reporter), Baxter Harris(third reporter), Arnon Milchan (limousine chauffeur), Bruno Iannone (thug), Marty Licata(cemetery caretaker), Marcia Jean Kurtz (Mrs Bercovicz, Max's mother), Estelle Harris(Peggy's mother), Gerritt Debeer (drunk 'rolled' by Max), Margherita Pace (body double for Jennifer Connelly), Alexander Godfrey (newsstand proprietor), Cliff Cudney (first mounted policeman) Paul Farentino (2nd mounted policeman), Bruce Bahrenburg (Sergeant P. Halloran), Mort Freeman (street singer), Sandra Solberg (friend of young Deborah), Jay Zeely(warder), Massimo Liti (Macrò, in Chinese shadow theatre). Uncredited: Louise Fletcher(cemetery proprietor, deleted) T. Scott Coffey, Claudio Mancini (Jimmy O'Donnell's assistant in newsreel)

Script: Leonardo Benvenuti, Piero De Bernardi, Enrico Medioli, Franco Arcalli, Franco Ferrini, Sergio Leone
Additional dialogue: Stuart Kaminsky
Story: based on the 1953 novel The Hoods/Mano Armata by Harry Grey
Interiors: Cinecittà, Rome
Exteriors: New York City, New Jersey, St Petersburg Beach (Florida), Montreal, Paris, Venice Lido, Bellagio, Pietralata
Art director: Carlo Simi
Assistant art director: Giovanni Natalucci
Art director (New York): James Singelis

Set builders (New York): Otto Jacoby, George Messaris
Set dressers: Bruno Cesari, Osvaldo Desideri, Gretchen Rau (New York)
Assistant set dresser: Nello Giorgetti
Scenic painter (Montreal): Alain Giguere
Key grips: Augusto Diamanti, Steve Baker (New York), Normand Guy (Montreal)
Construction co-ordinators: Tullio Lullo, Joey Litto (New York)
Chief carpenter (Montreal): Claude Simard
Furniture suppliers: GRP, Rancati
Rattan furniture suppliers: Italo Gasparucci – Sant'Ippolito (P.S.), Italy
Props: Gianni Fiumi, Steve Kerschoff (New York), Ronald Fauteux (Montreal)
Casting: Cis Corman, Joy Todd
Extras casting (Montreal): Flo Galant, Sylvie Bourque
Costumes: Gabriella Pescucci
Costume associate (New York): Richard Bruno
Costume assistants: Raffaella Leone, Marina Frassine, Elouise Meyer (Rome), Helen Butler (New York)
Costume suppliers: Modelli Tirelli (Rome)
Wardrobe costumes: Umberto Tirelli
Furs suppliers: Fendi
Hat suppliers: Borsalino
Footwear suppliers: LCP
Jewellery suppliers: Bulgari, Hedy Martinelli
Make-up: Nilo Jacoponi, Manlio Rocchetti, Gino Zamprioli, Randy Coronato (New York)
Dental make-up: Henry R. Dwork, DDS
Hairdressers: Maria Teresa Corridoni, Renata Magnanti, Enzo Cardella
Wig suppliers: Rocchetti-Carboni
Location managers: Attilio Viti, Robert Rothbard (New York), Pierre Laberge (Montreal)
Location controller (New York): Herb Hetzer
Transportation: Romana Transporti Cinematografici
Transportation captain (New York): James Giblin
Stunts: Benito Stefanelli
Car stunts: Julien Remy (or Remy Julien)
Period car adviser (New York): Sonny Abagnale

Director of photography: Tonino Delli Colli
Process and colour: Technicolor
Camera operator: Carlo Tafani
Camera assistants: Antonio Scaramuzza, Sandro Battaglia, Crescenzo Notarile (New York)
Camera suppliers: Arco 2 (Rome)
Gaffers: Romano Mancini, John Newby (New York), Walter Kymkiw (Montreal)
Sound: Jean Pierre Ruhu
Boom operator: Bruno Charrier
Dialogue director: Brian Freilino
Continuity (New York): Jennifer Wyckoff, Francesca Alatri
Stills: Angelo Novi
First assistant director: Fabrizio Sergenti Castellani
Second assistant director: Luca Morsella
Negative: Eastmancolor Kodak S.p.A.
Titles and optical effects: Studio 4
Special effects technician (Montreal): Gabe Vidella
Special effects assistant (Montreal): Louis Craig
Editor: Nino Baragli
First assistant editor: Vivi Tonini
Assistant editors: Ornella Chistolini, Patrizia Cerasani, Alessandro Baragli, Giorgio Venturoli
Editing co-ordinator: Maurizio Mancini
Synchronization studio: Cinecittà
Synchronization technicians: Fabio Palmisano, Massimo Rinchiusi
Sound mixer: Fausto Ancillai
Sound dubbing: Adriano Torbidone
Sound effects: Cooperativa di Produzione e Lavoro Studio Sound s.r.l., Cine Audio
Effects s.r.l.
Dubbing studio: CDC
Dubbing director: Riccardo Cucciolla
Dubbing assistant: Adriana Iannuccelli
Dubbing editor (English version): Robert Rietti
Dubbing technician (New York): Paul Zydel

Postsynch editors (English version): Nicholas Stevenson, Gabrio Astori
Music: Ennio Morricone, conducted by Ennio Morricone
Orchestra: Orchestra Sinfonica dell'Unione Musicisti di Roma
Pipes of Pan: Gheorghe Zamfir
Solo vocalist: Edda Dell'Orso
Music recording studio: Studio Forum
Music recording mixer: Sergio Marcotulli
Songs: 'God Bless America' (Irving Berlin/singer: Kate Smith), 'Summertime' (George Gershwin/Dubose Heyward/Ira Gershwin), 'Night and Day' (Cole Porter), 'Yesterday' (John Lennon/Paul McCartney), 'Amapola' (Joseph M. La Calle/Albert Gamse), 'La Gazza Ladra' Overture (Rossini, conducted by Francesco Molinari Pradelli)
Music publisher: Hapax Music – Warner Music Group
Unit manager: Walter Massi
Production accountants: Gianna Di Michele, Dominique Bruballa (New York), Lucy Drolet (Montreal)
Assistant accountants: Fausto Capozzi, Sergio Rosa, Diana Di Michele
Production supervisor: Mario Cotone
Production manager (Montreal): Ginette Hardy
Production assistants: Piero Sassaroli, Tonino Palombi
Production liaison (New York): Ted Kurdyla
Unit publicist (New York): Bruce Bahrenberg
Director's assistants (New York): Dennis Benatar, Amy Wells
Production co-ordinator (New York): Gail Kearns
Consultant to the producer: Robert Benmussa
Executive in charge of production in USA: Fred Caruso
Executive producer: Claudio Mancini
Producer: Arnon Milchan
Production company: The Ladd Company (a PSO International Release)
Distributed in USA: Warner Brothers (1984)
Running times: It: 218 mins, GB: 228 mins, US: 139 mins; US restored print: 227 mins.

제작자

1971

세르지오 레오네의 이름이 다른 이탈리아 감독과 더불어 이 영화의 크레딧에 보인다.
'12월 12일(12 Dicembre/Document on Giuseppe Pinelli) – 'a film of counterinformation'.

1973

'무숙자' (My Name is Nobody/Il mio nome e Nessuno) (It/Fr/Ger)
감독 Tonino Valerii(Some sequences directed by Sergio Leone)

Cast: Henry Fonda (Jack Beauregard), Terence Hill (Nobody), Jean Martin (Sullivan), Leo[V.] Gordon (Red), Neil Summers (Squirrel), R.G. Armstrong (Honest John), Steve Kanaly(false barber), Geoffrey Lewis (Wild Bunch leader), Piero Lulli (Sheriff), Mario Brega (Pedro), Mark Mazza (Don John), Benito Stefanelli (Porteley). Uncredited: Alexander Allerson (Rex), Franco Angrisano (train driver), Emile Feist, Antonio Luigi Guerra (official), Carla Mancini(mother), Humbert Mittendorf, Ulrich Muller, Angelo Novi (barman), Antonio Palombi, Remus Peets (Big Gun), Tommy Polgar (Juan), Antoine Saint Jean/Domingo Antoine (Scape), Claus Schmidt

Script: Ernesto Gastaldi
Story: Fulvio Morsella, Ernesto Gastaldi, from an idea by Sergio Leone
Interiors: De Paolis
Exteriors: Almeria, New Orleans, New Mexico
Art director: Gianni Polidori
Assistant art director: Dino Leonetti
Set dresser: Massimo Tavazzi
Key grip: Gilberto Carbonaro
Costumes: Vera Marzot
Costume suppliers: Tirelli, Western Costume
Footwear suppliers: Pompei
Equipment: Gianni Fiumi
Make-up: Nilo Jacoponi
Hairdresser: Grazia De Rossi

Wigs: Rochetti-Carboni
Special effects and firearms: Eros Baciucchi, Giovanni Corridori
Stunts: Benito Stefanelli
Director of photography: Giuseppe Ruzzolini (Italy and Spain), Armando Nannuzzi (USA)
Colour and process: Technicolor and Panavision
Camera operator: Elio Polacchi, Giuseppe Berardini, Federico Del Zoppo
Continuity: Rita Agostini
Stills: Angelo Novi
Sound: Fernando Pescetelli
Assistant director: Stefano Rolla
Production supervisor: Piero Lazzari
Unit managers: Franco Coduti, Paolo Gargano
Editor: Nino Baragli
Assistant editor: Rosanna Maiuri
Sound effects: Roberto Arcangeli
Sound mixing: Fausto Ancillai
Music: Ennio Morricone, conducted by Ennio Morricone
Guitar solos: Bruno D'Amario Battisti
Music editing: General Music (Rome)
Music publisher: Nazionalmusic
Executive producer: Fulvio Morsella
Producer: Claudio Mancini
Production companies: Rafran Cinematografica S.p.A. (Rome), Les Films Jacques Leitienne s.r.l. (Paris), La Societé Imp. Ex. Ci. (Nice), La Societé Alcinter s.r.l. (Paris), Rialto Film Preben Philipsen GMB and Co. KG. (Berlin)
Distributed in USA: Universal (1973)
Running times: It: 118 mins, US: 115 mins, GB: 116 mins.

1975

'천재, 두 동료, 겁쟁이(Nobody's the Greatest/Un genio, due compari, un pollo) (It/Fr/Ger)
감독 Damiano Damiani (with Giuliano Montaldo and for one scene Sergio Leone); line producers Fulvio Morsella and Claudio Mancini for Rafran Cinematografica; story by Ernesto Gastaldi and Fulvio Morsella; screenplay by Ernesto Gastaldi, Fulvio Morsella and Damiano Damiani; photographed by

Giuseppe Ruzzolini; sets by Carlo Simi and Francesco Bronzi; music by Ennio Morricone; with Terence Hill (Joe Thanks), Robert Charlebois(Steamengine Bill), Miou-Miou (Lucy), Patrick McGoohan (Major Cabot), Klaus Kinski(Doc), Jean Martin (Colonel Pembroke) and Mario Brega

1977

'고양이'(Il gatto/Qui a tué le chat?)
감독 Luigi Comencini, with Massimo Patrizi; produced by Sergio Leone and Romano Cardarelli for Rafran; story by Rodolfo Sonego; screenplay by Rodolfo Sonego, Augusto Caminito with Fulvio Marcolin; photographed by Ennio Guarneri; edited by Nino Baragli; sets by Dante Ferreti; music by Ennio Morricone; with Ugo Tognazzi, Mariangela Melato, Jean Martin, Philippe Leroy and Mario Brega

1978

'장난감'(Il giocattolo)
감독 Giuliano Montaldo; line producers Claudio Mancini and Fulvio Morsella for Rafran; story by Sergio Donati; screenplay by Sergio Donati, Nino Manfredi, Giuliano Montaldo; photographed by Ennio Guarnieri; sets by Luigi Scaccianoce; edited by Nino Baragli; music by Ennio Morricone; with Nino Manfredi, Marlène Jobert, Arnolda Foà and Mario Brega

1979

'정말 아름다운'(Un sacco bello)
감독 Carlo Verdone; line producer Romano Cardarelli for Medusa Cinematografica; story and screenplay by Leo Benvenuti, Piero De Bernardi, Carlo Verdone; photographed by Ennio Guarnieri; sets and costumes by Carlo Simi; edited by Eugenio Alabiso; music by Ennio Morricone; with Carlo Verdone (Leo, Ruggero, father Alfio, the Professor, Anselmo, Enzo), Veronica Miriel (Marisol) and Mario Brega (father of Ruggero)

1981

'비앙코, 로소, 베르도네'(Bianco, rosso and verdone)
감독 Carlo Verdone; produced by Romano Cardarelli for Medusa; story and screenlay by Carlo Verdone, Leo Benvenuti, Piero De Bernardi; photographed by Luciano Tovoli; sets and costumes by Carlo Simi; edited by Nino Baragli;

music by Ennio Morricone; with Carlo Verdone (Pasquale, Furio, Mimmo), Irina Sanpiter (Magda), Lella Fabrizi (the grandmother) and Mario Brega (the truck driver)

1985

'너무 강한'(Troppo forte)
감독 Carlo Verdone (one sequence directed by Sergio Leone); produced by Augusto Caminito; story by Carlo Verdone and Rodolfo Sonego; screenplay by Carlo Verdone, Rodolfo Sonego, Alberto Sordi; photographed by Danilo Desideri; sets by Franco Velchi; costumes Raffaella Leone; edited by Nino Baragli; music by Fabio Liberatori; with Carlo Verdone (Oscar Pettinari), Alberto Sordi (lawyer Pignacorelli), Stella Hall (Nancy) and Mario Brega

TV 광고

1974-89

Glaces Gervais, Renault 18 (ruins of Petra), Renault 18 (diesel unchained), Riz Lustucru, Pain Bonne Fournée, Whisky J & B, Europ Assistance, Palmolive, Talbot Solara, Dany Danone and Renault 19.

찾아보기

세르지오 레오네

발행일 2026년 4월 7일 초판 1쇄

지은이 크리스토퍼 프레일링
옮긴이 한창호
펴낸이 한창호

디자인 여상우
인쇄 다라니인쇄
제본 제이엠플러스

펴낸곳 볼피출판사
주소 경기도 고양시 덕양구 향기로 180, DMC마스터원 1326호
전화 02-3159-9540
팩스 02-3159-9550
이메일 volpibooks@gmail.com
출판등록 2020년 2월 27일 제409-2020-000014호

값 38,000원
ISBN 979-11-979808-3-1 03680

표지도판 © 게티이미지 gettyimageskorea